AF819912

Recommended by **Teachers**
Trusted by **Toppers**

# All in One

# राजनीति विज्ञान
## कक्षा 12

**EVERYTHING YOU NEED TO SCORE**

- NCERT के प्रत्येक अध्याय के चित्र व तालिकाओं सहित सरल व संपूर्ण व्याख्या
- वस्तुनिष्ठ प्रश्नों का कवरेज
- दक्षता (Competency) आधारित प्रश्न
- NCERT, बोर्ड परीक्षा व अन्य महत्त्वपूर्ण प्रश्न
- सैंपल पेपर्स

**CBSE परीक्षा 2026**

लेखक
रविकांत,
अमित कुमार

arihant
SUCCESS AND NOTHING LESS

# अरिहन्त प्रकाशन

## (स्कूल डिवीज़न सीरीज़)



卐 रजि. कार्यालय

'रामछाया' 4577/15, अग्रवाल रोड, दरिया गंज, नई दिल्ली-110002
फोन: 011-47630600, 43518550; फैक्स: 011-23280316

मुख्य कार्यालय

कालिन्दी, टी०पी० नगर, मेरठ (यूपी)-250002 फोन: 0121-7156203, 7156204

卐 शाखा कार्यालय

आगरा, अहमदाबाद, बरेली, बंगलुरु, चेन्नई, दिल्ली, गुवाहाटी, हैदराबाद, जयपुर, झाँसी, कोलकाता, लखनऊ, नागपुर तथा पुणे

卐 PO No : TXT-XX-XXXXXXX-X-XX

**Published by Arihant Publications (India) Ltd.**

'अरिहन्त' की पुस्तकों के बारे में अधिक जानकारी के लिए हमारी वेबसाइट
www.arihantbooks.com पर लॉग इन करें या info@arihantbooks.com पर सम्पर्क करें।

*Follow us on*

卐 मूल्य ₹ 425.00

### प्रोडक्शन टीम

| पब्लिशिंग मैनेजर | कवर डिज़ाइनर | इनर डिज़ाइनर |
| --- | --- | --- |
| महेन्द्र सिंह रावत, केशव मोहन | राकेश रावत | अंकित त्यागी |
| **प्रोजेक्ट हैड** | **पेज लेआउट** | **प्रूफ रीडर** |
| पारूल काम्बोज | संजय सागर | शशि रानी |

# Index *cum* Study Planner


## खण्ड 'क' समकालीन विश्व राजनीति

| | | Studied | Revised | Exam ready |
|---|---|---|---|---|
| **1. द्विध्रुवीयता का अंत** | **1-25** | | | |
| सोवियत प्रणाली | 1 | ☐ | ☐ | ☐ |
| गोर्बाचेव और सोवियत संघ का विघटन | 3 | ☐ | ☐ | ☐ |
| साम्यवादी शासन के बाद 'शॉक थेरेपी' | 6 | ☐ | ☐ | ☐ |
| संघर्ष और तनाव | 7 | ☐ | ☐ | ☐ |
| विश्व राजनीति में नई संस्थाएँ | 8 | ☐ | ☐ | ☐ |
| रूस और अन्य साम्यवादी देशों के साथ भारत के संबंध | 9 | ☐ | ☐ | ☐ |
| Mind Map | 11 | ☐ | ☐ | ☐ |
| NCERT फोल्डर | 12 | ☐ | ☐ | ☐ |
| अभ्यास प्रश्न | 14 | ☐ | ☐ | ☐ |
| स्वयं को जाँचें | 25 | ☐ | ☐ | ☐ |
| **2. सत्ता के समकालीन केंद्र** | **26-47** | | | |
| यूरोपीय संघ | 26 | ☐ | ☐ | ☐ |
| दक्षिण-पूर्वी एशियाई राष्ट्रों का संगठन (आसियान) | 28 | ☐ | ☐ | ☐ |
| चीन की अर्थव्यवस्था का उदय | 29 | ☐ | ☐ | ☐ |
| जापान और दक्षिण कोरिया की उभरती शक्तियाँ | 31 | ☐ | ☐ | ☐ |
| Mind Map | 33 | ☐ | ☐ | ☐ |
| NCERT फोल्डर | 34 | ☐ | ☐ | ☐ |
| अभ्यास प्रश्न | 38 | ☐ | ☐ | ☐ |
| स्वयं को जाँचें | 47 | ☐ | ☐ | ☐ |
| **3. समकालीन दक्षिण एशिया** | **48-71** | | | |
| दक्षिण एशियाई देशों की राजनीतिक पृष्ठभूमि | 48 | ☐ | ☐ | ☐ |
| दक्षिण एशिया में लोकतंत्रीकरण | 49 | ☐ | ☐ | ☐ |
| भारत-पाकिस्तान संघर्ष | 52 | ☐ | ☐ | ☐ |
| भारत और उसके पड़ोसी देश | 53 | ☐ | ☐ | ☐ |
| Mind Map | 56 | ☐ | ☐ | ☐ |
| NCERT फोल्डर | 57 | ☐ | ☐ | ☐ |
| अभ्यास प्रश्न | 60 | ☐ | ☐ | ☐ |
| स्वयं को जाँचें | 71 | ☐ | ☐ | ☐ |
| **4. अंतर्राष्ट्रीय संगठन** | **72-94** | | | |
| अंतर्राष्ट्रीय संगठन का अर्थ एवं महत्त्व | 72 | ☐ | ☐ | ☐ |
| संयुक्त राष्ट्र संघ में सुधार और भारत | 76 | ☐ | ☐ | ☐ |
| एक ध्रुवीय विश्व में संयुक्त राष्ट्र संघ | 78 | ☐ | ☐ | ☐ |

| | | Studied | Revised | Exam ready |
|---|---|---|---|---|
| Mind Map | 80 | ☐ | ☐ | ☐ |
| NCERT फोल्डर | 81 | ☐ | ☐ | ☐ |
| अभ्यास प्रश्न | 84 | ☐ | ☐ | ☐ |
| स्वयं को जाँचें | 94 | ☐ | ☐ | ☐ |
| **5. समकालीन विश्व में सुरक्षा** | **95-117** | | | |
| सुरक्षा की पारंपरिक धारण –बाहरी सुरक्षा | 95 | ☐ | ☐ | ☐ |
| सुरक्षा की पारंपरिक धारण–आतंरिक सुरक्षा | 96 | ☐ | ☐ | ☐ |
| खतरे के नए स्रोत | 97 | ☐ | ☐ | ☐ |
| सहकारी (सहयोग मूलक) सुरक्षा | 99 | ☐ | ☐ | ☐ |
| Mind Map | 101 | ☐ | ☐ | ☐ |
| NCERT फोल्डर | 102 | ☐ | ☐ | ☐ |
| अभ्यास प्रश्न | 106 | ☐ | ☐ | ☐ |
| स्वयं को जाँचें | 117 | ☐ | ☐ | ☐ |
| **6. पर्यावरण और प्राकृतिक संसाधन** | **118-139** | | | |
| वैश्विक राजनीति में पर्यावरण की चिंता | 118 | ☐ | ☐ | ☐ |
| वैश्विक साझा संसाधनों की रक्षा | 119 | ☐ | ☐ | ☐ |
| पर्यावरण के मसले पर भारत का पक्ष | 121 | ☐ | ☐ | ☐ |
| संसाधनों की भू–राजनीति | 123 | ☐ | ☐ | ☐ |
| मूलवासी और उनके अधिकार | 124 | ☐ | ☐ | ☐ |
| Mind Map | 125 | ☐ | ☐ | ☐ |
| NCERT फोल्डर | 126 | ☐ | ☐ | ☐ |
| अभ्यास प्रश्न | 129 | ☐ | ☐ | ☐ |
| स्वयं को जाँचें | 139 | ☐ | ☐ | ☐ |
| **7. वैश्वीकरण** | **140-157** | | | |
| वैश्वीकरण की अवधारणा | 140 | ☐ | ☐ | ☐ |
| भारत और वैश्वीकरण | 142 | ☐ | ☐ | ☐ |
| Mind Map | 144 | ☐ | ☐ | ☐ |
| NCERT फोल्डर | 145 | ☐ | ☐ | ☐ |
| अभ्यास प्रश्न | 148 | ☐ | ☐ | ☐ |
| स्वयं को जाँचें | 157 | ☐ | ☐ | ☐ |
| **खण्ड 'ख' स्वतंत्र भारत में राजनीति** | | | | |
| **1. राष्ट्र निर्माण की चुनौतियाँ** | **158-180** | | | |
| एक नया राष्ट्र | 158 | ☐ | ☐ | ☐ |
| विभाजन : विस्थापन और पुनर्वास | 159 | ☐ | ☐ | ☐ |
| रियासतों का एकीकरण | 160 | ☐ | ☐ | ☐ |
| राज्यों का पुनर्गठन | 163 | ☐ | ☐ | ☐ |
| Mind Map | 165 | ☐ | ☐ | ☐ |

| | | Studied | Revised | Exam ready |
|---|---|---|---|---|
| NCERT फोल्डर | 166 | ☐ | ☐ | ☐ |
| अभ्यास प्रश्न | 170 | ☐ | ☐ | ☐ |
| स्वयं को जाँचें | 180 | ☐ | ☐ | ☐ |
| **2. एक दल के प्रभुत्व का दौर** | **181-199** | | | |
| लोकतंत्र स्थापित करने की चुनौती | 181 | ☐ | ☐ | ☐ |
| पहले तीनों चुनावों में कांग्रेस का प्रभुत्व | 182 | ☐ | ☐ | ☐ |
| विपक्षी दलों का उदय | 185 | ☐ | ☐ | ☐ |
| Mind Map | 188 | ☐ | ☐ | ☐ |
| NCERT फोल्डर | 189 | ☐ | ☐ | ☐ |
| अभ्यास प्रश्न | 191 | ☐ | ☐ | ☐ |
| स्वयं को जाँचें | 199 | ☐ | ☐ | ☐ |
| **3. नियोजित विकास की राजनीति** | **200-216** | | | |
| राजनीतिक टकराव | 200 | ☐ | ☐ | ☐ |
| योजना आयोग की प्रारंभिक पहल | 202 | ☐ | ☐ | ☐ |
| Mind Map | 204 | ☐ | ☐ | ☐ |
| NCERT फोल्डर | 205 | ☐ | ☐ | ☐ |
| अभ्यास प्रश्न | 207 | ☐ | ☐ | ☐ |
| स्वयं को जाँचें | 216 | ☐ | ☐ | ☐ |
| **4. भारत के विदेशी संबंध** | **217-241** | | | |
| अंतर्राष्ट्रीय संदर्भ | 217 | ☐ | ☐ | ☐ |
| चीन के साथ शांति और संघर्ष | 220 | ☐ | ☐ | ☐ |
| पाकिस्तान के साथ युद्ध और शांति | 222 | ☐ | ☐ | ☐ |
| भारत की परमाणु नीति | 223 | ☐ | ☐ | ☐ |
| Mind Map | 225 | ☐ | ☐ | ☐ |
| NCERT फोल्डर | 226 | ☐ | ☐ | ☐ |
| अभ्यास प्रश्न | 230 | ☐ | ☐ | ☐ |
| स्वयं को जाँचें | 241 | ☐ | ☐ | ☐ |
| **5. कांग्रेस प्रणाली : चुनौती और पुनर्स्थापन** | **242-267** | | | |
| राजनीतिक उत्तराधिकार की चुनौती | 242 | ☐ | ☐ | ☐ |
| चौथा आम चुनाव, 1967 | 244 | ☐ | ☐ | ☐ |
| कांग्रेस में विभाजन | 246 | ☐ | ☐ | ☐ |
| वर्ष 1969 का राष्ट्रपति चुनाव | 247 | ☐ | ☐ | ☐ |
| वर्ष 1971 का आम चुनाव और कांग्रेस का पुनर्स्थापन | 248 | ☐ | ☐ | ☐ |
| Mind Map | 250 | ☐ | ☐ | ☐ |
| NCERT फोल्डर | 251 | ☐ | ☐ | ☐ |
| अभ्यास प्रश्न | 254 | ☐ | ☐ | ☐ |
| स्वयं को जाँचें | 267 | ☐ | ☐ | ☐ |

| | | Studied | Revised | Exam ready |
|---|---|---|---|---|
| **6. लोकतांत्रिक व्यवस्था का संकट** | **268-291** | | | |
| आपातकाल की पृष्ठभूमि | 268 | ☐ | ☐ | ☐ |
| आपातकाल की घोषणा | 271 | ☐ | ☐ | ☐ |
| आपातकाल के बाद की राजनीति | 272 | ☐ | ☐ | ☐ |
| Mind Map | 275 | ☐ | ☐ | ☐ |
| NCERT फोल्डर | 276 | ☐ | ☐ | ☐ |
| अभ्यास प्रश्न | 279 | ☐ | ☐ | ☐ |
| स्वयं को जाँचें | 291 | ☐ | ☐ | ☐ |
| **7. क्षेत्रीय आकांक्षाएँ** | **292-318** | | | |
| क्षेत्र और राष्ट्र | 292 | ☐ | ☐ | ☐ |
| जम्मू-कश्मीर | 293 | ☐ | ☐ | ☐ |
| पंजाब | 296 | ☐ | ☐ | ☐ |
| पूर्वोत्तर क्षेत्र | 298 | ☐ | ☐ | ☐ |
| Mind Map | 303 | ☐ | ☐ | ☐ |
| NCERT फोल्डर | 304 | ☐ | ☐ | ☐ |
| अभ्यास प्रश्न | 308 | ☐ | ☐ | ☐ |
| स्वयं को जाँचें | 318 | ☐ | ☐ | ☐ |
| **8. भारतीय राजनीति : नए बदलाव** | **319-344** | | | |
| भारतीय राजनीति में बदलाव | 319 | ☐ | ☐ | ☐ |
| गठबंधन का युग | 320 | ☐ | ☐ | ☐ |
| अन्य पिछड़े वर्ग का राजनीतिक उदय | 322 | ☐ | ☐ | ☐ |
| सांप्रदायिकता, धर्मनिरपेक्षता और लोकतंत्र | 324 | ☐ | ☐ | ☐ |
| एक नई सहमति का उदय | 326 | ☐ | ☐ | ☐ |
| Mind Map | 328 | ☐ | ☐ | ☐ |
| NCERT फोल्डर | 329 | ☐ | ☐ | ☐ |
| अभ्यास प्रश्न | 331 | ☐ | ☐ | ☐ |
| स्वयं को जाँचें | 344 | ☐ | ☐ | ☐ |
| **परियोजना कार्य** | **347-360** | | | |
| **सैंपल पेपर्स (1-3)** | **363-378** | | | |
| **बोर्ड प्रश्न-पत्र 2025** | **381-390** | | | |

# One Book- Endless Features

*to Help you Succeed*

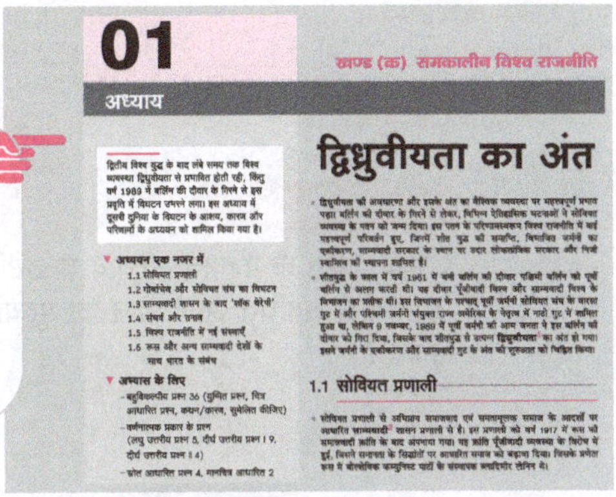


**संपूर्ण अध्ययन**

प्रत्येक अध्याय के प्रारंभ में Theory को Easy to Read/Understand रूप में दिया गया है। Theory के बीच में चित्र, फ्लोचार्टर्स, सारणी आदि दिए गए हैं, जिनकी सहायता से विद्यार्थी विषय संकल्पनाओं को आसानी से समझ पाएँगे।

**NCERT फोल्डर**

पाठ्यपुस्तक के प्रत्येक अध्याय में NCERT पाठ्यपुस्तक के अभ्यास प्रश्नों का उत्तर सरल भाषा में दिया गया है तथा उतना ही उत्तर दिया गया है, जितना कि प्रश्न में अनिवार्य रूप से पूछा गया है। NCERT फोल्डर को यहाँ देने का मुख्य उद्देश्य यह है कि छात्र NCERT का पूर्ण अभ्यास एक ही पुस्तक में कर सकें।

**अभ्यास प्रश्न**

पाठ्यपुस्तक के प्रत्येक अध्याय के NCERT प्रश्नोत्तर के पश्चात् 'अभ्यास प्रश्न' दिया गया है, जिसमें वस्तुनिष्ठ प्रश्न, लघु उत्तरीय और दीर्घ उत्तरीय आदि प्रश्न दिए गए हैं। परीक्षा अभ्यास देने का मुख्य उद्देश्य यह है कि छात्र अपने द्वारा अध्याय में पढ़ी हुई पाठ्य सामग्री से संबंधित प्रश्नोत्तर का अध्ययन यहाँ कर सकते हैं।

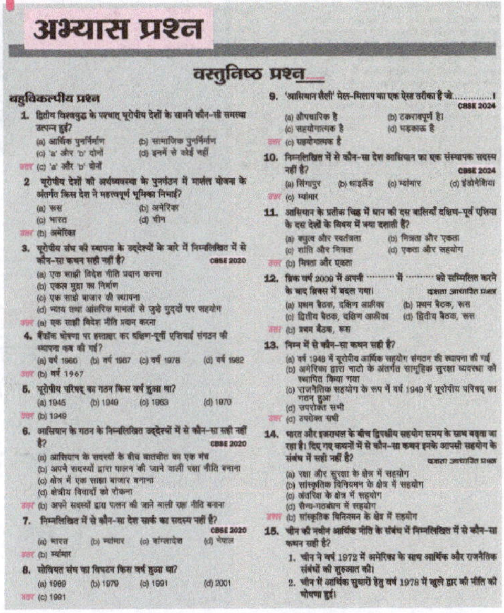


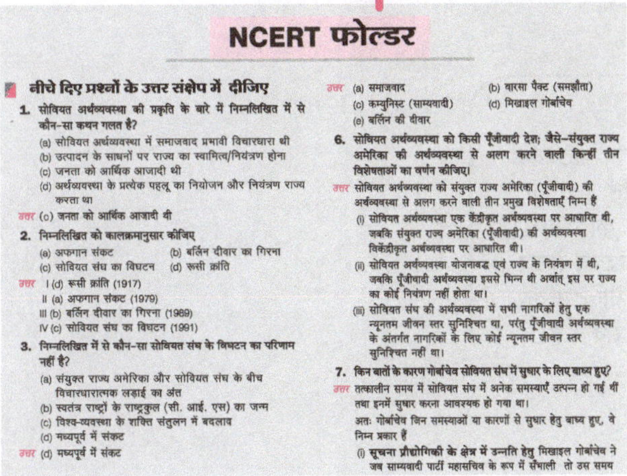

# One Book- Endless Features
*to Help you Succeed*

**स्वयं को जाँचें**

अभ्यास प्रश्न के पश्चात् अध्याय के इस चरण में छात्र अध्याय से संबंधित अपने ज्ञान का मूल्यांकन कर सकते हैं।

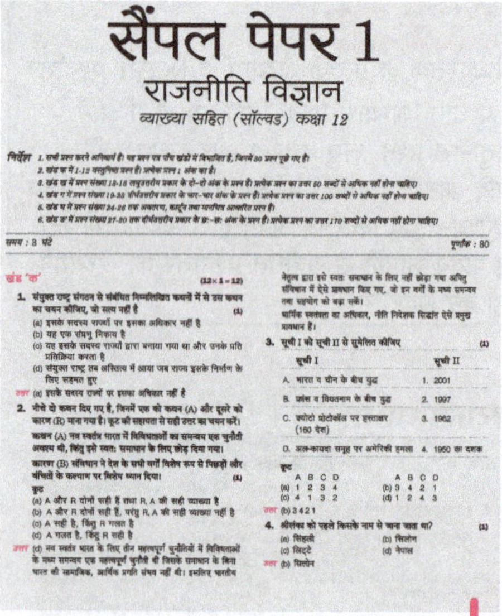

सैंपल पेपर 1

राजनीति विज्ञान

व्याख्या सहित (सॉल्वड) कक्षा 12

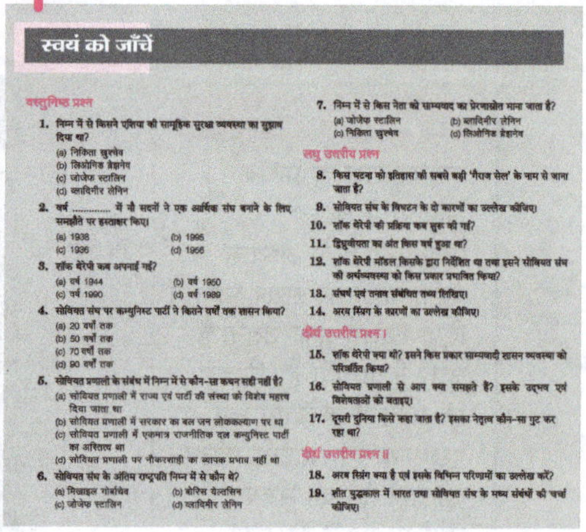

स्वयं को जाँचें

वस्तुनिष्ठ प्रश्न

लघु उत्तरीय प्रश्न

दीर्घ उत्तरीय प्रश्न I

दीर्घ उत्तरीय प्रश्न II

**सैंपल पेपर्स**

पुस्तक के अंत में CBSE के नवीनतम पाठ्यक्रम व नवीनतम सैंपल पेपर पर आधारित 3 सैंपल पेपर्स दिए गए हैं। सभी सैंपल पेपर्स को परीक्षा पैटर्न व समय सीमा को ध्यान में रखकर तैयार किया गया है। इन सैंपल पेपर्स की प्रैक्टिस कर छात्र परीक्षा की सटीक तैयारी कर सकते हैं।

# नवीनतम पाठ्यक्रम

समय – 3 घंटे | अधिकतम अंक – 80

| खण्ड 'क' | समकालीन विश्व राजनीति | अंक |
|---|---|---|
| | 1. द्विध्रुवीयता का अंत | 6 |
| | 2. सत्ता के समकालीन केंद्र | 6 |
| | 3. समकालीन दक्षिण एशिया | 6 |
| | 4. अंतर्राष्ट्रीय संगठन | 6 |
| | 5. समकालीन विश्व में सुरक्षा | 6 |
| | 6. पर्यावरण और प्राकृतिक संसाधन | 6 |
| | 7. वैश्वीकरण | 4 |
| | कुल | 40 |
| खण्ड 'ख' | स्वतंत्र भारत में राजनीति | अंक |
| | 1. राष्ट्र-निर्माण की चुनौतियाँ | 6 |
| | 2. एक दल के प्रभुत्व का दौर | 4 |
| | 3. नियोजित विकास की राजनीति | 2 |
| | 4. भारत के विदेशी संबंध | 6 |
| | 5. कांग्रेस प्रणाली : चुनौतीयाँ और पुनर्स्थापन | 4 |
| | 6. लोकतांत्रिक व्यवस्था का संकट | 4 |
| | 7. क्षेत्रीय आकांक्षाएँ | 6 |
| | 8. भारतीय राजनीति : नए बदलाव | 8 |
| | कुल | 40 |

## खण्ड 'क' समकालीन विश्व राजनीति

1. **द्विध्रुवीयता का अंत**
   सोवियत प्रणाली, गोर्बाचेव और विघटन, सोवियत संघ के विघटन के कारण और परिणाम, शॉक थेरेपी और इसके परिणाम, विश्व राजनीति में नई संस्थाएँ (रूस, बाल्कन राज्य, मध्य एशियाई राज्य), रूस और अन्य साम्यवादी देशों के साथ भारत के संबंध।

2. **सत्ता के समकालीन केंद्र**
   यूरोपीय संघ, दक्षिण-पूर्वी एशियाई राष्ट्र संघ, आर्थिक शक्ति के रूप में चीन का उदय, उभरती शक्तियों के रूप में जापान और दक्षिण कोरिया।

3. **समकालीन दक्षिण एशिया**
   पाकिस्तान और बांग्लादेश में सेना और लोकतंत्र, नेपाल में राजतंत्र और लोकतंत्र, श्रीलंका में जातीय संघर्ष और लोकतंत्र, भारत-पाकिस्तान संघर्ष, भारत और उसके पड़ोसी देश, शाति और सहयोग।

4. **अंतर्राष्ट्रीय संगठन**
   अंतर्राष्ट्रीय संगठनों का अर्थ और महत्त्व, संयुक्त राष्ट्र संघ का विकास, अंतर्राष्ट्रीय संगठनों की संरचना और कार्य, संयुक्त राष्ट्र के प्रमुख अंग, शीतयुद्ध के बाद संयुक्त राष्ट्र संघ में सुधार, संयुक्त राष्ट्र की संरचनाओं, प्रक्रियाओं और अधिकार क्षेत्र में सुधार, संयुक्त राष्ट्र संघ में सुधार और भारत, प्रमुख एजेंसियाँ : आई एम एफ, विश्व बैंक, डब्ल्यू टी ओ, आई एल ओ, आई ए ई ए, एन जी ओ एमनेस्टी इंटरनेशनल, ह्यूमन राइट्स वॉच, अंतर्राष्ट्रीय संगठनों के निहितार्थ और भविष्य।

5. **समकालीन विश्व में सुरक्षा**
सुरक्षा का अर्थ और प्रकार, सुरक्षा की पारंपरिक अवधारणा, सुरक्षा की अपारंपरिक धारणा, खतरे के नए स्रोत, सहयोगमूलक सुरक्षा, भारत की सुरक्षा रणनीति।

6. **पर्यावरण और प्राकृतिक संसाधन** पर्यावरण चिंता, साझी संपदा, साझी परंतु अलग–अलग जिम्मेदारियाँ, पर्यावरण के मसले पर भारत का पक्ष, पर्यावरणीय आंदोलन, संसाधनों की भू–राजनीति, मूलवासियों के अधिकार।

7. **वैश्वीकरण**
वैश्वीकरण की अवधारणा, वैश्वीकरण के कारण और परिणाम, भारत और वैश्वीकरण, वैश्वीकरण का प्रतिरोध, भारत और वैश्वीकरण का प्रतिरोध।

## खण्ड 'ख' स्वतंत्र भारत में राजनीति

1. **राष्ट्र निर्माण की चुनौतियाँ**
नए राष्ट्र की चुनौतियाँ (तीन चुनौतियाँ), विभाजन : विस्थापन और पुनर्वास (विभाजन के परिणाम), रजवाड़ों का विलय (समस्या, सरकार का नजरिया, हैदराबाद, मणिपुर), राज्यों का पुनर्गठन।

2. **एक दल के प्रभुत्व का दौर**
लोकतंत्र निर्माण की चुनौती, पहले तीन चुनावों में कांग्रेस का प्रभुत्व (कांग्रेस के प्रभुत्व की प्रकृति, कांग्रेस एक सामाजिक और विचारधारात्मक गठबंधन के रूप में, गुटों में तालमेल और सहनशीलता), विपक्षी पार्टियों का उद्भव।

3. **नियोजित विकास की राजनीति**
राजनीतिक टकराव (विकास की धारणाएँ, योजना, योजना आयोग), शुरुआती कदम (प्रथम पंचवर्षीय योजना, औद्योगीकरण की तेज रफ्तार)।

4. **भारत के विदेशी संबंध**
अंतर्राष्ट्रीय संदर्भ, गुटनिरपेक्षता की नीति (नेहरू की भूमिका, दो खेमों से दूरी, एफ्रो–एशियाई एकता), चीन के साथ शांति और संघर्ष (चीन का आक्रमण, 1962, पाकिस्तान के साथ युद्ध और शांति, बांग्लादेश युद्ध, 1971), भारत की परमाणु नीति।

5. **कांग्रेस प्रणाली : चुनौती और पुनर्स्थापन**
राजनीतिक उत्तराधिकार की चुनौती (नेहरू के बाद शास्त्री, शास्त्री के बाद इंदिरा गाँधी), चौथा आम चुनाव, 1967 (चुनावों का संदर्भ, गैर–कांग्रेसवाद, चुनाव का जनादेश, गठबंधन, दल–बदल), कांग्रेस में विभाजन (इंदिरा बनाम सिंडिकेट, राष्ट्रपति पद का चुनाव, 1969), 1971 का चुनाव और कांग्रेस का पुनर्स्थापन (परिणाम और उसके बाद, पुनर्स्थापन)।

6. **लोकतांत्रिक व्यवस्था का संकट**
आपातकाल की पृष्ठभूमि (आर्थिक संदर्भ, गुजरात और बिहार के आंदोलन, न्यायपालिका से संघर्ष), आपातकाल की घोषणा (संकट और सरकार का फैसला, परिणाम), आपातकाल के सबक, आपातकाल के बाद की राजनीति (लोकसभा के चुनाव, 1977, जनता सरकार, विरासत)।

7. **क्षेत्रीय आकांक्षाएँ**
क्षेत्र और राष्ट्र (भारत सरकार का नजरिया, तनाव के दायरे, जम्मू एवं कश्मीर समस्या की जड़ें, बाहरी और आंतरिक झगड़े, 1948 से राजनीति, सशस्त्र विद्रोह और उसके बाद, 2002 और इससे आगे), पंजाब (राजनीतिक संदर्भ, हिंसा का चक्र, शांति की ओर), पूर्वोत्तर (स्वायत्तता की माँग, अलगाववादी आंदोलन, बाहरी लोगों के खिलाफ आंदोलन, असम और राष्ट्रीय, एकीकरण)।

8. **भारतीय राजनीति : नए बदलाव**
1990 का दशक, गठबंधन का युग (गठबंधन की राजनीति), अन्य पिछड़ा वर्ग का राजनीतिक उदय ('मंडल का लागू होना, राजनीतिक परिणाम), सांप्रदायिकता, धर्मनिरपेक्षता और लोकतंत्र (अयोध्या विवाद, विध्वंस और उसके बाद), एक नई सहमति का उदय, 2004 के लोकसभा चुनाव, बढ़ती सहमति।

01

## खण्ड (क) समकालीन विश्व राजनीति

अध्याय

# द्विध्रुवीयता का अंत

द्वितीय विश्व युद्ध के बाद लंबे समय तक विश्व व्यवस्था द्विध्रुवीयता से प्रभावित होती रही, किंतु वर्ष 1989 में बर्लिन की दीवार के गिरने से इस प्रवृति में विघटन उभरने लगा। इस अध्याय में दूसरी दुनिया के विघटन के आशय, कारण और परिणामों के अध्ययन को शामिल किया गया है।

▼ **अध्ययन एक नजर में**

1.1 सोवियत प्रणाली
1.2 गोर्बाचेव और सोवियत संघ का विघटन
1.3 साम्यवादी शासन के बाद 'शॉक थेरेपी'
1.4 संघर्ष और तनाव
1.5 विश्व राजनीति में नई संस्थाएँ
1.6 रूस और अन्य साम्यवादी देशों के साथ भारत के संबंध

▼ **अभ्यास के लिए**

– बहुविकल्पीय प्रश्न 36 (युग्मित प्रश्न, चित्र आधारित प्रश्न, कथन/कारण, सुमेलित कीजिए)

– वर्णनात्मक प्रकार के प्रश्न (लघु उत्तरीय प्रश्न 5, दीर्घ उत्तरीय प्रश्न I 9, दीर्घ उत्तरीय प्रश्न II 4)

– स्रोत आधारित प्रश्न 4, मानचित्र आधारित 2

- द्विध्रुवीयता की अवधारणा और इसके अंत का वैश्विक व्यवस्था पर महत्त्वपूर्ण प्रभाव पड़ा। बर्लिन की दीवार के गिरने से लेकर, विभिन्न ऐतिहासिक घटनाओं ने सोवियत व्यवस्था के पतन को जन्म दिया। इस पतन के परिणामस्वरूप विश्व राजनीति में कई महत्त्वपूर्ण परिवर्तन हुए, जिनमें शीत युद्ध की समाप्ति, विभाजित जर्मनी का एकीकरण, साम्यवादी सरकार के स्थान पर उदार लोकतांत्रिक सरकार और निजी स्वामित्व की स्थापना शामिल है।
- शीतयुद्ध के काल में वर्ष 1961 में बनी बर्लिन की दीवार पश्चिमी बर्लिन को पूर्वी बर्लिन से अलग करती थी। यह दीवार पूँजीवादी विश्व और साम्यवादी विश्व के विभाजन का प्रतीक थी। इस विभाजन के पश्चात् पूर्वी जर्मनी सोवियत संघ के वारसा गुट में और पश्चिमी जर्मनी संयुक्त राज्य अमेरिका के नेतृत्व में नाटो गुट में शामिल हुआ था, लेकिन 9 नवम्बर, 1989 में पूर्वी जर्मनी की आम जनता ने इस बर्लिन की दीवार को गिरा दिया, जिसके बाद शीतयुद्ध से उत्पन्न **द्विध्रुवीयता**[1] का अंत हो गया। इसने जर्मनी के एकीकरण और साम्यवादी गुट के अंत की शुरुआत को चिह्नित किया।

## 1.1 सोवियत प्रणाली

- सोवियत प्रणाली से अभिप्राय समाजवाद एवं समतामूलक समाज के आदर्शों पर आधारित **साम्यवादी**[2] शासन प्रणाली से है। इस प्रणाली को वर्ष 1917 में रूस की समाजवादी क्रांति के बाद अपनाया गया। यह क्रांति पूँजीवादी व्यवस्था के विरोध में हुई, जिसने समानता के सिद्धांतों पर आधारित समाज को बढ़ावा दिया। जिसके प्रणेता रूस में बोल्शेविक कम्युनिस्ट पार्टी के संस्थापक ब्लादिमीर लेनिन थे।
- सोवियत व्यवस्था के निर्माताओं ने राज्य और पार्टी की संस्था को प्राथमिकता दी। सोवियत राजनीतिक व्यवस्था कम्युनिस्ट पार्टी के इर्द-गिर्द केंद्रित थी। राज्य द्वारा किसी अन्य राजनीतिक दल को अनुमति नहीं दी गई थी। अर्थव्यवस्था के संदर्भ में, सब कुछ राज्य द्वारा नियोजित और नियंत्रित किया जाता था।

1 **द्विध्रुवीयता** यह एक ऐसी विश्व व्यवस्था है, जहाँ दो देश वैश्विक आर्थिक, सैन्य और सांस्कृतिक प्रभाव का अधिकांश हिस्सा रखते हैं।

2 **साम्यवादी** यह मानता है कि सभी लोग समान रूप से महत्त्वपूर्ण हैं और उन्हें जीवन में समान अधिकार और अवसर मिलने चाहिए।

- इस क्रांति के परिणामस्वरूप **समाजवादी सोवियत गणराज्य** (Union of Soviet Socialist Republics, USSR) की स्थापना हुई, साथ ही द्वितीय विश्वयुद्ध के बाद फासीवादी ताकतों से मुक्त कराए गए पूर्वी यूरोप के देशों की राजनीतिक और सामाजिक व्यवस्था को समाजवादी प्रणाली के अंतर्गत परिवर्तित कर दिया गया। देशों के इस समूह को **दूसरी दुनिया के देश** अथवा समाजवादी गुट (Socialist Blocs) के देश कहा जाता है। इन देशों में सोवियत गणराज्य की ही राजनीतिक और आर्थिक व्यवस्था लागू थी तथा वर्साय की संधि के तहत इन देशों को एकसाथ सोवियत गणराज्य के नेतृत्व में रखा गया।

## सोवियत प्रणाली की विशेषताएँ

सोवियत प्रणाली की कुछ प्रमुख विशेषताएँ इस प्रकार हैं

- **विकसित अर्थव्यवस्था** दूसरे विश्व युद्ध के बाद सोवियत संघ महाशक्ति के रूप में उभरा। अमेरिका को छोड़कर शेष विश्व में सोवियत अर्थव्यवस्था कहीं अधिक विकसित थी।
- **विकसित संचार व परिवहन प्रणाली** सोवियत प्रणाली की विशेषताओं में एक प्रमुख विशेषता उन्नत संचार प्रणाली का सुव्यवस्थित होना था, जिसके कारण दूर के क्षेत्र भी एक-दूसरे से जुड़े हुए थे।
- **विशाल ऊर्जा संसाधन** सोवियत संघ के पास विशाल ऊर्जा संसाधन (Energy Resource) थे। यहाँ खनिज तेल, लोहा, इस्पात एवं मशीनरी का अपार भंडार था।
- **विकसित घरेलू उद्योग** सोवियत संघ का घरेलू उपभोक्ता उद्योग अत्यधिक विकसित था, जिसके अंतर्गत एक छोटी-सी पिन से लेकर कार आदि का उत्पादन होता था। हालाँकि पश्चिमी पूँजीवादी देशों की तुलना में उनकी गुणवत्ता में अंतर था।
- **लोक/जनकल्याण पर बल** सोवियत प्रणाली की एक अन्य विशेषता यह थी कि सरकार का बल जन लोककल्याण पर केंद्रित था। सरकार जनता की स्वास्थ्य सुविधाओं, शिक्षा व बच्चों की देखभाल की चीजों को रियायती दरों पर उपलब्ध कराने के लिए प्रतिबद्ध थी।
- **संपदा पर स्वामित्व** मिल्कियत का प्रमुख रूप राज्य का स्वामित्व था तथा भूमि और अन्य उत्पादक संपदाओं पर स्वामित्व होने के अतिरिक्त नियंत्रण भी राज्य का ही था।

## सोवियत प्रणाली के दोष

सोवियत प्रणाली में अनेक विशेषताएँ थीं, फिर भी इसके अपने कुछ दोष भी थे, जिन्हें निम्न तथ्यों के द्वारा व्यक्त किया गया है

- **नौकरशाही का प्रभाव** सोवियत प्रणाली पर नौकरशाही का प्रभाव व्यापक था, जिसके कारण यह प्रणाली धीरे-धीरे समाजवादी से सत्तावादी में परिवर्तित होने लगी थी।
- **लोकतंत्र एवं अभिव्यक्ति की आजादी पर अंकुश** सोवियत प्रणाली में नौकरशाही के बढ़ते हस्तक्षेप से नागरिकों की अभिव्यक्ति की स्वतंत्रता समाप्त हो गई। लोकतंत्र जैसी आजादी नागरिकों को न मिलने से ये लोग अपनी असहमति अकसर चुटकुलों एवं कार्टूनों के माध्यम से व्यक्त करने लगे थे।
- **एक दल का प्रभुत्व** सोवियत संघ में एक दल अर्थात् कम्युनिस्ट पार्टी का शासन होना भी एक प्रमुख कमी थी। यह दल जनता के प्रति जवाबदेह नहीं था।
- **रूस का प्रभुत्व** सोवियत संघ की स्थापना 15 गणराज्यों से मिलकर हुई थी, जिससे सभी राज्य अपनी-अपनी संस्कृति एवं सभ्यता की सुरक्षा स्वयं कर सकें, परंतु साम्यवादी दल ने जनता की इस इच्छा को नकार दिया, जबकि इन 15 गणराज्यों में से रूस का अपना एक अलग प्रभुत्व था। ऐसे में अन्य क्षेत्रों की जनता स्वयं को दमित (Depressed) एवं उपेक्षित अनुभव करती थी।
- **कमजोर प्रौद्योगिकी एवं बुनियादी ढाँचा** सोवियत संघ ने अमेरिकी सैन्य क्षमताओं से मेल खाने के लिए प्रौद्योगिकी और बुनियादी ढाँचे पर बहुत खर्च किया। सोवियत प्रणाली प्रौद्योगिकी एवं बुनियादी ढाँचे; जैसे—परिवहन व ऊर्जा के मामले में पश्चिमी देशों की तुलना में अधिक पिछड़ी हुई थी। इसका एक कारण यह था कि सोवियत संघ ने अपना ध्यान हथियारों पर अधिक केंद्रित किया हुआ था। वह स्वयं को सबसे शक्तिशाली साबित करना चाहता था। इसके लिए उसने वर्ष 1979 में अफगानिस्तान में हस्तक्षेप भी किया। इससे सोवियत संघ की व्यवस्था और भी कमजोर हो गई। उत्पादकता और प्रौद्योगिकी के मामले में वह पश्चिमी देशों की अपेक्षा अत्यधिक पीछे था, जिसके कारण उपयोगी वस्तुओं की कमी हो गई। 1970 के दशक के अंत में यह व्यवस्था स्थिर हो गई।

**सोवियत संघ के प्रमुख नेता**

सोवियत संघ के प्रमुख नेता इस प्रकार हैं

- **व्लादिमीर लेनिन** (1870-1924) इन्होंने बोल्शेविक कम्युनिस्ट पार्टी की स्थापना की थी। ये वर्ष 1917 की रूसी क्रांति के नायक भी रहे। लेनिन एक असाधारण सिद्धांतकार थे एवं मार्क्सवाद को पूर्ण रूप से समझते थे। इन्हें संपूर्ण विश्व में साम्यवाद का प्रेरणास्रोत माना जाता है।
- **जोजेफ स्टालिन** (1879-1953) ये लेनिन के उत्तराधिकारी थे। इन्होंने सोवियत संघ के मजबूत बनने के दौर (वर्ष 1924-53) में नेतृत्व किया। इन्होंने औद्योगीकरण को अत्यधिक बढ़ावा दिया और खेती का बलपूर्वक समूहीकरण किया। इन्हें वर्ष 1930 में पार्टी के अंदर अपने विरोधियों को दबाने और तानाशाही व्यवहार के लिए जिम्मेदार माना गया।
- **निकिता ख्रुश्चेव** (1894-1971) ये सोवियत संघ के राष्ट्रपति (1953-64) थे। इन्होंने स्टालिन की नेतृत्व-शैली की आलोचना की। इन्होंने वर्ष 1956 में कुछ सुधार लागू किए तथा पश्चिम के साथ 'शांतिपूर्ण सह-अस्तित्व' का सुझाव रखा। इनके काल में हंगरी में जनविद्रोह और क्यूबा का मिसाइल संकट हुआ था।
- **लिओनिड ब्रेझनेव** (1906-82) ये सोवियत संघ के राष्ट्रपति (1964-82) रहे। इन्होंने एशिया की सामूहिक सुरक्षा व्यवस्था का सुझाव दिया। ये अमेरिका के साथ संबंधों में तनाव की कमी के दौर से संबद्ध थे। इनके काल में चेकोस्लोवाकिया में जनविद्रोह और अफगानिस्तान पर आक्रमण हुआ था।
- **मिखाइल गोर्बाचेव** इनका जन्म वर्ष 1931 में हुआ। ये सोवियत संघ के अंतिम राष्ट्रपति (1985-91) थे। इन्होंने अफगानिस्तान और पूर्वी यूरोप से सोवियत सेना वापस बुलाई। इन्होंने जर्मनी के एकीकरण में सहायक की भूमिका निभाई तथा शीतयुद्ध को समाप्त किया। इन पर सोवियत संघ के विघटन का आरोप लगा था।
- **बोरिस येल्तसिन** (1931-2007) ये रूस के पहले निर्वाचित राष्ट्रपति (1991-99) थे। गोर्बाचेव ने इन्हें मॉस्को का मेयर नियुक्त किया था। इन्होंने वर्ष 1991 में सोवियत संघ के शासन के खिलाफ विरोध का नेतृत्व किया। इन्होंने सोवियत संघ के विघटन में महत्त्वपूर्ण भूमिका निभाई थी। इन्हें साम्यवाद से पूँजीवाद की ओर संक्रमण के दौरान रूसी लोगों को हुए कष्ट के लिए जिम्मेदार माना गया।

**चेक प्वॉइंट 1**

1. बर्लिन की दीवार को किस दिन गिराया गया था?
2. सोवियत प्रणाली का अभिप्राय किस प्रणाली से था?
3. सोवियत संघ ने वर्ष 1979 में किस देश पर आक्रमण किया था?
4. सोवियत संघ का अंतिम नेता कौन था, जिसने जर्मनी के एकीकरण में मदद की?
5. बोल्शेविक कम्युनिस्ट पार्टी की स्थापना किसने की थी?

## 1.2 गोर्बाचेव और सोवियत संघ का विघटन

- सोवियत संघ के राष्ट्रपति मिखाइल गोर्बाचेव सोवियत प्रणाली के दोषों को सुधारना चाहते थे। वे वर्ष 1985 में सोवियत संघ की कम्युनिस्ट पार्टी के महासचिव बने थे। पश्चिमी देशों में सूचना और प्रौद्योगिकी के क्षेत्र में क्रांति हो रही थी और सोवियत संघ को इसके समान लाने के लिए सुधार जरूरी हो गया था। यही कारण है कि गोर्बाचेव ने पश्चिमी देशों के साथ संबंधों को सामान्य बनाने, सोवियत संघ को लोकतांत्रिक रूप देने और वहाँ सुधार करने का निर्णय लिया। लेकिन इस सुधारवादी निर्णय का परिणाम कुछ ऐसा हुआ, जिसका अनुमान किसी ने नहीं लगाया था।
- सोवियत संघ के विघटन के लिए कई घटनाएँ जिम्मेदार थीं। उनमें से कुछ पर नीचे चर्चा की गई है।

### समाजवादी खेमें में संकट

- पूर्वी यूरोप के देशों की जनता ने सुधारवादी निर्णय के बाद अपनी सरकारों और सोवियत नियंत्रण का विरोध करना शुरू कर दिया। गोर्बाचेव ने इस विरोध में उस तरह का हस्तक्षेप नहीं किया जैसा कि अतीत में होता था। फलत: पूर्वी यूरोप की साम्यवादी सरकारों का पतन होने लगा। सोवियत संघ के बाहर हो रहे इन परिवर्तनों के साथ-साथ अंदर भी संकट बढ़ता गया, जिससे सोवियत संघ के विघटन की गति और तेज हो गई।

## गोर्बाचेव की नीतियाँ

- मिखाइल गोर्बाचेव ने देश के अंदर जिस राजनीतिक-आर्थिक सुधारों व लोकतंत्रीकरण की नीति अपनाई, उसका कम्युनिस्ट पार्टी के नेताओं द्वारा विरोध किया गया।
- वर्ष 1991 में सत्ता परिवर्तन भी हुआ। कम्युनिस्ट पार्टी से जुड़े गरमपंथियों ने इसे बढ़ावा दिया। इस समय तक जनता स्वतंत्रता के महत्त्व को समझ चुकी थी और कम्युनिस्ट पार्टी की परंपरागत शासन पद्धति को अपनाना नहीं चाहती थी।

## तख्तापलट के विरुद्ध विपक्ष

- येल्तसिन ने इस सत्ता परिवर्तन के विरोध में महत्त्वपूर्ण भूमिका निभाई। येल्तसिन ने मॉस्को में एक टैंक पर चढ़कर जनता और सैनिकों से तख्तापलट का विरोध करने की अपील की।
- येल्तसिन के नेतृत्व में जनता के विरोध के कारण तख्तापलट असफल रहा और गोर्बाचेव को पुनः सत्ता में बहाल किया गया।
- रूसी गणराज्य, जहाँ बोरिस येल्तसिन ने आम चुनाव जीता था, ने केंद्रीकृत नियंत्रण का विरोध किया।
- इस घटना के बाद येल्तसिन की लोकप्रियता बढ़ी और वे आम जनता के नायक बन गए।

## सत्ता का हस्तांतरण

- सत्ता मॉस्को से गणराज्यों की तरफ जाने लगी। ऐसा विशेषकर सोवियत संघ के उन क्षेत्रों में हुआ, जो ज्यादा यूरोपीयकृत थे और अपने को संप्रभु राज्य मानते थे।
- दिसंबर, 1991 में येल्तसिन के नेतृत्व में सोवियत संघ के तीन बड़े गणराज्यों—रूस, यूक्रेन और बेलारूस के द्वारा सोवियत संघ की समाप्ति की घोषणा के साथ ही सोवियत संघ का अंत हो गया। साथ ही कम्युनिस्ट पार्टी पर प्रतिबंध लगा दिया गया एवं पूर्व के सोवियत गणराज्यों ने पूँजीवाद तथा लोकतंत्र को अपना आधार बना लिया।
- ऐसे गणराज्य, जो सोवियत संघ से स्वयं को अलग कर रहे थे, ने **स्वतंत्र राष्ट्रों के राष्ट्रकुल** (Commonwealth of Independent States, CIS) का गठन किया। मध्य एशियायी गणराज्यों ने अपनी स्वतंत्रता की माँग नहीं की, इसलिए इन्हें यह अधिक आश्चर्यजनक लगा था। ये गणराज्य अभी स्वतंत्र राज्यों के राष्ट्रकुल से बाहर थे, इसलिए इस समस्या का हल करने के लिए ऐसे राष्ट्रों को राष्ट्रकुल का संस्थापक सदस्य बनाया गया।
- स्वतंत्र राज्यों के राष्ट्रकुल की स्थापना रूस, बेलारूस और यूक्रेन द्वारा 8 दिसंबर, 1991 को मिंस्क (बेलारूस) में एक समझौते पर हस्ताक्षर करके हुई। 21 दिसंबर, 1991 को अल्मा-आटा (कजाकिस्तान) में हुई बैठक में पूर्व सोवियत संघ के आठ और गणतंत्र—आर्मीनिया, अजरबैजान, कजाकिस्तान, किर्गिस्तान, मॉल्डोवा, तजाकिस्तान, तुर्कमेनिस्तान और उज्बेकिस्तान सीआईएस के सदस्य बने। जॉर्जिया ने वर्ष 1993 में इस संगठन की सदस्यता ग्रहण की।
- तीन बाल्टिक राज्य—एस्टोनिया, लाटविया और लिथुआनिया सीआईएस से बाहर रहे। पूर्व सोवियत संघ से स्वतंत्र हुए उत्तरवर्ती राज्यों में सरकारी कार्यों और संधि दायित्वों के व्यवस्थित स्थानांतरण में सहायता पहुँचाना, राष्ट्रीय सुरक्षा और निरस्त्रीकरण में समन्वित नीतियों को प्रोत्साहन देना तथा सदस्य देशों में आर्थिक एकता स्थापित करने के लिए कार्य करना सीआईएस का उद्देश्य है।
- वर्ष 1993 में नौ सदस्यों (अजरबैजान, आर्मीनिया, बेलारूस, कजाकिस्तान, किर्गिस्तान, मॉल्डोवा, रूस, तजाकिस्तान और उज्बेकिस्तान) ने एक आर्थिक संघ बनाने के लिए समझौते पर हस्ताक्षर किए।
- जॉर्जिया और तुर्कमेनिस्तान ने इस संधि पर वर्ष 1994 में हस्ताक्षर किए। अक्टूबर, 1994 में एक अंतर्राज्यीय आर्थिक समिति का गठन किया गया।
- सोवियत संघ के विघटन के पश्चात् रूस को सोवियत संघ का उत्तराधिकारी राज्य बनाया गया। सुरक्षा परिषद् में सोवियत संघ को सीट दी गई। ऐसी अंतरष्ट्रीय संधियाँ, जो सोवियत संघ के द्वारा की गई थी, उन सबका उत्तरदायित्व रूस पर आ गया। सोवियत पूर्ववर्ती राज्यों में केवल रूस को ही परमाणु शक्ति संपन्न देश का दर्जा प्रदान किया गया। रूस के द्वारा अमेरिका के साथ परमाणु निरस्त्रीकरण की दिशा में कई संधियाँ की गईं। इसमें सबसे प्रमुख बात सोवियत संघ के 15 गणराज्यों में रूस का सबसे शक्तिशाली गणराज्य होना था।

## सोवियत संघ के विघटन के कारण

सोवियत संघ के विघटन के लिए कई घटनाएँ जिम्मेदार थीं। उनमें से कुछ पर नीचे चर्चा की गई है

### आर्थिक

- सोवियत संघ की राजनीतिक संस्थाएँ आंतरिक रूप से अधिक कमजोर हो चुकी थीं। वे जनता की इच्छाओं एवं आकांक्षाओं की पूर्ति करने में असमर्थ थीं, जो आगे चलकर सोवियत संघ के विघटन का एक बड़ा कारण बना।

- सोवियत संघ की अर्थव्यवस्था की गति कई वर्षों तक अवरुद्ध रही। इससे उपभोक्ता वस्तुओं की देश में लगातार कमी होती गई। इन सब कारणों से जनता सरकार को दोषी मानने लगी। आम नागरिक भी पश्चिम की आर्थिक प्रगति और अपनी व्यवस्था और पश्चिम व्यवस्थाओं के बीच असमानताओं के बारे में जागरूक हो गए।

### प्रशासनिक

- सोवियत संघ पर कम्युनिस्ट पार्टी ने 70 वर्षों तक शासन किया। समय बीतने के साथ-साथ यह जनता के प्रति अपने दायित्वों से बचती रही, जिसके कारण भ्रष्टाचार में वृद्धि एवं प्रशासन में गतिरोध उत्पन्न हो गया। इसके अतिरिक्त साम्यवादी दल अपने दोषों/कमियों को सुधारने में असफल रहा।
- प्रशासनिक व्यवस्था में पार्टी के नौकरशाहों को आम नागरिकों की तुलना में अधिक विशेषाधिकार प्राप्त थे। लोग व्यवस्था और शासकों से जुड़ाव महसूस नहीं करते थे।

### राजनैतिक

- मिखाइल गोर्बाचेव ने जब अपने सुधारों के क्रम में उदारता से कार्य करना आरंभ किया, तो जनता की अपेक्षाएँ आवश्यकता से अधिक हो गईं। इसके अतिरिक्त लोगों का यह मानना था कि सुधार के कार्य और तेज होने चाहिए। लोगों को अपनी आशानुरूप लाभ नहीं हो रहा था।
- कम्युनिस्ट पार्टी के सदस्य एवं सोवियत संघ की इस व्यवस्था से लाभ प्राप्त कर रहे लोगों का मानना था कि गोर्बाचेव काम में बहुत शीघ्रता दिखा रहे हैं। कुछ समय बाद गोर्बाचेव को जनता का समर्थन कम होता गया तथा जनमत भी दो भागों में बँट गया। अब सभी को लगने लगा था कि गोर्बाचेव अपनी नीतियों का ठीक से बचाव नहीं कर पा रहे हैं।
- सोवियत संघ की जनता में राष्ट्रवादी भावनाओं व संप्रभुता की इच्छा ने सोवियत संघ के विघटन में महत्त्वपूर्ण योगदान दिया। इसमें रूस और बाल्टिक गणराज्य (एस्टोनिया, लातविया और लिथुआनिया), यूक्रेन तथा जॉर्जिया जैसे सोवियत संघ के विभिन्न गणराज्य शामिल थे। राष्ट्रवाद की भावना एवं संप्रभुता की इच्छा सोवियत संघ के विघटन का अंतिम एवं तात्कालिक कारण बनी।
- राजनीतिक एवं आर्थिक संस्थाओं के कमजोर होने का प्रमुख कारण सोवियत संघ के द्वारा अपने संसाधनों का अधिकांश भाग परमाणु हथियार एवं सैन्य सामानों पर व्यय कर दिया जाना था। इसके अतिरिक्त पूर्वी यूरोप के पिछडे देशों को अपने नियंत्रण में रखने हेतु उनके विकास पर भी भारी मात्रा में व्यय करना था।

## सोवियत संघ के विघटन के परिणाम

सोवियत संघ के विघटन के विश्व राजनीति की दृष्टि से दूरगामी परिणाम सामने आए। इन परिणामों को तीन तथ्यों के द्वारा निम्न प्रकार से व्यक्त किया जा सकता है

### शीत युद्ध के टकरावों का अंत

- सोवियत संघ के विघटन से सबसे बड़ा परिवर्तन यह हुआ कि दो महाशक्तियों के मध्य चल रहा शीतयुद्ध समाप्त हो गया। शीतयुद्ध की समाप्ति से हथियारों की प्रतिस्पर्द्धा भी समाप्त हो गई और एक नई शांति की संभावना का जन्म हुआ। इसी के साथ यह विवाद भी समाप्त हो गया कि समाजवादी प्रणाली पूँजीवादी प्रणाली के प्रभुत्व को समाप्त कर पाएगी या नहीं।

### विश्व राजनीति की शक्ति गतिशीलता में परिवर्तन

- सोवियत संघ के विघटन के पश्चात् वैश्विक राजनीति में शक्ति संबंधों में बड़ा बदलाव आया, जिससे अमेरिका अब एक बड़ी महाशक्ति बनकर सामने आया। सोवियत संघ की स्थिति अब ऐसी नहीं थी कि वह स्वयं को महाशक्ति साबित कर सके। ऐसे में अमेरिका के बढ़ते **वर्चस्व**[3] से पूँजीवादी अर्थव्यवस्था सबसे बड़ी अर्थव्यवस्था बनकर उभरी।
- ऐसी अर्थव्यवस्था के लिए विश्व बैंक और अंतर्राष्ट्रीय मुद्रा कोष जैसी संस्थाएँ सलाहकार बन गईं। इन संस्थाओं द्वारा विभिन्न देशों को दिए गए कर्ज ने पूँजीवाद को बढ़ावा दिया। इस समय **उदारवादी लोकतंत्र** (Liberal Democracy) राजनीतिक जीवन को सूत्रबद्ध करने में सर्वश्रेष्ठ धारणा के रूप में उभरकर सामने आया।

### नए देशों का उदय

- सोवियत संघ के विघटन के बाद नए देशों का उदय हुआ। इनमें से कुछ देश मुख्य रूप से बाल्टिक एवं पूर्वी यूरोप के देश 'यूरोपीय संघ' से जुड़ना एवं **उत्तर अटलांटिक संधि संगठन** (North Atlantic Treaty Organisation, NATO) का हिस्सा बनना चाहते थे,
- मध्य एशियाई देशों ने अपनी विशिष्ट भौगोलिक स्थिति के बल पर रूस के साथ अपने रिश्ते मजबूत रखे तथा पश्चिमी देशों, अमेरिका, चीन व अन्य देशों के साथ संबंध बनाए। इस प्रकार, अंतर्राष्ट्रीय क्षेत्र में कई नए खिलाड़ी सामने आए, जिनमें से प्रत्येक की अपनी पहचान, हित, आर्थिक और राजनीतिक कठिनाइयाँ थीं।

---

3 **वर्चस्व** (Hegemony) अंतर्राष्ट्रीय व्यवस्था में जब शक्ति का केवल एक ही केंद्र हो, तो उसे वर्चस्व की संज्ञा दी जाती है।

## 1.3 साम्यवादी शासन के बाद 'शॉक थेरेपी'

- साम्यवादी शासन के पतन के बाद शॉक थेरेपी की प्रक्रिया शुरू की गई। शॉक थेरेपी का अर्थ आघात पहुँचाकर उपचार करने से है। सोवियत संघ के विघटन के पश्चात् रूस, मध्य एशिया के गणराज्य तथा पूर्वी यूरोप के देशों में पूँजीवाद की ओर संक्रमण का एक विशेष मॉडल अपनाया गया।
- पूर्ववर्ती द्वितीय विश्व देशों में शॉक थेरेपी की दिशा और विशेषताएं काफी समान थीं, लेकिन इसकी तीव्रता और गति में भिन्नता थी।
- वर्ष 1990 में अपनाई गई शॉक थेरेपी का उद्देश्य यह था कि सभी देश पूँजीवादी अर्थव्यवस्था को पूर्ण रूप से अपना ले, साथ ही इसका उद्देश्य यह भी था कि सभी देश सोवियत संघ के समय की प्रत्येक संरचना से पूर्णरूप से मुक्त हो जाएँ।
- शॉक थेरेपी की विशेषताएँ निम्नलिखित हैं
  - इसका अर्थ था कि निजी स्वामित्व आर्थिक स्वामित्व का प्रमुख रूप होगा।
  - राज्य की संपदा का निजीकरण और कॉर्पोरेट स्वामित्व पैटर्न तुरंत लागू किया जाना।
  - सामूहिक फार्म (Collective Farms) को निजी फार्म (Private Farms) में बदला गया।
  - पूँजीवादी पद्धति से कृषि की शुरुआत की गई।
  - अंतर्राष्ट्रीय व्यापार को बढ़ावा देने के लिए इन देशों ने मुक्त व्यापार को पूर्ण रूप से अपनाने पर बल दिया।
  - इस परिवर्तन ने राज्य-नियंत्रित समाजवाद या पूँजीवादी व्यवस्था के अतिरिक्त किसी भी वैकल्पिक या तीसरे रास्ते को खारिज कर दिया।
  - सोवियत गुट से जुड़े देशों के मध्य व्यापारिक गठबंधनों को समाप्त किया गया। इसके स्थान पर इन्हें सीधे पश्चिमी देशों से जोड़ने पर बल दिया गया।
  - पश्चिमी देश इन देशों के मार्गदर्शक के रूप में उभरकर सामने आए।

## शॉक थेरेपी के परिणाम

वर्ष 1990 में अपनाई गई शॉक थेरेपी का परिणाम आशानुरूप नहीं आया, बल्कि इसके विपरीत पूरे क्षेत्र की अर्थव्यवस्था पर प्रतिकूल प्रभाव पड़ा। शॉक थेरेपी के परिणाम निम्नलिखित हैं

- जर्जर अर्थव्यवस्था शॉक थेरेपी प्रक्रिया के परिणामस्वरूप क्षेत्र की अर्थव्यवस्था अस्त-व्यस्त हो गई। रूस का राज्य नियंत्रित औद्योगिक ढाँचा पूर्ण रूप से अव्यवस्थित हो गया, लगभग 90% उद्योगों को निजी हाथों अथवा कंपनियों को बेच दिया गया। सभी नागरिको को ब्रिकी में भाग लेने के लिए अधिकार पत्र दिए गए थे, लेकिन उनमें से अधिकांश ने पैसों के लिए इन अधिकार पत्र को काले बाजार में बेंच दिया।
- यह पुनर्गठन बाजार की ताकतों के माध्यम से किया गया था, न कि सरकार द्वारा निर्देशित औद्योगिक नीतियों के द्वारा, इसलिए मूल्यवान उद्योगों का कम मूल्यांकन किया गया और उन्हें बहुत कम कीमतों पर बेचा गया। इसलिए इसे इतिहास की सबसे बड़ी **गैराज सेल** कहा गया।

### रूसी मुद्रा और खाद्यान्न आयात में गिरावट

- अर्थव्यवस्था के अस्त-व्यस्त हो जाने के कारण रूस की मुद्रा **रूबल** के मूल्य में भारी गिरावट आई, जिससे मुद्रास्फीति (Inflation) इतनी अधिक बढ़ गई थी कि लोगों की जमा पूँजी एवं सामूहिक खेती प्रणाली के समाप्त होने के साथ-साथ लोगों की खाद्यान्न सुरक्षा भी समाप्त हो गई।
- खेती के निजी हाथों में आ जाने से रूस में खाद्यान्न संकट उत्पन्न हो गया, जिससे रूस ने खाद्यान्न का आयात करना शुरू कर दिया। वर्ष 1999 में रूस का वास्तविक **सकल घरेलू उत्पाद** (Gross Domestic Product, GDP) वर्ष 1989 की तुलना में बहुत कम था।
- पुरानी व्यापारिक व्यवस्था भी समाप्त हो चुकी थी एवं इसके स्थान पर अन्य कोई वैकल्पिक व्यवस्था का निर्माण नहीं हो पाया था।

### कल्याणकारी राज्य का अंत

- सोवियत संघ की पुरानी समाज कल्याण की व्यवस्था को समाप्त कर दिया गया। ऐसे में सरकारी रियायतों के समाप्त होने के कारण अधिकांश लोग गरीब हो गए। गरीबी बढ़ने के बाद समाज का मध्यम वर्ग संकट में आ गया। जो लोग शैक्षिक और बौद्धिक कार्यों में संलग्न नहीं थे वे स्थानांतरित (Migrated) हो गए।

### असमानता

- शॉक थेरेपी के परिणामस्वरूप निजीकरण (Privatisation) को बढ़ावा मिला, परंतु रूस में अमीर एवं गरीब लोगों के बीच अंतर बढ़ गया। इन दोनों के बीच पहले की अपेक्षा आर्थिक असमानता अब अधिक बढ़ गई थी।
- शॉक थेरेपी के कारण कई **माफियाओं**[4] का उदय हुआ, जिन्होंने सोवियत संघ के बाद के राज्यों में कई आर्थिक गतिविधियों को नियंत्रित करना शुरू कर दिया।

### लोकतांत्रिक संस्थाओं का अभाव

- सोवियत संघ के बाद के सभी देशों के संविधान जल्दबाजी में बनाए गए थे। उनमें से अधिकतर देशों में मजबूत कार्यपालिका, कमजोर संसद और न्यायिक स्वतंत्रता की कमी थी। उदाहरण के लिए, तुर्कमेनिस्तान और उज्बेकिस्तान के राष्ट्रपतियों ने पहले स्वयं को सत्ता में 10 साल के लिए नियुक्त किया और फिर इसे और 10 सालों के लिए बढ़ा दिया।
- इनमें से अधिकतर अर्थव्यवस्थाएँ, मुख्यत: रूस, आजादी के दस वर्ष पश्चात् अर्थात् वर्ष 2000 में फिर से उभरने लगीं। अधिकतर अर्थव्यवस्थाओं के फिर से उभरने का कारण तेल, प्राकृतिक गैस और खनिजों जैसे प्राकृतिक संसाधनों का निर्यात था। अजरबैजान, कजाकिस्तान, रूस, तुर्कमेनिस्तान और उज्बेकिस्तान तेल और गैस के बड़े उत्पादक हैं। दूसरे देशों को तेल पाइपलाइनों के विस्तार से लाभ हुआ, क्योंकि यह उनके इलाकों से होकर गुजरती है। जिसके लिए उन्हें किराया मिलता है।

## 1.4 संघर्ष और तनाव

पूर्व सोवियत संघ के अधिकांश गणराज्य युद्ध एवं संघर्ष की आशंका वाले क्षेत्र रहे हैं। इनमें से अनेक गणराज्यों ने गृहयुद्ध एवं विद्रोह जैसी समस्याओं का सामना भी किया है। इसके अतिरिक्त इन देशों में बाहरी शक्तियों ने भी हस्तक्षेप किया, जिससे स्थिति और भी गंभीर हो गई।

### संघर्ष एवं तनाव से संबंधित तथ्य

संघर्ष एवं तनाव से जुड़े इन गणराज्यों के कुछ तथ्य निम्न प्रकार हैं

- रूस के दो गणराज्यों—चेचन्या एवं दागिस्तान में लंबे समय तक **हिंसक अलगाववादी आंदोलन**[5] चला। मॉस्को (रूस) ने चेचन विद्रोहियों को समाप्त करने के लिए मानवाधिकार का उल्लंघन किया। लेकिन स्वतंत्रता की आकांक्षाओं को रोकने में विफल रहा।
- तजाकिस्तान (मध्य एशिया) वर्ष 2001 तक गृहयुद्ध में फँसा रहा। इस पूरे क्षेत्र में सांप्रदायिक संघर्ष लगातार चल रहे थे।
- अजरबैजान के प्रांत नगरनों कराबाख के स्थानीय आर्मेनियाई अलग होकर आर्मेनिया से मिलना चाहते थे।
- जॉर्जिया के दो प्रांत स्वतंत्रता के लिए गृहयुद्ध में लिप्त थे।
- यूक्रेन, किर्गिस्तान तथा जॉर्जिया में शासन को समाप्त करने के लिए आंदोलन चला।
- इनके अतिरिक्त कई अन्य देश एवं प्रांत नदी जल के मुद्दे पर आपस में विवादों में फँसे रहे। ऐसी स्थिति से आम जनता परेशान थी एवं विभिन्न देशों में अस्थिरता का माहौल था।

### संघर्ष एवं तनाव के कारण

संघर्ष एवं तनाव के कुछ प्रमुख कारण निम्नलिखित हैं

- **विशाल पेट्रोलियम भंडार के क्षेत्र** मध्य एशियायी गणराज्यों में विशाल पेट्रोलियम संसाधनों (हाइड्रोकार्बनिक) के होने से यह क्षेत्र बाहरी ताकतों एवं तेल कंपनियों की आपसी प्रतिस्पर्द्धा का एक प्रमुख कारण है।
- **सैनिक संगठन बनाना** मध्य एशियायी गणराज्य रूस, चीन एवं अफगानिस्तान से जुड़े हैं तथा पश्चिम एशिया से नजदीक भी हैं। 11 सितंबर, 2001 की घटना के बाद अमेरिका इस क्षेत्र को अपना सैनिक संगठन बनाना चाहता था, जिसके लिए इन देशों से जगह किराए पर लेने के लिए अमेरिका ने कीमत भी चुकाई तथा अफगानिस्तान एवं इराक में युद्ध के दौरान इन क्षेत्रों से अपने विमानों को उड़ाने की अनुमति प्राप्त की।
- इन गणराज्यों को रूस अपना 'निकटवर्ती विदेश' मानता है और ऐसी अपेक्षा करता है कि इन गणराज्यों को उसके प्रभाव में रहना चाहिए।
- खनिज तेल एवं इसी प्रकार के अन्य संसाधनों के कारण चीन को भी इस क्षेत्र से लाभ प्राप्त हो रहा है। चीनियों ने अब सीमावर्ती क्षेत्रों में आकर व्यापार करना प्रारंभ कर दिया है।

---

4 माफिया यह शब्द अपराधियों का एक संगठन या गिरोह के लोगों के लिए प्रयोग किया गया है।

5 हिंसक अलगाववादी आंदोलन यह किसी समूह द्वारा किसी देश से अलग होकर एक स्वतंत्र राष्ट्र बनने का राजनीतिक प्रयास है।

- स्वतंत्रता के लिए संघर्ष पूर्वी यूरोप के गणराज्य चेकोस्लोवाकिया ने स्वयं को शांतिपूर्वक दो भागों में विभाजित कर लिया। इनमें से एक का नाम चेक तथा दूसरे का स्लोवाकिया है।
- बाल्कन क्षेत्र का गणराज्य यूगोस्लाविया वर्ष 1991 में अधिक संघर्ष, गृहयुद्ध एवं बमबारी के बाद कई प्रांतों में विभाजित हो गया। इसमें शामिल बोस्निया-हर्जेगोविना, स्लोवेनिया तथा क्रोएशिया ने स्वयं को स्वतंत्र रूप से घोषित कर लिया है। इन सब कारणों से यहाँ 'नाटो' को हस्तक्षेप करना पड़ा।

### चेक प्वॉइंट 2

1. मिखाइल गोर्बाचेव कम्युनिस्ट पार्टी के महासचिव कब बने?
2. किस घटना के कारण शीत युद्ध समाप्त हो गया?
3. मिन्स्क समझौता कब हुआ?
4. शॉक थेरेपी को किस वर्ष अपनाया गया था?
5. रूस के किन दो गणराज्यों में चेचन विद्रोह हुआ?

## 1.5 विश्व राजनीति में नई संस्थाएँ

### रूस

- सोवियत संघ के विघटन के पश्चात् रूस सोवियत संघ का उत्तराधिकारी राज्य बना। विघटन के बाद इसे कई सामाजिक-आर्थिक और राजनीतिक चुनौतियों का सामना करना पड़ा, लेकिन इसके विशाल प्राकृतिक संसाधनों, विशेषकर तेल और गैस ने रूस को तेजी से उभरने में मदद की। इसे सुरक्षा परिषद् में सीट दी गई। विभिन्न अंतर्राष्ट्रीय संधियाँ, जो सेवियत संघ ने की थी, का दायित्व रूस पर आया। रूस को परमाणु शक्ति संपन्न देश का दर्जा प्रदान किया गया। द्वितीय विश्वयुद्ध के समय तक रूसी साम्राज्य मध्य एशिया में फैल चुका था।
- युद्ध में जर्मनी को हराने के बाद रूसी शक्ति और अंतर्राष्ट्रीय राजनीति में रूस तेजी से हावी हो गया। साम्यवादी नीति, कृषि और अंतरिक्ष तथा यंत्रों के क्षेत्र में हुई अभूतपूर्व प्रगति के कारण रूस विश्व के तकनीकी और आर्थिक मंडल पर एक बड़ी शक्ति बनकर आया।

### बाल्कन

- बाल्कन या बाल्कन प्रायद्वीप दक्षिण-पूर्वी यूरोप का एक क्षेत्र है, जो भौगोलिक तथा ऐतिहासिक दृष्टि से अपनी अलग पहचान बना चुका है। इसका कुल क्षेत्रफल 5,50,000 वर्ग किलोमीटर तथा जनसंख्या लगभग 5.5 करोड़ है। इसे बाल्कन प्रायद्वीप भी कहा जाता है जिसका कारण इसकी भौगोलिक स्थिति है। दक्षिणी यूरोप का यह सबसे पूर्वी प्रायद्वीप है।
- यह तीन ओर से समुद्र से घिरा हुआ है—इसके पूर्व में काला सागर, ईजियन सागर, मरमरा सागर, दक्षिण में भूमध्यसागर, पश्चिम में इयोनियम सागर तथा एड्रियाटिक सागर हैं तथा उत्तर में सावा, कूपा और डैन्यूब नदियाँ बहती हैं। इसमें रोमानिया, मोल्दोवा, बुल्गारिया, ग्रीस, अल्बानिया और पूर्व यूगोस्लाविया के स्वतंत्र राज्य-सर्बिया, क्रोएशिया, स्लोवेनिया, उत्तरी मैसेडोनिया, बोस्निया और हर्जेगोविना तथा मोंटेनेग्रो साहित कई देश शामिल हैं। लेकिन क्षेत्र के घटकों पर सार्वभौमिक सहमति नहीं है।

### मध्य एशिया

- मध्य एशिया एशिया महाद्वीप का मध्य या केंद्रीय भाग है। यह पूर्व में पश्चिमी चीन और मंगोलिया से पश्चिम में कैस्पियन सागर तक और उत्तर में रूस से दक्षिण में अफगानिस्तान और ईरान तक विस्तृत है।
- भू-वैज्ञानिकों द्वारा मध्य एशिया की हर परिभाषा में भूतपूर्व सोवियत संघ के पाँच देश हमेशा गिने जाते हैं—कजाखस्तान, किरगिजस्तान, तजाकिस्तान, तुर्कमेनिस्तान और उज्बेकिस्तान। इसके अतिरिक्त मंगोलिया, अफगानिस्तान, उत्तरी पाकिस्तान, भारत के लद्दाख प्रदेश, चीन के शिनजियांग और तिब्बत क्षेत्रों एवं रूस के साइबेरिया क्षेत्र के दक्षिणी भाग को भी अकसर मध्य एशिया का हिस्सा समझा जाता है।
- मध्यकाल में इसे तुरकेस्तान और तातारिस्तान भी कहते थे, क्योंकि यहाँ की भाषा तुर्क भाषा से संबंधित है। सांस्कृतिक रूप से इस क्षेत्र पर ईरान का प्रभाव रहा है, यद्यपि मुख्य आबादी सुन्नी है। 1880 से 1988 के बीच यह रूस नीत सोवियत साम्राज्य का हिस्सा रहा है।

## 1.6 रूस और अन्य- साम्यवादी देशों के साथ भारत के संबंध

- भारत और रूस के बीच संबंध आपसी विश्वास, साझे हितों और गहरे सांस्कृतिक आदान-प्रदान पर आधारित हैं। भारतीय सिनेमा विशेष रूप से राज कपूर और अमिताभ बच्चन जैसे अभिनेताओं की फिल्में, रूस और पूर्व सोवियत संघ के गणराज्यों में अत्यंत लोकप्रिय रही हैं। रूस के विभिन्न क्षेत्रों में हिंदी फिल्मों के गीतों की धुनें सुनाई देती हैं, जो दोनों देशों के बीच सांस्कृतिक जुड़ाव को दर्शाती हैं।

**विघटन से पहले**

विश्व राजनीति में रूस के उदय से पहले भी भारत ने सोवियत संघ के साथ बहुआयामी संबंध बनाए रखे थे।

(i) **आर्थिक** सोवियत संघ ने भारत की सार्वजनिक क्षेत्र की कंपनियों को भिलाई, बोकारो, विशाखापत्तनम जैसे इस्पात संयंत्रों और भारत हेवी इलेक्ट्रिकल्स लिमिटेड जैसे मशीनरी संयंत्रों के लिए सहायता और तकनीकी सहायता देकर सहायता की। जब भारत के पास विदेशी मुद्रा की कमी थी, तो उसने व्यापार के लिए भारतीय मुद्रा भी स्वीकार की।

(ii) **राजनीतिक** सोवियत संघ ने संयुक्त राष्ट्र में कश्मीर मुद्दे पर भारत के रूख का समर्थन किया। इसने भारत के प्रमुख संघर्षों, विशेषकर वर्ष 1971 में पाकिस्तान के साथ युद्ध के दौरान भी भारत का समर्थन किया। भारत ने भी कुछ महत्त्वपूर्ण लेकिन अप्रत्यक्ष तरीकों से सोवियत विदेश नीति का समर्थन किया।

(iii) **सैन्य** भारत ने अपना अधिकांश सैन्य हार्डवेयर सोवियत संघ से उस समय प्राप्त किया जब कुछ ही देश सैन्य तकनीकें देने को तैयार थे। सोवियत संघ ने भारत को संयुक्त रूप से सैन्य उपकरण बनाने की अनुमति देने वाले कई समझौते किए।

(iv) **संस्कृति** हिंदी फिल्में और भारतीय संस्कृति सोवियत संघ में लोकप्रिय थी। बड़ी संख्या में भारतीय लेखक और कलाकार सोवियत संघ का दौरा करते थे।

**विघटन के बाद**

- सोवियत संघ के विघटन के पश्चात् भारत ने सभी साम्यवादी देशों के साथ अच्छे संबंध बनाए, लेकिन सबसे मजबूत संबंध अभी भी रूस और भारत के बीच है। भारत-रूस सम्बन्ध विश्वास और साझा हितों के इतिहास में गहराई से निहित हैं।
- रूस और कई सोवियत-विरोधी देशों में हिंदी फिल्मी गाने और भारतीय नायक बहुत लोकप्रिय हैं। वर्ष 2001 के भारत-रूस सामरिक समझौते के तहत भारत और रूस के बीच 80 से अधिक द्विपक्षीय समझौतों पर हस्ताक्षर किए गए हैं।
- भारत रूसी हथियारों का प्रमुख खरीदार है और भारतीय सेना के अधिकांश उपकरण रूस से आते हैं।
- रूस ने तेल संकट के समय भारत की सहायता की है और भारत अपने ऊर्जा आयात को बढ़ाने के लिए कजाकिस्तान और तुर्कमेनिस्तान के साथ प्रयासरत् है।
- रूस भारत की परमाणु और अंतरिक्ष योजनाओं में भी महत्त्वपूर्ण सहयोग प्रदान करता है।

## 21वीं सदी में अरब स्प्रिंग (अरब क्रांति)

- अरब स्प्रिंग वर्ष 2010 में मध्य पूर्व में फैले सरकार विरोधी विद्रोहों और सशस्त्र विद्रोहों की एक श्रृंखला थी। 21वीं सदी में पश्चिम एशियाई देशों में लोकतंत्र और लोकतंत्रीकरण के लिए नए विकास का उदय हुआ।
- ट्यूनीशिया में उभरे अरब स्प्रिंग ने अपनी जड़ें जमा लीं, जहाँ लोगों ने भ्रष्टाचार, बेरोजगारी और गरीबी के खिलाफ संघर्ष शुरू किया। यह विरोध बाद में एक राजनीतिक आंदोलन में बदल गया, क्योंकि लोगों ने निरंकुश तानाशाही को मौजूदा समस्याओं का कारण बताया।
- ट्यूनीशिया में शुरू हुई लोकतंत्र की माँग पश्चिम एशिया के मुस्लिम बहुल अरब देशों में फैल गई। होस्नी मुबारक, जो वर्ष 1979 से मिस्र में सत्ता में थे से बड़े पैमाने पर लोकतांत्रिक विरोधी गतिविधियों के परिणामस्वरूप सत्ता छिन गई।
- इसके अतिरिक्त, अरब स्प्रिंग का प्रभाव यमन, बहरीन, लीबिया और सीरिया में भी दिखाई दे रहा था, जहाँ लोगों के इसी तरह के विरोध के कारण पूरे क्षेत्र में लोकतांत्रिक जागृति आई।

### चेक प्वॉइंट 3

1. मध्य एशिया में सांस्कृतिक रूप से किस देश का प्रभाव रहा है?
2. भारत और रूस के बीच सामरिक समझौते पर कब हस्ताक्षर किए गए?
3. अरब स्प्रिंग की शुरुआत कहाँ हुई थी?

## टाइमलाइन

| | |
|---|---|
| वर्ष 1917 | रूस में समाजवादी क्रांति हुई। इसे रूसी क्रांति के नाम से भी जाना जाता है। |
| वर्ष 1961 | बर्लिन की दीवार का निर्माण हुआ। |
| वर्ष 1979 | सोवियत संघ ने अफगानिस्तान में हस्तक्षेप किया। |
| मार्च, 1985 | मिखाइल गोर्बाचेव सोवियत संघ की कम्युनिस्ट पार्टी के महासचिव बने। बोरिस येल्तसिन को रूस की कम्युनिस्ट पार्टी का प्रमुख बनाया। सोवियत संघ में सुधारों की श्रृंखला शुरू की। |
| जून, 1988 | लिथुआनिया में आजादी के लिए आंदोलन शुरू, एस्टोनिया और लातविया में भी फैला। |
| अक्टूबर, 1989 | सोवियत संघ की घोषणा कि 'वारसा समझौते' के सदस्य अपना भविष्य तय करने के लिए स्वतंत्र हैं। नवंबर 1989 में बर्लिन की दीवार गिरी। |
| फरवरी, 1990 | लिथुआनिया ने अपनी स्वतन्त्रता की घोषणा की |
| जून, 1991 | येल्तसिन रूस के राष्ट्रपति बने |
| अगस्त, 1991 | कम्युनिस्ट पार्टी के कट्टरपंथियों द्वारा गोर्बाचेव के विरुद्ध तख्तापलटा। |
| सितंबर 1991 | तीन बाल्टिक गणराज्य एस्टेनिया, लाटुइया और लिथुआनिया संयुक्त राष्ट्र के सदस्य बन गए। |
| दिसंबर 1991 | सीआईएस की स्थापना |
| 25 दिसंबर 1991 | गोर्बाचेव ने सोवियत संघ के राष्ट्रपति पद से इस्तीफा दे दिया, सोवियत संघ का अंत हो गया। |

# Mind Map

## द्विध्रुवीयता का अंत

### 1 सोवियत प्रणाली की अवधारणा

- **सोवियत प्रणाली** से अभिप्राय समाजवाद एवं समाज को आदर्शों पर आधारित साम्यवयवादी शासन प्रणाली से है।
- सोवियत संघ (USSR) की स्थापना वर्ष 1917 की रूसी क्रांति के पश्चात् हुई थी।
- द्वितीय विश्वयुद्ध के पश्चात् सोवियत संघ ने पूर्वी यूरोप पर अपना प्रभाव बना लिया।
- 1970 के दशक के अंत तक सोवियत अर्थव्यवस्था में स्थिरता आ गई और वर्ष 1979 में अफगानिस्तान पर आक्रमण के पश्चात् यह व्यवस्था और भी कमजोर हो गई।

### 2 गोर्बाचेव और सोवियत संघ का विघटन

- मिखाइल गोर्बाचेव वर्ष 1985 में सोवियत संघ के नेता बने।
- इन्होंने आर्थिक और राजनीतिक सुधारों के माध्यम से सोवियत संघ का आधुनिकीकरण करने का लक्ष्य रखा।
- इन सुधारों ने अनजाने में पूर्वी यूरोपीय देशों में विरोध प्रदर्शनों को भड़का दिया।

#### विघटन के कारण

- गोर्बाचेव के सुधारों ने राष्ट्रीय सुधारों को प्रेरित किया, जिससे विभाजन और अशांति उत्पन्न हुई।
- सोवियत अर्थव्यवस्था परमाणु हथियारों पर अत्यधिक खर्च के कारण संघर्ष कर रही थी।

#### विघटन की परिणतियाँ

- शीतयुद्ध के अंत ने वैचारिक संघर्ष, हथियारों की दौड़ और परमाणु निर्माण को समाप्त कर दिया।
- पूँजीवाद अधिक प्रभावी हो गया, क्योंकि अमेरिका एकमात्र महाशक्ति बन गया।
- सोवियत संघ के विघटन से नए देशों और नाटो के उभरने का मार्ग प्रशस्त हुआ।

### 3 साम्यवादी शासन के पश्चात् 'शॉक थेरेपी'

- शॉक थेरेपी समाजवाद से पूँजीवाद की ओर तेजी से परिवर्तन की प्रक्रिया है।
- उद्योगों की विफलता और उच्च मुद्रास्फीति के कारण आर्थिक संकट उत्पन्न हुआ।
- निजीकरण के कारण अमीर और गरीब के बीच असमानता बढ़ गई।
- सीमित राजनीतिक स्वतंत्रता के कारण लोकतांत्रिक संस्थाएँ कमजोर हो गईं।
- 2000 के दशक में प्राकृतिक संसाधनों के निर्यात ने अर्थव्यवस्था को पुनर्जीवित करने में सहायता की।

#### वैश्विक राजनीति पर सोवियत विघटन का प्रभाव
**शीतयुद्ध का अंत और नए राष्ट्रों का उदय**

- सोवियत संघ के विघटन से शीतयुद्ध की टकराव की स्थिति समाप्त हो गई।
- अमेरिका एकमात्र महाशक्ति के रूप में उभरा, जिससे उदार लोकतंत्र वैश्विक रूप से प्रभावी हो गया।
- बाल्टिक और पूर्वी यूरोपीय देशों ने यूरोपीय संघ और नाटो की सदस्यता पाने की कोशिश की।

### 4 पूर्व साम्यवादी देश और भारत

#### सोवियत संघ के विघटन से पहले भारत के साथ संबंध

- सोवियत संघ ने भारत के सार्वजनिक क्षेत्र, विशेष रूप से इस्पात और मशीनरी उद्योग में सहायता की।
- सोवियत संघ ने कश्मीर मुद्दों पर भारत का समर्थन किया।
- भारतीय फिल्में और संस्कृति सोवियत संघ में काफी लोकप्रिय थीं।

#### सोवियत संघ के विघटन के बाद भारत के साथ संबंध

- वर्ष 2001 के भारत-रूस रणनीतिक समझौते के तहत भारत और रूस के बीच 80 से अधिक द्विपक्षीय समझौते किए गए।
- भारत व रूस के लिए दूसरा सबसे बड़ा हथियार बाजार बन गया।
- रूस ने भारत को परमाणु ऊर्जा और एयरोस्पेस क्षेत्र में सहयोग प्रदान किया।

### 5 सोवियत उत्तराधिकारी देशों में भू-राजनीतिक उथल-पुथल

- पूर्व सोवियत गणराज्य आंतरिक संघर्षों और गृहयुद्धों का सामना कर रहे थे।
- अमेरिका, रूस और चीन, एशिया में तेल संसाधनों और सैन्य ठिकानों के लिए सक्रिय रूप से प्रतिस्पर्द्धा कर रहे हैं।
- यूगोस्लाविया ने गृहयुद्धों के कारण अपनी एकता खो दी।

# NCERT फोल्डर

## नीचे दिए प्रश्नों के उत्तर संक्षेप में दीजिए

**1. सोवियत अर्थव्यवस्था की प्रकृति के बारे में निम्नलिखित में से कौन-सा कथन गलत है?**

(a) सोवियत अर्थव्यवस्था में समाजवाद प्रभावी विचारधारा थी
(b) उत्पादन के साधनों पर राज्य का स्वामित्व/नियंत्रण होना
(c) जनता को आर्थिक आजादी थी
(d) अर्थव्यवस्था के प्रत्येक पहलू का नियोजन और नियंत्रण राज्य करता था

उत्तर (c) जनता को आर्थिक आजादी थी

**2. निम्नलिखित को कालक्रमानुसार कीजिए**

(a) अफगान संकट (b) बर्लिन दीवार का गिरना
(c) सोवियत संघ का विघटन (d) रूसी क्रांति

उत्तर I (d) रूसी क्रांति (1917)
II (a) अफगान संकट (1979)
III (b) बर्लिन दीवार का गिरना (1989)
IV (c) सोवियत संघ का विघटन (1991)

**3. निम्नलिखित में से कौन-सा सोवियत संघ के विघटन का परिणाम नहीं है?**

(a) संयुक्त राज्य अमेरिका और सोवियत संघ के बीच विचारधारात्मक लड़ाई का अंत
(b) स्वतंत्र राष्ट्रों के राष्ट्रकुल (सी. आई. एस) का जन्म
(c) विश्व-व्यवस्था के शक्ति संतुलन में बदलाव
(d) मध्यपूर्व में संकट

उत्तर (d) मध्यपूर्व में संकट

**4. सूची I को सूची II से सुमेलित कीजिए।**

| | सूची I | | सूची II |
|---|---|---|---|
| A. | मिखाइल गोर्बाचेव | 1. | सोवियत संघ का उत्तराधिकारी |
| B. | शॉक थेरेपी | 2. | सैन्य समझौता |
| C. | रूस | 3. | सुधारों की शुरुआत |
| D. | बोरिस येल्तसिन | 4. | आर्थिक मॉडल |
| E. | वारसा | 5. | रूस के राष्ट्रपति |

**कूट**

| | A | B | C | D | E | | A | B | C | D | E |
|---|---|---|---|---|---|---|---|---|---|---|---|
| (a) | 1 | 2 | 4 | 3 | 5 | (b) | 2 | 3 | 1 | 4 | 5 |
| (c) | 3 | 4 | 1 | 5 | 2 | (d) | 1 | 5 | 4 | 3 | 2 |

उत्तर (c) 3 4 1 5 2

**5. रिक्त स्थानों की पूर्ति कीजिए**

(a) सोवियत राजनीतिक प्रणाली ......... की विचारधारा पर आधारित थी।
(b) सोवियत संघ द्वारा बनाया गया सैन्य गठबंधन ......... था।
(c) ......... पार्टी का सोवियत राजनीतिक व्यवस्था पर दबदबा था।
(d) ......... ने वर्ष 1985 में सोवियत संघ में सुधारों की शुरुआत की।
(e) ......... का गिरना शीतयुद्ध के अंत का प्रतीक था।

उत्तर (a) समाजवाद (b) वारसा पैक्ट (समझौता)
(c) कम्युनिस्ट (साम्यवादी) (d) मिखाइल गोर्बाचेव
(e) बर्लिन की दीवार

**6. सोवियत अर्थव्यवस्था को किसी पूँजीवादी देश; जैसे-संयुक्त राज्य अमेरिका की अर्थव्यवस्था से अलग करने वाली किन्हीं तीन विशेषताओं का वर्णन कीजिए।**

उत्तर सोवियत अर्थव्यवस्था को संयुक्त राज्य अमेरिका (पूँजीवादी) की अर्थव्यवस्था से अलग करने वाली तीन प्रमुख विशेषताएँ निम्न हैं

(i) सोवियत अर्थव्यवस्था एक केंद्रीकृत अर्थव्यवस्था पर आधारित थी, जबकि संयुक्त राज्य अमेरिका (पूँजीवादी) की अर्थव्यवस्था विकेंद्रीकृत अर्थव्यवस्था पर आधारित थी।
(ii) सोवियत अर्थव्यवस्था योजनाबद्ध एवं राज्य के नियंत्रण में थी, जबकि पूँजीवादी अर्थव्यवस्था इससे भिन्न थी अर्थात् इस पर राज्य का कोई नियंत्रण नहीं होता था।
(iii) सोवियत संघ की अर्थव्यवस्था में सभी नागरिकों हेतु एक न्यूनतम जीवन स्तर सुनिश्चित था, परंतु पूँजीवादी अर्थव्यवस्था के अंतर्गत नागरिकों के लिए कोई न्यूनतम जीवन स्तर सुनिश्चित नहीं था।

**7. किन बातों के कारण गोर्बाचेव सोवियत संघ में सुधार के लिए बाध्य हुए?**

उत्तर तत्कालीन समय में सोवियत संघ में अनेक समस्याएँ उत्पन्न हो गई थीं तथा इनमें सुधार करना आवश्यक हो गया था।

अतः गोर्बाचेव जिन समस्याओं या कारणों से सुधार हेतु बाध्य हुए, वे निम्न प्रकार हैं

(i) **सूचना प्रौद्योगिकी के क्षेत्र में उन्नति हेतु** मिखाइल गोर्बाचेव ने जब साम्यवादी पार्टी महासचिव के रूप में सँभाली, तो उस समय सोवियत संघ सूचना प्रौद्योगिकी के क्षेत्र में पश्चिमी देशों की अपेक्षा पिछड़ रहा था।
(ii) **पश्चिम के देशों से संबंध सामान्य बनाने हेतु** शीतयुद्ध के समय सोवियत संघ के संबंध पश्चिमी देशों विशेष रूप से संयुक्त राज्य अमेरिका के साथ अच्छे नहीं थे।
ऐसे में गोर्बाचेव ने सैन्य व्यय को कम करके पश्चिम के देशों से संबंध सामान्य बनाने के लिए सुधार शुरू किए।
(iii) **गतिरुद्ध अर्थव्यवस्था के विकास हेतु** सोवियत संघ की अर्थव्यवस्था सुस्त/गतिरुद्ध हो गई थी। अतः अर्थव्यवस्था को रफ्तार/गति देना आवश्यक हो गया था।
(iv) **प्रशासनिक तथा राजनीतिक व्यवस्था** के सुधार हेतु सोवियत संघ पर कम्युनिस्ट पार्टी ने 70 वर्षों तक शासन किया, लेकिन यह पार्टी गतिरूद्ध प्रशासन, अत्यधिक भ्रष्टाचार, अपनी गलतियों को सुधारने की अक्षमता तथा सत्ता के केंद्रीकरण जैसी समस्याओं का सामना कर रही थी। इस पार्टी के सदस्यों को जनसामान्य की अपेक्षा अधिक विशेषाधिकार प्राप्त थे, जिससे नागरिक शासकों और राजव्यवस्था को जोड़कर नहीं देख पा रहे थे, क्योंकि उद्योगों की कीमत का आकलन बहुत ही कम किया गया और फिर उन्हें औने-पौने दामों पर बेंच दिया गया।

**8. भारत जैसे देशों के लिए सोवियत संघ के विघटन के क्या परिणाम हुए?**

उत्तर शीतयुद्ध के समय भारत की नीति गुटनिरपेक्षता की थी। हालाँकि वर्ष 1971 में कुछ मुद्दों को लेकर भारत ने सोवियत संघ से मित्रता संधि भी की थी, किंतु सोवियत संघ के विघटन के बाद इन संबंधों में कई बदलाव देखने को मिले।

भारत एवं इस जैसे अन्य देशों के लिए सोवियत संघ के विघटन के निम्न परिणाम सामने आए

(i) **शांति की स्थापना** सोवियत संघ के विघटन के पश्चात् शीतयुद्ध समाप्त हो गया, जिससे विश्व में हथियारों की होड़ पर पाबंदी लगी। ऐसे में वे देश, जो दोनों महाशक्तियों में से किसी भी पक्ष में शामिल नहीं थे, उन्हें वैश्विक शांति स्थापित होने के आसार दिखने लगे और जब शांति स्थापित हुई तब भारत को भी इससे लाभ मिला।

(ii) **एक ध्रुवीय विश्व की तानाशाही** सोवियत संघ के विघटन के बाद अमेरिका एक ध्रुवीय शक्ति के रूप में उभरकर सामने आया। उसने विभिन्न देशों के मामलों में हस्तक्षेप प्रारंभ कर दिया, जिससे भारत भी इससे अछूता नहीं रहा।

(iii) **नए देशों का उदय** भारत जैसे विकासशील देश को भी अपने हितों की पूर्ति के लिए यूरोपीय संघ से जूझना पड़ा।

(iv) **रूस का उदय** सोवियत संघ के विघटन के बाद रूस सोवियत संघ के प्रतिनिधि के रूप में उभरा। अपनी अर्थव्यवस्था, राजनीतिक व्यवस्था व सामरिक क्षमता को सुदृढ़ करते हुए वह पुनः अमेरिका को चुनौती पेश कर रहा है, परंतु भारत वर्तमान समय में अपनी आवश्यकताओं को देखते हुए अमेरिका की तरफ अधिक झुकाव रखे हुए है।

**9. शॉक थेरेपी क्या थी? क्या साम्यवाद से पूँजीवाद की तरफ संक्रमण का यह सबसे बेहतर तरीका था?**

उत्तर शॉक थेरेपी से आशय आघात पहुँचाकर उपचार करने से है। यह पूँजीवाद की ओर संक्रमण का एक विशेष मॉडल है, जो विश्व बैंक और अंतर्राष्ट्रीय मुद्रा कोष द्वारा निर्देशित किया गया था। इस मॉडल को साम्यवादी शासन के पतन के पश्चात् रूस, मध्य एशिया तथा पूर्वी यूरोप के देशों में अपनाया गया। वर्ष 1990 में अपनाई गई 'शॉक थेरेपी' का उद्देश्य प्रत्येक देश को पूँजीवादी अर्थव्यवस्था की तरफ मोड़ना था।

शॉक थेरेपी के अंतर्गत निम्नलिखित कदम उठाए गए

(i) सोवियत गुट से जुड़े देशों के मध्य व्यापारिक गठबंधनों को समाप्त कर इसके स्थान पर इन्हें सीधे रूप में जोड़ने पर बल दिया गया।

(ii) पश्चिमी देश इन देशों के मार्गदर्शक के रूप में उभरकर सामने आए।

**शॉक थेरेपी के अंतर्गत किए गए प्रमुख कार्य**

(i) राज्य की संपदा के निजीकरण और व्यावसायिक स्वामित्व की संरचना को अपनाया गया।

(ii) 'सामूहिक फार्म' को 'निजी फार्म' में परिवर्तित कर पूँजीवादी पद्धति से कृषि की शुरुआत की गई।

(iii) इसके अंतर्गत समाजवाद या पूँजीवाद के अतिरिक्त किसी अन्य वैकल्पिक व्यवस्था को मंजूरी नहीं दी गई।

शॉक थेरेपी साम्यवाद से पूँजीवाद की तरफ संक्रमण का बेहतर तरीका साबित नहीं हुआ, क्योंकि इसके नकारात्मक प्रभाव भी हुए, जो निम्न प्रकार हैं

- रूस का राज्य नियंत्रित औद्योगिक ढाँचा क्षतिग्रस्त हो गया, लगभग 90% उद्योगों को निजी कंपनियों अथवा निजी हाथों को बेच दिया गया, जिसे इतिहास की सबसे बड़ी **गैराज-सेल** के नाम से जाना जाता है, क्योंकि उद्योगों की कीमत का आकलन बहुत ही कम किया गया और फिर उन्हें औने-पौने दामों पर बेंच दिया गया।
- रूसी मुद्रा के मूल्य में गिरावट से मुद्रास्फीति इतनी अधिक बढ़ गई कि लोगों की जमा पूँजी भी समाप्त हो गई।
- शॉक थेरेपी के परिणामस्वरूप समाज कल्याण की व्यवस्था का अंत हो गया। ऐसे में अधिकतर लोग गरीब हो गए। इसके अतिरिक्त अमीर एवं गरीब लोगों के बीच अंतर बढ़ गया।

**10. निम्नलिखित कथन के पक्ष या विपक्ष में एक लेख लिखिए "दूसरी दुनिया के विघटन के बाद भारत को अपनी विदेश नीति बदलनी चाहिए और रूस जैसे परंपरागत मित्र की जगह संयुक्त राज्य अमेरिका से दोस्ती करने पर विशेष ध्यान देना चाहिए।"** **CBSE 2020**

उत्तर "दूसरी दुनिया के विघटन के बाद भारत को अपनी विदेश नीति बदलनी चाहिए और रूस जैसे परंपरागत मित्र की जगह संयुक्त राज्य अमेरिका से दोस्ती करने पर विशेष ध्यान देना चाहिए।"

**कथन के पक्ष में तर्क** सोवियत संघ के विघटन के पश्चात् सोवियत संघ महाशक्ति नहीं रहा, बल्कि अमेरिका एकमात्र महाशक्ति के रूप में उभरा। अतः इसे निम्न तथ्यों द्वारा समझा जा सकता है

(i) **भारत-अमेरिका लोकतांत्रिक देश** भारत की भाँति अमेरिका भी एक लोकतांत्रिक देश है। एक सफल लोकतंत्र की क्या आवश्यकताएँ हो सकती हैं, इसे भारत और अमेरिका से समझा जा सकता है। भारतीय लोकतंत्र को सफल बनाने एवं भारत को विकास के पथ पर ले जाने के लिए भारत को अमेरिका से दोस्ती पर अधिक ध्यान देना चाहिए।

(ii) **आतंकवाद से निपटने के लिए** अमेरिका में वर्ष 2001 में आतंकी हमला हुआ था। इस हमले के बाद उसने आतंकवाद से निपटने के लिए ठोस कदम उठाए हैं। भारत भी आतंकवाद की समस्या से जूझ रहा है और वह भी इससे निजात पाना चाहता है। ऐसे में उसे अमेरिका के साथ मिलकर आतंकवाद की लड़ाई लड़ने के लिए उससे दोस्ती पर अधिक ध्यान देना चाहिए।

(iii) **आर्थिक विकास के लिए** भारत एक विकासशील देश है, जबकि अमेरिका एक विकसित देश है। भारत आर्थिक रूप से पिछड़ा देश है। यहाँ निर्धनता व गरीबी की समस्या अभी भी बनी हुई है।

इन समस्याओं का अंत तभी हो सकता है, जब अमेरिका जैसे पूँजीवादी देश उसकी आर्थिक मदद कर उसके विकास में सहायक बनें। यह तभी संभव है, जब भारत इससे दोस्ती का हाथ बढ़ाए।

**कथन के विपक्ष में तर्क** (भारत-रूस संबंधों का परीक्षण) दूसरी दुनिया के विघटन के बाद भारत को अपनी विदेश नीति नहीं बदलनी चाहिए, बल्कि सोवियत के उत्तराधिकारी देश रूस के साथ अपने संबंधों को और मजबूत बनाना चाहिए।

ऐसा हम निम्न आधार पर कह सकते हैं

(i) **वर्ष 1971 की मैत्री संधि** वर्ष 1971 में जब भारत के समक्ष बांग्लादेश संकट उत्पन्न हुआ, तो भारत ने सोवियत संघ के साथ मैत्री संधि की थी। इस संधि से भारत को रक्षा क्षेत्र में अत्यधिक लाभ हुआ था। जब दूसरी दुनिया का विघटन हुआ तब भारत ने इसके सभी गणराज्यों को मान्यता दी, साथ ही इनसे मैत्रीपूर्ण संधि भी स्थापित की।

(ii) **उदारीकरण की प्रक्रिया को अपनाना** भारत और रूस दोनों ने उदारीकरण की प्रक्रिया को अपनाया है। वर्ष 2000 में रूस के राष्ट्रपति ब्लादिमीर पुतिन ने भारत के साथ रिश्तों को नई सकारात्मक दिशा दी है।

(iii) **भारतीय संस्कृति को बढ़ावा** रूस में भारतीय फिल्में अधिक पसंद की जाती हैं। यहाँ राजकपूर से लेकर अमिताभ बच्चन तक घर-घर में जाने जाते हैं। यहाँ हिंदी फिल्मों के गीत भी सुने जा सकते हैं। इससे भारतीय संस्कृति को बढ़ावा मिलता है।

(iv) **बहु ध्रुवीय विश्व का सपना** भारत एवं रूस का सपना बहु ध्रुवीय विश्व का है। बहु ध्रुवीय विश्व से अभिप्राय है—अंतर्राष्ट्रीय स्तर पर कई शक्तियाँ मौजूद हों, सुरक्षा की सामूहिक जिम्मेदारी हो, क्षेत्रीयताओं को जगह मिले तथा अंतर्राष्ट्रीय संघर्षों का समाधान बातचीत से निकले। भारत एवं रूस दोनों इसी तरह अंतर्राष्ट्रीय संबंधों को मजबूत बनाने पर बल दे रहे हैं।

उपरोक्त तथ्यों के आधार पर कहा जा सकता है कि भारत को रूस के साथ अपनी मित्रता बनाकर रखनी चाहिए।

# अभ्यास प्रश्न

## वस्तुनिष्ठ प्रश्न

### बहुविकल्पीय प्रश्न

**1. बर्लिन की दीवार को कब बनाया गया था?**

(a) वर्ष 1960 में (b) वर्ष 1961 में
(c) वर्ष 1965 में (d) वर्ष 1955 में

उत्तर (b) वर्ष 1961 में

**2. वर्ष 1917 की रूसी क्रांति का आदर्श .......... किसके विपरीत था?** **CBSE 2021**

(a) साम्यवाद, लेनिनवाद
(b) साम्राज्यवाद, पूँजीवाद
(c) मार्क्सवाद, मानवतावाद
(d) गाँधीवाद, पूँजीवाद

उत्तर (b) साम्राज्यवाद, पूँजीवाद

**3. सोवियत प्रणाली के प्रणेता रूस में कौन थे?**

(a) जोसेफ स्टालिन (b) व्लादिमीर लेनिन
(c) लिओनिड ब्रेझनेव (d) मिखाइल गोर्बाचेव

उत्तर (b) व्लादिमीर लेनिन

**4. रूस में समाजवादी क्रांति के बाद समाजवादी सोवियत गणराज्य (यू एस एस आर) किस वर्ष अस्तित्व में आया?** **CBSE 2020**

(a) वर्ष 1914 (b) वर्ष 1917
(c) वर्ष 1939 (d) वर्ष 1991

उत्तर (b) वर्ष 1917

**5. सोवियत संघ की स्थापना ......... गणराज्यों से मिलकर हुई थी।**

(a) 10 (b) 15
(c) 21 (d) 33

उत्तर (b) 15

**6. निम्नलिखित में से कौन सा सोवियत संघ के विघटन का कारण है?** *दक्षता आधारित प्रश्न*

(a) सोवियत प्रणाली की अपनी गलतियों को सुधारने में असमर्थता
(b) सोवियत संघ में ढाँचागत परिवर्तन की आकांक्षा
(c) तेजी से आर्थिक विकास
(d) पश्चिमी पूँजीवाद पर सोवियत व्यवस्था की श्रेष्ठता

उत्तर (b) सोवियत संघ में ढाँचागत परिवर्तन की आकांक्षा

**7. निम्नलिखित में से किसने वर्ष 1991 में यू एस एस आर में हुए सत्ता परिवर्तन को प्रोत्साहित किया?** **CBSE 2021**

(a) नौकरशाह (b) कम्युनिस्ट पार्टी के कट्टरपंथी
(c) सोवियत सेना (d) सहकारी समितियाँ

उत्तर (b) कम्युनिस्ट पार्टी के कट्टरपंथी

**8. निम्नलिखित में से कौन सोवियत संघ की कमजोरी नहीं थी?** **CBSE 2021**

(a) कम्युनिस्ट पार्टी जनता के प्रति जवाबदेह नहीं थी
(b) सोवियत संघ में बड़े पैमाने पर भ्रष्टाचार था
(c) पार्टी, नौकरशाही के पास एक सामान्य नागरिक की तुलना में कई अधिक विशेषाधिकार थे
(d) गोर्बाचेव ने यू एस एस आर में सुधारों की शुरुआत की

उत्तर (d) गोर्बाचेव ने यू एस एस आर में सुधारों की शुरुआत की

**9. शॉक थेरेपी का क्या अर्थ है?**

(a) आघात पहुँचाकर मार डालना
(b) आघात पहुँचाकर उपचार करना
(c) शॉक लगने पर थेरेपी
(d) उपरोक्त में से कोई नहीं

उत्तर (b) आघात पहुँचाकर उपचार करना

**10. निम्नलिखित में से कौन रूस में शॉक थेरेपी का परिणाम नहीं था?** **CBSE 2021**

(a) सामूहिक कृषि प्रणाली बिखर गई
(b) इसने अर्थव्यवस्था को बर्बाद कर दिया और लोगों पर आपदा ला दी
(c) व्यापक रूप में राज्य नियंत्रित औद्योगिक परिसर लगभग समाप्त हो गया
(d) सामाजिक कल्याण की व्यवस्था मजबूत हुई

उत्तर (d) सामाजिक कल्याण की व्यवस्था मजबूत हुई

**11. निम्नलिखित में से कौन-सा कथन 'शॉक थेरेपी' का परिणाम नहीं था?** **CBSE 2020**

(a) समाज कल्याण की पुरानी व्यवस्था नष्ट हो गई
(b) उद्योगों को निजी क्षेत्र में बेचा गया
(c) रूसी मुद्रा रूबल के मूल्य में नाटकीय वृद्धि हुई
(d) रूस को खाद्यान्न का आयात करना पड़ा

उत्तर (c) रूसी मुद्रा रूबल के मूल्य में नाटकीय वृद्धि हुई

**12. सही विकल्प चुनकर वाक्य पूरा कीजिए** **CBSE 2023**

**मिखाइल गोर्बाचेव ........... ।**

(a) सोवियत संघ की कम्युनिस्ट पार्टी के महासचिव थे
(b) रूस के साम्यवादी दल के संस्थापक थे
(c) पश्चिमी यूरोपीय देशों के एक नेता थे
(d) सोवियत संघ में सुधारों का विरोध करने वाले एक नेता थे

उत्तर (a) सोवियत संघ की कम्युनिस्ट पार्टी के महासचिव थे

**13. सही विकल्प का चयन कर कथन को पूरा करें।**

**अमेरिका को छोड़ दे तो.........की अर्थव्यवस्था शेष विश्व की तुलना में कहीं अधिक विकसित थी। इनके पास विशाल उर्जा-संसाधन थे, जिसमें खनिज-तेल, लोहा और इस्पात तथा मशीनरी उत्पाद शामिल हैं।**

(a) फ्रांस
(b) ब्रिटेन
(c) सोवियत संघ
(d) जर्मनी

उत्तर (c) सोवियत संघ

**14. गोर्बाचेव के बारे में निम्नलिखित में से कौन-सा कथन सही नहीं है?** **CBSE 2021**

(a) वे वर्ष 1985 में यू. एस. ए. आर की कम्युनिस्ट पार्टी के महासचिव बने
(b) पूर्वी यूरोपीय देशों के लोग, जो सोवियत गुट के हिस्सा थे, गोर्बाचेव के सुधारों के सख्त खिलाफ थे
(c) उन्होंने सोवियत संघ में आर्थिक और राजनीतिक सुधारों की शुरुआत की
(d) कम्युनिस्ट शासन में अशांति शुरू होने पर गोर्बाचेव के नेतृत्व में सोवियत संघ ने जोरदार हस्तक्षेप किया

उत्तर (d) कम्युनिस्ट शासन में अशांति शुरू होने पर गोर्बाचेव के नेतृत्व में सोवियत संघ ने जोरदार हस्तक्षेप किया

**15. निम्नलिखित में से कौन-सा एक राज्य बाल्टिक गणराज्य नहीं है?** **CBSE 2020**

(a) एस्टोनिया (b) यूक्रेन
(c) लातविया (d) लिथुआनिया

उत्तर (b) यूक्रेन

**16. वर्ष 1991 में सोवियत संघ के किन तीन प्रमुख गणराज्यों ने सोवियत संघ की समाप्ति की घोषणा की?** **CBSE 2021**

(a) लिथुआनिया, जॉर्जिया, किर्गिस्तान
(b) रूस, लातविया और उज्बेकिस्तान
(c) रूस, यूक्रेन और बेलारूस
(d) रूस, एस्टोनिया, तुर्कमेनिस्तान

उत्तर (c) रूस, यूक्रेन और बेलारूस

**17. किस घटना ने सोवियत संघ में साम्यवाद के अंत को चिह्नित किया?** **CBSE 2024**

(a) क्यूबा मिसाइल संकट (b) नई विश्व व्यवस्था का उदय
(c) सोवियत संघ का विघटन (d) अमेरिकी अर्थव्यवस्था में वृद्धि

उत्तर (c) सोवियत संघ का विघटन

**18. रूस के कौन-से दो गणराज्यों में हिंसक अलगाववादी आंदोलन हुए थे?** **CBSE 2024**

(a) चेचन्या और अजरबैजान (b) क्रोएशिया और उज्बेकिस्तान
(c) चेचन्या और दागिस्तान (d) दागिस्तान और क्रोएशिया

उत्तर (c) चेचन्या और दागिस्तान

**19. निम्नलिखित में से कौन-से मध्य एशियाई देश ने वर्ष 2001 तक दस वर्ष गृह युद्ध का सामना किया?** **CBSE 2024**

(a) तजाकिस्तान (b) कजाखस्तान
(c) उज्बेकिस्तान (d) अजरबैजान

उत्तर (a) तजाकिस्तान

**20. बर्लिन की दीवार के संबंध में निम्न कथनों में से कौन-सा कथन असत्य है?** **दक्षता आधारित प्रश्न**

(a) यह पूँजीवादी और साम्यवादी दुनिया के बीच विभाजक का प्रतीक है
(b) यह दूसरी दुनिया के तुरंत बाद बनाई गई थी
(c) यह जर्मनी के दोनों गुटों के एकीकरण को चिह्नित नहीं करती
(d) इसे लोगों द्वारा वर्ष 1989 में तोड़ा गया

उत्तर (c) यह जर्मनी के दोनों गुटों के एकीकरण को चिह्नित नहीं करती

**21. निम्नलिखित में से कौन-सा/से कथन सोवियत नेता व्लादिमीर लेनिन के विषय में सही है/हैं?** **दक्षता आधारित प्रश्न**

(a) लेनिन मार्क्सवाद को पूर्ण रूप से नहीं समझते थे
(b) इन्हें पूरे विश्व में पूँजीवाद का प्रेरणा स्रोत माना जाता है
(c) ये 1917 की रूसी क्रांति के नायक तथा संपूर्ण विश्व में साम्यवाद के प्रेरणास्रोत थे।
(d) ये फ्रांस की क्रांति के नायक भी रहे

उत्तर (c) ये वर्ष 1917 की रूसी क्रांति के नायक तथा संपूर्ण विश्व में साम्यवाद के प्रेरणास्रोत थे।

**22. 1950 के दशक के दौरान भारत और अमेरिका के संबंधों में काफी असहजता थी, क्योंकि** **CBSE 2024**

(a) भारत के सोवियत संघ के साथ संबंधों में सहभागिता बढ़ रही थी
(b) सोवियत संघ ने हंगरी पर आक्रमण कर दिया
(c) भारत नाटो (NATO) का एक सदस्य नहीं था
(d) भारत गुट निरपेक्ष आंदोलन (NAM) का संस्थापक सदस्य था

उत्तर (a) भारत के सोवियत संघ के साथ संबंधों में सहभागिता बढ़ रही थी।

**23.** वर्ष 2010 में शुरू हुआ 'अरब स्प्रिंग' आंदोलन बाद में किस प्रकार के आंदोलन में बदल गया? **CBSE 2021**

(a) सामाजिक आंदोलन (b) धार्मिक आंदोलन
(c) राजनीतिक आंदोलन (d) आर्थिक आंदोलन

उत्तर (c) राजनीतिक आंदोलन

**24.** निम्नलिखित घटनाओं को कालक्रमानुसार व्यवस्थित कीजिए **CBSE 2024**

1. भारत-रूस सामरिक संधि
2. अफगानिस्तान पर सोवियत आक्रमण
3. सोवियत संघ का विघटन
4. रूस में समाजवादी क्रांति

कूट

(a) 1, 2, 3, 4 (b) 2, 4, 3, 1 (c) 4, 2, 3, 1 (d) 3, 2, 1, 4

उत्तर (c) 4, 2, 3, 1

**25.** निम्न कथनों पर विचार कीजिए तथा कूट की सहायता से सही उत्तर का चयन कीजिए *दक्षता आधारित प्रश्न*

1. दिसंबर, 1991 में येल्तसिन के नेतृत्व में सोवियत संघ के तीन बड़े गणराज्यों को समाप्त कर दिया गया।
2. सोवियत संघ से स्वयं को अलग कर रहे गणराज्यों ने स्वतंत्र राष्ट्रों के राष्ट्रकुल का गठन किया।
3. मध्य एशियायी गणराज्यों ने अपनी स्वतंत्रता की माँग की।

कूट

(a) 1 और 2 (b) 1 और 3
(c) केवल 3 (d) 2 और 3

उत्तर (a) 1 और 2

**26.** निम्नलिखित घटनाओं को कालक्रमानुसार व्यवस्थित कीजिए **CBSE 2024**

1. अफगानिस्तान पर सोवियत संघ का आक्रमण
2. रूस की क्रांति
3. तजाकिस्तान में गृहयुद्ध का अंत
4. बर्लिन की दीवार का गिरना

कूट

(a) 1, 2, 3, 4 (b) 2, 1, 4, 3 (c) 3, 4, 1, 2 (d) 4, 3, 2, 1

उत्तर (b) 2, 1, 4, 3

**27.** (A) निम्नलिखित युग्मों में से कौन-सा युग्म सुमेलित नहीं है?

(a) ब्लादिमीर लेनिन - बोल्शेविक कम्युनिस्ट पार्टी के संस्थापक
(b) मिखाइल गोर्बाचेव - शीतयुद्ध को समाप्त किया
(c) बोरिस येल्तसिन - रूस के प्रथम निर्वाचित राष्ट्रपति
(d) जोसेफ स्टालिन - पेरेस्त्रोइका और ग्लासनोत सुधारों की शुरुआत

उत्तर (d) जोसेफ स्टालिन पेरेस्त्रोइका और ग्लासनोत सुधारों की शुरुआत

**28.** सूची I को सूची II के साथ सुमेलित कीजिए *दक्षता आधारित प्रश्न*

| सूची I | सूची II |
|---|---|
| A. बर्लिन की दीवार टूटी | 1. वर्ष 1989 |
| B. रूसी क्रांति | 2. वर्ष 1917 |
| C. अफगानिस्तान पर सोवियत आक्रमण | 3. वर्ष 1979 |

कूट

| | A | B | C | | A | B | C |
|---|---|---|---|---|---|---|---|
| (a) | 1 | 2 | 3 | (b) | 3 | 2 | 1 |
| (c) | 3 | 1 | 2 | (d) | 2 | 1 | 3 |

उत्तर (a) 1 2 3

**29.** सूची I को सूची II के साथ सुमेलित कीजिए

| सूची I | सूची II |
|---|---|
| A. मिखाइल गोर्बाचेव का कम्युनिस्ट पार्टी का महासचिव बनना | 1. वर्ष 1991 |
| B. रूसी संसद द्वारा सोवियत संघ से स्वतंत्रता की घोषणा | 2. वर्ष 1988 |
| C. लिथुआनिया में स्वतंत्रता आंदोलन | 3. वर्ष 1985 |
| D. एस्टोनिया, लातविया और लिथुआनिया का गणराज्य बनना | 4. वर्ष 1990 |

कूट

| | A | B | C | D | | A | B | C | D |
|---|---|---|---|---|---|---|---|---|---|
| (a) | 3 | 4 | 2 | 1 | (b) | 3 | 2 | 1 | 4 |
| (c) | 1 | 2 | 3 | 4 | (d) | 4 | 3 | 2 | 1 |

उत्तर (a) 3 4 2 1

**निर्देश** (प्र. सं. 30-33) नीचे दो कथन दिए गए हैं, जिनमें एक को कथन (A) और दूसरे को कारण (R) माना गया है। कूट की सहायता से सही उत्तर का चयन करें।

(a) A और R दोनों सही हैं तथा R, A की सही व्याख्या है
(b) A और R दोनों सही हैं, परंतु R, A की सही व्याख्या नहीं है
(c) A सही है, किंतु R गलत है
(d) A गलत है, किंतु R सही है

**30.** **कथन** (A) जोजेफ स्टालिन लेनिन के उत्तराधिकारी थे।
**कारण** (R) इन्होंने सोवियत संघ के कमजोर बनने के दौर में नेतृत्व किया। *दक्षता आधारित प्रश्न*

उत्तर (c) जोसेफ स्टालिन लेनिन के उत्तराधिकारी थे। इनके काल में सोवियत संघ एक महाशक्ति के रूप में परिवर्तित हो गया। इनके काल में औद्योगीकरण को तेजी से बढ़ावा मिला और खेती का बलपूर्वक सामूहीकरण किया गया।

**31.** **कथन** (A) स्वतंत्र देशों के राष्ट्रकुल की स्थापना रूस, बेलारूस और यूक्रेन द्वारा एक समझौते पर हस्ताक्षर करके की गई।
**कारण** (R) जॉर्जिया ने वर्ष 1998 में इस संगठन की सदस्यता ग्रहण की।

उत्तर (c) स्वतंत्र देशों के राष्ट्रकुल की स्थापना रूस, बेलारूस, और यूक्रेन द्वारा 8 दिसंबर, 1991 को मिंस्क (बेलारूस) में एक समझौते पर हस्ताक्षर करके हुई। जॉर्जिया ने वर्ष 1993 में इस संगठन की सदस्यता ग्रहण की।

**32.** **कथन** (A) वर्ष 2010 में ट्यूनीशिया में सत्ता विरोधी प्रदर्शनों की शुरुआत हुई।
**कारण** (R) इस घटना से यह उम्मीद जगी कि अब अरब विश्व में व्यापक परिवर्तन आएगा।

उत्तर (a) वर्ष 2010 में ट्यूनीशिया में सत्ता विरोधी प्रदर्शनों की शुरुआत हुई। जल्द ही ये विरोध प्रदर्शन अरब के अन्य देशों में भी फैल गए। इस घटना से यह उम्मीद जगी कि अब अरब विश्व में एक व्यापक परिवर्तन आएगा, किंतु ट्यूनीशिया के अतिरिक्त अन्य सभी देशों में अरब विद्रोह के गंभीर परिणाम सामने आए।

**33. कथन** (A) वर्ष 1991 में सोवियत संघ और साम्यवाद का पतन हो गया।

**कारण** (R) सोवियत राजनीतिक और आर्थिक संस्थानों की आंतरिक कमजोरी सोवियत संघ की आकांक्षाओं को पूर्ण करने में विफल रही। **CBSE 2021**

उत्तर (a) वर्ष 1991 में सोवियत संघ और साम्यवाद का पतन हो गया, क्योंकि सोवियत संघ की राजनीतिक-आर्थिक संस्थाएँ अंदरूनी कमजोरी के कारण लोगों की आकांक्षाओं को पूर्ण नहीं कर सकीं। इसके परिणामस्वरूप कई वर्षों तक अर्थव्यवस्था गतिरुद्ध रही। इससे उपभोक्ता वस्तुओं की बड़ी संख्या में कमी हो गई और यहाँ की आबादी का एक बड़ा भाग शासन व्यवस्था पर सवाल खड़े करने लगा।

**34 नीचे दो कथन दिए गए हैं**

**कथन (I) सोवियत संघ में कम्युनिस्ट पार्टी का सभी संस्थाओं पर अत्यधिक नियंत्रण था।**

**कथन (II) वर्ष 1992 में येल्तासिन के नेतृत्व में सोवियत संघ के तीन बड़े गणराज्य रूस, यूक्रेन और बेलारूस ने सोवियत संघ की समाप्ति की घोषणा की।**

**उपरोक्त कथनों के आधार पर सही विकल्प का चयन करें।**

(a) कथन I और कथन II दोनों सही हैं
(b) कथन I और कथन II दोनों गलत हैं
(c) कथन I सही, लेकिन II गलत है
(d) कथन I गलत, लेकिन II सही है

उत्तर (a) कथन I और कथन II दोनों सही हैं

**35. बर्लिन की दीवार से संबंधित नीचे दिए गए चित्र का अध्ययन कीजिए तथा निम्नलिखित प्रश्नों के उत्तर दीजिए** **CBSE 2024**

(i) **बर्लिन की दीवार किस बात का प्रतीक थी?**

(a) पूँजीवाद तथा साम्यवाद के मध्य विभाजन का
(b) सुरक्षा का
(c) पूँजीवादी व्यवस्था की सर्वोच्चता का
(d) साम्यवादी सर्वोच्चता का

उत्तर (a) पूँजीवाद तथा साम्यवाद के मध्य विभाजन का

(ii) **उपरोक्त चित्र में दर्शायी गई उस घटना की पहचान कीजिए.जो दो देशों के एकीकरण और साम्यवादी की शुरुआत में परिणत हुई।** **CBSE 2021**

(a) बर्लिन की दीवार तोड़ना
(b) बर्लिन की दीवार तोड़ने के विरोध में प्रदर्शन
(c) शीतयुद्ध के खिलाफ प्रदर्शन
(d) पूँजीवादी विचारधारा के खिलाफ प्रदर्शन

उत्तर (a) बर्लिन की दीवार तोड़ना

(iii) **बर्लिन की दीवार को किस वर्ष तोड़ दिया गया?**

(a) 1990 (b) 1991 (c) 1989 (d) 1992

(iv) **यह दीवार पश्चिमी बर्लिन को········से अलग करती थी।**

(a) उत्तरी बर्लिन (b) पूर्वी बर्लिन
(c) दक्षिणी बर्लिन (d) इनमें से कोई नहीं

**36. नीचे दिए गए चित्र के माध्यम से निम्न प्रश्नों के उत्तर दीजिए**

(i) **चित्र में दर्शायी गई इमारत का संबंध किस क्षेत्र से है?**

(a) रूस का इकॉम बैंक (b) अमेरिका की संसद
(c) इंग्लैंड का महल (d) बर्मिंघम पैलेस

उत्तर (a) रूस का इकॉम बैंक

(ii) **इकॉम बैंक के दिवालिया होने का कारण क्या था?**

(a) शॉक थेरेपी (b) घरेलू हिंसा
(c) शीतयुद्ध (d) ये सभी

उत्तर (a) शॉक थेरेपी

(iii) **इकॉम बैंक के दिवालिया होने से क्या प्रभाव पड़ा?**

(a) दस हजार कंपनियों की जमापूँजी डूब गई
(b) शेयरधारकों की जमापूँजी डूब गई
(c) ग्राहकों की जमापूँजी डूब गई
(d) उपरोक्त सभी

## लघु उत्तरीय प्रश्न

**1.** अरब क्रांति क्या है एवं इसके परिणाम लिखिए?

उत्तर अरब क्रांति या अरबबसंत पश्चिम एशिया और उत्तरी अफ्रीका में वर्ष 2011-12 के दौरान घटित एक शृंखलाबद्ध विरोध और क्रांति का नाम है। जिसने इस क्षेत्र में कई दशकों से स्थापित तानाशाही को चुनौती दी। अरब क्रांति के परिणाम निम्नलिखित हैं-

- ट्यूनीशिया के राष्ट्रपति बेन अली को उनके पद से हटा दिया गया।
- मिस्र के राष्ट्रपति होस्नी मुबारक को शासन से निष्कासित कर गिरफ्तार कर लिया गया।
- यमन के राष्ट्रपति अली अब्दुल्ला सालेह को सत्ता छोड़नी पड़ी।

**2. वर्ष 1989 में घटित उस घटना की पहचान कीजिए, जिसके कारण शीतयुद्ध की समाप्ति हुई थी।**

उत्तर वर्ष 1989 में बर्लिन दीवार का गिरना ही शीतयुद्ध के अंत का प्रतीक माना जाता है। बर्लिन की दीवार पूर्वी और पश्चिमी बर्लिन को विभाजित करने वाली एक दीवार थी। जिसे वर्ष 1961 में जर्मन डेमोक्रेटिक रिपब्लिक (पूर्वी जर्मनी) द्वारा बनाया गया था। बर्लिन की दीवार गिरने से न केवल जर्मनी का एकीकरण हुआ, बल्कि शीतयुद्ध का भी अंत हो गया।

**3. सोवियत प्रणाली की कोई चार विशेषताएँ लिखिए।**

उत्तर सोवियत प्रणाली की चार विशेषताएँ निम्नलिखित हैं

- सोवियत प्रणाली में राज्य एवं पार्टी की संस्था को विशेष महत्त्व दिया जाता था।
- इसमें एकमात्र राजनीतिक दल कम्युनिस्ट/ साम्यवादी पार्टी का अस्तित्व था।
- सोवियत प्रणाली में अर्थव्यवस्था योजनाबद्ध और राज्य के पूर्ण नियंत्रण में थी।
- सोवियत प्रणाली की विशेषताओं में एक प्रमुख विशेषता उन्नत संचार प्रणाली का सुव्यवस्थित होना था, जिसके कारण दूर के क्षेत्र भी एक-दूसरे से जुड़े हुए थे।

**4. 'दूसरी दुनिया' किसे कहा जाता है? इसका नेतृत्व कौन-सा गुट कर रहा था?**

उत्तर यह शब्द शीतयुद्ध के समय में उपयोग किया जाता था, जिसमें सोवियत संघ और उसके साथी कम्युनिस्ट देशों का समूह साम्यवादी गुट के रूप में जाना जाता था। जिसे दूसरी दुनिया कहा जाता था। दूसरी दुनिया का नेतृत्व सोवियत संघ कर रहा था। पहली दुनिया का नेतृत्व अमेरिका और उसके पश्चिमी पूँजीवादी सहयोगी देश कर रहे थे।

**5. शॉक थेरेपी क्या है एवं इसका मॉडल किसके द्वारा निर्देशित किया गया था?**

उत्तर शॉक थेरेपी का अर्थ-आघात पहुँचाकर उपचार करने से है। इसकी शुरुआत साम्यवादी शासन के पतन के बाद हुई थी। सोवियत संघ के विघटन के बाद रूस, मध्य एशिया के गणराज्य तथा पूर्वी यूरोप के देशों में पूँजीवाद की ओर संक्रमण का एक विशेष मॉडल अपनाया गया। इस मॉडल को विश्व बैंक एवं अंतरराष्ट्रीय मुद्राकोष के द्वारा निर्देशित किया गया था।

## दीर्घ उत्तरीय प्रश्न।

**1. सोवियत प्रणाली की किन्हीं चार कमियों का वर्णन कीजिए।**

अथवा **1990 के दशक तक सोवियत व्यवस्था इतनी कमजोर क्यों हो गई तथा अर्थव्यवस्था में गतिरोध क्यों आया? कोई दो कारण स्पष्ट कीजिए।** **CBSE 2020**

उत्तर सोवियत प्रणाली की चार कमियाँ निम्नलिखित हैं

(i) सोवियत संघ में रूस का वर्चस्व स्थापित था एवं अन्य देशों की अधिकतर उपेक्षा की जाती थी।

(ii) सोवियत संघ की कम्युनिस्ट पार्टी जनता के प्रति जवाबदेह नहीं थी।

(iii) सोवियत संघ द्वारा धन का एक बड़ा हिस्सा शस्त्रों की प्रतिस्पर्द्धा में खर्च किया जाता था।

(iv) आधारभूत संसाधनों एवं उनकी आय पर पूर्णतया सरकार का नियंत्रण था। इसमें लोगों को आर्थिक स्वतंत्रता नहीं थी।

1990 के दशक तक सोवियत व्यवस्था के कमजोर तथा गतिरोध होने के दो कारण निम्नलिखित हैं

**आर्थिक संकट** सोवियत संघ की केंद्रीय योजना आधारित अर्थव्यवस्था पर प्रभावी नहीं थी। उद्योगों की उत्पादकता कम थी और उपभोक्ता वस्तुओं की भारी कमी थी। सैन्य खर्च में अत्यधिक वृद्धि और अफगान युद्ध में अत्यधिक संसाधनों की बर्बादी ने अर्थव्यवस्था को और अधिक कमजोर कर दिया।

**राजनीतिक अस्थिरता** 1980 के दशक के अंत तक सोवियत शासन प्रणाली पर जनता का विश्वास कम हो चुका था। गोर्बाचेव द्वारा लागू गलासनोत (खुलापन) और पेरेस्त्रोइका (पुनर्गठन) नीतियाँ राजनीतिक अस्थिरता को स्थिर करने के स्थान पर उसे और कमजोर कर गईं।

**2. सोवियत संघ का अंत समाजवाद का अंत नहीं है। इस कथन की समीक्षा कीजिए।** **दक्षता आधारित प्रश्न**

उत्तर सोवियत संघ का अंत समाजवाद का अंत नहीं हो सकता क्योंकि सोवियत संघ एक व्यवस्था थी, जो 15 गणराज्यों से मिलकर बनी थी। यह एक महाशक्ति के रूप में जानी जाती थी, जो अमेरिका के समकक्ष थी। इस व्यवस्था में समाजवाद (सत्ता का सामूहिक रूप होने का सिद्धांत) की प्रधानता थी। यह एक विचारधारा है। वर्ष 1991 में साथी गणराज्यों में राष्ट्रवाद की भावना उदित होने के बाद सोवियत संघ का विघटन हो गया। यह विघटन सोवियत संघ का हुआ था, समाजवाद का नहीं। ''विचारधारा का कभी अंत नहीं होता।'' आज भी यह विचारधारा विश्व के कई देशों में जीवित है।

**3. शॉक थेरेपी के किन्हीं चार परिणामों का वर्णन कीजिए।** **CBSE 2024**

अथवा **शॉक थेरेपी से क्या अभिप्राय है? शॉक थेरेपी के किन्हीं चार परिणामों की व्याख्या कीजिए।**

उत्तर **शॉक थेरेपी से अभिप्राय** इसके उत्तर के लिए NCERT Folder के प्रश्न संख्या 9 का उत्तर देखें।

**शॉक थेरेपी का परिणाम** शॉक थेरेपी के प्रमुख परिणाम निम्नलिखित हैं

(i) **अर्थव्यवस्था में गिरावट** शॉक थेरेपी को लागू करने के बाद रूस की अर्थव्यवस्था अस्त-व्यस्त हो गई। यह जनता को पूर्ण रूप से आर्थिक लाभ नहीं दे पाई थी।

(ii) **रूसी मुद्रा में गिरावट** रूसी मुद्रा रूबल में गिरावट आई। मुद्रास्फीति इतनी बढ़ गई कि लोगों की जमा पूँजी भी समाप्त हो गई।

(iii) **समाज कल्याण की व्यवस्था धीरे-धीरे समाप्त** सोवियत संघ की पुरानी समाज कल्याण की व्यवस्था को समाप्त कर दिया गया, ऐसे में सरकारी रियायतों के समाप्त होने के कारण अधिकांश लोग गरीब हो गए।

(iv) **राष्ट्रपति का संसद की अपेक्षा शक्तिशाली बनना** सोवियत संघ से अलग हुए गणराज्यों ने अपना संविधान बनाया और रूस सहित अधिकांश देशों में राष्ट्रपति को कार्यपालिका का प्रमुख बनाया गया। ऐसे में संसद अपेक्षाकृत कमजोर हो गई।

**4. सोवियत संघ जैसी व्यवस्था को विश्व के संजीदा लोगों द्वारा सराहने का क्या कारण था?**

उत्तर सोवियत संघ जैसी व्यवस्था को विश्व के संजीदा लोगों द्वारा सराहने के निम्न कारण थे

(i) **विशालता के बावजूद एकता** सोवियत संघ 15 गणराज्यों से मिलकर बना एक विशाल देश था। इस विशालता के बाद भी इसमें एकता थी। इसका साम्यवादी शासन इस एकता को एक सूत्र में बाँध रहा था और यही इसकी धुरी भी थी।

(ii) **योजनाबद्ध अर्थव्यवस्था** विश्व के संजीदा लोगों ने सोवियत व्यवस्था को इसलिए भी सराहा, क्योंकि यहाँ की अर्थव्यवस्था योजनाबद्ध थी और यह पूर्ण रूप से राज्य के नियंत्रण में थी।

(iii) **समाजवादी प्रणाली** सोवियत संघ के सभी देशों में समाजवादी प्रणाली लागू थी।

निष्कर्षतः यह कहा जा सकता है कि सोवियत संघ की समाजवादी प्रणाली और नियोजित अर्थव्यवस्था ऐसे आधार रहे, जिनके कारण विश्व के संजीदा लोगों ने इस व्यवस्था को सराहा।

**5. सोवियत संघ के विघटन के बाद "आघात तो दिखा, लेकिन उपचार नहीं" स्पष्ट कीजिए।** दक्षता आधारित प्रश्न

उत्तर सोवियत संघ (साम्यवादी शासन) के विघटन के पश्चात् रूस, मध्य एशिया तथा पूर्वी यूरोप के देशों में पूँजीवाद की ओर संक्रमण का एक विशेष मॉडल अपनाया गया था। इस मॉडल को शॉक थेरेपी (आघात पहुँचाकर उपचार करना) के नाम से जाना जाता है।

इस मॉडल को लागू कर ऐसे देशों को पूँजीवाद की ओर ले जाया गया, किंतु इसके परिणाम आशानुरूप नहीं आए, जो निम्न हैं

- रूस की औद्योगिक व्यवस्था चरमरा गई। उद्योगों को निजी हाथों में बेच दिया गया। यह इतिहास में सबसे बड़ी 'गैराज-सेल' के नाम से जानी जाती है।
- रूसी मुद्रा में गिरावट आई तथा रूस में खाद्यान्न संकट भी उत्पन्न हो गया। इससे निपटने के लिए खाद्यान्न आयात किया जाने लगा। माफिया वर्ग (जरायमवेशा लोग) का उदय हुआ तथा अमीर एवं गरीब का अंतर बढ़ गया।

इस प्रकार, शॉक थेरेपी ने आघात तो दिया, लेकिन इस आघात से उभरने का उपचार नहीं दिया। ऐसा उपचार, जिससे रूस का औद्योगिक ढाँचा सुधरता, रूसी मुद्रा रूबल में वृद्धि होती, खाद्यान्न संकट समाप्त होता तथा गरीब-अमीर के मध्य दूरी कम होती, उस समय नहीं दिखा।

**6. सोवियत प्रणाली क्या थी? सोवियत प्रणाली की किन्हीं चार विशेषताओं का आकलन कीजिए।** **CBSE 2013**

उत्तर वर्ष 1917 की रूसी क्रांति के पश्चात् साम्यवादी विचारधारा के प्रभाव में वृद्धि हुई, जिसके परिणाम स्वरूप सोवियत संघ की स्थापना की गई। सोवियत प्रणाली में पूँजीवादी व्यवस्था की बजाए सामाजिक समानता को अधिक महत्त्व दिया गया था। सोवियत प्रणाली की राजनीतिक व्यवस्था में कम्युनिस्ट पार्टी एकमात्र राजनीतिक दल था। सोवियत व्यवस्था की प्रमुख विशेषताएँ निम्नलिखित हैं

(i) **योजनाबद्ध अर्थव्यवस्था** सोवियत व्यवस्था में अर्थव्यवस्था पूर्णतया योजनाबद्ध एवं राज्य के नियंत्रण में थी। विकास, नागरिक कल्याण तथा उत्पादन संबंधी सभी योजनाएँ राज्य द्वारा संचालित होती थीं।

(ii) **विशाल ऊर्जा संसाधन** सोवियत संघ के पास ऊर्जा के विशाल संसाधन; जैसे—खनिज तेल, लोहा, इस्पात, मशीनरी आदि मौजूद थे। उपभोक्ता उद्योग बाजार भी अधिक विस्तृत था। सभी वस्तुओं के उत्पादन के संदर्भ में सोवियत संघ आत्मनिर्भर था।

(iii) **उन्नत संचार प्रणाली** सोवियत व्यवस्था की संचार प्रणाली अत्यधिक उन्नत थी। सुव्यवस्थित परिवहन व्यवस्था होने के कारण दूर-दराज के सभी इलाके आवागमन हेतु आपस में जुड़े हुए थे।

(iv) **लोककल्याण एवं संपूर्ण रोजगार** सोवियत व्यवस्था में लोककल्याण पर अधिक बल दिया जाता था। राज्य सभी नागरिकों को न्यूनतम आवश्यक सुविधाएँ; जैसे—शिक्षा, स्वास्थ्य, आवास इत्यादि उपलब्ध कराता था।

**7. आप कहाँ तक सहमत हैं कि सोवियत संघ के अधिकतर गणराज्य युद्ध एवं संघर्ष संभावित क्षेत्र रहे हैं? वर्णन करें।** दक्षता आधारित प्रश्न

उत्तर सोवियत संघ के अधिकांश गणराज्य युद्ध एवं संघर्ष की आशंका वाले क्षेत्र रहे हैं। इनमें से कई गणराज्यों ने गृहयुद्ध एवं बगावत जैसी समस्याओं का सामना भी किया है। इसके अतिरिक्त इन देशों में बाहरी शक्तियों ने भी हस्तक्षेप किया।

संघर्ष एवं तनाव से जुड़े इन गणराज्यों के कुछ तथ्य निम्न प्रकार हैं

- रूस के दो गणराज्यों—चेचन्या एवं दागिस्तान में लंबे समय तक हिंसक अलगाववादी आंदोलन चला।
- मॉस्को (रूस) ने चेचन विद्रोहियों से निपटने के लिए जो तरीके अपनाएँ और जिस गैर जिम्मेदारी ढंग से सैन्य बमबारी की उसमें मानवाधिकार का व्यापक उल्लंघन हुआ।
- तजाकिस्तान (मध्य एशिया) वर्ष 2001 (दस वर्ष) तक गृहयुद्ध की चपेट में रहा।
- अजरबैजान के प्रांत नगरनो कराबाख के स्थानीय अर्मेनियाई अलग होकर अर्मेनिया से मिलना चाहते थे।
- जॉर्जिया के दो प्रांत स्वतंत्रता के लिए गृहयुद्ध में लिप्त थे। यूक्रेन, किर्गिस्तान तथा जॉर्जिया में शासन को समाप्त करने के लिए आंदोलन किए जा रहे थे।
- इनके अतिरिक्त कई अन्य देश एवं प्रांत नदी जल के मुद्दे पर आपस में संघर्षरत थे।
- ऐसी स्थिति से आम जनता परेशान थी एवं विभिन्न देशों में अस्थिरता का माहौल था।

**8. भारत ने सोवियत संघ के विघटन के बाद सभी नव स्वतंत्र देशों के साथ अच्छे संबंध अभी भी सबसे अधिक सौहार्दपूर्ण हैं। किन्हीं दो उदाहरणों की सहायता से इस कथन को न्यायसंगत ठहराइए।** **CBSE 2024**

उत्तर सोवियत संघ के विघटन (1991) के बाद सभी नव स्वतंत्र देशों; जैसे-बेलारूस, यूक्रेन, कजाकिस्तान, तजाकिस्तान आदि देशों से भारत के संबंध अच्छे हैं, लेकिन भारत और रूस के संबंध अधिक सौहार्दपूर्ण हैं, इन संबंधों का अध्ययन निम्नलिखित बिंदुओं द्वारा इस प्रकार हैं

(i) **सामरिक सहयोग** सोवियत संघ के साथ भारत के दीर्घकालिक सैन्य सहयोग को देखते हुए रूस ने भी भारत को सैन्य उपकरण और प्रौद्योगिकी प्रदान की है। यह सहयोग न केवल रक्षा क्षेत्र में, बल्कि सैन्य प्रशिक्षण और तकनीकी सहायता में भी निरंतर जारी रहा।

(ii) **व्यापार और निवेश** भारत और रूस के बीच व्यापारिक संबंध मजबूत हुए हैं। दोनों देशों ने व्यापारिक और आर्थिक सहयोग बढ़ाने के लिए कई द्विपक्षीय समझौतों पर हस्ताक्षर किए हैं।

(iii) **भू-राजनैतिक सहयोग** वैश्विक और क्षेत्रीय मुद्दों पर दोनों देशों ने एक-दूसरे का समर्थन किया। जैसे कि सुरक्षा परिषद् के स्थायी सदस्य के रूप में, भारत और रूस ने कई अंतर्राष्ट्रीय मुद्दों पर समन्वित दृष्टिकोण अपनाया है।

(iv) **सांस्कृतिक और शैक्षिक आदान-प्रदान** दोनों देशों के विश्वविद्यालयों और संस्थानों के बीच सहयोग और छात्रों का आदान-प्रदान हुआ तथा सांस्कृतिक और शैक्षिक आदान-प्रदान भी बढ़ा है।

इन सभी पहलुओं से स्पष्ट होता है कि सोवियत संघ के विघटन के बाद भारत और रूस के संबंध एक मजबूत और स्नेही साझेदारी के रूप में कायम रहे इन्हें नीचे दिए गए उदाहरणों से समझा जा सकता है।

- भारत द्वारा संचालित एकमात्र विमानवाहक पोत आईएनएस विक्रमादित्य भी मूल रूप से रूस का है।
- दोनों देश नियमित रूप से सैन्य अभ्यास इंद्र आयोजित करते हैं।

**9. शीतयुद्ध काल के दौरान, अमेरिकी अर्थव्यवस्था विश्व के अन्य हिस्सों की तुलना में अधिक विकसित थी। फिर भी सोवियत प्रणाली में कुछ ऐसी विशेषताएँ थीं। जो इसे अमेरिका से अलग करती हैं। ऐसी किन्हीं दो विशेषताओं का मूल्यांकन कीजिए।** **CBSE 2024**

उत्तर शीतयुद्ध द्वितीय विश्व युद्ध के बाद सोवियत संघ एवं उसके आश्रित देशों (पूर्वी यूरोपीय देश) और संयुक्त राज्य अमेरिका एवं उसके सहयोगी देशों (पश्चिमी यूरोपीय देश) के बीच भू-राजनीतिक तनाव की अवधि (1945-1991) को कहा जाता है। इस दौरान अमेरिकी अर्थव्यवस्था विश्व के अन्य हिस्सों की तुलना में अधिक विकसित थी, क्योंकि अमेरिका का भू-क्षेत्र, युद्ध के मूल क्षेत्र से दूर था, जिससे देश की आर्थिक संरचना पर युद्ध का सीधा असर नहीं पड़ा इस बजट से अमेरिकी अर्थव्यवस्था को अधिक नुकसान नहीं हुआ, साथ ही अमेरिका ने युद्ध के दौरान और उसके बाद विश्व व्यापार में महत्त्वपूर्ण भूमिका निभाई, जिससे उसकी अर्थव्यवस्था को और भी विकसित होने का अवसर मिला। इसके अतिरिक्त सोवियत प्रणाली में कुछ ऐसी विशेषताएँ थीं, जो इसे अमेरिका से अलग करती हैं, वे इस प्रकार हैं-

- सोवियत अर्थव्यवस्था एक केंद्रीयकृत अर्थव्यवस्था पर आधारित थी, जबकि अमेरिका की पूँजीवादी अर्थव्यवस्था विकेंद्रीकृत अर्थव्यवस्था पर आधारित थी।
- सोवियत अर्थव्यवस्था योजनाबद्ध एवं राज्य के नियंत्रण में थी, जबकि पूँजीवादी अर्थव्यवस्था इसके भिन्न थी अर्थात् इस पर राज्य का कोई नियंत्रण नहीं होता था।

## दीर्घ उत्तरीय प्रश्न II

**1. सोवियत संघ में सोवियत व्यवस्था की किन्हीं तीन सकारात्मक तथा तीन नकारात्मक विशेषताओं को उजागर कीजिए।** **CBSE 2020**

उत्तर सोवियत संघ में सोवियत व्यवस्था की तीन सकारात्मक विशेषताएँ निम्नलिखित हैं

(i) **केंद्रीकृत योजना** सोवियत संघ ने पंचवर्षीय योजनाओं के माध्यम से अर्थव्यवस्था को विकसित किया। इससे औद्योगीकरण तथा बुनियादी ढाँचे के विकास में तेजी आई। कृषि और भारी उद्योगों में बड़े पैमाने पर प्रगति हुई।

(ii) **समानता पर बल** सोवियत संघ ने सामाजिक तथा आर्थिक समानता को प्राथमिकता दी। निजी संपत्ति के उन्मूलन और संसाधनों के पुनर्वितरण से असमानता को कम करने का प्रयास किया गया। सभी के लिए शिक्षा और स्वास्थ्य की सेवाएँ रियायती दरों पर उपलब्ध थीं।

(iii) **महिला सशक्तीकरण** सोवियत संघ ने महिलाओं को समान अधिकार प्रदान किए। उन्हें शिक्षा, रोजगार और राजनीति में भागीदारी का अवसर प्रदान किया गया।
महिलाओं के अधिकारों को संरक्षित करने के लिए कानूनी सुधार किए गए। तलाक तथा विवाह के संबंध में महिलाओं को बराबरी का दर्जा दिया गया।

**सोवियत संघ में नकारात्मक विशेषताएँ**

सोवियत संघ में सोवियत व्यवस्था की तीन नकारात्मक विशेषताएँ इस प्रकार हैं

(i) **लोकतंत्र का अभाव** सोवियत शासन व्यवस्था में सत्ता पर केवल कम्युनिस्ट पार्टी का ही अधिकार था। इसमें राजनीतिक विरोध और असहमति के लिए कोई स्थान नहीं था। लोगों की अभिव्यक्ति और स्वतंत्रता पर कठोर नियंत्रण था।

(ii) **भ्रष्टाचार और नौकरशाही** सत्ता के केंद्रीकरण ने भ्रष्टाचार और नौकरशाही को जन्म दिया। कम्युनिस्ट पार्टी गतिविरुद्ध प्रशासन और भारी भ्रष्टाचार जैसी समस्याओं का सामना कर रही थी। नागरिक स्वयं को राजव्यवस्था और शासकों से जोड़कर नहीं देख पा रहे थे।

(iii) **राष्ट्रीयताओं का दमन** सोवियत संघ में विभिन्न राष्ट्रीयताओं और जातीय समूहों की पहचान और स्वतंत्रता को दबाया गया। इससे कई गणराज्यों में असंतोष बढा, जो अंतत, सोवियत संघ के विघटन का कारण बना। निष्कर्ष के तौर पर सोवियत संघ की प्रणाली ने समाजवाद के कई महत्त्वपूर्ण पहलुओं को अपनाया और शिक्षा, विज्ञान तथा समानता के क्षेत्र में उल्लेखनीय प्रगति की। हालाँकि इसकी केंद्रीकृत और कठोर संरचना लोकतंत्र मूल्यों की कमी तथा आर्थिक असफलताओं ने इसे कमजोर कर दिया।

**2. किन्हीं तीन पूर्व सोवियत गणराज्यों के समक्ष तनाव और संघर्ष के कारणों को उजागर कीजिए।** **CBSE 2025**

उत्तर पूर्व सोवियत गणराज्यों में तनाव और संघर्ष के कई कारण हैं जो ऐतिहासिक, सांस्कृतिक, राजनीतिक और आर्थिक कारकों से उत्पन्न हुए हैं। यहाँ तीन पूर्व सोवियत गणराज्यों, यूक्रेन, जॉर्जिया और अजरबैजान-के समक्ष तनाव के कारणों को उजागर किया गया है।

(i) **यूक्रेन** यूक्रेन में तनाव का प्रमुख कारण रूस के साथ उसका भू-राजनीतिक संघर्ष है। वर्ष 2014 में रूस ने क्रीमिया पर कब्जा कर लिया और पूर्वी यूक्रेन ने डोनवास क्षेत्र में अलगाववादी आंदोलनों को समर्थन दिया। इसका कारण यूक्रेन का पश्चिमी देशों, विशेष रूप से नाटो और यूरोपीय संघ के साथ निकटता बढ़ाना था, जिसे रूस अपने प्रभाव क्षेत्र में हस्तक्षेप मानता है।

इसके अतिरिक्त भाषाई और सांस्कृतिक विभाजन-रूसी भाषी पूर्वी क्षेत्र और यूक्रेनी भाषा और सांस्कृतिक विभाजन-रूसी भाषी पूर्वी क्षेत्र और यूक्रेनी भाषी पश्चिमी क्षेत्र ने भी आंतरिक तनाव को बढ़ाया।

(ii) **जॉर्जिया** जॉर्जिया में दक्षिण ओसेशिया और अब्खाजिया क्षेत्रों में संघर्ष 1990 के दशक से चला आ रहा है। वर्ष 2008 में रूस के साथ कुछ युद्ध ने स्थिति को और गंभीर बना दिया, इसका मुख्य कारण जॉर्जिया की पश्चिमी समर्थक नीतियाँ और रूस का इन क्षेत्रों में अलगाववादियों को समर्थन देना है। रूस ने इन क्षेत्रों को स्वतंत्र मान्यता दी, जबकि जॉर्जिया इन्हें अपना हिस्सा मानता है, जिससे क्षेत्रीय अखंडता का प्रश्न उठता है।

(iii) **अजरबैजान** अजरबैजान और आर्मेनिया के बीच नागोनों-कराबाख क्षेत्र को लेकर लंबे समय से संघर्ष चल रहा है। यह क्षेत्र अजरबैजान के भीतर है, लेकिन यहाँ आर्मेनियाई मूल के लोग बहुसंख्यक हैं। 1990 के दशक में हुए युद्ध और वर्ष 2020 में पुनः भड़के संघर्ष ने हजारों लोगों की जान ली। इस तनाव का कारण जातीय और धार्मिक मतभेद (अजरबैजान मुस्लिम और आर्मेनिया ईसाई बहुल) के साथ-साथ क्षेत्रीय नियंत्रण और संसाधनों पर कब्जे की होड़ है।

इन सभी मामलों में सोवियत संघ के विघटन के बाद राष्ट्रीय पहचान, क्षेत्रीय अखंडता और बाहरी शक्तियों (विशेष रूप से रूस) के हस्तक्षेप प्रमुख कारक रहे हैं।

**3. सोवियत संघ के विघटन के लिए उत्तरदायी किन्हीं छः कारकों की व्याख्या कीजिए।**

*अथवा* **1991 में सोवियत संघ के विघटन के किन्हीं चार कारणों को उजागर कीजिए।** **CBSE 2025**

*अथवा* **विश्व के दूसरे नंबर के सर्वाधिक शक्तिशाली देश, सोवियत संघ का विघटन अकस्मात कैसे हो गया किन्हीं छः कारणों को स्पष्ट कीजिए।**

*अथवा* **सोवियत संघ का विघटन क्यों हुआ? अपने उत्तर के समर्थन में किन्हीं दो तर्कों पर प्रकाश डालिए।**

*अथवा* **गोर्बाचेव द्वारा समस्याओं के सही निदान और सुधारों को लागू करने के प्रयासों के बावजूद सोवियत संघ का विघटन क्यों हुआ? कोई चार कारण स्पष्ट कीजिए।**

*अथवा* **सोवियत संघ के विघटन के लिए उत्तरदायी किन्हीं तीन कारणों का विश्लेषण कीजिए।** **CBSE 2023**

उत्तर सोवियत संघ के विघटन के कुछ प्रमुख कारण निम्नलिखित हैं

(i) **राजनीतिक-आर्थिक संस्थाओं का कमजोर होना** सोवियत संघ की राजनीतिक संस्थाएँ आंतरिक रूप से अधिक कमजोर हो चुकी थीं। वे जनता की इच्छाओं एवं आकांक्षाओं की पूर्ति करने में असमर्थ थीं, जो आगे चलकर सोवियत संघ के विघटन का एक बड़ा कारण बनी।

(ii) **गतिरुद्ध अर्थव्यवस्था** सोवियत संघ की अर्थव्यवस्था की गति कई वर्षों तक अवरुद्ध रही। इससे उपभोक्ता वस्तुओं की देश में लगातार कमी होती गई। इन सब कारणों से जनता सरकार को दोषी मानने लगी।

(iii) **जनता का पश्चिमी अर्थव्यवस्था के प्रति झुकाव** सोवियत संघ ने हमेशा अपनी राजव्यवस्था एवं अर्थव्यवस्था को पश्चिम के पूँजीवादी देशों से बेहतर बताया, किंतु जब सोवियत संघ के आम नागरिकों ने पश्चिमी देशों की उन्नति एवं उनके आर्थिक विकास के बारे में जानकर उसकी तुलना अपने देश से की, तो उन्हें इस विषय में ज्ञात हुआ कि सोवियत संघ ऐसे देशों की तुलना में अधिक पिछड़ा हुआ है। इस कारण देश के नागरिकों को राजनीतिक व मनोवैज्ञानिक रूप से आघात लगा, जिससे सोवियत संघ विघटन की राह पर अग्रसर हो चला था।

(iv) **प्रशासनिक भ्रष्टाचार** सोवियत संघ पर कम्युनिस्ट पार्टी ने 70 वर्षों तक शासन किया। समय बीतने के साथ-साथ यह जनता के प्रति अपने दायित्वों से बचती रही, जिसके कारण भ्रष्टाचार में वृद्धि एवं प्रशासन में गतिरोध उत्पन्न हो गया। इसके अतिरिक्त साम्यवादी दल अपने दोषों/कमियों को सुधारने में असफल रहा।

(v) **जनता की आकांक्षाओं का पूरा न होना** मिखाइल गोर्बाचेव ने जब अपने सुधारों के क्रम में उदारता से कार्य करना आरंभ किया, तो जनता की अपेक्षाएँ आवश्यकता से अधिक हो गईं। इसके अतिरिक्त लोगों का यह मानना था कि सुधार के कार्य और तेज होने चाहिए, क्योंकि लोगों को अपनी आशानुरूप लाभ नहीं हो रहा था।

(vi) **जनमत का दो भागों में विभाजन** कम्युनिस्ट पार्टी के सदस्य एवं सोवियत संघ की इस व्यवस्था से लाभ प्राप्त कर रहे लोगों का मानना था कि गोर्बाचेव काम में बहुत शीघ्रता दिखा रहे हैं। कुछ समय बाद गोर्बाचेव को जनता का समर्थन मिलना कम होता गया तथा जनमत भी दो भागों में बँट गया। अब सभी को लगने लगा था कि गोर्बाचेव अपनी नीतियों का ठीक से बचाव नहीं कर पा रहे हैं।

**4. शीतयुद्ध की समाप्ति के बाद विश्व राजनीति में आए किन्हीं चार परिवर्तनों का वर्णन कीजिए?** **CBSE 2024**

उत्तर शीतयुद्ध की समाप्ति के बाद विश्व राजनीति में आए चार महत्त्वपूर्ण परिवर्तन निम्नलिखित हैं

(i) **द्विध्रुवीयता का अंत** शीतयुद्ध के दौरान विश्व में दो प्रमुख शक्तियों अमेरिका और सोवियत संघ के बीच द्विध्रुवीय सत्ता संतुलन था। शीतयुद्ध की समाप्ति के साथ सोवियत संघ का पतन हुआ और अमेरिका एकमात्र महाशक्ति के रूप में उभरा, जिससे एक ध्रुवीय विश्व व्यवस्था का जन्म हुआ।

(ii) **वैश्वीकरण का उदय** शीतयुद्ध के बाद आर्थिक और सांस्कृतिक वैश्वीकरण ने गति पकड़ी। व्यापार, प्रौद्योगिकी और संचार के क्षेत्र में तेजी से वृद्धि हुई जिसने देशों के बीच आपसी निर्भरता को बढ़ावा दिया।

(iii) **क्षेत्रीय संगठनों का विस्तार** शीतयुद्ध के बाद यूरोपीय संघ (EU), नाटो (NATO) और आसियान (ASEAN) जैसे क्षेत्रीय संगठनों का विस्तार हुआ। इन संगठनों ने क्षेत्रीय सुरक्षा और आर्थिक विकास में महत्त्वपूर्ण भूमिका निभाई।

(iv) **सामरिक और सैन्य रणनीतियों में परिवर्तन**
शीतयुद्ध की समाप्ति के बाद सामरिक और सैन्य रणनीतियों में बदलाव आया। पारंपरिक सैन्य संघर्षों के अतिरिक्त बजाय, आतंकवाद, साइबर सुरक्षा और परमाणु प्रसार जैसे नए खतरों पर ध्यान केंद्रित किया गया।
अतः ये परिवर्तन शीत युद्ध के बाद की विश्व राजनीति को नई दिशा में ले गए।

## स्रोत आधारित प्रश्न

**नीचे दिए गए स्रोत का सावधानीपूर्वक अध्ययन कीजिए तथा दिए गए प्रश्नों के उत्तर दीजिए**

**1.** **वर्ष 1990 में अपनाई गई 'शॉक थेरेपी' जनता को उपभोग के उस 'आनंदलोक' तक नहीं ले गई, जिसका उसने वादा किया था। अमूमन 'शॉक थेरेपी' से पूरे क्षेत्र की अर्थव्यवस्था तहस-नहस हो गई और इस क्षेत्र की जनता को बर्बादी की मार झेलनी पड़ी। रूस में संपूर्ण राज्य नियंत्रित औद्योगिक ढाँचा चरमरा उठा। लगभग 90% उद्योगों को निजी हाथों या कंपनियों को बेचा गया।**
**आर्थिक ढाँचे का यह पुनर्निर्माण चूँकि सरकार द्वारा निर्देशित औद्योगिक नीति के बजाए बाजार की ताकतें कर रही थीं, इसलिए यह कदम सभी उद्योगों के लिए हानिकारक साबित हुआ। इसे 'इतिहास की सबसे बड़ी गैराज-सेल' के नाम से जाना जाता है, क्योंकि महत्त्वपूर्ण उद्योगों की कीमत कम-से-कम करके आंकी गई और उन्हें औने-पौने दामों में बेच दिया गया। हालाँकि इस महा-बिक्री में भाग लेने के लिए सभी नागरिकों को अधिकार-पत्र दिए गए थे, लेकिन अधिकांश नागरिकों ने अपने अधिकार-पत्र कालाबाजारियों के हाथों बेच दिए, क्योंकि उन्हें धन की आवश्यकता थी।**

(i) **निम्न में से कौन-सा कथन सही है?**
(a) वर्ष 1990 में आर्थिक ढाँचे का पुनर्निर्माण सरकार द्वारा निर्देशित उद्योग नीति के बजाए बाजार की ताकतें कर रही थीं
(b) बाजार की ताकतों द्वारा आर्थिक ढाँचे के पुनर्निर्माण करने से सभी उद्योग पर लाभकारी प्रभाव हुआ
(c) औद्योगिक लाभ को इतिहास की सबसे छोटी सेल कहा गया
(d) उपरोक्त में से कोई नहीं

उत्तर (a) वर्ष 1990 में आर्थिक ढाँचे का पुनर्निर्माण सरकार द्वारा निर्देशित उद्योग नीति के बजाए बाजार की ताकतें कर रही थीं

(ii) **इतिहास की सबसे बड़ी गैराज-सेल के नाम से जाना जाता है**
(a) आर्थिक पुनर्निर्माण के अंतर्गत उद्योगों पर हानिकारक प्रभाव
(b) आर्थिक पुनर्निर्माण के अंतर्गत उद्योगों पर लाभकारी प्रभाव
(c) उद्योगों का तटस्थ रूप
(d) उपरोक्त में से कोई नहीं

उत्तर (a) आर्थिक पुनर्निर्माण के अंतर्गत उद्योगों पर हानिकारक प्रभाव

(iii) **शॉक थेरेपी से आप क्या समझते हैं?**

उत्तर साम्यवादी शासन के पतन के बाद शॉक थेरेपी प्रक्रिया शुरू की गई। शॉक थेरेपी का अर्थ आघात पहुँचाकर उपचार करने से है। इससे पूरे क्षेत्र की अर्थव्यवस्था तहस-नहस को गई थी और इस क्षेत्र की जनता को बर्बादी की मार झेलनी पड़ी।

**2.** **अव्वल तो 'दूसरी दुनिया' के पतन का एक परिणाम शीतयुद्ध के दौर के संघर्ष की समाप्ति में हुआ। समाजवादी प्रणाली पूँजीवादी प्रणाली को पछाड़ पाएगी या नहीं – यह विचारात्मक विवाद अब कोई मुद्दा नहीं रहा। शीतयुद्ध के इस विवाद ने दोनों गुटों की सेनाओं को उलझाया था, हथियारों की तेज होड़ शुरू की थी, परमाणु हथियारों के संचय को बढ़ावा दिया था तथा विश्व को सैन्य गुटों में बाँटा था। शीतयुद्ध के समाप्त होने से हथियारों की होड़ भी समाप्त हो गई और एक नई शांति की संभावना का जन्म हुआ।** **CBSE 2021**

(i) **उस घटना की पहचान करें, जिसका अर्थ शीतयुद्ध का अंत था।**
(a) हथियारों की होड़ का अंत
(b) सोवियत संघ का विघटन
(c) परमाणु हथियारों का संचय
(d) यूरोप में कई नए देशों का उदय

उत्तर (a) हथियारों की होड़ का अंत

(ii) **शीतयुद्ध के दौरान किन दो विचारधारा के बीच वैचारिक विवाद था?**
(a) मार्क्सवाद और उदारवाद
(b) पूँजीवाद और साम्यवाद
(c) प्रजातंत्र और तानाशाही
(d) गुटनिरपेक्षता और समाजवाद

उत्तर (b) पूँजीवाद और साम्यवाद

(iii) समाजवादी प्रणाली क्या है?

उत्तर समाजवादी प्रणाली एक ऐसी आर्थिक और राजनीतिक विचारधारा है, जिसमें उत्पादन के साधनों (जैसे- भूमि, उद्योग और संसाधनों) का स्वामित्व और नियंत्रण समाज में सामूहिक रूप से किया जाता है। इसमें, समाज के सभी वर्गों की समानता और न्याय पर बल जोर दिया जाता है।

**3.** **हर देश को पूँजीवादी अर्थव्यवस्था की ओर पूरी तरह मुड़ना था। इसका आशय था कि इस दौर की हर संरचना से पूरी तरह निजात पाना। 'शॉक थेरेपी' की सर्वोपरि मान्यता थी कि मिल्कियत का सबसे प्रभावी रूप निजी स्वामित्व होगा।**
**इसके अंतर्गत राज्य की संपदा के निजीकरण और व्यावसायिक स्वामित्व के ढाँचे को तुरंत अपनाने की बात शामिल थी। सामूहिक फार्म को निजी फार्म में बदला गया और पूँजीवादी पद्धति से खेती शुरू हुई। इस संक्रमण में किसी भी वैकल्पिक व्यवस्था या 'तीसरे रुख' को मंजूर नहीं किया गया।**

(i) **निम्न में से कौन-सा शॉक थेरेपी का कार्य नहीं है?**
(a) राज्य की संपदा का निजीकरण करना
(b) निजी फार्म को सामूहिक फार्म में बदला गया
(c) सामूहिक फार्म को निजी फार्म में बदला गया
(d) पूँजीवादी पद्धति से कृषि की शुरुआत की गई

उत्तर (b) निजी फार्म को सामूहिक फार्म में बदला गया

(ii) **शॉक थेरेपी मॉडल को किसके द्वारा निर्देशित किया गया था?**

(a) विश्व बैंक और अंतर्राष्ट्रीय मुद्राकोष
(b) विश्व बैंक और आसियान
(c) अंतर्राष्ट्रीय मुद्राकोष और ब्रिक्स
(d) ब्रिक्स और विश्व बैंक

उत्तर (a) विश्व बैंक और अंतर्राष्ट्रीय मुद्राकोष

(iii) **शॉक थेरेपी की सर्वोपरि मान्यता क्या थी?**

उत्तर शॉक थेरेपी की सर्वोपरि मान्यता यह थी कि मिल्कियत का सबसे प्रभावी रूप निजी स्वामित्व होगा। इसके अंतर्गत राज्य की संपदा के निजीकरण और व्यावसायिक स्वामित्व के ढाँचे को तुरंत अपनाने की बात शामिल थी।

**4.** **पूर्वी यूरोप में चेकोस्लोवाकिया शांतिपूर्वक दो भागों में बँट गया। चेक तथा स्लोवाकिया नाम के दो देश बने, लेकिन सबसे गहन संघर्ष बाल्कन क्षेत्र के गणराज्य यूगोस्लाविया में हुआ। वर्ष 1991 के बाद यूगोस्लाविया कई प्रांतों में टूट गया और इसमें शामिल बोस्निया, हर्जेगोविना, स्लोवेनिया तथा क्रोएशिया ने अपने को स्वतंत्र घोषित कर दिया। यहाँ 'नाटो' को हस्तक्षेप करना पड़ा; यूगोस्लाविया पर बमबारी हुई और जातीय संघर्ष ने गृहयुद्ध का रूप लिया।**

(i) **चेकोस्लोवाकिया का विभाजन कब और कैसे हुआ?**

(a) वर्ष 1989 युद्ध के माध्यम से
(b) वर्ष 1993 शांतिपूर्ण तरीके से
(c) वर्ष 1991 संयुक्त राष्ट्र के हस्तक्षेप से
(d) वर्ष 1995 नाटो की सहायता से

उत्तर (b) वर्ष 1993 शांतिपूर्ण तरीके से

(ii) **वर्ष 1991 के बाद यूगोस्लाविया से कौन-कौन से देश स्वतंत्र हुए?**

(a) चेक गणराज्य और स्लोवाकिया
(b) बोस्निया हर्जेगोविना स्लोवेनिया और क्रोएशिया
(c) जर्मनी और पोलैंड
(d) फ्रांस और स्पेन

उत्तर (b) बोस्निया हर्जेगोविना, स्लोवेनिया और क्रोएशिया

(iii) **यूगोस्लाविया के विभाजन ने किस प्रकार की स्थिति का निर्माण किया?**

उत्तर यूगोस्लाविया के विभाजन ने जातीय संघर्ष को जन्म दिया, जिसने गृहयुद्ध का रूप ले लिया, साथ ही यूगोस्लाविया पर बमबारी की घटनाएँ भी निरंतर होती रहीं। अंततः नाटो को यहाँ हस्तक्षेप करना पड़ा।

## मानचित्र आधारित प्रश्न

**1.** **दिए गए मानचित्र पर निम्नलिखित देशों को अंकित कीजिए**

(i) **सीरिया** (ii) **कजाकिस्तान**
(iii) **तुर्कमेनिस्तान** (iv) **यूक्रेन**

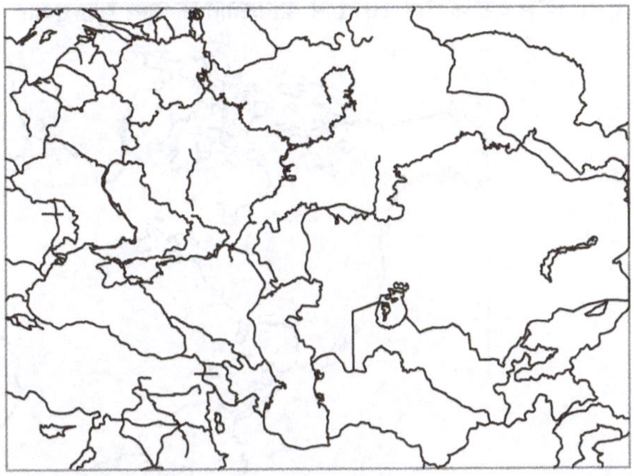

उत्तर

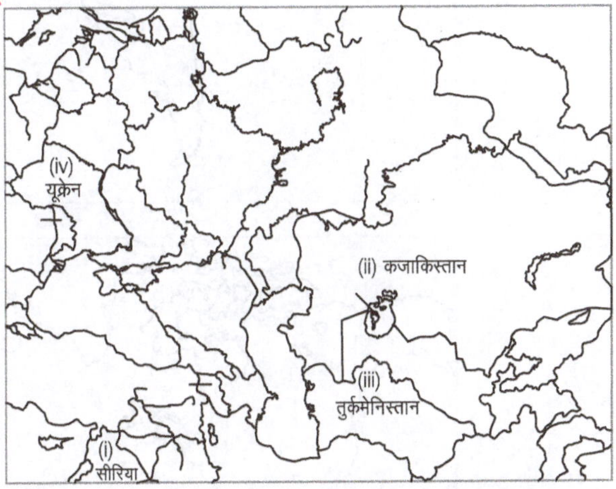


**2** **विश्व के दिए गए मानचित्र में कुछ वर्णमाला बिंदुओं को दर्शाया गया है। नीचे दी गई जानकारी के आधार पर इन बिंदुओं की पहचान कीजिए तथा इनके सही नाम से संबंधित क्रम संख्या और संबंधित वर्णमाला के साथ नीचे दिए प्रारूप के अनुसार लिखें।**

| क्रम संख्या | मानचित्र में वर्णमाला | राज्य/राष्ट्र का नाम |
|---|---|---|
| | | |
| | | |
| | | |

(i) **आर्थिक स्थिति में सुधार लाने के लिए अपनाई गई शॉक थेरेपी का संबंध किस देश से है?**

(ii) **अरब स्प्रिंग आंदोलन की शुरुआत किस देश से हुई थी?**

(iii) **मध्य एशिया में कौन-सा देश दस वर्षों (2001) तक गृहयुद्ध की चपेट में रहा?**

(iv) किस देश का वर्ष 1971 में पाकिस्तान के साथ युद्ध हुआ?

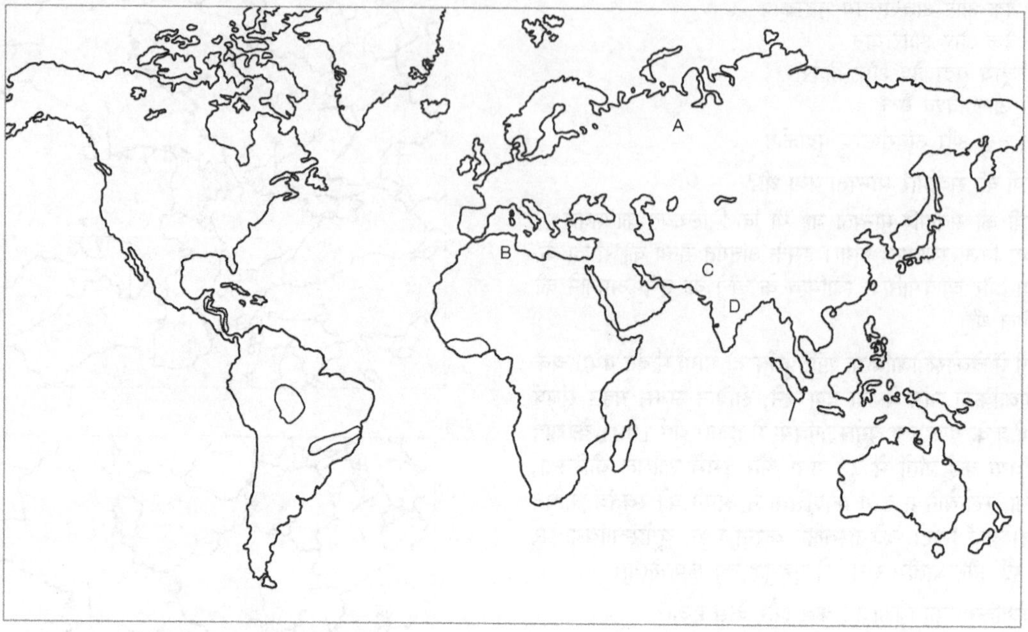


उत्तर

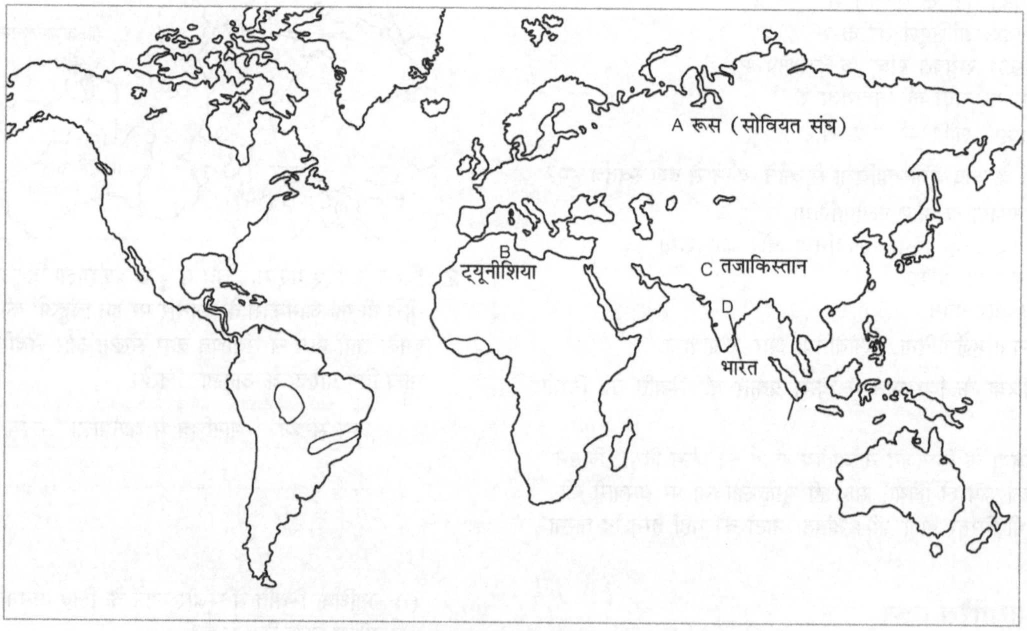


| क्रम संख्या | मानचित्र में वर्णमाला | राज्य/राष्ट्र का नाम |
|---|---|---|
| (i) | A. | रूस (सोवियत संघ) |
| (ii) | B. | ट्यूनीशिया |
| (iii) | C. | तजाकिस्तान |
| (iv) | D. | भारत |

# स्वयं को जाँचें

## वस्तुनिष्ठ प्रश्न

**1.** **निम्न में से किसने एशिया की सामूहिक सुरक्षा व्यवस्था का सुझाव दिया था?**

(a) निकिता ख्रुश्चेव
(b) लिओनिड ब्रेझनेव
(c) जोजेफ स्टालिन
(d) व्लादिमीर लेनिन

**2.** **वर्ष ............. में नौ सदनों ने एक आर्थिक संघ बनाने के लिए समझौते पर हस्ताक्षर किए।**

(a) 1938 (b) 1995
(c) 1936 (d) 1956

**3.** **शॉक थेरेपी कब अपनाई गई?**

(a) वर्ष 1944 (b) वर्ष 1950
(c) वर्ष 1990 (d) वर्ष 1989

**4.** **सोवियत संघ पर कम्युनिस्ट पार्टी ने कितने वर्षों तक शासन किया?**

(a) 20 वर्षों तक
(b) 50 वर्षों तक
(c) 70 वर्षों तक
(d) 90 वर्षों तक

**5.** **सोवियत प्रणाली के संबंध में निम्न में से कौन-सा कथन सही नहीं है?**

(a) सोवियत प्रणाली में राज्य एवं पार्टी की संस्था को विशेष महत्त्व दिया जाता था
(b) सोवियत प्रणाली में सरकार का बल जन लोककल्याण पर था
(c) सोवियत प्रणाली में एकमात्र राजनीतिक दल कम्युनिस्ट पार्टी का अस्तित्व था
(d) सोवियत प्रणाली पर नौकरशाही का व्यापक प्रभाव नहीं था

**6.** **सोवियत संघ के अंतिम राष्ट्रपति निम्न में से कौन थे?**

(a) मिखाइल गोर्बाचेव (b) बोरिस येल्तसिन
(c) जोजेफ स्टालिन (d) व्लादिमीर लेनिन

**7.** **निम्न में से किस नेता को साम्यवाद का प्रेरणास्रोत माना जाता है?**

(a) जोजेफ स्टालिन (b) ब्लादिमीर लेनिन
(c) निकिता ख्रुश्चेव (d) लिओनिड ब्रेझनेव

## लघु उत्तरीय प्रश्न

**8.** **किस घटना को इतिहास की सबसे बड़ी 'गैराज सेल' के नाम से जाना जाता है?**

**9.** **सोवियत संघ के विघटन के दो कारणों का उल्लेख कीजिए।**

**10.** **शॉक थेरेपी की प्रक्रिया कब शुरू की गई?**

**11.** **द्विध्रुवीयता का अंत किस वर्ष हुआ था?**

**12.** **शॉक थेरेपी मॉडल किसके द्वारा निर्देशित था तथा इसने सोवियत संघ की अर्थव्यवस्था को किस प्रकार प्रभावित किया?**

**13.** **संघर्ष एवं तनाव संबंधित तथ्य लिखिए।**

**14.** **अरब स्प्रिंग के कारणों का उल्लेख कीजिए।**

## दीर्घ उत्तरीय प्रश्न I

**15.** **शॉक थेरेपी क्या थी? इसने किस प्रकार साम्यवादी शासन व्यवस्था को परिवर्तित किया?**

**16.** **सोवियत प्रणाली से आप क्या समझते हैं? इसके उद्‌भव एवं विशेषताओं को बताइए।**

**17.** **दूसरी दुनिया किसे कहा जाता है? इसका नेतृत्व कौन-सा गुट कर रहा था?**

## दीर्घ उत्तरीय प्रश्न II

**18.** **अरब स्प्रिंग क्या है एवं इसके विभिन्न परिणामों का उल्लेख करें?**

**19.** **शीत युद्धकाल में भारत तथा सोवियत संघ के मध्य संबंधों की चर्चा कीजिए।**

# 02

## अध्याय

# सत्ता के समकालीन केंद्र

विश्व राजनीति में 1990 के दशक के प्रारंभिक दौर में द्विध्रुवीय व्यवस्था का अंत होने के पश्चात् आर्थिक और राजनीतिक रूप से सशक्त सत्ता के कुछ वैकल्पिक केंद्रों के रूप में यूरोपीय संघ और एशिया में दक्षिण-पूर्वी एशियाई राष्ट्रों के संगठन का उदय हुआ। इस अध्याय में सत्ता के उभरते वैकल्पिक केंद्रों का अध्ययन करेंगे तथा भविष्य में उनकी भूमिकाओं के विस्तार का अध्ययन भी करेंगे।

### ▼ अध्ययन एक नजर में


2.1 यूरोपीय संघ

2.2 दक्षिण-पूर्वी एशियाई राष्ट्रों का संगठन (आसियान)

2.3 चीन की अर्थव्यवस्था का उदय

2.4 जापान और दक्षिण कोरिया की उभरती शक्तियाँ


### ▼ अभ्यास के लिए

- बहुविकल्पीय प्रश्न 29 (युग्मित प्रश्न, चित्र आधारित प्रश्न, कथन/कारण, सुमेलित कीजिए)
- वर्णनात्मक प्रकार के प्रश्न (लघु उत्तरीय प्रश्न 6, दीर्घ उत्तरीय प्रश्न I 12, दीर्घ उत्तरीय प्रश्न II 5)
- स्रोत आधारित प्रश्न 3, मानचित्र आधारित 0

## 2.1 यूरोपीय संघ

- द्वितीय विश्वयुद्ध के पश्चात् यूरोपीय देशों के सामने **आर्थिक व सामाजिक पुनर्निर्माण** (Economical or Social Restructuring) जैसी अनेक समस्याएँ सामने आईं।
- जिनके समाधान के लिए इन देशों के नेता आपसी संबंधों को सकारात्मक सहयोग के सिद्धांतों और संस्थाओं के आधार पर पुन: परिभाषित करने की दिशा में अग्रसर हुए।
- द्वितीय विश्वयुद्ध ने कई धारणाओं और संरचनाओं को नष्ट कर दिया, जिन्होंने यूरोपीय राज्यों के नये संबंधों को आकार दिया था।
- वर्ष 1945 तक, यूरोपीय देश आर्थिक बर्बादी और उन प्रणालियों के पतन से जूझ रहे थे, जो पहले यूरोप के उत्थान का आधार थे।
- मार्शल योजना के अंतर्गत, अमेरिका ने यूरोप की अर्थव्यवस्था को पुनर्जीवित करने के लिए भारी वित्तीय सहायता की।
- इन्होंने वर्ष 1948 में **यूरोपीय आर्थिक सहयोग संगठन** (Organisation for European Economic Cooperation, OEEC) की स्थापना की तथा इस योजना के माध्यम से पश्चिमी यूरोप के देशों को वित्तीय सहायता प्रदान की गई।
- यूरोपीय आर्थिक सहयोग संगठन के माध्यम से पश्चिमी यूरोप के देशों ने व्यापार और आर्थिक क्षेत्रों में आपसी सहयोग करना प्रारंभ किया।
- अमेरिका द्वारा नाटो के अंतर्गत एक **सामूहिक सुरक्षा व्यवस्था** (Collective Security System)। राजनीतिक सहयोग के रूप में वर्ष 1949 में **यूरोपीय परिषद्** (European Parliament) का गठन हुआ।

- वर्ष 1957 में **यूरोपियन इकोनॉमिक कम्युनिटी** (European Economic Community, EEC) की स्थापना हुई। यूरोपीय संघ के गठन की इस प्रक्रिया ने यूरोपियन परिषद् के गठन के पश्चात् राजनीतिक स्वरूप को ग्रहण कर लिया।
- सोवियत संघ के विघटन के पश्चात् गठन की प्रक्रिया को गति मिली तथा गठन की इस प्रक्रिया के परिणामस्वरूप वर्ष 1992 में यूरोपीय संघ की स्थापना हुई। यूरोपीय संघ एक विशाल राष्ट्र-राज्य की तरह कार्य करता है। यूरोपीय संघ की स्थापना से समान विदेश एवं सुरक्षा नीति, आंतरिक मामलों तथा न्याय से जुड़े मुद्दों पर सहयोग के लिए नीति बनाना आसान हो गया था।

## यूरोपीय संघ का विकास

- एक लंबे समय के पश्चात् बने यूरोपीय संघ ने आर्थिक सहयोग वाली संस्था से बदलकर राजनैतिक रूप ले लिया। इसके अतिरिक्त यूरोपीय संघ की अपनी मुद्रा (यूरो), झंडा, गान एवं स्थापना दिवस है। हालाँकि यूरोपीय संघ को अपना संविधान बनाने के प्रयास में सफलता नहीं मिली।
- अन्य देशों के साथ संबंध के मामले में यूरोपीय संघ ने साझी विदेश नीति और सुरक्षा नीति अपनाई तथा नए सदस्यों को शामिल कर संघ के सहयोग के क्षेत्र में विस्तार किया।
- नए सदस्यों में सोवियत संघ के विघटन से अलग हुए पूर्वी यूरोप के देश प्रमुख थे। हालाँकि इस प्रक्रिया में यूरोपीय संघ की भूमिका एवं इन देशों की स्थिति को लेकर विवाद की स्थिति भी उत्पन्न हुई।

## यूरोपीय संघ का प्रभाव

यूरोपीय संघ का आर्थिक, राजनैतिक, कूटनीतिक एवं सैन्य शक्ति के क्षेत्र में व्यापक प्रभाव है। इसे निम्न तथ्यों द्वारा व्यक्त किया जा सकता है

### आर्थिक प्रभाव

- यूरोपीय संघ का सकल घरेलू उत्पाद बहुत बड़ा है और विश्व व्यापार में इसका महत्त्वपूर्ण भाग है। वर्ष 2024 में यूरोपीय संघ का सकल घरेलू उत्पाद लगभग 19.35 ट्रिलियन डॉलर होने का अनुमान है।
- इसकी मुद्रा (यूरो) ने अमेरिकी डॉलर के वर्चस्व को चुनौती दी है। विश्व व्यापार में इसकी हिस्सेदारी अमेरिका से तीन गुना अधिक है। यूरोपीय संघ की आर्थिक शक्ति का प्रभाव केवल यूरोप में ही नहीं, बल्कि एशिया और अफ्रीका के देशों पर भी है। इसके अतिरिक्त यह विश्व व्यापार संगठन जैसे संगठनों में महत्त्वपूर्ण भूमिका निभाता है तथा एक विशेष समूह के रूप में कार्य करता है।

### राजनीतिक और कूटनीतिक प्रभाव

- फ्रांस **सुरक्षा परिषद्** (Security Council) का स्थायी सदस्य है, जो यूरोपीय संघ का भी सदस्य है। इसके अतिरिक्त संघ के कई अन्य देश सुरक्षा परिषद् के अस्थायी सदस्य हैं, जिसके कारण यूरोपीय संघ अमेरिका व अन्य देशों की नीतियों को प्रभावित करता है।

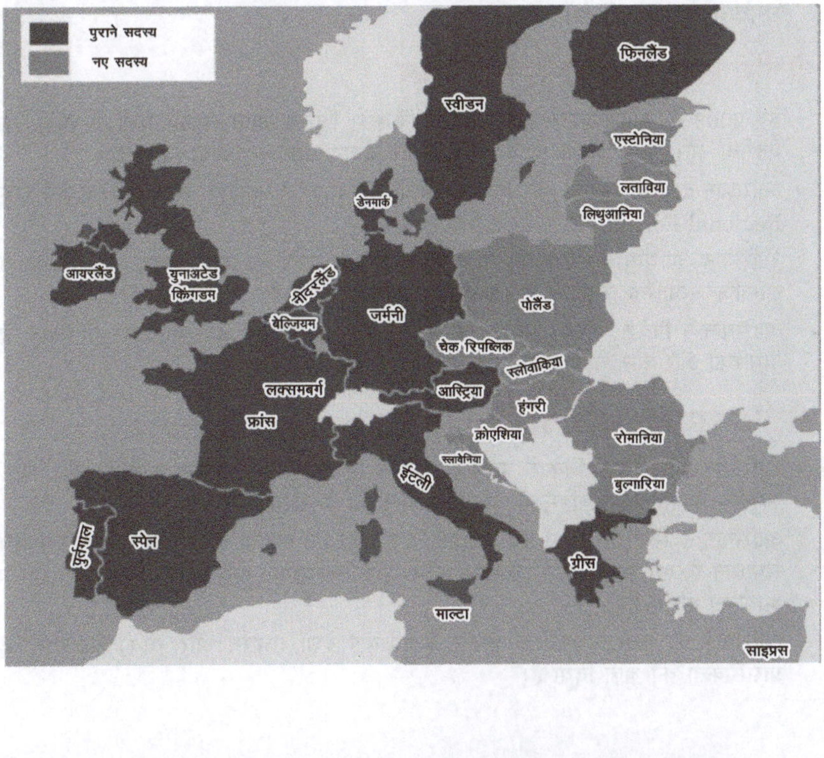

- इसका एक उदाहरण हाल के दिनों में ईरान के परमाणु कार्यक्रम से संबंधित अमेरिकी नीतियों को प्रभावित करना है। चीन के साथ मानवाधिकारों के उल्लंघन और पर्यावरण विनाश के मुद्दों पर यूरोपीय संघ ने सैनिक शक्ति का उपयोग करने के स्थान पर कूटनीतिक, आर्थिक निवेश तथा बातचीत जैसी प्रभावकारी रणनीति को अपनाया।

### सैन्य प्रभाव

- यूरोपीय संघ की सैन्य शक्ति विश्व की दूसरी सबसे बड़ी शक्ति है, जिसका कुल रक्षा बजट अमेरिका के पश्चात् सबसे अधिक है। इसके सदस्य देश फ्रांस के पास लगभग 335 परमाणु हथियार हैं। इसके अतिरिक्त अंतरिक्ष विज्ञान और संचार प्रौद्योगिकी (Space and Communication Technology) के क्षेत्र में यूरोपीय संघ विश्व में दूसरे स्थान पर है।
- अतिराष्ट्रवाद यूरोपीय संघ आर्थिक, राजनीतिक और सामाजिक क्षेत्रों में हस्तक्षेप कर सकता है, लेकिन कई क्षेत्रों में इसके सदस्य देशों के अपने विदेशी संबंध और रक्षा नीतियाँ हैं, जो अकसर एक-दूसरे से भिन्न होती हैं।

## 2.2 दक्षिण-पूर्वी एशियाई राष्ट्रों का संगठन (आसियान)

- दक्षिण-पूर्वी एशिया द्वितीय विश्वयुद्ध के पूर्व एवं युद्ध के समय जापान एवं यूरोपीय देशों का उपनिवेश बना रहा, जिसके कारण इस क्षेत्र का आर्थिक और राजनीतिक रूप से काफी शोषण हुआ, जिसके परिणामस्वरूप द्वितीय विश्वयुद्ध के पश्चात् दक्षिणी एशिया को राष्ट्र निर्माण, आर्थिक पिछड़ेपन और गरीबी जैसी समस्याओं का सामना करना पड़ा।
- एशिया एवं तीसरी दुनिया के देशों में एकता कायम करने की दिशा में बांडुंग सम्मेलन और गुटनिरपेक्ष आंदोलन जैसे अनौपचारिक प्रयासों से भी अधिक सफलता नहीं मिल रही थी। अत: इन सभी कारणों को देखते हुए वर्ष 1967 में इस क्षेत्र के पाँच देशों ने **बैंकॉक घोषणा** (Bangkok Declaration) पर हस्ताक्षर कर **दक्षिण-पूर्वी एशियाई राष्ट्र संगठन** (Association of South-East Asian Nation, ASEAN) की स्थापना की।
- हस्ताक्षर करने वाले पाँच देशों में **इंडोनेशिया, मलेशिया, फिलीपींस, सिंगापुर** और **थाइलैंड** प्रमुख थे, किंतु बाद के वर्षों में **ब्रुनेई दारूस्सलाम, वियतनाम, लाओस, म्यांमार** और **कंबोडिया** के शामिल होने से इसकी संख्या बढ़कर 10 हो गई।
- दक्षिण-पूर्वी एशिया के राज्यों में शासन के कानूनी स्वरूप और संयुक्त राष्ट्र के नियम आधारित क्षेत्रीय शांति व स्थायित्व को बढ़ावा देना, दक्षिण-पूर्वी एशियाई क्षेत्रों में अनौपचारिक, टकराव रहित और सहयोगात्मक मेल-मिलाप का वातावरण बनाना, जिसे **आसियान शैली** (ASEAN Way) नाम से जाना जाता है, जिसकी सर्वप्रमुख विशेषता राष्ट्रों की **सार्वभौमिकता** (Sovereignty) का सम्मान करना है।
- आसियान ने वर्ष 2003 में **आसियान सुरक्षा समुदाय, आसियान आर्थिक समुदाय** एवं **आसियान सामाजिक-सांस्कृतिक समुदाय** का गठन किया।

### क्षेत्रीय सहयोग और सुरक्षा पहल

- वर्ष 2003 में, आसियान ने कई समझौते किए थे जिनके तहत सदस्य देशों ने शांति, तटस्थता, सहयोग, अहस्तक्षेप तथा राष्ट्रीय मतभेदों और संप्रभु अधिकारों के प्रति सम्मान बनाए रखने का वादा किया था।
- आसियान देशों की सुरक्षा और विदेश नीतियों में सामंजस्य स्थापित करने के लिए वर्ष 1994 में **आसियान क्षेत्रीय मंच** (ASEAN Regional Forum) की स्थापना की गई।
- आसियान आर्थिक समुदाय का उद्देश्य आसियान देशों के लिए साझा बाजार और उत्पादन आधार तैयार कर आसियान के सामाजिक-आर्थिक समुदाय के विकास में सहयोग करना है।
- आसियान ने निवेश, श्रम व सेवाओं के मामले में मुक्त व्यापार क्षेत्र बनाने पर भी ध्यान दिया है। इस प्रस्ताव पर आसियान के साथ अमेरिका और चीन ने बातचीत करने की पहल कर दी है।

### क्षेत्रीय संगठन और वैश्विक प्रभाव

- आसियान तीव्र गति से विकास करने वाला एक महत्त्वपूर्ण क्षेत्रीय संगठन है, जिसने अपने **'विजन-2020'** दस्तावेज में अंतर्राष्ट्रीय समुदाय में महत्त्वपूर्ण बहिर्मुखी भूमिका निभाने को प्रमुखता दी है।
- आसियान ने संघर्ष के स्थान पर बातचीत के माध्यम को बढ़ावा दिया। इसने कंबोडिया संघर्ष का अंत एवं पूर्वी तिमोर के संकट का समाधान किया। इसके अतिरिक्त यह पूर्वी एशियाई सहयोग की दिशा में बातचीत हेतु वर्ष 1999 से प्रतिवर्ष वार्षिक बैठक का आयोजन करता है।
- आसियान की वर्तमान आर्थिक शक्ति ने एशियाई देशों (भारत और चीन) के साथ व्यापार और निवेश के संदर्भ में उसकी प्रासंगिकता को बढ़ा दिया है।

- विगत वर्षों की अपेक्षा भारत ने अपनी विदेश नीति में परिवर्तन करते हुए आसियान की ओर विशेष ध्यान दिया तथा आसियान के कई सदस्य देशों—मलेशिया, सिंगापुर और थाइलैंड के साथ **मुक्त व्यापार समझौता**[1] (Free Trade Agreement) किया है। आसियान-भारत मुक्त व्यापार क्षेत्र व्यवस्था वर्ष 2010 में लागू हुई।
- आसियान की वास्तविक शक्ति इसके अपने सदस्य देशों, सहभागी सदस्यों तथा अन्य गैर-क्षेत्रीय संगठनों के बीच निरंतर संवाद और विचार-विमर्श करने की नीति में ही समाहित है।
- आसियान एशियाई देशों तथा विश्व शक्तियों को राजनीतिक और सुरक्षा मामलों पर चर्चा के लिए राजनीतिक मंच उपलब्ध कराता है। इस हेतु यह एशिया का एकमात्र क्षेत्रीय संगठन है।
- भारत ने वर्ष 1991 से **लुक ईस्ट** (पूरब की ओर चलो) और वर्ष 2014 से **एक्ट ईस्ट** की नीति अपनाई, जिससे पूर्वी एशिया के देशों— आसियान, चीन, जापान और दक्षिणी कोरिया से उसके आर्थिक संबंधों में वृद्धि हुई है।

### आसियान के उद्देश्य

- आसियान का मुख्य उद्देश्य दक्षिण-पूर्व एशियाई देशों के समृद्ध और शंतिपूर्ण समुदाय के लिए आर्थिक विकास की गति को तीव्र करना तथा इसके माध्यम से सामाजिक और सांस्कृतिक विकास को प्राप्त करना था।
- न्याय, कानून के शासन और संयुक्त राष्ट्र के सिद्धांतों के प्रति सम्मान बनाए रखते हुए क्षेत्रीय शांति और स्थिरता को बढ़ावा देना।
- आर्थिक, सामाजिक, सांस्कृतिक, तकनीकी, वैज्ञानिक और प्रशानिक क्षेत्रों में साझा हितों के मामलों पर सक्रिय सहयोग और पारस्परिक सहायता को बढ़ावा देना है।

### चेक प्वॉइंट 1

1. मार्शल योजना के तहत कौन-सा संगठन स्थापित किया गया था?
2. यूरोपीय परिषद् का गठन किस वर्ष हुआ?
3. वर्ष 2024 में यूरोपीय संघ का सकल घरेलू उत्पाद लगभग कितना था?
4. यूरोपीय संघ का कौन-सा देश सुरक्षा परिषद् का स्थायी सदस्य है?
5. आसियान की स्थापना किस घोषणा के तहत की गई थी?

## 2.3 चीन की अर्थव्यवस्था का उदय

- एशिया में सबसे तेजी से बढ़ने वाली अर्थव्यवस्था चीन की है। एक अनुमान के अनुसार वर्ष 2040 तक चीन विश्व की सबसे बड़ी आर्थिक शक्ति बन जाएगा। इस तरह वह विश्व की वर्तमान आर्थिक महाशक्ति अमेरिका को भी पीछे छोड़ देगा। चीन का आर्थिक विकास, विशाल आबादी, विस्तृत भू-भाग, संसाधन, क्षेत्रीय अवस्थिति और **राजनीतिक प्रभुत्व** (Political Domination) इसके विश्व में बढ़ते प्रभुत्व में महत्त्वपूर्ण भूमिका निभा रहे हैं।
- वर्ष 1949 में माओ के नेतृत्व में हुई **साम्यवादी क्रांति** (Communist Revolution) के बाद (चीनी गणराज्य की स्थापना के समय) चीन की अर्थव्यवस्था सोवियत मॉडल पर आधारित थी तथा पूँजीवादी दुनिया से इसका कोई संबंध नहीं था।
- प्रारंभिक समय में चीन के विकास हेतु सोवियत रूस ने सहयोग किया, जिसके आधार पर चीन ने अपनी अर्थव्यवस्था के विकास हेतु कृषि से प्राप्त पूँजी का उपयोग सरकारी नियंत्रण के अधीन बड़े उद्योगों की स्थापना में किया।
- विदेशी मुद्रा के अभाव के कारण चीन ने आयातित वस्तुओं का निर्माण चीन में कराना आरंभ कर दिया। इस मॉडल ने चीन को अपने संसाधनों का उपयोग करके बड़े पैमाने पर औद्योगिक अर्थव्यवस्था की नींव स्थापित करने की अनुमति दी।
- सोवियत संघ जैसा संकट चीन के सामने भी था, उसका औद्योगिक उत्पादन पर्याप्त तेजी से नहीं बढ़ रहा था, अंतर्राष्ट्रीय व्यापार न्यूनतम था और प्रति व्यक्ति आय बहुत कम थी।
- चीन ने अपनी आर्थिक समस्याओं के समाधान की दिशा में 1970 के दशक में अपनी नीतियों में महत्त्वपूर्ण परिवर्तन किए तथा वर्ष 1972 में अमेरिका के साथ आर्थिक और राजनीतिक संबंधों की शुरुआत की।
- प्रधानमंत्री **चाऊ-एनलाई** ने कृषि, उद्योग, सेना और विज्ञान एवं प्रौद्योगिकी के क्षेत्र में आधुनिकीकरण लाने हेतु वर्ष 1973 में चार प्रस्ताव पारित किए।

---

1 मुक्त व्यापार समझौता उन देशों का समूह है, जो क्षेत्र के भीतर व्यापार के लिए व्यापार बाधाओं को पारस्परिक रूप से कम करने या समाप्त करने पर सहमत हुए हैं।

- चीन में आर्थिक सुधारों हेतु **खुले द्वार की नीति**[2] (Open Door Policy) की घोषणा वर्ष 1978 में तत्कालीन नेता **देंग श्याओपेंग** द्वारा की गई।
- विदेशी पूँजी और प्रौद्योगिकी में निवेश से उच्चतर उत्पादकता को प्राप्त कर चीन सरकार की नीति का महत्त्वपूर्ण हिस्सा बन गया। चीन ने अपने तरीके से **बाजारमूलक अर्थव्यवस्था** (Market Economy) को अपनाया। इसके लिए चीन ने अपनी अर्थव्यवस्था को चरणबद्ध तरीके से खोला, न कि शॉक थेरेपी के माध्यम से।
- चीन में वर्ष 1982 में कृषि का तथा इसके पश्चात् वर्ष 1998 में उद्योगों का **निजीकरण** (Privatisation) किया गया। विदेशी निवेशक को उद्यम लगाने हेतु प्रोत्साहित करने के लिए **विशेष आर्थिक क्षेत्र**[3] (Special Economic Zone, SEZ) स्थापित किए गए, जहाँ व्यापार संबंधी सभी अवरोधों को हटा दिया गया।
- इन प्रयासों से कृषि और उद्योग दोनों ही क्षेत्रों में चीनी अर्थव्यवस्था का प्रसार हुआ। **प्रत्यक्ष विदेश निवेश** के लिए चीन महत्त्वपूर्ण गंतव्य बन गया।
- दूसरे देशों के लिए अपनी अर्थव्यवस्था खोलने की दिशा में चीन वर्ष 2001 में **विश्व व्यापार संगठन** (World Trade Organisation, WTO) का सदस्य बन गया। इसके अतिरिक्त अब चीन की रणनीति विश्व की अर्थव्यवस्था से अपने संबंधों को मजबूत कर विश्व व्यवस्था को अपने अनुकूल स्वरूप प्रदान करना है।
- चीन बेरोजगारी, असमानता, पर्यावरण क्षरण और भ्रष्टाचार जैसी अनेक चुनौतियों का भी सामना कर रहा था।

## भारत व चीन के संबंध

- भारत और चीन की आजादी के बाद दोनों देशों से एशिया का भविष्य तय करने की उम्मीद थी। **'हिंदी-चीनी भाई-भाई'** का नारा लोकप्रिय था, लेकिन भारतीय सीमा पर चीनी आक्रमकता ने उस उम्मीद पर पानी फेर दिया है।
- स्वतंत्रता के पश्चात्, दोनों देश वर्ष 1950 में तिब्बत पर चीन के कब्जे और चीन-भारत सीमा के अंतिम समाधान से उत्पन्न मतभेदों में उलझे रहे। चीन और भारत वर्ष 1962 में अरुणाचल प्रदेश और लद्दाख के अक्साई चीन क्षेत्र में क्षेत्रीय मुद्दो को लेकर सीमा संघर्ष में उलझे रहे।
- वर्ष 1976 तक दोनों देशों के मध्य कूटनीतिक संबंध खराब रहे। उसके पश्चात् दोनों देशों के मध्य धीरे-धीरे रिश्ते सुधरने लगे। वर्ष 1981 में सीमा विवाद को सुलझाने के लिए बातचीत का सिलसिला भी प्रारंभ हुआ।
- दिसंबर, 1988 में राजीव गाँधी की चीन यात्रा में भारत-चीन संबंधों में सुधार की गुंजाइश प्रदान की। तब से दोनों सरकारों ने संघर्ष को रोकने और सीमा पर 'शांति और सौहार्द' बनाए रखने के लिए कदम उठाए हैं।
- उन्होंने सांस्कृतिक आदान-प्रदान तथा विज्ञान एवं प्रौद्योगिकी में सहयोग पर भी समझौते पर हस्ताक्षर किए हैं तथा व्यापार के लिए चार सीमा चौकियाँ खोली हैं।
- भारत व चीन का व्यापार वर्ष 1999 से प्रति वर्ष 30% की दर से बढ़ रहा है। भारत और चीन के मध्य द्विपक्षीय व्यापार वर्ष 1992 में 338 मिलियन डॉलर से बढ़कर वर्ष 2017 में 84 बिलियन डॉलर से अधिक हो गया है।
- वर्तमान में, दोनों देश विदेशों में ऊर्जा सौदों जैसे क्षेत्रों में एक-दूसरे के साथ सहयोग करने पर सहमत हुए हैं।
- परिवहन और संचार संपर्क बढ़ाने तथा समान आर्थिक हितों से भारत और चीन के मध्य सकारात्मक और सुदृढ़ संबंध स्थापित करने में सहायता मिली।
- सहयोग के इन पक्षों के अतिरिक्त इन दोनों देशों के मध्य कुछ ऐसे भी मुद्दे हैं, जिससे इनमें अविश्वास भी उत्पन्न हुआ है।
- वर्तमान में भारत व चीन के बीच सीमा विवाद, चीन-पाकिस्तान आर्थिक गलियारा तथा आतंकवाद से निपटने के लिए भारत के विरूद्ध संयुक्त राष्ट्र में चीन के द्वारा पाकिस्तान का समर्थन जैसे मुद्दे सामने आए हैं।
- बांग्लादेश और म्यांमार के साथ चीन के सैन्य संबंधों को दक्षिण एशिया में भारतीय हितों के लिए प्रतिकूल माना गया।

### चेक प्वॉइंट 2

1. किसके नेतृत्व में चीन ने वर्ष 1949 में स्वतंत्रता प्राप्त की?
2. चीन ने शुरू में किस आर्थिक मॉडल का अनुसरण किया?
3. चीन ने अपनी अर्थव्यवस्था को कब उदार बनाया?
4. चीन ने किस वर्ष कृषि का निजीकरण किया?
5. भारतीय प्रधानमंत्री राजीव गाँधी ने किस वर्ष चीन की यात्रा की?

---

2 **खुले द्वार की नीति** संयुक्त राज्य अमेरिका द्वारा (वर्ष 1899-1900) में शुरू किए गए सिद्धांतों का एक विवरण।

3 **विशेष आर्थिक क्षेत्र** एक ऐसा क्षेत्र, जहाँ व्यवसाय एवं व्यापार के लिए शेष देश से अलग नियम होते हैं। सेज (SEZ) के निर्माण का मुख्य उद्देश्य व्यापार, निवेश तथा रोजगार के अवसरों में वृद्धि करना है।

## 2.4 जापान और दक्षिण कोरिया की उभरती शक्तियाँ

जापान और दक्षिण कोरिया दोनों ही हाल के दिनों में महत्त्वपूर्ण वैश्विक शक्तियों के रूप में उभरे हैं। दोनों की अपनी-अपनी ताकत और कमजोरियाँ हैं।

### जापान

- जापान की प्रसिद्धी उच्च तकनीक वाले उत्पाद बनाने के लिए है। जापान के पास बहुत कम प्राकृतिक संसाधन हैं और वह अपना अधिकांश कच्चा माल आयात करता है। फिर भी द्वितीय विश्व युद्ध की समाप्ति के पश्चात् इसने तेजी से प्रगति की है।
- प्रसिद्ध जापानी ब्रांड; जैसे सोनी, पैनासोनिक, कैनन, सुजुकी, होंडा एवं ट्योटा आदि हैं, जो उच्च प्रौद्योगिकी उत्पाद बनाने के लिए प्रसिद्ध हैं।
- जापान वर्ष 1964 में आर्थिक सहयोग और विकास संगठन (OECD) का सदस्य बना। वर्ष 2017 में यह दुनिया की तीसरी सबसे बड़ी अर्थव्यवस्था है। यह G-7 का एकमात्र एशियाई सदस्य है। यह दुनिया का 11 वाँ सबसे अधिक आबादी वाला देश है।
- यह संयुक्त राष्ट्र के नियमित बजट में दूसरा सबसे बड़ा योगदानकर्ता है, जो कुल बजट का लगभग 10% योगदान देता है।
- जापान का सैन्य व्यय उसके सकल घरेलू उत्पाद का केवल 1% है, फिर भी यह विश्व में 7वाँ सबसे बड़ा सैन्य व्यय है।

### दक्षिण कोरिया

- कोरियाई प्रायद्वीप को द्वितीय विश्व युद्ध के अंत में दक्षिण कोरिया (रिपब्लिक ऑफ कोरिया) और उत्तरी कोरिया (डेमोक्रेटिक पीपुल्स रिपब्लिक ऑफ कोरिया) में 38वें समानांतर के साथ-साथ विभाजित किया गया था।
- वर्ष 1950-53 के दौरान कोरियाई युद्ध और शीतयुद्ध काल की गतिशीलता ने दोनों पक्षों के बीच प्रतिद्वंद्विता को तेज कर दिया। अंततः 17 सितंबर, 1991 को दोनों ही कोरियाई देश संयुक्त राष्ट्र के सदस्य बने। इसी बीच दक्षिण कोरिया एशिया में सत्ता के केंद्र के रूप में उभरा।
- 1960 से 1980 के दशक के बीच इसका आर्थिक शक्ति के रूप में तेजी से विकास हुआ, जिसे 'हान नदी का चमत्कार' कहा जाता है।
- दक्षिण कोरिया वर्ष 1996 में ओईसीडी का सदस्य बना। वर्ष 2017 में, इसकी अर्थव्यवस्था दुनिया में 11वीं सबसे बड़ी अर्थव्यवस्था है और इसका सैन्य व्यय विश्व का 10वाँ सबसे बड़ा सैन्य व्यय है।
- मानव विकास रिपोर्ट 2016 के अनुसार, दक्षिण कोरिया की एचडीआई रैंक 18 है। इसके उच्च मानव विकास के लिए जिम्मेदार प्रमुख कारकों में सफल भूमि सुधार, ग्रामीण विकास, व्यापक मानव संसाधन विकास और तीव्र न्यायसंगत आर्थिक विकास शामिल हैं।
- सैमसंग, एलजी और हुंडई जैसे दक्षिण कोरियाई ब्रांड भारत में प्रसिद्ध हैं। भारत और दक्षिण कोरिया के बीच कई समझौते हुए, जो बढ़ते वाणिज्यिक और सांस्कृतिक संबंधों को दर्शाते हैं।
- दक्षिणी कोरिया वर्तमान में एक विकसित देश है। सफल घरेलू अत्पाद के आधार पर यह विश्व की 13वीं सबसे बड़ी अर्थव्यवस्था में यह देश प्रौद्योगिकी के स्तर पर विकसित है।

## टाइमलाइन

### यूरोपीय एकता के महत्त्वपूर्ण पड़ाव

| | |
|---|---|
| अप्रैल, 1951 | पश्चिमी यूरोप के छः देशों–फ्रांस, पश्चिमी जर्मनी, इटली, बेल्जियम, नीदरलैंड और लक्जमबर्ग ने पेरिस संधि पर हस्ताक्षर करके यूरोपीय कोयला और इस्पात समुदाय का गठन किया। |
| 25 मार्च, 1957 | इन छः देशों ने यूरोपीय आर्थिक समुदाय (EEC) और यूरोपीय एटमी ऊर्जा समुदाय (Euratom) के गठन के लिए रोम की संधियों पर हस्ताक्षर किए। |
| जनवरी, 1973 | डेनमार्क, आयरलैंड और ब्रिटेन ने भी यूरोपीय, आर्थिक समुदाय की सदस्यता ली। |
| जून, 1979 | यूरोपीय संसद के लिए पहला प्रत्यक्ष चुनाव। |
| जनवरी, 1981 | यूनान (ग्रीस) ने यूरोपीय आर्थिक समुदाय की सदस्यता ली। |
| जून, 1985 | शांगेन संधि ने यूरोपीय आर्थिक समुदाय के देशों के बीच सीमा नियंत्रण को समाप्त किया। |
| जनवरी, 1986 | स्पेन और पुर्तगाल भी यूरोपीय समुदाय में शामिल हुए। |
| अक्टूबर, 1990 | जर्मनी का एकीकरण। |
| 7 फरवरी, 1992 | यूरोपीय संघ के गठन के लिए मास्ट्रिस्ट संधि पर हस्ताक्षर। |
| जनवरी, 1993 | एकीकृत बाजार का गठन यूरोपीय आर्थिक समुदाय का नाम बदलकर यूरोपीय समुदाय कर दिया गया। |
| जनवरी, 1995 | ऑस्ट्रिया, फिनलैंड और स्वीडन यूरोपीय संघ में शामिल हो गए। |
| जनवरी, 2002 | नई मुद्रा यूरो को 12 सदस्य देशों ने अपनाया। |
| मई, 2004 | दस नये सदस्य साइप्रस, चेकगणराज्य, एस्टोनिया, हंगरी, लातविया, लिथुआनिया, माल्टा, पौलैंड, स्लोवाकिया और स्लोवेनिया यूरोपीय संघ में शामिल हो गए। |
| जनवरी, 2007 | बुल्गारिया और रोमानिया यूरोपीय संघ में शामिल। स्लोवेनिया ने यूरो को अपनाया। |
| दिसंबर, 2009 | लिस्बन संधि लागू हुई। |
| 2012 | यूरोपीय संघ को नोबेल शांति पुरस्कार। |
| 2013 | क्रोएशिया यूरोपीय संघ का 28वाँ सदस्य बना। |
| 2016 | ब्रिटेन में जनमत संग्रह में 51.9% मतदाताओं ने फैसला किया कि ब्रिटेन यूरोपीय संघ से बाहर निकल जाएगा (ब्रेक्सिट) |

# Mind Map

## सत्ता के समकालीन केंद्र

### 1 यूरोपीय संघ का गठन

- 'मार्शल प्लान' को यूरोप को पुनर्जीवित करने के लिए अमेरिका द्वारा पेश किया गया था।
- यूरोपीय आर्थिक सहयोग संगठन इस योजना के तहत वर्ष 1948 में स्थापित किया गया था।
- यूरोपीय संघ समय के साथ आर्थिक और राजनीतिक रूप से प्रभावशाली हो गया।
- आंतरिक असंतोष और फार्मा-कोर्पोरेशन ने संघ की एकता, विदेश नीति और रक्षा नीतियों को बाधित किया।

### 2 दक्षिण-पूर्व एशियाई राष्ट्रों का संगठन (आसियान)

- दक्षिण-पूर्व एशिया के विकास और भू-राजनीति में आसियान ने भूमिका निभाई।
- दक्षिण-पूर्व एशियाई राष्ट्रों का संघ (ASEAN) वर्ष 1967 में स्थापित हुआ था।
- इसके उद्देश्य में आर्थिक विकास, शांति और क्षेत्रीय स्थिरता को बढ़ावा देना शामिल है।
- वर्ष 2003 में आसियान समुदाय की स्थापना की गई, जिसमें 3 स्तंभ थे– सुरक्षा, आर्थिक और सामाजिक-सांस्कृतिक।
- आसियान क्षेत्रीय मंच (ASEAN Regional Forum) वर्ष 1994 में स्थापित हुआ।
- आसियान-भारत मुक्त व्यापार समझौता वर्ष 2010 में प्रभावी हुआ।

### 3 चीनी अर्थव्यवस्था का उत्थान

- 1970 के दशक से चीन की आर्थिक सफलता ने इसे एक वैश्विक शक्ति के रूप में उभारने में योगदान दिया है।
- 1970 के दशक में चीन ने ''खुले द्वार की नीति'' के साथ सुधार शुरू किया।
- कृषि का धीरे-धीरे निजीकरण किया गया और विशेष आर्थिक क्षेत्र (SEZs) स्थापित किए गए।
- रोजगार और सामाजिक कल्याण सभी को सुनिश्चित किया गया।
- अनुमान है कि वर्ष 2040 तक चीन सबसे बड़ी अर्थव्यवस्था बन जाएगा।

#### आर्थिक सुधारों के पश्चात् चुनौतियाँ

- अचानक आर्थिक वृद्धि ने असमानता और बेरोजगारी को जन्म दिया।
- पर्यावरणीय गिरावट और भ्रष्टाचार बढ़े हैं।
- महिलाओं के लिए कामकाजी परिस्थितियाँ खराब हो गई हैं।

### 4 शीतयुद्ध के पश्चात् भारत व चीन के संबंध

- भारतीय और चीनी शक्तियाँ पश्चिमी उपनिवेशवाद से पहले एशिया में प्रभावशाली शक्तियाँ थीं।
- वर्ष 1962 की सीमा विवाद में चीनी आक्रमण ने दोनों देशों के संबंधों को तनावपूर्ण बना दिया।

#### भारत व चीन के संबंध : तनाव से व्यापार की वृद्धि तक

- वर्ष 1988 में राजीव गाँधी की चीन यात्रा ने शांति और सीमा शांति में सुधार किया।
- द्विपक्षीय व्यापार वर्ष 1992 में 338 मिलियन डॉलर हो गया।
- भारत और चीन ने डब्ल्यूटीओ में समान नीतियाँ अपनाईं।

### 5 जापान और दक्षिण कोरिया : उभरती शक्तियाँ

**जापान**

- उच्च तकनीकी उत्पादों का निर्माण करता है। वर्ष 1964 में आर्थिक सहयोग और विकास संगठन (OECD) का सदस्य बना।
- नियमित बजट में दूसरा सबसे बड़ा योगदानकर्ता।
- वर्ष 2017 में दुनिया की तीसरी सबसे बड़ी अर्थव्यवस्था।

**दक्षिण कोरिया**

- वर्ष 1996 में OECD का सदस्य बना।
- वर्ष 2017 में इसकी अर्थव्यवस्था दुनिया की 11वीं सबसे बड़ी और इसका सैन्य खर्च दुनिया में दसवाँ सबसे अधिक है।
- भारत में कोरियाई ब्राण्डस; जैसे-सैमसंग, एलजी और हुंडई की लोकप्रियता।

# NCERT फोल्डर

## अध्याय के मध्य में दिए गए प्रश्न

**1. क्या भारत दक्षिण-पूर्व एशिया का हिस्सा नहीं है? भारत के पूर्वोत्तरी राज्य आसियान देशों के इतने निकट हैं।**

उत्तर नहीं, भारत दक्षिण-पूर्व एशिया का हिस्सा नहीं है। दक्षिण-पूर्व एशिया में 10 देश हैं, ये देश पूर्वी भारत से चीन तक फैले हुए हैं। इनमें से कुछ देश निम्न बिंदुओं में दिए गए हैं।

- वियतनाम
- इंडोनेशिया
- लाओस
- ब्रुनेई
- थाईलैंड
- म्यांमार
- फिलीपींस
- कंबोडिया
- सिंगापुर
- मलेशिया

**2 आसियान सफल क्यों हुआ, जबकि दक्षेस (सार्क) नहीं?**

उत्तर आसियान की तुलना में दक्षिण एशियाई क्षेत्रीय सहयोग संगठन (सार्क) की सफलता कम रही है।

आसियान में आपसी विवादों का समाधान सौहार्द्रपूर्ण तरीके से होता है, वहीं सार्क में सदस्य देशों के बीच विवादों के निपटारे के लिए शांतिपूर्ण तरीके अपनाने की आवश्यकता है। आसियान ने आधुनिकीकरण और आर्थिक विकास को बढ़ावा देकर व्यापार को बढ़ावा दिया है, वहीं दक्षिण एशिया में अंतर-क्षेत्रीय व्यापार और निवेश कम हैं।

- सार्क के कुछ सदस्य देशों ने क्षेत्रीय संपर्क को मजबूत करने के लिए अपनाई गई पहलों को अवरुद्ध किया है।
- भारत और पाकिस्तान के बीच बिगड़ते संबंधों ने दक्षिण एशिया के विकास को बाधित किया है। वर्ष 2014 के पश्चात् सार्क का कोई शिखर सम्मेलन नहीं हुआ है।

**3. चीन में केवल छः ही विशेष आर्थिक क्षेत्र हैं और भारत में ऐसे 200 से अधिक क्षेत्रों को मंजूरी मिली क्या यह भारत के लिए अच्छा है?**

उत्तर भारत में 200 से अधिक विशेष आर्थिक क्षेत्रों (SEZs) को मंजूरी मिलना एक सकारात्मक संकेत हो सकता है, लेकिन इसके अच्छे या बुरे होने का आकलन कुछ पहलुओं पर निर्भर करता है, जिसका विवरण इस प्रकार है

**सकारात्मक पहलू**

(i) **आर्थिक विकास** SEZs व्यापार और निवेश के लिए आकर्षक होते हैं, जिससे रोजगार के अवसर बढ़ सकते हैं और औद्योगिकीकरण में तेजी आ सकती है।

(ii) **निर्यात में वृद्धि** SEZs को विशेष आर्थिक लाभ मिलते हैं, जैसे कर में छूट, जो निर्यात बढ़ाने में सहायता कर सकते हैं इससे भारत की वैश्विक व्यापार प्रतिस्पर्द्धा भी बढ़ सकती है।

(iii) **आधुनिक इंफ्रास्ट्रक्चर**–SEZs में विकसित बुनियादी सुविधाएँ और इंफ्रास्ट्रक्चर के निर्माण से समग्र विकास हो सकता है।

**नकारात्मक पहलू**

(i) **अर्थव्यवस्था पर निर्भरता** यदि SEZs का निर्माण एक अव्यवस्थित और अनियंत्रित तरीके से होता है, तो यह संसाधनों की अनावश्यक बर्बादी का कारण बन सकता है।

(ii) **स्थानीय विकास पर प्रभाव** SEZs से स्थानीय क्षेत्रों में असमान विकास हो सकता है, जिससे ग्रामीण क्षेत्रों में विकास की कमी हो सकती है।

(iii) **भूमि अधिग्रहण मुद्दे** SEZs के लिए भूमि अधिग्रहण के मामलों में स्थानीय लोगों में विरोध की स्थिति बन सकती है जिससे सामाजिक तनाव उत्पन्न हो सकता है।

यदि SEZs की योजना सही तरीके से बनाई जाए और अच्छे प्रशासनिक दृष्टिकोण से लागू हो, तो यह भारत के लिए लाभकारी सिद्ध हो सकती है, लेकिन यदि यह बिना सही दृष्टिकोण और नीति के लागू की जाए, तो यह कुछ समस्याओं का कारण बन सकती है।

**4. क्षेत्रीय आर्थिक संगठनों द्वारा अपने सदस्य देशों के विकास में निभाई जाने वाली भूमिका को बताएँ?**

उत्तर क्षेत्रीय आर्थिक संगठन, अपने सदस्य देशों के विकास में कई तरह से योगदान देते हैं।

- क्षेत्रीय आर्थिक संगठन एकीकरण से देशों को अपने विकास के लिए जरूरी मुद्दे पर ध्यान केंद्रित करने में सहायता करते हैं। इससे पड़ोसियों के बीच व्यापार को बढ़ावा मिलता है।
- क्षेत्रीय आर्थिक संगठन अपने सदस्य देशों में आर्थिक और सामाजिक विकास को तेज करने के लिए अधिक कार्य करते हैं।
- ये संगठन, अपने सदस्य देशों के बीच नीति समन्वय को बढ़ावा देते हैं।
- इन संगठनों के माध्यम से बाज़ार आधारित अर्थव्यवस्थाओं के साथ मिलकर सतत् आर्थिक विकास को बढ़ावा देने के लिए नीति मानकों को विकसित किया जाता है।

**उदाहरण** सार्क की स्थापना वर्ष 1985 में हुई थी। इसका उद्देश्य अपने सदस्य देशों में आर्थिक और सामाजिक विकास को बढ़ाना है।

**5. कुछ लोग कहते हैं कि चीनी माल हमारे बाजार में भर जाएँगे? पर वे हैं कहाँ?**

उत्तर "चीनी माल हमारे बाजार में भर जाएँगे" का बयान आमतौर पर चीन से भारतीय बाजार में आयातित सस्ते और बड़े पैमाने पर उपलब्ध उत्पादों की ओर इशारा करता है। हालाँकि आजकल चीनी सामान, जैसे- इलेक्ट्रॉनिक्स खिलौने, प्लास्टिक उत्पाद और सस्ते कपड़े भारतीय बाजार में आम हैं, लेकिन यह कहना कि "भर जाएँगे पूरी तरह से सही नहीं है।

भारत में सरकार द्वारा आयात पर नियंत्रण, स्थानीय उद्योगों को बढ़ावा देने के प्रयास और (मेक/मेड) इन इंडिया जैसी नीतियों के तहत चीनी सामान पर निर्भरता कम हो रही है।

इसके अतिरिक्त भारतीय कंपनियाँ भी उच्च गुणवत्ता वाले प्रतिस्पर्द्धी उत्पाद बना रही हैं। चीन से आयातित उत्पादों का हिस्सा लगातार भारतीय बाजार में घट रहा है।

## नीचे दिए प्रश्नों के उत्तर संक्षेप में दीजिए

**1. तिथि के हिसाब से इन सबको क्रम दें**

(a) विश्व व्यापार संगठन में चीन का प्रवेश
(b) यूरोपीय आर्थिक समुदाय की स्थापना
(c) यूरोपीय संघ की स्थापना
(d) आसियान क्षेत्रीय मंच की स्थापना

उत्तर I (b) यूरोपीय आर्थिक समुदाय की स्थापना (1957)
II (c) यूरोपीय संघ की स्थापना (1992)
III (d) आसियान क्षेत्रीय मंच की स्थापना (1994)
IV (a) विश्व व्यापार संगठन में चीन का प्रवेश (2001)

**2. 'ASEAN way' या आसियान शैली क्या है?**

(a) आसियान के सदस्य देशों की जीवन-शैली है
(b) आसियान सदस्यों के अनौपचारिक और सहयोगपूर्ण कामकाज की शैली को कहा जाता है
(c) आसियान सदस्यों की रक्षा नीति है
(d) सभी आसियान सदस्य देशों को जोड़ने वाली सड़क है

उत्तर (b) आसियान सदस्यों के अनौपचारिक और सहयोगपूर्ण कामकाज की शैली को कहा जाता है

**3. इनमें से किसने 'खुले द्वार' की नीति अपनाई?**

(a) चीन (b) यूरोपीय संघ
(c) जापान (d) अमेरिका

उत्तर (a) चीन

**4. रिक्त स्थानों की पूर्ति कीजिए।**

(a) वर्ष 1962 में भारत और चीन के बीच ............ और ............ को लेकर सीमावर्ती लड़ाई हुई थी।
(b) आसियान क्षेत्रीय मंच के कामों में ............ और ............ शामिल हैं।
(c) चीन ने वर्ष 1972 में .................. के साथ दोतरफा संबंध शुरू करके अपना एकांतवास समाप्त किया।
(d) .................. योजना के प्रभाव से वर्ष 1948 में यूरोपीय आर्थिक सहयोग संगठन की स्थापना हुई।
(e) .............. आसियान का एक स्तंभ है, जो इसके सदस्य देशों की सुरक्षा के मामले देखता है।

उत्तर (a) अरुणाचल प्रदेश, लद्दाख
(b) आर्थिक विकास तेज करना, सामाजिक एवं सांस्कृतिक विकास प्राप्त करना
(c) अमेरिका
(d) मार्शल
(e) आसियान सुरक्षा समुदाय

**5. क्षेत्रीय संगठनों को बनाने के उद्देश्य क्या हैं?**

उत्तर क्षेत्रीय संगठनों को बनाने के उद्देश्य निम्नलिखित हैं

- अपने-अपने क्षेत्रों में चल रहे पुराने मतभेदों को भुलाते हुए क्षेत्रीय कमजोरियों का स्थानीय स्तर पर समाधान ढूँढना।
- अपने-अपने क्षेत्रों में अधिक शांतिपूर्ण और सहकारी क्षेत्रीय व्यवस्था विकसित करने के अतिरिक्त क्षेत्रीय अर्थव्यवस्थाओं के समूह बनाना एवं उनका विकास करना।

**6. भौगोलिक निकटता का क्षेत्रीय संगठनों के गठन पर क्या प्रभाव होता है?**

उत्तर भौगोलिक निकटता होने से संबंधित देशों में संगठन की भावना प्रेरित होती है तथा इस भावना के परिणामस्वरूप आपसी संघर्ष और युद्ध के स्थान पर आपसी सहयोग और शांति का विकास होता है। इस प्रकार, भौगोलिक निकटता के संगठनों पर पड़ने वाले प्रभाव निम्न हैं

- राष्ट्रों के बीच अच्छे संबंध होने पर राष्ट्र एक-दूसरे के विकास में सहभागी बन सकते हैं।
- अंतर्देशीय व्यापार के माध्यम से आर्थिक विकास कर सकते हैं और अपने बाजार एक-दूसरे के लिए खोल सकते हैं।
- कई राष्ट्र मिलकर साझा सड़क मार्ग व रेल सेवा शुरू कर सकते हैं, जो दोनों राष्ट्रों के लिए लाभदायक हों।
- इसके अतिरिक्त संचार के साधनों का भी साझा उपयोग कर सकते हैं।

**7. 'आसियान विजन-2020' की मुख्य बातें क्या हैं?**

*अथवा* **क्षेत्रीय संगठन आसियान के दस्तावेज 'विजन 2020' की व्याख्या कीजिए।** **CBSE 2022**

उत्तर **आसियान विजन 2020 की मुख्य** बातें निम्नलिखित **हैं**

- आसियान विजन 2020 को 1997 में कुआलालंपुर में सदस्य देशों द्वारा अपनाया गया था। इसके तहत वर्ष 2020 तक सदस्य देशों ने संघर्ष बातचीत को बढ़ावा देकर आसियान क्षेत्र को शांति क्षेत्र बनाने का संकल्प लिया।
- दक्षिण-पूर्व एशियाई क्षेत्र में शांति और स्थिरता के लिए प्रयास करना, जहाँ हर देश एक दूसरे के साथ शांति से रहेगा तथा आसियान द्वारा टकराव की जगह बातचीत को बढ़ावा देने की नीति अपनाई जाएगी। उदाहरण के लिए- कम्बोडिया के टकराव को समाप्त किया और पूर्वी तिमोर को संकट से निकाला।
- दक्षिण एशियाई क्षेत्र को परमाणु मुक्त क्षेत्र बनाना, जिससे इस क्षेत्र में शांति को और बढ़ावा मिले।
- वर्ष 2020 तक, आसियान विकास रणनीतियों के माध्यम से आर्थिक सहयोग बढ़ाना।
- विजन 2020 का उद्देश्य दक्षिण एशिया के लोगों को लिंग, जाति , धर्म, भाषा और सांस्कृतिक पृष्ठभूमि के आधार पर किसी भी भेदभाव के बिना उनके व्यक्तिगत विकास के लिए समान अवसर प्रदान करना है।

इस प्रकार विजन (2020) में एक व्यापक दृष्टि वाले आसियान की परिकल्पना की गई है, जो अंतर्राष्ट्रीय मंच पर एक महत्त्वपूर्ण भूमिका निभाएगा।

**8. आसियान समुदाय के मुख्य स्तंभों और उनके उद्देश्यों के बारे में बताइए।**

उत्तर आसियान ने अपनी स्थापना के पश्चात् अपने उद्देश्यों के आर्थिक और सामाजिक दायरे को व्यापक बनाते हुए काफी विस्तार किया। इस दिशा में आसियान ने वर्ष 2003 में आसियान सुरक्षा समुदाय, आसियान आर्थिक समुदाय एवं आसियान सामाजिक-सांस्कृतिक समुदाय के रूप में तीन स्तंभों का गठन किया।

आसियान सुरक्षा समुदाय का मुख्य उद्देश्य क्षेत्रीय विवादों को बिना सैन्य टकराव के आपसी सहमति एवं बातचीत के माध्यम से हल करना है। आसियान देशों की सुरक्षा और विदेश नीतियों में सामंजस्य स्थापित करने के लिए वर्ष 1994 में 'आसियान क्षेत्रीय मंच' की स्थापना की गई। आसियान आर्थिक समुदाय का उद्देश्य आसियान देशों के लिए साझा बाजार और उत्पादन आधार तैयार कर आसियान के सामाजिक-सांस्कृतिक समुदाय के विकास में सहयोग करना है।

**9. आज की चीनी अर्थव्यवस्था नियंत्रित अर्थव्यवस्था से किस तरह अलग है?**

उत्तर आज की चीनी अर्थव्यवस्था नियंत्रित अर्थव्यवस्था से निम्न प्रकार से अलग है

- वर्ष 1949 में माओ के नेतृत्व में हुई साम्यवादी क्रांति के बाद चीनी जनवादी गणराज्य शासन व्यवस्था की स्थापना के समय यहाँ की अर्थव्यवस्था सोवियत मॉडल पर आधारित थी। आर्थिक रूप से पिछड़े साम्यवादी चीन ने पूँजीवादी मॉडल पर आधारित 'खुली अर्थव्यवस्था' को नकार दिया तथा साम्यवादी मॉडल पर आधारित नियंत्रित अर्थव्यवस्था को अपनाया। नियंत्रित अर्थव्यवस्था की एक सीमा होती है कि राज्य अपनी सीमा के अंदर उपलब्ध संसाधनों के आधार पर ही अर्थव्यवस्था को गति दे सकता है।
- इसलिए इस मॉडल में चीन की अर्थव्यवस्था का विकास भी 5 से 6% की दर से हुआ, जबकि इस दौरान जनसंख्या में भारी वृद्धि हुई थी। परिणामस्वरूप रोजगार और आर्थिक गतिविधियाँ प्रतिकूल रूप से प्रभावित हुईं।
- 1970 के दशक में चीन सरकार ने अपनी नीति में कुछ महत्त्वपूर्ण बदलाव किए। इस नीति के अंतर्गत चीन ने आर्थिक सुधारों हेतु खुले द्वार की नीति अपनाई। इसमें विदेशी पूँजी और प्रौद्योगिकी के निवेश से उच्चतर उत्पादकता को प्राप्त किया। इस नीति के साथ चीनी अर्थव्यवस्था ने आत्मनिर्भरता हासिल की। आज की चीनी अर्थव्यवस्था की प्रमुख विशेषता यह है कि सरकार ने कई विशेष आर्थिक क्षेत्र स्थापित किए और साथ ही परमाणु ऊर्जा संयंत्रों वाले उद्यमों और प्रयोगशालाओं का निर्माण किया।

राज्य द्वारा नियंत्रित अर्थव्यवस्था के दौरान जहाँ निजी संपत्ति के लिए कोई स्थान नहीं होता था। वर्तमान में चीन में निजी संपत्ति की धारणा को स्वीकार किया गया है।

**10. किस तरह यूरोपीय देशों ने युद्ध के बाद की अपनी परेशानियाँ सुलझाईं? संक्षेप में उन कदमों की चर्चा करें, जिनसे होते हुए यूरोपीय संघ की स्थापना हुई।**

उत्तर द्वितीय विश्वयुद्ध के पश्चात् अनेक यूरोपीय नेताओं ने अपने मतभेदों को भुलाते हुए अंतर्राष्ट्रीय संबंधों में सकारात्मक सहयोग और नवीन सिद्धांतों व संस्थाओं की दिशा में अनेक कदम उठाए तथा आपसी संबंधों को पुनः परिभाषित किया। यूरोपीय अर्थव्यवस्था के पुनर्निर्माण में **मार्शल योजना** ने महत्त्वपूर्ण भूमिका निभाई। यूरोपीय संघ की स्थापना क्रमिक रूप से विभिन्न चरणों का परिणाम थी, जो निम्न प्रकार हैं

- अमेरिका ने 'नाटो' के तहत एक सामूहिक सुरक्षा व्यवस्था का गठन किया।
- वर्ष 1948 में मार्शल योजना के तहत 'यूरोपीय आर्थिक सहयोग संगठन' की स्थापना की गई, जिसका उद्देश्य पश्चिमी यूरोप के देशों को आर्थिक मदद देना था।
- वर्ष 1949 में एक-दूसरे देश के राजनीतिक सहयोग हेतु 'यूरोपीय परिषद्' गठित की गई।
- इसके अगले चरण (वर्ष 1957) के रूप में 'यूरोपियन इकोनॉमिक कम्युनिटी' का गठन किया गया।
- इसके पश्चात् 'यूरोपियन पार्लियामेंट' का गठन किया गया।
- इन सभी प्रक्रियाओं के परिणामस्वरूप वर्ष 1992 में 'यूरोपीय संघ' की स्थापना हुई।

**11. यूरोपीय संघ को क्या चीज़ें एक प्रभावी क्षेत्रीय संगठन बनाती हैं?**

*अथवा* **यूरोपीय संघ के अति प्रभावशाली संगठन वाले किन्हीं चार कारकों की व्याख्या कीजिए। CBSE 2013, 15**

*अथवा* **यूरोपीय संघ के अति प्रभावशाली क्षेत्रीय संगठन बनने के लिए उत्तरदायी किन्हीं तीन कारकों का विश्लेषण कीजिए। CBSE 2024, 20, 15**

*अथवा* **यूरोपीय संघ को एक प्रभावशाली क्षेत्रीय संगठन बनाने वाली इसकी किन्हीं चार शक्तियों की व्याख्या कीजिए। CBSE 2019**

*अथवा* **किन्हीं दो कारकों को उजागर कीजिए, जो यूरोपीय संघ को एक राष्ट्र-राज्य के रूप में स्थापित करते हैं। CBSE 2022**

उत्तर यूरोपीय संघ का विश्व के आर्थिक, राजनैतिक, कूटनीतिक तथा सैन्य शक्ति के क्षेत्र में व्यापक प्रभाव है, जो इसे एक प्रभावी संगठन बनाता है। इसे निम्न बिंदुओं के अंतर्गत देख सकते हैं

- यूरोपीय संघ की अर्थव्यवस्था वर्ष 2017 में विश्व की दूसरी सबसे बड़ी अर्थव्यवस्था थी तथा इसका सकल घरेलू उत्पादन 17,000 अरब डॉलर था, जो अमेरिका के GDP के लगभग था। इसके अतिरिक्त विश्व व्यापार में इसकी हिस्सेदारी अमेरिका से तीन गुना अधिक थी।
- यूरोपीय संघ की आर्थिक शक्ति का प्रभाव केवल यूरोप में ही नहीं, बल्कि एशिया और अफ्रीका के देशों पर भी है।
- फ्रांस सुरक्षा परिषद् का स्थायी सदस्य होने के साथ यूरोपीय संघ का सदस्य भी है। इसके अतिरिक्त संघ के कई अन्य देश सुरक्षा परिषद् के अस्थायी सदस्य हैं, जिसके कारण यूरोपीय संघ अमेरिका व अन्य देशों की नीतियों को प्रभावित करता है।
- यूरोपीय संघ के पास विश्व की दूसरी सबसे बड़ी सैन्य शक्ति है, जिसका कुल रक्षा बजट अमेरिका के पश्चात् सबसे अधिक है। इसके सदस्य देश फ्रांस के पास लगभग 335 परमाणु हथियार हैं। इसके अतिरिक्त अंतरिक्ष विज्ञान और संचार प्रौद्योगिकी के क्षेत्र में यूरोपीय संघ विश्व में दूसरे स्थान पर है।

अतः उपरोक्त सभी तथ्य यूरोपीय संघ को एक प्रभावी क्षेत्रीय संगठन बनाते हैं।

**12. चीन और भारत की उभरती अर्थव्यवस्थाओं में मौजूदा एकध्रुवीय विश्व व्यवस्था को चुनौती दे सकने की क्षमता है। क्या आप इस कथन से सहमत हैं? अपने तर्कों से अपने विचारों की पुष्टि करें।**

उत्तर भारत और चीन एशिया की तेजी से विकास कर रही दो अर्थव्यवस्थाएँ हैं। इन दोनों देशों के पास मौजूदा एकध्रुवीय विश्व व्यवस्था को चुनौती दे सकने की क्षमता है। इस विचार के समर्थन में निम्नलिखित तर्क दिए जा सकते हैं

- भारत और चीन के पास विशाल भू-क्षेत्र के अतिरिक्त विशाल जनसंख्या है, जो मानव संसाधन के रूप में एक पूँजी है एवं साथ-ही-साथ विशाल बाजार भी उपलब्ध है, जो अमेरिका आदि देशों के लिए अपने सामानों की खपत का स्थान है। इसके अतिरिक्त ये सस्ता श्रम उपलब्ध कराते हैं।
- भारत व चीन दोनों ही मुक्त व्यापार नीति, उदारीकरण, वैश्वीकरण और अंतर्राष्ट्रीय सहयोग के पक्षधर हैं।
- भारत और चीन विज्ञान, प्रौद्योगिकी व तकनीकी क्षेत्र में अपने ज्ञान का आदान-प्रदान कर प्रगति को बढ़ा सकते हैं।
- भारत और चीन पारस्परिक सहयोग और आदान-प्रदान की नीति अपनाकर कई क्षेत्रों में एक-दूसरे को सहयोग दे सकते हैं; जैसे—सड़क निर्माण जैसी सुविधाएँ आदि। ये दोनों देश एक ध्रुवीय विश्व व्यवस्था के लिए चुनौती भरे होंगे।

**13. "मुल्कों की शांति और समृद्धि क्षेत्रीय आर्थिक संगठनों को बनाने और मजबूत करने पर टिकी है।" इस कथन की पुष्टि करें।**

उत्तर क्षेत्रीय आर्थिक संगठनों को बनाने एवं उनकी मजबूती के आधार पर ही देशों की शांति और समृद्धि निर्भर करती है। इस कथन की पुष्टि निम्न तथ्यों के द्वारा की जा सकती है

- क्षेत्रीय आर्थिक संगठनों को बनाए जाने का उद्देश्य आर्थिक विकास करना और उसके माध्यम से सामाजिक-सांस्कृतिक विकास करना है।
- इसके अतिरिक्त इन संगठनों द्वारा संबंधित क्षेत्र में शांति, परस्पर सहयोग एवं स्थायित्व को बढ़ावा देना है। उदाहरणस्वरूप, यूरोपीय संघ और आसियान दक्षिण-पूर्वी एशियाई देशों का संगठन ऐसे प्रमुख संगठन हैं, जिन्होंने अपने-अपने क्षेत्रों में आपसी मतभेदों को भुलाते हुए जर्जर अर्थव्यवस्था के पुनर्निर्माण हेतु क्षेत्रीय स्तर पर समाधान ढूँढा। कालांतर में दोनों क्षेत्रीय संगठनों ने क्षेत्रीय शांति को बढ़ावा देते हुए विकास के क्षेत्र में कीर्तिमान स्थापित किया।

अतः उपरोक्त बातों से यह स्पष्ट होता है कि राष्ट्रों की शांति और समृद्धि में क्षेत्रीय आर्थिक संगठनों का होना आवश्यक है।

**14. भारत और चीन के बीच विवाद के मामलों की पहचान करें और बताइए कि वृहत्तर सहयोग के लिए इन्हें कैसे निपटाया जा सकता है? अपने सुझाव भी दीजिए।**

उत्तर **भारत और चीन के बीच विवादित मुद्दे** निम्नलिखित हैं

- आजादी के बाद वर्ष 1950 में चीन द्वारा तिब्बत को हड़पने तथा भारत चीन सीमा पर बस्तियाँ बनाने के फैसले से दोनों देशों के बीच संबंध बिगड़ गए।
- अरुणाचल प्रदेश के कुछ क्षेत्रों और लद्दाख के ऑक्साई-चीन क्षेत्र पर अपने-अपने दावों को लेकर वर्ष 1962 में भारत और चीन के बीच लड़ाई हुई।
- कुछ लोगों द्वारा वर्ष 1998 में भारत के परमाणु हथियार परीक्षण को चीन से खतरे के संदर्भ में उचित ठहराया जाना।
- इसके अतिरिक्त बांग्लादेश और म्यांमार से चीन के सैनिक संबंधों को दक्षिण एशिया में भारतीय हितों के खिलाफ माना जाता है।

इन सभी विवादित मुद्दों के बावजूद दोनों देशों के बीच सीमा विवाद के समाधान हेतु द्विपक्षीय वार्ता और सैन्य सहयोग कार्यक्रम जारी है। अतः उपरोक्त तथ्यों के आधार पर कहा जा सकता है कि दोनों देशों के मध्य विवादित मुद्दों का समाधान शांतिपूर्ण वातावरण में आपसी बातचीत द्वारा ही निकाला जा सकता है। यह बातचीत आपसी सहयोग व सकारात्मक उद्देश्यों के साथ होनी चाहिए, जो दोनों देशों के लिए हितकारी होगा।

# अभ्यास प्रश्न

## वस्तुनिष्ठ प्रश्न

### बहुविकल्पीय प्रश्न

**1. द्वितीय विश्वयुद्ध के पश्चात् यूरोपीय देशों के सामने कौन-सी समस्या उत्पन्न हुई?**

(a) आर्थिक पुनर्निर्माण (b) सामाजिक पुनर्निर्माण
(c) 'a' और 'b' दोनों (d) इनमें से कोई नहीं

उत्तर (c) 'a' और 'b' दोनों

**2 यूरोपीय देशों की अर्थव्यवस्था के पुनर्गठन में मार्शल योजना के अंतर्गत किस देश ने महत्त्वपूर्ण भूमिका निभाई?**

(a) रूस (b) अमेरिका
(c) भारत (d) चीन

उत्तर (b) अमेरिका

**3. यूरोपीय संघ की स्थापना के उद्देश्यों के बारे में निम्नलिखित में से कौन-सा कथन सही नहीं है?** CBSE 2020

(a) एक साझी विदेश नीति प्रदान करना
(b) एकल मुद्रा का निर्माण
(c) एक साझे बाजार की स्थापना
(d) न्याय तथा आंतरिक मामलों से जुड़े मुद्दों पर सहयोग

उत्तर (a) एक साझी विदेश नीति प्रदान करना

**4. बैंकॉक घोषणा पर हस्ताक्षर कर दक्षिण-पूर्वी एशियाई संगठन की स्थापना कब की गई?**

(a) वर्ष 1960 (b) वर्ष 1967 (c) वर्ष 1978 (d) वर्ष 1982

उत्तर (b) वर्ष 1967

**5. यूरोपीय परिषद् का गठन किस वर्ष हुआ था?**

(a) 1945 (b) 1949 (c) 1963 (d) 1970

उत्तर (b) 1949

**6. आसियान के गठन के निम्नलिखित उद्देश्यों में से कौन-सा सही नहीं है?** CBSE 2020

(a) आसियान के सदस्यों के बीच बातचीत का एक मंच
(b) अपने सदस्यों द्वारा पालन की जाने वाली रक्षा नीति बनाना
(c) क्षेत्र में एक साझा बाजार बनाना
(d) क्षेत्रीय विवादों को रोकना

उत्तर (b) अपने सदस्यों द्वारा पालन की जाने वाली रक्षा नीति बनाना

**7. निम्नलिखित में से कौन-सा देश सार्क का सदस्य नहीं है?** CBSE 2020

(a) भारत (b) म्यांमार (c) बांग्लादेश (d) नेपाल

उत्तर (b) म्यांमार

**8. सोवियत संघ का विघटन किस वर्ष हुआ था?**

(a) 1989 (b) 1979 (c) 1991 (d) 2001

उत्तर (c) 1991

**9. 'आसियान शैली' मेल-मिलाप का एक ऐसा तरीका है जो ………।** CBSE 2024

(a) औपचारिक है (b) टकरावपूर्ण है।
(c) सहयोगात्मक है (d) भड़काऊ है

उत्तर (c) सहयोगात्मक है

**10. निम्नलिखित में से कौन-सा देश आसियान का एक संस्थापक सदस्य नहीं है?** CBSE 2024

(a) सिंगापुर (b) थाइलैंड (c) म्यांमार (d) इंडोनेशिया

उत्तर (c) म्यांमार

**11. आसियान के प्रतीक चिह्न में धान की दस बालियाँ दक्षिण-पूर्व एशिया के दस देशों के विषय में क्या दशाती हैं?** CBSE 2025

(a) बंधुत्व और स्वतंत्रता (b) मित्रता और एकता
(c) शांति और मित्रता (d) एकता और सहयोग

उत्तर (b) मित्रता और एकता

**12. ब्रिक वर्ष 2009 में अपनी ……… में ……… को सम्मिलित करने के बाद ब्रिक्स में बदल गया।** दक्षता आधारित प्रश्न

(a) प्रथम बैठक, दक्षिण अफ्रीका (b) प्रथम बैठक, रूस
(c) द्वितीय बैठक, दक्षिण अफ्रीका (d) द्वितीय बैठक, रूस

उत्तर (b) प्रथम बैठक, रूस

**13. निम्न में से कौन-सा कथन सही है?**

(a) वर्ष 1948 में यूरोपीय आर्थिक सहयोग संगठन की स्थापना की गई
(b) अमेरिका द्वारा नाटो के अंतर्गत सामूहिक सुरक्षा व्यवस्था को स्थापित किया गया
(c) राजनैतिक सहयोग के रूप में वर्ष 1949 में यूरोपीय परिषद् का गठन हुआ
(d) उपरोक्त सभी

उत्तर (d) उपरोक्त सभी

**14. भारत और इजरायल के बीच द्विपक्षीय सहयोग समय के साथ बढ़ता जा रहा है। दिए गए कथनों में से कौन-सा कथन इनके आपसी सहयोग के संबंध में सही नहीं है?** दक्षता आधारित प्रश्न

(a) रक्षा और सुरक्षा के क्षेत्र में सहयोग
(b) सांस्कृतिक विनियमन के क्षेत्र में सहयोग
(c) अंतरिक्ष के क्षेत्र में सहयोग
(d) सैन्य-गठबंधन में सहयोग

उत्तर (b) सांस्कृतिक विनियमन के क्षेत्र में सहयोग

**15. चीन की नवीन आर्थिक नीति के संबंध में निम्नलिखित में से कौन-सा कथन सही है?**

1. चीन ने वर्ष 1972 में अमेरिका के साथ आर्थिक और राजनैतिक संबंधों की शुरुआत की।
2. चीन में आर्थिक सुधारों हेतु वर्ष 1978 में खुले द्वार की नीति की घोषणा हुई।

3. वर्ष 1982 में कृषि का निजीकरण किया गया।
4. वर्ष 1998 में उद्योगों का निजीकरण किया गया।

**कूट**
(a) केवल 1
(b) केवल 2
(c) 1, 2 और 3
(d) 1, 2, 3 और 4

उत्तर (d) 1, 2, 3 और 4

**16.** **एशियाई क्षेत्रीय मंच का एक प्रमुख उद्देश्य कौन-सा है?**
(a) सांस्कृतिक विरासत का संरक्षण
(b) पारिस्थितिकी और पर्यावरण की सुरक्षा
(c) आसियान देशों की सुरक्षा और विदेश नीति में से सामंजस्य स्थापित करना
(d) मानवाधिकारों का प्रचार-प्रसार करना

उत्तर (c) आसियान देशों की सुरक्षा और विदेश नीति में सामंजस्य स्थापित करना।

**17.** **ब्रिक्स के संबंध में निम्न कथनों पर विचार कीजिए**
1. ब्रिक्स शब्द क्रमशः ब्रिटेन, रूस, भारत, चीन और दक्षिण अफ्रीका को संदर्भित करता है।
2. ब्रिक्स का 12वाँ सम्मेलन वर्ष 2020 में रूस में संपन्न हुआ।
3. ब्रिक्स एक अंतर-सरकारी संगठन है तथा यह एक संधि के तहत स्थापित हुआ।

**उपरोक्त में से कौन-सा/से कथन सही है/हैं?** दक्षता आधारित प्रश्न
(a) 1 और 2 (b) केवल 2
(c) 1 और 3 (d) ये सभी

उत्तर (b) केवल 2

**18.** **निम्नलिखित पर विचार करें और इन्हें सही क्रम में व्यवस्थित कीजिए** दक्षता आधारित प्रश्न
1. आसियान विजन 2. यूरोपीय संघ
3. यूरोपीय आर्थिक समुदाय 4. खुले द्वार की नीति

**कूट**
(a) 2, 1, 4, 3 (b) 3, 4, 2, 1
(c) 1, 2, 3, 4 (d) 2, 4, 1, 3

उत्तर (b) 3, 4, 2, 1

**19.** **निम्नलिखित को कालानुक्रमिक क्रम में व्यवस्थित कीजिए**
1. बैंकॉक घोषणा पर हस्ताक्षर
2. आसियान क्षेत्रीय मंच की स्थापना
3. ब्रिक्स में दक्षिण अफ्रीका का प्रवेश

**कूट**
(a) 1, 2, 3, (b) 1, 3, 2 (c) 1, 3, 2 (d) 2, 1, 3

उत्तर (a) 1, 2, 3,

**20.** **दिए गए युग्मों में से कौन-सा युग्म सही नहीं है?**
(a) डेनमार्क ने यूरोपीय समुदाय की सदस्यता ली — जनवरी,1973
(b) ब्रिटेन ने यूरोपीय समुदाय की सदस्यता ली — जनवरी, 1976
(c) यूनान ने यूरोपीय समुदाय की सदस्यता ला — जनवरी, 2007
(d) वुल्गारिया यूरोपीय संघ में शामिल हुआ — जनवरी, 2007

उत्तर (b) ब्रिटेन ने यूरोपीय समुदाय की सदस्यता ली - जनवरी, 1976

**21.** **सूची I को सूची II के साथ सुमेलित कीजिए**

| सूची I | सूची II |
|---|---|
| A. यूरोपीय परिषद् | 1. वर्ष 1949 |
| B. आसियान क्षेत्रीय मंच | 2. वर्ष 1994 |
| C. बैंकॉक घोषणा पर हस्ताक्षर | 3. वर्ष 2006 |
| D. ब्रिक्स | 4. वर्ष 1967 |

**कूट**

| | A | B | C | D | | A | B | C | D |
|---|---|---|---|---|---|---|---|---|---|
| (a) | 1 | 2 | 3 | 4 | (b) | 4 | 3 | 2 | 1 |
| (c) | 1 | 2 | 4 | 3 | (d) | 3 | 1 | 2 | 4 |

उत्तर (c) 1 2 4 3

**22.** **सूची I को सूची II के साथ सुमेलित कीजिए**

| सूची I | सूची II |
|---|---|
| A. जून, 1979 | 1. यूरोपीय संसद के लिए पहला प्रत्यक्ष चुनाव |
| B. फरवरी, 1992 | 2. मास्ट्रिस्ट संधि पर हस्ताक्षर |
| C. जनवरी, 2002 | 3. नई मुद्रा यूरो को 12 सदस्य देशों ने अपनाया |
| D. अक्टूबर, 1990 | 4. जर्मनी का एकीकरण |

**कूट**

| | A | B | C | D | | A | B | C | D |
|---|---|---|---|---|---|---|---|---|---|
| (a) | 1 | 2 | 3 | 4 | (b) | 1 | 2 | 4 | 3 |
| (c) | 3 | 4 | 2 | 1 | (d) | 2 | 1 | 3 | 4 |

उत्तर (a) 1 2 3 4

**23.** **सूची I को सूची II के साथ सुमेलित कीजिए**

| सूची I | सूची II |
|---|---|
| A. 2012 | 1. यूरोपीय संघ को नॉबेल शांति पुरस्कार। |
| B. 1986 | 2. क्रोएशिया यूरोपीय संघ का 28वाँ सदस्य बना। |
| C. 2013 | 3. स्पेन और पुर्तगाल यूरोपीय आर्थिक समुदाय में शामिल। |
| D. 2009 | 4. लिस्बन की संधि |

**कूट**

| | A | B | C | D | | A | B | C | D |
|---|---|---|---|---|---|---|---|---|---|
| (a) | 3 | 4 | 1 | 2 | (b) | 1 | 3 | 2 | 4 |
| (c) | 2 | 3 | 4 | 1 | (d) | 4 | 1 | 2 | 3 |

उत्तर (b) 1 3 2 4

**निर्देश (प्र. सं. 24-26) दिए गए कथनों में एक कथन (A) तथा दूसरा कारण (R) है। नीचे दिए गए कूट की सहायता से सही उत्तर का चयन कीजिए**

**कूट**
(a) A और R दोनों सही हैं तथा R, A की सही व्याख्या है
(b) A और R दोनों सही हैं, परंतु R, A की सही व्याख्या नहीं है
(c) A सही है, किंतु R गलत है
(d) A गलत है, किंतु R सही है

**24.** **कथन (A) यूरोपीय देशों की अर्थव्यवस्था के पुनर्गठन में मार्शल योजना के अंतर्गत अमेरिका ने महत्त्वपूर्ण भूमिका निभाई।**
**कारण (R) इस योजना के अंतर्गत ही वर्ष 1948 में यूरोपीय आर्थिक सहयोग संगठन की स्थापना की गई।**

उत्तर (a) यूरोपीय देशों की अर्थव्यवस्था के पुनर्गठन में मार्शल योजना के अंतर्गत अमेरिका ने महत्त्वपूर्ण भूमिका निभाई तथा इस योजना के अंतर्गत ही वर्ष 1948 में यूरोपीय आर्थिक सहयोग संगठन की स्थापना की गई। इस योजना के माध्यम से पश्चिमी यूरोप के देशों को वित्तीय सहायता प्रदान की गई।

**25. कथन** (A) **आसियान ने वर्ष 2006 में आसियान सुरक्षा समुदाय का गठन किया।**

**कारण** (R) **आसियान सुरक्षा समुदाय का मुख्य उद्देश्य क्षेत्रीय विवादों को बिना सैन्य संघर्ष के आपसी सहमति एवं बातचीत के माध्यम से हल करना है।**

उत्तर (d) आसियान ने वर्ष 2003 में आसियान सुरक्षा समुदाय, आसियान आर्थिक समुदाय एवं आसियान सामाजिक-सांस्कृतिक समुदाय का गठन किया। आसियान सुरक्षा समुदाय का मुख्य उद्देश्य क्षेत्रीय विवादों को बिना सैन्य संघर्ष के आपसी सहमति एवं बातचीत के माध्यम से हल करना है।

**26. कथन** (A) **चीन ने आर्थिक सुधारों हेतु खुले द्वार की नीति की घोषणा वर्ष 1978 में की।**

**कारण** (R) **खुले द्वार की नीति की घोषणा चाऊ-एनलाई द्वारा की गई।**

उत्तर (c) वर्ष 1978 में तत्कालीन नेता देंग श्याओपेंग ने चीन में आर्थिक सुधारों और 'खुले द्वार की नीति' की घोषणा की। इस नीति का उद्देश्य विदेशी पूँजी और प्रौद्योगिकी के निवेश से उच्चतर उत्पादकता को प्राप्त करने की थी। बाजारमूलक अर्थव्यवस्था को अपनाने हेतु चीन ने इसी नीति को अपनाया।

**27. नीचे दो कथन दिए गए हैं**

**कथन I वर्ष 1978 के बाद चीन की आर्थिक सफलता इसके महाशक्ति के रूप में उभरने की मुख्य वजह रही।**

**कथन II वर्ष 1949 में माओ के नेतृत्व में हुई साम्यवादी क्रांति के बाद चीन की अर्थव्यवस्था सोवियत मॉडल पर आधारित थी।**

**उपरोक्त कथनों के आधार पर नीचे दिए गए विकल्पों में से सही उत्तर चुनें**

(a) कथन I और कथन II दोनों सही हैं
(b) कथन I और कथन II दोनों गलत हैं
(c) कथन I सही है, लेकिन कथन II गलत है
(d) कथन I गलत है, लेकिन कथन II सही है

उत्तर (a) कथन I और कथन II दोनों सही हैं

**28. नीचे दिए गए चित्र का ध्यानपूर्वक अध्ययन कीजिए और निम्नलिखित प्रश्नों के उत्तर दीजिए**

(i) **उपरोक्त चित्र का अगला पहिया किसका प्रतीक है?**

(a) पूँजीवाद (b) साम्यवाद
(c) मिश्रित अर्थव्यवस्था (d) कृषि विकास

उत्तर (b) साम्यवाद

(ii) **साइकिल किस प्रकार अंतविरोध को संदर्भित करती है?**

(a) साम्यवाद तथा पूँजीवाद के साथ-साथ संचालन से जबकि इनमें प्रणालीगत अंतर है
(b) पहला पहिया साम्यवाद को अधिक प्रमुखता देता है, जबकि पिछला पूँजीवाद को कम
(c) साम्यवादी पहिया ही पूँजीवाद का आगे ले जा रहा है।
(d) चीन में अंतर्विरोध की शून्यता है

उत्तर (a) साम्यवाद तथा पूँजीवाद के साथ-साथ संचालन से, जबकि इनमें प्रणालीगत अंतर है।

(iv) **पूँजीवाद को अपनाए जाने के पश्चात् चीन में निम्नलिखित में से कौन-सा सुधार शामिल नहीं है?**

(a) बाजार आधारित अर्थव्यवस्था को बल मिला
(b) कृषि का निजीकरण हुआ
(c) विशेष आर्थिक क्षेत्र स्थापित किए गए
(d) विदेशी व्यापार की स्थिति कमजोर हुई

उत्तर (a) विदेशी व्यापार की स्थिति कमजोर हुई

(iv) **चीन ने पूँजीवाद (खुले द्वार की नीति) को कब ...... में अपनाया था?**

(a) वर्ष 1972 (b) वर्ष 1973
(c) वर्ष 1974 (d) वर्ष 1978

उत्तर (a) वर्ष 1978

**29. नीचे दिए गए चित्र का ध्यानपूर्वक अध्ययन कीजिए तथा निम्नलिखित प्रश्नों के उत्तर दीजिए** **CBSE 2020**

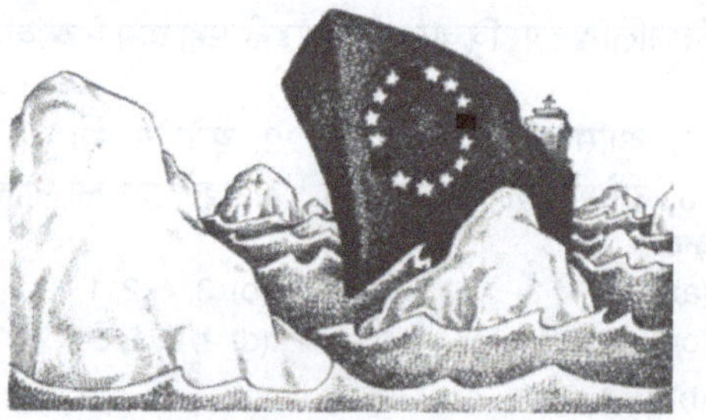

(i) **वर्ष 2003 में यूरोपीय संघ ने किस प्रयास में असफलता का सामना किया था?**

(a) एकल मुद्रा लागू करने में
(b) साझा संविधान बनाने में
(c) नाटो (NATO) में शामिल होने में
(d) नई सदस्यता नीति लागू करने में

उत्तर (b) साझा संविधान बनाने में

(ii) **यूरोपीय संघ के झंडे पर 12 सितारों का चित्र किसका प्रतीक है ?**

(a) 12 यूरोपीय भाषाओं का
(b) 12 प्रारंभिक सदस्य राष्ट्रों का
(c) 12 यूरोपीय महानगरों का
(d) 12 ऐतिहासिक संधियों का

उत्तर (b) 12 प्रारंभिक सदस्य राष्ट्रों का

(iii) **यूरोपीय संघ को टाइटैनिक जहाज के रूप में क्यों दिखाया गया है?**

(a) यूरोपीय संघ की आर्थिक सफलता को दर्शाने के लिए
(b) यूरोपीय संघ के विस्तार को दर्शाने के लिए
(c) साझा संविधान निर्माण में असफलता को दिखाने के लिए
(d) यूरोपीय संघ की सैन्य शक्ति को प्रदर्शित करने के लिए

उत्तर (c) साझा संविधान निर्माण में असफलता को दिखाने के लिए

(iv) **यूरोपीय संघ के झंडे की पृष्ठभूमि का रंग क्या है?**

(a) हरा (b) नीला (c) लाल (d) सफेद

उत्तर (b) नीला

## लघु उत्तरीय प्रश्न

**1. मार्शल योजना के मुख्य उद्देश्य को स्पष्ट कीजिए।**

उत्तर मार्शल योजना का मुख्य-उद्देश्य पश्चिमी यूरोपीय देशों को वित्तीय सहायता उपलब्ध कराकर अमेरिका के नेतृत्व में एकजुट करना था। द्वितीय विश्व युद्ध के बाद यूरोप आर्थिक रूप से कमजोर हो गया था, जिससे कम्युनिष्ट विचारधारा के प्रसार की संभावना बढ़ गई थी। अमेरिका ने इस योजना के तहत आर्थिक सहायता प्रदान कर पश्चिम यूरोप को अपने पक्ष में संगठित किया।

**2. यूरोपीय संघ की स्थापना किस उद्देश्य से की गई?**

उत्तर यूरोपीय संघ की स्थापना सदस्य देशों के आर्थिक विकास को बढ़ावा देने तथा विश्व में शक्ति संतुलन को बनाए रखने के उद्देश्य से की गई। द्वितीय विश्व युद्ध के बाद यूरोप में शांति स्थिरता और सहयोग को मजबूत करने के लिए इस संघ को बनाया गया। यह संघ व्यापार आर्थिक नीतियों और राजनीतिक समन्वय के माध्यम से अपने सदस्य देशों को एकीकृत करता है।

**3. चीन के साथ मानवाधिकारों के उल्लंघन और पर्यावरण के विनाश के मुद्दों पर यूरोपीय संघ ने किस तरह की रणनीति को अपनाया?**

*दक्षता आधारित प्रश्न*

उत्तर चीन के साथ मानवाधिकारों के उल्लंघन और पर्यावरण के विनाश के मुद्दों पर यूरोपीय संघ ने सैनिक शक्ति के उपयोग करने के स्थान पर कूटनीतिक, आर्थिक निवेश तथा बातचीत जैसी प्रभावकारी रणनीति को अपनाया।

**4. 'आसियान शैली' की किन्हीं दो महत्त्वपूर्ण विशेषताओं को उजागर कीजिए।** **CBSE 2023**

उत्तर आसियान शैली की विशेषताएँ निम्न प्रकार हैं

(i) दक्षिण-पूर्वी एशिया के राज्यों में शासन के कानूनी स्वरूप एवं संयुक्त राष्ट्र के नियम आधारित क्षेत्रीय शांति एवं स्थायित्व को बढ़ावा देना।
(ii) राष्ट्रों की सार्वभौमिकता का सम्मान करना।

**5. क्षेत्रीय संगठन से क्या अभिप्राय है?** *दक्षता आधारित प्रश्न*

उत्तर क्षेत्रीय संगठन से आशय ऐसे प्रभुसत्ता सम्पन्न देशों से है, जिनका हित समान होता है अथवा किसी विशेष लक्ष्य की प्राप्ति हेतु आपस में संधि या नियम तय करते हैं। संधि या नियमों में व्यापार, वित्तीय सहायता, सैनिक सहायता तथा सांस्कृतिक संबंध शामिल होते हैं।

**6. ब्रिक्स से आप क्या समझते हैं?**

उत्तर ब्रिक्स शब्द क्रमशः ब्राजील, रूस, भारत, चीन और दक्षिण-अफ्रीका को संदर्भित करता है। यह इन देशों का क्षेत्रीय संगठन है। इसकी स्थापना वर्ष 2006 में हुई थी। व्यापार और निवेश को बढ़ावा देना, वैश्विक मामलों में संतुलन बनाना, विकास परियोजनाओं के लिए वित्तीय सहायता प्रदान करना संयुक्त राष्ट्र और अन्य संगठनों में प्रभाव बढाना ब्रिक्स का प्रमुख उद्देश्य है।

## दीर्घ उत्तरीय प्रश्न

**1. यूरोपीय संघ एक अधिराष्ट्रीय संगठन के रूप में कैसे उभरा? इसकी सीमाएँ क्या हैं?**

*अथवा* **एक अधिराष्ट्रीय संघ के रूप में यूरोपीय संघ की भूमिका की व्याख्या करें।** **CBSE 2024**

*अथवा* **यूरोपीय संघ एक लंबे समय में आर्थिक संगठन से बदलकर अधिक-से-अधिक राजनीतिक रूप कैसे लेता गया? व्याख्या करें।**

उत्तर यूरोपीय संघ की स्थापना वर्ष 1992 में हुई। स्थापना के पश्चात् यूरोपीय संघ ने अपना प्रतीक, झंडा, गान, स्थापना दिवस तथा एक मुद्रा (यूरो) बनाई। यूरोपीय संघ ने यूरोपीय देशों में समान विदेश और सुरक्षा नीति, आंतरिक मामलों तथा न्याय से जुड़े मुद्दों पर सहयोग और एक समान मुद्रा के चलन के लिए मार्ग बनाया है। इस तरह यूरोपीय संघ एक विशाल राष्ट्र-राज्य की भाँति कार्य करने लगा तथा इसने आर्थिक सहयोग के स्थान पर राजनैतिक स्वरूप को धारण कर लिया। संगठन के स्तर पर यूरोपीय संघ आर्थिक, राजनीतिक और सामाजिक मामलों में हस्तक्षेप करने में सक्षम है। इन सभी शक्तियों के बावजूद भी यूरोपीय संघ की कुछ सीमाएँ भी हैं, जो इस प्रकार हैं

- यूरोपीय संघ द्वारा अपना संविधान बनाने की कोशिशें असफल हुई हैं।
- यूरोपीय संघ में कुछ देशों को शामिल किए जाने को लेकर कुछ सदस्य देशों ने आपत्ति व्यक्त की है।
- यूरोपीय संघ के सदस्य देशों की अपनी रक्षा और विदेश नीति भी है, जो कई बार एक-दूसरे के विरुद्ध होती है।
- यूरोप के कई देशों ने यूरो मुद्रा को नहीं अपनाया तथा ब्रिटेन ने स्वयं को यूरोपीय एकीकृत बाजार से अलग रखा है।

**2. यूरोपीय संघ का निर्माण एक राजनैतिक स्वरूप में हुआ था। इसके आर्थिक और सैनिक प्रभाव क्या हो सकते हैं?**

*दक्षता आधारित प्रश्न*

उत्तर यूरोपीय संघ के आर्थिक और सैनिक प्रभाव की व्याख्या निम्न प्रकार है

(i) **आर्थिक प्रभाव** यूरोपीय संघ की अर्थव्यवस्था वर्ष 2016 में विश्व की सबसे बड़ी अर्थव्यवस्था थी तथा इसका सकल घरेलू उत्पादन 17,000 अरब डॉलर से अधिक था, जो अमेरिका के सकल घरेलू उत्पाद के लगभग था। इसके अतिरिक्त विश्व व्यापार में इसकी हिस्सेदारी अमेरिका से तीन गुना अधिक है, जिसका प्रभाव एशिया व अफ्रीका के देशों पर भी पड़ता है।

(ii) **सैनिक प्रभाव** यूरोपीय संघ की सैन्य शक्ति विश्व की दूसरी सबसे बड़ी शक्ति है, जिसका कुल रक्षा बजट अमेरिका के बाद सबसे अधिक है। इसके सदस्य देश फ्रांस के पास लगभग 335 परमाणु हथियार हैं।

**3. बुनियादी रूप से आसियान अभी भी एक आर्थिक संगठन क्यों बना हुआ है?** *दक्षता आधारित प्रश्न*

*अथवा* **आसियान की कोई चार विशेषताएँ स्पष्ट कीजिए।**

उत्तर आसियान की स्थापना वर्ष 1967 में कुछ प्रमुख उद्देश्यों की पूर्ति हेतु की गई थी, जिनमें आर्थिक विकास की गति को तीव्र करना तथा इसके माध्यम से सामाजिक और सांस्कृतिक विकास को प्राप्त करना प्रमुख थे। इसके अतिरिक्त इसके अन्य उद्देश्य निम्नलिखित हैं

- दक्षिण-पूर्वी एशिया के देशों में शासन के कानूनी स्वरूप तथा संयुक्त राष्ट्र के नियम पर आधारित क्षेत्रीय शांति व स्थायित्व को बढ़ावा देना।
- दक्षिण-पूर्वी एशिया क्षेत्रों में अनौपचारिक, टकराव रहित और सहयोगात्मक मेल-मिलाप का वातावरण बनाना।
- आसियान का आधिकारिक प्रतीक एक स्थिर, शांतिपूर्ण, एकजुट और गतिशील आसियान का प्रतिनिधित्व करता है।
- आसियान की शक्ति इसकी अंतर्संबंध नीतियों और सदस्य देशों के परामर्श में साथ निहित हैं।

इसकी अर्थव्यवस्था अमेरिका, यूरोपीय संघ और जापान से अत्यधिक छोटी है, किंतु यह तेजी से विकास करने वाला एक महत्त्वपूर्ण क्षेत्रीय संगठन है। अतः प्रस्तुत तथ्यों के आधार पर यह कहा जा सकता है कि इसकी स्थापना के उद्देश्य ने ही इसको आर्थिक संगठन का स्वरूप दिया हुआ है।

**4. 1970 के दशक में चीन के नेतृत्व द्वारा कौन-से दो प्रमुख नीतिगत निर्णय लिए गए?**

*अथवा* **चीन द्वारा अपनाई गई विभिन्न आर्थिक नीतियों की व्याख्या कीजिए, जिनसे उसकी अर्थव्यवस्था का उत्थान हुआ।** **CBSE 2025**

*अथवा* **चीन के आधुनिकीकरण के लिए चीनी नेतृत्व द्वारा वर्ष 1970 के बाद दिए गए किन्हीं चार बड़े नीतिगत निर्णयों को उजागर कीजिए।** **CBSE 2020**

*अथवा* **चीन द्वारा अपनी अर्थव्यवस्था को विकसित करने के लिए उठाए गए किन्हीं चार कदमों की व्याख्या कीजिए।** **CBSE 2022**

उत्तर चीन ने अपनी आर्थिक समस्याओं के समाधान की दिशा में 1970 के दशक में अपनी नीतियों में महत्त्वपूर्ण परिवर्तन किए तथा वर्ष 1972 में अमेरिका के साथ आर्थिक और राजनीतिक संबंधों की शुरुआत की। चीन के नेतृत्व द्वारा लिए गए प्रमुख नीतिगत निर्णय निम्न प्रकार हैं

- चीनी के तत्कालीन प्रधानमंत्री चाऊ-एन-लाई ने कृषि, उद्योग, सेना और विज्ञान एवं प्रौद्योगिकी के क्षेत्र में आधुनिकीकरण हेतु वर्ष 1973 में चार प्रस्ताव पारित किए।
- आर्थिक सुधारों हेतु खुले द्वार की नीति की घोषणा वर्ष 1978 में तत्कालीन नेता 'देंग श्याओपेंग' द्वारा की गई।
- विदेशी पूँजी और प्रौद्योगिकी में निवेश से उच्चतर उत्पादकता को प्राप्त करना चीन सरकार की नीति का महत्त्वपूर्ण हिस्सा बन गया। चीन ने अपने तरीके से बाजारमूलक अर्थव्यवस्था को अपनाया। इसके लिए चीन ने अपनी अर्थव्यवस्था को चरणबद्ध तरीके से खोला।
- चीन ने वर्ष 1982 में कृषि तथा वर्ष 1998 में उद्योगों का निजीकरण किया। साथ ही विदेशी निवेशक को प्रोत्साहित करने के लिए विशेष आर्थिक क्षेत्र स्थापित किए।

**5. चीन की अर्थव्यवस्था में सुधार के बावजूद, चीन की जनता पर पड़े किन्हीं चार नकारात्मक प्रभावों का उल्लेख कीजिए।**

*अथवा* **चीन की अर्थव्यवस्था में सुधार तो हुआ है, परंतु प्रत्येक चीनी को सुधारों का लाभ क्यों नहीं पहुँचा? कोई चार कारण स्पष्ट कीजिए।**

*अथवा* **परिवर्तित चीनी आर्थिक व्यवस्था में व्याप्त किन्हीं चार कमियों पर प्रकाश डालिए।**

*अथवा* **चीन की अर्थव्यवस्था में सुधार के बावजूद, चीन के लोगों पर पड़ने वाले दुष्प्रभावों का उल्लेख कीजिए।**

उत्तर चीन की अर्थव्यवस्था ने नई आर्थिक नीतियों के लागू होने से उल्लेखनीय प्रगति की है, किंतु इस प्रगति का लाभ समाज के प्रत्येक वर्ग को प्राप्त नहीं हो सका है। नवीन आर्थिक नीति के परिणामों को निम्न तथ्यों के द्वारा व्यक्त किया जा सकता है

- नई आर्थिक सुधारों के परिणामस्वरूप बेरोजगारी की दर में वृद्धि हुई। इस आर्थिक विकास के परिणाम के रूप में व्यापक रूप से भ्रष्टाचार और पर्यावरण क्षरण जैसी समस्याएँ उभरकर सामने आईं।
- ग्रामीण व शहरी तथा तटवर्ती और मुख्य भूमि में रहने वाले लोगों के बीच आर्थिक विभेद बढ़ता जा रहा था।
- चीन एवं ताइवान के मध्य मतभेद जारी था। बेरोजगारी बढ़ने के कारण महिलाओं को भी काम करना पड़ा।

**6. चीन आज क्षेत्रीय के साथ-साथ वैश्विक स्तर पर आर्थिक शक्ति के रूप में विद्यमान है। ऐसे कौन-से कारक थे, जिससे चीन ने यह उपलब्धि हासिल की?** *दक्षता आधारित प्रश्न*

उत्तर चीन को क्षेत्रीय और वैश्विक स्तर पर एक आर्थिक शक्ति बनाने में सहायक दो कारण निम्न हैं

(i) चीन को क्षेत्रीय और वैश्विक स्तर पर एक आर्थिक शक्ति बनाने में चीन की विशाल आबादी, विस्तृत भू-भाग, प्राकृतिक संसाधन व क्षेत्रीय अवस्थिति सहायक सिद्ध हुई है। इसके अतिरिक्त चीन ने 1970 के दशक में अपनी आर्थिक नीतियों में भी बदलाव किए।

(ii) चीन द्वारा 'खुले द्वार की नीति' अपनाई गई, जिसके द्वारा चीन ने अपने देश के दरवाजे विदेशी निवेश के लिए खोल दिए। व्यापार हेतु नए नियम बनाए गए व विशेष आर्थिक क्षेत्रों का निर्माण किया गया तथा इन क्षेत्रों में व्यापार संबंधी सभी अवरोधों को हटाया गया। इसके अतिरिक्त चीन ने अन्य देशों में निवेश द्वारा भी अपनी अर्थव्यवस्था को मजबूत बनाया है।

अतः उपरोक्त दोनों कारण चीन की क्षेत्रीय और वैश्विक स्तर पर एक आर्थिक शक्ति बनाने में सहायक हुए हैं।

**7. सत्ता के उभरते हुए वैकल्पिक केंद्रों द्वारा विभिन्न देशों में समृद्धशाली अर्थव्यवस्थाओं का रूप देने में निभाई गई भूमिका की व्याख्या कीजिए।** *दक्षता आधारित प्रश्न*

उत्तर सत्ता के उभरते हुए वैकल्पिक केंद्र; जैसे—आसियान, यूरोपीय संघ आदि संगठन अपने क्षेत्र के देशों की अर्थव्यवस्थाओं के विकास के उद्देश्य से ही गठित किए गए हैं। यूरोप में यूरोपीय संघ और दक्षिण-पूर्वी एशिया में आसियान के उदय की महत्त्वपूर्ण घटना रही।

इन संगठनों ने अपने क्षेत्र में शांति और स्थायित्व स्थापित करने के लिए क्षेत्र में चल रहे राष्ट्रों के आपसी मतभेदों का समाधान आपसी बातचीत के द्वारा निकाला है। इसके अतिरिक्त यूरोप और दक्षिणी एशिया के देशों के आर्थिक विकास में इन संगठनों की महत्त्वपूर्ण भूमिका रही है। यूरोपीय संघ ने यूरोप में एकीकृत बाजार का गठन किया है। इसी प्रकार आसियान ने 'दक्षिणी एशियाई मुक्त व्यापार समझौता' किया है, जो आसियान के सदस्य देशों के बीच निर्बाध व्यापार को बढ़ावा देता है।

**8. 1960 और 1980 के दशक के मध्य, दक्षिण कोरिया एशिया में आर्थिक शक्ति के रूप में उभरा, जिसे 'हान नदी का चमत्कार' कहा गया। इसके किन्हीं दो कारणों की व्याख्या कीजिए।** **CBSE 2025**

उत्तर 1960 और 1980 के दशक के मध्य 'दक्षिण कोरिया को 'हान नदी का चमत्कार' कहा गया, जो एक उल्लेखनीय आर्थिक उन्नति थी। इसके दो प्रमुख कारण निम्नलिखित हैं

(i) **निर्यात उन्मुख औद्योगीकरण** दक्षिण कोरिया ने 1960 के दशक में राष्ट्रपति पार्क चुंग ही के नेतृत्व में निर्यात-केंद्रित नीति अपनाई। सरकार ने टेक्सटाइल, इलेक्ट्रॉनिक्स और बाद में ओटोमोबाइल जैसे उद्योगों को बढ़ावा दिया। बड़े औद्योगिक समूहों; जैसे सैमसंग, हुंडई को सब्सिडी और कर की राहत दी गई, जिससे वे वैश्विक बाजार में प्रतिस्पर्द्धी बने। इस नीति ने विदेशी मुद्रा अर्जन को बढ़ाया और अर्थव्यवस्था को तेजी से औद्योगिक आधार दिया।

(ii) **सरकारी नियोजन और बुनियादी ढाँचा विकास** सरकार ने पंचवर्षीय योजनाओं के जरिए आर्थिक विकास को नियोजित किया। शिक्षा, सड़क, बंदरगाह और ऊर्जा पर भारी निवेश किया गया। कुशल श्रम बल तैयार करने के लिए शिक्षा पर जोर दिया गया, जिससे औद्योगिक उत्पादकता को बढ़ाया गया। साथ ही, भूमि सुधारों ने ग्रामीण गरीबी हटाओं और शहरीकरण को प्रोत्साहित किया, जिससे श्रम शक्ति, उद्योगों में स्थानांतरित हुई। इन विचारों ने दक्षिण कोरिया को गरीबी से समृद्धि की ओर ले जाकर एशिया की आर्थिक शक्ति बनाया।

**9. यूरोपीय संघ की कोई चार साझी विशेषताओं का उल्लेख कीजिए।**

**अथवा ऐसे चार सामान्य चिह्नों की पहचान कीजिए, जो यूरोपीय संघ को एक राष्ट्र-राज्य का रूप देते हैं।** **CBSE 2019**

**अथवा यूरोपीय संघ को एक मजबूत संगठन बनाने वाले किन्हीं चार कारकों की व्याख्या कीजिए।** **CBSE 2022**

उत्तर यूरोपीय संघ की चार साझी विशेषताएँ निम्न हैं

(i) यूरोपीय संघ का प्रतीक झंडा, गान, स्थापना दिवस और मुद्रा है, जो यूरोपीय संघ के सभी सदस्यों को स्वीकार्य है और वे इन प्रतीकों का सम्मान करते हैं।

(ii) शांगेन संधि के द्वारा यूरोपीय समुदाय के देशों ने अपने यहाँ सीमा नियंत्रण को समाप्त किया, जिससे निर्बाध गति से व्यापार हो सके।

(iii) वर्ष 1993 में यूरोपीय संघ ने एकीकृत बाजार का गठन किया।

(iv) यूरोपीय संघ के 12 से अधिक सदस्य देशों ने 'यूरो' मुद्रा को अपनाया है।

ये सभी विशेषताएँ यूरोपीय संघ की दृढ़ता को बताती हैं।

**10. यूरोपीय संघ ने अपना राजनीतिक और कूटनीतिक प्रभाव किस प्रकार कार्यान्वित किया?** *दक्षता आधारित प्रश्न*

उत्तर यूरोपीय संघ एक विशाल राष्ट्र राज्य की तरह कार्य करता है। इसकी अपनी एक सच्ची मुद्रा (यूरो), झंडा, गान एवं स्थापना दिवस है। इसने अपने राजनीतिक एवं कूटनीतिक प्रभाव निम्न प्रकार से कार्यान्वित किए

(i) **राजनीतिक प्रभाव** ब्रिटेन और फ्रांस सुरक्षा परिषद् के स्थायी सदस्य हैं, जोकि यूरोपीय संघ के सदस्य हैं। इसके अतिरिक्त संघ के कई अन्य देश सुरक्षा परिषद् के अस्थायी सदस्य हैं, जिसके कारण यूरोपीय संघ अमेरिका व अन्य देशों की नीतियों को प्रभावित करता है। ईरान के परमाणु कार्यक्रम से संबंधित अमेरिकी नीतियों को हाल के दिनों में प्रभावित करना इसका एक उदाहरण है।

(ii) **कूटनीतिक प्रभाव** चीन के साथ मानवाधिकारों के उल्लंघन और पर्यावरण विनाश के मुद्दों पर यूरोपीय संघ ने सैनिक शक्ति का उपयोग करने के स्थान पर कूटनीतिक, आर्थिक निवेश तथा बातचीत जैसी प्रभावकारी रणनीति को अपनाया।

**11. यूरोपीय संघ के आर्थिक महत्त्व का आकलन कीजिए।** **CBSE 2024**

उत्तर यूरोपीय संघ के आर्थिक महत्त्व का आकलन करने के लिए, हमें इसके विभिन्न पहलुओं पर विचार करना होगा।

(i) **आर्थिक सहयोग और बाजार का आकार** यूरोपीय संघ दुनिया का सबसे बड़ा एकल बाजार है, जिसमें 27 सदस्य देश शामिल हैं। यह व्यापार और निवेश के लिए एक व्यापक मंच प्रदान करता है, जिससे सदस्य देशों के बीच आर्थिक सहयोग में वृद्धि होती है।

(ii) **यूरो मुद्रा** यूरोपीय संघ के कुछ देशों में साझा मुद्रा 'यूरो' का उपयोग किया जाता है। जिससे व्यापार में स्थिरता और समन्वय बढ़ता है।

यह दुनिया की दूसरी सबसे अधिक प्रचलित मुद्रा है और इसे अंतर्राष्ट्रीय व्यापार में व्यापक रूप से स्वीकार किया जाता है।

(iii) **वैश्विक व्यापार में भूमिका** यूरोपीय संघ वैश्विक व्यापार में एक प्रमुख भूमिका निभाता है। यह कई देशों और क्षेत्रों के साथ मुक्त व्यापार समझौतों में शामिल है, जो इसके आर्थिक प्रभाव को बढ़ाता है।

कुल मिलाकर, यूरोपीय संघ का आर्थिक महत्त्व न केवल इसके सदस्य देशों के लिए, बल्कि वैश्विक अर्थव्यवस्था के लिए भी अत्यधिक महत्त्वपूर्ण है।

**12. भारत और चीन के साथ संबंध सुधारने के लिए कोई दो उपाय सुझाइए।** **CBSE 2024**

उत्तर भारत और चीन के बीच संबंधों को सुधारने के लिए दो उपाय निम्नलिखित हैं

(i) **व्यापारिक सहयोग और आर्थिक संवाद** भारत और चीन के बीच व्यापारिक संबंधों को मजबूत करना एक महत्त्वपूर्ण कदम हो सकता है। दोनों देश अपने आर्थिक संबंधों को सुधारने के लिए व्यापार और निवेश में सहयोग बढ़ा सकते हैं, इससे दोनों देशों की अर्थव्यवस्था में वृद्धि होगी और आपस में भरोसा विकसित होगा।

(ii) **कूटनीतिक संवाद और विश्वास बहाली** भारत और चीन के बीच कूटनीतिक संवादर को मजबूत करना जरूरी है। दोनों देश आपस में समस्याओं का समाधान निकालने के लिए संवाद के माध्यम से अपने रिश्ते सुधार सकते हैं, इसके लिए उच्च स्तर की वार्ता का आयोजन कर अपने महत्त्वपूर्ण विवादों जैसे- सीमा विवाद आदि का निवारण कर सकते हैं और साथ ही दोनों देश अपनी विश्वसनीयता का परिचय देते हुए अपने संबंधों में मधुरता ला सकते हैं।

## दीर्घ उत्तरीय प्रश्न II

**1. "आसियान बहुत तेजी से एक महत्त्वपूर्ण क्षेत्रीय संगठन के रूप में बढ़ रहा है" कथन को न्यायोचित ठहराए।** *दक्षता आधारित प्रश्न*

उत्तर आसियान एक क्षेत्रीय संगठन है, जिसकी स्थापना वर्ष 1967 में हुई थी। इसका मुख्य उद्देश्य आर्थिक विकास की गति को तीव्र करना तथा इसके माध्यम से सामाजिक-सांस्कृतिक विकास को प्राप्त करना है।

आसियान तीव्र गति से विकास करने वाला एक महत्त्वपूर्ण क्षेत्रीय संगठन है, जिसने अपने 'विजन-2020' दस्तावेज में अंतर्राष्ट्रीय समुदाय में महत्त्वपूर्ण बहिर्मुखी भूमिका निभाने को प्रमुखता दी है। आसियान ने आपसी संघर्ष के स्थान पर बातचीत के तरीके को बढ़ावा दिया। इसने कंबोडिया टकराव का अंत एवं पूर्वी तिमोर के संकट का समाधान किया। इसके अतिरिक्त यह पूर्वी एशियाई सहयोग की दिशा में बातचीत हेतु वर्ष 1999 से प्रतिवर्ष वार्षिक बैठक का आयोजन करता है।

आसियान की वर्तमान आर्थिक शक्ति ने एशियाई देशों (भारत और चीन) के साथ व्यापार और निवेश के संदर्भ में उसकी प्रासंगिकता को बढ़ा दिया है। विगत वर्षों में भारत ने अपनी विदेश नीति में परिवर्तन करते हुए आसियान की ओर विशेष ध्यान दिया तथा आसियान के तीन सदस्य देशों—मलेशिया, सिंगापुर और थाइलैंड के साथ मुक्त व्यापार समझौता किया है। इसके अतिरिक्त यह आसियान के साथ ही मुक्त व्यापार संधि करने की दिशा में प्रयासरत है।

आसियान की वास्तविक शक्ति इसके अपने सदस्य देशों, सहभागी सदस्यों तथा अन्य गैर-क्षेत्रीय संगठनों के बीच निरंतर संवाद और विचार-विमर्श करने की नीति में ही समाहित है। आसियान एशियाई देशों तथा विश्व शक्तियों को राजनीतिक और सुरक्षा मामलों पर चर्चा के लिए राजनीतिक मंच उपलब्ध कराता है। इस हेतु यह एशिया का एकमात्र क्षेत्रीय संगठन है।

इस प्रकार, आसियान आर्थिक संघ के रूप में प्रभावी भूमिका निभाता है।

**2. यूरोपीय संघ से क्या अभिप्राय है? यूरोपीय संघ के गठन की प्रक्रिया एवं इसके प्रभाव को सविस्तार समझाइए।**

उत्तर यूरोपीय संघ एक आर्थिक और राजनीतिक संघ है, जिसमें यूरोप के 27 देश शामिल हैं। इसका उद्देश्य सदस्य देशों के बीच शांति स्थिरता और समृद्धि को बढ़ावा देना, आपसी सहयोग को मजबूत करना और वैश्विक स्तर पर अपनी सामूहिक शक्ति का उपयोग करना है। यह संघ विभिन्न क्षेत्रों, जैसे- व्यापार, सुरक्षा पर्यावरण और मानवाधिकारों में सहयोग करता है।

**यूरोपीय संघ के गठन की प्रक्रिया** यूरोपीय संघ का गठन कई चरणों और समझौतों के माध्यम से हुआ है। जिनमें से प्रमुख है।

(i) **द्वितीय विश्व युद्ध के बाद का प्रारंभिक प्रयास** (वर्ष 1945-1950) द्वितीय विश्व युद्ध के बाद यूरोपीय संघ देशों में शांति और एकता बनाए रखने के उद्देश्य से इस प्रकार के संघ का विचार सामने आया। इसे यूरोप में भविष्य में किसी भी प्रकार के संघर्ष को रोकने के लिए आवश्यक माना गया।

(ii) **पेरिस संधि** (वर्ष 1951) यूरोपीय देशों ने वर्ष 1951 में पेरिस संधि के तहत 'यूरोपीय कोयला और स्टील (इस्पात) का गठन किया। इसका उद्देश्य जर्मनी और फ्रांस के कोयला और इस्पात उद्योगों को एकसाथ लाना था, ताकि कोई भी देश स्वतंत्र रूप से सैन्य संसाधनों का उपयोग न कर सके।

(iii) **रोम संधि** (वर्ष 1957) पेरिस संधि की सफलता के बाद रोम संधि के तहत वर्ष 1957 में 'यूरोपीय आर्थिक समुदाया' और 'यूरोपीय परमाणु ऊर्जा समुदाय' का गठन किया गया। इसका मुख्य उद्देश्य सदस्य देशों के बीच व्यापार की स्वतंत्रता को बढ़ावा देना था।

(iv) **मॉस्ट्रिस्ट संधि** (वर्ष 1992) यह संधि यूरोपीय संघ के गठन की दिशा में सबसे महत्त्वपूर्ण कदम साबित हुई। मॉस्ट्रिस्ट संधि के तहत, वर्ष 1992 में यूरोपीय संघ का औपचारिक गठन हुआ। इस संधि के तहत यूरोपीय नागरिकता, एकल मुद्रा (यूरो) और बाहरी व रक्षा नीति के क्षेत्रों में अधिक सहयोग की नींव रखी गई।

(v) **लिस्बन संधि** (वर्ष 2007) यह संधि यूरोपीय संघ की कार्यप्रणाली में सुधार लाने के लिए थी। इसने संघ को नई शक्ति प्रदान की और उसे एक मजबूत राजनीतिक संगठन के रूप में विकसित किया।

**यूरोपीय संघ के प्रभाव** इस प्रकार हैं

(i) **सदस्य देशों पर प्रभाव**

**आर्थिक प्रभाव** सदस्य देशों के बीच शुल्क मुक्त व्यापार में वृद्धि, की। यूरो मुद्रा ने अंतर्राष्ट्रीय व्यापार और निवेश को आसान बनाया।

**राजनीतिक प्रभावों** सदस्य देशों में शांति और स्थिरता को बढ़ावा दिया। यूरोपीय संघ ने सदस्य देशों के बीच राजनीतिक समन्वय को बढ़ावा दिया है। यह संघ विभिन्न नीतियों जैसे- आर्थिक सामाजिक और पर्यावरणीय मुद्दों पर एकीकृत दृष्टिकोण अपनाने में मदद करता है।

**सामाजिक प्रभाव** भारतीय नागरिकों को सदस्य देशों के भीतर काम करने और रहने की स्वतंत्रता। शिक्षा और सांस्कृतिक आदान-प्रदान में वृद्धि।

(ii) **वैश्विक प्रभाव**

**अंतर्राष्ट्रीय शक्ति** विश्व व्यापार संगठन संयुक्त राष्ट्र और G7 जैसे मंचों पर प्रभावी भूमिका। **पर्यावरण** कार्बन उत्सर्जन को कम करने और सतत् विकास को बढ़ावा देने में अग्रणी।

**राजनीतिक नेतृत्व** लोकतंत्र, मानवाधिकार और कानून के शासन को बढ़ावा देना। यूरोपीय संघ आर्थिक सहयोग और राजनीतिक स्थिरता का एक मॉडल बन चुका है। हालाँकि इसे कई चुनौतियों का सामना करना पड़ता है, जैसे- आप्रवासन संकट, ब्रेक्जिट और सदस्य देशों के बीच बढ़ती असहमति। इसके बावजूद, यूरोपीय संघ का वैश्विक प्रभाव और योगदान बहुत महत्त्वपूर्ण है।

**3. आसियान के उद्देश्य एवं इसके अंगों का सविस्तार वर्णन कीजिए।**

*अथवा* **आसियान के किन्हीं दो उद्देश्यों के महत्त्व का मूल्यांकन कीजिए।** **CBSE 2022**

उत्तर **आसियान के उद्देश्य** आसियान का मुख्य उद्देश्य आर्थिक विकास की गति को तीव्र करना तथा इसके माध्यम से सामाजिक और सांस्कृतिक विकास को प्राप्त करना था।

आसियान के अन्य प्रमुख उद्देश्य निम्नलिखित हैं

- दक्षिण-पूर्वी एशिया में आर्थिक विकास व परस्पर सहयोग को बढ़ावा देना। इस क्षेत्र में सामाजिक व सांस्कृतिक विकास को बढ़ावा देना।
- दक्षिण-पूर्वी एशिया के राज्यों में शासन के कानूनी स्वरूप और संयुक्त राष्ट्र के नियम आधारित क्षेत्रीय शांति व स्थायित्व को बढ़ावा देना। इस क्षेत्र में अनौपचारिक टकराव रहित और सहयोगात्मक मेल-मिलाप का वातावरण बनाना।

आसियान की कार्य-शैली को आसियान शैली नाम से जाना जाता है, जिसकी सर्वप्रमुख विशेषता राष्ट्रों की सार्वभौमिकता का सम्मान करना है। **आसियान के अंग** आसियान ने अपनी स्थापना के पश्चात् अपने उद्देश्यों के आर्थिक और सामाजिक क्षेत्र को व्यापक बनाते हुए काफी विस्तार किया, जो निम्न प्रकार हैं

- आसियान ने वर्ष 2003 में आसियान सुरक्षा समुदाय, आसियान आर्थिक समुदाय एवं आसियान सामाजिक-सांस्कृतिक समुदाय का गठन किया।
- आसियान सुरक्षा समुदाय का मुख्य उद्देश्य क्षेत्रीय विवादों को बिना सैन्य संघर्ष के आपसी सहमति एवं बातचीत के माध्यम से हल करना है। आसियान देशों की सुरक्षा और विदेश नीतियों में सामंजस्य स्थापित करने के लिए वर्ष 1994 में आसियान क्षेत्रीय मंच की स्थापना की गई।

आसियान आर्थिक समुदाय का उद्देश्य आसियान देशों के लिए साझा बाजार और उत्पादन आधार तैयार कर आसियान के सामाजिक-सांस्कृतिक समुदाय के विकास में सहयोग करना है।

**4. चीनी अर्थव्यवस्था के उत्थान से आप क्या समझते हैं? चीन की आर्थिक नीति को संक्षेप में बताइए।**

*अथवा* **चीनी अर्थव्यवस्था के उत्थान के किन्हीं छः कारणों को स्पष्ट कीजिए।** **CBSE 2019**

उत्तर चीन की अर्थव्यवस्था के उत्थान से जुड़े कुछ विशेष तथ्य निम्नलिखित हैं

- वर्ष 1978 में आर्थिक सुधारों की शुरुआत के बाद से चीन की अर्थव्यवस्था में लगातार विकास हो रहा है।
- इस दौरान, चीन की औसत वार्षिक विकास दर 10% रही है।
- चीन में 800 मिलियन से ज्यादा लोग गरीबी से बाहर निकल आए हैं।
- चीन में स्वास्थ्य, शिक्षा और दूसरी सेवाओं तक पहुँच में काफी सुधार हुआ है।
- चीन में दुनिया का सबसे बड़ा उच्च प्रौद्योगिकी निर्यातक माना जाता है।
- चीन में दुनिया का सबसे बड़ा मध्यम वर्ग है।
- चीन दुनिया के शीर्ष दस सबसे प्रतिस्पर्द्धी वित्तीय केंद्रों में से चौथे स्थान पर है।
- चीन में दुनिया के दस सबसे बडे स्टॉक एक्सचेंजों में से तीन है।
- चीन ने बेल्ट एण्ड रोड इनिशिएटिव (बीआर आई) को आगे बढ़ाकर अपनी वैश्विक पहुँच बढ़ाई है।

**चीन की आर्थिक नीति से जुड़ी कुछ विशेष बातें**

- चीन ने वर्ष 1979 की शुरुआत में कई आर्थिक सुधार शुरू किए।
- केंद्र सरकार ने किसानों के लिए मूल्य और स्वामित्व प्रोत्साहन शुरू किए।
- 1980 के दशक की शुरुआत में विदेशी पूँजी को आकर्षित करने के लिए कई नीतियों का निर्माण किया गया।

**5. ब्रिक्स की संरचना कैसे की गई? भारत के लिए ब्रिक्स का क्या महत्त्व है? वर्णन कीजिए।**

उत्तर ब्रिक्स पाँच प्रमुख उभरती हुई अर्थव्यवस्थाओं का समूह है, जिसमें ब्राजील, रूस, भारत, चीन और दक्षिण अफ्रीका शामिल हैं। इसकी संरचना और भारत के लिए इसका महत्त्व इस प्रकार है।

**स्थापना और इतिहास**

- ब्रिक्स का प्रारंभ वर्ष 2006 में हुआ, जब इन देशों के विदेश मंत्रियों ने पहली बार बैठक की।
- वर्ष 2010 में दक्षिण अफ्रीका को शामिल किया गया, जिससे इसे "ब्रिक्स" नाम दिया गया।

**उद्देश्य**

- वैश्विक आर्थिक स्थिरता को बढ़ावा देना।
- विकासशील देशों के हितों की रक्षा करना।
- बहुपक्षीय संगठनों, जैसे- संयुक्त राष्ट्र, आई.एम.एफ. और विश्व बैंक में सुधार की पहल करना।

**संरचना** ब्रिक्स बैंक (न्यू डेवलपमेंट बैंक) और ब्रिक्स रिजर्व मुद्रा व्यवस्था इसके दो प्रमुख वित्तीय संस्थान हैं।
इसका कोई स्थायी मुख्यालय नही हैं। प्रत्येक वर्ष इसका अध्यक्ष देश बदलता है, जो शिखर सम्मेलनों का आयोजन करता है।

**भारत के लिए ब्रिक्स का महत्त्व**

**आर्थिक सहयोग** ब्रिक्स देशों की संयुक्त GDP विश्व की कुल GDP का लगभग 25% है। भारत के लिए यह समूह निर्यात और निवेश बढ़ाने के लिए एक महत्त्वपूर्ण मंच है।

**विकास वित्तपोषण** न्यू डेवलपमेंट बैंक के जरिए भारत को बुनियादी ढाँचे और सतत विकास परियोजनाओं के लिए कम लागत पर वित्तीय सहायता मिलती है।

**राजनीतिक लाभ** चीन और रूस जैसे शक्तिशाली देशों के साथ निकटता भारत के लिए सामाजिक संतुलन बनाए रखने में सहायक है।

- ब्रिक्स विज्ञान, शिक्षा और सांस्कृतिक आदान-प्रदान में भारत को भागीदार बनाता है, जिससे नवाचार और ज्ञानवर्धन को बढ़ावा मिलता है।
- ब्रिक्स भारत के लिए एक महत्त्वपूर्ण मंच है, जो न केवल आर्थिक और राजनीतिक हितों की पूर्ति करता है, बल्कि इसे वैश्विक नेतृत्त्व की दिशा में आगे बढ़ने में भी सहायता करता है।

## अनुच्छेद आधारित प्रश्न

**नीचे दिए गए अनुच्छेद को ध्यानपूर्वक पढ़कर निम्न प्रश्नों के उत्तर दीजिए**

**1. बुनियादी रूप से आसियान एक आर्थिक संगठन था और वह ऐसा ही बना रहा। आसियान क्षेत्र की कुल अर्थव्यवस्था अमेरिका, यूरोपीय संघ और जापान की तुलना में काफी छोटी है, पर इसका विकास इन सबसे अधिक तेजी से हो रहा है। इसके चलते इस क्षेत्र में और इससे बाहर इसके प्रभाव में तेजी से वृद्धि हो रही है। आसियान आर्थिक समुदाय का उद्देश्य आसियान देशों का साझा बाजार और उत्पादन आधार तैयार करना तथा इस इलाके के सामाजिक और आर्थिक विकास में मदद करना है। यह संगठन इस क्षेत्र के देशों के आर्थिक विवादों को निपटाने के लिए बनी मौजूदा व्यवस्था को भी सुधारना चाहेगा। आसियान ने निवेश, श्रम और सेवाओं के मामले में मुक्त व्यापार क्षेत्र बनाने पर भी ध्यान दिया है। इस प्रस्ताव पर आसियान के साथ बातचीत करने की पहल अमेरिका और चीन ने कर भी दी है।**

(i) **आसियान ने मुक्त व्यापार क्षेत्र की स्थापना क्यों की?**
(a) निवेश उद्‌देश्यों के लिए
(b) आर्थिक लाभ के लिए
(c) 'a' और 'b' दोनों
(d) श्रम और सेवाओं के लिए

उत्तर (c) 'a' और 'b' दोनों

(ii) **आसियान के संदर्भ में कौन-सा कथन सही है?**
(a) आसियान के सदस्य मुख्यतः दक्षिण-पूर्व एशियाई देश हैं
(b) आसियान क्षेत्र की अर्थव्यवस्था अमेरिका, यूरोपीय संघ और जापान की तुलना में छोटी है
(c) आसियान की विकास दर सकारात्मक है
(d) उपरोक्त सभी

उत्तर (d) उपरोक्त सभी

(iii) **आसियान आर्थिक समुदाय का मुख्य उद्‌देश्य क्या है?**

उत्तर आसियान आर्थिक समुदाय का उद्‌देश्य है। आसियान राज्यों के अंदर ही आम बाजार और उत्पादन आधारित गतिविधियों का निर्माण करना तथा सामाजिक और आर्थिक विकास में सहायता करना है।

**2.** **अमेरिका ने यूरोप की अर्थव्यवस्था के पुनर्गठन के लिए जबरदस्त मदद की। इसे मार्शल योजना के नाम से जाना जाता है। अमेरिका ने 'नाटो' के तहत एक सामूहिक सुरक्षा व्यवस्था को जन्म दिया। मार्शल योजना के तहत ही वर्ष 1948 में यूरोपीय आर्थिक सहयोग संगठन की स्थापना की गई, जिसके माध्यम से पश्चिमी यूरोप के देशों को आर्थिक मदद दी गई।**

**यह एक ऐसा मंच बन गया, जिसके माध्यम से पश्चिमी यूरोप के देशों ने व्यापार और आर्थिक मामलों में एक-दूसरे की मदद शुरू की।**

**वर्ष 1949 में गठित यूरोपीय परिषद् राजनैतिक सहयोग के मामले में एक अगला कदम साबित हुई। यूरोप के पूँजीवादी देशों की अर्थव्यवस्था के आपसी एकीकरण की प्रक्रिया चरणबद्ध ढंग से आगे बढ़ी (इस एकीकरण का कालक्रम देखें) और इसके परिणामस्वरूप वर्ष 1957 में यूरोपियन इकोनॉमिक कम्युनिटी का गठन हुआ।**

(i) **मार्शल योजना क्या थी?**
(a) अमेरिका द्वारा दी गई तकनीकी सहायता
(b) अमेरिका द्वारा दी गई पर्यावरणीय सहायता
(c) अमेरिका द्वारा दी गई सैन्य सहायता
(d) अमेरिका द्वारा दी गई वित्तीय सहायता

उत्तर (d) अमेरिका द्वारा दी गई वित्तीय सहायता

(ii) **निम्न कथनों पर विचार करें तथा कूट की सहायता से सही उत्तर का चयन करें**
1. **माशंल योजना के तहत वर्ष 1942 में यूरोपीय आर्थिक सहयोग संगठन की स्थापना की गई।**
2. **वर्ष 1949 में गठित यूरोपीय परिषद् राजनैतिक सहयोग के मामले में एक अलग कदम साबित हुई।**
3. **यूरोपियन इकोनॉमिक कम्युनिटी का गठन वर्ष 1957 में हुआ।**

**कूट**
(a) 1 और 2 (b) 2 और 3
(c) केवल 1 (d) ये सभी

उत्तर (b) 2 और 3

(iii) **यूरोपीय परिषद् किस प्रकार राजनीतिक रूप से एक अलग भूमिका निभाती है?**

उत्तर यूरोपीय परिषद्, यूरोपीय संघ द्वारा निर्देशित राजनीतिक दिशा-निर्देशों को नियमित करता है, इसे यूरोपीय नीति गत एजेंडा का इंजन मा‍ा जाता है। यूरोप के पूँजीवादी अर्थव्यवस्था के एकीकरण में इसने महत्त्वपूर्ण भूमिका निभाई।

**3.** **चीन ने 'शॉक थेरेपी' पर अमल करने के बजाय अपनी अर्थव्यवस्था को चरणबद्ध ढंग से खोला। वर्ष 1982 में खेती का निजीकरण किया गया और उसके बाद वर्ष 1998 में उद्योगों का। व्यापार संबंधी अवरोधों को केवल 'विशेष आर्थिक क्षेत्रों' के लिए ही हटाया गया है, जहाँ विदेशी निवेशक अपने उद्यम लगा सकते हैं।**

**नई आर्थिक नीतियों के कारण चीन की अर्थव्यवस्था को अपनी जड़ता से उबरने में मदद मिली। कृषि के निजीकरण के कारण कृषि उत्पादों तथा ग्रामीण आय में उल्लेखनीय बढ़ोतरी हुई। ग्रामीण अर्थव्यवस्था में निजी बचत का परिमाण बढ़ा और इससे ग्रामीण उद्योगों की तादाद बड़ी तेजी से बढ़ी।**

**उद्योग और कृषि दोनों ही क्षेत्रों में चीन की अर्थव्यवस्था की वृद्धि दर तेज रही। व्यापार के नए कानून तथा विशेष आर्थिक क्षेत्रों (स्पेशल इकोनॉमिक जोन-SEZ) के निर्माण से विदेश व्यापार में उल्लेखनीय वृद्धि हुई।**

(i) **चीन में व्यापार संबंधी अवरोध किन क्षेत्रों के लिए हटाए गए ?**
(a) सभी ग्रामीण क्षेत्रों में
(b) केवल बड़े शहरों में
(c) विशेष आर्थिक क्षेत्रों में
(d) पूरे देश में समान रूप से

उत्तर (c) विशेष आर्थिक क्षेत्रों में

(ii) **चीन की नई आर्थिक नीतियों का सबसे महत्त्वपूर्ण प्रभाव क्या पड़ा ?**
(a) कृषि उत्पादों और ग्रामीण आय में बढ़ोतरी
(b) सरकारी नियंत्रण का विस्तार
(c) अंतर्राष्ट्रीय व्यापार में गिरावट
(d) औद्योगिक विकास में कमी

उत्तर (a) कृषि उत्पादों और ग्रामीण आय में बढ़ोतरी

(iii) **चीन ने आर्थिक सुधार हेतु कौन-से कदम उठाए?**

उत्तर चीन ने आर्थिक सुधार के अंतर्गत खुले द्वार की नीति अपनाई। वर्ष 1982 में कृषि तथा वर्ष 1998 में उद्योगों का निजीकरण किया। इसी प्रकार विदेशी निवेशकों को उद्यम लगाने हेतु प्रोत्साहित करने के लिए विशेष आर्थिक क्षेत्र स्थापित किए गए, जहाँ व्यापार संबंधी अवरोधों को हटा दिया गया।

# स्वयं को जाँचें

## बहुविकल्पीय प्रश्न

**1.** यूरोपीय संघ की स्थापना कब हुई?

(a) वर्ष 1972 (b) वर्ष 1982
(c) वर्ष 1992 (d) वर्ष 2001

**2.** किस देश ने मॉस्ट्रिस्ट की संधि का विरोध किया?

(a) डेनमार्क
(b) स्वीडन
(c) 'a' और 'b' दोनों
(d) रूस

**3.** चीन में साम्यवादी क्रांति किसके नेतृत्व में हुई?

(a) माओ
(b) चाऊ-एन-लाई
(c) देंग श्याओपेंग
(d) उपरोक्त में से कोई नहीं

**4.** **कथन** (A) भारत ने इजराइल के साथ वर्ष 1992 में पूर्ण राजनयिक संबंध स्थापित किया।

**कारण** (R) पूसा स्थित कृषि अनुसंधान केंद्र में भारत-इजराइल शोध एवं विकास संगठन स्थापित किया गया है।

कूट

(a) A और R दोनों सही हैं तथा R, A की सही व्याख्या है
(b) A और R दोनों सही हैं, परंतु R, A की सही व्याख्या नहीं है
(c) A सही है, किंतु R गलत है
(d) A गलत है, किंतु R0 सही है

**5.** सुमेलित कीजिए

| | सूची I | | सूची II |
|---|---|---|---|
| A | ब्रिक्स का गठन | 1 | वर्ष 1992 |
| B | आसियान का गठन | 2 | वर्ष 1948 |
| C | यूरोपीय आर्थिक सहयोग संगठन | 3 | वर्ष 1967 |
| D | यूरोपीय संघ | 4 | वर्ष 2006 |

कूट

| | A | B | C | D |
|---|---|---|---|---|
| (a) | 4 | 3 | 2 | 1 |
| (b) | 3 | 4 | 2 | 1 |
| (c) | 2 | 4 | 3 | 1 |
| (d) | 1 | 2 | 4 | 3 |

## लघु उत्तरीय प्रश्न

**6.** यूरोपीय संघ का झंडा किस बात का प्रतीक है?

**7.** मार्शल योजना के अंतर्गत किस संगठन की स्थापना हुई?

**8.** SEZ (सेज) का विस्तृत रूप बताइए।

**9.** यूरोपीय संघ के किन्हीं दो नए सदस्यों का नाम बताइए।

**10.** आसियान के झंडे की विशेषताओं को बताइए।

**11.** ब्रिक्स के उद्देश्यों को बताइए।

## दीर्घ उत्तरीय प्रश्न I

**12.** यूरोपीय संघ अमेरिकी नीतियों को कैसे प्रभावित करता है?

**13.** साम्यवादी क्रांति के बाद चीन द्वारा अपनाए गए विकास मॉडल का वर्णन कीजिए।

**14.** वर्ष 1945 के पश्चात् यूरोपीय देशों में आपसी संबंधों को मजबूत बनाने में किसने महत्त्वपूर्ण भूमिका निभाई?

**15.** यूरोपीय संघ की किन्हीं दो घटनाओं को बताइए, जो इसके प्रभाव को सीमित करते हों।

## दीर्घ उत्तरीय प्रश्न II

**16.** आसियान की स्थापना कैसे हुई? इसके आर्थिक उद्देश्यों को बताइए।

**17.** यूरोपीय संघ एवं आसियान की स्थापना कैसे हुई? इसकी स्थापना के कारणों को बताइए।

**18.** सत्ता के वैकल्पिक शक्ति-केंद्र के रूप में जापान कितना प्रभावी होगा? अपना तर्क दीजिए।

# 03

# अध्याय

# समकालीन दक्षिण एशिया

दक्षिण एशिया विश्व राजनीतिक व्यवस्था के आकर्षण का केंद्र बिंदू रहा है। इस अध्याय में दक्षिण एशिया की घरेलू राजनीति तथा इससे उपजे-भू राजनीतिक परिवर्तन के अध्ययन को शामिल किया गया है। इसके अतिरिक्त अध्याय में भारत के अपने पड़ोसियों के साथ संबंधों के अध्ययन को भी शामिल किया गया है।

**▼ अध्ययन एक नजर में**

3.1 दक्षिण एशियाई देशों की राजनीतिक पृष्ठभूमि

3.2 दक्षिण एशिया में लोकतंत्रीकरण

3.3 भारत-पाकिस्तान संघर्ष

3.4 भारत और उसके पड़ोसी देश

**▼ अभ्यास के लिए**

- बहुविकल्पीय प्रश्न 33 (युग्मित प्रश्न, चित्र आधारित प्रश्न, कथन/कारण, सुमेलित कीजिए)
- वर्णनात्मक प्रकार के प्रश्न (लघु उत्तरीय प्रश्न 6, दीर्घ उत्तरीय प्रश्न I 8, दीर्घ उत्तरीय प्रश्न II 6)
- स्रोत आधारित प्रश्न 4, मानचित्र आधारित 1

दक्षिण एशिया शब्द का प्रयोग सामान्यतः **बांग्लादेश, भूटान, भारत, मालदीव, नेपाल, पाकिस्तान** व **श्रीलंका** के लिए दक्षिण एशिया पद का प्रयोग किया जाता है। इस क्षेत्र के उत्तर की ओर विशाल हिमालय पर्वत श्रृंखला, दक्षिण में हिंद महासागर, पश्चिम में अरब सागर व पूर्व में बंगाल की खाड़ी स्थित है तथा यही भौगोलिक विशिष्टता इस उप-महाद्वीपीय क्षेत्र की सामाजिक, सांस्कृतिक एवं भाषायी विविधता के लिए उत्तरदायी है। इस क्षेत्र के अंतर्गत कभी-कभी अफगानिस्तान और म्यांमार को भी शामिल किया जाता है, जबकि चीन इस क्षेत्र का प्रमुख देश होते हुए भी इसका अंग नहीं माना जाता है। दक्षिण एशिया हर मायने में विविधता का प्रतीक है और फिर भी एक भू-राजनीतिक स्थान का गठन करता है।

- **भू-राजनीतिक स्थान** यह किसी क्षेत्र विशेष से जुड़े देशों के समूह को संदर्भित करता है जिनके हित उसक्षेत्र से पारस्परिक जुड़े होते हैं। बीसवीं सदी के अंतिम वर्षों में जब भारत और पाकिस्तान ने स्वयं को परमाणु शक्ति संपन्न घोषित किया, तो पूरे विश्व का ध्यान दक्षिण एशिया के देशों में चल रहे संघर्षों की ओर गया।
- दक्षिण एशिया के देशों के मध्य सीमा और नदी जल के बँटवारे जैसे मुद्दे हमेशा विवादों में रहते हैं। दक्षिण एशियाई देशों के बीच संघर्षों की प्रकृति लगभग इन देशों की घरेलू राजनीति के ऊपर निर्भर करती है।

## 3.1 दक्षिण एशियाई देशों की राजनीतिक पृष्ठभूमि –

- दक्षिण एशिया में जहाँ **भारत** व **श्रीलंका** में **लोकतांत्रिक व्यवस्था** (Democratic System) है, वहीं दूसरी ओर पाकिस्तान और बांग्लादेश में समय-समय पर सत्तात्मक परिवर्तन होते रहे हैं। यहाँ लोकतांत्रिक और सैनिक दोनों तरह के शासन रहे हैं।
- शीतयुद्ध के बाद के वर्षों में पाकिस्तान में लोकतांत्रिक सरकारें क्रमशः बेनजीर भुट्टो और नवाज शरीफ के नेतृत्व में बनीं, किंतु वर्ष 1999 में पाकिस्तान में कुछ परिवर्तन हुए और सत्ता सैनिक शासन के पक्ष में चली गई। वर्ष 2008 से पाकिस्तान में पुनः लोकतांत्रिक शासन है।

- **नेपाल** में वर्ष 2006 तक संवैधानिक राजतंत्र विद्यमान था, किंतु वर्ष 2008 में राजतंत्र समाप्त हो गया और नेपाल एक **लोकतांत्रिक गणराज्य**[1] बन गया।
- **भूटान** में वर्ष 2008 तक राजतंत्र था, किंतु यहाँ के राजा के नेतृत्व में भूटान **बहुदलीय लोकतंत्र** (Multi-Party Democracy) के रूप में उभरा।
- **बांग्लादेश** ने नागरिक और सैन्य दोनों शासन का अनुभव किया है। हालाँकि यह शीतयुद्ध के पश्चात् युग से लोकतंत्र को बनाए रखने में सक्षम रहा है।
- **मालदीव** में भी वर्ष 1968 तक राजतंत्र था। वर्ष 1968 से ही यहाँ **गणतंत्र** की वापसी हुई एवं **शासन की अध्यक्षात्मक प्रणाली** (Presidential Form of Government) अपनाई गई।
- वर्ष 2005 के जून में मालदीव की संसद ने बहुदलीय प्रणाली को अपनाने के पक्ष में मतदान किया। मालदीवियन डेमोक्रेटिक पार्टी का देश के राजनीतिक मामलों में दबदबा रहा जिसने वर्ष 2018 में हुए चुनावों में जीत हासिल की।

## 3.2 दक्षिण एशिया में लोकतंत्रीकरण

- विभिन्न लोकतांत्रिक अनुभवों के बावजूद, दक्षिण एशियाई देशों के लोगों में लोकतंत्र के प्रति सकारात्मक भाव है। इस क्षेत्र के पाँच बड़े देशों के सर्वेक्षण के अनुसार इन देशों में विभिन्न धर्मों के सामान्य नागरिक, अमीर और गरीब, लोकतंत्र की अवधारणा को अपनाते हैं और प्रतिनिधिमूलक लोकतंत्र की संस्थाओं का समर्थन करते हैं।
- वे किसी भी अन्य प्रकार के प्रशासन के लिए लोकतंत्र को पसंद करते हैं और मानते हैं कि लोकतंत्र उनके देश के लिए सरकार का सबसे उपयुक्त रूप है।

### पाकिस्तान में सेना और लोकतंत्र

- पाकिस्तान में **जनरल अय्यूब खान** ने पहला संविधान बनने के बाद ही शासन की बागडोर सँभाली तथा शीघ्र ही स्वयं को निर्वाचित करा लिया, किंतु कुछ समय पश्चात् जनता के विरोध के कारण उन्हें पद से हटा दिया गया।
- इसके पश्चात् सैनिक शासन के रूप में **जनरल याहिया खान** ने शासन की बागडोर सँभाली, किंतु इनके शासनकाल में वर्ष 1971 में बांग्लादेश संकट को लेकर हुए भारत-पाकिस्तान के युद्ध में पाकिस्तान की पराजय हुई तथा पूर्वी पाकिस्तान का पाकिस्तान के आधिपत्य से मुक्त होकर बांग्लादेश के नाम से स्वतंत्र व संप्रभु राष्ट्र के रूप में उदय हुआ।
- इस घटना के पश्चात् वर्ष 1971 से 1977 तक निर्वाचित सरकार के रूप में जुल्फिकार अली भुट्टो ने शासन किया, लेकिन वर्ष 1977 में जनरल जिया-उल-हक ने सरकार को गिरा दिया और पुन: पाकिस्तान में सैनिक शासन (Military Rule in Pakistan) लागू हो गया।
- वर्ष 1982 के पश्चात् जनरल जिया-उल-हक को सरकार विरोधी व लोकतंत्र समर्थक आंदोलन का सामना करना पड़ा। परिणामस्वरूप वर्ष 1988 में पुन: बेनजीर भुट्टो के नेतृत्व में लोकतांत्रिक सरकार बनी। पाकिस्तान की राजनीति बेनजीर भुट्टो की पाकिस्तान पीपुल्स पार्टी और **मुस्लिम लीग** की आपसी प्रतिस्पर्द्धा के आस-पास केंद्रित रही, जो वर्ष 1999 तक बनी रही।
- वर्ष 1999 में पुन: पाकिस्तान में सत्ता परिवर्तन हुआ। **जनरल परवेज मुशर्रफ** के नेतृत्व में सेना ने प्रधानमंत्री नवाज शरीफ को पद से हटाकर सत्ता पर कब्जा कर लिया।
- जनरल परवेज मुशर्रफ ने स्वयं को वर्ष 2001 में राष्ट्रपति निर्वाचित करा लिया तथा वर्ष 2008 से पाकिस्तान में लोकतांत्रिक तरीके से चुनी गई सरकार कार्य कर रही है।

#### स्थिर लोकतंत्र के निर्माण में पाकिस्तान की विफलता के लिए उत्तरदायी कारक

- पाकिस्तान में **सेना, धर्मगुरु, भू-स्वामी** तथा **अभिजात्य वर्गों** (Aristocracy) का प्रभावशाली वर्चस्व है, जिन्होंने कई बार निर्वाचित सरकार को गिराने एवं सैनिक शासन स्थापित करने में अपना महत्त्वपूर्ण योगदान दिया है, जिसका परिणाम सैनिक समर्थक समूह का अधिक मजबूत होना भी है।
- लोकतांत्रिक व्यवस्था को स्थापित करने में अंतर्राष्ट्रीय सहायता न मिलना भी पाकिस्तान में लोकतंत्र के अस्थायी होने का एक प्रमुख कारण था, जिससे सैनिक शासन को बढ़ावा मिला।
- अमेरिका तथा अन्य पश्चिमी देशों द्वारा अपने-अपने स्वार्थ की पूर्ति हेतु पाकिस्तान में **सैनिक शासन** को प्रोत्साहन भी जाता रहा है। ये देश 'विश्वव्यापी इस्लामी आतंकवाद' से चिंतित रहते हैं, क्योंकि इन्हें इस बात का भय रहता है कि पाकिस्तान के परमाणु हथियार पर आतंकवादियों का अधिकार न हो जाए।

---

1 **लोकतांत्रिक गणराज्य** राजनीतिक प्रणाली जहाँ राज्य का मुखिया एक निर्वाचित व्यक्ति होता है।

## बांग्लादेश में लोकतंत्र

- अंग्रेजी शासनकाल के समय बंगाल और असम के विभाजित हिस्सों से निर्मित पूर्वी पाकिस्तान (वर्तमान का बांग्लादेश) वर्ष 1947 से 1971 तक पाकिस्तान का ही एक अंग था।
- बांग्लादेश के लोग अपने ऊपर पश्चिमी पाकिस्तान के अधिकार व उर्दू भाषा थोपे जाने और बंगाली संस्कृति व भाषा के साथ किए जा रहे दुर्व्यवहार के खिलाफ थे।
- इस क्षेत्र की जनता ने राजनीतिक सत्ता में हिस्सेदारी और प्रशासन में अपने न्यायोचित प्रतिनिधित्व की भी माँग उठाई। इन सभी कारणों से वहाँ के लोगों ने पूर्वी पाकिस्तान की स्वायत्तता हेतु पश्चिमी पाकिस्तान के विरुद्ध **शेख मुजीबुर्रहमान** के नेतृत्व में जन-संघर्ष किया।
- वर्ष 1970 में शेख मुजीबुर्रहमान के नेतृत्व वाली **अवामी लीग** (Awami League) को पूर्वी पाकिस्तान की सभी सीटों पर विजय मिली, किंतु सरकार पर पश्चिमी पाकिस्तान का वर्चस्व होने के कारण शेख मुजीबुर्रहमान को गिरफ्तार कर लिया गया।
- बंगाली जनता के आंदोलन को पाकिस्तानी सेना, जो जनरल याहिया खान के सैनिक शासन के अधीन थी, ने दबाने का प्रयास किया। इस कारण पूर्वी पाकिस्तान से बड़ी संख्या में लोग पलायन कर भारत आ गए। इन शरणार्थियों को सँभालना भारत के लिए एक बड़ी समस्या बन गई।
- भारत ने पूर्वी पाकिस्तान के लोगों की माँग का समर्थन किया तथा उन्हें सैन्य एवं वित्तीय सहायता प्रदान की, जिसके परिणामस्वरूप वर्ष 1971 में भारत-पाकिस्तान के बीच युद्ध हुआ। युद्ध का अंत पाकिस्तान की सेना के पूर्वी पाकिस्तान में आत्मसमर्पण के साथ हुआ, जिससे बांग्लादेश के रूप में एक नए राष्ट्र का उदय हुआ।
- बांग्लादेश ने अपने संविधान का निर्माण किया तथा स्वयं को धर्मनिरपेक्ष, लोकतांत्रिक व समाजवादी राष्ट्र के रूप में घोषित किया।

### बांग्लादेश में आंतरिक संघर्ष

- शेख मुजीबुर्रहमान ने वर्ष 1975 में संविधान में संशोधन कराया और देश में संसदीय शासन प्रणाली के स्थान पर अध्यक्षात्मक शासन प्रणाली को अपनाया तथा अपनी पार्टी अवामी लीग के अतिरिक्त सभी पार्टियों को समाप्त कर दिया, जो तनाव एवं संघर्ष का मुख्य कारण बना। वर्ष 1975 में सेना ने शेख मुजीबुर्रहमान के खिलाफ विद्रोह किया। इस विद्रोह में शेख मुजीबुर्रहमान की हत्या कर दी गई।
- इस घटना के पश्चात् **जियाउर्रहमान** बांग्लादेश का नया सैन्य शासक बना। इस सैन्य शासक ने **बांग्लादेश नेशनल पार्टी** का गठन किया तथा वर्ष 1979 में हुए चुनाव में यह पार्टी विजयी रही।
- जियाउर्रहमान की हत्या के पश्चात् जनरल एच एम इरशाद ने नए सैन्य शासक के रूप में सत्ता सँभाली।
- जनरल इरशाद पाँच वर्षों के लिए राष्ट्रपति के रूप में निर्वाचित हुए, किंतु लोकतंत्र समर्थक लोगों के विरोध प्रदर्शनों के कारण जनरल इरशाद को सीमित पैमाने पर राजनीतिक गतिविधि की अनुमति देने के लिए मजबूर होना पड़ा, बड़े पैमाने पर जनता के विरोधस्वरूप वर्ष 1990 में उन्हें राष्ट्रपति का पद त्यागना पड़ा।
- वर्ष 1991 में हुए चुनाव के पश्चात् बांग्लादेश अब तक बहुदलीय चुनावों पर आधारित प्रतिनिधिमूलक लोकतंत्र की व्यवस्था बनी हुई है।

## नेपाल में राजतंत्र और लोकतंत्र

- नेपाल पूर्व में एक हिंदू राज्य था। आधुनिक काल में भी कई वर्षों तक यहाँ संवैधानिक राजतंत्र रहा, किंतु नेपाल में लोकतंत्र की राह अवरुद्ध रही, क्योंकि राजा ने सेना की सहायता से शासन पर पूर्ण नियंत्रण स्थापित कर रखा था। नेपाल में जनता और राजनीतिक पार्टियाँ समय-समय पर अधिक पारदर्शी और उत्तरदायी शासन हेतु आवाज उठाती रही हैं तथा समयानुसार आंदोलन भी करती रही हैं; जैसे—
  - वर्ष 1990 में एक प्रभावशाली लोकतांत्रिक आंदोलन के प्रभावस्वरूप लोकतांत्रिक संविधान की माँग स्वीकार की गई, किंतु इसमें लोकतांत्रिक सरकार का कार्यकाल छोटा और परेशानी भरा रहा।
  - 1990 के दशक में **माओवादी** नेपाल के कई हिस्सों में अपना प्रभाव जमाने में सफल हो गए। माओवादियों का उद्देश्य राजा और सत्ताधारी अभिजात्य वर्ग के खिलाफ विद्रोह करना था, जिसके कारण सेना और माओवादी गुरिल्लों के मध्य हिंसक संघर्ष आरंभ हो गया तथा कुछ समय के लिए राजा की सेना, माओवादियों और लोकतंत्र समर्थकों के बीच त्रिकोणीय संघर्ष भी चला, जिसके परिणामस्वरूप वर्ष 2002 में राजा द्वारा संसद को भंग कर सरकार को गिरा दिया गया। सरकार के भंग होने के पश्चात् नेपाल में आंशिक लोकतंत्र भी समाप्त हो गया।
  - अप्रैल, 2006 में नेपाल में देशव्यापी लोकतंत्र समर्थक प्रदर्शन हुए, जिससे बाध्य होकर राजा ज्ञानेंद्र को संसद को बहाल करना पड़ा। इस आंदोलन का नेतृत्व **सात दलों के गठबंधन**, माओवादी तथा सामाजिक कार्यकर्ताओं ने किया था।

### नेपाल में लोकतांत्रिक परिवर्तन

- नेपाल ने देश का संविधान तैयार करने के लिए एक संविधान सभा का गठन किया
- माओवादी संगठनों ने अपने सशस्त्र संघर्ष को रोकने पर सहमति जताई। वे चाहते थे कि संविधान में महत्त्वपूर्ण सामाजिक और आर्थिक परिवर्तन कार्यक्रम शामिल किए जाए। जिनका सात दलों के गठबंधन ने विरोध किया।
- वर्ष 2009 में राजशाही को समाप्त करके नेपाल एक लोकतांत्रिक गणराज्य बन गया। वर्ष 2015 में नेपाल ने नया संविधान लागू कर दिया।

## श्रीलंका में जातीय संघर्ष और लोकतंत्र

- श्रीलंका में वर्ष 1948 में मिली आजादी से लेकर अब तक लोकतंत्र की व्यवस्था प्रचलित है, किंतु श्रीलंका को अपने देश के अंदर ही जातीय संघर्ष (Ethnic Conflict) या **गृह युद्ध**[2] के रूप में एक कठिन चुनौती का सामना करना पड़ा। यह चुनौती न तो सेना की थी और न ही राजतंत्र की।
- श्रीलंका में यह संघर्ष श्रीलंका के एक क्षेत्र को अलग राष्ट्र बनाए जाने की माँग के साथ आरंभ हुआ।
- स्वतंत्रता के बाद श्रीलंका को पहले **सिलोन** के नाम से जाना जाता था। पूर्व में सिलोन नाम से प्रचलित की राजनीति पर बहुसंख्यक **सिंहली समुदाय**[3] (Majority Sinhala Community) का वर्चस्व रहा है। यह समुदाय भारत की एक बड़ी तमिल आबादी का श्रीलंका में निवास किए जाने का विरोध करता है तथा तमिलों का यह निवास श्रीलंका की आजादी के बाद भी रहा। सिंहली राष्ट्रवादियों के अनुसार, श्रीलंका केवल सिंहली लोगों के लिए है। अत: इनके अनुसार, तमिलों को कोई छूट नहीं दी जानी चाहिए। तमिलों के प्रति इस उपेक्षापूर्ण व्यवहार के कारण तमिल राष्ट्रवाद की आवाज मजबूत हुई।
- वर्ष 1983 के पश्चात् से उग्र तमिल संगठन **लिट्टे**[4] (Liberation Tigers of Tamil Elam, LTTE) और श्रीलंकाई सेना के साथ सशस्त्र संघर्ष प्रारंभ हुआ। इस संगठन ने तमिलों के लिए 'तमिल ईलम' या एक अलग राष्ट्र की माँग की थी। श्रीलंका के उत्तर-पूर्वी हिस्से पर लिट्टे का नियंत्रण था।
- श्रीलंका की समस्या भारतीय तमिल लोगों से जुड़ी हुई है, जिसके कारण वर्ष 1987 में श्रीलंका के तमिल मुद्दों पर हुई सभाओं में भारतीय सरकार ने प्रत्यक्ष रूप से भाग लिया।
- श्रीलंका सरकार और तमिलों के बीच संबंध सामान्य करने के उद्देश्य से भारत सरकार ने श्रीलंका सरकार से एक समझौते के अंतर्गत भारतीय सेना भेजी तथा अंत में भारतीय सेना लिट्टे के साथ संघर्ष में उलझ गई।
- श्रीलंका में भारतीय जनता की उपस्थिति को श्रीलंका की जनता पसंद नहीं कर रही थी और उसे श्रीलंका के आंतरिक मामलों में हस्तक्षेप समझ रही थी। वर्ष 1989 में भारत ने अपनी **शांति सेना** को लक्ष्य प्राप्त किए बिना वापस बुला लिया।
- इस संघर्ष में श्रीलंका का हिंसक चरित्र उजागर हुआ। नॉर्वे और आइसलैंड जैसे देश इस संघर्ष में अंतर्राष्ट्रीय मध्यस्थ की भूमिका निभा रहे थे ताकि युद्ध समाप्त हो। अंतत: वर्ष 2009 में लिट्टे को समाप्त कर दिया गया तथा यह संघर्ष समाप्त हो गया।
- श्रीलंका ने अपनी आंतरिक समस्याओं के पश्चात् भी आर्थिक वृद्धि और उच्चस्तरीय विकास को प्राप्त किया है। विकासशील देशों में जनसंख्या की वृद्धि दर को सफलतापूर्वक नियंत्रित करने में श्रीलंका का प्रथम स्थान है। दक्षिण एशिया के देशों में श्रीलंका सर्वप्रथम देश है, जिसने अपनी अर्थव्यवस्था का उदारीकरण किया। इसके अतिरिक्त श्रीलंका का प्रतिव्यक्ति सकल घरेलू उत्पाद इन देशों से अधिक है।

### चेक प्वॉइंट 1

1. स्वतंत्रता के बाद दक्षिण एशिया के किन दो देशों ने लोकतंत्र को समाप्त कर दिया?
2. वह कौन-सा देश है, जो वर्ष 2006 तक संवैधानिक राजतंत्र के अधीन था?
3. पूर्वी पाकिस्तान (बांग्लादेश) ने पश्चिमी पाकिस्तान के विरुद्ध किसके नेतृत्व में जन संघर्ष किया?
4. नेपाल में किस वर्ष राजा द्वारा संसद को भंग कर दिया गया?
5. भारत किस वर्ष प्रत्यक्ष रूप से श्रीलंका के तमिल मुद्दों पर हुई सभाओं में शामिल हुआ?

---

2 **गृह युद्ध** यह एक ही देश के नागरिकों के बीच युद्ध को संदर्भित करता है।
3 **सिंहली समुदाय** एक भारतीय आर्य जातीय भाषाई समूह है, जो श्रीलंका द्वीप के मूल निवासी हैं।
4 **लिट्टे** एक उग्रवादी संगठन है, जो श्रीलंका में तमिल लोगों के लिए अलग राज्य है।

## 3.3 भारत–पाकिस्तान संघर्ष

शीत युद्ध के बाद के दौर में दक्षिण एशिया में संघर्ष और तनाव खत्म नही हुए है। अंतर्राष्ट्रीय प्रकृति के कुछ बहुत ही महत्त्वपूर्ण संघर्ष अभी भी जारी है।

### कश्मीर मुद्दा

- दक्षिण-एशिया के सभी संघर्षों में भारत-पाकिस्तान का संघर्ष एक प्रमुख संघर्ष है। देश के विभाजन के पश्चात् ही कश्मीर को लेकर वर्ष 1947-48 में दोनों देशों के बीच युद्ध हुआ, जिसके परिणामस्वरूप कश्मीर का दो भागों में विभाजन हो गया, जिसमें एक हिस्सा पाकिस्तान अधिकृत **कश्मीर** और दूसरा हिस्सा भारत के प्रांत के रूप में जम्मू-कश्मीर बना। दोनों के मध्य एक **नियंत्रण सीमा रेखा**[5] (Line of Control) स्थित है।
- इस युद्ध के कुछ वर्षों के पश्चात् ही भारत-पाकिस्तान के मध्य वर्ष 1965 में दूसरा तथा वर्ष 1971 में तीसरा युद्ध हुआ। इन युद्धों के परिणाम के बावजूद भी कश्मीर का मुद्दा अभी भी अनसुलझा है।

#### भारत और पाकिस्तान के बीच जल बँटवारे का मुद्दा

भारत और पाकिस्तान के बीच नदी जल बँटवारे को लेकर समस्याएँ निम्नलिखित हैं

- नदी जल के बँटवारे और सिंधु नदी के जल उपयोग को लेकर दोनों देशों के बीच तीखी बहस होती रही है। वर्ष 1960 में दोनों देशों के मध्य विवाद हुए तथा वर्ष 1960 में ही विश्व बैंक की सहायता से सिंधु जल संधि पर दोनों देशों ने हस्ताक्षर किए, जो आज तक कायम हो, भले ही दोनों देशों के बीच सर्वसैन्य संघर्ष हुए है।
- सिंधु जल संधि की व्याख्या और नदी के पानी के उपयोग को लेकर अभी भी कुछ मामूली मतभेद हैं। भारत और पाकिस्तान के मध्य एक अन्य विवाद कच्छ के रण में सरक्रीक की सीमारेखा को लेकर है। इस विवाद के साथ सरक्रीक सीमा से जुड़े समुद्री संसाधनों पर नियंत्रण का मुद्दा जुड़ा हुआ है।

### भारत–पाकिस्तान के बीच हथियारों की होड़

- भारत और पाकिस्तान के मध्य सियाचिन ग्लेशियर, हथियारों की प्रतिस्पर्द्धा एवं सामरिक महत्त्व के मुद्दों पर हमेशा तनाव की स्थिति बनी रहती है। दोनों देशों ने परमाणु हथियार और इन हथियारों को एक-दूसरे पर हमला करने की क्षमता वाली मिसाइल 1990 के दशक में हासिल कर ली।
- इससे दोनों देशों के मध्य हथियारों को लेकर प्रतिस्पर्द्धा बढ़ी। वर्ष 1998 में भारत और पाकिस्तान ने परमाणु परीक्षण किए, जिसमें भारत ने जहाँ **पोखरण**[6] में, तो कुछ ही दिन बाद पाकिस्तान ने **चगाई पहाड़ी** पर परमाणु परीक्षण किए।
- इसके पश्चात् ऐसा प्रतीत होता है कि भारत और पाकिस्तान एक सैन्य संबंध में बँध चुके हैं और दोनों के बीच सर्वव्यापी युद्ध छिड़ने की संभावना कम हो गई है। लेकिन दोनों सरकारें एक दूसरे के प्रति संदेशपूर्ण रवैया अपनाती है।
- भारत सरकार के अनुसार, पाकिस्तान सरकार ने गुप्त रूप से हिंसा की रणनीति जारी रखी। वह कश्मीरी उग्रवादियों को हथियार, प्रशिक्षण और धन उपलब्ध कराता है। इसके अतिरिक्त भारत पर आतंकी हमले करने के लिए उन्हें सुरक्षा भी प्रदान करता है।
- भारत सरकार के अनुसार, पाकिस्तान ने वर्ष 1985-95 के दौरान पंजाब के **खालिस्तान समर्थक उग्रवादियों** को हथियार तथा गोला-बारूद दिया था।
- भारत का यह आरोप है कि पाकिस्तान की खुफिया एजेंसी **इंटर सर्विसेज इंटेलिजेंस** (Inter Services Intelligence, ISI) पूर्वोत्तर भारत में भारत विरोधी अभियानों में सम्मिलित रहती है तथा वह यह कार्य बांग्लादेश और नेपाल के गुप्त स्थानों से करती है। दूसरी ओर, पाकिस्तान सरकार भी भारत सरकार और उसकी खुफिया एजेंसियों पर सिंध और बलूचिस्तान में समस्या को उकसाने का आरोप लगाती है।

#### शांति और सहयोग की दिशा में प्रयास

भारत और पाकिस्तान कई मुद्दों पर बातचीत कर रहे हैं। दोनों देशों के बीच शांति की दिशा में किए जा रहे कुछ प्रयासों की चर्चा नीचे की गई है

- सुरक्षा के संदर्भ में तनाव को कम करने के लिए दोनों देशों के बीच विश्वास निर्माण उपायों पर हस्ताक्षर किए गए हैं।
- सामाजिक गतिविधियों और प्रमुख हस्तियों ने मैत्रीपूर्ण माहौल विकसित करने के लिए सहयोग किया।
- देशों के बीच कई बस के मार्ग खोले गए हैं।

---

5 **नियंत्रण सीमा रेखा** भारत और पाकिस्तान के मध्य खींची गई 740 किमी लंबी सीमा रेखा है।
6 **पोखरण** राजस्थान राज्य के जैसलमेर जिले में स्थित एक नगर है।

– समझौता एक्सप्रेस, शिमला समझौते के बाद दोनो देशों के बीच लोगों के बीच संपर्क को बेहतर बनाने के लिए जुलाई 1976 में शुरू की गई थी।
– पंजाब के दोनो भागों के बीच व्यापार में काफी वृद्धि हुई है तथा वीजा भी आसानी से उपलब्ध कराया जाता है।

- 2019 के पुलवामा आतंकी हमले के बाद करतारपुर कॉरिडोर को अंतिम रूप देने को भारत और पाकिस्तान के बीच बातचीत शुरू होने के आसार के रूप में देखा जा सकता है।

## 3.4 भारत और उसके पड़ोसी देश

भारत और उसके पड़ोसी देश इस प्रकार हैं

### भारत-बांग्लादेश

भारत और बांग्लादेश के मध्य गंगा-ब्रह्मपुत्र नदी जल विभाजन जैसे कई मतभेदों पर विवाद है। इसके अतिरिक्त भी कुछ ऐसे मुद्दे है जिससे इनके मध्य विवाद की स्थिति बनी है।

- बांग्लादेशी लोगों का अवैध आव्रजन भारत विरोधी इस्लामी कट्टरपंथियों (Islamic Fundamentalist) को समर्थन देना।
- भारतीय सेना को अपने क्षेत्रों से होकर पूर्वोत्तर भारत में न जाने दिए जाना है।
- बांग्लादेश सरकार द्वारा भारत को प्राकृतिक गैस (Natural Gas) निर्यात करने से इंकार करना। इसके अतिरिक्त भारत द्वारा म्यांमार को बांग्लादेश से होकर प्राकृतिक गैस का निर्यात बांग्लादेश द्वारा न करने देना आदि।
- भारत की सरकार पर चटगाँव पर्वतीय क्षेत्र में विद्रोह को उकसाने, प्राकृतिक गैस में सेंधमारी करने तथा व्यापार में अपारदर्शिता जैसे आरोप बांग्लादेश द्वारा लगाए जाते हैं, जो भारत के प्रति बांग्लादेश के असंतोष का मुख्य कारण है, जिसके कारण दोनों देशों के बीच विवाद है। दोनों देश लंबे समय तक अपनी सीमा विवाद को भी सुलझा नहीं सके हैं।

### शांति और सहयोग की दिशा में प्रयास

- उपरोक्त मतभेदों के पश्चात् भी भारत और बांग्लादेश के बीच आपसी सहयोग जारी है। विगत 20 वर्षों में दोनों देशों के मध्य आर्थिक संबंध सबसे अधिक मजबूत हुए हैं।
- 'लुक ईस्ट' और 2014 से 'एक्ट ईस्ट' नीति का हिस्सा है। इस नीति के अंतर्गत म्यांमार के जरिए दक्षिण-पूर्व एशिया से संपर्क साधने की बात है।
- इसके अतिरिक्त दोनों देशों के बीच आपदा प्रबंधन और पर्यावरण के मुद्दों पर आपसी सहयोग जारी है।
- वर्ष 2015 में दोनों ने कुछ परिक्षेत्रों का आदान-प्रदान किया। दोनों सरकारें इस बात का भी प्रयास कर रही हैं कि समान खतरों को पहचानकर उनका सामना करने में आपसी सहयोग बढ़ाया जाए।

### भारत और नेपाल

- भारत और नेपाल के बीच मधुर संबंध हैं तथा दोनों देशों के नागरिक एक-दूसरे के देश में बिना पासपोर्ट और वीजा के आवागमन तथा अन्य कार्य कर सकते हैं, किंतु इतने गहरे संबंध होते हुए भी दोनों देशों के बीच व्यापार संबंधों को लेकर पूर्व में तनाव उत्पन्न हुए हैं। भारत और नेपाल के बीच तनाव संबंधी मुद्दे निम्न प्रकार है
  – भारत सरकार नेपाल-चीन मैत्री संबंधों को लेकर तथा नेपाल सरकार भारत विरोधी तत्त्वों के खिलाफ कार्यवाही न किए जाने को लेकर परस्पर सहमत नहीं थी।
  – नेपाल में चल रहा माओवादी आंदोलन भारतीय सुरक्षा एजेंसियों के अनुसार, भारत के लिए खतरा है, क्योंकि भारत में पहले से ही नक्सलवादी समस्या बिहार से लेकर आंध्र प्रदेश के विभिन्न प्रांतों में भयानक रूप में फैली है।
  – भारत सरकार पर नेपाल के अंदरूनी मुद्दों में हस्तक्षेप करने, नेपाल के नदी जल तथा पनबिजली संसाधनों पर कब्जा करने का आरोप लगाया जाता है। नेपाल एक स्थल अवरुद्ध देश है। यह भारतीय भू-क्षेत्र से होकर समुद्री सीमा तक पहुँचना चाहता है।
  – नेपाल सरकार को लगता है कि भारत इसमें अवरोध पहुँचाता है।

### शांति और सहयोग की दिशा में प्रयास

- भारत-नेपाल संबंध शांतिपूर्ण और सुदृढ़ हैं। दोनों देश व्यापार, वैज्ञानिक सहयोग, प्राकृतिक संसाधन, बिजली उत्पादन और जल प्रबंधन ग्रिड के मुद्दों में एक-दूसरे को सहयोग कर रहे हैं।
- दोनों देशों के बीच संबंधों के मजबूत होने की उम्मीद नेपाल में लोकतंत्र की बहाली से और भी बढ़ गई है।

## भारत–श्रीलंका

- भारत–श्रीलंका संबंधों में तनाव श्रीलंका में जारी जातीय संघर्ष के कारण है। भारत सरकार श्रीलंका के अंदरूनी मुद्दों में वर्ष 1987 के सैन्य हस्तक्षेप के बाद से ही लगातार तटस्थता की नीति अपनाती रही है।

### शांति और सहयोग की दिशा में प्रयास

दोनो देशों के बीच संबंधों को और मजबूत करने वाले कदम और नीतियाँ निम्नलिखित हैं

- मुक्त व्यापार समझौते
- श्रीलंका में सुनामी के बाद पुनर्निमाण

## भारत–भूटान

- भारत एवं भूटान के संबंध सुदृढ़ एवं मधुर हैं। दोनों देशों के बीच विवाद के कोई बड़े मुद्दे भी नहीं हैं।
- भूटान से अपने कार्यों का संचालन कर रहे पूर्वोत्तर भारत के उग्रवादियों और गुरिल्ला समूहों को भूटान द्वारा निष्कासित कर दिया गया।
- भारत, भूटान में पनबिजली परियोजनाओं के विकास में महत्त्वपूर्ण सहयोग कर रहा है। इसके अतिरिक्त भूटान के विकास हेतु सबसे अधिक अनुदान भारत से ही दिया जाता है।

## भारत–मालदीव

- भारत-मालदीव संबंध सौहार्दपूर्ण तथा गर्मजोशी से भरे हुए हैं।
- श्रीलंका से आए कुछ भाड़े (किराए) के तमिल सैनिकों द्वारा जब वर्ष 1988 में मालदीव पर आक्रमण किया गया, तब भारतीय नौसेना और वायु सेना द्वारा मालदीव से सहायता माँगे जाने पर हमले को निष्फल बनाने में मदद की गई।
- मालदीव के आर्थिक विकास, पर्यटन और मत्स्य उद्योग के विकास में भी भारत सरकार ने सहयोग किया है।

### सार्क (दक्षिण एशियाई क्षेत्रीय सहयोग संगठन)

- सार्क दक्षिण एशियाई राज्यों द्वारा बहुपक्षीय माध्यामों से सहयोग विकसित करने की एक प्रमुख क्षेत्रीय पहल है।
- इसकी स्थापना वर्ष 1985 में हुई थी। सार्क के सदस्य- भारत, पाकिस्तान, नेपाल, भूटान, बांग्लादेश, श्रीलंका, मालद्वीप, अफगानिस्तान।
- दुर्भाग्यवश, राजनीतिक मतभेदों के कारण सार्क को अधिक सफलता नही मिली है।

### साफ्टा (दक्षिण एशियाई मुक्त व्यापार समझौता)

- इस समझौते पर 2004 में हस्ताक्षर किए गए तथा यह 1 जनवरी, 2006 को प्रभावी हुआ।
- इसका उद्देश्य दक्षिण एशिया के देशों के बीच मुक्त व्यापार को संभव बनाना है।
- साफ्टा का उद्देश्य व्यापार शुल्क को कम करना भी है।
- सार्क सदस्यों ने दक्षिण एशियाई मुक्त व्यापार समझौते पर हस्ताक्षर किए, जिसमें संपूर्ण दक्षिण एशिया के लिए एक मुक्त व्यापार क्षेत्र के गठन का वादा किया गया।
- भारत के कुछ पड़ोसी देशों का यह मानना है कि इस साफ्टा समझौते के माध्यम से भारत इन देशों में अपनी पकड़ बनाना चाहता है और व्यावसायिक उद्यम तथा व्यावसायिक उपस्थिति के माध्यम से इनके (छोटे देश) समाज और राजनीति पर अपना प्रभाव स्थापित करना चाहता है।
- भारत के अनुसार साफ्टा से इस क्षेत्र के प्रत्येक देश को लाभ होगा और क्षेत्र में मुक्त व्यापार बढ़ने से राजनीतिक मुद्दों पर सहयोग अधिक बेहतर हो सकता है।

### दक्षिण एशियाई क्षेत्रों में अमेरिका और चीन की भूमिका

- चीन और संयुक्त राज्य अमेरिका दक्षिण एशिया की राजनीति में प्रमुख खिलाड़ी बने हुए हैं।
- चीन की रणनीतिक साझेदारी पाकिस्तान के साथ है और इस कारण भारत-चीन संबंधों में एक बड़ी समस्या उत्पन्न हो जाती है।
- विकास की अनिवार्यता और वैश्वीकरण के कारण एशिया महादेश के ये दो देश भारत और चीन आर्थिक रूप से एक-दूसरे के काफी निकट आए हैं। इनके बीच वर्ष 1991 के बाद आर्थिक संबंध अधिक प्रगाढ़ हुए हैं।
- इस प्रकार शीतयुद्ध के बाद दक्षिण एशिया में अमेरिका का प्रभाव भी काफी तीव्र गति से बढ़ा है। अमेरिका ने भारत और पाकिस्तान दोनों के साथ अपने संबंध बेहतर किए हैं।
- समय के साथ भारत और पाकिस्तान में आर्थिक सुधार हुए हैं और उदारवादी नीति अपनाई जा रही है, जिससे दक्षिण एशिया में अमेरिकी भागीदारी बढ़ी है।

- फिर अमेरिका में दक्षिण एशियाई मूल के लोगों की संख्या काफी ज्यादा है और इस क्षेत्र की जनसंख्या तथा बाजार का आकार भी काफी विशाल है। इस कारण इस क्षेत्र की सुरक्षा और शांति के भविष्य से भारत का हित जुड़ा हुआ है।

### चेक प्वॉइंट 2

1. किस युद्ध में कश्मीर दो भागों में विभाजित हो गया?
2. किस संगठन ने भारत और पाकिस्तान को सिंधु जल संधि पर हस्ताक्षर करने में सहायता की?
3. भारत और बांग्लादेश ने किस वर्ष अपने कुछ परिक्षेत्रों का आदान प्रदान किया?
4. भारत-श्रीलंका के बीच संबंधों को मजबूत करने वाली किसी एक नीति का नाम बताइए?
5. साफ्ता समझौता कब प्रभावी हुआ?

## टाइमलाइन

**दक्षिण एशिया का घटनाक्रम** (वर्ष 1947 से)

| काल | कार्य |
|---|---|
| 1947 | ब्रिटिश राज की समाप्ति के बाद भारत और पाकिस्तान का स्वतंत्र राष्ट्र के रूप में उदय। |
| 1948 | श्रीलंका (तत्कालीन सिलोन) को आजादी मिली, कश्मीर को लेकर भारत और पाकिस्तान के बीच लड़ाई। |
| 1954-55 | पाकिस्तान शीलत युद्ध को सैन्य अभियानों सीटों और सेन्टो में शामिल हो गया है। |
| सितंबर, 1960 | भारत और पाकिस्तान ने सिंधु नदी जल समझौते पर हस्ताक्षर किए। |
| 1962 | भारत और चीन के बीच सीमा विवाद। |
| 1965 | भारत-पाक युद्ध, संयुक्त राष्ट्र संघ का भारत-पाक पर्यवेक्षण मिशन। |
| 1966 | भारत और पाकिस्तान के बीच ताशकंद समझौता। शेख मुजीबुर्रहमान ने पूर्वी पाकिस्तान को अधिक स्वायत्तता देने के लिए छः सूत्री प्रस्ताव रखा। |
| मार्च, 1971 | बांग्लादेश के नेताओं द्वारा आजादी की उद्घोषणा। |
| अगस्त, 1971 | भारत और सोवियत संघ ने 20 वर्षों के लिए मैत्री संधि पर हस्ताक्षर किए। |
| दिसंबर, 1971 | भारत-पाक युद्ध, बांग्लादेश की मुक्ति। |
| जुलाई, 1972 | भारत और पाकिस्तान के बीच शिमला समझौता। |
| मई, 1974 | भारत ने परमाणु परीक्षण किए। |
| मई, 1976 | पाकिस्तान और बांग्लादेश के बीच कूटनीतिक संबंध बहाल हुए। |
| दिसंबर, 1985 | दिसम्बर, 1985 दक्षिण एशियाई नेताओं ने ढाका में प्रथम शिखर सम्मेलन में सार्क चार्टर पर हस्ताक्षर किये |
| 1987 | भारत-श्रीलंका समझौता, भारतीय शांति सेना का श्रीलंका में अभियान (1987-90)। |
| 1988 | भारत ने किराए के सैनिकों द्वारा किए गए तख्तापलट के प्रयास को विफल करने के लिए मालद्वीव में सेना भेजी। भारत और पाकिस्तान ने एक-दूसरे के परमाणु प्रतिष्ठानों और सुविधाओं पर हमला न करने के समझौते पर हस्ताक्षर किए। |
| 1988-91 | पाकिस्तान, बांग्लादेश और नेपाल में लोकतंत्र की बहाली। |
| दिसंबर, 1996 | गंगा नदी के पानी में हिस्सेदारी के मसले पर भारत और बांग्लादेश के बीच 'फरक्का संधि' पर हस्ताक्षर हुए। |
| मई, 1998 | भारत और पाकिस्तान ने परमाणु परीक्षण किए। |
| दिसंबर, 1998 | भारत और श्रीलंका ने 'मुक्त व्यापार संधि' पर हस्ताक्षर किए। |
| फरवरी, 1999 | भारत के प्रधानमंत्री अटल बिहारी वाजपेयी बस यात्रा कर लाहौर गए तथा शांति के एक घोषणा-पत्र पर हस्ताक्षर किए, पाकिस्तान में सैनिक तख्तापलट। |
| जून-जुलाई, 1999 | भारत और पाकिस्तान के बीच कारगिल युद्ध। |
| जुलाई, 2001 | वाजपेयी-मुशर्रफ के बीच आगरा बैठक असफल। |
| जनवरी, 2004 | इस्लामाबाद में 12 वें सार्क शिखर सम्मेलन में साफ्टा पर हस्ताक्षर किए गए। |
| जनवरी, 2007 | अफगानिस्तान सार्क में शामिल हो गया। |
| नवम्बर, 2014 | नेपाल काठमांडु में 18 वाँ सार्क शिखर सम्मेलन |

# Mind Map

## समकालीन दक्षिण एशिया

### 1 क्या है दक्षिण एशिया?

**दक्षिण एशियाई देशों की राजनीतिक पृष्ठभूमि**

- दक्षिण एशिया में भारत सहित 7 देश हैं।
- हिमालय और समुद्र प्राकृतिक अलगाव उत्पन्न करते हैं।
- चीन एक महत्त्वपूर्ण क्षेत्र है, लेकिन यह दक्षिण एशिया का भाग नहीं है।

**दक्षिण एशिया में लोकतंत्रीकरण**

- चुनौतियों के बावजूद भारत और श्रीलंका ने लोकतंत्र को बनाए रखा है।
- नेपाल वर्ष 2008 में एक लोकतांत्रिक गणराज्य बना।
- भूटान और मालदीव ने राजतंत्र से लोकतंत्र में परिवर्तन किया।

### 2 भारत और इसके पड़ोसी

**भारत ने श्रीलंका, म्यांमार और भूटान के साथ संबंध स्थापित किए**

- वर्ष 1987 में सैनिक हस्तक्षेप के बाद भारत और श्रीलंका ने सहयोग बढ़ाया।
- भारत का भूटान के साथ मजबूत सम्बन्ध है, विशेषकर सुरक्षा और जल-विद्युत परियोजनाओं में।
- भारत का मालदीव के साथ करीबी संबंध है, जिसमें सैन्य सहायता और आर्थिक सहायता प्रदान की जाती है।

**भारत और नेपाल**

- भारत और नेपाल के बीच सौहार्दपूर्ण संबंध है।
- दोनों देशों के नागरिक एक-दूसरे के देश के वीजा के बिना काम कर सकते हैं।
- भारतीय सुरक्षा एजेंसियाँ नेपाल में माओवादी आंदोलनों को बढ़ते सुरक्षा खतरे के रूप में देखती हैं।

**भारत और बांग्लादेश**

- भारत और बांग्लादेश के बीच नदी जल बँटवारे, अवैध आप्रवासियों आदि जैसे मुद्दे रहे हैं।
- बांग्लादेश ने भारतीय सैनिकों को पूर्वोत्तर भारत में आवागमन के लिए अपने क्षेत्र से गुजरने की अनुमति नहीं दी, जिससे तनाव की स्थिति उत्पन्न हुई।
- बांग्लादेश भारत की 'लुक ईस्ट' नीति का भाग है।
- वर्ष 2015 में दोनों देशों ने कुछ 'परिक्षेत्रों' का आदान-प्रदान किया है।

**दक्षिण एशिया में क्षेत्रीय सहयोग और अमेरिकी भागीदारी**

- वर्ष 1985 में क्षेत्रीय सहयोग को बढ़ावा देने के लिए SAARC (दक्षिण एशियाई क्षेत्रीय सहयोग संगठन) का गठन किया गया।
- वर्ष 2004 में SAFTA समझौते पर हस्ताक्षर किए गए, जिसका
- उद्देश्य व्यापार शुल्क कम करना था।
- शीतयुद्ध के बाद दक्षिण एशिया में अमेरिका की भागीदारी बढ़ी।

### 3 नेपाल में लोकतांत्रिक परिवर्तन

- अप्रैल, 2006 में नेपाल में लोकतंत्र के लिए विश्वभर में बड़े पैमाने पर विरोध प्रदर्शन हुए।
- इस आंदोलन का नेतृत्व सात दलों के गठबंधन द्वारा किया गया।
- वर्ष 2008 में नेपाल एक लोकतांत्रिक गणराज्य बना।
- वर्ष 2015 में नेपाल ने नया संविधान अपनाया।

### 4 श्रीलंका में जातीय संघर्ष और लोकतंत्र

- स्वतंत्रता के बाद श्रीलंका की राजनीति पर 'सिंहला समुदाय' का प्रभुत्व था।
- वर्ष 1983 से विद्रोही संगठन, लिबरेशन टाइगर्स ऑफ तमिल ईलम (LTTE) ने 'तमिल ईलम' नामक अलग देश की माँग की।
- भारत ने श्रीलंका के साथ एक समझौता किया और LTTE से लड़ने के लिए सेना भेजी।
- वर्ष 2009 में LTTE को हराया गया और सशस्त्र संघर्ष समाप्त हो गया।

### 5 भारत-पाकिस्तान

**कश्मीर और सीमा संघर्ष**

- वर्ष 1947 के युद्ध के बाद कश्मीर को दो भागों में विभाजित कर दिया गया।
- पाकिस्तान सरकार ने इसे अपना हिस्सा बताया।
- वर्ष 1960 में भारत और पाकिस्तान ने विश्व बैंक की सहायता से सिंधु जल समझौते पर हस्ताक्षर किए।
- वर्ष 1988 में भारत ने पोखरण में परमाणु परीक्षण किया, जिससे दोनों देशों के बीच तनाव बढ़ गया।

**पाकिस्तान में सेना और लोकतंत्र**

- जनरल अय्युब खान ने संविधान निर्माण के बाद पाकिस्तान का प्रशासनिक निमंत्रण सँभाला।
- वर्ष 1971 में जनरल यात्रा के शासन के तहत बांग्लादेश के लिए युद्ध लड़ा गया।
- जुल्फिकार अली भुट्टो ने वर्ष 1971 से 1977 तक एक निर्वाचित सरकार का नेतृत्व किया।
- वर्ष 1999 में प्रधानमंत्री नवाज शरीफ को जनरल परवेज मुशर्रफ के नेतृत्व में सैन्य तख्ता पलट का सामना करना पड़ा।
- वर्ष 2008 के बाद से लोकतांत्रिक रूप से निर्वाचित नेता पाकिस्तान का शासन कर रहे हैं।

### 5 भारत-पाकिस्तान संघर्ष

**बांग्लादेश में लोकतंत्र**

- वर्ष 1970 में शेख मुजीबुर्रहमान के नेतृत्व में अवामी लीग ने सरकार बनाई।
- वर्ष 1971 में पूर्वी पाकिस्तान ने अलग होकर बांग्लादेश के रूप में उभरने की प्रक्रिया शुरू की।
- बंगाली लोगों ने राजनीतिक शक्तियों में उचित प्रतिनिधित्व की माँग को लेकर विरोध शुरू किया।
- वर्ष 1975 में शेख मुजीबुर्रहमान ने संविधान को संसदीय से राष्ट्रपति प्रणाली में बदल दिया।
- वर्ष 1991 में राष्ट्रव्यापी जन-आंदोलन के बाद चुनाव आयोजित किए गए।

# NCERT फोल्डर

## अध्याय के मध्य में दिए गए प्रश्न

**1. बांग्लादेश के ग्रामीण बैंक के बारे में अधिक जानकारी जुटाएँ। क्या भारत में गरीबी कम करने के लिए ऐसी ही युक्ति लगा सकते हैं?**

उत्तर बांग्लादेश में स्थापित ग्रामीण बैंक विशेष सामुदायिक बैंक है। इस बैंक द्वारा प्रचलित माइक्रोक्रेडिट ने समाज में गरीबों के कल्याण को सुनिश्चित करने के लिए एक उपकरण के रूप में अधिक ख्याति प्राप्त की है।

डॉ. मोहम्मद यूनुस को 1974 के बांग्लादेश के अकाल के दौरान 42 परिवारों के समूह को 27 अमेरिकी डॉलर का एक छोटा-सा व्यक्तिगत ऋण देने की प्रेरणा मिली। ग्रामीण बैंक से ऋण प्राप्त करने के लिए किसी जमानत की आवश्यकता नहीं पड़ती है। इन ऋणों के माध्यम से व्यवसायों को बढ़ावा मिलेगा तथा व्यापक लोगों को रोज़गार उपलब्ध होगा।

**भारत में गरीबी कम करने के लिए ग्रामीण बैंक की भूमिका**

भारत माइक्रोफाइनेन्स के माध्यम से गरीबी कम कर सकता हैं; जैसे-

(i) ऐसे व्यक्तियों तक वित्तीय सेवा पहुँचाना, जिनके पास पारंपरिक रूप से वित्त तक पहुँच नहीं है।

(ii) ये कम आय वाले व्यक्तियों को लक्षित करता है, जोकि भारत में प्रभावी होगी।

(iii) माइक्रोफाइनेंस से कुटीर उद्योग को बढ़ावा मिलेगा, महिलाओं को प्रभावी रोजगार उपलब्ध होगा।

**2. ऐसा क्यों है कि हर पड़ोसी देश को भारत से कुछ-न-कुछ परेशानी है? क्या हमारी विदेशी नीति में कुछ गड़बड़ी है? या यह केवल हमारे बड़े होने के कारण है?**

उत्तर भारत अपनी 'नेबरहुड फर्स्ट' नीति के तहत भारत अपने मैत्रीपूर्ण मैत्रीपूर्ण और पुरातन संबंध को विकसित करने के लिए प्रतिबद्ध है। भारत की -'नेबरहुड फर्स्ट' नीति स्थिरता और समृद्धि के लिए प्रयासरत् है।

**भारत के पड़ोसी देशों के साथ मतभेद**

(i) बांग्लादेश और भारत के बीच गंगा और ब्रह्मपुत्र नदी के जल के हिस्सेदारी सहित कई मुद्दों पर मतभेद हैं। भारतीय सरकारों के नाखुश होने का प्रमुख का अवैध प्रवास, इस्लामी कट्टरपंथी ताकतों का समर्थन।

(ii) नेपाल की चीन के साथ दोस्ती को लेकर भारत सरकार ने अपनी अप्रसन्नता जताई है, नेपाल सरकार भारत-विरोधी तत्त्वों के विरूध कदम नही उठाती है। चारो-तरफ नेपाल से घिरे होने के पश्चात् नेपाल को लगता है कि भारत उसको अपने भू-क्षेत्र से होकर समुद्र तक पहुँचने से रोकता है।

(iii) श्रीलंका और भारत की सरकारों के संबंधों में तनाव इस द्वीप में जारी जातीय संघर्ष को लेकर है। जब तमिल आबादी राजनीतिक रूप से नाखुश है और उसे मारा जा रहा है, तो ऐसे में भारतीय नेताओं का तटस्थ बने रहना असम्भव है।

(iv) मालदीव के साथ भारत के संबंध सौहार्दपूर्ण तथा गर्म जोशी से भरे हैं, किंतु वर्तमान में संबंध मैत्रीपूर्ण नहीं हैं।

दक्षिण एशिया के छोटे-छोटे पड़ोसियों के साथ भारत को कई समस्याओं का सामना करना पड़ता है। भारत का आकार बड़ा है और वह शक्तिशाली है। इसकी वजह से अपेक्षाकृत छोटे देशों का भारत के इरादों को लेकर शक करना सही है। दूसरी तरफ भारत सरकार को अक्सर महसूस होता है कि उसके पड़ोसी देश उसका बेजा लाभ उठा रहे है। छोटे देशें को लागता है कि भारत दक्षिण एशिया में अपना दबदबा कायम करना चाहता है।

विगत कुछ वर्षों में भारत की विदेशी नीति परिवर्तन के दौर से गुजर रही है। विदेश नीति गुट निरपेक्षता के अतीत से बाहर निकल चुका है, आज अपने हितों को ध्यान मे रखते हुए अन्य देशों से रिश्ते बना रहा है।

**3. लगता है हर संगठन व्यापार के लिए ही बनता है? क्या व्यापार लोगों के आपसी मेल-जोल से ज्यादा महत्त्वपूर्ण है?**

उत्तर नही, हर संगठन व्यापार गतिविधियों धर्माथ कार्यों या अन्य गतिविधियों के लिए बनाए जाते हैं। व्यापार लोगों के आपसी मेज-जोल में ज्यादा महत्त्वपूर्ण नहीं है, लेकिन व्यापार के माध्यम से लोगों का मेल-जोल भी बढ़ता है।

**4. अगर अमेरिका के बारे में लिखे गए अध्याय को 'अमेरिकी वर्चस्व' का शीर्षक दिया तो इस अध्याय को भारतीय वर्चस्व क्यों नहीं कहा गया?**

उत्तर चूँकि अमेरिका सैन्य प्रभुत्व, आर्थिक शक्ति, राजनीतिक दबदबे तथा सांस्कृतिक बढ़त के मामले में विश्व चोटी पर है। जब अंतर्राष्ट्रीय व्यवस्था में शक्ति का केंद्र एक ही हो तथा उसे वर्चस्व शब्द का प्रयोग करना उचित हो इस दृष्टिकोण से यह अध्याय भारतीय वर्चस्व के शीर्षक से नहीं लिखा जा सकता है।

**5. देशों की पहचान कीजिए।**

**(i) राजतंत्र, लोकतंत्र समर्थक समूहों और अतिवादियों के बीच संघर्ष के कारण राजनीतिक अस्थिरता का वातावरण बना।**

उत्तर नेपाल

**(ii) चारों तरफ भूमि से घिरा देश।**

उत्तर नेपाल

**(iii) दक्षिण एशिया का वह देश, जिसने सबसे पहले अपनी अर्थव्यवस्था का उदारीकरण किया।**

उत्तर श्रीलंका

**(iv) सेना और लोकतंत्र समर्थक समूहों के बीच संघर्ष में सेना ने लोकतंत्र के ऊपर बाजी मारी।**

उत्तर पाकिस्तान

**(v) दक्षिण एशिया के केंद्र में अवस्थित इस देश की सीमाएँ दक्षिण एशिया के अधिकांश देशों से मिलती हैं।**

उत्तर भारत

**(vi) पहले इस द्वीप में शासन की बागडोर सुल्तान के हाथ में थी। अब यह एक गणतंत्र है।**

उत्तर मालदीव

(vii) **ग्रामीण क्षेत्र में छोटी बचत और सहकारी ऋण की व्यवस्था के कारण इस देश को गरीबी कम करने में मदद मिली है।**

उत्तर बांग्लादेश

(vii) **एक हिमालयी देश, जहाँ संवैधानिक राजतंत्र है। यह देश भी हर तरफ से भूमि से घिरा है।**

उत्तर भूटान

**6. दक्षिण एशिया के विषय में निम्नलिखित में से कौन-सा कथन गलत है?**

(i) **दक्षिण एशिया में सिर्फ एक प्रकार की राजनीतिक प्रणाली चलती है**
(ii) **बांग्लादेश और भारत ने नदी जल की हिस्सेदारी के विषय में एक समझौते पर हस्ताक्षर किए हैं**
(iii) **'साफ्टा' पर हस्ताक्षर इस्लामाबाद के 12वें सार्क सम्मेलन में हुए**
(iv) **दक्षिण एशिया की राजनीति में चीन और संयुक्त राज्य अमेरिका महत्त्वपूर्ण भूमिका निभाते हैं**

उत्तर (i) दक्षिण एशिया में सिर्फ एक प्रकार की राजनीतिक प्रणाली चलती है

**7. पाकिस्तान के लोकतंत्रीकरण में कौन-कौन सी कठिनाइयाँ हैं?**

*अथवा* **एक स्थायी लोकतंत्र के निर्माण में पाकिस्तान की विफलता के लिए कौन-से कारण उत्तरदायी हैं?**

*अथवा* **पाकिस्तान में स्थायी लोकतंत्र को स्थापित करने की असफलता के लिए उत्तरदायी किन्हीं दो कारणों की व्याख्या कीजिए।** **CBSE 2024**

*अथवा* **पाकिस्तान में सफल लोकतंत्र स्थापित करने में आई किन्हीं दो प्रमुख चुनौतियों की व्याख्या कीजिए।**

*अथवा* **पाकिस्तान में लोकतंत्र के स्थायी न बन पाने के लिए उत्तरदायी किन्हीं दो कारकों की व्याख्या कीजिए।**

*अथवा* **पाकिस्तान में लोकतंत्र क्यों सफल नहीं हो सका? किन्हीं तीन कारणों का विश्लेषण कीजिए।** **CBSE 2022**

उत्तर पाकिस्तान में स्थायी लोकतंत्र को स्थापित करने की असफलता के लिए उत्तरदायी कारण निम्नलिखित हैं

(i) वर्ष 1947 में स्वतंत्र होने के बाद से पाकिस्तान में अधिकतर सैनिक शासन ही रहा है। पाकिस्तानी सैनिक शासकों ने स्वयं को लोकतांत्रिक साबित करने के लिए चुनाव भी कराए हैं। इसके अतिरिक्त पाकिस्तान में लोकतंत्र के स्थायी न बनने के कई कारण हैं।

(ii) पाकिस्तान में सेना, धर्मगुरु और भू-स्वामी अभिजनों का आधिपत्य रहा है, जिसके कारण कई बार निर्वाचित सरकारों को गिराकर सैनिक शासन लागू हुआ है।

(iii) पाकिस्तान के भारत के साथ कभी अच्छे और स्वस्थ संबंध नहीं रहे हैं। कुछ लोगों का मानना है कि यहाँ राजनीतिक दल और लोकतंत्र सफल नहीं हो सकते। पाकिस्तान को लोकतांत्रिक शासन चलाने के लिए कोई विशेष अंतर्राष्ट्रीय समर्थन भी नहीं प्राप्त है।

**8. नेपाल के लोग अपने देश में लोकतंत्र को बहाल करने में कैसे सफल हुए?**

*अथवा* **वर्ष 1990 से नेपाल में लोकतंत्रीय प्रक्रिया किस प्रकार चल रही है?**

*अथवा* **नेपाल में लोकतंत्र की स्थापना की प्रक्रिया की व्याख्या कीजिए।**

*अथवा* **नेपाल में राजतंत्र से लोकतंत्र में बदलाव की प्रक्रिया को स्पष्ट कीजिए।**

उत्तर नेपाल पूर्व में एक हिंदू राज्य था तथा आधुनिक काल में वहाँ कई वर्षों तक संवैधानिक राजतंत्र रहा है। नेपाल की जनता और राजनीतिक पार्टियाँ समय-समय पर अधिक पारदर्शी और उत्तरदायी शासन हेतु आवाज उठाती एवं आंदोलन करती रही हैं।

इस प्रकार, वहाँ के लोग लोकतंत्र को बहाल अर्थात् लोकतंत्र की वापसी करने में एक लंबे संघर्ष के बाद सफल हुए हैं।

वर्ष 1990 में एक प्रभावशाली लोकतांत्रिक आंदोलन के प्रभावस्वरूप लोकतांत्रिक संविधान की माँग स्वीकार कर ली गई, किंतु लोकतांत्रिक सरकारें अधिक सफल नहीं रहीं और माओवादी 1990 के दशक में अपना प्रभाव जमाने में सफल हो गए।

तत्पश्चात् राजा की सेना, माओवादियों और लोकतंत्र समर्थकों के बीच त्रिकोणीय संघर्ष हुआ, जिसके परिणामस्वरूप वर्ष 2002 में राजा द्वारा संसद को भंग कर दिया गया, जिससे वहाँ का आंशिक लोकतंत्र भी समाप्त हो गया। इसके कुछ समय पश्चात् वर्ष 2006 में लोकतंत्र की माँग आंदोलन के रूप में पुनः उठी, जिसका नेतृत्व सात दलों के गठबंधन, माओवादी तथा सामाजिक कार्यकर्ताओं ने किया, जिसके फलस्वरूप राजा ज्ञानेंद्र ने संसद को पुनः बहाल कर दिया।

वर्ष 2008 में संविधान सभा के चुनाव के बाद नेपाल को आधिकारिक रूप से एक संघीय लोकतांत्रिक गणराज्य घोषित किया गया। इस प्रकार, नेपाल में राजतंत्र से लोकतंत्र में बदलाव की प्रक्रिया लंबी और संघर्षपूर्ण रही, जिसमें कई उतार-चढ़ाव और और जन आंदोलनों ने महत्त्वपूर्ण भूमिका निभाई।

**9. श्रीलंका के जातीय संघर्ष में किनकी भूमिका प्रमुख है?**

उत्तर श्रीलंका के जातीय संघर्ष में भारतीय मूल के तमिलों ने मुख्य भूमिका निभाई है। इन्होंने लिट्टे नामक संगठन की स्थापना की, जो हिंसात्मक आंदोलन के लिए सदैव तैयार रहते थे, जिसके परिणामस्वरूप श्रीलंका में जातीय संघर्ष बढ़ जाता है।

**10. भारत और पाकिस्तान के बीच हाल ही में क्या समझौते हुए?**

उत्तर भारत और पाकिस्तान के द्वारा समय-समय पर दोनों देशों के मध्य संबंधों को सुधारने के कई प्रयास किए गए। भारत और पाकिस्तान के बीच हिंसा और झगड़े कभी न समाप्त होने वाली कहानी है, क्योंकि सीमारेखा पर आतंकवादी घटनाएँ निरंतर चलती रहती हैं, परंतु फिर भी दोनों देशों के बीच संबंधों को सुधारने के लिए कई समझौते हुए हैं, जो निम्न हैं

- सुरक्षा संबंधित तनाव को कम करने के लिए दोनों देशों के बीच विश्वास बहाली हेतु हस्ताक्षर किए गए हैं।
- मैत्रीपूर्ण वातावरण विकसित करने के लिए दोनों देशों के बीच सड़क मार्गों को खोल दिया गया है; जैसे—
  श्रीनगर-मुजफ्फराबाद बस सेवा, दिल्ली-लाहौर बस सेवा आदि। इसी प्रकार दोनों देशों के बीच रेल संपर्क भी बहाल किया गया है।
- वर्ष 2014 में प्रधानमंत्री नरेंद्र मोदी के शपथ ग्रहण के बाद दोनों देश के बीच कई समझौते किए गए।
- पंजाब के दोनों भागों के बीच व्यापार में काफी वृद्धि हुई है और वीजा पहले की अपेक्षा सरलता से प्रदान किया जा रहा है।
- करतारपुर कॉरिडोर को अंतिम रूप देने से वर्ष 2019 के पुलवामा आतंकी हमले के बाद भारत और पाकिस्तान के बीच वार्ता शुरू होने की उम्मीद की एक छोटी-सी किरण दिखी है।

**11. ऐसे दो मसलों के नाम बताएँ, जिन पर भारत-बांग्लादेश के बीच आपसी सहयोग है और इसी तरह दो ऐसे मसलों के नाम बताएँ, जिन पर असहमति है।**

उत्तर भारत और बांग्लादेश सहयोगी राष्ट्र रहे हैं, परंतु कई मुद्दों पर दोनों के बीच मतभेद उत्पन्न हो जाता है। भारत ने बांग्लादेश की स्वतंत्रता में महत्त्वपूर्ण योगदान दिया है, इसीलिए भारत सदैव बांग्लादेश की मदद करता रहा है। आपराधिक मामलों, विद्युत क्षेत्र और सांस्कृतिक आदान-प्रदान के कार्यक्रमों में भारत ने बांग्लादेश को सहयोग दिया है।

भारत-बांग्लादेश सहयोग के दो मुद्दे निम्न हैं

(i) भारत-बांग्लादेश के बीच गंगाजल बँटवारे से संबंधित फरक्का समझौते पर हस्ताक्षर किए गए हैं।

(ii) अंतर्राष्ट्रीय आतंकवाद, संगठित अपराध तथा मादक द्रव्यों की तस्करी की रोकथाम से संबंधित समझौता भी दोनों देशों ने किया है।

भारत-बांग्लादेश के बीच असहयोग के दो मुद्दे निम्न हैं

(i) भारत-बांग्लादेश के बीच **चकमा शरणार्थियों** की समस्या अभी भी बनी हुई है।

(ii) भारत और बांग्लादेश के बीच विवाद का एक मुद्दा पूर्वोत्तर के आतंकवादियों को बांग्लादेश में शरण देना और उन्हें प्रशिक्षण देना है।

**12. दक्षिण एशिया में द्विपक्षीय संबंधों को बाहरी शक्तियाँ कैसे प्रभावित करती हैं?**

उत्तर दक्षिण एशिया में द्विपक्षीय संबंधों को बाहरी शक्तियाँ विभिन्न रूपों में प्रभावित करती हैं, जिसमें चीन और संयुक्त राज्य अमेरिका दक्षिण एशिया की राजनीति में अहम भूमिका निभाते हैं;

जैसे—चीन-पाकिस्तान की रणनीतिक साझेदारी से भारत-चीन संबंधों में अधिक कठिनाई उत्पन्न हुई है।

शीतयुद्ध के बाद के वर्षों में दक्षिण एशिया में अमेरिकी प्रभाव में वृद्धि हुई है। शीतयुद्ध के बाद से अमेरिका ने भारत-पाकिस्तान संबंधों में मध्यस्थ की भूमिका निभाई है, जिससे दोनों देशों के आपसी संबंध बेहतर बन सकें।

इस क्षेत्र की सुरक्षा और शांति के विषय से अमेरिका के हित भी बँधे हुए हैं। दक्षिण एशिया की विशाल जनसंख्या एक विशाल बाजार का निर्माण करती है, जो पश्चिमी देशों के लिए अपने तैयार माल के लिए बेहतर बाजार बनाती है, इस कारण भी इस क्षेत्र में आपसी संबंधों को बाहरी शक्तियाँ प्रभावित करती हैं।

**13. दक्षिण एशिया के देशों के बीच आर्थिक सहयोग की राह तैयार करने में दक्षेस (सार्क) की भूमिका और सीमाओं का आलोचनात्मक मूल्यांकन करें। दक्षिण एशिया की बेहतरी में 'दक्षेस' (सार्क) ज्यादा बड़ी भूमिका निभा सके, इसके लिए आप क्या सुझाव देंगे?**

उत्तर दक्षिण एशिया के देशों के बीच अनेक विवादित बिंदु होते हुए भी ये सभी देश परस्पर सहयोग और मधुर संबंधों के महत्त्व को अच्छी तरह से समझते हैं। इस दिशा में बहुपक्षीय, द्विपक्षीय एवं क्षेत्रीय स्तर पर प्रयास भी हुए हैं, जिसका सर्वोत्तम उदाहरण सार्क है। इन देशों द्वारा बहुस्तरीय साधनों से आपस में सहयोग करने की दिशा में वर्ष 1965 में गठित 'दक्षेस' को एक महत्त्वपूर्ण प्रयास माना जाता है, जो इनके बीच आर्थिक सहयोग का मार्ग प्रशस्त करता है।

**दक्षेस की भूमिका** दक्षेस ने इस दिशा में वर्ष 2002 में दक्षिण एशियायी मुक्त व्यापार क्षेत्र अर्थात् **'साफ्टा'** समझौते पर हस्ताक्षर किए, जिसमें संपूर्ण दक्षिण एशिया को मुक्त व्यापार क्षेत्र बनाने का संकल्प है। अतः यदि सभी सदस्य देश सहमत हो जाएँ, तो इस क्षेत्र में आर्थिक विकास को नई दिशा मिल सकती है।

यद्यपि दक्षेस को आशानुरूप सफलता नहीं मिल पाई है, जिसका मुख्य कारण इन देशों में आपसी मतभेद का होना है। इसके अतिरिक्त इसके कुछ छोटे देशों का **'साफ्टा'** को लेकर अधिक उत्साहित न होना भी एक मुख्य कारण है।

**सार्क की सीमाएँ**

सार्क की प्रमुख सीमाएँ निम्नलिखित हैं

- भारत और पाकिस्तान के बीच लंबे समय से चले आ रहे राजनीतिक और सैन्य मतभेद सार्क की प्रगति में सबसे बड़ी बाधा रहे हैं। इन दोनों देशों के बीच तनाव के कारण कई महत्त्वपूर्ण समझौते अधर में रह गए हैं।
- सार्क (SAARC) के सदस्य देशों के बीच व्यापारिक अवरोध और व्यापारिक असंतुलन भी इस संगठन की प्रभावशीलता को कम करते हैं।
- सार्क के संगठनात्मक ढाँचे में निर्णय लेने की प्रक्रिया धीमी है और यह सदस्य देशों की सक्रियता पर निर्भर करता है।
- सार्क क्षेत्रीय सहयोग को बढ़ाने में नाकाम रहा है, क्योंकि सदस्य देश अन्य अंतर्राष्ट्रीय संगठनों जैसे ASEAN, BIMSTEC आदि में भी शामिल हैं, जोकि सार्क से अधिक प्रभावी और सक्रिय हैं।

**दक्षेस में सुधार हेतु सुझाव** दक्षेस की सफलता के लिए सभी सदस्य देशों के बीच राजनीतिक सहमति/एकजुटता होना आवश्यक है। इसके लिए इन देशों को आपसी मतभेदों को भूलना होगा।

उपयुक्त रणनीति को अपनाते हुए सभी के हितों को ध्यान में रखकर सभी देश सकारात्मक सहयोग की भावना से कार्य करें। दक्षेस को भी यूरोपीय संघ और आसियान की भाँति अंतर्राष्ट्रीय स्तर पर अपनी स्थिति को सुदृढ़ता के साथ दर्ज कराना चाहिए।

**14. "दक्षिण एशिया के देश एक-दूसरे पर अविश्वास करते हैं। इससे अंतर्राष्ट्रीय मंचों पर ये क्षेत्र एकजुट होकर अपना प्रभाव नहीं जमा पाते।" इस कथन की पुष्टि में कोई भी दो उदाहरण दें और दक्षिण एशिया को मजबूत बनाने के लिए उपाय सुझाएँ।**

उत्तर दक्षिण एशिया के देशों के बीच विभिन्न प्रकार के आपसी मतभेद होने के कारण ये देश एक-दूसरे को संदेह की दृष्टि से देखते हैं, जिसके कारण एशिया के ये क्षेत्र अंतर्राष्ट्रीय स्तर पर अपना प्रभाव नहीं जमा पाए हैं। इसकी पुष्टि निम्न उदाहरणों के द्वारा की जा सकती है

- भारत तथा पाकिस्तान के बीच कश्मीर का मुद्दा, जो दोनों देशों के बीच की दूरी को स्पष्ट करता है।
- भारत-श्रीलंका के बीच तमिलों की समस्या, जो दोनों देशों को एक होने से रोकती है।

दक्षिण एशिया को मजबूत बनाने के उपाय निम्नलिखित हैं

- दक्षिण एशिया के देशों को मजबूत होने के लिए आपसी विवादों को हल करना होगा, जिससे आपस में विश्वास बहाल हो सके।

- इसके अतिरिक्त सभी देशों को अपने यहाँ यात्रियों और पर्यटकों को वीजा आसानी से देना तथा सेवाओं के आदान-प्रदान को बढ़ावा देना आरंभ करना होगा।
- आपसी संबंधों को बेहतर बनाने की दिशा में सामाजिक-सांस्कृतिक संबंधों के सकारात्मक पक्ष में वृद्धि करनी होगी। आपसी संबंधों को बेहतर बनाकर ही दक्षिण एशिया क्षेत्र मजबूत बन सकता है।

इस प्रकार यदि उपरोक्त उपायों को अपनाया जाए, तो निःसंदेह दक्षिण एशिया का क्षेत्र एक सुदृढ़ शक्ति के रूप में बनकर उभरेगा।

**15. दक्षिण एशिया के देश भारत को एक बाहुबली समझते हैं, जो इस क्षेत्र के छोटे देशों पर अपना दबदबा जमाना चाहता है और उनके अंदरूनी मामलों में दखल देता है। इन देशों की ऐसी सोच के लिए कौन-कौन से तथ्य प्रभुख रूप से उत्तरदायी हैं?**

उत्तर दक्षिण एशिया के देश भारत को एक बाहुबली समझते हैं, जो इस क्षेत्र के छोटे देशों पर अपना दबदबा जमाना चाहता है और उनके आंतरिक मुद्दों में हस्तक्षेप करता है। दक्षिण एशिया के देशों में भारत, बांग्लादेश, पाकिस्तान, नेपाल, भूटान, श्रीलंका और मालदीव शामिल हैं। मालदीव को छोड़कर शेष सभी भारतीय उपमहाद्वीप के भाग हैं। सभी देशों की सीमाएँ भारत से मिलती हैं। भूगोल तथा जनसंख्या की दृष्टि से देखा जाए, तो भारत को शक्तिशाली देश कहा जा सकता है, इसीलिए दक्षिण एशिया के देश भारत को शक्तिशाली या बाहुबली समझते हैं। ये सभी देश इतिहास, भूगोल, धर्म और संस्कृति के जरिए एक-दूसरे से जुड़े हैं।

इन देशों की ऐसी सोच के लिए निम्न बातें जिम्मेदार हैं
- भारत एक परमाणु शक्ति संपन्न देश है।
- भारत की अर्थव्यवस्था तेजी से आगे बढ़ रही है।
- भारत की जनसंख्या आकार की दृष्टि से सभी देशों से आगे है।
- भारत के पास प्राकृतिक संसाधन अन्य देशों से अधिक हैं।
- दक्षिण एशिया के सभी देशों की सीमाएँ भारत से मिलती हैं, उनके काफी हित भी भारत से मिलते हैं।
- भारत को इन देशों से व्यापारिक सहयोग मिलता है और वीजा भी आसानी से मिल जाता है।

# अभ्यास प्रश्न

## वस्तुनिष्ठ प्रश्न

### बहुविकल्पीय प्रश्न

**1. निम्न में से कौन-सा देश दक्षिण एशिया क्षेत्र का भाग नहीं है?** **CBSE 2024**

(a) अफगानिस्तान (b) म्यांमार
(c) चीन (d) श्रीलंका

उत्तर (c) चीन

**2. आपसी सहयोग विकसित करने के लिए 'सार्क' दक्षिण एशियाई राज्यों द्वारा की गई एक प्रमुख ........पहल है।** **CBSE 2024**

(a) राजनीतिक (b) सैनिक (c) अन्तर्राष्ट्रीय (d) क्षेत्रीय

उत्तर (d) क्षेत्रीय

**3. भारत सरकार और बांग्लादेश सरकार के बीच उस मुद्दे को इंगित करें जिन पर मतभेद है?** **CBSE 2021**

(a) आपदा प्रबंधन
(b) पर्यावरणीय मुद्दा
(c) भारत को प्राकृतिक गैस का निर्यात
(d) भारत की एक्ट ईस्ट नीति

उत्तर (c) भारत को प्राकृतिक गैस का निर्यात

**4. वर्तमान समय में भूटान में राजतंत्र है, किंतु यहाँ के राजा द्वारा अब भूटान में भी ............ स्थापित करने की योजना प्रारंभ कर दी गई है।**

(a) एकदलीय लोकतंत्र (b) बहुदलीय लोकतंत्र
(c) राजशाही (d) इनमें से कोई नहीं

उत्तर (b) बहुदलीय लोकतंत्र

**5. मालदीव के राजनीतिक मामलों में किस पार्टी का प्रभाव सर्वाधिक है?**

(a) मालदीवियन डिस्टेटरशिप पार्टी
(b) मालदीवियन डेमोक्रेटिक पार्टी
(c) मालदीवियन पीपुल्स पार्टी
(d) मालदीवियन मेजोरिटी पार्टी

उत्तर (b) मालदीवियन डेमोक्रेटिक पार्टी

**6. पाकिस्तान में किसने पहला संविधान बनने के बाद ही शासन की बागडोर सँभाली?**

(a) जनरल जिया-उल-हक (b) जनरल याहिया खान
(c) जनरल परवेज मुशर्रफ (d) जनरल अय्यूब खान

उत्तर (d) जनरल अय्यूब खान

**7. शेख मुजीबुर्रहमान के नेतृत्व वाली किस पार्टी को वर्ष 1970 में पूर्वी पाकिस्तान की सभी सीटों पर विजय प्राप्त हुई?**

(a) अवामी लीग (b) जातीय पार्टी
(c) बांग्लादेश नेशनलिस्ट पार्टी (d) बांग्लादेश पीपुल्स लीग

उत्तर (a) अवामी लीग

**8. ........ को पहले .......... के नाम से जाना जाता था।**

(a) बांग्लादेश, सिंहली
(b) श्रीलंका, सिलोन
(c) चीन, लिट्टे
(d) नेपाल, सिलोन

उत्तर (b) श्रीलंका, सिलोन

**9. निम्नलिखित में से किस एक कारक ने भारत और श्रीलंका के बीच संबंधों को मजबूत किया है?** **CBSE 2021**

(a) श्रीलंका में जातीय संघर्ष
(b) श्रीलंका के साथ मुक्त व्यापार समझौता
(c) भारत का शांति रक्षा बल
(d) श्रीलंका में तमिलों के प्रति भारत का दृष्टिकोण

उत्तर (b) श्रीलंका के साथ मुक्त व्यापार समझौता

**10. पाकिस्तान के साथ भारत के संबंधों के बारे में निम्नलिखित में से कौन-सा कथन सही नहीं है?** **CBSE 2021**

(a) भारत और पाकिस्तान ने सिंधु जल संधि पर हस्ताक्षर किए जो विभिन्न सैन्य संघर्षों के बावजूद चल रही है
(b) भारत और पाकिस्तान ने लोगों को उनके परिवारों में वापस लाने के लिए मिलकर काम किया है
(c) भारत और पाकिस्तान ने आतंकवाद के खिलाफ काम करने के लिए मित्रता की संधि पर हस्ताक्षर किए हैं
(d) भारत और पाकिस्तान ने वर्ष 1966 में ताशकंद समझौते पर हस्ताक्षर किए

उत्तर (c) भारत और पाकिस्तान ने आतंकवाद के खिलाफ काम करने के लिए मित्रता की संधि पर हस्ताक्षर किए हैं।

**11. श्रीलंका में जातीय संघर्ष के बारे में निम्नलिखित में से कौन-सा कथन सही नही है?** **CBSE 2024**

(a) श्रीलंका में राजनीति सिंहलियों के पक्ष में थी
(b) तमिलों के हितों की अपेक्षा की गई।
(c) लिट्टे को सार्क देशों का समर्थन प्राप्त था।
(d) श्रीलंका की जातीय समस्या में सिंहली और तमिल शामिल थे।

उत्तर (b) तमिलों के हितों की अपेक्षा की गई।

**12. श्रीलंका में जातीय संघर्ष के बारे में निम्नलिखित में से कौन-सा एक कथन असत्य है?**

(a) श्रीलंका में राजनीति सिंहली लोगों की पक्षधर थी
(b) तमिल के हितों की अनदेखी की जाती थी
(c) तमिल ईलम के लिबरेशन टाइगर्स को सार्क देशों का समर्थन प्राप्त था।
(d) श्रीलंका में राजनीतिक समानता नहीं थी

उत्तर (c) तमिल ईलम के लिबरेशन टाइगर्स को सार्क देशों का समर्थन प्राप्त था

**13. निम्नलिखित में से कौन-सा विकासशील देश जनसंख्या की वृद्धि दर को सफलतापूर्वक नियंत्रित करने वाला पहला देश था?** **CBSE 2024**

(a) भारत (b) पाकिस्तान (c) नेपाल (d) श्रीलंका

उत्तर (d) श्रीलंका

**14. मालदीव के संबंध में निम्न में से कौन-सा/से कथन सही है/हैं?**

(a) मालदीव ने वर्ष 1967 में अंग्रेजों से पूर्ण स्वतंत्रता प्राप्त की
(b) इस देश के पहले राष्ट्रपति मोहम्मद अमीन दीदी थे
(c) यह देश वर्ष 1982 में राष्ट्रमंडल का सदस्य बना
(d) 'b' और 'c' दोनों

उत्तर (d) 'b' और 'c' दोनों

**15. निम्न कथनों पर विचार कीजिए तथा कूट की सहायता से सही उत्तर का चयन कीजिए** दक्षता आधारित प्रश्न

1. शीतयुद्ध की समाप्ति के पश्चात् दक्षिण एशिया में तनाव और संघर्ष की स्थिति समाप्त हो गई।
2. वर्ष 1998 में भारत और पाकिस्तान ने परमाणु परीक्षण किए।
3. दक्षिण एशिया में भारत की स्थिति केंद्रीय है।

**कूट**

(a) 1 और 2 (b) 2 और 3
(c) केवल 3 (d) ये सभी

उत्तर (b) 2 और 3

**16. नेपाल के साथ भारत के संबंधों के बारे में सही कथन का चयन करें।** **CBSE 2021**

1. भारत और नेपाल के बीच विशेष संबंध हैं।
2. भारत नेपाल के आंतरिक मामलों में दखल नहीं देता।
3. भारत ने हमेशा प्राकृतिक आपदाओं के दौरान नेपाल की मदद की है।
4. बिना वीजा के कोई भी नागरिक दूसरे देश की यात्रा नहीं कर सकते।

**कूट**

(a) 1, 2 और 4 (b) 1, 3 और 4
(c) 1, 2 और 3 (d) 2, 3 और 4

उत्तर (c) 1, 2 और 3

**17. भारत-श्रीलंका संबंधों के विषय में निम्न कथनों पर विचार कीजिए तथा कूट की सहायता से सही उत्तर का चयन कीजिए** दक्षता आधारित प्रश्न

1. भारत-श्रीलंका संबंधों में तनाव श्रीलंका में जारी जातीय संघर्ष के कारण है।
2. भारत सरकार श्रीलंका के अंदरूनी मुद्दों में वर्ष 1987 के सैन्य हस्तक्षेप के बाद से ही लगातार तटस्थता की नीति अपनाती रही है।
3. भारत-श्रीलंका सरकार के बीच एक मुक्त व्यापार समझौते पर हस्ताक्षर किए गए हैं।

**कूट**

(a) केवल 3 (b) 1 और 3 (c) 1 और 2 (d) ये सभी

उत्तर (d) ये सभी

**18. निम्नलिखित को कालक्रमानुसार व्यवस्थित कीजिए** दक्षता आधारित प्रश्न

1. बेनजीर भुट्टो के नेतृत्व में लोकतांत्रिक सरकार का बनाना।
2. मुजीबुर्रहमान द्वारा संविधान में संशोधन।
3. श्रीलंका के तमिल मुद्दों पर हुई सभाओं में भारतीय सरकार ने प्रत्यक्ष रूप से भाग लिया।
4. मोहम्मद नाशिद राष्ट्रपति नियुक्त।

**कूट**

(a) 1, 2, 3, 4 (b) 2, 3, 1, 4
(c) 3, 2, 4, 1 (d) 2, 4, 1, 3

उत्तर (b) 2, 3, 1, 4

**19. पाकिस्तान के निम्नलिखित शासकों को उनके शासनकाल के कालक्रमानुसार व्यवस्थित कीजिए** **CBSE 2024**

1. जनरल जिया-उल-हक
2. बेनजीर भुट्टो
3. जनरल मुशर्रफ
4. जुल्फिकार अली भुट्टो

कूट

| | A | B | C | D | | A | B | C | D |
|---|---|---|---|---|---|---|---|---|---|
| (a) | 4 | 1 | 2 | 3 | (b) | 1 | 3 | 2 | 4 |
| (c) | 4 | 3 | 2 | 1 | (d) | 1 | 2 | 3 | 4 |

उत्तर (a) 4, 1, 2, 3

**20.** **निम्न को कालक्रमानुसार व्यवस्थित करें तथा कूट की सहायता से सही उत्तर का चयन करें** **CBSE 2024**

1. नेपाल का नया संविधान लागू।
2. मालदीव का राष्ट्रमंडल का सदस्य बनना।
3. पुलवामा आतंकी हमला।
4. जनरल जिया-उल-हक सरकार का पतन।

**कूट**

(a) 2, 1, 4, 3 (b) 1, 2, 3, 4
(c) 4, 2, 1, 3 (d) 4, 1, 3, 2

उत्तर (c) 4, 2, 1, 3

**21.** **गलत युग्म की पहचान कीजिए और लिखिए** **CBSE 2024**

(a) SAARC की स्थापना - 1985
(b) SAFTA प्रभावी - 2006
(c) बांग्लादेश लुक ईस्ट का हिस्सा - 2010
(d) सिंधु-जल संधि - 1960

उत्तर (c) बांग्लादेश लुक ईस्ट का हिस्सा – 2010

**22.** **सूची I को सूची II के साथ सुमेलित कीजिए** दक्षता आधारित प्रश्न

| सूची I | सूची II |
|---|---|
| A. दक्षिण एशियाई क्षेत्र में अपनी अर्थव्यवस्था को उदार बनाने वाला पहला देश | 1. मालदीव |
| B. पहले इस देश में सुल्तान का शासन था। अब यह एक गणराज्य है। | 2. भारत |
| C. चारों तरफ से धरती से घिरा एक देश | 3. पाकिस्तान |
| D. सेना और लोकतंत्र समर्थक समूहों के बीच सघर्ष में, इस देश में सेना लोकतंत्र पर हावी रही। | 4. नेपाल |

कूट

| | A | B | C | D | | A | B | C | D |
|---|---|---|---|---|---|---|---|---|---|
| (a) | 3 | 1 | 2 | 4 | (b) | 2 | 1 | 3 | 4 |
| (c) | 2 | 1 | 4 | 3 | (d) | 4 | 2 | 3 | 1 |

उत्तर (c) 2 1 4 3

**23.** **सूची I को सूची II के साथ सुमेलित कीजिए**

| सूची I | सूची II |
|---|---|
| A. मालदीव में अध्यक्षात्मक प्रणाली अपनाई गई | 1. वर्ष 1968 |
| B. जिया-उल-हक को लोकतंत्र समर्थक आंदोलन का सामना करना पड़ा | 2. वर्ष 1982 |
| C. शेख मुजीबुर्रहमान के विरुद्ध सैनिक विद्रोह | 3. वर्ष 1975 |
| D. नेपाल में नया संविधान लागू हुआ। | 4. वर्ष 2015 |

**कूट**

| | A | B | C | D | | A | B | C | D |
|---|---|---|---|---|---|---|---|---|---|
| (a) | 1 | 2 | 3 | 4 | (b) | 1 | 2 | 4 | 3 |
| (c) | 2 | 1 | 3 | 4 | (d) | 4 | 3 | 1 | 2 |

उत्तर (a) 1 2 3 4

**24.** **सूची I को सूची II के साथ सुमेलित कीजिए**

| सूची I | सूची II |
|---|---|
| A. भारत-पाकिस्तान तीसरा युद्ध | 1. वर्ष 1998 |
| B भारत-पाकिस्तान परमाणु परीक्षण | 2. वर्ष 1971 |
| C. सिंधु जल संधि पर हस्ताक्षर | 3. वर्ष 1960 |
| D. क्रॉस-बॉर्डर पेट्रोलियम उत्पाद पाइपलाइन | 4. वर्ष 2019 |

**कूट**

| | A | B | C | D | | A | B | C | D |
|---|---|---|---|---|---|---|---|---|---|
| (a) | 1 | 2 | 3 | 4 | (b) | 1 | 2 | 4 | 3 |
| (c) | 2 | 1 | 3 | 4 | (d) | 3 | 4 | 2 | 1 |

उत्तर (c) 2 1 3 4

**निर्देश** (प्र. सं. 25-29) दिए गए कथनों में एक कथन (A) तथा दूसरा कारण (R) है। नीचे दिए गए कूट की सहायता से सही उत्तर का चयन कीजिए।

**कूट**

(a) A और R दोनों सही हैं तथा R, A की सही व्याख्या है
(b) A और R दोनों सही हैं, परंतु R, A की सही व्याख्या नहीं है
(c) A सही है, किंतु R गलत है
(d) A गलत है, किंतु R सही हैके

**25.** **कथन** (A) **राजा ने सेना की मदद से सरकार पर पूर्ण नियंत्रण बनाए रखा और नेपाल में लोकतंत्र के विस्तार को प्रतिबंधित कर दिया।**

**कारण** (R) **राजा ने वर्ष** 2001 **में एक मजबूत लोकतंत्र-समर्थक आंदोलन के कारण एक नए लोकतांत्रिक संविधान की माँग को स्वीकार कर लिया।**

उत्तर (c) राजा ने सेना की मदद से सरकार पर पूर्ण नियंत्रण बनाए रखा और नेपाल में लोकतंत्र के विस्तार को प्रतिबंधित कर दिया। एक मजबूत लोकतंत्र-समर्थक आंदोलन की चपेट में आकर राजा ने वर्ष 1990 में नए लोकतांत्रिक संविधान की माँग मान ली। नेपाल में लोकतांत्रिक सरकार का कार्यकाल बहुत छोटा और समस्याओं भरा रहा। वर्ष 1990 में नेपाल के माओवादी, नेपाल के अनेक हिस्सों में अपना प्रभाव जमाने में कामयाब हो गए।

**26.** **कथन** (A) **दक्षिण एशिया में भारत व श्रीलंका में लोकतांत्रिक व्यवस्था है।**

**कारण** (R) **शीतयुद्ध के बाद से बांग्लादेश में लोकतांत्रिक शासन रहा है।**

उत्तर (b) दक्षिण एशिया में भारत व श्रीलंका में लोकतांत्रिक व्यवस्था है, वहीं दूसरी ओर पाकिस्तान और बांग्लादेश में समय-समय पर सत्तात्मक परिवर्तन होते रहे हैं। शीतयुद्ध के बाद से बांग्लादेश में लोकतांत्रिक शासन रहा है। वर्ष 1971 में बांग्लादेश का एक अलग राष्ट्र बना, तब से लेकर आज तक वहाँ निरंतर लोकतंत्र कायम है।

**27.** **कथन** (A) **पाकिस्तान में सैनिक शासन और लोकतांत्रिक सरकारें दोनों प्रभावी रही हैं।**

**कारण** (R) **वर्ष** 2001 **से पाकिस्तान में लोकतांत्रिक तरीके से चुनी गई सरकार कार्य कर रही है।**

उत्तर (c) पाकिस्तान में सैनिक शासन और लोकतांत्रिक सरकारें दोनों प्रभावी रही हैं। वर्ष 2008 से पाकिस्तान में लोकतांत्रिक तरीके से चुनी गई सरकार कार्य कर रही है।

इससे पूर्व कई बार सेना ने चुनी हुई सरकार को बेदखल कर सत्ता पर कब्जा कर लिया है, जिसमें जनरल अय्यूब खान, जनरल याहिया खान, जनरल परवेज मुशर्रफ का प्रमुख स्थान है।

**28.** **कथन** (A) **माओवादियों का उद्देश्य राजा और सत्ताधारी अभिजात्य वर्ग के विरुद्ध विद्रोह करना था।**

**कारण** (R) **माओवादी नेपाल के कई भागों में अपना प्रभाव जमाने में सफल हो गए।**

उत्तर (b) माओवादियों का उद्देश्य राजा और सत्ताधारी अभिजात्य वर्ग के विरुद्ध विद्रोह करना था, जिसके कारण सेना और माओवादी गुरिल्लों के मध्य हिंसक संघर्ष आरंभ हो गया। 1990 के दशक में माओवादी नेपाल के कई भागों में अपना प्रभाव जमाने में सफल हो गए।

**29.** **कथन** (A) **मालदीव वर्ष 1965 में स्वतंत्र हुआ।**

**कारण** (R) **मालदीव में राजनीतिक अस्थायित्व की समस्या है, परंतु धार्मिक कट्टरतावाद नहीं है।**

उत्तर (c) मालदीव को वर्ष 1965 में अंग्रेजों से स्वतंत्रता प्राप्त हुई। मालदीव में राजनीतिक अस्थायित्व के साथ-साथ धार्मिक कट्टरतावाद भी एक प्रमुख समस्या है। मालदीव में इस्लामी कट्टरपंथियों द्वारा उदारीकरण और पर्यटन को बढ़ावा देने की नीति का काफी विरोध किया गया।

**30.** **नीचे दो कथन दिए गए हैं।**

**कथन I वर्ष 1987 के सैन्य हस्तक्षेप के बाद से भारतीय सरकार श्रीलंका के अंदरूनी मामलों में असंलग्नता की नीति पर अमल कर रही है।**

**कथन II दक्षिण एशिया के सारे झगड़े सिर्फ भारत और उसके पड़ोसी देशों के बीच ही नहीं हैं।**

**उपरोक्त कथनों के आधार पर, नीचे दिए गए विकल्पों में से सही उत्तर चुने।**

(a) कथन I और कथन II दोनों सत्य हैं
(b) कथन I और कथन II दोनों गलत है
(c) कथन I सत्य है, लेकिन कथन II असत्य है
(d) कथन I असत्य है, लेकिन कथन II सत्य है

उत्तर (d) कथन I असत्य है, लेकिन कथन II सत्य है

**31.** **नीचे दिए गए कार्टून का ध्यानपूर्वक अध्ययन कीजिए तथा निम्नलिखित प्रश्नों के उत्तर लिखिए** **CBSE 2020**

(i) **कार्टून क्या दर्शाता है?**

(a) गणितीय आँकड़े
(b) सैन्य कमांडर के रूप में आकलन
(c) राष्ट्रपति और सैन्य जनरल की दोहरी भूमिका
(d) राष्ट्रपति और सैन्य जनरल की भूमिका का विभाजन

उत्तर (c) राष्ट्रपति और सैन्य जनरल की दोहरी भूमिका

(ii) **समीकरण क्या बोलते हैं?**

(a) एक सैन्य जनरल के प्रभुत्व के बारे में
(b) राष्ट्रपति के प्रभुत्व के बारे में
(c) प्रभुत्व हीनता के बारे में
(d) 'a' और 'b' दोनों

उत्तर (a) एक सैन्य जनरल के प्रभुत्व के बारे में

(iii) **'जोड़ घटाव में मैं हमेशा अच्छा हूँ' से क्या अर्थ निकलता है?**

(a) सैन्य और प्रशासनिक दोनों रूपों में कमांड स्थापित करना क्योंकि, सैन्य ताकत के बिना राष्ट्रपति पद अस्तित्वहीन है।
(b) दोनों पदों में से किसी एक के चयन को महत्त्व देना
(c) राष्ट्रपति पद की सैन्य पद पर सर्वोच्चता
(d) उपरोक्त में से कोई नहीं

उत्तर (a) सैन्य और प्रशासनिक दोनों रूपों में कमांड स्थापित करना क्योंकि, सैन्य ताकत के बिना राष्ट्रपति पद अस्तित्वहीन है।

(iv) **जनरल परवेज मुशर्रफ की यह दोहरी भूमिका किस पाकिस्तानी प्रधानमंत्री के विरुद्ध उभरी थी?**

(a) जियाउल हक
(b) बेनजीर भुट्टो
(c) नवाज शरीफ
(d) जनरल याहिया खान

उत्तर (a) एक सैन्य जनरल के प्रभुत्व के बारे में

**32.**

(i) **दिया गया चित्र किसकी याद में बनाया गया था?**

(a) नूर हुसैन (b) हिटलर
(c) इरशाद (d) जियाउर्रहमान

उत्तर (a) नूर हुसैन

(ii) **बांग्लादेश में ………… के नेतृत्व में एक और सैनिक शासन स्थापित हुआ था।**

(a) जनरल इरशाद (b) नूर हुसैन
(c) सिंहली समुदाय (d) ये सभी

उत्तर (a) जनरल इरशाद

(iii) **जनरल इरशाद ने राष्ट्रपति के पद से कब इस्तीफा दिया था?**

(a) वर्ष 1990 (b) वर्ष 1992
(c) वर्ष 1995 (d) वर्ष 1998

उत्तर (a) वर्ष 1990

(iv) **निम्न में से किस शासक ने राजनीतिक गतिविधियों में छूट दी थी?**

(a) जनरल इरशाद (b) नूर हुसैन
(c) मुजीबुर्रहमान (d) इब्राहिम नासिर

उत्तर (a) जनरल इरशाद

**33. नीचे दिए गए कार्टून का ध्यानपूर्वक अध्ययन कीजिए तथा निम्नलिखित प्रश्नों के उत्तर लिखिए** **CBSE 2020, 2024**

(i) **इस कार्टून में दर्शाया गया बाघ (टाइगर) किस संगठन का प्रतिनिधित्व करता है ?**

(a) तामिल समुदाय (b) प्रशासनिक समुदाय
(c) आर्थिक समस्या (d) राजनीतिक दल

उत्तर (a) तामिल समुदाय

(ii) **जातीय संघर्ष का समाधान निकालने की कोशिश में श्रीलंका के नेतृत्व के समक्ष आने वाली दुविधा क्या थी?**

(a) बड़े समुदाय के लिए रोजगार देना
(b) भारतीय तमिल समुदाय का श्रीलंका के निवास
(c) भारत सरकार का हस्तक्षेप करना
(d) उपरोक्त में से कोई नहीं

उत्तर (b) भारतीय तमिल समुदाय का श्रीलंका में निवास

(iii) **श्रीलंका ने आंतरिक समस्याओं के बावजूद भी आर्थिक विकास को प्राप्त किया।**

(a) पर्यटन को बढ़ावा देकर
(b) जनसंख्या वृद्धि दर को नियोजित कर
(c) बाहरी देशों के सहयोग से
(d) श्री लंकाई अप्रवासियों के आय सृजन से

उत्तर (b) जनसंख्या वृद्धि दर को नियोजित कर

(iv) **कार्टून में दिखाया गया शेर किस समुदाय का प्रतिनिधित्व करता है?**

(a) सिंहली समुदाय
(b) तमिल समुदाय
(c) जनजातीय समुदाय
(d) उद्योग पति वर्ग

उत्तर (a) सिंहली समुदाय

## लघु उत्तरीय प्रश्न

**1. पूर्वी पाकिस्तान में 1970 के चुनावों में, किस राजनीतिक पार्टी ने किस नेता के नेतृत्व में सभी सीटों पर विजय प्राप्त की थी?** **CBSE 2024**

उत्तर शेख मुजीबुर्रहमान के नेतृत्व वाली आवामी लीग का वर्ष 1970 के चुनावों में पूर्वी पाकिस्तान की सभी सीटों पर जीत मिली थी। आवामी लीग ने पूर्वी पाकिस्तान की 162 में से 160 सीटें जीती थीं, जो उनके क्षेत्रीय प्रभाव और लोकप्रियता को दर्शाता है। अवामी लीग ने बांग्लादेश मुक्ति युद्ध से पहले और स्वतंत्रता के पश्चात् राष्ट्र निर्माण में महत्त्वपूर्ण भूमिका का निर्वाह किया।

**2. पूर्वी पाकिस्तान के लोगों ने किस कारण पश्चिमी पाकिस्तान के प्रभुत्व का विरोध किया? स्पष्ट कीजिए।** **CBSE 2024**

उत्तर पूर्वी पाकिस्तान के लोगों ने पश्चिमी पाकिस्तान के प्रभुत्व का विरोध कई कारणों से किया है, जो इस प्रकार हैं

- पश्चिमी पाकिस्तान ने उर्दू को राष्ट्रीय भाषा के रूप में स्थापित करने की कोशिश की, जबकि पूर्वी पाकिस्तान के लोगों की बांग्ला भाषा के साथ दुर्व्यवहार किया।
- पूर्वी पाकिस्तान की आबादी अधिक थी, लेकिन सत्ता में उनका प्रतिनिधित्व काफी कम था।
- पूर्वी पाकिस्तान को विकास में पिछड़ा रखा गया और उसके संसाधनों का इस्तेमाल पश्चिमी पाकिस्तान के विकास के लिए किया गया।

अतः इन कारणों से पूर्वी पाकिस्तान में पश्चिमी पाकिस्तान के खिलाफ व्यापक विरोध और असंतोष फैला जो अंततः 1971 में बांग्लादेश के स्वतंत्रता गठन से परिणत हुआ।

**3. भारत और पाकिस्तान के संबंध स्थानिक संघर्षों की कहानी प्रतीत होते हैं। दोनों देशों के बीच में तनाव स्थानिक कम करने के कोई दो उपाय सुझाइए।** **CBSE 2020, 25**

उत्तर भारत और पाकिस्तान के बीच संबंध सुधारने हेतु चार उपाय निम्नलिखित हैं

(i) दोनों राष्ट्र के प्रधानमंत्री को खुलकर बात करनी चाहिए और विभिन्न वार्ताओं का आयोजन होना चाहिए।
(ii) दोनों देश आतंकवाद को संयुक्त चुनौती मानकर उसका मुकाबला करें तथा पाकिस्तान कश्मीर में घुसपैठ रोके, साथ ही आर्थिक-सांस्कृतिक संबंध को भी बढ़ावा दिया जाए।
(iii) दोनों देशों के बीच व्यापार को बढ़ावा देना, संबंध सुधारने का एक महत्त्वपूर्ण कदम हो सकता है।
(iv) साथ ही दोनों देशों के बीच संस्कृति आदान-प्रदान जैसे- फिल्मों कला और संगीत के माध्यम से रिश्तों को मजबूत किया जा सकता है।

**4. श्रीलंका की राजनीति पर किस समुदाय का दबदबा है?** **CBSE 2020**

उत्तर श्रीलंका की राजनीति में सिंहली समुदाय का दबदबा है। सिंहली श्रीलंका का सबसे बड़ा जातीय समूह है और देश की कुल आबादी का लगभग 75% हिस्सा है। सिंहली बहुसंख्यक बौद्ध धर्म के अनुयायी हैं और इसकी राजनीतिक शक्ति लंबे समय से श्रीलंका की राजनीति पर प्रभावी रही है। यह समुदाय भारत की एक बड़ी तमिल आबादी का श्रीलंका में निवास किए जाने का विरोध करना है- तमिल समुदाय, जो कि दूसरा सबसे बड़ा जातीय समूह है और मुख्यतः ये हिंदू धर्म के अनुयायी हैं।

**5. सिंधु नदी जल विवाद क्या है? यह किसकी मध्यस्थता से सुलझाया गया था?** **CBSE 2020**

उत्तर सिंधु नदी जल विवाद भारत और पाकिस्तान के बीच पानी के बँटवारे को लेकर हुआ था। यह विवाद इस बात पर था कि सिंधु नदी और उसकी सहायक नदियों का पानी दोनों देशों में कैसे बाँटा जाए। वर्ष 1947 में भारत के विभाजन के बाद सिंधु नदी उसकी सहायक नदियाँ भारत और पाकिस्तान के बीच बहती थीं। इस कारण से दोनों देशों के बीच पानी के अधिकार को लेकर विवाद उत्पन्न हो गया।

इस विवाद को हल करने के लिए विश्व बैंक की मध्यस्थता में 19 सितम्बर, 1960 को सिंधु जल संधिं पर हस्ताक्षर किए गए।

**6. दक्षेस के कोई तीन उद्देश्य लिखिए?**

उत्तर दक्षेस के तीन उद्देश्य इस प्रकार हैं

- दक्षिण एशिया के लोगों के कल्याण को बढ़ावा देना एवं उनके जीवन की गुणवत्ता में सुधार करना है।
- इस क्षेत्र में आर्थिक वृद्धि, सामाजिक प्रगति, सांस्कृतिक विकास में तेजी लाना। दक्षिण एशिया के देशों के मध्य सामूहिक आत्मनिर्भरता को बढ़ावा देना एवं उसे मजबूत करना है।
- आर्थिक, सामाजिक, सांस्कृतिक, तकनीकी एवं वैज्ञानिक क्षेत्रों में आपसी सहयोग एवं सक्रिय सहभागिता को प्रोत्साहित करना।

## दीर्घ उत्तरीय प्रश्न।

**1. पाकिस्तान में लोकतांत्रिक व्यवस्था स्थिर क्यों नहीं रही है? किन्हीं दो कारणों को स्पष्ट कीजिए।** **CBSE 2020**

उत्तर पाकिस्तान में लोकतंत्र के अस्थायी होने या स्थायी रूप से लागू न होने के कई कारण हैं। इन्हें निम्न दो तथ्यों द्वारा व्यक्त किया जा सकता है

(i) पाकिस्तान में सेना, धर्मगुरु, भू-स्वामी तथा अभिजात्य वर्गों का प्रभावशाली वर्चस्व है, जिन्होंने कई बार निर्वाचित सरकार को गिराने एवं सैनिक शासन स्थापित करने में महत्त्वपूर्ण योगदान दिया है, जिसका परिणाम सैनिक समर्थक समूह का अधिक मजबूत होना भी है।

(ii) सैनिक समर्थक समूहों द्वारा यह तर्क दिया जाता है कि राजनीतिक दलों में स्वार्थ तथा लोकतंत्र में दोष है, जिससे पाकिस्तान की स्वतंत्रता खतरे में पड़ सकती है। अतः इस दृष्टि से सैनिक शासन ही बेहतर विकल्प है।

**2. वर्ष 1971 के बांग्लादेश युद्ध में भारत की भूमिका की व्याख्या कीजिए।** **CBSE 2020**

*अथवा* **वर्ष 1971 में हुए बांग्लादेश युद्ध के किन्हीं चार परिणामों का वर्णन कीजिए।**

उत्तर वर्ष 1971 में हुए बांग्लादेश युद्ध के चार परिणाम निम्न हैं

(i) वर्ष 1971 के युद्ध के परिणामस्वरूप पूर्वी पाकिस्तान का पाकिस्तान के आधिपत्य से मुक्त होकर 'बांग्लादेश' के नाम से स्वतंत्र व संप्रभु राष्ट्र के रूप में उदय हुआ।

(ii) भारत-पाकिस्तान संबंधों में इस युद्ध के कारण तनाव बढ़ा, क्योंकि भारत ने प्रत्यक्ष रूप से युद्ध में बांग्लादेश की आर्थिक व सैनिक सहायता की थी।

(iii) बांग्लादेश से बड़ी संख्या में शरणार्थी भारत आए, जिससे भारतीय अर्थव्यवस्था पर दबाव बढ़ा।

(iv) बांग्लादेश में शेख मुजीबुर्रहमान के नेतृत्व में सरकार बनी तथा बांग्लादेश ने अपना संविधान बनाकर स्वयं को लोकतांत्रिक, समाजवादी व धर्मनिरपेक्ष राष्ट्र घोषित किया।

**3. श्रीलंका के जातीय संघर्ष की व्याख्या कीजिए।** **CBSE 2020**

*अथवा* **श्रीलंका में जातीय संघर्ष के कोई चार कारण स्पष्ट कीजिए।** **CBSE 2022**

उत्तर श्रीलंका में जातीय संघर्ष एक क्षेत्र विशेष को अलग राष्ट्र बनाए जाने की माँग के साथ आरंभ हुआ। इस संघर्ष में बहुसंख्यक सिंहली समुदाय तथा भारतीय तमिलों (श्रीलंका में बसे) की भूमिका प्रमुख रही है। इस संघर्ष के चार कारण निम्नलिखित हैं

(i) श्रीलंका के बहुसंख्यक सिंहली समुदाय द्वारा तमिल समुदाय के राजनीतिक व सामाजिक अधिकारों की अह्वेलना की गई।

(ii) लिबरेशन टाइगर्स ऑव तमिल ईलम (लिट्टे) ने श्रीलंका के तमिलों के लिए एक अलग देश की माँग की।

(iii) सिंहलियों द्वारा उपेक्षित तमिल समुदाय का इसके विरोध में प्रतिकार किया गया।

(iv) लिट्टे द्वारा हिंसक व सरकार विरोधी स्वरूप अपनाया गया।

**4. पूर्वी पाकिस्तान (वर्तमान बांग्लादेश) में वर्ष 1971 में पश्चिमी पाकिस्तान के विरुद्ध हुए जन-आंदोलन के किन्हीं दो कारणों को स्पष्ट कीजिए।**

*अथवा* **1971 में बांग्लादेश की स्वतंत्रता के लिए उत्तरदायी परिस्थितियों की व्याख्या कीजिए।**

*अथवा* **वर्ष 1971 में बांग्लादेश युद्ध की ओर ले जाने वाली परिस्थितियों का वर्णन कीजिए।** **CBSE 2024**

उत्तर पूर्वी पाकिस्तान (वर्तमान बांग्लादेश) एवं पश्चिमी पाकिस्तान के बीच वर्ष 1971 में हुए जन-आंदोलन के दो कारण निम्नलिखित हैं

(i) पूर्वी पाकिस्तान के लोग अपने ऊपर पश्चिमी पाकिस्तान के आधिपत्य व उर्दू भाषा थोपे जाने के खिलाफ थे। बंगाली संस्कृति एवं भाषा के साथ किए जा रहे दुर्व्यवहार को लेकर पूर्वी पाकिस्तान के निर्माण के तुरंत बाद ही यहाँ के लोगों ने विरोध करना शुरू कर दिया था।

(ii) राजनीतिक सत्ता में समुचित हिस्सेदारी और प्रशासन में न्यायोचित प्रतिनिधित्व न दिए जाने से भी पूर्वी पाकिस्तान के लोग नाराज थे, जो इस जन-आंदोलन के प्रमुख कारण बने।

**5. भारत और बांग्लादेश के बीच सहयोग के किन्हीं चार क्षेत्रों को स्पष्ट कीजिए।** **CBSE 2023**

उत्तर भारत और बांग्लादेश सहयोगी राष्ट्र रहे हैं, परंतु कई मुद्दों पर दोनों के बीच मतभेद उत्पन्न हो जाता है। भारत ने बांग्लादेश की स्वतंत्रता में महत्त्वपूर्ण योगदान दिया है, इसीलिए भारत सदैव बांग्लादेश की मदद करता रहा है। आपराधिक मामलों, विद्युत क्षेत्र और सांस्कृतिक आदान-प्रदान के कार्यक्रमों में भारत ने बांग्लादेश को सहयोग दिया है। भारत-बांग्लादेश के बीच सहयोग के दो मुद्दे निम्न हैं

(i) भारत-बांग्लादेश के बीच गंगाजल बँटवारे से संबंधित फरक्का समझौते पर हस्ताक्षर किए गए हैं।

(ii) अंतर्राष्ट्रीय आतंकवाद, संगठित अपराध तथा मादक द्रव्यों की तस्करी की रोकथाम से संबंधित समझौता भी दोनों देशों ने किया है।

(iii) दोनों देशों ने सीमा पर सुरक्षा और शांति बनाए रखने के लिए सहयोग बढ़ाया है। भारत ने बांग्लादेश के साथ सीमा क्षेत्रों में अवैध गतिविधियों की निगरानी और नियंत्रण में सहयोग किया है।

(iv) भारत और बांग्लादेश के बीच व्यापारिक संबंध मजबूत हैं। दोनों देशों ने विभिन्न व्यापार समझौतों पर और योजनाओं के माध्यम से द्विपक्षीय व्यापार को बढ़ावा देने का प्रयास किया है।

**6. "दक्षिण एशिया में लोकतंत्र के मिले-जुले रिकॉर्ड के बावजूद दक्षिण एशियाई देशों की जनता, लोकतंत्र की एक जैसी आकांक्षाएँ रखती हैं।" इस कथन की पुष्टि कीजिए।**

अथवा **"लोकतंत्र दक्षिण एशिया के लोगों की पहली पसंद बनता जा रहा है।" इस कथन को न्यायोचित ठहराइए।**

*अथवा* **दक्षिण एशिया में लोकतांत्रिक अनुभव के मिले-जुले रिकॉर्ड के बावजूद, उन देशों की जनता आज भी लोकतंत्र की आकांक्षाओं में सहभागी क्यों है? उदाहरणों की सहायता से व्याख्या कीजिए।** **CBSE 2019**

उत्तर दक्षिण एशिया क्षेत्र में बांग्लादेश, भूटान, भारत, मालदीव, नेपाल, पाकिस्तान और श्रीलंका आते हैं। मालदीव, नेपाल और भूटान कुछ समय पहले तक राजतंत्रीय शासन प्रणाली वाले देश थे।

इसके अतिरिक्त अन्य देशों में भी भारत को छोड़कर लोकतंत्र का रिकॉर्ड मिला-जुला रहा है; जैसे—पाकिस्तान में कई बार लोकतांत्रिक सरकारों का तख्तापलट व सैन्य शासन लागू होना, बांग्लादेश में भी कई बार सैनिक शासन लागू होना, श्रीलंका में भी जातीय संघर्ष के कारण लंबे समय तक अस्थिरता की स्थिति रहना।

दक्षिण एशिया में लोकतंत्र का अनुभव मिला-जुला रहा है, फिर भी यहाँ जनता लोकतंत्र की आकांक्षाओं में भागीदार है। विगत वर्षों में इस क्षेत्र के 5 बड़े देशों में किए गए सर्वेक्षण के अनुसार इन देशों में लोकतंत्र को प्रत्येक वर्ग और समुदाय के लोगों की स्वीकृति प्राप्त है तथा ये लोग शासन की अन्य प्रणाली की अपेक्षा लोकतंत्र को प्राथमिकता देते हैं और यह भी स्वीकार करते हैं कि उनके देश के लिए लोकतंत्र ही ठीक है। इसके अतिरिक्त जनता प्रतिनिधिमूलक लोकतांत्रिक संस्थाओं का समर्थन करती है।

**7. "सार्क ने दक्षिण एशियाई देशों में बहुपक्षीय साधनों के माध्यम से सहयोग विकसित करने की क्षेत्रीय पहल की है।" दो उदाहरण देकर इस कथन को न्यायसंगत ठहराइए।** **CBSE 2024**

उत्तर SAARC (South Asian Association for Regional Corporation) ने दक्षिण एशिया के देशों में सहयोग और एकता को बढ़ावा देने के लिए विभिन्न पहल की है। इसके दो प्रमुख उदाहरण निम्नलिखित हैं।

- दक्षेस के सदस्य देशों ने वर्ष 2002 में दक्षिण एशियाई मुक्त व्यापार क्षेत्र समझौते (SAFTA) पर हस्ताक्षर किए। इसमें पूरे दक्षिण एशिया के लिए मुक्त व्यापार क्षेत्र बनाने का संकल्प है। यह समझौता वर्ष 2006 से प्रभावी हो गया है।
- सार्क ने खाद्य सुरक्षा सुनिश्चित करने के लिए एक खाद्य बैंक स्थापित किया है। इस पहल के अंतर्गत सदस्य देशों द्वारा खाद्य वस्तुओं का एक भंडार तैयार किया जाता है, जिसे किसी भी देश को आपातकालीन स्थिति में प्रदान किया जा सकता है। इससे क्षेत्रीय खाद्य संकटों का समाधान होता है और देशों के बीच सहयोग को बढ़ावा मिलता है।

अतः इन पहलों से यह स्पष्ट होता है कि सार्क ने दक्षिण एशिया के देशों के बीच आपसी सहयोग को बढ़ावा देने और क्षेत्रीय समस्याओं के समाधान के लिए ठोस कदम उठाए हैं।

**8. श्रीलंका में आंतरिक संदर्भ के बावजूद आर्थिक वृद्धि के लिए उत्तरदायी किन्हीं दो कारकों का वर्णन कीजिए।** **CBSE 2024**

उत्तर श्रीलंका में आंतरिक संघर्ष के बावजूद आर्थिक वृद्धि के लिए जिम्मेदार दो प्रमुख कारक निम्नलिखित हैं

(i) **आर्थिक सुधार और उदारीकरण** श्रीलंका ने अपने आर्थिक ढाँचे में सुधार किया है, जिसमें व्यापारिक नियमों को उदार बनाने, विदेशी निवेश को आकर्षित करने और कर नीति में सुधार शामिल हैं। दक्षिण एशिया के देशों में श्रीलंका सर्वप्रथम देश है। जिसने अपनी अर्थव्यवस्था का उदारीकरण किया। इसके अतिरिक्त श्रीलंका का प्रतिव्यक्ति सकल घरेलू उत्पाद अन्य दक्षिण एशियाई देशों से अधिक है।

(ii) **पर्यटन उद्योग** श्रीलंका का पर्यटन उद्योग देश की अर्थव्यवस्था में महत्त्वपूर्ण भूमिका निभाता हैं

प्राकृतिक सौंदर्य, सांस्कृतिक धरोहर और समुद्रीतटों के कारण पर्यटन को बढ़ावा मिला है, जिसमें विदेशी मुद्रा प्रवाह और रोजगार के अवसर बढ़े हैं।

## दीर्घ उत्तरीय प्रश्न II

**1. क्या पाकिस्तान में सेना ने लोकतंत्र को लगातार अप्रभावी किया है? इस विषय पर अपना मतव्य व्यक्त करें?** *दक्षता आधारित प्रश्न*

उत्तर पाकिस्तान में जनरल अय्यूब खान ने पहले संविधान निर्माण के पश्चात् ही शासन की बागडोर सँभाल ली तथा शीघ्र ही स्वयं को निर्वाचित करा लिया, किंतु कुछ समय पश्चात् जनता के विरोध के कारण उसे पदच्युत होना पड़ा। इसके पश्चात् सैनिक शासन के रूप में जनरल याहिया खान ने शासन की बागडोर अपने हाथ में ले ली, किंतु इसके शासनकाल में वर्ष 1971 में बांग्लादेश संकट को लेकर हुए भारत-पाकिस्तान युद्ध के परिणामस्वरूप पूर्वी पाकिस्तान का एक अलग नए देश 'बांग्लादेश' के रूप में उदय हुआ।

इस घटना के पश्चात् वर्ष 1971 से 1977 तक निर्वाचित सरकार के रूप में जुल्फिकार अली भुट्टो ने शासन किया, किंतु एक बार फिर आकस्मिक परिवर्तन हुआ, जिसके माध्यम से वर्ष 1977 में जनरल जिया-उल-हक ने सरकार को सत्ता से हटा दिया और पुनः पाकिस्तान में सैनिक शासन लागू हो गया।

वर्ष 1982 के बाद जनरल जिया-उल-हक को सरकार विरोधी व लोकतंत्र समर्थक आंदोलन का सामना करना पड़ा।

इसके परिणामस्वरूप बेनजीर भुट्टो के नेतृत्व में वर्ष 1988 में पुनः लोकतांत्रिक सरकार बनी। इसके पश्चात् पाकिस्तान की राजनीति बेनजीर भुट्टो की पाकिस्तान पीपुल्स पार्टी और मुस्लिम लीग की आपसी प्रतिस्पर्द्धा के आस-पास केंद्रित रही, जो वर्ष 1999 तक बनी रही। वर्ष 1999 में पाकिस्तान में एक बार फिर सत्ता परिवर्तन हुआ। जनरल परवेज मुशर्रफ के नेतृत्व में सेना ने प्रधानमंत्री नवाज शरीफ को पद से हटाकर सत्ता पर कब्जा कर लिया।

जनरल परवेज मुशर्रफ ने स्वयं को वर्ष 2001 में राष्ट्रपति निर्वाचित करवा लिया। अपने शासन को वैधता प्रदान करने एवं लोकतांत्रिक रूप देने के लिए सैनिक शासकों ने चुनाव कराए, लेकिन वास्तविक सत्ता सेना के हाथ में ही रही।

**2. बांग्लादेश के निर्माण के लिए उत्तरदायी परिस्थितियों की व्याख्या कीजिए। बहुदलीय प्रणाली पर आधारित प्रतिनिधि मूलक लोकतंत्र की स्थापना में बांग्लादेश कैसे सफल हुआ?** **CBSE 2019**

उत्तर वर्ष 1947-1971 तक बांग्लादेश पाकिस्तान का अंग था। अंग्रेजी राज के समय के बंगाल और असम के विभाजित हिस्सों से पूर्वी पाकिस्तान का यह क्षेत्र बना था।

**बांग्लादेश के निर्माण के लिए उत्तरदायी कारक**

- इस क्षेत्र के लोग पश्चिमी पाकिस्तान के दबदबे और अपने ऊपर उर्दू थोपने के खिलाफ थे।
- इस क्षेत्र की जनता के प्रशासन मे अपने न्यायोचित प्रतिनिधित्व एवं राजनीतिक सत्ता में समुचित हिस्से की माँग की।
- आवामी लीग को वर्ष 1970 के चुनावों मे पूर्वी पाकिस्तान की सारी सीटों पर विजय मिलीं।
- आवामी लीग को सम्पूर्ण पाकिस्तान के लिए प्रस्तावित संविधान सभा में बहुमत हासिल हो गया।
- वर्ष 1971 में भारत और पाकिस्तान के बीच युद्ध छिड़ गया, युद्ध की समाप्ति पूर्वी पाकिस्तान में पकिस्तानी सेना के आत्मसमर्पण तथा एक स्वतन्त्र राष्ट्र 'बांग्लादेश' का निर्माण हुआ।

बांग्लादेश ने अपना संविधान बनाकर उसमें अपने को धर्मनिरपेक्ष,लोकतान्त्रिक तथा समाजवादी देश घोषित किया। वर्ष 1975 में शेख मुजीबुर्रहमान ने संविधान संशोधन करवाया और संसदीय प्रणाली की जगह अध्यक्षात्मक शासन प्रणाली को मान्यता मिली।

**3. दक्षिण एशियाई देशों की समान समस्याओं का विश्लेषण कीजिए।**

उत्तर दक्षिण एशियाई देशों की समान समस्याएँ निम्न प्रकार हैं

(i) दक्षिण एशिया में भारत के अतिरिक्त अधिकांश देशों में लोकतंत्र मजबूत नहीं है। इन देशों में कई बार तख्तापलट एवं सैन्य शासन जैसी परिघटनाएँ घटित हुई हैं, जो इस क्षेत्र की प्रमुख समस्या रही है।

(ii) इस क्षेत्र के देशों के बीच परस्पर विवाद भी एक मुख्य समस्या है; जैसे—नदी जल विभाजन विवाद, सीमा विवाद, अवैध अप्रवास आदि।

(iii) दक्षिण एशियाई देशों में श्रीलंका के अतिरिक्त अन्य सभी देश मानव विकास सूचकांक में पिछड़े हुए हैं।

(iv) दक्षिण एशिया का कोई भी देश विकसित देशों की श्रेणी में नहीं है। इसका मुख्य कारण इन देशों में गरीबी, बेरोजगारी, स्वास्थ्य सुविधाओं का अभाव तथा आर्थिक पिछड़ापन जैसी समस्याओं का होना है।

(v) इस क्षेत्र के देशों में आतंकवाद एक प्रमुख समस्या है, जो अलग-अलग देशों में अलग-अलग नाम से जाना जाता है; जैसे—बांग्लादेश में इस्लामिक कट्टरपंथी, नेपाल में माओवाद आदि। यह समस्या इन देशों में समान रूप से विद्यमान रही है।

अतः उपरोक्त तथ्यों के आधार पर यह कहा जा सकता है कि दक्षिण एशिया के सभी देश लगभग एकसमान समस्याओं से जूझ रहे हैं।

**4. भारत और पाकिस्तान के बीच किन्हीं तीन विवादित मुद्दों का वर्णन कीजिए।** **CBSE 2018**

उत्तर भारत और पाकिस्तान के बीच प्रमुख विवाद निम्नलिखित है।

(i) **कश्मीर का विवाद** विभाजन के तुरन्त बाद दोनों देश कश्मीर के मुद्दे पर लड़ें। वर्ष 1948 के युद्ध के दौरान कश्मीर के दो हिस्सों हो गए। एक हिस्सा पाकिस्तान अधिकृत कश्मीर कहलाया जबकि दूसरा हिस्सा भारत का जम्मू-कश्मीर प्रान्त बना। वर्ष 1971 में भारत ने पाकिस्तान के विरुद्ध एक निर्णायक युद्ध जीता, लेकिन कश्मीर अनुसलझा ही रहा।

(ii) **नदी जल विवाद** भारत और पाकिस्तान के बीच नदी जल के बँटवारे के सवाल पर भी तनातनी हुई। वर्ष 1960 तक दोनों के बीच सिंधु नदी के इस्तेमाल को लेकर तीखे विवाद हुए। वर्ष 1960 में विश्व बैंक की मद्द से भारत और पाकिस्तान के बीच 'सिंधु-जल-संधि' पर दस्तखत किए और यह संधि भारत-पाक के बीच कई सैन्य संघर्षों के बावजूद अब भी कायम है। सिंधु नदी जल के इस्तेमाल को लेकर अब भी विवाद है।

(iii) **सरक्रिक विवाद** कच्छ के रन में सरक्रिक की सीमा रेखा को लेकर दोनों देशों के बीच मतभेद है। इस विवाद का असर सरक्रिक इलाके से सटे समुद्री संसाधन के नियंत्रण पर पड़ेगा।

**5. भारत और पाकिस्तान के बीच संघर्ष के छः कारणों को लिखिए।**

उत्तर भारत के सभी संघर्षों में भारत-पाकिस्तान के संघर्ष को मुख्य स्थान दिया जाता है। भारत और पाकिस्तान के संघर्ष के कारणों को निम्न तथ्यों के द्वारा व्यक्त किया जा सकता है

(i) देश विभाजन के पश्चात् ही कश्मीर को लेकर वर्ष 1947-48 में दोनों देशों के बीच युद्ध शुरू हो गया, जिसके परिणामस्वरूप कश्मीर का दो भागों में विभाजन हो गया।

(ii) पाकिस्तान सरकार द्वारा दावा किया जाना कि कश्मीर पाकिस्तान का हिस्सा है।

(iii) दोनों देशों के बीच एक नियंत्रण सीमारेखा है।

(iv) वर्ष 1965 में हुए दूसरे युद्ध के पश्चात् भी कश्मीर का मुद्दा हल नहीं हो पाया।

(v) वर्ष 1965 के युद्ध के पश्चात् वर्ष 1971 में भारत ने पाकिस्तान के विरुद्ध एक निर्णायक युद्ध जीता। इसके बावजूद भी कश्मीर का मुद्दा अनसुलझा ही रहा, जो वर्तमान समय तक संघर्ष का मुख्य कारण बना हुआ है।

(vi) इसके अतिरिक्त भारत और पाकिस्तान के बीच सियाचिन ग्लेशियर तथा हथियारों की प्रतिस्पर्द्धा एवं सामरिक महत्त्व के मुद्‌दों पर हमेशा तनाव की स्थिति बनी रहती है।

**6. भारत और बांग्लादेश के बीच सहयोग तथा असहमति के किन्हीं दो-दो क्षेत्रों का वर्णन कीजिए।** **CBSE 2019**

*अथवा* **भारत और बांग्लादेश के बीच पारस्परिक संबंधों में मतभेदों का विश्लेषण कीजिए।**

**उत्तर** भारत और बांग्लादेश सहयोगी राष्ट्र हैं, किन्तु दोनों के मध्य कभी-कभी विवाद उत्पन्न हो जाता हैं। भारत ने बाँग्लादेश की स्वतन्त्रता में अभूतपूर्व योगदान दिया है, इसीलिए आपराधिक मामले तथा सांस्कृतिक आदान-प्रदान के कार्यक्रमों में महत्त्वपूर्ण भूमिका निभाई हैं।

**भारत और बांग्लादेश के मध्य सहयोग के दो मुद्दे**

(i) पिछले बीस वर्षों के दौरान दोनों के आर्थिक संबंध अधिक मजबूत हुए हैं। बांग्लादेश भारत में लुक ईस्ट और वर्ष 2014 से 'एक्ट ईस्ट' नीति का हिस्सा है। इस नीति के अंतर्गत म्यांमार के जरिए दक्षिण पूर्व एशिया से संपर्क साधने की बात की है।

(ii) आपदा-प्रबंधन और पर्यावरण के मामले पर भी दोनों देशों ने निरंतर सहयोग किया है।

**भारत और बांग्लादेश के बीच असहयोग के दो मुद्दे**

(i) भारतीय सरकारों के बांग्लादेश से नाखुश होने के कारणों में भारत में अवैध आप्रवास पर ढाका के खंडन, भारत विरोधी इस्लामी कट्टरपंथी जमातों को समर्थन, भारतीय सेना को पूर्वोत्तर भारत में जाने के लिए अपने क्षेत्रों से रास्ता देने से साफ इंकार शामिल है।

(ii) बांग्लादेश की सरकार का मानना है भारतीय सरकार नदी-जल में हिस्सेदारी के सवाल पर दादा की तरह बर्ताव करती है।

## स्रोत आधारित प्रश्न

**नीचे दिए गए स्रोतों/अनुच्छेदों का ध्यानपूर्वक अवलोकन कर दिए गए प्रश्नों के उत्तर दीजिए**

**1.** **अमूमन बांग्लादेश, भूटान, भारत, मालदीव, नेपाल, पाकिस्तान और श्रीलंका को इंगित करने के लिए 'दक्षिण एशिया' पद का व्यवहार किया जाता है। उत्तर की विशाल हिमालय पर्वत- शृंखला, दक्षिण का हिंद महासागर, पश्चिम का अरब सागर और पूरब में मौजूद बंगाल की खाड़ी से यह क्षेत्र एक विशिष्ट प्राकृतिक क्षेत्र के रूप में नजर आता है। यह भौगोलिक विशिष्टता ही इस उप-महाद्वीपीय क्षेत्र के भाषायी, (संशोधित) सामाजिक तथा सांस्कृतिक अनूठेपन के लिए जिम्मेदार है। इस क्षेत्र की चर्चा में जब-तब अफगानिस्तान और म्यांमार को भी शामिल किया जाता है। चीन इस क्षेत्र का एक प्रमुख देश है, लेकिन चीन को दक्षिण एशिया का अंग नहीं माना जाता। दक्षिण एशिया प्रत्येक अर्थ में विविधताओं से भरा-पूरा क्षेत्र है फिर भी भू-राजनीतिक धरातल पर यह एक क्षेत्र है।**

(i) **निम्न में उस देश की पहचान कीजिए, जो दक्षिण एशियाई देशों की सूची में शामिल नहीं है।**

(a) म्यांमार (b) भारत (c) भूटान (d) श्रीलंका

**उत्तर** (a) म्यांमार

(ii) **निम्नलिखित में से किसे दक्षिण एशिया की विशेषता में शामिल किया जा सकता है?**

(a) प्राकृतिक विविधता
(b) सामाजिक विविधता
(c) सांस्कृतिक विविधता
(d) ये सभी

**उत्तर** (d) ये सभी

(iii) **'दक्षिण एशिया' पद से क्या आशय है?**

**उत्तर** सामान्यतः बांग्लादेश, भूटान, भारत, मालदीव, नेपाल, पाकिस्तान और श्रीलंका को इंगित करने के लिए दक्षिण एशिया पद का प्रयोग किया जाता है। इसके उत्तर में विशाल हिमालय पर्वत, दक्षिण में हिंद महासागर, पश्चिम में अरब सागर तथा पूर्व में मौजूद बंगाल की खाड़ी से यह क्षेत्र एक विशिष्ट प्राकृतिक क्षेत्र के रूप में नजर आता है।

**2.** **निम्नलिखित अवतरण का ध्यानपूर्वक अध्ययन कर इस पर आधारित प्रश्नों के उत्तर दीजिए**

**'साफ्टा' समझौते का लक्ष्य है कि इन देशों के बीच आपसी व्यापार में लगने वाली सीमा शुल्क को कम कर दिया जाए। कुछ छोटे देश मानते हैं कि 'साफ्टा' की ओट लेकर भारत उनके बाज़ार में सेंध मारना चाहता है और व्यावसायिक उद्यम तथा व्यावसायिक मौजूदगी के जरिए उनके समाज और राजनीति पर प्रभाव डालना चाहता है। भारत सोचता है कि 'साफ्टा' से इस क्षेत्र के प्रत्येक देश को लाभ होगा और क्षेत्र में मुक्त व्यापार बढ़ने से राजनीतिक मसलों पर सहयोग अधिक बेहतर होगा। भारत में कुछ लोगों का मानना है कि 'साफ्टा' के लिए परेशान होने की आवश्यकता नहीं, क्योंकि भारत, भूटान, नेपाल और श्रीलंका से पहले ही द्विपक्षीय व्यापार समझौता कर चुका है।** **CBSE 2025**

(i) **'साफ्टा' निम्नलिखित में से कौन-से वर्ष से प्रभाव में आया?**

(a) 1 जनवरी, 2004 (b) 1 जनवरी, 2005
(c) 1 जनवरी, 2006 (d) 1 जनवरी, 2007

**उत्तर** (c) 1 जनवरी, 2006

(ii) **'साफ्टा' का संबंध निम्नलिखित में से किस क्षेत्रीय संगठन से है?**

(a) दक्षिण एशियाई क्षेत्रीय सहयोग संगठन (सार्क)
(b) दक्षिण पूर्वी एशियाई राष्ट्रों का संगठन (आसियान)
(c) यूरोपीय संघ (ई.यू.)
(d) गुटनिरपेक्ष आंदोलन (नाम)

**उत्तर** (a) दक्षिण एशियाई क्षेत्रीय सहयोग संगठन (सार्क)

(iii) **निम्नलिखित में से कौन-सा उद्देश्य 'साफ्टा' की भावना के बारे में सत्य है ?**

(a) इसके सदस्य देशों के मध्य मित्रता और एकता की भावना विकसित करना
(b) सीमा पार मुक्त व्यापार की अनुमति देना
(c) सीमा पार मुद्दों को बातचीत से हल करना
(d) समकालीन विश्व में महाशक्तियों को चुनौती देना

**उत्तर** (b) सीमा पार मुक्त व्यापार की अनुमति देना

(iv) **'साफ्टा' ने निम्नलिखित में से किस बात का वायदा किया था?**

(a) मुक्त व्यापार क्षेत्र बनाने का
(b) शांतिपूर्ण वातावरण बनाने का
(c) एक मजबूत संगठन बनाने का
(d) एक सांस्कृतिक संगठन बनाने का

**उत्तर** (a) मुक्त व्यापार क्षेत्र बनाने का

**3.** **नेपाल में लोकतंत्र की आमद अब लगभग मुकम्मल हुई है। नेपाल अपने इतिहास के एक अद्वितीय दौर से गुजर रहा था। नेपाल का संविधान लिखने के लिए वहाँ संविधान सभा का गठन हुआ। नेपाल में कुछ लोग मानते थे कि अलंकारिक अर्थों में राजा का पद कायम रखना**

जरूरी था ताकि नेपाल अपने अतीत से जुड़ा रहे। माओवादी समूहों ने सशस्त्र संघर्ष की राह छोड़ देने की बात मान ली थी।

माओवादी चाहते थे कि संविधान में मूलगामी सामाजिक-आर्थिक पुनर्रचना के कार्यक्रमों को शामिल किया जाए। सात दलों के गठबंधन में शामिल प्रत्येक दल को यह बात स्वीकार नहीं थी। माओवादी और कुछ अन्य राजनीतिक समूह भारत की सरकार और नेपाल के भविष्य में भारतीय सरकार की भूमिका को लेकर बहुत शंकित थे। वर्ष 2008 में नेपाल राजतंत्र को खत्म करने के बाद लोकतांत्रिक गणराज्य बन गया। वर्ष 2015 में नेपाल ने नया संविधान अपनाया।

(i) **नेपाल किस वर्ष अपने राजतंत्र को समाप्त करने के बाद लोकतांत्रिक गणराज्य बना?**

(a) वर्ष 2003 (b) वर्ष 2005
(c) वर्ष 2008 (d) वर्ष 2015

उत्तर (c) वर्ष 2008

(ii) **नए संविधान के तहत नेपाल में किस प्रकार की शासन प्रणाली अपनाई गई थी?**

(a) गणराज्य
(b) सामंतवादी राज्य
(c) लोकतांत्रिक गणराज्य
(d) संसदीय गणराज्य

उत्तर (c) लोकतांत्रिक गणराज्य

(iii) **नेपाल में संविधान निर्माण के दौरान कुछ दल किस बात को लेकर शंकित थे?**

उत्तर नेपाल में जब संविधान का निर्माण हो रहा था, उस समय माओवादी और कुछ अन्य राजनीतिक समूह भारत की सरकार और नेपाल के भविष्य को लेकर भारत सरकार की भूमिका को लेकर काफी ज्यादा शंकित थे।

**4.** **भारत और नेपाल के बीच मधुर संबंध हैं और दोनों देशों के बीच एक संधि हुई है। इस संधि के तहत दोनों देशों के नागरिक एक-दूसरे के देश में बिना पासपोर्ट (पारपत्र) और वीजा के आ-जा सकते हैं और काम कर सकते हैं। विशेष संबंधों के बावजूद दोनों देश के बीच अतीत में व्यापार से संबंधित मनमुटाव उत्पन्न हुए हैं।**

**नेपाल की चीन के साथ दोस्ती को लेकर भारत सरकार ने अकसर अपनी अप्रसन्नता जताई है। नेपाल सरकार भारत-विरोधी तत्त्वों के खिलाफ कदम नहीं उठाती। इससे भी भारत नाखुश है। भारत की सुरक्षा एजेंसियाँ नेपाल में चल रहे माओवादी आंदोलन को अपनी सुरक्षा के लिए खतरा मानती हैं, क्योंकि भारत में बिहार से लेकर आंध्र प्रदेश तक विभिन्न प्रांतों में नक्सलवादी समूहों का उभार हुआ है। नेपाल में बहुत-से लोग यह सोचते हैं कि भारत की सरकार नेपाल के अंदरूनी मामलों में दखल दे रही है और उसके नदी जल तथा पनबिजली पर आँख गड़ाए हुए है। चारों तरफ से जमीन से घिरे नेपाल को लगता है कि भारत उसको अपने भू-क्षेत्र से होकर समुद्र तक पहुँचने से रोकता है। बहरहाल भारत-नेपाल के संबंध एकदम मजबूत और शांतिपूर्ण हैं। विभेदों के बावजूद दोनों देश व्यापार, वैज्ञानिक सहयोग, साझे प्राकृतिक संसाधन, बिजली उत्पादन और जल प्रबंधन ग्रिड के मसले पर एकसाथ हैं। नेपाल में लोकतंत्र की बहाली से दोनों देशों के बीच संबंधों के और मजबूत होने की उम्मीद बँधी है।**

(i) **विगत कुछ वर्षों में नेपाल के प्रति भारत की अप्रसन्नता का क्या कारण रहा है?**

(a) नेपाल का चीन के साथ मैत्रीपूर्ण व्यवहार
(b) नेपाल का पाकिस्तान के साथ मैत्रीपूर्ण व्यवहार
(c) नेपाल का रूस के साथ मैत्रीपूर्ण व्यवहार
(d) नेपाल का भूटान के साथ मैत्रीपूर्ण व्यवहार

उत्तर नेपाल का चीन के साथ मैत्रीपूर्ण व्यवहार

(ii) **भारत की सुरक्षा एजेंसिया नेपाल में चल रहे माओवादी आंदोलन को अपनी सुरक्षा के लिए खतरा क्यों मानती हैं?**

(a) क्योंकि भारत में बिहार से लेकर केरल तक विभिन्न प्रांतों में नक्सली समूहों का उभार हुआ है
(b) क्योंकि भारत में बिहार से लेकर आंध्रप्रदेश तक विभिन्न प्रांतों में नक्सली समूहों का उभार हुआ है
(c) क्योंकि भारत में जम्मू-कश्मीर से लेकर पंजाब तक विभिन्न प्रांतो में नक्सली समूहों का उभार हुआ है
(d) क्योंकि भारत में पंजाब से दिल्ली तक विभिन्न प्रांतों में नक्सली समूहों का उभार हुआ है

उत्तर क्योंकि भारत में बिहार से लेकर आंध्रप्रदेश तक विभिन्न प्रांतों में नक्सली समूहों का उभार हुआ है।

(iii) **विशेष संबंधों के बावजूद दोनों देशों के बीच व्यापार से संबंधित मनमुटाव क्यों उत्पन्न हुए हैं?**

उत्तर नेपाल की चीन के साथ घनिष्ठता को लेकर भारत सरकार ने अकसर अपनी अप्रसन्नता जताई है तथा नेपाल सरकार भारत विरोधी तत्त्वों के विरुद्ध कार्यवाही नहीं करती है। इसके अतिरिक्त भारत की सुरक्षा एजेंसियाँ नेपाल में चल रहे माओवादी आंदोलन को अपनी सुरक्षा के लिए खतरा मानती हैं, जिससे दोनों देशों के बीच मनमुटाव उत्पन्न हुए।

## मानचित्र आधारित प्रश्न

**1.** **बिंदुओं को दर्शाया गया। नीचे दी गई जानकारी के आधार पर इन बिंदुओं की पहचान कीजिए तथा इनके सही नाम से संबंधित क्रम संख्या और संबंधित वर्णमाला के साथ नीचे दिए गए प्रारूप के अनुसार लिखें।**

| क्रम संख्या | मानचित्र मे वर्णमाला | राज्य/राष्ट्र का नाम |
|---|---|---|
| | | |

(i) उदारीकरण की नीति को अपनाने वाला पहला दक्षिण एशियाई देश कौन है?
(ii) 'दक्षेस' का पहला सम्मेलन किस देश में हुआ था?
(iii) 'सेवेन पार्टी मेलाएन्स' किस देश में किया गया?
(iv) 'सरक्रिक की सीमा रेखा किन देशों के बीच है?

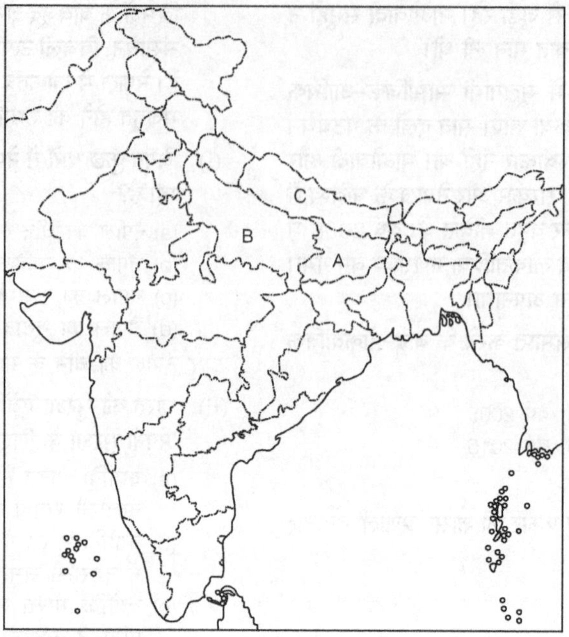


उत्तर

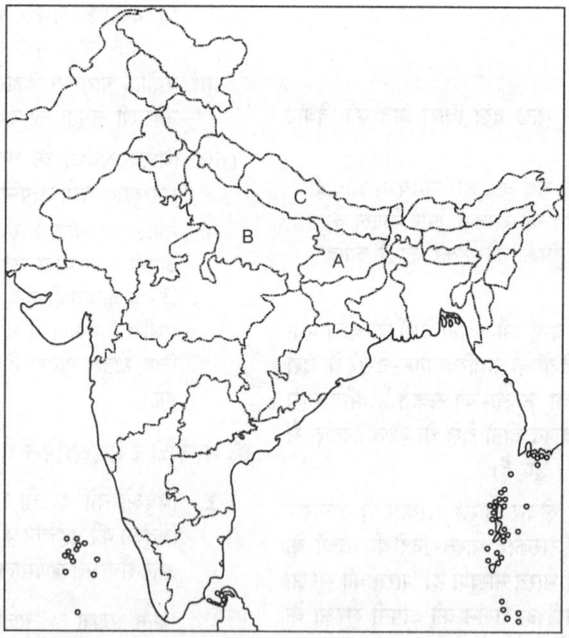


| क्रम संख्या | मानचित्र मे वर्णमाला | राज्य/राष्ट्र का नाम |
|---|---|---|
| 1. | A | श्रीलंका |
| 2. | B | ढाका (बांग्लादेश) |
| 3. | C | नेपाल |
| 4. | D | भारत–पाकिस्तान |

# स्वयं को जाँचें

## बहुविकल्पीय प्रश्न

**1.** नेपाल में किस वर्ष जन-विद्रोह के द्वारा लोकतंत्र वापसी की बहाली हुई?
(a) वर्ष 2002 (b) वर्ष 2004
(c) वर्ष 2006 (d) वर्ष 2008

**2.** बेनजीर भुट्टो की पार्टी का नाम क्या है?
(a) पाकिस्तान पार्टी (b) पाकिस्तान पीपुल्स पार्टी
(c) पाकिस्तान जनशक्ति पार्टी (d) पाकिस्तान लीग

**3.** निम्न में से किसे जनता के विरोधस्वरूप पद त्यागना पड़ा?
(a) जियाउर्रहमान (b) जनरल इरशाद
(c) शेख मुजीबुर्रहमान (d) इनमें से कोई नहीं

**4.** मालदीव में नया संविधान कब अपनाया गया?
(a) वर्ष 2005 (b) वर्ष 2006 (c) वर्ष 2007 (d) वर्ष 2008

**5.** सुमेलित कीजिए

| सूची I (घटना) | सूची II (वर्ष) |
|---|---|
| A. पाकिस्तान में पुनः लोकतांत्रिक शासन | 1. 1984 |
| B. श्रीलंका की स्वतंत्रता प्राप्ति | 2. 1989 |
| C. श्रीलंका से शांति सेना की वापसी | 3. 2008 |
| D. ऑपरेशन मेघदूत | 4. 1948 |

कूट

| | A | B | C | D |
|---|---|---|---|---|
| (a) | 1 | 2 | 3 | 4 |
| (b) | 2 | 1 | 3 | 4 |
| (c) | 3 | 4 | 2 | 1 |
| (d) | 3 | 4 | 1 | 2 |

**6.** तमिल संगठन लिट्टे को किस वर्ष समाप्त कर दिया गया था?
(a) वर्ष 2006 (b) वर्ष 2007
(c) वर्ष 2008 (d) वर्ष 2009

**7.** सिन्धु जल समझौता कब हुआ था?
(a) वर्ष 1955 (b) वर्ष 1960
(c) वर्ष 1974 (d) वर्ष 1984

## अतिलघु उत्तरीय प्रश्न

**8.** भारत और पाकिस्तान के बीच शिमला समझौता कब हुआ था?

**9.** पाकिस्तान पीपुल्स पार्टी की महिला राजनीतिज्ञ का नाम लिखिए।

**10.** श्रीलंका की समस्या भारतवंशी लोगों से कैसे जुड़ी हैं?

**11.** दक्षिण एशिया मुक्त व्यापार समझौता की मुख्य भावना क्या है?

**12.** श्रीलंका में जातीय संघर्ष की समस्या क्यों उभरकर सामने आई?

## लघु उत्तरीय प्रश्न

**13.** दक्षिण एशिया में मालदीव की अवस्थिति को समझाइए एवं भारत के साथ उसके संबंधों पर टिप्पणी कीजिए।

**14.** "दक्षिण एशिया भौगोलिक अवस्थिति से समृद्ध है, लेकिन समस्याएँ भी साथ में विराजमान हैं।" संक्षेप में समझाइए।

**15.** क्या आप इस मत से सहमत हैं कि दक्षिण एशिया में भारत की स्थिति सुदृढ़ है? तर्क दीजिए।

## दीर्घ उत्तरीय प्रश्न I

**16.** नेपाल और भारत के संबंधों की विवेचना करते हुए यह समझाइए कि क्या नेपाल और भारत के संबंध वर्तमान समय में प्रगति के पथ पर हैं?

**17.** कश्मीर, भारत और पाकिस्तान के संबंध विच्छेद का प्रमुख कारण रहा है। विवाद के अन्य कारणों का वर्णन कीजिए।

## दीर्घ उत्तरीय प्रश्न II

**18.** दक्षिण एशियाई क्षेत्रीय सहयोग संगठन (SAARC) के गठन के उद्देश्यों की विस्तार से चर्चा करें। सार्क के माध्यम से शातिं और सहयोग के सिद्धांतों को कैसे बढ़ावा दिया जा सकता है?

**19.** श्रीलंका में जातीय संघर्ष क्या है, एवं इसके कारणों की विस्तृत व्याख्या कीजिए?

# 04

अध्याय

# अंतर्राष्ट्रीय संगठन

सोवियत संघ के विघटन के बाद नई विश्व व्यवस्था का उदय हुआ, जिसमें अंतर्राष्ट्रीय संगठनों तथा अमेरिका की नई भूमिका उभरी। इस अध्याय में इनकी भूमिकाओं, नई चुनौतियों, संयुक्त राष्ट्र संघ की भूमिका में परिवर्तन जैसे मुद्दों को शामिल किया गया है। इसमें संयुक्त राष्ट्र में सुधार के लिए भारत के दृष्टिकोण को भी शामिल किया गया है।

**▼ अध्ययन एक नजर में**

4.1 अंतर्राष्ट्रीय संगठन का अर्थ एवं महत्त्व
4.2 संयुक्त राष्ट्र संघ में सुधार और भारत
4.3 एक ध्रुवीय विश्व में संयुक्त राष्ट्र

**▼ अभ्यास के लिए**

- बहुविकल्पीय प्रश्न 34 (युग्मित प्रश्न, चित्र आधारित प्रश्न, कथन/कारण, सुमेलित कीजिए)
- वर्णनात्मक प्रकार के प्रश्न (लघु उत्तरीय प्रश्न 6, दीर्घ उत्तरीय प्रश्न I 6, दीर्घ उत्तरीय प्रश्न II 6)
- स्रोत आधारित प्रश्न 3, मानचित्र आधारित 1

## 4.1 अंतर्राष्ट्रीय संगठन का अर्थ एवं महत्त्व

अंतर्राष्ट्रीय संगठन (International Organisation) राज्यों के उस औपचारिक समूह को कहा जाता है, जिसका निर्माण कुछ निर्दिष्ट उद्देश्यों की प्राप्ति को ध्यान में रखकर किया जाता है। यद्यपि अंतर्राष्ट्रीय संगठन विश्व की प्रत्येक समस्या का समाधान तो नहीं है तथापि निम्न कारणों से महत्त्वपूर्ण है

- अंतर्राष्ट्रीय संगठन युद्ध और शांति के संदर्भ में देशों के लिए सहायक होते हैं।
- ये संगठन लोगों के जीवन स्तर को बेहतर करने के लिए देशों की सहायता करते हैं।
- राष्ट्रों के समक्ष प्रायः कुछ ऐसी समस्याएँ उत्पन्न हो जाती हैं, जिनको हल करना किसी एक राष्ट्र के लिए संभव नहीं होता है। जैसे—वायुमंडल के तापमान में वृद्धि क्लोरो-फ्लोरो कार्बन जैसे कुछ रसायनों के अधिक मात्रा में उत्सर्जन से हो रही है, जिससे समुद्र तल की ऊँचाई बढ़ने का खतरा है, क्योंकि इसके कारण विश्व के समुद्रतटीय क्षेत्र जलमग्न हो जाएँगे। इस दृष्टि से अंतर्राष्ट्रीय सहयोग इसके समाधान हेतु कारगर है।
- अंतर्राष्ट्रीय संगठन सहयोग करने के उपाय और सूचनाएँ एकत्र करने में मदद कर सकता है।
- विश्व के अधिकांश देश सहयोग की जरूरत को पहचानते हैं, किंतु इन देशों में परस्पर सहयोग के मुद्दे तथा कई बिंदुओं पर विभिन्न देशों के बीच सहमति नहीं बन पाती है। अंतर्राष्ट्रीय संगठन इन देशों के बीच सहयोग का मार्ग तैयार कर सकता है।
- वर्तमान विश्व में, संयुक्त राष्ट्र (यूएन) सबसे महत्त्वपूर्ण अंतर्राष्ट्रीय संगठन है। यह शांति और प्रगति के लिए मानवता की आशा का प्रतिनिधित्व करता है। अंतर्राष्ट्रीय संगठन कोई ऐसे **सुपर स्टेटस**[1] नहीं है, जिसके पास अपने सदस्यों पर अधिकार हो। इसे देशों द्वारा आपस में सहमति से बनाया गया है।
- हालाँकि वर्ष 2006 के लेबनान संकट जैसे विभिन्न घटनाक्रमों ने संयुक्त राष्ट्र संगठन (यूएनओ) की अप्रभावशीलता को उजागर किया।

1 **सुपर स्टेट** एक ऐसे राज्य को संदर्भित करता है, जो अन्य राज्यों से श्रेष्ठ हो।

## अंतर्राष्ट्रीय मुद्रा कोष

- अंतर्राष्ट्रीय मुद्रा कोष (International Monetary Fund, IMF) की स्थापना दिसंबर, 1945 में हुई।
- यह वैश्विक स्तर की वित्त व्यवस्था की देखरेख एवं माँगे जाने पर वित्तीय तथा तकनीकी सहायता उपलब्ध कराता है।
- इसके 190 सदस्य देश है।
- सदस्य देशों की राय को समान अधिकार प्राप्त नहीं है।
- जी-7 देशों के पास आईएमएफ में 41.2% वोट शेयर है।
- भारत के पास 2.64% वोट शेयर है।

### संयुक्त राष्ट्र (यूएन) का विकास

- प्रथम विश्व युद्ध के बाद देशों ने संघर्षों से निपटने के लिए एक अंतर्राष्ट्रीय संगठन बनाने का निर्णय लिया। इसके परिणामस्वरूप 'लीग ऑफ नेशन' का गठन हुआ। हालाँकि लीग द्वितीय विश्व युद्ध (वर्ष 1939-45) को रोकने में असफल रही।
- द्वितीय विश्वयुद्ध की समाप्ति के पश्चात् ही वर्ष 1945 में लीग ऑफ नेशंस के उत्तराधिकारी के रूप में संयुक्त राष्ट्र संघ की स्थापना की गई, जो औपचारिक रूप से 24 अक्टूबर, 1945 को अस्तित्व में आया।
- 51 देशों ने **संयुक्त राष्ट्र संघ के चार्टर**[2] (घोषणा-पत्र) पर हस्ताक्षर किए।
- संयुक्त राष्ट्र संघ का प्रधान अधिकारी महासचिव होता है।

## संयुक्त राष्ट्र संघ की स्थापना के उद्देश्य

संयुक्त राष्ट्र संघ की स्थापना के उद्देश्य निम्नलिखित हैं

- संयुक्त राष्ट्र संघ की स्थापना का एक मुख्य उद्देश्य विश्वयुद्ध जैसी विभीषिका को भविष्य में न होने देना है।
- विश्व के विभिन्न देशों के आपसी मतभेद एवं विवादों को शांतिपूर्ण तरीके से आपसी संवाद के द्वारा सुलझाने में सहयोग करना।
- युद्ध होने की स्थिति में युद्ध के प्रभाव को कम करना इसकी स्थापना के उद्देश्यों में शामिल है।
- इसके अतिरिक्त विश्व में सामाजिक-आर्थिक विकास की संभावनाओं को बढ़ाने तथा विश्व के विभिन्न देशों को एक मंच पर लाना भी संयुक्त राष्ट्र संघ की स्थापना का एक प्रमुख उद्देश्य है।

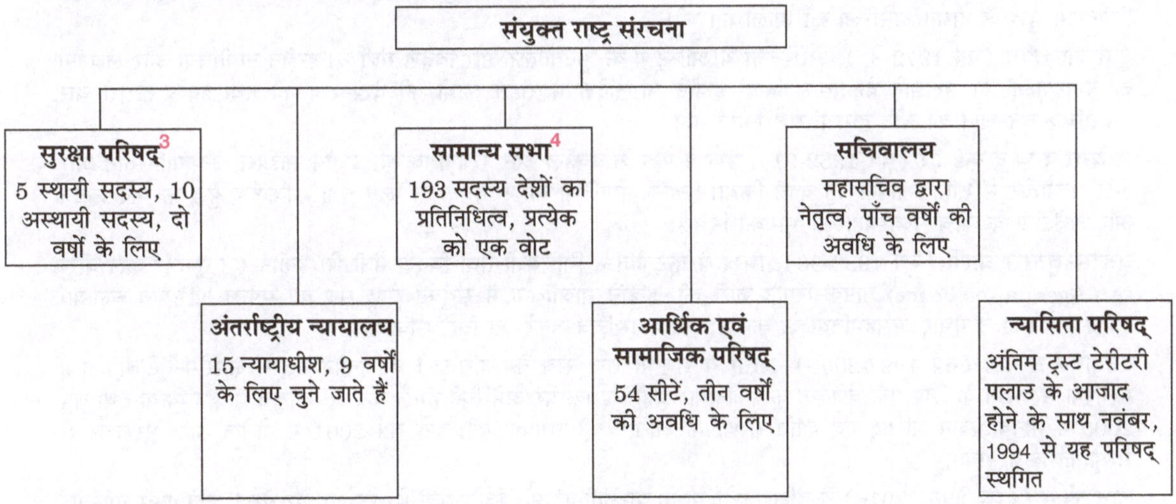


## संयुक्त राष्ट्र के सदस्य

- वर्ष 2011 तक, संयुक्त राष्ट्र के 193 सदस्य राज्य थे।
- संयुक्त राष्ट्र सुरक्षा परिषद के 5 स्थायी सदस्य हैं ये है- संयुक्त राज्य अमेरिका, यूनाइटेड किंगडम, चीन, फ्रांस और रूस।

---

2 **संयुक्त राष्ट्र चार्टर** यह संयुक्त राष्ट्र का संविधान है, जो इसके उद्देश्यों से संबंधित मामलों को संबोधित करता है।
3 **सुरक्षा परिषद्** (Security Council) यह संयुक्त राष्ट्र का प्रधान अंग है, जो वैश्विक शांति और सुरक्षा के उद्देश्य के लिए कार्य करता है।
4 **सामान्य सभा** (General Assembly) यह संयुक्त राष्ट्र संघ का एक प्रमुख अंग है, जो संयुक्त राष्ट्र के बजट कार्यों तथा इसके अस्थायी सदस्यों की नियुक्ति आदि के दायित्व के लिए जिम्मेदार है।

संयुक्त राष्ट्र सुरक्षा परिषद के अस्थायी सदस्य दो वर्षों की अवधि समाप्त करने के बाद तुरंत फिर से चुनाव के लिए नहीं चुने जा सकते। उनके पास कोई वीटो शक्ति नहीं होती।

## संयुक्त राष्ट्र संघ की एजेंसियाँ

संयुक्त राष्ट्र की कई शाखाएँ और एजेंसियाँ है, जो विभिन्न वैश्विक मुद्दों पर काम करती है। सदस्य देशों के बीच युद्ध, शांति और विवादों पर चर्चा **आम सभा** और **सुरक्षा परिषद** दोनों में की जाती है। सामाजिक और आर्थिक मुद्दों के सामाधान के लिए संयुक्त राष्ट्र की कई प्रमुख एजेंसियाँ हैं, जिनमें शामिल हैं

- विश्व स्वास्थ्य संगठन (WHO) - वैश्विक स्वास्थ्य से जुड़े मामलों पर कार्यरत।
- संयुक्त राष्ट्र विकास कार्यक्रम (UNDP) - विकास और गरीबी उन्मूलन में सहायता।
- संयुक्त राष्ट्र शरणार्थी उच्चायोग (UNHCR) - शरणार्थियों के अधिकारों और सुरक्षा पर काम
- संयुक्त राष्ट्र बाल कोष (UNICEF) - बच्चों के कल्याण और अधिकारों की सुरक्षा।
- संयुक्त राष्ट्र शैक्षिक; समाजिक और सांस्कृतिक संगठन (UNESCO)- शिक्षा, विज्ञान और संस्कृति के प्रचार-प्रसार के लिए कार्य।

ये एजेंसियाँ वैश्विक समस्याओं के समाधान में सहायक भूमिका निभाती हैं।

### संयुक्त राष्ट्र के महासचिव

संयुक्त राष्ट्र के प्रतिनिधि प्रमुख, जो संयुक्त राष्ट्र की गतिविधियों का वार्षिक रिकॉर्ड तैयार करते हैं।

- **ट्राइग्व ली** (वर्ष 1946-52), **नॉर्वे** ये वकील और विदेश मंत्री थे। इन्होंने कश्मीर मुद्दे पर भारत और पाकिस्तान के मध्य युद्ध स्थगित कराया। कोरिया युद्ध को जल्दी समाप्त कराने में असफल रहने पर इनकी आलोचना की गई। द्वितीय कार्यकाल के लिए महासचिव चुने जाने का सोवियत संघ द्वारा विरोध करने के कारण इन्होंने त्याग-पत्र दे दिया।
- **डेग हैमरशोल्ड** (वर्ष 1953-61), **स्वीडन** ये स्वीडन के अर्थशास्त्री और वकील थे। इन्होंने अफ्रीका के अनौपनिवेशीकरण और स्वेज नहर विवाद को सुलझाने के लिए कार्य किया। इन्हें कांगो संकट सुलझाने हेतु किए गए प्रयासों के लिए मरणोपरांत नोबेल शांति पुरस्कार वर्ष 1961 में दिया गया।
- **यू थांट** (वर्ष 1961-71), **बर्मा** (म्यांमार) ये बर्मा के शिक्षक और राजनयिक थे। इन्होंने क्यूबा के मिसाइल संकट को हल करने और कांगो संकट को समाप्त करने के प्रयास किए। इन्होंने साइप्रस में संयुक्त राष्ट्र संघ की शांति सेना नियुक्त की एवं वियतनाम युद्ध के दौरान अमेरिका की आलोचना की।
- **कुर्त वाल्डहीम** (वर्ष 1972-81), **ऑस्ट्रिया** ये ऑस्ट्रिया के कूटनीतिज्ञ और विदेश मंत्री थे। इन्होंने नामीबिया और लेबनान की समस्याओं को सुलझाने के प्रयास किए। इन्होंने बांग्लादेश में राहत कार्यों की देख-रेख की तथा इनके तीसरी बार महासचिव चुने जाने का चीन द्वारा विरोध किया गया।
- **जेवियर पेरेज द कुइयार** (वर्ष 1982-91), **पेरू** ये पेरू के वकील और राजनयिक थे। इन्होंने साइप्रस, अफगानिस्तान और अल सल्वाडोर में शांति स्थापना हेतु कार्य किया। इन्होंने नामीबिया की स्वतंत्रता के लिए तथा फॉकलैंड युद्ध के बाद ब्रिटेन और अर्जेंटीना के बीच मध्यस्थता की भूमिका निभाई।
- **बुतरस-बुतरस घाली** (वर्ष 1992-96), **मिस्र** ये कूटनीतिज्ञ, विधिवेत्ता तथा विदेश मंत्री थे। इन्होंने **एन एजेंडा फॉर पीस** (An Agenda for Peace) नामक रिपोर्ट जारी की। इन्होंने मोजांबिक में संयुक्त राष्ट्र संघ का सफल अभियान चलाया। इनका अमेरिका ने गंभीर असहमतियों के कारण पुनः महासचिव बनने का विरोध किया।
- **कोफी ए अन्नान** (वर्ष 1997-2006), **घाना** ये संयुक्त राष्ट्र संघ के अधिकारी थे। इन्होंने एड्स, क्षयरोग (टीबी) तथा मलेरिया से लड़ने के लिए एक वैश्विक कोष बनाया। इन्होंने इराक पर अमेरिकी हमले को गैर-कानूनी घोषित किया तथा वर्ष 2005 में मानवाधिकार परिषद् एवं शांति संस्थापक आयोग की स्थापना की। इन्हें वर्ष 2001 में नोबेल शांति पुरस्कार से सम्मानित किया गया।
- **बान की मून** (वष 2007-2016) ये दक्षिण कोरिया के कूटनीतिक और विदेशमंत्री थे। इस पद पर बैठने वाले दूसरे एशियाई (प्रथम-यू शांट) हैं। इन्होंने जलवायु परिवर्तन, सहस्राब्दि विकास लक्ष्य और सतत विकास लक्ष्य पर ध्यान दिया। इन्होंने यूएन वीमेन के निर्माण के लिए काम किया। इन्होंने युद्ध वियोजन और परमाणु निरस्त्रीकरण पर जोर दिया।
- **एंटोनियो गुटेरेस** (30 नवंबर, 2016 से अब तक) 13 अक्टूबर, 2016 को बान की मून के कार्यकाल की समाप्ति के बाद संयुक्त राष्ट्र के नौवें महासचिव के रूप में पुर्तगाल के पूर्व प्रधानमंत्री एंटोनियो गुटेरेस को नियुक्त किया गया। 67 वर्षीय श्री गुटेरेस वर्ष 1995 से 2002 तक पुर्तगाल के प्रधानमंत्री रहे और जून, 2005 से दिसंबर, 2015 तक शरणार्थियों के लिए संयुक्त राष्ट्र संघ के उच्चायुक्त रहे। ये वर्ष 1999 से 2005 तक सोशलिस्ट इंटरनेशनल के अध्यक्ष थे।

## शीतयुद्ध के बाद विश्व की बदलती परिस्थिति

शीतयुद्ध के दौर में संयुक्त राष्ट्र संघ की कार्य प्रणाली में तत्कालीन विश्व राजनीति की वास्तविकताएँ झलकती थीं, किंतु शीतयुद्ध के पश्चात् विश्व राजनीति में महत्त्वपूर्ण परिवर्तन हुए, जिनमें से कुछ प्रमुख निम्नलिखित हैं

- सोवियत संघ का विघटन हो गया।
- अमेरिका विश्व में सर्वाधिक शक्तिशाली देश बनकर उभरा।
- सोवियत संघ के उत्तराधिकारी राज्य रूस तथा अमेरिका के बीच संबंध सहयोगात्मक हो गए।
- चीन और भारत तेजी से महाशक्ति बनने की दिशा की ओर अग्रसर हैं।
- एशिया की अर्थव्यवस्था उच्च दर से विकास कर रही है।
- संयुक्त राष्ट्र संघ में कई नए देश शामिल हुए हैं, जो सोवियत संघ से स्वतंत्र हुए देश अथवा पूर्वी यूरोप के भूतपूर्व साम्यवादी देश हैं।
- विश्व नई चुनौतियों का सामना कर रहा है जैसे कि नरसंहार, **गृहयुद्ध**[5] आतंकवाद आदि।

## संयुक्त राष्ट्र संघ की प्रक्रियाओं और ढाँचे में सुधार

- सुधार और विकास किसी भी संगठन के लिए आवश्यक हैं, ताकि वह बदलते वातावरण की जरूरतों को पूरा कर सकें। संयुक्त राष्ट्र भी इससे अलग नहीं है। संयुक्त राष्ट्र में तीन प्रकार के सुधार की आवश्यकता है, जिनका विवरण इस प्रकार है
  (i) **संगठन की संरचना और प्रक्रियाओं का सुधार** वर्ष 1992 में संयुक्त राष्ट्र महासभा ने सुरक्षा परिषद् (UNSC) के सुधार पर तीन मुख्य मुद्दों को स्वीकार करते हुए प्रस्ताव पारित किया।
  - संयुक्त राष्ट्र सुरक्षा परिषद् अब समकालीन राजनीतिक वास्तविकताओं का प्रतिनिधित्व नहीं करती है।
  - इसके निर्णय केवल पश्चिमी मूल्यों और हितों को दर्शाते है और कुछ शक्तियों द्वारा हावी होते हैं।
  - इसमें समान प्रतिनिधित्व की कमी है।

  (ii) **सुरक्षा परिषद् के विस्तार की आवश्यकता** 1 जनवरी, 1997 को संयुक्त राष्ट्र महासचिव कोफी ए अन्नान ने सुधारों को लागू करने के लिए एक जाँच शुरू की तथा संयुक्त सुरक्षा परिषद् में नए स्थायी और अस्थायी सदस्यों के समावेश के लिए मानदंड प्रस्तावित किए
  - एक प्रमुख आर्थिक शक्ति का होना चाहिए।
  - संयुक्त राष्ट्र बजट में एक महत्त्वपूर्ण योगदानकर्ता होना चाहिए।
  - एक प्रमुख सैन्य शक्ति का होना चाहिए।
  - एक राष्ट्र, जो लोकतंत्र और मानवाधिकार का प्रतिनिधित्व करता हो।
  - जनसंख्या की दृष्टि से एक बड़ा राष्ट्र होना चाहिए।
  - एक ऐसा देश, जो परिषद् को भौगोलिक, आर्थिक प्रणालियों और सांस्कृतिक दृष्टिकोण से दुनिया की विविधता का अधिक प्रतिनिधित्व करता हो।

  (iii) **संगठन के क्षेत्राधिकार में आने वाले मुद्दों की समीक्षा** संयुक्त राष्ट्र के क्षेत्राधिकार में आने वाले मुद्दों को लेकर विभिन्न मत हैं कि किसे अधिक प्राथमिकता दी जानी चाहिए।
- कुछ देश और विशेषज्ञ चाहते थे कि संगठन शांति और सुरक्षा मिशनों में अधिक या अधिक प्रभावी भूमिका निभाए, जबकि अन्य चाहते थे कि इसकी भूमिका विकास और मानवीय कार्यों तक सीमित रहे; जैसे— स्वास्थ्य, शिक्षा, पर्यावरण, जनसंख्या नियंत्रण, मानवाधिकार लैंगिक और सामाजिक न्याय आदि।

**संयुक्त राष्ट्रसंघ के सलाना बजट में सर्वाधिक योगदान करने वाले देश** (2019)

| क्र.सं. | सदस्य | % | क्र.सं. | सदस्य | % | क्र.सं. | सदस्य | % |
|---|---|---|---|---|---|---|---|---|
| 1. | संयुक्त राज्य अमेरिका | 22.0 | 8. | ब्राजील | 2.9 | 15. | नीदरलैंड | 1.3 |
| 2. | चीन | 12.0 | 9. | कनाडा | 2.7 | 16. | मैक्सिको | 1.2 |
| 3. | जापान | 8.5 | 10. | रूस | 2.4 | 17. | सऊदी अरब | 1.1 |
| 4. | जर्मनी | 6.0 | 11. | दक्षिण कोरिया | 2.2 | 18. | स्विट्जरलैंड | 1.1 |
| 5. | यू.के. | 4.5 | 12. | ऑस्ट्रेलिया | 2.2 | 19. | अर्जेंटीना | 0.9 |
| 6. | फ्रांस | 4.4 | 13. | स्पेन | 2.1 | 20. | स्वीडन | 0.9 |
| 7. | इटली | 3.3 | 14. | तुर्की | 1.3 | 21. | भारत | 0.8 |

5 गृहयुद्ध एक ही समुदायों अथवा संगठनों के बीच होने वाला युद्ध।

## संयुक्त राष्ट्र संघ का न्यायाधिकार

संयुक्त राष्ट्र संघ की स्थापना के 60 वर्ष पूर्ण होने के संदर्भ में वर्ष 2005 में सभी सदस्य देश एकत्रित हुए तथा संयुक्त राष्ट्र संघ को अधिक प्रभावशाली बनाने के लिए निम्न उपाय करने का फैसला लिया।

- शांति संस्थापक आयोग का गठन।
- इस बात को स्वीकृति दी गई कि यदि कोई राष्ट्र अपने नागरिकों को अत्याचार से बचाने में असफल रहता है, तो विश्व-जाति इसका उत्तरदायित्व ले।
- मानवाधिकार परिषद् की स्थापना (19 जून, 2006 से सक्रिय) एवं **सहस्राब्दि विकास लक्ष्य**[6] को प्राप्त करने पर सहमति।
- प्रत्येक प्रकार के आतंकवाद (Terrorism) की निंदा।
- एक लोकतंत्र कोष (Democracy Fund) का गठन।
- न्यासिता परिषद् (Trusteeship Council) को समाप्त करने पर सहमति।

## विश्व बैंक

- दूसरे विश्वयुद्ध के तुरंत बाद वर्ष 1944-45 में विश्व बैंक की औपचारिक स्थापना हुई।
- इस बैंक की गतिविधियाँ प्रमुख रूप से विकासशील देशों पर केंद्रित हैं।
- यह बैंक मानवीय विकास (शिक्षा, स्वास्थ्य), कृषि और ग्रामीण विकास (सिंचाई, ग्रामीण सेवाएँ), पर्यावरण सुरक्षा (प्रदूषण में कमी, नियमों का निर्माण और उन्हें लागू करना), आधारभूत ढाँचा (सड़क, शहरी विकास, बिजली) तथा सुशासन (कदाचार का विरोध, विधिक संस्थाओं का विकास) के लिए कार्य करता है।
- यह अपने सदस्य देशों को आसान ऋण और अनुदान देता है। अधिक गरीब देशों को यह अनुदान वापस नहीं चुकाना पड़ता। इस अर्थ में यह संस्था समकालीन वैश्विक अर्थव्यवस्था को भी प्रभावित करती है।
- इस संगठन का आधार त्रिपक्षीय सिद्धांत है अर्थात् संगठन के अंदर आयोजित वार्ताएँ, सरकारों एवं व्यापारिक संगठनों के प्रतिनिधियों तथा सदस्य राष्ट्रों के नियोक्ताओं के मध्य होनी है। यह वर्ष 1946 में संयुक्त राष्ट्र से संबद्ध पहली विशिष्ट एजेंसी बन गया। वर्ष 1969 में इस संगठन की नोबेल शांति पुरस्कार दिया गया था।

### चेक प्वॉइंट 1

1. किस संगठन की स्थापना लीग ऑफ नेशंस के उत्तराधिकारी के रूप में की गई थी?
2. संयुक्त राष्ट्र के दो स्थायी सदस्यों के नाम बताइए।
3. संयुक्त राष्ट्र के कितने सदस्य देश हैं?
4. संयुक्त राष्ट्र के नौवे महासचिव कौन हैं?
5. संयुक्त राष्ट्र चार्टर पर कितने देशों ने हस्ताक्षर किए?

# 4.2 संयुक्त राष्ट्र संघ में सुधार और भारत

- भारत ने संयुक्त राष्ट्र के पुनर्गठन का समर्थन किया है।
- भारत राज्यों के बीच विकास और सहयोग को बढ़ावा देने में संयुक्त राष्ट्र की मजबूत भूमिका का समर्थन करता है।
- भारत का मानना है कि संयुक्त राष्ट्र संघ के उद्देश्यों में विकास का मुद्दा प्रमुख होना चाहिए, क्योंकि अंतर्राष्ट्रीय शांति और सुरक्षा (International Peace and Security) को बनाए रखने हेतु यह आवश्यक शर्त है।
- भारत के अनुसार एक मजबूत और पुनर्जीवित संयुक्त राष्ट्र संघ परिवर्तित होती दुनिया के लिए वांछनीय है।

6 **सहस्राब्दि विकास लक्ष्य** (Millennium Development Goals) वर्ष 2000 में संयुक्त राष्ट्र द्वारा वैश्विक रूप से स्वास्थ्य, शिक्षा, पर्यावरण आदि के विकास के लिए अपनाए गए लक्ष्य।

### सुरक्षा परिषद् को लेकर चिंताएँ

- संयुक्त सुरक्षा परिषद् की संरचना में ज्यादातर कोई बदलाव नहीं हुआ है। इसकी संख्या स्थिर रही है, जबकि संयुक्त राष्ट्र महासभा या आम सभा की सदस्यता बढ़ी है।
- भारत का मानना है कि सुरक्षा परिषद् की स्थिर संरचना ने इसके प्रतिनिधित्व के चरित्र को कमजोर किया है।
- एक विस्तरित सुरक्षा परिषद् जिसमें व्यापक प्रतिनिधित्व हो, उसे वैश्विक समुदाय का अधिक समर्थन मिलेगा।
- भारत का तर्क है कि विकासशील देशों को सुरक्षा परिषद् के निर्णय लेने में अधिक भूमिका निभानी चाहिए, क्योंकि इसके निर्णयों का सीधा प्रभाव उन पर पड़ता है।

### सुरक्षा परिषद् के विस्तार के लिए भारत का प्रस्ताव

- भारत स्थायी और अस्थायी दोनो प्रकार के सदस्यों की संख्या बढ़ाने का समर्थन करता हैं।
- हाल के वर्षों में परिषद् की गतिविधियाँ बढ़ी हैं और इसकी सफलता वैश्विक राजनीतिक समर्थन पर निर्भर करती है।
- भारत का तर्क है कि सुरक्षा परिषद् में अधिक विकासशील देशों को शामिल किया जाना चाहिए।

## भारत का संयुक्त राष्ट्र संघ में स्थायी सदस्यता का दावा

- भारत पुर्नगठित सुरक्षा परिषद् का स्थायी सदस्य बनना चाहता हैं।
- भारत के दावे के औचित्य में निम्नलिखित तत्त्व शामिल हैं।
  - भारत विश्व में सबसे अधिक जनसंख्या वाला दूसरा देश है तथा विश्व की कुल जनसंख्या का लगभग 20% हिस्सा यहाँ निवास करता है।
  - इसके अतिरिक्त भारत विश्व का सबसे बड़ा लोकतंत्र है।
  - भारत संयुक्त राष्ट्र संघ के लगभग सभी महत्त्वपूर्ण घटनाक्रमों में भागीदारी करने के साथ ही संयुक्त राष्ट्र संघ के **शांति स्थापना**[7] के प्रयासों में लंबे समय से अहम भूमिका निभाता आ रहा है।
  - भारत अंतर्राष्ट्रीय स्तर पर आर्थिक शक्ति के रूप में उभर रहा है। इसके अतिरिक्त यह संयुक्त राष्ट्र संघ के बजट में नियमित रूप से अपना योगदान देता आ रहा है तथा इसने भुगतान में भी कभी विलंब नहीं किया।
- भारत इस बात से भली-भाँति परिचित है कि सुरक्षा परिषद् में स्थायी सदस्यता का एक प्रतीकात्मक महत्त्व है। यह बढ़ा हुआ दर्जा किसी देश की विदेश-नीति संचालन में लाभ प्रदान करता है।

## भारत की स्थायी सदस्यता के विषय में अन्य देशों का मत

- भारत की इच्छा है कि वह संयुक्त राष्ट्र संघ की सुरक्षा परिषद् में निषेधाधिकार संपन्न (वीटो धारी) सदस्य बने, किंतु कुछ देश; जैसे—पाकिस्तान आदि सुरक्षा परिषद् में भारत की स्थायी सदस्यता का विरोध करते हैं।

  यद्यपि भारत की स्थायी सदस्यता की दावेदारी के विषय में भिन्न-भिन्न देशों की अपनी राय है, जो निम्न प्रकार हैं
- कुछ देश भारत के परमाणु संपन्न होने के कारण चिंतित हैं। कुछ और देशों के अनुसार, पाकिस्तान के साथ संबंधों में कठिनाई के कारण भारत स्थायी सदस्य के रूप में अप्रभावी रहेगा।
- भारत को स्थायी सदस्य के रूप में सुरक्षा परिषद् में शामिल किया जाता है, तो ब्राजील, जर्मनी, जापान और दक्षिण अफ्रीका जैसे अन्य शक्तिशाली देशों की भी दावेदारी सामने आएगी।
- कुछ देशों के विचार के अनुसार यदि सुरक्षा परिषद् में विस्तार होता है, तो अफ्रीका और दक्षिणी अमेरिका को भी समुचित प्रतिनिधित्व मिलना चाहिए, क्योंकि वर्तमान सुरक्षा परिषद् में इन महाद्वीपों को समुचित प्रतिनिधित्व नहीं मिला है।

इन सभी बातों को देखते हुए भारत की संयुक्त राष्ट्र संघ की सुरक्षा परिषद् में दावेदारी अधिक प्रबल नहीं लगती है।

---

7 शांति स्थापना यह शांति और सुरक्षा बहाल करने के लिए एक तंत्र है, जिसमें प्रभावित क्षेत्र में संयुक्त राष्ट्र द्वारा सैनिकों को भेजा जाता है।

### विश्व व्यापार संगठन

- इसकी स्थापना वर्ष 1995 में की गई, जो विश्व युद्ध के बाद बनाए गए **जनरल एग्रीमेंट ऑन ट्रेड एंड टैरिफ** (GATT) के उत्तराधिकारी के रूप में की गई।
- यह संगठन अंतर्राष्ट्रीय व्यापार के नियमों को तय करता है।
- इसके सदस्यों की संख्या 164 है। (29 जुलाई 2016 तक)
- इसके सभी निर्णय सदस्यों की सहमति से लिए जाते हैं, किंतु अमेरिका, यूरोपीय संघ तथा जापान जैसे आर्थिक दृष्टि से संपन्न देश व्यापार के नियमों को अपने हितों के अनुकूल बनाने में सफल रहे हैं, जिसकी विकासशील देश आलोचना करते हैं।

### अंतर्राष्ट्रीय आण्विक ऊर्जा एजेंसी

- **अंतर्राष्ट्रीय** आण्विक ऊर्जा एजेंसी (International Atomic Energy Agency, IAEA) इस संगठन की स्थापना वर्ष 1957 में हुई।
- यह संगठन परमाण्विक ऊर्जा के शांतिपूर्ण उपयोग को बढ़ावा देने और सैन्य उद्देश्यों में इसके प्रयोग को रोकने की कोशिश करता है। यह अमेरिकी राष्ट्रपति आइजनहावर के "एटम्स फॉर पीस" प्रस्ताव को लागू करता है।
- इस संगठन के अधिकारी नियमित रूप से विश्व की परमाण्विक सुविधाओं की जाँच करते हैं, जिससे नागरिक परमाणु संयंत्रों का प्रयोग सैन्य उद्देश्यों के लिए न हो।

## 4.3 एक ध्रुवीय विश्व में संयुक्त राष्ट्र

- सोवियत संघ के पतन के बाद, अमेरिका एकमात्र प्रमुख महाशक्ति बन गया, जिसका कोई गंभीर प्रतिद्वंद्वी नही था। कई देशों को उम्मीद थी कि संयुक्त राष्ट्र में सुधारों से यह संगठन अमेरिका वर्चस्व को संतुलित करने और इसे प्रबंधित करने में मदद कर सकता है।
- ऐसे में संयुक्त राष्ट्र संघ अमेरिकी वर्चस्व को संतुलित करने में निम्न भूमिका निभा सकता है–
  - संयुक्त राष्ट्र संघ, अमेरिका और बाकी दुनिया के बीच संवाद बनाए रखने में मदद कर सकता है।
  - इसका उद्देश्य यह सुनिश्चित करना है कि अमेरिका अन्य देशों की परवाह किए बिना एकतरफा कार्रवाई न करे।

### संयुक्त राष्ट्र अमेरिका का प्रभाव

- अमेरिका संयुक्त राष्ट्र का सबसे बड़ा वित्तीय योगदानकर्ता है ,जो उसकी भूमिका पर महत्त्वपूर्ण प्रभाव डालता है।
- संयुक्त राष्ट्र का मुख्यालय अमेरिका में स्थित है, जिसे अमेरिकी प्रभाव और बढ़ता है।
- संयुक्त राष्ट्र की नौकरशाही में कई प्रमुख पदों पर अमेरिकी नागरिक नियुक्त है।
- सुरक्षा परिषद् में अमेरिका का वीटो अधिकार उसे उन निर्णयों को रोकने की शक्ति देता है, जिनका वह विरोध करता है और यह सुनिश्चित करता है कि वह संयुक्त राष्ट्र गतिविधियों को आकार देने में अपनी भूमिका निभा सके।
- अमेरिका, महासचिव के चयन को प्रभावित करता है

### एक ध्रुवीय विश्व में संयुक्त राष्ट्र की भूमिका

- संयुक्त राष्ट्र सीधे अमेरिकी शक्ति को चुनौती नही दे सकता, लेकिन यह वैश्विक मुद्दों पर अमेरिका और बाकी दुनिया को चर्चा के लिए एक साथ लाने में भूमिका निभाता है।
- संयुक्त राष्ट्र की अक्सर आलोचना के बावजूद अमेरिका यह मानता है कि यह संगठन वैश्विक चुनौतियों से निपटने और 190 से अधिक देशो के बीच संवाद को बढ़ावा देने में अहम भूमिका निभाता है।
- संयुक्त राष्ट्र संघ शेष विश्व को अमेरिकी नीतियों का विरोध व्यक्त करने और समझौतें को प्रभावित करने के लिए एक मंच प्रदान करता है।
- हालांकि, वैश्विक समुदाय का अमेरिका के खिलाफ एकजुट होना दुर्लभ है, लेकिन संयुक्त राष्ट्र अमेरिकी नीतियों पर चर्चा और समायोजन के लिए स्थान प्रदान करता है। अपनी खामियों के बावजूद, संयुक्त राष्ट्र वैश्विक सहयोग बनाए रखने के लिए आवश्यक है।

- जैसे-जैसे राष्ट्रों के बीच परस्पर निर्भरता बढ़ेगी , विशेष रूप से प्रौद्योगिकी के माध्य से वैश्विक मुद्दों का प्रबंधन करने में संयुक्त राष्ट्र की भूमिका और भी महत्त्वपूर्ण हो जाएगी।
- सरकारों और लोगों को साझा वैश्विक चुनौतियों का समाधान करने के लिए संयुक्त राष्ट्र जैसे अंतर्राष्ट्रीय संगठनों का उपयोग और समर्थन जारी रखना होगा।

### एमनेस्टी इंटरनेशनल

- एमनेस्टी इंटरनेशनल एक स्वयंसेवी संगठन (NGO) है। यह पूरे विश्व में मानवाधिकारों की रक्षा के लिए अभियान चलाता है।
- यह संगठन मानवाधिकारों से जुड़ी रिपोर्ट तैयार करता है और प्रकाशित करता है।
- यह सार्वभौमिक मानवाधिकार घोषण-पत्र में उल्लेखित सभी मानवाधिकारों के प्रति सम्मान को बढ़ावा देता है।

### ह्यूमन राइट्स वॉच

- यह भी मानवाधिकारों की रक्षा और उनसे संबंधित अनुसंधान करने वाला एक अंतर्राष्ट्रीय स्वयंसेवी संगठन (NGO) है।
- यह अमेरिका का सबसे बड़ा अंतर्राष्ट्रीय मानवाधिकार संगठन है, जो मानवाधिकारों पर शोध और उनके प्रचार में संलग्न है।
- यह संपूर्ण दुनिया की मीडिया का ध्यान मानवाधिकारों के उल्लंघन की ओर अग्रसर करता है। इसने बारूदी सुरंगों पर रोक लगाने, बाल सैनिकों का प्रयोग रोकने और अंतर्राष्ट्रीय दंड न्यायालय स्थापित करने के लिए अभियान चलाने में मदद की है।

## चेक प्वॉइंट 2

1. भारत संयुक्त राष्ट्र में कब शामिल हुआ?
2. विश्व व्यापार संगठन की स्थापना कब हुई थी?
3. एमनेस्टी इंटरनेशनल किस प्रकार की रिपोर्ट तैयार करता है?
4. अंतर्राष्ट्रीय आण्विक ऊर्जा एजेंसी (IAEA) को किस प्रस्ताव के आधार पर स्थापित किया गया था?
5. ह्यूमन राइट्स वॉच किस देश का सबसे बड़ा अंतर्राष्ट्रीय मानवाधिकार संगठन है?

## टाइमलाइन

| | |
|---|---|
| 1965 | संयुक्त राष्ट्र संघ के सदस्यों की संख्या 11 से बढ़ाकर 15 कर दी गई। |
| 1978 | ह्यूमन राइट्स वॉच की स्थापना हुई। |
| 1991 | संयुक्त राष्ट्र संघ की कार्य प्रणाली में बदलाव हुए। |
| 1992 | संयुक्त राष्ट्र संघ की आम सभा द्वारा एक प्रस्ताव पारित। |
| सितंबर, 2005 | संयुक्त राष्ट्र संघ के 60 वर्ष पूरे होने के उपलक्ष्य में सदस्य देशों के प्रमुख सालगिरह मनाने के लिए एकत्र हुए। |
| 2006 | इस समय तक संयुक्त राष्ट्र संघ के सदस्य देशों की संख्या 192 थी। |
| जून, 2006 | इजरायल द्वारा लेबनान पर हमला। |
| 1 जनवरी, 2007 | दक्षिणी कोरिया के बान की मून ने संयुक्त राष्ट्र संघ के 8वें महासचिव के रूप में पद सँभाला। |

# Mind Map

## अंतर्राष्ट्रीय संगठन

### 1 हमें अंतर्राष्ट्रीय संगठन क्यों चाहिए?

- संयुक्त राष्ट्र का गठन वर्ष 1945 में द्वितीय विश्वयुद्ध के पश्चात् किया गया।
- 30 अक्टूबर, 1945 को भारत ने संयुक्त राष्ट्र में सदस्यता ग्रहण की।
- संयुक्त राष्ट्र के 193 सदस्य देश हैं।
- संयुक्त राष्ट्र सुरक्षा परिषद् (UNSC) के स्थायी सदस्य हैं; जैसे– अमेरिका, ब्रिटेन, रूस, चीन, फ्रांस आदि हैं।

**स्थायी सदस्यों की विशेष शक्तियाँ**

- वीटो शक्ति स्थायी सदस्य को यह अधिकार देती है कि वह किसी निर्णय को रोक सकता है।
- भले ही सभी अन्य स्थायी और अस्थायी सदस्य उस निर्णय का समर्थन करें।

**शीतयुद्ध के पश्चात् दुनिया में बदलाव**

- सोवियत संघ का पतन
- एक-ध्रुवीय विश्व के अंतर्गत अमेरिका सबसे ताकतवर शक्ति के रूप में उभरा है।
- एशिया की अर्थव्यवस्था में उच्च दर से वृद्धि दर्ज हुई।
- दुनिया नई चुनौतियों का सामना कर रही है।
- संयुक्त राष्ट्र की सदस्यता में वृद्धि हुई है।

**संयुक्त राष्ट्र में सुधार**

- शीतयुद्ध के बाद संयुक्त राष्ट्र में संरचनात्मक और अधिकार क्षेत्र संबंधी सुधार किए गए।
- संयुक्त राष्ट्र सुरक्षा परिषद् की स्थायी और अस्थायी सदस्यता के लिए एक मानदंड निर्धारित किया गया।
- शांति निर्माण आयोग और मानवाधिकार परिषद् की स्थापना की गई।

### 2 संयुक्त राष्ट्र संघ में सुधार और भारत

भारत का संयुक्त राष्ट्र सुरक्षा परिषद् ने सुधार के लिए प्रयास किया।

- भारत ने संयुक्त राष्ट्र सुरक्षा परिषद् में सुधारों का समर्थन किया, जिसमें विकास को मुख्य मुद्दा (एजेंडा) बनाया गया।
- भारत ने स्थायी और अस्थायी सदस्यों की संख्या बढ़ाने का समर्थन किया।
- भारत ने संयुक्त राष्ट्र सुरक्षा परिषद् का स्थायी सदस्य बनने का दावा किया।

**भारत का स्थायी सदस्यता की ओर कदम**

- वैश्विक लोकप्रियता
- सबसे बड़ा लोकतंत्र
- आर्थिक दृष्टि
- सुरक्षा परिषद् की स्थायी सदस्यता

### 3 एक-ध्रुवीय विश्व में संयुक्त राष्ट्र संघ

संयुक्त राष्ट्र संघ में अमेरिका का बहुत व्यापक प्रभाव है, इसे निम्न तथ्यों द्वारा समझ सकते हैं

- सोवियत संघ के पतन के पश्चात् अमेरिका प्रमुख महाशक्ति बन गया।
- इसके परिणामस्वरूप संयुक्त राष्ट्र अपनी क्षमता खो बैठा कि वह अमेरिका की शक्ति को सीधे चुनौती दे सके।
- जैसे-जैसे आपसी निर्भरता बढ़ती है, संयुक्त राष्ट्र की भूमिका और भी महत्त्वपूर्ण होती है।
- संयुक्त राष्ट्र संघ के महासचिव के चयन में भी अमेरिका आपकी वीटों शक्ति का प्रयोग करता है
- अमेरिका की शक्ति पर अंकुश लगाने में संयुक्त राष्ट्र संघ कुछ विशेष प्रभावी नहीं है।

**एक-ध्रुवीय दुनिया में संयुक्त राष्ट्र संघ**

- संयुक्त राष्ट्र सीधे अमेरिका की शक्ति को चुनौती नहीं दे सकता।
- संयुक्त राष्ट्र की बार-बार आलोचना के बावजूद यह शेष दुनिया के लिए एक मंच प्रदान करता है।

**संयुक्त राष्ट्र में अमेरिका का प्रभाव**

- सबसे बड़ा वित्तीय योगदानकर्ता देश।
- न्यूयॉर्क में संयुक्त राष्ट्र का मुख्यालय स्थित है।
- संयुक्त राष्ट्र सुरक्षा परिषद् में अमेरिका का वीटो अधिकार।
- संयुक्त राष्ट्र महासचिव के चयन में विशेष भूमिका।
- भविष्य में विश्व के देशों के बीच पारस्परिक निर्भरता में वृद्धि होगी।

# NCERT फोल्डर

## अध्याय के मध्य में दिए गए प्रश्न

**1. ऐसे मुद्दों और समस्याओं की एक सूची बनाइए, जिन्हें सुलझाना किसी एक देश के लिए संभव नहीं है और जिनके लिए एक अंतर्राष्ट्रीय संगठन की आवश्यकता है।**

उत्तर ऐसे कई मुद्दों और समस्याओं की सूची बनाई जा सकती है, जिन्हें सुलझाना किसी एक देश के लिए संभव नहीं है और जिनके समाधान के लिए अंतर्राष्ट्रीय संगठनों की आवश्यकता है।

**समस्याओं और मुद्दों की सूची**

(i) **महामारी** वैश्विक स्तर पर संक्रामक बीमारियों के फैलाव को नियंत्रित करने के लिए सभी देशों को साथ मिलकर टीकाकरण और स्वास्थ्य सेवाओं के सुधार में योगदान देना पड़ता है।

(ii) **ग्लोबल वार्मिंग और जलवायु परिवर्तन** वातारण में ग्रीनहाउस गैसों के बढ़ने से तापमान में वृद्धि हो रही है, जिसमें समुद्रतल की ऊँचाई बढ़ने का खतरा है। अतः वैश्विक तापवृद्धि तथा जलवायु परिवर्तन को रोकने के लिए विश्व के बड़े औद्योगिक देशों का सहयोग करना आवश्यक है।

(iii) **अंतर्राष्ट्रीय आतंकवाद** इसको नियंत्रित करने में अंतर्राष्ट्रीय संगठनों की भूमिका अत्यधिक महत्त्वपूर्ण होती है, क्योंकि आतंकवाद की जड़े और प्रभाव सीमाओं से परे होते हैं।

(iv) **परमाणु अप्रसार** परमाणु हथियारों का प्रसार न केवल वैश्विक शांति और सुरक्षा के लिए खतरा है, बल्कि यह अंतर्राष्ट्रीय स्थिरता को भी प्रभावित करता है। इस समय के समाधान में अंतर्राष्ट्रीय संगठनों की भूमिका अहम है।

(v) **शरणार्थी समस्या** यह एक गंभीर मानवीय मुद्दा हैं, जो युद्ध, संघर्ष, प्राकृतिक आपदाओं, उत्पीड़न और गरीबी के कारण उत्पन्न होता है। इस समस्या को हल करने में अंतर्राष्ट्रीय संगठन की भूमिका महत्त्वपूर्ण होती है। ये संगठन केवल शरणार्थियों की सहायता करते हैं, न कि उनके पुनर्वास और सुरक्षा के लिए उचित उपाय करते हैं।

(vi) **साइबर सुरक्षा** यह वर्तमान समय में एक गंभीर समस्या बन गई है। साइबर अपराध, हैकिंग, डेटा चोरी और साइबर आतंकवाद के खतरे वैश्विक स्तर पर सुरक्षा, अर्थव्यवस्था और व्यक्तिगत गोपनीयता को प्रभावित कर रहे हैं। इन समस्याओं के समाधान में अंतर्राष्ट्रीय संगठनों की भूमिका अत्यधिक बढ़ जाती है।

**2. आसियान क्षेत्रीय मंच में सदस्यों के नाम पता करें।**

उत्तर आसियान (ASEAN) क्षेत्रीय मंच, जो दक्षिण पूर्व एशियाई देशों का एक राजनीतिक और आर्थिक संगठन है, के सदस्य देशों के नाम निम्नलिखित हैं।

1. ब्रुनेई दारुस्सलाम
2. कंबोडिया
3. इंडोनेशिया
4. लाओस
5. मलेशिया
6. म्यांमार
7. फिलीपीन्स
8. सिंगापुर
9. थाइलैंड
10. वियतनाम

ये दस देशों का समूह "आसियान के नाम से जाना जाता है, जिसका उद्देश्य क्षेत्रीय सहयोग और आर्थिक विकास को बढ़ावा देना है।

**3. सतत् विकास लक्ष्य के बारे में पता करें।**

उत्तर सतत् विकास लक्ष्य (Sustainable development Goals) संयुक्त राष्ट्र द्वारा वर्ष 2015 से 2030 तक की अवधि के लिए अपनाए गए 17 वैश्विक लक्ष्यों का एक समूह है, जो दुनिया भर में गरीबी को समाप्त करने, सामाजिक समानता और आर्थिक समृद्धि को बढ़ावा देने और पर्यावरणीय स्थिरता को सुनिश्चित करने के उद्देश्य से निर्धारित किए गए हैं। ये लक्ष्य एकीकृत और समान रूप से जुड़े हुए हैं।

इन 17 सतत् विकास लक्ष्यों में शामिल हैं।

1. गरीबी का उन्मूलन
2. भुखमरी का उन्मूलन
3. स्वास्थ्य और कल्याण
4. गुणवत्ता पूर्ण शिक्षा
5. लैंगिक समानता
6. स्वच्छ जल और स्वच्छता
7. सस्ती और स्वच्छ ऊर्जा
8. आर्थिक वृद्धि और कामकाजी अवसर
9. औद्योगीकरण, नवाचार और अवसंरचना
10. असमानता में कमी
11. सतत् शहर और समुदाय
12. उत्तरदायी उपभोग और उत्पादन
13. जलवायु परिवर्तन के खिलाफ कार्यवाही
14. समुद्री जीवन
15. भूमि पर जीवन
16. शांति न्याय और संस्थागत मजबूती
17. संसाधनों के लिए साझेदारी

## नीचे दिए प्रश्नों के उत्तर संक्षेप में दीजिए

**1. निषेधाधिकार (वीटो) के बारे में नीचे कुछ कथन दिए गए हैं। इनमें प्रत्येक के आगे सही या गलत का चिह्न लगाएँ**

(a) सुरक्षा परिषद् के सिर्फ स्थायी सदस्यों को 'वीटो' का अधिकार है
(b) यह एक तरह की नकारात्मक शक्ति है
(c) सुरक्षा परिषद् के फैसलों से असंतुष्ट होने पर महासचिव 'वीटो' का प्रयोग करता है
(d) एक 'वीटो' से भी सुरक्षा परिषद् का प्रस्ताव नामंजूर हो सकता है

उत्तर *(a)* सही *(b)* सही *(c)* गलत *(d)* सही

**2. संयुक्त राष्ट्र संघ के कामकाज के बारे में नीचे कुछ कथन दिए गए हैं। इनमें से प्रत्येक के सामने सही या गलत का चिह्न लगाएँ**

(a) सुरक्षा और शांति से जुड़े सभी मसलों का निपटारा सुरक्षा परिषद् में होता है
(b) मानवतावादी नीतियों का क्रियान्वयन विश्वभर में फैली मुख्य शाखाओं तथा एजेंसियों की मार्फत होता है
(c) सुरक्षा के किसी मसले पर पाँचों स्थायी सदस्य देशों का सहमत होना उसके बारे में लिए गए फैसले के क्रियान्वयन के लिए जरूरी है

(d) संयुक्त राष्ट्र संघ की महासभा के सभी सदस्य संयुक्त राष्ट्र संघ के बाकी प्रमुख अंगों और विशेष एजेंसियों के स्वतः सदस्य हो जाते हैं

उत्तर *(a)* सही *(b)* सही *(c)* सही *(d)* गलत

**3. निम्नलिखित में से कौन-सा तथ्य सुरक्षा परिषद् में भारत की स्थायी सदस्यता के प्रस्ताव को अधिक वजनदार बनाता है?**

(a) परमाणु क्षमता
(b) भारत संयुक्त राष्ट्र संघ के जन्म से ही उसका सदस्य है
(c) भारत एशिया में है
(d) भारत की बढ़ती हुई आर्थिक ताकत और स्थिर राजनीतिक व्यवस्था

उत्तर *(d)* भारत की बढ़ती हुई आर्थिक ताकत और स्थिर राजनीतिक व्यवस्था

**4. परमाणु प्रौद्योगिकी के शांतिपूर्ण उपयोग और उसकी सुरक्षा से संबद्ध संयुक्त राष्ट्र संघ की एजेंसी का नाम है**

(a) संयुक्त राष्ट्र संघ निरस्त्रीकरण समिति
(b) अंतर्राष्ट्रीय आण्विक ऊर्जा एजेंसी
(c) संयुक्त राष्ट्र संघ अंतर्राष्ट्रीय सुरक्षा समिति
(d) उपरोक्त में से कोई नहीं

उत्तर *(b)* अंतर्राष्ट्रीय आण्विक ऊर्जा एजेंसी

**5. विश्व व्यापार संगठन निम्नलिखित में से किस संगठन का उत्तराधिकारी है?**

(a) जनरल एग्रीमेंट ऑन ट्रेड एंड टैरिफ
(b) जनरल एरेंजमेंट ऑन ट्रेड एंड टैरिफ
(c) विश्व स्वास्थ्य संगठन
(d) संयुक्त राष्ट्र संघ विकास कार्यक्रम

उत्तर *(a)* जनरल एग्रीमेंट ऑन ट्रेड एंड टैरिफ

**6. रिक्त स्थानों की पूर्ति कीजिए**

(a) संयुक्त राष्ट्र संघ का मुख्य उद्देश्य ……… है।
(b) संयुक्त राष्ट्र संघ का सबसे जाना-पहचाना पद ……. का है।
(c) संयुक्त राष्ट्र संघ की सुरक्षा परिषद् में …….. स्थायी और …….. अस्थायी सदस्य हैं।
(d) …….. संयुक्त राष्ट्र संघ के वर्तमान महासचिव हैं।
(e) मानवाधिकारों की रक्षा में सक्रिय दो स्वयंसेवी संगठन …….. और ……… हैं।

उत्तर (a) विश्व में शांति एवं सुरक्षा कायम रखना
(b) महासचिव
(c) पाँच, दस
(d) एंटोनियो गुटेरेस
(e) एमनेस्टी इंटरनेशनल, ह्यूमन राइट्स वॉच

## निम्नलिखित प्रश्नों के उत्तर लगभग 150 शब्दों में दीजिए

**1. संयुक्त राष्ट्र संघ की मुख्य शाखाओं और एजेंसियों का सुमेल उनके काम से कीजिए**

**संयुक्त राष्ट्र संघ की मुख्य शाखा**

(i) आर्थिक एवं सामाजिक परिषद्
(ii) अंतर्राष्ट्रीय न्यायालय
(iii) अंतर्राष्ट्रीय आण्विक ऊर्जा एजेंसी
(iv) सुरक्षा परिषद्
(v) संयुक्त राष्ट्र संघ शरणार्थी उच्चायोग
(vi) विश्व व्यापार संगठन
(vii) अंतर्राष्ट्रीय मुद्रा कोष
(viii) आम सभा
(ix) विश्व स्वास्थ्य संगठन
(x) सचिवालय

**मुख्य शाखाओं के कार्य**

(क) वैश्विक वित्त व्यवस्था की देखरेख।
(ख) अंतर्राष्ट्रीय शांति और सुरक्षा का संरक्षण।
(ग) सदस्य देशों के आर्थिक और सामाजिक कल्याण की चिंता।
(घ) परमाणु प्रौद्योगिकी का शांतिपूर्ण उपयोग और सुरक्षा।
(ङ) सदस्य देशों के बीच मौजूद विवादों का निपटारा।
(च) आपातकाल में आश्रय तथा चिकित्सीय सहायता मुहैया कराना।
(छ) वैश्विक मामलों पर बहस-मुबाहिसा।
(ज) संयुक्त राष्ट्र संघ के मामलों का समायोजन और प्रशासन।
(झ) सबके लिए स्वास्थ्य।
(ञ) सदस्य देशों के बीच मुक्त व्यापार की राह आसान बनाना।

उत्तर (i) – (ग) (ii) – (ङ)
(iii) – (घ) (iv) – (ख)
(v) – (च) (vi) – (ञ)
(vii) – (क) (viii) – (छ)
(ix) – (झ) (x) – (ज)

**2. सुरक्षा परिषद् के क्या कार्य हैं?**

उत्तर सुरक्षा परिषद् संयुक्त राष्ट्र संघ का एक महत्त्वपूर्ण अंग है। सुरक्षा परिषद् के कार्य निम्नलिखित हैं

- सुरक्षा परिषद् विश्व में शांति एवं सुरक्षा के लिए उत्तरदायी है।
- यह परिषद् विश्व के किसी भी देश से संबंधित झगड़े या विवादों के समाधान हेतु परिषद् में विचार-विमर्श के माध्यम से निर्णय ले सकती है।
- परिषद् अपने किसी निर्णय को प्रभाव में लाने हेतु सैन्य कार्यवाही का भी सहारा ले सकती है।
- यदि किसी देश या समूह की गतिविधियाँ अंतर्राष्ट्रीय शांति के लिए खतरा होती हैं, तो परिषद् उस पर आर्थिक प्रतिबंध, हथियारों पर प्रतिबंद और अन्य प्रतिबंधों का सहारा ले सकती है।

**3. भारत के नागरिक के रूप में सुरक्षा परिषद् में भारत की स्थायी सदस्यता के पक्ष का समर्थन आप कैसे करेंगे? अपने प्रस्ताव का औचित्य सिद्ध कीजिए।**

*अथवा* **संयुक्त राष्ट्र सुरक्षा परिषद् में भारत की स्थायी सदस्यता के पक्ष में कोई तीन उपयुक्त तर्क दीजिए।** **CBSE 2024**

*अथवा* **ऐसे कोई चार कारक उजागर कीजिए, जो संयुक्त राष्ट्र सुरक्षा परिषद् में भारत की स्थायी सदस्यता के दावे को उचित ठहराते हैं।**

उत्तर संयुक्त राष्ट्र की सुरक्षा परिषद् में भारत को एक स्थायी सदस्यता के रूप में सदस्यता मिलनी चाहिए, क्योंकि भारत के पास वे सभी संसाधन उपलब्ध हैं, जो एक स्थायी सदस्य देश के रूप में होने चाहिए। इसे निम्न तथ्यों के द्वारा सिद्ध किया जा सकता है

(i) भारत विश्व में सबसे अधिक जनसंख्या वाला देश है, जहाँ विश्व की कुल जनसंख्या का 1/5वाँ हिस्सा निवास करता है तथा यह विश्व का सबसे बड़ा लोकतंत्र है।

(ii) भारत की स्थायी सदस्यता के अधिकार को इस बात से भी मजबूती मिलती है कि वह तेजी से अंतर्राष्ट्रीय पहल पर आर्थिक शक्ति के रूप में उभर रहा है।

(iii) भारत संयुक्त राष्ट्र संघ के बजट में नियमित रूप से योगदान देता आ रहा है तथा इसने भुगतान में भी कभी विलंब नहीं किया।

(iv) इसके अतिरिक्त यह संयुक्त राष्ट्र संघ के लगभग सभी महत्त्वपूर्ण घटनाक्रमों में भागीदारी के साथ ही संयुक्त राष्ट्र संघ के शांति बहाली के प्रयासों में लंबे समय से अहम भूमिका निभाता आ रहा है।

**4. संयुक्त राष्ट्र संघ के ढाँचे को बदलने के लिए सुझाए गए उपायों के क्रियान्वयन में आ रही कठिनाइयों का आलोचनात्मक मूल्यांकन कीजिए।**

उत्तर संयुक्त राष्ट्र संघ के ढाँचे को बदलने हेतु कुछ उपाय सुझाए गए हैं, किंतु इसके क्रियान्वयन में कुछ कठिनाइयाँ हैं, जो निम्न प्रकार हैं

- आर्थिक और सैनिक दृष्टि से शक्तिशाली राष्ट्र होना एवं जनसंख्या व क्षेत्रफल के आधार पर विशाल राष्ट्र होना कई देशों के लिए समस्या है; जैसे–जापान एक बड़ी आर्थिक शक्ति है, लेकिन सैन्य शक्ति नहीं। इसके अतिरिक्त यह क्षेत्रफल व जनसंख्या के आधार पर भी बड़ा राष्ट्र नहीं है।
- बदलाव के सुझाव में लोकतंत्र और मानवाधिकार के प्रति सम्मान को कसौटी माना गया है। इस संदर्भ में अच्छे देशों की कतार लग जाएगी, जो इसके क्रियान्वयन में कठिनाइयाँ उत्पन्न करते हैं।
- संयुक्त राष्ट्र के ढाँचे में बदलाव के लिए सबसे बड़ी चुनौती सदस्य देशों के बीच असहमति है। विशेष रूप से सुरक्षा परिषद् में स्थायी सदस्यता का विस्तार या वीटों अधिकार को हटाने जैसे मुद्दों पर बड़ा टकराव देखने को मिलता है; जैसे– अमेरिका, रूस, चीन, फ्रांस और ब्रिटेन अपने हितों की रक्षा के लिए बदलाव का विरोध करता है।
- सभी सदस्यों को समान एकमत देने का अधिकार होना चाहिए। महासभा में सभी निर्णय बहुमत से होने चाहिए, परंतु महाशक्तियाँ इस संगठन में अपना प्रभुत्व बनाए रखने के लिए इसके लिए तैयार नहीं होतीं।

इन सभी कठिनाइयों के चलते संयुक्त राष्ट्र संघ के ढाँचे में सुधार का प्रयास एक अत्यंत जटिल और चुनौतीपूर्ण कार्य बन जाता है यह स्पष्ट है कि इन बाधाओं को दूर करने के लिए अंतर्राष्ट्रीय स्तर पर अधिक समर्पित प्रयास और सदस्य देशों के बीच समझ और सहयोग की आवश्यकता होगी।

**5. हालाँकि संयुक्त राष्ट्रसंघ युद्ध और इससे उत्पन्न विपदा को रोकने में नाकामयाब रहा है, लेकिन विभिन्न देश अभी भी इसे बनाए रखना चाहते हैं। संयुक्त राष्ट्र संघ को एक अपरिहार्य संगठन मानने के क्या कारण हैं?**

उत्तर संयुक्त राष्ट्र संघ में कुछ कमियाँ मौजूद हैं, किंतु फिर भी इसकी मौजूदगी विश्व के लिए अनिवार्य है, क्योंकि इसके बिना विश्व की स्थिति और निम्न स्तर की हो जाएगी। इसे निम्न प्रकार से व्यक्त किया जा सकता है

- अनेक देशों का मानना है कि संयुक्त राष्ट्र संघ ही एक ऐसा मंच है, जो विश्व के 190 देशों को एकसाथ एक मंच पर ला सकता है तथा देशों के बीच आपसी सहयोग व सामंजस्य का माहौल बनाने में सहायक है।
- संयुक्त राष्ट्र संघ की स्थापना के पश्चात् अनेक युद्ध हुए हैं, किंतु प्रथम और द्वितीय विश्वयुद्ध जैसा कोई अन्य युद्ध नहीं हुआ है, जो संयुक्त राष्ट्र संघ की प्रासंगिकता की ओर संकेत करता है।
- विभिन्न देशों का मानना है कि सामाजिक-आर्थिक क्षेत्र में संयुक्त राष्ट्र की उपलब्धियाँ सराहनीय रही हैं; जैसे—संयुक्त राष्ट्र शिक्षा, प्रचार, स्वास्थ्य सेवाओं में बढ़ोतरी, महामारियों को रोकने आदि में महत्त्वपूर्ण कार्य करता है।
- संयुक्त राष्ट्र संघ के प्रभाव के कारण परमाणु संपन्न होने के बावजूद कई राष्ट्र इसका प्रयोग कर पाने में असफल रहे हैं।
- इसके अतिरिक्त संयुक्त राष्ट्र संघ पिछड़े और गरीब राष्ट्रों को ऋण, भुगतान और आपातकाल में अनेक प्रकार की सहायता अंतर्राष्ट्रीय मुद्रा कोष और विश्व बैंक जैसे इसके विशिष्ट अभिकरणों के माध्यम से दिलाता रहा है, इसलिए संयुक्त राष्ट्र संघ का महत्त्व बना हुआ है। संयुक्त राष्ट्र संघ विश्व के देशों के बढ़ते आपसी सहयोग और पारस्परिक निर्भरता को बढ़ाने में सहायक है

**6. "संयुक्त राष्ट्रसंघ में सुधार का अर्थ है–सुरक्षा परिषद् के ढाँचे में बदलाव।" इस कथन का सत्यापन करें।** **CBSE 2024**

उत्तर सुरक्षा परिषद् संयुक्त राष्ट्र संघ का सबसे महत्त्वपूर्ण अंग है। अतः संयुक्त राष्ट्र संघ में सुधार सुरक्षा परिषद् के ढाँचे में बदलाव से जुड़े हुए हैं। सुरक्षा परिषद् में सुधार का मुद्दा बहुत ही महत्त्वपूर्ण है, जिसका कारण इसकी संरचना है। सुरक्षा परिषद् में विश्व के 5 शक्तिशाली देशों को स्थायी सदस्यता तथा 10 अन्य प्रमुख देशों को अस्थायी सदस्यता प्रदान की जाती है, किंतु वर्तमान में विश्व की बदलती परिस्थितियों को देखते हुए इसमें संरचनात्मक पुनर्गठन होने चाहिए। सुरक्षा परिषद् की सदस्यता में वृद्धि की जानी चाहिए, जिससे विश्व के सभी देशों को समुचित प्रतिनिधित्व प्राप्त हो सके।

इसके अतिरिक्त कुछ विद्वानों के अनुसार स्थायी सदस्यों को प्राप्त निषेधाधिकार (वीटो पावर) समाप्त किया जाना चाहिए, ताकि सुरक्षा परिषद् में लिए जाने वाले निर्णय बहुमत के आधार पर लिए जा सकें। सुरक्षा परिषद् को स्थायी तौर पर अंतर्राष्ट्रीय सेना रखनी चाहिए, जिसमें प्रत्येक राष्ट्र अपना योगदान नियमित रूप से दे। इसके अतिरिक्त आर्थिक और सामाजिक सहयोग के लिए संयुक्त राष्ट्र संघ को और अधिक प्रयास करने चाहिए। संयुक्त राष्ट्र संघ में वैश्विक संदर्भों में लिए जाने वाले सभी महत्त्वपूर्ण निर्णय सुरक्षा परिषद् में ही लिए जाते हैं, इसलिए सुरक्षा परिषद् के संगठन और इसकी प्रक्रियाओं को अधिक लोकतांत्रिक और पारदर्शी होना चाहिए।

# अभ्यास प्रश्न

## वस्तुनिष्ठ प्रश्न

### बहुविकल्पीय प्रश्न

**1. संयुक्त राष्ट्र की स्थापना की गई थी** **CBSE 2021**

(a) प्रथम विश्वयुद्ध के बाद
(b) सोवियत संघ के विघटन के बाद
(c) द्वितीय विश्वयुद्ध से पहले
(d) द्वितीय विश्वयुद्ध के बाद

उत्तर (d) द्वितीय विश्वयुद्ध के बाद

**2. संयुक्त राष्ट्र संघ की स्थापना कब हुई थी?**

(a) वर्ष 1938 (b) वर्ष 1942
(c) वर्ष 1945 (d) वर्ष 1947

उत्तर (c) वर्ष 1945

**3. संयुक्त राष्ट्र के घोषणा-पत्र पर वर्ष 1945 में कितने देशों ने हस्ताक्षर किए?**

(a) 45 (b) 51
(c) 52 (d) 56

उत्तर (b) 51

**4. वर्तमान में संयुक्त राष्ट्र के महासचिव ……… हैं, जो संयुक्त राष्ट्र के ……… महासचिव हैं।**

(a) ट्राइग्व ली, पाँचवें
(b) बान की मून, सातवें
(c) एंटोनियो गुटेरेस, नौंवे
(d) बुतरस-बुतरस घाली, दसवें

उत्तर (c) एंटोनियो गुटेरेस, नौंवे

**5. संयुक्त राष्ट्र का मुख्य उद्देश्य है** **CBSE 2021**

(a) छोटे देशों का शोषण करने के लिए बड़ी शक्तियों को नियंत्रित करना
(b) जनसंख्या वृद्धि की जाँच करना
(c) अंतर्राष्ट्रीय संघर्ष को रोकना
(d) दवा का निर्माण करना

उत्तर (c) अंतर्राष्ट्रीय संघर्ष को रोकना

**6. निम्नलिखित में से कौन-सी संस्था अंतर्राष्ट्रीय संघर्षों को रोकने का कार्य करती है?** **CBSE 2023**

(a) संयुक्त राष्ट्र मानवाधिकार आयोग
(b) संयुक्त राष्ट्र सुरक्षा परिषद्
(c) आसियान
(d) एमनेस्टी इंटरनेशनल

उत्तर (b) संयुक्त राष्ट्र सुरक्षा परिषद्

**7. संयुक्त राष्ट्र की सुरक्षा परिषद् में अस्थायी सदस्यों का चुनाव ……… वर्षों के लिए होता है।**

(a) 2 (b) 3 (c) 4 (d) 6

उत्तर (a) 2

**8. संयुक्त राष्ट्र संघ की स्थापना निम्नलिखित में से किस उद्देश्य के लिए की गई थी?** **CBSE 2024**

(a) सदस्य देशों के बीच व्यापार को बढ़ावा देने के लिए
(b) अंतर्राष्ट्रीय संघर्ष को रोकने एवं सदस्य देशों में सहयोग बढ़ाने के लिए
(c) युद्ध के समय सहायता प्रदान करने के लिए
(d) सैन्य गठबंधनों के निर्माण में सदस्य देशों की सहायता करने के लिए

उत्तर (b) अंतर्राष्ट्रीय संघर्ष को रोकने एवं सदस्य देशों में सहयोग बढ़ाने के लिए

**9. निम्नलिखित में से कौन-सा कथन संयुक्त राष्ट्र सुरक्षा परिषद् का स्थायी सदस्य होने के भारत के दावे को सही नहीं ठहराता है?** **CBSE 2021**

(a) भारत दुनिया का सबसे बड़ा लोकतंत्र है
(b) भारत दूसरा सबसे अधिक आबादी वाला देश है
(c) भारत ने पाकिस्तान के खिलाफ दो लड़ाइयाँ जीती हैं
(d) भारत संयुक्त राष्ट्र में नियमित योगदान देता है

उत्तर (c) भारत ने पाकिस्तान के खिलाफ दो लड़ाइयाँ जीती हैं

**10. संयुक्त राष्ट्र संगठन से संबंधित निम्नलिखित कथनों में से उस कथन का चयन कीजिए, जो सत्य नहीं है** **CBSE 2021**

(a) इसके सदस्य राज्यों पर इसका अधिकार नहीं है
(b) यह एक संप्रभु निकाय है
(c) यह इसके सदस्य राज्यों द्वारा बनाया गया था और उनके प्रति प्रतिक्रिया करता है
(d) संयुक्त राष्ट्र तब अस्तित्व में आया जब राज्य इसके निर्माण के लिए सहमत हुए

उत्तर (a) इसके सदस्य राज्यों पर इसका अधिकार नहीं है

**11. निम्नलिखित में से कौन-सा मानदंड संयुक्त राष्ट्र सुरक्षा परिषद् के नए स्थायी और अस्थायी सदस्यों के लिए प्रस्तावित नहीं था?** *दक्षता आधारित प्रश्न*

(a) संयुक्त राष्ट्र की बहस में एक महत्त्वपूर्ण योगदानकर्ता होना चाहिए
(b) एक प्रमुख आर्थिक शक्ति होनी चाहिए
(c) एक प्रमुख सैन्य शक्ति होनी चाहिए
(d) लोकतंत्र का सम्मान करने वाला देश होना चाहिए

उत्तर (a) संयुक्त राष्ट्र की बहस में एक महत्त्वपूर्ण योगदानकर्ता होना चाहिए

**12.** संयुक्त राष्ट्र के निम्नलिखित में से किस अंग को वर्ष 1994 से निलंबित कर दिया गया है? **CBSE 2021**

(a) आम सभा
(b) न्याय परिषद्
(c) आर्थिक और सामाजिक परिषद्
(d) सचिवालय

उत्तर (b) न्याय परिषद्

**13.** निम्न में से किसने 'एन एजेंडा फॉर पीस' नामक रिपोर्ट जारी की थी?

(a) जेवियर पेरेज द कुइयार (b) बुतरस बुतरस-घाली
(c) कोफी ए अन्नान (d) यू थांट

उत्तर (b) बुतरस बुतरस-घाली

**14.** निम्नलिखित में से कौन-सा संयुक्त राष्ट्र का एक प्रमुख अंग नहीं है? **CBSE 2021**

(a) सुरक्षा परिषद् (b) विश्व बैंक
(c) अंतर्राष्ट्रीय न्यायालय (d) आम सभा

उत्तर (b) विश्व बैंक

**15.** निम्नलिखित में से कौन-सा संगठन वैश्विक व्यापार के लिए नियम निर्धारित करता है? **CBSE 2021**

(a) ह्यूमन राइट्स वॉच (b) विश्व व्यापार संगठन
(c) विश्व बैंक (d) अंतर्राष्ट्रीय मुद्रा कोष

उत्तर (b) विश्व व्यापार संगठन

**16.** संयुक्त राष्ट्र की महासभा के संबंध में निम्न कथनों पर विचार करें तथा कूट की सहायता से सही उत्तर का चयन करें दक्षता आधारित प्रश्न

1. यह संयुक्त राष्ट्र संघ का मुख्य विमर्शी, नीति-निर्माता एवं प्रतिनिधि अंग है।
2. यह संयुक्त राष्ट्र संघ का एकमात्र प्रतिनिधि निकाय है, जिसमें संघ के सभी सदस्य देशों को सदस्यता प्राप्त है और उन्हें समान मताधिकार दिया गया है।
3. इसका अधिवेशन तीन वर्ष में एक बार अवश्य बुलाया जाता है।
4. यह अंतर्राष्ट्रीय न्यायालय के न्यायधीशों का चुनाव करने के लिए सुरक्षा परिषद् के साथ काम करती है।

कूट

(a) 1, 2 और 4 (b) 1, 3 और 4
(c) 1, 2 और 3 (d) ये सभी

उत्तर (a) 1, 2 और 4

**17.** निम्नलिखित कथनों पर विचार कीजिए दक्षता आधारित प्रश्न

1. राजनीतिक विषयों में सुरक्षा परिषद् को संयुक्त राष्ट्र का कार्यपालकीय अंग कहा जाता है।
2. सुरक्षा परिषद् का कार्यालय पेरिस में स्थित है।
3. संयुक्त राष्ट्र सुरक्षा परिषद् के पाँच स्थायी सदस्यों को P5 देश कहा जाता है।
4. संयुक्त राष्ट्र सुरक्षा परिषद् का मुख्य उद्देश्य अंतर्राष्ट्रीय शांति और सुरक्षा को बनाए रखना है।

उपरोक्त में से कौन-सा/से कथन सही नहीं है/हैं?

(a) 1 और 3 (b) केवल 2 (c) केवल 3 (d) केवल 4

उत्तर (b) केवल 2

**18.** निम्नलिखित में से कौन-सा कथन संयुक्त राष्ट्र को अधिक प्रासंगिक बनाने के लिए उठाए जाने वाले कदमों के बारे में सत्य है, जैसा कि उन सभी सदस्य देशों के प्रमुखों द्वारा अनुशंसित किया गया था, जो संयुक्त राष्ट्र की 60 वीं वर्षगाँठ मनाने के लिए सितंबर, 2005 में मिले थे। **CBSE 2021**

1. एक शांति संस्थापक आयोग का निर्माण।
2. लोकतंत्र-कोष का निर्माण।
3. कोई युद्ध क्षेत्र नहीं बनाना।
4. अपने सभी रूपों में आतंकवाद की निंदा। दक्षता आधारित प्रश्न

कूट

(a) 1 और 2 (b) 1, 2 और 3
(c) 1, 2 और 4 (d) 2, 3 और 4

उत्तर (c) 1, 2 और 4

**19.** निम्नलिखित में से कौन-सा कथन अंतर्राष्ट्रीय श्रम संगठन का उद्देश्य है? **CBSE 2021**

1. इसका उद्देश्य सामाजिक न्याय की कुशल स्थितियों को बढ़ावा देना है।
2. यह अंतर्राष्ट्रीय श्रम मानकों के अनुसार श्रमिकों के लिए काम करता है।
3. यह मुख्य रूप से मानव अधिकार की सुरक्षा के लिए काम करता है।
4. यह महिला और पुरुष श्रमिकों को उत्पादक कार्यों में संलग्न होने के लिए प्रोत्साहन देता है। दक्षता आधारित प्रश्न

कूट

(a) 1, 2 और 3 (b) 2, 3 और 4
(c) 1 और 4 (d) 1, 2 और 4

उत्तर (d) 1, 2 और 4

**20.** निम्नलिखित को कालक्रमानुसार व्यवस्थित कीजिए

1. संयुक्त राष्ट्र संघ में सुधारों की बढ़ती माँग पर कोफी अन्नान द्वारा जाँच आरंभ
2. मानवाधिकार परिषद् सक्रिय हुआ
3. जनरल एग्रीमेंट ऑन ट्रेड एंड टैरिफ की स्थापना
4. एंटोनियो गुटेरेस महासचिव बने दक्षता आधारित प्रश्न

कूट

(a) 1, 2, 3, 4 (b) 3, 1, 2, 4
(c) 4, 1, 2, 3 (d) 2, 4, 3 1

उत्तर (b) 3, 1, 2, 4

**21.** निम्नलिखित को कालक्रमानुसार व्यवस्थित कीजिए

1. यूनिसेफ की स्थापना
2. विश्व स्वास्थ्य संगठन की स्थापना
3. अंतर्राष्ट्रीय श्रम संगठन की स्थापना
4. अंतर्राष्ट्रीय मुद्रा कोष की स्थापना

कूट

(a) 4, 1, 2, 3 (b) 3, 4, 1, 2
(c) 1, 2, 3, 4 (d) 1, 4, 2, 3

उत्तर (b) 3, 4, 1, 2

**22.** **निम्नलिखित घटनाओं को कालक्रमानुसार व्यवस्थित कीजिए**
1. **विश्व बैंक की स्थापना**
2. **विश्व व्यापार संगठन की स्थापना**
3. **संयुक्त राष्ट्रसंघ की स्थापना**
4. **अंतर्राष्ट्रीय आण्विक ऊर्जा एजेंसी की स्थापना**

**कूट**

(a) 1 3 4 2 (b) 2 1 3 4
(c) 3 2 1 4 (d) 3 1 4 2

उत्तर (a) 1 3 4 2

**23.** **निम्नलिखित में से कौन-सा युग्म सुमेलित नहीं है?** **CBSE 2021**

(a) अटलांटिक चार्टर पर हस्ताक्षर - अगस्त, 1941
(b) संयुक्त राष्ट्र संघ की स्थापना - अक्टूबर, 1945
(c) माल्टा सम्मेलन - फरवरी, 1945
(d) भारत संयुक्त राष्ट्र संघ में शामिल - अक्टूबर, 1948

उत्तर (d) भारत संयुक्त राष्ट्र संघ में शामिल - अक्टूबर, 1948

**24.** **सूची I को सूची II के साथ सुमेलित कीजिए**

| सूची I (संगठन) | सूची II (मुख्यालय) |
|---|---|
| A. यूनेस्को | 1. जेनेवा |
| B. यूनिसेफ | 2. वाशिंगटन डीसी |
| C. आई एम एफ | 3. न्यूयॉर्क |
| D. डब्ल्यू एच ओ | 4. पेरिस |

**कूट**

| | A | B | C | D | | A | B | C | D |
|---|---|---|---|---|---|---|---|---|---|
| (a) | 4 | 1 | 2 | 3 | (b) | 4 | 3 | 2 | 1 |
| (c) | 2 | 4 | 3 | 1 | (d) | 4 | 2 | 3 | 1 |

उत्तर (b) 4 3 2 1

**25.** **सूची I को सूची II के साथ सुमेलित कीजिए**

| सूची I | सूची II |
|---|---|
| A. ट्राइग्व ली | 1. सोशलिस्ट इंटरनेशनल के अध्यक्ष |
| B. पेरेज द कूइयार | 2. कश्मीर के मुद्दे पर भारत और पाकिस्तान के मध्य युद्धविराम का प्रयास |
| C. कोफी-ए-अन्नान | 3. नामीबिया की आजादी के लिए मध्यस्थता |
| D. एंटेनियों गुटेरेस | 4. वर्ष 2001 का नोबेल शांति पुरस्कार |

**कूट**

| | A | B | C | D | | A | B | C | D |
|---|---|---|---|---|---|---|---|---|---|
| (a) | 2 | 3 | 4 | 1 | (b) | 4 | 3 | 2 | 1 |
| (c) | 3 | 4 | 2 | 1 | (d) | 1 | 4 | 3 | 2 |

उत्तर (a) 2 3 4 1

**निर्देश (प्र. सं. 26-30) नीचे दो कथन दिए गए हैं, जिनमें एक को कथन (A) और दूसरे को कारण (R) माना गया है। कूट की सहायता से सही उत्तर का चयन करें**

**कूट**

(a) A और R दोनों सही हैं तथा R, A की सही व्याख्या है
(b) A और R दोनों सही हैं, परंतु R, A की सही व्याख्या नहीं है
(c) A सही है, किंतु R गलत है
(d) A गलत है, किंतु R सही है

**26.** **कथन** (A) **प्रथम विश्वयुद्ध के पश्चात् विश्व के देशों को आपसी विवादों को हल करने के लिए अंतर्राष्ट्रीय संगठन बनाए जाने की आवश्यकता हुई।**

**कारण** (R) **इस विचार के परिणामस्वरूप लीग ऑफ नेशंस का गठन हुआ।** *दक्षता आधारित प्रश्न*

उत्तर (a) प्रथम विश्वयुद्ध के पश्चात् विश्व के देशों को आपसी विवादों को हल करने के लिए अंतर्राष्ट्रीय संगठन बनाए जाने की आवश्यकता की अनुभूति हुई। इस विचार के परिणामस्वरूप लीग ऑफ नेशंस का गठन हुआ। अपने गठन के प्रारंभिक वर्षों में लीग ऑफ नेशंस को अधिक सफलता मिली।

**27.** **कथन** (A) **शीतयुद्ध के दौर में संयुक्त राष्ट्र संघ की कार्य प्रणाली में तत्कालीन विश्व राजनीति की वास्तविकताएँ झलकती थीं।**

**कारण** (R) **शीतयुद्ध के बाद इसमें कोई परिवर्तन नहीं हुआ।**

उत्तर (c) शीतयुद्ध के दौर में संयुक्त राष्ट्र संघ की कार्य प्रणाली में तत्कालीन विश्व राजनीति की वास्तविकताएँ झलकती थीं। शीतयुद्ध के पश्चात् अमेरिका विश्व का सर्वाधिक शक्तिशाली देश बनकर उभरा। सोवियत संघ के उत्तराधिकारी राज्य सभा और अमेरिका के मध्य संबंध सहयोगात्मक हो गए।

**28.** **कथन** (A) **यूनेस्को शैक्षिक प्रशिक्षण तथा स्वतंत्र मीडिया आदि के प्रसार के लिए कार्य नहीं करता है।**

**कारण** (R) **यूनेस्को का मुख्य उद्देश्य शिक्षा, संस्कृति तथा संचार को प्रोन्नत करना है।**

उत्तर (d) यूनेस्को शैक्षिक प्रशिक्षण तथा स्वतंत्र मीडिया आदि के प्रसार के लिए कार्य करता है। यूनेस्को संयुक्त राष्ट्र संघ का एक विशेष निकाय है, जिसका मुख्यालय फ्रांस के पेरिस में स्थित है। यूनेस्को का मुख्य उद्देश्य शिक्षा, प्राकृतिक विज्ञान, समाज, मानव विज्ञान, संस्कृति तथा संचार को प्रोन्नत करना है।

**29.** **कथन** (A) **संयुक्त राष्ट्र सुरक्षा परिषद् के पाँच स्थायी सदस्यों का मुख्य विशेषाधिकार वीटो पावर है।**

**कारण** (R) **संयुक्त राष्ट्र चार्टर ने स्थायी सदस्यों को दुनिया में स्थिरता लाने के लिए एक विशेषाधिकार प्राप्त स्थिति प्रदान की।** **CBSE 2021**

उत्तर (a) संयुक्त राष्ट्र चार्टर द्वारा सुरक्षा परिषद् के पाँच स्थायी सदस्यों को विश्व में स्थिरता प्रदान करने हेतु एक विशेषाधिकार स्थिति प्रदान की गई, जिसे 'वीटो पावर' के रूप में जाना जाता है। सुरक्षा परिषद् में फैसला मतदान के जरिए होता है। प्रत्येक सदस्य को एक वोट देने का अधिकार होता है। स्थायी सदस्यों में से कोई भी इस विशेषाधिकार (वीटो) का प्रयोग कर सकता है और इस तरह वह किसी फैसले को रोक सकता है, भले ही अन्य स्थायी सदस्यों और सभी अस्थायी सदस्यों ने उस फैसले के पक्ष में मतदान किया हो।

**30.** **कथन** (A) **भारत संयुक्त राष्ट्र सुरक्षा परिषद् के स्थायी और अस्थायी दोनों सदस्यों की संख्या में वृद्धि का समर्थन करता है।**

**कारण** (R) **भारत स्वयं संयुक्त राष्ट्र सुरक्षा परिषद् का स्थायी सदस्य बनने के इच्छुक नहीं है।** **CBSE 2021**

उत्तर (c) भारत सुरक्षा परिषद् के अस्थायी और स्थायी दोनों ही तरह के सदस्यों की संख्या में बढ़ोतरी का समर्थक है। इसके पीछे तर्क यह है

कि पिछले कुछ वर्षों में सुरक्षा परिषद् की गतिविधियों का दायरा बढ़ा है। भारत स्वयं भी पुनर्गठित सुरक्षा परिषद् में एक स्थायी सदस्य के रूप में स्वयं की पुष्टि चाहता है।

**31. कथन I लीग ऑफ नेशंस के उत्तराधिकारी के रूप में संयुक्त राष्ट्र संघ की स्थापना हुई।**

**कथन II संयुक्त राष्ट्र संघ का उद्देश्य अंतर्राष्ट्रीय झगड़ों को रोकना और राष्ट्रों के बीच परस्पर सहयोग में वृद्धि करना है।**

**विकल्प**

(a) कथन I और कथन II दोनों सही हैं।
(b) कथन I और कथन II दोनों गलत हैं।
(c) कथन I सही, लेकिन कथन II गलत है।
(d) कथन I गलत, लेकिन कथन II सही है।

उत्तर (a) कथन I और कथन II दोनों सही हैं।

**32. नीचे दिए गए चित्र का ध्यानपूर्वक अवलोकन कर दिए गए प्रश्नों के उत्तर दीजिए।**

**(i) उपरोक्त चित्र में दर्शाया गया 'दारफुर क्षेत्र' कहाँ स्थित है?**

(a) सूडान के दक्षिणी प्रांत में
(b) सूडान के पश्चिमी प्रांत में
(c) अमेरिका में
(d) इंग्लैंड में

उत्तर (b) सूडान के पश्चिमी प्रांत में

**(ii) उपरोक्त चित्र में दर्शाए गए शब्द वंचना, नरसंहार, सहायता आदि संयुक्त राष्ट्र के किस क्षेत्र के अंतर्गत समाहित हैं?**

(a) सुरक्षा परिषद्
(b) न्यायाधिकार
(c) जातीय संघर्ष
(d) ये सभी

उत्तर (b) न्यायाधिकार

**(iii) संयुक्त राष्ट्र द्वारा वंचना नरसंहार क्षेत्रों में सहायता हेतु किस प्रकार की परिषदों का गठन किया गया है?**

(a) शांति स्थापना आयोग
(b) मानवाधिकार परिषद्
(c) लोकतंत्र कोष
(d) उपरोक्त सभी

उत्तर (d) उपरोक्त सभी

**(iv) संयुक्त राष्ट्र संघ की सुरक्षा परिषद् में ………… स्थायी सदस्य देश हैं।**

(a) पाँच (b) सात
(c) आठ (d) दस

उत्तर (a) पाँच

**33.**

**(i) ऊपर दिए गए लोगो में प्रयुक्त पत्तियाँ किसकी हैं?**

(a) धान की (b) गेहूँ की
(c) जैतून की (d) यूकेलिस की

उत्तर (c) जैतून की

**(ii) उपरोक्त लोगो में प्रयुक्त पत्तियाँ किसका प्रतीक हैं?**

(a) वैश्विक पर्यावरण सुरक्षा
(b) समृद्ध कृषि उत्पाद
(c) विश्व शांति
(d) समानता तथा समृद्धि की विरासत का

उत्तर (c) विश्व शांति

**(iii) लोगो के केंद्र में प्रयुक्त मानचित्र किस क्षेत्र से संबंधित है?**

(a) उत्तरी ध्रुव से (b) सागर से
(c) दक्षिणी ध्रुव से (d) अंतरिक्ष की शून्यता से

उत्तर (a) उत्तरी ध्रुव से

**(iv) संयुक्त राष्ट्रसंघ की स्थापना ………. के बाद हुई थी?**

(a) प्रथम विश्वयुद्ध (b) द्वितीय विश्वयुद्ध
(c) शीतयुद्ध (d) इनमें से कोई नहीं

उत्तर (b) द्वितीय विश्वयुद्ध

**34. दिया गया कार्टून जून 2006 में इजरायल द्वारा लेबनान पर किए गए आक्रमण से संबंधित है। कार्टून का ध्यानपूर्वक अध्ययन करके नीचे दिए गए प्रश्नों के उत्तर दीजिए** **CBSE 2024**

**(i) कार्टून में दिखाए गए व्यक्ति कौन हैं, जो उस समय संयुक्त राष्ट्र महासचिव थे ?**

(a) बान की मून
(b) एंटोनियो गुटेरेस
(c) कोफी अन्नान
(d) कर्ट वाल्डहाइम

उत्तर (c) कोफी अन्नान

**(ii) इजरायल ने लेबनान पर आक्रमण ···· में किया ?**

(a) वर्ष 2000
(b) वर्ष 2003
(c) वर्ष 2006
(d) वर्ष 2010

उत्तर (c) वर्ष 2006

(iii) **इजरायल ने लेबनान पर आक्रमण क्यों किया था**
(a) लेबनान की सरकार को गिराने के लिए
(b) हिजबुल्लाह उग्रवादी गुट पर नियंत्रण करने के लिए
(c) लेबनान की अर्थव्यवस्था को कमजोर करने के लिए
(d) संयुक्त राष्ट्र के आदेश पर

उत्तर (b) हिजबुल्लाह उग्रवादी गुट पर नियंत्रण करने के लिए

(iv) **संयुक्त राष्ट्र के प्रतीक चिह्न में क्या दर्शाया गया है?**
(a) शांति का प्रतीक कबूतर
(b) दुनिया का नक्शा
(c) हाथ मिलाते दो व्यक्ति
(d) संयुक्त राष्ट्र का मुख्यालय

उत्तर (b) दुनिया का नक्शा

## लघु उत्तरीय प्रश्न

**1. वर्ष 1992 में संयुक्त राष्ट्र महासभा द्वारा पारित प्रस्ताव में सम्मिलित संयुक्त राष्ट्र सुरक्षा परिषद् से संबंधित किन्हीं दो शिकायतों को स्पष्ट कीजिए** **CBSE 2024**

उत्तर वर्ष 1992 में संयुक्त राष्ट्र महासभा द्वारा पारित प्रस्ताव में सुरक्षा परिषद् से संबंधित शिकायतें प्रमुख थीं

- सुरक्षा परिषद् अब राजनीतिक वास्तविकताओं का प्रतिनिधित्व नहीं करती।
- इसके निर्णयों में पश्चिमी मूल्यों एवं हितों का प्रभाव अधिक होता है। इसके अतिरिक्त इन निर्णयों पर कुछ प्रमुख देशों का वर्चस्व होता है।
- सुरक्षा परिषद् में बराबर का प्रतिनिधित्व नहीं है अर्थात् प्रस्ताव में सुरक्षा परिषद् के स्थायी सदस्यों की संख्या बढ़ाने की सिफारिश की गई। इसके अंतर्गत सुरक्षा परिषद् में अधिक देशों को स्थायी सदस्यता प्रदान करने का सुझाव दिया गया।

अतः ये शिकायतें सुरक्षा परिषद् में सुधार की आवश्यकता की ओर इशारा करती हैं, ताकि यह अधिक लोकतांत्रिक और प्रभावी तरीके से काम कर सके।

**2. संयुक्त राष्ट्र संघ जैसे अंतर्राष्ट्रीय संगठनों के कोई दो लाभ लिखिए** **CBSE 2024**

उत्तर संयुक्त राष्ट्र संघ जैसे अंतर्राष्ट्रीय संगठनों के दो लाभ इस प्रकार हैं

(i) **शांति और सुरक्षा बनाए रखना** इसका मुख्य उद्देश्य वैश्विक शांति और सुरक्षा बनाए रखना है। यह विभिन्न देशों के बीच संघर्षों को सुलझाने के लिए मध्यस्थता करता है और शांति स्थापना मिशनों के माध्यम से संघर्ष क्षेत्रों में शांति स्थापित करने का प्रयास करता है।

(ii) **वैश्विक समस्याओं का समाधान** संयुक्त राष्ट्र संघ पर्यावरण, स्वास्थ्य, मानवाधिकार, गरीबी उन्मूलन और शिक्षा जैसे वैश्विक मुद्दों पर ध्यान केंद्रित करता है। इसके विभिन्न एजेंसियों जैसे विश्व स्वास्थ्य संगठन (WHO) और संयुक्त राष्ट्र बालकोष (UNICEF) इन समस्याओं के समाधान हेतु महत्त्वपूर्ण भूमिका निभाते हैं।

**3. एमनेस्टी इंटरनेशनल क्या है एवं इसके कोई दो कार्य लिखें?**

उत्तर एमनेस्टी इंटरनेशनल एक अंतर्राष्ट्रीय गैर-सरकारी संगठन (NGO) है, जो दुनियाभर में मानवाधिकारों की सुरक्षा और संवर्द्धन के लिए कार्य करता है। इसकी स्थापना वर्ष 1961 में पीटर बेनेंसन द्वारा की गई थी। इस संगठन का मुख्य उद्देश्य उन लोगों के अधिकारों की रक्षा करना है, जो उत्पीड़न, अत्याचार और अन्याय का सामना कर रहे हैं।

एमनेस्टी इंटरनेशनल के दो कार्य इस प्रकार हैं—

(i) यह संगठन विभिन्न देशों में मानवाधिकारों की स्थिति पर रिपोर्ट तैयार करता है।
(ii) यह संगठन शरणार्थियों और विस्थापित लोगों की सुरक्षा और अधिकारों के लिए कार्य करता है।

**4. आई. एम. एफ. विभिन्न देशों की आर्थिक स्थिति को सुधारने में मदद करता है। इस कथन की समीक्षा करें।** **दक्षता आधारित प्रश्न**

उत्तर आई. एम. एफ. का विस्तृत रूप 'अंतर्राष्ट्रीय मुद्रा कोष' (International Monetary Fund) है। इस संगठन की स्थापना वर्ष 1944 में ब्रेटन वुडस सम्मेलन के दौरान की गई थी।

आई.एम.एफ. का प्रमुख उद्देश्य वैश्विक आर्थिक स्थिरता को बनाए रखना है। यह सदस्य देशों को उनकी आर्थिक नीतियों में सुधार करने और वैश्विक अर्थव्यवस्था में संतुलन बनाए रखने के लिए परामर्श देता है।

आई.एम.एफ. सदस्य देशों को वित्तीय संकट के समय ऋण प्रदान करता है। यह ऋण देश को उसकी वित्तीय कठिनाइयों से उभरने और उसकी मुद्रा में स्थिरता बनाए रखने में मदद करता है।

अतः इन तथ्यों के आधार पर कहा जा सकता है कि आई.एम.एफ विभिन्न देशों को आर्थिक सहयोग प्रदान करके उनकी स्थिति को सुधारने का प्रयास करता है।

**5. निम्नलिखित संयुक्त राष्ट्र संघ के संगठनों तथा एजेंसियों का विस्तृत रूप लिखिए**

(i) **यूनेस्को (UNESCO)**
(ii) **ओ पी सी डब्ल्यू (OPCW)**
(iii) **यू एन आर आई एस डी (UNRISD)**
(iv) **डब्ल्यू एम डी (WMD)**
(v) **यू एन एच सी आर (UNHCR)**

उत्तर (i) **यूनेस्को** (UNESCO) संयुक्त राष्ट्र शैक्षिक, वैज्ञानिक तथा सांस्कृतिक संगठन (The United Nations Educational, Scientific and Cultural Organisation)

(ii) **ओपीसी डब्ल्यू** (OPCW) रासायनिक हथियारों पर निषेध के लिए संगठन (Organisation for Prohibition for Chemical Weapons)

(iii) **यू एन आर आई एस डी** (UNRISD) सामाजिक विकास के लिए शोध और प्रशिक्षण संस्थान (United Nations Research Institute for Social Development)

(iv) डब्ल्यू एम डी (WMD) व्यापक जनसंहार के हथियार (Weapon for Mass Destruction)

(v) **यू एन एच सी आर** (UNHCR) संयुक्त राष्ट्र शरणार्थी उच्चायोग कार्यालय (United Nations High Commission for Refugees)

**6. विश्व स्वास्थ्य संगठन (WHO) के कोई चार कार्य लिखिए?**

उत्तर विश्व स्वास्थ्य संगठन के चार प्रमुख कार्य इस प्रकार हैं

(i) यह संगठन विभिन्न स्वास्थ्य संबंधी मानक और दिशा-निर्देश तैयार करता है, जिन्हें विश्वभर के देशों में लागू किया जाता है।

(ii) सरकारों के अनुरोध पर स्वास्थ्य सेवाओं को मजबूत करने के लिए सहायता प्रदान करना।

(iii) विश्व स्वास्थ्य संगठन (WHO) वैश्विक स्तर पर स्वास्थ्य नीतियों और कार्यक्रमों का निर्माण करता है।

(iv) इस संगठन का प्रमुख कार्य महामारी और रोगों के प्रसार को रोकना है। यह संगठन विभिन्न रोगों की निगरानी करता है और उनमें प्रसार को रोकने के लिए आवश्यक कदम उठाता है।

## दीर्घ उत्तरीय प्रश्न।

**1. "भारत ने विभिन्न आधारों पर संयुक्त राष्ट्र के पुनर्गठन का समर्थन किया है।" इस कथन की पुष्टि कीजिए।** **CBSE 2024**

उत्तर भारत ने विभिन्न आधारों पर संयुक्त राष्ट्र के पुनर्गठन का समर्थन किया है। इसके प्रमुख तर्क निम्नलिखित हैं

(i) **वर्तमान संरचना की अप्रासंगिकता** भारत का कहना है कि संयुक्त राष्ट्र की वर्तमान संरचना, विशेषकर सुरक्षा परिषद्, 1945 की परिस्थितियों को दर्शाती है और वर्तमान में वैश्विक परिदृश्य को सही ढंग से नहीं दिखाती।

(ii) **विकासशील देशों की प्रतिनिधित्व की कमी** भारत का तर्क है कि सुरक्षा परिषद् में विकासशील देशों का प्रतिनिधित्व न के बराबर है, जबकि ये देश वैश्विक मुद्दों पर महत्त्वपूर्ण भूमिका निभाते हैं।

(iii) **वैश्विक चुनौतियों का सामना** भारत का मानना है कि वैश्विक चुनौतियों जैसे कि जलवायु परिवर्तन, आतंकवाद और महामारी का प्रभावी समाधान करने के लिए एक अधिक प्रतिनिधि और प्रभावी संयुक्त राष्ट्र की आवश्यकता है।

(iv) **विभिन्न क्षेत्रों की भागीदारी** भारत सुरक्षा परिषद् में सुधार की बात करता है ताकि यह सुनिश्चित किया जा सके कि विभिन्न क्षेत्रों और राष्ट्रों की आवाज सुनी जा रही है।

अतः इन तर्कों के आधार पर भारत संयुक्त राष्ट्र के पुनर्गठन का समर्थन करता है ताकि यह अधिक लोकतांत्रिक और प्रभावशाली बन सके।

**2. संयुक्त राष्ट्र सुरक्षा परिषद् में भारत की स्थायी सदस्यता के प्रश्न पर कई देशों को ऐतराज क्यों है? स्पष्ट कीजिए।**

*अथवा* **संयुक्त राष्ट्र सुरक्षा परिषद् में भारत के स्थायी सदस्य के रूप में प्रविष्टि को कुछ देश क्यों चुनौती देते हैं? स्पष्ट कीजिए।**

*दक्षता आधारित प्रश्न*

*अथवा* **ऐसे किन्हीं तीन कारकों का उल्लेख कीजिए, जो भारत की स्थायी सदस्यता के मार्ग में बाधक हैं?**

उत्तर भारत की इच्छा है कि वह संयुक्त राष्ट्र संघ की सुरक्षा परिषद् में निषेधाधिकार संपन्न (वीटोधारी) सदस्य बने, किंतु कुछ देश सुरक्षा परिषद् में भारत की स्थायी सदस्यता का विरोध करते हैं। कुछ देश भारत के परमाणु संपन्न होने के कारण चिंतित हैं। कुछ और देशों के अनुसार, पाकिस्तान के साथ संबंधों में कठिनाई के कारण भारत स्थायी सदस्य के रूप में अप्रभावी रहेगा। यदि भारत को स्थायी सदस्य के रूप में सुरक्षा परिषद् में शामिल किया जाता है, तो ब्राजील, जर्मनी, जापान और दक्षिण अफ्रीका जैसे अन्य शक्तिशाली देशों की भी दावेदारी सामने आएगी। कुछ देशों के विचार के अनुसार, यदि सुरक्षा परिषद् में विस्तार होता है, तो अफ्रीका और दक्षिणी अमेरिका को भी समुचित प्रतिनिधित्व मिलना चाहिए, क्योंकि वर्तमान सुरक्षा परिषद् में इन महाद्वीपों को समुचित प्रतिनिधित्व नहीं मिला है।

**3. एक सर्वाधिक महत्त्वपूर्ण अंतर्राष्ट्रीय संगठन के रूप में संयुक्त राष्ट्र की भूमिका का आकलन कीजिए।** **CBSE 2019**

उत्तर अंतर्राष्ट्रीय संगठन वैश्विक स्तर पर विभिन्न प्रकार की चुनौतियों से निपटने में सहायक होते हैं और इसी क्रम में संयुक्त राष्ट्र संघ एक बेहतर उदाहरण है। संयुक्त राष्ट्र संघ शांति और प्रगति के प्रति मानवता की आशा का प्रतीक है। इसकी भूमिका को निम्न प्रकार से वर्णित किया जा सकता है

- संयुक्त राष्ट्र युद्ध और शांति के संदर्भ में देशों के लिए सहायक हैं। यह लोगों के जीवन स्तर को बेहतर करने के लिए देशों की सहायता करते हैं।
- राष्ट्रों के समक्ष प्रायः कुछ ऐसी समस्याएँ उत्पन्न हो जाती हैं, जिनसे निपटना किसी एक राष्ट्र के लिए संभव नहीं होता है। अतः यह तभी संभव होता है, जब सभी राष्ट्र मिलकर कार्य करें; जैसे—वायुमंडल के तापमान में वृद्धि क्लोरो-फ्लोरो कार्बन जैसे कुछ रसायनों के अधिक मात्रा में उत्सर्जन से हो रही है, जिससे समुद्रतल की ऊँचाई बढ़ने का खतरा है, क्योंकि इसके कारण विश्व के समुद्रतटीय क्षेत्र जलमग्न हो जाएँगे। इस दृष्टि से अंतर्राष्ट्रीय सहयोग इसके समाधान हेतु कारगर है।
- एक अंतर्राष्ट्रीय संगठन के रूप में संयुक्त राष्ट्र सहयोग करने के उपाय और सूचनाएँ एकत्र करने में मदद करता है।

**4. संयुक्त राष्ट्र संघ को सशक्त बनाने के लिए क्या कदम उठाए जाने चाहिए?**

*अथवा* **संयुक्त राष्ट्र को और अधिक प्रभावशाली बनाने के लिए कोई चार सुधार बताइए।**

उत्तर संयुक्त राष्ट्र संघ की स्थापना के 60 वर्ष पूर्ण होने के उपलक्ष्य में वर्ष 2005 में सभी सदस्य देश एकत्रित हुए तथा संयुक्त राष्ट्र संघ को अधिक प्रभावशाली बनाने के लिए निम्न उपाय करने का फैसला लिया

(i) शांति संस्थापक आयोग का गठन।

(ii) इस बात की स्वीकृति दी गई कि यदि कोई राष्ट्र अपने नागरिकों को अत्याचार से बचाने में असफल रहता है, तो विश्व-जाति इसका उत्तरदायित्व ले।

(iii) मानवाधिकार परिषद् की स्थापना।

(iv) सहस्राब्दि विकास लक्ष्य को प्राप्त करने पर सहमति।

(v) प्रत्येक प्रकार के आतंकवाद की निंदा।

(vi) एक लोकतंत्र कोष का गठन।

(vii) न्यासिता परिषद् को समाप्त करने पर सहमति।

**5. उन तथ्यों का वर्णन कीजिए जिनके आधार पर महासभा को संयुक्त राष्ट्र का महत्त्वपूर्ण अंग माना जाता है?** *दक्षता आधारित प्रश्न*

उत्तर संयुक्त राष्ट्र का सबसे महत्त्वपूर्ण अंग महासभा है। संयुक्त राष्ट्र के सभी सदस्य इसके सदस्य होते हैं।

महासभा का अध्यक्ष महासचिव होता है, जिसका चयन पाँच वर्ष के लिए किया जाता है। संयुक्त राष्ट्र के महासचिव की नियुक्ति सुरक्षा परिषद् की सिफारिश पर महासभा द्वारा की जाती है। संयुक्त राष्ट्र महासभा के निम्न कार्य हैं

- संयुक्त राष्ट्र महासभा का सितंबर में प्रतिवर्ष अधिवेशन होता है। महासभा के अधिवेशन में अंतर्राष्ट्रीय शांति और सुरक्षा संबंधी मामलों पर विचार-विमर्श किया जाता है।
- महासभा संयुक्त राष्ट्र संघ का बजट पास करती है। नए राज्यों को संयुक्त राष्ट्र का सदस्य बनाए जाने और किसी पुराने सदस्य राष्ट्र की सदस्यता समाप्त करने का निर्णय महासभा ले सकती है।
- अंतर्राष्ट्रीय न्यायालय के सदस्यों का निर्वाचन करने का अधिकार सामान्य रूप से महासभा व सुरक्षा परिषद् को है।
- महासभा विभिन्न अंतर्राष्ट्रीय कानूनों और संधियों के निर्माण और कार्यान्वयन में महत्त्वपूर्ण भूमिका निभाती है।
- महासभा वैश्विक विकास के लक्ष्यों जैसे गरीबी उन्मूलन, शिक्षा, स्वास्थ्य और जलवायु परिवर्तन पर ध्यान केंद्रित करती है।

**6. संयुक्त राष्ट्र संघ ने किस सीमा तक विश्व में शांति स्थापित करने की भूमिका सफलतापूर्वक निभाई है? व्याख्या कीजिए।**

उत्तर संयुक्त राष्ट्र संघ की स्थापना का मुख्य उद्देश्य विश्व में शांति स्थापित करना था। अपनी स्थापना के पश्चात् से अब तक संयुक्त राष्ट्र संघ इस दिशा में काफी सफल रहा है।

इसकी पुष्टि निम्न तथ्यों से स्पष्ट होती है

(i) अपनी स्थापना (1945) के पश्चात् से ही इसने देशों के बीच तनाव कम करने व उनके संकट के लिए समाधान निकालने में महत्त्वपूर्ण भूमिका निभाई है; जैसे—ब्रिटेन और मिस्र के बीच स्वेज नहर को लेकर उठे विवाद को समाप्त कराया। कई अफ्रीकी देशों—मलाया, लीबिया, ट्यूनीशिया, घाना आदि को स्वतंत्र कराने में महत्त्वपूर्ण भूमिका निभाई।

(ii) इस अंतर्राष्ट्रीय संगठन ने कोरिया और हिंद-चीन के युद्ध की समाप्ति एवं इंडोनेशिया को डच उपनिवेश से आजादी दिलाने में महत्त्वपूर्ण भूमिका निभाई है। इसके अतिरिक्त भारत-पाकिस्तान युद्ध विराम कराने के साथ-साथ कांगो में शांति स्थापित करने में सहयोग किया है।

(iii) सबसे प्रमुख इस संगठन ने शीतयुद्ध के दौरान अंतर्राष्ट्रीय स्तर पर उत्पन्न तनाव को युद्ध का रूप लेने से रोका है।

## दीर्घ उत्तरीय प्रश्न II

**1. वर्ष 1945 में संयुक्त राष्ट्र की स्थापना से लेकर इसके विकास की कहानी लिखिए। यह अपनी शाखाओं तथा एजेंसियों की सहायता से किस प्रकार कार्य करता है?**

उत्तर **संयुक्त राष्ट्र का विकास** प्रथम विश्वयुद्ध के पश्चात् विश्व के देशों के आपसी विवादों को निपटाने हेतु अंतर्राष्ट्रीय संगठन बनाए जाने की आवश्यकता की अनुभूति हुई। इस विचार के परिणामस्वरूप 'लीग ऑफ नेशंस' का गठन हुआ। अपने गठन के प्रारंभिक वर्षों में लीग ऑफ नेशंस को अधिक सफलता मिली, किंतु यह संगठन द्वितीय विश्वयुद्ध (1939-45) को रोकने में असफल रहा। द्वितीय विश्वयुद्ध, प्रथम विश्वयुद्ध की तुलना में अधिक विध्वंसक साबित हुआ, जिसमें लाखों लोग मारे गए एवं अनेक नगर तबाह हो गए थे।

द्वितीय विश्वयुद्ध की समाप्ति के पश्चात् ही वर्ष 1945 में 'लीग ऑफ नेशंस' के उत्तराधिकारी के रूप में संयुक्त राष्ट्र संघ की स्थापना की गई, जो औपचारिक रूप से 24 अक्टूबर, 1945 को अस्तित्व में आया तथा 51 देशों ने संयुक्त राष्ट्र के घोषणा-पत्र पर हस्ताक्षर किए। वर्ष 2006 तक संयुक्त राष्ट्र संघ के सदस्य देशों की संख्या 192 थी। इस संगठन में लगभग सभी स्वतंत्र देश सम्मिलित हैं।

**शाखाओं तथा एजेंसियों की सहायता से कार्य** संयुक्त राष्ट्र संघ की कई शाखाएँ और एजेंसियाँ हैं। आम सभा और सुरक्षा परिषद् दोनों ही महत्त्वपूर्ण शाखाएँ हैं, जिनमें सदस्य देशों के बीच युद्ध और शांति तथा आपसी विवादों पर आम सभा में चर्चा होती है। इसके अतिरिक्त विश्व स्वास्थ्य संगठन, संयुक्त राष्ट्र संघ विकास कार्यक्रम आदि जैसी एजेंसियाँ सामाजिक और आर्थिक मुद्दों से निपटने से संबंधित कार्य करती हैं।

**2. शीतयुद्ध के पश्चात् आए ऐसे किन्हीं छः बदलावों का उल्लेख कीजिए, जिनके कारण संयुक्त राष्ट्र की कार्यशैली को बेहतर बनाने के लिए सुधार लाना आवश्यक हो गया है।**
*दक्षता आधारित प्रश्न*

*अथवा* **शीत युद्ध की समाप्ति के बाद विश्व राजनीति में आए किन्हीं चार परिवर्तनों का वर्णन कीजिए।** **CBSE 2024**

उत्तर शीतयुद्ध के दौर में संयुक्त राष्ट्र संघ की कार्य प्रणाली में तत्कालीन विश्व राजनीति की वास्तविकताएँ झलकती थीं, किंतु शीतयुद्ध के पश्चात् इसमें कुछ परिवर्तन हुए, जिनमें से कुछ का वर्णन इस प्रकार है

(i) शीतयुद्ध के पश्चात् सोवियत संघ का विघटन हो गया।

(ii) सोवियत संघ के विघटन के पश्चात् अमेरिका एकमात्र शक्तिशाली देश बनकर उभरा।

(iii) सोवियत संघ के उत्तराधिकारी राज्य रूस तथा अमेरिका के बीच संबंध सहयोगात्मक हो गए।

(iv) एशिया की अर्थव्यवस्था अप्रत्याशित दर से विकास करने लगी, जिसमें चीन और भारत तेजी से महाशक्ति बनने की दिशा में अग्रसर हैं।

(v) संयुक्त राष्ट्र संघ में कई नए देश शामिल हुए, जो सोवियत संघ से स्वतंत्र हुए देश अथवा पूर्वी यूरोप के भूतपूर्व साम्यवादी देश थे।

(vi) जनसंहार, गृहयुद्ध, जातीय संघर्ष, आतंकवाद, परमाण्विक प्रसार, जलवायु परिवर्तन, पर्यावरण ह्रास तथा महामारी जैसी समस्याएँ विश्व के सामने चुनौतियों की एक नई श्रृंखला के रूप में मौजूद हैं।

अतः उपरोक्त परिवर्तनों के परिणामस्वरूप संयुक्त राष्ट्र संघ की कार्य प्रणाली को बेहतर बनाने के लिए सुधार लाना अनिवार्य हो गया।

**3. संयुक्त राष्ट्र सुरक्षा परिषद् के नए स्थायी तथा अस्थायी सदस्यों के लिए प्रस्तावित किए गए किन्हीं छः मानदंडों को उजागर कीजिए।** **CBSE 2020**

*अथवा* **संयुक्त राष्ट्र सुरक्षा परिषद् में भारत की स्थायी सदस्यता के लिए की गईं दावेदारी को किन्हीं चार मापदंडों के आधार पर न्यायोचित सिद्ध कीजिए।** **CBSE 2025**

*अथवा* **गत वर्षों में संयुक्त राष्ट्र सुरक्षा परिषद् के नए स्थायी और अस्थायी सदस्यों के लिए प्रस्तावित किन्हीं चार मापदंडों का वर्णन कीजिए।** **CBSE 2019**

*अथवा* **संयुक्त राष्ट्र परिषद् के नए स्थायी एवं अस्थायी सदस्यों के लिए वर्ष 1997 में प्रस्तावित किए गए किन्हीं चार मानदंडों का वर्णन कीजिए।** **CBSE 2024**

**उत्तर** संयुक्त राष्ट्र संघ के ढाँचे में सुधारों की बढ़ती माँग के परिणामस्वरूप वर्ष 1997 में संयुक्त राष्ट्र संघ के महासचिव कोफी अन्नान द्वारा एक जाँच आरंभ कराई गई, जिसके आधार पर स्थायी और अस्थायी सदस्यता के लिए निम्न सुझाव दिए गए (अथवा निम्न मानदंड रखे गए), जिसके अनुसार नए सदस्य को

- बड़ी आर्थिक शक्ति होना चाहिए।
- बड़ी सैन्य ताकत होना चाहिए।
- संयुक्त राष्ट्र संघ के बजट में ऐसे देश का योगदान अधिक हो।
- आबादी की दृष्टि से बड़ा राष्ट्र हो।
- ऐसा देश, जो लोकतंत्र और मानवाधिकारों का सम्मान करता हो।
- अपने भूगोल, अर्थव्यवस्था और संस्कृति की दृष्टि से विश्व की विविधता का नेतृत्व करता हो।

उपरोक्त मानदंडों में से प्रत्येक की कुछ न कुछ वैधता सरकारें अपने-अपने हित और महत्त्वाकांक्षाओं की दृष्टि से कुछ मानदंडों को लाभदायक तो कुछ को हानिकारक मानती हैं। यद्यपि कोई देश सुरक्षा परिषद् की सदस्यता हेतु इच्छुक न हो फिर भी वह यह बता सकता है कि इन मानदंडों में क्या समस्या है।

**4. संयुक्त राष्ट्र संघ अमेरिकी प्रभुत्व के विरुद्ध संतुलन बनाए रखने में असफल क्यों है? स्पष्ट कीजिए**

**उत्तर** संयुक्त राष्ट्र संघ (united nations) अमेरिकी प्रभुत्व के विरुद्ध संतुलन बनाए रखने में असफल है, इसे निम्न बिंदुओं के माध्यम से स्पष्ट किया जा सकता है

(i) **एकमात्र महाशक्ति के रूप में अमेरिका** सोवियत संघ के विघटन के बाद, अमेरिका विश्व में एकमात्र महाशक्ति बन गया। इसके पास असाधारण सैन्य और आर्थिक शक्ति है, जिसके बल पर वह संयुक्त राष्ट्र संघ के फैसलों को अनदेखा कर सकता है। अमेरिका अपनी नीतियों को बलपूर्वक लागू करने में सक्षम है, और किसी अन्य देश के पास ऐसा प्रभाव नहीं है, जो इसे चुनौती दे सके।

(ii) **संयुक्त राष्ट्र संघ पर अमेरिकी प्रभाव** अमेरिका वैश्विक राजनीति और कूटनीति में महत्त्वपूर्ण भूमिका निभाता है। यह संयुक्त राष्ट्र संघ के संस्थापक सदस्यों में से एक है और इसके विभिन्न अंगों एवं संगठनों में एक प्रमुख योगदानकर्ता है। यह प्रभाव कई पहलुओं में देखा जा सकता है जैसे-

- **वित्तीय प्रभुत्व** संयुक्त राष्ट्र संघ के बजट में अमेरिका सबसे बड़ा योगदानकर्ता है। इसके कारण अमेरिका का इस संगठन पर वित्तीय नियंत्रण अधिक है।
- **भौगोलिक लाभ** संयुक्त राष्ट्र संघ का मुख्यालय न्यूयॉर्क में स्थित है, जिससे संगठन पर अमेरिका का भौगोलिक प्रभाव बढ़ जाता है।
- **वीटो शक्ति** संयुक्त राष्ट्र सुरक्षा परिषद् में अमेरिका के पास वीटो अधिकार है। वह किसी भी प्रस्ताव को अपनी इच्छानुसार रोक सकता है।

(iii) **अमेरिकी नीतियों और गठबंधनों का प्रभाव** अमेरिका अपने गठबंधन देशों (जैसे नाटो सदस्य) के माध्यम से वैश्विक मंच पर विभाजन की स्थिति बना सकता है। इसके कारण विश्व का एकजुट होना कठिन हो जाता है, जिससे अमेरिकी नीतियों का प्रभाव बना रहता है।

(iv) **महासचिव और नौकरशाही पर प्रभाव** संयुक्त राष्ट्र संघ के महासचिव के चयन में भी अमेरिका का प्रभुत्व होता है। संगठन में कई उच्च पदों पर अमेरिकी नागरिक या उनके सहयोगी देशों के लोग होते हैं; जिससे संगठन की स्वतंत्रता सीमित हो जाती है।

(v) **संगठनात्मक कमजोरियाँ** संयुक्त राष्ट्र संघ में सदस्य देशों के बीच मतभेद और प्रतिस्पर्द्धा बनी रहती है, जिससे अमेरिकी प्रभुत्व के विरुद्ध एकजुट होकर कदम उठाना मुश्किल हो जाता है।

**निष्कर्ष** संयुक्त राष्ट्र संघ अमेरिकी प्रभुत्व पर अंकुश लगाने में पूर्ण रूप से सक्षम नहीं है, लेकिन यह मंच संवाद स्थापित करने और विश्व में विभिन्न देशों को एक साथ लाने में महत्त्वपूर्ण भूमिका निभाता है।

**5. संयुक्त राष्ट्र संघ की प्रक्रिया तथा न्यायाधिकार को बेहतर बनाने के लिए किन्हीं तीन सुधारों का वर्णन कीजिए।**

**उत्तर** इस प्रश्न के उत्तर के लिए पृष्ठ संख्या 75-76 पर शीर्षक 'संयुक्त राष्ट्र संघ की प्रक्रियाओं और ढाँचे में सुधार' व 'संयुक्त राष्ट्र का न्यायाधिकार' का अध्ययन करें।

**6. संयुक्त राष्ट्र सुरक्षा परिषद् के संगठन तथा उसे अधिक प्रासंगिक बनाने के लिए प्रस्तावित सुधारों का वर्णन कीजिए।** **CBSE 2024**

*अथवा* **समकालीन विश्व में संयुक्त राष्ट्र संघ की प्रासंगिकता को किन्हीं चार उदाहरणों की सहायता से न्यायोचित ठहराइए।** **CBSE 2025**

**उत्तर** संयुक्त राष्ट्र सुरक्षा परिषद् (UNSC) एक महत्त्वपूर्ण अंतर्राष्ट्रीय संस्था है, जो वैश्विक शांति और सुरक्षा को बनाए रखने के लिए जिम्मेदार है। इस परिषद् को और अधिक प्रभावशाली और प्रासंगिक बनाने के लिए कुछ प्रमुख प्रस्तावित सुधार इस प्रकार हैं

(i) **स्थायी सदस्यता का विस्तार** वर्तमान में सुरक्षा परिषद् के पाँच स्थायी सदस्य हैं (अमेरिका, ब्रिटेन, फ्रांस, रूस और चीन) अन्य प्रमुख देशों जैसे- भारत, ब्राजील, जर्मनी और जापान को स्थायी सदस्यता प्रदान करने से परिषद् की अधिक प्रतिनिधि और प्रभावशाली भूमिका हो सकती है।

(ii) **मतदान प्रक्रिया में सुधार** वीटो शक्ति का उपयोग कभी-कभी विवादित मुद्दों पर किया जाता है, जिससे निर्णय लेने में बाधाएँ उत्पन्न होती हैं। वीटो शक्ति के उपयोग पर नियमों को सख्त किया जा सकता है या इसका पुनरावलोकन किया जा सकता है।

(iii) **क्षेत्रीय प्रतिनिधित्व में वृद्धि** विभिन्न भौगोलिक क्षेत्रों से अधिक प्रतिनिधित्व को सुनिश्चित करने के लिए अस्थायी सीटों में सुधार किया जा सकता है। जिससे सभी क्षेत्रों की आवाज परिषद् में बेहतर तरीके से सुनाई दे सके।

(iv) **संयुक्त राष्ट्र संघ के अन्य अंगों के साथ समन्वय** सुरक्षा परिषद् को अन्य संयुक्त राष्ट्र अंगों, जैसे कि महासभा और आर्थिक और सामाजिक परिषद के साथ बेहतर समन्वय स्थापित करना चाहिए, ताकि अंतर्राष्ट्रीय मुद्दों पर एकीकृत दृष्टिकोण अपनाया जा सके।

(v) **नागरिक समाज और विशेषज्ञों की भागीदारी** सुरक्षा परिषद् में नागरिक समाज और अंतर्राष्ट्रीय विशेषज्ञों की भागीदारी को बढ़ावा देने से निर्णय लेने की प्रक्रिया में विविधता और विशेषज्ञता में सुधार हो सकता है।

अतः ये सुधार संयुक्त राष्ट्र सुरक्षा परिषद् को अधिक समावेशी, प्रभावशाली और प्रासंगिक बनाने में मदद करते हैं।

## स्रोत आधारित प्रश्न

नीचे दिए गए अनुच्छेदों का ध्यानपूर्वक अवलोकन कर दिए गए प्रश्नों के उत्तर दीजिए।

**1.** **"अमेरिका की ताकत पर आसानी से अंकुश नहीं लगाया जा सकता। पहली बात तो यह है कि सोवियत संघ की गैर-मौजूदगी में अब अमेरिका एकमात्र महाशक्ति है। अपनी सैन्य और आर्थिक ताकत के बल पर वह संयुक्त राष्ट्र संघ या किसी अन्य अंतर्राष्ट्रीय संगठन की अनदेखी कर सकता है। दूसरे संयुक्त राष्ट्र संघ के भीतर अमेरिका का खास प्रभाव है। वह संयुक्त राष्ट्र संघ के बजट में सबसे ज्यादा योगदान करने वाला देश है।**

**अमेरिका की वित्तीय ताकत बेजोड़ है। यह भी एक तथ्य है कि संयुक्त राष्ट्र संघ अमेरिकी भू-क्षेत्र में स्थित है और इस कारण भी अमेरिका का प्रभाव इसमें बढ़ जाता है। संयुक्त राष्ट्र संघ के कई नौकरशाह इसके नागरिक हैं। इसके अतिरिक्त अगर अमेरिका को लगे कि कोई प्रस्ताव उसके अथवा उसके साथी राष्ट्रों के हितों के अनुकूल नहीं है अथवा अमेरिका को यह प्रस्ताव न जँचे, तो अपनी वीटो पावर से वह उसे रोक सकता है। अपनी ताकत और निषेधाधिकार के कारण संयुक्त राष्ट्र संघ के महासचिव के चयन में भी अमेरिका की बात बहुत महत्त्व रखती है**

(i) **अमेरिका विश्व में एक महाशक्ति है, क्योंकि**

(a) विश्व राजनीति में इसकी इच्छानुसार निर्णय लिए जाते हैं
(b) वह दूसरे देशों पर प्रतिबंध लगाता है
(c) सैन्य शक्ति में अमेरिका प्रबल है
(d) उपरोक्त सभी

उत्तर (d) उपरोक्त सभी

(ii) **अमेरिका संयुक्त राष्ट्र में किस प्रस्ताव को कैसे रोक सकता है?**

(a) कोई प्रस्ताव उसके अनुकूल न हो
(b) कोई प्रस्ताव उसके साथी राष्ट्रों के अनुकूल न हो
(c) अमेरिका को प्रस्ताव सही न लगे
(d) उपरोक्त सभी

उत्तर (d) उपरोक्त सभी

(iii) **संयुक्त राष्ट्र संघ में अमेरिका के प्रभाव को दर्शाइए।**

उत्तर अमेरिका संयुक्त राष्ट्र सुरक्षा परिषद् के स्थायी सदस्यों में से एक है, जिसमें उसे 2 वीटो अधिकार प्राप्त हैं, इसका मतलब है कि सुरक्षा परिषद् में कोई भी महत्त्वपूर्ण प्रस्ताव अमेरिकी वीटो के कारण खारिज हो सकता है साथ ही यह संयुक्त राष्ट्र संघ के बजट में सबसे ज्यादा योगदान करने वाला देश है और अमेरिका की शैन्य शक्ति और उसकी वैश्विक सुरक्षा नीति का भी संयुक्त राष्ट्र में प्रभाव पड़ता है।

**2.** **विश्व व्यापार संगठन (वर्ल्ड ट्रेड ऑर्गेनाइजेशन, WTO)**

**यह अंतर्राष्ट्रीय संगठन वैश्विक व्यापार के नियमों को तय करता है। इस संगठन की स्थापना वर्ष 1995 में हुई।**

**यह संगठन 'जनरल एग्रीमेंट ऑन ट्रेड एंड टैरिफ' के उत्तराधिकारी के रूप में काम करता है, जो दूसरे विश्वयुद्ध के बाद अस्तित्व में आया था। इसके सदस्यों की संख्या 150 हैं। हर फैसला सभी सदस्यों की सहमति से किया जाता है, लेकिन अमेरिका, यूरोपीय संघ तथा जापान जैसी बड़ी आर्थिक शक्तियाँ विश्व व्यापार संगठन में व्यापार के नियमों को इस तरह बनाने में कामयाब हो गई हैं, जिससे उनके हित सधते हों। विकासशील देशों की बहुधा शिकायत रहती है कि इस संगठन की कार्यविधि पारदर्शी नहीं है और बड़ी आर्थिक ताकतें उन्हें धकियाती हैं।**

(i) **विश्व व्यापार संगठन की स्थापना किस संगठन के उत्तराधिकारी के रूप में हुई?**

(a) अंतर्राष्ट्रीय श्रम संगठन
(b) यूनिसेफ
(c) जनरल एग्रीमेंट ऑन ट्रेड एंड टैरिफ
(d) उपरोक्त में से कोई नहीं

उत्तर (c) जनरल एग्रीमेंट ऑन ट्रेड एंड टैरिफ

(ii) **विश्व व्यापार संगठन किस वर्ष अस्तित्व में आया था?**

(a) 1995 (b) 1997 (c) 1998 (d) 1999

उत्तर (a) 1995

(iii) **"सामान्यतः विकासशील देशों की शिकायत रहती है कि विश्व व्यापार संगठन की कार्यविधि पारदर्शी नहीं है।" इस कथन को समझाइए।**

उत्तर यह संगठन वैश्विक व्यापार के नियमों को तय करता है और इसमें हर फैसला सदस्यों की सहमति से किया जाता है, लेकिन अमेरिका, यूरोपीय संघ तथा जापान जैसी बड़ी आर्थिक शक्तियाँ विश्व व्यापार संगठन में व्यापार के नियमों को इस तरह बनाने में सफल हुई हैं, जिसमें उनका हित अंतर्निहित है। अतः विकासशील देशों की शिकायत उचित है।

**3.** **'लीग ऑफ नेशंस' के उत्तराधिकारी के रूप में संयुक्त राष्ट्र संघ की स्थापना हुई। द्वितीय विश्वयुद्ध की समाप्ति के तुरंत बाद वर्ष 1945 में इसे स्थापित किया गया। ............ देशों द्वारा संयुक्त राष्ट्रसंघ के घोषणा-पत्र पर दस्तखत करने के साथ इस संगठन की स्थापना हो गई। दो विश्वयुद्धों के बीच 'लीग ऑफ नेशंस' जो नहीं कर पाया था उसे कर दिखाने की कोशिश संयुक्त राष्ट्र संघ के उद्देश्य हैं ............ ।** CBSE 2020

(i) **द्वितीय विश्व युद्ध की समाप्ति किस वर्ष हुई थी?**

(a) 1942 (b) 1945 (c) 1948 (d) 1935

उत्तर (b) 1945

(ii) **लीग ऑफ नेशंस के उत्तराधिकारी के रूप में किस संगठन की स्थापना हुई थी?**

(a) विश्व बैंक (b) आसियान
(c) संयुक्त राष्ट्रसंघ (d) बिम्सटेक

उत्तर (c) संयुक्त राष्ट्रसंघ

(iii) **संयुक्त राष्ट्र की ऐसी किन्हीं दो उपलब्धियों का उल्लेख कीजिए जिन्हें दो विश्वयुद्धों के बीच 'लीग ऑफ नेशंस' नहीं प्राप्त कर पाया था।**

उत्तर संयुक्त राष्ट्र की दो महत्त्वपूर्ण उपलब्धि निम्नवत् हैं, जिन्हें दो विश्वयुद्धों के बीच 'लीग ऑफ नेशंस' नहीं प्राप्त कर पाया था

- संयुक्त राष्ट्र ने समय-समय पर कई राष्ट्रों में शांति मिशन भेजकर उस क्षेत्र में शांति स्थापित की है।
- इस संगठन में रंगभेद की समाप्ति, मानवाधिकार हनन के खिलाफ आवाज उठाने में व लोकतंत्र की स्थापना में महत्त्वपूर्ण भूमिका निभाई है।

## मानचित्र आधारित प्रश्न

**1.** विश्व के दिए गए मानचित्र में कुछ वर्णमाला बिंदुओं को दर्शाया गया है। नीचे दी गई जानकारी के आधार पर इन बिंदुओं की पहचान कीजिए तथा इनके सही नाम से संबंधित क्रम संख्या और संबंधित वर्णमाला के साथ नीचे दिए गए प्रारूप के अनुसार लिखें।

| क्रम संख्या | मानचित्रों में वर्णमाला | राज्य/राष्ट्र का नाम |
|---|---|---|
| | | |
| | | |
| | | |
| | | |

- संयुक्त राष्ट्र संघ का मुख्यालय
- अंतर्राष्ट्रीय आण्विक उर्जा ऐजेंसी का मुख्यालय
- विश्व व्यापार संगठन का मुख्यालय
- एमनेस्टी इंटरनेशनल का मुख्यालय

उत्तर

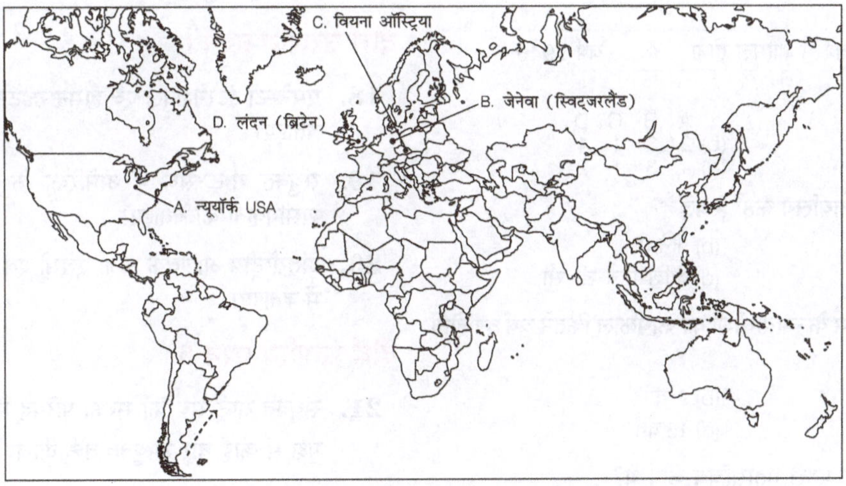


| क्रम संख्या | मानचित्र में वर्णमाला | राज्य/राष्ट्र का नाम |
|---|---|---|
| 1. | A | न्यूयॉर्क (अमेरिका) |
| 2. | B | जेनेवा (स्विट्जरलैंड) |
| 3. | C | वियना (ऑस्ट्रिया) |
| 4. | D | लंदन (ब्रिटेन) |

# स्वयं को जाँचें

## वस्तुनिष्ठ प्रश्न

**1.** निम्न में से किसने एड्स, क्षयरोग तथा मलेरिया से लड़ने के लिए वैश्विक कोष बनाया?

(a) यू थांट (b) कोफी ए अन्नान
(c) बुतरस बुतरस-घाली (d) ट्राइग्व ली

**2.** अंतर्राष्ट्रीय श्रम संगठन ILO की स्थापना कहाँ की गई थी?

(a) पेरिस (b) स्विट्जरलैंड
(c) जर्मनी (d) जापान

**3.** ह्यूमन राइट्स वॉच की स्थापना कब हुई?

(a) वर्ष 1962 (b) वर्ष 1968
(c) वर्ष 1978 (d) वर्ष 1981

**4.** सुमेलित कीजिए

| सूची I | | सूची II |
|---|---|---|
| A. संयुक्त राष्ट्र बाल कोष की स्थापना | 1. | वर्ष 1946 |
| B. भारत का संयुक्त राष्ट्र संघ में शामिल होना | 2. | 30 अक्टूबर, 1945 |
| C. एंटोनियो गुटेरेस का संयुक्त राष्ट्र महासचिव के रूप में पदभार ग्रहण किया जाना | 3. | जनवरी, 2017 |
| D. भारत का यूनेस्को में शामिल होना | 4. | वर्ष 1946 |

कूट

| | A | B | C | D |
|---|---|---|---|---|
| (a) | 1 | 2 | 3 | 4 |
| (b) | 2 | 3 | 1 | 4 |
| (c) | 3 | 2 | 4 | 1 |
| (d) | 4 | 3 | 1 | 2 |

**5.** सुरक्षा परिषद् का कार्यालय कहाँ स्थित है?

(a) न्यूयॉर्क (b) जेनेवा
(c) पेरिस (d) वॉशिंगटन डी सी

**6.** अंतर्राष्ट्रीय न्यायालय के न्यायाधीशों का कार्यकाल कितने वर्ष का होता है?

(a) 5 वर्ष (b) 9 वर्ष
(c) 11 वर्ष (d) 15 वर्ष

**7.** संयुक्त राष्ट्र संघ के पहले महासचिव कौन थे?

(a) ट्राइग्व ली (b) डैग हैमरशोल्ड
(c) बान की मून (d) यू थांट

## लघु उत्तरीय प्रश्न

**8.** लीग ऑफ नेशंस का गठन क्यों हुआ?

**9.** अंतर्राष्ट्रीय संगठन किस तरह सहायक होते हैं? कोई एक कारण बताइए।

**10.** संयुक्त राष्ट्र संघ के प्रथम महासचिव कौन थे और वे किस देश से संबंधित थे?

**11.** निषेधाधिकार (वीटो) से आप क्या समझते हैं?

**12.** सर्वाधिक निषेधाधिकार (वीटो पावर) का उपयोग करने वाला देश कौन-सा है?

**13.** संयुक्त राष्ट्र संघ के किन्हीं चार अंगों का वर्णन कीजिए।

**14.** अंतर्राष्ट्रीय मुद्रा कोष एवं विश्व बैंक के एक-एक कार्य को बताइए।

**15.** शीतयुद्ध के पश्चात् संयुक्त राष्ट्र में आए किन्हीं तीन बदलावों का उल्लेख कीजिए।

**16.** संयुक्त राष्ट्र संघटन से आप क्या समझते हैं एवं इसके अंगों के नाम लिखें?

**17.** अंतर्राष्ट्रीय मुद्रा कोष क्या है तथा कितने देश इसके सदस्य हैं?

## दीर्घ उत्तरीय प्रश्न I

**18.** एमनेस्टी इंटरनेशनल एवं ह्यूमन राइट्स वॉच क्या है? इसके कार्यों को बताइए।

**19.** संयुक्त राष्ट्र संघ में अमेरिका के प्रभावों को देखते हुए इसकी प्रासंगिकता को बताइए।

**20.** अंतर्राष्ट्रीय आण्विक ऊर्जा एजेंसी एवं विश्व व्यापार संगठन के विषय में बताइए।

## दीर्घ उत्तरीय प्रश्न II

**21.** संयुक्त राष्ट्र संघ की सुरक्षा परिषद् में भारत की स्थायी सदस्यता के पक्ष में कोई चार उपयुक्त तर्क दीजिए।

**22.** एक ध्रुवीय विश्व में संयुक्त राष्ट्र संघ में अमेरिका के व्यापक प्रभाव को समझाइए।

# 05

## अध्याय

# समकालीन विश्व में सुरक्षा

वैश्विक राजनीतिक परिदृश्य में अंतर्राष्ट्रीय और मुद्दे राष्ट्रीय सुरक्षा जैसे महत्त्वपूर्ण हैं। विशेषतया बदलते भू आर्थिक तथा भू राजनीतिक परिस्थितियों में इस अध्याय में सुरक्षा के विभिन्न पहलुओं के साथ-साथ सहयोगात्मक सुरक्षा तथा खतरे के नए स्रोत व भारत की सुरक्षा रणनीति एवं इसके घटकों का भी वर्णन किया गया है।

**▼ अध्ययन एक नजर में**


5.1 सुरक्षा की पारंपरिक धारणा-बाहरी सुरक्षा
5.2 सुरक्षा की पारंपरिक धारणा-आंतरिक सुरक्षा
5.3 खतरे के नए स्रोत
5.4 सहकारी (सहयोग मूल्य) सुरक्षा


**▼ अभ्यास के लिए**

- बहुविकल्पीय प्रश्न 28 (युग्मित प्रश्न, चित्र आधारित प्रश्न, कथन/कारण, सुमेलित कीजिए)
- वर्णनात्मक प्रकार के प्रश्न (लघु उत्तरीय प्रश्न 6, दीर्घ उत्तरीय प्रश्न I 9)
- दीर्घ उत्तरीय प्रश्न II 7,
- स्रोत आधारित प्रश्न 4, मानचित्र आधारित 1

साधारण शब्दों में सुरक्षा का तात्पर्य खतरे एवं आजादी से है। सुरक्षा का यह अर्थ किसी व्यक्ति तथा राष्ट्र के लिए अलग-अलग हो सकता है। व्यापक अर्थ में सुरक्षा का संबंध उन गंभीर खतरों से है, जिन्हें समय रहते रोकने के उपाय न करने की स्थिति में हमारे केंद्रीय मूल्यों (Core Values) को हानि पहुँच सकती है।

## 5.1 सुरक्षा की पारंपरिक धारणा-बाहरी सुरक्षा

सुरक्षा के विभिन्न पहलुओं को पारंपरिक और गैर-पारंपरिक रूप से दो समूहों में वर्गीकृत किया गया है।

### सुरक्षा की परंपरागत अवधारणा

- इसके अंतर्गत राष्ट्रीय सुरक्षा को सर्वोच्च वरीयता दी जाती है तथा सैन्य खतरे को इसके लिए सबसे बड़ा संकट माना जाता है।
- इस संकट के लिए उत्तरदायी कोई पड़ोसी राष्ट्र होता है, जो सैन्य हमले की धमकी देकर पड़ोसी राष्ट्र की **संप्रभुता**[1], स्वतंत्रता तथा क्षेत्रीय अखंडता पर प्रश्नचिह्न लगाता है या उसे चुनौती देता है। सैन्य खतरा जब कुछ समय पश्चात् सैन्य कार्रवाई का रूप लेता है, तो इसमें हमेशा पड़ोसी राष्ट्र के आम नागरिकों को निशाना बनाया जाता है।
- यह कार्य जनता तथा सरकार के मनोबल को कम करने के लिए किया जाता है।

### सुरक्षा के परंपरागत तत्त्व

सुरक्षा के परंपरागत प्रमुख तत्त्व इस प्रकार हैं

(i) **निवारण** सरकारें युद्ध में आत्मसमर्पण का विकल्प चुन सकती हैं, लेकिन वे इसे अपनी नीति के रूप में सार्वजनिक रूप से नहीं बतातीं। इसलिए पारंपरिक सुरक्षा नीति का पहला घटक जो युद्ध को रोकने पर केंद्रित होता है, उसे निवारण कहा जाता है। इसके अतिरिक्त हमलावार देश को अपने लक्ष्यों को हासिल करने से रोकने के लिए आत्मसमर्पण करना और हमलावर बलों को पीछे धकेलता है।

---

1 **संप्रभुता** इसका तात्पर्य राज्य के भीतर सर्वोच्च सत्ता से है।

(ii) **रक्षा** दूसरा घटक, जो युद्ध को सीमित करने या समाप्त करने पर केंद्रित होता है उसे रक्षा कहा जाता है। इसके अतिरिक्त युद्ध की लागत को बर्दाश्त से बाहर करने की धमकी देकर दूसरे पक्ष को आक्रमण करने से रोकना तथा जब युद्ध वास्तव में शुरू हो जाए, तो स्वयं का बचाव करना आदि।

(iii) **शक्ति संतुलन** यह पारंपरिक सुरक्षा का तीसरा घटक है। इस स्थिति में, देश यह देखते हैं कि कुछ राष्ट्र बड़े और मजबूत हैं, जो सम्भावित भविष्य के खतरों का संकेत हो सकते हैं। भले ही कोई पड़ोसी देश खुले तौर पर हमले की योजना न बना रहा हो, लेकिन उसकी ताकत यह संकेत दे सेकती है कि वह भविष्य में आक्रमक हो सकता है। शांति संतुलन बनाए रखने के लिए, देश अक्सर सैन्य ताकत के साथ-साथ आर्थिक और तकनीकी शक्ति पर ध्यान केन्द्रित करते हैं, क्योकि ये कारक सैन्य क्षमताओं को समर्थन प्रदान करते हैं।

(iv) **गठबंधन निर्माण** यह पारंपरिक सुरक्षा नीति का चौथा घटक है। सामान्यत: यह कई देशों का सैन्य गठबंधन होता है, जो सदस्य देशों पर होने वाले किसी सैन्य हमले को रोकने तथा उनकी रक्षा करने का कार्य करता है। इन गठबंधनों को औपचारिक रूप प्रदान करने के लिए एक संधि की जाती है। कई बार देश किसी विशेष देश या गठबंधन से अपनी स्थिति मजबूत करने के लिए भी गठबंधन करते हैं। हालाँकि इस गठबंधन प्रक्रिया के दौरान यह भी देखने को मिलता है कि राष्ट्रीय हितों के बदलने की स्थिति में गठबंधन भी बदल जाता है; उदाहरण के लिए 1980 के दशक में सोवियत संघ के विरूद्ध अमेरिका द्वारा इस्लामी उग्रवादियों को समर्थन दिया गया लेकिन 11 सितंबर, 2001 को अमेरिका पर हमले के बाद अमेरिका द्वारा ओसामा बिन लादेन के नेतृत्व वाले अल-कायदा समूह के आतंकवादियों के विरुद्ध अभियान चलाया गया।

## 5.2 सुरक्षा की पारंपरिक धारणा–आंतरिक सुरक्षा

- द्वितीय विश्व युद्ध के बाद शीत युद्ध शुरू हुआ और यूरोप के नव-स्वतंत्र देशों को नई चुनौतियों का सामना करना पड़ा। उन्हें अमेरिका, सोवियत संघ या उनके पूर्व औपनिवेशिक शासकों जैसे अन्य शक्तियों से हमले का डर था।

### नव-स्वतंत्र राष्ट्रों की चुनौतियाँ

- अधिकांश एशिया और अफ्रीका के नव-स्वतंत्र राष्ट्र औपनिवेशिक शासन से 1940 के दशक के अंतिम वर्षों से स्वतंत्र होने प्रारंभ हुए। इसके उपरांत इन राष्ट्रों के समक्ष अनेक चुनौतियाँ उभरकर सामने आईं; जैसे—
  - इन देशों पर पड़ोसी देश हमला कर सकते थे।
  - इन देशों के अंदर सैन्य संघर्ष का भय था।
  - आंतरिक संघर्ष के साथ-साथ इन देशों में सीमा पार पड़ोसी देशों से भी खतरे की आशंका थी। इन देशों के बीच सीमा रेखा, भू-क्षेत्र अथवा जनसंख्या नियंत्रण को लेकर समय-समय पर विवाद होते रहते थे तथा इन देशों के अंदर अलगाववादी आंदोलनों से भी खतरा था।
- पड़ोसी देश द्वारा **अलगाववादी आंदोलन**[2] को समर्थन देने पर **गृहयुद्ध**[3] की स्थिति के साथ-साथ दोनों देशों के बीच तनाव की स्थिति उत्पन्न होना।

### पारंपरिक सुरक्षा और सहयोग

- अब यह लगभग सार्वभौमिक रूप से स्वीकार किया जाता है कि विभिन्न देशों को केवल उचित कारणों से युद्ध में जाना चाहिए, जैसे आत्मरक्षा के लिए या अन्य लोगों को नरसंहार से बचाने के लिए। बल का उपयोग तभी किया जाना चाहिए जब सभी विकल्प विफल हो जाएँ। पारंपरिक सुरक्षा की धारणा में तीन प्रकार के सहयोग शामिल हैं; जैसे—नि:शस्त्रीकरण, हथियार नियंत्रण और विश्वास निर्माण।
- **नि:शस्त्रीकरण** (Disarmament) के अंतर्गत यह अपेक्षा की जाती है कि सभी राष्ट्र चाहे उनका आकार, क्षमता तथा प्रभाव कुछ भी हो, उनको विशेष प्रकार (जैविक तथा रासायनिक विध्वंसक हथियार) के हथियारों के प्रयोग व निर्माण से बचना चाहिए। नि:शस्त्रीकरण के संबंध में अंतर्राष्ट्रीय सहयोग बढ़ाने हेतु दो अंतर्राष्ट्रीय संधियाँ हुई हैं
  (i) **जैविक हथियार संधि** (Biological Weapons Convention, BWC), 1972 इस पर कुल 155 देशों ने हस्ताक्षर किए हैं।
  (ii) **रासायनिक हथियार संधि** (Chemical Weapons Convention, CWC), 1992 इस पर कुल 181 देशों ने हस्ताक्षर किए हैं।
- **अस्त्र नियंत्रण** (Arms Control) के अंतर्गत संबंधित देशों को विध्वंसक हथियारों के निर्माण तथा उनको प्राप्त करने के संबंध में कुछ अंतर्राष्ट्रीय कानूनों का पालन करना पड़ता है।
- अस्त्र नियंत्रण से संबंधित एंटी बैलिस्टिक मिसाइल संधि वर्ष 1972 से प्रभावी हुई। इस संधि के द्वारा अमेरिका तथा सोवियत संघ को ऐसी रक्षा प्रणाली से बड़े पैमाने पर होने वाले उत्पादन को सीमित करने में सहायता मिली है। हालाँकि इस संधि में दोनों देशों को सीमित संख्या में ऐसे हथियार (मिसाइल) रखने की अनुमति थी।

---

2 **अलगाववादी आंदोलन** अलगाववाद को राजनीतिक विघटन का एक उदाहरण माना जा सकता है।
3 **गृह युद्ध** यह एक ही देश या राष्ट्र के नागरिकों के विपरीत समूहों के बीच लड़ा जाने वाला युद्ध है।

सामरिक अस्त्र परिसीमन संधि II (Strategic Arms Limitations Treaty-II) तथा सामरिक अस्त्र न्यूनीकरण संधि संयुक्त राज्य अमेरिका तथा सोवियत संघ के मध्य हुई है।

- **परमाणु अप्रसार संधि** (Nuclear Non-Proliferation Treaty, NPT) वर्ष 1968 से प्रभावी हुई। इस संधि के माध्यम से ऐसे देश, जिन्होंने वर्ष 1967 से पहले परमाणु हथियार बना लिए थे या जिन हथियारों का परीक्षण कर लिया था, उनको इन हथियारों को रखने की अनुमति प्रदान की गई। जो देश वर्ष 1967 तक ऐसा नहीं कर पाए थे, उनको इन हथियारों के निर्माण तथा परीक्षण से वंचित कर दिया गया। इस संधि ने परमाणु हथियारों की मात्रा को सीमित करने में महत्त्वपूर्ण भूमिका निभाई है।
- **विश्वास बहाली** की प्रक्रिया यह सुनिश्चित करती है कि प्रतिस्पर्द्धी देश किसी गलतफहमी या भ्रम में पड़कर युद्ध के लिए तैयार न हो सकें। सुरक्षा की सहयोगमूलक प्रणाली के अंतर्गत यह माना जाता है कि समकालीन विश्व में विश्वास बहाली के माध्यम से हिंसा तथा सुरक्षा से संबंधित चुनौतियों को कम किया जा सकता है। विश्वास बहाली की प्रक्रिया में सैन्य संघर्ष तथा प्रतिस्पर्द्धी देश के साथ सैन्य योजनाओं से संबंधित जानकारी का आदान-प्रदान किया जाता है।

## सुरक्षा का गैर-पारंपरिक दृष्टिकोण

- गैर-पारंपरिक सुरक्षा का अर्थ है 'केवल राज्य की सुरक्षा ही नहीं, बल्कि व्यक्तियों, समुदायों या वास्तव में पूरी मानवता की सुरक्षा। गैर-पारंपरिक सुरक्षा के विचारों को 'मानव सुरक्षा या 'वैश्विक सुरक्षा' भी कहा जाता है।
- इसमें पूछा जाता है कि किसकी सुरक्षा होनी चाहिए, किन खतरों से सुरक्षा होनी चाहिए और सुरक्षा के कौन-कौन से तरीके अपनाए जाने चाहिए। यह धारणा मानवाधिकारों जैसी व्यापक विषयवस्तु को भी सुरक्षा का हिस्सा मानती है।

### मानव सुरक्षा

- यह समुदायों और व्यक्तियों को आंतरिक हिंसा से बचाने को संदर्भित करता है।
- इसके व्यापक अर्थ में भूख, बीमारी, प्राकृतिक आपदा आदि से उत्पन्न खतरों को भी शामिल किया जाता है, क्योंकि इन कारणों से होने वाली मृत्यु दर युद्ध आतंकवाद और जनसंहार से कहीं अधिक होती है।
- इस विचारधारा में आर्थिक सुरक्षा और मानवीय गरिमा की सुरक्षा को भी शामिल किया जाता है। इस दृष्टिकोण का सार अभाव से मुक्ति और भय से मुक्ति की संकल्पना में निहित है।

### वैश्विक सुरक्षा

- यह वैश्विक खतरों जैसे कि वैश्विक तापन (ग्लोबल वार्मिंग) अंतर्राष्ट्रीय आतंकवाद और एड्स और बर्ड फ्लू जैसी स्वास्थ्य महामारियों से सुरक्षा को संदर्भित करता है। इन समस्याओं को कोई भी देश अकेले हल नहीं कर सकता। कुछ मामलों में, किसी एक देश को पर्यावरणीय क्षरण जैसी वैश्विक समस्या का अधिकांश बोझ उठाना पड़ सकता है।
- 1990 के दशक में विश्व-सुरक्षा की धारणा उभरी, जिसका मुख्य कारण वैश्विक स्तर पर बढ़ती चुनौतियाँ थीं।
- कुछ परिस्थितियों में कुछ देशों को समस्याओं का प्रभाव अन्य देशों की तुलना में अधिक झेलना पड़ सकता। उदाहरण के लिए यदि वैश्विक तापन के कारण समुद्र का जलस्तर दो मीटर बढ़ जाता है, तो बांग्लादेश का 20% हिस्सा डूब जाएगा । मालदीप लगभग पूरी तरह समुद्र में समा जाएगा जिस कारण थाइलैंड की लगभग 50% आबादी को गंभीर खतरा होगा।

### चेक प्वॉइंट 1

1. पारंपरिक सुरक्षा नीति का कौन-सा घटक युद्ध को रोकने पर केंद्रित है?
2. सामरिक अस्त्र परिसीमन संधि किन देशों के मध्य हुई?
3. पारंपरिक सुरक्षा में गठबंधन बनाने का मुख्य उद्देश्य क्या है?
4. 1980 के दशक, में अफगानिस्तान में सोवियत संघ के विरुद्ध अमेरिका ने किस समूह का समर्थन किया?
5. वर्ष 1968 में परमाणु हथियार के अधिग्रहण को नियंत्रित करने वाली कौन-सी संधि बनाई गई थी?

# 5.3 खतरे के नए स्रोत

खतरे के नए स्रोतों में आतंकवाद, मानवाधिकार का हनन, गरीबी तथा स्वास्थ्य से संबंधित विभिन्न समस्याएँ; जैसे—एच आई वी एड्स, बर्डफ्लू, सॉर्स, इबोला वायरस, टी बी, मलेरिया, डेंगू, हैजा आदि प्रमुख हैं। इनका वर्णन निम्न प्रकार है

## आतंकवाद

- आतंकवाद से तात्पर्य क्रूर हिंसा के व्यवस्थित प्रयोग से है, जिससे समाज में भय का वातावरण बनता है। इसका उपयोग प्रमुखता से राजनीति-सांप्रदायिक उद्देश्यों के अतिरिक्त कई अन्य उद्देश्यों के लिए किया जाता है
  - आतंक का एक व्यवस्थित प्रयोग, प्रायः हिंसक, विशेष रूप से दबाव के साधन के रूप में।

- हिंसात्मक कार्य जिनका उद्देश्य एक निश्चित राजनीतिक उद्देश्य राजनीतिक अथवा वैचारिक लक्ष्य के लिए भय (आतंक) उत्पन्न करना; तथा विदित रूपेण नागरिकों की सुरक्षा को लक्षित करना अथवा उसकी अवहेलना करना है।
- अवैधानिक हिंसा तथा युद्ध करना।

- भारत के वर्तमान प्रधानमंत्री नरेंद्र मोदी ने स्पष्ट किया है कि आतंकवाद अच्छे या बुरे में विभाजित नहीं किया जा सकता यह एक वैश्विक समस्या है तथा इसका प्रतिकार सामूहिक रूप से किया जाना चाहिए।
- वर्तमान समय में विमान अपहरण तथा भीड़-भाड़ वाली जगह; जैसे—रेलगाड़ी, होटल, बाजार एवं स्कूल में बम लगाना प्रमुख आतंकवादी कृत्य हैं।

## मानवाधिकार का हनन

- मानवाधिकार से तात्पर्य मानव के मूलभूत अधिकारों से है। सामान्यत: इन अधिकारों को तीन श्रेणियों में विभाजित किया जाता है।
- राजनीतिक (भाषण तथा सभा की स्वतंत्रता), सामाजिक-आर्थिक उपनिवेशित लोगों, जातीय और स्वदेशी अल्पसंख्यकों से संबंधित अधिकार। मानवाधिकारों के हनन पर 1990 के दशक से बहस चल रही है। रवांडा में जनसंहार, कुवैत पर इराक का आक्रमण और पूर्वी तिमोर में इंडोनेशिया सेना का रक्तपात आदि मामले मानवाधिकार के हनन के ही मामले हैं।

## वैश्विक गरीबी

- आधी आबादी की वृद्धि छह देशों (भारत, चीन, पाकिस्तान, नाइजीरिया, बांग्लादेश और इंडोनेशिया) में हो रही है।
- निर्धनता समकालीन विश्व में सुरक्षा को चुनौती देने वाले स्रोतों में प्रमुख है।
- एक अनुमान के अनुसार, आने वाले 50 वर्षों में दुनिया के सबसे गरीब देशों की जनसंख्या में तीन गुना वृद्धि होगी। वहीं इसी समयावधि में अनेक विकसित (धनी) देशों की जनसंख्या घटेगी।
- **उच्च प्रतिव्यक्ति आय**[4] (High Per Capita Income) और जनसंख्या वृद्धि की निम्न गति जहाँ धनी देशों या सामाजिक समूहों को और धनी बनाती है, वहीं **निम्न प्रतिव्यक्ति आय** (Low Per Capita Income) तथा जनसंख्या की तीव्र वृद्धि संबंधित देशों को और निर्धन बनाती है।
- यह असमानता उत्तरी और दक्षिणी देशों के बीच अंतर को बढ़ाती है।
- दक्षिणी गोलार्द्ध के देशों में यह असमानता विशेष रूप से बड़ी है। यद्यपि कुछ देशों ने आबादी की रफ्तार पर नियंत्रण स्थापित कर आय असमानता को संतुलित किया, किन्तु शेष देश ऐसा नहीं कर सके।
- दुनिया में सर्वाधिक सशस्त्र संघर्ष अफ्रीका के सहारा रेगिस्तान के दक्षिण में स्थित देशों में होता है। ये सभी देश दुनिया के सबसे निर्धन राष्ट्रों की श्रेणी में आते हैं।

### प्रवास

- वैश्विक दक्षिण में गरीबी ने बेहतर आर्थिक अवसरों के लिए उत्तर की ओर बड़े पैमाने पर प्रवास को प्रेरित किया है, जिससे राजनीतिक तनाव उत्पन्न हुआ है। अंतर्राष्ट्रीय कानून आप्रवासी, जो आपनी मर्जी से देश छोड़ते हैं तथा शारणार्थी (जो हिंसा गृह युद्ध तथा आपदा की स्थिति में देश छोड़ते हैं) के मध्य अलग-अलग दृष्टिकोण अपनाता है।
- विश्व का शारणार्थी मान चित्र लगभग वही है, जहाँ संघर्ष की स्थिति रही थी। दक्षिणी गोलार्द्ध इस मामले में प्रमुख क्षेत्र हैं जहाँ संघर्ष और युद्ध के कारण लाखों लोगों को विस्थापित होना पड़ा
- उदाहरण के लिए 1990-1995 के बीच 70 देशों में 93 युद्धों ने 55 लाख मौतें और व्यापक विस्थापन किया।
- पूरे-की-पूरे समुदायों को हिंसा के सामान्य भय, आजीविका, पहचान और रहने के माहौल के विनाश के कारण प्रवास करना पड़ा।

### शरणार्थी समस्या

ऐसे व्यक्ति, जो युद्ध, प्राकृतिक आपदा या राजनीतिक उत्पीड़न के कारण अपना घर छोड़ने व कहीं और शरण लेने को मजबूर होते हैं, उन्हें शरणार्थी कहा जाता है। उल्लेखनीय है कि सामान्यत: शरणार्थी अपना जन्मस्थान छोड़ते हैं, परंतु जो व्यक्ति अपना घर छोड़कर राष्ट्रीय सीमा के अंतर्गत ही कहीं और विस्थापित हो, उसे आंतरिक रूप से विस्थापित (Internally Displaced) कहा जाता है; जैसे—1990 के दशक के आरंभिक वर्षों में हिंसा से बचने के लिए कश्मीर घाटी छोड़ चुके कश्मीरी पंडित।

4 उच्च प्रतिव्यक्ति आय ये किसी भौगोलिक क्षेत्र में एक निश्चित समय काल में व्यक्ति द्वारा अर्जित औसत आय की माप है

### स्वास्थ्य संबंधी बीमारियाँ

- पिछले कुछ दशकों में एच आई वी एड्स, बर्डफ्लू, सार्स, ऐबोला वायरस जैसी बीमारियाँ आप्रवास, व्यवसाय, पर्यटन तथा सैन्य अभियानों के माध्यम से समकालीन विश्व के समक्ष खतरे के रूप में सामने आई हैं।
- इन जटिल बीमारियों को रोकने के संबंध में किसी एक देश की सफलता तथा असफलता का प्रभाव अन्य देशों पर भी पड़ता है।
- महामारियाँ वैश्विक स्वास्थ्य को प्रभावित करती हैं और गरीब क्षेत्र विशेष रूप से अफ्रीका, एचआईवी- एड्स जैसी बीमारियों से जूझते हैं, क्योंकि इन बीमारियों में उपचार की उच्च लागत होती है।
- नई बीमारियाँ जैसे इबोला और कोविड-19, साथ ही पुराने रोगों जैसे तपेदिक और मलेरिया के दवाइयों के प्रतिरोधी रूप वैश्विक स्वास्थ्य के लिए खतरा बने हुए हैं।
- पशु महामारियों जैसे 'मैड काउ' डिजीज और 'बर्ड फ्लू' ने महत्त्वपूर्ण आर्थिक नुकसान पहुँचाए हैं जो यह दर्शाता है कि वैश्विक अंतरनिर्भरता बढ़ी है, इसलिए इन आर्थिक नुकसानों से निपटने के लिए अंतर्राष्ट्रीय सहायोग की आवश्यकता है।
- सुरक्षा की धारणा को प्रत्येक मुद्दे में शामिल नहीं किया जा सकता है इससे सुरक्षा की धारणा में संगति नहीं रह जाएगी इसलिए किसी मुद्दे को सुरक्षा का मुद्दा मानने के लिए एक सर्व स्वीकृत न्यूनतम मानक स्वीकार करना होगा।
- उदाहरण के लिए ,मालदीव को वैश्विक तापन और समुद्र स्तर में वृद्धि से खतरा है, जबकि दक्षिणी अफ्रीका, विशेष रूप से बोत्सवाना, में एचआईवी-एड्स एक बड़ा खतरा है। 1994 में, रवांडा में तुत्सी जनजाति को हूटू जनजाति द्वारा सामूहिक हत्याओं के कारण अपने अस्तित्व के लिए खतरा था। यह दर्शाता है कि पारंपरिक और गैर-पारंपरिक सुरक्षा मुद्दे स्थानीय संदर्भ के आधार पर भिन्न होते हैं।

## 5.4 सहकारी (सहयोग मूलक) सुरक्षा

- गैर-पारंपरिक सुरक्षा खतरों से निपटने के लिए अंतर्राष्ट्रीय सहायोग आवश्यक है।
- सहयोग द्विपक्षीय, क्षेत्रीय, महाद्वीपीय या वैश्विक हो सकता है। यह खतरों की प्रकृति और देशों की प्रतिक्रिया देने की इच्छा और क्षमता पर निर्भर करता है।
- इसमें संयुक्त राष्ट्र (UN) , विश्व स्वास्थ्य संगठन (WHO), विश्व बैंक, अंतर्राष्ट्रीय मुद्रा कोष (IMF) , जैसी विभिन्न राष्ट्रीय और अंतर्राष्ट्रीय संस्थाओं की भागीदारी भी शामिल हैं।
- सहकारी सुरक्षा में अंतिम उपाय के रूप में बल उपयोग शामिल हो सकता है। अंतर्राष्ट्रीय समुदाय को उन सरकारों के विरुद्ध बल प्रयोग की अनुमति देनी पड़ सकती है, जो अपने नागरिकों को नुकसान पहुँचाती है अथवा गरीबी, महामारी या अन्य घटनाओं में अपनी जनता की उपेक्षा करता है।
- भारत को स्वतंत्रता के पश्चात् से ही पारंपरिक तथा अपारंपरिक दोनों तरह की सुरक्षा संबंधी चुनौतियों का सामना करना पड़ा है। इन चुनौतियों से निपटने के लिए भारत की सुरक्षा नीति के अंतर्गत चार घटकों को अपनाया गया, जो निम्नलिखित हैं

### सैन्य क्षमता को मजबूत करना

- यह भारत की सुरक्षा नीति का अनिवार्य घटक है। यह इसलिए भी महत्त्वपूर्ण है, क्योंकि भारत पर स्वतंत्रता के बाद से ही बाहरी हमले होते रहे हैं; जैसे—वर्ष 1947-48, 1965, 1971 तथा 1999 में पाकिस्तान से, जबकि वर्ष 1962 में चीन से।
- इन चुनौतियों से निपटने के लिए भारत ने सर्वप्रथम वर्ष 1974, जबकि दूसरी बार वर्ष 1998 में परमाणु परीक्षण किया तथा इसको राष्ट्रीय सुरक्षा के लिए अनिवार्य बताते हुए उचित ठहराया, क्योंकि भारत के पड़ोसी देश भी परमाणु संपन्न हैं।

### अंतर्राष्ट्रीय संस्थाओं को मजबूत करना

- भारत ने शुरू से ही इन संस्थाओं को मजबूत करने का कार्य किया है। प्रधानमंत्री जवाहरलाल नेहरू ने एशियाई एकता, **अनौपनिवेशीकरण** (Decolonisation) और निःशस्त्रीकरण (Disarmament) के प्रयासों का समर्थन किया। भारत ने हथियारों के अप्रसार के लिए बिना भेदभाव वाली नीति पर बल दिया।
- भारत ने नव-अंतर्राष्ट्रीय आर्थिक व्यवस्था (NIEO) की माँग के साथ गुटनिरपेक्षता की नीति अपनाई। इसके अतिरिक्त भारत ने वर्ष 1997 में क्योटो प्रोटोकॉल (वैश्विक तापन को नियंत्रण में रखने के लिए ग्रीनहाउस गैसों के उत्सर्जन को कम करने के संबंध में) पर भी हस्ताक्षर किए हैं।

## देश की आंतरिक सुरक्षा

- भारत को देश के विभिन्न भागों में नक्सली गतिविधियों, वहीं असम, मणिपुर, नागालैंड, मिजोरम तथा जम्मू-कश्मीर में **आंतरिक सुरक्षा** एवं **अलगाववाद** संबंधी चुनौतियों का सामना करना पड़ रहा है।
- हालाँकि इस दौरान भारत ने राष्ट्रीय एकता को बनाए रखने के लिए लोकतांत्रिक राजनीतिक व्यवस्था का पालन किया है, जो विभिन्न जनसमूहों और समुदायों को सत्ता में भागीदारी तथा अपने स्वतंत्र विचार रखने की अनुमति देती है।

## सामाजिक एवं आर्थिक विकास

- भारत ने स्वतंत्रता के बाद नियोजित अर्थव्यवस्था के अंतर्गत भारतीय अर्थव्यवस्था को सामाजिक एवं आर्थिक विकास को लक्षित करते हुए आगे बढ़ाया है, जिससे सभी को गरीबी व अभाव से मुक्ति मिले तथा विभिन्न वर्गों के बीच आर्थिक असमानता कम हो।
- हालांकि अभी भी इस संबंध में बहुत-से कार्य किए जाने शेष हैं, क्योंकि देश में आज भी गरीबी व असमानता की स्थिति विद्यमान है, फिर भी देश की लोकतांत्रिक राजनीति ने गरीब व वंचित वर्गों को यह अवसर प्रदान किया है कि वे अपनी आवाज उठा सकें।

### चेक प्वॉइंट 2

1. भारत ने अपने परमाणु परीक्षण कब किए?
2. मानव अधिकारों के तीन प्रकार बताइए।
3. प्रवास को परिभाषित करें
4. शरणार्थी किसे कहा जाता है?

## टाइमलाइन

| | |
|---|---|
| 1940 के दशक के उत्तरार्द्ध में | ऐसे देश, जो यूरोपीय देश के उपनिवेश थे, उन्होंने आजाद होना शुरू किया। |
| 1945 | ऐसा अनुभव हुआ कि संयुक्त राज्य अमेरिका और सोवियत संघ अपनी सीमा के अंदर एकीकृत और शांति संपन्न हैं। |
| 1946 से 1991 के बीच | इन अवधियों के बीच गृहयुद्धों की संख्या में दोगुना वृद्धि हुई, जो पिछले 200 वर्षों में सबसे तीव्र वृद्धि है। |
| 1947-48, 1965, 1971 तथा 1999 में | पाकिस्तान और भारत के बीच युद्ध हुआ। |
| 1950 के दशक में | फ्रांस को वियतनाम से जूझना पड़ा (युद्ध) |
| 1950 और 1960 के दशक में | ब्रिटेन को केन्या से जूझना पड़ा (युद्ध) |
| 1962 में | भारत और चीन के बीच युद्ध हुआ। |
| 1968 में | परमाणु अप्रसार संधि हुई। |
| 1972 में | जैविक हथियार संधि पर 155 से अधिक देशों ने हस्ताक्षर किए। |
| 1972 में | अमेरिका और सोवियत संघ के बीच एंटी बैलिस्टिक मिसाइल संधि हुई। |
| 1980 के दशक में | संयुक्त राज्य अमेरिका ने सोवियत संघ के खिलाफ इस्लामी उग्रवादियों को समर्थन दिया। |
| 1990 से 1995 के बीच | इस अवधि में 70 देशों के मध्य कुल 93 युद्ध हुए और इन युद्धों में लगभग 55 लाख लोग मारे गए। |
| 1992 में | रासायनिक हथियार संधि पर 181 देशों ने हस्ताक्षर किए। |
| 1994 में | रवांडा की तुत्सी जनजाति के अस्तित्व पर खतरा मँडराने लगा, क्योंकि इसकी प्रतिद्वंद्वी जनजाति ने कुछ ही सप्ताह में लगभग 5 लाख तुत्सी लोगों को मार दिया था। |
| 1997 में | 160 देशों ने क्योटो प्रोटोकॉल पर हस्ताक्षर किए। |
| 11 सितंबर, 2001 | ओसामा बिन लादेन के नेतृत्व में अल-कायदा नामक समूह के आतंकवादियों ने अमेरिका पर हमला किया। |

# Mind Map

## समकालीन विश्व में सुरक्षा

### 1 पारंपरिक धारणा-बाहरी सुरक्षा

- सुरक्षा के विभिन्न दृष्टिकोणों को दो समूहों में वर्गीकृत किया गया– पारंपरिक और अपारंपरिक।
- पारंपरिक अवधारणा के अनुसार, सैन्य खतरे सबसे बड़े खतरे हैं।
- पारंपरिक सुरक्षा का तीसरा घटक शक्ति का संतुलन है।

#### संघटन और गठबंधन निर्माण

- शक्ति संतुलन बनाए रखने के लिए देशों को सैन्य शक्ति पर ध्यान केंद्रित करना होता है।
- गठबंधन निर्माण पारम्परिक सुरक्षा का चौथा घटक है।
- गठबंधन एक समूह को संदर्भित करता है, जो सैन्य हमले के विरुद्ध रक्षा के लिए समन्वय करता है।

### 2 पारंपरिक धारणा-आंतरिक सुरक्षा

- 1940 के दशक के अंत से कुछ नव-स्वतंत्र देशों ने शीतयुद्ध के गठबंधनों में सदस्यता प्राप्त की।
- इन देशों को अपने पड़ोसियों और आंतरिक संघर्षों से सुरक्षा चुनौतियों का सामना करना पड़ा।
- वर्ष 1946 और वर्ष 1991 के मध्य आंतरिक सुरक्षा से संबंधित गृह युद्धों की संख्या में वृद्धि हुई।

### 3 पारंपरिक सुरक्षा और सहयोग

- अमेरिका और सोवियत संघ ने परमाणु हथियारों के निःशस्त्रीकरण पर ध्यान केंद्रित किया।
- वर्ष 1972 का जैविक हथियारों की संधि और वर्ष 1997 का रासायनिक हथियारों की संधि से परमाणु हथियारों का उत्पादन प्रतिबंधित किया।
- वर्ष 1946 और 1991 के मध्य नागरिक युद्धों की संख्या में वृद्धि हुई।
- आंतरिक संघर्ष सशस्त्र संघर्षों का 95% से अधिक भाग बना।

### 4 गैर-पारंपरिक सुरक्षा

- यह हिंसा से समुदायों और व्यक्तियों की सुरक्षा को संदर्भित करता है।
- यह एक व्यापक अवधारणा है, जिसमें भूख, रोग, प्राकृतिक आपदाएँ शामिल हैं।

#### वैश्विक सुरक्षा

- यह वैश्विक खतरों से सुरक्षा को संदर्भित करता है; जैसे- वैश्विक तापमान में वृद्धि, आतंकवाद और स्वास्थ्य महामारी आदि।

#### हथियार नियंत्रण और परमाणु हथियारों का नियंत्रण

- हथियार नियंत्रण हथियारों के अधिग्रहण या विकास को नियंत्रित करता है।
- वर्ष 1972 का एण्टी बैलिस्टिक मिसाइल संधि का उद्देश्य अमेरिका और सोवियत संघ को बैलिस्टिक मिसाइलों का उपयोग करने से रोकना था।
- अमेरिका और सोवियत संघ ने हथियार नियंत्रण समझौते पर हस्ताक्षर किए; जैसे- SALT-II और STAR।
- परमाणु प्रसार संधि (Nuclear Proliferation Treaty) ने परमाणु हथियारों के अधिग्रहण को प्रतिबंधित किया।

### 5 खतरे के नए स्रोत

- **आतंकवाद** से तात्पर्य- क्रूर, हिंसा के व्यवस्थित प्रयोग से है। इसका मुख्य उद्देश्य नागरिकों की सुरक्षा को लक्षित करना तथा अवैधानिक हिंसा तथा
- युद्ध करना है।
- **मानवाधिकार** का तात्पर्य मानव जीवन के बुनियादी अधिकारों से है।
- इसमें राजनीतिक, आर्थिक और सामाजिक अधिकार शामिल होते हैं।

#### गरीबी और प्रवासन

- उच्च आय और कम जनसंख्या वृद्धि राज्य को समृद्ध बनाती है।
- कम आय और अधिक जनसंख्या वृद्धि राज्य को गरीब बना देती है।
- प्रवासी वे लोग होते हैं, जो बेहतर अवसरों की तलाश में स्वेच्छा से देश छोड़ते हैं।
- आंतरिक रूप से विस्थापित लोग वे होते हैं, जो अपने ही देश में रहते हुए भागने को मजबूर होते हैं।

#### स्वास्थ्य महामारियाँ

- एड्स (AIDS), सार्स (SARS) जैसी बीमारियाँ प्रवास, पर्यटन और व्यापार संचालन के कारण वैश्विक स्तर पर फैलती हैं।
- वर्ष 2003 तक संपूर्ण विश्व में 4 करोड़ लोग एचआईवी-एड्स (HIV-AIDS) से संक्रमित थे।
- पशु महामारियाँ भी आर्थिक नुकसान का कारण बनती हैं।

### 6 सहयोगात्मक और गैर-पारंपरिक सुरक्षा

- गैर-पारंपरिक सुरक्षा के लिए अंतर्राष्ट्रीय सहयोग आवश्यक है।
- सहयोग क्षेत्रीय, महाद्वीपीय या वैश्विक हो सकता है।
- इसमें संयुक्त राष्ट्र (UN), विश्व स्वास्थ्य संगठन (WHO) आदि जैसे विभिन्न राष्ट्रीय और अंतर्राष्ट्रीय संगठनों की भागीदारी शामिल होती है।

# NCERT फोल्डर

## अध्याय के मध्य में दिए गए प्रश्न

**1. आपने 'शांति-सेना के बारें मे सुना होगा। क्या आपको लगता है कि शांति-सेना होना स्वयं के एक विरोधाभासी बात है?**

उत्तर शांति-सेना का होना स्वयं में विरोधाभासी प्रतीत हो सकता है, क्योंकि 'सेना' का पारम्परिक अर्थ युद्ध लड़ाई और सैन्य शक्ति से जुड़ा है। जबकि शांति का अर्थ संघर्षों से दूर रहकर समाधान खोजना है। लेकिन वास्वत में शांति-सेना का उद्देश्य लड़ाई करना नहीं, बल्कि शांति स्थापित करना और संघर्षग्रस्त क्षेत्रों में स्थिरता बहाल करना होता है। शांति-सेना का होना विरोधाभासी नहीं बल्कि आवश्यक है और इसके कारण निम्नलिखित है।

(i) **शांति बनाए रखने में भूमिका** शांति सेना का मुख्य उद्देश्य सैन्य बल का इस्तेमाल करके लड़ाई करना नहीं, बल्कि संघर्षों के उलझे क्षेत्रों में शांति स्थापित करना है। ये सैनिक हथियारों का उपयोग तभी करते है, जब उनको आत्मरक्षा या नागरिकों की रक्षा की आवश्यकता हो।

(ii) **मानवाधिकारों की रक्षा** शांति-सेना का कार्य है कि वह संघर्ष क्षेत्रों में लोगों के अधिकारों की रक्षा करे और इन पर होने वाले अत्याचारों को रोके। ये सैनिक शांति व्यवस्था बनाए रखने के लिए वहाँ तैनात किए जाते है ताकि किसी प्रकार का अन्याय न हो।

(iii) **अंतर्राष्ट्रीय सहयोग का प्रतीक** शांति-सेना में कई देशों के सैनिक एक-साथ काम करते है, जो सहयोग और एकजुटता का प्रतीक है। इससे यह संदेश जाता है कि अंतर्राष्ट्रीय समुदाय शांति और सुरक्षा के लिए एकजुट है और मिलकर इन समस्याओं का हल निकाल सकता है।

अतः 'शक्ति-सेना' का होना विरोधाभासी नहीं है, क्योंकि यह दिखाता है कि सैन्य शक्ति का उपयोग रक्षात्मक और मानवीय उद्देश्यों के लिए भी किया जा सकता है।

**2. जब कोई नया देश परमाणु शक्ति-सम्पन्न होने की दावेदारी करता है, तो बड़ी ताकतें क्या रवैया अख्तियार करती हैं? हमारे पास यह कहने के क्या आधार है कि परमाणिक हथियारों से लैस कुछ देशों पर तो विश्वास किया जा सकता है। परंतु कुछ पर नहीं?**

उत्तर जब कोई नया देश परमाणु शक्ति बनने का दावा करता है, तो बड़ी ताकतें इसे संदेह और चिंता से देखती है। उनके रवैये के प्रमुख कारण निम्न हैं।

(i) **सत्ता संतुलन का खतरा** नए परमाणु देश अंतर्राष्ट्रीय सन्तुलन को बदल सकते हैं, जो बड़ी ताकतों को असुरक्षित महसूस कराता है।

(ii) **अंतर्राष्ट्रीय संधियों का उल्लंघन** परमाणु अप्रसार संधि के नियमों का उल्लंघन होने से वे नए देशों पर प्रतिबन्ध लगाने का प्रयास करती हैं।

(iii) **राजनीतिक स्थिरता का प्रश्न** स्थिर और जवाबदेही शासन वाले देशों पर भरोसा होता है जबकि अस्थिर या तानाशाही देशों पर नहीं।

(vi) **अस्थिर क्षेत्रीय संबंध** नए परमाणु देशों में क्षेत्रीय संघर्ष की संभावना अधिक होती है, जिससे बड़े देश चिन्तित रहते हैं।

(v) **आतंकवाद का डर** असुरिक्षत देशों में परमाणु हथियार गलत हाथों में जाने का खतरा बढ़ जाता है।

इन कारणों से, कुछ देशों पर परमाणु हथियारों के मामले में विश्वास किया जाता है, जबकि अन्य पर संदेह होता है।

**3. मानवाधिकारों के उल्लंघन की बात हो तो हम हमेशा बाहर क्यों देखते हैं? क्या हमारे अपने देश में इसके उदाहरण नहीं मिलते हैं?**

उत्तर हाँ, मानवाधिकारों के उल्लंघन के उदाहरण हमारे देश में भी मिलते हैं। बाहरी देशों की स्थिति की ओर ध्यान देना महत्त्वपूर्ण है, लेकिन यह भी आवश्यक है कि हम अपने देश के हालात को भी देखें और सुधार की कोशिश करें कुछ प्रमुख उदाहरण निम्न हैं

(i) **महिला अधिकारों का हनन** महिलाओं के खिलाफ हिंसा, दहेज हत्या और कार्यस्थल पर भेदभाव आम है।

(ii) **दलित और अल्संख्यकों पर अत्याचार** जाति आधारित भेदभाव और हिंसा आज भी कई क्षेत्रों में मौजूद हैं। दलितों के साथ छुआछूत, हिंसा और भेदभावपूर्ण व्यवहार के मामले सामने आते रहते हैं। इसके अतिरिक्त धार्मिक, अल्संख्यकों के खिलाफ भी हिंसा और भेदभाव की घटनाएँ होती रहती हैं।

(iii) **बाल श्रम और बाल तस्करी** भारत के बालश्रम और बाल तस्करी एक बड़ी समस्या है। गरीब और कमजोर बच्चों को शिक्षा और बचपन के अधिकारों से वंचित कर काम पर लगाया जाता है या तस्करी की जाती है, यह उनके मानवाधिकारों का गम्भीर उल्लंघन है।

(iv) **मजदूरों के अधिकारों का उल्लंघन** कई उद्योगों के श्रमिकों को न्यूनतम वेतन सुरिक्षत कार्यस्थल और अन्य आवश्यक सुविधाएँ नहीं मिलतीं। असंगठित क्षेत्र में काम करने वाले श्रमिकों के अधिकारों का हनन अधिक देखने को मिलता है विशेषकर प्रवासी श्रमिकों को मामले में।

(v) **आदिवासी अधिकारों का उल्लंघन** विकास परियोजनाओं, खनन और औद्योगिकरण के नाम पर आदिवासी समुदायो को उनके जल, जंगल और जमीन से बेदखल किया जाता है। इससे उनके पारिवारिक जीवन पर असर पड़ता है और उनके अधिकारों का हनन होता है।

इन उदाहरणों से स्पष्ट है कि मानवाधिकार उल्लंघन के मुद्दे सिर्फ बाहरी देशों तक सीमित नहीं है वह हमारे देश में भी इन मुद्दों पर ध्यान देने और सुधार करने की आवश्यकता है।

**4. परंपरागत सुरक्षा और अपरंपरागत सुरक्षा के अंतर्गत भारत सरकार द्वारा किए जाने वाले खर्च की तुलना करें।**

उत्तर भारत में सरकार की सुरक्षा नीति में परंपरागत सुरक्षा और अपरंपरागत सुरक्षा दो प्रमुख श्रेणियाँ हैं, जिसके अंतर्गत किए जाने वाले खर्चों में महत्त्वपूर्ण अंतर है।

(i) **परंपरागत सुरक्षा** इसमें मुख्य रूप से सैन्य बलों और रक्षा प्रणालियों पर खर्च किया जाता है।

- यह खर्च सीमा सुरक्षा सेना का सशक्तिकरण हथियारों और गोला बारूद सैन्य उपकरणों, नौसेना, वायुसेना और थल सेना की परिचालन क्षमता को बढ़ाने पर केंद्रित होता हैं।
- इसमें रक्षा बजट का एक महत्त्वपूर्ण हिस्सा शामिल होता है, जो प्रत्येक वर्ष बढ़ता है।
- भारत में परंपरागत सुरक्षा के लिए बजट का बड़ा हिस्सा रक्षा सेवाओं औरा युद्ध सामग्री जैसे सशस्त्र बलों की भर्ती, प्रशिक्षण और उनके आधुनिकीकरण पर खर्च होता है।

(ii) **अपरंपरागत सुरक्षा** इसमें आतंकवाद साइबर सुरक्षा, जैविक युद्ध मानव तस्करी, पर्यावरणीय संकट, महामारी, जलवायु परिवर्तन आदि जैसे मुद्दे शामिल हैं।

- इस क्षेत्र का खर्च बढ़ता जा रहा है विशेषकर आतंकवाद निरोधक उपायों, साइबर हमलों से बचाव और महामारी के प्रबंधन पर।
- अपारंपारिक सुरक्षा के लिए सरकार के केंद्रीय जाँच ब्यूरो, एनआईए, एनएसजी जैसी संस्थाओं के माध्यम से काम करती है।
- परंम्परागत सुरक्षा के खर्च का अधिक हिस्सा सैन्य और रक्षा उपकरणों पर होता है, जो शारीरिक और सीमा सुरक्षा पर केंद्रित होता है।
- अपरंपरागत सुरक्षा में खर्च विभिन्न क्षेत्रों में विपरित होता है जैस कि आतंकवाद साइबर सुरक्षा महामारी और पर्यावरणीय समस्याएँ, जो अधिक असभाव्य और विविध खतरे होते हैं।
- दोनो प्रकार की सुरक्षा में भारत सरकार का खर्च महत्त्वपूर्ण होता है, लेकिन परंपरागत सुरक्षा पर खर्च अधिक होता है।

## नीचे दिए प्रश्नों के उत्तर संक्षेप में दीजिए

**1. निम्नलिखित पदों को उनके अर्थ से मिलाइए**

| | |
|---|---|
| विश्वास बहाली के उपाय (कॉन्फिडेंस बिल्डिंग मेजर्स-CBMs) | कुछ विशेष हथियारों के प्रयोग से बचना |
| अस्त्र नियंत्रण | राष्ट्रों के बीच सुरक्षा मामलों पर सूचनाओं के आदान-प्रदान की नियमित प्रक्रिया |
| गठबंधन | सैन्य हमले की स्थिति से निपटने अथवा उसके अपरोध के लिए कुछ राष्ट्रों का आपस में मेल करना |
| नि:शस्त्रीकरण | हथियारों के निर्माण अथवा उनको प्राप्त करने पर अंकुश |

उत्तर

| | |
|---|---|
| विश्वास बहाली के उपाय (कॉन्फिडेंस बिल्डिंग मेजर्स-CBMs) | राष्ट्रों के बीच सुरक्षा मामलों पर सूचनाओं के आदान-प्रदान की नियमित प्रक्रिया |
| अस्त्र-नियंत्रण | हथियारों के निर्माण अथवा उनको प्राप्त करने पर अंकुश |
| गठबंधन | सैन्य हमले की स्थिति से निपटने अथवा उसके अपरोध के लिए कुछ राष्ट्रों का आपस में मेल करना |
| नि:शस्त्रीकरण | कुछ विशेष हथियारों के प्रयोग से बचना |

**2. निम्नलिखित में से किसको आप सुरक्षा का परंपरागत सरोकार/सुरक्षा का अपारंपरिक सरोकार/खतरे की स्थिति नहीं का दर्जा देंगे?**

**(a) चिकनगुनिया/डेंगू बुखार का प्रसार**
**(b) पड़ोसी देश से कामगारों की आमद**
**(c) पड़ोसी राज्य से कामगारों की आमद**
**(d) अपने क्षेत्र को राष्ट्र बनाने की माँग करने वाले समूह का उदय**
**(e) अपने क्षेत्र को अधिक स्वायत्तता दिए जाने की माँग करने वाले समूह का उदय।**
**(f) देश की सशस्त्र सेना को आलोचनात्मक नजर से देखने वाला अखबार।**

उत्तर (a) सुरक्षा का अपारंपरिक सरोकार
(b) सुरक्षा का पारंपरिक सरोकार
(c) खतरे की स्थिति नहीं
(d) सुरक्षा का अपारंपरिक सरोकार
(e) खतरे की स्थिति नहीं
(f) सुरक्षा का पारंपरिक सरोकार

**3. परंपरागत और अपारंपरिक सुरक्षा में क्या अंतर है? गठबंधनों का निर्माण करना और बनाए रखना इनमें से किस कोटि में आता है?**

*अथवा* **सुरक्षा की परंपरागत तथा अपरंपरागत अवधारणाओं में अंतर स्पष्ट कीजिए।**

उत्तर **परंपरागत सुरक्षा** परंपरागत सुरक्षा में राष्ट्रीय सुरक्षा (बाह्य व आंतरिक) को सर्वोच्च वरीयता दी जाती है तथा सैन्य खतरे को इसके लिए सबसे बड़ा संकट माना जाता है। इस संकट के लिए उत्तरदायी कोई पड़ोसी राष्ट्र होता है, जो सैन्य हमले की धमकी देकर, पड़ोसी राष्ट्र की संप्रभुता, स्वतंत्रता तथा क्षेत्रीय अखंडता पर प्रश्नचिह्न लगाता है।

**अपारंपरिक सुरक्षा** अपारंपरिक सुरक्षा के अंतर्गत केवल सैन्य खतरे को ही नहीं, बल्कि इसमें मानवता को नुकसान पहुँचाने वाले खतरों तथा आशंकाओं; जैसे—अकाल, महामारी तथा प्राकृतिक आपदाओं को भी शामिल किया जाता है।

गठबंधन पारंपरिक सुरक्षा नीति का अनिवार्य तत्त्व है। सामान्यतः यह कई देशों का एक सैन्य गठबंधन होता है, जो सदस्य देशों में होने वाले किसी सैन्य हमले को रोकने तथा उनकी रक्षा करने का कार्य करता है। इन गठबंधनों को औपचारिक रूप प्रदान करने के लिए एक संधि की जाती है, जिसमें सदस्य देशों के दुश्मन या खतरा किससे है। की बात स्पष्ट होती है।

**4. तीसरी दुनिया के देशों और विकसित देशों की जनता के सामने मौजूद खतरों में क्या अंतर है?**

*अथवा* **तीसरी दुनिया के लोगों के समक्ष आने वाले खतरे किस प्रकार पहली दुनिया में रहने वाले लोगों के खतरों से अलग हैं? अपने उत्तर के पक्ष में उदाहरण दीजिए।** **CBSE 2015**

उत्तर तीसरी दुनिया के देशों से तात्पर्य नव-स्वतंत्र राष्ट्रों से है। इन्हें विकासशील देश भी कहा जाता है, जबकि विकसित देशों के अंतर्गत संयुक्त राज्य अमेरिका तथा यूरोपीय देशों को रखा जाता है। इन दोनों समूह के देशों की जनता के सामने मौजूद खतरों में निम्नलिखित अंतर हैं

| तीसरी दुनिया | पहली दुनिया |
|---|---|
| तीसरी दुनिया के देशों के सामने बाह्य खतरों के साथ-साथ आंतरिक सुरक्षा की चुनौती रहती है। | विकसित देशों में आंतरिक सुरक्षा की चुनौती नहीं है। |
| आर्थिक स्थिति खराब होने के कारण तीसरी दुनिया के देश जनसंख्या वृद्धि, निर्धनता तथा बेरोजगारी की स्थिति का सामना कर रहे हैं। | विकसित देशों में जनसंख्या वृद्धि की निम्न दर तथा प्रतिव्यक्ति आय के अधिक होने के कारण निर्धनता की स्थिति नहीं है। |
| तीसरी दुनिया के देश, चूँकि कुछ समय पहले ही स्वतंत्र हुए हैं, इसलिए उनके समक्ष स्वतंत्रता की रक्षा की चुनौती हमेशा विद्यमान रहती है। | विकसित देशों के समक्ष ऐसी कोई चुनौती नहीं है। |
| नव-स्वतंत्र राष्ट्रों के समक्ष वर्तमान में बर्डफ्लू, सार्स तथा एड्स जैसी बीमारियाँ गंभीर चुनौती उत्पन्न कर रही हैं। | विकसित देशों में स्वास्थ्य सुविधाओं की गुणवत्ता में सुधार होने के कारण रोगों पर नियंत्रण पा लिया गया है। |
| नवीन राष्ट्रों में प्रवास एक गंभीर समस्या है, क्योंकि यहाँ गरीबी एवं मूलभूत सुविधाओं की कमी के कारण लोग अन्य देशों में जाने को विवश होते हैं। | विकसित देश शरणार्थी तथा अप्रवासियों से संबंधित समस्याओं का सामना कर रहे हैं। |

**5. आतंकवाद सुरक्षा के लिए परंपरागत खतरे की श्रेणी में आता है या अपरंपरागत।**

उत्तर आतंकवाद सुरक्षा अवधारणा की अपरंपरागत श्रेणी में आता है। आतंकवाद किसी एक देश के लिए खतरा नहीं है, अपितु विश्व के सभी देशों के लिए खतरा बना हुआ है। 11 सितंबर, 2001 के अमेरिका पर आतंकवादी हमले से यह साबित होता है कि यह विकसित देशों की सुरक्षा में भी सेंध लगा सकता है। आतंकवाद में जान-बूझकर नागरिकों, विमानों, महत्त्वपूर्ण इमारतों, रेलगाड़ियों, बाजार आदि में बम रखकर वहाँ तबाही मचाने की कोशिश की जाती है। आतंकवादी संगठन बल प्रयोग की शक्ति के माध्यम से विभिन्न देशों पर आक्रमण करना चाहते हैं। दक्षिण एशिया, अफ्रीका व लैटिन अमेरिका जैसे देशों की प्रमुख समस्या यह है कि आतंकवाद पर किस प्रकार नियंत्रण पाया जाए। कुछ देश इन आतंकवादी संगठनों को अपने यहाँ प्रशिक्षण भी दे रहे हैं।

**6. सुरक्षा के परंपरागत दृष्टिकोण से बताइए कि यदि किसी राष्ट्र पर खतरा मँडरा रहा हो, तो उसके सामने क्या विकल्प होते हैं?**

उत्तर सुरक्षा की परंपरागत अवधारणा में सैन्य खतरे को किसी देश के लिए सबसे खतरनाक माना जाता है। परंपरागत धारणा में मुख्य रूप से सैन्य बल के प्रयोग अथवा सैन्य बल के प्रयोग की आशंका पर अधिक बल दिया जाता है। इस धारणा में माना जाता है कि सैन्यबल से सुरक्षा को खतरा पहुँचता है और सैन्य बल सही सुरक्षा को बनाए रखा जा सकता है। इसलिए परंपरागत सुरक्षा में शक्ति संुतलन, सैन्य गठबंधन अदि पर ध्यान केंद्रित किया जाता है।

सुरक्षा के परंपरागत दृष्टिकोण के अनुसार यदि किसी राष्ट्र पर खतरा मँडरा रहा हो, तो उसके पास निम्न विकल्प होते हैं

(i) आत्मसमर्पण करना तथा बिना युद्ध किए ही दूसरे पक्ष की बात को स्वीकार कर लेना।

(ii) युद्ध से होने वाली क्षति को इस सीमा तक बढ़ाने का संकेत देना कि दूसरा पक्ष भय से ही हमला न कर पाए।

(iii) युद्ध होने पर विपक्षी को पराजित करना तथा देश की रक्षा करना।

**7. शक्ति संतुलन क्या है? कोई देश इसे कैसे कायम करता है?**

उत्तर शक्ति संतुलन का अर्थ एक ऐसी स्थिति से है, जिसमें राष्ट्र विशेष या फिर राष्ट्रों का समूह इतना शक्तिशाली न हो पाए कि वह दूसरों के लिए संकट बने। इस संतुलन का उद्देश्य या तो खतरा उत्पन्न करने वाले देश को आक्रमण से रोकना है या जिस राष्ट्र पर आक्रमण हुआ है, उसे बचाना है। विभिन्न देशों द्वारा शक्ति संतुलन बनाने के लिए उन मित्र देशों से अच्छे संबंध बनाने का प्रयास किया जाता है, जिनसे पूर्व में संबंधों में मतभेद हो। ऐसे राष्ट्रों से मित्रता करने से शक्ति का संतुलन हमेशा बना रहता है।

इसके लिए कई संधियाँ भी की जाती हैं। इन संधियों द्वारा ऐसे रिश्तों को औपचारिक रूप प्रदान किया जाता है। एक देश का दूसरे देश के साथ गठबंधन करना इसी का परिणाम है। यह गठबंधन शक्ति संतुलन को बनाए रखने का प्रमुख साधन समझा जाता है।

**8. सैन्य गठबंधन के क्या उद्देश्य होते हैं? किसी ऐसे सैन्य गठबंधन का नाम बताइए, जो अभी भी मौजूद है। इस गठबंधन के उद्देश्य भी बताइए।**

उत्तर सैन्य गठबंधन का उद्देश्य सदस्य देशों पर सैन्य हमले को रोकना तथा उनकी रक्षा करने के लिए आवश्यक कदम उठाना है। कई बार किसी देश या अन्य गठबंधन की तुलना में अपनी ताकत का स्तर बढ़ाने के उद्देश्य से भी सैन्य गठबंधन किया जाता है।

नाटो (नॉर्थ अटलांटिक ट्रीटी ऑर्गेनाइजेशन) वर्तमान समय में मौजूद सैन्य संगठन है। इसका मुख्यालय ब्रुसेल्स (बेल्जियम) में है, जबकि इसके सदस्य देशों की कुल संख्या 28 है। इस सैन्य गठबंधन के निम्नलिखित उद्देश्य हैं

- यूरोप तथा संयुक्त राज्य अमेरिका पर आक्रमण के समय अवरोधक की भूमिका निभाना।
- सैन्य तथा आर्थिक विकास के लिए अपने कार्यक्रमों द्वारा यूरोपीय राष्ट्रों के लिए सुरक्षा कवच प्रदान करना।
- साम्यवाद के प्रसार को रोकना तथा पश्चिमी यूरोप के देशों को एक सूत्र में संगठित करना।

**9. "पर्यावरण के तेजी से हो रहे नुकसान से देशों की सुरक्षा को गंभीर खतरा उत्पन्न हो गया है।" क्या आप इस कथन से सहमत हैं? उदाहरण देते हुए अपने तर्कों की पुष्टि करें।**

उत्तर 1990 के दशक में पर्यावरणीय संकट एक विश्वव्यापी खतरे के रूप में उभरा, जिसे ग्लोबल वार्मिंग कहा जाता है। इसके परिणाम काफी गंभीर हो रहे हैं। कोई भी देश इन समस्याओं का समाधान अकेले नहीं कर सकता। इस संदर्भ में सहयोगमूलक सुरक्षा की भूमिका काफी बढ़ जाती है।

पर्यावरण क्षरण के कारण वैश्विक तापन तथा समुद्री जल स्तर में वृद्धि की समस्या उभरकर सामने आई है। वर्तमान में विश्व की जनसंख्या लगभग 7 अरब हो चुकी है। इस बढ़ती जनसंख्या के कारण मकान, भोजन, रोजगार, स्वास्थ्य, ईंधन तथा अन्य सभी जरूरतों की पूर्ति एक

चुनौती बन गई है, क्योंकि पृथ्वी पर संसाधन सीमित हैं। इस बढ़ती जनसंख्या से उत्पन्न चुनौती पर्यावरणीय संकट को भी जन्म देती है।

इन चुनौतियों का सामना किसी एक देश के साथ-साथ अन्य देशों को भी करना पड़ता है। उदाहरण के लिए, यदि वैश्विक तापन के कारण समुद्री जल स्तर में दो मीटर की वृद्धि होती है, तो बांग्लादेश का 20% हिस्सा और लगभग पूरा मालदीव समुद्र में डूब जाएगा। वहीं थाइलैंड की लगभग 50% आबादी को भी इससे नुकसान उठाना पड़ेगा।

इस सुरक्षा प्रणाली के अंतर्गत होने वाला सहयोग द्विपक्षीय (दो देशों के बीच), क्षेत्रीय, महादेशीय या अंतर्राष्ट्रीय स्तर का हो सकता है। सहयोग का यह स्तर खतरे की प्रकृति तथा विभिन्न देशों द्वारा इससे निपटने की इच्छाशक्ति पर निर्भर करता है।

**10. "देशों के सामने फिलहाल जो खतरे मौजूद हैं, उनमें परमाण्विक हथियार की सुरक्षा अथवा अपराध के लिए बड़ा सीमित उपयोग रह गया है।" इस कथन का विस्तार करें।**

उत्तर यह कथन सत्य है कि देशों के सामने अभी जो समस्या मौजूद हैं, उनमें परमाण्विक हथियार की सुरक्षा अथवा अपराध के लिए सीमित उपयोग रह गया है। उल्लेखनीय है कि अपराध से तात्पर्य युद्ध की आशंका को रोकने से है। आज वैश्विक स्तर पर देशों के समक्ष सैन्य आक्रमण तथा आतंकवाद से अधिक बड़ी चुनौती गरीबी, अकाल, बेरोजगारी, महामारी एवं प्राकृतिक आपदा की है।

सुरक्षा की परंपरागत धारणा इस संभावना से इंकार नहीं करती कि देशों के बीच किसी-न-किसी रूप में सहयोग हो। इनमें सबसे महत्त्वपूर्ण है—निःशस्त्रीकरण, अस्त्र नियंत्रण तथा विश्वास की बहाली।

(i) **निःशस्त्रीकरण** निःशस्त्रीकरण के अंतर्गत यह अपेक्षा की जाती है कि सभी राष्ट्र चाहे उनका आकार, क्षमता तथा प्रभाव कुछ भी हो, उनको विशेष प्रकार (जैविक तथा रासायनिक विध्वंसक हथियार) के हथियारों के प्रयोग व निर्माण से बचना चाहिए। निःशस्त्रीकरण के संबंध में अंतर्राष्ट्रीय सहयोग बढ़ाने हेतु निम्न दो अंतर्राष्ट्रीय संधियाँ हुई हैं
- **जैविक हथियार संधि, 1972** इस पर कुल 155 देशों ने हस्ताक्षर किए हैं।
- **रासायनिक हथियार संधि, 1997** इस पर कुल 193 देशों ने हस्ताक्षर किए हैं।

(ii) **अस्त्र नियंत्रण** अस्त्र नियंत्रण के अंतर्गत संबंधित देशों को विध्वंसक हथियारों के निर्माण तथा उनको प्राप्त करने के संबंध में कुछ अंतर्राष्ट्रीय कानूनों का पालन करना पड़ता है। अस्त्र नियंत्रण से संबंधित एंटी बैलिस्टिक मिसाइल संधि वर्ष 1972 से प्रभावी हुई। इस संधि के द्वारा अमेरिका तथा सोवियत संघ को ऐसी रक्षा प्रणाली के बड़े पैमाने पर होने वाले उत्पादन को सीमित करने में मदद मिली है। हालाँकि इस संधि में दोनों देशों को सीमित संख्या में ऐसे हथियार (मिसाइल) रखने की अनुमति थी। सामरिक अस्त्र परिसीमन संधि-II तथा सामरिक अस्त्र न्यूनीकरण संधि संयुक्त राज्य अमेरिका तथा सोवियत संघ के मध्य हुई है।

परमाणु अप्रसार संधि वर्ष 1968 से प्रभावी हुई। इस संधि के माध्यम से ऐसे देश, जिन्होंने वर्ष 1967 से पहले परमाणु हथियार बना लिए थे या जिन हथियारों का परीक्षण कर लिया था, उनको इन हथियारों को रखने की अनुमति प्रदान की गई, जबकि जो देश वर्ष 1967 तक ऐसा नहीं कर पाए थे, उनको इन हथियारों के निर्माण तथा परीक्षण से वंचित कर दिया गया। इस संधि ने परमाणु हथियारों की मात्रा को सीमित करने में महत्त्वपूर्ण भूमिका निभाई है।

(iii) **विश्वास की बहाली अथवा विश्वास की पुनः प्राप्ति** सुरक्षा की सहयोगमूलक प्रणाली के अंतर्गत यह माना जाता है कि समकालीन विश्व में विश्वास बहाली के माध्यम से हिंसा तथा सुरक्षा से संबंधित चुनौतियों को कम किया जा सकता है। वास्तव में, विश्वास बहाली की प्रक्रिया यह सुनिश्चित करती है कि प्रतिस्पर्द्धी देश किसी गलतफहमी या भ्रम में पड़कर युद्ध के लिए तैयार न हो सके। विश्वास बहाली की प्रक्रिया में सैन्य संघर्ष तथा प्रतिस्पर्द्धी देश के साथ सैन्य योजनाओं से संबंधित जानकारी का आदान-प्रदान किया जाता है।

इसका उद्देश्य प्रतिस्पर्द्धी देश को यह विश्वास दिलाना होता है कि उसकी तरफ से उसके ऊपर अचानक या गुप्त हमले की कोई योजना नहीं है। इसमें सैन्य बलों की संख्या तथा प्रकार एवं उनकी तैनाती से संबंधित सूचनाएँ भी आदान-प्रदान की जाती हैं।

**11. भारतीय परिदृश्य को ध्यान में रखते हुए किस किस्म की सुरक्षा को वरीयता दी जानी चाहिए-पारंपरिक या अपारंपरिक? अपने तर्क की पुष्टि में आप कौन-से उदाहरण देंगे?**

उत्तर स्वतंत्रता के उपरांत से ही भारत को पारंपरिक तथा अपारंपरिक दोनों खतरों का सामना करना पड़ा है। अतः उसे पारंपरिक तथा अपारंपरिक दोनों किस्म की सुरक्षा को वरीयता देनी चाहिए। इसे निम्न प्रकार से स्पष्ट किया जा सकता है

**पारंपरिक सुरक्षा**
- भारत पर स्वतंत्रता के उपरांत से ही बाहरी सैन्य खतरे की स्थिति रही है। इस दौरान भारत को वर्ष 1947-48, 1965, 1971 तथा 1999 में पाकिस्तान से, वहीं वर्ष 1962 में चीन से युद्ध करना पड़ा।
- इसके अतिरिक्त दक्षिणी एशिया में भारत के चारों तरफ परमाणु हथियार से संपन्न देश हैं। अतः भारत की बाहरी सुरक्षा की चिंता स्वाभाविक है।
- पारंपरिक सुरक्षा के दूसरे घटक के अंतर्गत आज भी भारत को लगभग संपूर्ण देश में नक्सली गतिविधियों तथा जम्मू-कश्मीर, नागालैंड, मिजोरम, मणिपुर व असम में आंतरिक सुरक्षा जैसी चुनौतियों का सामना करना पड़ रहा है। अतः भारत को इस प्रकार की भी सुरक्षा को वरीयता देनी चाहिए।

**अपारंपरिक सुरक्षा**
- सुरक्षा के इस वर्ग के अंतर्गत आज भी भारत को गरीबी, महामारी (डेंगू, बर्डफ्लू, एड्स), बेरोजगारी, बाढ़, सूखा तथा अन्य प्राकृतिक आपदाओं (बादल फटना, भूकंप, हिमस्खलन) का सामना करना पड़ रहा है। अतः भारत को इन चुनौतियों से निपटने के लिए उचित रणनीति एवं कार्यक्रम का सहारा लेना चाहिए।

**12. नीचे दिए गए कार्टून को समझें। कार्टून में युद्ध और आतंकवाद का जो संबंध दिखाया गया है, इसके पक्ष या विपक्ष में एक संक्षिप्त टिप्पणी लिखिए।**

**उत्तर** ऊपर दिए गए कार्टून को देखने के बाद हम यह कह सकते हैं कि वर्तमान समय में युद्ध और आतंकवाद में गहरा संबंध है। शायद यही कारण है कि विश्व में कुछ युद्ध आतंकवाद को समाप्त करने के नाम पर हुए हैं। आज आतंकवाद किसी एक देश की नहीं, बल्कि पूरे विश्व की समस्या बना हुआ है। आतंकवाद के कारण प्रतिवर्ष बहुत-से नागरिकों की जानें चली जाती हैं। इस प्रकार, हम देखते हैं कि युद्ध और आतंकवाद दोनों से ही मानव का विनाश हो रहा है।

**पक्ष में** दिया गया कार्टून युद्ध तथा आतंकवाद के सकारात्मक संबंधों को दर्शाता है। इसके अंतर्गत यह बताने की कोशिश की गई है कि युद्ध, आतंकवाद को पोषण प्रदान करता है। इसके अतिरिक्त भारत तथा पाकिस्तान के मध्य युद्ध व आतंकवाद की स्थिति की यह सटीक व्याख्या करता है। यहाँ पाकिस्तान युद्ध की आड़ में ही भारत के विरुद्ध आतंकवादी गतिविधियों को बढ़ावा देता है। इसके अतिरिक्त 1980 के दशक में अमेरिका ने सोवियत संघ के विरुद्ध अल-कायदा नामक समूह के आतंकवादियों को पोषण प्रदान किया।

**विपक्ष में** युद्ध और आतंकवाद दोनों ही मानव की सुरक्षा को खतरा उत्पन्न करते हैं। आज प्रत्येक देश का मानव भय के घेरे में रह रहा है कि कभी भी आतंकवादी हमला विश्व में कहीं भी हो सकता है। आतंकवादी गिरोह छोटे बच्चों पर मानसिक दबाव डालकर या धर्म के नाम पर उन्हें कट्टर बना देते हैं, उन्हें प्रशिक्षण शिविरों में प्रशिक्षण दिया जाता है। युद्ध की एक छोटी गतिविधि है—आतंकवाद। अतः कार्टून में यही दिखाया गया है कि किस प्रकार आतंकवाद एक विकराल युद्ध का रूप ले सकता है।

# अभ्यास प्रश्न

## वस्तुनिष्ठ प्रश्न

### बहुविकल्पीय प्रश्न

**1. निम्नलिखित में से कौन-सा पारंपरिक सुरक्षा का घटक है?**

(a) प्रतिरोध, रक्षा (b) शक्ति संतुलन
(c) गठबंधन निर्माण (d) ये सभी

**उत्तर** (d) ये सभी

**2. 1980 के दशक में सोवियत संघ के खिलाफ किस देश द्वारा इस्लामी उग्रवादियों को समर्थन प्रदान किया गया था?**

(a) फ्रांस (b) जापान
(c) अमेरिका (d) अफगानिस्तान

**उत्तर** (c) अमेरिका

**3. सुरक्षा की गैर-पारंपरिक अवधारणा किस पर केंद्रित है?**

(a) मानव सुरक्षा (b) वैश्विक सुरक्षा
(c) 'a' और 'b' दोनों (d) रक्षा

**उत्तर** (c) 'a' और 'b' दोनों

**4. निम्नलिखित में से कौन-सा एक वैश्विक सुरक्षा के लिए खतरा नहीं है?** **CBSE 2023**

(a) ग्लोबल वार्मिंग (वैश्विक तापवृद्धि)
(b) अंतर्राष्ट्रीय आतंकवाद
(c) महामारियाँ
(d) बढ़ती कीमतें

**उत्तर** (d) बढ़ती कीमतें

**5. निःशस्त्रीकरण की दिशा में एक प्रयास के रूप में 'जैविक हथियार संधि' को किस वर्ष 155 देशों द्वारा हस्ताक्षरित किया गया था?**

(a) वर्ष 1955 (b) वर्ष 1960
(c) वर्ष 1968 (d) वर्ष 1972

**उत्तर** (c) वर्ष 1972

**6. परमाणु अप्रसार संधि ....... में हुई थी।**

(a) वर्ष 1968 (b) वर्ष 1972
(c) वर्ष 1980 (d) वर्ष 1990

**उत्तर** (a) वर्ष 1968

**7. दूसरे विश्व युद्ध के बाद फ्रांस को .......... में संघर्ष का सामना करना पड़ा।**

(a) कैन्या (b) वियतनाम
(c) कम्बोडिया (d) भारत

**उत्तर** (b) वियतनाम

**8. संयुक्त राज्य अमेरीका और सोवियत संघ के बीच शीतयुद्ध के दौरान सबसे बड़ा डर .......... से सैन्य हमलों का था।**

(a) पड़ोसी देशों
(b) शरणार्थियों
(c) एक-दूसरे
(d) उपनिवेशी देशों

**उत्तर** (c) एक-दूसरे

**9.** **'शक्ति संतुलन' में देशों से निम्नलिखित में से किसकी अपेक्षा होती है?**
(a) विशेष प्रकार के हथियार त्यागने की
(b) हथियारों को प्राप्त और विकसित करने की प्रक्रिया को नियमित करने की
(c) सैन्य हमले से रक्षा के लिए अपनी कार्रवाइयों में सहयोगी बनाने की
(d) अन्य देशों के साथ अनुकूल संतुलन बनाने की

उत्तर (c) सैन्य हमले से रक्षा के लिए अपनी कार्रवाइयों में सहयोग बनाने की

**10.** **बाहरी सुरक्षा के संबंध में निम्न में से कौन-सा कथन सही नहीं है?**
(a) बाहरी सुरक्षा की स्थिति के चुनौतीपूर्ण होने का सबसे बड़ा कारण किसी मजबूत अंतर्राष्ट्रीय संगठन या व्यवस्था की कमी है
(b) वैश्विक स्तर पर संयुक्त राष्ट्र संघ को ऐसी संस्था माना जाता है, जो बाहरी सुरक्षा को नियंत्रित कर सकती है
(c) संपूर्ण विश्व में संयुक्त राष्ट्र ऐसा संगठन है, जो सभी देशों के आचरण व्यवहार को संयमित कर सके
(d) वैश्विक राजनीति के संदर्भ में प्रत्येक देश को अपनी सुरक्षा की जिम्मेदारी स्वयं उठानी पड़ती है

उत्तर (c) संपूर्ण विश्व में संयुक्त राष्ट्र ऐसा संगठन है, जो सभी देशों के आचरण व्यवहार को संयमित कर सके

**11.** **निम्नलिखित में से कौन-सा कथन सही है?**
(a) आंतरिक सुरक्षा से तात्पर्य किसी देश में आंतरिक शांति तथा कानून व्यवस्था की स्थिति से है
(b) 1950 के दशक में फ्रांस को वियतनाम तथा ब्रिटेन को केन्या में आंतरिक सुरक्षा की कठिन चुनौती का सामना करना पड़ा
(c) वर्ष 1946 से 1991 के मध्य आंतरिक सुरक्षा से संबंधित गृहयुद्धों की संख्या में दोगुना बढ़ोतरी हुई है
(d) उपरोक्त सभी

उत्तर (d) उपरोक्त सभी

**12.** **वे लोग क्या कहलाते हैं, जो अपने घर-बार छोड़ के भाग जाते हैं, लेकिन राष्ट्रीय सीमाओं के भीतर ही रहते हैं?** **CBSE 2024**
(a) भगोड़े
(b) अप्रवासी
(c) आंतरिक रूप से विस्थापित जन
(d) मूल निवासी

उत्तर (c) आन्तरिक रूप से विस्थापित जन

**13.** **जब कोई देश अपने शत्रुओं के साथ अपने विचार और जानकारी साझा करता है, तो इस प्रक्रिया को क्या कहते हैं?** **CBSE 2024**
(a) गठबंधन बनाना
(b) हथियारों पर नियंत्रण
(c) विश्वास बहाली
(d) शक्ति संतुलन

उत्तर (c) विश्वास बहाली

**14.** **निम्नलिखित कथनों पर विचार कीजिए तथा कूट की सहायता से सही उत्तर का चयन करें**
1. निःशस्त्रीकरण के अंतर्गत यह अपेक्षा की जाती है कि सभी राष्ट्र चाहे उनका आकार, क्षमता तथा प्रभाव कुछ भी हो उनको विशेष प्रकार के हथियारों के प्रयोग व निर्माण से बचना चाहिए।
2. जैविक हथियार संधि पर कुल 135 देशों ने हस्ताक्षर किए।
3. रासायनिक हथियार संधि, 1997 पर कुल 193 देशों ने हस्ताक्षर किए।

कूट
(a) 1 और 2 (b) केवल 2 (c) 1 और 3 (d) ये सभी

उत्तर (c) 1 और 3

**15.** **निम्नलिखित में से कौन-सा सुरक्षा के लिए खतरे का नया स्रोत नहीं है?** **CBSE 2024**
(a) आतंकवाद
(b) वायुयानों का अपहरण
(c) ड्रोन का प्रयोग
(d) युद्ध

उत्तर (d) युद्ध

**16.** **निम्नलिखित कथनों पर विचार कीजिए तथा कूट की सहायता से गलत उत्तर का चयन करें**
1. अस्त्र नियंत्रण से संबंधित एंटी बैलिस्टिक मिसाइल संधि वर्ष 1968 से प्रभावी हुई।
2. सामरिक अस्त्र परिसीमन संधि-II तथा सामरिक अस्त्र न्यूनीकरण संधि सोवियत संघ तथा फ्रांस के मध्य हुई।
3. परमाणु अप्रसार संधि वर्ष 1968 से प्रभावी हुई।

कूट
(a) 1 और 2 (b) केवल 3 (c) 1 और 3 (d) ये सभी

उत्तर (a) 1 और 2

**17.** **निम्नलिखित को सही क्रम में व्यवस्थित कीजिए**
1. रासायनिक हथियार सम्मेलन
2. परमाणु अप्रसार संधि
3. जैविक हथियार सम्मेलन
4. सामरिक शस्त्र न्यूनीकरण संधि

कूट
(a) 3, 4, 2, 1
(b) 2, 4, 1, 3
(c) 2, 4, 3, 1
(d) 2, 3, 4, 1

उत्तर (d) 2, 3, 4, 1

**18.** **सूची I को सूची II से सुमेलित कीजिए**

| सूची I | सूची II |
|---|---|
| A. मुंबई अटैक | 1. 26 नवंबर, 2008 |
| B. पेरिस अटैक | 2. 13 नवंबर, 2015 |
| C. ब्रुसेल्स अटैक | 3. 8 मई, 2021 |
| D. काबुल स्कूल अटैक | 4. 22 मार्च, 2016 |

कूट

| | A | B | C | D |
|---|---|---|---|---|
| (a) | 1 | 2 | 3 | 4 |
| (b) | 1 | 2 | 4 | 3 |
| (c) | 3 | 1 | 2 | 4 |
| (d) | 4 | 3 | 1 | 2 |

उत्तर (b) 1 2 4 3

**19.** **सूची I को सूची II से सुमेलित कीजिए**

| सूची I | सूची II |
|---|---|
| A. भारत व चीन के बीच युद्ध | 1. 2001 |
| B. फ्रांस व वियतनाम के बीच युद्ध | 2. 1997 |
| C. क्योटो प्रोटोकॉल पर हस्ताक्षर (160 देश) | 3. 1962 |
| D. अल-कायदा समूह पर अमेरिकी हमला | 4. 1950 का दशक |

कूट

|  | A | B | C | D |  | A | B | C | D |
|---|---|---|---|---|---|---|---|---|---|
| (a) | 1 | 2 | 3 | 4 | (b) | 3 | 4 | 2 | 1 |
| (c) | 4 | 1 | 3 | 2 | (d) | 1 | 2 | 4 | 3 |

उत्तर (b) 3 4 2 1

**20. निम्नलिखित में से कौन-सा युग्म सही नहीं है?**

(a) 1974–भारत ने अपना पहला परमाणु परीक्षण किया।

(b) 1997–भारत उन 160 देशों में शामिल है, जिन्होंने क्योटो प्रोटोकॉल पर हस्ताक्षर किए हैं।

(c) 1960–परमाणु अप्रसार सन्धि भी एक अर्थ में अस्त्र नियंत्रण संधि ही थी।

(d) 1962–चीन ने भारत पर हमला किया।

उत्तर (c) 1960—परमाणु अप्रसार संधि भी एक अर्थ में अस्त्र नियंत्रण संधि ही थी।

**निर्देश (प्र. सं. 21-24) नीचे एक कथन तथा एक कारण दिए गए हैं, जिनमें एक कथन (A) और दूसरा कारण (R) है। कूट की सहायता से सही उत्तर का चयन करें**

कूट

(a) A और R दोनों सही हैं तथा R, A की सही व्याख्या है

(b) A और R दोनों सही हैं, परंतु R, A की सही व्याख्या नहीं है

(c) A सही है, किंतु R गलत है

(d) A गलत है, किंतु R सही है

**21. कथन (A) गठबंधन में कई देश शामिल होते हैं, जो सैन्य हमले को रोकने अथवा उससे रक्षा करने के लिए समवेत कदम उठाते हैं।**

**कारण (R) किसी अन्य देश अथवा गठबंधन की तुलना में अपनी प्रभावी शक्ति को बढ़ाने के लिए देश गठबंधन बनाते हैं।**

उत्तर (a) **गठबंधन में कई देश शामिल होते हैं, जो सामूहिक शक्ति के सिद्धान्त पर कार्य करते हैं तथा अन्य देशों या उनसे बने गठबंधनों की तुलना में स्वयं की शक्ति का विस्तार करते हैं। यह गठबंधन शामिल सदस्यों के ऊपर किसी दूसरे गठबंधन द्वारा हुए हमले से सुरक्षा के लिए कार्य करता है।**

**22. कथन (A) बाहरी सुरक्षा की स्थिति के चुनौतीपूर्ण होने का सबसे बड़ा कारण किसी मजबूत अंतर्राष्ट्रीय संगठन या व्यवस्था की कमी है।**

**कारण (R) सुरक्षा की अवधारणा पारंपरिक तथा अपारंपरिक आधार पर व्यक्त की जाती है।**

उत्तर (b) बाहरी सुरक्षा की स्थिति के चुनौतीपूर्ण होने का सबसे बड़ा कारण किसी मजबूत अंतर्राष्ट्रीय संगठन या व्यवस्था की कमी है।
वर्तमान समय में पूरे विश्व में ऐसा कोई संगठन नहीं है, जो सभी देशों के आचरण व्यवहार को संयमित कर सके। सुरक्षा की अवधारणा परंपरागत तथा अपरंपरागत आधारों पर व्यक्त की जाती है। परंपरागत अवधारणा के अंतर्गत राष्ट्रीय सुरक्षा को वरीयता दी जाती है, जबकि अपरंपरागत अवधारणा के अंतर्गत मानवता व विश्व की रक्षा को महत्त्व दिया जाता है।

**23. कथन (A) आंतरिक सुरक्षा की धारणा के संबंध में द्वितीय विश्वयुद्ध के बाद अधिक ध्यान नहीं दिया गया।**

**कारण (R) वर्ष 1999-2000 के मध्य आंतरिक सुरक्षा से संबंधित गृहयुद्धों की संख्या में कोई बढ़ोतरी नहीं हुई।**

उत्तर (c) आंतरिक सुरक्षा की धारणा के संबंध में द्वितीय विश्वयुद्ध के बाद अधिक ध्यान नहीं दिया गया, क्योंकि तत्कालीन विश्व के अधिकांश राष्ट्र अपनी आंतरिक सुरक्षा को लेकर निश्चित थे। वर्ष 1946 से 1991 के मध्य आंतरिक सुरक्षा से संबंधित गृहयुद्धों की संख्या में दोगुना बढ़ोतरी हुई, जो पिछले 200 वर्षों में सबसे अधिक है।

**24. कथन (A) अपरोध सुरक्षा नीति का संबंध युद्ध की संभावना को कम करने से होता है।**

**कारण (R) अपरोध अपारंपरिक सुरक्षा नीति का तत्त्व है।**

उत्तर (c) अपरोध सुरक्षा नीति का संबंध युद्ध की संभावना को कम करने से होता है। अपरोध अपारंपरिक सुरक्षा नीति का तत्त्व नहीं, बल्कि पारंपरिक सुरक्षा नीति का तत्त्व है।

**25. नीचे दो कथन दिए गए है।**

**कथन । सुरक्षा के अपारम्परिक खतरों से निपटने के लिए आपसी सहयोग आवश्यक है। सैन्य-बल आतंकवाद से लड़ने मे सहायकता हो सकता है, पर गरीबी उन्मूलन, महामारी नियन्त्रण आदि से सहयोग की जरूरत है।**

**कथन ॥ अंतर्राष्ट्रीय सहयोग द्विपक्षीय क्षेत्रीय या वैश्विक स्तर पर हो सकता है। अंतर्राष्ट्रीय और स्वयंसेवी संगठनों की भूमिका महत्त्वपूर्ण होती है। जरूरत पढ़ने पर अंतर्राष्ट्रीय समुदाय अत्याचार कराने वाली सरकारों के खिलाफ बल प्रयोग कि अनुमति दे सकता है।**

**उपर्युक्त कथनों पर प्रकाश डालिए निम्नलिखित में से कौन-सा विकल्प सही है।**

(a) कथन । और कथन ॥ दोनों सही है।

(b) कथन । और कथन ॥ दोनों गलत है।

(c) कथन । सही है, लेकिन कथन ॥ गलत है।

(d) कथन । गलत है, लेकिन कथन ॥ सही है।

उत्तर (a) कथन । और कथन ॥ दोनों सही है।

**26. नीचे दिए गए कार्टून का ध्यानपूर्वक अध्ययन कीजिए तथा निम्नलिखित प्रश्नों के उत्तर दीजिए**

(i) **कार्टून में दिए गए राष्ट्र के प्रतिनिधि/प्रमुख को किस प्रकार की बिरादरी में इंगित किया गया है?**

(a) परमाणु शक्ति संपन्न

(b) आतंकवाद संपन्न

(c) लोकतांत्रिक राजनीति

(d) आंतरिक सुरक्षा संपन्न

उत्तर (a) परमाणु शक्ति संपन्न

**(ii) कार्टून के अनुसार परमाणु शक्ति संपन्न राष्ट्र किसे माना गया है?**

(a) जिन देशों ने वर्ष 1967 से पहले परमाणु हथियार बना लिए थे
(b) जिन देशों ने वर्ष 1967 के बाद परमाणु हथियार बना लिए थे
(c) जिन देशों ने वर्ष 1989 से पहले परमाणु परीक्षण किया था
(d) उपरोक्त सभी

उत्तर (a) जिन देशों ने वर्ष 1967 से पहले परमाणु हथियार बना लिए थे

**(iii) कार्टून के माध्यम से ............ देश के प्रतिनिधि को दर्शाया गया है।**

(a) ईरान (b) अमेरिका
(c) अफगानिस्तान (d) इराक

उत्तर (a) ईरान

**(iv) परमाणु अप्रसार संधि ............ से प्रभावी हुई।**

(a) वर्ष 1968 (b) वर्ष 1970
(c) वर्ष 1974 (d) वर्ष 1980

उत्तर (a) वर्ष 1968

**27.**

**(i) उपरोक्त कार्टून में किस देश की स्थिति दर्शाई गई है?**

(a) इराक (b) अमेरिका
(c) सोवियत संघ (d) ये सभी

उत्तर (b) अमेरिका

**(ii) अमेरिका में निम्नलिखित में से किस विषय हेतु सबसे अभिक डॉलर खर्च किए जाते हैं?**

(a) शांति विभाग (b) रक्षा विभाग
(c) ग्रह विभाग (d) उपरोक्त में से कोई नहीं

उत्तर (a) शांति विभाग

**(iii) उपरोक्त कार्टून को देखकर यह बताइए कि रक्षा विभाग के लिए प्रतिवर्ष कितने अरब डॉलर खर्च किए जाते हैं?**

(a) 300 अरब डॉलर (b) 425 अरब डॉलर
(c) 100 अरब डॉलर (d) 40 अरब डॉलर

उत्तर (b) 425 अरब डॉलर

**(iv) उपरोक्त कार्टून को देखकर यह बताइए कि आंतरिक सुरक्षा हेतु प्रतिवर्ष कितने अरब डॉलर खर्च किए जाते हैं?**

(a) 40 अरब (b) 50 अरब (c) 60 अरब (d) 70 अबर

उत्तर (a) 40 अरब

**28. नीचे दिए गए कार्टून का ध्यानपूर्वक अध्ययन कीजिए तथा निम्नलिखित प्रश्नों के उत्तर दीजिए** **CBSE 2020**

**(i) उपरोक्त कार्टून में सैनिक किसका प्रतीक है?**

(a) युद्ध और हिंसा का (b) शांति और सुरक्षा का
(c) शक्ति और शासन का (d) विज्ञान और प्रदयौगिकी का

उत्तर (b) शांति और सुरक्षा का

**(ii) कार्टून से क्या संदेश मिलता है?**

(a) शांति केवल बल से स्थापित की जा सकती है
(b) शांति बल के आधार पर प्राप्त नहीं की जा सकती
(c) सैनिक हमेशा युद्ध के लिए तैयार रहते हैं
(d) कबूतर सैनिकों से डरते हैं

उत्तर (b) शांति बल के आधार पर प्राप्त नहीं की जा सकती

**(iii) कार्टून का मुख्य उद्देश्य क्या है?**

(a) युद्ध का बढ़ावा देना
(b) शक्ति का प्रदर्शन करना
(c) शांति और संतुलन की आवश्यकता को समझाना
(d) सैनिक की भूमिका को कमजोर दिखाना

उत्तर (c) शांति और संतुलन की आवश्यकता को समझाना

**(iv) कार्टून मे सैनिक ...... किस कार्य को करने का प्रयास कर रहा है।**

(a) युद्ध शुरू करने का
(b) शांति को नियंत्रित करने का
(c) अपनी शक्ति का प्रदर्शन करने का
(d) देश की सीमाओं की रक्षा करने का

उत्तर (b) शांति को नियंत्रित करने का

## लघु उत्तरीय प्रश्न

**1. सुरक्षा के लिए एक नए खतरे के रूप में आतंकवाद की व्याख्या कीजिए।** **CBSE 2023**

*अथवा* **"आतंकवाद सुरक्षा के लिए एक नया खतरा है।" कथन की पृष्टि कीजिए।** **CBSE 2024**

उत्तर "आतंकवाद सुरक्षा के लिए एक नया खतरा बनता जा रहा है, जो न केवल देशों की आंतरिक स्थिरता को चुनौती दे रहा है, बल्कि वैश्विक सुरक्षा को भी प्रभावित कर रहा है। अंतर्राष्ट्रीय आतंकवाद एक से ज्यादा देशों में फैला हुआ है और उसके निशाने पर कई देशों के नागरिक हैं।

कोई राजनीतिक संदर्भ या स्थिति नापसंद हो तो आतंकवादी समूह उसे बल प्रयोग की धमकी देकर बदलना चाहते हैं। आतंकवाद के चिर-परिचित उदाहरण हैं विमान-अपहरण या भीड़ भरी जगहों जैसे- रेलगाड़ी, होटल, बाजार या ऐसी ही अन्य जगहों पर बम लगाना। वर्ष 2001 के'' सितंबर को आतंकवादियों ने अमेरिका के वर्ल्ड ट्रेड सेंट पर हमला किया था।

**2. पारंपरिक सुरक्षा के एक घटक के रूप में 'शक्ति संतुलन' की व्याख्या कीजिए।** **CBSE 2024**

उत्तर पारंपरिक सुरक्षा के एक घटक के रूप में शक्ति संतुलन का अर्थ है कि विभिन्न राष्ट्रों के बीच शक्ति का वितरण ऐसा होना चाहिए कि कोई एक राष्ट्र या गठबंधन दूसरे पर अत्यधिक प्रभुत्व न बना सके। यह संतुलन देशों के बीच सहयोग, प्रतिस्पर्द्धा और संघर्ष की स्थिति में सुरक्षा और स्थिरता को बढ़ावा देता है। शक्ति संतुलन का मुख्य उद्देश्य युद्ध और संघर्ष की भावना को कम करना है। शीत युद्ध के दौरान अमेरिका और सोवियत संघ के बीच शक्ति संतुलन का एक प्रमुख उदाहरण है।

**3. वैश्विक सुरक्षा का अर्थ स्पष्ट कीजिए** **CBSE 2024**

उत्तर वैश्विक सुरक्षा का अर्थ- 'विश्व स्तर पर सुरक्षा' यह एक ऐसा सिद्धांत है, जिसके अंतर्गत देशों और समुदायों के बीच सामूहिक सुरक्षा, स्थिरता और सहयोग की आवश्यकता को समझा जाता है। वैश्विक सुरक्षा का उद्देश्य युद्ध, आतंकवाद, प्राकृतिक आपदाओं और अन्य खतरों से मिलकर सामना करना है, ताकि सभी राष्ट्र सुरक्षित और शांति से रह सकें।

**4. अंतर्राष्ट्रीय मानदंडों और संस्थाओं को मजबूती प्रदान करने से किस प्रकार भारत ने अपने सुरक्षा हितों की रक्षा की है? स्पष्ट कीजिए।** **CBSE 2024**

उत्तर अंतर्राष्ट्रीय मानदण्डों और संस्थाओं को मजबूती प्रदान करने के माध्यम से अपनी सुरक्षा हितों की रक्षा कई तरीकों से की है

- भारत ने शुरू से ही अंतर्राष्ट्रीय संस्थाओं को मजबूत करने का कार्य किया। प्रधानमंत्री नेहरू ने एशियाई एकता औपनिवेशीकरण और निःशस्त्रीकरण के प्रयासों का समर्थन किया।
- भारत ने अंतर्राष्ट्रीय आर्थिक व्यवस्था की माँग के साथ गुटनिरपेक्षता की नीति अपनाई। इसके अतिरिक्त भारत ने वर्ष 1997 में क्योटो प्रोटोकॉल पर भी हस्ताक्षर किए हैं।
- इस प्रकार, अंतर्राष्ट्रीय मानदंडों और संस्थाओं को मजबूत करके भारत ने अपनी सुरक्षा हितों की रक्षा में एक बहुआयामी दृष्टिकोण अपनाया है।

**5. अस्त्र नियंत्रण क्या है? इससे संबंधित किन्हीं दो संधियों के नाम बताइए।**

उत्तर **अस्त्र नियंत्रण का अर्थ** हथियारों और विशेष रूप से परमाणु, जैविक या रासायनिक हथियारों के विकास, निर्माण, संग्रहण और प्रयोग को नियंत्रित या सीमित करने के लिए अंतर्राष्ट्रीय समझौतों और नियमों का पालना करना है। इसका उद्देश्य विश्व शांति बनाए रखना और विचारों की होड़ को कम करना है।

इससे संबंधित दो संधियाँ निम्नलिखित हैं

- एंटी बैलिस्टिक मिसाइल संधि (1972)
- परमाणु अप्रसार संधि (1968)

**6. सहयोगमूलक सुरक्षा से आप क्या समझते हैं?**

उत्तर सहयोगमूलक सुरक्षा से आशय ऐसी सुरक्षा से है जो दो या दो से अधिक देशों, क्षेत्रीय, महादेशीय अथवा वैश्विक स्तर हो सकता है। सहयोगमूलक सुरक्षा में विभिन्न देशों के अतिरिक्त अंतर्राष्ट्रीय राष्ट्रीय स्तर की अन्य संस्थाएँ जैसे- संयुक्त राष्ट्र संघ, WHO, विश्व बैंक आदि शामिल होती हैं। सहयोगमूलक सुरक्षा में अंतिम उपाय के रूप में बल प्रयोग भी किया जा सकता है।

## दीर्घ उत्तरीय प्रश्न।

**1. मानव सुरक्षा की अवधारणा की व्याख्या कीजिए।**

*अथवा* **सुरक्षा की अपारंपरिक धारणा के अंतर्गत मानवता की सुरक्षा को ही विश्व सुरक्षा कहा जाता है। स्पष्ट कीजिए।**

*अथवा* **सुरक्षा की अपारंपरिक धारणा केवल सैन्य खतरों से संबंधित नहीं है। समझाइए।**

उत्तर सुरक्षा की अपारंपरिक अवधारणा के अंतर्गत केवल सैन्य खतरे को ही नहीं, बल्कि इसमें मानवता को नुकसान पहुँचाने वाले खतरों तथा आशंकाओं को भी शामिल किया जाता है।

यही कारण है कि सुरक्षा की इस अवधारणा को मानवता की सुरक्षा या विश्व की रक्षा कहा जाता है। मानवता की रक्षा के अंतर्गत आम जनता की सुरक्षा को राष्ट्र की सुरक्षा से अधिक प्राथमिकता दी जाती है, क्योंकि इसका सर्वोच्च लक्ष्य ही व्यक्तियों की सुरक्षा है। संयुक्त राष्ट्र के पूर्व महासचिव कोफी अन्नान के अनुसार, ''मानवता की रक्षा से तात्पर्य व्यक्तियों और समुदायों को आंतरिक हिंसा से बचाना है।''

व्यापक अर्थों में मानवता की रक्षा के मार्ग में उत्पन्न खतरे के अंतर्गत अकाल, महामारी तथा आपदाओं को भी शामिल किया जाता है। इसका सबसे प्रमुख कारण है कि युद्ध, जनसंहार और आतंकवाद सम्मिलित रूप में जितने लोगों को अपना शिकार बनाते हैं, उससे कहीं अधिक लोग अकाल, महामारी तथा प्राकृतिक आपदा का शिकार हो जाते हैं।

**2. राष्ट्रीय हितों में परिवर्तन के कारण गठबंधनों में कैसे बदलाव आते हैं? एक उदाहरण के रूप में 1980 के दशक की स्थिति का वर्णन करें।**

उत्तर गठबंधन पारंपरिक सुरक्षा नीति का अनिवार्य तत्त्व है। सामान्यतः यह कई देशों का सैन्य गठबंधन होता है, जो सदस्य देशों पर होने वाले किसी सैन्य हमले को रोकने तथा उनकी रक्षा करने का कार्य करता है। इन गठबंधनों को औपचारिक रूप प्रदान करने के लिए एक संधि की जाती है, जिसमें सदस्य देशों के दुश्मन या खतरा किससे है? की बात स्पष्ट होती है।

अनेक बार कई देश किसी विशेष देश या गठबंधन से अपनी स्थिति मजबूत करने के लिए भी गठबंधन करते हैं। हालाँकि इस गठबंधन प्रक्रिया के दौरान यह भी देखने को मिलता है कि राष्ट्रीय हितों के

बदलने की स्थिति में गठबंधन भी बदल जाता है; जैसे—1980 के दशक में सोवियत संघ के खिलाफ अमेरिका द्वारा इस्लामी उग्रवादियों को समर्थन, लेकिन 11 सितंबर, 2001 को अमेरिका पर हमले के बाद अमेरिका द्वारा ओसामा बिन लादेन के नेतृत्व वाले अल-कायदा समूह के आतंकवादियों के खिलाफ अभियान चलाया गया।

**3. पारंपरिक सुरक्षा नीति के किन्हीं चार तत्त्वों की व्याख्या कीजिए।**

उत्तर पारंपरिक सुरक्षा नीति के चार तत्त्व निम्नलिखित हैं **CBSE 2020**

(i) **अपरोध** जिस सुरक्षा नीति का संबंध युद्ध की संभावना को कम करने से होता है, उसे 'अपरोध' कहा जाता है।

(ii) **रक्षा** जिस सुरक्षा नीति का संबंध युद्ध को सीमित रखने या उसको समाप्त करने से होता है, उसे रक्षा कहते हैं।

(iii) **शक्ति संतुलन** इस संतुलन की कोशिश या प्रयास विशेषकर उन देशों के संबंध में किसी देश द्वारा किया जाता है, जो देश नजदीक (पड़ोसी) हों या जिन देशों के साथ पूर्व में लड़ाई हो चुकी हो। शक्ति संतुलन किसी ताकतवर पड़ोसी की स्थिति में अनिवार्य हो जाता है, क्योंकि भविष्य में इसके हमलावर होने की संभावना हमेशा विद्यमान रहती है।

(iv) **गठबंधन** यह पारंपरिक सुरक्षा नीति का अनिवार्य तत्त्व है। सामान्यतः यह कई देशों का सैन्य गठबंधन होता है, जो सदस्य देशों पर होने वाले किसी सैन्य हमले को रोकने तथा उनकी रक्षा करने का कार्य करता है। इन गठबंधनों को औपचारिक रूप प्रदान करने के लिए एक संधि की जाती है।

**4. बाहरी सुरक्षा की पारंपरिक अवधारणा के एक तत्त्व के रूप में शक्ति संतुलन बनाए रखने के लिए सबसे अच्छा तरीका क्या है? CBSE 2020**

उत्तर बाहरी सुरक्षा की पारंपरिक अवधारणा के संदर्भ में शक्ति संतुलन एक महत्त्वपूर्ण तत्त्व है। शक्ति संतुलन की कोशिश या प्रयास विशेषकर उन देशों के संबंध में किसी देश द्वारा किया जाता है जो देश के नजदीक (पड़ोसी) हों या जिन देशों के साथ पूर्व में लड़ाई हो चुकी हो। शक्ति संतुलन किसी ताकतवर पड़ोसी देश की स्थिति में अनिवार्य हो जाता है, क्योंकि भविष्य में इसके हमलावर होने की संभावना हमेशा विद्यमान रहती है। शक्ति संतुलन बनाए रखने के लिए सबसे बढ़िया तरीका अपनी सैन्य शक्ति बढ़ाना है। सैन्य शक्ति में वृद्धि से ताकतवर देश अपने को सुरक्षित महसूस करता है। सैन्य शक्ति के अतिरिक्त आर्थिक और प्रौद्योगिकी क्षमता भी महत्त्वपूर्ण है, क्योंकि सैन्य शक्ति का यही आधार है।

**5. एंटी बैलिस्टिक मिसाइल संधि और परमाणु अप्रसार संधि के परिणामस्वरूप वैश्विक शांति और सुरक्षा को कैसे सुनिश्चित किया गया।**

उत्तर **एंटी बैलिस्टिक मिसाइल संधि** अस्त्र नियंत्रण से संबंधित एंटी बैलिस्टिक मिसाइल संधि वर्ष 1972 से प्रभावी हुई। इस संधि के द्वारा अमेरिका तथा सोवियत संघ को ऐसी रक्षा प्रणाली के बड़े पैमाने पर होने वाले उत्पादन को सीमित करने में मदद मिली। हालाँकि इस संधि में दोनों देशों को सीमित संख्या में ऐसे हथियार (मिसाइल) रखने की अनुमति थी।

**परमाणु अप्रसार संधि** यह वर्ष 1968 से प्रभावी हुई। इस संधि के माध्यम से ऐसे देश, जिन्होंने वर्ष 1967 से पहले परमाणु हथियार बना लिए थे या इन हथियारों का परीक्षण कर लिया था, उनको इन हथियारों को रखने की अनुमति प्रदान की गई, जबकि जो देश वर्ष 1967 तक ऐसा नहीं कर पाए थे, उनको इन हथियारों के निर्माण तथा परीक्षण से वंचित कर दिया गया। इस संधि ने परमाणु हथियारों की मात्रा को सीमित करने में महत्त्वपूर्ण भूमिका निभाई है।

**6. निःशस्त्रीकरण, अस्त्र नियंत्रण तथा विश्वास बहाली सहयोग मूलक सुरक्षा के तीन आयाम है। समझाइए?**

उत्तर समकालीन विश्व में सहयोगमूलक सुरक्षा के तीन आयाम हैं निःशस्त्रीकरण, अस्त्र नियंत्रण तथा विश्वास की बहाली।

(i) **निःशस्त्रीकरण** के अंतर्गत यह अपेक्षा की जाती है कि सभी राष्ट्र चाहे उनका आकार, क्षमता तथा प्रभाव कुछ भी हो, उनको विशेष प्रकार (जैविक तथा रासायनिक विध्वंसक हथियार) के हथियारों के प्रयोग व निर्माण से बचना चाहिए।

(ii) **अस्त्र नियंत्रण** के अंतर्गत संबंधित देशों को विध्वंसक हथियारों के निर्माण तथा उनको प्राप्त करने के संबंध में कुछ अंतरराष्ट्रीय कानूनों का पालन करना पड़ता है।

**विश्वास बहाली** सुरक्षा की सहयोगमूलक प्रणाली के अंतर्गत यह माना जाता है कि समकालीन विश्व में विश्वास बहाली के माध्यम से हिंसा तथा सुरक्षा से संबंधित चुनौतियों को कम किया जा सकता है। वास्तव में, विश्वास बहाली की प्रक्रिया यह सुनिश्चित करती है कि प्रतिस्पर्द्धी देश किसी भ्रम में पड़कर युद्ध के लिए तैयार न हो सकें।

**7. वैश्विक स्तर पर आतंकवाद क्यों बढ़ रहा है? कारण बताइए।**

उत्तर वैश्विक स्तर पर निम्न कारणों से आतंकवाद बढ़ रहा है

- व्यक्ति की बढ़ती महत्त्वाकांक्षाओं के कारण समाज में विघटन की शुरुआत होती है। अपनी इच्छा पूर्ति के लिए व्यक्ति किसी भी सीमा तक दूसरों को क्षति पहुँचाने को तत्पर रहता है।
- इस स्थिति का मुख्य कारण किसी देश में गरीबी, बेरोजगारी व राजनीतिक असंतोष है, जिसका लाभ उठाकर वहाँ के नागरिकों में दूसरे राष्ट्रों या नागरिकों के प्रति रोष भरा जाता है या उनको उकसाया जाता है, जिससे वे लोग अन्य देशों के विरुद्ध सोच विकसित कर लेते हैं।
- आतंकवाद में सबसे बड़ा सहयोग तकनीक और सूचना प्रौद्योगिकी का रहा है। मनुष्य ने अपनी प्रगति के लिए इसका विकास किया था, लेकिन आतंकवादी इसका उपयोग पूरे विश्व में दहशत फैलाने के लिए कर रहे हैं।
- तकनीक के कारण ही अब अपने देश में बैठा व्यक्ति किसी अन्य देश की सूचनाओं को आसानी से प्राप्त कर सकता है। इसी से आतंकवादी अपने देशों में बैठकर अन्य देशों में अपनी गतिविधियों को संचालित करते हैं।
- पूरे विश्व में मची हथियारों की प्रतिस्पर्द्धा ने इस आतंकवाद को बढ़ाने में महत्त्वपूर्ण भूमिका निभाई है। नई तकनीकों से परमाणु अस्त्रों का निर्माण किया गया, जिसे लेकर भी पूरे विश्व में प्रतिस्पर्द्धा हो रही है।

**8. मानवता की सुरक्षा का प्राथमिक लक्ष्य क्या है? मानवता की सुरक्षा के संकीर्ण तथा व्यापक दृष्टिकोण में अंतर स्पष्ट कीजिए। CBSE 2024**

उत्तर मानवता की सुरक्षा का प्राथमिक लक्ष्य व्यक्तियों की संरक्षा से है। इसका मुख्य उद्देश्य लोगों के जीवन की गरिमा और स्वतंत्रता को सुनिश्चित करना है, ताकि सभी मनुष्यों को समान अवसर और अधिकार मिल सकें। मानवता की सुरक्षा के अंतर्गत सामाजिक, आर्थिक, राजनीतिक और पर्यावरणीय सुरक्षा के पहलुओं पर ध्यान केंद्रित किया जाता है।

**मानवता की सुरक्षा का संकीर्ण दृष्टिकोण** मानवता की सुरक्षा का संकीर्ण अर्थ लेने वाले पैरोकारों का जोर व्यक्तियों को हिंसक खतरों अर्थात् खून-खराबे से बचाने पर होता है या संयुक्त राष्ट्र संघ के भूतपूर्व महासचिव काफी अन्नान के शब्दों में कहें तो ऐसे पैरोकारों का आशय होता है, व्यक्तियों और समुदायों को अंदरूनी खून-खराबा से बचाना है।

**मानवता की सुरक्षा का व्यापक दृष्टिकोण** मानवता की सुरक्षा का व्यापक अर्थ लेने वाले पैरोकारों का तर्क है कि खतरों की सूची में अकाल, महामारी और आपदाओं को भी शामिल किया जाना चाहिए, क्योंकि युद्ध जनसंहार और आतंकवाद साथ मिलकर जितने लोगों को मारते हैं, उससे कहीं ज्यादा लोग अकाल, महामारी और प्राकृतिक आपदा की भेंट चढ़ जाते हैं तथा मानवता की सुरक्षा के व्यापक अर्थ में आर्थिक सुरक्षा और मानवीय गरिमा को भी शामिल किया जाता है

**9. अंतर्राष्ट्रीय सुरक्षा हेतु अंतर्राष्ट्रीय सहयोग को क्यों महत्त्वपूर्ण समझा गया है?**

*अथवा* **राष्ट्रों के समक्ष संभावित समकालीन खतरों से निपटने के लिए सहयोगमूलक सुरक्षा की आवश्यकता की व्याख्या कीजिए तथा इसमें सफलता प्राप्त करने के लिए उपाय सुझाइए।**

उत्तर 1990 के दशक में वैश्विक तापन (ग्लोबल वार्मिंग), अंतर्राष्ट्रीय आतंकवाद, एड्स, इबोला, सार्स तथा बर्डफ्लू जैसे वैश्विक खतरों के उभरने के बाद सहयोगमूलक सुरक्षा प्रणाली अनिवार्य हो गई है। इसका कारण है कि दुनिया का कोई एक देश अकेले इन खतरों से निपटने में सक्षम नहीं है। इतना ही नहीं, कई बार इन खतरों का सामना किसी एक देश के साथ-साथ अन्य देशों को भी करना पड़ता है; जैसे—यदि वैश्विक तापन के कारण समुद्री जल स्तर में दो मीटर की वृद्धि होती है, तो बांग्लादेश का 20% हिस्सा, लगभग पूरा मालदीव समुद्र में डूब जाएगा। वहीं थाइलैंड की लगभग 50% आबादी को भी इससे नुकसान उठाना पड़ेगा।

इस सुरक्षा प्रणाली के अंतर्गत होने वाला सहयोग द्विपक्षीय (दो देशों के बीच), क्षेत्रीय, महादेशीय या अंतर्राष्ट्रीय स्तर का हो सकता है। सहयोग का यह स्तर खतरे की प्रकृति तथा विभिन्न देशों द्वारा इससे निपटने की इच्छाशक्ति पर निर्भर करता है।

सहयोगमूलक सुरक्षा में अंतर्राष्ट्रीय संगठन (संयुक्त राष्ट्र संघ, विश्व स्वास्थ्य संगठन, विश्व बैंक, अंतर्राष्ट्रीय मुद्रा कोष), स्वयंसेवी संगठन (एमनेस्टी इंटरनेशनल, रेड क्रॉस, निजी संगठन, दानदाता संस्थाएँ, चर्च तथा अन्य धार्मिक संगठन, मजदूर संगठन, सामाजिक और विकास संगठन), व्यावसायिक संगठन और निगम तथा जानी-मानी हस्तियाँ (नेल्सन मंडेला, मदर टेरेसा) शामिल हैं।

## दीर्घ उत्तरीय प्रश्न II

**1. बाहरी और आंतरिक सुरक्षा की पारंपरिक अवधारणाओं के बीच कोई दो अंतर स्पष्ट कीजिए। CBSE 2020, 25**

उत्तर पारंपरिक सुरक्षा की बाह्य एवं आंतरिक धारणा में निम्न अंतर हैं

| बाह्य सुरक्षा | आंतरिक सुरक्षा |
|---|---|
| सैन्य खतरा जब कुछ समय पश्चात् सैन्य कार्रवाई का रूप लेता है, तो इसमें अकसर पड़ोसी राष्ट्र के निहत्थे आम नागरिकों को निशाना बनाया जाता है। यह कार्य जनता तथा सरकार के हौसले को पस्त करने के लिए किया जाता है। | वर्तमान समय में आंतरिक सुरक्षा ही सुरक्षा संबंधी सबसे बड़ी चुनौती है। आज वैश्विक स्तर पर हो रहे सशस्त्र संघर्षों में से 95% आंतरिक सुरक्षा से ही संबंधित हैं। उल्लेखनीय है कि वर्ष 1946 से 1991 के मध्य आंतरिक सुरक्षा से संबंधित गृहयुद्धों की संख्या में दोगुना वृद्धि हुई है, जो पिछले 200 वर्षों में सबसे अधिक है। |
| सुरक्षा की इस परंपरागत अवधारणा के अंतर्गत राष्ट्रीय सुरक्षा को सर्वोच्च वरीयता दी जाती है तथा सैन्य खतरे को इसके लिए सबसे बड़ा संकट माना जाता है। इस संकट के लिए उत्तरदायी कोई भी पड़ोसी राष्ट्र हो सकता है, जो सैन्य हमले की धमकी देकर पड़ोसी राष्ट्र की संप्रभुता, स्वतंत्रता तथा क्षेत्रीय अखंडता पर प्रश्नचिह्न लगाता है। | आंतरिक सुरक्षा से तात्पर्य किसी देश में आंतरिक शांति तथा कानून व्यवस्था की स्थिति से है। सुरक्षा की इस पारंपरिक धारणा के संबंध में द्वितीय विश्वयुद्ध के बाद अधिक ध्यान नहीं दिया गया। इसका प्रमुख कारण था कि तत्कालीन विश्व के अधिकांश देश अपनी आंतरिक सुरक्षा को लेकर आश्वस्त थे। हालाँकि उपनिवेशों के अंतर्गत 1950 के दशक में फ्रांस को वियतनाम तथा ब्रिटेन को केन्या में आंतरिक सुरक्षा की कठिन चुनौती का सामना करना पड़ा। |
| बाह्य सुरक्षा की स्थिति के चुनौतीपूर्ण होने की सबसे बड़ी वजह किसी मजबूत अंतर्राष्ट्रीय संगठन या व्यवस्था की कमी है। वर्तमान समय में पूरे विश्व में ऐसा कोई संगठन या केंद्रीय सत्ता नहीं है, जो सभी देशों के आचरण-व्यवहार को संयमित कर सके। | सरकारी भवनों, रेलवे संचार नेटवर्क, बिजली संयत्रों और अन्य संवेदनशील हमलों से सुरक्षित रखना जैसे मुद्दे आंतरिक सुरक्षा से संबंधित है। |

**2. "सुरक्षा पर मँडराते अनेक अपारंपरिक खतरों से निपटने के लिए सैन्य संघर्ष ही नहीं, बल्कि आपसी सहयोग की जरूरत है।" इस कथन के पक्ष में तर्क दीजिए।**

उत्तर इस कथन के पक्ष मे तर्क दिए जा सकते हैं।

(i) **पर्यावरणीय खतरे** आज सुरक्षा पर बढ़ते जलवायु परिवर्तन ग्लोबल वार्मिंग और प्राकृतिक आपदाओं का खतरा है। इन समस्याओं का समाधान केवल सैन्य बल से नहीं हो सकता है। इनसे निपटने के लिए अंतर्राष्ट्रीय स्तर पर सहयोग आवश्यक है ताकि जलवायु परिवर्तन पर नियंत्रण पाया जा सके और प्राकृतिक आपदाओं के प्रभाव को कम किया जा सके।

(ii) **स्वास्थ्य संबंधी संकट** पिछले कुछ दशकों में एच आई वी एड्स, बर्ड फ्लू, सार्स ऐबोला वायरस जैसी बीमारियाँ भी राष्ट्र की सुरक्षा के लिए बड़ा खतरा है। ऐसी स्थितियों में आपसी सहयोग संसाधनों का आदान-प्रदान विकास एवं वितरण के लिए एकजुट प्रयासों की आवश्यकता होती है।

(iii) **आर्थिक असमानता और अस्थिरता** गरीबी, बेरोजगारी और आर्थिक संकट की सुरक्षा को प्रभावित करते है। यह असमानाताएँ आतंकवाद और आंतरिक अशांति को जन्म देती है। इनके समाधान के लिए विकासशील देशों के साथ आर्थिक सहयोग और विकास संबंधी समझौते आवश्यक है।

(iv) **साइबर सुरक्षा** आजकल साइबर हमले और डिजिटल जानकारी की चोरी एक बड़ी समस्या है, जो किसी के भी देश की सुरक्षा के लिए खतरा है। इन हमलों का मुकाबला करने के लिए अंतर्राष्ट्रीय सहयोग और सूचना साझा करना अनिवार्य है।

अतः इन अपारम्परिक खतरों का सामना करने के लिए सैन्य समाधान पर्याप्त नहीं है। इसके लिए अंतर्राष्ट्रीय स्तर पर आपसी सहयोग समझा और साझा प्रयासों की आवश्यकता है, ताकि एक स्थिर, सुरक्षित और समृद्ध समाज का निर्माण किया जा सके।

**3. प्रत्येक के लिए एक-एक उदाहरण देते हुए सुरक्षा की किन्हीं तीन नई चुनौतियों का वर्णन कीजिए।**

*अथवा* **गैर पारंपरिक सुरक्षा के खतरे के किन्हीं चार नए स्रोत का वर्णन कीजिए।**

*उत्तर* सुरक्षा की तीन नई चुनौतियाँ निम्नलिखित हैं

(i) **आतंकवाद** से तात्पर्य जान-बूझकर किए जाने वाले राजनीतिक तथा धर्म आधारित हिंसा से है। इसके अंतर्गत सरकार तथा लोगों के मनोबल को तोड़ने के लिए आम जनता को विशेष रूप से निशाना बनाया जाता है। कई बार आतंकवादी समूह धर्म, नृजाति व नस्ल आधारित भावनाओं को भड़काने का कार्य करते हैं तथा इस दौरान उभरे नागरिक असंतोष का प्रयोग सरकारों व इन समूहों के खिलाफ संर्घषरत् अन्य पक्षों के खिलाफ करते हैं।
वर्तमान समय में विमान अपहरण तथा भीड़-भाड़ वाली जगह; जैसे—रेलगाड़ी, होटल, बाजार एवं स्कूल में बम लगाना प्रमुख आतंकवादी कृत्य हैं। इस सदी की सबसे बड़ी आतंकवादी घटना 11 सितंबर, 2001 को अमेरिका के वर्ल्ड ट्रेड सेंटर पर हमला था। इस हमले के बाद अंतर्राष्ट्रीय स्तर पर आतंकवाद पर अधिक ध्यान दिया जाने लगा। हालाँकि इस हमले के बाद आतंकवाद की अधिकांश घटनाएँ मध्य पूर्व यूरोप, लैटिन अमेरिका तथा दक्षिणी एशिया में हुईं।

(ii) **निर्धनता** समकालीन विश्व में सुरक्षा को चुनौती देने वाले स्रोतों में प्रमुख हैं। एक अनुमान के अनुसार, आने वाले 50 वर्षों में दुनिया के सबसे गरीब देशों की जनसंख्या में तीन गुना वृद्धि होगी। वहीं इसी समयावधि में अनेक विकसित (धनी) देशों की जनसंख्या घटेगी। उल्लेखनीय है कि संसाधनविहीन तथा निर्धन देशों में जनसंख्या का बढ़ना, वहाँ निर्धनता के दुष्चक्र को और जटिल बनाता है।
प्रतिव्यक्ति उच्च आय और जनसंख्या वृद्धि की निम्न गति जहाँ धनी देशों या सामाजिक समूहों को और धनी बनाती है, वहीं प्रतिव्यक्ति निम्न आय तथा जनसंख्या की तीव्र वृद्धि संबंधित देशों को और निर्धन बनाती है। अंततः यह सशस्त्र संघर्ष को बढ़ावा देती है; जैसे—दुनिया में सर्वाधिक सशस्त्र संघर्ष अफ्रीका के सहारा रेगिस्तान के दक्षिण में स्थित देशों में होता है। ये सभी देश दुनिया के सबसे निर्धन राष्ट्रों की श्रेणी में आते हैं।

(iii) **स्वास्थ्य संबंधी चुनौतियाँ** पिछले कुछ दशकों में एच आई वी एड्स, बर्डफ्लू, सार्स, ऐबोला वायरस जैसी बीमारियाँ आप्रवास, व्यवसाय, पर्यटन तथा सैन्य अभियानों के माध्यम से समकालीन विश्व के समक्ष खतरे के रूप में सामने आई हैं। इन जटिल बीमारियों को रोकने के संबंध में किसी एक देश की सफलता तथा असफलता का प्रभाव अन्य देशों पर भी पड़ता है।

**4. युद्ध के खतरे से निपटने के लिए किसी भी सरकार के पास कौन-से बुनियादी विकल्प होते हैं? वर्णन कीजिए।** **CBSE 2025**

*अथवा* **भारत की सुरक्षा रणनीति के किन्हीं तीन बड़े घटकों का विश्लेषण कीजिए।** **CBSE 2022**

*उत्तर* भारत को स्वतंत्रता के बाद से ही पारंपरिक तथा अपारंपरिक दोनों किस्म की सुरक्षा संबंधी चुनौतियों का सामना करना पड़ा है। इन चुनौतियों से निपटने के लिए भारत की सुरक्षा नीति के अंतर्गत तीन घटकों को अपनाया गया, जो निम्नलिखित हैं

(i) **सैन्य क्षमता को मजबूत करना** यह भारत की सुरक्षा नीति का अनिवार्य घटक है। यह इसलिए भी महत्वपूर्ण है, क्योंकि भारत पर स्वतंत्रता के बाद से ही बाहरी हमले होते रहे हैं; जैसे—वर्ष 1947-48, 1965, 1971 तथा 1999 में पाकिस्तान से, जबकि वर्ष 1962 में चीन से। इन चुनौतियों से निपटने के लिए भारत ने सर्वप्रथम वर्ष 1974, जबकि दूसरी बार वर्ष 1998 में परमाणु परीक्षण किया तथा इसको राष्ट्रीय सुरक्षा के लिए अनिवार्य बताते हुए उचित ठहराया। यह सही भी था, क्योंकि भारत के पड़ोसी देश भी परमाणु संपन्न हैं।

(ii) **अंतर्राष्ट्रीय संस्थाओं को मजबूत करना** भारत ने शुरू से ही अंतर्राष्ट्रीय संस्थाओं को मजबूत करने का कार्य किया है। प्रधानमंत्री जवाहरलाल नेहरू ने एशियाई एकता, अनौपनिवेशीकरण और निःशस्त्रीकरण के प्रयासों का समर्थन किया। भारत ने हथियारों के अप्रसार के लिए बिना भेदभाव वाली नीति पर बल दिया। भारत ने नव-अंतर्राष्ट्रीय आर्थिक व्यवस्था की माँग के साथ गुटनिरपेक्षता की नीति अपनाई। इसके अतिरिक्त भारत ने वर्ष 1997 में क्योटो प्रोटोकॉल (वैश्विक तापन को नियंत्रण में रखने के लिए ग्रीनहाउस गैसों के उत्सर्जन को कम करने के संबंध में) पर भी हस्ताक्षर किए हैं।

(iii) **देश की आंतरिक सुरक्षा** आज भारत को देश के विभिन्न भागों में नक्सली गतिविधियों, वहीं असम, मणिपुर, नागालैंड, मिजोरम एवं जम्मू-कश्मीर में आंतरिक सुरक्षा तथा अलगाववाद संबंधी चुनौतियों का सामना करना पड़ रहा है, हालाँकि इस दौरान भारत ने राष्ट्रीय एकता को बनाए रखने के लिए लोकतांत्रिक राजनीतिक व्यवस्था का पालन किया है, जो विभिन्न जनसमूहों और समुदायों को सत्ता में भागीदारी तथा अपने स्वतंत्र विचार रखने की अनुमति देती है।

**5. द्वितीय विश्व युद्ध के पश्चात् एशिया और अफ्रीका के नव स्वतंत्र देशों के सामने आई किन्हीं तीन सुरक्षा चुनौतियों की व्याख्या कीजिए।** **CBSE 2024**

*उत्तर* द्वितीय विश्व युद्ध के पश्चात्, एशिया और अफ्रीका के नव स्वतंत्र देशों के सामने कई चुनौतियाँ आईं। इनमें से तीन प्रमुख चुनौतियाँ निम्नलिखित हैं

(i) **पड़ोसी देश से सैन्य हमले की आशंका तथा राजनीतिक स्थिरता का अभाव** एशिया और अफ्रीका के स्वतंत्र देशों के सामने खड़ी सुरक्षा चुनौतियाँ यूरोपीय देशों के मुकाबले दो मायनों में विशिष्ट थी- एक तो इन्हें दूसरे देश से सैन्य हमले की आशंका और दूसरा इन्हें अंदरूनी सैन्य संघर्ष की भी चिंता करनी थी।

अनेक नव स्वतंत्र देश संयुक्त राज्य अमेरिका या सोवियत संघ अथवा औपनिवेशिक ताकतों से कहीं ज्यादा अपने पड़ोसी देशों से आशंकित थे। इनके बीच सीमा रेखा, भू-क्षेत्र अथवा आबादी पर नियंत्रण को लेकर या एक-एक करके सभी सवालों पर झगड़े हुए साथ ही इन देशों को राजनीतिक स्थिरता की समस्या का सामना करना पड़ा। सत्ता के संघर्ष, जातीय और धार्मिक विवादों के कारण कई देशों में अस्थिरता बनी रही जैसे अफ्रीका के कांगो ने स्वतंत्रता के तुरंत बाद ही सिविल युद्ध छिड़ गया था, जिसने राजनीतिक अस्थिरता को जन्म दिया।

(ii) **आर्थिक विकास की चुनौती** अधिकांश नव स्वतंत्र देशों की आर्थिक स्थिति कमजोर थी और उन्हें विकास के लिए आधारभूत संरचना और संसाधनों की कमी थी। औपनिवेशी काल में उन्हें आर्थिक रूप से शोषित किया गया था, जिससे विकास में बाधाएँ आईं। उदाहरण के रूप से देखे तो भारत को स्वतंत्रता के बाद खाद्य सुरक्षा, औद्योगिक विकास और विदेशी निवेश आकर्षित करने की चुनौतियों का सामना करना पड़ा।

(iii) **सामाजिक समरसत्ता और जातीय तनाव** स्वतंत्रता के बाद इन नव स्वतंत्र देशों को सामाजिक समरसता बनाए रखना एक बड़ी चुनौती थी। जातीय और सांस्कृतिक विविधताओं के कारण कई देशों में तनाव उत्पन्न हुआ, जिससे सामाजिक एकता में बाधा आई। उदाहरण के रूप में देखें, तो अफ्रीका में खांडा में जातीय संघर्ष हुआ जहाँ हुतु और तुत्सी जातियों के बीच भयंकर रक्तपात हुआ।

अतः इन चुनौतियों का सामना करने के लिए नव-स्वतंत्र देशों को उचित नीतियों, अंतर्राष्ट्रीय सहयोग और सामूहिक प्रयासों की आवश्यकता थी। उन्हें अपनी पहचान को स्थापित करने, आर्थिक विकास की दिशा में आगे बढ़ने और सामाजिक समरसत्ता को बढ़ावा देने के लिए दीर्घकालिक रणनीतियाँ अपनानी पड़ीं।

**6. सुरक्षा के लिए खतरे के किन्हीं तीन नए स्रोतों की उदाहरण सहित व्याख्या कीजिए।** **CBSE 2024**

उत्तर सुरक्षा के लिए खतरों के नए स्रोत

(i) **आतंकवाद** आतंकवाद एक प्रमुख सुरक्षा खतरा है, जो समाजों में अराजकता और डर फैलाने के लिए हिंसा का सहारा लेता है। यह न केवल मानव जीवन के लिए खतरा है, बल्कि इससे राष्ट्रीय और अंतर्राष्ट्रीय स्थिरता भी प्रभावित होती है। विश्व में कोई ऐसा राष्ट्र नहीं है, जो आतंकवाद से पीड़ित न हो। यद्यपि कुछ देशों ने आतंकवाद को अच्छे तथा बुरे आतंकवाद में विभाजित करने का प्रयास किया है, परंतु भारत ने इस भेद से सदैव असहमति दिखाई है। भारत के वर्तमान प्रधानमंत्री नरेंद्र मोदी जी ने स्पष्ट किया है कि आतंकवाद अच्छे या बुरे में विभाजित नहीं किया जा सकता। यह एक वैश्विक समस्या है तथा इसका प्रतिकार सामूहिक रूप से किया जाना चाहिए।

**उदाहरण के लिए,** 22/11 का मुंबई आतंकी हमला भारत में आतंकवाद का एक गंभीर उदाहरण है। 11 सितम्बर, 2001 को अमेरिका के वर्ल्ड ट्रेड सेंटर पर आतंकी हमला हुआ था।

(ii) **मानवाधिकारों का हनन** मानवाधिकारों का हनन एक अन्य गंभीर खतरा है, जो लोगों की सुरक्षा और स्वतंत्रता को प्रभावित करता है। मानवाधिकार से तात्पर्य मानव के मूलभूत अधिकारों से है सामान्यतः इन अधिकारों को तीन श्रेणियों में विभाजित किया गया है; जैसे- भाषण तथा सभा की स्वतंत्रता, सामाजिक- आर्थिक तथा अल्पसंख्यकों से संबंधित अधिकार, मानवाधिकारों के हनन पर 1990 के दशक से बहस चल रही है। **उदाहरण** के रूप में- रवांडा में जनसंहार, कुवैत पर ईराक का आक्रमण और पूर्वी तिमोर में इंडोनेशिया सेना का रक्तपात आदि मामले मानवाधिकार हनन के ही हैं।

(iii) **निर्धनता** एक और प्रमुख खतरा है, जो सामाजिक सुरक्षा और स्थिरता को चुनौती देता है। आर्थिक असमानता और गरीबों की बढ़ती संख्या अपराध, हिंसा और सामाजिक असंतोष का कारण बनती हैं। उदाहरणों के लिए जब लोग बुनियादी जरूरतों के लिए संघर्ष करते हैं, तो वे असामाजिक गतिविधियों में शामिल हो सकते हैं, जिससे सुरक्षा को खतरा होता है। निर्धनता के कारण उपजी समस्याएँ जैसे- शिक्षा का अभाव और स्वास्थ्य सेवाओं की कमी समाज में असुरक्षा का वातावरण बनाती हैं।

**उदाहरणस्वरूप** देखें तो दुनिया में सर्वाधिक सशस्त्र संघर्ष अफ्रीका के सहारा रेगिस्तान के दक्षिण में स्थित देशों में होता है। ये सभी देश दुनिया के सबसे निर्धन राष्ट्रों की श्रेणी में आते हैं।

**7. भारत द्वारा गैर-पारंपरिक सुरक्षा की बजाय पारंपरिक सुरक्षा पर अधिक खर्च करने के किन्हीं तीन कारणों की व्याख्या कीजिए** **CBSE 2024**

उत्तर भारत में पारंपरिक सुरक्षा और गैर पारंपरिक सुरक्षा के बीच खर्च के मामले में कई महत्त्वपूर्ण कारण हैं। पारंपरिक सुरक्षा पर अधिक खर्च करने के तीन प्रमुख कारण निम्नलिखित हैं

(i) **सैन्य क्षमताओं की आवश्यकता** पारम्परिक सुरक्षा के तहत, देशों को अपने सैन्य बलों को मजबूत करने की आवश्यकता होती है। यह खासकर उन देशों के लिए महत्त्वपूर्ण होता है, जो क्षेत्रीय या वैश्विक स्तर पर प्रतिस्पर्द्धा में हैं। उच्च स्तरीय सैन्य तकनीकों, शास्त्रों और युद्धाभ्यास पर खर्च करने से राष्ट्र की सुरक्षा सुनिश्चित होती है।

(ii) **राजनीतिक स्थिरता और विश्वसनीयता** पारंपरिक सुरक्षा पर खर्च करना देशों की राजनीतिक स्थिरता के लिए आवश्यक हो सकता है। यह न केवल आंतरिक सुरक्षा सुनिश्चित करता है, बल्कि अंतर्राष्ट्रीय स्तर पर एक विश्वसनीय साथी के रूप में भी देश को छवि को मजबूती प्रदान करता है। एक मजबूत सैन्य शक्ति होने से देश को अपने रणनीतिक हितों की रक्षा करने में मदद मिलती है और अन्य देशों के साथ संबंधों को संतुलित करने में भी सहायता होती है।

(iii) **आर्थिक विकास की सुरक्षा** पारंपरिक सुरक्षा का एक अन्य महत्त्वपूर्ण पहलू यह है कि यह आर्थिक विकास को सुरक्षित रखने में मदद करता है। जब एक देश की सुरक्षा सुनिश्चित होती है, तो विदेशी निवेशक और व्यवसाय उस देश में निवेश करने के लिए प्रोत्साहित होते हैं। इसके परिणामस्वरूप आर्थिक विकास में तेजी आती है। अतः इन तीन कारणों के आधार पर यह स्पष्ट है कि भारत जैसे देश पारंपरिक सुरक्षा पर अधिक खर्च करते हैं, ताकि वे अपने नागरिकों और राष्ट्रीय हितों की सुरक्षा कर सकें। जबकि गैर-पारंपरिक सुरक्षा की प्राथमिकता हमेशा बनी रहती है।

## स्रोत आधारित प्रश्न

नीचे दिए गए स्रोतों को ध्यानपूर्वक पढ़कर पूछे गए प्रश्नों के उत्तर दीजिए।

**1.** **बुनियादी तौर पर किसी सरकार के पास युद्ध की स्थिति में तीन विकल्प होते हैं–आत्मसमर्पण करना तथा दूसरे पक्ष की बात को बिना युद्ध किए मान लेना अथवा युद्ध से होने वाले विनाश को इस हद तक बढ़ाने के संकेत देना कि दूसरा पक्ष सहमकर हमला करने से बाज आए या युद्ध ठन जाए, तो अपनी रक्षा करना, ताकि हमलावर देश अपने मकसद में कामयाब न हो सके और पीछे हट जाए अथवा हमलावर को पराजित कर देना।**

**युद्ध में कोई सरकार भले ही आत्मसमर्पण कर दे, लेकिन वह इसे अपने देश की नीति के रूप में कभी प्रचारित नहीं करना चाहेगी। इस कारण सुरक्षा नीति का संबंध युद्ध की आशंका को रोकने से होता है, जिसे 'अपरोध' कहा जाता है और युद्ध को सीमित रखने अथवा उसको समाप्त करने से होता है, जिसे 'रक्षा' कहा जाता है।**

(i) **युद्ध की स्थिति में सरकार के पास कौन-सा विकल्प है?**

(a) आत्मसमर्पण
(b) दूसरे पक्ष को डराना
(c) दूसरे राष्ट्र को परास्त करना
(d) ये सभी

उत्तर (d) ये सभी

(ii) **सुरक्षा नीति किससे संबंधित है?**

(a) युद्ध करने से
(b) युद्ध की आशंका रोकने से
(c) दूसरे पक्ष पर हमला करने पर
(d) उपरोक्त में से कोई नहीं

उत्तर (b) युद्ध की आशंका रोकने से

(iii) **पारंपरिक सुरक्षा नीति के तत्त्व 'रक्षा' से आप क्या समझते हैं?**

उत्तर पारंपरिक सुरक्षा नीति के अंतर्गत राष्ट्रीय सुरक्षा को सर्वोच्च वरीयता दी जाती है। पारंपरकि सुरक्षा नीति के चार तत्व हैं- अपरोध, रक्षा, शक्ति संतुलन तथा गठबंधन।

इनमें से 'रक्षा' का तात्पर्य युद्ध को सीमित रखने या उसको समाप्त करने से होता है।

**2.** **अस्त्र नियंत्रण के अंतर्गत हथियारों को विकसित करने अथवा उनको हासिल करने के संबंध में कुछ कायदे-कानूनों का पालन करना पड़ता है। वर्ष 1972 की एंटी बैलिस्टिक मिसाइल संधि ने अमेरिका और सोवियत संघ को बैलिस्टिक मिसाइलों को रक्षा कवच के रूप में प्रयोग करने से रोका। ऐसे प्रक्षेपास्त्रों से हमले की शुरुआत की जा सकती थी। संधि में दोनों देशों को सीमित संख्या में ऐसी रक्षा प्रणाली तैनात करने की अनुमति थी, लेकिन इस संधि ने दोनों देशों को ऐसी रक्षा प्रणाली के व्यापक उत्पादन से रोक दिया।**

(i) **अस्त्र नियंत्रण से क्या तात्पर्य है?**

(a) अस्त्र नियंत्रण के अंतर्गत हथियारों को विकसित करने के संबंध में कुछ कानून का पालन करना है
(b) अस्त्रों पर प्रतिबंध लगाने से है
(c) अस्त्रों का प्रसार करने से है
(d) उपरोक्त सभी

उत्तर (a) अस्त्र नियंत्रण के अंतर्गत हथियारों को विकसित करने के संबंध में कुछ कानून का पालन करना है

(ii) **एंटी बैलिस्टिक मिसाइल संधि के संदर्भ में कौन-सा कथन सही है?**

(a) यह संधि वर्ष 1982 में हुई थी
(b) यह संधि सोवियत संघ तथा जर्मनी के बीच हुई थी
(c) संधि में शामिल देशों को सीमित संख्या में ऐसी रक्षा प्रणाली तैनात करने की अनुमति थी
(d) उपरोक्त सभी

उत्तर (c) संधि में शामिल देशों को सीमित संख्या में ऐसी रक्षा प्रणाली तैनात करने की अनुमति थी

(iii) **पारंपरिक सुरक्षा के उपाय के रूप में 'अस्त्र नियंत्रण' के महत्त्व को उजागर कीजिए।**

उत्तर अस्त्र नियंत्रण के अंतर्गत संबंधित देशों को विध्वंसक हथियारों के निर्माण तथा उनको प्राप्त करने के संबंध में कुछ अंतरराष्ट्रीय कानूनों का पालन करना होता है।

**3.** **भारत की सुरक्षा रणनीति देश की आंतरिक सुरक्षा समस्याओं से निपटने की तैयारी में जुटी थी। अनेक अलगाववादी समूहों ने समय-समय पर भारत से अलग होने की कोशिश की। भारत ने राष्ट्रीय एकता को बनाए रखने के लिए लोकतांत्रिक राजनीतिक व्यवस्था को अपनाया और पालन किया।**

(i) **किन क्षेत्रों के अलगाववादियों ने भारत से अलग होने की कोशिश की?**

(a) पूर्वोत्तर क्षेत्र तथा उत्तर क्षेत्र
(b) पश्चिमोत्तर क्षेत्र
(c) दक्षिण नया उत्तरी क्षेत्र
(d) उत्तरी तथा पूर्वी क्षेत्र

उत्तर (a) पूर्वोत्तर क्षेत्र तथा उत्तर क्षेत्र

(ii) **भारत का लोकतांत्रिक व्यवस्था तथा इसकी विविधता के संदर्भ में दिए गए कथनों पर विचार कीजिए**

1. **यह व्यवस्था विभिन्न समुदाय और जन-समूहों को अपनी शिकायतों को खुलकर रखने और सत्ता में भागीदारी करने का अवसर देती है।**
2. **लोकतांत्रिक सरकार के ऊपर दबाव होता है कि वह आर्थिक संवृद्धि को मानवीय विकास का सहगामी बनाए।**

**कूट**

(a) केवल 1
(b) केवल 2
(c) 1 और 2 दोनों
(d) इनमें से कोई नहीं

उत्तर (c) 1 और 2 दोनों

(iii) **आपके विचार में अलगाववादी समूहों की भारत से अलग होने की माँग किस सीमा तक उचित है? स्पष्ट कीजिए।**

उत्तर अलगाववादी समूहों की भारत से अलग होने की माँग किसी सीमा तक उचित नहीं है। यह सही है कि भारत के विभिन्न क्षेत्रों में असमानता मौजूद है। गरीबी, बेरोजगारी, निरक्षरता की समस्या है, जिस कारण

लोगों की नाराजगी सही है, लेकिन इसके समाधान के लिए लोकतांत्रिक रूप से आवाज उठाने की जरूरत है। साथ ही भारत में अर्थव्यवस्था व प्रशासन को इस तरह विकसित किया जाए कि सभी को गरीबी और अभाव से निजात मिले तथा नागरिकों के बीच आर्थिक असमानता ज्यादा न हो।

**4.** **अधिकांशतया जब हम सुरक्षा के बारे में पढ़ते या सुनते हैं, तो हमारा सामना सुरक्षा की पारंपरिक अर्थात् राष्ट्रीय सुरक्षा की धारणा से होता है, जिसका संबंध सैन्य धमकियों के खतरे से है। सुरक्षा का इस प्रकार के खतरे का स्रोत कोई दूसरा देश होता है, जो सैन्य हमले की धमकी देकर संप्रभुता, स्वतंत्रता और क्षेत्रीय अखंडता के केंद्रीय मूल्यों के लिए खतरा पैदा करता है।** **CBSE 2020**

(i) **सुरक्षा की पारंपरिक अवधारणा के अंतर्गत किसी भी राष्ट्र द्वारा दूसरे राष्ट्र पर सैन्य कार्रवाई के तहत किन आधारभूत - तत्त्वों पर प्रहार करने का प्रयास किया जाता है?**

(a) संप्रभुता
(b) स्वतंत्रता
(c) क्षेत्रीय अखंडता
(d) उपरोक्त सभी

उत्तर (d) उपरोक्त सभी

(ii) निम्नलिखित में से कौन-सा कथन सही है?

(a) सुरक्षा का तात्पर्य खतरे से आजादी से है
(b) सुरक्षा का संबंध ऐसे गंभीर खतरों से है, जिन्हें नियंत्रित न करने पर वे केंद्रीय मूल्यों को हानि पहुँचाते हैं
(c) सुरक्षा की पारंपरिक अवधारणा के अंतर्गत राष्ट्रीय सुरक्षा को सर्वोच्च वरीयता दी जाती है
(d) उपरोक्त सभी

उत्तर (d) उपरोक्त सभी

(iii) **राष्ट्रीय सुरक्षा से क्या अभिप्राय है?**

उत्तर राष्ट्रीय सुरक्षा से अभिप्राय राष्ट्र राज्य की सुरक्षा से है, जिसके अंतर्गत नागरिकों की सुरक्षा, अर्थव्यवस्था की सुरक्षा तथा संस्थाओं की सुरक्षा सम्मिलित है।

## मानचित्र आधारित प्रश्न

**1.** **विश्व के दिए गए मानचित्र वर्णमाला/बिंदुओं को दर्शाया गया है। नीचे दी गई जानकारी के आधार पर इन बिंदुओं की पहचान कीजिए तथा इसे सही नाम से संबंधित क्रम संख्या और संबंधित वर्णमाला के साथ नीचे दिए गए प्रारूप के अनुसार लिखें।**

| क्रम संख्या | मानचित्रों वर्णमाला | राज्य/राष्ट्र का नाम |
|---|---|---|
| 1. | | |
| 2. | | |
| 3. | | |

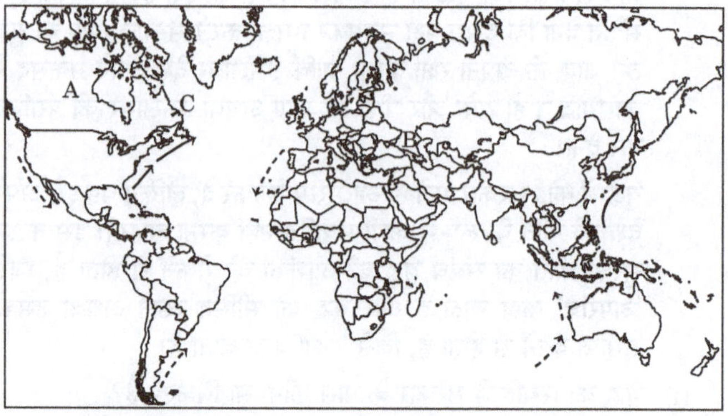


A. विश्व बैंक का मुख्यालय कहाँ स्थित है?
B. विश्व स्वास्थ्य संगठन का मुख्यालय कहाँ स्थित है?
C. संयुक्त राष्ट्रीय संघ का मुख्यालय कहाँ स्थित है?

उत्तर

| क्रम संख्या | मानचित्रों वर्णमाला | राज्य/राष्ट्र का नाम |
|---|---|---|
| 1. | A | वॉशिंगटन डी सी यूएसए |
| 2. | B | जिनेवा स्विट्जरलैंड |
| 3. | C | न्यूयॉर्क, अमेरिका |

# स्वयं को जाँचें

## वस्तुनिष्ठ प्रश्न

**1.** गठबंधन किस नीति का अनिवार्य तत्त्व है?
(a) पारंपरिक सुरक्षा नीति
(b) अपारंपरिक सुरक्षा नीति
(c) 'a' और 'b' दोनों
(d) इनमें से कोई नहीं

**2.** अमेरिका द्वारा सोवियत संघ के विरुद्ध उग्रवादियों का समर्थन कब किया गया?
(a) वर्ष 1970 (b) वर्ष 1980
(c) वर्ष 1990 (d) वर्ष 1996

**3.** विश्व के कितने प्रतिशत विस्थापित लोगों को अमेरिका में लोगों को शरण दी गई?
(a) 16% (b) 18%
(c) 20% (d) 22%

**4.** कथन (A) भारत और नेपाल के बीच संबंध मधुर हैं।
कारण (R) भारत और नेपाल के बीच एक संधि हुई है, जिसके तहत दोनों देशों के नागरिक एक-दूसरे के देश में बिना पासपोर्ट और वीजा के आ जा सकते हैं।
**कूट**
(a) A और R दोनों सही हैं तथा R, A का सही स्पष्टीकरण है
(b) A और R दोनों सही हैं, परंतु R, A का सही स्पष्टीकरण नहीं है
(c) A सही है, किंतु R गलत है
(d) A गलत है, किंतु R सही है

**5.** रासायनिक हथियार संधि किस वर्ष हुई थी?
(a) 1993 (b) 1987
(c) 1997 (d) 2001

**6.** वर्ष 1962 में भारत को किस देश के साथ युद्ध हुआ था?
(a) चीन (b) पाकिस्तान
(c) नेपाल (d) अमेरिका

**7.** 1997 में क्योटो प्रोटोकॉल पर कितने देशों ने हस्ताक्षर किए थे?
(a) 152 (b) 160
(c) 172 (d) 192

## लघु उत्तरीय प्रश्न

**8.** बुनियादी तौर पर किसी सरकार के पास युद्ध की स्थिति में कितने विकल्प होते हैं?

**9.** सुरक्षा की परंपरागत धारणा के अंतर्गत किसी देश की सुरक्षा को अधिकतर खतरा किससे होता है?

**10.** अधिकांश यूरोपीय देशों ने अपना ध्यान किन खतरों पर केंद्रित किया?

**11.** सुरक्षा की अपारंपरिक धारणा के पक्षों को बताइए।

**12.** सहयोगमूलक सुरक्षा प्रणाली किस तत्त्व पर निर्भर करती है?

**13.** आतंकवाद से आप क्या समझते हैं? संक्षेप में बताइए।

**14.** समकालीन विश्व में दो आतंकवादी हमलों को संक्षेप में बताइए।

**15.** सुरक्षा के अर्थों को बताते हुए भारत की सुरक्षा नीति के अंतर्गत अपनाए गए किन्हीं दो घटकों के बारे में बताइए।

**16.** भारत की सुरक्षा रणनीति के किन्हीं दो घटकों की व्याख्या करें?

**17.** एंटी बेलेस्टिक मिसाइल सधिं कब और क्यों की गई?

## दीर्घ उत्तरीय प्रश्न I

**13.** भारतीय संदर्भ में किस किस्म की सुरक्षा को वरीयता दी जानी चाहिए? अपने तर्क के द्वारा स्पष्ट कीजिए।

**14.** संयुक्त राष्ट्र संघ में भारत की भूमिका का वर्णन कीजिए।

**15.** सहयोगमूलक सुरक्षा से आप क्या समझते हैं? इस पर एक लेख लिखिए।

**16.** नि:शस्त्रीकरण का क्या अभिप्राय है? आधुनिक युग में नि:शस्त्रीकरण की क्यों आवश्यकता है?

## दीर्घ उत्तरीय प्रश्न II

**18.** खतरे के नए स्रोत के रूप में आतंकवाद को परिभाषित करें और वैश्विक स्तर पर आतंकवाद क्यों बढ़ रहा है? कारण बताइए।

**19.** समकालीन विश्व में सहयोगमूलक सुरक्षा के कितने आयाम हैं? विस्तृत उल्लेख करें।

# 06

अध्याय

# पर्यावरण और प्राकृतिक संसाधन

यह अध्याय विश्व राजनीति में पर्यावरण और संसाधनों के बढ़ते महत्त्व पर प्रकाश डालता है 1960 के दशक से पर्यावरणीय मुद्दे प्रमुख बने, जिससे विभिन्न पर्यावरणी आंदोलन की शुरुआत हुई। इससे साझी संवदा और विश्व की साझी विरासत की अवधारणाओं पर चर्चा की गई है। साथ ही संसाधनों की वैश्विक होड और मूलवासी जनजातियों के सरोकारों को समकालीन राजनीतिक के संदर्भ में समझाने का प्रयास किया गया है।

**▼ अध्ययन एक नजर में**

6.1 वैश्विक राजनीति में पर्यावरण की चिंता
6.2 वैश्विक साझा संसाधनों की रक्षा
6.3 पर्यावरण के मसले पर भारत का पक्ष
6.4 संसाधनों की भू-राजनीति
6.5 मूलवासी और उनके अधिकार

**▼ अभ्यास के लिए**

– बहुविकल्पीय प्रश्न 25 (युग्मित प्रश्न, चित्र आधारित प्रश्न, कथन/कारण, सुमेलित कीजिए)
– वर्णनात्मक प्रकार के प्रश्न (लघु उत्तरीय प्रश्न 4, दीर्घ उत्तरीय प्रश्न I 4)
– दीर्घ उत्तरीय प्रश्न II 7,
– स्रोत आधारित प्रश्न 4, मानचित्र आधारित 1

पृथ्वी का उद्भव, उसका शीतलन, वायुमंडल का निर्माण, वनस्पति एवं जीवों की उत्पत्ति आदि कालांतर की सक्रिय प्रक्रिया से पर्यावरण का निर्माण हुआ। इसके निर्माण की प्रक्रिया नितांत मंदगति से अनवरत सक्रिय रही। अनेक भौतिक एवं अभौतिक तत्त्वों का निर्माण तथा इनके मध्य उत्पन्न संबंध से पर्यावरण धीरे-धीरे मूर्त रूप धारण करता गया।

## 6.1 वैश्विक राजनीति में पर्यावरण की चिंता

- वैश्विक राजनीति में **पर्यावरण संरक्षण** के प्रति सुरक्षा का विषय एक गंभीर चिंता बन गई है। बढ़ती जनसंख्या, सीमित होती कृषि भूमि एवं निर्वनीकरण के कारण पर्यावरणीय समस्या निरंतर गंभीर होती जा रही है।
- वैश्विक स्तर पर कृषि योग्य भूमि में अब वृद्धि नहीं हो रही है, जबकि मौजूदा उपजाऊ भू-भाग के एक बड़े हिस्से की उर्वरता निरंतर कम होती जा रही है। चरागाहों के चारे समाप्त हो रहे हैं। साथ ही मत्स्य भंडार सीमित हो रहे हैं। जलाशयों की जलराशि व्यापक पैमाने पर कम हो रही है। साथ ही उसमें प्रदूषण भी बढ़ा है। इससे खाद्य उत्पादन में कमी आ रही है।
- संयुक्त राष्ट्र संघ की मानव विकास रिपोर्ट (2016) के अनुसार, विकासशील देशों के 66.3 करोड़ लोगों को स्वच्छ जल उपलब्ध नहीं होता है। साथ ही लगभग दो अरब 40 करोड़ जनसंख्या साफ-सफाई की सुविधा से पूरी तरह वंचित है। इस कारण से 30 लाख से अधिक बच्चे हर वर्ष मृत्यु के शिकार होते हैं।
- प्राकृतिक वन जलवायु को व्यापक स्तर पर संतुलित रखने में सहायक भूमिका निभाते हैं, इनसे जलचक्र भी संतुलित बना रहता है। प्राकृतिक वनों की विस्तृतता के कारण जैव-विविधता का भंडार भरा रहता है, परंतु बढ़ती जनसंख्या के कारण इन वनों की कटाई की जा रही है। निर्वनीकरण के कारण जैव-विविधता की हानि हो रही है।

- **ओजोन रिक्तिकरण** की समस्या भी एक गंभीर चुनौती बनती जा रही है। ओजोन रिक्तिकरण के कारण पारिस्थितिकी तंत्र एवं मानव स्वास्थ्य पर प्रतिकूल प्रभाव बढ़ता जा रहा है।
- वैश्विक स्तर पर समुद्रतटीय क्षेत्रों का प्रदूषण भी तेजी से बढ़ रहा है। हालाँकि सागर का मध्यवर्ती भाग आज भी प्रदूषण रहित है, लेकिन तटवर्ती जल जमीनी क्रियाकलापों से प्रदूषित हो रहा है। वैश्विक स्तर पर सागरतटीय क्षेत्रों के समीप मानवों का सघन रूप से बसना आज भी जारी है। इस प्रकार, मानवीय गतिविधियों के कारण तटीय क्षेत्रों में प्रदूषण की समस्या गंभीर होती जा रही है।
- ये समस्याएँ मात्र प्राकृतिक घटनाएँ नहीं हैं, इनके राजनीतिक परिणाम भी हैं। पर्यावरणीय क्षरण से निपटने के लिए वैश्विक कार्रवाई की आवश्यकता है, क्योंकि कोई भी एक सरकार इन समस्याओं को हल नहीं कर सकती।

## पर्यावरण: वैश्विक राजनीति का एक महत्त्वपूर्ण मुद्दा

- दुनिया के थिंक टैंक 'क्लब ऑफ रोम' ने 1972 में एक पुस्तक 'लिमिटस टू ग्रोथ' प्रकाशित की। इसमें तेजी से बढ़ती विश्व जनसंख्या के मुकाबले पृथ्वी के संसाधनों की संभावित कमी को समझाया गया।
- संयुक्त राष्ट्र पर्यावरण कार्यक्रम (UNEP) जैसे अंतर्राष्ट्रीय संगठनों ने पर्यावरणीय समस्याओं पर अधिक समन्वित और प्रभावी प्रतिक्रिया के लिए अंतर्राष्ट्रीय सम्मेलनों का आयोजन और विस्तृत अध्ययन को बढ़ावा देना शुरू किया।
- पर्यावरणीय मुद्दों को वैश्विक राजनीति में महत्त्व 1992 में ब्राजील के रियो डी जनेरियो में आयोजित संयुक्त राष्ट्र पर्यावरण और विकास सम्मेलन (जिसे पृथ्वी सम्मेलन भी कहा जाता है) के दौरान अधिक स्पष्ट हुआ।
- पृथ्वी सम्मेलन में 170 राष्ट्रों, हजारों गैर-सरकारी संगठनों (NGOs) और कई बहुराष्ट्रीय कम्पनियों (MNCs) ने भाग लिया।
- 1987 की ब्रंटलैंड रिपोर्ट 'आवर कामॅन फ्यूचर' ने चेतावनी दी थी कि पारंपरिक आर्थिक विकास के पैटर्न दीर्घकालिक रूप में टिकाऊ नहीं है, खासकर जब दक्षिण के औद्योगिक विकास की माँगों को ध्यान में रखा जाए।
- **प्रथम विश्व देश**[1] (ग्लोबल नार्थ) ग्लोबल वार्मिंग और ओजोन परत के क्षरण को लेकर चिंतित है ,जबकि **तृतीय विश्व**[2] के देश (ग्लोबल साऊथ) आर्थिक विकास और पर्यावरण प्रबंधन के बीच संबंधों को संबोधित करने के इच्छुक है।
- रियो सम्मेलन में जलवायु परिवर्तन, जैव विविधता, वानिकी जैसे मुद्दों पर समझौते हुए और 'एजेंडा 21' नामक विकास प्रथाओं की सूची की सिफारिश की गई।
- आर्थिक विकास को पारिस्थितिकीय उत्तरदायित्व के साथ जोड़ने पर सहमति हुई। इस विकास दृष्टिकोण को आमतौर पर 'सतत विकास' कहा जाता है। हालाँकि, कुछ आलोचकों ने तर्क दिया कि 'एजेंडा 21' ने पर्यावरण की रक्षा की तुलना में आर्थिक विकास पर अधिक ध्यान केंद्रित किया।

# 6.2 वैश्विक साझा संसाधनों की रक्षा

- दुनिया के वे क्षेत्र जो किसी एक राज्य के संप्रभु अधिकार क्षेत्र के बाहर स्थित हैं और अंतर्राष्ट्रीय समुदाय द्वारा सामूहिक शासन की आवश्यकता रखते हैं, उन्हें वैश्विक साझा संसाधन कहा जाता है। इसमें पृथ्वी का वायुमंडल, अंटाकर्टिका महासागरों की सतह और बाहरी अंतरिक्ष शामिल है।
- वैश्विक साझा संसाधनों पर सहयोग के लिए कई समझौते हुए हैं, जैसे 1959 का **अंटार्कटिका संधि** , 1987 का मॉण्ट्रियल प्रोटोकॉल और 1991 का **अंटार्कटिका पर्यावरण प्रोटोकॉल**, लेकिन मुख्य समस्या सामान्य पर्यावरण एजेंडा पर सहमति बनाना है।
- **निजीकरण** (Privatisation), **उदारीकरण** (Liberalisation), **गहन कृषि** (Agriculture Intensification), जनसंख्या में वृद्धि और पारिस्थितिकी तंत्र के क्षरण के कारण वैश्विक स्तर पर साझी संपदा के आकार तथा गुणवत्ता में कमी के साथ गरीबों के लिए इसकी उपलब्धता भी कम हो रही है।
- भारत में सरकारी स्वामित्व वाली वन भूमि में पाए जाने वाले **पावन वन-प्रांतर** (Sacred Groves) साझी संपदा के प्रबंधन का सर्वोत्तम उदाहरण है।

---

1 प्रथम विश्व देश यह उन औद्योगिक देशों को संदर्भित करता है, जिनकी अर्थव्यवस्था उन्नत होती है।
2 तृतीय विश्व देश यह उन देशों को संदर्भित करता है, जो गरीब या विकासशील है।

### अंटार्कटिका पर स्वामित्व

- अंटार्कटिका महादेश का स्थलीय भाग लगभग 1 करोड़ 40 लाख वर्ग किमी क्षेत्र में विस्तृत है। विश्व के निर्जन क्षेत्र का लगभग 26% हिस्सा इसके अंतर्गत आता है।
- स्थलीय हिम का 90% हिस्सा तथा पृथ्वी पर मौजूद स्वच्छ जल का 70% हिस्सा भी यहीं पाया जाता है। इस महादेश का करीब 3 करोड़ 60 लाख वर्ग किमी तक अतिरिक्त विस्तार समुद्र में है।
- सीमित स्थलीय जीवन वाले इस महादेश का समुद्री पारिस्थितिकी तंत्र बहुत उर्वर है, जिसमें कुछ पादप (सूक्ष्म शैवाल, कवक और लाइकेन), समुद्री स्तनधारी जीव, मत्स्य तथा विपरीत वातावरण में जीवन-यापन के लिए अनुकूलित विभिन्न पक्षी शामिल हैं।
- अंटार्कटिका प्रदेश विश्व की जलवायु को संतुलित रखने में महत्त्वपूर्ण भूमिका निभाता है तथा घनी बर्फ की चादर हजारों वर्ष पूर्व के वातावरणीय तापमान एवं ग्रीन हाउस गैसों के संकेंद्रण की सूचना के लिए महत्त्वपूर्ण स्रोत प्रदान करता है।
- ब्रिटेन, चिली, नॉर्वे, अर्जेंटीना, फ्रांस, ऑस्ट्रेलिया और न्यूजीलैंड ने अंटार्कटिका क्षेत्र में अपनी कानूनी प्रभुसत्ता के अधिकार का दावा किया है तथा अन्य अधिकतर देशों ने इसके विपरीत दृष्टिकोण अपनाया कि अंटार्कटिका प्रदेश विश्व की साझी संपदा का ही एक भाग है, जो किसी भी देश के अधिकार क्षेत्र में नहीं आता।
- वर्ष 1959 के बाद इस क्षेत्र में गतिविधियाँ वैज्ञानिक अनुसंधान, मत्स्य, आखेट और पर्यटन तक सीमित रही हैं। सीमित गतिविधियों के बावजूद इस क्षेत्र के कुछ भाग अवशिष्ट पदार्थ; जैसे—तेल के रिसाव के दबाव में अपनी गुणवत्ता खो रहे हैं।

- पर्यावरणीय समस्याएँ एक प्रमुख मुद्दा है क्योंकि अस्पष्ट वैज्ञानिक प्रमाणों और समय सीमाओं के आधार पर सहमति बनाना कठिन होता है। 1980 के दशक में ओजोन छिद्र पर हुए विवाद ने वैश्विक पर्यावरणीय मुद्दों के अवसरों और जोखिम दोनों को उजागर किया।
- इसी तरह बाहरी अंतरिक्ष के इतिहास से यह स्पष्ट होता है कि उत्तर-दक्षिण असमानताएँ प्रबंधन को कैसे प्रभावित करती है। मुख्य चिन्ता यह है कि प्रौद्योगिकी और औद्योगिक विकास का लाभ कुछ को अधिक मिलता है, जबकि अन्य को कम।

## साझी परंतु अलग-अलग जिम्मेदारियों का सिद्धांत

- इस सिद्धांत की उत्पत्ति पर्यावरण के मुद्दे पर उत्तरी व दक्षिणी गोलार्द्ध के देशों के बीच असहमति के कारण हुई। इसके अंतर्गत उत्तर के विकसित देश पर्यावरण के वर्तमान स्वरूप पर चर्चा तथा पर्यावरण संरक्षण में सभी देशों की बराबर भागीदारी चाहते हैं।
- दूसरी तरफ दक्षिण के विकासशील देशों का मत है कि वैश्विक पारिस्थितिकी को सबसे अधिक नुकसान उत्तर के विकसित देशों के औद्योगिकरण से पहुँचा है। अत: उन्हें पर्यावरण को हुए नुकसान की भरपाई के लिए जिम्मेदारी भी अधिक उठानी चाहिए।
- विकासशील देशों का मत है कि वे अभी **औद्योगीकरण**[3] व विकास की प्रक्रिया के दौर से गुजर रहे हैं। अत: उन पर पर्यावरण के संरक्षण से संबंधित प्रतिबंध कानून विकसित देशों के समान नहीं लगने चाहिए।
- वर्ष 1992 के पृथ्वी सम्मेलन में विकासशील देशों की माँग को मानते हुए इस **साझी परंतु अलग-अलग जिम्मेदारियों का सिद्धांत** (Principle of Common but Differentiated Responsibilities) को स्वीकार कर लिया गया।
- रियो घोषणा पत्र के अनुसार, देशों को पृथ्वी की पारिस्थितिकी तन्त्र की सुरक्षा और बहाली के लिए सहयोग करना चाहिए। यह स्वीकार करना है कि सभी देशों की साझा जिम्मेदारी है, लेकिन पर्यावरणीय क्षति में उनके योगदान के स्तर अलग-अलग हैं।
- विकसित देशों ने यह स्वीकार किया कि उनकी समाजों के कारण पर्यावरण पर अधिक दबाव पड़ता है और उनके पास अधिक तकनीकी और वित्तीय संसाधन है।
- इसके अतिरिक्त वर्ष 1992 के ही **जलवायु परिवर्तन से संबंधित संयुक्त राष्ट्र के नियमाचार** (United Nations Framework Convention on Climate Change, UNFCCC) में भी इस सिद्धांत को स्वीकृति प्रदान करते हुए कहा गया है कि इस संधि को स्वीकार करने वाले देश अपनी क्षमता के अनुरूप पर्यावरण के क्षरण में अपनी हिस्सेदारी के आधार पर साझी परंतु अलग-अलग जिम्मेदारियाँ निभाते हुए पर्यावरण की सुरक्षा के प्रयास करेंगे।
- सदस्यों ने स्वीकार किया कि ऐतिहासिक और वर्तमान वैश्विक ग्रीनहाऊस गैस उत्सर्जन का सबसे बड़ा हिस्सा विकसित देशों से उत्पन्न हुआ है।

### ग्लोबल वार्मिंग

- जब वायुमंडल में **ग्रीन हाउस गैसों** (कार्बन डाइ-ऑक्साइड, मीथेन तथा हाइड्रो-फ्लोरो कार्बन) की मात्रा में वृद्धि के कारण **वैश्विक तापमान** (Global Warming) में वृद्धि होने लगती है, तो इसे वैश्विक तापन या ऊष्मन कहते हैं।

---

3 **औद्योगीकरण** औद्योगिकरण को वर्तमान वैश्विक तापमान दृष्टि और जलवायु परिवर्तन का कारण माना जाता है।

### क्योटो प्रोटोकॉल

- ग्लोबल वार्मिंग के प्रभाव को कम करने के संबंध में ही वर्ष 1997 में जापान के क्योटो शहर में क्योटो प्रोटोकॉल नामक एक समझाैता अंतिम रूप दिया गया। इसके अंतर्गत औद्योगिक देशों के लिए ग्रीन हाउस गैसों के उत्सर्जन को कम करने के लिए लक्ष्य निर्धारित किए गए हैं।

### साझी सम्पदा

- साझा संपत्ति एक ऐसा संसाधन है जिसे किसी समूह द्वारा साझा किया जाता है, जहाँ सदस्यों के पास इसे उपयोग करने और इसकी देखभाल करने के अधिकार और कर्त्तव्य होते हैं।
- आपसी समझ और सदियों से चली आ रही प्रथाओं के माध्यम से, भारत के कई गाँव समुदायों के अधिकारों और जिम्मेदारियों को परिभाषित किया है।
- निजीकरण, कृषि तीव्रता, जनसंख्या वृद्धि और पारिस्थितिकी तंत्र के क्षरण जैसे कारकों ने सामान्य संपत्ति के आकार, गुणवत्ता और गरीबी के लिए उपलब्धता को दुनिया भर से घटा दिया है।

### चेक प्वॉइंट 1

1. एजेंडा 21 क्या हैं?
2. ओजोन परत में गिरावट किसके लिए खतरा उत्पन्न करती है?
3. पर्यावरणीय क्षरण और इसके आर्थिक विकास पर प्रभाव के प्रति जागरूकता राजनीतिक मुद्दे के रूप में कब उभरी?
4. ब्रंटलैंड आयोग की रिपोर्ट कब जारी की गई थी?

## 6.3 पर्यावरण के मसले पर भारत का पक्ष

- भारत ने 1997 के क्योटो प्रोटोकॉल पर अगस्त, 2002 में हस्ताक्षर किए और इसे अनुमोदित किया।
- पर्यावरण संरक्षण के संबंध में साझी परंतु अलग-अलग जिम्मेदारियों के सिद्धांत के अंतर्गत भारत का मत है कि ग्रीन हाउस गैसों के उत्सर्जन दर में कमी करने की सबसे बड़ी जिम्मेदारी विकसित देशों की है, क्योंकि इन देशों ने लंबे समय तक तथा बहुत अधिक मात्रा में इन गैसों का उत्सर्जन किया है।
- भारत का यह भी कहना है कि विकासशील देशों की पहली और मूलभूत प्राथमिकता आर्थिक व सामाजिक विकास की है। अत: विकासशील देश (भारत, चीन व ब्राजील) विकसित देशों के समान जिम्मेदारी उठा सकने की स्थिति में नहीं हैं। ऐसी स्थिति में इन विकासशील देशों पर किसी तरह की बाध्यता थोपना अनुचित है।
- भारत, चीन और अन्य विकासशील देशों को क्योटो प्रोटोकॉल की आवश्यकताओं मे छूट दी गई थी, क्योंकि औद्योगिकरण के दौरान ग्रीनहाऊस गैस उत्सर्जन में उनका योगदान महत्त्वपूर्ण नहीं है।
- उल्लेखनीय है कि भारत का वर्ष 2030 तक कार्बन का **प्रतिव्यक्ति उत्सर्जन**[4] बढ़ने के बाद भी विश्व के वर्ष, 2000 के औसत (3.8 टन प्रतिव्यक्ति) के आधे से भी कम होगा।
- जून, 2005 में जी-8 सम्मेलन में, भारत द्वारा यह पक्ष रखा गया कि विकासशील देशों में प्रति व्यक्ति उत्सर्जन दर विकसित देशों की तुलना में कम है।
- वर्ष 2000 में भारत में प्रतिव्यक्ति कार्बन उत्सर्जन 0.9 टन था, जो एक अनुमान के अनुसार वर्ष 2030 तक बढ़कर 1.6 टन प्रतिव्यक्ति हो सकता है।
- भारत के अनुसार पर्यावरण क्षरण के प्रभावों से निपटने के लिए विकसित देशों द्वारा विकासशील देशों को वित्तीय संसाधन तथा स्वच्छ प्रौद्योगिकी उपलब्ध कराना चाहिए, जिससे विकासशील देश UNFCCC की प्रतिबद्धताओं को पूरा करने में सक्षम हो सकें।
- भारत का मत है कि **दक्षेस** में शामिल देशों को भी पर्यावरण के प्रमुख वैश्विक मुद्दों के संबंध में एक आम सहमति बनानी चाहिए, जिससे इन देशों की आवाज बुलंद हो सके।
- भारत स्वच्छ ईंधन के लिए राष्ट्रीय ऑटो-ईंधन नीति, ऊर्जा दक्षता के लिए **ऊर्जा संरक्षण अधिनियम** (2001) और नवीकरणीय ऊर्जा को बढ़ावा देने के लिए **विद्युत अधिनियम** (2005) जैसे कार्यक्रमों के साथ वैश्विक प्रयासों में शामिल है।

4 **प्रतिव्यक्ति उत्सर्जन** यह किसी देश या क्षेत्र के प्रति व्यक्ति किए गए उत्सर्जन को दर्शाता है।

- 1997 के पृथ्वी शिखर सम्मेलन में ,भारत ने विकासशील देशो को वित्तीय संसाधन और स्वच्छता प्रौद्योगिकियों की आपूर्ति में प्रगति की कमी को रेखांकित किया। भारत ने विकसित देशों से तत्काल कार्रवाई करने का आवहान किया और सार्क देशों से वैश्विक पर्यावरणीय मुद्दों पर एकजुट रूख अपनाने का आग्रह किया।

## पावन वन-प्रांतर

- भारत में प्राचीन समय से धार्मिक कारणों से प्रकृति की रक्षा की प्रथा है। इसका स्पष्ट उदाहरण पावन वन-प्रांतर है। इस प्रथा में वृक्ष के कुछ हिस्सों को देवता या किसी पुण्यात्मा का स्थान मानकर काटा नहीं जाता है। इसे देवस्थान भी कहा जाता है।
- देश के अलग-अलग हिस्सों में इसे विभिन्न नामों से जाना जाता है; जैसे—राजस्थान में वानी, केकड़ी व ओरान, झारखंड में जहेरा थान व सरना, मेघालय में लिंगदोह, केरल में कांव, उत्तराखंड में थान या देवभूमि तथा महाराष्ट्र में देव रहाति आदि। पावन वन-प्रांतर की प्रथा वन संरक्षण से संबंधित है।

## भारत के पर्यावरण संरक्षण से संबंधित प्रयास

- भारत ने **नेशनल ऑटोफ्यूल पॉलिसी** के अंतर्गत वाहनों के लिए स्वच्छतर ईंधन अनिवार्य कर दिया है। हाल ही में सुप्रीम कोर्ट द्वारा अप्रैल, 2017 से सभी वाहनों के लिए BS-IV मानक ईंधन अनिवार्य कर दिया गया है।
- वर्ष 2001 के **ऊर्जा संरक्षण अधिनियम** के द्वारा ऊर्जा के तरीकों को अपनाने पर बल दिया गया है।
- वर्ष 2003 के बिजली अधिनियम में **नवीकरणीय ऊर्जा** (Renewable Energy) के उपयोग को बढ़ावा दिया गया है। हाल के दिनों में भारत प्राकृतिक गैस के आयात तथा स्वच्छ कोयले के उपयोग पर आधारित प्रौद्योगिकी को बढ़ावा दे रहा है। दूसरी ओर **बायोडीजल** से संबंधित राष्ट्रीय मिशन को चलाया जा रहा है, जिससे पर्यावरण के संरक्षण के साथ-साथ स्वच्छ ऊर्जा भी प्राप्त हो रही है।

## पर्यावरण आंदोलन : एक या अनेक

- पर्यावरण को संरक्षित करने के उद्देश्य से वैश्विक स्तर पर अनेक जन-आंदोलन हुए। ये आंदोलन विश्व के अनेक भागों में सक्रिय पर्यावरण के प्रति जागरूक कार्यकर्ताओं के लिए हैं।
- ये कार्यकर्ता अंतर्राष्ट्रीय और स्थानीय दोनों स्तर पर सक्रिय हैं। वर्तमान समय में विश्व में पर्यावरण आंदोलन सबसे अधिक जीवंत, विविधतापूर्ण तथा प्रभावशाली सामाजिक आंदोलनों में शामिल किए जाते हैं।
- मैक्सिको, ब्राजील, भारत और अन्य देशों में वनो के संरक्षण के आंदोलन प्रमुख चुनौतियों का सामना कर रहे है। दशकों के सक्रिय आंदोलन के बावजूद वनों की कटाई जारी है और पिछले दशक में वन विनाश में वृद्धि हुई है।
- खनिज उद्योग वैश्विक आर्थिक उदारीकरण के माध्यम से खनिजों के दोहन, जल प्रदूषण और समुदायों को विस्थापित करके पर्यावरण को नुकसान पहुँचाता है।
- फिलीपींस में कई समूहों ने आस्ट्रेलिया-आधारित बहुराष्ट्रीय कंपनी **वेस्टर्न माइनिंग कॉर्पोरेशन** (WMC) के खिलाफ अभियान चलाया। ऑस्टेलिया में भी इस कंपनी का विरोध किया जाता है, क्योंकि वहाँ परमाणु-विरोधी भावनाएं और स्वदेशी अधिकारों का समर्थन है।
- पिछले कुछ वर्षों में नदियों को बचाने के लिए **बाँध विरोधी आंदोलनों** की प्रवृत्ति बढ़ी है। 1980 के दशक में विश्व का पहला बाँध विरोधी आंदोलन **फ्रैंकलिन नदी** तथा इसके पास वाले वनों को बचाने के लिए ऑस्ट्रेलिया में हुआ।
- वर्तमान में दक्षिणी गोलार्द्ध के देशों में तुर्की से लेकर थाइलैंड और दक्षिण अफ्रीका तक तथा इंडोनेशिया से लेकर चीन तक बड़े बाँध बनाए जा रहे हैं।
- भारत में बाँध विरोधी और नदी हितैषी कुछ अग्रणी आंदोलन चल रहे हैं, जिनमें नर्मदा बचाओ आंदोलन सबसे अधिक प्रसिद्ध है।
- भारत में बाँध विरोधी तथा पर्यावरण संरक्षण के अन्य आंदोलन एक अर्थ में समान हैं, क्योंकि ये आंदोलन अहिंसा पर आधारित हैं।

## निर्जन वन

- **निर्जन वन** (Wilderness Forest) ऐसी वन-भूमि को कहा जाता है, जहाँ मानवीय निवास नहीं होता है। यह प्रवृत्ति उत्तरी गोलार्द्ध के देशों में अधिक है। इसके अंतर्गत पर्यावरण को मनुष्य से अलग वस्तु माना जाता है, जिसको बाग या अभयारण्यों के रूप में बदलकर मनुष्यों से बचाया जा सकता है। वहीं दक्षिणी गोलार्द्ध के देशों में पर्यावरण के अधिकांश मामले इस मान्यता पर आधारित हैं कि लोग वनों में भी रहते हैं।
- ऑस्ट्रेलिया, स्कैंडिनेविया, उत्तरी अमेरिका और न्यूजीलैंड में वनों के स्थानों पर निर्जन वन की संख्या अधिक है। दक्षिणी गोलार्द्ध के देशों में भी विजनपन का अभियान क्रियाशील है। फिलीपींस में गरुड़ तथा अन्य शिकारी पक्षियों को बचाने के लिए **हरित संगठनों** (Green Organisations) ने अभियान चलाया।
- भारत में **बंगाल टाइगर** को बचाने के लिए अभियान चल रहा है, क्योंकि इनकी संख्या विलुप्ति के कगार पर चली गई थी। इसके अतिरिक्त अफ्रीका में हाथी दाँत के व्यापार को रोकने और हाथियों को बचाने के लिए लंबा अभियान चलाया गया।

- ब्राजील और इंडोनेशिया के जंगलों में विजनपन (जहाँ कोई न रहता हो) के कुछ प्रसिद्ध संघर्ष चल रहे हैं। इन सभी अभियानों का उद्देश्य किसी प्रजाति की रक्षा करना या निर्जन वनवासियों को संरक्षण देना है।
- **वर्ल्ड वाइल्ड लाइफ फंड** (World Wild Life Fund, WWLF) जैसे संगठनों ने इन आंदोलनों की शुरुआत तथा वित्तीय सहायता उपलब्ध कराई है। इसके अतिरिक्त **स्वयंसेवी संगठनों** (Non-Government Organisation, NGO) तथा स्थानीय लोगों ने भी इसमें सहायता पहुँचाई है।

## 6.4 संसाधनों की भू-राजनीति

- यूरोपीय शक्तियों के वैश्विक प्रसार का मुख्य साधन व उद्देश्य ये संसाधन ही रहे हैं। संसाधनों से संबंधित भू-राजनीति को पश्चिमी दुनिया ने अधिकांश व्यापारिक संबंध, युद्ध तथा ताकत के रूप में रखा। इसके पीछे इन देशों की समुद्री नौवहन में दक्षता तथा विदेश में संसाधनों की उपलब्धता इसका प्रमुख कारण था।
- शीतयुद्ध के दौरान उत्तरी गोलार्द्ध के विकसित देशों ने बहुत-सी रणनीतियाँ संसाधनों की सतत आपूर्ति के लिए बनाईं। इस आपूर्ति के लिए इन देशों ने अपनी सैनिक शक्ति और समुद्री सीमा का विस्तार किया तथा उद्देश्यों की पूर्ति के लिए बहुराष्ट्रीय निगमों को सहायता देने के अतिरिक्त कई संधियाँ भी की थीं।
- 17 वीं शताब्दी से नौ सेनाओं के लिए लकड़ी की आपूर्ति सुनिश्चित करना यूरोपीय शक्तियों के लिए एक प्रमुख प्राथमिकता थी। दोनों विश्व युद्धों के दौरान, रणनीतिक संसाधनों, विशेष रूप से तेल की स्थिर आपूर्ति की आवश्यकता और भी महत्त्वपूर्ण हो गई।
- शीत युद्ध के दौरान, देशों ने संसाधनों को सुरक्षित करने के लिए सैन्यवार्ता, भण्डारण और मित्र सरकारों के समर्थन का उपयोग किया। उन्होंने बहुराष्ट्रीय कम्पनियों के साथ काम किया और अंतर्राष्ट्रीय समझौते को लागू किया।
- पारम्परिक पश्चिमी रणनीति ने महत्त्वपूर्ण संसाधनों, विशेष रूप से खाड़ी देशों में तेल और दक्षिणी और मध्य अफ्रीका में खनिजों तक पहुँच को सुरक्षित करने पर ध्यान केंद्रित किया, क्योंकि सोवियत संघ से इन पर खतरा हो सकता था।

### तेल

- 20 वीं सदी में वैश्विक अर्थव्यवस्था की स्थानांतरण की दृष्टि से सरल तेल संसाधनों पर निर्भरता अपरिहार्य रूप से बनी रही। यद्यपि तेल से जुड़ी अपार संपत्ति इसके नियंत्रण के लिए राजनीतिक संघर्ष भी उत्पन्न करती है।
- पश्चिमी एशिया, विशेष रूप से खाड़ी क्षेत्र में वैश्विक तेल उत्पादन लगभग 30% हिस्सा रखता है, लेकिन इसमें पृथ्वी के ज्ञात भण्डार का लगभग 64% हिस्सा है। यह इसे तेल की बढ़ती माँग को पूरा करने वाला एकमात्र क्षेत्र बनाता है।
- सऊदी अरब के पास दुनिया के तेल भंडार का एक चौथाई हिस्सा है और यह सबसे बड़ा अभी भी अन्वेषित है, इसके वास्तविक भंडार बहुत अधिक हो सकते है।
- मुख्य उपभोक्ता जैसे संयुक्त राज्य अमेरिका, यूरोप, जापान और तेजी से भारत और चीन, इस महत्त्वपूर्ण क्षेत्र से बहुत दूर है।

### जल

- जल एक महत्त्वपूर्ण संसाधन है, जो वैश्विक राजनीति में महत्त्वपूर्ण है। क्षेत्रीय भिन्नताएँ और दुनिया के कुछ हिस्सों में ताजे पानी की बढ़ती कमी साझा जल संसाधनों को लेकर विवादों की संभावना को दर्शाती है।
- विश्व राजनीति के कुछ टिप्पणीकार 'पानी के लिए युद्ध' का उल्लेख करते हैं, जिससे जीवनदायिनी संसाधन पानी को लेकर हिंसक संघर्ष की सम्भावना का वर्णन किया जाता है।
- नदियों को साझा करने वाले देश के बीच अकसर विवाद होते हैं। एक सामान्य समस्या यह है कि जब अपस्ट्रीम देश (नदी के ऊपर स्थित देश) प्रदूषण करते हैं। सिंचाई के लिए अत्यधिक पानी का उपयोग करते हैं या बाँध बनाते हैं, तो यह डाउनस्ट्रीम देशों (नदी के नीचे स्थित देशों) के लिए पानी की गुणवत्ता को कम कर सकता है या उसे नुकसान पहुँचा सकता है।
- कभी-कभी कुछ देश मीठे पानी के संसाधनों की रक्षा करने या उन पर नियंत्रण पाने के लिए बल का उपयोग करते हैं।
- हिंसा के उदाहरणों में 1950 और 1960 के दशक में जॉर्डन और यारमुक नदियों से पानी मोड़ने के प्रयासों पर इजरायल, सीरिया और जॉर्डन के बीच संघर्ष शामिल है। इसमें तुर्की सीरिया और इराक के बीच हाल के धमकी भरे विवाद भी शामिल है, जो यूफ्रेटस नदी पर बाँधों के निर्माण को लेकर है।

## 6.5 मूलवासी और उनके अधिकार

- वर्ष 1982 में संयुक्त राष्ट्र संघ द्वारा **मूलवासियों** (Indigenous People) को परिभाषित किया गया। इसके अंतर्गत मूलवासियों को उन लोगों का वंशज बताया गया, जो किसी देश में लंबे समय से रह रहे थे। इसके उपरांत उनकी संस्कृति व जातीय पृष्ठभूमि किसी दूसरे क्षेत्र से आए हुए लोगों की संस्कृति से प्रभावित हुई। इसके पश्चात् भी ये मूलवासी अपनी परंपरा, सांस्कृतिक रिवाज तथा अपनी विशेष सामाजिक-आर्थिक पद्धति के अनुसार ही जीवन-यापन करते हैं।
- वर्तमान में भारत सहित विश्व के अन्य भागों में लगभग 30 करोड़ मूलवासी रहते हैं। मूलवासी लोग वैश्विक स्तर पर पहचान और समान अधिकारों के लिए संघर्ष करते हैं।
- इनमें फिलीपींस के कोरडिलेरा क्षेत्र में 20 लाख, चिली में मापुशे नामक मूलवासी की संख्या 10 लाख, बांग्लादेश के चटगाँव पर्वतीय क्षेत्र में 6 लाख, उत्तरी अमेरिका में 3 लाख 50 हजार, पनामा में कुना आदिवासी 50 हजार, जबकि सोवियत संघ में 10 लाख मूलवासी हैं।
- मूलवासियों के निवास वाले स्थान मुख्यत: मध्य व दक्षिणी अमेरिका, अफ्रीका, दक्षिण-पूर्वी एशिया तथा भारत में हैं। यहाँ इन्हें आदिवासी या जनजाति कहा जाता है। भारत में 'मूलवासी' के लिए अनुसूचित जनजाति या आदिवासी शब्द का प्रयोग किया जाता है। ये भारत की कुल जनसंख्या का लगभग 8% है।
- ये मूलवासी जीवन-यापन के लिए कृषि पर निर्भर हैं। हालाँकि भारतीय संविधान में इनको संवैधानिक सुरक्षा प्रदान की गई है, फिर भी देश के विकास का लाभ इन तक नहीं पहुँच सका है।
- आदिवासी समुदायों के अधिकारों से जुड़े मुद्दे लंबे समय तक घरेलू और अंतर्राष्ट्रीय राजनीति में अपेक्षित रहे हैं।
- 1975 में **वर्ल्ड काउंसिल ऑफ इंडिजिनस पीपल** (World Council of Indigenous People) का गठन किया गया, जिससे मूलवासियों को एक वैश्विक राजनीतिक मंच मिला। इसके उपरांत संयुक्त राष्ट्र संघ में सबसे पहले इस परिषद् को परामर्शदायी परिषद् का दर्जा दिया गया।
- यह परिषद् संयुक्त राष्ट्र में परामर्शदाता स्थिति प्राप्त करने वाले पहले आदिवासी गैर-सरकारी संगठनों में से एक बन गई।

### चेक प्वॉइंट 2

1. पहला बाँध विरोधी आंदोलन कब शुरू हुआ?
2. विश्व आदिवासी परिषद् का गठन कब हुआ?
3. किसे अनुसूचित जनजाति कहा जाता हैं?
4. भारत ने क्योटो प्रोटोकॉल पर कब हस्ताक्षर किए?

# Mind Map

## 1 पर्यावरणीय संसाधन

- कृषि भूमि घट रही है और उसकी उर्वरता कम हो रही है।
- सम्पूर्ण विश्व में अरबों लोगों को स्वच्छ पानी और उचित स्वच्छता सुविधाएँ नहीं मिल रही हैं, जिससे बच्चों की मृत्यु दर बढ़ रही है।
- जंगलों का तेजी से विनाश हो रहा है, जिससे जलवायु और प्राकृतिक आवास को नुकसान हो रहा है।
- ओजोन परत में छिद्र और प्रदूषण दोनों पृथ्वी पर जीवन के लिए खतरा बन रहे हैं।

### वैश्विक राजनीति में पर्यावरण एक महत्त्वपूर्ण मुद्दा

- क्लब ऑफ रोम ने वर्ष 1972 में 'लिमिट्स टू ग्रोथ' पुस्तक प्रकाशित की, जिससे संसाधनों की कमी के बारे में चेतावनी दी गई।
- वर्ष 1992 के पृथ्वी सम्मेलन का मुख्य ध्यान 'सतत विकास' पर था।
- ब्रंटलैंड रिपोर्ट ने अस्थिर विकास की समस्या को उजागर किया।
- रियो सम्मेलन ने एजेंडा-21 नामक विकासात्मक दिशा-निर्देश जारी किया।

## 2 वैश्विक साझा संसाधनों का संरक्षण

- वैश्विक साझा संसाधनों में वायुमंडल, अंटार्कटिका महासागर और बाह्य अन्तरिक्ष शामिल हैं।
- अंटार्कटिका संधि और मॉण्ट्रियल प्रोटोकॉल का उद्देश्य वैश्विक साझा संसाधनों की रक्षा करना है।
- बाह्य अंतरिक्ष के उपयोग में उत्तर-दक्षिण असमानता उजागर होती है।
- पर्यावरणीय संबंधी समझौतों को लागू करने में कठिनाई होती है, क्योंकि वैज्ञानिक प्रमाण स्पष्ट नहीं होते, जैसा कि वर्ष 1980 के ओजोन परत को संकट में देखा गया था।

## 3 समान लेकिन विभेदित उत्तरदायित्व का अर्थ

- इसका अर्थ है कि सभी देशों की पर्यावरणीय जिम्मेदारियाँ होती हैं, लेकिन उनके स्तरों में अंतर होता है।
- यह सिद्धांत वर्ष 1992 के रियो घोषणा-पत्र में अपनाया गया था।
- विकासशील देशों को क्योटो प्रोटोकॉल के कड़े उत्सर्जन लक्ष्यों से छूट दी गई।
- क्योटो प्रोटोकॉल में औद्योगिक देशों के लिए ग्रीन हाउस गैस उत्सर्जन को कम करने के लक्ष्य निर्धारित किए गए।

## पर्यावरण और प्राकृतिक संसाधन

## 4 साझा संपत्ति संसाधन

- साझा सम्पत्ति संसाधन वे होते हैं, जो साझा किए जाते हैं और जिनके उपयोग के लिए परिभाषित अधिकार जिम्मेदारियाँ हैं।
- भारतीय ग्रामीण समुदायों ने लंबे समय से बने संसाधनों का प्रावधान प्राकृतिक समझौतों के माध्यम से किया है।
- निर्जलीकरण, कृषि विस्तार और जनसंख्या वृद्धि ने प्राकृतिक संसाधनों को नुकसान पहुँचाया है।
- औद्योगीकरण ने वैश्विक तापवृद्धि और जलवायु परिवर्तन में योगदान दिया है।

## 5 भारत का पर्यावरणीय मुद्दों पर रुख

- भारत ने वर्ष 2002 में क्योटो प्रोटोकॉल की पुष्टि की, लेकिन इसे उत्सर्जन कटौती से छूट मिली।
- आलोचकों का कहना है कि भविष्य में भारत और चीन बड़े प्रदूषक देश बन सकते हैं।
- भारत आर्थिक विकास पर ध्यान केंद्रित करता है और नवीनीकरणीय ऊर्जा तथा स्वच्छ ऊर्जा समाधान का समर्थन करता है।

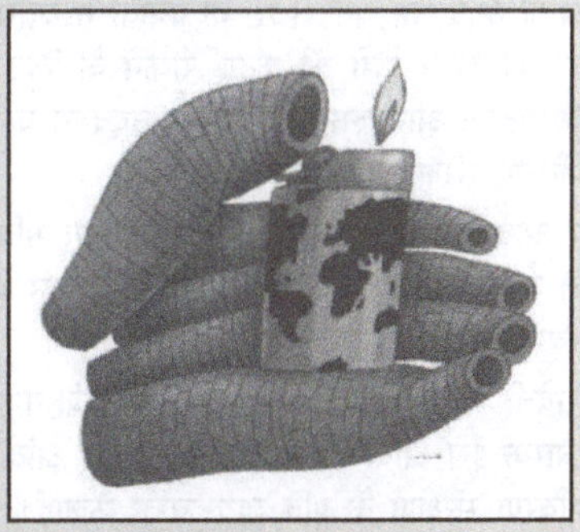

वैश्विक तापवृद्धि

# NCERT फोल्डर

## अध्याय के मध्य में दिए गए प्रश्न

**1. क्योटो प्रोटोकॉल के बारे में और अधिक जानकारी एकत्र करें किन बड़े देशों ने इस पर हस्ताक्षर नहीं किए और क्यों?**

उत्तर क्योटो प्रोटोकॉल वर्ष 1997 में जलवायु परिवर्तन को नियन्त्रित करने के लिए बना एक अंतर्राष्ट्रीय समझौता, जो वर्ष 2005 में लागू हूआ। उसका उद्देश्य विकसित देशों में ग्रीनहाउस गैस उत्सर्जन को कम करना था।

हालाँकि अमेरिका ने इस पर हस्ताक्षर नहीं किए, क्योंकि इसे विकासशील देशों (जैसे चीन और भारत) पर लागू नहीं किया गया था और इससे उसकी अर्थव्यवस्था पर प्रतिकूल प्रभाव पड़ सकता है।

कनाडा ने भी वर्ष 2011 में इस प्रोटोकॉल से हटने का फैसला किया, क्योंकि इसे आर्थिक रूप से नुकसान दायक मानता है। रूस और न्यूजीलैंड न ही 2012 के बाद प्रोटोकॉल के दूसरे चरण में भाग नहीं लिया, क्योंकि वह इस असंतुलित मानते हैं।

**2. चिपको आंदोलन के बारे में और जानकारी जुटाएँ।**

उत्तर चिपको आंदोलन वर्ष 1970 के दशक में वर्तमान उत्तराखंड (तत्कालीन उत्तर प्रदेश) में पेड़ों की कटाई रोकने के लिए शुरु हुआ एक अहिंसात्मक आन्दोलन था। इसका उद्देश्य जंगलों को बचाना और पर्यावरण संरक्षण को बढ़ावा देना था।

इस आंदोलन में स्थानीय ग्रामीण विशेषतः महिलाएँ पेड़ों से चिपककर उन्हें काटे जाने से बचाती थी। इस आंदोलन की शुरुआत वर्ष 1973 में चमोली जिले से हुई थी।

गौरादेवी, चड़ी प्रसाद भट्ट, सुंदरलाल बहुगणा जैसे पर्यावरण विचारक इस आंदोलन के नेता बने। इस आंदोलन ने संपूर्ण भारत में पर्यावरण संरक्षण के प्रति जागरूकता फैलाई।

**3. आदिवासी जनता और उनके आंदोलनों के बारे मे कुछ ज्यादा बाते क्यों नहीं सुनाई पड़ती? क्या मीडिया का उनसे कोई मनमुटाव है।**

उत्तर आदिवासी जनता और उनके आंदोलनों पर मीडिया में अपेक्षाकृत कम ध्यान दिया जाता है, इसका मुख्य कारण अक्सर उनकी समस्याओं की मुख्यधारा से अलग समझना होता है, जिससे यह मुद्दे व्यापक कवरेज नहीं पाते।

आदिवासियों की भाषा, संस्कृति और इलाके दूरस्थ और कठिनाइयों से भरे होते हैं, जिससे संवाद और रिपोर्टिंग में समस्या/चुनौती आती है, जिसका मीडिया पर परोक्ष प्रभाव से हो सकता है।

उपर्युक्त कारणों से आदिवासियों के मुद्दों की कवरेज सीमित हो जाती है और वे अपेक्षित ध्यान नहीं पाते।

**4. हमारे देश में भी पानी को लेकर बड़े विवाद चल रहे हैं। यह संघर्ष उनसे किस प्रकार अलग है।**

उत्तर हमारे देश में पानी को लेकर विवाद मुख्यतः राज्यों के बीच होते हैं जैसे कावेरी जल विवाह या सतलज यमुना लिंक विवाद आदि। ये अगले राज्यों के जल संसाधनों के बँटवारे पर केंद्रित हैं। अंतर्राष्ट्रीय स्तर पर संघर्ष देशों के बीच जल संघर्ष सीमा पर नदियों पर अधिकार को लेकर होता है। जिसमें संप्रभुता और सुरक्षा के मुद्दे भी जुड़े होते हैं।

भारत में यह अधिकतर आतरिक मुद्दा जबकि विश्व में यह अंतर्राष्ट्रीय तनाव का कारण बनता है।

**5. क्या आप पर्यावरणविदों के प्रयास से सहमत हैं? पर्यावरणविदों को यहाँ जिस रूप में चित्रित किया गया है क्या आपको वह सही लगता है?**

उत्तर इस चित्र में पर्यावरणविदों को एक ऐसे व्यंग्यात्मक रूप से दर्शाया गया है, जो उनके प्रयासों की अप्रभाविता की ओर इशारा करता है। उपरोक्त चित्र में लोग एक बिजली के खंभे के नीचे पौधों को पानी दे रहे है जबकि तारों के कारण उस स्थान पर पौधें का बढ़ना सम्भव नहीं लगता।

यह दर्शाता है कि कभी-कभी पर्यावरण की रक्षा के लिए किए गए प्रयास सही दिशा में नहीं होते हैं और उनमें उचित योजना और लोच का अभाव रहता है।

यह चित्र पर्यावरणविदों के प्रयासों पर सवाल उठाता है कि क्या वे सही दिशा में प्रयास कर रहे हैं। इसे एक सकारात्मक आलोचना के रूप में लिया जा सकता है।

यह चित्र पर्यावरणीय कार्यों में अधिक व्यावहारिकता और सूझबूझ की आवश्यकता को इंगित करता है।

**6. पर्यावरण के प्रति बढ़ते सरोकारों का क्या कारण है? निम्नलिखित में सबसे बेहतर विकल्प चुनें**

(a) विकसित देश प्रकृति की रक्षा को लेकर चिंतित हैं
(b) पर्यावरण की सुरक्षा मूलवासी लोगों और प्राकृतिक पर्यावासों के लिए आवश्यक है
(c) मानवीय गतिविधियों से पर्यावरण को व्यापक नुकसान हुआ है और यह नुकसान खतरे की हद तक पहुँच गया है
(d) उपरोक्त में से कोई नहीं

उत्तर *(c)* मानवीय गतिविधियों से पर्यावरण को व्यापक नुकसान हुआ है और यह नुकसान खतरे की हद तक पहुँच गया है।

**7. निम्नलिखित कथनों में से प्रत्येक के आगे सही या गलत का चिह्न लगाएँ। ये कथन पृथ्वी-सम्मेलन के विषय में हैं**

(a) इसमें 170 देश, हजारों स्वयंसेवी संगठन तथा अनेक बहुराष्ट्रीय कंपनियों ने भाग लिया।

(b) यह सम्मेलन संयुक्त राष्ट्र संघ के तत्वावधान में हुआ।

(c) वैश्विक पर्यावरणीय मुद्दों ने पहली बार राजनीतिक धरातल पर ठोस आकार ग्रहण किया।

(d) यह महासम्मेलनी बैठक थी।

उत्तर *(a)* ✓ (सही) *(b)* ✓ (सही) *(c)* ✓ (सही) *(d)* ✗ (नहीं)

**8. 'विश्व की साझी विरासत' के विषय में निम्नलिखित में से कौन-सा/से कथन सही है/हैं?**

(a) धरती का वायुमंडल, अंटार्कटिका, समुद्री सतह और बाहरी अंतरिक्ष को 'विश्व की साझी विरासत' माना जाता है।

(b) 'विश्व की साझी विरासत' किसी राज्य के संप्रभु क्षेत्राधिकार में नहीं आती।

(c) 'विश्व की साझी विरासत' के प्रबंधन के सवाल पर उत्तरी और दक्षिणी देशों के बीच मतभेद है।

(d) उत्तरी गोलार्द्ध के देश 'विश्व की साझी विरासत' को बचाने के लिए दक्षिणी गोलार्द्ध के देशों से कहीं ज्यादा चिंतित हैं।

उत्तर *(a)* ✓ (सही) *(b)* ✓ (सही) *(c)* ✓ (सही) *(d)* ✗ (गलत)

**9. रियो सम्मेलन के क्या परिणाम हुए?**

*अथवा* **जून 1992 में रियो-डि-जेनेरियो में आयोजित पृथ्वी शिखर- सम्मेलन के किन्हीं दो परिणामों की व्याख्या कीजिए** **CBSE 2024**

उत्तर रियो सम्मेलन वर्ष 1992 में प्रथम पृथ्वी सम्मेलन के नाम से ब्राजील के शहर रियो-डि-जेनेरियो में आयोजित किया गया। इस सम्मेलन के निम्नलिखित परिणाम हुए

- वैश्विक पर्यावरणीय मुद्दों ने पहली बार राजनीतिक धरातल पर आकार ग्रहण किया।
- विकसित देशों की मुख्य चिंता ओजोन क्षरण तथा वैश्विक तापन की है, जबकि विकासशील (दक्षिणी गोलार्द्ध के देश) देशों की आर्थिक विकास तथा पर्यावरण प्रबंधन की है।
- वैश्विक स्तर पर जलवायु परिवर्तन, जैव-विविधता तथा वानिकी से संबंधित नियम निर्धारित किए गए।
- एजेंडा-21 के अंतर्गत विकास तथा आर्थिक वृद्धि के लिए ऐसे उपाय अपनाने पर बल दिया गया, जिससे पर्यावरण को नुकसान नहीं पहुँचे। इसे 'सतत विकास' या 'टिकाऊ विकास' कहा गया।

**10. 'विश्व की साझी विरासत' का क्या अर्थ है? इसका दोहन और प्रदूषण कैसे होता है?**

उत्तर **विश्व की साझी विरासत** से तात्पर्य वैश्विक स्तर पर फैले कुछ ऐसे क्षेत्र या संसाधन से है, जो किसी एक देश के संप्रभु क्षेत्राधिकार में शामिल नहीं होते हैं, साथ ही इनका प्रबंधन सामूहिक तौर पर अंतर्राष्ट्रीय समुदाय द्वारा किया जाता है। इसके अंतर्गत पृथ्वी का वायुमंडल, अंटार्कटिका, समुद्री सतह तथा बाहरी अंतरिक्ष शामिल है।

**दोहन और प्रदूषण प्रक्रिया** वर्तमान समय में वायुमंडल में क्लोरो-फ्लोरो कार्बन एवं नाइट्रोजन ऑक्साइड की बढ़ती मात्रा के कारण ओजोन क्षरण की समस्या उत्पन्न हो गई है, जोकि वायु प्रदूषण का परिणाम है। वहीं अंटार्कटिका में संसाधनों के दोहन के अवैज्ञानिक तथा अनियंत्रित तरीके के कारण वहाँ भी प्रदूषण की स्थिति उत्पन्न हो गई है, जिसके फलस्वरूप अंटार्कटिका क्षेत्र में स्थित बर्फ पिघल रही है। वैश्विक तापन से सागरीय जल स्तर तथा मत्स्यन पर बुरा प्रभाव पड़ा है। समुद्री सतह से तेल, मत्स्यन तथा अन्य संसाधनों के अविवेकपूर्ण उपयोग के कारण यहाँ भी सागरीय पर्यावरण की गुणवत्ता में कमी आई है।

**11. 'साझी परंतु अलग-अलग जिम्मेदारियाँ' से क्या अभिप्राय है? हम इस विचार को कैसे लागू कर सकते हैं?**

उत्तर 'साझी परंतु अलग-अलग जिम्मेदारियाँ' का सिद्धांत वर्ष 1992 में ब्राजील के शहर रियो-डि-जेनेरियो में हुए प्रथम पृथ्वी सम्मेलन के दौरान अपनाया गया। इसके अंतर्गत उत्तरी गोलार्द्ध के विकसित तथा दक्षिणी गोलार्द्ध के विकासशील देशों की अलग-अलग पर्यावरणीय चिंताओं को मान्यता दी गई।

उत्तर (उत्तरी गोलार्द्ध) के विकसित देशों का मत है कि पर्यावरण के संरक्षण में प्रत्येक देश की जिम्मेदारी बराबर होनी चाहिए। वहीं दक्षिण के विकासशील देशों का मत है कि विश्व पर्यावरण तथा पारिस्थितिकी को अधिक नुकसान इन विकसित देशों के औद्योगिक विकास से पहुँचा है। अतः उन्हें इस नुकसान की पूर्ति के लिए जिम्मेदारी भी अधिक उठानी चाहिए। चूँकि विकासशील देश भी औद्योगीकरण तथा विकास की प्रक्रिया से गुजर रहे हैं। अतः इन पर विकसित देशों के समान पर्यावरण संरक्षण संबंधी प्रतिबंध नहीं लगने चाहिए। इस मान्यता को प्रथम पृथ्वी सम्मेलन में स्वीकृति भी मिली। वर्ष 1992 के रियो घोषणा-पत्र में इस संबंध में कहा गया है कि "पर्यावरण के विश्वव्यापी अपक्षय में विभिन्न राज्यों का योगदान अलग-अलग है। इसे देखते हुए विभिन्न राज्यों की साझी परंतु अलग-अलग जिम्मेदारियाँ होंगी। विकसित देशों के समाजों का वैश्विक पर्यावरण पर दबाव अधिक है और इन देशों के पास प्रचुर प्रौद्योगिकी एवं वित्तीय संसाधन हैं। इसे देखते हुए टिकाऊ विकास के अंतर्राष्ट्रीय प्रयास में विकसित देश अपनी खास जिम्मेदारी स्वीकार करते हैं।"

**सिद्धांत को लागू करने के संबंध में प्रयास**

- सभी देशों को अपनी क्षमता के अनुरूप पर्यावरण के अपक्षय में अपनी हिस्सेदारी के आधार पर साझी, परंतु अलग-अलग जिम्मेदारियाँ निभाते हुए पर्यावरण की सुरक्षा के प्रयास करने चाहिए।
- ग्लोबल वार्मिंग की परिघटना में विश्व का तापमान बढ़ता है और धरती के जीवन के लिए यह बात बड़ी प्रलयंकारी साबित होगी। जापान के क्योटो में वर्ष 1997 में 'साझी परंतु अलग-अलग जिम्मेदारियाँ' पर इस प्रोटोकॉल पर सहमति बनी। वर्ष 1992 में इस समझौते के लिए कुछ सिद्धांत तय किए गए थे और सिद्धांत की इस रूपरेखा, यानि यूनाइटेड नेशन्स फ्रेमवर्क कंवेंशन ऑन क्लाइमेट चेंज पर सहमति जताते हुए हस्ताक्षर हुए थे। क्योटो प्रोटोकॉल पर इन्हीं सिद्धांतों के आधार पर सहमति बनी थी।

**12. वैश्विक पर्यावरण की सुरक्षा से जुड़े मुद्दे 1990 के दशक से विभिन्न देशों के प्राथमिक सरोकार क्यों बन गए हैं?**

उत्तर आर्थिक विकास के फलस्वरूप पर्यावरण अवनयन की घटना के कारण वैश्विक पर्यावरण की सुरक्षा से संबंधित मुद्दे 1990 के दशक से विभिन्न देशों के प्राथमिक सरोकार बन गए हैं। इस संबंध में निम्नलिखित बिंदु महत्त्वपूर्ण हैं

- वैश्विक स्तर पर कृषि योग्य भूमि में कमी के साथ-साथ भूमि की उर्वरता में भी कमी हो रही है, खाद्य उत्पादन का अभाव हो रहा है, चरागाहों में कमी एवं जलाशयों में जल की कमी तथा प्रदूषण के फलस्वरूप पशुधन एवं मत्स्य भंडार में कमी आई है।

- वैश्विक स्तर पर स्वच्छ जल की उपलब्धता में कमी आई है। वहीं प्रदूषण के कारण सभी देशों में साफ-सफाई की चुनौती भी अब एक समस्या का रूप ले चुकी है।
- वनों की कटाई से जैव-विविधता के ह्रास के साथ-साथ जल चक्र भी असंतुलित हो गया है। उल्लेखनीय है कि वन जलवायु को संतुलित रखने का कार्य करते हैं।
- वायुमंडल में प्रदूषण की बढ़ती मात्रा के कारण ओजोन गैस की सांद्रता में कमी के फलस्वरूप ओजोन क्षरण की समस्या उत्पन्न हो गई है। इससे पारिस्थितिकी तंत्र के साथ-साथ मनुष्य के स्वास्थ्य पर भी खतरा उत्पन्न हो गया है।
- वैश्विक स्तर पर समुद्रतटीय क्षेत्रों में प्रदूषण की मात्रा बढ़ी है, जिससे मत्स्यन के साथ-साथ अन्य समुद्री संसाधनों के अस्तित्व पर भी संकट उत्पन्न हो गया है।

**13. "पृथ्वी को बचाने के लिए जरूरी है कि विभिन्न देश सुलह और सहकार की नीति अपनाएँ।" पर्यावरण के सवाल पर उत्तरी व दक्षिणी देशों के बीच जारी वार्ताओं की रोशनी में इस कथन की पुष्टि करें।**

उत्तर पृथ्वी के संरक्षण के लिए आवश्यक है कि विभिन्न देश सुलह तथा सहकार की नीति अपनाएँ, क्योंकि पृथ्वी का संबंध किसी एक देश से नहीं, बल्कि समस्त वैश्विक समुदाय से है। पर्यावरण संरक्षण के प्रश्न पर उत्तरी गोलार्द्ध के देश अर्थात् विकसित देश तथा दक्षिणी गोलार्द्ध के विकासशील देशों के मध्य मतभेद हैं। जहाँ विकसित देश, इसमें गरीब व विकासशील देशों को भी बराबर का भागीदार बनाना चाहते हैं, वहीं विकासशील देशों का मत है कि विकसित देशों में हुए औद्योगीकरण के कारण ही पर्यावरण को अधिक नुकसान पहुँचा है। अतः उन्हें इस नुकसान की पूर्ति के लिए जिम्मेदारी भी अधिक उठानी चाहिए।

**पर्यावरण के संदर्भ में विभिन्न देशों द्वारा संपन्न वार्ताएँ**

पर्यावरण के संदर्भ में चल रही विभिन्न वार्ताओं में निम्नलिखित को प्रमुखता दी गई है

- विकासशील व गरीब देशों को अंतरार्ष्ट्रीय पर्यावरण संरक्षण कानूनों का बाध्यकारी रूप से पालन करने से छूट दी गई है। हालाँकि यह छूट अस्थायी है। इस संबंध में विगत वर्षों में हुए डरबन, लीमा, पेरिस एवं मराकेश जलवायु सम्मेलनों में चर्चा की गई तथा दोनों पक्षों का सामूहिक समझौता कराने का प्रयास किया जा रहा है।
- संयुक्त राष्ट्र नियमाचार के अंतर्गत संपन्न वार्ता में यह चर्चा चली कि तीव्र गति से औद्योगिक विकासशील देशों को नियमाचार की बाध्यताओं का पालन करना चाहिए, जिससे ग्रीन हाउस गैसों का उत्सर्जन कम हो सके। यहाँ सभी राष्ट्र इस बाध्यता को नियमाचार की मूल भावना के विरुद्ध बताते हैं।

**14. विभिन्न देशों के सामने सबसे गंभीर चुनौती वैश्विक पर्यावरण को आगे कोई नुकसान पहुँचाए बिना आर्थिक विकास करने की है। यह कैसे हो सकता है? कुछ उदाहरणों के साथ समझाइए।**

उत्तर यह सत्य है कि विभिन्न देशों के सामने सबसे गंभीर चुनौती वैश्विक पर्यावरण को आगे कोई नुकसान पहुँचाए बिना आर्थिक विकास करने की है। इस संबंध में प्रथम पृथ्वी सम्मेलन (1972, रियो-डि-जेनेरियो) के समय 'एजेंडा-21' को स्वीकार किया गया, जिसमें इस बात पर सहमति बनी कि आर्थिक विकास का तरीका ऐसा होना चाहिए, जिससे पर्यावरण को कोई नुकसान न पहुँचे। इस तरीके को 'सतत विकास' या 'टिकाऊ विकास' की संज्ञा दी गई। सतत विकास के लिए निम्नलिखित उपाय किए जाने चाहिए

- मानव जनसंख्या को पर्यावरण की धारण क्षमता के स्तर तक सीमित करना होगा, क्योंकि जनसंख्या के अधिक होने पर पर्यावरणीय संसाधनों पर दबाव भी अधिक होता है; जैसे–चीन।
- नवीकरणीय संसाधनों का उत्खनन धारणीय आधार पर हो, जिससे पुनर्जनन की दर, निष्कर्षण की दर से अधिक हो। गैर-नवीकरणीय संसाधनों की अपक्षय दर नवीनीकृत प्रतिस्थापकों से अधिक नहीं होनी चाहिए; जैसे–भारत में सौर ऊर्जा के उत्पादन में वृद्धि का लक्ष्य बढ़ा दिया गया है।
- अधिक ऊर्जा, कुशल, स्वच्छ तथा लोक हितकारी तकनीकों के विकास व प्रयोग को बढ़ावा दिया जाना चाहिए; जैसे–विकसित एवं विकासशील देशों के द्वारा सौर ऊर्जा, पवन ऊर्जा आदि को बढ़ावा दिया जा रहा है।
- सतत विकासशील समाज के लिए वैश्विक व स्थानीय दोनों स्तरों पर नीतिगत एवं संस्थागत प्रकार के परिवर्तन करने की आवश्यकता है, साथ ही दृष्टिकोण को वैश्विक सोच एवं स्थानीय कार्यान्वयन बनाने की आवश्यकता है।

# अभ्यास प्रश्न

## वस्तुनिष्ठ प्रश्न

### बहुविकल्पीय प्रश्न

**1. पर्यावरण के निर्माण में सहायक सिद्ध हुए**

(a) पृथ्वी का उद्‌भव
(b) वायुमंडल का निर्माण
(c) वनस्पति एवं जीवों की उत्पत्ति
(d) उपरोक्त सभी

उत्तर (d) उपरोक्त सभी

**2. वायुमंडल की कौन-सी परत में ओज़ोन पाई जाती है?** **CBSE 2025**

(a) क्षोभमंडल (b) समतापमंडल
(c) मध्यमंडल (d) बाह्य वायुमंडल (थर्मोस्फीयर)

उत्तर (b) समतापमंडल

**3. संयुक्त राष्ट्र संघ के तत्त्वावधान में प्रथम पृथ्वी सम्मेलन का आयोजन हुआ था?**

(a) क्योटो (b) जोहांसबर्ग
(c) रियो-डि-जेनेरियो (d) न्यूयॉर्क

उत्तर (c) रियो-डि-जेनेरियो

**4. ग्रीन हाउस गैसों के लिए निम्नलिखित में से किस गैस को जिम्मेदार नहीं माना जाता है?**

(a) कार्बन डाइऑक्साइड
(b) मीथेन
(c) जलवाष्प
(d) सल्फर डाइऑक्साइड

उत्तर (d) सल्फर डाइऑक्साइड

**5. वर्ष 2015 में आयोजित संयुक्त राष्ट्र सतत विकास शिखर सम्मेलन का आयोजन किस शहर में किया गया था?**

(a) टोरंटो (b) वाशिंगटन
(c) न्यूयॉर्क (d) कैलिफोर्निया

उत्तर (c) न्यूयॉर्क

**6. 'वेस्टर्न माइनिंग कॉर्पोरेशन' नामक बहुराष्ट्रीय कंपनियों का विरोध आदिवासियों के बुनियादी अधिकारों को लेकर किया गया था। इस कंपनी का संबंध किस देश से है?**

(a) अमेरिका (b) ऑस्ट्रेलिया
(c) वियतनाम (d) चीन

उत्तर (b) ऑस्ट्रेलिया

**7. 1980 के दशक में विश्व का प्रथम बाँध विरोधी आंदोलन किस नदी को बचाने हेतु किया गया था?**

(a) नील (b) फ्रैंकलिन
(c) कांगो (d) लिम्पोपो

उत्तर (b) फ्रैंकलिन

**8. फिलहाल दक्षिण गोलार्द्ध के देशों में तुर्की से लेकर थाइलैण्ड और दक्षिण अफ्रीका तक तथा इण्डोनेशिया से लेकर चीन तक बड़े बाँधों को बनाने की होड़ लगी है। भारत में बाँध विरोधी और नदी हितैषी कुछ अग्रणी आंदोलन चल रहे है। इन आन्दोलनों में ............ ।**

(a) नर्मदा आंदोलन सर्वाधिक प्रसिद्ध है।
(b) युमना आंदोलन सर्वाधिक प्रसिद्ध है।
(c) सोन आंदोलन सर्वाधिक प्रसिद्ध है।
(d) माही आंदोलन सर्वाधिक प्रसिद्ध है।

उत्तर (a) नर्मदा आंदोलन सर्वाधिक प्रसिद्ध है।

**9. निम्नलिखित में से कौन नवीकरणीय ऊर्जा के उपयोग को प्रोत्साहित करता है?**

(a) ऊर्जा संरक्षण अधिनियम (b) पर्यावरण संरक्षण अधिनियम
(c) विद्युत अधिनियम (d) नेशनल ऑटो फ्यूल पॉलिसी

उत्तर (c) विद्युत अधिनियम

**10. पर्यावरण के संदर्भ में निम्नलिखित कथनों पर विचार कीजिए नीचे दिए गए विकल्पों में से कौन-सा गलत है?**

(a) प्राकृतिक वन जलवायु को संतुलित रखने मे मददगार हैं।
(b) वन जैवविविधता से परिपूर्ण होते हैं।
(c) धरती के ऊपरी वायुमंडल में ओजोन गैस की यात्रा में लगातार कमी हो रही हैं।
(d) विश्व में कृषि योग्य भूमि में अब बढ़ोतरी हो रही है साथ ही मौजूदा उपजाऊ भूमि में एक बड़े भाग की ऊर्वरता बढ़ रही है।

उत्तर (d) विश्व में कृषि योग्य भूमि में अब बढ़ोतरी हो रही है साथ ही मौजूदा उपजाऊ भूमि में एक बड़े भाग की ऊर्वरता बढ़ रही है।

**11. 'टिकाऊ विकास' की अवधारणा का अर्थ है** **CBSE 2025**

(a) आर्थिक वृद्धि के साथ पर्यावरणीय उत्तरदायित्व को सुनिश्चित करना
(b) आर्थिक वृद्धि के साथ सामाजिक उत्तरदायित्व को सुनिश्चित करना
(c) आर्थिक वृद्धि के साथ प्रति व्यक्ति आय को सुनिश्चित करना
(d) आर्थिक वृद्धि के साथ राष्ट्रीय आय को सुनिश्चित करना

उत्तर (a) आर्थिक वृद्धि के साथ पर्यावरणीय उत्तरदायित्व को सुनिश्चित करना

**12. निम्नलिखित में से कौन-से कथन पर्यावरण के बारे में सही हैं?** **CBSE 2023**

1. पर्यावरण की चिंताएँ वैश्विक राजनीति का अंग हैं।
2. पर्यावरण पर एक सम्मेलन वर्ष 1992 में रियो-डि-जेनेरियो में आयोजित हुआ था।
3. संयुक्त राष्ट्रसंघ ने पर्यावरणीय कार्यक्रमों का संचालन संयुक्त राष्ट्र मानवाधिकार आयोग को सौंप दिया है।
4. पृथ्वी सम्मेलन का आयोजन संयुक्त राष्ट्र द्वारा किया गया था।

कूट

(a) 1, 3 और 4 (b) 1, 2 और 4 (c) 1, 2 और 3 (d) 2, 3 और 4

उत्तर (c) 1, 2 और 3

**13.** **सूची I को सूची II से सुमेलित कीजिए** CBSE 2024

| सूची I | सूची II |
|---|---|
| A. क्योटो प्रोटोकॉल | 1. विकासात्मक नियमाचार की सूची |
| B. बिजली अधिनियम 2003, भारत | 2. पारिस्थितिकी तंत्र के प्रति उत्तरदायित्व के साथ आर्थिक वृद्धि |
| C. एजेंडा 21 | 3. ग्रीन हाउस गैसों के उत्सर्जन को कम करने का उद्देश्य |
| D. सतत पोषणीय विकास | 4. नवीकरणीय ऊर्जा के प्रयोग को बढ़ावा देना |

कूट

| | A | B | C | D | | A | B | C | D |
|---|---|---|---|---|---|---|---|---|---|
| (a) | 3 | 4 | 1 | 2 | (b) | 2 | 3 | 4 | 1 |
| (c) | 4 | 1 | 3 | 2 | (d) | 1 | 2 | 3 | 4 |

उत्तर (a) 3 4 1 2

**14.** **सूची I को सूची II से सुमेलित कीजिए** CBSE 2024

| सूची I | सूची II |
|---|---|
| A. अंटार्कटिका संधि | 1. वर्ष 1997 |
| B. मॉण्ट्रियल प्रोटोकॉल | 2. वर्ष 1991 |
| C. अंटार्कटिका पर्यावरण प्रोटोकॉल | 3. वर्ष 1987 |
| D. क्योटो प्रोटोकॉल | 4. वर्ष 1959 |

कूट

| | A | B | C | D | | A | B | C | D |
|---|---|---|---|---|---|---|---|---|---|
| (a) | 4 | 3 | 2 | 1 | (b) | 1 | 2 | 3 | 4 |
| (c) | 2 | 4 | 1 | 3 | (d) | 3 | 1 | 4 | 2 |

उत्तर (a) 4 3 2 1

**15.** **सूची I को सूची II से सुमेलित कीजिए**

| सूची I | सूची II |
|---|---|
| A. ऑफ रोम क्लब | 1. 1992 |
| B. प्रथम पृथ्वी सम्मेलन | 2. 1968 |
| C. जलवायु परिवर्तन संबंधित यू.एन.ओ. नियमाचार | 3. 1992 |
| D. क्योटो प्रोटोकॉल | 4. 1997 |

कूट

| | A | B | C | D | | A | B | C | D |
|---|---|---|---|---|---|---|---|---|---|
| (a) | 1 | 3 | 4 | 2 | (b) | 2 | 3 | 1 | 4 |
| (c) | 3 | 1 | 2 | 3 | (d) | 1 | 2 | 3 | 4 |

उत्तर (b) 2 3 1 4

**16.** **निम्नलिखित को उनके कालक्रमानुसार अवरोही क्रम में व्यवस्थित कीजिए।**

1. वर्ल्ड कांउसिल ऑफ इंडिजिनस पीपल
2. भारत द्वारा पेरिस जलवायु समझौते का अनुमोदन
3. ऊर्जा संरक्षण अधिनियम
4. क्लब ऑफ रोम के द्वारा लिमिट्स टू ग्रोथ" नाम से पुस्तक का प्रकाशन

कूट

(a) 1, 2, 3, 4 (b) 4, 3, 2, 1 (c) 2, 1, 3, 4 (d) 2, 3, 1, 4

उत्तर (d) 2, 3, 1, 4

**17.** **नीचे दो कथन दिए गए हैं**

**कथन I** विश्व के कुछ भागों मे साफ पानी (स्वच्छ जल) की कमी हो रही है।

**कथन II** विश्व के हर हिस्से में साफ पानी/स्वच्छ जल समान यात्रा में उपलब्ध है।

**उपर्युक्त कथनों के आधार पर नीचे, दिए गए विकल्पों में से सही उत्तर चुने।**

(a) कथन I और कथन II दोनों सहीं हैं
(b) कथन I और कथन II दोनों गलत हैं
(c) कथन I सही है, लेकिन कथन II गलत हैं
(d) कथन II गलत है, लेकिन कथन I सही हैं

उत्तर (c) कथन I सही है, लेकिन कथन II गलत हैं।

**निर्देश (प्र. सं. 18-22) नीचे दिए गए कथन (A) एवं कारण (R) को ध्यानपूर्वक पढ़कर कूट की सहायता से सही उत्तर का चयन कीजिए**

कूट

(a) A और R दोनों सही हैं तथा R, A का सही व्याख्या है
(b) A और R दोनों सही हैं, परंतु R, A का सही व्याख्या नहीं है
(c) A सही है, किंतु R गलत है
(d) A गलत है, किंतु R सही है

**18.** **कथन (A) वैश्विक रणनीति में तेल आज भी सबसे महत्त्वपूर्ण संसाधन बना हुआ है।**

**कारण (R) तेल के साथ जुड़ी अपार संपदा से राजनीतिक संघर्ष पैदा होते हैं।** CBSE 2024

उत्तर (a) बीसवीं सदी के अधिकांश समय में विश्व की अर्थव्यवस्था तेल पर निर्भर रही। यह एक जगह से दूसरी जगह तक पहुँचाने वाले ईंधन के रूप में अपरिहार्य बना रहा। इस तेल के साथ प्रचुर मात्रा में अन्य संपदा भी जुड़ी है।

अतः यही कारण है कि इस पर कब्जा या अधिकार करने के लिए राजनीतिक संघर्ष चलता रहता है।

**19.** **कथन (A) भारत, चीन और अन्य विकासशील देशों को क्योटो प्रोटोकॉल की बाध्यताओं से छूट दी गई थी।**

**कारण (R) औद्योगीकरण के दौरान इन देशों में ग्रीनहाउस गैसों का उत्सर्जन कुछ खास नहीं था।** CBSE 2024

उत्तर (a) क्योटो प्रोटोकॉल (1997) एक अंतर्राष्ट्रीय समझौता है, इसके अंतर्गत औद्योगिक देशों के लिए ग्रीन हाउस गैसों के उत्सर्जन को कम करने के लक्ष्य निर्धारित किए गए हैं। भारत ने 2002 में क्योटो प्रोटोकॉल पर हस्ताक्षर किए थे।

भारत, चीन और अन्य विकासशील देशों को क्योटो प्रोटोकॉल की बाध्यताओं से रियायत (छूट) दी गई है, क्योंकि औद्योगीकरण के समय में ग्रीनहाउस गैसों के उत्सर्जन के मामले में इन देशों का विशेष योगदान नहीं था। ग्रीनहाउस गैसों के उत्सर्जन में सबसे ज्यादा हिस्सा विकसित देशों का है, साथ ही यह बात भी मान ली गई कि विकासशील देशों का प्रतिव्यक्ति उत्सर्जन बहुत कम है।

**20. कथन** **(A) वर्ष 2003 के बिजली अधिनियम में नवीकरणीय ऊर्जा के उपयोग को बढ़ावा दिया गया।**

**कारण (R) एक अनुमान के अंतर्गत वर्ष 2030 तक भारत में प्रति व्यक्ति कार्बन का उत्सर्जन 1.6 लाख टन हो जाएगा।**

उत्तर (b) वर्ष 2003 के बिजली अधिनियम के अंतर्गत नवीकरणीय ऊर्जा के उपयोग को बढ़ावा दिया गया, ताकि पर्यावरण प्रदूषण जैसी गंभीर समस्या से निपटा जा सके। वहीं एक अनुमान के अंतर्गत वर्ष 2030 तक भारत में प्रतिव्यक्ति कार्बन का उत्सर्जन 1.6 लाख टन हो सकता है। भारत उन देशों की श्रेणी में आता है, जहाँ कार्बन उत्सर्जन एक गंभीर समस्या है।

**21. कथन (A) वर्तमान में वैश्विक वातावरण गर्म होता जा रहा है।**

**कारण (R) धरती के समताप मंडल में ओजोन गैस की मात्रा में लगातार कमी हो रही है।** **CBSE 2024**

उत्तर (b) वैश्विक तापमान में वृद्धि हो रही है, जिसे ग्लोबल वार्मिंग कहते है। इसका प्रमुख कारण ग्रीन हाऊस गैसे (जैसे कार्बनडाई ऑक्साइड मीथेन का बढ़ना है। ओजोन परत का ह्रास मुख्य रूप से क्लोरो-फ्लोरो कार्बन जैसी गैसों के कारण हो रहा है, परंतु इसका सीधा सम्बन्ध वैश्विक तापन में वृद्धि से नहीं है। ओजोर परत में कमी के कारण अल्ट्रावायलेट (UV) किरणें पृथ्वी पर पहुँचती हैं।

**22. कथन (A) वायुमंडल में ग्रीन हाउस गैसों की मात्रा में वृद्धि के कारण ग्लोबल वार्मिंग की स्थिति उभरी है।**

**कारण (R) क्योटो प्रोटोकॉल में औद्योगिक देश के लिए ग्रीन हाउस गैसों के उत्सर्जन को कम करने का लक्ष्य निर्धारित किया गया है।**

उत्तर (a) वायुमंडल में ग्रीन हाउस गैसों की मात्रा में वृद्धि के कारण वैश्विक तापन या ग्लोबल वार्मिंग की स्थिति उभरी है। कार्बन डाइऑक्साइड, मीथेन तथा हाइड्रो-फ्लोरो कार्बन आदि ग्रीन हाउस गैस हैं। वर्ष 1997 में जापान के क्योटो शहर में क्योटो प्रोटोकॉल को अंतिम रूप दिया गया। इसके अंतर्गत औद्योगिक देशों के लिए ग्रीन हाउस गैसों के उत्सर्जन को कम करने के लिए लक्ष्य निर्धारित किए गए थे।

**23.**

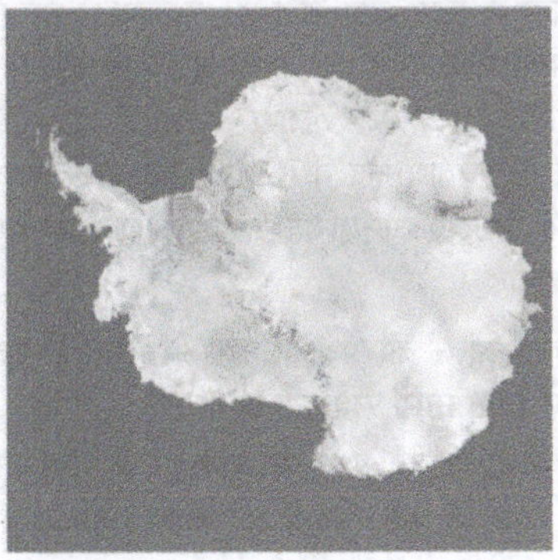

**दक्षता आधारित प्रश्न**

(i) दिया गया चित्र किससे संबंधित है?

(a) अंटार्कटिका महाद्वीप (b) आर्कटिक
(c) बादल (d) ऑस्ट्रेलिया महाद्वीप

उत्तर (a) अंटार्कटिका महाद्वीप

(ii) संपूर्ण विश्व के निर्जन क्षेत्र का कितने प्रतिशत इस क्षेत्र में शामिल है?

(a) 24% (b) 25%
(c) 26% (d) 28%

उत्तर (c) 26%

(iii) निम्नलिखित कथनों में से कौन-सा कथन सही नहीं है?

(a) इस क्षेत्र में समुद्री पारिस्थितिकी तंत्र उर्वर है।
(b) यह साझी संपदा है
(c) इस पर ब्रिटेन, फ्रांस, नार्वे, अमेरिका का स्वामित्व है
(d) यह क्षेत्र वैज्ञानिक अनुसंधान, मत्स्य, पर्यटन आदि से संबंधित है।

उत्तर (c) इस पर ब्रिटेन, फ्रांस, नॉर्वे, अमेरिका का स्वामित्व है

(iv) अंटार्कटिका में पाए जाने वाली किस मछली को समुद्री आहार शृंखला की धुरी माना गया है?

(a) क्रिल (b) डालफिन
(c) स्टार फिश (d) ट्यूना फिश

उत्तर (a) क्रिल

**24.**

**दक्षता आधारित प्रश्न**

**(i) दिया गया चित्र किस प्रकार की समस्या को प्रकट करता है?**

(a) वनाग्नि
(b) धूम्रपान
(c) वैश्विक तापवृद्धि
(d) इनमें से कोई नहीं

उत्तर (c) वैश्विक तापवृद्धि

**(ii) उपरोक्त चित्र में लाइटर के रूप में किसे दिखाया गया है?**

(a) विश्व को (b) महाद्वीप को
(c) सागर को (d) शहर को

उत्तर (a) विश्व को

**(iii) उपरोक्त चित्र में अँगुलियों को किस रूप में दिखाया गया है।**

(a) चिमनी
(b) दीपक
(c) तेज रोशनी करती ट्यूबलाइट
(d) उपरोक्त में से कोई नहीं

उत्तर (a) चिमनी

**(iv) उपरोक्त चित्र का मुख्य संदेश है**

(a) अत्यधिक कार्बन उत्सर्जन
(b) तीव्र औद्योगिक विकास
(c) पर्यावरण संरक्षण का प्रयास करना
(d) इनमें से कोई नहीं

उत्तर (c) पर्यावरण संरक्षण का प्रयास करना

**25.** **नीचे दिए गए कार्टून का अध्ययन कीजिए और इस पर आधारित प्रश्नों के उत्तर दीजिए** **CBSE 2025**

(i) **किस देश ने 'तेल' संसाधन पर नियंत्रण बनाने के लिए किसी अन्य देश पर आक्रमण किया था ?**

(a) भारत (b) पाकिस्तान
(c) संयुक्त राज्य अमेरीका (d) यूनाइटेड किंगडम

उत्तर (c) संयुक्त राज्य अमेरीका

(ii) **निम्नलिखित में से कौन-सा देश 'तेल' संसाधन में समृद्ध है?**

(a) सऊदी अरब (b) जापान
(c) इटली (d) वियतनाम

उत्तर (a) सऊदी अरब

(iii) **तेल जैसे प्राकृतिक संसाधनों पर नियंत्रण बनाने के लिए निम्नलिखित में से कौन-सा युद्ध एक सही उदाहरण है?**

(a) भारत-चीन युद्ध 1962 (b) भारत-पाक युद्ध 1971
(c) खाड़ी युद्ध (d) द्वितीय विश्व युद्ध

उत्तर (c) खाड़ी युद्ध

(iv) **निम्नलिखित में से कौन-सा विकल्प कार्टून द्वारा दिए गए संदेश की सही अभिव्यक्ति है?**

(a) विकसित देशों के लिए तेल एक महत्त्वपूर्ण संसाधन है
(b) अदायगी के लिए तेल सस्ता पड़ता है
(c) महाशक्तियाँ तेल संसाधनों पर नियंत्रण रखने के लिए छोटे देशों पर आक्रमण कर सकती हैं
(d) तेल उत्पादक देशों को बड़ी शक्तियों की सहायता की जरूरत है

उत्तर (c) महाशक्तियाँ तेल संसाधनों पर नियंत्रण रखने के लिए छोटे देशों पर आक्रमण कर सकती हैं

## लघु उत्तरीय प्रश्न

**1.** **पर्यावरण और प्राकृतिक संसाधनों के मुद्दे, विश्व राजनीति का हिस्सा क्यों बन गए हैं? किन्हीं दो कारणों का विश्लेषण कीजिए।** **CBSE 2024**

*अथवा* **वैश्विक पटल पर पर्यावरण और प्राकृतिक संसाधनों से संबंधित मुद्दे चर्चा का केंद्र रहे हैं। इस संदर्भ में किन्हीं दो कारणों का विश्लेषण कीजिए।** *दक्षता आधारित प्रश्न*

उत्तर पर्यावरण और प्राकृतिक संसाधनों के मुद्दे विश्व राजनीति का हिस्सा बन गए हैं, इसके दो प्रमुख कारण हैं

(i) जलवायु परिवर्तन ने वैश्विक स्तर पर प्रभाव डाला है, जिसके कारण विभिन्न देशों में प्राकृतिक आपदाओं; जैसे- बाढ़, सूखा और तूफान की घटनाएँ बढ़ गई हैं। इससे देशों के बीच विवाद और सहयोग दोनों की आवश्यकता बढ़ी है। जलवायु परिवर्तन पर सम्मेलन और संधियों से यह मुद्दा अंतर्राष्ट्रीय राजनीति में महत्त्वपूर्ण हो गया है।

(ii) प्राकृतिक संसाधनों की सीमितता; जैसे- जल, तेल और खनिज देशों के बीच तनाव का कारण बनती है। जैसे-जैसे ये संसाधन घटते जा रहे हैं, देशों के बीच प्रतिस्पर्द्धा और संघर्ष बढ़ रहा है। जिससे ये मुद्दे वैश्विक राजनीति चर्चाओं में शामिल हो गए हैं।

**2.** **रियो सम्मेलन से आप क्या समझते हैं एवं इसकी सिफारिशों को किस नाम से जाना जाता है?**

*अथवा* **पर्यावरण एवं विकास पर संयुक्त राष्ट्र सम्मेलन 1992 को संक्षेप में स्पष्ट करते हुए इसकी अनुशंसाओं पर संक्षिप्त चर्चा करें।** *दक्षता आधारित प्रश्न*

उत्तर रियो सम्मेलन या पर्यावरण और विकास पर संयुक्त राष्ट्र सम्मेलन (UNCED), 3 से 14 जून, 1992 को ब्राजील के रियो-डि-जेनेरियो में आयोजित किया गया था। इसमें विश्व के 170 देश, हजारों स्वयंसेवी संगठनों तथा अनेक अंतरर्ष्ट्रीय निगमों ने भाग लिया। इस सम्मेलन का उद्देश्य पर्यावरण और विकास से जुड़े मुद्दों पर अंतर्राष्ट्रीय कार्यवाही के लिए एक नक्शा तैयार करना था। रियो सम्मेलन में की गई। सिफारिशों को एजेंडा- 21 के नाम से जाना गया।

**3.** **मूलवासी कौन होते हैं? एवं भारत में इनके लिए किस शब्द का प्रयोग करते हैं?**

उत्तर मूलवासी ऐसे समुदाय होते हैं, जो किसी विशेष क्षेत्र या देश के प्राचीन निवासियों के रूप में माने जाते हैं। वे अपनी संस्कृति, परंपरा और भाषा के लिए जाने जाते हैं। वर्तमान में भारत सहित विश्व के अन्य भागों में लगभग 30 करोड़ मूलवासी रहते हैं। इसमें फिलीपींस के कोरडिलेरा क्षेत्र में 20 लाख, चिली में 10 लाख तथा बांग्लादेश के चटगाँव के पर्वतीय क्षेत्र में 6 लाख मूलवासी रहते हैं। भारत में मूलवासी के लिए अनुसूचित जनजाति या आदिवासी शब्द का प्रयोग किया जाता है।

**4.** **पावन वन-प्रांतर की प्रथा किससे संबंधित है एवं इसे अलग-अलग राज्यों में किन नामों से जाना जाता है?**

उत्तर पावन वन-प्रांतर की प्रथा वन संरक्षण से संबंधित है अर्थात् इस प्रथा में वनों के कुछ हिस्सों को काटा नहीं जाता है, क्योंकि इन स्थानों पर देवता या किसी पुण्याआत्मा का वास माना जाता है। इसलिए इन्हें देवस्थान भी कहा जाता है। इनके व्यापक फैलाव से देशभर की भाषाओं में इनके लिए अलग-अलग शब्द हैं। इन देवस्थानों को राजस्थान में वानी, केंकड़ी, मेघालय में लिंगदोह, झारखंड में जहेरा थान और सरना तथा केरल में काव आदि नामों से जाना जाता है।

## दीर्घ उत्तरीय प्रश्न I

**1. विश्व की साझी संपदा से क्या अभिप्राय है? इसकी सुरक्षा के लिए कोई दो सुझाव दीजिए।**

*अथवा* **विश्व की साझी संपदा का अर्थ स्पष्ट कीजिए तथा ऐसी साझी संपदा के कोई चार उदाहरण दीजिए।** *दक्षता आधारित प्रश्न*

उत्तर विश्व की साझी संपदा या विरासत से तात्पर्य उस संपदा से है, जिस पर किसी एक का नहीं, बल्कि पूरे समुदाय का अधिकार है। संयुक्त परिवार का चरागाह, मैदान, कुआँ या नदी साझी संपदा के उदाहरण हैं। इसी प्रकार विश्व के कुछ क्षेत्र या भाग किसी एक देश के संप्रभु क्षेत्राधिकार से बाहर होते हैं। इसका प्रबंधन भी साझे तौर पर अंतर्राष्ट्रीय समुदाय द्वारा ही किया जाता है। अंतर्राष्ट्रीय संपदा या विश्व संपदा में निम्न संपदा शामिल हैं; जैसे-पृथ्वी का वायुमंडल, अंटार्कटिका, समुद्री सतह, बाहरी अंतरिक्ष आदि।

वैश्विक संपदा की रक्षा के दो उपाय निम्नलिखित हैं

(i) विश्व की साझी संपदा का सीमित प्रयोग किया जाना चाहिए।

(ii) विश्व की साझी संपदा की सुरक्षा के लिए बनाए गए पर्यावरणीय न्यायाचार या प्रोटोकॉल को सभी देशों द्वारा माना जाना चाहिए।

**2. 'साझी संपदा' के अंतर्गत आने वाले किन्हीं चार हिस्सों अथवा क्षेत्रों को सूचीबद्ध कीजिए।**

उत्तर साझी संपदा के अंतर्गत आने वाले चार हिस्सों एवं क्षेत्रों में शामिल हैं—वायुमंडल, अंटार्कटिका, अंतरिक्ष व समुद्री सतह। इन पर सभी देशों को एकसमान अधिकार प्राप्त होता है। किसी भी एक देश को साझी संपदा को प्रभावित करने या नुकसान पहुँचाने का अधिकार प्राप्त नहीं है। साझी संपदा का संरक्षण सामूहिक रूप से किया जाता है। मानवीय विकास के लिए इसे एक प्रभावी साधन माना जाता है। पर्यावरण जैविक विकास के लिए आवश्यक माना जाता है। अंटार्कटिका एक ऐसी साझी संपदा है, जिसका उपभोग शोध स्थल के रूप में सभी देशों द्वारा किया जा रहा है। अतः सभी देशों का यह दायित्व है कि वे इसका संयुक्त रूप से संरक्षण करें।

**3. वैश्विक राजनीति में पर्यावरणीय महत्त्व के किन्हीं चार मुद्दों की व्याख्या कीजिए।**

*अथवा* **पर्यावरण संबंधी किन्हीं चार चिंताओं की व्याख्या कीजिए, जो आज की वैश्विक राजनीति का मुददा बन चुकी हैं।**

*अथवा* **आज के वैश्विक पर्यावरण को नुकसान पहुँचाने वाले किन्हीं तीन खतरों का विश्लेषण कीजिए।**

उत्तर अंतर्राष्ट्रीय स्तर पर देश की भागीदारी अंतर्राष्ट्रीय संगठनों एवं गरीबी-महामारी के संदर्भ में सरकार की नैतिक जिम्मेदारी के अतिरिक्त अनेक ऐसे मुद्दे हैं, जिनको वर्तमान समय में विश्व राजनीति के दायरे में शामिल किया जाता है।

ये मुद्दे निम्नलिखित हैं

(i) विश्व में कृषि योग्य भूमि का विस्तार न होना उपजाऊ भूमि की निरंतर घटती उर्वरता से चरागाह के चारे की समस्या है।

(ii) जलाशयों की जलराशि घटने से तथा प्रदूषण के बढ़ने से मत्स्यन भंडार में कमी हो गई, जिससे खाद्य उत्पादन में गिरावट आने लगी।

(iii) संयुक्त राष्ट्र संघ की विकास रिपोर्ट के अनुसार, लगभग 1 अरब 20 करोड़ लोगों को स्वच्छ जल तथा 2 अरब 60 करोड़ लोगों को साफ-सफाई की सुविधा उपलब्ध नहीं हो पाती, जिसके कारण लगभग 30 लाख से अधिक बच्चे मौत का शिकार हो जाते हैं।

(iv) निरंतर वनों की कटाई होने से प्राकृतिक वन जलवायु तथा जल-चक्र असंतुलित हो गए, जिससे जैव-विविधता को हानि पहुँची है एवं साथ-साथ अनेक लोगों को विस्थापन, जैसी समस्याओं का सामना करना पड़ा है।

**4. वैश्विक तापन से क्या अभिप्राय है? संक्षेप में समझाइए।**

*अथवा* **वायुमण्डल में ग्रीन हाऊस गैसों की बढ़ती मात्रा ग्लोबल वार्मिंग के लिए जिम्मेदार है। व्याख्या कीजिए।**

उत्तर जब वायुमंडल में ग्रीन हाउस गैसों (कार्बन डाइऑक्साइड, मीथेन तथा फ्लोरो कार्बन) की मात्रा में वृद्धि के कारण तापमान में वृद्धि होने लगती है, तो इसे वैश्विक तापन या ऊष्मन कहते हैं। यह पृथ्वी पर जीवन के लिए बहुत ही घातक है। वैश्विक तापमान के प्रभाव को कम करने के संबंध में ही वर्ष 1997 में जापान के क्योटो शहर में क्योटो प्रोटोकॉल नामक एक समझौते को अंतिम रूप दिया गया।

इसके अंतर्गत औद्योगिक देशों के लिए ग्रीन हाउस गैसों के उत्सर्जन को कम करने के लिए लक्ष्य निर्धारित किए गए हैं। क्योटो प्रोटोकॉल के अंतर्गत भारत, चीन तथा अन्य विकासशील देशों को इसकी बाध्यताओं से अलग रखा गया है। यह साझी परंतु अलग-अलग जिम्मेदारियों के सिद्धांत के आधार पर किया गया है, क्योंकि ऐतिहासिक तथा मौजूदा ग्रीन हाउस उत्सर्जन में इन देशों का योगदान कम है। भारत ने वर्ष 2002 में क्योटो प्रोटोकॉल पर हस्ताक्षर कर इसका अनुमोदन किया।

## दीर्घ उत्तरीय प्रश्न II

**1. पर्यावरण सुरक्षा की दृष्टि से भारत के पावन वन-प्रांतर या देवस्थान पद पर एक लेख लिखिए।**

*अथवा* **पावन वन-प्रांतर या देवस्थान भारत में पर्यावरण सुरक्षा की एक प्राचीन व्यवहारिक पद्धति है, जो वर्तमान में भी प्रचलन में दिखाई देती है। व्याख्या कीजिए।**

उत्तर **पावन वन-प्रांतर** कई पुराने समाजों में धार्मिक कारणों से प्रकृति की रक्षा करने की एक पुरानी प्रथा है। पावन उपवन या वन-प्रांतर से तात्पर्य ऐसे वनों से है, जिसमें वनों के कुछ भागों को हानि नहीं पहुँचाई जाती, क्योंकि ऐसी मान्यता है कि इन स्थानों पर देवता या किसी पुण्यात्मा का वास होता है।

देवस्थान के महत्त्व को अब पर्यावरण संरक्षण से जुड़े साहित्य में शामिल किया जा रहा है तथा इसे समुदाय आधारित स्रोत-प्रबंधन के रूप में ध्यान दिया जा रहा है।

इस वन-प्रांतर के विस्तार का अनुमान इससे लग जाता है कि पूरे देश में इनके लिए भिन्न-भिन्न शब्दों का प्रयोग किया जाता है। इन देवस्थानों को राजस्थान में बानी, केकड़ी और ओरान, झारखंड में जहेरा थान और सरना, मेघालय में लिंगदोह, केरल में कांव, उत्तराखंड में थान या देवभूमि और महाराष्ट्र में देव रहाति आदि कई नामों से जाना जाता है। 'देवस्थान' प्रणाली को समुदायों की अनौपचारिक शक्तियों द्वारा प्राकृतिक स्रोतों के साथ जोड़कर देखा जाता है।

**वनों का संरक्षण** कुछ शोधकर्ताओं का विश्वास है कि 'देवस्थान' न केवल जैव-विविधता और पर्यावरणीय क्रियाकलापों के साथ ही सांस्कृतिक विविधता को भी स्थिर रखते हैं।

वन संरक्षण की प्रणाली में 'देवस्थान' धनी हैं तथा समान संपदा स्रोत प्रणाली में मिले-जुले हैं। आध्यात्मिक तथा सांस्कृतिक गुणों के कारण परंपरागत रूप से देवस्थान महत्त्वपूर्ण हैं। सामान्यतः हिंदू लोग प्राकृतिक वस्तुओं की पूजा करते हैं, जिनमें पेड़ व वन भी शामिल हैं। बहुत सारे मंदिरों का निर्माण इन दैवीय उपवनों से हुआ। वनों के संरक्षण के सतत रूप से चलने वाली प्रतिबद्धता, प्रकृति के प्रति गहरी भक्ति है न कि संसाधनों की कमी है। हाल के वर्षों में मनुष्यों के विस्तार ने इन वनों में धीरे-धीरे अतिक्रमण की स्थिति पैदा कर दी है।

**2. पर्यावरण संरक्षण हेतु क्या समस्त देशों (विकासशील एवं विकसित) का पारस्परिक सामंजस्य आवश्यक है? वर्तमान में पर्यावरण सामंजस्य की क्या परिस्थिति है?**

उत्तर पृथ्वी के संरक्षण के लिए विभिन्न देश सुलह और सहकार की नीति अपनाएँ, क्योंकि पृथ्वी का संबंध किसी एक देश से नहीं वरन समूचे विश्व और मानव जाति-से है। पर्यावरण के सवाल पर उत्तरी गोलार्द्ध के देश यानि विकसित देश, दक्षिणी गोलार्द्ध के देशों यानि गरीब और विकासशील देशों को बराबर का भागीदार बनाना चाहते हैं, वैसे तो कुछ समय के लिए विश्व के तीन बड़े विकासशील देशों जिनमें चीन, ब्राजील और भारत भी शामिल हैं, इस जिम्मेदारी से छूट दे दी गई है और उनके तर्क को स्वीकार कर लिया गया है कि ग्रीन हाउस गैसों (Green house gas) के उत्सर्जन के मामलों में मुख्यतः वे देश जिम्मेदार हैं, जिनके यहाँ औद्योगीकरण हो गया है, जून, 2005 में विकसित देशों के ग्रुप-8 (G-8) की बैठक हुई। इसमें भारत ने ध्यान दिलाया कि विकासशील देशों की प्रति व्यक्ति ग्रीन हाउस गैस की उत्सर्जन दर विकसित देशों की तुलना में नाममात्र है 'समान परंतु भिन्न जिम्मेदारियों' के सिद्धांत के आधार पर भारत ने इस विचार को महत्त्व दिया कि ग्रीन हाउस प्रभावों को सीमित करने की प्रमुख जिम्मेदारी विकसित देशों की है, क्योंकि वे एक बहुत लंबे समय से ऐसा कर रहे हैं। वर्तमान में देशों के मध्य पर्यावरण सामंजस्य की परिस्थिति संयुक्त राष्ट्रसंघ के जलवायु परिवर्तन से संबंधित बुनियादी नियमाचार द्वारा स्पष्ट किया गया है कि भारत पर्यावरण से जुड़े अंतर्राष्ट्रीय मसलों में अधिकतर ऐतिहासिक जिम्मेदारियों पर आधारित है। इस तर्क के अनुसार ग्रीन हाउस गैसों के उत्सर्जन में भूमिका अधिकतर विकसित देशों की है तथा विकासशील देशों के सामाजिक-आर्थिक विकास को वरीयता के आधार पर प्रथम स्थान दिया गया है। भारत संयुक्त राष्ट्रसंघ के इस नियमाचार के वर्तमान विचार के प्रति सचेत हैं, जिसमें तीव्र गति से औद्योगीकृत देशों भारत, चीन तथा ब्राजील पर ग्रीन हाउस गैसों के उत्सर्जन को कम करने के लिए प्रतिबंधों को शामिल किया गया है।

भारत इसे UNFCCC की मूल भावना के विपरीत मानता है। भारत इन बाह्यताओं को स्वयं पर लागू करने को भी अन्यायपूर्ण मानता है, भारत का प्रतिव्यक्ति कार्बन उत्सर्जन वर्ष 2030 तक प्रति व्यक्ति उत्सर्जन बढ़ने के बावजूद भी वर्ष 2000 में विश्व के औसत के आधे से भी कम अर्थात् 3.8 टन प्रतिव्यक्ति होगा और अनुमान है कि वर्ष 2030 तक भारत का निस्तारण 1.6 टन प्रति व्यक्ति हो जाएगा, जो वर्ष 2000 में 0.9 टन है।

निष्कर्षतः कहा जा सकता है कि पर्यावरण की हानि पर सभी राष्ट्र अपनी आर्थिक विकास की दर को अवरुद्ध नहीं करना चाहते, लेकिन इस दिशा में प्रयासरत हैं।

**3. पर्यावरण के ऐसे मसलों पर भारत के पक्ष का विश्लेषण कीजिए, जिनकी चर्चा अंतर्राष्ट्रीय स्तर पर हो चुकी है?** **CBSE 2019**

*अथवा* **पर्यावरण संबंधी मुद्दों पर भारत के पक्ष का विश्लेषण कीजिए।**

*अथवा* **पर्यावरण के किन्हीं तीन मुद्दों पर भारत के पक्ष का विश्लेषण कीजिए।**

*अथवा* **भारत सरकार द्वारा पर्यावरण के निम्नीकरण को रोकने के लिए उठाए गए किन्हीं तीन कदमों का वर्णन कीजिए।**

*अथवा* **पर्यावरण संबंधी मसलों पर भारत के पक्ष की व्याख्या कीजिए।**

उत्तर भारत प्रारंभ से ही पर्यावरण संरक्षण का पक्षधर रहा है, परंतु भारत ने पर्यावरण संरक्षण से संबंधित विकसित देशों के दृष्टिकोण का समर्थन नहीं किया है। यद्यपि भारत ने क्योटो प्रोटोकॉल पर हस्ताक्षर किए, परंतु फिर भी इसे औद्योगीकरण के दौर में ग्रीन हाउस गैसों के उत्सर्जन के विषय में छूट दी गई है। वर्ष 2005 में हुई G-8 के देशों की शिखर बैठक में भारत ने सभी का ध्यान इस ओर केंद्रित किया कि विकासशील देशों की प्रति व्यक्ति ग्रीन हाउस गैस की उत्सर्जन दर विकसित देशों की तुलना में नाममात्र है।

अतः भारत का मानना है कि ग्रीन हाउस गैस की उत्सर्जन दर में कमी करने की अधिक जिम्मेदारी विकसित देशों की ही है। भारत विश्व मंचों पर पर्यावरण संरक्षण से संबंधित अधिकांश ऐतिहासिक उत्तरदायित्व का तर्क रखता है। भारत ने सदैव पर्यावरण से संबंधित वैश्विक प्रयासों का समर्थन किया है। भारत ने वर्ष 2001 में ऊर्जा संरक्षण अधिनियम पास किया। इसमें ऊर्जा के ज्यादा अच्छे ढंग से उपभोग की पहल की गई है। वर्ष 2003 के बिजली अधिनियम में पुनर्नवा ऊर्जा के प्रयोग पर जोर दिया गया है।

भारत में प्राकृतिक गैस के आयात और स्वच्छ कोयले के प्रयोग का रुझान बढ़ा है। भारत इस प्रयास में है कि वह वर्ष 2012 तक अपने बायोडीजल के राष्ट्रीय मिशन को पूरा कर ले। भारत ने वर्ष 1992 में ब्राजील में हुए पर्यावरण संरक्षण से संबंधित पृथ्वी सम्मेलन की समीक्षा के लिए वर्ष 1997 में एक बैठक आयोजित की। भारत का यह दृष्टिकोण है कि विकासशील देशों को वित्तीय मदद तथा आधुनिक प्रौद्योगिकी तकनीक विकसित देश दें, ताकि विकासशील देश पर्यावरण संरक्षण से संबंधित अपनी जरूरतों को पूरा कर सकें।

भारत दक्षिण एशिया में सार्क की मदद से सभी देशों से पर्यावरण संरक्षण से संबंधित कदम उठाने का आग्रह करता रहा है। भारत ने सदैव यह प्रयास किया है कि पर्यावरण संरक्षण पर सार्क देश एक राय रखें। इससे स्पष्ट है कि भारत ने सदैव पर्यावरण संरक्षण के लिए उचित एवं कठोर कदम उठाए, जिनका पालन अन्य देशों द्वारा भी किया जाना चाहिए।

**4. विश्व राजनीति में संसाधनों को लेकर राष्ट्रों के बीच तनातनी रही है। टिप्पणी करें।**

*अथवा* **संसाधनों की भू-राजनीति पर विस्तृत चर्चा करें।**

उत्तर वैश्विक राजनीति में तनाव का एक मुख्य कारण संसाधनों पर अधिक-से-अधिक अधिकार करना रहा है। किसी भी देश को अमीर, विकसित और शक्तिशाली बनाने में मुख्य भूमिका इनकी ही रहती है। प्रमुख संसाधनों तथा विश्व राजनीति में उनकी भूमिका को निम्न रूप से स्पष्ट किया जा सकता है

**तेल भंडार** किसी देश की समृद्धि का कारण तेल होता है, जिसके लिए कई राजनीतिक युद्ध भी होते रहे हैं। इसकी पुष्टि पश्चिमी

एशिया और मध्य एशिया में सर्वाधिक रूप से स्पष्ट नजर आती है तथा सर्वाधिक प्रसिद्धि खाड़ी क्षेत्र को प्राप्त है, जो विश्व के कुल तेल उत्पादन का 30% उत्पादित करता है तथा विश्व के कुल तेल भंडार का 64% भाग है, यह एकमात्र क्षेत्र है, जो मूल्यों को नियंत्रित करता है।

**इमारती लकड़ियाँ** संसाधनों पर नियंत्रण से इमारती लकड़ियों का उत्पादन, इमारती लकड़ियों का निर्यात तथा नौसेना के लिए इमारती लकड़ियों का उत्पादन हुआ, यूरोपीय देशों ने इसका ज्यादा लाभ उठाया। अतः पश्चिमी देशों ने उन देशों पर अपना प्रभुत्व स्थापित करना चाहा जहाँ से उन्हें अपनी नावों तथा जलपोतों के निर्माण के लिए लकड़ी मिल सकती थी, उस समय तेल को मूल्यवान नहीं समझा जाता था।

**जल संसाधन** जल विश्व-राजनीति का महत्त्वपूर्ण संसाधन है, स्वच्छ जल की कमी विश्व के कुछ भागों में हो रही है तथा स्वच्छ जल, समान मात्रा में विश्व के हर क्षेत्र में उपलब्ध नहीं है। संभवतः 21वीं शताब्दी में ये सभी मुद्दे साझे जल-संसाधन के लिए विवादित साबित होंगे। इस जीवनदायी संसाधन को लेकर हिंसक जैसी युद्ध की आशंका है। कुछ विद्वानों का कहना है कि इससे 'जलयुद्ध' होगा। इसके उदाहरण इस प्रकार हैं

- राज्यों द्वारा नदियों के जल को लेकर विवाद ने प्रदूषण, सिंचाई व बाँधों को प्रभावित किया है।
- इजराइल, सीरिया और जार्डन के बीच वर्ष 1950 और वर्ष 1960 को जार्डन व यारमुक नदी को लेकर विवाद रहा है। वस्तुतः संसाधन जितने अधिक होंगे, देश की अर्थव्यवस्था में उतनी ही अधिक वृद्धि की संभावना हो जाती है। संसाधनों के आधार पर देश का औद्योगीकरण, आर्थिक विकास तथा सैन्य शक्ति बढ़ती है और विश्व राजनीतिक में भी उस देश की आवाज को वजन प्राप्त होने लगता है।
- संसाधनों पर अपनी पहुँच बनाए रखना हर देश चाहता है और वह इसी उद्देश्य को प्राथमिकता देकर अपनी विदेशी नीति का निर्माण तथा संचालन करता है।

**5. "साझी लेकिन अलग-अलग जिम्मेदारियों" के सिद्धांत ने किस प्रकार 'उत्तरी गोलार्द्ध' और 'दक्षिणी गोलार्द्ध' के बीच पर्यावरण के मुद्दों पर अंतर को दूर करने में सहायता की है? स्पष्ट कीजिए।** **CBSE 2024**

उत्तर साझी लेकिन अलग-अलग जिम्मेदारियों के सिद्धांत ने उत्तरी गोलार्द्ध और दक्षिणी गोलार्द्ध के बीच पर्यावरण के मुद्दों पर अंतर को दूर करने में महत्त्वपूर्ण भूमिका निभाई है। यहाँ कुछ मुख्य बिंदु हैं, जो इस सिद्धांत के प्रभाव को स्पष्ट करते हैं

(i) **सांविधानिक और कानूनी ढाँचा** विभिन्न देशों में पर्यावरण संरक्षण के लिए अलग-अलग सांविधानिक और कानूनी ढाँचे हैं। साझी जिम्मेदारी के सिद्धांतों ने देशों को अपने-अपने कानूनी प्रावधानों को मजबूत करने और एकजुट होकर पर्यावरणीय मुद्दों पर काम करने के लिए प्रेरित किया है।

(ii) **विकासशील और विकसित देशों के बीच सहयोग** साझी जिम्मेदारी का सिद्धांत यह मानता है कि सभी देशों को अपने विकास और पर्यावरण संरक्षण में समान रूप से जिम्मेदार होना चाहिए। इससे उत्तरी गोलार्द्ध (विकसित देश) और दक्षिणी गोलार्द्ध (विकासशील देश) के बीच सहयोग बढ़ा है, जिससे पर्यावरणीय नीतियों को प्रभावी बनाने में सहायता मिली है।

(iii) **संसाधनों का उचित वितरण** साझी जिम्मेदारी के सिद्धांत ने यह सुनिश्चित किया है कि प्राकृतिक संसाधनों का उपयोग सभी देशों में समानता से किया जाना चाहिए। इससे उत्तर-दक्षिण संबंधों में संतुलन आया है और पर्यावरणीय मुद्दों पर काम करने के लिए एक संयुक्त दृष्टिकोण विकसित हुआ है।

(iv) **जलवायु परिवर्तन और वैश्विक प्रयास** जलवायु परिवर्तन एक ऐसा मुद्दा है, जो सभी देशों को प्रभावित करता है। साझी जिम्मेदारी के सिद्धांत के तहत, उत्तरी और दक्षिणी गोलार्द्ध के देश मिलकर जलवायु परिवर्तन के प्रभावों को कम करने के लिए प्रयास कर रहे हैं। जैसे-पेरिस समझौता।

(v) **शिक्षा और जागरूकता** इस सिद्धांत के कारण, पर्यावरण के मुद्दों पर शिक्षा और जागरूकता फैलाने में सहायता मिली है। इससे उत्तरी और दक्षिणी गोलार्द्ध के लोग पर्यावरण संरक्षण के महत्त्व को समझते हैं और अपने-अपने स्तर पर प्रयास करते हैं।

अतः इन बिंदुओं के माध्यम से, यह स्पष्ट होता है कि साझी जिम्मेदारी का सिद्धांत उत्तरी और दक्षिणी गोलार्द्ध के बीच पर्यावरण के मुद्दों पर अंतर को दूर करने में सहायक सिद्ध हुआ है, जिससे एक समग्र और टिकाऊ विकास की दिशा में कदम उठाए जा रहे हैं।

**6. पर्यावरण की रक्षा एवं संरक्षण के लिए भारत सरकार द्वारा शुरू किए गए किन्हीं तीन कार्यक्रमों की व्याख्या कीजिए।** **CBSE 2024**

*अथवा* **पर्यावरण संरक्षण की दिशा में भारत सतत प्रयासरत रहा है उसके द्वारा इस संदर्भ में उठाए गए प्रमुख कदमों का उल्लेख कीजिए।**

उत्तर भारत सरकार द्वारा पर्यावरण की रक्षा और संरक्षण के लिए कई महत्त्वपूर्ण कार्यक्रम शुरू किए गए हैं। इनमें से तीन प्रमुख कार्यक्रम निम्नलिखित हैं

(i) **नेशनल ऑटो-फ्यूल पॉलिसी** भारत ने नेशनल ऑटो फ्यूल पॉलिसी के अंतर्गत वाहनों के लिए स्वच्छतर ईंधन अनिवार्य कर दिया है। हाल ही में सुप्रीम कोर्ट द्वारा अप्रैल, 2017 से सभी वाहनों के लिए BS-IV मानक ईंधन अनिवार्य कर दिया गया है।

(ii) **ऊर्जा संरक्षण अधिनियम, 2001** इस अधिनियम के द्वारा ऊर्जा के कुशल उपयोग ओर इसके संरक्षण तथा इससे जुड़े मामलों के लिए अधिनियमित किया गया था। यह अधिनियम ऊर्जा दक्षता ब्यूरो की स्थापना और निगमन का प्रावधान करता है।

(iii) **बिजली अधिनियम, 2003** इस अधिनियम के तहत नवीकरणीय ऊर्जा (Renewable Energy) के उपयोग को बढ़ावा दिया गया।

**पर्यावरण संरक्षण संबंधी कार्यक्रम** पर्यावरण संरक्षण से संबंधित अन्य महत्त्वपूर्ण कार्यक्रम निम्न हैं

(i) **स्वच्छ भारत मिशन** यह कार्यक्रम 2 अक्टूबर, 2014 को महात्मा गाँधी की जयंती पर शुरू किया गया था। इसका मुख्य उद्देश्य देश को स्वच्छ बनाना है। इसमें शहरी और ग्रामीण क्षेत्रों में स्वच्छता, कचरे का प्रबंधन और शौचालयों का निर्माण शामिल है। इस अभियान के तहत, विभिन्न स्वच्छता कार्यक्रमों; जैसे कि सामुदायिक स्वच्छता, प्लास्टिक अपशिष्ट प्रबंधन और व्यक्तिगत स्वच्छता को बढ़ावा दिया जा रहा है।

(ii) **नमामि गंगे कार्यक्रम** यह कार्यक्रम गंगा नदी के संरक्षण और पुनर्जीवित करने के लिए वर्ष 2014 में शुरू किया गया था।

(iii) **पर्यावरण संरक्षण अधिनियम** भारत सरकार ने वर्ष 1986 में पर्यावरण संरक्षण अधिनियम लागू किया, जो पर्यावरण की रक्षा और सुधार के लिए एक कानूनी ढाँचा प्रदान करता है।

**7. वैश्विक राजनीति के किन्हीं तीन पर्यावरणीय सरोकारों की व्याख्या कीजिए जिनका समाधान किसी एक देश की सरकार अकेले दम पर नहीं कर सकती।**

*अथवा* **वैश्वीकरण के इस युग में बहुत से ऐसे मुद्दे है जिनका समाधान किसी एक सरकार द्वारा सम्भव नहीं है इनके समाधान हेतु वैश्विक सहयोग की आवश्यकता है। व्याख्या कीजिए।**

उत्तर वैश्विक राजनीति के तीन पर्यावरणीय सरोकारों की व्याख्या निम्नलिखित है

(i) **जलवायु परिवर्तन** एक वैश्विक समस्या है, जो सभी देशों को प्रभावित करती है। तापमान में वृद्धि, समुद्र स्तर में वृद्धि। इसके समाधान के लिए अंतर्राष्ट्रीय सहयोग की आवश्यकता है, जैसे कि पेरिस जलवायु समझौता आदि। देश केवल अपने स्तर पर सुधारात्मक उपाय कर सकता है, लेकिन वैश्विक स्तर पर नीति और कार्य योजना बनाने के लिए सभी देशों का सहयोग आवश्यक है।

(ii) **स्वच्छ जल की उपलब्धता में कमी** संयुक्त राष्ट्र संघ की मानव विकास रिपोर्ट (2016) के अनुसार, विकासशील देशों की 66.3 करोड़ जनता को स्वच्छ जल उपलब्ध नहीं हाता और यहाँ की दो अरब चालीस करोड़ आबादी साफ-सफाई की सुविधा से वंचित है। इसी कारण 30 लाख से अधिक बच्चे प्रत्येक वर्ष मृत्यु के शिकार होते हैं।

(iii) **वैश्विक स्वास्थ्य संकट** वैश्विक स्वास्थ्य संकट, जैसे कि महामारी, एक देश की सीमाओं को नहीं मानता उदाहरण के लिए, COVID- 19 महामारी ने सभी देशों को प्रभावित किया। ऐसे स्वास्थ्य संकटों का समाधान करने के लिए वैश्विक स्तर पर सहयोग की आवश्यकता होती है, जैसे कि टीकों का वितरण, रोगों की पहचान और रोकथाम के उपायों को साझा करना। केवल एक देश की सरकार इन समस्याओं को सुलझाने में सक्षम नहीं हो सकती है, इसलिए अंतर्राष्ट्रीय स्वास्थ्य संगठन और सहयोग आवश्यक है।

अतः इन पर्यावरणीय सरोकारों का समाधान वैश्विक दृष्टिकोण और साझा संसाधनों के माध्यम से ही सम्भव है।

## स्रोत आधारित प्रश्न

**नीचे दिए गए स्रोतों का ध्यानपूर्वक अध्ययन कर दिए गए प्रश्नों के उत्तर दीजिए।**

**1. वैश्विक राजनीति के अंतर्गत, पर्यावरणीय मुद्दों पर अधिक ध्यान देने की प्रक्रिया ने ब्राजील के रियो-डि-जनेरियो में संयुक्त राष्ट्रसंघ के पर्यावरण और विकास के मुद्दे पर केंद्रित एक सम्मेलन में ठोस रूप लिया। इसको पृथ्वी-शिखर सम्मेलन भी कहा गया।** **CBSE 2024**

(i) **80 के दशक के मध्य में निम्नलिखित में से किसके ऊपर ओजोन परत में छिद्र खोजा गया था?**

(a) अटलांटिक महासागर
(b) प्रशांत महासागर
(c) अंटार्कटिक के ऊपर
(d) आर्कटिक महासागर

उत्तर (d) आर्कटिक महासागर

(ii) **निम्नलिखित में से कौन-सा विकल्प रियो शिखर सम्मेलन का परिणाम नहीं था?**

(a) एजेंडा-21
(b) सतत धारणीय विकास
(c) साझी परंतु अलग-अलग जिम्मेदारियाँ
(d) क्योटो प्रोटोकॉल

उत्तर (d) क्योटो प्रोटोकॉल

(iii) **क्योटो प्रोटोकॉल के तहत साझा, किंतु विभेदकारी सिद्धांत में विकासशील देशों का क्या नाम है?**

उत्तर समग्र ग्रीन हाउस गैसों के उत्सर्जन में विकसित देशों की भागीदारी का प्रतिशत विकासशील देशों की अपेक्षाकृत ज्यादा होता है। इसके अतिरिक्त विकासशील देशों में तकनीकी प्रगति तथा आर्थिक विकास के स्तर पर भी विकसित देशों की अपेक्षा पिछड़ेपन की स्थिति है। इस कारण क्योटो प्रोटोकॉल में विकासशील देशों को विकसित देशों की अपेक्षा शर्तों में कुछ लचीला रास्ता अपनाया गया है।

**2. प्रथम पृथ्वी सम्मेलन का आयोजन वर्ष 1992 में संयुक्त राष्ट्र संघ के तत्वावधान में ब्राजील के शहर रियो-डि-जेनेरियो में हुआ। इसमें विश्व के 170 देश, हजारों स्वयंसेवी संगठनों तथा अनेक अंतर्राष्ट्रीय निगमों ने भाग लिया। इस सम्मेलन के माध्यम से पर्यावरण को पहली बार एक मजबूत आधार मिला। इस सम्मेलन में पर्यावरण की सुरक्षा को लेकर विकसित तथा अविकसित देशों के एजेंडा में अंतर स्पष्ट दिखाई दिया।**

**एक ओर जहाँ विकसित देशों की चिंता का प्रमुख विषय ओजोन परत में छेद और वैश्विक ताप वृद्धि था, वहीं दूसरी ओर दक्षिणी अथवा अविकसित देश आर्थिक विकास और पर्यावरण प्रबंधन के आपसी रिश्ते सुलझाने को अधिक महत्त्व दे रहे थे। रियो-डि-जेनेरियो में हुए सम्मेलन में जलवायु परिवर्तन, जैव-विविधता और वानिकी पर बल दिया गया, जिसको एजेंडा-21 के अंतर्गत शामिल किया गया। इस सम्मेलन के अनुसार आर्थिक वृद्धि का तरीका ऐसा होना चाहिए, जिससे कि पर्यावरण को ठेस न पहुँचे। इसे ही टिकाऊ विकास या सतत विकास की संज्ञा दी गई है।**

(i) **पर्यावरण को नुकसान पहुँचाए बिना विकास प्रक्रिया को प्रवृत्त करना ........ कहलाता है।**

(a) सतत विकास प्रक्रिया (b) सतत वृद्धि
(c) ग्लोबल वार्मिंग (d) उत्सर्जन

उत्तर (a) सतत विकास प्रक्रिया

(ii) **निम्नलिखित में से कौन-सा कथन सही नहीं है?**

(a) प्रथम पृथ्वी सम्मेलन की कार्य योजना वर्ष 1972 में तैयार की गई थी
(b) रियो सम्मेलन में सतत विकास, जैव-विविधता एवं जल संकट जैसी समस्याओं पर विशेष चर्चा की गई थी
(c) एजेंडा-21 का संबंध क्योटो प्रोटोकॉल से संबंधित माना जाता है
(d) ओजोन रिक्तिकरण के लिए मुख्य रूप से पराबैंगनी किरणें जिम्मेदार मानी जाती हैं

उत्तर (c) एजेंडा-21 का संबंध क्योटो प्रोटोकॉल से संबंधित माना जाता है

**(iii) किस सम्मेलन में पहली बार वैश्विक पर्यावरणीय मुद्दों ने राजनीतिक धरातल पर ठोस आकार ग्रहण किया?**

उत्तर पृथ्वी सम्मेलन ने पहली बार वैश्विक पर्यावरणीय मुद्दों ने राजनीतिक धरातल पर ठोस आकार गृहण किया।

**3.** **जब वायुमंडल में ग्रीन हाउस गैसों (कार्बन डाइऑक्साइड, मीथेन तथा हाइड्रो-फ्लोरो कार्बन) की मात्रा में वृद्धि के कारण वैश्विक तापमान में वृद्धि होने लगती है, तो इसे वैश्विक तापन या ऊष्मन कहते हैं। यह पृथ्वी के जीवन के लिए बहुत ही घातक है। ग्लोबल वार्मिंग के प्रभाव को कम करने के संबंध में ही वर्ष 1997 में जापान के क्योटो शहर में क्योटो प्रोटोकॉल नामक एक समझौते को अंतिम रूप दिया गया। इसके अंतर्गत औद्योगिक देशों के लिए ग्रीन हाउस गैसों के उत्सर्जन को कम करने के लिए लक्ष्य निर्धारित किए गए हैं।**

**क्योटो प्रोटोकॉल के अंतर्गत भारत, चीन तथा अन्य विकासशील देशों को इसकी बाध्यताओं से अलग रखा गया है। यह साझी परंतु अलग-अलग जिम्मेदारियों के सिद्धांत के आधार पर किया गया है, क्योंकि ऐतिहासिक तथा मौजूदा ग्रीन हाउस उत्सर्जन में इन देशों का योगदान कम है। भारत ने वर्ष 2002 में क्योटो प्रोटोकॉल पर हस्ताक्षर तथा इसका अनुमोदन किया।**

**(i) वैश्विक तापन से क्या तात्पर्य होता है?**

(a) वायुमंडलीय तापमान में वृद्धि
(b) जलीय तापमान में वृद्धि
(c) महासागरीय तापमान में वृद्धि
(d) नगरीय तापमान में वृद्धि

उत्तर (a) वायुमंडलीय तापमान में वृद्धि

**(ii) क्योटो प्रोटोकॉल के संदर्भ में कौन-सा कथन सत्य नहीं है?**

(a) क्योटो प्रोटोकॉल समझौता वर्ष 1997 में हुआ था
(b) इसका लक्ष्य ग्रीन हाउस गैसों को कम करना था
(c) यह साझी तथा समान जिम्मेदारी के सिद्धांत के आधार पर किया गया
(d) भारत ने वर्ष 2002 में इस पर हस्ताक्षर किए

उत्तर (c) यह साझी तथा समान जिम्मेदारी के सिद्धांत के आधार पर किया गया

**(iii) साझी परंतु अलग-अलग जिम्मेदारियों के सिद्धांत के आधार पर किन देशों को क्योटो प्रोटोकॉल की बाध्यताओं से दूर रखा गया था?**

उत्तर साझी परंतु अलग-अलग जिम्मेदारियों के सिद्धांत के आधार पर क्योटो प्रोटोकॉल के अंतर्गत भारत, चीन तथा अन्य विकासशील देशों को इसकी बाध्यताओं से अलग रखा गया है, क्योंकि ऐतिहासिक तथा मौजूदा ग्रीनहाउस उत्सर्जन में इन देशों का योगदान कम है।

**4.** **बहुत-से पुराने समाजों में धार्मिक कारणों से प्रकृति की रक्षा करने का चलन है। भारत में विद्यमान 'पावन वन-प्रांतर' इस चलन का सुंदर उदाहरण है। इस प्रथा में वनों के कुछ हिस्सों को काटा नहीं जाता। इन स्थानों पर देवता अथवा किसी पुण्यात्मा का वास माना जाता है। इन्हें ही 'पावन वन-प्रांतर' या 'देवस्थान' कहा जाता है। इन पावन वन-प्रांतरों के देशव्यापी फैलाव का अंदाजा इस बात से लगाया जा सकता है कि देशभर की भाषाओं में इसके लिए अलग-अलग शब्द हैं। इन देवस्थानों को राजस्थान में वानी, केकड़ी और ओरान, झारखंड में जहेरा थान और सरना, मेघालय में लिंगदोह, केरल में कांव, उत्तराखंड में थान या देवभूमि और महाराष्ट्र में देव रहाति आदि सैकड़ों नामों से जाना जाता है। इस देवस्थान को हम ऐसी व्यवस्था के रूप में देख सकते हैं, जिसके अंतर्गत पुराने समाज प्राकृतिक संसाधनों का इस्तेमाल इस तरह से करते हैं कि पारिस्थितिकी तंत्र का संतुलन बना रहे।**

**(i) भारत में पावन वन -प्रांतर किसका उदाहरण है?**

(a) औद्ययोगीकरण का (b) प्रकृति संरक्षण का
(c) नगरीकरण का (d) वैज्ञानिक विकास का

उत्तर (b) प्रकृति संरक्षण का

**(ii) 'देव रहाति' शब्द किस राज्य में पावन वन प्रांतर को संदर्भित करता है?**

(a) महाराष्ट्र (b) मेघालय (c) उत्तराखंड (d) झारखंड

उत्तर (a) महाराष्ट्र

**(iii) पावन वन-प्रांतर तथा पर्यावरण संरक्षण के पारस्परिक संबंधों को बताइए।**

उत्तर पावन वन-प्रांतर का सीधा संबंध पर्यावरण के संरक्षण से है। इसको हम एक ऐसी व्यवस्था के रूप में देख सकते हैं, जिसके अंतर्गत समाज प्राकृतिक संसाधनों का प्रयोग इस प्रकार से करता है कि पारिस्थितिकी तंत्र का संतुलन बना रहे।

## मानचित्र आधारित प्रश्न

**1.** विश्व के दिए गए मानचित्र में कुछ/बिंदुओं को दर्शाया गया है। नीचे दी गई जानकारी के आधार पर इन बिंदुओं की पहचान कीजिए तथा इसके सही नाम से संबंधित क्रम संख्या और संबंधित वर्णमाला के साथ नीचे दिए गए प्रारूप को अनुसार लिखें।

A. 1992 का पृथ्वी सम्मेलन किस देश में संपन्न हुआ।

B. 1997 में क्योटो प्रोटोकॉल किस देश में संपन्न हुआ।

C. 1987 में मॉण्ट्रियाल प्रोटोकॉल किस देश में संपन्न हुआ।

D. विश्व का पहला बाँध विरोधी आंदोलन दक्षिणी गोलार्द्ध के किस देश में चलाया गया।

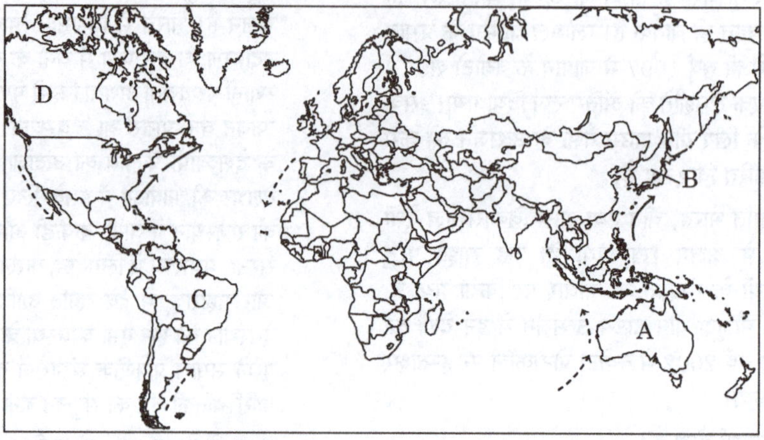


| क्रम संख्या | मानचित्रों में वर्णमाला | राज्य/राष्ट्र का नाम |
|---|---|---|
| | | |
| | | |
| | | |
| | | |

उत्तर

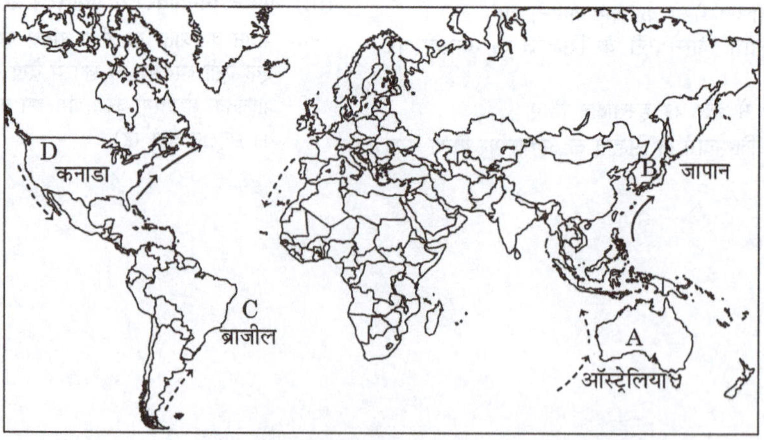


| क्रम संख्या | मानचित्र में वर्णमाला | राज्य/राष्ट्र का नाम |
|---|---|---|
| 1. | C | रियो-डि-जेनेरियो (ब्राजील) |
| 2. | B | क्योटो (जापान) |
| 3. | D | मॉट्रियाल (कनाडा) |
| 4. | A | ऑस्ट्रेलिया |

# स्वयं को जाँचें

## वस्तुनिष्ठ प्रश्न

**1.** कौन-सी अंतर्राष्ट्रीय संस्था पर्यावरण संरक्षण संबंधित कार्य को बढ़ावा देती है?

(a) UNEDO (b) UNEP
(c) WMO (d) WHO

**2.** अंटार्कटिक पर्यावरण को संरक्षित करने के लिए पर्यावरणीय न्यायाचार को कब स्वीकार किया गया?

(a) वर्ष 1991 (b) वर्ष 1993
(c) वर्ष 1997 (d) वर्ष 1999

**3.** निम्न में से कौन-सी विधि प्राकृतिक संसाधनों के संरक्षण में सहायक है?

(a) बाँधों का निर्माण (b) ड्रिप सिंचाई
(c) वृक्षारोपण (d) ये सभी

**4.** भारत में सभी वाहनों के लिए BS-IV मानक ईंधन किस वर्ष से अनिवार्य कर दिया गया?

(a) वर्ष 2014 से (b) वर्ष 2015 से
(c) वर्ष 2016 से (d) वर्ष 2017 से

**5.** मेघालय में पावन वन-प्रांतर को किस नाम से जानते हैं?

(a) काव
(b) लिंगदोह
(c) केकड़ी
(d) जहेरा थान

## लघु उत्तरीय प्रश्न

**6.** अंटार्कटिका क्षेत्र के संदर्भ में निम्न लिखित कथनों पर विचार कीजिए

1. सीमित पारिस्थिति की तंत्र वाला यह महाद्वीप समुद्री पारिस्थिति की तंत्र में उन्नत है।
2. यह दक्षिणी गोलार्द्ध में स्थित है
3. यह विश्व को साझों सम्पदा का प्रमुख उदाहरण है।

कूट

(a) केवल 1 (b) 2 और 3
(c) 1, 2 और 3 (d) 1 और 3

**7.** भारत ने क्योटो प्रोटोकॉल पर किस वर्ष हस्ताक्षर किए?

**8.** वैश्विक तापवृद्धि में भूमिका निभाने वाली प्रमुख गैसें कौन-कौन सी हैं?

**9.** पर्यावरण प्रदूषण का कोई एक कारण लिखिए।

**10.** विश्व में खाद्यान्न उत्पादन का अभाव क्यों हो रहा है?

**11.** वैश्विक तापवृद्धि के कारणों का परीक्षण कीजिए।

**12.** ग्रीन हाउस गैस उत्सर्जन की प्रक्रिया पर टिप्पणी लिखिए।

**13.** पर्यावरण की समस्या एक वैश्विक समस्या है। क्या आर्थिक विकास को अवरुद्ध किए बगैर हम विश्व पर्यावरण की सुरक्षा कर सकते हैं? विस्तार से समझाइए।

**14.** भारत के पर्यावरण संरक्षण से संबंधित कोई दो सकारात्मक प्रयासों का उल्लेख करें

**15.** मूलवासी कौन होते हैं एवं इनके अधिकार क्या हैं?

## दीर्घ उत्तरीय प्रश्न I

**16.** पर्यावरण से संबंधित विभिन्न वार्ताओं के परिणाम लिखिए। इसमें उत्पन्न प्रमुख विवाद को किस प्रकार हल किया जा सकता है?

**17.** "अधिकांशतः पर्यावरणीय समस्याएँ संसाधनों के उपभोग में वृद्धि से जनित हैं।" इस कथन के पक्ष में तर्क दीजिए।

## दीर्घ उत्तरीय प्रश्न II

**18.** 'साझी परंतु अलग-अलग जिम्मेदारियों' के सिद्धांत की व्याख्या कीजिए।

**19.** पर्यावरण संबंधी मामलों पर भारत के पक्ष की व्याख्या करें।

07

अध्याय

# वैश्वीकरण

इस अध्याय में वैश्वीकरण की अवधारणा का विश्लेषण करते हुए भारत में वैश्वीकरण के प्रभाव की चर्चा को शामिल किया गया है। वैश्वीकरण ने जहाँ एक क्षेत्र से दूसरे क्षेत्र में सहयोग और समन्वय को सहज किया है वहीं दूसरी ओर कुछ ऐसे मुद्दे भी उभरे हैं, जहाँ व्यापक प्रतिरोध भी हुआ है। इस अध्याय में भारत में सामाजिक प्रतिरोध को भी शामिल किया गया है।

### ▼ अध्ययन एक नजर में

7.1 वैश्वीकरण की अवधारणा
7.2 भारत और वैश्वीकरण

### ▼ अभ्यास के लिए

- बहुविकल्पीय प्रश्न 24 (युग्मित प्रश्न, चित्र आधारित प्रश्न, कथन/कारण, सुमेलित कीजिए)
- वर्णनात्मक प्रकार के प्रश्न (लघु उत्तरीय प्रश्न 5, दीर्घ उत्तरीय प्रश्न I 11) दीर्घ उत्तरीय प्रश्न II 4,
- स्रोत आधारित प्रश्न 3, मानचित्र आधारित प्रश्न1

## 7.1 वैश्वीकरण की अवधारणा

- वह प्रक्रिया, जिसके अंतर्गत विश्व के एक भाग के विचार, वस्तु, पूँजी और व्यक्ति का प्रवाह विश्व के अन्य भागों में होता है, **वैश्वीकरण**[1] (Globalisation) कहलाती है।
- वैश्वीकरण एक व्यापक अवधारणा है, जिसके अंतर्गत आर्थिक, राजनैतिक एवं सांस्कृतिक दृष्टिकोण शामिल होते हैं। वैश्वीकरण में निम्नलिखित शामिल हैं
  (i) **सेवाओं का वैश्वीकरण** लोक विभिन्न देशों में काम करते हैं और ऐसे ग्राहकों को सेवाएँ प्रदान करते हैं, जिनसे वे कभी आमने -सामने की मुलाकात नहीं करते हैं। वे नई भाषाओं और सांस्कृतिक मानदंडों को अपनाते हैं।
  (ii) **वस्तुओं की आवाजाही** एक देश में निर्मित उत्पाद दूसरे देश में बेचे जाते हैं, जिससे सीमाओं के पार बाजार आपस में जुड़ते हैं।
  (iii) **सांस्कृतिक और सामाजिक परिवर्तन** विभिन्न संस्कृतियों के सम्पर्क में आने से नए अवसर उत्पन्न होते हैं। यह पारंपरिक मानदंडों और मूल्यों को चुनौती देता है, खासकर रोजगार और लैंगिक भूमिकाओं जैसे क्षेत्रों में।

  वैश्वीकरण के साकारात्मक प्रभाव होते हैं जैसे बढ़ते अवसर और बाजार की पहुँच, लेकिन इसके नकारात्मक प्रभाव भी होते हैं।
- ये उदाहरण दिखाते हैं कि वैश्वीकरण हमेशा लाभकारी नहीं होता। वैश्वीकरण का प्रभाव असमान होता है और इसके नकारात्मक परिणाम अधिकतर कमजोर समूहों पर पड़ते हैं।

### वैश्वीकरण के कारण

- वैश्वीकरण में विचारों, पूँजी और लोगों का सीमाओं के पार प्रवाह शामिल होता है।
- प्रौद्योगिकी वैश्वीकरण के लिए अपरिहार्य कारण सिद्ध हुई है। टेलीग्राफ, टेलीफोन, इंटरनेट, माइक्रोचिप आदि के आविष्कार ने वैश्वीकरण की प्रक्रिया को गति प्रदान की है। इन संचार के साधनों ने विश्व के एक भाग में घटित घटना को विश्व के अन्य हिस्सों में कुछ क्षणों में ही तीव्रता के साथ पहुँचाने का कार्य किया है।
- तकनीकी विकास की प्रक्रिया के अंतर्गत हुए छपाई मशीन के आविष्कार ने राष्ट्रवाद की अवधारणा को मजबूत करने का कार्य किया। इसी प्रकार वर्तमान समय में वैश्वीकरण के परिणामस्वरूप ही लोगों के सामूहिक जीवन एवं सोचने-समझने के दृष्टिकोण पर प्रौद्योगिकी एवं संचार के साधनों का स्पष्ट प्रभाव दिखाई देता है।

---

1 **वैश्वीकरण** किसी अर्थव्यवस्था का अन्य देशों की अर्थव्यवस्थाओं के साथ व्यापार और पूँजी के मुक्त प्रवाह की प्रक्रिया के तहत एकीकरण।

- वैश्वीकरण के परिणामस्वरूप जिस प्रकार एक घटना विश्व के अन्य देशों को प्रभावित करती है, उसी प्रकार संक्रामक रोगों; जैसे—बर्डफ्लू अथवा सुनामी आदि का प्रभाव भी एक देश की सीमा तक सीमित नहीं रहता। वह अन्य देशों के लोगों को भी प्रभावित करता है। इसी प्रकार बड़ी आर्थिक घटनाएँ घटित होने पर उनका प्रभाव एक क्षेत्र पर नहीं, बल्कि पूरे विश्व पर पड़ता है।

## वैश्वीकरण के प्रभाव

वैश्वीकरण की प्रक्रिया का प्रभाव पूरे विश्व में एकसमान नहीं रहा है, बल्कि भिन्न-भिन्न देशों में इसके राजनीतिक, आर्थिक एवं सांस्कृतिक प्रभाव भिन्न-भिन्न रहे हैं।

### राजनीतिक प्रभाव

वैश्वीकरण के राजनीतिक प्रभावों के तीन पहलू हैं

- वैश्वीकरण के प्रभावस्वरूप राज्यों की **परंपरागत प्रभुसत्ता शक्ति में कमी** आई है तथा इस प्रक्रिया के अंतर्गत राज्य की लोक कल्याणकारी अवधारणा का स्थान राज्य की न्यूनतम हस्तक्षेपकारी अवधारणा ने ले लिया है। राज्यों की भूमिका **सीमित सरकार**[2] के संघ में केवल मुख्य क्षेत्रों तक ही रह गई है; जैसे—कानून व्यवस्था को बनाए रखना तथा अपने नागरिकों की सुरक्षा करना आदि। लोक कल्याणकारी राज्य के स्थान पर अब बाजार आर्थिक और सामाजिक प्राथमिकताओं का प्रमुख निर्धारक है। बहुराष्ट्रीय कंपनियों का उदय भी सरकारों की स्वतंत्र निर्णय लेने की क्षमता को कम करता है।
- वैश्वीकरण ने हमेशा राज्य की शक्ति में कमी ही नहीं की है। राजनीतिक समुदाय के आधार पर राज्य की प्रधानता को कोई चुनौती नहीं मिली है। विश्व पहल विभिन्न देशों के मध्य व्याप्त ईर्ष्या और प्रतिद्वंद्विता के कारण राज्य की कानून व्यवस्था, राष्ट्रीय सुरक्षा जैसें मुद्दों पर राज्य अभी भी महत्त्वपूर्ण भूमिका में है।
- वैश्वीकरण के हुई तकनीकी प्रगति ने कुछ क्षेत्रों में राज्यों की शक्ति में वृद्धि भी हुई है; जैसे—तकनीकी एवं प्रौद्योगिकी के माध्यम से राज्य अपने नागरिकों से संबंधित सूचनाएँ एकत्रित कर उनका प्रयोग नागरिक कल्याण के लिए कर सकता है। राज्य कानून और व्यवस्था व राष्ट्रीय सुरक्षा जैसे अनिवार्य कार्यों को पूरा कर रहे हैं।

### आर्थिक प्रभाव

- आर्थिक वैश्वीकरण में अंतर्राष्ट्रीय मुद्रा कोष (IMF) और विश्व व्यापार संगठन (WTO) जैसी संस्थाएँ शामिल हैं, जो वैश्विक आर्थिक नीतियों को आकार देती हैं।
- वैश्वीकरण अधिक आर्थिक आदान-प्रदान की ओर ले जाता है जैसे व्यापार पूँजी लोग और विचार। कुछ आदान-प्रदान स्वैच्छिक होते हैं, जबकि अन्य शक्तिशाली देशों द्वारा मजबूर किए जाते हैं। व्यापार बाधाओं को कम कर दिया गया है और स्मृद्ध देशों के निवेशक गरीब देशों में बेहतर लाभ के लिए निवेश कर सकते हैं।
- विचार इंटरनेट सेवाएँ, आसानी से नाकाम हो जाते हैं, हालाँकि, लोगों के आवागमन की गति अभी भी विकसित देशों में वीजा प्रतिबंधों द्वारा सीमित है। यह प्रतिबंध घरेलू रोजगार के संरक्षण के लिए लगाया जाता है।
- वैश्वीकरण का प्रभाव हर जगह एक जैसा नहीं है। समान नीतियों वाले देशों में इसके परिणाम अलग हो सकते हैं।
- आलोचक सामाजिक न्याय को लेकर चिन्तित है। उनका कहना है कि वैश्वीकरण केवल एक छोटे से समूह को लाभ पहुँचाता है और गरीबों को नुकसान पहुँचाता है। वे कमजोर वर्गों की सुरक्षा के लिए **सुरक्षा जाल** की माँग करते हैं।
- आर्थिक वैश्वीकरण के समर्थकों द्वारा इस बात पर बल दिया जाता है कि वैश्वीकरण आर्थिक प्रगति को बल देता है, जिसके कई वर्ग लाभांवित होते हैं, किंतु इसके लिए विनियमन को सरल करना होगा। वैश्वीकरण व्यापार को तीव्र करता है, जिस कारण अधिकांश देश वैश्वीकरण की व्यापकता के लिए सर्वोत्तम उपाय अपनाने पर ध्यान केंद्रित करते हैं।
- वे मानते हैं कि वैश्वीकरण अपरिहार्य है और इससे बचना अविवेकी होगा। कुछ मध्यम समर्थक मानते हैं कि वैश्वीकरण को समझदारी से प्रबंधित किया जा सकता है। वैश्वीकरण के कारण सरकारों, व्यवसायों और लोगों के बीच वैश्विक स्तर पर बढ़ती आपसी निर्भरता है।

### सांस्कृतिक प्रभाव

- वैश्वीकरण न केवल राजनीतिक और अर्थव्यवस्था को प्रभावित नहीं करता है, बल्कि हमारे दैनिक जीवन को भी प्रभावित करता है। यह तय करता है कि हम क्या खाते हैं, पीते हैं, पहनते हैं और सोचते हैं। यह हमारे पसंदों को आकार देता है।
- वैश्वीकरण द्वारा विश्व की संस्कृतियाँ व्यापक रूप से प्रभावित हुई हैं। लोगों की रुचि, खान-पान, विचार इत्यादि सभी वैश्वीकरण के प्रभावस्वरूप ही निर्धारित होते हैं। सांस्कृतिक क्षेत्र में वैश्वीकरण के बढ़ते प्रभावों के परिणामस्वरूप इस तथ्य को बल मिला है कि वैश्वीकरण से विश्व की संस्कृतियों को खतरा है। इससे सांस्कृतिक समरूपता की स्थिति उत्पन्न होने की संभावना बहुत तीव्र हो जाती है।
- कुछ लोग डरते हैं कि वैश्वीकरण स्थानीय संस्कृतियों के लिए खतरा है। ऐसा इसलिए है, क्योंकि यह एक समान संस्कृति की ओर ले जाता है, जिससे **सांस्कृतिक समानता**[3] कहा जाता है।

2 सीमित सरकार (Minimalist) एक ऐसी सरकार जो आपने नागरिकों के जीवन में सीमित भूमिका निभाती हैं।
3 सांस्कृतिक समानता विभिन्न सांस्कृतिक प्रथाओं को एक सामान्य सांस्कृति में मिलाना या एक समान संस्कृति का विकास होना।

- विद्वानों का मानना है कि सांस्कृतिक समरूपता से अभिप्राय विश्व संस्कृति के उदय से नहीं है, बल्कि इस विचार द्वारा विश्व के अन्य देशों पर पश्चिमी संस्कृति जबरदस्ती थोपी जा रही है।
- कुछ विद्वान मानते हैं कि बर्गर अथवा जींस के बहुचर्चित होने का संबंध अमेरिकी जीवन-शैली के गहरे प्रभाव से है, क्योंकि कमजोर समाजों पर आर्थिक एवं राजनीतिक रूप से सशक्त संस्कृति अपना प्रभाव छोड़ती है, जिसके पश्चात् ये देश ऐसे नजर आते हैं जैसे शक्तिशाली देश की संस्कृति इसे प्रस्तुत करना चाहती है।
- इन विद्वानों के अनुसार, वर्तमान में विभिन्न संस्कृतियाँ स्वयं को अमेरिकी प्रभाव के अनुरूप बदलने लगी हैं। इसके संदर्भ में **मैक्डोनाल्डीकरण**[4] (Macdonaldisation) का उदाहरण प्रस्तुत किया गया है।
- सांस्कृतिक वैश्वीकरण न केवल गरीब देशों के लिए, बल्कि संपूर्ण विश्व के लिए हानिकारक है, क्योंकि इससे संपूर्ण विश्व की सांस्कृतिक धरोहर को खतरा है।
- वैश्वीकरण की संस्कृति के कुछ सकारात्मक प्रभाव भी पड़े हैं; जैसे—जींस के ऊपर खादी का कुर्ता पहना जा रहा है तथा यह उसी देश को निर्यात भी किए जा रहे हैं, जिसने नीली जींस के प्रचलन को बढ़ाया है।
- सांस्कृतिक समरूपता वैश्वीकरण का एक पहलू है, तो वैश्वीकरण से इसका विपरीत प्रभाव भी उत्पन्न हुआ है। वैश्वीकरण से प्रत्येक संस्कृति अत्यधिक अलग और विशिष्ट हो रही है। इस प्रक्रिया को **सांस्कृतिक विविधता**[5] (Cultural Heterogenisation) कहते हैं। इसका यह अर्थ नहीं है कि संस्कृतियों के आपस में मिलने से उनका वर्चस्व समाप्त हो जाता है, परंतु इस बात पर भी ध्यान देना आवश्यक है कि सांस्कृतिक प्रभाव एकतरफा नहीं होता है।

### चेक प्वॉइंट 1

1. क्या वैश्वीकरण के नकारात्मक प्रभाव हो सकते हैं? एक उदाहरण दें।
2. आर्थिक वैश्वीकरण में क्या शामिल होता हैं?
3. विकसित देश प्रवासन को क्यों सीमित करते हैं?
4. मैकडोनाल्डीकरण (McDonaldisation) क्या हैं?
5. वैश्वीकरण कैसे सांस्कृतिक संयोजन बना सकता हैं? उदाहरण दीजिए।

## 7.2 भारत और वैश्वीकरण

- औपनिवेशिक काल में ब्रिटेन की साम्राज्यवादी नीतियों के परिणामस्वरूप भारत आधारभूत वस्तुओं तथा कच्चे माल का निर्यातक एवं निर्मित वस्तुओं का आयातक था, किंतु स्वतंत्रता प्राप्ति के पश्चात् भारत ने ब्रिटिश साम्राज्यवादी नीतियों से सीख लेते हुए **संरक्षणवादी व्यवस्था**[6] (Protectionism) को अपनाया। जिससे कुछ क्षेत्रों में प्रगति हुई तथा कुछ क्षेत्रों में नई समस्याएँ उत्पन्न होने लगीं। इसमें स्वास्थ्य, आवास एवं प्राथमिक शिक्षा जैसे आवश्यक क्षेत्र उपेक्षित ही रहे। इसके अतिरिक्त भारत में आर्थिक वृद्धि की दर भी धीमी रही।
- देश में उत्पन्न विभिन्न समस्याएँ, आर्थिक संकट एवं आर्थिक वृद्धि की निम्न दर आदि समस्याओं के समाधान हेतु वर्ष 1991 में आर्थिक सुधार कार्यक्रमों की शुरुआत की गई। इसके अंतर्गत विभिन्न क्षेत्रों में लगे प्रतिबंधों को हटाया गया। इन क्षेत्रों में व्यापार और विदेशी निवेश भी शामिल थे।
- वैश्वीकरण की प्रक्रिया भारत के संदर्भ में कितनी सफल रही यह कहना अतिशयोक्ति होगी, क्योंकि भारत द्वारा वैश्वीकरण अपनाने का प्रमुख लक्ष्य भारत की ऊँची आर्थिक वृद्धि दर के साथ-साथ आर्थिक संवृद्धि में सबको समाहित करना है, जिससे कि भारत का प्रत्येक नागरिक समृद्ध हो सके।

### वैश्वीकरण का प्रतिरोध अथवा वैश्वीकरण पर बहस

वैश्वीकरण बहस का एक बड़ा मुद्दा है, जिसकी आलोचना संपूर्ण विश्व में हो रही है। वैश्वीकरण के संदर्भ में विभिन्न आलोचक, समूह, संगठन अपने-अपने तर्क प्रस्तुत करते हैं। इनका वर्णन निम्न प्रकार है

- वैश्वीकरण के संदर्भ में वामपंथी राजनीति के समर्थकों के अनुसार, वर्तमान में प्रचलित वैश्वीकरण प्रक्रिया वह आर्थिक प्रणाली है, जिसके अंतर्गत उत्पादन एवं वितरण के साधनों को लाभ कमाने के उद्देश्य से निजी उद्यमियों एवं कंपनियों द्वारा संचालित किया जाता है, जो पूँजीवादी व्यवस्था का ही एक रूप है। इसने अमीरों को अमीर तथा गरीबों को और गरीब बनाया है। इसका उद्देश्य केवल अपने हितों एवं लाभ की पूर्ति करना है।

4 मैक्डोनाल्डीकरण (Macdonaldisation) इससे अभिप्राय है—विभिन्न देशों की संस्कृतियाँ स्वयं प्रभुत्वशाली अमेरिकी ढर्रे पर ढलने लगी हैं अर्थात् ये संस्कृतियाँ अमेरिकी संस्कृति की प्रवृत्ति की और अग्रसर हैं।

5 सांस्कृतिक विविधता प्रत्येक संस्कृति और अधिक अलग और विशिष्ट बन जाती है।

6 संरक्षणवादी व्यवस्था यह एक सिद्धांत या अभ्यास है, जिसके अंतर्गत किसी भी देशी के उद्योग की रक्षा करने के लिए विदेशी सामानों पर कर (Tax) लगाया जाना है।

- वैश्वीकरण से राज्य की स्थिति कमजोर हुई है, जिससे राज्य द्वारा निर्धनों की रक्षा करने की शक्ति का ह्रास हुआ है।
- दक्षिणपंथी राजनीति के समर्थकों का मानना है कि वैश्वीकरण ने राज्य के राजनैतिक स्वरूप को कमजोर कर, राज्य की आर्थिक आत्मनिर्भरता एवं **संरक्षणवादी**[7] व्यवस्था को हानि पहुँचाई है।
- इनका यह भी मानना है कि वैश्वीकरण लोगों की आधारभूत संस्कृति में गिरावट कर उनको उनके पुराने मूल्यों एवं क्रियाकलापों से वंचित कर रहा है।
- बहुत-से वैश्वीकरण विरोधी आंदोलनों द्वारा केवल वैश्वीकरण का विरोध किया गया, वैश्वीकरण के मूलभूत आधार का नहीं। इन्होंने वैश्वीकरण के विशेष क्रियाकलापों को **साम्राज्यवाद**[8] का ही एक स्वरूप माना है।
- वैश्वीकरण के प्रतिरोध के कारण ही वर्ष 1999 में सिएट्ल में हुई विश्व व्यापार संगठन (World Trade Organisation, WTO) की मंत्रिस्तरीय बैठक में व्यापार के अनुचित नियमों का व्यापक विरोध हुआ। विरोधियों ने यह तर्क दिया था कि उदीयमान वैश्विक आर्थिक व्यवस्था में विकासशील देशों के हितों को समुचित महत्त्व नहीं दिया गया है।
- इसी प्रकार नव-उदारवादी वैश्वीकरण (Neo-Liberal Globalisation) के विरोध में वर्ल्ड सोशल फोरम (World Social Forum, WSF) एक वैश्विक मंच है, जिसमें मानवाधिकार कार्यकर्ता, पर्यावरणवादी, मजदूर, युवा और महिला कार्यकर्ता संगठन शामिल हैं। ये सभी संयुक्त रूप से नव-उदारवादी वैश्वीकरण व्यवस्था का विरोध करते हैं।
- वर्ल्ड सोशल फोरम की पहली बैठक वर्ष 2001 में ब्राजील के पोर्टो अलगेरे में तथा चौथी बैठक वर्ष 2004 में मुंबई में हुई थी। इनके अतिरिक्त इसकी एक बैठक मार्च, 2018 में पुन: ब्राजील में हुई।

## भारत और वैश्वीकरण का प्रतिरोध

भारत में वैश्वीकरण का प्रतिरोध कई समूहों, संगठनों एवं मंचों द्वारा किया जा रहा है। इसे निम्न प्रकार से व्यक्त किया जा सकता है

(i) **वामपंथी विरोध** यह **आर्थिक उदारीकरण**[9] के खिलाफ आवाज राजनीतिक दलों और भारतीय सोशल फोरम जैसे मंचों के माध्यम से उठाई जाती है।

(ii) **टैड यूनियनों और किसान समूहों का विरोध** इन समूहों ने भारत में बहुराष्ट्रीय कंपनियों के प्रवेश के विरुद्ध प्रदर्शन किए है।

(iii) **नीम जैसे पौधे पर पेटेंट का विरोध** विदेशी कंपनियों द्वारा नीम जैसे पौधे पर पेटेंट के विरुद्ध भी विरोध हुआ है।

- **दक्षिणपंथी विरोध** यह मुख्य रूप से सांस्कृतिक मुद्दों पर केंद्रित है जैसे वेलेंटाइन डे का उत्सव मनाने या स्कूल और कॉलेजों में लड़कियों द्वारा पश्चिमी शैली के कपड़े पहने का विरोध।

### चेक प्वॉइंट 2

1. स्वतंत्रता के बाद भारत का आर्थिक दृष्टिकोण क्या था?
2. भारत ने अपने आर्थिक सुधार कब शुरू किए?
3. वामपंथी आलोचकों के अनुसार, वैश्वीकरण से सबसे अधिक लाभ किसे होता है?
4. पहला वर्ल्ड सोशल फोरम कहाँ आयोजित हुआ था?

## टाइमलाइन

| | |
|---|---|
| 1991 | भारत में वैश्वीकरण की प्रक्रिया को अपनाया गया। (नई आर्थिक नीति) |
| 1999 | सिएट्ल में विश्व व्यापार संगठन (WTO) की मंत्रिस्तरीय बैठक हुई। |
| 2001 | 'वर्ल्ड सोशल फोरम' की पहली बैठक ब्राजील के पोर्टो अलगेरे में हुई। |
| 2004 | 'वर्ल्ड सोशल फोरम' की चौथी बैठक भारत के मुंबई में हुई। |
| मार्च, 2018 | 'वर्ल्ड सोशल फोरम' की ब्राजील में बैठक हुई |
| फरबरी, 2024 | 'वर्ल्ड सोशल फोरम' की नेपाल में बैठक हुई। |

7 संरक्षणवादी (Conservation) ऐसी नीति, जो वैश्वीकरण एवं उदारीकरण का विरोध करती है। यह किसी देश द्वारा अपने उद्योगों एवं उत्पादित वस्तुओं आदि को विदेशी वस्तुओं की प्रतियोगिता से बचाने के लिए अपनाया जाता है।

8 साम्राज्यवाद (Imperialism) किसी देश द्वारा किसी अन्य देशों के क्षेत्र पर आर्थिक एवं राजनीतिक वर्चस्व स्थापित कर लिया जाना, साम्राज्यवाद कहलाता है।

9 आर्थिक उदारीकरण यह सेवा और औद्योगिक क्षेत्र में गतिविधियों से संबंधित सरकारी नियमों और विनियमों में ढील को दर्शाता है।

# Mind Map

## 1 वैश्वीकरण की अवधारणा

- वैश्वीकरण वह प्रक्रिया है, जिसके अंतर्गत आर्थिक, राजनैतिक एवं सांस्कृतिक दृष्टिकोण शामिल होते हैं।
- एक देश में निर्मित वस्तुएँ अन्य देशों में बेची जाती हैं।
- नई संस्कृतियों के सम्पर्क में आने का अवसर मिलता है।
- बिना व्यक्तिगत रूप से मिले हुए लोग विभिन्न देशों में कार्य करते हैं और सेवाएँ प्रदान करते हैं।

### वैश्वीकरण के कारण

- वैश्वीकरण तकनीक और आपसी जुड़ाव के कारण होता है।
- टेलीग्राफ, टेलीफोन और माइक्रोचिप जैसी खोजों ने संचार को तेज और आसान बना दिया है।
- लोग अब दुनिया के विभिन्न हिस्सों के आपसी संबंधों को समझने लगे हैं, जैसे कि एक स्थान की समस्या अन्य स्थानों को कैसे प्रभावित कर सकती है।

## 2 वैश्वीकरण के परिणाम

**राजनीतिक परिणाम** वैश्वीकरण के तीन परिमाण इस प्रकार हैं

- वैश्वीकरण ने राज्य की पुरानी लोककल्याणकारी भूमिका को परिवर्तित कर न्यूनतम कर दिया है।
- बहुराष्ट्रीय कंपनियाँ राज्यों के स्वतंत्र निर्णय लेने की क्षमता को घटित कर देती हैं।
- वैश्वीकरण ने प्रौद्योगिकी हस्तांतरण के माध्यम से राज्यों की शासन प्रणाली को मजबूत किया है।

**आर्थिक परिणाम**

- संस्थाएँ; जैसे– IMF और WTO आर्थिक वैश्वीकरण की ताकत बढ़ाने के लिए नीति निर्माण में महत्त्वपूर्ण भूमिका निभाती है।
- मैक्डोनाल्डीकरण के अनुसार, विभिन्न देशों की संस्कृतियाँ अमेरिका संस्कृतिक की ओर अग्रसर हैं।
- सांस्कृतिक वैश्वीकरण गरीब देशों के लिए हानिकारक है।

## वैश्वीकरण

## 3 भारत और वैश्वीकरण

- वामपंथ के आलोचक तर्क करते हैं कि वैश्वीकरण असमानता बढ़ाता है और राज्य को कमजोर करता है।
- दक्षिणपंथ के आलोचक वैश्वीकरण के कारण राजनीतिक, आर्थिक और सांस्कृतिक नियंत्रण की कमी की आलोचना करते हैं।
- नव-उदारवादी वैश्वीकरण के विरोध में वर्ल्ड सोशल फोरम एक वैश्विक मंच है।

### भारत और वैश्वीकरण का विरोध

- वैश्वीकरण का विरोध कई समूहों, संगठनों एवं मंचों द्वारा किया जाता है।
- कृषि क्षेत्रों में किया किसानों के संगठनों ने अपना विरोध दर्ज किया है।
- वामपंथ का विरोध आर्थिक उदारीकरण के विरुद्ध है।
- दक्षिणपंथ का विरोध सांस्कृतिक मुद्दों पर केंद्रित है।

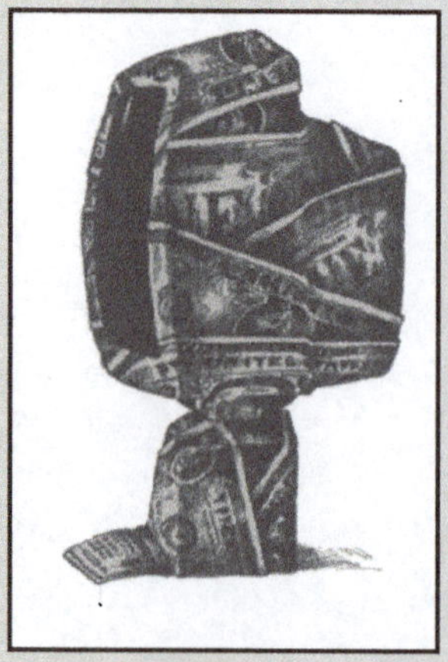

डिजीटल अर्थव्यवस्था का महाचक्र

# NCERT फोल्डर

## अध्याय के मध्य में दिए गए प्रश्न

**1. बहुत-से नेपाली मजदूर काम करने के लिए भारत आते हैं। क्या यह वैश्वीकरण है?**

उत्तर यदि बहुत-से नेपाली मजदूर काम करने के लिए भारत आते हैं तो उसे पूर्णतः वैश्वीकरण नहीं माना जा सकता, लेकिन यह कुछ हद तक वैश्वीकरण के पहलुओं को छूता है। यह वैश्वीकरण क्यों नहीं है

(i) **क्षेत्रीय प्रवास** नेपाली मजदूरों का भारत आना ऐतिहासिक और क्षेत्रीय सन्दर्भों में होता है। भारत और नेपाल के बीच वर्ष 1950 की भारत-नेपाल शान्ति मैत्री सन्धि के तहत नागरिकों को स्वतन्त्र आवाजाही और काम करने का अधिकार प्राप्त है। यह प्रवास दो देशों के बीच के द्विपक्षीय समझौते का परिणाम है न की वैश्विक आर्थिक प्रवाह का।

(ii) **भौगोलिक निकटता** यह प्रवास दो पड़ोसी देशों के बीच है, जिसमे वैश्विक कारक जैसे बहुराष्ट्रीय कम्पनियाँ या अन्तर्राष्ट्रीय व्यापार शामिल नहीं है।

(iii) **वैश्विक पहलुओं की अनुपस्थिति** वैश्वीकरण मुख्य रूप से वैश्विक बाजार, अन्तर्राष्ट्रीय निवेश और बहुराष्ट्रीय कम्पनियों की गतिविधियों पर आधारित होता है।

नेपाली मजदूरों का प्रवास इन तत्त्वों से प्रभावित नहीं है।

यह वैश्वीकरण क्यों हो सकता है, बल्कि प्रमुख कारण इस प्रकार हैं

(i) **आर्थिक निर्भरता** वैश्वीकरण के परिणामस्वरूप, छोटे देश (जैसे नेपाल) अकसर अपने बड़े पड़ोसी देशों (जैसे भारत) की अर्थव्यवस्था पर निर्भर हो जाता है।

(ii) **सांस्कृतिक प्रभाव** नेपाल और भारत के बीच सांस्कृतिक और सामाजिक प्रभावों का आदान-प्रदान होता है, जो वैश्वीकरण का एक पहलू है।

(iii) **आर्थिक अवसर और प्रवास** नेपाल में रोजगार की सीमित सम्भावनाओं के कारण मजदूर बेहतर आर्थिक प्रक्रिया से मेल खाता है, जिसमे लोगों का प्रवाह रोजगार के लिए होता है।

वैश्वीकरण वह प्रक्रिया है, जिसमें विचारों पूंजी, वस्तुओं और लोगों का वैश्विक स्तर पर प्रवाह होता है। नेपाली मजदूरों का भारत आना मुख्य रूप से क्षेत्रीय प्रवाह का हिस्सा है।

हालाँकि, यह प्रवास वैश्वीकरण के कुछ पहलुओं, जैसे आर्थिक अवसर और सांस्कृतिक प्रभाव, को जरूर दर्शाता है, लेकिन इसे वैश्वीकरण का एक सीमित रूप माना जाता है।

**2. भारत में बिकने वाली चीन की बनी बहुत-सी चीजें तस्करी की होती है, क्या वैश्वीकरण के चलते तस्करी होती है?**

उत्तर वैश्वीकरण के चलते तस्करी जैसी गतिविधियों का बढ़ना एक जटिल विषय है, इसे समझने के लिए हमें वैश्वीकरण और तस्करी के बीच सम्बन्ध को स्पष्ट करना होगा।

वैश्वीकरण सीधे तौर पर तस्करी का कारण नहीं बनता, लेकिन कुछ कारक इसे बढ़ावा दे सकते हैं।

(i) **बाजार की माँग और आपूर्ति** वैश्वीकरण ने विभिन्न देशों में उपभोक्ता वस्तुओं की माँग बढ़ाई है। चीनी वस्तुएँ सस्ती और उपयोगी होती हैं इसलिए उनकी माँग अधिक होती है। तस्कर इस माँग को पूरा करने के लिए गैर-कानूनी तरीके अपनाते हैं।

(ii) **सस्ते उत्पाद और प्रतिस्पर्द्धा** चीनी वस्तुएँ वैश्विक स्तर पर सस्ती होती हैं। भारतीय बाजार में जहाँ टैक्स और आयात शुल्क अधिक होते हैं, तस्कर इन वस्तुओं को गैर कानूनी तरीके से लाकर टैक्स से बचने की कोशिश करते हैं।

(iii) **सीमाएँ और व्यापार** वैश्वीकरण ने सीमाओं को लचीला बनाया है और अंतर्राष्ट्रीय व्यापार को बढ़ावा दिया है। हालाँकि, यह तस्करों को भी फायदा देता है, क्योंकि वे सीमा शुल्क और नियमों से बचने के लिए इसके दुरुपयोग करते हैं।

(iv) **प्रौद्योगिकी और संचार** वैश्वीकरण के साथ कोई प्रौद्योगिकी ने व्यापार को आसान बनाया है, लेकिन यह तस्कारी जैसे गैर-कानूनी व्यापारों के लिए भी रास्ता खोल देती है।

तस्करी वैश्वीकरण का सीधा हिस्सा नहीं है। यह वैश्वीकरण के कारण उत्पन्न अवसरों और कमजोरियों का दुष्प्रभाव है। तस्करी का मुख्य उद्देश्य कानूनों को दर-किनार करते हुए लाभ कमाना है, जो वैश्वीकरण के साथ जुड़ी कानूनी प्रक्रियाओं का उल्लंघन करना है। वैश्वीकरण के कारण चीनी वस्तुओं की भारत में माँग बढ़ी है और तस्करी जैसे अवैध तरीकों का सहारा लिया जाता है। हालाँकि, तस्करी को वैश्वीकरण का हिस्सा नहीं कहा जा सकता। यह वैश्वीकरण की एक नकारात्मक परिघटना है, जो कानून के पालन में कमजोरियों और बाजार की माँग का परिणाम है।

**3. क्या साम्राज्यवाद का ही नया नाम वैश्वीकरण नहीं है? हमें नए नाम की आवश्यकता क्यों है?**

उत्तर वैश्वीकरण और साम्राज्यवाद के कुछ समानताएँ और अंतर है। साम्राज्यवाद में शक्तिशाली देश दूसरे देशों पर राजनीति और आर्थिक नियन्त्रण रखते थे, जबकि वैश्वीकरण में प्रभुत्व आर्थिक और सांस्कृतिक प्रभाव के माध्यम से होता है।

**समानताएँ आर्थिक प्रभुत्व** शक्तिशाली देश कमजोर देशों पर आर्थिक रूप से हावी होते रहते हैं।

**सांस्कृतिक प्रभाव** पश्चिमी संस्कृति का प्रसार वैश्वीकरण में भी देखा जाता है।

(i) **उपनिवेश बनाम स्वायत्तता** साम्राज्यवाद में राजनीतिक नियन्त्रण होता था। जबकि वैश्वीकरण में ऐसा नहीं है।

(ii) **सैन्य बनाम आर्थिक शक्ति** साम्राज्यवाद सैन्य बल पर आधारित पर वैश्वीकरण व्यापार और तकनीक पर।

(iii) **परस्पर निर्भरता** वैश्वीकरण के परस्पर सहयोग होता है।

वैश्वीकरण साम्राज्यवाद से अलग है क्योंकि इसमें जुड़ाव, तकनीकि विकास और आर्थिक सहयोग के अवसर भी हैं। साम्राज्यवाद शोषण का प्रतीक था, जब वैश्वीकरण आधुनिक युग की नई प्रक्रियाओं को दर्शाता है।

## नीचे दिए प्रश्नों के उत्तर संक्षेप में दीजिए

**1. वैश्वीकरण के बारे में कौन-सा कथन सही है?**

(a) वैश्वीकरण केवल आर्थिक परिघटना है
(b) वैश्वीकरण की शुरुआत वर्ष 1991 में हुई
(c) वैश्वीकरण और पश्चिमीकरण समान हैं
(d) वैश्वीकरण एक बहुआयामी परिघटना है

उत्तर (d) वैश्वीकरण एक बहुआयामी परिघटना है

**2. वैश्वीकरण के प्रभाव के बारे में कौन-सा कथन सही है?**

(a) विभिन्न देशों और समाजों पर वैश्वीकरण का प्रभाव विषम रहा है
(b) सभी देशों और समाजों पर वैश्वीकरण का प्रभाव समान रहा है
(c) वैश्वीकरण का प्रभाव केवल राजनीतिक सीमा तक सीमित है
(d) वैश्वीकरण से अनिवार्य तथा सांस्कृतिक समरूपता आती है

उत्तर (a) विभिन्न देशों और समाजों पर वैश्वीकरण का प्रभाव विषम रहा है

**3. वैश्वीकरण के कारणों के बारे में कौन-सा कथन सही है?**

(a) वैश्वीकरण का एक महत्त्वपूर्ण कारण प्रौद्योगिकी है
(b) जनता का एक विशेष समुदाय वैश्वीकरण का कारण है
(c) वैश्वीकरण का जन्म संयुक्त राज्य अमेरिका में हुआ
(d) वैश्वीकरण का एकमात्र कारण आर्थिक धरातल पर पारस्परिक निर्भरता है

उत्तर (a) वैश्वीकरण का एक महत्त्वपूर्ण कारण प्रौद्योगिकी है

**4. वैश्वीकरण के बारे में कौन-सा कथन सही है?**

(a) वैश्वीकरण का संबंध केवल वस्तुओं की आवाजाही से है
(b) वैश्वीकरण में मूल्यों का संघर्ष नहीं होता
(c) वैश्वीकरण के अंग के रूप में सेवाओं का महत्त्व गौण है
(d) वैश्वीकरण का संबंध विश्वव्यापी पारस्परिक जुड़ाव से है

उत्तर (d) वैश्वीकरण का संबंध विश्वव्यापी पारस्परिक जुड़ाव से है

**5. वैश्वीकरण के बारे में कौन-सा कथन सही नहीं है?**

(a) वैश्वीकरण के समर्थकों का तर्क है कि इससे आर्थिक समृद्धि बढ़ेगी
(b) वैश्वीकरण के आलोचकों का तर्क है कि इससे आर्थिक असमानता और अधिक बढ़ेगी
(c) वैश्वीकरण के पैरोकारों (समर्थकों) का तर्क है कि इससे सांस्कृतिक समरूपता आएगी
(d) वैश्वीकरण के आलोचकों का तर्क है कि इससे सांस्कृतिक समरूपता आएगी

उत्तर (d) वैश्वीकरण के आलोचकों का तर्क है कि इससे सांस्कृतिक समरूपता आएगी

**6. विश्वव्यापी 'पारस्परिक जुड़ाव' क्या है? इसके कौन-कौन से घटक हैं?**

उत्तर विश्वव्यापी 'पारस्परिक जुड़ाव' से अभिप्राय उस स्थिति से है, जिसमें विश्व में रहने वाले विभिन्न लोग संचार माध्यमों द्वारा आपस में निकट आते हैं। संचार साधनों; जैसे—टेलीफोन, इंटरनेट, माइक्रोचिप आदि ने 'संचार क्रांति' को जन्म दिया है तथा यह सभी विश्वव्यापी जुड़ाव के प्रमुख घटक के रूप में सामने आए हैं। संचार क्रांति के परिणाम एवं प्रभावस्वरूप ही विश्व के किसी एक भाग में होने वाली घटना का प्रभाव विश्व के अन्य हिस्सों पर भी पड़ता है। पूँजी, वस्तु एवं लोगों के एक देश से दूसरे देश में आवागमन के साथ-साथ 'बर्डफ्लू' एवं 'सुनामी' जैसी घटनाएँ भी किसी एक देश तक सीमित नहीं रहतीं और ये सब विश्वव्यापी 'पारस्परिक जुड़ाव' का ही परिणाम हैं।

**7. वैश्वीकरण में प्रौद्योगिकी का क्या योगदान है?**

उत्तर वैश्वीकरण वह प्रक्रिया है, जिसके अंतर्गत वस्तु, पूँजी, विचार, व्यक्ति आदि का प्रवाह विश्व के एक भाग से अन्य भागों में होता है। वैश्वीकरण की इस प्रक्रिया के लिए कोई एक कारक जिम्मेदार नहीं है, लेकिन प्रौद्योगिकी को वैश्वीकरण का एक महत्त्वपूर्ण कारक माना जाता है, क्योंकि प्रौद्योगिकी के विकास के द्वारा ही संचार के क्षेत्र में क्रांति संभव हुई है। शुरुआत में विकसित हुई छपाई तकनीक ने राष्ट्रवाद की नींव रखी। प्रौद्योगिकी के विकास से ही विचार, व्यक्ति, पूँजी इत्यादि का आवागमन विश्व के प्रत्येक हिस्से में संभव हुआ। इसी प्रकार विश्व के किसी भी कोने में घटित हुई घटना वहीं तक सीमित न रहकर वैश्विक रूप धारण कर लेती है और यह सब प्रौद्योगिकी के निरंतर विकास द्वारा ही संभव हुआ है। प्रौद्योगिकी के विकास ने ही वैश्वीकरण के तीव्र फैलाव में महत्त्वपूर्ण योगदान दिया है।

**8. वैश्वीकरण के संदर्भ में विकासशील देशों में राज्य की बदलती भूमिका का आलोचनात्मक मूल्यांकन करें।**

उत्तर वैश्वीकरण के संदर्भ में विकासशील देशों में राज्य की बदलती भूमिका के संदर्भ में व्यापक प्रभाव पड़ा है। वैश्वीकरण की प्रक्रिया के दौर में विकासशील देश अपने निर्णय मजबूती के साथ लेने में असमर्थ रहते हैं अर्थात् वैश्वीकरण राज्य के हस्तक्षेप को कम करता है।

वर्तमान में पूरी दुनिया में कल्याणकारी राज्य की धारणा अब पुरानी पड़ गई है और उसकी जगह न्यूनतम हस्तक्षेपकारी राज्य ने ले ली है। इसके अंतर्गत राज्य का कार्य नागरिकों की सुरक्षा एवं कानून व्यवस्था को बनाए रखने तक सीमित हो गया है। एक प्रकार से राज्य ने लोक कल्याणकारी कार्यों से अपना हाथ पीछे खींच लिया है, जिनका लक्ष्य समाज कल्याण होता था उसकी जगह बाजार, आर्थिक और सामाजिक प्राथमिकताओं का प्रमुख निर्धारक बन गया है।

साथ ही विकासशील देशों में बहुत-से बहुराष्ट्रीय निगम अपने आपको पूर्ण रूप से स्थापित कर चुके हैं और उनकी भूमिका में भी वृद्धि हुई है, जिससे सरकारों के अपने दम पर फैसला लेने की क्षमता में कमी आई है। इसके पश्चात् भी राज्यों की अंतर्राष्ट्रीय स्तर पर होने वाली प्रतिद्वंद्विता में कोई कमी नहीं आई है। न ही राजनीतिक समुदाय के आधार के रूप में राज्य की प्रधानता को कोई चुनौती प्राप्त हुई है। सभी राज्य अपनी कानून व्यवस्था, राष्ट्रीय सुरक्षा जैसे दायित्वों को पूरा कर रहे हैं।

राज्यों का महत्त्व समाप्त नहीं हुआ है। वैश्वीकरण के फलस्वरूप राज्यों की ताकत में कुछ हद तक वृद्धि भी हुई है। राज्यों के हाथ में उन्नत प्रौद्योगिकी एवं तकनीकी साधन है, जिनका उपयोग कर वह नागरिकों के प्रति अपने कर्त्तव्यों को अच्छी तरह निभा सकता है। नई प्रौद्योगिकी एवं तकनीकी के परिणामस्वरूप राज्य पहले की अपेक्षा अधिक ताकतवर हुए हैं।

**9. वैश्वीकरण की आर्थिक परिणतियाँ क्या हुई हैं? इस संदर्भ में वैश्वीकरण ने भारत पर कैसे प्रभाव डाला है?**

उत्तर **वैश्वीकरण की आर्थिक परिणतियाँ** वैश्वीकरण के परिणामस्वरूप आर्थिक क्षेत्र में हुए परिवर्तनों को आर्थिक वैश्वीकरण के संदर्भ में समझा जाता है। वैश्वीकरण की आर्थिक परिणतियाँ निम्न प्रकार देखी जा सकती हैं

- आर्थिक वैश्वीकरण के माध्यम से विश्व के प्रत्येक देश के मध्य आर्थिक प्रवाह की गति में तीव्रता आती है। इस आर्थिक प्रवाह के अंतर्गत कुछ निर्णय स्वतंत्र रूप से एवं कुछ निर्णय शक्तिशाली राष्ट्रों तथा अंतर्राष्ट्रीय संस्थाओं के दबाव में लिए जाते हैं।
- वर्तमान समय में एक देश अन्य देशों में भी व्यापारिक निवेश कर सकता है। यह आर्थिक वैश्वीकरण का ही प्रभाव है, क्योंकि वैश्वीकरण के अंतर्गत देशों के मध्य आने वाली आर्थिक बाधाओं को कम किया जाता है, ताकि सभी देश अपना आर्थिक विकास कर सकें।
- वैश्वीकरण के प्रभावस्वरूप ही विश्व के विभिन्न देशों की सरकारों ने समान आर्थिक नीतियों को अपनाया है, लेकिन वैश्वीकरण का प्रभाव प्रत्येक देश में अलग-अलग रहा है।
- आर्थिक वैश्वीकरण ने विश्व को दो भागों में बाँट दिया है। इसके अंतर्गत कुछ लोगों का मानना है कि वैश्वीकरण से समाज के एक निश्चित वर्ग को लाभ होगा एवं सरकार पर निर्भर रहने वाले लोगों की स्थिति में गिरावट आएगी, इसलिए 'सामाजिक सुरक्षा कवच' को अपनाने की बात कही गई।
- वैश्वीकरण के समर्थकों का मानना है कि देश एवं लोगों की उन्नति के लिए आर्थिक वैश्वीकरण अपरिहार्य है। इनका मानना है कि इतिहास की धारा को अवरुद्ध नहीं करना चाहिए।

**भारत पर वैश्वीकरण का प्रभाव** स्वतंत्रता प्राप्ति के बाद औपनिवेशिक काल में हुए ह्रास एवं वर्ष 1991 में उत्पन्न हुए वित्तीय संकट से उभरने के लिए भारत ने आर्थिक सुधारों को अपनाया। इन नई आर्थिक नीतियों से संबंधित सुधारों के अंतर्गत विभिन्न क्षेत्रों से आयात पर शुल्कों में कमी की गई। आयात बाधाओं को दूर करते हुए आर्थिक हितों की पूर्ति की गई। भारत में इस आर्थिक वैश्वीकरण का विरोध विभिन्न क्षेत्रों के लोगों द्वारा किया जा रहा है, किंतु भारत के संदर्भ में आर्थिक वैश्वीकरण के परिणामों को लेकर कोई निर्णय या निष्कर्ष निकालना अत्यधिक जल्दबाजी का कार्य होगा, क्योंकि भारत के संदर्भ में आर्थिक वैश्वीकरण की अंतिम कसौटी ऊँची वृद्धि दर न होकर यहाँ के लोगों का साझा हित है।

**10. क्या आप इस तर्क से सहमत हैं कि वैश्वीकरण से सांस्कृतिक विभिन्नता बढ़ रही है?**

*अथवा* **वैश्वीकरण के सांस्कृतिक प्रभावों का मूल्यांकन कीजिए**

**CBSE 2019**

उत्तर सांस्कृतिक वैश्वीकरण के संदर्भ में इस तर्क से सहमति व्यक्त की जा सकती है कि वैश्वीकरण से सांस्कृतिक विविधता बढ़ रही है, क्योंकि वर्तमान में लोग अपने घरों में बैठे हुए भी सांस्कृतिक वैश्वीकरण से प्रभावित हो रहे हैं। लोगों के रहन-सहन, खान-पान, सोचने-समझने का तरीका इत्यादि सभी पर वैश्वीकरण का प्रभाव स्पष्ट रूप से दिखाई देता हैं, लेकिन वास्तव में वैश्वीकरण सांस्कृतिक विविधता की बजाय 'सांस्कृतिक समरूपता' को लेकर आता है, जिसके अंतर्गत शक्तिशाली देशों द्वारा अपनी संस्कृति को कमजोर देशों पर प्रत्यक्ष या अप्रत्यक्ष रूप से आरोपित किया जा रहा है।

विकासशील एवं तृतीय विश्व के लोग सांस्कृतिक वैश्वीकरण से तीव्र रूप से प्रभावित हो रहे हैं। इसके पश्चात् भी यह नहीं कहा जा सकता कि वैश्वीकरण के सांस्कृतिक परिणाम केवल नकारात्मक हैं, क्योंकि संस्कृति कोई जड़ वस्तु नहीं है। इसीलिए किसी एक संस्कृति का अन्य संस्कृति के संपर्क में आने पर उसका प्रभाव और बढ़ता है, जिससे चयन करने के अवसर एवं विकल्प बढ़ जाते हैं, इसे ही 'सांस्कृतिक विभिन्नीकरण' या 'सांस्कृतिक विविधता' कहा जाता है।

**11. वैश्वीकरण ने भारत को कैसे प्रभावित किया है और भारत कैसे वैश्वीकरण को प्रभावित कर रहा है?**

उत्तर औपनिवेशिक दौर में भारत ब्रिटेन की साम्राज्यवादी नीतियों के अंतर्गत आधारभूत वस्तुओं एवं कच्चे माल का निर्यातक तथा निर्मित वस्तुओं का आयातक देश था। स्वतंत्रता प्राप्ति के बाद भारत ने अपने पुराने अनुभवों से सीखते हुए 'आत्म निर्भरता एवं संरक्षणवाद' की नीति अपनाई, जिसके अंतर्गत यह निश्चित किया गया कि दूसरे देशों पर निर्भर रहने के स्थान पर देश के उत्पादक स्वयं अपनी वस्तुओं को बनाना सीखें तथा उत्पादित वस्तु का निर्यात न किया जाए।

इस संरक्षणवाद से कुछ चुनौतियाँ एवं समस्याएँ सामने आईं और स्वास्थ्य, आवास और प्राथमिक शिक्षा पर पर्याप्त ध्यान नहीं दिया गया तथा भारत में आर्थिक वृद्धि दर धीमी रही। वर्ष 1991 में आर्थिक सुधारों के अंतर्गत विभिन्न क्षेत्रों पर से आयात प्रतिबंध हटाकर तथा विदेशी निवेश को बढ़ावा देकर उच्च आर्थिक वृद्धि दर हासिल करने की योजना तैयार की गई।

भारत ने भी वैश्वीकरण को प्रभावित किया। नए आयात प्रतिबंधों, नई नीतियों, योजनाओं के अंतर्गत भारत ने वैश्विक व्यापार में अपनी स्थिति को मजबूत किया है। दूसरी तरफ भारत में वैश्वीकरण को लेकर विरोधात्मक प्रतिक्रियाएँ भी बहुत तेज हुई हैं, लेकिन इसके साथ ही वर्तमान समय में भारत विश्व में एक आकर्षक निवेशक के रूप में उभरा है। भारतीय अर्थव्यवस्था तेजी से उभरने वाली अर्थव्यवस्थाओं में दूसरे स्थान पर है, इससे भारत की स्थिति वैश्विक मंच पर सुदृढ़ हुई है।

# अभ्यास प्रश्न

## वस्तुनिष्ठ प्रश्न

### बहुविकल्पीय प्रश्न

**1. जिस प्रक्रिया के अंतर्गत विश्व के एक भाग के विचार, वस्तु, पूँजी और व्यक्ति का प्रवाह विश्व के अन्य भागों में होता है, कहलाता है**

(a) उदारीकरण (b) वैश्वीकरण (c) साम्यवाद (d) पूँजीवाद

उत्तर (b) वैश्वीकरण

**2. निम्न में से किसके विकास से यातायात एवं अन्य उन्नत तकनीकों का आविष्कार हुआ?**

(a) वैश्वीकरण (b) प्रौद्योगिकी
(c) कठिन परिश्रम (d) इनमें से कोई नहीं

उत्तर (b) प्रौद्योगिकी

**3. वर्ष 2017 में दक्षिण कोरिया की अर्थव्यवस्था का विश्व में कौन-सा स्थान था?** **CBSE 2025**

(a) पाँचवाँ (b) आठवाँ (c) ग्यारहवाँ (d) चौदहवाँ

उत्तर (c) ग्यारहवाँ

**4. निम्नलिखित में से कौन-सा एक वैश्वीकरण का मुख्य कारण है?** **CBSE 2023**

(a) संयुक्त राष्ट्रसंघ का गठन
(b) नई प्रौद्योगिकी का विकास
(c) विश्व बैंक की स्थापना
(d) भारत और चीन में अर्थव्यवस्था का उत्थान

उत्तर (b) नई प्रौद्योगिकी का विकास

**5. वैश्वीकरण प्रक्रिया के कारण राज्य के लोक कल्याणकारी स्वरूप का स्थान किसने ले लिया है?**

(a) मध्यस्थों ने (b) बाजार ने
(c) व्यापारियों ने (d) इनमें से कोई नहीं

उत्तर (b) बाजार ने

**6. सांस्कृतिक आयाम के अंतर्गत .......... एवं .......... को सम्मिलित किया जाता है।**

(a) सांस्कृतिक समरूपता, आर्थिक समरूपता
(b) सांस्कृतिक समरूपता, सांस्कृतिक विभिन्नीकरण
(c) आर्थिक समरूपता, सांस्कृतिक विभिन्नीकरण
(d) उपरोक्त में से कोई नहीं

उत्तर (b) सांस्कृतिक समरूपता, सांस्कृतिक विभिन्नीकरण

**7. निम्नलिखित में से कौन-सा/से कथन सही है/हैं?**

(a) सांस्कृतिक समरूपता का संबंध विभिन्न संस्कृतियों में विद्यमान सांस्कृतिक समानता से है
(b) सांस्कृतिक विभिन्नीकरण के अंतर्गत ही संस्कृतियाँ अपनी विशिष्ट विशेषताओं का आदान-प्रदान करती हैं
(c) विश्व की विभिन्न संस्कृतियों की विशेषताओं का आपस में एक-दूसरे से भिन्न होना सांस्कृतिक विभिन्नीकरण है
(d) उपरोक्त सभी

उत्तर (d) उपरोक्त सभी

**8. भारत में वैश्वीकरण का विरोध निम्नलिखित में से किसके द्वारा नहीं किया गया?** **CBSE 2025**

(a) वामपंथी दलों (b) दक्षिणपंथी दलों
(c) ट्रेड यूनियनों (d) बहुराष्ट्रीय कंपनियों

उत्तर (d) बहुराष्ट्रीय कंपनियों

**9. निम्नलिखित कथनों में से कौन-सा कथन सही है?**

(a) वैश्वीकरण एक तर्कसंगत मुद्दा है, जिसकी आलोचना संपूर्ण विश्व में हो रही है
(b) वैश्वीकरण विरोधी आंदोलनों द्वारा केवल वैश्वीकरण का विरोध किया गया
(c) नव-उदारवादी वैश्वीकरण के विरोध में वर्ल्ड सोशल फोरम एक वैश्विक मंच है
(d) उपरोक्त सभी

उत्तर (d) उपरोक्त सभी

**10. निम्नलिखित में से कौन-सा उदाहरण वैश्वीकरण के प्रभाव से संबंधित नहीं है?**

(a) रामधारी ने अपनी बेटी के लिए चीन में बनी साईकिल खरीदी
(b) जनार्दन विदेशी ग्राहकों के लिए कॉल सेंटर में काम करता है
(c) सारिका को नई नौकरियों के अवसर मिल रहे हैं
(d) किसान बहुराष्ट्रीय कंपनियों से महँगे बीज खरीदने से बच गए

उत्तर (d) किसान बहुराष्ट्रीय कंपनियों से महँगे बीज खरीदने से बच गए।

**11. निम्नलिखित कथनों पर विचार कीजिए तथा कूट की सहायता से सही उत्तर का चयन करें**

1. **वैश्वीकरण के प्रतिरोध के कारण विश्व व्यापार संगठन की मंत्रिस्तरीय बैठक में व्यापार के अनुचित नियमों का व्यापक विरोध हुआ।**
2. **वैश्वीकरण के विरोध में वर्ल्ड सोशल फोरम के अंतर्गत मानवाधिकार कार्यकर्ता, पर्यावरणविद्, युवा और महिला कार्यकर्ता संगठन सम्मिलित हैं।**
3. **दक्षिणपंथी मानते हैं कि वैश्वीकरण लोगों की आधारभूत संस्कृति में गिरावट कर उनको उनके पुराने मूल्यों एवं क्रियाकलापों से वंचित कर रहा है।**
4. **वैश्वीकरण विरोधी आंदोलन वैश्वीकरण की धारणा के विरोधी नहीं बल्कि वैश्वीकरण के किसी विशेष कार्यक्रम के विरोधी हैं।**

**कूट**

(a) 1, 2 और 3 (b) 1, 2 और 4
(c) 2, 3 और 4 (d) ये सभी

उत्तर (d) ये सभी

**12. निम्नलिखित कथनों पर विचार करें तथा कूट की सहायता से सही उत्तर का चयन करें**

1. ब्रिटिश साम्राज्यवादी नीतियों से सीख लेते हुए भारत ने संरक्षणवादी व्यवस्था को अपनाया।
2. भारत में वैश्वीकरण प्रक्रिया के अनुसार विभिन्न क्षेत्रों में लगे प्रतिबंधों को हटाया गया।
3. औद्योगिक श्रमिकों और किसानों के संगठनों मे बहुराष्ट्रीय निगमों के भारत में प्रवेश का विरोध किया।
4. वैश्वीकरण के दौरान भारत में अमेरिकी तथा यूरोपीय फार्मों द्वारा वनस्पतियों के पेटेंट कराए जाने का समर्थन किया गया।

**कूट**

(a) 1, 2 और 3 (b) 1, 3 और 4
(c) 2, 3 और 4 (d) ये सभी

उत्तर (a) 1, 2 और 3

**13. निम्नलिखित को कालक्रमानुसार व्यवस्थित कीजिए**

1. भारत में वैश्वीकरण की प्रक्रिया को अपनाया गया।
2. सिएट्ल में WTO की बैठक।
3. ब्राजील में वर्ल्ड सोशल फोरम की बैठक।
4. भारत में वर्ल्ड सोशल फोरम की बैठक।

**कूट**

(a) 3, 1, 2 (b) 1, 2, 3
(c) 2, 3, 1 (d) 1, 3, 2

उत्तर (b) 1, 2, 3

**14. सूची I को सूची II के साथ सुमेलित कीजिए**

| सूची I | सूची II |
|---|---|
| A. वर्ल्ड सोशल फोरम की पहली बैठक | 1. 2001 |
| B. नई आर्थिक नीति | 2. 1991 |
| C. सिएट्ल में विश्व व्यापार संगठन की बैठक | 3. 1999 |
| D. वर्ल्ड सोशल फोरम की चौथी बैठक | 4. 2004 |

**कूट**

| | A | B | C | D | | A | B | C | D |
|---|---|---|---|---|---|---|---|---|---|
| (a) | 1 | 2 | 3 | 4 | (b) | 1 | 2 | 4 | 3 |
| (c) | 2 | 3 | 1 | 4 | (d) | 4 | 3 | 2 | 1 |

उत्तर (a) 1 2 3 4

**15. सूची I को सूची II के साथ सुमेलित कीजिए**

| सूची I | सूची II |
|---|---|
| A. वैश्वीकरण की गति | 1. संचार और सूचना को सुलभ बनाना |
| B प्रौद्योगिकी | 2. विचार, पूँजी और वस्तुओं में तेजी |
| C. वैश्वीकरण | 3. विश्व के भागों के आर्पास जुड़ाव की समझ |
| D. मुद्रण तकनीक | 4. प्रारम्भिक राष्ट्रवादी चेतना |

**कूट**

| | A | B | C | D | | A | B | C | D |
|---|---|---|---|---|---|---|---|---|---|
| (a) | 2 | 1 | 4 | 3 | (b) | 1 | 2 | 4 | 3 |
| (c) | 4 | 2 | 3 | 1 | (d) | 2 | 1 | 3 | 4 |

उत्तर (a) 2, 1, 4, 3

**16. निम्नलिखित युग्मों में से कौन-सा युग्म सुमेलित नहीं है?**

(a) वर्ष 1999 में विश्व व्यापार संगठन की बैठक-सिएटल (अमेरिका)
(b) वर्ष 2001 मे वर्ल्ड सोशल फोरम की बैठक-पोर्टो अलगेरे (ब्राजील)
(c) वर्ष 2004 मे वर्ल्ड सोशल फोरम की बैठक-जकार्ता (इंडोनेशिया)
(d) वर्ष 2024 मे वर्ल्ड सोशल फोरम की बैठक-काठमांडु (नेपाल)

उत्तर (c) वर्ष 2004 मे वर्ल्ड सोशल फोरम की बैठक–जकार्ता (इडोनेशिया)

**निर्देश (प्र. सं. 17-21) नीचे दिए गए कथन एवं कारणों को ध्यानपूर्वक पढ़कर कूट की सहायता से सही उत्तर का चयन कीजिए**

(a) A और R दोनों सही हैं तथा R, A की सही व्याख्या है
(b) A और R दोनों सही हैं, परंतु R, A की सही व्याख्या नहीं है
(c) A सही है, किंतु R गलत है
(d) A गलत है, किंतु R सही है

**17. कथन (A) वैश्वीकरण एक व्यापक अवधारणा है।**

**कारण (R) वैश्वीकरण के अंतर्गत आर्थिक, राजनैतिक एवं सांस्कृतिक आदि दृष्टिकोण सम्मिलित होते हैं।**

उत्तर (a) वैश्वीकरण एक व्यापक अवधारणा है, जिसके अंतर्गत आर्थिक, राजनैतिक एवं सांस्कृतिक दृष्टिकोण सम्मिलित होते हैं। समकालीन वैश्वीकरण के संदर्भ में कहा जाता है कि वैश्वीकरण की गति एवं इसके प्रसार का धरातल वैश्वीकरण को महत्त्वपूर्ण बनाते हैं।

**18. कथन (A) वैश्वीकरण के राजनीतिक आयाम का संबंध सामान्य रूप से राज्य की परंपरागत संप्रभुता पर अंतर्राष्ट्रीय प्रभाव से है।**

**कारण (R) वर्तमान में वैश्वीकरण का सबसे महत्त्वपूर्ण आयाम कोई नहीं है।**

उत्तर (c) वैश्वीकरण के राजनीतिक आयाम का संबंध सामान्य रूप से राज्य की परंपरागत संप्रभुता पर अंतर्राष्ट्रीय प्रभाव से है। वर्तमान में वैश्वीकरण का सबसे महत्त्वपूर्ण आयाम आर्थिक आयाम है।

**19. कथन (A) वैश्वीकरण के कारण अब राष्ट्रों की सीमाओं की बाधा नहीं है।**

**कारण (R) लोगों का आवागमन एक सीमा से काफी अधिक बढ़ गया है।**

उत्तर (c) वैश्वीकरण के कारण अब राष्ट्रों की सीमाओं की बाधा नहीं रही है। इंटरनेट और कंप्यूटर से जुड़ी सेवाओं का विस्तार इसका उदाहरण है, लेकिन यह भी सही है कि वैश्वीकरण के कारण जिस सीमा तक वस्तुओं और पूँजी का प्रवाह बढ़ा है, उस सीमा तक लोगों का आवागमन नहीं बढ़ा है, क्योंकि विकसित देश अपनी वीजा नीति के माध्यम से अपनी राष्ट्रीय सीमाओं को बड़ी सतर्कता से अभेद्य बनाए रखते हैं।

**20. कथन (A) सांस्कृतिक वैश्वीकरण से अभिप्राय विश्व की सभी संस्कृतियों के परस्पर प्रभावों से है।**

**कारण (R) सांस्कृतिक वैश्वीकरण की प्रक्रिया के अंतर्गत एक संस्कृति अन्य संस्कृतियों की विशेषताओं को अपने में सम्मिलित नहीं करती।**

उत्तर (c) सांस्कृतिक वैश्वीकरण से अभिप्राय विश्व की सभी संस्कृतियों के परस्पर प्रभावों से है। सांस्कृतिक वैश्वीकरण की प्रक्रिया के अंतर्गत एक संस्कृति अन्य संस्कृतियों की विशेषताओं को अपने में सम्मिलित करती है।

**21.** **कथन (A) वैश्वीकरण की प्रक्रिया का प्रभाव संपूर्ण विश्व में एकसमान रहा है।**

**कारण (R) वैश्वीकरण के प्रभावस्वरूप राज्यों की परंपरागत प्रभुसत्ता शक्ति में कमी आई है।**

उत्तर (d) वैश्वीकरण की प्रक्रिया का प्रभाव संपूर्ण विश्व में एकसमान नहीं रहा है, बल्कि भिन्न-भिन्न देशों में इसके राजनीतिक, आर्थिक एवं सांस्कृतिक प्रभाव भिन्न-भिन्न रहे हैं। वैश्वीकरण के प्रभावस्वरूप राज्यों की परंपरागत प्रभुसत्ता शक्ति में कमी आई है।

**22.** **नीचे दो कथन दिए गए हैं।** **CBSE 2025**

**कथन I वैश्वीकरण एक बहुआयामी अवधारणा है।**

**कथन II वैश्वीकरण सांस्कृतिक समरूपता को बढ़ावा देता है।**

**उपर्युक्त कथनों के संदर्भ में, नीचे दिए गए विकल्पों में से सही उत्तर चुनिए**

(a) कथन I और कथन II दोनों सही है
(b) कथन I और कथन II दोनों गलत है
(c) कथन I सही है लेकिन कथन II गलत है
(d) कथन I गलत है लेकिन कथन II सही है

उत्तर (a) कथन I और कथन II दोनों सही हैं।

**23.** **दिए गए कार्टून में वैश्वीकरण के किस पहलू को दर्शाया गया है?**

(i) **दिए गए कार्टून में वैश्वीकरण के किस पहलू को दर्शाया गया है?**
(a) आर्थिक
(b) सांस्कृतिक
(c) राजनीतिक
(d) इनमें से कोई नहीं

उत्तर (b) सांस्कृतिक

(ii) **मैक्डोनॉल्डीकरण से क्या तात्पर्य है?**
(a) अमेरिकी संस्कृति का वैश्विक प्रसार
(b) मैक्डोनॉल्ड की संख्या में वृद्धि
(c) पूर्वी संस्कृति का प्रसार
(d) आर्थिक गति

उत्तर (a) अमेरिकी संस्कृति का वैश्विक प्रसार

(iii) **वैश्वीकरण के सांस्कृतिक प्रभावों को लेकर निम्नलिखित में से कौन-सा कथन सही है।**
(a) वैश्वीकरण का सांस्कृतिक प्रभाव केवल साकारात्मक होता है।
(b) वैश्वीकरण के कारण केवल आर्थिक और राजनीतिक दायरे मे ही परिवर्तन होता है, सांस्कृतिक प्रभाव नहीं होते।
(c) वैश्वीकरण से सांस्कृतिक समरूपता आती है, जिससे पश्चिमी संस्कृति का प्रभाव अन्य संस्कृतियों पर पड़ता है।
(d) वैश्वीकरण से सभी संस्कृतियाँ समान हो जाती है और विश्व-संस्कृति का उदय होता है।

उत्तर (c) वैश्वीकरण से सांस्कृतिक समरूपता आती है, जिससे पश्चिमी संस्कृति का प्रभाव अन्य संस्कृतियों पर पड़ता है।

(iv) **सांस्कृतिक समरूपता ……… का एक पहलू है।**
(a) उदारीकरण (b) पूँजीवाद
(c) वैश्वीकरण (d) निजीकरण

उत्तर (c) वैश्वीकरण

**24.**

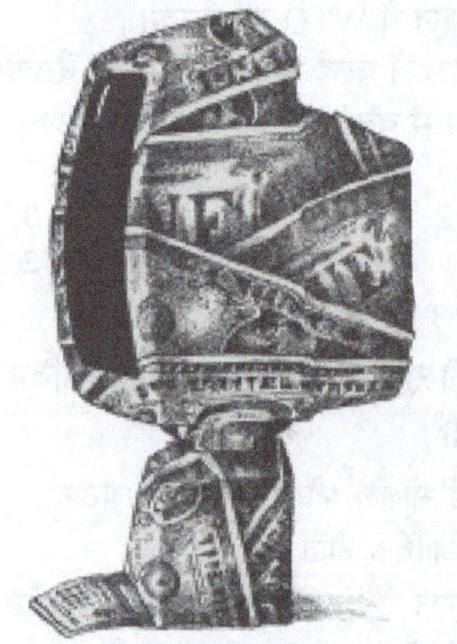

(i) **वैश्वीकरण का सबसे महत्त्वपूर्ण कारक किसे माना जा सकता है?**
(a) प्रौद्योगिकी विकास (b) तीव्र प्रवासन
(c) परिवहन का विकास (d) आर्थिक विकास

उत्तर (a) प्रौद्योगिकी विकास

(ii) **प्रौद्योगिकी विकास के संदर्भ में कौन-सा कथन सही नहीं है?**
(a) प्रौद्योगिकी विकास में राष्ट्रवाद की आधारशिला रखी
(b) प्रौद्योगिकी में वैचारिक सांस्कृतिक विस्तार की गति दी
(c) प्रौद्योगिकी विकास की पहुँच सभी जगह एक जैसी रही
(d) 'a' और 'c'

उत्तर (d) 'a' और 'c'

(iii) **प्रौद्योगिकी विकास का सर्वाधिक लाभ किसे हुआ ?**
(a) विकसित देशों को (b) विकासशील देशों को
(c) अल्प विकसित देशों को (d) इनमें से कोई नहीं

उत्तर (a) विकसित देशों को

(iv) **प्रौद्योगिकी में उत्तरोत्तर परिवर्तन ने वैश्वीकरण की भूमिका का विस्तार किया क्योंकि**
(a) वैश्विक आवागमन में सुविधा हुई
(b) लोगों की भूमिका सीमित हुई
(c) सरकार की भूमिका सीमित हुई
(d) उत्पादक -उपभोक्ता में नए संबंध उभरे

उत्तर (a) वैश्विक आवगमन में सुविधा हुई

## लघु उत्तरीय प्रश्न

**1. संरक्षणवाद क्या है? भारत के संदर्भ में इसके दो परिणाम बताइए।**

उत्तर संरक्षणवाद का अर्थ होता है किसी देश की आंतरिक अर्थव्यवस्था या उद्योगों को बाहरी प्रतिस्पर्द्धा से बचाने के लिए संरक्षण देना। औपनिवेशिक काल में भारत आधारभूत वस्तुओं तथा कच्चे माल का निर्यातक एवं निर्मित वस्तुओं का आयातक था, किंतु आजादी के पश्चात् भारत ने इस नीति के आयात पर प्रतिबंध लगाने के माध्यम से लागू किया। भारत के संदर्भ में संरक्षणवाद का उपयोग विशेष रूप से स्वदेशी उद्योगों और उत्पादकों की रक्षा के लिए किया गया है। भारत के संदर्भ में इसके दो परिणाम निम्नलिखित हैं

- भारत को व्यापारिक आत्मनिर्भरता प्राप्त करने में सहायता मिली।
- संरक्षणवाद के परिणामस्वरूप कुछ आवश्यक क्षेत्रः जैसे- शिक्षा स्वास्थ्य आदि उपेक्षित रहें, जिससे नई समस्याएँ उत्पन्न होने लगीं।

**2. भारत में वैश्वीकरण का विरोध किस सांस्कृतिक प्रभाव के कारण हुआ है। एक उदाहरण देकर स्पष्ट करें।**

उत्तर भारत में वैश्वीकरण का विरोध मुख्य रूप से सांस्कृतिक पहचान और परंपराओं के संरक्षण की भावना के कारण हुआ है। इसका एक प्रमुख कारण-पश्चिमी संस्कृति का प्रभाव है। वैश्वीकरण के साथ पश्चिमी देशों की जीवनशैली, फैशन, भोजन और मनोरंजन भारत में तेजी से लोकप्रिय हो गए। इसने भारतीय परंपराओं, रीति-रिवाजों और भाषाओं पर प्रतिकूल प्रभाव डालना शुरू किया। एक उदहारण के रूप में देखें तो भारत में जींस के ऊपर कुर्ता पहनना यह दर्शाता है। कि वैश्वीकरण ने भारत में परिधान संस्कृति को प्रभावित किया है।

**3. वर्ल्ड सोशल फोरम क्या है? इसके क्या कार्य हैं?**

उत्तर यह एक वैश्विक मंच है, जो सामाजिक न्याय, मानवाधिकार, पर्यावरणीय संरक्षण और आर्थिक समानता के मुद्दों पर ध्यान केंद्रित करता है। इसकी स्थापना वर्ष 2001 में ब्राजील के पोर्टो एलेग्रे शहर में हुई थी। यह उन संगठनों और व्यक्तियों के लिए एक मंच प्रदान करता है, जो नव उदारवाद, पूँजीवाद और साम्राज्यवाद जैसी आर्थिक और सामाजिक नीतियों का विरोध करते हैं एवं इसके प्रमुख कार्य निम्नलिखित हैं

- वर्ल्ड सोशल फोरम विभिन्न देशों के संगठनों, समाजसेवियों को एक मंच प्रदान करता है, जहाँ वे वैश्विक समस्याओं और उनके समाधानों पर चर्चा कर सकते हैं।
- यह आर्थिक असमानता, गरीबी, भेदभाव और सामाजिक अन्याय के विरुध आवाज उठाने के लिए एक अंतर्राष्ट्रीय मंच है।

**4. वैश्वीकरण ने किस प्रकार आपके जीवन को प्रभावित किया है? किन्हीं दो उपयुक्त उदाहरणों की सहायता से अपने उत्तर की पुष्टि कीजिए।** **CBSE 2025**

उत्तर वैश्वीकरण ने मेरे जीवन को कई तरह से प्रभावित किया है। पहला उदाहरण, मैं स्मार्टफोन के जरिए विश्वभर की जानकारी तुरंत प्राप्त कर सकता हूँ, जो तकनीकी प्रगति का परिणाम है। दूसरा, मुझे विदेशी ब्राण्डस और अंतर्राष्ट्रीय मनोरंजन देखने का अवसर मिलता है, जो वैश्विक बाजार और संस्कृति के प्रसार को दर्शाता है। इस प्रकार वैश्वीकरण ने मेरे जीवन को अधिक सुविधाजनक और विविधतापूर्ण बनाया है।

**5. आर्थिक वैश्वीकरण की हानियाँ बताइए।**

उत्तर आर्थिक वैश्वीकरण से जुड़ी कुछ प्रमुख हानियाँ निम्नलिखित हैं

- आर्थिक वैश्वीकरण के कारण गरीब देशों की आर्थिक स्थिति निम्न हुई है। साथ ही इन देशों के गरीब लोग और भी कमजोर स्थिति में आ गए हैं, जिससे अमीरी और गरीबी के बीच के अंतरों में वृद्धि हुई है।
- वैश्विक प्रतिस्पर्द्धा के कारण छोटे और स्थानीय उद्योगों को बड़ी विदेशी कंपनियों से मुकाबला करना मुश्किल हो जाता है, इससे स्थानीय व्यवसायों का अस्तित्व खतरे में पड़ सकता है।
- वैश्विक उत्पादन और व्यापार के विस्तार से प्रदूषण, प्राकृतिक संसाधनों का अत्यधिक दोहन और पर्यावरणीय नुकसान होता है।
- वैश्वीकरण के कारण कई देशों की अर्थव्यवस्था दूसरों पर निर्भर हो जाती है। यदि किसी देश में आर्थिक संकट आता है, तो इसका प्रभाव वैश्विक स्तर पर पड़ता है। जिससे अन्य देश भी प्रभावित होते हैं।

## दीर्घ उत्तरीय प्रश्न।

**1. वैश्वीकरण से क्या अभिप्राय है? इसके किन्हीं दो अच्छे एवं दो बुरे पहलुओं पर प्रकाश डालिए।**

उत्तर वैश्वीकरण वह प्रक्रिया है जिसके अंतर्गत विश्व के एक भाग के विचार, वस्तु, पूँजी और व्यक्ति का प्रवाह विश्व के अन्य भागों में होता है। वैश्वीकरण एक व्यापक अवधारणा है, जिसके अन्तर्गत आर्थिक, राजनैतिक और सांस्कृतिक दृष्टिकोण शामिल होते हैं।

वैश्वीकरण के दो अच्छे पहलू निम्नलिखित हैं

(i) आर्थिक क्षेत्र में वैश्वीकरण से विभिन्न देशों के बीच व्यापार बढ़ा है तथा वस्तुओं और पूँजी के प्रवाह में तेजी आई है।
(ii) प्रौद्योगिकी में विकास हुआ है तथा राज्य के हाथ में भी आधुनिक प्रौद्योगिकी के आने से राज्य की स्थिति मजबूत हुई है।

वैश्वीकरण के दो बुरे पहलू निम्नलिखित हैं

(i) वैश्वीकरण से अधिक शक्तिशाली देशों को कम शक्तिशाली देशों की अपेक्षा अधिक लाभ हुआ है।
(ii) 'राज्य की कल्याणकारी अवधारणा' का स्थान 'न्यूनतम हस्तक्षेपकारी राज्य' ने ले लिया है अर्थात् राज्यों की स्वतंत्र कार्यशक्ति में कमी आई है।

**2. वैश्वीकरण के लिए उत्तरदायी किन्हीं तीन कारकों का वर्णन कीजिए।**

*अथवा* **वैश्वीकरण के किन्हीं दो कारणों का विश्लेषण कीजिए। CBSE 2022**

उत्तर वैश्वीकरण के लिए मुख्य रूप से उत्तरदायी कारक निम्नलिखित हैं।

(i) **प्रौद्योगिकी का विकास** प्रौद्योगिकी वैश्वीकरण के लिए अपरिहार्य कारण सिद्ध हुई है। टेलीग्राफ, टेलीफोन, इंटरनेट, और माइक्रोचिप आदि के आविष्कार ने वैश्वीकरण की प्रक्रिया को गति प्रदान की है। इस संचार के साधनों ने विश्व के एक हिस्से में घटित घटनाओं को विश्व के अन्य हिस्सों में कुछ क्षणों में तीव्रता के साथ भेजने का कार्य किया है।

(ii) **आर्थिक कारक** व्यापार और गतिविधियों में वृद्धि ने पूंजी और वस्तुओं के अंतराष्ट्रीय प्रवाह को बढ़ावा दिया साथ ही बहुराष्ट्रीय कंपनियों ने दुनिया के विभिन्न हिस्सों में उत्पादन और विपणन को संगठित किया है।

(iii) **राजनीतिक कारक** 1990 के दशक के बाद उदारीकरण और निजीकरण के माध्यम से कई देशों ने अपनी अर्थव्यवस्थाओं को खोलकर विदेशी निवेश को आकर्षित किया। विश्व व्यापार संगठन विश्व मुद्रा कोष और विश्व बैंक जैसी संस्थाओं ने व्यापार और आर्थिक नीतियों को वैश्विक स्तर पर समन्वित किया है।

वैश्वीकरण का विकास विभिन्न कारकों के आपसी मेलजोल का परिणाम है। हालाँकि प्रौद्योगिकी ने इसे सबसे अधिक गति दी है, लेकिन आर्थिक राजनीतिक और सामाजिक परिवर्तन भी समान रूप से महत्त्वपूर्ण रहे हैं।

**3. वैश्वीकरण के संदर्भ में संपूर्ण विश्व एकमत नहीं है इस कथन की समीक्षा वामपंथी तथा दक्षिणपंथी विचारधारा को ध्यान में रखकर करिए।**

**"वैश्वीकरण की प्रक्रिया में जहाँ लाभों की श्रृंखला का विकास दिखता है वहीं दूसरी और आलोचनाओं की सूची दिखाई देती है।" वैश्वीकरण की आलोचनात्मक पहलुओं की चर्चा कीजिए।**

उत्तर आर्थिक वैश्वीकरण, वैश्वीकरण का सबसे बड़ा भाग तथा सर्वाधिक महत्त्वपूर्ण पहलू है। इसके समर्थकों ने अपने तर्कों से सिद्ध करने का प्रयत्न किया है कि आर्थिक वैश्वीकरण के सकारात्मक प्रभाव अधिक हैं, जिन्हें निम्न बिंदुओं द्वारा समझा जा सकता है

- वैश्वीकरण प्रक्रिया के परिणामस्वरूप विश्व के विभिन्न देशों के बीच आर्थिक प्रवाह में तीव्र वृद्धि हुई है। फलतः इस प्रक्रिया से समृद्धि बढ़ी है तथा खुलेपन के कारण जनसंख्या के बड़े भाग की खुशहाली में वृद्धि हुई है।
- आर्थिक वैश्वीकरण के समर्थकों का मानना है कि आर्थिक वैश्वीकरण अति आवश्यक है, क्योंकि वैश्वीकरण से होने वाली व्यापारिक वृद्धि से प्रत्येक देश को बेहतर प्रदर्शन करने का अवसर प्राप्त होता है, जिससे संपूर्ण विश्व को लाभ पहुँचता है।

**4. वर्ष 1999 में सिएट्ल में हुए विरोध के कारण बताइए।**

उत्तर यह विरोध वाशिंगटन डी.सी. के सिएटल में विश्व व्यापार संगठन के मंत्री स्तरीय सम्मेलन के दौरान हुआ। इसमे विभिन्न संगठनों और समूहों जैसे-श्रमिक संघों, छात्र संगठनों और सरकारी संगठनों, अंतर्राष्ट्रीय कृषि और औद्योगिक श्रमिकों अराजकतावादी और अन्य समाजिक सगठनों ने भाग लिया। सिएटल विरोध के प्रमुख कारण निम्न प्रकार हैं।

- आर्थिक रूप से शक्तिशाली देशों द्वारा व्यापार के अनुचित नियमों और तरीकों को अपनाने को लेकर यह विरोध हुआ।
- विरोधियों ने विकसित देशों पर यह आरोप लगाया था कि वैश्विक अर्थव्यवस्था के साझा हितों में विकासशील देशों का ध्यान नहीं रखा गया है।
- विकसित देश और वैश्विक आर्थिक संस्थाएँ मिलकर व्यापार नियमों के माध्यम से गरीब देशों का शोषण कर रहे हैं।
- विरोधियों का कहना था कि विश्व व्यापार संगठन जैसी संस्थाओं के अनुचित नियमों के कारण विकसित देश और विकासशील देशों के मध्य और गहरी खाई हो गई है।

**5. वैश्वीकरण के किन्हीं तीन लाभों की व्याख्या उदाहरण देकर कीजिए।**

*अथवा* **वर्तमान विश्व पर वैश्वीकरण के सकारात्मक प्रभावों की व्याख्या कीजिए।**

*अथवा* **वैश्वीकरण के किन्हीं तीन लाभों का मूल्यांकन कीजिए। CBSE 2022**

उत्तर वैश्वीकरण एक ऐसी प्रक्रिया है, जिसमें विभिन्न देशों की अर्थव्यवस्थाएँ समाज और संस्कृतियाँ आपस में एकीकृत होती हैं। इसका प्रभाव विश्व के हर क्षेत्र में देखा जा सकता है। वैश्वीकरण के प्रमुख लाभ निम्नलिखित हैं।

(i) वैश्वीकरण के कारण अंतर्राष्ट्रीय व्यापार और निवेश में वृद्धि हुई है। कंपनियाँ अब वैश्विक स्तर पर काम कर सकती हैं और उन्हें बड़े बजारों तक पहुँच प्राप्त होती है। भारतीय आईटी कंपनियों ने वैश्वीकरण के कारण विदेशी बाजारों में अपनी सेवाएँ दी, जिससे भारतीय अर्थव्यवस्था को बढ़ावा मिला।

(ii) वैश्वीकरण ने तकनीकी और वैज्ञानिक नवाचार को बढ़ावा दिया है। देशों मे बीच तकनीकी ज्ञान का आदान-प्रदान हुआ है, जिससे विकासशील देशों को लाभ हुआ। इंटरनेट और कंप्यूटर तकनीक का तेजी से फैलाव वैश्वीकरण का ही परिणाम है, जिसने संचार को आसान और सस्ता बना दिया।

(iii) वैश्वीकरण विभिन्न संस्कृतियों को एक-दूसरे के करीब लाया है। इससे कला, संगीत, ,खानपान और विचारों का आदान-प्रदान हुआ हैं। भारतीय योग और बॉलीवुड फिल्मों की लोकप्रियता पूरे विश्व में बढ़ी है, जबकि पश्चिमी फास्ट-फूड और फैशन ने भारत में अपनी जगह बनाई।

वैश्वीकरण ने आर्थिक, तकनीकी और सांस्कृतिक विकास में महत्त्वपूर्ण भूमिका निभाई है। हालाँकि इसके कुछ नकारात्मक प्रभाव भी हो सकते हैं, लेकिन इसका सकारात्मक प्रभाव विश्व के विकास में अधिक महत्त्वपूर्ण है।

**6. भारत में वैश्वीकरण का प्रतिरोध करने के किन्हीं तीन आधारों का आकलन कीजिए। CBSE 2014**

अथवा **वैश्वीकरण के प्रतिरोध के किन्हीं तीन कारणों की व्याख्या कीजिए।**

उत्तर वैश्वीकरण के प्रतिरोध के तीन कारण निम्नलिखित हैं **CBSE 2020**

(i) वैश्वीकरण की प्रक्रिया ने संपूर्ण विश्व्र को प्रत्येक क्षेत्र में प्रभावित किया है। राजनीतिक, आर्थिक और सांस्कृतिक क्षेत्र में इस प्रक्रिया के विभिन्न परिणाम सामने आए हैं। वैश्वीकरण की प्रक्रिया ने भारत को भी प्रभावित किया है। इस प्रक्रिया का विरोध भी किया जाता रहा है।

(ii) भारत का सामाजिक आंदोलन भी वैश्वीकरण की प्रक्रिया के विरोध का एक हिस्सा रहा है। आर्थिक वैश्वीकरण के विरोध में राजनीतिक दलों ने वामपंथी विचारधारा को उठाया है तथा इंडियन सोशल फोरम की ओर से भी यह आवाज तीव्र हुई है।

(iii) अंतरराष्ट्रीय निगमों के प्रवेश को लेकर औद्योगिक श्रमिकों और किसानों के संगठनों ने अपना विरोध दर्ज किया है। 'नीम' तथा अन्य वनस्पतियों को पेटेंट कराने के लिए अमेरिकी और यूरोपीय कंपनियों के प्रयासों का भी विरोध किया जा रहा है। दक्षिणपंथी राजनीतिक विचारधारा के समर्थक, वैश्वीकरण के कारण उत्पन्न विभिन्न सांस्कृतिक प्रभावों का विरोध कर रहे हैं। इसके अंतर्गत केवल नेटवर्क, विदेशी टीवी चैनलों, वैलेंटाइन-डे मनाना तथा स्कूल-कॉलेज के छात्र-छात्राओं का पश्चिमी वस्त्रों के प्रति बढ़ता रुझान शामिल है।

**7. "वैश्वीकरण के कारण सत्ता राष्ट्र-राज्यों के स्थान पर वैश्विक उपभोक्ताओं के हाथ में आ गई है।" इस कथन की पुष्टि कीजिए।**

उत्तर वैश्वीकरण की समकालीन प्रक्रियाओं के अंतर्गत उसके राजनीतिक प्रभाव ज्यादा अहम है। राज्य की संप्रभुता की परंपरागत धारणा पर वैश्वीकरण का प्रभाव ज्यादा व्यापक है। वैश्वीकरण ने राज्यों की भूमिका और क्रियाकलापों में व्यापक परिवर्तन किए हैं, जिसके कारण राज्यों की कार्यक्षमता में कमी हुई है तथा 'राज्य की लोक कल्याणकारी अवधारणा' का स्थान न्यूनतम हस्तक्षेपकारी राज्य ने ले लिया है।

लोक कल्याणकारी राज्य की जगह बाजार आर्थिक और सामाजिक प्राथमिकताओं का प्रमुख निर्धारक बन गया है। व्यापार राज्य के द्वारा निर्धारित न होकर उपभोक्ताओं और बाजार नियामक क्रियाओं द्वारा निर्धारित होता है। उपभोक्ताओं के द्वारा ही आर्थिक वैश्वीकरण की अधिकांशतः क्रियाएँ निष्पादित की जा रही हैं। अतः स्पष्ट है कि उपभोक्तावादी अवधारणा को विकसित करने में वैश्वीकरण ने प्रमुख योगदान दिया है।

**8. वैश्वीकरण में 'सांस्कृतिक समरूपता' की प्रक्रिया 'सांस्कृतिक विभिन्नीकरण' की ओर कैसे जाती है?**

उत्तर वैश्वीकरण की प्रक्रिया के सकारात्मक और नकारात्मक दोनों तरह के परिणाम सामने आए हैं। चूँकि संस्कृति कोई जड़ वस्तु नहीं है, इसलिए प्रत्येक संस्कृति समय के अनुसार बाह्य प्रभावों को स्वीकार करती है। वैश्वीकरण की प्रक्रिया से हमारी पसंद करने और चयन करने के क्षेत्र में या तो कमी आती है या इसका क्षेत्र बढ़ जाता है।

किसी एक संस्कृति के बहुत-से लोगों द्वारा स्वीकार किए जाने पर 'सांस्कृतिक समरूपता' की स्थिति आती है, लेकिन वैश्वीकरण से विभिन्न संस्कृति का दायरा भी बढ़ता है, इसलिए यह प्रक्रिया 'सांस्कृतिक समरूपता' से होती हुई 'सांस्कृतिक विभिन्नीकरण' की ओर अग्रसर हो जाती है।

**9. वैश्वीकरण के किन्हीं दो आर्थिक परिणामों की व्याख्या कीजिए।** **CBSE 2024**

उत्तर वैश्वीकरण के परिणामों पर विचार करते हुए हमें यह ध्यान रखना चाहिए कि प्रत्येक स्थान पर 'समान नीति' अपनाने पर समान परिणाम नहीं होते। विश्व के विभिन्न देशों में वैश्वीकरण के कारण सरकारों ने समान आर्थिक नीतियों को अपनाया है, किंतु इसके प्रभाव में भिन्नता आई है। इसलिए आर्थिक क्षेत्र में भी वैश्वीकरण के किसी सर्वमान्य निष्कर्ष के स्थान पर हमे संदर्भ-विशेष पर ध्यान देना होगा। किसी देश की अर्थव्यवस्था पर वैश्वीकरण के आर्थिक प्रभाव निम्नलिखित हैं

- वैश्वीकरण प्रक्रिया के प्रभावस्वरूप विश्व के विभिन्न देशों के बीच आर्थिक प्रवाह में तीव्र वृद्धि हुई है, किंतु इन आर्थिक प्रवाहों में कुछ प्रवाह स्वेच्छा से हुए, जबकि कुछ प्रभाव अंतर्राष्ट्रीय संस्थाओं एवं प्रभावशाली देशों के दबाव में हुए हैं, जिससे संबंधित देश प्रभाहित हुए हैं।
- वैश्वीकरण के कारण व्यापार प्रणाली सुगम हुई है तथा धनी देश के निवेशकर्ताओं के लिए विभिन्न देशों में निवेश करना आसान हो गया है।

**10. वैश्वीकरण के किन्हीं दो राजनीतिक परिणामों की व्याख्या कीजिए।** **CBSE 2024**

उत्तर वैश्वीकरण ने केवल आर्थिक सांस्कृतिक क्षेत्रों में ही नहीं बल्कि राजनीति के क्षेत्र में महत्त्वपूर्ण प्रभाव डाला है इसके दो प्रमुख राजनीतिक परिणाम निम्नलिखित हैं

(i) वैश्वीकरण के कारण राष्ट्र, राज्य की पारपरिक प्रभुसत्ता में कमी आई है। पहले सरकारें देश की आंतारिक और बाहरी नीतियों पर पूर्ण नियंत्रण रखती थी, लेकिन अब वैश्विक ताकते अंतर्राष्ट्रीय संस्थाएँ (जैसे विश्व व्यापार संगठन अंतर्राष्ट्रीय कोष) और वैश्विक बाजार इन नीतियों को प्रभावित करते हैं।

इस प्रक्रिया में सरकारों को अपनी लोक कल्याणकारी भूमिका में पीछे हटना पड़ता है। उनकी जगह न्यूनतम हस्तक्षेपकारी राज्य की अवधारणा ने ले ली हैं, जो केवल व्यापार और निवेश को सुविधाजनक बनाने पर ध्यान केंद्रित करता है।

भारत जैसे देशों में उदारीकरण और निजी की नीतियों का अपनाना वैश्वीकरण का परिणाम है। इसमें सरकार की भूमिका एक सहायक के रूप में सीमित हो गई है।

(ii) वैश्वीकरण ने बहुराष्ट्रीय कम्पनियों को अत्याधिक मजबूती प्रदान की है। इन कंपनियों का प्रभाव इतना बढ़ गया कि वे कई बार सरकारों की नीतियों को अपनी व्यावसायिक प्राथमिकताओं के अनुसार प्रभावित करती हैं। बहुराष्ट्रीय कंपनियों का विस्तार राष्ट्र-राज्य की स्वनिर्णयन शक्ति को कमजोर करता है। ये कंपनियाँ कर-नीतियों, व्यापार नियमों और पर्यावरणीय प्रतिबंधों पर दबाव डाल सकती हैं।

कई देशों में सरकारें बहुराष्ट्रीय कंपनियों को आकर्षित करने के लिए नियमों में ढील देती है, जो स्थानीय उद्योगों और समाजिक कल्याण योजनाओं पर नकारात्मक प्रभाव डाल सकता है।

**11. वैश्वीकरण के किन्हीं चार परिणामों की व्याख्या कीजिए।**

उत्तर वैश्वीकरण (Globalization) एक व्यापक प्रक्रिया है, जो आर्थिक, सामाजिक, सांस्कृतिक और राजनीतिक क्षेत्रों में अंतर्राष्ट्रीय संबंधों को बढ़ावा देती है। इसके चार मुख्य परिणाम निम्नलिखित हैं

(i) **आर्थिक परिणाम** वैश्वीकरण के माध्यम से देशों के बीच व्यापार बढ़ता है, जिससे वैश्विक स्तर पर अर्थव्यवस्था का विकास होता है। अंतर्राष्ट्रीय कंपनियों का उदय होता है, इसके फलस्वरूप, देश अपनी आर्थिक नीतियों को और अधिक प्रतिस्पर्द्धा तक बनाने के लिए विवश होते हैं।

(ii) **राजनीतिक परिणाम** वैश्वीकरण के चलते देशों के बीच राजनीतिक सहयोग और अंतराष्ट्रीय संगठनों की भूमिका बढ़ती है। यह देशों के बीच संधियों, समझौतों और मानवाधिकारों की रक्षा के लिए नए ढाँचे का निर्माण करता है।

(iii) **सांस्कृतिक परिणाम** वैश्वीकरण से विभिन्न संस्कृतियों का आपस में मेल-जोल होता है। जिससे सांस्कृतिक आदान-प्रदान होता है। इससे कुछ संस्कृतियाँ समृद्ध होती हैं, लेकिन कुछ संस्कृतियों का विलुप्त होना भी संभव है। इसके कुछ साथ ही सांस्कृतिक विविधता को बढ़ावा मिलता है, जिसमें नई संस्कृतिक का विकास होता है।

(iv) **पर्यावरणीय परिणाम** वैश्वीकरण का एक महत्त्वपूर्ण प्रभाव पर्यावरण पर भी पड़ता है। वैश्विक व्यापार और औद्योगीकरण के कारण पर्यावरण संकट, जलवायु परिवर्तन और जैव विविधता के संकत बढते हैं। इससे वैश्कि स्तर पर पर्यावरण संरक्षण के लिए नीतियों का निर्माण और सहयोग की आवश्यकता होती है।

अतः इन परिणामों के माध्यक से वैश्वीकरण ने विश्व को एक नई दिशा दी है।

## दीर्घ उत्तरीय प्रश्न II

**1. किसी देश की संस्कृति पर वैश्वीकरण के किन्हीं चार प्रभावों की व्याख्या कीजिए।** **CBSE 2020**

*अथवा* **वैश्वीकरण के सांस्कृतिक प्रभाव का वर्णन करें।**

उत्तर वैश्वीकरण के सांस्कृतिक प्रभावों को निम्न रूपों में समझा जा सकता है

- वैश्वीकरण द्वारा विश्व की संस्कृतियाँ व्यापक रूप से प्रभावित हुई हैं। लोगों की पसंद, खान-पान, विचार इत्यादि सभी वैश्वीकरण के प्रभावस्वरूप ही निर्धारित होते हैं। सांस्कृतिक क्षेत्र में वैश्वीकरण के बढ़ते प्रभावों के परिणामस्वरूप इस तथ्य को बल मिला है कि वैश्वीकरण से विश्व की संस्कृतियों को खतरा है। इससे सांस्कृतिक समरूपता की स्थिति उत्पन्न होने की संभावना बहुत तीव्र हो जाती है।
- कुछ विद्वान मानते हैं कि बर्गर अथवा जींस के बहुचर्चित होने का संबंध अमेरिकी जीवन-शैली के गहरे प्रभाव से है, क्योंकि कमजोर समाजों पर आर्थिक एवं राजनीतिक रूप से सशक्त संस्कृति अपना प्रभाव छोड़ती है।
- सांस्कृतिक वैश्वीकरण न केवल गरीब देशों के लिए, बल्कि संपूर्ण विश्व के लिए भी हानिकारक है, क्योंकि इससे संपूर्ण विश्व की सांस्कृतिक धरोहर को खतरा है।
- संस्कृति पर वैश्विकरण के कुछ सकारात्मक प्रभाव भी पड़े हैं; जैसे—जींस के ऊपर खादी का कुर्ता पहना जा रहा है तथा यह उसी देश को निर्यात भी किए जा रहे हैं, जिसने नीली जींस के प्रचलन को बढ़ाया है।

**2. किसी देश की अर्थव्यवस्था पर वैश्वीकरण के किन्हीं तीन प्रभावों का वर्णन करें।**

*अथवा* **किसी देश की अर्थव्यवस्था पर वैश्वीकरण के किन्हीं चार आर्थिक प्रभावों को उजागर कीजिए।**

*अथवा* **वैश्वीकरण के किन्हीं दो आर्थिक परिणामों की व्याख्या कीजिए।** **CBSE 2022**

उत्तर वैश्वीकरण के परिणामों पर विचार करते हुए हमें यह ध्यान रखना चाहिए कि प्रत्येक स्थान पर 'समान नीति' अपनाने पर समान परिणाम नहीं होते। विश्व के विभिन्न देशों में वैश्वीकरण के कारण सरकारों ने समान आर्थिक नीतियों को अपनाया है, किंतु इसके प्रभाव में भिन्नता आई है। इसलिए आर्थिक क्षेत्र में भी वैश्वीकरण के किसी सर्वमान्य निष्कर्ष के स्थान पर हमें संदर्भ-विशेष पर ध्यान देना होगा।

किसी देश की अर्थव्यवस्था पर वैश्वीकरण के आर्थिक प्रभाव निम्नलिखित हैं

(i) वैश्वीकरण प्रक्रिया के प्रभावस्वरूप विश्व के विभिन्न देशों के बीच आर्थिक प्रवाह में तीव्र वृद्धि हुई है, किंतु इन आर्थिक प्रवाहों में कुछ प्रवाह स्वेच्छा से हुए, जबकि कुछ प्रभाव अंतरर्ष्ट्रीय संस्थाओं एवं प्रभावशाली देशों के दबाव में हुए हैं, जिससे संबंधित देश प्रभावित हुए हैं।

(ii) वैश्वीकरण के कारण व्यापार प्रणाली सुगम हुई है तथा धनी देश के निवेशकर्ताओं के लिए विभिन्न देशों में निवेश करना आसान हो गया है।

(iii) आर्थिक वैश्वीकरण के फलस्वरूप संपूर्ण विश्व के देशों एवं लोगों के बीच अमीरी एवं गरीबी के बीच अंतर में वृद्धि हुई है।

(iv) आर्थिक वैश्वीकरण के कारण समूचे विश्व में जनमत व्यापक रूप से बँटता जा रहा है। आर्थिक वैश्वीकरण के कारण सरकारें अपनी जिम्मेदारियों के निर्वहन से पीछे हट रही हैं, जिससे सामाजिक न्याय से सरोकार रखने वाले लोगों पर व्यापक प्रभाव पड़ा है।

**3. वैश्वीकरण के संदर्भ में संपूर्ण विश्व एकमत नहीं है। इस कथन की समीक्षा वामपंथी तथा दक्षिणपंथी विचारधारा को ध्यान में रखकर करिए।**

उत्तर वैश्वीकरण के संदर्भ में वामपंथी और दक्षिणपंथी विचारधारा, वैश्वीकरण के प्रतिरोध से संबंधित है।

**वामपंथी विचारधारा** वामपंथी राजनीतिक विचार रखने वाले आलोचकों का तर्क है कि मौजूदा वैश्वीकरण विश्वव्यापी पूँजीवाद की एक विशेष अवस्था है, जो अमीरों को और अमीर तथा गरीबों को और गरीब बना रही है। राज्य के कमजोर हो जाने से गरीबों के हितों की रक्षा करने की उसकी क्षमता में कमी आती है।

**दक्षिणपंथी विचारधारा** दक्षिणपंथी विचारधारा के समर्थक वैश्वीकरण के राजनीतिक, आर्थिक और सांस्कृतिक प्रभावों को लेकर चिंतित हैं। राजनीतिक रूप में उन्हें राज्य के कमजोर होने की चिंता है और इसलिए वे कुछ क्षेत्र में 'आर्थिक आत्मनिर्भरता' और 'संरक्षणवाद' को अपनाने की माँग करते हैं। सांस्कृतिक रूप में उन्हें अपने सदियों पुराने जीवन मूल्यों और तौर-तरीकों के खो जाने की चिंता है। इस विचारधारा के समर्थकों ने केबल नेटवर्क के जरिए उपलब्ध कराए जा रहे विदेशी टी. वी चैनलों से लेकर वैलेंटाइन-डे मनाने तथा स्कूल-कॉलेज के छात्र-छात्राओं की पश्चिमी पोशाकों के लिए बढ़ती अभिरुचि का प्रबल विरोध किया है।

**4. वैश्वीकरण की किन्हीं तीन हानियों का विश्लेषण कीजिए।**

*अथवा* **वैश्वीकरण के विरुद्ध दुनियाभर से उठने वाले किन्हीं चार तर्कों का परीक्षण कीजिए।** **CBSE 2020**

*अथवा* **वैश्वीकरण के विरोध में किन्हीं चार कारणों को स्पष्ट कीजिए।** **CBSE 2022**

उत्तर वैश्वीकरण एक व्यापक बहस का मुद्दा है, जिसकी आलोचना संपूर्ण विश्व में हो रही है। वैश्वीकरण के संदर्भ में विभिन्न आलोचक, समूह, संगठन अपने-अपने तर्क प्रस्तुत करते हैं इनका वर्णन निम्न प्रकार है

(i) वैश्वीकरण के संदर्भ में वामपंथी राजनीति के समर्थकों के अनुसार वर्तमान में प्रचलित वैश्वीकरण प्रक्रिया वह आर्थिक प्रणाली है, जिसके अंतर्गत उत्पादन एवं वितरण के साधनों को लाभ कमाने के उद्देश्य से निजी उद्यमियों एवं कंपनियों द्वारा संचालित किया जाता है, जो पूँजीवादी व्यवस्था का ही एक रूप है। इसने अमीरों को अमीर तथा गरीबों को और गरीब बनाया है।

(ii) दक्षिणपंथी राजनीति के समर्थकों का मानना है कि वैश्वीकरण ने राज्य के राजनैतिक स्वरूप को कमजोर कर, राज्य की आर्थिक आत्मनिर्भरता एवं संरक्षणवादी व्यवस्था को हानि पहुँचाई है। इनका यह भी मानना है कि वैश्वीकरण लोगों की आधारभूत संस्कृति में गिरावट कर उनको उनके पुराने मूल्यों एवं क्रियाकलापों से वंचित कर रहा है।

(iii) वैश्वीकरण के कारण जिस सीमा तक वस्तुओं और पूँजी का प्रवाह बढ़ा है, उस सीमा तक लोगों का आवागमन नहीं बढ़ा है, क्योंकि विकसित देश अपनी वीजा नीति के माध्यम से अपनी राष्ट्रीय सीमाओं को बड़ी सतर्कता से अभेद्य बनाए रखते हैं। विकसित देश को यह भय बना रहता है कि दूसरे देशों के नागरिक विकसित देश में आकर उनके नागरिकों के नौकरी, व्यवसाय पर अधिकार न कर लें।

(iv) बहुत-से वैश्वीकरण विरोधी आंदोलनों द्वारा केवल वैश्वीकरण का विरोध किया गया, वैश्वीकरण के मूलभूत आधार का नहीं। इन्होंने वैश्वीकरण के विशेष क्रियाकलापों को साम्राज्यवाद का ही एक स्वरूप माना है।

(v) वैश्वीकरण के प्रतिरोध के कारण ही वर्ष 1999 में सिएट्ल में हुई विश्व व्यापार संगठन की मंत्रिस्तरीय बैठक में व्यापार के अनुचित नियमों का व्यापक विरोध हुआ। विरोधियों ने यह तर्क दिया था कि उदीयमान वैश्विक आर्थिक व्यवस्था में विकासशील देशों के हितों को समुचित महत्त्व नहीं दिया गया है।

## स्रोत आधारित प्रश्न

**नीचे दिए गए स्रोत का ध्यानपूर्वक अध्ययन कीजिए तथा दिए गए प्रश्नों के उत्तर दीजिए**

**1.** **"सांस्कृतिक समरूपता वैश्वीकरण का एक पहलू है, तो वैश्वीकरण से इसका उल्टा प्रभाव भी उत्पन्न हुआ है। वैश्वीकरण से हर संस्कृति कहीं ज्यादा अलग और विशिष्ट होती जा रही है। इस प्रक्रिया को सांस्कृतिक विभिन्नीकरण कहते हैं। इसका अर्थ यह नहीं कि संस्कृतियों के मेल-जोल में उनकी ताकत का सवाल गौण है, परंतु इस बात पर भी ध्यान देना चाहिए कि सांस्कृतिक प्रभाव एक तरफ नहीं होता।"**

(i) **सांस्कृतिक समरूपता किसका एक पहलू है?**

(a) वैश्वीकरण (b) राजनीतिकरण
(c) उदारवाद (d) इनमें से कोई नहीं

उत्तर (a) वैश्वीकरण

(ii) **सांस्कृतिक समरूपता का अर्थ विभिन्न संस्कृतियों में किस विचार से है।**

(a) विभेदीकरण (b) समानता
(c) असमानता (d) ये सभी

उत्तर (b) समानता

(iii) **सांस्कृतिक विभिन्नीकरण से आप क्य समझते हैं?**

उत्तर वैश्वीकरण की प्रक्रिया के कारण विभिन्न देशों की संस्कृति पहले से अधिक विशिष्ट और भिन्न होती जा रही है। इस प्रक्रिया को विभिन्नीकरण कहा गया है। इससे विभिन्न संस्कृतियों में आपसी मेल-जोल बढ़ा है।

**2.** **सबसे सीधा-सरल विचार यह है कि वैश्वीकरण के कारण राज्य की क्षमता यानी सरकारों को जो करना है उसे करने की ताकत में कमी आती है। पूरी दुनिया में कल्याणकारी राज्य की धारणा अब पुरानी पड़ गई है और इसकी जगह न्यूनतम हस्तक्षेपकारी राज्य ने ले ली है। राज्य अब कुछेक मुख्य कामों तक ही अपने को सीमित रखता है, जैसे कानून और व्यवस्था को बनाए रखना तथा अपने नागरिकों की सुरक्षा करना। इस तरह के राज्य ने अपने को पहले के कई ऐसे लोक कल्याणकारी कामों से खींच लिया है, जिनका लक्ष्य आर्थिक और सामाजिक कल्याण होता है। लोक कल्याणकारी राज्य की जगह अब बाजार आर्थिक और सामाजिक प्राथमिकताओं का प्रमुख निर्धारक है।**

(i) **लोक कल्याणकारी राज्य के स्थान पर कौन आर्थिक- सामाजिक प्राथमिकताओं का प्रमुख निर्धारक बन गया है?**

(a) राजनीति (b) बाजार
(c) आर्थिक भिन्नता (d) उपरोक्त में से कोई नहीं

उत्तर (b) बाजार

(ii) **निम्न में से कौन-सा कथन सही है?**

(a) संपूर्ण विश्व में कल्याणकारी राज्य की धारणा पुरानी हो गई है
(b) कल्याणकारी राज्य की धारणा के स्थान पर न्यूनतम हस्तक्षेप नीति आ गई है
(c) राज्य के कार्य अब सीमित हो गए हैं
(d) उपरोक्त सभी

उत्तर (d) उपरोक्त सभी

(iii) **वैश्वीकरण के दौर में राज्य की भूमिका ने किस तरह का स्थान ले लिया है?**

उत्तर वैश्वीकरण के दौर में राज्य की भूमिका लोक कल्याणकारी की जगह न्यूनतम हस्तक्षेपकारी राज्य ने ले ली है। इस न्यूनतम हस्तक्षेप ने वैश्विक बाजार में उत्पन्न प्रतिस्पर्धी में सकारात्मक बदलाव किया।

**3.** **हालाँकि वैश्वीकरण के लिए कोई एक कारक जिम्मेवार नहीं है फिर भी प्रौद्योगिकी अपने आपमें एक अपरिहार्य कारण साबित हुई है। इसमें कोई शक नहीं कि टेलीग्राफ, टेलीफोन और माइक्रोचिप के नवीनतम आविष्कारों ने विश्व के विभिन्न भागों के बीच संचार की क्रांति कर दिखाई है। शुरू-शुरू में जब छपाई (मुद्रण) की तकनीक आई थी तो उसने राष्ट्रवाद की आधारशिला रखी। इसी तरह आज हम यह अपेक्षा कर सकते हैं कि प्रौद्योगिकी का प्रभाव हमारे सोचने के तरीके पर पड़ेगा। हम अपने बारे में जिस ढंग से सोचते हैं और हम सामूहिक जीवन के बारे में जिस तर्ज पर सोचते हैं–प्रौद्योगिकी का उस पर असर पड़ेगा।** **CBSE 2019**

(i) **वैश्वीकरण में प्रौद्योगिकी का कौन-सा मुख्य योगदान है।**

(a) सूचना का आदान-प्रदान (b) जलवायु परिवर्तन
(c) राजनीतिक स्थिरता (d) जनसंख्या वृद्धि

उत्तर (a) सूचना का आदान-प्रदान

(ii) **निम्नलिखित में से कौन-सा एक कथन 'वैश्वीकरण' का सही कारण है?**

(a) इसका प्रारंभ अमेरिका के लोगों द्वारा हुआ ।
(b) प्रौद्योगिकी ने वैश्वीकरण को जन्म दिया
(c) शीतयुद्ध के कारण वैश्वीकरण प्रारंभ हुआ
(d) गुटनिरपेक्षता की नीति ने वैश्वीकरण को जन्म दिया

उत्तर (b) प्रौद्योगिकी ने वैश्वीकरण को जन्म दिया

(iii) प्रौद्योगिकी ने किस प्रकार वैश्वीकरण को सहायता प्रदान की?

उत्तर प्रौद्योगिकी के परिणामस्वरूप टेलीग्राफ, टेलीफोन और माइक्रोचिप के नवीनतम आविष्कारों ने विश्व के विभिन्न भागों के बीच संचार की क्रांति कर दिखाई है, जिसे वैश्वीकरण को सहायता मिली।

## मानचित्र आधारित प्रश्न

**1.** प्रश्न विश्व के दिए गए मानचित्र में कुछ/बिंदुओं को दर्शाया गया है। नीचे दी गई जानकारी के आधार पर इन बिंदुओं की पहचान कीजिए तथा इनके सही नाम से संबंधित क्रम संख्या और संबंधित वर्णमाला के साथ नीचे दिए गए प्रारूप के अनुसार लिखें।

| क्रम संख्या | मानचित्र में वर्णमाला | राज्य/राष्ट्र का नाम |
|---|---|---|
| | | |
| | | |

(i) विश्व व्यापार संगठन का मुख्यालय कहाँ है?
(ii) वर्ल्ड सोशल फोरम की प्रथम बैठक बहाँ हुई थी।
(iii) वर्ष 1999 में विश्व व्यापार संगठन की बैठक किस देश में हुई थी।

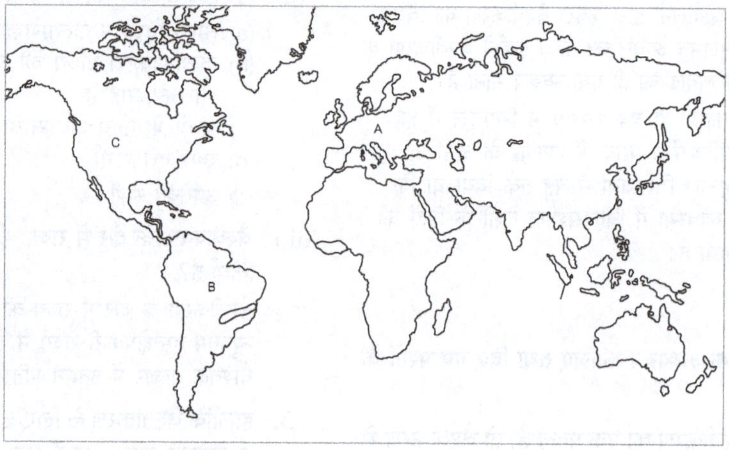


उत्तर

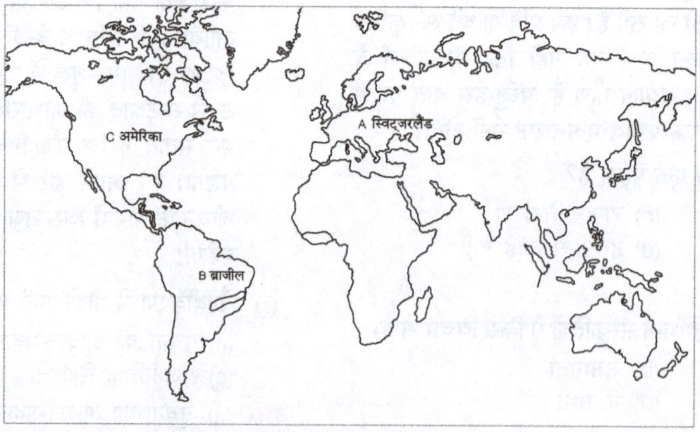


| क्रम संख्या | मानचित्र में वर्णमाला | राज्य/राष्ट्र का नाम |
|---|---|---|
| (i) | A | स्विट्जरलैंड |
| (ii) | B | ब्राजील |
| (iii) | C | अमेरिका |

# स्वयं को जाँचें

## वस्तुनिष्ठ प्रश्न

**1. ऐसी कंपनी, जो एक से अधिक देशों में अपनी आर्थिक गतिविधि चलाती है क्या कहलाती है?**

(a) एक राष्ट्र कंपनी
(b) बहुराष्ट्रीय कंपनी
(c) निजी कंपनी
(d) इनमें से कोई नहीं

**2. भारत में आर्थिक सुधार कार्यक्रम की शुरुआत कब हुई?**

(a) वर्ष 1968 (b) वर्ष 1978
(c) वर्ष 1981 (d) वर्ष 1991

**3. भारत में वैश्वीकरण का प्रतिरोध किनके द्वारा किया गया?**

(a) समूहों द्वारा (b) संगठनों द्वारा
(c) मंचों द्वारा (d) ये सभी

**4. सुमेलित कीजिए**

| सूची I | सूची II |
|---|---|
| A. 'वर्ल्ड सोशल फोरम' की पहली बैठक | 1. वर्ष 2004 |
| B. भारत में वैश्वीकरण की प्रक्रिया को अपनाया गया | 2. सिएट्ल |
| C. विश्व व्यापार संगठन की वर्ष 1999 में हुई बैठक | 3. वर्ष 2001 |
| D. 'वर्ल्ड सोशल फोरम' की मुंबई में हुई बैठक | 4. वर्ष 1991 |

**कूट**

| | A | B | C | D |
|---|---|---|---|---|
| (a) | 1 | 2 | 3 | 4 |
| (b) | 1 | 3 | 4 | 2 |
| (c) | 3 | 4 | 2 | 1 |
| (d) | 3 | 2 | 1 | 4 |

## लघु उत्तरीय प्रश्न

**6. वैश्वीकरण के किसी एक कारण को बताइए।**

**7. भारत में वैश्वीकरण को कब अपनाया गया?**

**8. ऐसा क्यों कहा जाता है कि वैश्वीकरण पुनः उपनिवेशीकरण है? इसे अपने शब्दों में समझाइए।**

**9. मैक्डोनॉल्डीकरण से क्या अभिप्राय है? व्याख्या कीजिए।**

**10. क्या आपके विचार से वैश्वीकरण ने सांस्कृतिक समरूपता या सांस्कृतिक विविधता दोनों को प्रभावित किया है?**

**11. वैश्वीकरण के आर्थिक प्रभाव के पक्ष में अपना तर्क दीजिए।**

**12. वैश्वीकरण की किन्हीं चार आलोचनाओं की व्याख्या कीजिए।**

**13. क्या वैश्वीकरण राज्य की संप्रभुता का हनन करता है। कैसे? अपने शब्दों में उत्तर दें।**

## दीर्घ उत्तरीय प्रश्न I

**14. वैश्वीकरण के प्रभाव के कारण सामाजिक न्याय से सरोकार रखने वाले लोग चिंतित हैं। इस संदर्भ में अपना तर्क प्रस्तुत कीजिए।**

**15. भारत द्वारा वैश्वीकरण को अपनाने के क्या कारण हैं? भारत में वैश्वीकरण के विरुद्ध हो रहे प्रतिरोध के कारणों को बताइए।**

**16. वैश्वीकरण के संदर्भ में विभिन्न आलोचक, समूह और संगठन अपने-अपने तर्क प्रस्तुत करते हैं। उनके विचारों का वर्णन कीजिए और यह समझाइए कि वैश्वीकरण के विरोध में दिए गए तर्क किन सामाजिक, आर्थिक और सांस्कृतिक मुद्दों पर आधारित हैं।**

**17. एक हफ्ते के अखबार पर नजर दौड़ाइए और वैश्वीकरण के विषय में जो कुछ छपा हो उसकी कतरन एकत्रित कीजिए।**

**18. आप या आपका परिवार बहुराष्ट्रीय कंपनियों के जिन उत्पादों का इस्तेमाल करता है उसकी एक सूची तैयार करें।**

## दीर्घ उत्तरीय प्रश्न II

**19. वैश्वीकरण के आर्थिक प्रभाव के सन्दर्भ में विभिन्न मतों का उल्लेख करते हुए इसके सकारात्मक और नाकारात्मक प्रभावों पर चर्चा करें।**

**20. वैश्वीकरण क्या है और यह किस प्रकार विभिन्न क्षेत्रों आर्थिक, समाजिक और राजनीतिक परिप्रेक्ष्य में प्रभाव डालता है? इसके साथ ही वैश्वीकरण के प्रमुख परिणामों की विस्तार से व्याख्या करें।**

# 01

## खण्ड (ख) स्वतंत्र भारत में राजनीति

अध्याय

# राष्ट्र निर्माण की चुनौतियाँ

स्वतंत्रता के पश्चात् भारत के सामने बड़ी चुनौती राष्ट्रीय एकता और अखंडता को सुनिश्चित करने की थी, क्योंकि आजादी बँटवारे की कीमत पर मिली थी। इसलिए इसके नकारात्मक प्रभाव अभी भी व्याप्त थे। इस अध्याय में राष्ट्र निर्माण की इन चुनौतियों के अंतर्गत भाषाई विविधता के अंतर्गत समन्वय, देशी रियासतों का समीकरण, सामाजिक विकास आदि का अध्ययन किया गया है।

### ▼ अध्ययन एक नजर में

1.1 एक नया राष्ट्र

1.2 विभाजन: विस्थापन और पुनर्वास

1.3 रियासतों का एकीकरण

1.4 राज्यों का पुनर्गठन

### ▼ अभ्यास के लिए

– बहुविकल्पीय प्रश्न 26 (युग्मित प्रश्न, चित्र आधारित प्रश्न, कथन/कारण, सुमेलित कीजिए)

– वर्णनात्मक प्रकार के प्रश्न (लघु उत्तरीय प्रश्न 3, दीर्घ उत्तरीय प्रश्न I 9,

– दीर्घ उत्तरीय प्रश्न II 7)

– स्रोत आधारित प्रश्न 4, मानचित्र आधारित 1

## 1.1 एक नया राष्ट्र

- लगभग 200 वर्षों तक ब्रिटेन के औपनिवेशिक शासन के अंतर्गत रहने के पश्चात् 14-15 अगस्त, 1947 की मध्य रात्रि को भारत को स्वतंत्रता मिली तथा इसका एक नए राष्ट्र के रूप में उदय हुआ। इसी समय अगस्त की मध्य रात्रि को भारत के प्रथम प्रधानमंत्री जवाहरलाल नेहरू ने संविधान सभा के एक विशेष सत्र को संबोधित किया था, जिसे 'भाग्यवधू से चिर-प्रतीक्षित भेंट' अर्थात् **ट्रिस्ट विद डेस्टिनी**[1] के नाम से जाना गया है।
- राष्ट्रीय आंदोलन के समय यह निर्णय लिया गया कि स्वतंत्रता के पश्चात् भारत निम्नलिखित लक्ष्यों पर कार्य करेगा; जैसे-
  - लोकतांत्रिक सरकार के माध्यम से देश को चलाना।
  - सरकार सभी के हितों के लिए कार्य करेगी, विशेषकर गरीब और सामाजिक रूप से वंचित समूहों के लिए।

### नए राष्ट्र-राज्य के लिए चुनौतियाँ

- स्वतंत्रता के साथ भारत एक राष्ट्र-राज्य बन गया, जिसको विभाजन की त्रासदी का सामना करना पड़ा। अत: भारत के लिए **राष्ट्र निर्माण**[2] एक कठिन कार्य था।
- स्वतंत्रता के पश्चात् भारत के सामने तीन प्रकार की चुनौतियाँ थीं। जिसका वर्णन इस प्रकार है

1 **ट्रिस्ट विद डेस्टिनी**, एक अभिव्यक्ति है, जिसका अर्थ- किसी ऐसी चीज के साथ गुप्त समझौता करना जो हमारे लिए नियत है।

2 **राष्ट्र निर्माण** इसका तात्पर्य किसी राष्ट्र के निर्माण या विकास से है, विशेष रूप से उस राष्ट्र से जो हाल ही में स्वतंत्र हुआ है।

(i) **विविधताओं के साथ भारत को एकजुट करना** स्वतंत्रता के पश्चात् पहली और सबसे महत्त्वपूर्ण चुनौती भारत के समक्ष यह थी कि सभी विद्यमान विविधताओं (धर्म, भाषा व संस्कृति) के साथ देश को एकजुट कैसे रखा जाए, क्योंकि पहले से यह धारणा थी कि संपूर्ण विविधताओं के साथ कोई भी राष्ट्र एकजुट नहीं रह सकता।

(ii) **दूसरी चुनौती लोकतांत्रिक शासन प्रणाली स्थापित करना** संविधान पर आधारित शासन प्रणाली को स्थापित करने की चुनौती थी। जिसके अंतर्गत सरकार के संसदीय स्वरूप की स्थापना, प्रतिनिधि लोकतंत्र की स्थापना तथा नागरिकों को वोट देने के अधिकार के साथ समानता के सिद्धांत का अनुपालन करना था।

(iii) **समाज का सर्वांगीण विकास** आर्थिक विकास तथा गरीबी उन्मूलन के लिए प्रभावी नीतियों को विकसित करने की थी। समाज कल्याण के इस दृष्टिकोण के अंतर्गत संविधान में निम्न प्रावधान शामिल किए गए हैं
- राज्य के नीति निदेशक सिद्धांत
- धार्मिक एवं सांस्कृतिक अल्पसंख्यकों को संरक्षण
- विशेष वर्ग के स्थान पर पूर्ण समाज का विकास

## 1.2 विभाजन : विस्थापन और पुनर्वास

- 14-15 अगस्त, 1947 की मध्य रात्रि को भारत तथा पाकिस्तान दो अलग स्वतंत्र राष्ट्र के रूप में अस्तित्व में आए। ऐसा तत्कालीन ब्रिटिश भारत के विभाजन के कारण हुआ। यह विभाजन उस प्रक्रिया का परिणाम था, जो 1940 के दशक में मुस्लिम लीग द्वारा प्रारंभ की गई थी।
- मुस्लिम लीग ने अपने कार्यक्रम में **द्वि-राष्ट्र सिद्धांत**[3] (Two Nation Theory) की बात की थी।
- इस सिद्धांत के अनुसार, भारत हिंदू और मुसलमान नामक दो समुदायों का देश था, इसलिए लीग ने मुसलमानों के लिए एक अलग देश पाकिस्तान की माँग की।
- कांग्रेस ने द्वि-राष्ट्र सिद्धांत तथा पाकिस्तान की माँग का विरोध किया। विभिन्न राजनीतिक बदलावों, कांग्रेस और मुस्लिम लीग के मध्य राजनीतिक प्रतिस्पर्द्धा एवं ब्रिटिश सरकार की भूमिका को देखते हुए पाकिस्तान की माँग को स्वीकार कर लिया गया।
- इस प्रकार ब्रिटिश भारत दो राष्ट्रों भारत और पाकिस्तान में विभाजित हो गया।

### विभाजन की प्रक्रिया

देश के विभाजन का आधार धार्मिक बहुसंख्या को बनाया गया। इसके अंतर्गत यह निश्चित किया गया कि जिन क्षेत्रों में मुस्लिम समुदायों (Muslims Community) की संख्या अधिक है वे क्षेत्र पाकिस्तान तथा शेष क्षेत्र भारत कहलाएगा।
विभाजन की प्रक्रिया में कुछ कठिनाइयाँ आईं, जिनका विवरण इस प्रकार है

(i) **मुस्लिम बहुल क्षेत्र का अभाव** ब्रिटिश भारत में एक भी क्षेत्र ऐसा नहीं था, जहाँ मुस्लिम बहुसंख्यक हों। हालाँकि तत्कालीन भारत में मात्र दो क्षेत्र ऐसे थे, जहाँ मुस्लिमों की आबादी थोड़ी अधिक थी। इनमें एक क्षेत्र पूर्व में (वर्तमान बांग्लादेश), जबकि एक क्षेत्र पश्चिम में (वर्तमान पाकिस्तान) था। इन दोनों क्षेत्रों को किसी भी प्रकार से जोड़ा नहीं जा सकता था। अत: यह निर्णय लिया गया कि पाकिस्तान में दो क्षेत्र शामिल किए जाएँगे, जिन्हें पश्चिमी पाकिस्तान एवं पूर्वी पाकिस्तान कहा जाएगा तथा दोनों के मध्य भारतीय भू-भाग विस्तृत रहेगा।

(ii) **मुस्लिम बहुल क्षेत्रों का पाकिस्तान में न जाना** मुस्लिम बहुल जनसंख्या वाले काफी क्षेत्र पाकिस्तान में शामिल होने को तैयार नहीं थे; जैसे—पश्चिमोत्तर सीमा प्रांत (वर्तमान बलूचिस्तान)। यहाँ के नेता खान अब्दुल गफ्फार खान (**सीमांत गाँधी**[4]) ने मुस्लिम लीग के द्वि-राष्ट्र सिद्धांत का विरोध भी किया, परंतु इस विरोध पर ध्यान नहीं दिया गया और पश्चिमोत्तर सीमा प्रांत को पाकिस्तान में शामिल मान लिया गया।

(iii) **पंजाब और बंगाल का विभाजन** ब्रिटिश भारत के अधीन मुस्लिम बहुल पंजाब तथा बंगाल के अंतर्गत अनेक हिस्सों में गैर-मुस्लिम बहुसंख्यक थे। अत: इन क्षेत्रों का विभाजन और भी कठिन था।
इस समस्या के समाधान के लिए यह निर्णय लिया गया कि विभाजन धार्मिक बहुसंख्यकों के आधार पर होगा। इसमें जिलों तथा उससे नीचे के प्रशासनिक क्षेत्रों और धार्मिक बहुसंख्यकों (तहसील व ब्लॉक) को आधार बनाया जाएगा। 14-15 अगस्त, 1947 की मध्य रात्रि तक यह फैसला नहीं हो पाया था। इसमें सबसे कठिन समस्या दोनों देशों की सीमाओं के अंतर्गत अल्पसंख्यकों की थी। पंजाब और बंगाल का बँटवारा विभाजन की सबसे बड़ी त्रासदी सिद्ध हुई।

---

3 द्वि-राष्ट्र सिद्धांत धार्मिक राष्ट्रवाद की एक विचारधारा है, इस सिद्धांत के मुताबिक, भारत में हिंदू और मुसलमान दो राष्ट्र हैं।

4 सीमांत गाँधी (Frontier Gandhi) पश्चिमोत्तर सीमा के निर्विवाद नेता खान अब्दुल गफ्फार खान को सीमांत गाँधी के नाम से जाना जाता है।

(iv) **अल्पसंख्यकों की समस्या** विभाजन की सबसे बड़ी समस्या अल्पसंख्यकों की थी। सीमा के दोनों तरफ अल्पसंख्यक थे, जो क्षेत्र अब पाकिस्तान में स्थित है वहाँ लाखों की संख्या में हिंदू और सिख आबादी थी। इसी प्रकार पंजाब और बंगाल तथा कुछ भाग दिल्ली के भारतीय भू-भाग में भी विभाजन के पश्चात् अपने ही भू-भाग में **अल्पसंख्यक**[5] विदेशी बन गए। दोनों तरफ के अल्पसंख्यकों पर हमले भी हुए। इनके पास अपने-अपने घरों को छोड़ने का ही एकमात्र रास्ता बचा था। कई बार उन्हें ऐसा कुछ समय के अंदर करने को विवश भी किया जाता था। इस प्रकार यह एक गंभीर समस्या थी।

- भारत में मुसलमान अल्पसंख्यकों की आबादी इतनी अधिक है कि वे चाहें तब भी यहाँ से कहीं और नहीं जा सकते। यह एक बुनियादी तथ्य है और इस पर कोई अँगुली नहीं उठाई जा सकती। पाकिस्तान चाहे जितना उकसावा दे या वहाँ के गैर-मुस्लिमों को अपमान और भय के जितने भी घूँट पीने पड़े, हमें अल्पसंख्यकों के साथ सभ्यता और शालीनता से पेश आना है। लोकतांत्रिक शासन व्यवस्था से हमें उन्हें नागरिक के अधिकार देने होंगे और उनकी रक्षा करनी होगी। यदि हम ऐसा करने में कामयाब नहीं होते तो यह नासूर बन जाएगा और पूरी राजव्यवस्था में जहर फैलाएगा और शायद उसको तबाह भी कर दे।

  **• जवाहरलाल नेहरू**

- हमें बहुसंख्यक और अल्पसंख्यक समुदायों की इन जटिलताओं को दूर करने की भावना से कार्य करना चाहिए। बहुसंख्यक और अल्पसंख्यक दोनों ही समुदायों में तरह-तरह के लोग शामिल हैं। यदि मुसलमान पठान, पंजाबी, शिया, सुन्नी आदि में बँटे हैं, तो हिंदू भी ब्राह्मण, वैष्णव, खत्री तथा बंगाली, मद्रासी आदि समुदायों में .........। पाकिस्तान में आप आजाद हैं, आप अपने मंदिर जाने के लिए आजाद हैं, आप भी अपनी मस्जिद में जाने या किसी भी अन्य पूजा स्थल पर जाने के लिए आजाद हैं। आपके धर्म आपकी जाति या विश्वास से राज्य को कुछ लेना-देना नहीं है। **• मुहम्मद अली जिन्ना**

## विभाजन के परिणाम

भारत विभाजन के फलस्वरूप आबादी का स्थानांतरण आकस्मिक था। वर्ष 1947 का इतिहास भय, हिंसा, तात्कालिक विस्थापन, सामूहिक हत्याओं, मानवता के विरुद्ध क्रूर हमले के रूप में चिह्नित है। इसके अतिरिक्त कई अन्य समस्याएँ भी थीं जिनका विवरण इस प्रकार है

- लाहौर, अमृतसर और कलकत्ता (कोलकाता) जैसे शहर **सांप्रदायिक केंद्र** (Communal Zone) बन गए।
- सीमा के दोनों तरफ के अल्पसंख्यकों को बड़ी विपत्ति का सामना करना पड़ा। इन्हें अपने घरों से भागना पड़ा और अस्थाई रूप से **शरणार्थी शिविरों**[6] (Refugee camp) में रहने के लिए विवश होना पड़ा।
- भारत और पाकिस्तान के लेखक, कवि तथा फिल्म निर्माताओं ने अपने उपन्यास, लघुकथा, कविता और फिल्मों में मार-पीट की नृशंसता, विस्थापन तथा हिंसा से उत्पन्न दु:खों को अभिव्यक्त किया है।
- विभाजन में सिर्फ संपदा, देनदारी और परिसंपत्तियों का ही बँटवारा नहीं हुआ, बल्कि इस विभाजन में दो समुदाय जो अब तक एक-दूसरे के पड़ोसी थे, हिंसा के शिकार हुए।
- वित्तीय संपदा के साथ-साथ कुर्सी, मेज, टाइपराइटर और वाद्ययंत्रों तक का बँटवारा हुआ।
- अब तक साथ-साथ रहते आए दो समुदायों का यह एक हिंसक और भयावह विभाजन था।

### चेक प्वॉइंट 1

1. जवाहर लाल नेहरू द्वारा दिए गए प्रसिद्ध भाषण का नाम क्या था?
2. राष्ट्र निर्माण की प्रक्रिया में पहली चुनौती क्या थी?
3. विभाजन का सबसे गहरा आघात किन दो राज्यों को हुआ?
4. उन शहरों के नाम बताइए, जो सांप्रदायिक क्षेत्र बन गए?
5. विभाजन के दौरान सीमा पार करने के बाद लोगों को कहाँ रहना पड़ा?

## 1.3 रियासतों का एकीकरण

ब्रिटिश काल में भारत में दो प्रकार के राज्य थे, जिनका विवरण इस प्रकार है

(i) ब्रिटिश प्रभुत्व वाले भारतीय प्रांत (British Indian Provinces), जो सीधे अंग्रेज सरकार के नियंत्रण में थे।
कुछ छोटे-बड़े राज्य थे, जिन्हें रजवाड़ा कहा जाता था। इन रजवाड़ों पर राजाओं का शासन था। इन रजवाड़ों ने ब्रिटिश कानून की अधीनता स्वीकार कर रखी थी तथा वे इसके अनुसार ही अपने राज्य का शासन चलाते थे।

---

5 **सांप्रदायिक केंद्र** वह क्षेत्र जहाँ एक धार्मिक समुदाय द्वारा दूसरे धार्मिक समुदाय का शोषण किया जाता है।

6 **शरणार्थी शिविर** ऐसे व्यक्ति जो किसी युद्ध या सामाजिक मुद्दों के कारण अपना घर या देश छोड़कर दूसरे स्थान पर जाते हैं।

(ii) **अंग्रेजी प्रभुत्व** वाले भारतीय प्रांत के अंतर्गत आने वाले भारत के लगभग एक-तिहाई भाग में रजवाड़े थे।

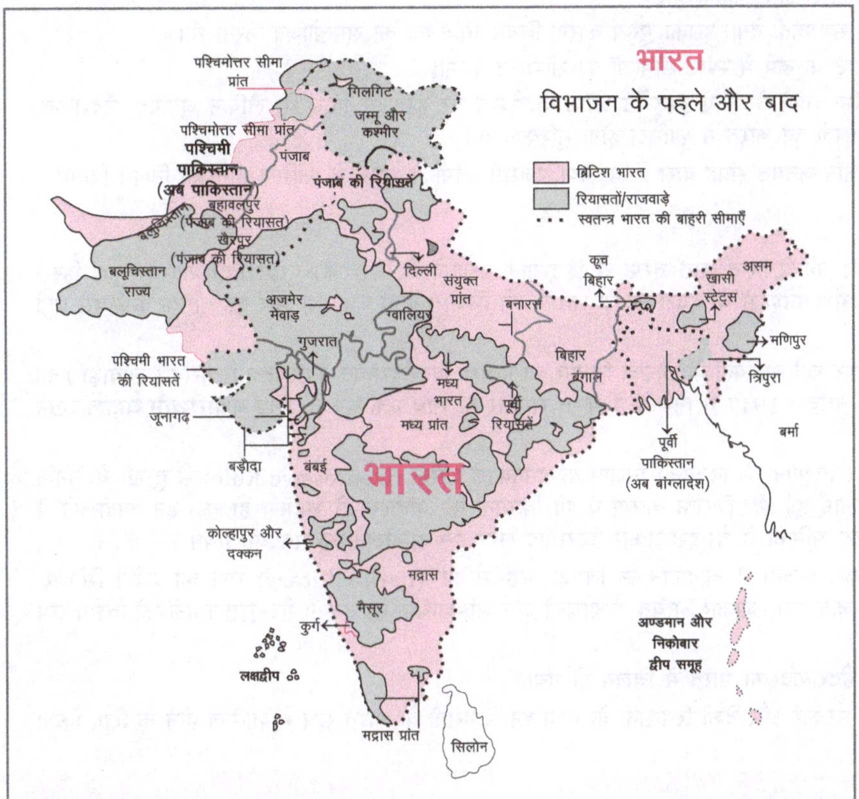


# रजवाड़ों के विलय में समस्या

- स्वतंत्रता से पहले **माउंटबेटन प्लान** के तहत ब्रिटिश शासन द्वारा यह घोषणा की गई थी कि भारत के ब्रिटिश प्रभुत्व वाले हिस्सों के साथ-साथ रजवाड़े भी स्वतंत्र हो जाएँगे, जिनकी संख्या 565 थी। ब्रिटिश शासन का यह भी कहना था कि **रजवाड़े**[7] अपनी इच्छानुसार भारत या पाकिस्तान में शामिल हो सकते थे या अपना स्वतंत्र अस्तित्व बनाए रख सकते थे।
- सर्वप्रथम त्रावणकोर के राजा ने अपने राज्य को आजाद (स्वतंत्र अस्तित्व) रखने की घोषणा की तथा इसके पश्चात् हैदराबाद के **निजाम**[8] ने भी इसी प्रकार की घोषणा की। भोपाल के नवाब संविधान सभा में शामिल नहीं होना चाहते थे अर्थात् वे भी अपने राज्य को आजाद रखना चाहते थे।
- रजवाड़ों के शासकों के व्यवहार से यह बात स्पष्ट हो गई कि आजादी के बाद हिंदुस्तान कई छोटे-छोटे देशों में बँट जाने वाला है।
- भारतीय स्वतंत्रता संग्राम का लक्ष्य एकता और आत्म-निर्णय के साथ-साथ लोकतंत्र का रास्ता अख्तियार करना था। यह स्थिति अपने आप में विचित्र थी।
- अधिकतर रजवाड़ों में शासन अलोकतांत्रिक तरीके से चलाया जाता था, और रजवाड़ों के शासक अपनी प्रजा को लोकतांत्रिक अधिकार देने के लिए तैयार नहीं थे।

## विलय के संबंध में सरकार का दृष्टिकोण

- कांग्रेस के नेता कभी भी विभाजन नहीं चाहते थे, इसलिए अस्थायी सरकार ने भारत को छोटी-छोटी रियासतों में विभाजित करने का कठिन रुख अपनाया। इन 565 रियासतों को भारतीय संघ में एकीकृत करना एक कठिन कार्य था। यद्यापि आज यह आसान प्रतीत होता है, लेकिन अपने आप में यह जटिल कार्य है। उदाहरण के तौर पर उडीसा में 26 और छत्तीसगढ़ में 15 छोटे रजवाड़े थे। सौराष्ट्र में 14 बड़े और 119 छोटे रजवाड़े एवं अनेक प्रशासनिक तंत्र थे।

---

7 रजवाड़े/रियासतें इन पर राजाओं का शासन था। राजा राज्य की अधीनता के अंतर्गत राज्य के घरेलू मामलों का शासन चलाते थे।

8 निजाम हैदराबाद के शासक को निजाम कहा जाता था।

- भारत को एक नया राष्ट्र बनाने के लिए आंतरिक सरकार ने तीन बातों पर विचार किया
  (i) वे रियासतें, जो भारतीय संघ में शामिल होना चाहती थीं।
  (ii) क्षेत्रीय माँगों वाले राज्यों को कुछ स्वायत्तता देना। इसका मुख्य कारण विचार विविधता को समायोजित करना था।
  (iii) राज्यों और भारत के बीच एक राष्ट्र के रूप में स्पष्ट सीमाओं का सीमांकन करना।
  - कई रियासतों ने भारत में शामिल होने के लिए **इंस्ट्रूमेंट ऑफ एक्सेशन** पर हस्ताक्षर किए थे, लेकिन जूनागढ़, हैदराबाद, कश्मीर और मणिपुर की रियासतों का भारत में शामिल होना मुश्किल था।
  - जूनागढ़ इस समस्या का समाधान जनमत संग्रह द्वारा किया गया, जिसमें लोगों ने भारत में शामिल होने का निर्णय किया।

## हैदराबाद का विलय

- हैदराबाद की रियासत बहुत बड़ी थी। यह रियासत चारों तरफ से हिंदुस्तानी इलाकों से घिरी थी। पुराने हैदराबाद के कुछ हिस्से वर्तमान के **महाराष्ट्र, कर्नाटक** तथा **आंध्र प्रदेश** में थे। हैदराबाद के शासक को **निजाम** कहा जाता था और वह दुनिया के सबसे धनी लोगों में शामिल था।
- प्रारंभ में हैदराबाद विलय के लिए तैयार नहीं था। यहाँ के शासक निजाम का मत था कि हैदराबाद को स्वतंत्र रियासत (रजवाड़ा) का दर्जा प्रदान किया जाए। इस संबंध में नवंबर, 1947 में निजाम ने भारत सरकार के साथ एक वर्ष के लिए **यथास्थिति बहाल** रखने संबंधी समझौता किया।
- हैदराबाद रियासत के लोग (विशेषकर तेलंगाना के किसान) निजाम के दमनकारी शासन (Oppressive Rule) से दु:खी थे। इनके दमन का सबसे अधिक शिकार महिलाएँ हुईं थीं, जिसके कारण ये भी किसानों के आंदोलन में शामिल हो गईं। इन आंदोलनों में कम्युनिस्ट और हैदराबाद कांग्रेस मुख्य भूमिका में थे। इस प्रकार हैदराबाद शहर इस आंदोलन का गढ़ बन गया।
- बदलती परिस्थितियों के परिणामस्वरूप निजाम ने आंदोलन के विरुद्ध अर्द्ध-सैनिक (Para-military) बल का प्रयोग सितंबर, 1948 में किया, जिसे **रजाकार** कहा जाता था। रजाकार अत्यंत अत्याचारी और सांप्रदायिक थे। उन्होंने गैर-मुसलमानों को विशेष रूप से अपना निशाना बनाया।
- निजाम के आत्मसमर्पण के साथ ही हैदराबाद का भारत में विलय हो गया।
- **यथास्थिति बहाली समझौता** भारत सरकार और देशी रियासतों के मध्य इन रियासतों के भारत संघ में शामिल होने के लिए किया गया समझौता।

### महात्मा गाँधी की शहादत

- महात्मा गाँधी ने 15 अगस्त, 1947 के दिन आजादी के किसी जश्न में भाग नहीं लिया। वे कोलकाता के उन क्षेत्रों में डेरा डाले हुए थे, जहाँ हिंदुओं और मुसलमानों के बीच भयंकर दंगे हुए थे।
- यद्यपि गाँधी जी की मौजूदगी से यहाँ काफी हद तक स्थिति में सुधार हुआ, किंतु यह स्थिति अधिक समय तक कायम न रह सकी। दंगे फिर भड़क उठे और गाँधी जी अमन कायम करने के लिए 'उपवास' पर बैठे।
- यहाँ शीघ्र ही दिल्ली में बड़े पैमाने पर हिंसा हुई थी। गाँधी की प्रार्थना सभा में बड़ी संख्या में लोग जुटते थे,
- अगले महीने गाँधीजी दिल्ली पहुँचे, वे दिल से चाहते थे कि मुसलमानों को भारत में गरिमापूर्ण जीवन मिले और उन्हें बराबर का नागरिक माना जाए।
- भारत की सरकार पाकिस्तान के प्रति अपनी वित्तीय वचनबद्धताओं को पूरा नहीं कर रही है, इस बात से वे अप्रसन्न थे, इन सभी बातों को सोचकर उन्होंने जनवरी 1948 में एक बार 'उपवास' रखना प्रारंभ कर दिया।
- दिल्ली में भी उनके उपवास का चमत्कारी असर हुआ, सांप्रदायिक तनाव और हिंसा में कमी हुई। दिल्ली और उसके आस-पास के क्षेत्रों के मुसलमान सुरक्षित अपने घर में वापस लौटने लगे।
- गाँधीजी के कार्यों से सभी खुश हों, ऐसी बात नहीं थी। हिंदू और मुसलमान दोनों ही समुदायों के अतिवादी गाँधीजी को दोष दे रहे थे।
- आखिरकार, 30 जनवरी, 1948 के दिन ऐसा ही एक अतिवादी नाथूराम विनायक गोड्से ने गाँधीजी पर तीन गोलियाँ चलाईं और गाँधीजी को मार दिया।
- इस तरह न्याय और सहिष्णुता को आजीवन समर्पित एक आत्मा का देहावसान हो गया।

### चेक प्वॉइंट 2

1. किस योजना में यह प्रस्तावित किया गया कि रियासतें भारत या पाकिस्तान में शामिल होने के लिए स्वतंत्र थीं?
2. वर्ष 1947 में निजाम ने किस समझौते पर हस्ताक्षर किए थे?
3. उस राज्य का नाम बताइए, जिसमें जून, 1948 में सबसे पहले चुनाव हुए थे?
4. रजाकार कौन थे ?

## 1.4 राज्यों का पुनर्गठन

- विभाजन एवं देसी रियासतों के विलय के साथ ही राष्ट्र निर्माण की प्रक्रिया का अंत नहीं हुआ, बल्कि भारतीय प्रांतों की आंतरिक सीमाओं को तय करने की नई चुनौती उभरकर सामने आई।
- प्रांतों की सीमाओं को इस प्रकार तय करने की चुनौती थी कि देश की भाषायी और सांस्कृतिक बहुलता प्रभावित न हो, साथ ही राष्ट्रीय एकता भी खंडित न हो।
- औपनिवेशिक शासन के समय प्रांतों की सीमाएँ प्रशासनिक सुविधा के अनुसार निर्धारित की गई थीं। जिसे राष्ट्रीय आंदोलन के नेताओं ने स्वीकार नहीं किया तथा भाषा के आधार पर राज्यों के पुनर्गठन का निर्णय किया।

### भाषा के आधार पर राज्यों का पुनर्गठन

- सर्वप्रथम वर्ष 1920 में कांग्रेस के नागपुर अधिवेशन में भाषा के आधार पर राज्यों के गठन की माँग की गई तथा इसके बाद से ही भारतीय राष्ट्रीय कांग्रेस ने भाषा को राज्यों के पुनर्गठन का आधार मान लिया था, किंतु आजादी और विभाजन के पश्चात् स्थितियाँ कुछ अलग थीं।
- देश के नीति-निर्माताओं ने भाषा के आधार पर राज्यों के पुनर्गठन को देश की अखंडता एवं व्यवस्था के लिए खतरा माना तथा इस मुद्दे को स्थगित कर दिया।
- इसके पश्चात् पुराने मद्रास प्रांत के तेलुगू-भाषी क्षेत्र के लोगों ने आंध्र प्रदेश नाम से अलग राज्य बनाने हेतु व्यापक आंध्र आंदोलन चलाया, जिसमें पोट्टी श्रीरामुलु की 56 दिनों की अनिश्चितकालीन भूख-हड़ताल के बाद मृत्यु हो गई।
- आंध्र आंदोलन के बाद वर्ष 1952 में सर्वप्रथम भाषा के आधार पर तेलुगू भाषा राज्य आंध्र प्रदेश का गठन (पूर्व के मद्रास प्रांत से) की घोषणा प्रधानमंत्री जवाहरलाल नेहरू द्वारा की गई।

### राज्य पुनर्गठन आयोग

- वर्ष 1953 में **राज्य पुनर्गठन आयोग** (State Reorganisation) का गठन किया गया, जिसका मुख्य कार्य राज्यों के गठन से संबंधित मामले पर विचार करना था। राज्य पुनर्गठन आयोग ने अपनी रिपोर्ट में कहा कि राज्य की सीमाओं का निर्धारण वहाँ बोली जाने वाली भाषा के आधार पर होना चाहिए।
- आयोग की रिपोर्ट के आधार पर ही वर्ष 1956 में राज्य पुनर्गठन अधिनियम संसद में पारित हुआ, जिसके अंतर्गत 14 राज्य तथा 6 केंद्रशासित प्रदेशों का गठन किया गया।
- इसके अतिरिक्त यह भी चिंता व्यक्त की गई कि इससे नए भाषायी राज्यों में अलगाववाद की भावना पनपेगी और नवनिर्मित भारतीय राष्ट्र पर दबाव बढ़ेगा। वहीं क्षेत्रीय माँगों को मानना और भाषा के आधार पर नए राज्यों का गठन करना एक लोकतांत्रिक कदम के रूप में देखा गया।
- भाषायी राज्य तथा इन राज्यों के गठन के लिए चले आंदोलनों ने लोकतांत्रिक राजनीति तथा नेतृत्व की प्रकृति को बुनियादी रूप में बदला है।
- राजनीति और सत्ता की भागीदारी का रास्ता सभी के लिए खुल गया जो अंग्रेजी नहीं जानते थे। इसके साथ ही राज्यों के लिए एक समरूप आधार भी मिला।
- सार्वभौमिक वयस्क मताधिकार किसी देश के प्रत्येक वयस्क नागरिक का बिना किसी भेदभाव के चुनाव में मतदान करने का अधिकार है।
- इस प्रकार, भाषाई राज्यों ने विविधता के सिद्धांत की स्वीकृति को रेखांकित किया। इसने इस तथ्य को और मजबूत किया कि लोकतंत्र विभिन्न विचारों और जीवन पद्धतियों की बहुलता है।

### सरदार वल्लभ भाई पटेल की भूमिका

- सरदार वल्लभभाई पटेल (1875-1950) आजादी के आंदोलन के नेताओं में से एक थे। ये कांग्रेस के प्रमुख नेता और महात्मा गाँधी के अनुयायी थे।
- ये खेड़ा सत्याग्रह (वर्ष 1918) तथा बारदोली सत्याग्रह (वर्ष 1928) के कुशल नेतृत्व के पश्चात् बड़े व लोकप्रिय नेता के रूप में उभरे। ये स्वतंत्र भारत के उप-प्रधानमंत्री और प्रथम गृहमंत्री बने।
- ये मौलिक अधिकार, अल्पसंख्यक, प्रांतीय संविधान आदि से संबंधित संविधान सभा की महत्त्वपूर्ण समितियों के सदस्य थे।
- इन्होंने स्वतंत्रता पश्चात् देशी रियासतों को भारत संघ में मिलाने अर्थात् राज्यों के एकीकरण में चतुर कूटनीति से महत्त्वपूर्ण भूमिका निभाई। इन्होंने हैदराबाद के खिलाफ कठोर कदम उठाया।
- स्वतंत्रता के समय देश की एकता और अखंडता को स्थापित करने के लिए राज्यों का एकीकरण बहुत बड़ी चुनौती थी।

**पोट्टी श्रीरामुलु** (1901-52)

- पोट्टी श्रीरामुलु एक अनुभवी गाँधीवादी कार्यकर्ता थे। उन्होंने सरकारी नौकरी को त्यागकर नमक सत्याग्रह में भाग लिया एवं व्यक्तिगत सत्याग्रह में भी इनकी भागीदारी थी।
- वे मद्रास प्रांत के मंदिरों को दलितों के लिए खोलने हेतु वर्ष 1946 में उपवास पर बैठे।
- आंध्र प्रदेश नाम से अलग राज्य बनाने के लिए उन्होंने 19 अक्टूबर, 1952 से आमरण अनशन शुरू किया। अनशन के चलते ही 15 दिसंबर, 1952 को उनकी मृत्यु हो गई।

## नए राज्यों का निर्माण

- भाषावार राज्यों को पुनर्गठित करने के सिद्धांत को मान लेने का अर्थ यह नहीं था कि सभी राज्य तत्काल भाषायी हो गए हैं। भाषा के आधार पर नए राज्यों का निर्माण करने के लिए एक प्रयोग द्वि-भाषी राज्य बंबई (मुंबई) के रूप में किया गया, जिसमें गुजराती और मराठी भाषा बोलने वाले लोग थे। एक जन आंदोलन के पश्चात् वर्ष 1960 में महाराष्ट्र और गुजरात राज्य बनाए गए।
- पंजाब में भी हिंदी भाषी और पंजाबी भाषी दो समुदाय थे। पंजाबी भाषी लोग अलग राज्य की माँग कर रहे थे। अन्य राज्यों की भाँति उनकी माँग वर्ष 1956 में नहीं मानी गई। वर्ष 1966 में पंजाबी-भाषा वाले क्षेत्रों को पंजाब राज्य का दर्जा दिया गया और पंजाब से अलग करके हरियाणा और हिमाचल प्रदेश नाम के दो नए राज्य बनाए गए।
- वर्ष 1972 में एक बार पुन: राज्यों के पुनर्गठन का एक बड़ा प्रयास पूर्वोत्तर में हुआ। असम से अलग करके वर्ष 1972 में मेघालय बनाया गया। इसी वर्ष मणिपुर और त्रिपुरा भी अलग राज्य के रूप में अस्तित्व में आए। अरुणाचल प्रदेश और मिजोरम वर्ष 1987 में अस्तित्व में आए, जबकि नागालैंड वर्ष 1963 में ही राज्य बन गया था। राज्यों के पुनर्गठन में भाषा को ही केवल आधार नहीं बनाया गया है।
- बाद के वर्षों में अनेक उप-क्षेत्रों ने अलग क्षेत्रीय संस्कृति अथवा विकास के मुद्दों में क्षेत्रीय असंतुलन के सवाल उठाकर अलग राज्य बनाने की माँग की। जिसके अंतर्गत तीन राज्य—झारखंड, छत्तीसगढ़ और उत्तरांचल (वर्तमान उत्तराखंड) को वर्ष 2000 में अलग किया गया और ये राज्य नए राज्यों के रूप में अस्तित्व में आए।
- 2 जून, 2014 को तेलंगाना भी एक नया राज्य बना। राज्यों के पुनर्गठन की समस्या वर्तमान में भी समाप्त नहीं हुई है। देश के अनेक क्षेत्रों में छोटे-छोटे क्षेत्र अलग राज्य बनाने की माँग को लेकर आंदोलन कर रहे हैं; जैसे—महाराष्ट्र में विदर्भ, पश्चिमी उत्तर प्रदेश में हरित प्रदेश और पश्चिम बंगाल के उत्तरी भाग में राज्य बनाने के लिए ऐसे आंदोलन चल रहे हैं।

**बाद के वर्षों में राज्यों का गठन निम्नानुसार हुआ है**

| | |
|---|---|
| वर्ष 1956 | राज्य पुनर्गठन अधिनियम पास हुआ। |
| वर्ष 1960 | महाराष्ट्र तथा गुजरात का गठन। |
| वर्ष 1963 | नागालैंड राज्य का गठन हिमाचल तथा हरियाणा राज्य का गठन। |
| वर्ष 1966 | हरियाणा राज्य का गठन। |
| वर्ष 1971 | हिमाचल प्रदेश का गठन |
| वर्ष 1972 | मेघालय, मणिपुर तथा त्रिपुरा राज्य का गठन। |
| वर्ष 1987 | अरुणाचल प्रदेश तथा मिजोरम राज्य का गठन। |
| वर्ष 2000 | झारखंड, उत्तराखंड, छत्तीसगढ़ राज्य का गठन। |
| वर्ष 2014 | तेलंगाना राज्य का गठन। |

### चेक प्वॉइंट 3

1. ब्रिटिशकाल में भारतीय राज्य क्षेत्रों की सीमाएँ किस आधार पर खींची गई थीं?
2. राज्य पुनर्गठन आयोग की नियुक्ति किस वर्ष की गई थी?
3. स्वतंत्र भारत के पहले उप-प्रधानमंत्री कौन थे?
4. किस गाँधीवादी कार्यकर्ता ने नमक सत्याग्रह में भाग लेने के लिए अपनी नौकरी छोड़ दी थी?
5. विदर्भ क्षेत्र कहाँ स्थित है?

# Mind Map

## राष्ट्र निर्माण की चुनौतियाँ

### 1 एक नया राष्ट्र-राज्य

- भारत 14-15 अगस्त, 1947 की मध्यरात्रि को एक स्वतंत्र राष्ट्र राज्य बन गया।
- जवाहरलाल नेहरू द्वारा प्रसिद्ध 'भाग्यवधू से चिर प्रतीक्षित भेंट' या 'ट्रिस्ट विद् डेस्टिनी' भाषण दिया गया।

**नए राष्ट्र की तीन चुनौतियाँ**
- भारत को समायोजित करना और एकजुट करना।
- लोकतंत्र की स्थापना करना।
- प्रभावी राजनीति विकसित करना।

### 2 विभाजन : विस्थापन और पुनर्वास

- द्विराष्ट्र सिद्धांत
- राजनीतिक प्रतिस्पर्द्धा (कांग्रेस बनाम, मुस्लिम लीग)
- ब्रिटिश हस्तक्षेप

**विभाजन के परिणाम**
- विस्थापन और शरणार्थी संकट
- सांप्रदायिक हिंसा
- समुदाय का विभाजन
- मानसिक प्रभाव
- विभाजन की प्रक्रिया
- धर्म के आधार पर विभाजन
- पश्चिम और पूर्वी पाकिस्तान का निर्माण
- अल्पसंख्यकों (हिंदू, सिख, मुस्लिम) के खिलाफ हिंसा

### 3 रजवाड़ों का विलय

**समस्या**
- माउण्टबेटन योजना 565 रियासतों को भारत या पाकिस्तान में शामिल होने या स्वतंत्र रहने की स्वतंत्रता थी।
- कुछ रियासतों ने स्वतंत्र रहने की घोषणा की (त्रावणकोर, हैदराबाद और भोपाल)।

**सरकार का नजरिया**
- कूटनीति और वार्ता
- विलय पत्र

**जूनागढ़, हैदराबाद और मणिपुर का विलय**
- जूनागढ़-जनमत संग्रह के माध्यम से भारत में विलय।
- हैदराबाद सैन्य कार्रवाई (ऑपरेशन पोलो) द्वारा अधिग्रहण।
- मणिपुर-विलय पत्र पर हस्ताक्षर जून, 1548 में चुनाव हुए और अंततः सितंबर 1949 में भारतीय संघ में विलय।

### 4 भाषा के आधार पर राज्यों का पुनर्गठन

- भारत में भाषाई विविधता।
- नागपुर अधिवेशन (1920) भारतीय राष्ट्रीय कांग्रेस (INC) ने भाषाई आधार पर राज्यों के गठन का वादा किया।

**मुख्य घटनाएँ**
- आंध्र प्रदेश की माँग (पोट्टी श्रीरामुलु का अनशन)
- आंध्र प्रदेश भाषा के आधार पर बनने वाला सर्वप्रथम राज्य।
- राज्य पुनर्गठन आयोग (1953) का गठन।
- 14 नए राज्य और 6 केंद्र शासित प्रदेश बनाए गए।

**नए राज्यों का निर्माण**
- 1960 महाराष्ट्र और गुजरात
- 1963 नागालैंड
- 1966 हरियाणा, पंजाब और हिमाचल प्रदेश
- 1972 मेघालय, मणिपुर और त्रिपुरा
- 2000 उत्तराखंड, झारखंड और छत्तीसगढ़
- वर्ष 2014 तेलंगाना

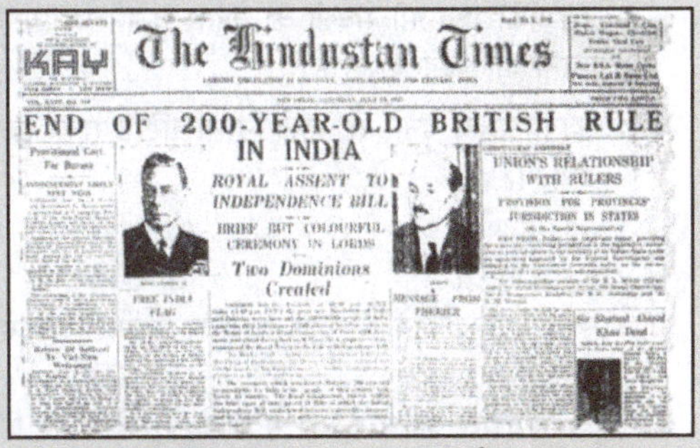
The Hindustan Times

END OF 200-YEAR-OLD BRITISH RULE IN INDIA

ROYAL ASSENT TO INDEPENDENCE BILL

BRIEF BUT COLOURFUL CEREMONY IN LORDS

Two Dominions Created

UNION'S RELATIONSHIP WITH RULERS

द हिंदुस्तान टाइम्स 19 जुलाई, 1947

शरणार्थियों से भरी एक ट्रेन 1947

# NCERT फोल्डर

## अध्याय के मध्य में दिए गए प्रश्न

**1. क्या जर्मनी की तरह हम लोग भारत और पाकिस्तान के बँटवारे को समाप्त नहीं कर सकते? मैं तो अमृतसर में नाश्ता और लाहौर में लंच करना चाहता हूँ।**

उत्तर जर्मनी की भाँति भारत और पाकिस्तान के बँटवारे को समाप्त करना संभव नहीं है, क्योंकि जर्मनी और भारत के विभाजन की परिस्थितियों में व्यापक अंतर है। जर्मनी का विभाजन विचारधारा और आर्थिक कारणों के आधार पर हुआ, जबकि भारत के विभाजन का आधार धर्म था अर्थात् भारत व पाकिस्तान का विभाजन धर्म के आधार पर हुआ, जिसमें धार्मिक कट्टरपंथिता की भावना विशेष महत्त्व रखती है। इस दृष्टिकोण से इस विभाजन को समाप्त करना या दोनों देशों का एकीकरण करना प्रायः असंभव कार्य है।

**2. क्या यह बेहतर नहीं होगा कि हम एक-दूसरे को स्वतंत्र राष्ट्र मानकर रहना और सम्मान करना सीख जाएँ?**

उत्तर राष्ट्रों के आपसी संबंधों में सुधार की प्रथम शर्त यही मानी जाती है कि हम एक-दूसरे को स्वतंत्र राष्ट्र मानकर उनका सम्मान करें तथा अंतर्राष्ट्रीय सीमा-रेखा का सम्मान करें। प्रायः यह देखा गया है कि भारत और पाकिस्तान के बीच तनाव का मुख्य कारण दोनों देशों का एक-दूसरे के प्रति सम्मान की भावना का न होना तथा पाकिस्तान द्वारा भारतीय सीमा में घुसपैठ करना व आतंकवादी गतिविधियों को प्रोत्साहन देना माना जाता है। कश्मीर के मुद्दे पर पाकिस्तान का विभिन्न अंतर्राष्ट्रीय मंचों पर भारत के विरुद्ध दुष्प्रचार करना तथा भारत विरोधी नीति अपनाना दोनों देशों के संबंधों में कटुता उत्पन्न करता है। इस प्रकार आपसी संबंधों को बेहतर बनाने में एक-दूसरे का सम्मान करना अति आवश्यक है।

**3. स्वतंत्र राज्य बनने से पहले निम्नलिखित राज्य किन मूल राज्यों के अंग थे?**

(a) गुजरात (b) हरियाणा
(c) मेघालय (d) छत्तीसगढ़

उत्तर स्वतंत्र राज्य बनने से पहले ये राज्य निम्नलिखित मूल राज्यों के अंग थे

(a) **गुजरात** यह मूल रूप से बाम्बे प्रेसीडेंसी का हिस्सा था। 1 मई, 1960 को भाषायी आधार पर इसे महाराष्ट्र से अलग कर स्वतंत्र राज्य बनाया गया।

(b) **हरियाणा** यह मूल रूप से पंजाब राज्य का हिस्सा था। 1 नवंबर 1966 को भाषायी आधार पर इसे पंजाब से अलग कर स्वतंत्र राज्य बनाया गया।

(c) **मेघालय** यह मूल रूप से असम राज्य का हिस्सा था। 21 जनवरी, 1972 को इसे असम से अलग कर स्वतंत्र राज्य का दर्जा दिया गया।

(d) **छत्तीसगढ़** यह मूल रूप से मध्य प्रदेश राज्य का भाग था। 1 नवंबर, 2000 को इसे मध्य प्रदेश से अलग कर स्वतंत्र राज्य का दर्जा दिया गया।

**4. देश के विभाजन से प्रभावित दो राज्यों के नाम बताएँ?**

उत्तर देश के विभाजन से प्रभावित दो राज्य पंजाब और बंगाल हैं।

**5. दो ऐसे राज्यों के नाम बताएँ, जो पहले संघ-शासित राज्य थे?**

उत्तर मणिपुर और त्रिपुरा संघ शासित राज्य थे।

**6. संयुक्त राज्य अमेरिका की जनसंख्या अपने देश के मुकाबले एक-चौथाई है, लेकिन वहाँ 50 राज्य हैं। भारत में 100 से भी अधिक राज्य क्यों नहीं हो सकते?**

उत्तर संयुक्त राज्य अमेरिका की जनांकिकी तथा भौगोलिक परिस्थिति भारत की जनांकिकी तथा भौगोलिक परिस्थिति से भिन्न है। भारत व्यापक सांस्कृतिक और भाषाई विविधता वाला देश है, इसलिए राज्यों की अधिकता जहाँ प्रशासनिक जटिलता को बढ़ावा देगी, वहीं दूसरी ओर अलगाववाद जैसी प्रवृत्ति में भी वृद्धि होगी। इस तरह के उदाहरण पूर्व में भी देखे जा चुके हैं। इसके अतिरिक्त भारत की आर्थिक स्थिति एक बड़े संरचनात्मक परिवर्तन का बोझ उठाने में सक्षम नहीं है, क्योंकि अधिक राज्यों के गठन से संरचना में वृद्धि करनी पडेगी। अतः भारत में 100 से अधिक राज्यों का निर्माण व्यावहारिक, प्रशासनिक और आर्थिक दृष्टि से संभव नहीं है, जबकि राज्यों की संरचना में वृद्धि से कुछ क्षेत्रों को लाभ हो सकता है। इसका व्यापक प्रभाव नकारात्मक हो सकता है। भारत को अपनी विविधता को संतुलित रखते हुए, एकता और समग्र विकास सुनिश्चित करने के लिए अपने वर्तमान संघीय ढाँचे को मजबूत करना चाहिए। इस प्रकार, भारत के लिए छोटे राज्यों की माँग को पूरा करने के अतिरिक्त मौजूदा ढाँचे में सुधार और सश्क्तीकरण बेहतर विकल्प हो सकता है।

**7. भारत के दिए गए राजनीतिक मानचित्र में चार राज्यों को A,B,C और D के रूप में चिह्नित किया गया है। नीचे दी गई जानकारी के आधार पर इन राज्यों की पहचान करें और इनको सही नाम से संबंधित क्रम संरचना तथा संबंधित वर्णमाला के साथ नीचे दिए गए प्रारूप के अनुसार लिखें।**

| क्रम संख्या | मानचित्र | राज्य का नाम |
|---|---|---|
| | | |

(i) **भारत का पहला भाग, जहाँ सार्वभौम वयस्क मताधिकार के सिद्धांत को अपनाकर चुनाव हुए।**
(ii) **वर्ष 1920 में कांग्रेस का अधिवेशन कहाँ हुआ था?**
(iii) **असम से अलग करके वर्ष 1972 में कौन-सा राज्य बनाया गया?**
(iv) **स्वतंत्र भारत के उप-प्रधानमंत्री और प्रथम गृहमंत्री सरदार बल्लभाई पटेल का संबंध किस राज्य से है?**

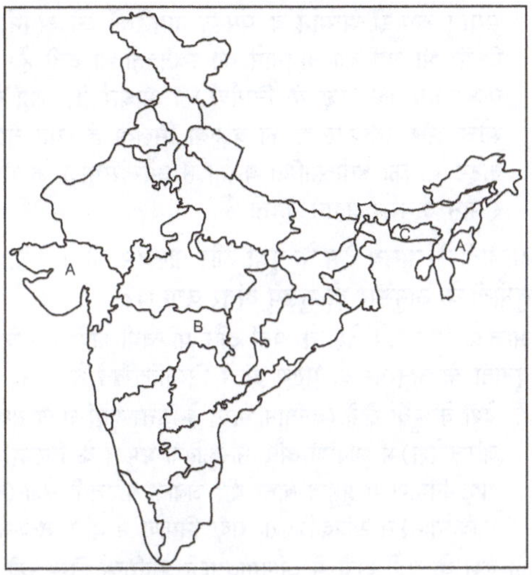


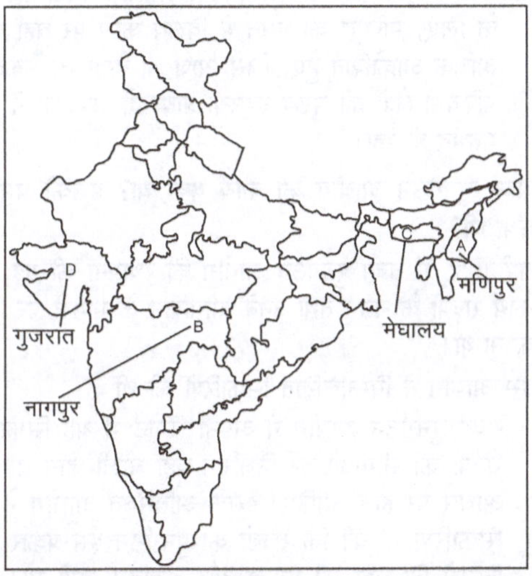


| क्रम संख्या | मानचित्र में वर्णमाला | राज्य का नाम |
|---|---|---|
| (i) | A | मणिपुर |
| (ii) | B | नागपुर (महाराष्ट्र) |
| (iii) | C | मेघालय |
| (iv) | D | गुजरात |

## नीचे दिए प्रश्नों के उत्तर संक्षेप में दीजिए

**1.** भारत विभाजन के विषय में निम्नलिखित में से कौन-सा कथन गलत है?

(a) भारत विभाजन 'द्वि-राष्ट्र सिद्धांत' का परिणाम था

(b) धर्म के आधार पर दो प्रांतों–पंजाब और बंगाल का बँटवारा हुआ

(c) पूर्वी पाकिस्तान और पश्चिमी पाकिस्तान में संगति नहीं थी

(d) विभाजन की योजना में यह बात भी शामिल थी कि दोनों देशों के बीच आबादी की अदला-बदली होगी

उत्तर (*d*) विभाजन की योजना में यह बात भी शामिल थी कि दोनों देशों के बीच आबादी की अदला-बदली होगी।

**2.** निम्नलिखित सिद्धांतों के साथ उचित उदाहरणों को सुमेलित कीजिए

| | | | |
|---|---|---|---|
| (a) | धर्म के आधार पर देश की सीमा का निर्धारण | 1. | पाकिस्तान और बांग्लादेश |
| (b) | विभिन्न भाषाओं के आधार पर देश की सीमा का निर्धारण | 2. | भारत और पाकिस्तान |
| (c) | भौगोलिक आधार पर किसी देश के क्षेत्रों का सीमांकन | 3. | झारखंड और छत्तीसगढ़ |
| (d) | किसी देश के अंतर्गत प्रशासनिक और राजनीतिक आधार पर क्षेत्रों का सीमांकन | 4. | हिमाचल प्रदेश और उत्तराखंड |

उत्तर a-2, b-4, c-1, d-3

## निम्नलिखित प्रश्नों के उत्तर लगभग 30 शब्दों में दीजिए

**10.** भारत का कोई समकालीन राजनीतिक नक्शा लीजिए (जिसमें राज्यों की सीमाएँ दिखाई गई हों) और नीचे लिखी रियासतों के स्थान चिह्नित कीजिए

(i) जूनागढ़ (ii) मणिपुर (iii) मैसूर (iv) ग्वालियर

उत्तर

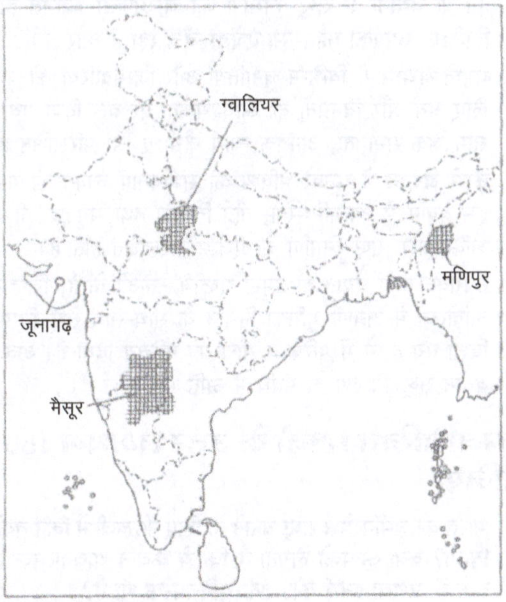


**11.** नीचे दो राय लिखी गई हैं

**विस्मय** रियासतों को भारतीय संघ में मिलाने से इन रियासतों की प्रजा तक लोकतंत्र का विस्तार हुआ।

**इंद्रप्रीत** यह बात मैं दावे के साथ नहीं कह सकता। इसमें बल प्रयोग भी हुआ था, जबकि लोकतंत्र में आम सहमति से कार्य लिया जाता है।

देशी रियासतों के विलय और ऊपर के मशविरे के आलोक में इस घटनाक्रम पर आपकी क्या राय है?

उत्तर उपरोक्त दोनों विचारों में से विस्मय की राय अधिक तार्किक और वास्तविकता के निकट है, क्योंकि रियासतों का विलय लोकतांत्रिक

तरीके से ही उनकी सहमति से किया गया। विलय हो जाने से उन रियासतों में लोकतंत्र की स्थापना हो गई।

इंद्रप्रीत की राय के अनुसार, विलय में बल प्रयोग हुआ था, किंतु यह ध्यान देने योग्य है कि 565 रियासतों में से चार या पाँच रियासतों ने ही विलय में आनाकानी की। विलय न होने की इच्छा भी रियासतों के राजाओं की थी। जूनागढ़ और हैदराबाद की 80-90% हिंदू जनता भारत में शामिल होना चाहती थी।

**12.** **नीचे अगस्त, 1947 के कुछ बयान दिए गए हैं, जो अपनी प्रकृति में अत्यंत भिन्न हैं**

**आज आपने अपने सिर पर काँटों का ताज पहना है। सत्ता का आसन एक बुरी चीज है। इस आसन पर आपको बड़ा सचेत रहना होगा ········ आपको और अधिक विनम्र और धैर्यवान बनना होगा ······ अब लगातार आपकी परीक्षा ली जाएगी मोहनदास करमचंद गाँधी**

**भारत आजादी की जिंदगी के लिए जागेगा······। हम पुराने से नए की ओर कदम बढ़ाएँगे ······ आज दुर्भाग्य के एक दौर का खात्मा होगा और हिंदुस्तान अपने को फिर से पा लेगा ······ आज हम जश्न मना रहे हैं। वह एक कदम भर है, संभावनाओं के द्वार खुल रहे हैं ······।**

**जवाहरलाल नेहरू**

**इन दो बयानों से राष्ट्र-निर्माण का जो एजेंडा ध्वनित होता है, उसे लिखिए। आपको कौन-सा एजेंडा जँच रहा है और क्यों?**

उत्तर **पहले बयान** में विभिन्न चुनौतियों और जिम्मेदारियों को पूर्ण करने के लिए धैर्य और विनम्रता की आवश्यकता पर बल दिया गया है। इससे सामाजिक समानता, आर्थिक न्याय जैसा एजेंडा परिलक्षित होता है।

**दूसरे बयान** में सुनहरे भविष्य की संभावनाएँ व्यक्त की गई हैं अर्थात् इस बयान से आत्मनिर्भरता, तीव्र विकास तथा समृद्धशाली व शक्तिशाली राष्ट्र निर्माण का एजेंडा परिलक्षित होता है।

उपरोक्त दोनों बयान दो प्रमुख राष्ट्रीय नेताओं के हैं, जिन्होंने स्वतंत्रता आंदोलन में अग्रणी भूमिका निभाने के साथ-साथ राष्ट्र निर्माण की दिशा तय करने में परिपक्व सोच का परिचय दिया है। अतः ये दोनों बयान राष्ट्र निर्माण के संबंध में अति महत्त्वपूर्ण हैं।

## निम्नलिखित प्रश्नों के उत्तर लगभग 150 शब्दों में दीजिए

**13.** **भारत को धर्मनिरपेक्ष राष्ट्र बनाने के लिए नेहरूजी ने किन तर्कों का प्रयोग किया? क्या आपको लगता है कि ये केवल भावनात्मक और नैतिक तर्क हैं अथवा इनमें कोई तर्क युक्तिपरक भी है?**

उत्तर भारत को धर्मनिरपेक्ष राष्ट्र बनाने के लिए नेहरूजी ने निम्न तर्कों का प्रयोग किया

- विभाजन के समय जिन मुसलमानों ने भारत नहीं छोड़ा, उन्हें भारत में अल्पसंख्यक का दर्जा दिया गया। जवाहरलाल नेहरू इन्हें भारतीय नागरिकों के समान ही सम्मान देने के पक्ष में थे।
- जवाहरलाल नेहरू ने मुसलमानों को भी भारतीय नागरिकों के समान ही सुरक्षा व लोकतांत्रिक अधिकार देने का समर्थन किया।

नहीं, ये केवल भावनात्मक व नैतिक तर्क नहीं हैं, बल्कि युक्तिपरक भी हैं, क्योंकि भारत की धर्मनिरपेक्षता ने समाजवाद, समानता, स्वाधीनता व भाईचारे जैसे सिद्धांतों को बढ़ावा दिया है। धर्मनिरपेक्षता बिना किसी भेदभाव के समस्त धर्मों को समान रूप से सम्मान व समस्त नागरिकों को अपनी इच्छा से किसी भी धर्म को अपनाने की स्वतंत्रता भी देती है। धर्मनिरपेक्षता एक आधुनिक राष्ट्र के निर्माण का आधार है, जहाँ वैज्ञानिक सोच और तर्कशीलता को बढ़ावा मिलता है। यह धार्मिक कट्टरता को हतोत्साहित करती है और समाज के सभी वर्गों को समान अवसर प्रदान करती है।

**14.** **आजादी के समय देश के पूर्वी और पश्चिमी क्षेत्रों में राष्ट्र निर्माण की चुनौती के अनुसार दो मुख्य अंतर क्या थे?**

उत्तर आजादी के समय देश के पूर्वी और पश्चिमी क्षेत्रों में राष्ट्र निर्माण की चुनौती के अनुसार दो मुख्य अंतर निम्नलिखित थे

(i) देश के पूर्वी क्षेत्रों (वर्तमान भारत के उत्तर-पूर्वी राज्य तथा वर्तमान बांग्लादेश) में भाषायी और सांस्कृतिक प्रभुत्व के विरुद्ध आंदोलन राष्ट्र-निर्माण में प्रमुख बाधा थी, जबकि पश्चिमी क्षेत्रों (वर्तमान पाकिस्तान) में सांप्रदायिकता राष्ट्र निर्माण में बाधा उत्पन्न कर रही थी।

(ii) देश के पूर्वी क्षेत्रों में अलगाववादी प्रवृत्तियाँ दिख रही थीं। उदाहरण के लिए, मणिपुर का भारत में विलय करने पर वहाँ के लोग अधिक आक्रोशित हुए, जिसे आज भी देखा जा सकता है। पश्चिमी क्षेत्रों की मुख्य समस्या प्रायः दो संप्रदायों में आपसी मतभेद ही रहा।

**15.** **राज्य पुनर्गठन आयोग का कार्य क्या था? इसकी प्रमुख सिफारिश क्या थी?**

उत्तर वर्ष 1953 में राज्य पुनर्गठन आयोग की स्थापना की गई, जिसका कार्य राज्यों के गठन तथा उनके सीमांकन के मामले पर विचार करना था।

इस आयोग ने निम्नलिखित सिफारिशें की थीं

- राज्य पुनर्गठन आयोग ने अपनी रिपोर्ट में यह सिफारिश की कि राज्यों की सीमाओं का निर्धारण वहाँ बोली जाने वाली भाषा के आधार पर होना चाहिए। इसके अतिरिक्त आयोग ने यह सिफारिश भी की कि राज्यों का पुनर्गठन इस प्रकार होना चाहिए, जिससे कि राष्ट्र की एकता और अखंडता बनी रहे।
- राज्य पुनर्गठन अधिनियम, 1956 में पारित किया गया, जिसके आधार पर 14 राज्य व 6 केंद्र-शासित प्रदेश बनाए गए।
- वित्तीय और प्रशासनिक विषयों की ओर उचित ध्यान दिया जाए।

**16.** **कहा जाता है कि राष्ट्र एक व्यापक अर्थ में 'कल्पित समुदाय' होता है और सर्व सामान्य विश्वास, इतिहास, राजनीतिक आकांक्षा और कल्पनाओं से एकसूत्र में बँधा होता है। उन विशेषताओं की पहचान करें, जिनके आधार पर भारत एक राष्ट्र है।**

उत्तर निम्नलिखित विशेषताओं के आधार पर कहा जा सकता है कि भारत एक राष्ट्र है

- भारत की धर्मनिरपेक्षता विभिन्न धर्मों व संप्रदायों के लोगों को भी एकता के सूत्र में बाँधकर 'विविधता में एकता' का संदेश देती है।
- राजनीतिक रूप से लोगों की भागीदारी भी भारत के लोकतंत्र को कायम करने में समर्थ व सक्षम है, जिसमें प्रत्येक वर्ग के लोग शामिल हैं।
- भारत कल्याणकारी राज्य के सिद्धांत पर कार्य करता है, जो समानता के साथ-साथ समाज के पिछड़े वर्गों व सांस्कृतिक समुदायों को भी सुरक्षा प्रदान करता है।

- भारत में विभिन्न संस्कृतियाँ, रीति-रिवाज और परंपराएँ हैं, लेकिन एक गहरे सांस्कृतिक एकता का भाव भी है, जो वसुधैव कुटुंबकम और अनेकता में एकता जैसे सिद्धांतों में प्रकट होता है।

**17. नीचे लिखे अवतरण को पढ़िए और इसके आधार पर पूछे गए प्रश्नों के उत्तर दीजिए**

**राष्ट्र-निर्माण के इतिहास के लिहाज से सिर्फ सोवियत संघ में हुए प्रयोगों की तुलना भारत से की जा सकती है। सोवियत संघ में भी विभिन्न और परस्पर अलग-अलग जातीय समूह, धर्म, भाषायी समुदाय और सामाजिक वर्गों के बीच एकता का भाव कायम करना पड़ा। जिस पैमाने पर यह कार्य हुआ, चाहे भौगोलिक पैमाने के लिहाज से देखें या जनसंख्यागत वैविध्य के लिहाज से, वह अपने आपमें बहुत व्यापक कहा जाएगा। दोनों ही जगह राज्य को जिस कच्ची सामग्री से राष्ट्र-निर्माण की शुरुआत करनी थी, वह समान रूप से दुष्कर थी। लोग धर्म के आधार पर बँटे हुए और कर्ज तथा बीमारी से दबे हुए थे।**

**रामचंद्र गुहा**

(i) **यहाँ लेखक ने भारत और सोवियत संघ के बीच जिन समानताओं का उल्लेख किया है, उनकी एक सूची बनाइए। इनमें से प्रत्येक के लिए भारत से एक उदाहरण दीजिए।**

उत्तर उपरोक्त लेख में लेखक ने भारत और सोवियत संघ के बीच निम्न समानताओं का उल्लेख किया है

- राष्ट्र-निर्माण का इतिहास
- विभिन्न जातीय समूह
- विविध धर्म
- विविध भाषा
- भौगोलिक असमानता
- कर्ज और बीमारी में डूबे लोग
- विविधता में एकता स्थापित करना

**प्रत्येक के लिए भारत से उदाहरण**

- राजतंत्र से लोकतंत्र की ओर आना।
- आर्य, अनार्य, शक, कुषाण, तुर्क, अफगान, मुगल का आगमन।
- हिंदू, इस्लाम, बौद्ध, जैन, सिख, पारसी आदि धर्म।
- हिंदी, अंग्रेजी, तमिल, तेलुगू, पंजाबी, मराठी आदि भाषाएँ।
- जलवायु, मौसम, भू-भागीय विशालता।
- स्वतंत्रता के समय अनेक लोग कर्ज और बीमारियों से ग्रसित थे।
- स्वतंत्रता के पश्चात् विभिन्न वर्गों में एकता का प्रयास।

(ii) **लेखक ने यहाँ भारत और सोवियत संघ में चली राष्ट्र-निर्माण की प्रक्रियाओं के बीच की असमानता का उल्लेख नहीं किया है। क्या आप दो असमानताएँ बता सकते हैं?**

उत्तर भारत और सोवियत संघ में चली राष्ट्र निर्माण की प्रक्रियाओं के बीच की दो असमानताएँ निम्नलिखित हैं

- सोवियत संघ में एक राजनीतिक विचारधारा अर्थात् साम्यवादी विचारधारा थी, जबकि भारत में विभिन्न राजनीतिक विचारधाराएँ थीं।
- सोवियत संघ में प्रशासनिक दृष्टि से गैर-रूसी क्षेत्रों को मिलाया गया, जबकि भारत में विलय की गई रियासतें पहले से ही भारत का अभिन्न अंग थीं।

(iii) **यदि पीछे मुड़कर देखें तो आप क्या पाते हैं? राष्ट्र-निर्माण के इन दो प्रयोगों में किसने बेहतर कार्य किया और क्यों?**

उत्तर दोनों की तुलना करने पर भारत में राष्ट्र-निर्माण की प्रक्रिया को बेहतर माना जाएगा। भारत में राष्ट्र-निर्माण प्रक्रिया से सामाजिक, सांस्कृतिक और धार्मिक विचारों में व्यापक प्रगति हुई है, जबकि सोवियत संघ अंततः वर्ष 1991 में विघटित हो गया।

भारत स्वतंत्रता के इतने वर्षों के पश्चात् भी लोकतंत्र और धर्मनिरपेक्षता की राह में सफल है। भारत किसी एक वैश्विक शक्ति का समर्थक नहीं है, बल्कि वह गुटनिरपेक्षता में विश्वास रखता है।

# अभ्यास प्रश्न

## वस्तुनिष्ठ प्रश्न

### बहुविकल्पीय प्रश्न

**1. स्वतंत्रता के पश्चात् भारत के समक्ष कौन-सी प्रमुख चुनौती थी?**

(a) विविधताओं के साथ भारत को एकजुट करना
(b) लोकतंत्र की स्थापना करना
(c) समाज का सर्वांगीण विकास
(d) उपरोक्त सभी

उत्तर (d) उपरोक्त सभी

**2. भारत विभाजन के समय निम्नलिखित में से कौन-सी समस्या उत्पन्न हो रही थी?**

(a) ब्रिटिश भारत में मुस्लिम बहुसंख्यकों का अभाव
(b) मुस्लिम बहुल क्षेत्रों का पाकिस्तान में न जाना
(c) अल्पसंख्यकों की समस्या
(d) उपरोक्त सभी

उत्तर (d) उपरोक्त सभी

**3. निम्नलिखित में से कौन-सा राज्य भारतीय संघ में शामिल होने को सहमत नहीं था?**

(a) मणिपुर (b) कश्मीर
(c) 'a' और 'b' दोनों (d) पंजाब

उत्तर (c) 'a' और 'b' दोनों

**4. स्वतंत्रता के पश्चात् किस रजवाड़े को जनमत संग्रह के पश्चात् लोगों की इच्छा के अनुरूप भारतीय संघ में शामिल किया गया?**

(a) हैदराबाद (b) जूनागढ़ (c) मणिपुर (d) कश्मीर

उत्तर (b) जूनागढ़

**5. सबसे पहले किस देशी रियासत ने स्वतंत्र होने की घोषणा की थी?** **CBSE 2021**

(a) मैसूर (b) अजमेर
(c) ग्वालियर (d) त्रावणकोर

उत्तर (d) त्रावणकोर

**6. निम्नलिखित में से कौन-से रियासत समूह ने भारत में विलय का विरोध किया?** *दक्षता आधारित प्रश्न*

(a) हैदराबाद, भोपाल, जम्मू-कश्मीर
(b) जूनागढ़, ग्वालियर, मैसूर
(c) जूनागढ़, हैदराबाद, त्रावणकोर
(d) ग्वालियर, त्रावणकोर, भोपाल

उत्तर (c) जूनागढ़, हैदराबाद, त्रावणकोर

**7. निम्नलिखित में से कौन-सा वर्ष 1947 में ब्रिटिश भारत के विभाजन का कारण नहीं था?** **CBSE 2021**

(a) द्वि-राष्ट्र सिद्धांत
(b) मुस्लिम लीग का राजनीतिक उद्देश्य
(c) रियासतों का भारत के साथ एकीकरण
(d) भारत को बाँटने की ब्रिटिश नीति

उत्तर (a) द्वि-राष्ट्र सिद्धांत

**8. ............ अधिकांश रियासतों के शासक भारत संघ का हिस्सा बनने के लिए सहमत हो गए थे।** *दक्षता आधारित प्रश्न*

(a) 15 अगस्त, 1947 के बाद (b) 26 जनवरी, 1950 से पहले
(c) 15 अगस्त, 1947 से पहले (d) 26 जनवरी, 1950 के बाद

उत्तर (c) 15 अगस्त, 1947 से पहले

**9. द्वि-राष्ट्र सिद्धांत को ............ ने प्रतिपादित किया था।**

(a) मोहम्मद अली जिन्ना (b) खान अब्दुल गफ्फार खान
(c) हैदराबाद के निजाम (d) मौलाना अब्दुल कलाम आजाद

उत्तर (a) मोहम्मद अली जिन्ना

**10. निम्नलिखित में से किस नेता ने रजवाड़ों का भारत में विलय कराने अथवा भारतीय संघ के एकीकरण में महत्त्वपूर्ण भूमिका निभाई?** **CBSE 2020**

(a) जवाहरलाल नेहरू (b) सरदार वल्लभभाई पटेल
(c) सी राजगोपालाचारी (d) बी. आर. अंबेडकर

उत्तर (b) सरदार वल्लभभाई पटेल

**11. निम्नलिखित में से कौन-सा राजनेता द्वि-राष्ट्र सिद्धांत का पुरजोर विरोध करता है?** **CBSE 2021**

(a) मोहम्मद अली जिन्ना (b) जवाहरलाल नेहरू
(c) महात्मा गाँधी (d) खान अब्दुल गफ्फार खान

उत्तर (c) महात्मा गाँधी

**12. ब्रिटिश भारत के मद्रास प्रांत के अंतर्गत आने वाले किस भाषायी राज्य का गठन किया गया?**

(a) केरल (b) आंध्र प्रदेश (c) तमिलनाडु (d) ये सभी

उत्तर (d) ये सभी

**13. निम्नलिखित में से कौन-सा/से कथन राज्यों के एकीकरण के संबंध में सही नहीं है/हैं?** *दक्षता आधारित प्रश्न*

1. **ब्रिटिश प्रमुखता वाले भारतीय प्रांत अंग्रेज सरकार के नियंत्रण में थे।**
2. **जूनागढ़ को सैन्य कार्यवाही के पश्चात् भारतीय संघ में शामिल किया गया।**
3. **इंस्ट्रूमेंट ऑफ एक्सेशन पर विलय हेतु केवल मणिपुर को छोड़कर सभी रजवाड़ों ने हस्ताक्षर किए।**

कूट
(a) केवल 1 (b) 1 और 2
(c) 2 और 3 (d) ये सभी

उत्तर (c) 2 और 3

**14.** **हैदराबाद का भारत में विलय के संबंध में दिए गए कथनों पर विचार कीजिए तथा गलत कथन की पहचान कीजिए**

1. हैदराबाद के निजाम ने प्रारंभ में ही भारत के विलय-पत्र पर हस्ताक्षर कर दिए।
2. निजाम की दमनकारी नीति से किसान, महिला आदि लोग दु:खी थे।
3. निजाम के अर्द्ध-सैनिक बल या रजाकार अत्यंत अत्याचारी और सांप्रदायिक थे।
4. निजाम के आत्मसमर्पण के साथ ही हैदराबाद का भारत में विलय हो गया।

**कूट**

(a) केवल 1 (b) 2 और 4
(c) 1, 2 और 3 (d) 3 और 4

उत्तर (a) केवल 1

**15.** **नीचे दिए गए घटनाक्रम को क्रमानुसार व्यवस्थित कीजिए**

*दक्षता आधारित प्रश्न*

1. आंध्र प्रदेश राज्य का गठन
2. कांग्रेस का नागपुर अधिवेशन
3. राज्य पुनर्गठन आयोग का गठन
4. मेघालय राज्य का गठन

**कूट**

(a) 1, 3, 4, 2 (b) 2, 1, 3, 4
(c) 4, 1, 2, 3 (d) 4, 3, 1, 2

उत्तर (b) 2, 1, 3, 4

**16.** **नीचे दिए गए घटनाक्रम को सही क्रम (घटते क्रम में) में व्यवस्थित कीजिए**

1. 14 राज्य तथा 6 केंद्रशासित प्रदेशों का गठन
2. पोट्टी श्रीरामुलु की मृत्यु
3. उत्तरांचल (वर्तमान उत्तराखंड) का गठन
4. बारदोली सत्याग्रह

**कूट**

(a) 1, 3, 2, 4 (b) 3, 2, 4, 1
(c) 3, 1, 2, 4 (d) 4, 3, 1, 2

उत्तर (c) 3, 1, 2, 4

**17.** **सूची I को सूची II के साथ सुमेलित कीजिए** *दक्षता आधारित प्रश्न*

| सूची I | सूची II |
|---|---|
| A. ट्रिस्ट विद् डेस्टिनी | 1. मोहम्मद अली जिन्ना |
| B. द्वि-राष्ट्र का सिद्धांत | 2. सरदार वल्लभभाई पटेल |
| C. सीमांत गाँधी | 3. पं. जवाहरलाल नेहरू |
| D. बारदोली सत्याग्रह | 4. खान अब्दुल गफ्फार खान |

**कूट**

| | A | B | C | D |
|---|---|---|---|---|
| (a) | 1 | 2 | 3 | 4 |
| (b) | 2 | 3 | 1 | 4 |
| (c) | 4 | 1 | 3 | 2 |
| (d) | 3 | 1 | 4 | 2 |

उत्तर (d) 3 1 4 2

**18.** **सूची I को सूची II के साथ सुमेलित कीजिए**

| सूची I | सूची II |
|---|---|
| A. भारत-पाकिस्तान युद्ध | 1. वर्ष 1987 |
| B. महात्मा गाँधी की मृत्यु | 2. वर्ष 1971 |
| C. पोट्टी श्रीरामुलु की मृत्यु | 3. वर्ष 1948 |
| D. अरुणाचल प्रदेश की स्थापना | 4. वर्ष 1952 |

**कूट**

| | A | B | C | D |
|---|---|---|---|---|
| (a) | 2 | 3 | 4 | 1 |
| (b) | 2 | 1 | 4 | 3 |
| (c) | 1 | 2 | 3 | 4 |
| (d) | 4 | 3 | 1 | 2 |

उत्तर (a) 2 3 4 1

**19.** **निम्नलिखित युग्मों में से कौन-सा युग्म सुमेलित नहीं है?**

*दक्षता आधारित प्रश्न*

(a) कांग्रेस का नागपुर अधिवेशन - 1920
(b) राज्य पुनर्गठन आयोग - 1953
(c) राज्य पुनर्गठन अधिनियम - 1956
(d) बारदोली सत्याग्रह - 1930

उत्तर (d) बारदोली सत्याग्रह-1930

**निर्देश (प्र. सं. 20-23) नीचे दिए गए कथन (A) एवं कारण (R) को ध्यानपूर्वक पढ़कर कूट की सहायता से सही उत्तर का चयन कीजिए**

**कूट**

(a) A और R दोनों सही है तथा R, A की सही व्याख्या है
(b) A और R दोनों सही है, परंतु R, A की सही व्याख्या नहीं है
(c) A सही है, किंतु R गलत है
(d) A गलत है, किंतु R सही है

**20.** **कथन (A) 14-15 अगस्त, 1947 की मध्य रात्रि को भारत तथा पाकिस्तान दो अलग राष्ट्र का जन्म हुआ।**

**कारण (R) ऐसा तत्कालीन ब्रिटिश भारत के विभाजन के कारण हुआ।**

*दक्षता आधारित प्रश्न*

उत्तर (a) 14-15 अगस्त, 1947 की मध्य रात्रि को भारत तथा पाकिस्तान दो अलग स्वतंत्र राष्ट्र के रूप में अस्तित्व में आए। ऐसा तत्कालीन ब्रिटिश भारत के विभाजन के कारण हुआ। यह विभाजन उस प्रक्रिया का परिणाम था, जो 1940 के दशक में मुस्लिम लीग द्वारा प्रारंभ की गई थी।

**21.** **कथन (A) अक्टूबर, 1947 में पाकिस्तान ने कबायली घुसपैठियों को कब्जा करने के लिए भेजा।**

**कारण (R) इसके कारण कश्मीर के महाराजा हरि सिंह ने भारतीय सेना की सहायता माँगी।**

उत्तर (a) अक्टूबर, 1947 में पाकिस्तान ने कबायली घुसपैठियों को कश्मीर पर कब्जा करने के लिए भेजा, जिसके कारण कश्मीर के महाराजा हरिसिंह भारतीय सेना से सहायता माँगने को मजबूर हुए। इसके पश्चात् भारत सरकार ने महाराजा हरिसिंह से भारत संघ में विलय के दस्तावेज पर हस्ताक्षर करा लिए।

**22. कथन (A) भारतीय स्वतंत्रता के पश्चात् देश में एकता और आत्मनिर्णय करना एक चुनौतीपूर्ण कार्य था।**

**कारण (R) वर्ष 1953 में राज्य पुनगर्ठन समिति का गठन हुआ।**

उत्तर (b) भारतीय स्वतंत्रता के पश्चात् देश में एकता और आत्मनिर्णय के साथ-साथ लोकतंत्र को स्थापित करना एक चुनौतीपूर्ण कार्य था। क्षेत्रीय समस्याएँ, रजवाड़ों का भारतीय संघ में शामिल होना आदि उत्पन्न परिस्थितियों में राष्ट्र निर्माण हेतु नेहरू जी ने क्षेत्रीय आकांक्षाओं को पूर्ण करने का प्रयास किया। इसके लिए उन्होंने वर्ष 1953 में राज्य पुर्नगठन समिति का गठन किया, ताकि उनमें राष्ट्र से अलग होने की संभावना कम हो जाए।

**23. कथन (A) राज्य के पुनर्गठन की समस्या वर्तमान में भी समाप्त नहीं हुई है।**

**कारण (R) भारत के छोटे-छोटे क्षेत्र अलग राज्य की माँग कर रहे हैं।**

उत्तर (a) राज्यों के पुनर्गठन की समस्या वर्तमान में भी समाप्त नहीं हुई है, देश के अनेक क्षेत्रों में छोटे-छोटे क्षेत्र अलग राज्य बनाने की माँग को लेकर आंदोलन कर रहे हैं; जैसे—महाराष्ट्र में विदर्भ, पश्चिमी उत्तर प्रदेश में हरित प्रदेश और पश्चिम बंगाल के उत्तरी भाग में राज्य बनाने के लिए ऐसे आंदोलन चल रहे हैं।

**24. नीचे दो कथन दिए गए हैं।**

**कथन (I) वर्ष 1947 में विभाजन के बाद व्यापक पैमाने पर लोगों को एक स्थान से दूसरे स्थान पर स्थानांतरित होना पड़ा।**

**कथन (II) सीमा पार करने के बाद लोगों को कई वर्षों तथा महीनों तक शरणार्थी शिविर में जीवन व्यतीत करना पड़ा।**

**कूट** दक्षता आधारित प्रश्न

(a) कथन I और II दोनों सही हैं
(b) कथन I और II दोनों गलत हैं
(c) कथन I सही है, लेकिन कथन II गलत है
(d) कथन I गलत है, लेकिन कथन II सही है

उत्तर (a) कथन I और II दोनों सही हैं

**25. नीचे दिए गए चित्रों का ध्यानपूर्वक अवलोकन कर निम्नलिखित प्रश्नों के उत्तर दें**

KAY
The Hindustan Times
END OF 200-YEAR-OLD BRITISH RULE IN INDIA
ROYAL ASSENT TO INDEPENDENCE BILL
BRIEF BUT COLOURFUL CEREMONY IN LORDS
Two Dominions Created
UNION'S RELATIONSHIP WITH RULERS
MESSAGE FROM PREMIER

(i) **दिए गए चित्र में किस सर्वसामान्य के हित का वर्णन किया गया है?**
(a) आम जनता का
(b) रियासतों की आम जनता के हित का
(c) संवैधानिक विकास के हित का
(d) कांग्रेस के दृष्टिकोण के हित का

उत्तर (b) रियासतों की आम जनता के हित का

(ii) **कौन-सी स्थिति बर्बादी की ओर ले जाती है?**
(a) अराजकता एवं अव्यवस्था की स्थिति
(b) अनेकता एवं असत्यता की स्थिति
(c) अव्यवस्था एवं संप्रभुता की स्थिति
(d) उपरोक्त में से कोई नहीं

उत्तर (a) अराजकता एवं अव्यवस्था की स्थिति

(iii) **दिए गए चित्र में समाचार-पत्र स्पष्ट करता है**
(a) 250 वर्ष पुराने आयरलैंड साम्राज्य की समाप्ति
(b) 300 वर्ष पुराने जर्मनी साम्राज्य की समाप्ति
(c) 100 वर्ष पुराने अमेरिकी साम्राज्य की समाप्ति
(d) 200 वर्ष पुराने ब्रिटिश साम्राज्य की समाप्ति

उत्तर (d) 200 वर्ष पुराने ब्रिटिश साम्राज्य की समाप्ति

(iv) **समाचार-पत्र ………… देश के स्वतंत्रता बिल को दर्शाता है**
(a) चीन
(b) सोवियत संघ
(c) भारत
(d) मालद्वीप

उत्तर (c) भारत

**26.**

CBSE 2017

(i) **रजवाड़ों के शासकों को भारतीय संघ में शामिल होने के लिए मनाने व समझाने में ऐतिहासिक भूमिका निभाने वाले नेता का नाम लिखिए।**
(a) सरदार वल्लभभाई पटेल
(b) पोट्टी श्रीरामुलु
(c) जवाहर लाल नेहरू
(d) महात्मा गाँधी

उत्तर (a) सरदार वल्लभभाई पटेल

(ii) **प्रस्तुत कार्टून क्या प्रदर्शित करता है?**
(a) भारत सरकार तथा रजवाड़ों के संबंध
(b) रजवाड़ों की जनता तथा भारत सरकार के मध्य संबंध
(c) रजवाड़ों तथा उसकी जनता के मध्य संबंध
(d) रजवाड़ों तथा उनकी जनता का सरदार पटेल के साथ संबंध

उत्तर (c) रजवाड़ों तथा उसकी जनता के मध्य संबंध

(iii) **प्रस्तुत कार्टून में पटेल रजवाड़ों के शासक से क्या माँग कर रहे हैं?**
(a) उसकी जनता
(b) हस्ताक्षर युक्त विलय-पत्र
(c) रजवाड़े को
(d) शासन संचालन के लिए आवश्यक सहायता

उत्तर (b) हस्ताक्षर युक्त विलय-पत्र

(iv) **भारतीय सैनिकों की कार्यवाही के पश्चात् निजाम ने आत्मसमर्पण कर दिया और ·········· का भारत में विलय हो गया।**
(a) मणिपुर (b) हैदराबाद
(c) जूनागढ़ (d) मेघालय

उत्तर (b) हैदराबाद

## लघु उत्तरीय प्रश्न

**1. देशी रियासतों को भारत संघ में मिलाने के लिए सरदार वल्लभभाई पटेल की भूमिका का मूल्यांकन कीजिए?** **CBSE 2020**

*अथवा* **भारतीय संघ में देशी रजवाड़ों के विलय में सरदार पटेल की भूमिका का उल्लेख कीजिए।**

उत्तर सरदार पटेल ने रजवाड़ों को समझाने और मनाने में ऐतिहासिक भूमिका निभाई। उनके इस प्रयास के फलस्वरूप अधिकतर रजवाड़े भारतीय संघ में शामिल होने के लिए तैयार हो गए, लेकिन हैदराबाद, जूनागढ़ और कश्मीर रियासतें स्वतंत्र रहना चाहती थीं। तब सरदार पटेल ने हैदराबाद को बलपूर्वक भारत संघ में शामिल किया। तत्पश्चात जूनागढ़ रियासत जनमत संग्रह के आधार पर और कश्मीर रियासत विलय पत्र पर हस्ताक्षर कर भारत संघ में शामिल हुई।

**2. वर्ष 1947 में हुए भारत के विभाजन के किन्हीं दो कारणों का आकलन कीजिए।** **CBSE 2011**

उत्तर वर्ष 1947 में हुए भारत के विभाजन के लिए दो उत्तरदायी कारण निम्नलिखित हैं
- पहला कारण 'द्वि-राष्ट्र' सिद्धांत था। इसके अनुसार, भारत किसी एक धर्म या समुदाय का नहीं, बल्कि 'हिंदू और मुसलमान' दो समुदायों का देश था। इसी सिद्धांत के आधार पर मुस्लिम लीग ने मुसलमानों के लिए एक अलग देश 'पाकिस्तान' की माँग की।
- दूसरे कारण के अंतर्गत वर्ष 1940 के बाद के राजनीतिक बदलाव को प्रमुखता दी जाती है। इसमें कांग्रेस और मुस्लिम लीग की भूमिका प्रमुख रही। जिसके फलस्वरूप एक नए राष्ट्र के रूप में पाकिस्तान की माँग मान ली गई तथा भारत को विभाजित कर दिया गया।

**3. भारत में लोकतंत्र को स्थापित करने में किन प्रमुख चुनौतियों का सामना करना पड़ा?**

उत्तर भारत में लोकतंत्र की स्थापना में निम्नलिखित चुनौतियों का प्रमुख रूप से सामना करना पड़ा।
- भारत को एक धर्मनिरपेक्ष और समाजवादी राष्ट्र बनाने की चुनौती।
- संपूर्ण भारत को एकता के सूत्र में बाँधकर, 'विविधता में एकता' के सूत्र को बनाए रखने की चुनौती।
- देश के लिए एक लोकतांत्रिक संविधान के निर्माण की चुनौती।
- राज्यों के पुनर्गठन तथा एक नए राष्ट्र के रूप में भारत के निर्माण की चुनौती।
- भारतीय स्वतंत्रता अधिनियम, 1947 के अनुसार, रजवाड़ों के पास दो विकल्प थे या तो वे स्वतंत्र रहें अथवा भारत तथा पाकिस्तान में शामिल होने के लिए इस विलय-पत्र पर हस्ताक्षर करें।

## दीर्घ उत्तरीय प्रश्न I

**1. भारत के विभाजन की प्रक्रिया की किन्हीं 3 समस्याओं का संक्षेप में वर्णन कीजिए।** **CBSE 2024**

उत्तर भारत के विभाजन की प्रक्रिया की तीन समस्याएँ निम्नलिखित हैं
(i) ब्रिटिश भारत में एक भी क्षेत्र ऐसा नहीं था, जहाँ मुस्लिम बहुसंख्यक न हों। हालाँकि तत्कालीन भारत में मात्र दो क्षेत्र ऐसे थे, जहाँ मुस्लिमों की आबादी थोड़ी अधिक थी। इनमें एक क्षेत्र पूर्व में (वर्तमान बांग्लादेश), जबकि एक क्षेत्र पश्चिम में (वर्तमान पाकिस्तान) था। इन दोनों क्षेत्रों को किसी भी प्रकार से जोड़ा नहीं जा सकता था।
(ii) दूसरी समस्या यह थी कि मुस्लिम बहुल क्षेत्र पाकिस्तान में जाने को तैयार नहीं था। पश्चिमोत्तर प्रांत के निर्विवाद नेता खान अब्दुल गफ्फार खान द्वि-राष्ट्र सिद्धांत के सख्त विरोधी थे।
(iii) ब्रिटिश भारत के अधीन मुस्लिम बहुल पंजाब तथा बंगाल के अंतर्गत अनेक हिस्सों में गैर-मुस्लिम बहुसंख्यक थे। अतः इन क्षेत्रों का विभाजन करना एक कठिन प्रक्रिया थी।

**2. आजादी के तुरंत पहले ब्रिटिश शासन ने स्वाधीनता से संबंधित क्या घोषणा की थी तथा इसने भारत के सामने कैसी समस्या उत्पन्न कर दी?**

उत्तर आजादी के तुरंत पहले ब्रिटिश शासन ने यह घोषणा की कि भारत पर ब्रिटिश प्रभुत्व के समाप्त होने के साथ ही रजवाड़े भी ब्रिटिश अधीनता से आजाद हो जाएँगे। इससे भारत के सामने निम्नलिखित समस्याएँ उत्पन्न हुई
- सभी रजवाड़े ब्रिटिश राज की समाप्ति के साथ ही कानूनी तौर पर आजाद हो जाएँगे। ब्रिटिश शासन का नजरिया यह था कि रजवाड़े अपनी इच्छा से चाहें, तो भारत या पाकिस्तान में शामिल हो सकते हैं या फिर अपना स्वतंत्र अस्तित्व बनाए रख सकते हैं।
- भारत या पाकिस्तान में शामिल होने या स्वतंत्र अस्तित्व बनाए रखने का निर्णय रजवाड़ों की प्रजा को नहीं, बल्कि वहाँ के राजाओं को करना था। ब्रिटिश शासन की इस घोषणा से भारत के सामने एक गंभीर चुनौती उत्पन्न हो गई, जिससे अखंड भारत के अस्तित्व पर ही खतरा मँडराने लगा। भारत कई छोटे-छोटे देशों के आकार में विभाजित होने वाला है तथा लोकतंत्र का भविष्य अंधकारमय प्रतीत होने लगा।

**3. स्वतंत्रता के पश्चात् गाँधीजी की भूमिका और उसके प्रभाव का वर्णन कीजिए।**

उत्तर **स्वतंत्रता के पश्चात् गाँधीजी की भूमिका**

15 अगस्त, 1947 को जहाँ पूरा देश स्वतंत्रता का जश्न मना रहा था, वहीं दूसरी ओर गाँधीजी कलकत्ता (कोलकाता) के उन क्षेत्रों को शांत करने में लगे थे, जहाँ भयंकर सांप्रदायिक दंगे हुए थे। हिंदुओं और मुसलमानों के बीच भड़के दंगों को शांत करने के लिए गाँधीजी

उपवास पर बैठ गए। गाँधीजी इस प्रयास में लगे थे कि मुसलमानों को भारत में गरिमापूर्ण जीवन मिले और उन्हें बराबर का नागरिक माना जाए।

इसके अतिरिक्त गाँधीजी को प्रतीत हो रहा था कि भारत की सरकार पाकिस्तान के प्रति अपनी वित्तीय वचनबद्धताओं को पूरा नहीं कर रही है। इन सभी बातों से चिंतित होकर उन्होंने जनवरी, 1948 में पुनः उपवास शुरू कर दिया। इस प्रकार, गाँधीजी ने स्वतंत्रता पश्चात् देश में सांप्रदायिक सद्भाव एवं भारत-पाकिस्तान संबंधों को सामान्य बनाने में महत्त्वपूर्ण भूमिका निभाई।

गाँधीजी के प्रयासों के निम्नलिखित प्रभाव पड़े

- देश में सांप्रदायिक तनाव में कमी आई, जिससे देश में शांति व्यवस्था कायम हुई।
- भारत में सांप्रदायिक सद्भाव का वातावरण तैयार होने लगा।
- भारत की सरकार पाकिस्तान के प्रति अपनी वित्तीय वचनबद्धताओं को पूर्ण करने के लिए तैयार हो गई।

**4. विभाजन के पश्चात् हैदराबाद रियासत भारतीय संघ का भाग कैसे बनी?**

*अथवा* **हैदराबाद के भारत में विलय के लिए उत्तरदायी परिस्थितियों को स्पष्ट कीजिए।** **CBSE 2024**

उत्तर प्रारंभ में हैदराबाद विलय के लिए तैयार नहीं था। यहाँ के शासक निजाम का मत था कि हैदराबाद को स्वतंत्र रियासत (रजवाड़ा) का दर्जा प्रदान किया जाए। इस संबंध में नवंबर, 1947 में निजाम ने भारत सरकार के साथ एक वर्ष के लिए यथास्थिति बहाल रखने संबंधी समझौता किया। हैदराबाद रियासत के लोग (विशेषकर तेलंगाना के किसान) निजाम के दमनकारी शासन से दुःखी थे।

बदलती परिस्थितियों के परिणामस्वरूप इन लोगों ने निजाम के शासन के विरुद्ध विद्रोह कर दिया। निजाम ने आंदोलन के विरुद्ध अर्द्ध-सैनिक बल का प्रयोग किया। अर्द्ध-सैनिक बल या रजाकार अत्यंत अत्याचारी और सांप्रदायिक थे। उन्होंने गैर-मुसलमानों को विशेष रूप से अपना निशाना बनाया। हैदराबाद में सांप्रदायिक हिंसा की घटनाओं में बढ़ोतरी के बाद भारतीय सेना ने सितंबर, 1948 में निजाम के सैनिकों के विरुद्ध कार्यवाही की, परिणामस्वरूप कुछ समय के बाद निजाम के आत्मसमर्पण के साथ ही हैदराबाद का भारत में विलय हो गया।

**5. भारत की केंद्रीय सरकार को वर्ष 1953 में राज्य पुनर्गठन आयोग स्थापित करने के लिए किसने विवश किया? आयोग की दो मुख्य सिफारिशों का उल्लेख कीजिए। वर्ष 1956 के बाद बने किन्हीं चार राज्यों के नाम लिखिए।**

उत्तर स्वतंत्रता के पश्चात् भाषायी आधार पर राज्यों के पुनर्गठन की माँग उठने लगी। तेलुगू भाषी क्षेत्र को मद्रास से अलग कर एक अलग आंध्र प्रदेश बनाने की माँग ने उस समय अत्यधिक उग्र स्वरूप धारण कर लिया, जब प्रमुख कांग्रेसी नेता और गाँधीवादी पोट्टी श्रीरामुलु की 56 दिन की भूख हड़ताल के बाद मृत्यु हो गई। श्रीरामुलु 'भाषा के आधार पर' अलग आंध्र प्रदेश राज्य की माँग कर रहे थे। इस घटना से विवश होकर केंद्रीय सरकार को वर्ष 1953 में राज्य पुनर्गठन आयोग की स्थापना करनी पड़ी।

राज्य पुनर्गठन आयोग ने निम्नलिखित सिफारिशें कीं

- आयोग ने अपनी रिपोर्ट में कहा कि राज्यों की सीमाओं का निर्धारण वहाँ बोली जाने वाली भाषा के आधार पर होना चाहिए।
- आयोग ने अपनी रिपोर्ट में यह सिफारिश भी की कि राज्यों का पुनर्गठन इस प्रकार होना चाहिए ताकि देश की एकता पर कोई संकट उत्पन्न न हो।

आयोग की रिपोर्ट के आधार पर वर्ष 1956 में राज्य पुनर्गठन अधिनियम पास किया गया। इस अधिनियम के आधार पर 14 राज्यों तथा 6 केंद्रशासित प्रदेशों का गठन किया गया। वर्ष 1956 के बाद बने राज्य महाराष्ट्र (1960), गुजरात (1960), हरियाणा (1966) एवं मेघालय (1972) हैं।

**6. औपनिवेशिक काल में प्रांतीय सीमाओं के निर्धारण के तरीके बताइए। स्वतंत्रता के पश्चात् उक्त तरीकों को भारत सरकार ने क्यों नहीं अपनाया?**

उत्तर औपनिवेशिक काल में प्रांतीय सीमाओं के निर्धारण के निम्नलिखित तरीके थे

(i) **प्रशासनिक सुविधा** औपनिवेशिक शासन के दौरान प्रांतीय सीमाओं का निर्धारण प्रशासनिक सुविधा के आधार पर किया जाता था, ताकि संबंधित क्षेत्र के शासन में कोई कठिनाई न हो।

(ii) **विजित क्षेत्र/जीते हुए क्षेत्र** उस समय जीते हुए क्षेत्र के आधार पर भी प्रांतों की सीमाएँ निर्धारित होती थीं। इसके तहत ब्रिटिश सरकार द्वारा विजित क्षेत्र को जीत लिया जाता था। उसे एक अलग प्रांत घोषित कर दिया जाता था।

(iii) **रजवाड़े में सम्मिलित क्षेत्र** इसके अंतर्गत प्रांतों की सीमाएँ इस आधार पर निर्धारित होती थीं कि किसी रजवाड़े/रियासत में कितने क्षेत्र सम्मिलित हैं।

किंतु स्वतंत्रता के पश्चात् भारत ने इन उपयुक्त तरीकों को नकार दिया एवं प्रांतों के सीमा निर्धारण में भाषा को आधार माना। इसके अतिरिक्त भारत के नेता प्रांतों की सीमाओं को इस प्रकार निर्धारित करना चाहते थे, जिससे कि देश की भाषायी और सांस्कृतिक बहुलता की झलक मिलने के साथ ही राष्ट्रीय अखंडता भी बनी रहे।

**7. भाषायी आधार पर राज्यों के पुनर्गठन ने विभिन्न क्षेत्रों को किस प्रकार प्रभावित किया? व्याख्या करें।** *दक्षता आधारित प्रश्न*

उत्तर वर्ष 1956 में भाषा के आधार पर राज्यों के पुनर्गठन के लिए राज्य पुनर्गठन अधिनियम पास किया गया, जिसके निम्नलिखित प्रभाव हुए

- इससे देश के कई क्षेत्रों से अलग राज्य बनाने की माँग उठने लगी। आरंभ में केंद्र सरकार को यह चिंता थी कि यदि भाषा के आधार पर प्रांत बनाए गए, तो इससे अव्यवस्था फैल सकती है तथा देश के विभाजित होने का खतरा उत्पन्न हो सकता है।
- भाषाई आधार पर राज्यों के गठन से दूसरी सामाजिक-आर्थिक चुनौतियों से ध्यान भटकने की संभावना थी।
- भाषायी आधार पर राज्यों के गठन के लिए चले आंदोलनों ने लोकतांत्रिक राजनीति तथा नेतृत्व की प्रकृति को बुनियादी रूप में बदला है। भाषावार पुनर्गठन से राज्यों से सीमांकन के लिए एक समरूप आधार मिला।

**8. क्षेत्रीय माँगों को मानना और भाषा के आधार पर नए राज्यों का गठन करना एक लोकतांत्रिक कदम के रूप में देखा गया। इस कथन को न्यायोचित सिद्ध करने के लिए कोई तीन उपयुक्त तर्क दीजिए।**

*दक्षताआधारित प्रश्न*

उत्तर क्षेत्रीय माँगों को मानना और भाषा के आधार पर नए राज्यों का गठन करना एक लोकतांत्रिक कदम के रूप में देखा गया। इसके समर्थन में तीन उपयुक्त तर्क निम्नलिखित हैं

(i) आज जब भाषावार राज्यों के पुनर्गठन की घटना को 50 वर्ष से भी अधिक समय हो गया है, तो हम एक ऐसी स्थिति में पहुँच चुके हैं, जहाँ से हम यह कह सकते हैं कि भाषाई राज्य तथा इन राज्यों के गठन के लिए चले आंदोलनों ने लोकतांत्रिक राजनीति तथा नेतृत्व की प्रकृति को बुनियादी रूप से परिवर्तित किया है।

(ii) अब राजनीति तथा सत्ता में भागीदारी का मार्ग एक छोटे-से अंग्रेजी भाषी अभिजात वर्ग के लिए ही नहीं, बल्कि अन्य वर्गों के लिए भी खुल चुका है। इसके अतिरिक्त भाषा के आधार पर राज्यों के पुनर्गठन से राज्यों के सीमांकन के लिए एक समरूप आधार भी प्राप्त हुआ।

(iii) इससे देश कई भागों में बँटा नहीं, बल्कि इससे देश की एकता और अधिक मजबूत हुई, साथ ही भारत में व्याप्त विविधता में एकता के सिद्धांत को भी मजबूती मिली।

उपरोक्त तथ्यों के आधार पर यह कहा जा सकता है कि देश के विभिन्न हिस्सों में क्षेत्रीय माँगों को पूरा करना एवं भाषा के आधार पर नए राज्यों का गठन देश में लोकतांत्रिक मूल्यों को मजबूती प्रदान करता है।

**9. भाषा के आधार पर प्रांतीय गठन में देश टूट सकता है, ऐसी चिंता से केंद्र सरकार ने इस मुद्दे को स्थगित कर दिया। इसके क्या परिणाम हुए?**

*अथवा* **भाषायी आधार पर अलग राज्यों के निर्माण की माँग को भारत सरकार ने प्रारंभ में क्यों स्वीकार नहीं किया? इस निर्णय के क्या परिणाम निकले?**

*दक्षता आधारित प्रश्न*

उत्तर भाषायी आधार पर अलग राज्यों के निर्माण की माँग को भारत सरकार ने इसलिए स्वीकार नहीं किया, क्योंकि भारतीय नेताओं को यह चिंता थी कि यदि भाषा के आधार पर राज्यों का पुनर्गठन किया गया, तो इससे अव्यवस्था फैल सकती है तथा देश टूटने का खतरा उत्पन्न हो सकता है। इस कारण सरकार ने इस मुद्दे को स्थगित कर दिया, जिसके निम्नलिखित परिणाम हुए

- केंद्र सरकार के इस निर्णय को स्थानीय नेताओं और लोगों ने चुनौती दी।
- पुराने मद्रास-प्रांत के तेलुगू भाषीय क्षेत्रों में विद्रोह भड़क उठा। विशाल आंध्र आंदोलन ने माँग की कि मद्रास प्रांत के तेलुगू भाषी क्षेत्रों को अलग करके एक नया राज्य आंध्र प्रदेश बनाया जाए।
- केंद्र सरकार दुविधा में पड़ गई व इसी दौरान गाँधीवादी नेता पोट्टी श्रीरामुलु भूख हड़ताल पर बैठ गए तथा 56 दिनों की भूख हड़ताल के पश्चात् उनकी मृत्यु हो गई, जिसके कारण हिंसक घटनाएँ फैलने लगीं।
- परिणामस्वरूप वर्ष 1952 में सरकार को अलग आंध्र प्रदेश के निर्माण की घोषणा करनी पड़ी।

## दीर्घ उत्तरीय प्रश्न II

**1. स्वतंत्रता के समय भारत के समक्ष आई किन्हीं तीन चुनौतियों की व्याख्या कीजिए।** **CBSE 2024, 25**

*अथवा* **स्वतंत्रता के समय भारत के समक्ष राष्ट्र निर्माण संबंधी तीन चुनौतियों की व्याख्या कीजिए।** **CBSE 2024**

*अथवा* **"स्वतंत्रता एक दीर्घकालिक संघर्ष का परिणाम थी, किंतु स्वतंत्रता के पश्चात् भी कुछ चुनौतियाँ थीं, जिन्हें सुलझाना स्वतंत्रता के मूल्यों को बनाए रखने के लिए जरूरी था।" इन प्रमुख चुनौतियों की चर्चा कीजिए।**

*दक्षता आधारित प्रश्न*

उत्तर स्वतंत्रता के समय भारत के समक्ष राष्ट्र निर्माण संबंधी तीन चुनौतियाँ निम्न थीं

(i) **एकता के सूत्र में बाँधना** पहली और तात्कालिक चुनौती यह थी कि किस प्रकार भारत को एकता के सूत्र में बाँधा जाए, जिसमें भारतीय समाज की सारी विविधताओं के लिए जगह/स्थान हो। भारत अपने आकार और विविधता के कारण महादेश के समान था। अलग-अलग भाषाओं के लोग थे। उनकी संस्कृति अलग थी तथा वे अलग-अलग धर्मों के अनुयायी थे। ऐसे में क्षेत्रीय अखंडता और एकता बनाए रखना महत्त्वपूर्ण चुनौती थी।

(ii) **लोकतंत्र स्थापित करना** लोकतंत्र स्थापित करना भी एक महत्त्वपूर्ण चुनौती थी। भारत ने संसदीय शासन पर आधारित प्रतिनिधित्वमूलक लोकतंत्र को अपनाया। लोकतंत्र को कायम करने के लिए लोकतांत्रिक संविधान आवश्यक होता है

(iii) **सार्वभौमिक विकास** तीसरी चुनौती ऐसे विकास की थी, जिसमें पूर्ण समाज अर्थात् सभी वर्गों को समाहित किया जा सके। इस बात को सुनिश्चित करना था कि सभी के साथ समानता का बर्ताव/व्यवहार किया जाए और सामाजिक रूप से वंचित तबकों तथा धार्मिक, सांस्कृतिक अल्पसंख्यक समुदायों को विशेष सुरक्षा प्रदान की जाए। इसके अतिरिक्त असली चुनौती गरीबी समाप्त करने के लिए कारगर नीतियों को बनाने तथा अपनाने की थी।

**2. वर्ष 1947 में हुए भारत के विभाजन के किन्हीं छः परिणामों का विश्लेषण कीजिए।** **CBSE 2024**

*अथवा* **आजादी की जो अनुभूति भारत को प्राप्त होनी थी इसके विभाजन ने उसे शिथिल कर दिया। कथन के परिपेक्ष्य में विभाजन के परिणामों पर चर्चा कीजिए।**

*दक्षता आधारित प्रश्न*

उत्तर वर्ष 1947 में भारत विभाजन के निम्न परिणाम हुए

(i) वर्ष 1947 में विभाजन के बाद व्यापक पैमाने पर लोगों को एक स्थान से दूसरे स्थान पर स्थानांतरित होना पड़ा। यह स्थानांतरण आकस्मिक, अनियोजित तथा त्रासदी से भरा था। लाहौर, अमृतसर और कलकत्ता (कोलकाता) जैसे शहर सांप्रदायिक दंगों के केंद्र बन गए। एक समुदाय के लोग दूसरे समुदाय के क्षेत्रों से नहीं गुजरते थे।

(ii) दोनों ओर के अल्पसंख्यकों को अपने घरों को छोड़कर भागना पड़ा तथा अक्सर अस्थायी शरणार्थी शिविरों में पनाह लेनी पड़ी। पुलिस तथा स्थानीय प्रशासन भी उन लोगों के साथ बुरा व्यवहार कर रहे थे।

(iii) सीमा पार करने के बाद लोगों को कई महीनों और वर्षों तक शरणार्थी शिविर में जीवन व्यतीत करना पड़ा। अनेक बच्चे इस अफरा-तफरी में अपने माता-पिता से बिछुड़ गए। शरणार्थियों के लिए आजादी का अर्थ अस्थायी शरणार्थी शिविरों में जीवन व्यतीत करना था।

(iv) वित्तीय संपदा के साथ-साथ टेबल-कुर्सी, टाइप राइटर, सरकारी तथा रेलवे कर्मचारियों का भी बँटवारा हुआ। जो लोग हमेशा से साथ-साथ रहते आए थे, वही एक-दूसरे के लिए दुश्मन बन गए। इस विभाजन में पाँच से दस लाख लोगों को अपनी जान गवानी पड़ी।

(v) विभाजन के दौरान दोनों तरफ के लोगों द्वारा बहुत-सी संपत्तियाँ नष्ट कर दी गईं, जिससे भारत और पाकिस्तान दोनों देशों की व्यापक आर्थिक क्षति हुई।

(vi) उद्योग धंधों का पतन हो गया। जूट उत्पादन क्षेत्र पूर्वी पाकिस्तान (वर्तमान बांग्लादेश) में तथा जूट मिलें बंगाल (भारत) में रह गईं, जिससे इस उद्योग को अत्यधिक हानि हुई।

**3. रजवाड़ों को भारतीय संघ में शामिल करने के मूल आधार क्या थे? इस कार्य में किसने ऐतिहासिक भूमिका निभाई?**

उत्तर यद्यपि ब्रिटिश शासन ने यह घोषणा की थी कि स्वतंत्रता के पश्चात् रजवाड़े अपनी इच्छा से भारत या पाकिस्तान किसी भी देश में शामिल हो सकते हैं या स्वतंत्र भी रह सकते हैं। इसका फैसला करने का अधिकार भी रजवाड़ों के शासकों को दे दिया गया था। जिसमें सर्वप्रथम त्रावणकोर के राजा ने अपने राज्य को आजाद रखने की घोषणा की तथा अगले दिन हैदराबाद ने भी इसी प्रकार की घोषणा की। रजवाड़ों के शासकों के रवैये से यह बात स्पष्ट हो गई थी कि स्वतंत्रता के पश्चात् हिंदुस्तान कई छोटे-छोटे देशों में बँटने लगा तथा लोकतंत्र का भविष्य अंधकारमय होने लगा है।

**रजवाड़ों को भारतीय संघ में शामिल करने के मूल आधार**
अधिकतर रजवाड़ों के शासक भारतीय संघ में शामिल होने के लिए तैयार थे तथा उन्होंने अपने विलय के लिए एक सहमति-पत्र पर हस्ताक्षर किए, जिसे 'इंस्ट्रूमेंट ऑफ एक्सेशन' कहा गया, किंतु उन रजवाड़ों के लिए, जहाँ पर वहाँ की जनता लोकतंत्र को अपनाने को तैयार थी, परंतु वहाँ के शासक तैयार नहीं थे। उन रजवाड़ों को संघ में शामिल करने के लिए सैनिक बल प्रयोग का सहारा लिया गया; जैसे—हैदराबाद आदि।

**ऐतिहासिक भूमिका** रजवाड़ों को भारतीय संघ में शामिल करने में सरदार पटेल ने महत्त्वपूर्ण ऐतिहासिक भूमिका निभाई। उन्होंने अपनी चतुराई व युक्तिपूर्ण रणनीति द्वारा अधिकतर रजवाड़ों के शासकों को शामिल होने के लिए तैयार कर लिया, जो बहुत ही कठिन कार्य था, क्योंकि उस समय ओडिशा (उड़ीसा) में 26 तथा छत्तीसगढ़ में 15 छोटे-छोटे रजवाड़े थे।

**4. भारतीय संघ के राज्यों के पुनर्गठन की प्रक्रिया और उनके आधार की व्याख्या कीजिए।**

*अथवा* **स्वतंत्रता के पश्चात् भारत में राज्यों का पुनर्गठन कैसे हुआ? व्याख्या कीजिए।**

*अथवा* **राज्य पुनर्गठन आयोग की स्थापना के लिए उत्तरदायी किन्हीं दो कारणों को स्पष्ट कीजिए और नए राज्यों के गठन के आधार को उजागर कीजिए।** **CBSE 2025**

उत्तर राज्यों का पुनर्गठन प्रशासनिक विभाजन का मामला नहीं था, बल्कि राज्यों की सीमाओं को इस प्रकार तय करना था कि देश की भाषाई और सांस्कृतिक बहुलता की झलक मिले तथा राष्ट्रीय अखंडता को कोई क्षति न हो। केंद्र सरकार ने प्रशासनिक सुविधा की दृष्टि से राज्यों की सीमा तय करने के प्रारूप को अस्वीकार कर दिया, जिसे ब्रिटिश शासन ने अपनाया था।

केंद्र सरकार को यद्यपि भाषा के आधार पर राज्यों के पुनर्गठन करने में यह चिंता सता रही थी कि इससे अव्यवस्था फैल सकती है तथा देश के टूटने का खतरा उत्पन्न हो सकता है, किंतु जनाकांक्षाओं और जनांदोलनों को देखते हुए सरकार ने भाषायी आधार पर राज्यों के पुनर्गठन को स्वीकार किया तथा वर्ष 1953 में राज्य पुनर्गठन आयोग का गठन किया। इस आयोग का कार्य राज्यों के सीमांकन के मामले पर विचार करना था।

इस आयोग ने अपनी रिपोर्ट में स्वीकार किया कि राज्यों की सीमाओं का निर्धारण वहाँ बोली जाने वाली भाषा के आधार पर होना चाहिए। इस आयोग की रिपोर्ट के आधार पर वर्ष 1956 में राज्य पुनर्गठन अधिनियम पास हुआ तथा इस अधिनियम के आधार पर 14 राज्य और 6 केंद्रशासित प्रदेश बनाए गए। बाद के वर्षों में क्षेत्रीय संस्कृति एवं विकास के मामले में क्षेत्रीय असंतुलन के आधार पर भी राज्यों का पुनर्गठन किया गया। वर्ष 2000 में झारखंड, छत्तीसगढ़ और उत्तरांचल (वर्तमान उत्तराखंड) का पुनर्गठन इसी आधार पर किया गया।

**5. जवाहर लाल नेहरू को आधुनिक भारत के वास्तुकारों में से एक माना जाता है। इस कथन की समीक्षा कीजिए।** दक्षता आधारित प्रश्न

उत्तर भारतीय स्वतंत्रता के पश्चात् देश में एकता और आत्मनिर्णय के साथ-साथ लोकतंत्र को स्थापित करना एक चुनौतीपूर्ण कार्य था। क्षेत्रीय समस्याएँ, रजवाड़ों का भारतीय संघ में शामिल होना आदि उत्पन्न परिस्थितियों में राष्ट्र निर्माण हेतु नेहरू ने क्षेत्रीय आकाक्षांओं को पूर्ण करने का प्रयास किया। इसके लिए उन्होंने वर्ष 1953 में राज्य पुनर्गठन आयोग का गठन किया, ताकि उनके राष्ट्र से अलग होने की संभावना कम हो जाए।

इसके लिए तत्कालीन सरकार (नेहरू सरकार) ने रजवाड़ों के संबंध में नरम रुख अपनाया। इस संबंध में कुछ क्षेत्रों को स्वायत्तता देने का भी कार्य किया। विभिन्नताओं को सम्मान देने और विभिन्न क्षेत्रों की माँगों को संतुष्ट करने के लिए ऐसा किया गया।

फलतः सहमति पत्र 'इंस्ट्रूमेंट ऑफ एक्सेशन' पर अधिकांश रजवाड़ों ने हस्ताक्षर किए तथा भारतीय संघ में शामिल हो गए। हालाँकि जूनागढ़, हैदराबाद, कश्मीर तथा मणिपुर का विलय कठिन साबित हुआ। इसके बावजूद जनआकांक्षाओं का पूरा ध्यान रखा गया।

पं. जवाहरलाल नेहरू के प्रयासों के कारण ही 20वीं शताब्दी के मध्य में भारत एक धर्मनिरपेक्ष राज्य के रूप में उभरा। इतना ही नहीं स्वतंत्रता से पहले इन्होंने भारतीय राजनीति के लिए एक धर्मनिरपेक्ष आधार के विकास में महत्त्वपूर्ण भूमिका निभाई थी। इससे ही अनेकता में एकता के निर्माण में सहायता मिली।

नेहरू एक व्यावहारिक आदर्शवादी थे और उनका मानना था कि समाजवाद तथा लोकतंत्र परस्पर विरोधी नहीं, बल्कि एक दूसरे के पूरक हैं। वह धन के समान वितरण के लिए एक कल्याणकारी राज्य का निर्माण करना चाहते थे। इस प्रकार नेहरू ने एक ऐसे देश में कल्याणकारी राज्य के महत्त्व को समझा, जिसके पास पर्याप्त बुनियादी ढाँचा उपलब्ध नहीं था।

अतः स्वतंत्रता के पश्चात् कठिन चुनौतियों का सामना करने के बावजूद नेहरू राष्ट्र को मजबूत बनाए रखने में सफल रहे। उन्होंने राष्ट्रीय आंदोलन की परंपराओं को आगे बढ़ाते हुए नवजात राष्ट्र भारत का पोषण किया। यही कारण है कि नेहरू को आधुनिक भारत के वास्तुकारों में से एक माना जाता है।

**6. वर्ष 1947 में विभाजन के समय भारत के कई भागों में उत्पन्न सांप्रदायिक हिंसा को कम करने के लिए, महात्मा गाँधी के योगदान का वर्णन कीजिए।** **CBSE 2024**

उत्तर वर्ष 1947 के विभाजन के दौरान भारत के कई भागों में सांप्रदायिक हिंसा अपनी चरम सीमा पर थी। इस कठिन समय में महात्मा गाँधी ने अपने सत्य और अहिंसा के मार्ग से देश में शांति स्थापित करने का प्रयास किया।

वर्ष 1947 में बड़े पैमाने पर एक जगह की आबादी दूसरी जगह जाने को मजबूर हुई थी। आबादी का यह स्थानांतरण आकस्मिक, अनियोजित और त्रासदी से भरा था। मानव इतिहास के अब तक ज्ञात सबसे बड़े स्थानांतरणों में से यह एक था।

धर्म के नाम पर एक समुदाय के लोग, दूसरे समुदाय के लोगों को मार रहे थे। कलकत्ता, लाहौर और अमृतसर जैसे शहर सांप्रदायिक अखाड़े में बदल गए थे। जिन क्षेत्रों में हिंदुओं अथवा सिंखों की सर्वाधिक जनसंख्या थी, उन क्षेत्रों में मुसलमानों ने जाना छोड़ दिया था। ठीक इसी प्रकार मुस्लिम बहुल आबादी वाले क्षेत्रों से हिंदू और सिख भी नहीं गुजरते थे।

महात्मा गाँधी ने 15 अगस्त, 1947 को हुई आजादी पर्व के जश्न में भाग नहीं लिया, वे कोलकात्ता के उन क्षेत्रों में डेरा डाले हुए थे, जहाँ हिंदुओं और मुसलमानों के बीच भयंकर दंगे हुए थे। सांप्रदायिक हिंसा से गाँधी जी का हृदय विचलित हो गया था। सत्य और अहिंसा के जिन सिद्धांतों के लिए वे आजीवन समर्पित भाव से कार्य करते रहे वे ही सिद्धांत इस कठिन समय में लोगों को एकसूत्र में बाँधने में नाकामयाब हो रहे थे। इसके रोकने के लिए गाँधीजी द्वारा निम्न प्रयास किए गए।

**अनुनय का मार्ग**

गाँधी जी ने दोनों समुदायों से हिंसा छोड़ने का निवेदन किया तथा इसके लिए स्वयं वहाँ उपस्थित रहे। कोलकाता में गाँधी की मौजूदगी से हालात बड़ी हद तक सुधर चुके और आजादी का जश्न लोगों ने सांप्रदायिक सद्भाव के जज्बे से मनाया था। लोग सड़कों पर पूरे हर्षोल्लास के साथ नाच रहे थे। गाँधीजी की प्रार्थना सभा में बड़ी संख्या में लोग एकत्रित होते थे।

**उपवास** बहरहाल यह स्थिति अधिक दिनों तक नहीं रहीं। हिंदुओं और मुसलमानों के बीच दंगे एक बार फिर से भड़क उठे और गाँधीजी अमन कायम के लिए उपवास पर बैठ गए। इसके बाद गाँधीजी दिल्ली पहुँचे। दिल्ली में भी बड़े पैमाने पर हिंसा हुई थी।

**अल्पसंख्यकों की असुरक्षा पर प्रश्न उठाया** गाँधीजी चाहते थे कि मुसलमानों को भारत में गरिमापूर्ण जीवन मिले और उन्हें बराबर का नागरिक माना जाए। इस बात को सुनिश्चित करने के लिए वे बड़े चिंतित थे।

**भारत-पाक संबंधों में सुधार का प्रयास**

भारत और पाकिस्तान के आपसी संबंधों को लेकर भी उनके मन में गहरी चिंताए थीं। उन्हें लग रहा था कि भारत की सरकार, पाकिस्तान के प्रति अपनी वित्तीय वचनबद्धताओं को पूरा नहीं कर रही है, इस बात से वे अप्रसन्न थे। इन सभी बातों को सोचकर उन्होंने वर्ष 1948 में एक बार फिर उपवास रखना शुरू किया। यह उनका अंतिम उपवास हआ। कोलकाता की ही तरह दिल्ली में भी उनके उपवास का चमत्कारी प्रभाव हुआ। सांप्रदायिक तनाव और हिंसा में कमी हुई।

अतः उपरोक्त उल्लेख से यह पता चलता है कि गाँधीजी ने भारत विभाजन के समय सत्य और अहिंसा के माध्यम से देश को आजाद कराने में अतुलनीय योगदान दिया।

**7. भारतीय संघ में सभी देशी रियासतों का विलय करवाने में भारत के सामने आई कठिनाइयों का वर्णन कीजिए।** **CBSE 2024**

उत्तर भारतीय संघ में सभी देशी रियासतों का विलय एक चुनौतीपूर्ण कार्य था। इस कार्य हेतु निम्न कठिनाइयाँ सामने आईं

(i) **रियासतों की स्वतंत्र इच्छा** कई रियासतों के शासक अपनी स्वतंत्रता बनाए रखना चाहते थे और भारत संघ में शामिल होने के लिए तैयार नहीं थे। वे अपनी स्वायत्तता को छोड़ने से हिचकिचा रहे थे। जैसे–त्रावणकोर, हैदराबाद तथा कश्मीर आदि।

(ii) **अलगाववाद और विद्रोह** कुछ रियासतों में अलगाववादी भावनाएँ व्याप्त थीं; जैसे–हैदराबाद और जूनागढ़ ने भारत में शामिल होने से इंकार कर दिया और यहाँ तक कि कुछ रियासतों ने विद्रोह करने की भी कोशिश की जैसे हैदराबाद में निजाम ने लोगों के खिलाफ एक अर्द्धसैनिक बल उतारा, इसे रजाकार कहा जाता है। रजाकार अत्यंत सांप्रदायिक और अत्याचारी थे। विशेष रूप से रजाकारों ने गैर-मुसलमानों को अपना निशाना बनाया। रजाकार लूटपाट, हत्या और बलात्कार पर उतारू हो गए। वर्ष 1948 में भारतीय सेना ने निजाम की सेना को आत्मसमर्पण करने के लिए मजबूर कर दिया और हैदराबाद का भारत में विलय हो गया।

(iii) **जटिल राजनीतिक समझौते** रियासतों के साथ समझौता करने के लिए जटिल राजनीतिक वार्ताएँ करनी पड़ीं। सरदार वल्लभ भाई पटेल और वी.पी. मेनन जैसे नेताओं ने इन वार्ताओं में महत्त्वपूर्ण भूमिका निभाई।

(iv) **संपत्ति और आर्थिक मुद्दे** कई रियासतों के पास बड़ी मात्रा में संपत्ति और संसाधन थे। उनका सही वितरण और उपभोग भी एक बड़ी कठिनाई थी।

(v) **सांप्रदायिक तनाव** कुछ रियासतें आर्थिक आधार पर भी विभाजित थीं, जैसे हैदराबाद जिसमें मुस्लिम नवाब का शासन था, जबकि जनसंख्या में हिंदुओं का बहुमत था। इससे सांप्रदायिक तनाव भी उत्पन्न हुआ।

इन कठिनाइयों के बावजूद, भारत के नेताओं ने धैर्य और रणनीतिक कौशल का प्रदर्शन किया, जिससे सभी रियासतों का सफल विलीनीकरण हो सका।

## स्रोत आधारित प्रश्न

दिए गए स्रोत को ध्यानपूर्वक पढ़िए और निम्नलिखित प्रश्नों के उत्तर दीजिए

**1. भारत के छोटे-बड़े विभिन्न आकार के देशों में बँट जाने की संभावना के विरुद्ध अंतरिम सरकार ने कठिन रुख अपनाया। मुस्लिम लीग ने भारतीय राष्ट्रीय कांग्रेस के इस कदम का विरोध किया।**

**मुस्लिम लीग का मानना था कि रजवाड़ों को अपनी मनमर्जी का रास्ता चुनने के लिए छोड़ दिया जाना चाहिए। रजवाड़ों के शासकों को मनाने-समझाने में सरदार पटेल ने ऐतिहासिक भूमिका निभाई और अधिकतर रजवाड़ों को उन्होंने भारतीय संघ में शामिल होने के लिए खुश कर लिया।**

**(i) वर्ष 1947 में ब्रिटिश इंडिया के विभाजन के समय किस सिद्धांत का पालन किया गया था?**

(a) प्रशासनिक नियंत्रण का सिद्धांत
(b) जातीय संरचना का सिद्धांत
(c) धार्मिक बहुसंख्या का सिद्धांत
(d) समानता का सिद्धांत

उत्तर (c) धार्मिक बहुसंख्या का सिद्धांत

**(ii) देशी रियासतों के बारे में निम्नलिखित में से कौन-सा कथन सही नहीं है?**

(a) भारत सरकार कुछ क्षेत्रों को स्वायत्तता देने के लिए तैयार थी
(b) जूनागढ़ के शासक ने स्वतंत्र भारत का हिस्सा बनने का फैसला किया था
(c) देशी रियासतें ब्रिटिश भारतीय साम्राज्य के एक-तिहाई भाग में कायम थीं
(d) कुछ रियासतें स्पष्ट रूप से भारतीय संघ का हिस्सा बनना चाहती थीं

उत्तर (b) जूनागढ़ के शासक ने स्वतंत्र भारत का हिस्सा बनने का फैसला किया था।

**(iii) अंतरिम सरकार देश के छोटे-छोटे आकार में बँट जाने का विरोध क्यों कर रही थी?**

उत्तर अंतरिम सरकार द्वारा देश के छोटे-छोटे हिस्सों में बँट जाने के विरोध का प्रमुख कारण राष्ट्रीय एकता तथा अखंडता को संरक्षित करना था। इसलिए अंतरिम सरकार के गृहमंत्री रहे सरदार पटेल ने कुछ रजवाड़ों को समझा-बुझाकर कुछ को जो आम सहमति से शामिल नहीं हुए, उन्हें जनमत संग्रह तथा सैन्य कार्यवाहियों द्वारा भारतीय संघ में शामिल किया।

**2. भारत में मुसलमान अल्पसंख्यकों की संख्या इतनी अधिक है कि वे चाहें तब भी यहाँ से कहीं और नहीं जा सकते। यह एक बुनियादी तथ्य है और इस पर दो अँगुली नहीं उठाई जा सकतीं। (पाकिस्तान चाहे जितना उकसा दे या वहाँ के गैर-मुस्लिमों को अपमान और भय के चाहे जितने भी घूँट पीने पड़ें, हमें अपने अल्पसंख्यकों के साथ सभ्यता और शालीनता के साथ पेश आना है।)**

**लोकतांत्रिक शासन-व्यवस्था में हमें उन्हें नागरिक के अधिकार देने होंगे और उनकी रक्षा करनी होगी। यदि हम ऐसा करने में सफल नहीं होते हैं, तो यह एक नासूर बन जाएगा, जो पूरी राजव्यवस्था में जहर फैलाएगा और शायद उसको तबाह भी कर दे। (जवाहरलाल नेहरू, मुख्यमंत्रियों को एक पत्र में, 15 अक्टूबर, 1947)**

**(i) जवाहरलाल नेहरू ने क्यों कहा कि पाकिस्तान वहाँ के गैर-मुस्लिमों को अपमान या भय का कितना भी घूँट पिलाए। हमें अपने अल्पसंख्यकों के साथ सभ्यता और शालीनता के साथ पेश आना है?**

(a) क्योंकि भारत में मुस्लिम अल्पसंख्यकों की संख्या अधिक है
(b) क्योंकि मुस्लिम लोग चाहकर भी कहीं नहीं जा सकते
(c) 'a' और 'b' दोनों
(d) मुस्लिम अल्पसंख्यक वर्ग में शामिल नहीं हैं

उत्तर (c) 'a' और 'b' दोनों

**(ii) भारत के मुसलमानों के संबंध में ऐसा क्यों कहा गया है कि हमें उन्हें नागरिक के अधिकार देने होंगे तथा उनकी रक्षा करनी होगी?**

(a) क्योंकि इनके बिना भारत एक धर्मनिरपेक्ष राज्य नहीं बन सकता
(b) क्योंकि इनकी भागीदारी के बिना लोकतांत्रिक सरकार की स्थापना नहीं की जा सकती
(c) क्योंकि संविधान सबको समान अधिकार देता है
(d) उपरोक्त सभी

उत्तर (d) उपरोक्त सभी

**(iii) यदि भारत में मुसलमानों को नागरिकता के अधिकार तथा सुरक्षा प्रदान नहीं की जाती तो क्या प्रभाव देखने को मिलते?**

उत्तर यदि भारत में मुसलमानों को नागरिकता के अधिकार तथा सुरक्षा प्रदान नहीं की जाती, तो इस स्थिति में मुस्लिम समुदाय के साथ भेदभाव होने पर समाज में विभाजन बढ़ता। इससे अविश्वास और शत्रुता का वातावरण बनता तथा देश में चारों तरफ अशांति, घृणा और उग्रवाद की स्थिति उत्पन्न हो सकती थी। इस प्रकार भारत की लोकतांत्रिक व्यवस्था की नींव कमजोर हो जाती।

**3. आजादी के तुरंत पहले अंग्रेजी शासन ने घोषणा की कि भारत पर ब्रिटिश प्रभुत्व के साथ ही रजवाड़े भी ब्रिटिश अधीनता से आजाद हो जाएँगे। इसका अर्थ यह था कि सभी रजवाड़े (रजवाड़ों की संख्या 565 थी) ब्रिटिश राज की समाप्ति के साथ ही कानूनी तौर पर आजाद हो जाएँगे। अंग्रेजी राज का नजरिया यह था कि रजवाड़े अपनी मर्जी से चाहें तो ..........। यह फैसला लेने का अधिकार प्रजा को नहीं मिला, बल्कि राजाओं को दिया गया था। यह अपने आपमें बड़ी गंभीर समस्या थी और इससे अखंड भारत के अस्तित्व पर भी खतरा मंडरा रहा था।** CBSE 2020

**(i) रजवाड़ों को भारत या पाकिस्तान में शामिल होने का अधिकार किसने दिया?**

(a) भारत के गवर्नर जनरल
(b) पाकिस्तान के गवर्नर जनरल
(c) ब्रिटिश सरकार
(d) स्वतंत्रता संग्राम सेनानी

उत्तर (c) ब्रिटिश सरकार

**(ii) अपना भविष्य निर्धारित करने के लिए रजवाड़ों को कौन-से विकल्प दिए गए थे?**

(a) वे भारतीय संघ में शामिल हो सकते थे
(b) वे पाकिस्तान में शामिल हो सकते थे
(c) वे अपना स्वतंत्रता अस्तित्व बनाए रख सकते थे।
(d) उपरोक्त सभी

उत्तर (d) उपरोक्त सभी

(iii) **रजवाड़ों को दिए जाने वाले विकल्पों को एक खतरा क्यों समझा गया? उदाहरण सहित स्पष्ट कीजिए।**

उत्तर रजवाड़ों को दिए जाने वाले विकल्पों को एक खतरा समझा गया, क्योंकि भारत अथवा पाकिस्तान में शामिल होने या स्वतंत्र अस्तित्व बनाए रखने का फैसला रजवाड़ों को करना था। यह फैसला रजवाड़ों की प्रजा को नहीं करना था।

इसी के परिणामस्वरूप सबसे पहले त्रावणकोर के राजा ने अपने राज्य को स्वतंत्र रखने की घोषणा कर दी। इसके पश्चात् हैदराबाद के निजाम ने भी ऐसी घोषणा कर दी। इस प्रकार, भारत के टुकड़ों में बँट जाने की पूरी संभावना दिखाई दी। अतः इससे अखंड भारत के अस्तित्व पर संकट उत्पन्न होने लगा था।

**4.** **आजादी और बँटवारे के बाद स्थितियाँ बदलीं। हमारे नेताओं को चिंता हुई कि यदि भाषा के आधार पर प्रांत बनाए गए, तो इससे अव्यवस्था फैल सकती है तथा देश के टूटने का खतरा पैदा हो सकता है। ऐसा भी प्रतीत हुआ कि इससे देश के सामने आने वाली अन्य सामाजिक-आर्थिक चुनौतियों से ध्यान भटक सकता है। अतः केंद्रीय नेतृत्व ने इस मुद्दे को स्थगित करने का फैसला लिया, लेकिन भारत में भाषाई आधार पर राज्यों की पुनर्गठन की माँग जोर पकड़ने लगी। तेलुगू भाषी क्षेत्रों के लोगों ने मद्रास प्रांत से अलग होकर एक नया राज्य बनाने की माँग की । इस आंदोलन के प्रमुख नेता पोट्टी श्री रामुलु थे। वर्ष 1952 के दिसंबर में प्रधानमंत्री ने आंध्र प्रदेश के नाम से अलग राज्य बनाने की घोषणा की। भाषाई आधार पर राज्यों के पुनर्गठन की बढ़ती माँगों को ध्यान में रखते हुए केंद्र सरकार ने दिसंबर, 1953 में राज्य पुनर्गठन आयोग का गठन किया। इस आयोग ने अपनी रिपोर्ट में सिफारिश की कि राज्य का गठन भाषाई और सांस्कृतिक समानता के आधार पर राज्य पुनर्गठन अधिनियम पारित किया गया जिसके तहत भारत को 14 राज्यों और 6 केंद्र शासित प्रदेशों में विभाजित किया गया।**

(i) **वर्ष 1953 में गठित राज्य पुनर्गठन आयोग का उद्देश्य क्या था?**

(a) राज्यों के सीमा संबंधी मामलों का ध्यान देना था
(b) भाषाई आधार पर राज्यों का पुनर्गठन करना था
(c) इससे 14 राज्य और 6 केंद्रशासित प्रदेशों का गठन किया
(d) उपरोक्त में से कोई नहीं

उत्तर (a) राज्यों के सीमा संबंधी मामलों का ध्यान देना था

(ii) **आंध्र प्रदेश को अलग राज्य बनाए जाने के संघर्ष में किसकी 56 दिनों की भूख हड़ताल के कारण मृत्यु हो गई?**

(a) सी. राजगोपालाचारी (b) पोट्टी श्रीरामुलु
(c) जे. पी. राय (d) सी. विजयराघवाचारी

उत्तर (b) पोट्टी श्रीरामुलु

(iii) **इस स्थगन को कहाँ के कुछ स्थानीय लोगों ने चुनौती दी और क्यों? कोई एक उदाहरण दीजिए।**

उत्तर भाषा के आधार पर राज्यों के गठन के स्थगन को पुराने मद्रास प्रांत के तेलुगू भाषी क्षेत्रों के लोगों द्वारा चुनौती दी गई। विशाल आंध्र आंदोलन ने माँग की कि मद्रास प्रांत के तेलुगू भाषी क्षेत्रों को अलग करके एक नया राज्य आंध्र प्रदेश बनाया जाए। इस आंदोलन में पोट्टी श्रीरामुलु की अनिश्चितकालीन भूख हड़ताल से मृत्यु हो गई। अंततः वर्ष 1953 में आंध्र प्रदेश का गठन हुआ।

## मानचित्र पर आधारित प्रश्न

**1.**

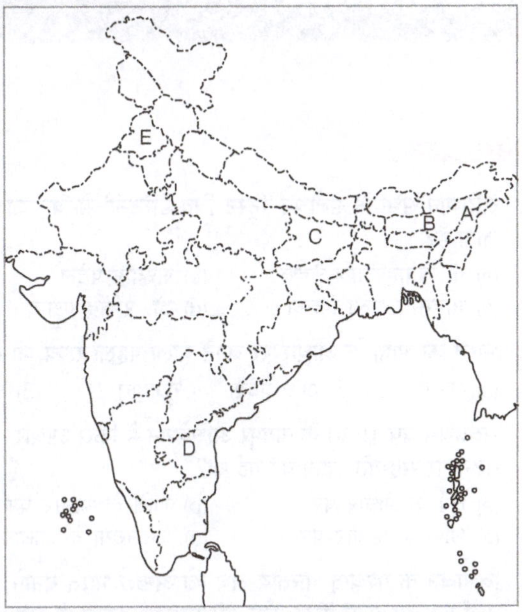


**भारत के दिए गए रेखा मानचित्र में पाँच राज्यों को A, B, C, D और E द्वारा दर्शाया गया है। नीचे दी गई जानकारी के आधार पर इन राज्यों की पहचान कीजिए और अपनी उत्तर पुस्तिका में उनके सही नाम, प्रयोग की गई जानकारी की क्रम संख्या तथा संबंधित अक्षर, नीचे दी गई तालिका के रूप में लिखिए।** **CBSE 2020**

| प्रयोग की गई जानकारी की क्रम संख्या | संबंधित अक्षर | राज्य का नाम |
|---|---|---|
| (i) | | |
| (ii) | | |
| (iii) | | |
| (iv) | | |
| (v) | | |

(i) **वह राज्य, जिससे काटकर हरियाणा बनाया गया।**
(ii) **वह राज्य, जो वर्ष 1963 में गठित किया गया था।**
(iii) **वह राज्य, जिससे अलग करके झारखंड बनाया गया।**
(iv) **वह राज्य, जिसे मद्रास (अब तमिलनाडु) से तेलुगू भाषी क्षेत्रों को अलग करके बनाया गया था।**
(v) **वह राज्य, जिससे अलग करके मेघालय बनाया गया।**

उत्तर

| प्रयोग की गई जानकारी की क्रम संख्या | संबंधित अक्षर | राज्य का नाम |
|---|---|---|
| (i) | E | पंजाब |
| (ii) | A | नागालैंड |
| (iii) | C | बिहार |
| (iv) | D | आंध्र प्रदेश |
| (v) | B | असम |

# स्वयं को जाँचें

## वस्तुनिष्ठ प्रश्न

**1.** संविधान सभा के संबोधन 'ट्रिस्ट विद् डेस्टिनी' से किसका संबंध पाया जाता है?

(a) पं. जवाहरलाल नेहरू (b) सरदार पटेल
(c) मोहम्मद अली जिन्ना (d) डॉ. राजेंद्र प्रसाद

**2.** भारत का भाषा के आधार पर बनने वाला पहला राज्य कौन-सा था?

(a) असम (b) आंध्र प्रदेश (c) गुजरात (d) छत्तीसगढ़

**3.** सर्वप्रथम वर्ष 1920 के नागपुर अधिवेशन में किस आधार पर राज्यों के गठन पर सहमति प्रदान की गई थी?

(a) धर्म के आधार पर (b) जाति के आधार पर
(c) भाषा के आधार पर (d) जनसंख्या के आधार पर

**4.** विभाजन के पश्चात् भारतीय संघ को अखंड भारत बनाने, शरणार्थियों तथा पुनर्वास से संबंधित कौन-सी समस्या उत्पन्न हो रही थी?

1. अल्पसंख्यकों की समस्या।
2. पंजाब और बंगाल का विभाजन।
3. मुस्लिम बहुल क्षेत्रों का पाकिस्तान में न जाना।

कूट

(a) केवल 1 (b) 1 और 3 (c) 2 और 3 (d) ये सभी

**5.** रजवाड़ों को स्वतंत्र रूप से भारत या पाकिस्तान में शामिल होने का विकल्प किस वर्ष दिया गया था?

(a) 1945 (b) 1946 (c) 1947 (d) 1948

**6.** वर्ष 1956 के राज्य पुनर्गठन अधिनियम के तहत कितने नए केंद्रशासित प्रदेश बनाए गए थे?

(a) 14 (b) 12 (c) 8 (d) 6

**7.** सूची I को सूची II के साथ सही सुमेलित कीजिए

| सूची I (राज्य) | सूची II (गठन वर्ष) |
|---|---|
| A. त्रिपुरा | 1. 1966 |
| B. हरियाणा | 2. 1972 |
| C. गुजरात | 3. 1960 |
| D. तेलंगाना | 4. 2014 |

कूट

| | A | B | C | D |
|---|---|---|---|---|
| (a) | 1 | 2 | 3 | 4 |
| (b) | 4 | 3 | 2 | 1 |
| (c) | 2 | 1 | 3 | 4 |
| (d) | 3 | 4 | 2 | 1 |

## लघु उत्तरीय प्रश्न

**8.** आजादी के पश्चात् किन दो बातों पर सहमति बनी थी? उन बातों को बताइए।

**9.** राष्ट्र निर्माण के समक्ष उत्पन्न किसी एक चुनौती का वर्णन कीजिए।

**10.** विभाजन के पश्चात् अल्पसंख्यकों की समस्या संबंधी तर्कों को प्रस्तुत कीजिए।

**11.** विभाजन के पश्चात् कश्मीर के शासक की समस्या को बताइए।

**12.** प्रारंभ में कौन-सी देशी रियासतों ने भारत संघ में शामिल होने का विरोध किया था?

**13.** सर्वप्रथम किस रजवाड़े में लोकतांत्रिक पद्धति से चुनाव करवाए गए थे?

## दीर्घ उत्तरीय प्रश्न I

**14.** देशी रजवाड़ों के व्यवहार से सामने आई तीन बातों को बताइए।

**15.** स्थानीय नेताओं और लोगों ने केंद्रीय नेतृत्व को किस फैसले/निर्णय के लिए चुनौती दी?

**16.** हैदराबाद के लोगों द्वारा किए गए आंदोलन का संक्षिप्त विवरण दीजिए।

**17.** स्वतंत्रता प्राप्ति के समय देश के विभाजन से सबसे अधिक प्रभाव आम लोगों पर पड़ा। समीक्षा कीजिए।

**18.** भारत में वर्ष 1956 में भाषा के आधार पर राज्यों का पुनर्गठन क्यों किया गया?

## दीर्घ उत्तरीय प्रश्न II

**19.** "मानव इतिहास के अब तक ज्ञात सबसे बड़े स्थानांतरणों में से यह एक था।" यह कथन किस संदर्भ में कहा गया है? इस संदर्भ में अपने दृष्टिकोण को बताइए।

**20.** देश विभाजन के दौरान संसाधनों के बँटवारे से संबंधित पहलुओं को विस्तार से बताइए।

**21.** 'पंडित जवाहर लाल नेहरू की नीतियाँ, विचार और राष्ट्र निर्माण का दृष्टिकोण भारत के लिए दूरदर्शी था।' क्या आप इस कथन से सहमत हैं?

# 02

अध्याय

# एक दल के प्रभुत्व का दौर

स्वतंत्रता प्राप्ति के बाद भारत ने लोकतांत्रिक राजनीति की स्थापना की चुनौती का सामना किया। वर्ष 1952 के पहले आम चुनाव में कांग्रेस पार्टी ने उल्लेखनीय सफलता हासिल की जिससे भारतीय राजनीति में उसका प्रभुत्व स्थापित हुआ।

इस अध्याय के अंतर्गत हम स्वतंत्र और निष्पक्ष चुनाव प्रणाली की स्थापना, प्रथम आम चुनाव, स्वतंत्रता के प्रारंभिक वर्षों में कांग्रेस का प्रभुत्व, विपक्षी दलों और उनकी नीतियों का उद्भव आदि का अध्ययन करेंगे।

**▼ अध्ययन एक नजर में**

2.1 लोकतंत्र स्थापित करने की चुनौती

2.2 पहले तीनों चुनाव में कांग्रेस का प्रभुत्व

2.3 विपक्षी दलों का उदय

**▼ अभ्यास के लिए**

– बहुविकल्पीय प्रश्न 29 (युग्मित प्रश्न, चित्र आधारित प्रश्न, कथन/कारण, सुमेलित कीजिए)

– वर्णनात्मक प्रकार के प्रश्न (लघु उत्तरीय प्रश्न 8, दीर्घ उत्तरीय प्रश्न I 5, दीर्घ उत्तरीय प्रश्न II 1)

– स्रोत आधारित प्रश्न 4, मानचित्र आधारित 0

राष्ट्र निर्माण की चुनौतियों के पश्चात् स्वतंत्र भारत के सामने लोकतांत्रिक राजनीति के लिए उचित पृष्ठभूमि को तैयार करना था। स्वतंत्रता के तुरंत पश्चात् राजनीतिक दलों के मध्य चुनावी प्रतिस्पर्द्धा प्रारंभ हो गई थी।

## 2.1 लोकतंत्र स्थापित करने की चुनौती

- भारतीय स्वतंत्रता के दौरान, कई अन्य देशों ने भी ब्रिटिश शासन से स्वतंत्रता प्राप्त की। अधिकांश देशों ने गैर-लोकतांत्रिक मार्ग चुना, लेकिन भारत ने कठिन परिस्थितियों के बावजूद लोकतंत्र को चुना। ऐसा इसलिए था, क्योंकि भारतीय स्वतंत्रता संग्राम लोकतांत्रिक मूल्यों के प्रति गहराई से जुड़ा था।
- भारतीय संविधान को 26 नवंबर, 1949 को अंगीकृत किया गया। 24 जनवरी, 1950 को इस पर हस्ताक्षर हुए और 26 जनवरी, 1950 को इसे अपनाया गया। उस समय देश का शासन अंतरिम सरकार द्वारा चलाया जा रहा था, लेकिन संविधान के लागू होने के पश्चात् यह अनिवार्य हो गया कि देश का शासन अब लोकतांत्रिक रूप से चुनी गई सरकार के द्वारा चलाया जाना चाहिए।
- संविधान में वर्णित उपबंधों के अनुसार ही नई निर्वाचित सरकार चुनने के लिए जनवरी, 1950 में एक **चुनाव आयोग** (Election Commission) का गठन किया गया तथा **सुकुमार सेन** को भारत का पहला चुनाव आयुक्त नियुक्त किया गया। इस आयोग का कार्य पूरे देश में निष्पक्ष तथा शांतिपूर्ण तरीके से चुनाव संपन्न कराना था। यद्यपि चुनाव आयोग के लिए चुनौती पूर्ण था।
- चुनाव संपन्न कराने के लिए पहला कार्य चुनाव क्षेत्रों का सीमांकन करना तथा **मतदाता सूची**[1] (Voter List) का निर्माण करना था। इन दोनों ही कार्यों को करने में चुनाव आयोग को अधिक समय लगा।
- मतदाता सूची का पहली बार जब प्रकाशन हुआ, तब इसमें लगभग 40 लाख महिलाओं के नाम शामिल ही नहीं थे, और जो शामिल थे उनमें भी विभिन्न प्रकार की त्रुटियाँ थीं।

1 **मतदाता सूची** चुनाव के कुछ महीने पहले हर निर्वाचन क्षेत्र के मतदाताओं की एक लिस्ट बनाई जाती है।

- मतदाता सूची को सुधारने का कार्य बहुत कठिन था। तत्कालीन समय में 17 करोड़ मतदाता थे, जिनमें केवल 15% मतदाता ही साक्षर थे। ऐसी परिस्थिति से निपटने के लिए चुनाव आयोग को पहले 3 लाख से अधिक अधिकारियों तथा कर्मचारियों को प्रशिक्षित करना पड़ा।
- भारत का प्रथम आम चुनाव **लोकतंत्र**[2] के लिए एक परीक्षा की घड़ी थी, क्योंकि जनसंख्या का एक बड़ा हिस्सा साक्षर नहीं तथा उस समय केवल धनी देशों में लोकतंत्र था। इसके साथ ही महिलाओं को भी यूरोप के अधिकांश देशों में मत देने का अधिकार नहीं मिला था। ऐसे में यह भारत के लिए इसका आयोजन चुनौतीपूर्ण कार्य था।
- चुनावों को दो बार स्थगित करना पड़ा और अन्तत: अक्टूबर, 1951 से फरवरी, 1952 में चुनाव आयोजित किए गए। चुनावों को 1952 का चुनाव इसलिए कहा गया, क्योंकि भारत के अधिकांश क्षेत्रों में जनवरी, 1952 के महीने में मतदान हुआ था। चुनाव प्रचार, मतदान और मतगणना को मिलाकर कुल छ: महीने लग गए।
- चुनाव पूर्व दुनिया भर में कई लोगों ने भारतीय चुनाव प्रणाली की आलोचना की। उनके अनुसार यह जोखिम भरा लग रहा था, लेकिन चुनावों के पश्चात् जब परिणाम घोषित किए गए तो आलोचकों की राय गलत सिद्ध हुई। अब यह तर्क देना सम्भव नही था कि **लोकतंत्र** केवल उन देशों में ही लागू हो सकता है जहाँ शिक्षा या संपत्ति हो।

### मतदान के बदलते तरीके

- वर्तमान में लगभग सभी चुनावों में **इलेक्ट्रॉनिक वोटिंग मशीन** (Electronic Voting Machine, EVM) का प्रयोग किया जा रहा है। वर्ष 1990 के अंत में EVM का प्रयोग शुरू हो गया था।
- वर्ष 2004 तक लगभग पूरे देश में इसका प्रयोग किया जाने लगा, लेकिन प्रारंभ में चुनाव के लिए एक दूसरा तरीका अपनाया गया था, जिसके अंतर्गत मतदान केंद्र पर प्रत्येक उम्मीदवार के लिए मतपेटी रखी गई, जिस पर उम्मीदवार का चुनाव चिह्न अंकित किया गया था।
- प्रत्येक मतदाता को एक खाली मतपत्र दिया गया, जिसे वह अपनी पसंद के उम्मीदवार की मतपेटी में डाल सकता था।
- शुरुआती दो चुनावों के बाद यह तरीका बदल दिया गया तथा मतपत्र पर उम्मीदवार का नाम और उसका चुनाव चिह्न अंकित किया जाने लगा। मतदाता को इस मतपत्र पर अपनी पसंद के उम्मीदवार के नाम पर मुहर लगानी होती थी। यह प्रक्रिया लगभग 40 वर्षों तक व्यवस्था में रही।

### मौलाना अबुल कलाम आजाद (1888-1958)

- इनका मूल नाम **अबुल कलाम मोहिउद्दीन अहमद** था।
- वह इस्लाम के विद्वान, स्वतंत्रता सेनानी और कांग्रेस के नेता थे।
- वह एकता के प्रतिपादक थे।
- अबुल कलाम आजाद विभाजन विरोधी नेता थे।
- वह संविधान सभा के सदस्य, स्वतंत्र भारत के पहले मंत्रिमंडल में शिक्षामंत्री बने।

## 2.2 पहले तीनों चुनावों में कांग्रेस का प्रभुत्व

- पहले आम चुनाव के पूर्व ही सभी को इस बात का अंदाजा था कि कांग्रेस पार्टी को इन चुनावों में जीत मिलेगी। इसका बड़ा कारण था कि कांग्रेस को स्वाधीनता संग्राम की विरासत हासिल थी, साथ ही उस समय यही एकमात्र ऐसी पार्टी थी, जिसका संगठन पूरे देश में था।
- जवाहरलाल नेहरू का इस पार्टी के साथ होना भी इसके लिए मजबूती का बहुत बड़ा कारण था, जो तत्कालीन समय में देश के सबसे लोकप्रिय नेता थे।
- पहले आम चुनाव में लोकसभा की कुल 489 सीटों में से कांग्रेस को 364 सीटें प्राप्त हुईं, जबकि दूसरे स्थान पर भारतीय कम्युनिस्ट पार्टी थी, जिसको कुल 16 सीटें प्राप्त हुईं।
- लोकसभा के साथ ही सभी विधानसभाओं के भी चुनाव कराए गए थे तथा इनमें भी कांग्रेस पार्टी को बड़ी जीत मिली। त्रावणकोर-कोचीन (वर्तमान केरल राज्य का क्षेत्र), मद्रास और उड़ीसा के अतिरिक्त अन्य राज्यों में कांग्रेस को स्पष्ट बहुमत प्राप्त हुआ था।
- कुछ समय पश्चात् इन राज्यों में भी कांग्रेस समर्थित सरकार का ही गठन हुआ, जिसके फलस्वरूप विधानसभाओं के साथ-साथ लोकसभा में भी बहुमत के फलस्वरूप पूरे देश में कांग्रेस पार्टी की ही सरकार बनी।
- पहले आम चुनाव के बाद जवाहरलाल नेहरू देश के प्रधानमंत्री बने।
- देश में दूसरा आम चुनाव वर्ष 1957 में और तीसरा आम चुनाव वर्ष 1962 में हुआ था। वर्ष 1957 तथा 1962 के आम चुनाव में भी कांग्रेस ने अपनी पहले की स्थिति को बनाए रखा तथा लोकसभा की कुल तीन-चौथाई सीटों पर विजय प्राप्त की।

2 **लोकतंत्र** एक ऐसी शासन प्रणाली है, जिसमें जनता स्वेच्छा से अपने प्रतिनिधि को चुनती है।

- इस आम चुनाव में कांग्रेस के प्रभुत्व का अंदाजा इस बात से लगाया जा सकता है कि अकेले कांग्रेस ने जितनी सीटें जीती थीं, उसके 10वें हिस्से के बराबर भी कोई अन्य पार्टी सीटें नहीं प्राप्त कर सकीं।
- इस दौरान विधानसभा के चुनावों में कहीं-कहीं कांग्रेस को बहुमत नहीं मिला। उदाहरणस्वरूप, वर्ष 1957 में केरल में भारतीय कम्युनिस्ट पार्टी के नेतृत्व में एक गठबंधन की सरकार बनी। इसके बावजूद केंद्र सरकार और राज्यों की सरकारों पर कांग्रेस पार्टी का पूरा नियंत्रण था।
- हमारे देश की चुनाव प्रणाली में **सर्वाधिक वोट पाने वाले की जीत** के तरीके को अपनाया गया है। ऐसे में यदि कोई पार्टी बाकियों की अपेक्षा थोड़े ज्यादा वोट हासिल करती है, तो दूसरी पार्टियों को प्राप्त वोटो के अनुपात की तुलना में उसे कहीं अधिक सीटें हासिल होती हैं। यदि हम सभी गैर-कांग्रेसी उम्मीदवारों के वोट जोड़ दें, तो वह कांग्रेस पार्टी को हासिल कुल वोट से कहीं अधिक होंगे, लेकिन फिर भी कांग्रेस इस प्रणाली के कारण चुनाव जीत गई।

### राजकुमारी अमृतकौर (1889-1964)

- वह गाँधीवादी स्वतंत्रता सेनानी थी।
- इनका जन्म कपूरथला के राजपरिवार में हुआ था।
- वह स्वतंत्र भारत के पहले मंत्रिमंडल में स्वास्थ्य मंत्री बनीं।

### केरल में कम्युनिस्टों की जीत

- वर्ष 1957 में केरल में विधानसभा चुनाव के अंतर्गत कांग्रेस पार्टी को हार का सामना करना पड़ा।
- यहाँ की 126 सदस्यीय विधानसभा में कम्युनिस्ट पार्टी को 60 सीटें मिलीं, जिसने **ई एम एस नंबूदरीपाद** के नेतृत्व में पाँच निर्दलीय विधायकों की सहायता से वहाँ सरकार का गठन किया।
- यह दुनिया की पहली कम्युनिस्ट सरकार थी, जिसका गठन लोकतांत्रिक चुनावों के द्वारा हुआ था।
- वर्ष 1959 में केंद्र सरकार ने संविधान के अनुच्छेद-356 के अंतर्गत केरल की कम्युनिस्ट सरकार को बर्खास्त कर दिया। यह निर्णय बहुत ही विवादास्पद था और इसे संवैधानिक आपातकालीन शक्तियों का दुरूप्रयोग बताया गया।

## कांग्रेस के प्रभुत्व की प्रकृति

- भारत ही विश्व का एकमात्र ऐसा देश नहीं है, जहाँ केवल एक पार्टी का प्रभुत्व रहा हो।
- विश्व के कुछ देशों (चीन, क्यूबा, सीरिया) में वहाँ के संविधान में केवल एक ही पार्टी को शासन करने की अनुमति दी गई है,
- कुछ देशों; जैसे—म्यांमार, बेलारूस तथा इरीट्रिया में यह कानूनी व सैन्य शासन के कारण संभव हुआ है।
- पिछले कुछ वर्षों तक मैक्सिको, दक्षिणी कोरिया तथा ताइवान में भी एक ही पार्टी का शासन था, लेकिन भारत में कांग्रेस पार्टी का प्रभुत्व इन देशों के एक पार्टी के प्रभुत्व से अलग है, क्योंकि यहाँ कांग्रेस पार्टी का प्रभुत्व लोकतांत्रिक परिस्थितियों के अंतर्गत अनेक पार्टियों से प्रतिस्पर्द्धा के पश्चात् सिद्ध हुआ।
- दक्षिण अफ्रीका में **रंगभेद**[3] की समाप्ति के बाद अफ्रीकन नेशनल कांग्रेस का प्रभाव बढ़ा था। इस प्रकार भारत का उदाहरण दक्षिण अफ्रीका से मिलता-जुलता है। अत: भारत के प्रभुत्व की प्रकृति सभी को साथ लेकर चलने की रही है।

## कांग्रेस के प्रभुत्व के कारक

- कांग्रेस पार्टी चूँकि स्वाधीनता आंदोलन का प्रमुख केंद्र रही थी, जिस कारण उसको राष्ट्रीय आंदोलन के वारिस के रूप में देखा जाता था।
- आंदोलन के अग्रणी नेताओं का इस पार्टी का उम्मीदवार होना भी इसके प्रभुत्व में सहायक था।
- कांग्रेस की विपक्षी पार्टियों में अधिकांश का उद्भव आजादी के बाद हुआ, जबकि कांग्रेस बहुत पहले से ही सुसंगठित पार्टी थी, जिसका लाभ कांग्रेस को मिला।
- कांग्रेस पार्टी का संगठन पूरे देश में फैल चुका था, क्योंकि कांग्रेस पहले से ही निर्वाचन प्रणाली से परिचित थी, जिसके कारण अन्य दल अभी अपनी चुनाव की रणनीति बना रहे होते थे, तब तक कांग्रेस अपना चुनाव अभियान शुरू कर देती थी।

### रफी अहमद किदवई (1894-1954)

- वह उत्तर-प्रदेश से कांग्रेस के नेता थे।
- वह स्वतंत्र भारत के पहले मंत्रिमंडल में संचार मंत्री, खाद्य एवं कृषि मंत्री थी।

---

3 रंगभेद संस्थागत नस्लीय अलगाव की एक प्रणाली थी जो दक्षिण-पश्चिम अफ्रीका और दक्षिण-अफ्रीका में मौजूद थी।

### बाबा भीमराव रामजी अंबेडकर (1891-1956)

- वह जाति विरोधी आंदोलन के नेता और दलितों को न्याय दिलाने के अगुआ थे।
- वह इंडिपेंडेंट लेबर पार्टी के संस्थापक थे।
- उन्होंने बाद में शिड्यूल्ड कास्ट्स् फेडरेशन की स्थापना की।
- वह संविधान सभा की प्रारूप समिति के अध्यक्ष थे। ये वह आजादी के बाद नेहरू के मंत्रिमंडल में मंत्री बने, लेकिन हिंदू कोड बिल के मुद्दे पर अपनी असहमति दर्ज कराते हुए इस्तीफा दे दिया।
- वर्ष 1956 में उन्होंने बौद्ध धर्म ग्रहण कर लिया।

### चेक प्वॉइंट 1

1. भारत के पहले चुनाव आयुक्त कौन थे?
2. कांग्रेस ने केरल में अनुच्छेद-356 क्यों लगाया?
3. भारतीय कांग्रेस का प्रभुत्व किस देश के समान है?
4. स्वंत्र भारत के पहले संचार मंत्री कौन थे?
5. डॉ. भीमराव अंबेडकर ने बौद्ध धर्म कब ग्रहण किया?

## कांग्रेस एक सामाजिक और विचारधारात्मक गठबंधन के रूप में

- कांग्रेस पार्टी का उद्‌गम (Origin) 1885 ई. में हुआ था, उस समय यह केवल नवशिक्षित, कामकाजी और व्यापारिक वर्गों का एक समूह था। 20वीं सदी में इस पार्टी ने जन-आंदोलन का रूप लिया और यह एक राजनीतिक पार्टी के रूप में उभरकर सामने आई।
- शुरुआत में कांग्रेस एक ऐसी पार्टी के रूप में शुरू हुई जिस पर कुछ विशेष लोगों का ही प्रभुत्व था जैसे-
- अंग्रेजी बोलन वाले
- उच्च जाति
- उच्च मध्यम वर्ग
- शहरी अभिजात वर्ग

– कांग्रेस ने जब भी सविनय अवज्ञा जैसे आंदोलन चलाए उनका सामाजिक आधार बढ़ता गया। इसमें समाज के निम्नलिखित वर्ग शामिल होने लगे

- किसान
- ग्रामीण
- उच्च मध्यम, और निम्न वर्ग
- क्रांतिकारी
- कट्टरपंथी, दक्षिणपंथी
- उद्योग पति
- श्रमिक
- विभिन्न जातियाँ

–कांग्रेस ने अपने मंच के तहत विभिन्न विचारधाराओं को भी समायोजित किया जैसे-

- क्रांतिकारी
- शांतिवादी[4]
- रुढ़िवादी
- कट्टरपंथी[5]
- उग्रवादी
- उदारवादी
- दक्षिणपंथी[6]
- वामपंथी[7]

- इस प्रकार कांग्रेस व्यापक सामाजिक और वैचारिक आधार के लिए एक मंच थी।
- कांग्रेस भारत की विविधता का व्यापक प्रतिनिधित्व करने वाले इंद्रधनुष जैसे सामाजिक संगठन में तब्दील हो गई।

## सहिष्णुता और गुटों का प्रबंधन

कांग्रेस इतने लंबे समय तक एक मजबूत पार्टी के रूप में उभर कर सामने आ सकी, इसके निम्नलिखित कारण थे-

- कांग्रेस के गठबंधनी स्वभाव ने उसे एक असाधारण ताकत दी। पहली बात यह है कि जो भी आए, गठबंधन उसे अपने में शामिल कर लेता है। इस कारण गठबंधन को **अतिवादी रुख** अपनाने से बचना होता है और हर मसले पर संतुलन बनाकर चलना पड़ता है।

---

4 **शांतिवादी** शांति व्यक्ति शांति के आधारों पर किसी समस्या के समाधान पर विश्वास करते हैं।

5 **कट्टरपंथी** यह विचारधारा नवीन परिवर्तनों के प्रति सर्तक रहती है तथा व्यवस्था को पुरातन आधार पर बनाए रखने में विश्वास करती है।

6 **दक्षिणपंथी** यह आमतौर पर किसी देश के आधुनिकीकरण तथा प्रगति को एक सीमा तक ही स्वीकार करते हैं तथा परंपरा और संस्कृति को बनाए रखने पर बल देते हैं। ये मुक्त बाजार अर्थव्यवस्था का विरोध करते हैं।

7 **वामपंथी** इस विचारधारा में कल्याणकारी योजनाओं द्वारा सामाजिक-आर्थिक समानता की वकालत की जाती है।

- सुलह-समझौते के रास्ते पर चलना और सर्व-समावेशी होना गठबंधन की विशेषता होती है। इसी रणनीति की वजह से विपक्ष कठिनाई में पड़ता है।
- पार्टी के अंदर इन समूहों को गुट कहा जाता और वे अन्य गुटों से लड़ते थे। वे विभिन्न विचारधाराओं और गुटों का प्रतिनिधित्व करते हैं और कभी-कभी राज्य इकाइयाँ बन जाते हैं। इस तरह, कांग्रेस एक भव्य **मध्यमार्गी पार्टी** बन गई।
- ये गुट वास्तव में राष्ट्र के अधिकार या शासन में शामिल नही हैं। लेकिन, वे सत्तारूढ़ दल की आलोचना करते हैं और सत्तारूढ़ दल के भीतर संतुलन तंत्र के रूप में कार्य करते हैं।
- इस प्रकार, कांग्रेस ने सत्तारुढ़ दल के साथ-साथ विपक्ष के रूप में काम किया, यही कारण है कि भारतीय राजनीति के इस काल को **कांग्रेस प्रणाली** के रूप में वर्णित किया गया है।

## 2.3 विपक्षी दलों का उदय

- 60 और 70 के दशक में भारत में कांग्रेस के अतिरिक्त कई दल समाने आए इनमें से कुछ तो वर्ष 1952 के **आम चुनाव**[8] से पहले उभरकर सामने आए थे तथा कुछ ने देश की भारतीय राजनीति में महत्त्वपूर्ण भूमिका निभाई।
- विपक्षी दलों का प्रतिनिधित्व बहुत कम था, लेकिन उन्होंने कांग्रेस पार्टी की नीतियों और प्रथाओं की आलोचना करने में महत्त्वपूर्ण भूमिका निभाई। इससे कांग्रेस के भीतर सत्ता की जाँच और संतुलन की व्यवस्था बनी रही और लोगों को लोकतांत्रिक विकल्प उपलब्ध हुए।
- शुरुआती वर्षों में कांग्रेस नेताओं और विपक्षी दलों के बीच काफी सम्मान था। उदाहरण के लिए, जवाहरलाल नेहरू सोशलिस्ट पार्टी के प्रति लगाव रखते थे और वे जयप्रकाश नारायण जैसे समाजवादी नेताओं को अपनी सरकार में शामिल होने के लिए आमंत्रित करते थे। डॉ. अंबेडकर और श्यामा प्रसाद मुखर्जी विपक्षी दल के सदस्य थे, इसके बावजूद इन्हें स्वतंत्रता के बाद गठित मंत्रिमंडल में शामिल किया गया था।
- इस प्रकार, हमारे देश में लोकतांत्रिक राजनीति का पहला चरण काफी अनूठा था। स्वतंत्रता संग्राम में कांग्रेस की प्रमुख भूमिका ने उसे अन्य राजनीतिक विपक्षी दलों के मुकाबले बढ़त दिलाई।

### श्यामा प्रसाद मुखर्जी (1901-1953)

- वह हिंदू महासभा के नेता थे।
- वह भारतीय जनसंघ के संस्थापक सदस्यों में एक थे।
- वह स्वतंत्रता के बाद नेहरू के पहले मंत्रिमंडल में मंत्री बने, पाकिस्तान के साथ संबंधों को लेकर अपने मतभेदों के चलते इन्होंने वर्ष 1950 में इस्तीफा दे दिया।
- वह संविधान सभा के सदस्य थे।
- कश्मीर नीति पर जनसंघ के प्रदर्शन के दौरान गिरफ्तार हुए और हिरासत में मृत्यु हो गई।

**हमारे देश में विभिन्न राजनीतिक दल**

**प्रमुख राजनीतिक दल**

| पार्टी का नाम | स्थापना का वर्ष | नेता | प्रमुख राजनीति |
|---|---|---|---|
| समाजवादी पार्टी | 1934 कांग्रेस के साथ एक समूह | जयप्रकाश नारायण | लोकतांत्रिक समाजवाद |
| | 1948 एक अलग पार्टी बनाई | अशोक मेहता, एस. एम. जोशी राम मनोहर लोहिया | |
| भारतीय कम्युनिस्ट पार्टी | 1935 कांग्रेस के भीतर गुट | ए.के गोपालन | उत्पादन पर राज्य का नियंत्रण |
| | 1941 कांग्रेस से अलग | पी.सी.जोशी अजय घोष | श्रम अधिकारों और हितों का समर्थन |
| भारतीय जन संघ | 1951 में गठित | श्यामा प्रसाद मुखर्जी बलराज मधोक दीन दयाल उपध्याय | एक देश, एक संस्कृति और एक राष्ट्र के विचार पर जोर दिया |

8 आम चुनाव एक चुनावी प्रक्रिया है, जिसमें निर्वाचित निकाया आमतौर पर विधानमंडल के अधिकांश या सभी सदस्यों को चुना जाता है।

## सोशलिस्ट पार्टी

- सोशलिस्ट पार्टी को प्रारंभ में कांग्रेस सोशलिस्ट पार्टी के नाम से जाना जाता था। इसका गठन वर्ष 1934 में कांग्रेस के अंतर्गत ही **आचार्य** नरेंद्र देव के नेतृत्व में युवा नेताओं के एक समूह ने किया था, जो कांग्रेस को अधिक-से-अधिक परिवर्तनशील तथा समतावादी बनाना चाहते थे।

- कांग्रेस सोशलिस्ट पार्टी वर्ष 1948 में कांग्रेस से अलग होकर एक स्वतंत्र पार्टी के रूप में सोशलिस्ट पार्टी के नाम से जानी गई।
- यह पार्टी लोकतांत्रिक समाजवाद की विचारधारा में विश्वास करती थी तथा यही वह आधार था, जिससे वह कांग्रेस तथा साम्यवादी (Communist) पार्टियों से अलग नजर आती थी।
- वर्ष 1955 के बाद सोशलिस्ट पार्टी अनेक टुकड़ों में विभाजित हो गई; जैसे—किसान मजदूर प्रजा पार्टी, प्रजा सोशलिस्ट पार्टी तथा संयुक्त सोशलिस्ट पार्टी। संयुक्त सोशलिस्ट पार्टी के प्रमुख नेताओं में आचार्य नरेंद्र देव, जयप्रकाश नारायण, राम मनोहर लोहिया, अशोक मेहता, एसएम जोशी तथा अच्युत पटवर्धन शामिल थे।

### आचार्य नरेंद्र देव

- ये स्वतंत्रता सेनानी और कांग्रेस सोशलिस्ट पार्टी के संस्थापक थे।
- ये किसान आंदोलन में सक्रिय थे।
- आजादी के बाद उन्होंने पहले सोशलिस्ट पार्टी का और बाद में प्रजा सोशलिस्ट पार्टी का नेतृत्व किया।

## कम्युनिस्ट पार्टी ऑफ इंडिया

- वर्ष 1920 के शुरुआती वर्षों में रूस की बोल्शेविक क्रांति से प्रेरित होकर भारत के विभिन्न भागों में कई साम्यवादी गुटों का उदय हुआ। ये देश की समस्याओं के समाधान के लिए साम्यवाद की नीति अपनाने पर बल दे रहे थे।

- कम्युनिस्टों ने वर्ष 1935 तक कांग्रेस के अंतर्गत ही कार्य किए। ये दिसंबर, 1941 में कांग्रेस से अलग हुए तथा द्वितीय विश्वयुद्ध के समय नाजियों (जर्मनी) के विरुद्ध ब्रिटेन को अपना समर्थन दिया।
- कम्युनिस्टों का विचार था कि वर्ष 1947 में सत्ता का जो हस्तांतरण हुआ, वह सही रूप में आजादी नहीं थी।
- कम्युनिस्ट पार्टी अन्य गैर कांग्रेसी पार्टियों के विपरीत अधिक संगठित थी। लेकिन तेलंगाना विद्रोह के दौरान वह अपनी स्थिति के लिए लोकप्रिय समर्थन जुटाने में विफल रही।
- पहले आम चुनाव में कम्युनिस्टों को 16 सीटें मिली थीं, जो कांग्रेस की तुलना में अन्य विपक्षियों में सबसे अधिक थी। इस पार्टी को प्रमुख समर्थन आंध्र प्रदेश, पश्चिम बंगाल, बिहार तथा केरल में प्राप्त हुआ।
- भारतीय कम्युनिस्ट पार्टी के नेताओं में ए के गोपालन, एस ए डांगे, ई एम एस नंबूदरीपाद, पी सी जोशी, अजय घोष तथा पी सुंदरैया प्रमुख रहे हैं।
- वर्ष 1964 में चीन तथा सोवियत संघ के मध्य विचारधारात्मक अंतर आने के कारण कम्युनिस्ट पार्टी में विभाजन हो गया। इसके उपरांत सोवियत संघ की विचारधारा को मानने वाले भारतीय कम्युनिस्ट पार्टी में रहे, जबकि चीन की विचारधारा को मानने वाले भारतीय कम्युनिस्ट पार्टी में शामिल हो गए।

### ए. के. गोपालन (1904-1977)

- वह केरल के कम्युनिस्ट नेता राजनीतिक जीवन का आरंभ कांग्रेस कार्यकर्ता के रूप में वर्ष 1939 में कम्युनिस्ट पार्टी में शामिल। वर्ष 1964 में कम्युनिस्ट पार्टी के विभाजन के बाद कम्युनिस्ट पार्टी ऑफ इंडिया (मार्क्सवादी) में शामिल।

## भारतीय जनसंघ

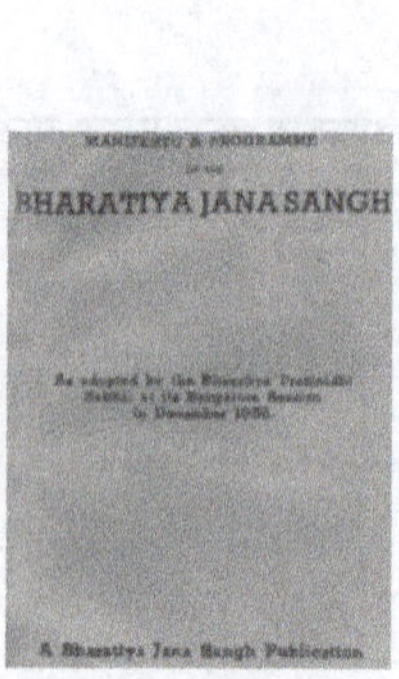


- भारतीय जनसंघ का गठन वर्ष 1951 में हुआ था। इसके संस्थापक अध्यक्ष श्यामा प्रसाद मुखर्जी थे, जबकि दीन दयाल उपाध्याय इसके प्रथम महासचिव थे।
- जनसंघ एक देश, एक संस्कृति और एक राष्ट्र के सिद्धांत पर बल देता था। इसका मानना था कि देश भारतीय संस्कृति और परंपरा के आधार पर आधुनिक, प्रगतिशील तथा शक्तिशाली बन सकता है। जनसंघ ने भारत-पाकिस्तान को मिलाकर **अखंड भारत** बनाने के साथ-साथ अंग्रेजी को हटाकर हिंदी को राजभाषा बनाने पर भी बल दिया था।

- जनसंघ ने वर्ष 1964 में चीन के परमाणु परीक्षण के बाद, इस बात को प्रमुखता से उठाया कि भारत को भी अपने आण्विक हथियार बनाने चाहिए।
- जनसंघ ने धार्मिक तथा सांस्कृतिक अल्पसंख्यकों को सरकार द्वारा रियायत देने की बात का भी विरोध किया।
- जनसंघ को पहले आम चुनाव (वर्ष 1952) में 3 सीटें तथा दूसरे आम चुनाव (वर्ष 1957) में 4 सीटें प्राप्त हुई थीं। इसको हिंदी भाषी राज्यों; जैसे—राजस्थान, मध्य प्रदेश, दिल्ली तथा उत्तर प्रदेश के शहरी क्षेत्रों में अच्छा समर्थन मिला।
- वर्तमान समय में सत्ताधारी भारतीय जनता पार्टी की जड़ें इसी जनसंघ में निहित रही हैं।

## दीन दयाल उपाध्याय (1916-1968)

- वर्ष 1942 से राष्ट्रीय स्वयंसेवक संघ के पूर्णकालीन कार्यकर्ता, भारतीय जनसंघ के संस्थापक सदस्य थे।
- वह भारतीय जनसंघ में पहले महासचिव फिर अध्यक्ष बने, वह समग्र मानवतावाद सिद्धांत के प्रणेता बने।

### चेक प्वॉइंट 2

1. कांग्रेस के अंतर्गत आने वाली कोई दो विचार धाराएँ बताइएँ?
2. किस समय में विपक्षी दलों ने महत्त्वपूर्ण भूमिका निभाई?
3. जवाहर लाल नेहरू ने सरकार में शामिल होने के लिए किसे आमंत्रित किया?
4. किस क्रांति ने भारत के साम्यवादी समूह को प्रभावित किया?
5. जनसंघ के संस्थापक कौन-थे?

# Mind Map

## एक दल के प्रभुत्व का दौर

### 1 लोकतंत्र स्थापित करने की चुनौती

- भारत ने ब्रिटिश शासन से स्वतंत्रता प्राप्त की।
- स्वतंत्रता उपरांत लोकतांत्रिक मार्ग पर आगे बढ़ने के लिए प्रतिबद्धता।

**भारतीय संविधान**
- स्वीकृति 26 नवंबर, 1949
- हस्ताक्षर 24 जनवरी, 1950
- प्रभावी 26 जनवरी, 1950

**पहला आम चुनाव**
- आयोजन - 1951-1952
- यह आम चुनाव विश्व में लोकतंत्र के इतिहास में अलग साबित हुआ। इससे स्पष्ट हो गया, कि लोकतांत्रिक चुनाव गरीब अथवा से प्रभावित नहीं हो सकते है।

**चुनौतियाँ**
- चुनावी सीमाओं का निर्धारण
- मतदाता सूची तैयार करना
- अनिर्दिष्ट महिला मतदाताओं की पहचान
- निरक्षर मतदाताओं की बड़ी संख्या
- विशेष मतदाता पद्धति की आवश्यकता।
- बड़ी संख्या में कर्मचारियों की आवश्यकता

### 2 पहले तीन चुनावों में कांग्रेस का प्रभुत्व

- पहला आम चुनाव (1952) : कांग्रेस ने 489 सीटों में से 364 सीटें जीतीं।
- दूसरा और तीसरा आम चुनाव-कांग्रेस ने अपना प्रभुत्व बनाए रखा।
- सर्वाधिक वोट पाने वाले को जीत' यह प्रणाली कांग्रेस के पक्ष में काम करती थी।

**कांग्रेस के प्रभुत्व की प्रकृति**
- यह अन्य देशों के एकपक्षीय प्रभुत्व से अलग था, जैसे चीन, बेल्जियम आदि।
- यह दक्षिण अफ्रीका में रंगभेद के अंत के बाद अफ्रीकी राष्ट्रीय कांग्रेस के प्रभुत्व के समान था।

**कांग्रेस एक सामाजिक और विचारधारक गठबंधन के रूप में**
- प्रारंभिक प्रभुत्व : अंग्रेजी बोलने वाली उच्च नीतियाँ, उच्च मध्यवर्गीय जातियाँ आदि।
- सामाजिक आधार का विस्तार इसमें किसान, उद्योगपति, शहरी निवासी, ग्रामीण लोग आदि शामिल हुए।
- विभिन्न विचारधाराओं का समायोजन क्रांतिकारी अहिंसक, निरंतरवादी आदि विचारधाराओं को समायोजित किया गया।

**गुटों में तालमेल और सहनशीलता**
- गठबंधन ने अतिवादी विचारधाराओं या पदों से बचने की कोशिश की।
- आंतरिक मतभेद को सहन किया।
- गुटों ने संतुलन बनाए रखने के रूप में कार्य किया।

### 3 विपक्षी पार्टियों का उद्‌भव

- कांग्रेस की नीतियों की आलोचना की और एक प्रणाली के रूप में जाँच और संतुलन प्रदान किया।
- ऐसे नेताओं को बढ़ावा दिया, जिन्होंने बाद में राष्ट्र निर्माण में महत्त्वपूर्ण भूमिका निभाई।
- प्रारंभ में कांग्रेस नेताओं और विपक्षी पार्टियों के बीच आपसी सम्मान था।

**प्रमुख राजनीतिक दल**

भारतीय जनसंघ
- वर्ष 1951 में श्यामा प्रसाद मुखर्जी द्वारा स्थापित।
- नेता-श्यामा प्रसाद मुखर्जी, दीनदयाल उपाध्याय, बलराज मधोक।
- विचारधारा-एक देश, एक संस्कृति, एक राष्ट्र।

**भारतीय कम्युनिस्ट पार्टी**
- रूस में बोल्शेविक क्रांति से प्रभावित।
- नेता-ए.के. गोपालन, पी.सी. जोशी अजय घोष पी. सुंदरैया।
- विचारधारा-उत्पादन पर, राज्य नियंत्रण, श्रमिक अधिकारों का समर्थन।

**सोशलिस्ट पार्टी**
- वर्ष 1934 में कांग्रेस के भीतर एक समूह के रूप में स्थापित।
- नेता जय प्रकाश नारायण, अशोक मेहता, एस.एम. जोशी, राम मनोहर लोहिया।
- विचारधारा : लोकतांत्रिक समाजवाद।

Congress Voted Back To Power At Centre
266 SEATS ANNEXED SO FAR OUT OF 500
Reds' Success In Kerala
Working Majority Achieved

साभार : द हिंदू

1948 में चक्रवर्ती राजगोपालचारी के गवर्नर-जनरल के पद की शपथ ग्रहण के बाद नेहरू मंत्रिमंडल

# NCERT फोल्डर

## अध्याय के मध्य में दिए गए प्रश्न

**1. हमारे लोकतंत्र में ही ऐसी कौन-सी विशेषता है? आखिर देर-सबेर प्रत्येक देश ने लोकतांत्रिक व्यवस्था को अपना ही लिया है। है न?**

उत्तर लोकतंत्र की सबसे बड़ी विशेषता यह है कि यह सभी नागरिकों को समान अधिकार और भागीदारी का अवसर देता है। यह व्यवस्था प्रत्येक व्यक्ति को अपने विचार व्यक्त करने, अपनी समस्याओं को उठाने और सरकार को चुनने का अधिकार प्रदान करती है। लोकतंत्र में सत्ता किसी एक व्यक्ति, समूह या सेना के हाथों में नहीं होती, बल्कि यह जनता के हाथों में निहित होती है।

**लोकतंत्र की प्रमुख विशेषताएँ**

लोकतंत्र की प्रमुख विशेषताएँ निम्नलिखित हैं

(i) **समानता और स्वतंत्रता का अधिकार** लोकतंत्र में प्रत्येक व्यक्ति को जाति, धर्म, भाषा या आर्थिक स्थिति से हटकर समानता और स्वतंत्रता का अधिकार मिलता है। लोकतंत्र प्रत्येक नागरिक को अपने विचार व्यक्त करने और अपने अधिकारों की रक्षा करने का मंच प्रदान करता है।

(ii) **जनता की भागीदारी** लोकतंत्र में सरकार को चुनने और उसे जबावदेह बनाने का अधिकार जनता के पास होता है।

(iii) **न्याय और कानून का शासन** लोकतंत्र में प्रत्येक निर्णय कानून और संविधान के अन्तर्गत लिया जाता है।

**लोकतंत्र को देर-सबेर अपनाने के कारण**

- लोकतांत्रिक व्यवस्था एक ऐसी प्रणाली है जो सभी नागरिकों को समान अवसर प्रदान करती है और समाज के विभिन्न समूहों के बीच आपसी टकराव को सहमति से सुलझाती है।
- जो देश अलोकतांत्रिक व्यवस्था में फँसे रहे, उन्होंने समय के साथ अनुभव किया कि तानाशाही या सैन्य शासन स्थायी समाधान नहीं दे सकता।
- लोकतंत्र में न केवल अधिकार मिलते हैं, बल्कि यह नागरिकों को जिम्मेदारियाँ भी सिखाता है, इसीलिए अन्ततः अधिकतर देशों ने लोकतांत्रिक प्रणाली को अपनाया।
- भारत जैसे देश में, जहाँ विविधता और विभिन्न प्रकार की चुनौतियाँ थीं, लोकतंत्र को अपनाना एक साहसी लेकिन सही निर्णय था। यही कारण है कि भारत वर्तमान में विश्व का सबसे बड़ा लोकतंत्र है।

**2. क्या आप उन स्थानों को पहचान सकते हैं, जहाँ कांग्रेस बहुत मजबूत थी? किन प्रांतों में दूसरी पार्टियों को अधिकतर सीटें मिलीं?**

उत्तर **वे प्रांत जहाँ कांग्रेस बहुत मजबूत थी** वर्ष 1952 से 1967 के दौरान कांग्रेस पूरे देश में बहुत मजबूत पार्टी मानी जाती थी। इस दौर में अधिकांश राज्यों में कांग्रेस का प्रभुत्व था। प्रमुख प्रान्त जहाँ कांग्रेस मजबूत थीः

- उत्तर प्रदेश
- मध्य प्रदेश
- पंजाब
- पश्चिम बंगाल
- गुजरात
- बिहार
- राजस्थान
- महाराष्ट्र
- तमिलनाडु (तत्कालीन मद्रास)
- असम

कांग्रेस का संगठनात्मक ढाँचा और नेतृत्व पूरे देश में प्रभावी था, जिससे यह अधिकांश लोकसभा और विधानसभा सीटें जीतने में सक्षम रही।

**वे प्रांत जहाँ दूसरी पार्टियों को ज्यादातर सीटें मिलीं**

कुछ प्रांत ऐसे थे, जहाँ अन्य पार्टियों ने कांग्रेस को कड़ी प्रतिस्पर्द्धा दी और सीटें जीतीं; जैसे-

– **केरल** वर्ष 1957 में कम्युनिस्ट पार्टी ऑफ इंडिया ने केरल में सरकार बनाई, जो विश्व की पहली लोकतांत्रिक रूप से चुनी गई साम्यवादी सरकार थी।

– **जम्मू और कश्मीर** यहाँ नेशनल कॉन्फ्रेंस का प्रभाव था।

– **तमिलनाडु** डीमके और अन्य क्षेत्रीय पार्टियाँ कांग्रेस को चुनौती देने लगी।

इन क्षेत्रों में कांग्रेस को पूर्ण प्रभुत्व हासिल करने में मुश्किलों का सामना करना पड़ा।

**3. पहले हमने एक ही पार्टी के भीतर गठबंधन देखा और अब पार्टियों के बीच गठबंधन होता देख रहे हैं। क्या इसका मतलब यह हुआ कि गठबंधन सरकार वर्ष 1952 से ही चल रही है।**

उत्तर भारत में गठबंधन सरकार का औपचारिक रूप से आगमन वर्ष 1952 में नहीं हुआ था। वर्ष 1952 से लेकर कई दशकों तक भारतीय राष्ट्रीय कांग्रेस ने केंद्र और राज्यों में एकमात्र प्रमुख पार्टी के रूप में शासन किया था, उस समय कांग्रेस के पास पूर्ण बहुमत हुआ करता था, और उसे अन्य पार्टियों के साथ गठबंधन की आवश्यकता नही पड़ी।

हालाँकि, कांग्रेस को एक सामाजिक और विचारात्मक गठबंधन कहा जा सकता है, क्योंकि यह विभिन्न वर्गों, जातियों, धर्मों और विचारधारा वाली पार्टी थी। इस संदर्भ में कांग्रेस अपने अंदर कई विरोधाभासी हितों और विचारों को समाहित करती थी, लेकिन यह औपचारिक गठबंधन सरकार का स्वरूप नहीं था।

**गठबंधन सरकार का औपचारिक युग** भारत में वर्ष1989 के बाद गठबंधन सरकार का औपचारिक युग शुरू हुआ, जब किसी भी पार्टी को पूर्ण बहुमत नहीं मिला। इसके कारण विभिन्न पार्टियों को मिलकर सरकार बनानी पड़ी; जैसे- जनता दल, भारतीय जनता पार्टी और बाद में कांग्रेस ने भी गठबंधन की सरकारें बनाईं, इसलिए यह कहना गलत होगा कि वर्ष 1952 से गठबंधन सरकार चल रही है। वर्ष 1952 से 1989 तक मुख्यतः कांग्रेस का बहुमत शासन था। कांग्रेस को एक सामाजिक और विचारात्मक गठबंधन के रूप में देखा जा सकता है, लेकिन औपचारिक गठबंधन सरकार का स्वरूप इससे अलग है।

**4. मैं गुटबंदी को एक तरह का रोग समझती थी और मानती थी कि इसे दूर किया जाना चाहिए। यहाँ कही गई बातों से तो ऐसा लगता है, जैसे कि गुटबाजी बहुत अच्छी बात है।**

उत्तर गुटबंदी को लेकर यह धारणा सही है कि इसे सामान्यतः नकारात्मक रूप में देखा जाता है, क्योंकि यह संगठन के भीतर मतभेद, परस्पर संघर्ष और अस्थिरता का प्रतीक मानी जाती है, लेकिन कांग्रेस के संदर्भ में गुटबंदी को एक सकारात्मक शक्ति के रूप में समझा जा सकता है। इसका कारण कांग्रेस के गठबंधन का स्वभाव और सर्व-समावेशी दृष्टिकोण है, जिसने उसे गुटों में संतुलन और सहनशीलता बनाए रखने में सहायता की।

**गुटबंदी का सकारात्मक पक्ष**

(i) **सभी विचारधाराओं का समावेश** कांग्रेस में विभिन्न विचारधाराओं और हितों का प्रतिनिधित्व करने वाले गुट मौजूद थे। यह गुटबंदी पार्टी को एक मध्यमार्गी स्वरूप प्रदान करती थी, जिससे वह सभी वर्गों और समूहों को जोड़कर चल सकती थी।

(ii) **आंतरिक प्रतिस्पर्द्धा** गुटों के बीच प्रतिस्पर्द्धा से पार्टी के अंदर जीवंतता बनी रहती थी। यह गुटबाजी पार्टी के अंदर मतभेदों को खुलकर व्यक्त करने और उनका समाधान करने का माध्यम भी बनती थी।

(iii) **गुटबंदी के लाभ और उसकी आवश्यकता** गुटबंदी को रोग समझना स्वाभाविक है, लेकिन कांग्रेस के संदर्भ में यह आंतरिक लोकतंत्र का प्रतीक बनकर उभरी। यह पार्टी के लिए एक चुनौती होने के बावजूद उसकी मजबूती का आधार भी बनीं। कांग्रेस के अंदर गुटबन्दी ने न केवल सत्ता में संतुलन बनाए रखा, बल्कि विपक्ष की भूमिका को भी पार्टी के अंदर ही समाहित कर लिया। इस तरह यह कहा जा सकता है कि गुटबंदी को यदि सही तरीके से प्रबंधित किया जाए, तो वह संगठन की कमजोरी नहीं, बल्कि उसकी ताकत बन सकती है।

## नीचे दिए प्रश्नों के उत्तर संक्षेप में दीजिए

**1. सही विकल्प को चुनकर खाली जगह को भरें**

(a) **वर्ष 1952 के पहले आम चुनाव में लोकसभा के साथ-साथ ........ के लिए भी चुनाव कराए गए थे।**
**(भारत के राष्ट्रपति पद/राज्य विधानसभा/राज्यसभा/प्रधानमंत्री)**

(b) **........ लोकसभा के पहले आम चुनाव में 16 सीटें जीतकर दूसरे स्थान पर रही। (प्रजा सोशलिस्ट पार्टी/भारतीय जनसंघ/भारतीय कम्युनिस्ट पार्टी/भारतीय जनता पार्टी)**

(c) **........ स्वतंत्र पार्टी का एक निर्देशक सिद्धांत था।**
**(कामगार तबके का हित/रियासतों का बचाव/राज्य के नियंत्रण से मुक्त अर्थव्यवस्था/संघ के भीतर राज्यों की स्वायत्तता)**

उत्तर (a) राज्य विधानसभा
(b) भारतीय कम्युनिस्ट पार्टी
(c) राज्य के नियंत्रण से मुक्त अर्थव्यवस्था

**2. यहाँ दो सूचियाँ दी गई हैं। पहली में नेताओं के नाम दर्ज हैं और दूसरी में दलों के। दोनों सूचियों में मेल बैठाएँ**

| | सूची I | | सूची II |
|---|---|---|---|
| (a) | एस ए डांगे | 1. | भारतीय जनसंघ |
| (b) | श्यामा प्रसाद मुखर्जी | 2. | स्वतंत्र पार्टी |
| (c) | मीनू मसानी | 3. | प्रजा सोशलिस्ट पार्टी |
| (d) | अशोक मेहता | 4. | भारतीय कम्युनिस्ट पार्टी |

उत्तर सही मिलान a-4,b-1,c-2,d-3 है। एस ए डांगे भारतीय कम्युनिस्ट पार्टी के प्रमुख नेताओं में से एक थे। श्यामा प्रसाद मुखर्जी भारतीय जनसंघ के संस्थापक अध्यक्ष थे, इन्होंने भारतीय जनसंघ की नींव वर्ष 1951 में रखी थी। मीनू मसानी एक भारतीय राजनीतिज्ञ थे, जो तत्कालीन स्वतंत्र पार्टी के प्रमुख नेता थे। भारत की आजादी के बाद अशोक मेहता की अध्यक्षता में प्रजा सोशलिस्ट पार्टी का निर्माण हुआ था।

**3. एकल पार्टी के प्रभुत्व के बारे में यहाँ चार कथन लिखे गए हैं। प्रत्येक के आगे सत्य/असत्य का चिह्न लगाएँ**

(a) **विकल्प के रूप में किसी मजबूत राजनीतिक दल का अभाव एकल पार्टी-प्रभुत्व का कारण था। (सत्य/असत्य)**

(b) **जनमत की कमजोरी के कारण एक पार्टी का प्रभुत्व कायम हुआ। (सत्य/असत्य)**

(c) **एकल पार्टी-प्रभुत्व का संबंध राष्ट्र के औपनिवेशिक अतीत से है। (सत्य/असत्य)**

(d) **एकल पार्टी-प्रभुत्व से देश में लोकतांत्रिक आदर्शों के अभाव की झलक मिलती है। (सत्य/असत्य)**

उत्तर (a) सत्य (b) असत्य
(c) सत्य (d) असत्य

**4. भारत का एक राजनीतिक मानचित्र लीजिए (जिसमें राज्यों की सीमाएँ दिखाई गई हों) और उसमें निम्नलिखित को चिह्नित कीजिए**

(a) **ऐसे दो राज्य, जहाँ वर्ष 1952-67 के दौरान कांग्रेस सत्ता में नहीं थी।**

(b) **ऐसे दो राज्य, जहाँ इस पूरी अवधि में कांग्रेस सत्ता में रही।**

उत्तर (a) केरल व जम्मू-कश्मीर
(b) महाराष्ट्र व उत्तर प्रदेश

**5.** **निम्नलिखित अवतरण को पढ़कर इसके आधार पर पूछे गए प्रश्नों के उत्तर दीजिए**

**कांग्रेस के संगठनकर्ता पटेल कांग्रेस को दूसरे राजनीतिक समूह से निसंग रखकर उसे एक सर्वांगसम तथा अनुशासित राजनीतिक पार्टी बनाना चाहते थे। वे चाहते थे कि कांग्रेस सबको समेटकर चलने वाला स्वभाव छोड़े और अनुशासित कॉडर से युक्त एक सगुंफित पार्टी के रूप में उभरे। 'यथार्थवादी' होने के कारण पटेल व्यापकता की जगह अनुशासन को ज्यादा तरजीह देते थे।**

**अगर 'आंदोलन को चलाते चले जाने' के बारे में गाँधीजी के ख्याल हद से ज्यादा रोमानी थे, तो कांग्रेस को किसी एक विचारधारा पर चलने वाली अनुशासित तथा धुरंधर राजनीतिक पार्टी के रूप में बदलने की पटेल की धारणा भी उसी तरह कांग्रेस की उस समन्वयवादी भूमिका को पकड़ पाने में चूक गई, जिसे कांग्रेस को आने वाले दशकों में निभाना था।**
**रजनी कोठारी**

(i) **लेखक क्यों सोच रहा है कि कांग्रेस को एक सर्वांगसम तथा अनुशासित पार्टी नहीं होना चाहिए?**

उत्तर लेखक सोचते है कि कांग्रेस को एक सर्वांगसम और अनुशासित पार्टी नहीं होना चाहिए, क्योंकि ऐसा करने से वह अपनी समन्वयवादी भूमिका खो देगी। कांग्रेस का उद्देश्य सभी विचारधाराओं और समूहों को साथ लेकर चलने का था। यदि कांग्रेस केवल एक विचारधारा पर आधारित पार्टी बन जाती है, तो वह अपनी व्यापकता और समावेशी दृष्टिकोण को छोड़ देगी, जो आने वाले दशकों में उसकी पहचान और भूमिका के लिए महत्वपूर्ण था।

(ii) **शुरुआती वर्षों में कांग्रेस द्वारा निभाई गई समन्वयवादी भूमिका के कुछ उदाहरण दीजिए।**

उत्तर शुरुआती वर्षों में कांग्रेस द्वारा निभाई गई समन्वयवादी भूमिका के निम्न उदाहरण हैं

- कांग्रेस ने समाज के प्रत्येक वर्ग किसान, मजदूर, व्यापारी, शिक्षक, वकील, उद्योगपतियों आदि को अपने में समाहित किया।
- इस पार्टी में सभी जाति, जनजाति तथा अन्य सभी वर्ग के लोग शामिल थे।
- इस पार्टी में वामपंथी व दक्षिणपंथी आदि सभी विचारधाराओं के लोग शामिल थे।
- इस पार्टी ने देश के नागरिकों एवं ब्रिटिश सरकार के मध्य एक सेतु का कार्य किया।

# अभ्यास प्रश्न

## वस्तुनिष्ठ प्रश्न

### बहुविकल्पीय प्रश्न

**1.** **भारतीय चुनाव आयोग की स्थापना कब हुई?** **CBSE 2024**

(a) वर्ष 1947 (b) वर्ष 1949
(c) वर्ष 1950 (d) वर्ष 1952

उत्तर (c) वर्ष 1950

**2.** **भारत के प्रथम मुख्य चुनाव आयुक्त कौन थे?** **CBSE 2024**

(a) एस. एल. शकधर (b) सुकुमार सेन
(c) के. वी.के. सुंदरम (d) आर.के. त्रिवेदी

उत्तर (b) सुकुमार सेन

**3.** **भारत के प्रथम आम चुनाव किस सिद्धांत पर आधारित थे?**

(a) सार्वभौमिक वयस्क मताधिकार
(b) धर्म निरपेक्षता पर
(c) समाजवादी सिद्धांत पर
(d) उपरोक्त में से कोई नहीं

उत्तर (a) सार्वभौमिक वयस्क मताधिकार

**4.** **पहले आम चुनाव में लोकसभा की कुल कितनी सीटों पर मतदान हुए?**

(a) 498 सीटों पर (b) 489 सीटों पर
(c) 364 सीटों पर (d) 369 सीटों पर

उत्तर (b) 489 सीटों पर

**5.** **स्वतंत्र भारत में होने वाले प्रथम तीन आम चुनावों में किस राजनीतिक दल का प्रभुत्व रहा?** **CBSE 2020**

(a) भारतीय जनता पार्टी (b) समाजवादी पार्टी
(c) बहुजन समाज पार्टी (d) कांग्रेस

उत्तर (d) कांग्रेस

**6.** **1952 में कौन-सी राजनीतिक पार्टी जम्मू और कश्मीर में सत्ता में आई थी?** **CBSE 2024**

(a) भारतीय राष्ट्रीय कॉंग्रेस (b) कश्मीर राष्ट्रीय कांग्रेस
(c) कम्युनिस्ट पार्टी ऑफ इंडिया (d) नेशनल कॉन्फ्रेंस इंडिया

उत्तर (d) नेशनल कॉन्फ्रेंस इंडिया

**7.** **कांग्रेस सोशलिस्ट पार्टी का गठन किसके नेतृत्व में किया गया?**

(a) दीनदयाल उपाध्याय (b) श्यामाप्रसाद मुखर्जी
(c) आचार्य नरेंद्र देव (d) रफी अहमद किदवई

उत्तर (c) आचार्य नरेंद्र देव

**8.** **भारत के किस राज्य में कम्युनिस्ट पार्टी को भारत में पहली बार लोकतात्रिक चुनावों के माध्यम से सत्ता प्राप्त हुई?** **CBSE 2024**

(a) पश्चिम बंगाल (b) केरल
(c) त्रिपुरा (d) मणिपुर

उत्तर (b) केरल

**9. भारत के प्रथम आम चुनाव में, कौन-सा राजनीतिक दल लोकसभा की सीटें जीतने में दूसरे स्थान पर था?**

(a) सोशलिस्ट पार्टी (b) कम्युनिस्ट पार्टी ऑफ इंडिया
(c) भारतीय जनसंघ (d) स्वतंत्र पार्टी

उत्तर (b) कम्युनिस्ट पार्टी ऑफ इंडिया

**10. स्वतंत्रता के पश्चात् चुनाव आयोग के सामने बड़ी चुनौती कौन-सी थी?**

(a) वित्त का प्रबंध करना (b) क्षेत्रों का सीमांकन करना
(c) मतदाता सूची तैयार करना (d) 'b' और 'c' दोनों

उत्तर (d) 'b' और 'c' दोनों

**11. स्वतंत्रता के पश्चात् देश के अधिकांश भागों में प्रथम आम चुनाव कब संपन्न हुए थे?**

(a) वर्ष 1951 (b) वर्ष 1952 (c) वर्ष 1953 (d) वर्ष 1954

उत्तर (b) वर्ष 1952

**12. आपके विचार में, भारत में पहले तीन आम चुनावों में कांग्रेस पार्टी के प्रभुत्व के लिए उत्तरदायी प्रमुख कारण कौन-सा था?**

(a) स्वाधीनता आंदोलन का केंद्र होना
(b) आंदोलन के नेताओं का होना
(c) संगठन का बड़ा होना
(d) उपरोक्त सभी

उत्तर (d) उपरोक्त सभी

**13. वर्ष 1948 के नेहरू मंत्रिमंडल के संदर्भ में निम्नलिखित में से कौन-सा कथन सही नहीं हैं?** दक्षता आधारित प्रश्न

(a) नेहरू मंत्रीमंडल में श्यामा प्रसाद मुखर्जी उद्योग एवं आपूर्ति मंत्री थे।
(b) राजकुमारी अमृत कौर विधि मंत्री थी
(c) सरदार बलदेव सिंह रक्षा मंत्री थे
(d) डॉ. अबुल कलाम आजाद को नेहरू मंत्रीमंडल में शिक्षा मंत्री बनाया गया था

उत्तर (b) राजकुमारी अमृत कौर विधि मंत्री थी।

**14. आप कैसे कह सकते हैं कि आजादी के समय तक कांग्रेस एक व्यापक आधार वाला सामाजिक गठबंधन था?** दक्षता आधारित प्रश्न

(a) इसमें विभिन्न विचारधाराओं का समावेश था
(b) कांग्रेस में तालमेल व सहनशीलता थी
(c) इसमें सभी धर्मों, दर्शनों व गुटों की बातों को ध्यान में रखा जाता था
(d) उपरोक्त सभी

उत्तर (d) उपरोक्त सभी

**15. 1920 के दशक के प्रारंभिक वर्षों में भारत के विभिन्न हिस्सों में साम्यवादी समूह उभरे। ये ............ से प्रेरित थे।**

(a) इंग्लैंड की औद्योगिक क्रांति
(b) रूस की बोल्शेविक क्रांति
(c) चीन की सशस्त्र क्रांति
(d) ईरान की क्रांति

उत्तर (a) इंग्लैंड की औद्योगिक क्रांति

**16. 1957 के विधानसभा चुनावों में केरल में कम्युनिस्ट पार्टी को कुल 126 में से ............ हासिल हुईं।**

(a) 60 सीटें (b) 50 सीटें
(c) 40 सीटें (d) 30 सीटें

उत्तर (b) 50 सीटें

**17. प्रथम आम चुनाव से संबंधित दिए गए कथनों पर विचार कीजिए**

1. यह चुनाव सार्वभौमिक वयस्क मताधिकार के आधार पर कराया गया।
2. इस चुनाव को हारने वाले उम्मीदवारों ने भी इसे निष्पक्ष बताया।
3. इस चुनाव ने साबित कर दिया कि लोकतांत्रिक चुनाव गरीबी अथवा अशिक्षा से प्रभावित नहीं हो सकते हैं।
4. इस चुनाव में कुल मतदाताओं में आधे से अधिक ने मतदान के दिन अपना वोट डाला।

उपरोक्त में से कौन-सा/से कथन सही है/हैं?

(a) 1, 2 और 3
(b) 1, 3 और 4
(c) 2, 3 और 4
(d) उपरोक्त सभी

उत्तर (d) उपरोक्त सभी

**18. निम्नलिखित को उनके गठन के कालानुक्रमिक क्रम में व्यवस्थित करें** दक्षता आधारित प्रश्न

1. सोशलिस्ट पार्टी 2. भारतीय राष्ट्रीय कांग्रेस
3. भारतीय जनसंघ 4. भारतीय कम्युनिस्ट पार्टी

कूट

(a) 1, 2, 3, 4 (b) 2, 4, 1, 3
(c) 4, 2, 3, 1 (d) 3, 4, 2, 1

उत्तर (b) 2, 4, 1, 3

**19. निम्न कथनों पर विचार कीजिए**

1. आजादी के समय तक कांग्रेस विभिन्न विचारों के लिए एक मंच प्रदान करती थी।
2. कांग्रेस पार्टी के अंदर के गुट इसे मजबूती भी प्रदान करते थे।
3. देश के दूसरे तथा तीसरे आम चुनाव से कांग्रेस का पतन प्रारंभ हो गया।

उपरोक्त में से कौन-सा/से कथन सही है/हैं?

(a) केवल 1 (b) 1 और 2
(c) केवल 3 (d) ये सभी

उत्तर (b) 1 और 2

**20. निम्नलिखित में से कौन-सा युग्म सुमेलित नहीं है?**

(a) डॉ. बी. बार अंबेडकर – भारतीय संविधान सभा का प्रारूप समिति के अध्यक्ष
(b) मौलाना अबुल कलाम आजाद – भारत के पहले शिक्षा मंत्री
(c) राजकुमारी अमृत कौर – भारत की पहली स्वास्थ्य मंत्री
(d) आचार्य नरेंद्र देव – भारतीय कम्युनिस्ट पार्टी के संस्थापक अध्यक्ष

उत्तर (d) आचार्य नरेंद्र देव- भारतीय कम्युनिस्ट पार्टी के संस्थापक अध्यक्ष

**21.** **सूची I को सूची II के साथ सुमेलित कीजिए**

| सूची I | सूची II |
|---|---|
| A. चुनाव आयोग का गठन | 1. 1962 |
| B. प्रथम आम चुनाव संपन्न | 2. 1885 |
| C. कांग्रेस पार्टी का उद्‌भव | 3. 1952 |
| D. तीसरा आम चुनाव | 4. 1950 |

**कूट**

| | A | B | C | D | | A | B | C | D |
|---|---|---|---|---|---|---|---|---|---|
| (a) | 1 | 2 | 3 | 4 | (b) | 2 | 1 | 4 | 3 |
| (c) | 4 | 3 | 2 | 1 | (d) | 3 | 2 | 1 | 4 |

उत्तर (c) 4 3 2 1

**22.** **सूची I को सूची II के साथ सुमेलित कीजिए** दक्षता आधारित प्रश्न

| | सूची I | | सूची II |
|---|---|---|---|
| A | 1957 | 1. | सोशलिस्ट पार्टी का गठन |
| B | 1959 | 2. | भारतीय जनसंघ का गठन |
| C | 1948 | 3. | केरल की कम्युनिस्ट सरकार बर्खास्त |
| D | 1951 | 4. | केरल विधानसभा के चुनाव |

**कूट**

| | A | B | C | D | | A | B | C | D |
|---|---|---|---|---|---|---|---|---|---|
| (a) | 4 | 3 | 2 | 1 | (b) | 3 | 4 | 1 | 2 |
| (c) | 4 | 3 | 1 | 2 | (d) | 2 | 1 | 3 | 4 |

उत्तर (c) 4 3 1 2

**निर्देश (प्र. सं. 23-25) नीचे दो कथन दिए गए हैं, जिनमें एक को कथन (A) और दूसरे को कारण (R) माना गया है।**

**कूट**

(a) A और R दोनों सही हैं तथा R, A की सही व्याख्या है
(b) A और R दोनों सही हैं, परंतु R, A की सही व्याख्या नहीं है
(c) A सही है, किंतु R गलत है
(d) A गलत है, किंतु R सही है

**23.** **कथन** (A) **प्रथम आम चुनावों में कांग्रेस को 364 तथा भारतीय साम्यवादी दल को 16 सीटें प्राप्त हुईं।**

**कारण** (R) **पहले तीन चुनावों में से लगातार दो चुनावों में कम्युनिस्ट पार्टी ऑफ इंडिया को दूसरा स्थान प्राप्त हुआ।** दक्षता आधारित प्रश्न

उत्तर (b) प्रथम आम चुनावों में कांग्रेस को 364 तथा भारतीय साम्यवादी दल को 16 सीटें प्राप्त हुईं। पहले तीन चुनावों में से लगातार दो चुनावों में कम्युनिस्ट पार्टी ऑफ इंडिया को दूसरा स्थान प्राप्त हुआ था। यह पार्टी की बढ़ती लोकप्रियता और ग्रामीण तथा श्रमिक वर्ग में उसके बढ़ते प्रभाव को दर्शाता है। इस प्रकार कांग्रेस के प्रभुत्व के बावजूद, साम्यवादी दल ने भारतीय राजनीति में एक वैकल्पिक विचारधारा प्रस्तुत की और अपनी पहचान स्थापित की।

**24.** **कथन** (A) **भारत में प्रथम चुनाव को दो बार स्थगित करना पड़ा और अंत में अक्टूबर 1951 से फरवरी 1952 तक चुनाव आयोजित किए गए।**

**कारण** (R) **अब यह तर्क देना संभव नहीं था कि गरीबी या अशिक्षा के माहौल में लोकतांत्रिक चुनाव नहीं हो सकते हैं।**

उत्तर (b) भारत में प्रथम आम चुनाव को दो बार स्थगित करना पड़ा, क्योंकि चुनाव की तैयारियाँ पूरी नहीं हो पाई थी। यह अक्टूबर, 1951 से फरवरी, 1952 तक आयोजित किए गए, हालाँकि चुनाव स्थगित होने का कारण यह नहीं था कि लोकतांत्रिक चुनाव गरीबी या अशिक्षा के कारण नहीं हो सकते थे, बल्कि अन्य व्यवस्थापक कारण थे।

**25.** **कथन** (A) **भारत में प्रथम आम चुनाव अक्टूबर से फरवरी, 1952 तक संपन्न हुए।**

**कारण** (R) **वर्ष 1952 के आम चुनावों में कम्युनिस्ट पार्टी ऑफ इंडिया प्रथम स्थान पर रही।**

उत्तर (c) यहाँ कथन (A) सही है, क्योंकि भारत में प्रथम आम चुनाव अक्टूबर से फरवरी, 1952 तक संपन्न हुए थे, जबकि कारण (R) गलत है, क्योंकि भारत में वर्ष 1952 के चुनावों में कम्युनिस्ट पार्टी ऑफ इण्डिया पहले स्थान पर न रहकर दूसरे स्थान पर रही थी, भारतीय राष्ट्रीय कांग्रेस यह चुनाव जीतकर सत्ता में आई थी।

**26.** **नीचे दो कथन दिए गए हैं** दक्षता आधारित प्रश्न

**कथन I श्यामा प्रसाद मुखर्जी की अध्यक्षता में भारतीय जनसंघ का गठन वर्ष 1961 में हुआ था।**

**कथन II जनसंघ ने 'एक देश, एक संस्कृति और एक राष्ट्र' के विचार पर जोर दिया।**

**कूट**

(a) कथन I और II दोनों सही हैं
(b) कथन I और II दोनों गलत हैं
(c) कथन I सही , लेकिन II गलत है
(d) कथन I गलत , लेकिन II सही है

उत्तर (d) कथन I गलत , लेकिन II सही है।

**27.**

(i) **दिए गए कार्टून में किस पार्टी को दर्शाया गया है।**

(a) साम्यवादी दल (b) मार्क्सवादी दल
(c) जनता दल (d) कांग्रेस पार्टी

उत्तर (d) कांग्रेस पार्टी

(ii) **उपरोक्त कार्टून में दिखाए गए चुनाव समिति में शामिल किसी एक नेता का नाम बताइए।**

(a) डॉ. राजेंद्र प्रसाद (b) मोतीलाल नेहरू
(c) मोरार जी देसाई (d) महात्मा गांधी

उत्तर (c) मोरार जी देसाई

(iii) **ऐसे दो राज्य बताइए जहाँ वर्ष 1952-67 के दौरान कांग्रेस सत्ता में नहीं रही?**

(a) महाराष्ट्र एवं उत्तर प्रदेश (b) आंध्र प्रदेश एवं गुजरात
(c) केरल एवं जम्मू-कश्मीर (d) असम एवं पश्चिम बंगाल

उत्तर (c) केरल एवं जम्मू-कश्मीर

(iv) **प्रस्तुत कार्टून ………… से संबंधित है।**

(a) वर्ष 1960 के चुनाव से
(b) वर्ष 1952 के चुनाव से
(c) वर्ष 1950 के चुनाव
(d) वर्ष 1949 के चुनाव से

उत्तर (b) वर्ष 1952 के चुनाव

**28.**

Congress Voted Back To Power At Centre

266 SEATS ANNEXED SO FAR OUT OF 500

THE Congress Party has been voted back to power at the Centre. By Wednesday night, it had secured 265 seats—15 more than needed for an absolute majority in the 500-member Lok Sabha. The combined Opposition strength at that stage was 83.

This verdict in favour of a Congress Government at the Centre for the next five years came on the same day as the communists made virtually sure of forming a Government in Kerala.

The break up of non-Congress parties is P S P 12 C P I and allies 21 Jan Sangh 1 Socialists 7 Jharkhand 3 Peasants and Workers Party 4 Scheduled Castes Federation 3 Hindu Mahasabha 1 Forward Bloc 1 Janata Party (Bihar) 7, Congress Reforms Committee (Madras) 3, Dravida Munnetra Kazhagam 3, Ganatantra Parishad

Reds' Success In Kerala

Working Majority Achieved

(i) **प्रस्तुत समाचार-पत्र में किस पार्टी की जीत की सूचना को प्रदर्शित किया गया हैं?**

(a) भारतीय कम्युनिस्ट पार्टी
(b) सोशलिस्ट पार्टी
(c) कांग्रेस पार्टी
(d) भारतीय जनता दल

उत्तर (c) कांग्रेस पार्टी

(ii) **कांग्रेस पार्टी को कितनी सीटें प्राप्त हुई थीं?**

(a) 366
(b) 266
(c) 256
(d) 286

उत्तर (b) 266

(iii) **भारतीय कम्युनिस्ट पार्टी ने किस राज्य में सरकार बनाई?**

(a) केरल
(b) महाराष्ट्र
(c) आंध्रप्रदेश
(d) मध्य प्रदेश

उत्तर (a) केरल

(iv) **कांग्रेस पार्टी को स्पष्ट बहुमत से ……… सीटें अधिक प्राप्त हुईं।**

(a) 20
(b) 15
(c) 30
(d) 45

उत्तर (b) 15

**29.**

(i) **प्रस्तुत कार्टून क्या प्रदर्शित करता है?**

(a) समूह द्वारा पेड़ से बँधी रस्सी को खींचना
(b) कांग्रेस व इसके विपक्षी दलों की तुलना
(c) कांग्रेस के शक्ति प्रदर्शन को
(d) उपरोक्त में से कोई नहीं

उत्तर (b) कांग्रेस व इसके विपक्षी दलों की तुलना

(ii) **प्रस्तुत कार्टून में पेड़ पर बैठे हुए किसे दिखाया गया है?**

(a) कांग्रेस सरकार के नेताओं को
(b) विपक्ष दल के नेताओं को
(c) कांग्रेस व विपक्ष दल दोनों को
(d) उपरोक्त में से कोई नहीं

उत्तर (a) कांग्रेस सरकार के नेताओं को

(iii) **प्रस्तुत कार्टून में रस्सी द्वारा खींचते हुए किसे दिखाया गया है?**

(a) कांग्रेस के नेताओं को
(b) कांग्रेस के विपक्षी दलों को
(c) व्यक्तियों के समूह को खेल प्रदर्शन करते हुए
(d) उपरोक्त सभी को

उत्तर (b) कांग्रेस के विपक्षी दलों को

(iv) **प्रस्तुत कार्टून में ……… पेड़ को गिराने की कोशिश कर रहे हैं।**

(a) कैबिनेट सहयोगी
(b) कांग्रेस के नेता
(c) विपक्षी नेता
(d) उपरोक्त में से कोई नहीं

उत्तर (c) विपक्षी नेता

## लघु उत्तरीय प्रश्न

**1. विपक्षी दलों का उद्भव कब हुआ? यह किस प्रकार प्रभावी हो गए?**

उत्तर देश में विपक्षी दलों का उद्भव 1950 के दशक में ही हो गया था, किंतु कांग्रेस के आपसी सामंजस्य एवं सहनशीलता के कारण विपक्षी दलों का प्रभाव कम था। इससे विपक्षी गुट कमजोर थे, किंतु समयानुसार सत्ता पाने की चाह रखने वाले प्रत्येक व्यक्ति और हित समूह को अपने अंदर समाहित करने अथवा मिलाकर रखने की क्षमता जब कांग्रेस की घटी, तब विपक्षी दलों का महत्त्व बढ़ा और वे प्रभावी हो गए।

**2. वर्ष 1952 के पहले आम चुनाव से लेकर वर्ष 2004 के आम चुनाव तक मतदान के तरीके में क्या बदलाव आया है।**

*अथवा* **1990 के दशक के अंत में, भारत में मतदान के तरीकों में शुरू किए गए किसी एक बड़े बदलाव को उजागर कीजिए** **CBSE 2020**

उत्तर भारत में मतदान के तरीकों में समय के साथ अत्यधिक बदलाव हुए हैं। वर्ष 1952 में पहले आम चुनाव के दौरान मतदान की प्रक्रिया पूरी तरह जटिल थी। उस समय प्रत्येक मतदान केंद्र पर प्रत्येक उम्मीदवार के लिए अलग-अलग मत पेटियाँ रखी जाती थीं। मतदाताओं को खाली मत पत्र दिया जाता था, जिसे वे अपने पसंदीदा उम्मीदवार की मत पेटी में डालते थे। इस प्रक्रिया में लाखों स्टील के बक्सों और भारी मेहनत की आवश्यकता होती थी। शुरुआती दो चुनावों के बाद इस प्रक्रिया को बदल दिया गया। मत पत्र पर सभी उम्मीदवारों के नाम और चुनाव चिह्न छापे जाने लगे।

यह तरीका लगभग चार दशकों तक अर्थात् 1990 के दशक के अंत तक प्रचलित रहा। 1990 के दशक के अंत में भारत में मतदान प्रक्रिया

में बड़ा बदलाव आया जब ई.वी.एम. (इलेक्ट्रॉनिक वोटिंग मशीन) का उपयोग शुरू किया। ई.वी.एम. ने मतदान प्रक्रिया को तेज सटीक और पारदर्शी बना दिया। वर्ष 2004 तक पूरे देश में ई.वी.एम का उपयोग शुरू कर दिया गया। इस प्रकार भारत में वर्ष 1952 से 2004 तक मतदान के तरीकों में मत पेटियों से लेकर ई.वी.एम मशीन तक का सफर तकनीकी प्रगति और सुगमता की दिश में एक महत्त्वपूर्ण बदलाव दर्शाता है।

**3. कांग्रेस पार्टी वर्ष 1967 तक अपना वर्चस्व बनाए रखने में किस प्रकार सफल रही?**

उत्तर भारतीय राष्ट्रीय कांग्रेस पार्टी वर्ष 1967 तक अपना वर्चस्व बनाए रखने में सफल रहीं। इसके कुछ प्रमुख कारण निम्न हैं
कांग्रेस पार्टी को स्वतंत्रता आंदोलन की विरासत प्राप्त थी तथा यह एकमात्र ऐसी पार्टी थी, जिसका संगठन पूरे देश में विस्तृत था। स्तंत्रता सेनानी इस पार्टी के नेता थे, जिनका आम लोगों पर व्यापक प्रभाव था।

**4. सार्वभौमिक वयस्क मताधिकार के प्रयोग को भारत के लिए क्यों जोखिम भरा और खतरनाक कहा गया? स्पष्ट कीजिए। CBSE 2024**

उत्तर सार्वभौमिक वयस्क मताधिकार को भारत के लिए जोखिम भरा इसलिए कहा गया, क्योंकि उस समय अधिकांश जनसंख्या अशिक्षित और गरीब थी। ऐसे में आशंका थी कि मतदाता अपने मताधिकार का सही ढंग से प्रयोग नहीं कर पाएगा जिससे लोकतांत्रिक प्रक्रिया प्रभावित हो सकती है। इस प्रकार इतनी विशाल जनसंख्या के लिए इस तरह का प्रयोग खतरनाक कहा गया।

**5. वर्ष 1952 में भारत में हुआ आम चुनाव क्यों पूरे विश्व में लोकतंत्र के इतिहास के लिए मील का एक पत्थर बन गया? स्पष्ट कीजिए। CBSE 2024**

उत्तर 1952 में भारत में हुआ आम चुनाव पूरे विश्व में लोकतंत्र के इतिहास में मील का पत्थर इसलिए बन गया, क्योंकि यह दुनिया का सबसे बड़ा और पहला सार्वभौमिक वयस्क मताधिकार पर आधारित चुनाव था। इसमें बड़ी संख्या में अशिक्षित और गरीब मतदाताओं ने हिस्सा लिया, जिससे लोकतंत्र की सफलता और स्थायित्व का एक नया उदाहरण स्थापित हुआ। इतनी बड़ी जनसंख्या पर कराए गए सार्वभौमिक वयस्क मताधिकार का यह प्रयोग सफल रहा, जिसने पूरे विश्व में अपनी सफल प्रणाली के लिए प्रोत्साहन प्राप्त किया।

**6. सोशलिस्ट पार्टी का उद्भव कब हुआ? इस पार्टी की विचारधारा क्या थी?**

उत्तर सोशलिस्ट पार्टी को प्रारंभ में कांग्रेस सोशलिस्ट पार्टी के नाम से जाना जाता था। इसका गठन वर्ष 1934 में कांग्रेस के ही आचार्य नरेंद्र देव के नेतृत्व में युवा नेताओं के समूह ने किया था। कांग्रेस सोशलिस्ट पार्टी वर्ष 1948 में कांग्रेस से अलग होकर एक स्वतंत्र पार्टी के रूप में सोशलिस्ट पार्टी के नाम से जानी गई। यह पार्टी लोकतांत्रिक समाजवाद की विचारधारा में विश्वास करती थी।

**7. वर्ष 1967 का चुनाव कांग्रेस प्रणाली के बिखरने तथा बहुदलीय राजनीतिक प्रणाली के उदय का प्रतीक था। इस कथन समीक्षा करे।**

उत्तर वर्ष 1967 के चुनावों के परिणामों ने भारतीय राजनीति में एक महत्वपूर्ण मोड़ का संकेत दिया। यह चुनाव का वह समय था जब सर्वप्रथम कांग्रेस पार्टी का प्रभुत्व कमजोर हुआ। यद्यपि कांग्रेस ने केंद्र में बहुमत हासिल किया और सरकार बनाई, लेकिन राज्यों में पार्टी को भारी नुकसान हुआ, अनेक राज्यों में कांग्रेस सत्ता से बाहर हो गई और गैर कांग्रेसी सरकारों का गठन हुआ।

इस चुनाव का महत्त्व इसलिए भी था, क्योंकि यह कांग्रेस के एकाधिकार के समाप्त होने और भारतीय राजनीति में विपक्षी दलों की मजबूती का संकेत था। इससे यह स्पष्ट हुआ कि कांग्रेस के विरुद्ध भी मजबूत राजनीतिक ताकतें खड़ी हो सकती हैं। यह चुनाव कांग्रेस प्रणाली के टूटने और बहुदलीय राजनीतिक प्रणाली के उदय का प्रतीक था।

**8. 1920 के दशक में रूस की बोल्शेविक क्रांति ने भारतीय कम्यूनिस्टों को किस प्रकार प्रभावित किया?**

*दक्षता प्राधारित प्रश्न*

उत्तर वर्ष 1920 के शुरुआती वर्षों में रूस की बोल्शेविक क्रांति से प्रेरित होकर भारत के विभिन्न भागों में कई साम्यवादी गुटों का उदय हुआ। ये देश की समस्याओं के समाधान के लिए साम्यवाद की नीति अपनाने पर बल दे रहे थे।

वर्ष 1935 से साम्यवादियों ने मुख्यतया भारतीय राष्ट्रीय कांग्रेस के दायरे में रहकर कार्य किया, लेकिन दिसंबर 1941 में साम्यवादी कांग्रेस से अलग हो गए। इस दौरान साम्यवादियों ने नाजी जर्मनी के विरुद्ध लड़ रहे ब्रिटेन को समर्थन देने का निर्णय लिया।

## दीर्घ उत्तरीय प्रश्न।

**1. भारत में चुनाव आयोग के सामने, पहले आम चुनाव करवाने से पूर्व आई किन्हीं चार समस्याओं की व्याख्या कीजिए।**

*अथवा* **1952 में भारत में प्रथम आम चुनाव करवाने में चुनाव आयोग के समक्ष आई किन्हीं दो प्रमुख समस्याओं को उजागर कीजिए। CBSE 2022**

उत्तर पहले आम चुनाव से पूर्व भारत के चुनाव आयोग के सामने निम्न चार समस्याएँ आईं

(i) **सीमांकन एवं मतदाता सूची** चुनाव कराने से पूर्व निर्वाचन क्षेत्रों का सीमांकन आवश्यक था, इसके बिना निर्वाचन क्षेत्रों की पहचान नहीं हो सकती थी। इसके साथ ही वयस्क व्यक्तियों की सूची अर्थात् मतदाता सूची की आवश्यकता थी, जो निर्वाचन आयोग के लिए एक प्रमुख समस्या थी।

(ii) **मतदाता सूचियों का पुनरावलोकन** सर्वप्रथम जब मतदाता सूची का प्रारूप प्रकाशित हुआ, तो ज्ञात हुआ कि 40 लाख महिलाओं के नाम दर्ज नहीं हो पाए हैं, साथ ही मतदाता सूची में विभिन्न प्रकार की त्रुटियाँ भी शामिल थीं। अतः इसका पुनरावलोकन आवश्यक हो गया। यह भी एक कठिन कार्य था।

(iii) **मतदान की विशेष पद्धति लागू करना** उस समय 17 करोड़ मतदाता को 3200 विधायक और 489 सांसद चुनने थे। इसके अतिरिक्त इन मतदाताओं में केवल 15% ही शिक्षित थे। अतः मतदाताओं की किस प्रकार वोटिंग कराई जाए, यह भी एक बड़ी समस्या थी।

(iv) **अधिकारियों और चुनावकर्मियों का प्रशिक्षण** इतने बड़े क्षेत्रफल और मतदाताओं की संख्या को देखते हुए प्रशिक्षित अधिकारियों और चुनाव कर्मियों की आवश्यकता थी। इसके लिए 3 लाख से अधिक अधिकारियों और चुनाव कर्मियों को प्रशिक्षित किया जाना भी एक मुख्य समस्या थी।

**2. स्वतंत्रता के पश्चात् वर्ष 1952 में हुए प्रथम आम चुनाव के समय मतदान प्रक्रिया अत्यंत जटिल थी। समय के साथ इसमें हुए किन्हीं दो परिवर्तनों का उल्लेख करें।**

उत्तर वर्ष 1952 से भारत में मतदान पद्धति में लाए गए दो परिवर्तन निम्न हैं

(i) **गुप्त मतदान का प्रयोग शुरू** आरंभ के दो चुनावों में प्रत्येक उम्मीदवार के लिए अलग मतपेटी होती थी, किंतु इसके बाद गुप्त मतदान शुरू हुआ। इसके तहत मतदान-पत्र पर प्रत्याशियों के नाम और चुनाव-चिह्न अंकित होते थे। इस पर मतदाताओं द्वारा अपना मत अपनी पसंद के उम्मीदवार पर मुहर लगाकर मतपेटी में डालना होता था। सभी उम्मीदवारों के लिए संयुक्त मतपेटी प्रयुक्त होती थी।

(ii) **ईवीएम प्रणाली** 1990 के दशक के अंत में ईवीएम अर्थात् इलेक्ट्रॉनिक वोटिंग मशीन का प्रयोग शुरू किया गया तथा वर्ष 2004 से इसे पूरे देश में लागू कर दिया गया।

इस मशीन की स्क्रीन पर अंकित अपनी पसंद के उम्मीदवार के सामने के बटन को दबाकर मतदान किया जाता है। इस प्रणाली से मतदान अत्यंत सुविधाजनक हो गया है।

**3. भारत में कांग्रेस पार्टी का प्रभुत्व अन्य देशों में एकदलीय पार्टी के प्रभुत्व के प्रमुख उदाहरणों से किस प्रकार भिन्न है? स्पष्ट कीजिए।**

*दक्षता आधारित प्रश्न*

अथवा **भारत में एक पार्टी का प्रभुत्व विश्व के अन्य देशों में एक पार्टी के प्रभुत्व से किस प्रकार भिन्न था?**

उत्तर भारत के अतिरिक्त विश्व के अन्य कई देशों में भी एक पार्टी के प्रभुत्व का दौर रहा है, किंतु भारत में एक पार्टी के प्रभुत्व और अन्य देशों की एक पार्टी के प्रभुत्व में पर्याप्त अंतर था। अन्य देशों में एक पार्टी का प्रभुत्व लोकतंत्र की कीमत पर हुआ था।

चीन, क्यूबा, सीरिया के संविधान में केवल एक ही पार्टी को देश के शासन की अनुमति प्राप्त है, जबकि म्यांमार, बेलारूस और इरीट्रिया में एक पार्टी का प्रभुत्व कानूनी और सैन्य उपायों से स्थापित हुआ।

मैक्सिको, दक्षिण कोरिया और ताइवान भी एक पार्टी के प्रभुत्व वाले देश थे, किंतु भारत में एक पार्टी का प्रभुत्व लोकतांत्रिक स्थितियों में स्थापित हुआ था। यहाँ अनेक पार्टियों ने मुक्त व निष्पक्ष चुनाव में हिस्सा लिया, फिर भी कांग्रेस उम्मीदवार भारी बहुमत से जीतते गए, क्योंकि कांग्रेस पार्टी का गठन स्वतंत्रता से पूर्व सर्वमान्य तरीके से हुआ था जिसमें समाज के प्रत्येक वर्ग का योगदान था।

**4. भारत के पहले तीन आम चुनावों में कांग्रेस पार्टी के प्रभुत्व के किन्हीं चार कारणों को स्पष्ट कीजिए।**

अथवा **पहले तीन आम चुनावों में कांग्रेस पार्टी के प्रभुत्व के कोई दो कारण उजागर कीजिए।** **CBSE 2025**

अथवा **प्रथम तीन आम चुनावों में कांग्रेस पार्टी के प्रभुत्व के किन्हीं दो कारणों की व्याख्या कीजिए।** **CBSE 2022**

अथवा **भारत के प्रथम तीन आम चुनावों में कांग्रेस पार्टी के प्रभुत्व के किन्हीं तीन कारणों को स्पष्ट कीजिए।**

उत्तर पहले तीन आम चुनावों में कांग्रेस के प्रभुत्व के कारण निम्न हैं

(i) **राष्ट्रीय आंदोलन का प्रभाव** राष्ट्रीय आंदोलन में कांग्रेस पार्टी की एक बड़ी भूमिका रही थी। राष्ट्रीय आंदोलन के प्रभाव के फलस्वरूप ही आम चुनावों में कांग्रेस का प्रभुत्व स्थापित हुआ।

(ii) **अदभुत नेतृत्व** उस समय कांग्रेस पार्टी की कमान उन नेताओं के हाथ में थी, जिन्होंने राष्ट्रीय आंदोलन का नेतृत्व बड़े प्रभावशाली ढंग से किया था। अतः वे नेता लोगों की आकांक्षाओं का केंद्र बिंदु थे।

(iii) **विरोधी दलों का अभाव** प्रथम तीन आम चुनावों में विरोधी दलों का अभाव था। जिन विरोधी दलों का अस्तित्व था, वे चुनावों में कांग्रेस के प्रभुत्व को प्रतिस्पर्धा देने में असक्षम थे।

(iv) **कांग्रेस का जन आंदोलन स्वरूप** चूँकि कांग्रेस का स्वरूप प्रारंभ से ही जन आंदोलनों से जुड़ी हुई पार्टी का रहा है। अतः प्रारंभ से ही यह पार्टी जन आकांक्षाओं का केंद्र बिंदु थी, जिसके कारण आजादी के पश्चात् भी लोगों का एक अटूट विश्वास इसके प्रति कायम रहा।

**5. स्वतंत्रता के शुरू के वर्षों में विपक्षी दलों को यद्यपि कहने भर का प्रतिनिधित्व मिल पाया, फिर भी इन दलों ने हमारी शासन व्यवस्था के लोकतांत्रिक चरित्र को बनाए रखने में किस प्रकार निर्णायक भूमिका निभाई?**

*दक्षता आधारित प्रश्न*

उत्तर स्वतंत्रता के आरंभिक वर्षों में यद्यपि सभी विपक्षी दलों को लोकसभा या विधानसभा में कहने भर को प्रतिनिधित्व मिल पाया, फिर भी इन दलों ने हमारी शासन व्यवस्था के लोकतांत्रिक चरित्र को बनाए रखने में निम्न प्रकार से निर्णायक भूमिका निभाई

- सभी विपक्षी दलों ने कांग्रेस सरकार की नीतियों और व्यवहारों की आलोचना की। इन आलोचनाओं में सिद्धांतों का बल होता था अर्थात् ये आलोचनाएँ सही तर्कों पर आधारित होती थीं। विपक्षी पार्टियों ने शासक दल पर अंकुश बनाए रखा तथा इस कारण कांग्रेस पार्टी के भीतर शक्ति में परिवर्तन हुआ व संतुलन बदला।
- विपक्षी पार्टियों ने लोकतांत्रिक राजनीतिक विकल्प की संभावना को बनाए रखा। इस प्रकार इन दलों ने व्यवस्थाजन्य रोष को लोकतंत्र विरोधी बनने से रोके रखा।
- इन दलों ने ऐसे नेता तैयार किए, जिन्होंने कालांतर में हमारे देश को आगे बढ़ाने में महत्त्वपूर्ण भूमिका निभाई।

## दीर्घ उत्तरीय प्रश्न II

**1. भारत में पहले आम चुनाव करवाने के लिए उठाए गए विभिन्न कदमों का वर्णन कीजिए। यह चुनाव किस सीमा तक सफल रहा?**

अथवा **अनूप स्वतंत्र भारत में हुए प्रथम आम चुनाव को जानने के लिए उत्सुक है। वह इस चुनाव के दौरान उठाए गए विभिन्न कदमों तथा यह चुनाव किस सीमा तक सफल रहा, को जानना चाहता है। आप उनकी किस प्रकार सहायता कर सकते हैं? वर्णन करें।**

*दक्षता आधारित प्रश्न*

उत्तर लोकतांत्रिक रूप से निर्वाचित सरकार की आवश्यकता को पूरा करने के लिए एवं प्रथम चुनाव का सफलतापूर्वक संचालन कराने के लिए, भारत सरकार द्वारा अनेक कदम उठाए गए, जिनमें सबसे आरंभिक एवं अनिवार्य कदम वर्ष 1950 में चुनाव आयोग के रूप में एक स्वतंत्र एवं निष्पक्ष संवैधानिक निकाय का गठन था।

वर्ष 1950 में चुनाव आयोग का प्रथम आयुक्त सुकुमार सेन को बनाया गया तथा यह आशा की गई कि वर्ष 1950 में ही पहला चुनाव करा

लिया जाएगा, किंतु देश के आकार को देखते हुए चुनाव आयोग ने चुनावी क्षेत्रों का सीमांकन किया, मतदाता सूची बनाई गई, जिनमें काफी समय खर्च हुआ। जब मतदाता सूची का प्रारूप प्रकाशित हुआ तो पता चला कि 40 लाख महिलाओं के नाम इसमें दर्ज नहीं हो पाए। आयोग ने मतदाता सूची के पुनरावलोकन के आदेश दे दिए। उस समय देश में लगभग 17 करोड़ मतदाता थे, जिन्हें 3200 विधायकों तथा 489 सांसदों को चुनना था।
उन मतदाताओं में मात्र 15% ही साक्षर थे। अतः चुनाव आयोग ने चुनावी प्रक्रिया को इनके अनुरूप ही संचालन किया तथा उनके द्वारा 3 लाख से अधिक अधिकारियों एवं चुनावकर्मियों की नियुक्ति की गई। इस चुनाव की सफलता की स्पष्टता इसी तथ्य से हो जाती है कि हारने वाले उम्मीदवारों ने भी इसे पूर्ण रूप से निष्पक्ष माना। मतदान 50% से अधिक रहा। टाइम्स ऑफ इंडिया के अनुसार, "इन चुनावों ने उन सभी आलोचकों के संदेहों पर पानी फेर दिया है, जो सार्वभौम मताधिकार की इस शुरुआत को इस देश के लिए जोखिम का सौदा मान रहे थे

## स्रोत आधारित प्रश्न

**नीचे दिए गए स्रोत का ध्यानपूर्वक अध्ययन कीजिए और निम्नलिखित प्रश्नों के उत्तर लिखिए**

**1. नीचे दिए गए अनुच्छेदों को ध्यानपूर्वक अध्ययन कीजिए तथा उनसे संबंधित प्रश्नों का उत्तर दीजिए।**

**वर्तमान मे लगभग सभी चुनावों में इलेक्ट्रॉनिक वोटिंग मशीन (EVM) का प्रयोग किया जा रहा है। वर्ष 1990 के अंत में EVM का प्रयोग शुरू हो गया था। वर्ष 2004 तक लगभग पूरे देश में इसका प्रयोग किया जाने लगा। लेकिन प्रारंभ में चुनाव के लिए एक दूसरा तरीका अपनाया गया था, जिसके अंतर्गत मतदान केंद्र पर प्रत्येक उम्मीदवार के लिए मतपेटी रखी गई, जिस पर उम्मीदवार का चुनाव चिह्न अंकित किया गया था। प्रत्येक मतदाता को एक खाली मतपत्र दिया गया, जिससे वह अपनी पंसद के उम्मीदवार की मतपेटी में डाल सकता है।**

(i) **प्रारंभ में मतदान केंद्र पर किस विधि का उपयोग किया जाता था, जब EVM का उपयोग शुरू नहीं हुआ था?**

(a) मतपत्र और मतपेटी प्रणाली (b) इंटरनेट वोटिंग प्रणाली
(c) मोबाइल वोटिंग प्रणाली (d) ओपन बैल्ट प्रणाली

उत्तर (b) मतपत्र और मतपेटी प्रणाली

(ii) **भारत में EVM का उपयोग किस दशक के अंत में शुरू किया गया?**

(a) 1970 (b) 1980
(c) 1990 (d) 2000

उत्तर (c) 1990

(iii) **भारत में EVM के पहले मतदाता द्वारा उपयोग किए जाने वाले मतपत्र को किस प्रक्रिया के तहत डाला जाता था?**

उत्तर भारत में EVM के पहले मतदाता को एक खाली मतपत्र दिया जाता था, जिसे वह अपनी पंसद के उम्मीदवार की मतपेटी में डालता था। प्रत्येक उम्मीदवार के लिए एक अलग मतपेटी होती थी, जिस पर उनका चुनाव चिह्न अंकित होता था।

**2. पहले आम चुनाव में लोकसभा की कुल 489 सीटों में से कांग्रेस को 364 सीटें प्राप्त हुईं, जबकि दूसरे नंबर पर भारतीय कम्युनिस्ट पार्टी थी, जिसकों कुल 16 सीटें प्राप्त हुईं। लोकसभा के साथ ही सभी विधानसभाओं के भी चुनाव कराए गए थे तथा इनमें भी कांग्रेस पार्टी को बड़ी जीत मिली। त्रावणकोर कोचीन (वर्तमान केरल राज्य का क्षेत्र) मद्रास और ओडिशा के अतिरिक्त अन्य राज्यों में कांग्रेस को स्पष्ट बहुत प्राप्त हुआ था। कुछ समय पश्चात् इन राज्यों में भी कांग्रेस समर्थित सरकार का गठन हुआ, जिसके फलस्वरूप विधानसभाओं के साथ-साथ लोकसभा में भी बहुमत की पूरे देश में कांग्रेस पार्टी की ही सरकार बनी।**

(i) **कांग्रेस पार्टी की बड़ी जीत के बाद, किस प्रकार की सरकार पूरे देश में बनी?**

(a) गठबंधन सरकार (b) एकदल सरकार
(c) अल्पमत सरकार (d) तकनीकी सरकार

उत्तर (b) एकदल सरकार

(ii) **पहले आम चुनाव में दूसरे स्थान पर कौन-सी पार्टी थी और उसे कितनी सीटें प्राप्त हुईं?**

(a) भारतीय जनता पार्टी, 50 सीटें
(b) भारतीय कम्युनिस्ट पार्टी, 16 सीटें
(c) बहुजन समाज पार्टी, 25 सीटें
(d) राष्ट्रीय कांग्रेस, 30 सीटें

उत्तर (b) भारतीय कम्युनिस्ट पार्टी, 16 सीटें

(iii) **कांग्रेस पार्टी की पहले आम चुनाव में जीत के बाद भारत में किस प्रकार की राजनीतिक स्थिति बनी?**

उत्तर पहले आम चुनाव में कांग्रेस पार्टी की बड़ी जीत के परिणामस्वरूप भारत में एक मजबूत राजनीतिक स्थिति बनी। कांग्रेस को लोकसभा की 364 सीटें मिलीं, जिससे वह स्पष्ट बहुमत में आ गई। इनके अतिरिक्त सभी राज्यों में कांग्रेस समर्थित सरकारों का गठन हुआ, जिसे देश के विभिन्न हिस्सों में कांग्रेस का प्रभाव बढ़ा। त्रावणकोर-कोचीन, मद्रास और ओडिशा जैसे राज्यों में भी कांग्रेस को स्पष्ट बहुमत प्राप्त हुआ, जिससे पूरे देश में एक स्थायी सरकार का गठन हुआ।

**3. वर्ष 1957 में कांग्रेस पार्टी को केरल में हार का सामना करना पड़ा था। वर्ष 1957 के मार्च महीनें में जो विधानसभा के चुनाव हुए, उसमें कम्युनिस्ट पार्टी को केरल की विधानसभा के लिए सबसे ज्यादा सीटें मिलीं। कम्युनिस्ट पार्टी को कुल 126 में से 60 सीटें हासिल हुईं और पाँच उम्मीदवारों का समर्थन इस पार्टी को प्राप्त था। राज्यपाल ने कम्युनिस्ट विधायक दल के नेता ई. एम. एम नंबूदरीपाद को सरकार बनाने का आमंत्रण दिया। दुनिया में यह पहला अवसर था जब एक कम्युनिस्ट पार्टी की सरकार लोकतांत्रिक चुनावों के जरिए बनी। केरल में सत्ता से बेदखल होने पर कांग्रेस पार्टी ने निर्वाचित सरकार के विरुद्ध 'मुक्ति संघर्ष' छेड़ दिया।**

(i) **वर्ष 1957 में केरल विधानसभा चुनाव में किस पार्टी को सबसे अधिक सीटें मिली थीं?**

(a) कांग्रेस (b) भारतीय जनता दल
(c) कम्युनिस्ट पार्टी (d) समाजवादी पार्टी

उत्तर (c) कम्युनिस्ट पार्टी

(ii) **वर्ष 1957 में केरल में बनने वाली कम्युनिस्ट सरकार का नेतृत्व किसने किया?**

(a) जवाहर लाल नेहरू
(b) सी. राजगोपालाचारी
(c) ई. एम. एस. नंबूदरीपाद
(d) बी. आर. अंबेडकर

उत्तर (c) ई. एम. एस. नंबूदरीपाद

(iii) **ई. एम. एस. नम्बूदरीपाद के नेतृत्व में केरल की कम्यूनिस्ट सरकार के गठन का ऐतिहासिक महत्त्व क्या था?**

उत्तर ई. एम. एस. नम्बूदरीपाद के नेतृत्व में केरल में बनी कम्युनिस्ट सरकार का ऐतिहासिक महत्त्व इस कारण से था कि यह दुनिया की पहली लोकतांत्रिक कम्युनिस्ट सरकार थी। यह एक नई राजनीतिक दिशा का संकेत था, जहाँ एक लोकतांत्रिक चुनाव के माध्यम से कम्युनिस्ट पार्टी ने सत्ता में प्रवेश किया।

**4.** **देश के अधिकांश हिस्सों में मतदान जनवरी, 1952 में ही हुए। चुनाव अभियान, मतदान और मतगणना में कुल छः महीने लगे। चुनावों में उम्मीदवारों के बीच मुकाबला भी हुआ–"औसतन हर सीट के लिए चार उम्मीदवार चुनाव के मैदान में थे। लोगों ने इस चुनाव में बढ़-चढ़कर हिस्सेदारी की–कुल मतदाताओं में आधे से अधिक ने मतदान के दिन अपना वोट डाला। जब चुनावों के परिणाम घोषित हुए, तो हारने वाले उम्मीदवारों ने भी इन परिणामों को निष्पक्ष बताया। सार्वभौम वयस्क मताधिकार के इस प्रयोग ने आलोचकों का मुँह बंद कर दिया।**

(i) **वर्ष 1952 के आम चुनाव के दौरान मतदाता सूची में लगभग कितनी महिलाओं का नाम दर्ज नही था?**

(a) 50 लाख
(b) 60 लाख
(c) 40 लाख
(d) 30 लाख

उत्तर (c) 40 लाख

(ii) **देश के अधिकांश हिस्सों में वर्ष 1952 में हुए चुनाव में मतदान, चुनाव अभियान और मतगणना में कुल कितना समय लगा?**

(a) 6 माह
(b) 8 माह
(c) 4 माह
(d) 7 माह

उत्तर (a) 6 माह

(iii) **भारत में वर्ष 1952 में हुए चुनावों से यह कैसे सिद्ध हो जाता है कि दुनिया में कहीं भी लोकतंत्र पर अमल किया जा सकता है?**

उत्तर भारत में वर्ष 1952 के चुनाव में अशिक्षित लोगों की संख्या अधिक थी। देश के अधिकांश महिलाओं के नाम मतदाता सूची में शामिल नहीं थे। इसके बावजूद सार्वभौमिक वयस्क मताधिकार के सिद्धांत पर मतदान कराए गए, जिसकी प्रशंसा हारने वाले उम्मीदवारों ने भी की। इससे स्पष्ट हो गया कि लोकतांत्रिक चुनाव पर गरीबी और अशिक्षा का प्रभाव नहीं पड़ता है। अतः इसे कहीं भी अमल किया जा सकता है।

# स्वयं को जाँचें

## वस्तुनिष्ठ प्रश्न

**1. कांग्रेस सोशलिस्ट पार्टी के संस्थापक कौन थे?**

(a) आचार्य नरेन्द्र देव (b) डॉ. बी. आर. अंबेडकर
(c) मोरारजी देसाई (d) सरदार पेटल

**2. स्वतंत्रता पश्चात् लंबे समय तक कांग्रेस के प्रभुत्व के लिए कौन-सा कारक जिम्मेदार था?**

(a) कांग्रेस का स्वतंत्रता आंदोलन में महत्त्वपूर्ण योगदान देना
(b) आंदोलन के अग्रणी नेताओं का चुनाव में उम्मीदवार होना
(c) कांग्रेस का सुसंगठित होना
(d) उपरोक्त सभी

**3. किस तारीख को भारतीय संविधान को अंगीकृत किया गया था?**

(a) 26 जनवरी, 1950 (b) 26 नवंबर, 1950
(c) 24 जनवरी, 1950 (d) 23 मार्च, 1950

**4. भारतीय जनसंघ के प्रथम महासचिव कौन थे?**

(a) श्यामाप्रसाद मुखर्जी (b) दीनदयाल उपाध्याय
(c) एस. एम. जोशी (d) राममनोहर लोहिया

**5. निम्नलिखित कथनों पर विचार कीजिए**

1. **वर्ष 2000 तक लगभग सभी चुनावों में इलेक्ट्रॉनिक वोटिंग मशीन का प्रयोग होने लगा था।**
2. **पहले आम चुनावों में कांग्रेस को 364 सीटें प्राप्त हुईं थीं तथा सोशलिस्ट पार्टी दूसरे स्थान पर थी।**
3. **कांग्रेस पार्टी की स्थापना 1886 ई. में हुई थी।**

कूट

(a) 1 और 2 (b) 1 और 3
(c) 2 और 3 (d) केवल 2

## लघु उत्तरीय प्रश्न

**6. प्रथम आम चुनाव के समय चुनाव आयोग के समक्ष उत्पन्न चुनौतियों को उजागर कीजिए।**

**7. कांग्रेस के प्रमुख के दो कारकों को उजागर कीजिए।**

**8. केरल में सत्ता से बेदखल होने पर कांग्रेस पार्टी ने क्या किया?**

**9. वर्ष 1952 के आम चुनाव ने विश्व इतिहास में कैसा संदेश दिया?**

**10. 1952 से 1967 के बीच प्रमुख विपक्षी दलों की भूमिका और उनके प्रभाव का मूल्यांकन करें।**

**11. एकदलीय प्रभुत्व का क्या अभिप्राय है? भारत में एकदलीय प्रभुत्व कब से कब तक रहा?**

## दीर्घ उत्तरीय प्रश्न I

**12. सोशलिस्ट पार्टी की स्थापना कैसे हुई? इसके उद्देश्यों एवं विखंडन को बताइए।**

**13. स्वतंत्रता के बाद पहले तीन आम चुनावों में कांग्रेस के प्रभुत्व के कारणों का विश्लेषण कीजिए।**

## दीर्घ उत्तरीय प्रश्न II

**14. भारत में प्रथम आम चुनाव को दो बार स्थगित करना पड़ा? इसके क्या कारण थे विश्लेषण कीजिए।**

**15. सार्वभौमिक वयस्क मताधिकार क्या है? इसे भारत के लिए खतरनाक क्यों कहा गया।? स्पष्ट कीजिए।**

# 03

अध्याय

# नियोजित विकास की राजनीति

स्वतंत्रता के पश्चात् भारत को आर्थिक विकास के संदर्भ में एक सीमा तक ही सफलता मिली, . क्योंकि आर्थिक विकास की चुनौती अन्य चुनौतियों से कठिन थी। इस अध्याय के अंतर्गत हम विकास की अवधारणाएँ, नियोजन, विकास से संबंधित विवाद आदि का अध्ययन करेंगे।

▼ **अध्ययन एक नजर में**

3.1 राजनीतिक टकराव

3.2 योजना आयोग की प्रारंभिक पहल

▼ **अभ्यास के लिए**

– बहुविकल्पीय प्रश्न 29 (युग्मित प्रश्न, चित्र आधारित प्रश्न, कथन/कारण, सुमेलित कीजिए)

– वर्णनात्मक प्रकार के प्रश्न (लघु उत्तरीय प्रश्न 8, दीर्घ उत्तरीय प्रश्न I 5, दीर्घ उत्तरीय प्रश्न II 4)

– स्रोत आधारित प्रश्न 4, मानचित्र आधारित 1

किसी भी देश के नागरिकों को सामाजिक-आर्थिक न्याय प्रदान करने के लिए विकास और नियोजन सबसे महत्त्वपूर्ण पहलू है। लोकतंत्र में विकास का अर्थ अक्सर एक वर्ग से दूसरे वर्ग के लिए अलग-अलग होता है। जब विश्व में स्टील की माँग बढ़ने लगी तो हमारी सरकार ने इसे निवेश और रोजगार के अवसर के रूप में लिया। ओडिशा में लौह-अयस्क का सबसे बड़ा भण्डार है, जो स्टील उद्योग के लिए आवश्यक है, लेकिन कई आदिवासी इस बात को लेकर चिन्तित थे कि यदि उनके क्षेत्र में लौह-अयस्क खनन होता है, तो उन्हें आजीविका और विस्थापन की समस्या हो सकती है। अतः समाज के प्रत्येक वर्ग के हिसाब से विकास के लिए योजना बनाना जरूरी है।

## 3.1 राजनीतिक टकराव

- स्वतंत्रता के पश्चात् सभी इस बात से सहमत थे कि भारत के विकास का अर्थ आर्थिक वृद्धि के साथ-साथ सामाजिक और आर्थिक न्याय होना चाहिए। यह निर्णय लिया गया कि विकास के प्रश्नों को व्यापारियों, किसानों या उद्योगपतियों पर नहीं छोड़ा जा सकता है। इस प्रकार सरकार देश के सभी लोगों की आवश्यकताओं और अपेक्षाओं को ध्यान में रखते हुए विकास का मार्ग तय करेगी।
- हालाँकि प्रत्येक राजनीतिक निर्णय का एक राजनीतिक परिणाम होता है और इसमें आम लोगों की स्वीकृति के साथ-साथ राजनीतिक दलों के बीच विभिन्न परामर्श शामिल हो सकते हैं।

**वामपंथी बनाम दक्षिणपंथी**

- विभिन्न पार्टियाँ वामपंथी या दक्षिणपंथी विचारधारा पर आधारित होती हैं।
- ये विचारधाराएँ सामाजिक परिवर्तन और आर्थिक पुनर्वितरण को प्रभावी बनाने में राज्य की भूमिका के बारे में समूहों या पार्टियों से संबंधित होती हैं।
- वामपंथी अक्सर उन लोगों को संदर्भित करता है, जो राज्य द्वारा नियंत्रित अर्थव्यवस्था के पक्षधर हैं और मुक्त प्रतिस्पर्द्धा पर राज्य विनियमन को प्राथमिकता देते हैं।
- दक्षिण पंथ में उन लोगों को इंगित किया जाता है, जो ये मानते हैं कि खुली प्रतिस्पर्द्धा और बाजारमूलक अर्थव्यवस्था के जरिए ही प्रगति हो सकती है अर्थात् सरकार को अर्थव्यवस्था में गैर-जरूरी हस्तक्षेप नहीं करना चाहिए।

## विकास के विचार

- स्वतंत्रता के पहले दशक में विकास के विचार पर बहुत बहस हुई। उस समय जैसे ही 'विकास' का जिक्र होता, लोग तुरंत , पश्चिम का उदाहरण देने लगते थे, यह मानते हुए कि पश्चिमी देश ही विकास का मानक है। आज भी यह बात लगभग मान्य है कि विकास का तात्पर्य अधिक-से-अधिक आधुनिक होना है और आधुनिक होने का अर्थ' पश्चिमी औद्योगिक देशों की तरह होना है। यह आधुनिकीकरण **पूँजीवाद**[1] और **उदारवाद**[2] पर आधारित है, जहाँ विकास, भौतिक प्रगति और वैज्ञानिक तर्कसंगतता के विचार लोगों की राय को आकार देते हैं।
- स्वतंत्रता की पूर्व संध्या पर भारत में आधुनिक विकास के दो मॉडल थे
  – यूएसए और यूरोप का उदार पूँजीवादी मॉडल
  – यूएसएसआर का **समाजवादी मॉडल**[3]
- अमेरिकी शैली के पूँजीवादी विकास के बहुत कम समर्थक थे। कम्युनिस्ट पार्टी, समाजवादी पार्टी और यहाँ तक कि कांग्रेस के अधिकांश नेताओं ने विकास के सोवियत मॉडल का समर्थन किया।
- लेकिन विकास के उद्देश्य पर अलग-अलग विचार थे। जैसे कुछ लोग कृषि विकास के मार्ग को पसंद करते थे और कुछ लोग औद्योगीकरण को, लेकिन इसका मुख्य उद्देश्य गरीबी को दूर करना और सरकार द्वारा समाज के अंतर्गत सामाजिक और आर्थिक पुनर्वितरण लाना था।

## नियोजन

- विकास के मुद्दों को लेकर विभिन्न मतभेदों के बावजूद, एक साझा लक्ष्य था कि विकास के विचार को निजी क्षेत्र पर नहीं छोड़ा जा सकता।
- नियोजन के विचार को 1940 और 1950 के दशक में पूरे विश्व में जन-सर्मथन मिला, क्योंकि
  – यूरोप ने 'महामंदी' से काफी कुछ सीख ले ली थी।
  – जर्मनी और जापान ने युद्धोपरांत अपनी अर्थव्यवस्था का पुनर्निर्माण कर लिया था।
  – नियोजन के कारण ही सोवियत संघ ने 1930 तथा 1940 के दशक की आर्थिक मंदी के बाद ही आर्थिक प्रगति हासिल की थी।
- भारत में नियोजन को गति देने के लिए वर्ष 1944 में उद्योगपतियों के एक समूह द्वारा नियोजित अर्थव्यवस्था के संचालन के संबंध में एक संयुक्त प्रस्ताव तैयार किया गया, जिसे **बॉम्बे प्लान** (Bombay Plan) की संज्ञा दी जाती है। इसके अंतर्गत औद्योगिक तथा अन्य आर्थिक निवेश के क्षेत्र में सरकार द्वारा आवश्यक प्रयास करने की बात कही गई।
- नियोजन को स्वरूप में लाने के लिए ही मार्च, 1950 में भारत सरकार के एक प्रस्ताव के द्वारा **योजना आयोग** (वर्तमान नीति आयोग) की स्थापना की गई तथा प्रधानमंत्री जवाहरलाल नेहरू इसके अध्यक्ष बने। उल्लेखनीय है कि प्रधानमंत्री इसके पदेन अध्यक्ष होते हैं।
- योजना आयोग (नीति आयोग) देश के आर्थिक विकास में एक सलाहकारी भूमिका निभाता है। मंत्रिमंडल द्वारा मंजूरी के बाद ही इसकी सिफारिशें प्रभावी हो पाती हैं।

### चेक प्वॉइंट 1

1. किस राज्य में लोहे का सबसे बड़ा भंडार है?
2. स्वतंत्रता के समय विकास के कितने मॉडल थे?
3. समाजवादी मॉडल किस देश से संबंधित था?
4. बाम्बे योजना का प्रस्ताव किसने रखा था?

---

1 पूँजीवाद एक ऐसी व्यवस्था है, जिसमें व्यवसाय उत्पादन के साधनों जैसे कारखानों और भूमि पर स्वामित्व रखते हैं और उन पर नियंत्रण रखते हैं तथा कीमते मुक्त बाजार में आपूर्ति और माँग के आधार पर निर्धारित होती हैं और सरकार का हस्तक्षेप बहुत सीमित होता है।

2 उदारवाद एक ऐसा दर्शन है, जिसमें सरकार हस्तक्षेप नहीं करती है और प्रत्येक व्यक्ति को अपने लक्ष्यों को स्वतंत्र रूप से प्राप्त करने का अधिकार है।

3 समाजवादी मॉडल एक आर्थिक और राजनीतिक व्यवस्था है, जिसका उद्देश्य एक समान समाज का निर्माण करना है।

## 3.2 योजना आयोग की प्रारंभिक पहल

- सोवियत संघ की भाँति भारत के योजना आयोग ने भी पंचवर्षीय योजनाओं के विकल्पों को चुना, जिसके अंतर्गत भारत सरकार द्वारा एक दस्तावेज (Document) तैयार किया गया, जिसमें यह विवरण था कि आगामी पाँच वर्षों में आमदनी और खर्च की योजना क्या होगी।
- इस दस्तावेज के अंतर्गत राज्य एवं केंद्र सरकार के बजट को भी दो भागों में बाँटा गया।
  (i) **गैर-योजना बजट** यह बजट वार्षिक आधार पर नियमित मदों में किए गए खर्च को शामिल करता है।
  (ii) **योजना गत बजट** इस योजना के आधार पर निर्धारित प्राथमिकता आधारित मदों के अंतर्गत खर्च को शामिल किया जाता है।
- जब दिसंबर, 1951 में पहली पंचवर्षीय योजना जारी की गई, तो देश में बहुत उत्साह था। कई शिक्षाविदों, पत्रकारों, किसानों, राजनेताओं और निजी क्षेत्र के कर्मचारियों ने इस दस्तावेज पर व्यापक रूप से चर्चा और बहस की।
- दूसरी पंचवर्षीय योजना 1956 में जारी की गई और इसने भी इसी तरह का उत्साह देखा गया।
- तीसरी पंचवर्षीय योजना 1961 में जारी की गई।
- चौथी पंचवर्षीय योजना 1966 में शुरू होने वाली थी, लेकिन इस समय तक भारत आर्थिक संकट का सामना कर रहा था। इसलिए सरकार ने 'योजना अवकाश' लेने का फैसला किया।

### योजना आयोग

- योजना आयोग की स्थापना मार्च, 1950 में भारत सरकार के एक साधारण प्रस्ताव द्वारा की गई थी। भारत के विकास के लिए नीतियों का मसौदा तैयार करने में इसकी भूमिका सलाहकार की है।

### नीति आयोग

- भारत सरकार ने योजना आयोग की जगह नीति आयोग (नेशनल इंस्टीट्यूट फॉर ट्रांसफॉर्मिंग इंडिया) नामक एक नई संस्था की स्थापना की। नीति आयोग की स्थापना 1 जनवरी, 2015 को हुई।
- नीति आयोग सहयोगी संघवाद पर कार्य करने वाला थिंक टैंक है, जो राष्ट्रीय सुरक्षा के हित, ग्रामीण स्तर पर विश्वसनीय योजना का निर्माण, समाज के पिछड़े वर्गों के लिए नीति का निर्माण आदि कार्यों को संचालित करता है।

## भारत में पंचवर्षीय योजनाएँ

### प्रथम पंचवर्षीय योजना (1951-56)

- वर्ष 1951 में प्रथम पंचवर्षीय योजना का प्रारूप जारी हुआ, जिसे युवा अर्थशास्त्री **के एन राज** ने गरीबी उन्मूलन (Poor Elimination) को ध्यान में रखते हुए तैयार किया था। इस प्रमुख युवा अर्थशास्त्री का विचार यह भी था कि भारत को प्रथम दो दशक तक विकास की रफ्तार कम रखनी चाहिए, क्योंकि तेज रफ्तार वाले विकास से अर्थव्यवस्था को नुकसान पहुँच सकता है। अत: इस योजना का मूलमंत्र धीरज था।

  इस योजना के प्रमुख तथ्य इस प्रकार हैं
  - इस योजना में कृषि क्षेत्र पर विशेष बल दिया गया।
  - बाँध और सिंचाई के क्षेत्र में निवेश किया गया; जैसे—**भाखड़ा-नाँगल** जैसी परियोजना के लिए भारी मात्रा में पूँजी दी गई।
  - कृषि के विकास के लिए भूमि सुधार पर बल दिया गया।
  - योजनाकारों के अनुसार राष्ट्रीय आय के स्तर को बढ़ाना बुनियादी लक्ष्य माना गया। बचत को बढ़ावा देने का प्रयास किया गया।
- इस योजना काल में बचत उम्मीद के अनुरूप नहीं थी। प्रथम पंचवर्षीय योजना की शुरुआत में इससे कहीं अधिक बचत की उम्मीद की गई थी।
- बाद के दिनों में यानी 1960 के दशक से लेकर 1970 के दशक के शुरुआती सालों तक बचत की मात्रा में लगातार कमी आई।

### दूसरी पंचवर्षीय योजना (1956-61)

- दूसरी पंचवर्षीय योजना का मसौदा पी. सी. महालनोबिस के नेतृत्व में तैयार किया गया था। इन्होने भारतीय सांख्यिकी संस्थान की स्थापाना वर्ष 1931 में की थी।
- दूसरी पंचवर्षीय योजना को अंतिम रूप देने से पहले मद्रास के पास अवाड़ी में आयोजित एक प्रस्ताव में कांग्रेस ने घोषणा की कि कांग्रेस का लक्ष्य 'समाजवादी प्रारूप का समाज' है।

- समाज का समाजवादी स्वरूप दूसरी पंचवर्षीय योजना में परिलक्षित हुआ। इसमें शामिल हैं
  - सरकार ने घरेलू उद्योगों के संरक्षण के लिए आयात पर शुल्क लगाया। इससे उद्योगों के सार्वजनिक और निजी दोनों क्षेत्रों को बढ़ने में मदद मिली।
  - इस अवधि में बचत और निवेश दोनों में वृद्धि हुई, जिससे बिजली, रेलवे, इस्पात, मशीनरी और संचार जैसे उद्योगों के विकास में मदद मिली।
- इस कदम ने भारत के विकास में एक महत्त्वपूर्ण मोड़ प्रदान किया, हालाँकि प्रौद्योगिकी के मामले में भारत उतना विकसित नहीं था। इसलिए, भारत को विदेशी राष्ट्रों से प्रौद्योगिकी खरीदने के लिए अपनी विदेश मुद्रा खर्च करनी पड़ी।
- नियोजन के विचार से, सरकार ने समाज के कृषि और औद्योगिक क्षेत्रों को संतुलित करने का भरपूर प्रयास किया। हालाँकि कुछ विद्वान कृषि पर उद्योगों को प्राथमिकता देने के लिए सरकार की आलोचना करते हैं।

## तीसरी पंचवर्षीय योजना (1961-66)

- तीसरी पंचवर्षीय योजना दूसरी पंचवर्षीय योजना से कुछ विशेष अलग नहीं थी। इस योजना में भी वह कार्य निहित थे जो दूसरी पंचवर्षीय योजना में थे, परंतु यह योजना मुख्य शहरी विकास पर आधारित थी जिस कारण इस योजना को आलोचना का भी सामना करना पड़ा।
- इस योजना के कार्यकाल के समय में भी कुछ लोग कृषि आधारित उद्योगों पर जोर दे रहे थे।

## चौथी पंचवर्षीय योजना (1969-74)

- इस योजना का मुख्य उद्देश्य स्थायी विकास तथा आर्थिक आत्मनिर्भरता की प्राप्ति करना था। इस योजना काल में प्रधानमंत्री इंदिरा गाँधी ने 14 बैंकों का राष्ट्रीयकरण किया तथा हरित क्रांति के प्रभाव से कृषि क्षेत्र में प्रगति हुई।
- इसके अन्य उद्देश्यों में क्रमश: रोजगार के अवसरों में वृद्धि करना, आय, संपत्ति वितरण तथा क्षेत्रीय असमानता को दूर करना तथा आधारभूत एवं भारी उद्योगों पर विशेष बल देते हुए तीव्र गति से औद्योगिक विकास करना शामिल था।

## पाँचवीं पंचवर्षीय योजना (1974-79)

इस योजना का मुख्य उद्देश्य **गरीबी उन्मूलन** और **आत्मनिर्भरता** था। इसके अतिरिक्त इस योजना में निम्नलिखित लक्ष्य निर्धारित किए गए

- प्राथमिक शिक्षा, पेयजल, ग्रामीण स्वास्थ्य सेवाएँ, पोषण, ग्रामीण आवास, ग्रामीण सड़क, ग्रामीण विद्युतीकरण जैसे न्यूनतम आवश्यकता कार्यक्रम पर बल।
- अनावश्यक उपभोग पर कड़ा प्रतिबंध।
- न्यायपूर्ण मजदूरी-कीमत नीति।
- सामाजिक, आर्थिक एवं क्षेत्रीय असमानता को कम करना।
- खाद्यान्न भंडार एवं सार्वजनिक वितरण प्रणाली का विस्तार।
- भारतीय राष्ट्रीय महामार्ग प्रणाली को इस योजनाकाल में ही पहली बार लागू किया गया।.

### जे. सी. कुमारप्पा

- इनका असली नाम जेसी कॉर्नेलियस था। ये एक ख्यातिप्राप्त अर्थशास्त्री एवं चार्टर्ड अकाउंटेंट थे।
- इनकी शिक्षा इंग्लैंड और अमेरिका में पूर्ण हुई।
- स्वतंत्रता आंदोलन में इनकी भूमिका महत्त्वपूर्ण है। ये महात्मा गांधी के अनुयायी थे और इन्होंने गाँधीवादी आर्थिक नीतियों को लागू करने का प्रयास किया।
- 'कोनॉमी ऑफ परमानेंस' इनकी महत्त्वपूर्ण पुस्तक है।
- इन्होंने योजना आयोग के सदस्य के रूप में योजना प्रक्रिया में महत्त्वपूर्ण भूमिका निभाई।

### चेक प्वॉइंट 2

1. राज्य और केंद्र सरकार के बजट को दस्तावेजों के आधार पर कितने भागों में बाँटा गया ?
2. प्रथम पंचवर्षीय योजना में गरीबी उन्मूलन कार्यक्रम का नियोजन किसने किया था?
3. भारतीय सांख्यिकी संस्थान की स्थापना कब की गई?
4. 14 बैंकों का राष्ट्रीयकरण किस योजना के अंतर्गत किया गया?
5. पाँचवीं योजना मुख्य उद्देश्य क्या था ?

# Mind Map

## नियोजित विकास की राजनीति

### 1 विकास और योजना

- विकास का अर्थ लोकतंत्र में विभिन्न वर्गों के अनुसार भिन्न होता है।
- विकास में आर्थिक वृद्धि तथा सामाजिक और आर्थिक न्याय समाहित होते हैं।
- योजना आर्थिक वृद्धि के साथ सामाजिक और आर्थिक न्याय में संतुलन स्थापित करती है और यह सुनिश्चित करती है कि विकास के लाभ समाज के सभी वर्गों को प्राप्त हों।

### 2 राजनीतिक टकराव

- भारत का उद्देश्य आर्थिक वृद्धि और सामाजिक न्याय के बीच संतुलन बनाकर विकास करना था।
- सरकार ने परामर्श और सार्वजनिक स्वीकृति के माध्यम से विकास की दिशा तय की।

**भारत में योजना बाम्बे योजना (वर्ष 1944)**
- यह एक योजनाबद्ध अर्थव्यवस्था का प्रस्ताव करती थी, जिसमें राज्य द्वारा औद्योगिक निवेश को प्राथमिकता दी जाती थी।

**योजना आयोग**
- स्वतंत्रता प्राप्ति के बाद शीघ्र ही स्थापित किया गया, जिसमें प्रधानमंत्री को अध्यक्ष के रूप में नियुक्त किया गया।
- इसने भारत की विकास रणनीतियों के निर्धारण में महत्त्वपूर्ण भूमिका निभाई।

**विकास की धारणाएँ**
- विकास का आशय पूँजीवाद और उदारवाद पर आधारित आधुनिकीकरण हैं।

**विकास के मॉडल**
- भारत के सामने विकास के दो मॉडल थे
  1. लिबरल कैपिटलिस्ट मॉडल (USA और यूरोप)
  2. समाजवादी मॉडल (USSR)
- भारत के अधिकांश नेताओं ने सोवियत संघ के समाजवादी मॉडल का समर्थन किया।

**विकास के उद्देश्य**

विकास के उद्देश्यों पर विभिन्न दृष्टिकोण थे
- कृषि विकास
- औद्योगीकरण
- गरीबी उन्मूलन और सामाजिक एवं आर्थिक पुनर्वितरण

### 3 भारत के योजना आयोग की प्रारंभिक पहलें

- सोवियत समाजवादी गणराज्यों का संघ (USSR) पंचवर्षीय योजना से प्रेरित है।
- अगले पाँच वर्षों के लिए आय और खर्चों का दस्तावेज तैयार किया गया।
- बजट को दो भागों में बाँटा गया।
- गैर योजनागत बजट-नियमित मदें, वार्षिक आधार पर।
- योजनाव्यय बजट-पाँच वर्ष की अवधि, प्राथमिकता आधारित।

**पहली पंचवर्षीय योजना (वर्ष 1951-1956)**

**प्राथमिकता आधारित**
- कृषि क्षेत्र-बाँधों और सिंचाई में निवेश (जैसे-भाखड़ा नांगल बाँध) करना।
- भूमि सुधार-कृषि विकास में भूमि वितरण पैटर्न की समस्याओं को संबोधित करना।
- पैसों की बचत-राष्ट्रीय आय में वृद्धि के लिए बचत को बढ़ाना।

**दूसरी पंचवर्षीय योजना (वर्ष 1956)**

**तीव्र औद्योगीकरण को प्राथमिकता**
- यह योजना पी.सी. महालनोविस के नेतृत्व में तैयार की गई।
- समाजवादी समाज की रूपरेखा-घरेलू उद्योगों की रक्षा के लिए सरकार द्वारा लगाए गए शुल्क।
- औद्योगिक विकास-बिजली, रेलवे, इस्पात, मशीनरी और संचार क्षेत्रों में विकास।

The Hindustan Times

FIVE-YEAR PLAN PRESENTED TO PARLIAMENT

Discussion On Plan To Begin On Monday

Rs 2,069 CRORES OUTLAY FOR VARIOUS PROJECTS

Blue-print For Increasing National Wealth

DEVELOPMENT SCHEMES FOR DELHI

द हिंदूस्तान टाइम्स

योजना आयोग के सदस्यों को संबोधित करते हुए नेहरू

# NCERT फोल्डर

## अध्याय के मध्य में दिए गए प्रश्न

**1. क्या आप यह कह रहे हैं कि 'आधुनिक' बनने के लिए 'पश्चिमी' होना जरूरी नहीं है? क्या यह संभव है?**

उत्तर आधुनिक बनने के लिए पश्चिमी होना जरूरी नहीं है। प्रायः आधुनिकीकरण का संबंध पाश्चात्यीकरण से माना जाता है, लेकिन यह सही नहीं है, क्योंकि आधुनिक होने के अर्थ में मूल्यों एवं विचारों में आमूलचूल परिवर्तन लाया जाता है और यह परिवर्तन समाज को गतिशील बनाने वाले होने चाहिए।

**2. भारत सरकार ने योजना आयोग के स्थान पर एक नई संस्था नीति आयोग (राष्ट्रीय भारत परिवर्तन संस्था) की स्थापना की। यह संस्था 1 जनवरी, 2015 को अस्तित्व में आयी। इसके उद्देश्य और संरचना को स्पष्ट कीजिए।**

उत्तर भारत सरकार ने 1 जनवरी, 2015 को योजना आयोग को समाप्त कर नीति आयोग (राष्ट्रीय भारत परिवर्तन संस्था) की स्थापना की। इसका उद्देश्य देश के समावेशी और सतत् विकास के लिए नीति-निर्माण, सहयोग और मार्गदर्शन प्रदान करना है।

नीति आयोग सहकारी संघवाद को बढ़ावा देता है, जिससे केंद्र और राज्य सरकारें मिलकर कार्य कर सकें। यह राज्य विशेष योजनाओं पर बल देता है तथा राष्ट्रीय विकास के लिए दीर्घकालिक रणनीतियाँ तैयार करने में नई तकनीकों व संसाधनों का उपयोग करता है।

प्रधानमंत्री इस आयोग के अध्यक्ष होते हैं। इसके अतिरिक्त उपाध्यक्ष, पूर्णकालिक सदस्य, अंशकालिक सदस्य और क्षेत्रीय विशेषज्ञ शामिल होते हैं।

नीति संबंधी सलाह देने और देश के विकास की दिशा तय करने में यह संस्थान महत्त्वपूर्ण भूमिका का निर्वाहन करता है।

## नीचे दिए गए प्रश्नों के उत्तर संक्षेप में दीजिए

**1. 'बॉम्बे प्लान' के बारे में निम्नलिखित में से कौन-सा कथन सही नहीं है?**

(a) यह भारत के आर्थिक भविष्य का एक ब्लू-प्रिंट था
(b) इसमें उद्योगों के ऊपर राज्य के स्वामित्व का समर्थन किया गया था
(c) इसकी रचना कुछ अग्रणी उद्योगपतियों ने की थी
(d) इसमें नियोजन के विचार का पुरजोर समर्थन किया गया था

उत्तर (b) इसमें उद्योगों के ऊपर राज्य के स्वामित्व का समर्थन किया गया था।

**2. भारत ने शुरुआती दौर में विकास की जो नीति अपनाई, उसमें निम्नलिखित में से कौन-सा विचार शामिल नहीं था?**

(a) नियोजन (b) उदारीकरण
(c) सहकारी खेती (d) आत्मनिर्भरता

उत्तर (b) उदारीकरण

**3. भारत में नियोजित अर्थव्यवस्था चलाने का विचार ग्रहण किया गया था**

1. बॉम्बे प्लान से
2. सोवियत खेमे के देशों के अनुभव से
3. समाज के बारे में गाँधीवादी विचार से
4. किसान संगठनों की माँगों से

**कूट**

(a) 2 और 4 (b) 1 और 2
(c) 4 और 3 (d) ये सभी

उत्तर (d) ये सभी

**4. निम्नलिखित का मिलान कीजिए**

| सूची I | सूची II |
|---|---|
| A. चरण सिंह | 1. औद्योगीकरण |
| B. पी. सी. महालनोबिस | 2. जोनिंग |
| C. बिहार का अकाल | 3. किसान |
| D. वर्गीज कुरियन | 4. सहकारी डेयरी |

उत्तर सही सुमेलन A-3, B-1, C-2, D-4 है। चौधरी चरण सिंह का संबंध किसान से, पी.सी. महालनोबिस का संबंध औद्योगीकरण से, बिहार के अकाल का संबंध जोनिंग से तथा वर्गीज कुरियन का संबंध सहकारी डेयरी से है।

**5. आजादी के समय विकास के सवाल पर प्रमुख मतभेद क्या थे? क्या इन मतभेदों को सुलझा लिया गया?**

उत्तर स्वतंत्रता प्राप्ति के समय एवं बाद में विकास के सवाल पर मतभेदों की शृंखला जारी थी। विवाद में प्रमुख था कि विकास के क्षेत्र में आर्थिक समृद्धि और सामाजिक न्याय लोगों को किस प्रकार प्रदान किया जाए।

- आजादी के बाद प्रथम मतभेद आर्थिक संवृद्धि एवं सामाजिक न्याय को लेकर उभरा था। देश में आर्थिक विकास हो तथा सभी को सामाजिक न्याय की प्राप्ति हो।
- इसे सुनिश्चित करने के लिए सरकार कौन-सी भूमिका निभाए, यह एक प्रमुख मतभेद था।
- क्या सरकार को कुछ महत्त्वपूर्ण उद्योग एवं व्यवसाय स्वयं चलाने चाहिए तथा क्या देश को एक ऐसे केंद्रीय संगठन की आवश्यकता है, जो देश के लिए महत्त्वपूर्ण योजनाओं का निर्माण कर सके।
- यदि सामाजिक न्याय, आर्थिक संवृद्धि की आवश्यकताओं के बीच में आ जाता है, तो सामाजिक न्याय का स्तर क्या होगा। इस मतभेद पर टकराव वर्तमान में भी जारी है।
- देश के आर्थिक विकास के लिए कौन-सी अर्थव्यवस्था अपनायी जाए, क्योंकि जनता के विभिन्न वर्गों के लिए विकास के अर्थ भिन्न-भिन्न थे। इसलिए आर्थिक विकास एवं सामाजिक न्याय की पूर्ति हेतु मिश्रित अर्थव्यवस्था को अपनाया गया।

- कुछ मतभेदों को सुलझाते हुए सभी विचारधारा के लोगों की सहमति इस बात पर बनी कि व्यापार, उद्योग एवं कृषि को क्रमशः व्यापारियों, उद्योगपतियों तथा किसानों के ऊपर पूर्ण रूप से नहीं छोड़ा जा सकता, इसलिए आर्थिक समृद्धि एवं सामाजिक समृद्धि दोनों पक्षों को सहमति प्रदान की गई।
- देश की आर्थिक समृद्धि एवं विकास के लिए वर्ष 1990-91 में नई आर्थिक नीति अपनाई गई, लेकिन नियोजन की नीति को भी नहीं छोड़ा गया।
- देश के आर्थिक विकास को सुनिश्चित करने के लिए सरकार आज भी कई महत्त्वपूर्ण उद्योगों पर एकाधिकार रखती है, किंतु अन्य अनेक उद्योगों में सहकारी भागीदारी निरंतर बढ़ती जा रही है। वैश्वीकरण के आने से देश में विदेशी कंपनियों के निवेश में पहले की अपेक्षा अधिक वृद्धि हुई है।

**6. पहली पंचवर्षीय योजना का किस चीज पर सबसे अधिक बल था? दूसरी पंचवर्षीय योजना पहली से किन अर्थों में अलग थी?**

उत्तर वर्ष 1951-56 में बनी पहली पंचवर्षीय योजना का प्रारूप अर्थशास्त्री के.एन. राज के नेतृत्व में तैयार हुआ था। इसके अंतर्गत निम्नलिखित योजनाओं पर ध्यान दिया गया

- भारत विभाजन ने कृषि क्षेत्र को बहुत बड़ी क्षति पहुँचाई थी। इस क्षति की पूर्ति करने के लिए प्रथम पंचवर्षीय योजना में बाँध एवं सिंचाई क्षेत्र में बड़े स्तर पर निवेश किया गया।
- भाखड़ा नांगल जैसी विशाल परियोजनाओं के लिए भारी धनराशि आवंटित की गई।
- देश में प्रचलित भूमि वितरण को कृषि विकास की सबसे बड़ी बाधा के रूप में पहचानते हुए इस पंचवर्षीय योजना में भूमि विकास पर बल देते हुए इसे देश के विकास का आधार माना गया।

दूसरी पंचवर्षीय योजना वर्ष 1956 में शुरू हुई। द्वितीय पंचवर्षीय योजना प्रथम पंचवर्षीय योजना से कई अर्थों में भिन्न थी, जोकि निम्नलिखित हैं

- प्रथम पंचवर्षीय योजना में जहाँ कृषि पर विशेष बल दिया गया, वहीं द्वितीय पंचवर्षीय योजना में औद्योगीकरण के विकास पर भी बल दिया गया।
- इस द्वितीय पंचवर्षीय योजना में संरचनात्मक परिवर्तनों को तीव्र गति से करने पर बल दिया गया, जबकि प्रथम पंचवर्षीय योजना में धैर्य एवं धीमी गति से कार्य करने को मूल आधार माना गया।
- दूसरी पंचवर्षीय योजना में सरकार ने प्रत्येक संभव दिशा में परिवर्तन करने की बात को महत्त्व दिया, जबकि प्रथम पंचवर्षीय योजना में कृषि क्षेत्र को महत्त्व दिया गया।
- सरकार के द्वारा देशी उद्योगों के संबंध में किए गए प्रयासों के कारण ही द्वितीय पंचवर्षीय योजना में निजी और सार्वजनिक क्षेत्र के उद्योगों को आगे बढ़ाने में सहायता मिली।
- इस द्वितीय पंचवर्षीय योजना में सरकार ने घरेलू उद्योगों को संरक्षण देने के लिए आयात पर भारी शुल्क लगाया।

**7. निम्नलिखित अवतरण को पढ़िए और इसके आधार पर पूछे गए प्रश्नों के उत्तर दीजिए**

**आजादी के बाद के आरंभिक वर्षों में कांग्रेस पार्टी के अंतर्गत दो परस्पर विरोधी प्रवृत्तियाँ पनपीं। एक तरफ राष्ट्रीय पार्टी कार्यकारिणी ने राज्य के स्वामित्व का समाजवादी सिद्धांत अपनाया, उत्पादकता को बढ़ाने के साथ-साथ आर्थिक संसाधनों के संकेंद्रण को रोकने के लिए अर्थव्यवस्था के महत्त्वपूर्ण क्षेत्रों का नियंत्रण और नियमन किया। दूसरी तरफ कांग्रेस की राष्ट्रीय सरकार ने निजी निवेश के लिए उदार आर्थिक नीतियाँ अपनाईं और उसके बढ़ावे के लिए विशेष कदम उठाए। इसे उत्पादन में अधिकतम वृद्धि की अकेली कसौटी पर जायज ठहराया गया।** **फ्रैंकिन फ्रैंकल**

(i) **यहाँ लेखक किस अंतर्विरोध की चर्चा कर रहा है? ऐसे अंतर्विरोध के राजनीतिक परिणाम क्या होंगे?**

उत्तर यहाँ लेखक ने बताया कि स्वतंत्रता प्राप्ति के बाद के प्रारंभिक वर्षों में कांग्रेस के अंतर्गत दो विरोधी विचारधाराएँ थीं। यहाँ एक विचारधारा आर्थिक विकास के लिए निजी क्षेत्र की समर्थक थी, वहीं दूसरी विचारधारा के लोगों ने सार्वजनिक क्षेत्र के महत्त्व का समर्थन किया। जहाँ एक पक्ष पूँजीवादी विचारधारा से जुड़ा था, वहीं दूसरा समाजवादी विचारधारा से। अतः इसी विरोधाभास के कारण भारत की परिस्थितियों को ध्यान में रखते हुए अर्थव्यवस्था के योजनाकारों ने 'मिश्रित अर्थव्यवस्था' को चुना, जिसमें पूँजीवादी तथा समाजवादी दोनों अर्थव्यवस्थाओं के गुण थे।

(ii) **यदि लेखक की बात सही है, तो फिर बताइए कि कांग्रेस इस नीति पर क्यों चल रही थी? क्या इसका संबंध विपक्षी दलों की प्रकृति से था?**

उत्तर कांग्रेस निजी एवं सार्वजनिक क्षेत्र, दोनों को ही बढ़ावा देने की नीति पर चल रही थी, क्योंकि वह उत्पादन को बढ़ावा देना चाहती थी। इसी के परिणामस्वरूप भारत में मिश्रित अर्थव्यवस्था को अपनाया गया। इस नीति को अपनाने का एक अन्य कारण कांग्रेस पर पूँजीपतियों का लगातार बढ़ रहा दबाव भी था।

(iii) **क्या कांग्रेस पार्टी के केंद्रीय नेतृत्व और इसके प्रांतीय नेताओं के बीच भी कोई अंतर्विरोध था?**

उत्तर प्रत्यक्ष तौर पर ऐसा अंतर्विरोध कांग्रेस में नहीं दिख रहा था, क्योंकि कांग्रेस की कार्यकारिणी समिति ने राज्य के स्वामित्व के समाजवादी सिद्धांत से परिपूर्ण अर्थव्यवस्था को अपनाया था। हालाँकि कांग्रेस के अंदर कुछ नेता पूँजीवादी व्यवस्था अपनाने के पक्ष में थे।

# अभ्यास प्रश्न

## वस्तुनिष्ठ प्रश्न

### बहुविकल्पीय प्रश्न

**1. नियोजित विकास की अवधारणा में मानव जीवन से संबंधित किन पहलुओं को शामिल किया जाता है?**

(a) उच्च सामाजिक समानता (b) उच्च आय स्तर
(c) बौद्धिक क्षमताओं का विकास (d) ये सभी

उत्तर (d) ये सभी

**2. स्वतंत्रता के समय भारत के समक्ष विकास के किस मॉडल को अपनाने का विकल्प मौजूद था?**

(a) उदारवादी-पूँजीवादी मॉडल (b) समाजवादी मॉडल
(c) 'a' और 'b' दोनों (d) गाँधीवादी मॉडल

उत्तर (c) 'a' और 'b' दोनों

**3. वैश्वीकरण, निजीकरण व उदारीकरण को भारत सरकार द्वारा कब अपनाया गया?**

(a) वर्ष 1950 (b) वर्ष 1990
(c) वर्ष 1991 (d) वर्ष 1945

उत्तर (c) वर्ष 1991

**4. निम्नलिखित कथन की सार्थक रूप से पूर्ति कीजिए**
**'बॉम्बे प्लान' के अनुसार भारत को .......... निवेश के क्षेत्र में बड़े कदम उठाने चाहिए।** **CBSE 2020**

(a) कृषि एवं अन्य आर्थिक (b) औद्योगिक तथा अन्य आर्थिक
(c) परिवहन तथा अन्य आर्थिक (d) भूमि सुधार तथा अन्य आर्थिक

उत्तर (b) औद्योगिक तथा अन्य आर्थिक

**5. निम्नलिखित में से कौन-सा विकल्प भारत में विकास की नीति के शुरुआती दौर में शामिल नहीं था?** **CBSE 2020**

(a) नियोजन (b) आत्मनिर्भरता
(c) निजीकरण (d) सामाजिक और आर्थिक न्याय

उत्तर (c) निजीकरण

**6. उपयुक्त राज्य के नाम द्वारा रिक्त स्थानों की पूर्ति कीजिए**
**.......... राज्य में नियोजन और विकास के लिए जो रास्ता चुना गया, उसे '.......... मॉडल' कहा जाता है।** **CBSE 2020**

(a) गुजरात, गुजरात (b) केरल, केरल
(c) महाराष्ट्र, गाँधीवादी (d) बिहार, पूँजीवादी

उत्तर (b) केरल, केरल

**7. ............के बीच सरकार ने नवलोकतांत्रिक पहल नाम से अभियान चलाया।**

(a) वर्ष 1985 से 1988 (b) वर्ष 1987 से 1991
(c) वर्ष 1990 से 1992 (d) वर्ष 2000 से 2005

उत्तर (b) वर्ष 1987 से 1991

**8. भारत की प्रथम पंचवर्षीय योजना का प्रारूप (ड्राफ्ट) तैयार करने में निम्नलिखित में से कौन शामिल था?** **CBSE 2025**

(a) के.एन. राज (b) पी.सी. महालनोबिस
(c) जवाहरलाल नेहरू (d) चरण सिंह

उत्तर (a) के.एन. राज

**9. द्वितीय पंचवर्षीय योजना का मुख्य केंद्रित विषय क्या था?**

(a) कृषि (b) औद्योगीकरण
(c) शिक्षा (d) परिवहन

उत्तर (b) औद्योगीकरण

**10. निम्नलिखित में से कौन-सा आयोग स्वतंत्रता के पश्चात् नियोजित विकास के लिए गठित किया गया था?** **CBSE 2024, 2021**

(a) चुनाव आयोग (b) योजना आयोग
(c) शाह आयोग (d) नीति आयोग

उत्तर (b) योजना आयोग

**11. निम्नलिखित में से कौन नीति आयोग के उपाध्यक्ष की नियुक्ति करता है?**

(a) भारत का राष्ट्रपति
(b) भारत का प्रधानमंत्री
(c) भारत का उपराष्ट्रपति
(d) लोकसभा अध्यक्ष

उत्तर (b) भारत का प्रधानमंत्री

**12. नीति आयोग का गठन कब किया गया था?** **CBSE 2021**

(a) वर्ष 2014 (b) वर्ष 2015 (c) वर्ष 2016 (d) वर्ष 2017

उत्तर (b) वर्ष 2015

**13. योजना आयोग को समाप्त करने का क्या कारण था?** **CBSE 2021**

(a) इसकी पुरानी संरचना के कारण
(b) वर्तमान में यह विकास की चुनौतियों से निपटने के लिए असक्षम हो गया था
(c) इसकी पुरानी समाजवादी संरचना के कारण
(d) विभिन्न राज्यों ने इसकी समाप्ति के लिए कहा था

उत्तर (b) वर्तमान में यह विकास की चुनौतियों से निपटने के लिए असक्षम हो गया था

**14. भारत के योजना आयोग के स्थान पर नीति आयोग का गठन किया गया, क्योंकि .......** **CBSE 2024**

(a) यह बहुत पुराना हो गया था
(b) यह विकास की नई चुनौतियों का सामना करने में अप्रासंगिक होता जा रहा था
(c) यह पूरी तरह से समाजवादी मॉडल पर आधारित था
(d) कई राज्य योजना आयोग के पक्ष में नहीं थे

उत्तर (b) यह विकास की नई चुनौतियों का सामना करने में अप्रासंगिक होता जा रहा था

**15.** **तीसरी पंचवर्षीय योजना के उद्देश्य के संबंध में कौन-सा कथन सही नहीं है?** *दक्षता आधारित प्रश्न*

(a) इस योजना पर महालनोबिस मॉडल का भी प्रभाव था
(b) इसमें कृषि और उद्योग दोनों पर ही बल दिया गया था
(c) इसमें गरीबी उन्मूलन, समावेशी विकास पर विशेष रूप से बल दिया गया
(d) भारतीय अर्थव्यवस्था को आत्मनिर्भर बनाना तथा स्वत: स्फूर्त अवस्था में पहुँचाना इनका प्रमुख लक्ष्य था।

उत्तर (c) इसमें गरीबी उन्मूलन, समावेशी विकास पर विशेष रूप से बल दिया गया

**16.** **हाल के समय में अधिकांश राष्ट्रों के मध्य टकराव निम्नलिखित में से किसके प्रभुत्व को लेकर हैं?**

(a) प्राकृतिक संसाधन (b) वायु परिवहन
(c) जल परिवहन (d) सौर ऊर्जा

उत्तर (c) प्राकृतिक संसाधन

**17.** **निम्न में से कौन संविधानेत्तर संस्था राष्ट्रीय विकास परिषद् का कार्य है?** *दक्षता आधारित प्रश्न*

1. पंचवर्षीय योजना का निर्माण करना
2. राष्ट्रीय योजना की समीक्षा करना
3. प्रशासकीय सेवाओं की कार्य क्षमता को बढ़ाने के लिए सुझाव देना

**कूट**

(a) केवल 1 (b) 1 और 3 (c) 2 और 3 (d) ये सभी

उत्तर (c) 2 और 3

**18.** **योजना आयोग के स्थान पर गठित नीति आयोग के संबंध में दिए गए कथनों पर विचार कीजिए** *दक्षता आधारित प्रश्न*

1. नीति आयोग के गठन की घोषणा प्रधानमंत्री द्वारा 15 अगस्त, 2014 को की गई थी।
2. यह संस्थान सरकार के थिंक टैंक के रूप में सेवाएँ प्रदान करता है।
3. यह केंद्र व राज्य सरकारों को नीति के प्रमुख कारकों के संबंध में तकनीकी परामर्श उपलब्ध कराता है।

उपरोक्त में से कौन-सा/से कथन सही है/हैं?

(a) केवल 1 (b) 1 और 2
(c) 2 और 3 (d) ये सभी

उत्तर (d) ये सभी

**19.** **निम्नलिखित में से कौन-सा कथन नीति आयोग से संबंधित है?** CBSE 2021

1. नीति आयोग भारत सरकार के अंतर्गत एक थिंक टैंक की तरह कार्य करता है।
2. नीति आयोग आतंकवाद के विरुद्ध कार्य करता है।
3. नीति आयोग सहकारी संघवाद की भावना से कार्य करता है।
4. नीति आयोग बड़े राज्यों के लिए बड़े कार्य तथा छोटे राज्यों के लिए छोटे कार्य निर्धारित करता है।

**कूट**

(a) 1, 2 और 4 (b) 3 और 4
(c) 1, 3 और 4 (d) 1 और 3

उत्तर (d) 1 और 3

**20.** **निम्नलिखित घटनाओं को सही कालक्रम में व्यवस्थित करें**

1. बॉम्बे प्लान का प्रस्ताव
2. प्रथम पंचवर्षीय योजना
3. बैकों का राष्ट्रीयकरण
4. राष्ट्रीय विकास परिषद् की स्थापना

**कूट**

(a) 1, 2, 4, 3 (b) 2, 1, 3, 4
(c) 3, 4, 1, 2 (d) 4, 1, 2, 3

उत्तर (a) 1, 2, 4, 3

**21.** **गलत जोड़े की पहचान कर लिखिए** *दक्षता आधारित प्रश्न*

(a) जवाहर लाल नेहरू - योजना आयोग के अध्यक्ष
(b) पी. सी. महालनोबिस - भारतीय सांख्यिकी संस्थान
(c) एल. वाई. सिहाग - 'इकोनॉमी ऑफ परमानेंस' के लेखक
(d) के. एन. राज - विशेषज्ञ /प्रसिद्ध अर्थशास्त्री

उत्तर (c) एल. वाई. सिहाग-'इकोनॉमी ऑफ परमानेंस'

**22.** **सूची I और सूची II से सुमेलित कीजिए**

| सूची I | सूची II |
|---|---|
| A. योजना आयोग का गठन | 1. 1952 |
| B. राष्ट्रीय विकास परिषद् की स्थापना | 2. 1950 |
| C. नीति आयोग की स्थापना की घोषणा | 3. 1951 |
| D. प्रथम पंचवर्षीय योजना का प्रारूप | 4. 2014 |

**कूट**

| | A | B | C | D | | A | B | C | D |
|---|---|---|---|---|---|---|---|---|---|
| (a) | 1 | 2 | 3 | 4 | (b) | 3 | 1 | 2 | 4 |
| (c) | 2 | 1 | 4 | 3 | (d) | 4 | 3 | 1 | 2 |

उत्तर (c) 2 1 4 3

**23.** **सूची I और सूची II को सुमेलित कीजिए**

| सूची I | सूची II |
|---|---|
| A. नीति आयोग की स्थापना | 1. 1944 |
| B. बाम्बे प्लान | 2. 1956 |
| C. दूसरी पंचवर्षीय योजना | 3. 2015 |
| D. भारतीय सांख्यिकी संस्थान | 4. 1931 |

**कूट**

| | A | B | C | D | | A | B | C | D |
|---|---|---|---|---|---|---|---|---|---|
| (a) | 1 | 2 | 3 | 4 | (b) | 3 | 1 | 2 | 4 |
| (c) | 2 | 3 | 4 | 1 | (d) | 3 | 1 | 4 | 2 |

उत्तर (b) 3 1 2 4

**निर्देश** (प्र. सं. 24-26) नीचे दो कथन दिए गए हैं, जिनमें एक को कथन (A) और दूसरे को कारण (R) कहा गया है।

**कूट**

(a) A और R दोनों सही हैं तथा R, A की सही व्याख्या है
(b) A और R दोनों सही हैं, परंतु R, A की सही व्याख्या नहीं है
(c) A सही है, किंतु R गलत है
(d) A गलत है, किंतु R सही है

**24.** **कथन** (A) विकेंद्रीकृत नियोजन में केंद्रीय संस्थाओं की भूमिका महत्त्वपूर्ण होती है। *दक्षता आधारित प्रश्न*

**कारण** (R) विकेंद्रीकृत नियोजन में स्थानीय संस्थाओं की भागीदारी एवं जन-सहभागिता को बढ़ावा दिया जाता है।

उत्तर (d) विकेंद्रीकृत नियोजन में स्थानीय संस्था; जैसे—पंचायत, प्रखंड और जिले की महत्त्वपूर्ण भूमिका होती है, क्योंकि ये संस्थाएँ विकेंद्रीकरण के माध्यम से अपने स्थायी मुद्दे निम्नस्तर पर ही सुलझा लेती हैं, जो लोकतंत्र को मजबूती प्रदान करती हैं। विकेंद्रीकृत नियोजन में स्थानीय संस्थाओं की भागीदारी एवं जन-सहभागिता को बढ़ावा दिया जाता है।

**25.** **कथन** (A) आधुनिकीकरण का विचार वृद्धि, भौतिक प्रगति और वैज्ञानिक तर्कबुद्धि से जुड़ा हुआ है।

**कारण** (R) भारत सरकार ने योजना आयोग को एक नए संस्थान 'नीति आयोग' से परिवर्तित किया है। **CBSE 2025**

उत्तर (b) आधुनिकीकरण का विचार वृद्धि, भौतिक प्रगति और वैज्ञानिक तर्क बुद्धि से जुड़ा है। आधुनिकीकरण स्थापित मान्यताओं में तार्किक मानववाद को प्रमुखता देता है। 1 जनवरी, 2015 को योजना आयोग को परिवर्तित कर नीति आयोग की स्थापना कर दी गई। नीति आयोग सहकारी संघवाद को बढ़ावा देने वाले थिंक टैंक के रूप में कार्य करता है।

**26.** **कथन** (A) विकास एक व्यापक अवधारणा न होकर बहुत ही छोटी व जटिल अवधारणा है।

**कारण** (R) विकास के अंतर्गत भौतिक एवं बौद्धिक क्षमताओं का विकास आदि शामिल होता है।

उत्तर (d) विकास एक व्यापक अवधारणा है, जिसमें मानव के सर्वांगीण विकास के साथ-साथ भौतिक एवं बौद्धिक क्षमता तथा अन्य आधारभूत आवश्यकताओं से संबंधित विकास शामिल होता है। भारत के विकास का अर्थ आर्थिक संवृद्धि और आर्थिक-सामाजिक न्याय दोनों हैं।

**27.** **नीचे दो कथन दिए गए हैं** *दक्षता आधारित प्रश्न*

**कथन I** राष्ट्रवादी नेताओं के मन में यह बात बिल्कुल स्पष्ट थी कि आजाद भारत की सरकार के आर्थिक सरोकार अंग्रेजी हुकूमत के आर्थिक सरोकारों से बिल्कुल अलग होंगे।

**कथन II** आजादी के वक्त हिन्दुस्तान के समाने विकास के दो मॉडल थे।

**नीचे दिए गए विकल्पों से सही उत्तर का चयन कीजिए**

(a) दोनों कथन I और II सही हैं
(b) दोनों कथन I और II गलत हैं
(c) कथन I सही है, लेकिन कथन II गलत है
(d) कथन I गलत है, लेकिन कथन II सही है

उत्तर (a) दोनों कथन I और II सही हैं

**28.** **नीचे दिए गए चित्र का ध्यानपूर्वक अवलोकन करके प्रश्नों के उत्तर दीजिए**

The Hindustan Times
FIVE-YEAR PLAN PRESENTED TO PARLIAMENT
Discussion On Plan To Begin On Monday
Rs 2,069 CRORES OUTLAY FOR VARIOUS PROJECTS
Blue-print For Increasing National Wealth
DEVELOPMENT SCHEMES FOR DELHI

(i) दिए गए चित्र में क्या प्रस्तुत किया गया है?
(a) संसद में पंचवर्षीय योजना का प्रारूप
(b) संसद द्वारा पंचवर्षीय योजना की घोषणा
(c) प्रथम पंचवर्षीय योजना समाहित की घोषणा
(d) द्वितीय पंचवर्षीय योजना का प्रारूप

उत्तर (a) संसद में पंचवर्षीय योजना का प्रारूप

(ii) **पंचवर्षीय योजना के अनुसार केंद्र सरकार और सभी राज्य सरकारों के बजट को कितने हिस्सों में बाँटा गया?**
(a) दो (b) चार
(c) छ: (d) आठ

उत्तर (a) दो

(iii) **प्रथम पंचवर्षीय योजना का प्रारूप कब जारी हुआ?**
(a) वर्ष 1947
(b) वर्ष 1951
(c) वर्ष 1955
(d) वर्ष 1960

उत्तर (b) वर्ष 1951

(iv) **............ में कृषि क्षेत्र पर अधिक बल दिया गया?**
(a) प्रथम पंचवर्षीय योजना
(b) द्वितीय पंचवर्षीय योजना
(c) तृतीय पंचवर्षीय योजना
(d) चतुर्थ पंचवर्षीय योजना

उत्तर (a) प्रथम पंचवर्षीय योजना

**पहली और दूसरी पंचवर्षीय योजना में आवंटन (प्रतिशत में)**

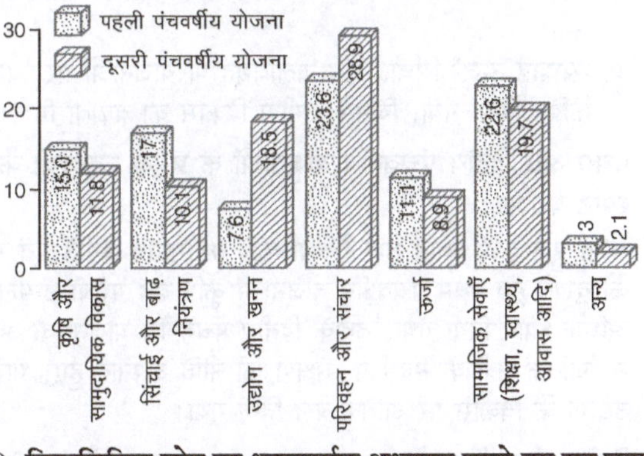


**29.** (i) **निम्नलिखित स्रोत का ध्यानपूर्वक अध्ययन करते हुए यह बताइए कि दूसरी पंचवर्षीय योजना में सबसे अधिक राशि किस विकास मद (घटक) पर खर्च की गई?**
(a) सामुदायिक विकास
(b) उद्योग और खनन
(c) परिवहन और संचार
(d) सामाजिक सेवाएँ (शिक्षा, स्वास्थ्य, आवास आदि)

उत्तर (c) परिवहन और संचार

(ii) **पहली पंचवर्षीय योजना में सबसे कम धनराशि किस मद पर (घटक पर) खर्च की गई?**
(a) उद्योग और खनन
(b) कृषि और सामुदायिक विकास
(c) ऊर्जा
(d) सामाजिक सेवाऐं (शिक्षा, स्वास्थ्य, आवास आदि)

उत्तर (a) उद्योग और खनन

(iii) ऊर्जा क्षेत्र में प्रथम पंचवर्षीय योजना की तुलना में दूसरी पंचवर्षीय योजना में कितनी राशि कम खर्च की गई? (प्रतिशत में)

(a) 2.4% (b) 3.5%
(c) 2.2% (d) 4.2%

उत्तर (c) 2.2%

(iv) दोनों पंचवर्षीय योजनाओं को मिलाकर अन्य क्षेत्रों में राशि आवंटित की गई।

(a) 4% (b) 4.1% (c) 5% (d) 5.1%

उत्तर (d) 5.1

## लघु उत्तरीय प्रश्न

**1. नियोजित विकास से आप क्या समझते हैं? इसके प्रभावी कार्यान्वयन के लिए क्या उपाय किए गए हैं?**

उत्तर नियोजित विकास से अभिप्राय उस पद्धति से होता है, जिसमें उपलब्ध संसाधनों का नियोजन इस प्रकार किया जाता है, जिससे विकास का लाभ अधिकतम लोगों को प्राप्त हो सके। नियोजित विकास पर्यावरण के साथ अनुशासित ढंग से जीवन व्यतीत करते हुए विकास की उपलब्धि की ओर लगातार बढ़ने वाला कदम है।

**2. प्रथम पंचवर्षीय योजना की कोई दो विशेषताएँ उजागर कीजिए।**

उत्तर प्रथम पंचवर्षीय योजना (1951-1556) की दो विशेषताएँ निम्नलिखित हैं

1. **कृषि पर बल** इस योजना का मुख्य उद्देश्य कृषि उत्पादन को बढ़ाना था, जिससे कि देश में खाद्य संकट को कम किया जा सके।
2. **सिंचाई ऊर्जा** सिंचाई और जलविद्युत परियोजनाओं पर ध्यान केंद्रित किया गया, जिससे ग्रामीण विकास को बढ़ावा मिले।

**3. प्रथम और द्वितीय पंचवर्षीय योजनाओं के प्रमुख उद्देश्यों का अंतर स्पष्ट कीजिए**

उत्तर भारत एक कृषि प्रधान देश है तथा कृषि की खराब स्थिति एवं गरीबी को देखते हुए प्रथम पंचवर्षीय योजना में कृषि एवं गरीबी उन्मूलन पर अधिक ध्यान दिया गया, जबकि द्वितीय पंचवर्षीय योजना के अंतर्गत सार्वजनिक क्षेत्रों के संदर्भ में संरक्षण की नीति अपनाते हुए, भारी उद्योगों के विकास पर अधिक बल दिया गया।

**4. द्वितीय पंचवर्षीय योजना का मुख्य योजनाकार कौन था? द्वितीय पंचवर्षीय योजना में किस बात पर बल दिया गया?**

उत्तर द्वितीय पंचवर्षीय योजना (1956-1961) के मुख्य योजनाकार प्रोफेसर पी.सी. महालनोबिस थे। इस योजना में औद्योगीकरण, विशेषकर भारी उद्योगों और मशीन निर्माण पर बल दिया गया, ताकि भारत आर्थिक रूप से आत्मनिर्भर बन सके और औद्योगिक आधार को मजबूत किया जा सके।

**5. द्वितीय पंचवर्षीय योजना के दिशा-निर्देशों के अनुसार, सरकार ने किस प्रकार देशी उद्योगों को संरक्षण देने की कोशिश की?** CBSE 2020

उत्तर द्वितीय पंचवर्षीय योजना के दिशा-निर्देशों के अंतर्गत सरकार ने देशी उद्योगों को संरक्षण देने का प्रयास किया।
इसके अंतर्गत निम्न कदम उठाए गए

- आयात शुल्क को बढ़ाया गया
- निजी क्षेत्रों को बढ़ाने का प्रयास किया गया
- सार्वजनिक उद्यम को प्रोत्साहित किया गया

**6. 'नीति आयोग' का गठन किस वर्ष में और किस संस्था के स्थान पर किया गया?** CBSE 2024

उत्तर 'नीति आयोग' का गठन 1 जनवरी, 2015 को किया गया था। इस योजना को आयोग के स्थान पर स्थापित किया गया, जो वर्ष 1950 से कार्यरत् थी। नीति आयोग का उद्देश्य भारत के विकास के लिए नीतिगत सुझाव देना और सहकारी संघवाद को बढ़ावा देना है, जिससे राज्यों और केंद्रों के बीच समन्वय बेहतर हो सके।

**7. 'नव-लोकतांत्रिक पहल' कहाँ और क्यों चलाई गई?**

उत्तर 'नव-लोकतांत्रिक पहल' अभियान वर्ष 1987 से 1991 के बीच केरल में चलाया गया था। विकास के इस अभियान में विज्ञान और पर्यावरण के संबंध में 100% साक्षरता का लक्ष्य है। इस अभियान का स्वरूप इस तरह से बनाया गया था कि जिससे लोगों को स्वयंसेवी संगठनों के द्वारा विकास की मुख्य धारा में लाया जा सके, जिससे उन्हें विकास का लाभ मिल सके।

**8. विकेंद्रित योजना से क्या अभिप्राय है?**

उत्तर विकेंद्रित योजना से अभिप्राय उस योजना से है, जिसमें नियोजन केंद्रीकृत न होकर विकेंद्रीकृत होता है। इसमें शिक्षा स्वास्थ्य, भूमि सुधार, खाद्य वितरण, गरीबी उन्मूलन आदि कार्यों के लिए अधिकतम लक्ष्य तय करके पंचायत, प्रखंड और जिला स्तर की भूमिका को बढ़ाया जाता है।

## दीर्घ उत्तरीय प्रश्न।

**1. स्वतंत्रता के पश्चात् भारत में अपनाए जाने वाले आर्थिक विकास के मॉडल से संबंधित सहमति तथा असहमति के विभिन्न क्षेत्रों का परीक्षण कीजिए।**

*अथवा* **स्वतंत्रता के बाद भारत में अपनाए गए आर्थिक विकास के मॉडल के संबंध में असहमति के किन्हीं दो क्षेत्रों की जाँच कीजिए।** CBSE 2020

उत्तर स्वतंत्रता के पश्चात् भारत ने आर्थिक विकास के लिए मिश्रित अर्थव्यवस्था का मॉडल अपनाया, जिसमें सार्वजनिक और निजी क्षेत्र की सहभागिता थी। इस मॉडल के चयन और कार्यान्वयन के संबंध में विभिन्न सहमतियाँ और असहमतियाँ उभरकर सामने आईं।

**सहमति के क्षेत्र**

- कई नीति-निर्माता और अर्थशास्त्री इस बात पर सहमत थे कि मिश्रित अर्थव्यवस्था भारत के लिए उपयुक्त है, क्योंकि यह सार्वजनिक और निजी क्षेत्रों के संतुलन से समावेशी विकास को प्रोत्साहित करती है।
- देश के विकास हेतु भारी उद्योगों की स्थापना और औद्योगीकरण को आवश्यक माना गया, जिससे रोजगार सृजन और आर्थिक हरित क्रांति के मध्यम से कृषि उत्पाद बढ़ाने और खाद्य सुरक्षा सुनिश्चित करने के प्रयासों पर व्यापक रूप से सहमति थी।

**असहमति के क्षेत्र**

- प्रमुख मतभेद यह था कि आर्थिक संवृद्धि हो और सामाजिक न्याय भी मिले। इसे सुनिश्चित करने के लिए सरकार कौन-सी भूमिका निभाए।
- क्या किसी ऐसे केंद्रीय संगठन की आवश्यकता है, जो देश के लिए योजनाएँ बनाए। क्या सरकार को कुछ महत्वपूर्ण उद्योग और व्यवसाय स्वयं चलाने चाहिए।

- यदि सामाजिक न्याय, आर्थिक संवृद्धि की आवश्यकताओं के बीच आता है, तो ऐसे में सामाजिक न्याय पर कितना बल देना उचित होगा। इनमें से प्रत्येक पर टकराव हुए, जो आज तक जारी हैं।
- सभी विचारधारा के लोग आर्थिक समृद्धि और सामाजिक तथा आर्थिक दोनों का ही पक्ष लेते हैं। सभी की इस पर सहमति है कि व्यापार, उद्योग और कृषि को क्रमशः व्यापारियों, उद्योगपतियों और किसानों के ऊपर पूरी तरह नहीं छोड़ा जा सकता।
- जनता के विभिन्न वर्गों के लिए विकास के अर्थ अलग-अलग होते हैं। स्वतंत्रता के बाद से 1990 के दशक की शुरुआत तक सरकार ने आर्थिक विकास में महत्त्वपूर्ण भूमिका निभाई, लेकिन 1990 के बाद आर्थिक विकास मिश्रित अर्थव्यवस्था के ऊपर छोड़ दिया गया।
- हालाँकि देश में नई आर्थिक नीति अपनाई गई, लेकिन नियोजन की नीति को त्यागा नहीं गया।
- सरकार अभी भी कई महत्त्वपूर्ण उद्योगों पर एकाधिकार रखती है, लेकिन अनेक उद्योगों में सहकारी भागीदारी निरंतर बढ़ती जा रही है। वैश्वीकरण ने विदेशी कंपनियों का भारत में निवेश बढ़ा दिया है।

**2. स्वतंत्रता प्राप्ति के पश्चात् भारतीय नीति-निर्माता एवं अधिकांश राजनीतिक नेता सोवियत संघ के समाजवादी मॉडल से अत्यधिक प्रभावित क्यों थे? कारण बताइए।**

उत्तर स्वतंत्रता प्राप्ति के पश्चात् भारतीय नीति-निर्माताओं एवं राजनीतिक नेताओं के सामने विश्व में प्रचलित विकास के दो मॉडल—पूँजीवादी तथा समाजवादी मौजूद थे। इन दोनों मॉडलों में अधिकांश नीति-निर्माताओं और नेताओं का झुकाव समाजवादी मॉडल की तरफ था, जिसके पीछे निम्नलिखित कारण थे

- स्वतंत्रता प्राप्ति के पश्चात् भारतीय नेताओं ने यह स्पष्ट किया था कि वह ब्रिटिश भारत सरकार की तरह केवल व्यापारिक वर्ग के लाभों के लिए कार्य नहीं करेगी।
- स्वतंत्रता आंदोलनों के दौरान ही यह स्पष्ट हो गया था कि गरीबी उन्मूलन एवं सामाजिक-आर्थिक पुनरुत्थान का दायित्व सरकार का ही होगा।
- जनता भी आर्थिक संवृद्धि तथा सामाजिक न्याय को सुनिश्चित करने की जिम्मेदारी सरकार को ही देना चाहती थी अर्थात् जनता चाहती थी कि नीति-निर्माण का कार्य सरकार द्वारा किया जाए, जिससे गरीबी, अशिक्षा, बेरोजगारी, बीमारियों इत्यादि समस्याओं का निवारण शीघ्र हो सके।

**3. द्वितीय पंचवर्षीय योजना के दौरान हुए औद्योगीकरण को प्रारंभिक चरणों में किन-किन समस्याओं का सामना करना पड़ा? भारत में इन समस्याओं के निपटने के लिए अपनाए गए उपायों पर चर्चा करें।**

उत्तर प्रथम पंचवर्षीय योजना के विपरीत द्वितीय पंचवर्षीय योजना में औद्योगीकरण पर अधिक बल दिया गया। औद्योगीकरण के प्रथम चरण में निम्नलिखित समस्याएँ सामने आईं

- भारत को गरीबी और बेरोजगारी की समस्या से उभरने के लिए सुदृढ़ तकनीकी एवं औद्योगिकीकरण की आवश्यकता थी। यह बेहतर तकनीक और प्रौद्योगिकी विदेशों से ही प्राप्त हो सकती थी। इसके लिए भारत को भारी मात्रा में अपनी बहुमूल्य विदेशी मुद्रा खर्च करनी पड़ी।
- कृषि की तुलना में उद्योगों में निवेश अधिक किया गया, जिससे कृषि पर ध्यान नहीं दिया जा सका। परिणामस्वरूप भारत में खाद्यान्न संकट उत्पन्न हो गया।
- योजनाकारों को उद्योग और कृषि के बीच संतुलन बनाने में बहुत कठिनाई का सामना करना पड़ा। औद्योगीकरण नीति और कृषि से जुड़े उद्योगों को लेकर योजनाकारों में मतभेद था।
- भारत में जब औद्योगीकरण की नीति लागू की गई, तो सरकार को स्थानीय लोगों का विरोध सहन करना पड़ा।
- पर्यावरण को हानि पहुँचने की आशंका के चलते पर्यावरणविदों ने भी औद्योगीकरण का विरोध किया।

**4. 'राष्ट्रीय विकास परिषद्' संघीय दृष्टिकोण का प्रतीक है। इस कथन की पुष्टि कीजिए?**

दक्षता आधारित प्रश्न

उत्तर 'राष्ट्रीय विकास परिषद्' संघीय दृष्टिकोण का प्रतीक है और यह सुनिश्चित करने का साधन है कि नियोजन प्रणाली राष्ट्रीय परिपेक्ष्य अपनाए।

- पंचवर्षीय योजनाओं की नीति उपागम पर व्यापक विचार-विमर्श करना।
- समय-समय पर राष्ट्रीय योजना की समीक्षा करना।
- योजना कार्यक्रमों के मार्ग में आने वाली बाधाओं को दूर करने का प्रयास करना।
- राष्ट्रीय योजना की प्रगति पर समय-समय पर विचार करना।
- अंतर्राज्यीय और अंतर्क्षेत्रीय विकास तथा अन्य संबंधित समस्याओं पर विचार करना।
- प्रशासकीय सेवाओं की कार्यक्षमता को बढ़ाने के लिए सुझाव देना।
- राष्ट्रीय विकास को प्रभावित करने वाली सामाजिक तथा आर्थिक समस्याओं पर विचार-विमर्श करना।
- देश के विकास के लिए आर्थिक साधनों की व्यवस्था करना।
- कम विकसित भागों तथा समाज के पिछड़े वर्गों का अधिकतम विकास करने की दृष्टि से सुझाव देना।
- योजना के लक्ष्यों, विकास की दर, योजना के आकार तथा विकास व्यूह रचना को अधिकृत रूप से मान्यता देना।
- समय-समय पर योजना तथा आर्थिक विकास से संबंधित महत्त्वपूर्ण समस्याओं पर विचार करना।

**5. 'केरल मॉडल' क्या है? इस मॉडल की विशेषताओं का वर्णन कीजिए।**

उत्तर केरल में जनता के संपूर्ण विकास के लिए एक विस्तृत नियोजित नीति अपनाई गई, जिसे 'केरल मॉडल' कहा जाता है। 'केरल मॉडल' की विशेषताएँ निम्नलिखित हैं

- केरल मॉडल विकेंद्रित नियोजन एवं लोगों की जीवन गुणवत्ता पर आधारित एक बेहतरीन मॉडल है।
- केरल मॉडल में लोगों की जीवन गुणवत्ता को बढ़ाने के लिए शिक्षा, स्वास्थ्य आदि पर बल दिया गया।
- केरल मॉडल में सामाजिक बुराइयों को दूर करने की दिशा में गरीबी उन्मूलन पर बल दिया गया।

- केरल मॉडल में सामाजिक विषमता को दूर करने के लिए भूमि सुधार, प्रभावी खाद्य-वितरण आदि पर बल दिया गया।
- केरल मॉडल में पंचायत, प्रखंड तथा जिला स्तर की योजनाओं की भागीदारी को भी बढ़ाया गया, जिससे विकास में अधिक-से-अधिक लोगों को शामिल किया जा सके।

## दीर्घ उत्तरीय प्रश्न II

**1. भारत में जनकल्याण के लिए नियोजित विकास की अवधारणा महत्त्वपूर्ण घटक है। इस तथ्य की पुष्टि के लिए छह तर्क प्रस्तुत कीजिए?** *दक्षता आधारित प्रश्न*

उत्तर भारत में नियोजित विकास को अपनाने के मुख्य कारण निम्नलिखित थे

- जनकल्याण के लिए यह आवश्यक था कि आर्थिक विकास का लक्ष्य उपलब्ध संसाधनों में निश्चित किया जाए। इसलिए भारत में नियोजित विकास की प्रक्रिया को अपनाया गया।
- वर्ष 1950 में एक योजना आयोग का गठन किया गया। इस आयोग ने वर्ष 1951 में प्रथम पंचवर्षीय योजना का प्रारूप (मसौदा) तैयार किया।
- चूँकि, भारत की अधिकांश जनता कृषि पर निर्भर थी। इसी कारण प्रथम पंचवर्षीय योजना में कृषि को प्राथमिकता दी गई, क्योंकि यह आवश्यक था कि नियोजित रणनीति के द्वारा ग्रामीण विकास किया जाए।
- नियोजन को लेकर मतभेद भी उत्पन्न हुए, क्योंकि इसमें शामिल समाजवादी चिंतक आर्थिक विकास को सार्वजनिक क्षेत्र के नियंत्रण में रखने के पक्षधर थे, जबकि उदारवादी आर्थिक विकास को निजी क्षेत्र में रखने का समर्थन कर रहे थे।
- दूसरी पंचवर्षीय योजना में उद्योगों पर बल देने के कारण गाँधीवादी नेताओं द्वारा इसका विरोध किया गया कि कृषि को उपेक्षित करना भारत के आर्थिक विकास के हित में नहीं रहेगा। इसलिए भारत में एक मध्य मार्ग चुना गया और मिश्रित अर्थव्यवस्था को अपनाया गया, किंतु विवाद की स्थिति फिर भी बनी रही।
- उद्योगों की अवस्थिति को लेकर भी कई राज्यों में जनता द्वारा विरोध प्रदर्शन किए गए। अतः यह कहा जा सकता है कि भारत के लिए नियोजित विकास को अपनाना ही प्रासंगिक था, क्योंकि अधिक जनसंख्या तथा एक विकासशील देश होने के नाते भारत को अपने सीमित संसाधनों का समुचित और उचित उपयोग करने के लिए नियोजित विकास की आवश्यकता थी। इसलिए सरकार द्वारा भारत में नियोजित विकास को अपनाया गया।

**2. योजना आयोग द्वारा नवभारत के निर्माण हेतु कौन-कौन से प्रारंभिक कदम उठाए गए?**

उत्तर भारतीय योजना आयोग द्वारा नवभारत के निर्माण के लिए उठाए गए कदम निम्न प्रकार से हैं

- भारतीय योजना आयोग ने सोवियत संघ का अनुसरण करते हुए पंचवर्षीय योजना के प्रारूप को चुना। इसके पीछे यह धारणा थी कि सरकार द्वारा एक दस्तावेज तैयार होगा, जिसमें पाँच वर्षों के लिए उसकी आय एवं व्यय की व्याख्या होगी।
- योजना आयोग ने केंद्र एवं राज्य सरकारों के बजट को दो भागों—योजना व्यय, गैर-योजना व्यय में विभाजित कर दिया। गैर-योजना व्यय के अंतर्गत वार्षिक आधार पर दैनंदिन व्यय तथा योजनागत व्यय में प्राथमिकता वाले क्षेत्रों में पाँच वर्ष की अवधि में व्यय करना था।
- वर्ष 1951 में प्रथम पंचवर्षीय योजना का प्रारूप एवं दस्तावेज जारी हुआ। इससे जीवन के प्रत्येक क्षेत्र के लोग; यथा—उद्योगपति, किसान, पत्रकार एवं बुद्धिजीवी ने जारी दस्तावेज पर चर्चा कर देश में वाद-विवाद का माहौल बना दिया।
- नियोजन के संदर्भ में उत्पन्न हुआ वाद-विवाद दूसरी पंचवर्षीय योजना में अपने शिखर पर पहुँच गया, किंतु तीसरी पंचवर्षीय योजना के अंत तक शांत हो गया। वर्ष 1966 से चौथी पंचवर्षीय योजना शुरू होने वाली थी, किंतु देश की आर्थिक स्थिति के खराब हो जाने से सरकार ने वर्ष 1966 से 1969 तक की अवधि के लिए योजनावकाश का फैसला लिया। योजनाओं के द्वारा दी गई प्राथमिकताओं की आलोचना हुई, किंतु वास्तव में भारत के आर्थिक विकास की नींव रखी जा चुकी थी।

**3. प्रथम पंचवर्षीय योजना और द्वितीय पंचवर्षीय योजना में क्या भिन्नता थी? इन योजनाओं की प्राथमिकता और इनके परिणामों की तुलना कीजिए।**

उत्तर भारत में पंचवर्षीय योजनाओं का नियोजन व्यापक परिस्थितियों के आधार पर किया गया था। इस प्रकार दोनों योजनाओं में पर्याप्त भिन्नता विद्यमान थी, जिसका वर्णन निम्न प्रकार है

- भारत में स्वतंत्रता प्राप्ति के बाद यहाँ खाद्यान्न उत्पादकता बेहद कम थी। इसमें वृद्धि करने के लिए कृषि को केंद्र में रखना आवश्यक था। इसलिए प्रथम पंचवर्षीय योजना में कृषि पर अधिक ध्यान दिया गया था, जबकि द्वितीय पंचवर्षीय योजना में भारी उद्योगों के विकास पर बल दिया गया था।
- प्रथम पंचवर्षीय योजना में लोगों को निर्धनता के जाल से निकालने का भी लक्ष्य निर्धारित किया गया था एवं दूसरी पंचवर्षीय योजना में तीव्र औद्योगीकरण तथा सार्वजनिक क्षेत्र की भूमिका पर बल दिया गया था।
- जहाँ पहली पंचवर्षीय योजना में बाँध और सिंचाई के क्षेत्र में निवेश किया गया था, वहीं दूसरी पंचवर्षीय योजना में तीव्र गति से संरचनात्मक परिवर्तन करने का व्यापक कार्यक्रम बनाया गया था।
- प्रथम योजना को के.एन. राज ने तैयार किया था। उनका मानना था कि अगले दो दशकों में भारत की विकास गति धीमी रहेगी। वहीं दूसरी पंचवर्षीय योजना को पी.सी. महालनोबिस ने अन्य योजनाकारों के साथ मिलकर तैयार किया था। इन्होंने तीव्र संरचनात्मक परिवर्तन को महत्त्व दिया।
- पहली पंचवर्षीय योजना में बचत बढ़ाने की भी कोशिश की गई, क्योंकि राष्ट्रीय आय के स्तर को ऊँचा उठाना आवश्यक था, जबकि दूसरी योजना में सरकार ने देशी उद्योगों को संरक्षण प्रदान करने के लिए आयात पर भारी शुल्क लगाया था।

- दूसरी पंचवर्षीय योजना इस संदर्भ में भी पहली योजना से भिन्न थी, क्योंकि इसमें बचत और निवेश के बढ़ने से रेलवे, इस्पात, मशीनरी जैसे महत्त्वपूर्ण उद्योगों को सार्वजनिक क्षेत्र में विकसित किया गया।

**4. नीति आयोग के प्रमुख उद्देश्य सहकारी संघवाद को बढ़ावा देना है। प्रासंगिक उदाहरणों से कथन की पुष्टि करें।** *दक्षता आधारित प्रश्न*

*अथवा* **नवगठित नीति आयोग के प्रमुख कार्यों का उल्लेख कीजिए।**

उत्तर नीति आयोग का गठन 1 जनवरी, 2015 को हुआ। इसका मुख्य कार्य सहकारी संघवाद को बढ़ावा देना है। यह एक थिंक टैंक के रूप में भूमिका निभाता है। इसके अतिरिक्त इसके अन्य महत्त्वपूर्ण कार्य या उद्देश्य हैं, जिनका विवरण इस प्रकार है

- राष्ट्रीय उद्देश्यों को ध्यान में रखते हुए राज्यों की सक्रिय भागीदारी के साथ राष्ट्रीय विकास प्राथमिकताओं, क्षेत्रों और रणनीतियों का एक साझा दृष्टिकोण विकसित करना।
- नीति आयोग का विजन बल प्रदान करने के लिए प्रधानमंत्री और मुख्यमंत्रियों को 'राष्ट्रीय एजेंडा' का प्रारूप उपलब्ध कराना है। सशक्त राज्य ही सशक्त राष्ट्र का निर्माण कर सकता है। इस तथ्य की महत्ता को स्वीकार करते हुए राज्यों के साथ सतत आधार पर संरचनात्मक सहयोग की पहल और तंत्र के माध्यम से सहयोगपूर्ण संघवाद को बढ़ावा देना।
- आयोग ग्राम स्तर पर विश्वसनीय योजना तैयार करने के लिए तंत्र विकसित करेगा।
- आयोग यह सुनिश्चित करेगा कि जो क्षेत्र विशेष रूप से उसे सौंपे गए हैं, उनकी आर्थिक कार्य नीति और नीति में राष्ट्रीय सुरक्षा के हितों को शामिल किया गया है।
- आर्थिक रूप से विपन्न वर्गों पर विशेष ध्यान देना।
- आयोग रणनीतिक और दीर्घावधि के लिए नीति तथा कार्यक्रम का ढाँचा तैयार करेगा और पहल करेगा। साथ ही उनकी प्रगति और क्षमता की निगरानी करेगा।
- समान विचारधारा वाले राष्ट्रीय और अंतर्राष्ट्रीय थिंक टैंक साथ ही शैक्षिक और नीति अनुसंधान संस्थानों के बीच भागीदारी को बढ़ाना।
- राष्ट्रीय और अंतर्राष्ट्रीय विशेषज्ञों, प्रैक्टिसनरों तथा अन्य हितधारकों के सहयोगात्मक समुदाय के द्वारा ज्ञान, नवाचार और उद्यमशील सहायक प्रणाली बनाना।
- विकास के एजेंडे के कार्यान्वयन में तेजी लाने हेतु अंतर्क्षेत्रीय और अंतर्विभागीय मुद्दों के समाधान के लिए एक मंच प्रदान करना।
- आवश्यक संसाधनों की पहचान करने सहित कार्यक्रमों और उपायों के कार्यान्वयन का मूल्यांकन और निगरानी करना। ताकि सेवाएँ प्रदान करने में सफलता की संभावनाओं को प्रबल बनाया जा सके।
- कार्यक्रमों और नीतियों के क्रियान्वयन के लिए प्रौद्योगिकी उन्नयन और क्षमता निर्माण पर विशेष बल देना।
- राष्ट्रीय विकास के एजेंडा और उपरोक्त उद्देश्यों की पूर्ति के लिए अन्य आवश्यक गतिविधियाँ संपादित करना।

## स्रोत आधारित प्रश्न

**नीचे दिए गए स्रोत का ध्यानपूर्वक अध्ययन कीजिए तथा निम्न प्रश्नों के उत्तर दीजिए**

**1. दूसरी पंचवर्षीय योजना में भारी उद्योगों के विकास पर बल दिया गया। पी.सी. महालनोबिस के नेतृत्व में अर्थशास्त्रियों और योजनाकारों की एक टोली ने यह योजना तैयार की थी। पहली योजना का मूलमंत्र था–धीरज (धैर्य रखना), लेकिन दूसरी योजना की कोशिश तेज गति से संरचनात्मक बदलाव करने की थी। इसके लिए हर संभव दिशा में बदलाव की बात तय की गई थी।**

**सरकार ने देसी उद्योगों को संरक्षण देने के लिए आयात पर भारी शुल्क लगाया। संरक्षण की इस नीति से निजी और सार्वजनिक क्षेत्र के उद्योगों को आगे बढ़ने में मदद मिली। चूँकि इस अवधि में बचत और निवेश दोनों ही बढ़ रहे थे, इसलिए बिजली, रेलवे, इस्पात, मशीनरी और संचार जैसे उद्योगों को सार्वजनिक क्षेत्र में विकसित किया जा सकता था। वास्तव में, औद्योगीकरण पर दिए गए इस बल ने भारतीय अर्थव्यवस्था के विकास को एक नया आयाम दिया।**

(i) **सरकार द्वारा देशी उद्योगों को संरक्षण देने के लिए संरक्षण की नीति को क्यों अपनाया गया?**

(a) इससे रोजगार को अधिक बढ़ावा मिला
(b) निजी तथा सार्वजनिक क्षेत्र के उद्योगों को आगे बढ़ने में मदद मिली
(c) इससे मानव संसाधन विकास को बढ़ावा मिला
(d) इससे सरकारी उद्योगों पर सरकार का नियंत्रण कम हो गया

उत्तर (b) निजी तथा सार्वजनिक क्षेत्र के उद्योगों को आगे बढ़ने में मदद मिली

(ii) **दूसरी पंचवर्षीय योजना में योजना निर्माताओं ने कौन-से बदलाव की कोशिश की थी?**

(a) संरचनात्मक बदलाव पर बल दिया गया
(b) बचत और निवेश को बढ़ाने के लिए प्रोत्साहित किया गया
(c) बिजली, रेलवे, इस्पात जैसे निजी उद्योगों के विकास को बढ़ावा दिया गया
(d) कृषि एवं कृषि यंत्रों के विकास की पूरी कोशिश की गई

उत्तर (a) संरचनात्मक बदलाव पर बल दिया गया

(iii) **दूसरी पंचवर्षीय योजना में सरकार ने देशी उद्योगों को संरक्षण देने के लिए क्या कदम उठाया?**

उत्तर सरकार ने देशी उद्योगों को संरक्षण देने के लिए आयाम पर भारी शुल्क लगाया। संरक्षण की इसी नीति से निजी और सार्वजनिक क्षेत्र के उद्योगों को आगे बढ़ने में मदद मिली।

**2. मतभेदों के बावजूद एक बिंदु पर सभी सहमत थे कि विकास का कार्य निजी हाथों में नहीं सौंपा जा सकता और सरकार के लिए जरूरी है कि वह विकास का एक खाका अथवा योजना तैयार करे। वास्तव में अर्थव्यवस्था के पुनर्निर्माण के लिए नियोजन के विचार को 1940 और 1950 के दशक में संपूर्ण विश्व में जनसमर्थन मिला था। यूरोप महामंदी का शिकार होकर कुछ सबक सीख चुका था, जापान और जर्मनी ने युद्ध की विभीषिका झेलने के बाद अपनी अर्थव्यवस्था फिर खड़ी कर ली थी।**

(i) **1940 और 1950 के दशक में किसने अर्थव्यवस्था के पुनर्निर्माण के लिए नियोजन के विचार को जनसमर्थन दिया था?**

(a) केवल जापान ने
(b) केवल जर्मनी ने
(c) केवल यूरोप ने
(d) पूरे विश्व ने

उत्तर (d) पूरा विश्व

(ii) **किन देशों ने युद्ध की विभीषिका झेलने के बाद अपनी अर्थव्यवस्था को फिर से खड़ा कर लिया?**

(a) भारत और अमेरिका
(b) जापान और जर्मनी
(c) रूस और चीन
(d) फ्रांस और इटली

उत्तर (b) जापान और जर्मनी

(iii) **1940 और 1950 के दशक में नियोजन के विचार को जनसमर्थन क्यों मिला था?**

उत्तर 1940 और 1950 के दशक में नियोजन के विचार को इसलिए जनसमर्थन मिला, क्योंकि यूरोप 'महामंदी' से सबक सीख चुका था और जापान एवं जर्मनी ने युद्ध के बाद अपनी अर्थव्यवस्थाओं को पुनर्निर्माण किया। उस समय यह माना गया कि विकास का कार्य निजी हाथों में नहीं सौंपा जा सकता और सरकार को विकास की योजना तैयार करना जरूरी है।

**3.** **दूसरी पंचवर्षीय योजना में भारी उद्योगों के विकास पर बल दिया गया। पी. सी. महालनोबिस के नेतृत्व में अर्थशास्त्रियों और योजनाकारों के एक समूह ने यह योजना तैयार की थी। पहली योजना का मूलमंत्र था धीरज, लेकिन दूसरी योजना की कोशिश तेज गति से संरचनात्मक बदलाव करने की थी। इसके लिए हर संभव दिशा में बदलाव की बात तय की गई थी। सरकार ने देशी उद्योगों को संरक्षण देने के लिए आयात पर भारी शुल्क लगाया। संरक्षण की इस नीति से निजी और सार्वजनिक क्षेत्र के उद्योगों को आगे बढ़ने में मदद मिली।**

(i) **दूसरी पंचवर्षीय योजना का क्या उद्देश्य था?**

(a) धीमी गति से विकास करना
(b) तेज गति से संरचनात्मक बदलाव करना
(c) विदेशी निवेश को बढ़ावा देना
(d) ग्रामीण क्षेत्र में सुधार करना

उत्तर (b) तेज गति से संरचनात्मक बदलाव करना

(ii) **आयात पर भारी शुल्क लगाने का उद्देश्य क्या था?**

(a) विदेशी वस्तुओं को बढ़ावा देना
(b) देशी उद्योगों को संरक्षण देना
(c) वैश्विक व्यापार को समर्थन देना
(d) केवल राजस्व बढ़ाना

उत्तर (b) देशी उद्योगों को संरक्षण देना

(iii) **दूसरी पंचवर्षीय योजना में संरचनात्मक बदलाव लाने के लिए सरकार ने कौन-सा कदम उठाया।**

उत्तर दूसरी पंचवर्षीय योजना में संरचनात्मक बदलाव लाने के लिए सरकार ने देशी उद्योगों को संरक्षण देने के उद्देश्य से आयात पर भारी शुल्क लगाया, जिससे निजी और सार्वजनिक क्षेत्र के उद्योगों को आगे बढ़ने में मदद मिली।

**4.** **जरूरी नहीं कि हर नियोजन केंद्रीकृत ही हो। ऐसा भी नहीं है कि नियोजन का मतलब हमेशा उद्योगों और बड़ी-बड़ी परियोजनाओं से ही लगाया जाए। केरल में विकास और नियोजन के लिए जो रास्ता चुना गया, उसे 'केरल मॉडल' कहा जाता है। इस मॉडल में ………… पर बल दिया जाता रहा है। केरल में प्रतिव्यक्ति आय अपेक्षाकृत कम है और यहाँ औद्योगिक-आधार भी तुलनात्मक रूप से कमजोर रहा है। इसके बावजूद केरल में साक्षरता शत-प्रतिशत है। आयु प्रत्याशा बढ़ी है और वहाँ शिशु मृत्युदर, मातृ मृत्युदर और जन्मदर भी कम है। केरल में लोगों को कहीं ज्यादा चिकित्सा-सुविधा उपलब्ध है।** **CBSE 2020**

(i) **केरल में साक्षरता दर कितनी है?**

(a) 50%
(b) 75%
(c) 90%
(d) 100%

उत्तर (d) 100%

(ii) **केंद्रीकृत नियोजन का मुख्य उद्देश्य क्या है?**

(a) स्थानीय स्वायत्तता को बढ़ावा देना
(b) सभी क्षेत्रों में समान विकास सुनिश्चित करना
(c) निजीक्षेत्र को बढ़ावा देना
(d) विकेंद्रीकरण को प्रोत्साहित करना

उत्तर (b) सभी क्षेत्रों में समान विकास सुनिश्चित करना

(iii) **नियोजन और विकास के लिए चुने गए 'केरल मॉडल' में किन क्षेत्रों पर बल दिया गया है? किन्हीं दो क्षेत्रों का उल्लेख कीजिए।**

उत्तर नियोजन और विकास के लिए चुने गए 'केरल मॉडल' में निम्न क्षेत्रों पर बल दिया गया है

- इसमें शिक्षा, स्वास्थ्य, भूमि सुधार, खाद्य-वितरण और गरीबी उन्मूलन पर विशेष बल दिया गया है।
- यहाँ 'नव-लोकतांत्रिक पहल' नामक अभियान चलाया गया। इसके अंतर्गत विज्ञान और पर्यावरण के मामले में शत-प्रतिशत साक्षरता के अभियान को शामिल किया गया है।

## मानचित्र आधारित प्रश्न

**1.** भारत के दिए गए रेखा मानचित्र पर (राजनीतिक) चार राज्यों को A,B,C,D के रूप में चिह्नित किया गया है। नीचे दी गई जानकारी के आधार पर इन राज्यों को पहचाने और इनके सही नाम अपनी उत्तर पुस्तिका में उपयोग की गई जानकारी के संबंधित क्रम संख्या और संबंधित अक्षरों के साथ निम्न प्रारूप के अनुसार लिखें।

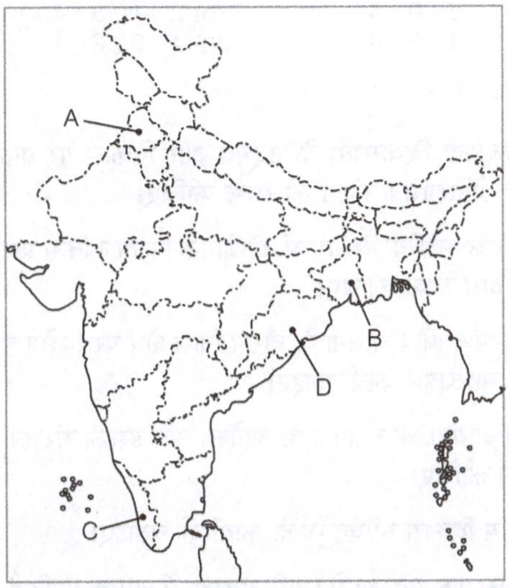


| प्रयोग की गई जानकारी क्रम संख्या | मानचित्र में दिया गया संबंधित अक्षर | राज्य का नाम |
|---|---|---|
| (i) | | |
| (ii) | | |
| (iii) | | |
| (iv) | | |

(i) इस राज्य में भारत का सबसे बड़ा महत्त्वपूर्ण जलाशय है। यह बाँध सतलुज नदी पर स्थित है। इस बाँध का नाम भाखड़ा नांगल है।

(ii) इस क्षेत्र में भारतीय सांख्यिकीय संस्थान का मुख्यालय है। यह संस्थान भारत में सांख्यिकीय आँकड़ों के संग्रह विश्लेषण और प्राकथन के लिए जिम्मेदार है।

(iii) यह राज्य भारतीय नव लोकतांत्रिक पहल को अपनाने वाला पहला राज्य बना। इस पहल का उद्देश्य प्रशासन में पारदर्शिता, जवाबदेही और जन-भागीदारी को बढ़ावा देना था।

(iv) यह भारतीय राज्य लौह-अयस्क के अप्रत्याशित भण्डारों के लिए प्रसिद्ध है। यह खनिज उत्पादन में अग्रणी है और यहाँ के लौह-अयस्क का उपयोग भारत और अन्य देशों में इस्पात निर्माण के लिए किया जाता है।

उत्तर

| प्रयोग की गई जानकारी क्रम संख्या | मानचित्र में दिया गया संबंधित अक्षर | राज्य का नाम |
|---|---|---|
| (i) | A | पंजाब |
| (ii) | B | कोलकाता |
| (iii) | C | केरल |
| (iv) | D | ओडिशा |

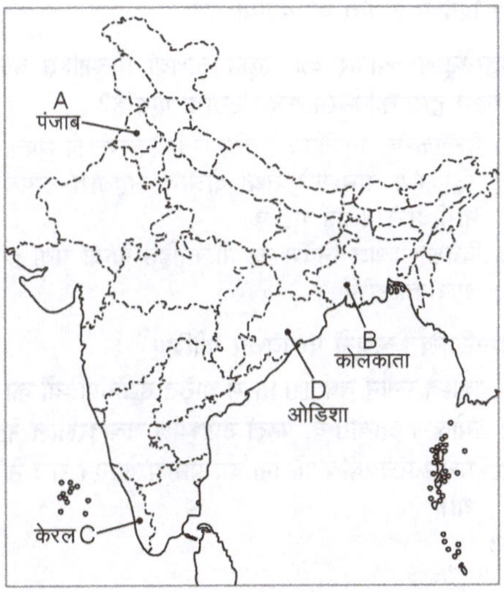

# स्वयं को जाँचें

## वस्तुनिष्ठ प्रश्न

**1.** भारत की स्वतंत्रता के समय विश्व के किस देश में समाजवादी मॉडल प्रचलन में था?

(a) जापान
(b) दक्षिण कोरिया
(c) सोवियत संघ
(d) यूएसए

**2.** सरकार ने देशी उद्योगों को संरक्षित करने के लिए कौन-सा महत्त्वपूर्ण कार्य किया?

(a) सस्ती दरों पर ऋण की उपलब्धता सुनिश्चित कराई
(b) निजी क्षेत्रों पर पूर्णतः प्रतिबंध लगाया
(c) आयात शुल्क को अधिक कर दिया
(d) विदेशी निर्यात को बढ़ाया गया

**3.** अंतर्राष्ट्रीय व्यापार को बढ़ाने अथवा प्रोत्साहित करने के लिए सरकार द्वारा कौन-सा कदम उठाया गया है?

(a) वैश्वीकरण, निजीकरण तथा उदारीकरण को अपनाया गया है
(b) द्विपक्षीय समझौते तथा क्षेत्रीय सहयोग संगठनों के बीच भागीदारी बढ़ाई गई है
(c) विदेशी प्रत्यक्ष निवेश को प्रोत्साहित किया गया है
(d) उपरोक्त सभी

**4.** निम्नलिखित कथनों पर विचार कीजिए

1. बॉम्बे प्लान वर्ष 1945 में गठित उद्योगपतियों का समूह था।
2. योजना आयोग के पहले उपाध्यक्ष जवाहरलाल नेहरू थे।
3. प्रथम पंचवर्षीय योजना का प्रारूप के.एन राज ने तैयार किया था।

**कूट**

(a) 1 और 2
(b) 1 और 3
(c) केवल 3
(d) ये सभी

**5.** सूची I को सूची II से सुमेलित कीजिए

| | सूची I (पंचवर्षीय योजना) | | सूची II (कार्यकाल) |
|---|---|---|---|
| A | प्रथम | 1. | 1956-61 |
| B. | द्वितीय | 2. | 1961-66 |
| C. | तृतीय | 3. | 1951-56 |
| D. | पंचम | 4. | 1974-79 |

**कूट**

| | A | B | C | D | | A | B | C | D |
|---|---|---|---|---|---|---|---|---|---|
| (a) | 1 | 2 | 3 | 4 | (b) | 2 | 1 | 3 | 4 |
| (c) | 3 | 1 | 2 | 4 | (d) | 4 | 3 | 2 | 1 |

## लघु उत्तरीय प्रश्न

**6.** समाजवादी विचारधारा के उद्भव और विकास पर प्रकाश डालते हुए इसके ऐतिहासिक संदर्भ को स्पष्ट कीजिए।

**7.** भारत के आर्थिक विकास में औद्योगिक नियंत्रण किस प्रकार किया गया? तर्क द्वारा स्पष्ट कीजिए।

**8.** प्रथम पंचवर्षीय योजना के दौरान किस क्षेत्र पर विशेष बल दिया गया? कुछ महत्त्वपूर्ण कार्य बताइए।

**9.** नीति आयोग की स्थापना के उद्देश्य और इसकी संरचना का विस्तार में वर्णन कीजिए।

**10.** राष्ट्रीय विकास परिषद् के दो कार्यों को बताइए।

**11.** विकास एक अवस्था से दूसरी अवस्था में क्रमिक प्रगति है, इस कथन की पुष्टि कीजिए।

**12.** विकेंद्रित नियोजन का विस्तार से उल्लेख करते हुए 'केरल मॉडल' की चर्चा कीजिए।

## दीर्घ उत्तरीय प्रश्न I

**13.** नव-लोकतांत्रिक पहल क्या है? इसे चलाने का प्रमुख उद्देश्य क्या था?

**14.** 'नियोजन की प्रक्रिया ने स्वतंत्र भारत में आर्थिक विकास को एक ढाँचा प्रदान किया' स्पष्ट कीजिए।

**15.** भारत के आर्थिक विकास की प्रकृति के बदलाव में सहायक प्रमुख घटकों या उत्तरदायी कारकों का विस्तार से विश्लेषण कीजिए।

## दीर्घ उत्तरीय प्रश्न II

**16.** पंचवर्षीय योजनाओं ने भारत के आर्थिक विकास को दिशा दी, लेकिन वित्तीय अस्थिरता, योजनाओं का अपर्याप्त क्रियान्वयन और बढ़ती जनसंख्या जैसी चुनौतियों का सामना भी किया। उचित तर्कों के साथ कथन की पुष्टि कीजिए।

**17.** सरकार द्वारा नीति आयोग का गठन एक थिंक टैंक के रूप में किया गया है। इस संदर्भ में नीति आयोग की वर्तमान समस्या का समलोचनात्मक परीक्षण कीजिए।

# 04

अध्याय

# भारत के विदेशी संबंध

इस अध्याय में भारतीय स्वतंत्रता के दौरान जवाहरलाल नेहरू द्वारा अपनाई गई विदेश नीति को शामिल किया गया है। स्वतंत्रता के बाद भारत के सबसे निकटस्थ पड़ोसी पाकिस्तान और चीन जैसे देशों के साथ भारत के विभिन्न संघर्षों और शांति समझौतों का दौर शुरू हुआ तथा शक्ति संतुलन को स्थापित करने के लिए भारत ने परमाणु कार्यक्रमों का विस्तार किया।

**▼ अध्ययन एक नजर में**

4.1 अंतर्राष्ट्रीय संदर्भ
4.2 चीन के साथ शांति और संघर्ष
4.3 पाकिस्तान के साथ युद्ध और शांति
4.4 भारत की परमाणु नीति

**▼ अभ्यास के लिए**

- बहुविकल्पीय प्रश्न 28 (युग्मित प्रश्न, चित्र आधारित प्रश्न, कथन/कारण, सुमेलित कीजिए)
- वर्णनात्मक प्रकार के प्रश्न (लघु उत्तरीय प्रश्न 8, दीर्घ उत्तरीय प्रश्न I 9 दीर्घ उत्तरीय प्रश्न II 7)
- स्रोत आधारित प्रश्न 4, मानचित्र आधारित 1

भारत को बड़ी चुनौतीपूर्ण और संकट की परिस्थितियों में स्वतंत्रता प्राप्त हुई थी। भारत को विश्व के सामने पुनर्निर्माण (Reconsutruction) करना था, जो जटिल कार्य था। स्वतंत्रता के पश्चात् भारत को अपने पड़ोसी देशों से वर्ष 1962, 1965 तथा 1971 में युद्ध करना पड़ा था। इससे राजनीति प्रभावित हुई तथा यह विदेश नीति की रूपरेखा तैयार करने में सहायक सिद्ध हुई।

## 4.1 अंतर्राष्ट्रीय संदर्भ

- जिस समय भारत को स्वतंत्रता मिली उस समय कई अन्य देश भी अंग्रेजी औपनिवेशिकता से मुक्त हुए। यह दौर विश्व व्यवस्था के लिए बहुत ही चुनौतीपूर्ण था, क्योंकि विश्व एक युद्ध की महाविभीषिका से निकला ही था। प्रत्येक देश युद्ध की क्षतिपूर्ति के लिए अपने पुनर्निर्माण का प्रयास कर रहा था। नव स्वतंत्र देशों के सामने दो महत्त्वपूर्ण चुनौतियाँ थीं।
  (i) नागरिकों के लिए लोक कल्याणकारी राज्य की स्थापना
  (ii) लोकतंत्र की स्थापना
- अंग्रेजी सरकार अपने पीछे नव स्वतंत्र भारत के लिए विवादों की एक पूरी विरासत छोड़ गई थी जैसे-
  - बँटवारे के कारण उत्पन्न समस्या
  - अंतर्राष्ट्रीय विवाद
  - गरीबी
- इन समस्याओं के बावजूद भी भारत ने एक स्वतंत्र राष्ट्र-राज्य के रूप में अंतर्राष्ट्रीय मामलों में भागीदारी शुरू की।

- ऐसे में भारत ने अपनी विदेश नीति में अन्य सभी देशों की **संप्रभुता**[1] का सम्मान करने और शांति कायम करके, अपनी सुरक्षा सुनिश्चित करने का लक्ष्य सामने रखा।
- किसी देश की विदेश नीति को **आंतरिक और बाह्य** कारक निर्देशित करते हैं, उसी तरह एक देश की विदेश नीति पर भी घरेलू और अंतर्राष्ट्रीय वातावरण का प्रभाव पड़ता है। विदेश नीति के निर्धारण में विकासशील **देशों** को निम्नलिखित कारणों पर ध्यान देना होता है–
  - मध्यवर्ती योजना का निर्माण क्योंकि बड़ी योजनाओं को पूरा करने के लिए जरूरी संसाधनों का अभाव होता है।
  - पड़ोसी देशों में शांति स्थापना और विकास पर विशेष ध्यान रखना।
  - विकासशील देश आर्थिक और सुरक्षा की दृष्टि से ज्यादा ताकतवर देशों पर निर्भर होते हैं इसलिए इनके साथ संतुलन स्थापित करना।

द्वितीय विश्व युद्ध के बाद दुनिया के विभिन्न देश दो खेमों में विभाजित हो गए, जो निम्न प्रकार हैं

- एक खेमा संयुक्त राज्य अमेरिका और उसके समर्थक देशों के प्रभाव में रहा।
- दूसरा खेमा सोवियत संघ के प्रभाव में रहा।
- इन परिस्थितियों में भारत ने **गुटनिरपेक्ष आंदोलन** का अभिनत प्रयोग किया, जिसका तात्पर्य था कि दोनों खेमों में से किसी का भी समर्थन नहीं करता है। भारत किसी बाह्य शक्ति से संबंधों की स्थापना में राष्ट्रीय हितों से समझौता नहीं करेगा। भारत द्वारा अपनाई गई यह नीति एक प्रकार से शीत युद्ध को चुनौती थी।

## गुटनिरपेक्षता की नीति

- विश्व के अन्य देशों, जिनमें मुक्ति संग्राम (Liberation Movement) चल रहे थे, उसमें भारत के राष्ट्रवादी नेता (Nationalist Leaders) भी उपनिवेशवाद और साम्राज्यवाद के विरुद्ध एक साझी लड़ाई लड़ रहे थे।
- नेताजी सुभाषचंद्र बोस द्वारा दूसरे विश्वयुद्ध के समय **इंडियन नेशनल आर्मी** (Indian National Army) का गठन करना यह दर्शाता है कि भारत के संबंध विदेशों में रह रहे भारतीयों से बन चुके थे।
- भारत की स्वतंत्रता के समय शीतयुद्ध प्रारंभ हो चुका था। भारत एकमात्र ऐसा देश नहीं था, जहाँ राष्ट्रीय आंदोलन (National Movement) चल रहा हो, बल्कि पूरे विश्व में **उपनिवेशवाद**[2] और साम्राज्यवाद (Imperialism) के विरुद्ध संघर्ष चल रहा था। इस आंदोलन ने एशिया और अफ्रीका के कई मुक्ति आंदोलनों को प्रभावित किया। अत: भारत का स्वतंत्रता आंदोलन जिन विचारों से प्रभावित था, उनका असर भारत की विदेश नीति पर दिखाई पड़ता है।

  जिस समय भारत को स्वतंत्रता मिली उस समय वैश्विक राजनीति के कई घटनाक्रम घटित हुए
  - पूरा विश्व दो समूहों में विभाजित हो गया था, जिसमें एक तरफ, संयुक्त राज्य अमेरिका और दूसरी ओर सोवियत संघ था।
  - संयुक्त राष्ट्र संघ भी अस्तित्व में आया।
  - परमाणु हथियारों (Nuclear weapons) का निर्माण शुरू हुआ
  - चीन में कम्युनिस्ट शासन की स्थापना हुई।
  - औपनिवेशीकरण की प्रक्रिया भी इस दौर में शुरू हुई।

## नेहरू की भूमिका

- भारत के प्रथम प्रधानमंत्री जवाहरलाल नेहरू ने **राष्ट्रीय एजेंडा** (National Agenda) बनाने में निर्णायक भूमिका निभाई। प्रधानमंत्री के साथ-साथ नेहरू विदेशमंत्री थे, इसलिए वर्ष 1946-1964 तक उन्होंने भारत की विदेश नीति की रचना और उसके क्रियान्वयन (Implementation) पर बल दिया।
- नेहरू की विदेश नीति के तीन मुख्य उद्देश्य निम्न थे
  (i) संप्रभुता का बचाव
  (ii) क्षेत्रीय अखंडता को बनाए रखना
  (iii) तीव्र आर्थिक विकास
- नेहरू इन तीनों उद्देश्यों की प्राप्ति **गुटनिरपेक्षता**[3] की नीति के द्वारा करना चाहते थे। इसी समय देश की कुछ पार्टियों और समूह का मानना था कि भारत को अमेरिका के साथ अच्छे संबंध रखने चाहिए, क्योंकि अमेरिका लोकतंत्र के पक्ष में था।
- डॉ. भीमराव अंबेडकर भी इस विचार से सहमत थे। यहाँ तक कि साम्यवाद (Communism) की विरोधी कुछ पार्टियाँ भी इससे सहमत थीं। इन दलों में भारतीय जनसंघ और स्वतंत्र पार्टियाँ प्रमुख थीं।

---

1 संप्रभुता (Sovereign) इसके तहत अपने निर्णय लेने के लिए स्वतंत्र रहेगा और दूसरे देशों की संप्रभुता का सम्मान करते हुए उनके आंतरिक मामलों में हस्तक्षेप नहीं करेगी।
2 उपनिवेशवाद (Colonialism) भारत ब्रिटेन सहित कई राष्ट्रों का उपनिवेश रहा, जिन्होंने न केवल भारत पर शासन किया, बल्कि यहाँ के संसाधनों का दोहन भी किया।
3 गुटनिरपेक्षता (Non-Alignment) भारत ने अपनी विदेश नीति में निर्गुट होने को चुना। इसका अर्थ था कि भारत किसी एक देश के पक्ष में न होकर तटस्थ रहेगा और समस्या की गुणवत्ता के आधार पर ही किसी का पक्ष लेगा।

## संवैधानिक सिद्धांत

भारतीय संविधान के अनुच्छेद 51 में अंतर्राष्ट्रीय शांति और सुरक्षा को बढ़ाने के लिए राज्य के नीति-निदेशक सिद्धांत के अंतर्गत राज्यों को निम्न विषयों के संदर्भ में प्रयास करने के लिए कहा गया है

- अंतर्राष्ट्रीय शांति और सुरक्षा की अभिवृद्धि।
- राष्ट्रों के मध्य न्यायसंगत और सम्मानपूर्ण संबंधों को बनाए रखना।
- संगठित लोगों के एक-दूसरे से व्यवहारों में अंतर्राष्ट्रीय विधि और संधि-बाध्यताओं के प्रति सम्मान बढ़ाना।
- अंतर्राष्ट्रीय विवादों को मध्यस्थता (Arbitration) द्वारा हल करने के लिए प्रोत्साहन देना।

## दो खेमों में दूरी

- भारत ने विश्व में शांति स्थापना के लिए गुटनिरपेक्षता की विदेश नीति (Non-Alignment Foreign Policy) को अपनाया।
- इसके लिए भारत ने न केवल शीतयुद्ध के कारण उत्पन्न तनाव को कम करने का प्रयास किया, बल्कि संयुक्त राष्ट्र संघ के शांति-अभियानों (Peace Keeping) में अपनी सेना भेजी।
- भारत ने स्वयं को अमेरिका और सोवियत संघ का नेतृत्व करने वाले सैन्य संगठनों से दूर रखा।
- शीतयुद्ध के समय अमेरिका ने उत्तर अटलांटिक संधि संगठन (नाटो) और सोवियत संघ ने 'वारसा पैक्ट' नामक संधि संगठन बनाया था।
- वर्ष 1956 में जब ब्रिटेन ने स्वेज नहर के मामले को लेकर मिस्र पर हमला किया, तो भारत ने इस **नव-औपनिवेशक** (Neo-Colonial) हमले के विरुद्ध विश्वव्यापी विरोध (World Protest) की शुरुआत की।
- इसी वर्ष सोवियत संघ ने हंगरी पर आक्रमण किया था, लेकिन भारत ने सोवियत संघ के इस प्रयास की सार्वजनिक निंदा नहीं की।
- भारत का दृष्टिकोण अंतर्राष्ट्रीय मामलों में स्वतंत्र रहा। उसे दोनों पक्षों के देशों से सहायता और अनुदान मिला।
- इसी समय पाकिस्तान अमेरिकी नेतृत्व वाले सैन्य-गठबंधन में शामिल हो गया। इस कारण 1950 के दशक में भारत-अमेरिकी संबंधों में तनाव उत्पन्न हो गया।
- अमेरिका सोवियत संघ और भारत के अच्छे संबंधों से खुश नहीं था।
- भारत ने नियोजित विकास की नीति अपनाई, जिसमें आयात को कम करने पर बल दिया गया। इसमें संसाधन आधार तैयार करने पर भी बल दिया गया। इससे निर्यात भी प्रभावित हुआ।
- विकास की इस रणनीति के कारण भारत का विश्व के देशों के साथ आर्थिक लेन-देन भी सीमित हो गया।

## एफ्रो-एशियाई एकता

- नेहरू के समय में भारत ने एशिया और अफ्रीका के नव-स्वतंत्र (Newly Independent) देशों के साथ संपर्क बनाए।
- 1940 और 1950 के दशकों में नेहरू ने एशियाई एकता (Asian Unity) का समर्थन किया। भारत ने नेहरू के नेतृत्व में ही मार्च, 1947 में **एशियाई संबंध सम्मेलन** का आयोजन किया था।
- भारत चाहता था कि इंडोनेशिया डच औपनिवेशिक शासन (Colonial Regime) से शीघ्र आजाद हो जाए। इसके लिए भारत ने वर्ष 1949 में इंडोनेशिया के स्वतंत्रता संग्राम के समर्थन में एक अंतर्राष्ट्रीय सम्मेलन किया।
- इंडोनेशिया के शहर बांडुंग में वर्ष 1955 में **एफ्रो-एशियाई सम्मेलन** का आयोजन हुआ। इसे **बांडुंग सम्मेलन**[4] भी कहा जाता है।
- यह सम्मेलन अफ्रीका और एशिया के नव-स्वतंत्र देशों के साथ, भारत के बढ़ते संबंधों के लिए महत्त्वपूर्ण था। इसी सम्मेलन में गुटनिरपेक्ष आंदोलन की नींव पड़ी।
- पहले गुटनिरपेक्ष आंदोलन का सम्मेलन सितंबर, 1961 में बेलग्रेड में हुआ। इसमें नेहरू ने महत्त्वपूर्ण भूमिका अदा की थी।

### चेक प्वॉइंट 1

1. नव उपनिवेशित देशों के लिए दोहरी चुनौतियाँ क्या थीं?
2. किसी भी राष्ट्र की विदेश नीति को कौन-से कारक निर्धारित करते हैं?
3. उन नेताओं और राजनीतिक दलों के नाम बताइए, जो चाहते थे कि भारत, अमेरिका समर्थक नीति अपनाएँ?
4. भारतीय संविधान का कौन-सा अनुच्छेद अंतर्राष्ट्रीय स्थान और सुरक्षा को बढ़ावा देने पर केंद्रित है?
5. एफ्रो-एशियाई सम्मेलन क्या है?

---

4 बांडुंग सम्मेलन (Bandung Conference) इंडोनेशिया के शहर बांडुंग में वर्ष 1955 में एक अंतर्राष्ट्रीय एफ्रो-एशियाई सम्मेलन का आयोजन हुआ।

## 4.2 चीन के साथ शांति और संघर्ष

भारत ने चीन के साथ अपने संबंधों को अच्छा बनाए रखा। चीन की क्रांति (Chinese Revolution) वर्ष 1949 में हुई थी। चीन की कम्युनिस्ट सरकार (Communist Government) को मान्यता देने वाले देशों में भारत पहला देश था। भारत ने चीन के पश्चिमी प्रभुत्व (Western Domination) से स्वतंत्र होने के बाद अंतर्राष्ट्रीय स्तर पर इस सरकार की सहायता की थी। सरदार वल्लभभाई पटेल को यह आशंका थी कि चीन भारत पर हमला कर सकता है, लेकिन नेहरू को इस प्रकार का कोई अंदेशा नहीं था। इसलिए लंबे समय तक चीनी सीमा पर सुरक्षा की जिम्मेदारी सेना की जगह अर्द्ध-सैनिक बलों के हाथों में थी।

29 अप्रैल, 1954 को भारत के प्रधानमंत्री नेहरू और चीन के प्रमुख **चाऊ-एन-लाई** के द्वारा शान्तिपूर्ण सहअस्तित्व के पाँच सिद्धांतों (**पंचशील**[5]) की घोषणा **संयुक्त**[6] रूप से की गई थी।

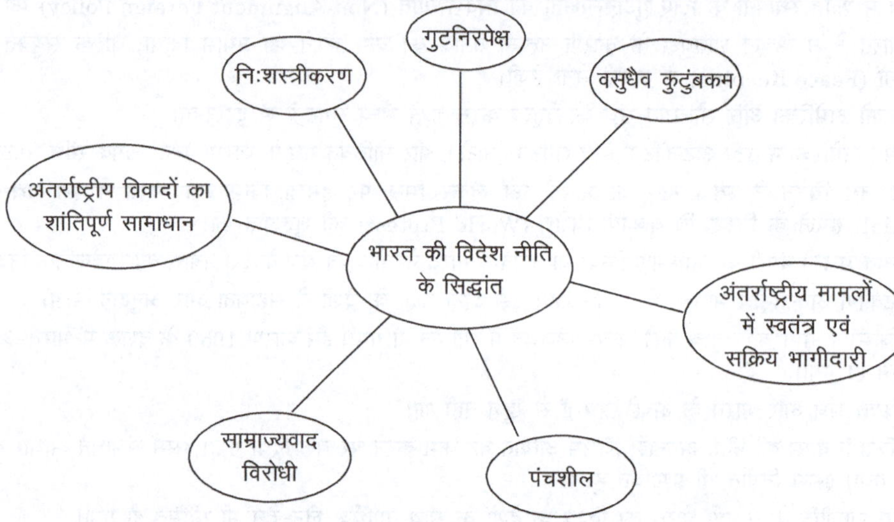


### चीन का आक्रमण, 1962

- चीन और भारत के संबंधों में तनाव के निम्नलिखित कारण थे।
  (i) चीन द्वारा भारत और चीन की सीमा पर बस्तियाँ बनाने का प्रयास करना।
  (ii) चीन का वर्ष 1950 में तिब्बत पर कब्जा कर लेना। तिब्बत पर कब्जा करने से दोनों देशों के बीच स्थित **बफर जोन**[7] (मध्यवर्ती राज्य) समाप्त हो गया।

  हालाँकि शुरू में भारत ने चीन के इस कदम का विरोध नहीं किया, परंतु धीरे-धीरे चीन तिब्बत की संस्कृति को क्षति पहुँचाने लगा। फलस्वरूप तिब्बत के धार्मिक नेता दलाई लामा ने भारत से **राजनीतिक शरण**[8] (Political Asylum) माँगी, तो भारत ने वर्ष 1959 में शरण दे दी।
- चीन ने भारत पर उसके विरुद्ध गतिविधियाँ चलाने का आरोप लगाया। इससे पूर्व भी भारत और चीन के बीच सीमा विवाद (Boundary Dispute) हो चुका था। सीमा-रेखा का मुख्य विवाद चीन से लगी सीमा के पश्चिमी और पूर्वी क्षेत्र में था।
- पश्चिमी सीमा के अंतर्गत चीन ने जम्मू-कश्मीर के लद्दाख वाले भाग के अक्साई-चिन।
- पूर्वी सीमा के अंतर्गत अरुणाचल प्रदेश के अधिकांश भागों पर अपना अधिकार जताया। अरुणाचल प्रदेश उस समय **नेफा** या उत्तर पूर्वी सीमांत के नाम से जाना जाता था।
- चीन ने वर्ष 1957-1959 के बीच अक्साई-चिन क्षेत्र पर कब्जा कर लिया और यहाँ एक सड़क का निर्माण कर दिया। तत्पश्चात् दोनों देशों के नेताओं ने बातचीत कर इसे हल करने का प्रयास किया।

---

5 **पंचशील समझौता** भारत व चीन के बीच मैत्रीपूर्ण एवं शांतिपूर्ण संबंध को बनाए रखने हेतु वर्ष 1959 में दोनों देशों के बीच पंचशील समझौता हुआ।
6 **संयुक्त राष्ट्र संघ के शांति-अभियान** शीतयुद्ध के कारण उत्पन्न तनाव को कम करने के लिए अपनी सेना भेजी।
7 **बफर जोन** यह दो शक्तिशाली प्रतिद्वंद्वी देशों के बीच स्थित क्षेत्र को संदर्भित करता है। बफर जोन एक तटस्थ क्षेत्र के रूप में कार्य करता है और दो देशों के बीच युद्ध को राकने के लिए एक बाधा के रूप में कार्य करता है।
8 **राजनीतिक शरण** (Asylum) वह सुरक्षा, जो सरकार उन लोगो को देती है, जो आमतौर पर राजनीतिक कारणों से खतरे में आने के कारण छोड़ देते हैं।

- चीन ने उस समय जब दोनों महाशक्तियों के बीच क्यूबा मिसाइल संकट में उलझी थी, इसका फायदा उठाते हुए अक्टूबर, 1962 में भारतीय क्षेत्रों पर हमला कर दिया और अरुणाचल प्रदेश के कुछ भाग पर कब्जा कर लिया। नवंबर में चीन ने हमला कर पूर्व में असम के मैदानी हिस्से में प्रवेश कर लिया।
- चीनी युद्ध के कारण राष्ट्रीय और अंतर्राष्ट्रीय स्तर पर भारत की छवि खराब हुई। इस समस्या का सामना करने के लिए भारत को अमेरिका और ब्रिटेन दोनों से सैन्य सहायता लेनी पड़ी।
- चीनी युद्ध ने हालाँकि भारत के स्वाभिमान को क्षति पहुँचाई, लेकिन इससे राष्ट्रभावना को भी बल मिला। तत्कालीन रक्षामंत्री **वी के कृष्णमेनन** को मंत्रिमंडल से त्याग-पत्र देना पड़ा।
- प्रथम बार कांग्रेस के खिलाफ अविश्वास प्रस्ताव लाया गया, जिसके बाद कांग्रेस को कई उपचुनावों में असफलता का सामना करना पड़ा।

## वी के कृष्णमेनन (1897-1974)

वी के कृष्णमेनन वर्ष 1934-1947 के मध्य इंग्लैंड की लेबर पार्टी के सक्रिय सदस्य थे। ये इंग्लैंड में भारत के उच्चायुक्त तथा संयुक्त राष्ट्र से भारतीय प्रतिनिधिमंडल के अध्यक्ष भी थे। ये स्वतंत्रता के पश्चात् वर्ष 1956 में कैबिनेट सदस्य व वर्ष 1957 में रक्षामंत्री रहे थे। वर्ष 1962 में भारत-चीन युद्ध के बाद इन्होंने इस्तीफा दे दिया।

## चीन के आक्रमण के प्रभाव

- इस आक्रमण के कारण चीन-सोवियत संघ के बीच मतभेद बढ़ गए।
- चीन के समर्थक पक्ष ने मार्क्सवादी भारतीय कम्युनिस्ट पार्टी (सी पी आई एम-माकपा) बनाई।
- चीन के साथ युद्ध ने भारतीय नेताओं को पूर्वोत्तर की स्थिति के प्रति सचेत कर दिया।
- भारत-चीन युद्ध के बाद नागालैंड को प्रांत का दर्जा दिया गया।
- मणिपुर और त्रिपुरा उस समय केंद्रशासित प्रदेश थे, लेकिन उन्हें भी अपनी विधानसभा (Legislative Assembly) के निर्वाचन का अधिकार मिला।
- चीन के साथ युद्ध के बाद भारत पूर्वोत्तर की स्थिति के प्रति सचेत हुआ। राष्ट्रीय एकता और अखंडता के लिहाज से भी यह क्षेत्र चुनौतीपूर्ण था।
- नागालैंड को प्रांत का दर्जा दिया गया, मणिपुर और त्रिपुरा को केंद्र शासित प्रदेश का दर्जा प्रदान किया गया, लेकिन उन्हें अपनी विधानसभा के निर्वाचन का अधिकार मिला।
- भारत-चीन संघर्ष का भारतीय राजनीति पर भी पड़ा। इस युद्ध और चीन-सोवियत संघ के बीच बढ़ते मतभेद से भारतीय कम्युनिस्ट पार्टी (भाकपा) के अंदर बड़ी उठा-पटक मची।
- सोवियत संघ का पक्षधर खेमा भाकपा में ही रहा और उसने कांग्रेस से नजदीकी बढ़ाई। दूसरा खेमा कुछ समय के लिए चीन का पक्षधर रहा और कांग्रेस के विरुद्ध था।
- भारतीय कम्युनिस्ट पार्टी वर्ष 1964 में विभाजित हो गई। तथा चीन के पक्षधर खेमें ने मार्क्सवादी भारतीय कम्युनिस्ट पार्टी (सी. पी. आई. एम-भाकपा) का गठन किया।
- चीन-युद्ध के क्रम में मापका के कई नेताओं को चीन का पक्ष लेने के आरोप में गिरफ्तार किया गया।

## तिब्बत

- तिब्बत मध्य एशिया का प्रसिद्ध पठार है। यह भारत और चीन के बीच विवादित रहा है। कई बार चीन ने इस पर अपना प्रशासनिक अधिकार (Administrative Control) जताया।
- वर्ष 1950 में चीन ने तिब्बत पर अधिकार कर लिया। वर्ष 1954 में भारत और चीन के बीच पंचशील समझौते पर हस्ताक्षर हुए और दोनों देश इस बात पर सहमत हुए कि वे एक-दूसरे की संप्रभुता (Sovereignty) का सम्मान करेंगे।
- तिब्बत के धार्मिक नेता दलाई लामा ने नेहरू को तिब्बत की बिगड़ती स्थिति के विषय में बताया। वर्ष 1958 में तिब्बत में चीनी आधिपत्य के विरुद्ध सशस्त्र विद्रोह हुआ। स्थिति अधिक खराब होने पर दलाई लामा ने भारत में प्रवेश किया और वर्ष 1959 में भारत से शरण माँगी। चीन ने इसका विरोध किया।
- हिमाचल प्रदेश के धर्मशाला में संभवतया तिब्बती शरणार्थियों की सबसे बड़ी बस्ती है। धर्मशाला दलाई लामा का निवास-स्थान बना।
- चीन ने 'स्वायत्त तिब्बत क्षेत्र' (Tibet Autonomous Region) बनाया और इसे वह चीन का अभिन्न अंग मानता है। तिब्बत की जनता इसका विरोध करती है। तिब्बत का यह कहना है कि चीन तिब्बत की पारंपरिक संस्कृति और धर्म को नष्ट करके वहाँ साम्यवाद फैलाना चाहता है।

### भारत-चीन का संबंध 1962 के बाद

वर्ष 1976 में दोनों देशों के बीच पूर्ण राजनीतिक संबंध बहाल हो सके। शीर्ष नेता के तौर पर पहली बार अटल बिहारी वाजपेयी (तत्कालीन विदेशमंत्री) वर्ष 1979 में चीन के दौरे पर गए। बाद में नेहरू के बाद राजीव गाँधी बतौर प्रधानमंत्री चीन के दौरे पर गए। इसके बाद से चीन के साथ भारत के संबंधों का ज्यादा जोर व्यापारिक मामलों पर रहा था।

### चेक प्वॉइंट 2

1. भारतीय कम्युनिस्ट पार्टी (भाकपा) का विभाजन किस वर्ष हुआ ?
2. कौन-सा स्वतंत्र क्षेत्र भारत और चीन के बीच एक बफर राज्य था?
3. वर्ष 1962 के चीनी आक्रमण के समय रक्षा मंत्री कौन थे?
4. वर्ष 1962 के बाद किन दो केंद्र शासित प्रदेशों को अपनी विधानसभा चुनने का अधिकार मिला?
5. दलाईलामा कौन थे?

## 4.3 पाकिस्तान के साथ युद्ध और शांति

- भारत पाकिस्तान के बीच कश्मीर को लेकर वर्ष 1947 से ही छद्म युद्ध प्रारंभ हो गया था। हालाँकि यह संघर्ष बहुत व्यापक नहीं हुआ। यह मामला संयुक्त राष्ट्र संघ को दे दिया गया। भारत के संयुक्त राज्य अमेरिका और चीन के साथ संबंधों को लेकर पाकिस्तान एक महत्त्वपूर्ण घटक रहा है।
- भारत और पाकिस्तान के बीच हुए संघर्ष के बाद भी दोनों देशों के बीच सहयोगपूर्ण संबंध बने। विश्व बैंक की मध्यस्थता से नदी जल बँटवारे को लेकर चल रहा विवाद हल कर लिया गया।
- नेहरू और जनरल अय्यूब खान ने वर्ष 1960 में सिंधु नदी जल संधि पर हस्ताक्षर किए। इन दोनों देशों के गंभीर संघर्ष की शुरुआत वर्ष 1965 में हुई।
- अप्रैल, 1965 में पाकिस्तान ने गुजरात के कच्छ क्षेत्र में सैनिक हमला किया। उस समय भारत के प्रधानमंत्री लालबहादुर शास्त्री थे। दोनों देशों के बीच लड़ाई हुई, भारतीय सेना आगे बढ़ते हुए लाहौर तक पहुँच गई।
- इस लड़ाई का अंत संयुक्त राष्ट्र संघ के हस्तक्षेप से हुआ, बाद में भारत के प्रधानमंत्री लालबहादुर शास्त्री और पाकिस्तान के जनरल अय्यूब खान के बीच वर्ष 1966 में ताशकंद समझौता हुआ। सोवियत संघ ने इसमें मध्यस्थ की भूमिका निभाई। इस युद्ध के कारण भारत की आर्थिक स्थिति पर गहरा प्रभाव पड़ा।

### बांग्लादेश युद्ध 1971

- वर्ष 1970 में पाकिस्तान में पहले आम चुनाव में खंडित जनादेश परिणाम के रूप में सामने आया। पश्चिमी पाकिस्तान में जुल्फिकार अली भुट्टो, जबकि पूर्वी पाकिस्तान में मुजीबुर्रहमान की पार्टी आवामी लीग विजयी रही। पश्चिमी पाकिस्तान के नेताओं ने पूर्वी पाकिस्तान के बंगाली लोगों के साथ अभद्र व्यवहार किया।
- आवामी लीग ने एक परिसंघ बनाने की माँग की, लेकिन उन्होंने यह माँग स्वीकार करने से इनकार कर दिया। पाकिस्तानी सेना ने वर्ष 1971 में शेख मुजीब को गिरफ्तार कर लिया और पूर्वी पाकिस्तान के लोगों पर अत्यधिक अत्याचार किए, जिसके कारण पूर्वी पाकिस्तान (वर्तमान बांग्लादेश) के लोगों ने पाकिस्तान से स्वयं को मुक्त कराने के लिए युद्ध प्रारंभ किया।
- वर्ष 1971 का युद्ध एक प्रकार से **छद्म युद्ध**[9] था, जिसमें भारत ने बांग्लादेश के मुक्ति संग्राम को नैतिक तथा भौतिक समर्थन दिया तथा पाकिस्तान को अमेरिका और चीन ने सहायता की।

### युद्ध का भारत पर प्रभाव

- वर्ष 1971 में भारत को 80 लाख शरणार्थियों को शरण देनी पड़ी। बांग्लादेश के इस मुक्ति संग्राम को भारत ने अपना नैतिक और भौतिक समर्थन प्रदान किया।
- पाकिस्तान ने भारत पर उसे विभाजित करने का आरोप लगाया। जुलाई, 1971 में अमेरिकी राष्ट्रपति रिचर्ड निकसन के सलाहकार हेनरी किसिंजर ने गुप्त रूप से चीन का दौरा किया। इसी के जवाब में भारत ने वर्ष 1971 में सोवियत संघ के साथ शांति और मित्रता की एक 20 वर्षीय संधि पर हस्ताक्षर किए।
- इस संधि से भारत को यह आश्वासन मिला कि यदि भारत पर हमला होता है, तो सोवियत संघ भी भारत की सहायता करेगा।

---

9 छद्म युद्ध (Proxy War) किसी तीसरे पक्ष के माध्यम से दो राष्ट्रों के मध्य अप्रत्यक्ष संघर्ष।

- दिसंबर, 1971 के युद्ध में भारत-पाकिस्तान का स्वरूप बहुत व्यापक हो गया। पाकिस्तान ने पंजाब-राजस्थान पर हवाई हमले किए और जम्मू-कश्मीर में अपना मोर्चा खोला। स्थानीय लोगों के समर्थन के साथ भारतीय सेना पूर्वी पाकिस्तानी में तेजी से आगे बढ़ी।
- इन दस दिनों में ही 90,000 भारतीय सैनिकों के सामने पाकिस्तानी सेना को आत्मसमर्पण करना पड़ा।
- बांग्लादेश के रूप में एक स्वतंत्र राष्ट्र के उदय के साथ भारत ने युद्ध-विराम घोषित किया। तत्पश्चात् इंदिरा गाँधी और जुल्फिकार अली भुट्टो के मध्य **शिमला समझौता** हुआ।
- युद्ध में इस निर्णायक विजय से देश में अत्यधिक उत्साह का माहौल था। अधिकांश भारतीय लोगों ने इसे गौरव के समय के रूप में देखा और यह माना कि भारत की सैन्य शक्ति प्रबल हुई है।
- वर्ष 1962 के बाद भारत को अपने सीमित संसाधन खासतौर से रक्षा में लगाने पड़े। भारत को अपने सैन्य ढाँचे का आधुनिकरण करना पड़ा, जो निम्न है
  - 1962 में रक्षा उत्पाद विभाग
  - 1965 में रक्षा आपूर्ति विभाग
  - युद्ध के बाद भारत का रक्षा-व्यय बहुत ज्यादा बढ़ गया।

## कारगिल संघर्ष

- वर्ष 1999 के प्रारंभिक महीनों में भारतीय क्षेत्र की नियंत्रण सीमारेखा के कई क्षेत्रों—माश्कोह, काकसर और बतालिक पर स्वयं को मुजाहिद्दीन कहने वाले लोगों ने कब्जा कर लिया था।
- इस कब्जे में पाकिस्तान के शामिल होने का पता लगने पर भारतीय सेना सक्रिय हो गई। इससे दोनों देशों के बीच संघर्ष छिड़ गया, जिसे 'कारगिल की लड़ाई' कहा गया।
- यह लड़ाई मई-जून, 1999 में जारी रही।
- भारत ने 26 जुलाई, 1999 तक अपने सभी क्षेत्रों पर पुनः अधिकार कर लिया।
- पाकिस्तान में इस लड़ाई को लेकर बहुत विवाद हुआ। ऐसा कहा गया कि सेना प्रमुख ने प्रधानमंत्री को इस मामले में कोई जानकारी नहीं दी।
- इसी के तुरंत बाद जनरल परवेज मुशर्रफ के नेतृत्व में पाकिस्तान सेना ने पाकिस्तान की सत्ता पर अधिकार कर लिया।

### चेक प्वॉइंट 3

1. वर्ष 1965 के भारत-पाकिस्तान संघर्ष के दौरान भारत के प्रधानमंत्री कौन थे?
2. भारत और पाकिस्तान के बीच सिंधु जल संधि में किस संगठन नें मध्यस्थता की?
3. वर्ष 1966 में हुए ताशकंद समझौते में पाकिस्तान की ओर से किसने भाग लिया था ?
4. शिमला समझौता किसके बीच हुआ था?

## 4.4 भारत की परमाणु नीति

- भारत ने मई, 1974 में परमाणु परीक्षण किया। नेहरू ने भारत के निर्माण हेतु विज्ञान और प्रौद्योगिकी को एक महत्त्वपूर्ण आयाम बताया इसलिए उनकी **औद्योगीकरण** (Industrialisation) की नीति का महत्त्वपूर्ण घटक परमाणु कार्यक्रम ही था। इसका प्रारंभ वर्ष 1940 के दशक में **होमी जहाँगीर भाभा** के निर्देशन में हुआ था।
- भारत का उद्देश्य अणु ऊर्जा (Atomic Energy) का उपयोग शांति के लिए करना था। नेहरू परमाणु हथियारों के विरुद्ध थे। उन्होंने सभी महाशक्तियों से परमाणु निःशस्त्रीकरण (Nuclear Disarmament) का आह्वान किया।
- चीन ने अक्टूबर, 1964 में परमाणु परीक्षण किया। संयुक्त राष्ट्र संघ की सुरक्षा परिषद् के स्थायी सदस्यों—संयुक्त राज्य अमेरिका, सोवियत संघ, ब्रिटेन, फ्रांस और चीन ने विश्व के अन्य देशों पर वर्ष 1968 की **परमाणु अप्रसार संधि** को अधिरोपित (Impose) करने का प्रयास किया।
- भारत ने हमेशा इस संधि को भेदभावपूर्ण (Discriminatory) माना था। भारत ने इस पर हस्ताक्षर करने से इनकार कर दिया। भारत ने अपने प्रथम परमाणु परीक्षण को शांतिपूर्ण परीक्षण (Peaceful Explosion) बताया और दावा किया कि भारत अणुशक्ति का प्रयोग केवल शांतिपूर्ण उद्देश्यों के लिए करेगा।

- वर्ष 1973 में **अरब-इजरायल युद्ध** ने विश्व में तेल का संकट (Oil shock) उत्पन्न कर दिया था। अरब राष्ट्रों ने तेल की कीमतों में भारी वृद्धि कर दी थी, जिसके कारण भारत में आर्थिक समस्या उत्पन्न हो गई। भारत में मुद्रास्फीति (Inflation) अत्यधिक बढ़ गई।
- इसी समय देशव्यापी रेल-हड़ताल भी हुई, हालाँकि विदेश नीति को लेकर राजनीतिक दलों (Political Parties) में कुछ मतभेद बने रहते थे, लेकिन राष्ट्रीय अखंडता (National Integration), अंतर्राष्ट्रीय सीमा-रेखा की सुरक्षा तथा राष्ट्रीय हितों के मुद्दों पर व्यापक सहमति थी।
- इस कारण वर्ष 1962-71 के बीच जब भारत ने तीन युद्धों का सामना किया तब समय-समय पर कई पार्टियों ने सरकार बनाई, लेकिन विदेश नीति की भूमिका पार्टी की राजनीति में सीमित ही रही।

## भारत का परमाणु कार्यक्रम

- भारत ने परमाणु अप्रसार संधि (Non-Proliferation Treaty) का विरोध किया, क्योंकि ये संधियाँ उन्हीं देशों के लिए थीं, जो **परमाणु शक्ति** से हीन थे। इन संधियों द्वारा परमाणु हथियार संपन्न देशों के परमाणु शक्ति पर एकाधिकार को वैधता दी जा रही थी।

  इसलिए वर्ष 1995 में जब परमाणु अप्रसार संधि को अनियतकाल के लिए बढ़ा दिया गया, तो भारत ने इसका विरोध किया और उसने व्यापक **परमाणु परीक्षण प्रतिबंध संधि** (Comprehensive Nuclear-Test Ban Treaty) पर भी हस्ताक्षर करने से इनकार कर दिया।
- भारत ने मई, 1998 में परमाणु परीक्षण किए और यह संदेश दिया कि उसके पास सैन्य उद्देश्यों के लिए अणुशक्ति को प्रयोग करने की क्षमता है।
- इसके बाद पाकिस्तान ने भी परमाणु परीक्षण किए। भारत ने अपनी परमाणु नीति में यह बात स्वीकार की थी कि वह अपनी रक्षा के लिए परमाणु हथियार रखेगा, लेकिन इनका 'प्रयोग पहले नहीं' (No First Use) करेगा।
- भारत की परमाणु नीति में यह बात भी थी कि भारत वैश्विक स्तर पर भेदभाव हीन (Non-Discriminatry) परमाणु निःशस्त्रीकरण के प्रति वचनबद्ध है, ताकि परमाणु हथियारों से मुक्त विश्व की रचना की जा सके।
- इस प्रकार भारत की परमाणु नीति हमेशा से शांति की स्थापना करने वाली रही है। इसे भारत की नीति 'प्रयोग पहले नहीं' में देखा जा सकता है, किंतु वर्तमान में समकालीन क्षेत्रीय सुरक्षा चुनौतियों को देखते हुए भारत के प्रधानमंत्री (नरेंद्र मोदी की नेतृत्व वाली सरकार) ने यह स्पष्ट कर दिया है कि भारत की क्षेत्रीय व राष्ट्रीय सुरक्षा के अनुरूप **'प्रयोग पहले नहीं'** नीति की समीक्षा की जा सकती है तथा यह बदली भी जा सकती है।
- इसके अतिरिक्त भारत परमाणु आपूर्तिकर्ता समूह में अपनी सदस्यता को सुनिश्चित करने तथा विभाजनकारी और अन्यायपूर्ण परमाणु संधियों; जैसे—एनपीटी तथा सीटीबीटी का विरोध करने के लिए प्रतिबद्ध है।

### विश्व राजनीति के बदलते समीकरण

- वर्ष 1977 के दौरान विश्व राजनीति में नाटकीय बदलाव आया। वर्ष 1977 में भारत में जनता पार्टी की सरकार बनी। इस सरकार ने घोषणा करते हुए कहा कि सच्ची गुटनिरपेक्ष नीति का पालन किया जाएगा। इसका आशय विदेश नीति में सोवियत संघ के प्रति आए झुकाव को समाप्त किया जाएगा।
- इसके बाद भी सभी सरकारों ने चीन के साथ बेहतर संबंध बनाने और अमेरिका के साथ नजदीकी रिश्तें बनाने की पहल की।
- वर्ष 1990 के बाद के दौर में अमेरिका-समर्थक विदेश नीति अपनाने के लिए शासक दलों की आलोचना हुई।
- इस अवधि में भारत-पाक संबंधों में भी सुधार आया और सांस्कृतिक आदान-प्रदान, नागरिकों की एक-दूसरे के देश में आवाजाही को बढ़ावा दिया गया।
- भारत और पाकिस्तान के बीच रेल और बस सेवा की शुरुआत की गई, इन सभी प्रयासों के बावजूद वर्ष 1999 में भारत और पाकिस्तान के बीच युद्ध की स्थिति उत्पन्न हुई।

### चेक प्वॉइंट 4

1. भारत ने पहला परमाणु परीक्षण कब किया?
2. वर्ष 1964 में पाँच परमाणु हथियार संपन्न राष्ट्र कौन थे?
3. CTBT (सीटी बी टी) क्या है?
4. किस युद्ध के दौरान वर्ष 1973 में वैश्विक तेल संकट का सामना करना पड़ा?

# Mind Map

# भारत के विदेशी संबंध

## 1 अंतर्राष्ट्रीय संदर्भ

**स्वतंत्रता के पश्चात् की चुनौतियाँ**
- दोहरी चुनौतियाँ - नागरिकों की भलाई और लोकतंत्र की स्थापना।
- ब्रिटिश शासन की विरासत - विभाजन, अंतर्राष्ट्रीय विवाद, गरीबी

**भारत की विदेश नीति**
- किसी भी राष्ट्र की विदेश नीति आंतरिक और बाहरी कारकों से निर्धारित होती है।
- भारत की विदेश नीति निम्नलिखित सिद्धांतों पर आधारित थी
  1. अन्य राष्ट्रों की संप्रभुत्ता का सम्मान करना।
  2. शांति के माध्यम से सुरक्षा प्राप्त करना।

**शीतयुद्ध और गुटनिरपेक्ष आंदोलन**
- दुनिया दो गुटों में बँटी हुई थी-अमेरिका (यू.एस.) और सोवियत संघ (यूएसएसआर)
- भारत ने अंतर्राष्ट्रीय मुद्दों में स्वतंत्रता बनाते हुए दोनों गुटों से दूरी रखी।

**गुटनिरपेक्ष आंदोलन**
- भारत ने गुटनिरपेक्षता की नीति अपनाई।
- किसी भी विचारधारात्मक गुट के प्रति झुकाव नहीं रखा
- राष्ट्रीय हितों को आगे बढ़ाते हुए संबंध बनाए रखे।

**नेहरू की भूमिका**
- प्रधानमंत्री और विदेश मंत्री (वर्ष 1946-1964)
- विदेश नीति प्रारूप बनाया और लागू किया।

**उनकी विदेश नीति के मुख्य उद्देश्य थे**
- संप्रभुत्ता को बनाए रखना।
- क्षेत्रीय अखंडता की रक्षा करना।
- तीव्र आर्थिक विकास को बढ़ावा देना।

**एफ्रो-एशियाई एकता**
- एशियाई संबंध सम्मेलन
- मार्च, 1947 में आयोजित
- एशियाई एकता को बढ़ावा देना

**एफ्रो-एशियाई सम्मेलन**
- बांडुंग, इंडोनेशिया में (वर्ष 1955) आयोजित

## 2 चीन के साथ शांति और संघर्ष

**प्रारंभिक संबंध**
- भारत ने वर्ष 1950 में चीन में कम्युनिस्ट सरकार को मान्यता दी।
- वर्ष 1954 में नेहरू और झोउ एनलाई ने पंचशील समझौते पर हस्ताक्षर किए।
- पंचशील के पाँच सिद्धांत शांतिपूर्ण सह-अस्तित्व के आधार थे।

**सीमा-विवाद**
- तिब्बत-चीन ने तिब्बत को अभ्यस्त किया, बफर जोन को समाप्त किया।
- अकसाई चिन -चीन ने लद्दाख क्षेत्र पर कब्जा किया।
- अरुणाचल प्रदेश -चीन ने इस क्षेत्र पर अपना दावा किया।

**चीनी का आक्रमण 1962**
- चीन ने भारतीय क्षेत्रों पर हमला किया
- हार के बाद भारत की छवि अंतर्राष्ट्रीय स्तर पर अपमानित हुई

## 3 पाकिस्तान के साथ युद्ध और शांति

**प्रारंभिक संघर्ष**
- स्वतंत्रता के बाद जम्मू और कश्मीर में युद्ध प्रारंभ हुआ।
- संघर्ष के कारण संयुक्त राष्ट्र में मामला पहुँचा, जिससे पाकिस्तान अमेरिका और चीन के लिए एक महत्त्वपूर्ण मुद्दा बन गया।

**मुख्य समझौते और संधियाँ**

**सिंधु जल समझौता (वर्ष 1966)**
- भारत और पाकिस्तान के बीच जल वितरण के लिए विश्व बैंक द्वारा मध्यस्थता की गई। इसे जल वितरण के सबसे सकल समझौते में से एक माना जाता है।

**ताशकंद समझौता (वर्ष 1986)**
- सोवियत संघ द्वारा 1965 के भारत-पाकिस्तान युद्ध को समाप्त करने के लिए मध्यस्थता की गई।

**शिमला समझौता (वर्ष 1972)**
- वर्ष 1971 के बांग्लादेश युद्ध के बाद शांति वापसी को औपचारिक रूप से मान्यता दी गई

**मुख्य युद्ध**
- भारत-पाकिस्तान के मध्य युद्ध वर्ष 1965 में हुआ।
- पाकिस्तान ने गुजरात के रण क्षेत्र में सशस्त्र हमले किए।
- भारत ने पलटवार किया और लाहौर के पास पहुँच गया।
- जनवरी, 1966 ताशकंद समझौते पर हस्ताक्षर किए गए, जिसमें सोवियत संघ ने मध्यस्थता की।
- बांग्लादेश युद्ध वर्ष 1971 में हुआ था।
- पाकिस्तान को चुनावी परिणामों के कारण आंतरिक संकट का सामना करना पड़ा।
- भारत ने बांग्लादेश की स्वतंत्रता का समर्थन किया, जिसके परिणामस्वरूप पाकिस्तान के साथ पूर्ण पैमाने पर युद्ध हुआ।

**रक्षा आधुनिकीकरण**
- रक्षा उत्पादन विभाग (वर्ष 1962)
- भारत की रक्षा क्षमताओं के आधुनिकीकरण के लिए स्थापित किया गया।
- रक्षा आपूर्ति विभाग (वर्ष 1965)
- रक्षा आपूर्ति और लॉजिस्टिक में सुधार के लिए स्थापित किया गया।

## 4 भारत की परमाणु नीति

- विश्वसनीय न्यूनतम प्रतिरोधभारत कभी भी पहले परमाणु हथियारों का इस्तेमाल नहीं करेगा।
- पहले उपयोग न करने की नीति-भारत केवल परमाणु हमले के जवाब में ही परमाणु हथियारों का उपयोग करेगा।

**अंतर्राष्ट्रीय संधिया और समझौते परमाणु अप्रसार संधि (NPT)**
- भारत ने इस संधि पर हस्ताक्षर करने से इनकार कर दिया, क्योंकि यह भेदभावपूर्ण थी।
- यह केवल पाँच देशों को परमाणु हथियार रखने की अनुमति देती है।
- **व्यापक परमाणु परीक्षण प्रतिबंध संधि (CTBT)** भारत ने इस संधि पर हस्ताक्षर करने से इनकार कर दिया।
- मई, 1998 में भारत ने परमाणु परीक्षण किए ताकि अपनी सैन्य क्षमताओं का प्रदर्शन कर सके।

**प्रारंभिक विज्ञान**
- 1940 के दशक के अन्त में होमी जे. भाभा के मार्गदर्शन में पहल की गई।
- पहला परमाणु परीक्षण मई, 1974 में किया गया।

# NCERT फोल्डर

## अध्याय के मध्य में दिए गए प्रश्न

**1. इस अध्याय में एक बार फिर से जवाहरलाल नेहरू। क्या वे कोई सुपरमैन थे या उनकी भूमिका महिमा-मंडित कर दी गई?**

उत्तर जवाहरलाल नेहरू भारतीय स्वतंत्रता संग्राम और स्वतंत्र भारत के निर्माण में एक महत्त्वपूर्ण व्यक्तित्व थे। उनकी भूमिका और योगदान पर अलग-अलग दृष्टिकोण हो सकते हैं।

(i) **नेहरू का योगदान** नेहरू भारतीय राष्ट्रीय कांग्रेस के प्रमुख नेता थे और महात्मा गाँधी के नेतृत्व में उन्होंने स्वतंत्रता आंदोलन में सक्रिय भाग लिया। स्वतंत्र भारत के पहले प्रधानमंत्री के रूप में उन्होंने औद्योगिक विकास, लोकतांत्रिक संस्थाओं और वैज्ञानिक प्रगति पर जोर दिया। पंचशील सिद्धांत और गुटनिरपेक्ष आंदोलन के जरिए उन्होंने अंतर्राष्ट्रीय स्तर पर भी भारत की स्वतंत्र और विशिष्ट पहचान बनाई।

(ii) **महिमा-मंडन का सवाल** नेहरू के विचार और नीतियाँ अक्सर उनके समर्थकों द्वारा गौरवान्वित की गईं, विशेष रूप से उनकी धर्मनिरपेक्ष सोच और आधुनिक भारत के निर्माण की दृष्टि के लिए। हालाँकि आलोचक उनकी आर्थिक नीतियों, (जैसे-समाजवादी दृष्टिकोण) और कश्मीर जैसे जटिल मुद्दों पर निर्णय को लेकर सवाल उठाते हैं।

(iii) **सुपरमैन या मानवीय नेता** नेहरू को 'सुपरमैन' कहना उनके योगदान का अतिश्योक्तिपूर्ण मूल्यांकन हो सकता है। वे भी मानवीय सीमाओं और कमजोरियों से परे नहीं थे। कुछ लोग उनकी आलोचना यह कहकर करते है कि उनके दौर में अन्य नेताओं की भूमिकाओं को कम आंका गया।

अंततः नेहरू का मूल्यांकन उनके ऐतिहासिक योगदान के संदर्भ में करना उचित है, न कि केवल आलोचना या प्रशंसा के आधार पर। उनकी नीतियों और कार्यों का विश्लेषण करते समय उनके समय की जटिल परिस्थितियों को ध्यान में रखना आवश्यक है।

**2. हम ऐसा क्यों कहते हैं कि भारत और पाकिस्तान के बीच युद्ध हुआ? नेता झगड़े और सेनाओं के बीच युद्ध हुआ। ज्यादातर आम नागरिकों को इनसे कुछ लेना-देना न था।**

उत्तर यह सवाल गहरी सोच को प्रेरित करता है। सही मायने में युद्ध अक्सर नेताओं और उनकी महत्वाकांक्षाओं के कारण होता है, जबकि आम नागरिक इसकी कीमत चुकाते हैं।

(i) **नेताओं की भूमिका** युद्धों का निर्णय राजनीतिक नेतृत्व द्वारा लिया जाता है। भारत- पाकिस्तान के युद्ध (1947-48, 1965, 1971, 1999) भी राजनीतिक विवादों और शक्ति-संतुलन के परिणाम थे।

(ii) **आम नागरिक और सैनिक** आम नागरिकों को युद्ध में खींचा जाता है, जबकि उनकी इसमें कोई प्रत्यक्ष भूमिका नहीं होती। सैनिकों का बलिदान राष्ट्र के नाम पर होता है, लेकिन वे भी इन परिस्थितियों के शिकार होते हैं।

(iii) **युद्ध के परिणाम** युद्ध में जानमाल का नुकसान, गरीबी और विभाजन होता है। नेता सुरक्षित रहते हैं, लेकिन आम लोग सबसे ज्यादा प्रभावित होते हैं।

**समाधान** युद्ध के अतिरिक्त बातचीत और कूटनीति पर जोर देना चाहिए, आम नागरिको को जागरूक होकर शांति के प्रयासों का समर्थन करना चाहिए। यद्ध वास्तव में नेताओं का विवाद है, जिसकी कीमत आम जनता और सैनिक चुकाते हैं।

**3. इस बात से तो ऐसा जान पड़ता है कि भारत, सोवियत खेमे में शामिल हो गया था। क्या सोवियत संघ के साथ इस 20 वर्षीय संधि पर हस्ताक्षर करने के बावजूद हम कह सकते हैं कि भारत गुटनिरपेक्षता की नीति पर अमल कर रहा था?**

उत्तर भारत और सोवियत संघ के बीच वर्ष 1971 में हुई 20 वर्षीय भारत-सोवियत शांति और मैत्री संधि के बावजूद यह कहना कि भारत संपूर्ण रूप से सोवियत खेमें में शामिल हो गया था, सही नही होगा। भारत ने अपनी गुट-निरपेक्षता की नीति को बनाए रखा।

वर्ष 1971 में भारत को पाकिस्तान के साथ बढ़ते तनाव और अमेरिका के पाकिस्तान समर्थक रूख के कारण अपनी सुरक्षा को लेकर चिंता थी। ऐसे में, सोवियत संघ के साथ इस संधि ने भारत को एक मजबूत सहयोगी प्रदान किया।

यह संधि "शांति और मैत्री" पर आधारित थी, न कि किसी सैन्य गठबंधन पर। दोनों देश स्वतंत्र विदेशी नीति बनाए रखने के लिए स्वतंत्र थे। भारत ने इसे अपने राष्ट्रीय हितों के लिए उपयोग किया। भारत ने पश्चिमी देशों ओर गुटनिरपेक्ष आंदोलन के साथ अपने संबंध बनाए रखे। यह संधि भारत की सुरक्षा जरूरतों के लिए थी, गुटबद्धता के लिए नहीं। यह संधि के बावजूद भारत ने गुटनिरपेक्षिता की नीति को व्यावहारिक रूप से लागू किया और साबित किया कि वह किसी भी गुट का हिस्सा नही है।

## नीचे दिए प्रश्नों के उत्तर संक्षेप में दीजिए

**1. इन बयानों के आगे सही या गलत लिखिए**

(a) गुट-निरेक्षता की नीति अपनाने के कारण भारत, सोवियत संघ और संयुक्त राज्य अमेरिका, दोनों की सहायता प्राप्त कर सका।

(b) अपने पड़ोसी देशों के साथ भारत के संबंध शुरुआत से ही तनावपूर्ण रहे।

(c) शीतयुद्ध का प्रभाव भारत-पाकिस्तान संबंधों पर भी पड़ा।

(d) वर्ष 1971 की शांति और मैत्री की संधि संयुक्त राज्य अमेरिका से भारत की निकटता का परिणाम थी।

उत्तर (a) सही (b) गलत (c) सही (d) गलत

**2.** सुमेलित कीजिए

| | |
|---|---|
| A. वर्ष 1950-64 के दौरान भारत की विदेश नीति का लक्ष्य | 1. तिब्बत के धार्मिक नेता जो सीमा पार करके भारत चले आए। |
| B. पंचशील | 2. क्षेत्रीय अखंडता और संप्रभुता की रक्षा तथा आर्थिक विकास। |
| C. बांडुंग सम्मेलन | 3. शांतिपूर्ण सह-अस्तित्व के पाँच सिद्धांत। |
| D. दलाई लामा | 4. इसकी परिणति गुट-निरपेक्ष आंदोलन में हुई। |

उत्तर

| | |
|---|---|
| A. वर्ष 1950-64 के दौरान भारत की विदेश नीति का लक्ष्य | 2. क्षेत्रीय अखंडता और संप्रभुता की रक्षा तथा आर्थिक विकास। |
| B. पंचशील | 3. शांतिपूर्ण सह-अस्तित्व के पाँच सिद्धांत |
| C. बांडुंग सम्मेलन | 4. इसकी परिणति गुट-निरपेक्ष आंदोलन में हुई। |
| D. दलाई लामा | 1. तिब्बत के धार्मिक नेता जो सीमा पार करके भारत चले आए। |

## निम्नलिखित प्रश्नों के उत्तर लगभग 150 शब्दों में दीजिए

**1. नेहरू विदेश नीति के संचालन को स्वतंत्रता का एक अनिवार्य संकेतक क्यों मानते थे? अपने उत्तर में दो कारण बताइए और उनके पक्ष में उदाहरण भी दीजिए।**

उत्तर भारत के प्रधानमंत्री जवाहरलाल नेहरू ने राष्ट्रीय एजेंडा निर्धारित करने में महत्त्वपूर्ण भूमिका अदा की। वे अपने प्रधानमंत्री काल में विदेश मंत्री भी थे। प्रधानमंत्री और विदेश मंत्री के रूप में वर्ष 1946-64 तक उन्होंने भारत की विदेश नीति की रचना और क्रियान्वयन पर गहरा प्रभाव डाला। नेहरू ने अपनी विदेश नीति में तीन उद्देश्य निर्धारित किए थे—अपनी संप्रभुता को बचाए रखना, क्षेत्रीय अखंडता बनाए रखना और तेजी से आर्थिक विकास करना। नेहरू का लक्ष्य इन उद्देश्यों को गुट-निरपेक्षता की नीति अपनाकर प्राप्त करना था। इसके निम्नलिखित कारण थे

(i) भारत का लक्ष्य किसी भी गुटबाजी में न पड़कर दोनों देशों से सहायता प्राप्त करना था। इससे देश के विकास को गति मिलती थी। नेहरूजी गुट-निरपेक्ष आंदोलन के जनक समूह के सदस्य के रूप में जाने जाते हैं।

(ii) भारत ने स्वतंत्र विदेश नीति पर इसलिए बल दिया, जिससे देश में लोकतंत्र, कल्याणकारी राज्य के साथ अंतर्राष्ट्रीय स्तर पर उपनिवेशवाद, जातीय भेदभाव, रंगभेद आदि का सामना ठीक से कर सकें। नेहरूजी ने इंडोनेशिया की स्वतंत्रता का समर्थन किया। नेहरूजी ने एफ्रो-एशियाई सम्मेलन में भाग लिया। भारत ने चीन की सुरक्षा परिषद् में सदस्यता का भी समर्थन किया और जब सोवियत संघ ने हंगरी पर आक्रमण किया, तो उसकी निंदा भी की। पंडित नेहरूजी का विचार था कि देश की विदेश नीति पर घरेलू एवं अंतर्राष्ट्रीय वातावरण का प्रभाव पड़ता है। किसी भी देश की विदेश नीति व उसके अंतर्राष्ट्रीय क्षेत्र में संबंधों पर इसकी आर्थिक तथा राजनीतिक स्वतंत्रता निर्भर करती है। विकासशील देशों के पास संसाधनों की कमी के कारण ही उन्हें विकसित देशों पर निर्भर रहना पड़ता है। दूसरे विश्वयुद्ध के बाद अनेक विकासशील देशों ने शक्तिशाली देशों के अनुसार अपनी विदेश नीति तय की थी।

**2. "विदेशी नीति का निर्धारण घरेलू आवश्यकता और अंतर्राष्ट्रीय परिस्थितियों के दोहरे दबाव में होता है।" 1960 के दशक में भारत द्वारा अपनाई गई विदेश नीति से एक उदाहरण देते हुए अपने उत्तर की पुष्टि कीजिए।**

उत्तर भारत को बड़ी ही विकट और चुनौतीपूर्ण अंतर्राष्ट्रीय परिस्थितियों में स्वतंत्रता प्राप्त हुई थी। भारत के सामने अपने पुनर्निर्माण का प्रश्न खड़ा था। उपनिवेशवाद की समाप्ति के बाद जिन नए राष्ट्रों का जन्म हुआ उनके सामने जनता के हित के लिए लोकतंत्र कायम रखने की चुनौती थी, इसलिए भारत ने ऐसी विदेश नीति अपनाई, जिससे अन्य सभी देशों की संप्रभुता भी बनी रहे और शांति भी कायम रहे। जिस प्रकार किसी व्यक्ति या परिवार के व्यवहारों को अंदरूनी और बाहरी कारक निर्देशित करते हैं।

उसी प्रकार एक देश की विदेश नीति पर भी घरेलू और अंतर्राष्ट्रीय वातावरण का प्रभाव पड़ता है। विकासशील देशों के पास आवश्यक संसाधनों का अभाव था।

अतः अंतर्राष्ट्रीय स्तर पर अपनी आवश्यकताओं की पूर्ति के लिए देशों ने अलग-अलग विदेश नीति का निर्माण किया। ऐसे देशों का उद्देश्य यह रहता है कि उनके पड़ोस में अमन चैन बना रहे और विकास होता रहे।

विदेश नीति के निर्धारण हेतु घरेलू व अंतर्राष्ट्रीय परिस्थितियाँ अन्य रूप में भी प्रभावशाली रही हैं, जो निम्नलिखित हैं

- भारत एक विकासशील देश होने के कारण अपनी आर्थिक और सुरक्षा संबंधी जरूरतों की दृष्टि से अधिक ताकतवर देशों पर निर्भर रहा। यही स्थिति अन्य विकासशील देशों के साथ थी। इस निर्भरता ने भी इन देशों की विदेश नीति को प्रभावित किया। दूसरे विश्वयुद्ध के बाद अनेक विकासशील देशों ने ताकतवर देशों की इच्छा के अनुसार अपनी विदेश नीति अपनाई, क्योंकि इन देशों को विकासशील देशों से अनुदान अथवा कर्ज मिल रहा था। यही कारण था कि विश्व के विभिन्न देश दो समूहों में बँट गए थे। एक समूह में संयुक्त राज्य अमेरिका और उसके समर्थक देश तथा दूसरे में सोवियत संघ था।
- जब ब्रिटेन ने वर्ष 1956 में स्वेज नहर के मामले में मिस्र पर आक्रमण किया, तो इस नव-औपनिवेशिक हमले के विरुद्ध भारत ने विश्वव्यापी विरोध का नेतृत्व किया। इसी वर्ष सोवियत संघ द्वारा हंगरी पर आक्रमण किया गया था, लेकिन भारत ने इसकी आलोचना नहीं की थी। भारत ने अंतर्राष्ट्रीय मामलों पर हमेशा स्वतंत्र दृष्टिकोण अपनाया। भारत को विश्व के दो खेमों के बँटे देशों की सहायता और अनुदान मिले।
- गुट-निरपेक्ष आंदोलन की नींव बांडुंग सम्मेलन में रखी गई थी। इस आंदोलन में पंडित जवाहरलाल नेहरू ने महत्त्वपूर्ण भूमिका निभाई। परमाणु शक्ति संपन्न विश्व के देशों संयुक्त राज्य अमेरिका, सोवियत संघ, ब्रिटेन, फ्रांस और चीन ने जो यूएनओ की सुरक्षा परिषद् के स्थाई सदस्य भी हैं, इन सभी देशों ने

विश्व के अन्य देशों पर वर्ष 1968 की परमाणु अप्रसार संधि को अधिरोपित करने का प्रयास किया।

भारत ने परमाणु अप्रसार संधि पर यह कहकर हस्ताक्षर करने से इनकार कर दिया कि इसका व्यवहार भेद-भावपूर्ण है। भारत ने वर्ष 1974 और 1998 में परमाणु परीक्षण किए थे, जिनका पश्चिमी देशों द्वारा विरोध किया गया। भारत ने अपनी परमाणु शक्ति के संदर्भ में यह विश्वास दिलाया कि इसका प्रयोग भारत शांतिपूर्ण उद्देश्यों की प्राप्ति के लिए ही करेगा।

**3. अगर आपको भारत की विदेश नीति के बारे में फैसला लेने को कहा जाए, तो आप इसकी किन दो बातों को बदलना चाहेंगे? ठीक इसी प्रकार यह भी बताइए कि भारत की विदेश नीति के किन दो पहलुओं को आप बरकरार रखना चाहेंगे। अपने उत्तर के समर्थन में तर्क दीजिए।**

*अथवा* **भारतीय विदेश नीति की किन्हीं दो विशेषताओं की व्याख्या कीजिए, जिनका आप समर्थन करते हैं तथा ऐसी किन्हीं दो विशेषताओं को सुझाइए जिनको आप बदलना चाहेंगे।**

उत्तर भारत की विदेश नीति की दो प्रमुख विशेषताएँ निम्नलिखित हैं

(i) परमाणु नीति। (ii) निःशस्त्रीकरण

वर्तमान परिस्थितियों को देखते हुए इसमें आज के समय के अनुसार इन दोनों नीतियों में परिवर्तन किए जाने की आवश्यकता है।

### परमाणु नीति

भारत ने अपनी परमाणु नीति के तहत यह निर्णय किया था कि भारत अपनी परमाणु शक्ति का प्रयोग केवल शांतिपूर्ण उद्देश्यों के लिए करेगा। साथ ही परमाणु शक्ति का प्रयोग परमाणु हथियार बनाने व उन्हें युद्ध में प्रयोग नहीं करेगा। वर्तमान में विश्व के कई देश परमाणु शक्ति संपन्न हैं, जिसमें अमेरिका, चीन, सोवियत संघ, ब्रिटेन व फ्रांस के साथ-साथ इजरायल, जर्मनी, कोरिया, इंडोनेशिया, ब्राजील व पाकिस्तान के पास भी परमाणु शक्ति क्षमता है। इन देशों के पास अपनी परमाणु शक्ति के प्रयोग की योजनाएँ हैं। इसी को देखते हुए भारत को भी अपनी परमाणु क्षमता को प्रदर्शित करने के लिए विदेश नीति में बदलाव करना चाहिए।

### निःशस्त्रीकरण

निःशस्त्रीकरण शस्त्रों के निर्माण व उसकी खरीद से संबंधित है। हालाँकि भारत में इसका विरोध किया गया, लेकिन जब भारत के पड़ोसी देश पाकिस्तान ने अमेरिका से शस्त्र खरीदकर हमारे विरुद्ध प्रयोग किए, तो भारत को भी अपनी नीति में बदलाव करके शस्त्रों की खरीद करनी चाहिए। भारत ने जो गुट-निरपेक्षता और पंचशील के सिद्धांत को अपनाया है, उन्हें बने रहने देना चाहिए, क्योंकि उनकी प्रासंगिकता हमेशा ही बनी रहेगी।

**4. निम्नलिखित पर संक्षिप्त टिप्पणी लिखिए**

**(i) भारत की परमाणु नीति**

**(ii) विदेश नीति के मामलों पर सर्व-सहमति**

*अथवा* **भारत की परमाणु नीति का विश्लेषण कीजिए।**

उत्तर (i) **भारत की परमाणु नीति** भारत ने कभी भी परमाणु शस्त्रों के निर्माण का समर्थन नहीं किया। भारत दूसरे विश्वयुद्ध के दौरान हिरोशिमा तथा नागासाकी में हुई तबाही को भूला नहीं था। स्वतंत्रता के बाद भारत और अन्य विकासशील देशों ने गुट-निरपेक्षता की नीति अपनाते हुए निःशस्त्रीकरण पर बल दिया। इसी कारण जवाहरलाल नेहरू ने परमाणु हथियारों के निर्माण को कभी बढ़ावा नहीं दिया। इसी के साथ चीन ने वर्ष 1962 में भारत पर आक्रमण कर दिया।

इसके बाद वर्ष 1965 तथा 1971 में पाकिस्तान से भी भारत का युद्ध हुआ। पंडित नेहरू विज्ञान तथा प्रौद्योगिकी को औद्योगीकरण का एक महत्त्वपूर्ण घटक मानते थे। नेहरू की औद्योगीकरण की नीति का एक महत्त्वपूर्ण घटक परमाणु कार्यक्रम था।

भारत ने शांतिपूर्ण उद्देश्यों की पूर्ति के लिए परमाणु ऊर्जा के विकास का लक्ष्य रखा। इसकी शुरुआत वैसे तो 1940 दशक के अंतिम वर्षों में होमी जहाँगीर भाभा के निर्देशन में हो चुकी थी। भारत ने मई, 1974 में अपना पहला परमाणु परीक्षण किया था। भारत ने मई, 1998 में भी परमाणु परीक्षण किया था।

भारत द्वारा किए गए इन परमाणु परीक्षणों का कारण यही था कि भारत स्वयं को सुरक्षित रखना चाहता था। भारत का कहना भी यही था कि वह स्वयं युद्ध की स्थिति उत्पन्न नहीं करेगा, लेकिन आक्रमण होने पर भारत अपनी सुरक्षा कर सके इसलिए यह परमाणु परीक्षण किया गया है।

(ii) **विदेश नीति के मामलों पर सर्व सहमति** भारत में विदेश नीति को लेकर राजनीतिक दलों के बीच छोटे-मोटे मतभेद तो थे, लेकिन इन दलों में राष्ट्रीय अखंडता, अंतर्राष्ट्रीय सीमा रेखा की सुरक्षा तथा राष्ट्रीय हित के मामलों पर व्यापक सहमति है।

इसी कारण वर्ष 1962-1971 के बीच भारत ने तीन युद्धों का सामना किया और इसके बाद के समय में भी जो सरकारें बनीं उनकी विदेश नीति की भूमिका पार्टी की राजनीति में बड़ी सीमित रही।

**5. भारत की विदेश नीति का निर्माण शांति और सहयोग के सिद्धांतों को आधार मानकर हुआ, लेकिन वर्ष 1962-71 की अवधि यानी महज दस सालों में भारत को तीन युद्धों का सामना करना पड़ा। क्या आपको लगता है कि यह भारत की विदेश नीति की असफलता है अथवा आप इसे अंतर्राष्ट्रीय परिस्थितियों का परिणाम मानेंगे? अपने मंतव्य के पक्ष में तर्क दीजिए।**

उत्तर भारत की विदेश नीति का निर्माण शांति और सहयोग के आधार पर किया गया। इसके बावजूद भी वर्ष 1962-71 की अवधि के दौरान दस वर्षों में भारत को तीन युद्धों का सामना करना पड़ा।

इसे निम्न रूप में देख सकते हैं

- वर्ष 1962 में चीन और भारत ने चीनी-हिंदुस्तानी भाई-भाई का नारा दिया था और दोनों देशों ने पंचशील के सिद्धांत पर हस्ताक्षर किए थे, लेकिन चीन ने वर्ष 1962 में भारत पर आक्रमण कर दिया। इस आक्रमण से भारत की विदेश नीति पर प्रश्न उठे। यदि भारत ने अपनी कूटनीति से काम लिया होता और किसी ऐसी शक्ति से अच्छे संबंध रखे होते जो चीन के इस कदम के जवाब में भारत का साथ देता, तो निश्चित ही चीन ऐसा कदम कभी नहीं उठाता।
- पाकिस्तान ने भारत के पश्चिमी क्षेत्र व जम्मू-कश्मीर में वर्ष 1965 में आक्रमण कर दिया। इस समय भारत के प्रधानमंत्री लालबहादुर शास्त्री थे। लालबहादुर शास्त्री ने इस परिस्थिति का सामना किया और भारत की विदेश नीति को असफल नहीं होने दिया।

- वर्ष 1971 में बांग्लादेश युद्ध के समय तत्कालीन प्रधानमंत्री इंदिरा गाँधी ने सफल कूटनीतिज्ञ होने का परिचय दिया। भारत ने बांग्लादेश के 'मुक्ति संग्राम' को नैतिक समर्थन और भौतिक सहायता दी। पाकिस्तान ने आरोप लगाया कि भारत उसे तोड़ने की साजिश कर रहा है।

**6. क्या भारत की विदेश नीति से यह झलकता है कि भारत क्षेत्रीय स्तर की महाशक्ति बनना चाहता है? वर्ष 1971 के बांग्लादेश युद्ध के संदर्भ में इस प्रश्न पर विचार कीजिए।**

उत्तर भारतीय विदेश नीति में ऐसी कोई झलक नहीं है कि भारत क्षेत्रीय स्तर पर महाशक्ति बनना चाहता है। भारत की विदेश नीति के मूल सिद्धांत—पंचशील, गुट-निरपेक्षता, शांतिपूर्ण सह-अस्तित्व, साम्राज्यवाद का विरोध, संयुक्त राष्ट्र संघ का समर्थन, विकासशील देशों के साथ मैत्रीपूर्ण संबंध बनाना और उन्हें सहयोग प्रदान करना है। वर्ष 1971 में हुए बांग्लादेश युद्ध के पीछे पाकिस्तान की पूर्वी पाकिस्तान के प्रति उपेक्षापूर्ण नीति थी। इसलिए इसमें भारत की कोई भूमिका नहीं थी। भारत शांतिपूर्ण नीतियों में विश्वास रखता है और इसी पर भविष्य की उसकी सभी नीतियाँ रहेंगी।

भारत की ऐसी कोई आकांक्षा नहीं थी कि वह क्षेत्रीय महाशक्ति बने। बांग्लादेश युद्ध में पाकिस्तान को हराने के बाद भी भारत ने उसके सैनिकों को रिहा कर दिया। भारत ने बांग्लादेश युद्ध के दौरान इसको केवल अपना नैतिक समर्थन दिया था। हालाँकि बांग्लादेश युद्ध पाकिस्तान के उपेक्षित व्यवहार का ही परिणाम था।

**7. किसी राष्ट्र का राजनीतिक नेतृत्व किस तरह उस राष्ट्र की विदेश नीति पर असर डालता है? भारत की विदेशी नीति के उदाहरण देते हुए प्रश्न पर विचार कीजिए।**

उत्तर किसी राष्ट्र का राजनीतिक नेतृत्व राष्ट्र की विदेशी नीति पर सकारात्मक या नकारात्मक प्रभाव डालता है। वर्तमान युग में कोई भी स्वतंत्र देश संसार के अन्य देशों से अलग नहीं रह सकता। उसे राजनीतिक, आर्थिक और सांस्कृतिक आवश्यकताओं को पूरा करने के लिए एक-दूसरे पर निर्भर रहना पड़ता है। इस संबंध को स्थापित करने के लिए विदेश नीति का प्रयोग करना पड़ता है।

स्वतंत्रता के पश्चात् भारत के प्रधानमंत्री ने ऐसी विदेश नीति पर जोर दिया, जो संप्रभुता का बचाव, क्षेत्रीय अखंडता का निर्माण तथा तीव्र आर्थिक विकास पर ध्यान केंद्रित करे। कालांतर में विभिन्न सरकारों ने राष्ट्र की समृद्धि के लिए विभिन्न प्रकार से विदेश नीति में परिवर्तन किए। हालाँकि भारत ने प्रारंभ से अपनी विदेशी नीति में गुटनिरपेक्षता के सिद्धांत का पालन किया, परंतु समय तथा परिस्थितियों के अनुसार भारत ने अपने संबंधों को विभिन्न देशों के लिए अलग-अलग बनाया है।

**8. निम्नलिखित अवतरण को पढ़ें और इसके आधार पर पूछे गए प्रश्नों के उत्तर दीजिए**

**गुट-निरपेक्षता का व्यापक अर्थ है अपने को किसी भी सैन्य गुट में शामिल नहीं करना .... इसका अर्थ होता है-चीजों को यथासंभव सैन्य दृष्टिकोण से न देखना और इसकी कभी जरूरत आन पड़े तब भी किसी सैन्य गुट के नजरिए को अपनाने की जगह स्वतंत्र रूप से स्थिति पर विचार करना तथा सभी देशों के साथ दोस्ताना रिश्ते कायम करना।**

**जवाहरलाल नेहरू**

**(i) नेहरूजी सैन्य गुटों से दूरी क्यों बनाना चाहते थे?**

उत्तर नेहरूजी सैन्य गुटों से दूरी रखना चाहते थे, क्योंकि वे भारत में लोकतंत्र को मजबूती प्रदान करना चाहते थे। साथ ही वे पश्चिमी या पूर्वी गुटों से इसलिए दूर रहना चाहते थे, ताकि भारत को सोवियत संघ और अमेरिका दोनों से आर्थिक सहायता मिलती रहे।

**(ii) क्या आप मानते हैं कि भारत-सोवियत मैत्री की संधि से गुट-निरपेक्षता के सिद्धांतों का उल्लंघन हुआ? अपने उत्तर के समर्थन में तर्क दीजिए।**

उत्तर भारत सोवियत मैत्री संधि (1955) ने गुटनिरपेक्षता के सिद्धांत का उल्लंघन नहीं किया, क्योंकि संधि दोनों के बीच रक्षा और राजनीतिक सहयोग को बढ़ावा देने के लिए थी, लेकिन भारत ने अपनी स्वतंत्र विदेश नीति बनाए रखी, और संधि के बावजूद अन्य देशों के साथ संवाद बनाए रखा। यह संधि केवल सुरक्षा और स्थिरता को बढ़ावा देने के उद्देश्य से थी।

**(iii) अगर सैन्य गुट न होते तो क्या गुट-निरपेक्षता की नीति बेईमानी होती?**

उत्तर सैन्य गुटों का अस्तित्व ही गुट-निरपेक्षता की नीति का जनक था। अगर ये गुट नहीं होते, तो गुट-निरपेक्षता की नीति की आवश्यकता ही नहीं थी।

# अभ्यास प्रश्न

## वस्तुनिष्ठ प्रश्न

### बहुविकल्पीय प्रश्न

**1. किसी राष्ट्र की विदेश नीति किस कारक से प्रभावित होती हैं?** **CBSE 2020**

(a) सांस्कृतिक कारक
(b) आंतरिक कारक
(c) आंतरिक और अंतर्राष्ट्रीय कारक
(d) आर्थिक कारक

**उत्तर** (c) आंतरिक और अंतर्राष्ट्रीय कारक

**2. अनुच्छेद 51 से संबंधित निम्नलिखित संवैधानिक सिद्धांतों में से कौन-सा एक सही नहीं है?** **CBSE 2020**

(a) अंतर्राष्ट्रीय शांति और सुरक्षा को बढ़ावा देना
(b) राष्ट्रों के बीच अच्छे आर्थिक संबंधों को बनाए रखना
(c) अंतर्राष्ट्रीय कानूनों और संधियों के लिए सम्मान
(d) मध्यस्थता द्वारा अंतर्राष्ट्रीय विवादों के निपटान को प्रोत्साहित करना

**उत्तर** (b) राष्ट्रों के बीच अच्छे आर्थिक संबंधों को बनाए रखना।

**3. निम्नलिखित में से कौन-सा कथन भारत-चीन संबंध से संबंधित नहीं है?** **CBSE 2021**

(a) हिंदी-चीनी भाई-भाई का नारा कुछ समय के लिए ही लोकप्रिय था
(b) वर्ष 1950 में चीन ने तिब्बत पर अधिकार कर लिया
(c) भारत ने संयुक्त राष्ट्र सुरक्षा परिषद् में चीन के प्रवेश का विरोध किया
(d) चीन ने वर्ष 1962 में भारत पर हमला किया

**उत्तर** (c) भारत ने संयुक्त राष्ट्र सुरक्षा परिषद् में चीन के प्रवेश का विरोध किया

**4. द्वितीय विश्व युद्ध के दौरान, भारतीय राष्ट्रीय सेना (INA) का गठन निम्नलिखित में से किसने किया था?** **CBSE 2025**

(a) नेताजी सुभाषचंद्र बोस
(b) जवाहरलाल नेहरू
(c) महात्मा गाँधी
(d) सरदार वल्लभभाई पटेल

**उत्तर** (a) नेताजी सुभाषचंद्र बोस

**5. क्या भारत के संविधान में 'अंतर्राष्ट्रीय शांति और सुरक्षा' का उल्लेख कहीं किया गया है? यदि हाँ, तो इसे संविधान में कहाँ और कौन-से अनुच्छेद के अंतर्गत उल्लेखित किया गया है?** **CBSE 2020**

(a) हाँ, नीति-निदेशक तत्त्व के अनुच्छेद 51 में
(b) हाँ, मौलिक अधिकार के अनुच्छेद 29 में
(c) हाँ, नीति-निदेशक तत्त्व के अनुच्छेद 48 (क) में
(d) हाँ, मौलिक कर्त्तव्य के अनुच्छेद 51 (क) में

**उत्तर** (a) हाँ, नीति-निदेशक तत्त्व के अनुच्छेद 51 में

**6. नीचे दिए गए कथन को सही करके अपनी उत्तर-पुस्तिका में पुनः लिखिए**

**नेहरू के बाद, अटल बिहारी वाजपेयी वर्ष 1988 में दो देशों के बीच संबंधों को सुधारने के लिए चीन जाने वाले प्रथम प्रधानमंत्री बने।** **CBSE 2020**

(a) नेहरू के बाद राजीव गाँधी वर्ष 1988 में दोनों देशों के बीच संबंधों को सुधारने के लिए चीन जाने वाले प्रथम प्रधानमंत्री थे
(b) नेहरू के बाद राजीव गाँधी वर्ष 1986 में चीन जाने वाले प्रथम प्रधानमंत्री थे
(c) नेहरू के बाद वर्ष 1988 में दोनों देशों के बीच संबंधों को सुधारने के लिए राजीव गाँधी चीन जाने वाले पहले विदेश मंत्री थे
(d) नेहरू के बाद इंदिरा गाँधी वर्ष 1981 में दोनों देशों के बीच संबंधों को सुधारने के लिए चीन जाने वाली पहली प्रधानमंत्री थीं।

**उत्तर** (a) नेहरू के बाद राजीव गाँधी वर्ष 1988 में दोनों देशों के बीच संबंधों को सुधारने के लिए चीन जाने वाले प्रथम प्रधानमंत्री थे।

**7. भारत की विदेश नीति में शामिल पंचशील समझौता के सिद्धांतों में निम्न में से कौन-सा शामिल नहीं है?**

(a) शांतिपूर्ण सह-अस्तित्व को बनाए रखना
(b) समानता और आपसी हित को बढ़ावा देना
(c) एक-दूसरे के साथ राजनीतिक संबंधों को बढ़ावा देना
(d) आंतरिक मामलों में हस्तक्षेप न करना

**उत्तर** (c) एक-दूसरे के साथ राजनीतिक संबंधों को बढ़ावा देना।

**8. निम्नलिखित में से कौन-सा कथन भारत और पाकिस्तान के संबंध में सही नहीं है?** **CBSE 2021**

(a) भारत और पाकिस्तान ने सिंधु जल संधि पर हस्ताक्षर किए, जो विभिन्न सैन्य संघर्षों के बावजूद बची हुई है
(b) भारत और पाकिस्तान ने लोगों को उनके परिवारों को वापस लाने के लिए मिलकर काम किया
(c) भारत और पाकिस्तान ने आतंकवाद के विरुद्ध काम करने के लिए दोस्ती की संधि पर हस्ताक्षर किए थे
(d) भारत और पाकिस्तान ने वर्ष 1966 में ताशकंद समझौते पर हस्ताक्षर किए

**उत्तर** (c) भारत और पाकिस्तान ने आतंकवाद के विरुद्ध काम करने के लिए दोस्ती की संधि पर हस्ताक्षर किए थे

**9. निम्नलिखित में से कौन-सा एक जवाहरलाल नेहरू की नीति का प्रमुख लक्ष्य नहीं था?** **CBSE 2024**

(a) कठिन संघर्ष से प्राप्त भारत की संप्रभुता को बचाए रखना
(b) भारत की क्षेत्रीय अखंडता की रक्षा करना
(c) भारत को एक परमाणु शक्ति बनाना
(d) तीव्र आर्थिक विकास को बढ़ावा देना

**उत्तर** (c) भारत को एक परमाणु शक्ति बनाना

**10.** दलाई लामा ने निम्नलिखित में से किस देश में राजनीतिक शरण प्राप्त की थी? **CBSE 2024**

(a) नेपाल (b) भूटान (c) भारत (d) म्याँमार

उत्तर (c) भारत

**11.** 1950 के दशक के दौरान भारत और अमेरिका के संबंधों में काफी असहजता थी, क्योंकि **CBSE 2024**

(a) भारत के सोवियत संघ के साथ सम्बन्धों में सहभागिता बढ़ रही थी
(b) सोवियत संघ ने हंगरी पर आक्रमण कर दिया
(c) भारत नाटो (NATO) का एक सदस्य नहीं था
(d) भारत गुटनिरपेक्ष आंदोलन (NAM) का संस्थापक सदस्य था

उत्तर (b) सोवियत संघ ने हंगरी पर आक्रमण कर दिया

**12.** चीन ने किस वर्ष तिब्बत पर कब्जा कर लिया था? **CBSE 2024**

(a) 1950 (b) 1954 (c) 1960 (d) 1962

उत्तर (a) 1950

**13.** वर्ष 1956 में भारत ने स्वेज नहर संकट के दौरान ......... के खिलाफ विरोध की अगुवाई की।

(a) मिस्र (b) सोवियत संघ
(c) ब्रिटेन (d) पाकिस्तान

उत्तर (c) ब्रिटेन

**14.** एफ्रो-एशियाई एकता के संबंध में दिए गए कथनों पर विचार कीजिए

1. भारत का स्वतंत्रता आंदोलन जिन विचारों से प्रभावित था, उसका असर भारत की विदेश नीति पर पड़ा।
2. नेहरू के समय भारत ने एशिया और अफ्रीका के नव-स्वतंत्र देशों को मान्यता प्रदान की।
3. इंडोनेशिया के शहर बांडुंग में वर्ष 1955 में एफ्रो-एशियाई सम्मेलन का आयोजन हुआ था।

कूट

(a) केवल 2 (b) 1 और 2 (c) 2 और 3 (d) ये सभी

उत्तर (d) ये सभी

**15.** निम्न कथनों पर विचार कीजिए तथा गलत कथनों की पहचान कीजिए

1. गुट निरपेक्षता की नीति अपनाकर भारत ने शीत युद्ध के दौरान किसी भी महाशक्ति के प्रभाव से स्वतंत्र रहने का प्रयास किया।
2. नवस्वतंत्र देशों के साथ एकजुटता दिखाते हुए भारत ने उपनिवेशवाद से युक्त हुए देशों के साथ सहयोग और विकास को प्राथमिकता दी।
3. गुट निरपेक्ष आंदोलन में शामिल सभी देशों ने अंततः किसी न किसी महाशक्ति के साथ गठबंधन कर लिया।

कूट

(a) केवल 3 (b) 1 और 2 (c) 2 और 3 (d) 1 और 3

उत्तर (a) केवल 3

**16.** निम्नलिखित को कालक्रमानुसार व्यवस्थित कीजिए **CBSE 2025**

1. भारत-चीन युद्ध
2. बांग्लादेश की स्थापना
3. गुटनिरपेक्ष आंदोलन की प्रथम बैठक
4. पाकिस्तान के द्वारा गुजरात के कच्छ के रण में सैन्य आक्रमण करना

कूट

(a) 1, 2, 3, 4 (b) 2, 3, 1, 4
(c) 3, 1, 2, 4 (d) 4, 1, 2, 3

उत्तर (*) 3, 1, 4, 2

**17.** नीचे दिए गए घटनाक्रमों को सही अनुक्रम में व्यवस्थित कीजिए

1. भारत-पाक युद्ध के दौरान सोवियत संघ द्वारा भारत की मदद।
2. भारत-इजराइल के बीच राजनयिक-संबंध स्थापित।
3. होमी जहाँगीर भाभा के नेतृत्व में परमाणु-कार्यक्रम प्रारंभ।
4. परमाणु अप्रसार को अनियतकाल काल के लिए बढ़ाना

कूट

(a) 3, 1, 2, 4 (b) 3, 4, 2, 1
(c) 1, 2, 3, 4 (d) 4, 3, 1, 2

उत्तर (a) 3, 1, 2, 4

**18.** सूची I को सूची II के साथ सुमेलित कीजिए

| सूची I | सूची II |
|---|---|
| A. पंचशील समझौता | 1. वर्ष 1955 बांडुंग सम्मेलन में हुआ था। |
| B. इंडोनेशिया में अंतर्राष्ट्रीय सम्मेलन | 2. वर्ष 1956 में स्वेज नहर संकट के दौरान हुआ। |
| C. ब्रिटेन का स्वेज मामले में मिस्र पर हमला | 3. वर्ष 1960 के दशक में हुआ, विशेष रूप से परमाणु हथियारों को लेकर |
| D. भारत-अमेरिकी संबंधों में तनाव | 4. वर्ष 1954 में हुआ, जो भारत और चीन के बीच मैत्री समझौता था। |

कूट

| | A | B | C | D |
|---|---|---|---|---|
| (a) | 4 | 1 | 2 | 3 |
| (b) | 1 | 2 | 3 | 4 |
| (c) | 2 | 1 | 4 | 3 |
| (d) | 4 | 2 | 1 | 3 |

उत्तर (a) 4 1 2 3

**19.** सूची I को सूची II के साथ सुमेलित कीजिए

| सूची I | सूची II |
|---|---|
| A. चीन का तिब्बत पर अधिकार | 1. वर्ष 1973 |
| B. ब्रिटिश शासन से इजराइल स्वतंत्र | 2. वर्ष 1974 |
| C. भारत द्वारा परमाणु परीक्षण | 3. वर्ष 1948 |
| D. अरब-इजरायल युद्ध से विश्व में तेल संकट | 4. वर्ष 1950 |

कूट

| | A | B | C | D |
|---|---|---|---|---|
| (a) | 1 | 2 | 3 | 4 |
| (b) | 4 | 3 | 2 | 1 |
| (c) | 3 | 1 | 4 | 2 |
| (d) | 3 | 2 | 4 | 1 |

उत्तर (b) 4 3 2 1

**20.** निम्नलिखित में से कौन-सा युग्म सही नहीं है?

(a) नेहरू की विदेश नीति का उद्देश्य - संप्रभुता और क्षेत्रीय अखंडता को बनाए रखना
(b) गुट-निरपेक्षता की नीति - किसी एक खेमे (अमेरिका/सोवियत संघ) में शामिल होना

(c) वर्ष 1956 में स्वेज नहर संकट पर भारत का व्यवहार - नव-औपनिवेशिक हमले का विरोध करना
(d) शीतयुद्ध के दौरान भारत की स्थिति - स्वतंत्र विदेशी नीति अपनाना

उत्तर (b) गुट-निरपेक्षता की नीति - किसी एक खेमे (अमेरिका/सोवियत संघ) में शामिल होना।

**निर्देश (प्र. सं. 21-25) नीचे दो कथन दिए गए हैं, जिनमें एक को कथन (A) और दूसरे को कारण (R) माना गया है। इनका सावधानीपूर्वक अध्ययन कीजिए तथा नीचे दिए गए कूट की सहायता से सही उत्तर दीजिए।**

**कूट**
(a) A और R दोनों सही हैं तथा R, A की सही व्याख्या है
(b) A और R दोनों सही हैं, परंतु R, A की सही व्याख्या नहीं है
(c) A सही है, किंतु कारण R गलत है
(d) A गलत है, किंतु कारण R सही है

**21.** **कथन (A) विकासशील देश अपनी आर्थिक और सुरक्षा की जरूरतों के लिए विकसित देशों पर निर्भर रहते हैं।**

**कारण (R) किसी भी देश की विदेश नीति केवल आंतरिक परिस्थितियों से प्रभावित होती है।**

उत्तर (c) विकासशील देश अपनी आर्थिक और सुरक्षा की जरूरतों के लिए विकसित देशों पर निर्भर होते हैं, क्योंकि विकसित देश इन देशों में आर्थिक तथा प्रौद्योगिक निवेश करते हैं, जबकि किसी देश की विदेश नीति आंतरिक तथा बाह्य कारण से प्रभावित होती है।

**22.** **कथन (A) स्वतंत्रता पश्चात् भारत ने स्वयं को अमेरिका और सोवियत संघ का नेतृत्व करने वाले सैन्य संगठनों से दूर रखा।**

**कारण (R) भारत अपना एक स्वतंत्र सैन्य संगठन को मजबूत करना चाहता था।**

उत्तर (c) स्वतंत्रता पश्चात् भारत ने स्वयं को अमेरिका और सोवियत संघ रूस का नेतृत्व करने वाले सैन्य संगठनों से दूर रखा, क्योंकि उस समय भारत युद्धों के मध्य न फँसकर अपना आर्थिक विकास करना चाहता था।

**23.** **कथन (A) हिमाचल प्रदेश के धर्मशाला में संभवतया तिब्बती शरणार्थियों की बड़ी बस्ती है, यहाँ दलाई लामा का निवास स्थान भी है।**

**कारण (R) तिब्बत की जनता चीन के द्वारा बनाए "स्वायत्त तिब्बत क्षेत्र" का विरोध करती है।**

उत्तर (b) हिमाचल प्रदेश के धर्मशाला में संभवतया तिब्बती शरणार्थियों की बड़ी बस्ती है, इसका कारण चीन द्वारा तिब्बत पर आधिपत्य जमाना था, जो तिब्बत के स्वायत्त क्षेत्र के विपरीत थी।

**24.** **कथन (A) स्वतंत्रता के 45 वर्षों के बाद भी भारत-इजराइल के मध्य संबंध अस्पष्ट रहे, हालाँकि इनके ऐतिहासिक और सांस्कृतिक संबंध पुराने समय से सही रहे हैं।**

**कारण (R) भारत-इजराइल के पुराने संबंध अच्छे होने के बावजूद भी आज तक दोनों के मध्य राजनयिक संबंध स्थापित नहीं हुए हैं।**

उत्तर (c) स्वतंत्रता के 45 वर्षों के बाद भी भारत-इजराइल के मध्य संबंध अस्पष्ट रहे। हालाँकि इनके ऐतिहासिक और सांस्कृतिक संबंध पुराने समय से हैं, परंतु दोनों के मध्य राजनीतिक संबंध औपचारिक रूप से वर्ष 1992 में भारत में इजराइल के दूतावास की स्थापना के पश्चात् विकसित हुई।

**25.** **कथन (A) भारत स्वतंत्रता के पश्चात् परमाणु ऊर्जा संपन्न देश बनना चाहता था। इसलिए परमाणु कार्यक्रम को बढ़ावा दिया, ताकि वैश्विक हथियारों से संपन्न हो सके।**

**कारण (R) भारत ने सभी महाशक्तियों से परमाणु निःशस्त्रीकरण का आह्वान किया था, क्योंकि नेहरू परमाणु हथियारों के विरुद्ध थे।**

उत्तर (d) भारत ने स्वतंत्रता के पश्चात् विज्ञान एवं प्रौद्योगिकी को एक महत्त्वपूर्ण आयाम माना था, जिसमें परमाणु कार्यक्रम एक घटक मात्र था। इसके साथ ही भारत के परमाणु ऊर्जा का उद्देश्य, इसका शांतिपूर्वक उपयोग करना था न कि महाशक्ति बनना।

**26.** **नीचे दो कथन दिए गए हैं।**

**कथन I नेहरू ने भारत की विदेश नीति की रचना और क्रियान्वयन में महत्त्वपूर्ण भूमिका निभाई। उनकी नीति का उद्देश्य संप्रभुता और क्षेत्रीय अखंडता को बनाए रखना और गुटनिरपेक्षता को अपनाना था।**

**कथन II शीत युद्ध के समय भारत ने गुट-निरपेक्षता की नीति अपनाई, जिससे वह दोनों खेमों (अमेरिका और सोवियत संघ) से दूरी बनाए रखते हुए एक स्वतंत्र विदेशी नीति पर चला।**

**कूट**
(a) कथन I और कथन II दोनों सही हैं
(b) कथन I और कथन II दोनों गलत हैं
(c) कथन I सही है, लेकिन कथन II गलत है
(d) कथन I गलत है, लेकिन कथन II सही है

उत्तर (a) कथन I और कथन II दोनों सही हैं

**नीचे दिए गए चित्रों का अध्ययन कीजिए तथा पूछे गए प्रश्नों का उत्तर दीजिए।**

**27.**

(i) **भारत-पाकिस्तान के युद्ध को समाचार-पत्र में किस वर्ष दर्शाया गया है?**
(a) वर्ष 1970
(b) वर्ष 1972
(c) वर्ष 1965
(d) वर्ष 1960

उत्तर (c) वर्ष 1965

(ii) **वर्ष 1965 में पाकिस्तान ने भारत के किस इलाके पर हमला किया था?**

(a) पंजाब में, जहाँ दोनों देशों के बीच लंबा संघर्ष हुआ था।

(b) गुजरात के कच्छ इलाके में, जहाँ पाकिस्तान ने अपनी सैन्य गतिविधियाँ शुरू की थीं।

(c) उत्तर प्रदेश में जहाँ पाकिस्तान ने भारतीय सीमा की ओर बढ़ने का प्रयास किया

(d) दिल्ली में जहाँ पाकिस्तान ने भारत के प्रशासनिक केंद्र पर हमला करने की योजना बनाई

उत्तर (b) गुजरात के कच्छ इलाकें में, जहाँ पाकिस्तान ने अपनी सैन्य गतिविधियाँ शुरू की थीं।

(iii) **वर्ष 1965 के युद्ध के बाद भारत और पाकिस्तान के बीच क्या समझौता हुआ था?**

(a) दिल्ली समझौता (b) ताशकंद समझौता

(c) कराची समझौता (d) लाहौर समझौता

उत्तर (b) ताशकंद समझौता

(iv) **उपरोक्त समाचार-पत्र ............... की परिस्थितियों को बता रहा है।**

(a) भारत-चीन युद्ध (b) भारत-पाकिस्तान युद्ध

(c) भारत-भूटान युद्ध (d) भारत-ब्रिटिश युद्ध

उत्तर (b) भारत-पाकिस्तान युद्ध

**28.**

चीन के साथ वर्ष 1966 में सीमा विवाद उठा नेहरू और माओत्से तुंग के बीच व्यर्थ साबित हुई बातचीत

(i) **उपरोक्त चित्र किस परिस्थिति को दर्शा रहा है?**

(a) भारत-पाकिस्तान सीमा विवाद

(b) भारत-चीन सीमा विवाद

(c) भारत-बांलादेश सीमा विवाद

(d) उपरोक्त में से कोई नहीं

उत्तर (b) भारत-चीन सीमा विवाद

(ii) **चीनी क्रांति किस वर्ष हुई थी?**

(a) वर्ष 1950 (b) वर्ष 1962

(c) वर्ष 1949 (d) वर्ष 1965

उत्तर (c) वर्ष 1949

(iii) **वर्ष 1956 में चीनी शासनाध्यक्ष जोकि भारत के अधिकारिक दौरे पर आए उनका नाम क्या था?**

(a) माओत्से तुंग (b) चाऊ एन लाई

(c) एडविना माउंटबेटन (d) दलाई लामा

उत्तर (b) चाऊ एन लाई

(iv) **चीन ने तिब्बत को ........ क्षेत्र घोषित किया।**

(a) स्वायत्त (b) स्वतंत्र (c) सैनिक (d) विशेष

उत्तर (a) स्वायत्त

## लघु उत्तरीय प्रश्न

**1. पंचशील सिद्धांत के आधार पर भारत ने अपनी विदेश नीति में क्या प्रमुख दिशा-निर्देश अपनाए थे?**

उत्तर वर्ष 1954 में भारत तथा पाकिस्तान के मध्य पंचशील समझौता हस्ताक्षरित किया गया। पंचशील समझौता मुख्यतः एक नैतिक आचारों पर आधारित समझौता था इसमें पाँच सिद्धांत हैं, जो भारत की विदेश नीति के मूल आधार हैं, ये सिद्धांत हैं

- एक-दूसरे पर आक्रमण न करना।
- एक-दूसरे की प्रभुसत्ता और अखंडता को बनाए रखना।
- एक-दूसरे के आंतरिक मामलों में हस्तक्षेप न करना।
- शांतिपूर्ण सह-अस्तित्व।
- समानता और मित्रता की भावना रखना

**2. गुट-निरपेक्ष देशों में शामिल अधिकांश देशों को अल्पविकसित देशों का दर्जा क्यों दिया गया?**

उत्तर गुट-निरपेक्ष आंदोलन में अधिकांश देशों को 'अल्पविकसित देश' इसलिए कहा गया, क्योंकि इन देशों के सामने अपनी जनता को आर्थिक सुरक्षा और विकास के अवसर प्रदान करना मुख्य चुनौती था। नव-स्वतंत्र देशों के लिए यह आवश्यक था कि वे अपने को आर्थिक रूप से सशक्त करें, अन्यथा उन्हें धनी देशों पर निर्भर रहना पड़ता। वास्तव में इन नव स्वतंत्र देशों के संसाधन की सीमा थी इसलिए इनके लक्ष्य भी छोटे निर्धारित किए जाते थे।

**3. गुट-निरपेक्ष आंदोलन के किन्हीं चार लक्षणों की व्याख्या कीजिए।**

उत्तर गुट-निरपेक्ष आंदोलन के निम्न लक्षण हैं

- सैन्य गुटों से दूरी।
- अंतर्राष्ट्रीय मामलों पर स्वतंत्र राय।
- तीव्र आर्थिक विकास को बढ़ावा।
- परमाणु हथियारों का विरोध।
- महाशक्तियों से मैत्रीपूर्ण संबंध रखना और आवश्यकता पड़ने पर ही उनसे सहायता लेना।

**4. भारत ने वर्ष 1968 की परमाणु अप्रसार संधि (एन पी टी) पर हस्ताक्षर करने से क्यों इंकार किया?**

उत्तर भारत ने वर्ष 1968 की परमाणु अप्रसार संधि (एन पी टी) पर हस्ताक्षर करने से इसलिए इंकार कर दिया, क्योंकि भारत इसे भेदभाव पूर्ण मानता है। संयुक्त राष्ट्र संघ की सुरक्षा परिषद् के स्थायी सदस्य देशों द्वारा विश्व के अन्य देशों पर यह संधि अधिरोपित करने का प्रयास किया गया था। इसको भारत ने पक्षपात पूर्ण बताया।

**5. भारत ने किस नीति को अपनाकर विश्व शांति को स्थापना का प्रयास किया? इस नीति के सिद्धांतों, उद्देश्य और अंतर्राष्ट्रीय संबंध में इसके प्रभाव को विस्तार से समझाइए।**

उत्तर भारत ने गुट-निरपेक्षता की नीति को अपनाकर विश्व शांति की स्थापना का प्रयास किया। इसे निम्न प्रकार समझा जा सकता है

- भारत ने न केवल शीतयुद्ध के कारण उत्पन्न तनाव को कम करने का प्रयास किया, बल्कि संयुक्त राष्ट्र संघ के शांति अभियानों में अपनी सेना भेजी।
- भारत ने स्वयं को अमेरिका व सोवियत संघ के सैन्य संगठनों से दूर रखा।
- इसके अतिरिक्त संघर्ष समाधान और देशों की संप्रभुता का सम्मान जैसे कृत्यों से भारत के अंतर्राष्ट्रीय संबंधों में सुधार आया।
- इस नीति के तहत् भारत ने वैश्विक शांति को बढ़ावा देने का प्रयास किया और अंतर्राष्ट्रीय विवादों में मध्यस्थता की भूमिका निभाई।

**6. वर्ष 1962 के चीनी हमले का भारत पर क्या प्रभाव पड़ा था?**

उत्तर वर्ष 1962 के चीन युद्ध में भारत हार गया था। भारत को इससे यह महसूस हुआ कि उसे अभी स्वयं को सैनिक दृष्टि से अधिक मजबूत करना है, साथ ही अपने पड़ोसी देशों से सचेत भी रहना है।

इस युद्ध के कारण पाकिस्तान को भी भारत की कमजोर स्थिति का पता चला। इसी कारण पाकिस्तान ने भी भारत पर वर्ष 1965 में हमला किया।

**7. पूर्वी पाकिस्तान के लोगों ने किस कारण पश्चिमी पाकिस्तान के प्रभुत्व का विरोध किया? स्पष्ट कीजिए।** **CBSE 2024**

अथवा **'वर्ष 1971 में पाकिस्तान ने पूर्वी पाकिस्तान में उत्पीड़न और सैन्य कार्रवाई की थी, जिससे वहाँ के लोग स्वतंत्रता की ओर अग्रसर हुए।' तर्कसहित इस कथन को न्यायसंगत ठहराए।**

उत्तर पूर्वी पाकिस्तान के लोगों ने पश्चिमी पाकिस्तान के प्रभुत्व का विरोध मुख्य रूप से राजनीतिक, आर्थिक और सांस्कृतिक भेदभाव के कारण किया। पश्चिमी पाकिस्तान ने पूर्वी पाकिस्तान की जनसंख्या अधिक होने के बावजूद राजनीतिक सत्ता का नियंत्रण रखा। इसके अतिरिक्त आर्थिक संसाधनों का असमान वितरण था। जहाँ पूर्वी पाकिस्तान से उत्पन्न, राजस्व का अधिकांश हिस्सा पश्चिमी पाकिस्तान में खर्च होता था। साथ ही बंगाली भाषा और संस्कृति को पश्चिमी पाकिस्तान में उचित मान्यता नहीं दी गई, जिससे असंतोष और बढ़ा और अंततः वर्ष 1971 में बांग्लादेश की स्वतंत्रता हुई।

**8. भारत और चीन के मध्य किन्हीं दो मतभेदों का विश्लेषण कीजिए, जिनके कारण वर्ष 1962 में सैन्य संघर्ष हुआ था?**

उत्तर भारत और चीन के मध्य वर्ष 1962 में सैन्य संघर्ष हुआ इस संघर्ष के प्रमुख दो मतभेद निम्न थे

(i) **सीमा विवाद** भारत और चीन के बीच सीमा को लेकर मतभेद थे विशेष रूप से अक्साइ-चीन। चीन ने अक्साई-चीन पर दावा किया और वहाँ सड़क निर्माण किया जबकि भारत इसे जम्मू कश्मीर का हिस्सा मानता था।

(ii) **पंचशील समझौते का उल्लंघन** वर्ष 1954 में हुए पंचशील समझौते के तहत भारत और चीन ने शांतिपूर्ण सह-अस्तित्व के सिद्धांत को अपनाया था। लेकिन वर्ष 1959 में दलाई लामा के भारत में शरण लेने के बाद चीन को भारत की नीति से असहमति हुई, जिससे दोनों देशों के बीच रिश्ते खराब हुए। चीन ने इसे अपनी संप्रभुता के विरुद्ध माना और इस तनाव ने सैन्य संघर्ष को ओर बढ़ा दिया।

## दीर्घ उत्तरीय प्रश्न।

**1. भारत की विदेश नीति को प्रभावित करने वाले किन्हीं चार कारकों को स्पष्ट कीजिए।** **CBSE 2020**

अथवा **अंतर्राष्ट्रीय शांति और सुरक्षा के समर्थन के साथ-साथ आपसी मतभेदों का शांतिपूर्वक समाधान भारतीय विदेश नीति को प्रभावित करने वाले प्रमुख कारक हैं। ऐसे चार कारकों का उल्लेख करते हुए दिए गए कथन को न्यायसंगत रूप में व्याख्यायित करें।**

अथवा **भारत की विदेश नीति के किन्हीं चार प्रमुख लक्ष्य अथवा उद्देश्य को स्पष्ट कीजिए।**

उत्तर प्रत्येक देश अपनी विदेश नीति का निर्माण अपने राष्ट्रीय हितों को ध्यान में रखकर ही करता है। भारत ने भी अपनी विदेश नीति का निर्धारण अपने राष्ट्रीय हितों को ध्यान में रखकर किया है।

कुछ महत्त्वपूर्ण कारकों का विवरण इस प्रकार है

- विश्व में बढ़ते तनाव को दूर कर परस्पर सहयोग को बढ़ावा देना और सैन्य गुटबाजी का विरोध करना।
- अंतर्राष्ट्रीय शांति और सुरक्षा के समर्थन के साथ-साथ आपसी मतभेदों का शांतिपूर्ण समाधान खोजना।
- आण्विक शस्त्रों के संग्रहण, निर्माण का विरोध करना।
- राष्ट्रीय सुरक्षा को बढ़ाना, ताकि राष्ट्र की एकता व अखंडता बनी रहे।
- आर्थिक विकास इसके लिए विश्व के सभी देशों से सहयोगात्मक संबंध स्थापित किया।
- भारत ने संप्रभुता का बचाव किया, इसलिए वह महाशक्ति से अलग रहा।

**2. भारत की विदेश नीति बनाने एवं लागू करने में भारत के प्रथम प्रधानमंत्री जवाहरलाल नेहरू की भूमिका का वर्णन कीजिए।**

अथवा **भारत की विदेशी नीति में जवाहरलाल नेहरू की भूमिका उजागर कीजिए।** **CBSE 2024**

उत्तर भारत के प्रथम प्रधानमंत्री जवाहरलाल नेहरू ने वर्ष 1946-1964 तक भारत की विदेश नीति की रचना और क्रियान्वयन पर बल दिया। नेहरू की विदेश नीति के तीन मुख्य उद्देश्य थे—संप्रभुता का बचाव करना, क्षेत्रीय अखंडता को बनाए रखना तथा तीव्र गति से आर्थिक विकास करना। इन तीनों उद्देश्यों की प्राप्ति के लिए गुट-निरपेक्षता की नीति को अपनाया। इसके लिए भारत ने न केवल शीतयुद्ध के कारण उत्पन्न तनाव को कम करने का प्रयास किया, बल्कि संयुक्त राष्ट्र संघ के शांति अभियानों में अपनी सेना को भेजा।

इतना ही नहीं अमेरिका तथा सोवियत संघ के सैन्य गुट से स्वयं को अलग भी रखा। एशिया-अफ्रीका संबंधों को मजबूत बनाया। इसके लिए नव-स्वतंत्र राष्ट्रों से संपर्क स्थापित किया। भारत ने नेहरू के नेतृत्व में वर्ष 1947 में एशियाई संबंध सम्मेलन का आयोजन किया। इतना ही नहीं भारत ने दोनों महाशक्तियों से सहायता और अनुदान भी प्राप्त किया। इस प्रकार से नेहरू ने विदेश नीति के निर्माण से लेकर उसके क्रियान्वयन तक में महत्त्वपूर्ण भूमिका निभाई।

**3.** **अन्तर्राष्ट्रीय शांति और सुरक्षा को बढ़ावा देने के लिए भारत द्वारा किए गए किन्हीं चार योगदानों का वर्णन कीजिए।** **CBSE 2025**

*अथवा* **संविधान के अनुच्छेद 51 के संदर्भ में भारत की विदेश नीति के उद्देश्यों की व्याख्या करें। यह अनुच्छेद अंतर्राष्ट्रीय शांति और सुरक्षा में भारत की भूमिका को किस प्रकार दर्शाता है स्पष्ट करें।**

उत्तर भारत के संविधान में नीति-निदेशक तत्त्वों के अंतर्गत अनुच्छेद 51 में भारत की विदेश नीति से संबंधित तथ्यों का वर्णन किया गया है, जो निम्न प्रकार हैं

- अंतर्राष्ट्रीय शांति और सुरक्षा की अभिवृद्धि का।
- राष्ट्रों के बीच न्यायसंगत और सम्मानपूर्ण संबंधों को बनाए रखने का।
- संगठित लोगों के एक-दूसरे से व्यवहार में अंतर्राष्ट्रीय विधि और संधि-बाध्यताओं के प्रति आदर बढ़ाने का।
- अंतर्राष्ट्रीय विवादों को पारस्परिक बातचीत द्वारा निपटारे के लिए प्रोत्साहन देने का प्रयास करेगा।

उपरोक्त तथ्यों से स्पष्ट है कि भारत अंतर्राष्ट्रीय स्तर पर शांति और सौहार्द तथा परस्पर सहयोग को अपनी विदेश नीति में प्रमुख स्थान पर रखता है

**4.** **गुट-निरपेक्ष आंदोलन क्या है? इसकी आलोचना के किन्हीं दो बिंदुओं का परीक्षण कीजिए। इसके किन्हीं दो आधारभूत मूल्यों और स्थायी विचारों की व्याख्या भी कीजिए।**

*अथवा* **"गुटनिरपेक्ष आंदोलन का उद्देश्य शीत युद्ध के दौरान दोनों महाशक्तियों से दूरी बनाए रखते हुए विकासशील देशों के हितों की रक्षा करना था।" उदाहरण के साथ व्याख्या करें।**

उत्तर गुट-निरपेक्ष आंदोलन एक अंतर्राष्ट्रीय संगठन है, जो आधिकारिक रूप से अमेरिका या सोवियत संघ जैसे किसी भी प्रमुख राष्ट्र या गुट में सम्मिलित नहीं होता और न ही किसी राष्ट्र की सराहना या निंदा बिना सोचे-समझे करता है। गुट-निरपेक्षता की नीति अपनाने वाला देश एक स्वतंत्र विदेश नीति का निर्धारण करता है। गुट-निरपेक्ष आंदोलन की आलोचना के दो बिंदु निम्नलिखित हैं

(i) आलोचकों ने भारत की गुट-निरपेक्षता की नीति को सिद्धांत विहीन कहा। ऐसा इसलिए कि भारत अपने राष्ट्रीय हितों को पूरा करने के लिए कई महत्त्वपूर्ण अंतर्राष्ट्रीय मामलों पर अपना दृढ़ पक्ष नहीं रख पाया।

(ii) आलोचकों का दूसरा आरोप यह रहा कि भारत कई बार विरोधाभासी स्थिति में रहा। भारत स्वयं दूसरे देशों की आलोचना करता है कि वे महाशक्तियों के गुटों में शामिल हो रहे हैं, जबकि भारत ने स्वयं वर्ष 1971 में सोवियत संघ के साथ मैत्री संधि पर हस्ताक्षर किए। हालाँकि भारत का तर्क यह था कि उस बांग्लादेश संकट से निपटने के लिए सहायता की आवश्यकता थी इसीलिए उसने यह संधि की।

गुट-निरपेक्ष आंदोलन के दो आधारभूत मूल्य और स्थायी विचार निम्नलिखित हैं

(i) अपनी स्वतंत्र और निष्पक्ष विदेश नीति का निर्धारण करना।

(ii) विश्व के किसी गुट में सम्मिलित न होकर अलगाववाद की नीति अपनाना।

**5.** **बांडुंग सम्मेलन क्या था? इसके तीन परिणामों का वर्णन कीजिए।**

*अथवा* **"बांडुंग सम्मेलन 1955 के मुख्य उद्देश्य और इसकी ऐतिहासिक पृष्ठभूमि पर चर्चा करें। यह सम्मेलन किस प्रकार एशिया और अफ्रीका के देशों को एकजुट करने का प्रयास था" इसके तीन परिणामों का वर्णन करें।**

उत्तर बांडुंग सम्मेलन यूगोस्लाविया की राजधानी बेलग्रेड में सितंबर, 1961 में आयोजित किया गया। यह गुट-निरपेक्ष राष्ट्रों का पहला शिखर सम्मेलन था। इस सम्मेलन में 25 देशों के राज्याध्यक्षों ने भाग लिया था। भारत के प्रधानमंत्री जवाहरलाल नेहरू ने गुट-निरपेक्षता की नीति को विश्व की एक प्रमुख शक्ति बनाने में महत्त्वपूर्ण भूमिका अदा की थी। नेहरू के बाद सत्ता में आने वाले सभी प्रमुख भारतीय नेताओं ने गुट-निरपेक्ष आंदोलन की नीति को पूरा समर्थन देते हुए इसे आगे बढ़ाया। इंडोनेशिया के राष्ट्रपति सुकर्णो, मिस्र के राष्ट्रपति नासिर और यूगोस्लाविया के राष्ट्रपति मार्शल टीटो ने गुट-निरपेक्ष आंदोलन में प्रमुख भूमिका अदा की। बेलग्रेड के शिखर सम्मेलन के अंत में गुट-निरपेक्षता के मूलभूत सिद्धांतों की घोषणा की गई।

इस सम्मेलन के निम्नलिखित परिणाम थे

(i) गुट-निरपेक्षता के सिद्धांतों में स्थायी शांति, उपनिवेशवाद और साम्राज्यवाद के सभी स्वरूपों की समाप्ति।

(ii) सभी देशों के मध्य शांतिपूर्ण सह-अस्तित्व, सैनिक गुटों का विरोध करना।

(iii) साथ ही निःशस्त्रीकरण, मानवीय अधिकारों के प्रति सम्मान।

**6.** **भारत और चीन के संबंधों में सौहार्द और तनाव में से प्रत्येक के लिए किन्हीं दो पहलुओं का वर्णन कीजिए।** **CBSE 2020**

*अथवा* **स्वतंत्रता के पश्चात् दोस्ताना ढंग से रिश्तों की शुरुआत से लेकर 1962 के चीनी आक्रमण तक, भारत और चीन के रिश्तों का आकलन कीजिए।** **CBSE 2020**

*अथवा* **भारत और चीन के बीच संघर्ष के किन्हीं दो कारणों का विश्लेषण कीजिए।**

उत्तर चीन से भारत का ऐतिहासिक व सांस्कृतिक संबंध रहा है। जब भारत को स्वतंत्रता प्राप्त हुई तब भी इन दोनों देशों के संबंध मैत्रीपूर्ण थे। पूर्व में भी दोनों देशों के बीच सांस्कृतिक, कृषि व व्यापार के क्षेत्रों में आदान-प्रदान होता रहा है। चीन में वर्ष 1949 में साम्यवादी दल की सरकार आई। भारत प्रथम देश था, जिसने इसे मान्यता दी। दोनों देशों ने संयुक्त रूप से पंचशील समझौते पर वर्ष 1954 में हस्ताक्षर किए। इसी के आधार पर दोनों देशों के बीच संबंधों का विस्तार हुआ। हालांकि भारत-चीन संबंधों में सर्वाधिक प्रगाढ़ता नेहरू के प्रधानमंत्री काल में आई थी। नेहरू के कुछ सहयोगियों मसलन सरदार वल्लभभाई पटेल को आशंका थी कि आगामी दिनों में चीन भारत पर आक्रमण कर सकता है।

भारत और चीन के दोस्ताना रिश्तों में दो कारणों से कड़वाहट आई। चीन ने वर्ष 1950 में तिब्बत पर कब्जा कर लिया। शुरू-शुरू में भारत ने चीन के इस कदम का खुलकर विरोध नहीं किया, लेकिन वर्ष 1959 में जब तिब्बत के धार्मिक गुरु दलाई लामा ने भारत से राजनीतिक शरण माँगी और भारत ने उन्हें शरण दे दी, तो दोनों देशों के बीच तनाव उत्पन्न हो गया। चीन ने वर्ष 1962 में भारत पर आक्रमण कर उसके बड़े क्षेत्र पर अपना कब्जा कर लिया।

**7. तिब्बत का पठार भारत और चीन में तनाव का एक बड़ा कारण कैसे बना?**

उत्तर वर्ष 1950 में चीन ने तिब्बत पर नियंत्रण किया, जिसका तिब्बत के लोगों द्वारा विरोध किया गया। वर्ष 1954 में भारत, चीन के मध्य हुए पंचशील समझौते में दोनों देशों ने एक-दूसरे देश की क्षेत्रीय संप्रभुता का सम्मान किया, परंतु चीन ने इसका अर्थ इस बात से लगाया कि भारत तिब्बत पर चीनी दावेदारी की बात को स्वीकार कर रहा है। वर्ष 1956 में जब चीनी शासनाध्यक्ष चाऊ एन लाई भारत की यात्रा पर आए, तो तिब्बत के धार्मिक नेता दलाई लामा ने नेहरू को तिब्बत की बिगड़ती स्थिति की जानकारी दी, जबकि चीन वहाँ ज्यादा स्वायत्ता की बात कर रहा था। वर्ष 1958 में चीनी आधिपत्य के विरुद्ध तिब्बत में सशस्त्र विद्रोह हुआ, जिसका चीनी सेना द्वारा दमन किया गया। वर्ष 1959 में तिब्बत के पारंपरिक नेता दलाई लामा ने भारत में शरण ली थी, तो चीन ने इसका पुरजोर विरोध किया। यही वाद भारत और चीन के युद्ध का प्रमुख कारण रहा था।

**8. सीमा विवाद और आर्थिक सहयोग की दृष्टि से भारत और चीन की स्थिति का विवरण दीजिए।**

उत्तर सीमा विवाद और आर्थिक सहयोग की दृष्टि से भारत और चीन के बीच निम्न स्थिति है

**सीमा विवाद** भारत और चीन के बीच वर्ष 1962 से पूर्व मैत्रीपूर्ण संबंध थे। इन दोनों देशों ने एक साथ पंचशील समझौते पर हस्ताक्षर कर एक-दूसरे की स्वायत्तता का सम्मान करने का प्रण लिया था, लेकिन अचानक चीन द्वारा वर्ष 1962 में भारत पर आक्रमण कर उसके कई क्षेत्रों पर अधिकार कर लिया गया था। इसके बाद चीन ने पाकिस्तान से गुप्त रूप से समझौता कर पाकिस्तान द्वारा कश्मीर के छीने गए भू-भाग के कुछ हिस्सों पर अधिकार कर लिया है। इसके अतिरिक्त चीन ने हमेशा से अरुणाचल प्रदेश के कुछ भाग को अपने राज्य-क्षेत्र का भाग मान रखा है।

**आर्थिक सहयोग** चीन द्वारा वर्ष 1962 में भारत पर आक्रमण करने के बाद भारत-चीन संबंधों को सामान्य होने में लगभग दस वर्ष लगे। वर्ष 1976 में दोनों देशों के बीच पूर्ण राजनयिक संबंध बहाल हुए। वर्ष 1979 में अटल बिहारी वाजपेयी चीन के दौरे पर गए। फिर राजीव गाँधी बतौर प्रधानमंत्री चीन के दौरे पर गए। इसके बाद से चीन के साथ भारत के संबंधों में ज्यादा जोर व्यापारिक मसलों पर रहा है।

**9. 1971 में बांग्लादेश युद्ध की ओर ले जाने वाली परिस्थितियों का वर्णन कीजिए।** **CBSE 2024**

उत्तर 1971 में बांग्लादेश युद्ध की ओर ले जाने वाली परिस्थितयाँ मुख्य रूप से पूर्वी और पश्चिमी पाकिस्तान के बीच राजनीतिक, आर्थिक और सांस्कृति भेदभाव से उत्पन्न हुईं। इन परिस्थितियों का वर्णन निम्न प्रकार है

(i) **राजनीतिक भेदभाव** पूर्वी पाकिस्तान में जनसंख्या अधिक होने के बावजूद पश्चिमी पाकिस्तान ने राजनीतिक संख्या पर कब्जा जमाए रखा। 1970 के आम चुनावों में शेख मुजीब रहमान की पार्टी, अवामी लीग ने पूर्वी पाकिस्तान में भारी जीत हासिल की, लेकिन पश्चिमी पाकिस्तान की सत्ता ने इसे मान्यता नहीं दीं।

(ii) **आर्थिक असमानता** पूर्वी पाकिस्तान का आर्थिक शोषण होता रहा। पूर्वी पाकिस्तान से उत्पन्न राजस्व का बड़ा हिस्सा पश्चिमी पाकिस्तान में खर्च किया गया, जबकि पूर्वी पाकिस्तान में विकास कार्यों की अनदेखी की गई।

(iii) **सांस्कृतिक और भाषाई मतभेद** पश्चिमी पकिस्तान ने बंगाली भाषा और संस्कृति को उचित मान्यता नहीं दी, और उर्दू में राष्ट्रीय भाषा बनाने पर जोर दिया।

जब शेख मुजीबुर रहमान ने पूर्वी पाकिस्तान की स्वायत्ता की माँग की, तो पश्चिमी पाकिस्तान की सरकार ने उसे दबाने के लिए सैन्य कार्यवाही शुरू की। जिसमें हजारों लोगों की हत्या हुई और हिंसा का व्यापक स्तर पर फैलाव हुआ। जिस कारण वर्ष 1971 में भारत द्वारा पूर्वी पाकिस्तान से आने वाले लाखों शरणार्थियों को स्थान दिया गया। इसके बाद भारत ने पूर्वी पाकिस्तान को नैतिक और सैन्य समर्थन दिया और अंततः वर्ष 1971 में भारत और पाकिस्तान के बीच युद्ध हुआ।

## दीर्घ उत्तरीय प्रश्न II

**1. भारत की विदेश नीति के किन्हीं चार महत्त्वपूर्ण सिद्धांतों का वर्णन कीजिए।** **CBSE 2025**

*अथवा* **किन्हीं दो राज्य के नीति-निदेशक सिद्धांतों का उल्लेख कीजिए, जिनका संबंध विदेश नीति से है?**

*अथवा* **विदेश नीति से संबंधित किन्हीं दो नीति-निदेशक सिद्धांतों का उल्लेख कीजिए, जिनका संबंध विदेश नीति से है?**

*अथवा* **'भारतीय विदेश नीति के चार प्रमुख सिद्धांतों का आकलन करें। प्रत्येक सिद्धांतों को स्पष्ट करने के लिए उपयुक्त उदाहरणों के साथ व्याख्या करें।'**

उत्तर वर्तमान युग में किसी भी स्वतंत्र देश को विश्व के अन्य देशों से अलग-थलग रहना संभव नहीं है। अपनी राजनीतिक, आर्थिक और सांस्कृतिक आवश्यकताओं के लिए एक देश को दूसरे पर निर्भर रहना पड़ता है। इन्हीं आवश्यकताओं की पूर्ति के लिए देश विदेश नीति का निर्माण करते हैं। भारत ने भी अपनी परिस्थितियों को ध्यान में रखकर अपनी विदेश नीति का निर्माण किया है।

भारत की विदेश नीति के प्रमुख सिद्धांत निम्नलिखित हैं

(i) **गुट-निरपेक्ष नीति** भारत ने अपनी विदेश नीति में गुट-निरपेक्षता को महत्त्वपूर्ण स्थान दिया है। दूसरा विश्वयुद्ध होने के पश्चात् विश्व दो खेमों में बँट गया था। एक खेमा पश्चिम देश समर्थक था तथा दूसरा साम्यवादी देशों का। इन दोनों खेमों ने भारत को अपने पक्ष में करने का प्रयास किया, लेकिन भारत ने किसी भी प्रकार के सैनिक गठबंधन का हिस्सा बनने से इंकार कर दिया। भारत ने निश्चय किया कि वह अपनी स्वतंत्र विदेश नीति अपनाएगा। भारत विभिन्न अंतर्राष्ट्रीय विवादों का समर्थन गुणात्मक आधार पर ही करता है और विभिन्न देशों से आर्थिक सहायता भी प्राप्त करता है।

(ii) **उपनिवेशवाद का विरोध** भारत लंबे समय तक साम्राज्यवाद के शोषण का शिकार रहा। द्वितीय विश्वयुद्ध के बाद एशिया सहित अफ्रीका, लैटिन अमेरिका के अधिकांश राष्ट्र स्वतंत्र हो गए थे। अभी भी साम्राज्यवाद को पूर्ण रूप से समाप्त नहीं किया जा सका था। भारत ने उपनिवेशवाद का बड़े स्तर पर विरोध किया।

(iii) **निःशस्त्रीकरण** भारत सदैव ही परमाणु हथियारों के प्रयोग व निर्माण का विरोधी रहा था। भारत ने हमेशा भेदभाव रहित निःशस्त्रीकरण के पक्ष में मत रखा, ताकि विश्व में संघर्ष की स्थिति को समाप्त किया जा सके, इसलिए भारत ने परमाणु हथियारों के संदर्भ में पक्षपात करने संबंधी किसी भी संधि पर हस्ताक्षर करने से इंकार कर दिया।

(iv) **अंतर्राष्ट्रीय स्तर पर शांतिपूर्ण सह-अस्तित्व** भारत ने सदैव ऐसी विदेश नीति का समर्थन किया, जो विश्व में शांति व सुरक्षा की स्थापना करे। भारत सभी विवादों का निपटारा बातचीत के द्वारा करना चाहता था। स्वतंत्रता के बाद पड़ोसी देशों द्वारा युद्ध की स्थिति उत्पन्न करने पर भी भारत ने समझौते द्वारा ऐसी स्थिति को सुलझा लिया था।

(v) **पंचशील** भारत ने अपनी विदेश नीति में पंचशील के सिद्धांत को स्थान दिया है। पंचशील में पाँच सिद्धांत हैं, जो भारत की विदेश नीति के मूल आधार हैं। ये सिद्धांत निम्नलिखित हैं

(i) एक-दूसरे पर आक्रमण न करना।
(ii) एक-दूसरे की प्रभुसत्ता और अखंडता को बनाए रखना।
(iii) एक-दूसरे के आंतरिक मामलों में हस्तक्षेप न करना।
(iv) शांतिपूर्ण सह-अस्तित्व।
(v) समानता और मित्रता की भावना बनाए रखना।

**2. नेहरू की विदेश नीति के क्या उद्देश्य थे? वह किस रणनीति से इन उद्देश्यों की प्राप्ति करना चाहते थे?**

*अथवा* **भारत की विदेश नीति को सही आकार देने में जवाहरलाल नेहरू के योगदान का वर्णन करें।**

*अथवा* **'गुट-निरपेक्षता ने नेहरू की विदेश नीति में केंद्रीय भूमिका निभाई, जिसमें भारत ने शीतयुद्ध के दौरान किसी भी गुट से दूरी बनाए रखी।' उदाहरण सहित कथन का समर्थन करें।**

*उत्तर* नेहरू की विदेश नीति के निम्न उद्देश्य थे

(i) **गुट-निरपेक्षता** इस नीति को भारतीय विदेश नीति का मूल सिद्धांत कहा जाता है। इसका अर्थ यही है कि भारत किसी भी गुट में शामिल नहीं है। जब विश्व दो गुटों में बँटा था। एक ओर सोवियत संघ और दूसरी ओर अमेरिका सहित पश्चिमी देश, तब दोनों महाशक्तियों ने भारत को अपनी ओर खींचने का प्रयास किया था, परंतु भारत तटस्थ रहा। आज इस नीति के दूरगामी परिणाम रहे हैं। वर्तमान में सौ से भी अधिक देश गुट-निरपेक्षता की नीति का अनुसरण कर रहे हैं। इसी के कारण तीसरे विश्वयुद्ध का संकट टाला जा सकता है। भारतीय प्रधानमंत्री ने सर्वप्रथम इस आंदोलन की शुरुआत की थी। जनता पार्टी सरकार ने भी इस गुट-निरपेक्ष नीति का अनुसरण किया था।

(ii) **शांतिपूर्ण सह-अस्तित्व** यह 'जिओ और जीने दो' की धारणा पर आधारित है। सभी राष्ट्रों को अपनी शासन प्रणाली अपनाने के अधिकार के साथ अपनी समस्याओं के समाधान चुनने की भी स्वतंत्रता है, लेकिन यह ध्यान रखना आवश्यक है कि किसी के घरेलू मामलों में अनुचित हस्तक्षेप न किया जाए।

(iii) **निःशस्त्रीकरण** भारत हमेशा से ही शस्त्रों के उत्पादन का विरोधी रहा है। मानवता का संहार करने वाले अस्त्र-शस्त्रों का निर्माण कम ही किया जाए। सभी देशों में हथियार निर्माण की होड़ मचने के कारण अंतर्राष्ट्रीय अशांति का दिन-प्रतिदिन खतरा बढ़ रहा है। भारत हमेशा निःशस्त्रीकरण का समर्थक रहा है।

(iv) **पंचशील** पंचशील नीति की घोषणा पंडित जवाहरलाल नेहरु ने 21 अप्रैल, 1954 को की थी, इसमें निम्न सिद्धांत हैं

- प्रत्येक राष्ट्र द्वारा दूसरे राष्ट्र की प्रभुसत्ता का सम्मान।
- किसी भी राष्ट्र द्वारा किसी पर आक्रमण न करना।
- सभी को समानता।
- परस्पर सह-अस्तित्व की भावना का आदर।
- किसी भी देश को अन्य देश के आंतरिक मामलों में हस्तक्षेप नहीं करना चाहिए।

(v) **साम्राज्यवाद व उपनिवेशवाद का विरोध** भारत एक लंबे समय तक उपनिवेशवाद के शोषण का शिकार रहा है। अतः भारत इस साम्राज्यवादी नीति का विरोधी है। भारत ने अपनी स्वतंत्रता के लिए संघर्ष में लगे देशों का भी हमेशा समर्थन किया है। उनकी आर्थिक व नैतिक सहायता भी की है।

**3. विदेश नीति किस प्रकार राष्ट्रीय हितों से प्रमाणित है? समझाइए।**

*उत्तर* निश्चित रूप से किसी भी देश की विदेश नीति का निर्धारण उस देश के हितों के संदर्भ में ही किया जाता है, लेकिन भारत की विदेश नीति का उद्देश्य केवल उसका राष्ट्रीय हित न होकर अन्य उद्देश्य भी हैं, जिन्हें निम्न रूप में देखा जा सकता है

- यदि अंतर्राष्ट्रीय स्तर पर देखा जाए, तो भारत की विदेश नीति राष्ट्रीय हितैषी होने के साथ-साथ मानवता प्रिय, अंतर्राष्ट्रीय शांति, निःशस्त्रीकरण की समर्थक व गुट-निरपेक्षता की नीति पर आधारित है। भारत इसके आधार पर उपनिवेशवाद, साम्राज्यवाद, रंग भेद-भाव, जातीय भेदभाव का भी विरोध करता आया है।
- एफ्रो-एशिया एकता में भी भारत ने महत्त्वपूर्ण भूमिका अदा की है।
- भारत के आकार, अवस्थिति और शक्ति संभावना को जानकर नेहरू ने यह विश्वास जताया कि भारत विश्व के मामलों विशेषकर एशियाई देशों में अहम भूमिका निभाएगा। इसीलिए नेहरू ने एशिया व अफ्रीका के नव-स्वतंत्र देशों से बेहतर संबंध बनाए। नेहरू के नेतृत्व में ही भारत ने मार्च, 1947 में एशियाई संबंध सम्मेलन का आयोजन किया।
- भारत ने इंडोनेशिया की स्वतंत्रता के लिए भी भरपूर प्रयास किए। भारत इंडोनेशिया को डच औपनिवेशिक शासन से शीघ्र मुक्ति देना चाहता था। भारत ने वर्ष 1949 में इंडोनेशिया के स्वतंत्रता संग्राम के समर्थन में एक अंतर्राष्ट्रीय सम्मेलन किया। इंडोनेशिया के शहर 'बांडुंग' में एफ्रो-एशियाई सम्मेलन वर्ष 1955 में हुआ। आमतौर पर इसे बांडुंग सम्मेलन ही कहा जाता है। अफ्रीका और एशिया के नव-स्वतंत्र देशों के साथ भारत के बढ़ते संबंधों का यह चरम कहा जाता है। इस सम्मेलन के दौरान ही गुट-निरपेक्ष आंदोलन की नींव पड़ी थी। पहला गुट-निरपेक्ष सम्मेलन सितंबर, 1961 में बेलग्रेड में हुआ। इस आंदोलन की स्थापना में नेहरू ने महत्त्वपूर्ण भूमिका अदा की थी।

**4. वर्ष 1971 में हुए युद्ध के भारत पर क्या परिणाम हुए? सविस्तार वर्णन करें।**

*अथवा* **"वर्ष 1971 में भारत-पाकिस्तान युद्ध ने भारत को न केवल क्षेत्रीय शक्ति के रूप में स्थापित किया, बल्कि बांग्लादेश के निर्माण में उसकी निर्णायक भूमिका ने अंतर्राष्ट्रीय स्तर पर उसकी छवि को मजबूत किया।" कथन का औचित्य सिद्ध करें।**

*उत्तर* इस प्रश्न के उत्तर के लिए पृष्ठ संख्या 222-223 पर पाकिस्तान के साथ युद्ध और संघर्ष व 'बांग्लादेश युद्ध 1971' देखें।

**5. भारतीय परमाणु कार्यक्रम की गतिविधियों के विकास पर प्रकाश डालें?**

उत्तर इस प्रश्न के उत्तर के लिए पृष्ठ संख्या 223-224 पर 'भारत की परमाणु नीति' देखें।

**6. "स्वतंत्र भारत की विदेश नीति ने एक शांतिपूर्ण विश्व के सपने को साकार करने का प्रयास किया है।" तीन उपयुक्त तर्कों के साथ कथन की पुष्टि कीजिए।**

उत्तर स्वतंत्र भारत की विदेश नीति ने एक शांतिपूर्ण विश्व के निर्माण की दिशा में कई ठोस कदम उठाए। इसे तीन उपयुक्त तर्कों के माध्यम से समझा जा सकता है।

(i) **गुटनिरपेक्षता** भारत ने स्वतंत्रता के बाद शीत युद्ध के समय किसी भी सैन्य गुट का हिस्सा बनने से इन्कार किया। पंडित नेहरू ने गुटनिरपेक्ष आंदोलन की स्थापना की, जो शांति, संप्रभुता और विकास के सिद्धांतों पर आधारित था। इसका उद्देश्य दो महाशक्तियों (अमेरिका और सोवियत संघ) के बीच चल रहे तनाव से दूर रहकर वैश्विक शांति बनाए रखना था।

(ii) **परमाणु निःशस्त्रीकरण** भारत ने हमेशा परमाणु हथियारों के प्रसार का विरोध किया और शांति के लिए परमाणु निःशस्त्रीकरण का समर्थन किया। भारत ने परमाणु ऊर्जा का शांतिपूर्ण उपयोग करने की वकालत की और वैश्विक स्तर पर परमाणु अप्रसार के लिए प्रयास किए।

(iii) **संयुक्त राष्ट्र में सक्रिय भूमिका** भारत ने संयुक्त राष्ट्र में शांति बनाए रखने के लिए सक्रिय योगदान दिया है। भारत ने कई अंतर्राष्ट्रीय शांति मिशनों में भाग लिया है और संघर्षरत् देशों में शांति अभियानों में भारत का योगदान दुनिया के कई अन्य देशों से अधिक रहा है।

इन तीनों तर्कों से स्पष्ट होता है कि भारत की विदेश नीति ने वैश्विक शांति और स्थिरता को बढ़ावा देने में एक महत्त्वपूर्ण भूमिका निभाई है।

**7. कोई तीन तर्क देकर भारत द्वारा अपनाई गई 'गुटनिरपेक्षता की नीति' को न्यायोचित ठहराइए।** **CBSE 2024**

उत्तर भारत द्वारा अपनाई गई गुटनिरपेक्षता की नीति को निम्नलिखित तीन तर्कों के आधार पर न्यायोचित ठहराया जा सकता है

(i) **स्वतंत्र और संतुलित विदेश नीति** गुट-निरपेक्षता ने भारत को शीत युद्ध के समय किसी महाशक्ति (अमेरिका या सोवियत संघ) के प्रभाव से दूर रहने का अवसर दिया। यह नीति भारत को स्वतंत्र रूप से अपने राष्ट्रीय हितों के अनुरूप विदेश नीति बनाने की सुविधा देती थी। गुटनिरपेक्ष रहते हुए भारत ने विभिन्न अंतर्राष्ट्रीय मुद्दों पर संतुलित और तटस्थ दृष्टिकोण अपनाया।

(ii) **शांति और स्थिरता का समर्थन** गुटनिरपेक्षता का उद्देश्य शांति बनाए रखना था। भारत ने दोनों महाशक्तियों के बीच चल रहे शीत युद्ध में भाग न लेकर वैश्विक शांति और संप्रभुता का समर्थन किया। इससे भारत युद्ध और टकराव से बचा रहा और अपने आर्थिक और सामाजिक विकास पर ध्यान केन्द्रित कर सका।

(iii) **नव-स्वतंत्र देशों के साथ एकजुटता** गुट-निरपेक्षता ने भारत को नवस्वतंत्र देशों के साथ एकजुट होने का अवसर दिया, जो हाल ही में उपनिवेशवाद से मुक्त हुए थे। इन देशों ने महाशक्तियों की राजनीति में शामिल होने की बजाय आपसी सहयोग, विकास और शांति पर जोर दिया। भारत की यह नीति इन्हें संप्रभुता और स्वतंत्रता का सम्मान देने और वैश्विक स्तर पर एक मजबूत आवाज प्रदान करने का माध्यम बनी।

इन तर्कों से स्पष्ट होता है कि गुटनिरपेक्षता की नीति ने भारत को स्वतंत्र, शांतिपूर्ण और विकासोन्मुख विदेशी नीति अपनाने में मदद की

## स्रोत आधारित प्रश्न

**नीचे दिए गए स्रोत का अध्ययन कीजिए तथा प्रश्नों का सही उत्तर दीजिए**

**1. भारत के पहले प्रधानमंत्री जवाहरलाल नेहरू ने राष्ट्रीय एजेंडा तय करने में निर्णायक भूमिका निभाई। वे प्रधानमंत्री के साथ-साथ विदेश मंत्री भी थे। प्रधानमंत्री और विदेश मंत्री के रूप में वर्ष 1946 से 1964 तक उन्होंने भारत की विदेश नीति की रचना और क्रियान्वयन पर गहरा प्रभाव डाला। नेहरू की विदेश नीति के तीन बड़े उद्देश्य थे–कठिन संघर्ष से प्राप्त संप्रभुता को बचाए रखना, क्षेत्रीय अखंडता को बनाए रखना और तेज रफ्तार से आर्थिक विकास करना। नेहरू इन उद्देश्यों को गुट-निरपेक्षता की नीति अपनाकर हासिल करना चाहते थे। उन दिनों देश में कुछ पार्टियाँ और समूह ऐसे भी थे जिनका मानना था कि भारत को अमेरिकी खेमे के साथ ज्यादा नजदीकी बढ़ानी चाहिए, क्योंकि इस खेमे की प्रतिष्ठा लोकतंत्र के हिमायती के रूप में थी। इस धारा पर सोचने वालों में डॉ. भीमराव अंबेडकर भी शामिल थे। साम्यवाद की विरोधी कुछ राजनीतिक पार्टियाँ भी चाहती थीं कि भारत अपनी विदेश नीति अमेरिका के पक्ष में बनाए।**

(i) **भारत की विदेश नीति में शांतिपूर्ण विश्व का सपना या इसके लिए भारत ने ............ नीति का पालन किया।**

(a) एकध्रुवीयता (b) द्विध्रुवीयता
(c) गुटनिरपेक्षता (d) पंचशील

उत्तर (c) गुटनिरपेक्षता

(ii) **स्वतंत्रता के पश्चात् भारत की विदेश नीति में किस राजनेता द्वारा महत्त्वपूर्ण कार्य किए गए?**

(a) महात्मा गाँधी (b) पं. जवाहरलाल नेहरू
(c) भीमराव अंबेडकर (d) लालबहादुर शास्त्री

उत्तर (b) पं. जवाहरलाल नेहरू

(iii) **स्वतंत्रता के पश्चात् भारत की विदेश नीति का प्रमुख लक्ष्य क्या था?**

उत्तर स्वतंत्रता के पश्चात् भारत की विदेश नीति का प्रमुख लक्ष्य भारत को आर्थिक, सामाजिक और राजनैतिक रूप से सशक्त बनाना था। साथ ही कठिन संघर्ष से प्राप्त संप्रभुता को बचाए रखना क्षेत्रीय अखंडता को बनाए रखना था। नेहरू इन उद्देश्यों को गुट-निरपेक्षता की नीति अपनाकर हासिल करना चाहते थे।

**2. पाकिस्तान के साथ अपने संबंधों के विपरीत आजाद भारत ने चीन के साथ अपने रिश्तों की शुरुआत बड़े दोस्ताना ढंग से की थी। चीनी क्रांति वर्ष 1949 में हुई थी। इस क्रांति के बाद भारत, चीन की कम्युनिस्ट सरकार को मान्यता देने वाले पहले देशों में एक था। पश्चिमी प्रभुत्व के चंगुल से निकलने वाले इस देश को लेकर नेहरू के हृदय में गहरे भाव थे और उन्होंने अंतर्राष्ट्रीय फलक पर इस सरकार की मदद की।**

**नेहरू के कुछ सहयोगियों-मसलन सरदार वल्लभभाई पटेल को आशंका थी कि आगामी दिनों में चीन भारत पर चढ़ाई कर सकता है, लेकिन नेहरू सोच रहे थे कि भारत पर चीन के आक्रमण की संभावना दूर-दूर तक नहीं है। बहुत दिनों से भारत की चीन से लगती सीमा पर सेना के बजाय अर्द्ध-सैनिक बल रखवाली कर रहे थे। शांतिपूर्ण सह-अस्तित्व के पाँच सिद्धांतों यानी पंचशील की घोषणा भारत के प्रधानमंत्री नेहरू और चीन के प्रमुख चाऊ-एन-लाई ने संयुक्त रूप से 29 अप्रैल, 1954 में की।**

(i) **वर्ष 1957 से 1959 के बीच किस देश ने अक्साई-चीन क्षेत्र पर अधिकार कर लिया और इस क्षेत्र में उसने रणनीतिक बढ़त हासिल करने के लिए सड़क बनाई?**

(a) रूस (b) अमेरिका
(c) पाकिस्तान (d) चीन

उत्तर (d) चीन

(ii) **चीनी सरकार के अंतर्राष्ट्रीय स्तर पर भारत के (नेहरू के) समर्थन से सरदार पटेल क्यों असहमत थे?**

(a) सरदार पटेल चीन की सरकार से खुश नहीं थे
(b) सरदार पटेल चाहते थे कि चीन ब्रिटिश के ही अधीन रहे
(c) सरदार पटेल को संदेह था कि चीन भारत पर आक्रमण कर सकता है
(d) सरदार पटेल अपने पड़ोसी देशों से अच्छे संबंध नहीं रखना चाहते थे

उत्तर (c) सरदार पटेल को संदेह था कि चीन भारत पर आक्रमण कर सकता है।

(iii) **भारत के प्रधानमंत्री नेहरू और चीन के प्रमुख चाऊ-एन-लाई द्वारा वर्ष 1954 में पंचशील की घोषणा की गई उसके क्या निहितार्थ (उद्देश्य) थे?**

उत्तर भारत और चीन के बीच पंचशील घोषणा का उद्देश्य आपसी हित को बेहतर बनाना, दोनों देशो के बीच अंतराष्ट्रीय संबंधों को मजबूत, एक-दूसरे के आंतरिक मामलों में हस्तक्षेप, एक-दूसरे पर आक्रमण न करना और शांतिपूर्ण सह-अस्तित्व को बनाए रखना था।

**3. भारत ने मई, 1974 में परमाणु परीक्षण किया। नेहरू ने भारत के निर्माण हेतु विज्ञान और प्रौद्योगिकी को एक महत्त्वपूर्ण आयाम बताया इसलिए उनकी औद्योगीकरण की नीति का महत्त्वपूर्ण घटक परमाणु कार्यक्रम ही था। इसका प्रारंभ वर्ष 1940 में होमी जहाँगीर भाभा के निर्देशन में हुआ था। भारत का उद्देश्य अणु ऊर्जा का उपयोग शांति के लिए करना था। नेहरू परमाणु हथियारों के विरुद्ध थे। उन्होंने सभी महाशक्तियों से परमाणु निःशस्त्रीकरण का आवाहन किया। चीन ने अक्टूबर, 1964 में परमाणु परीक्षण किया। संयुक्त राष्ट्रीय संघ की सुरक्षा परिषद् के स्थायी सदस्यों से संयुक्त राज्य अमेरिका, सोवियत संघ, ब्रिटेन, फ्रांस और चीन ने विश्व के अन्य देशों पर वर्ष 1968 की परमाणु अप्रसार संधि को अधिरोपित करने का प्रयास किया।**

(i) **चीन द्वारा अपना पहला परमाणु परीक्षण किस वर्ष किया गया था?**

(a) 1974 (b) 1998
(c) 1950 (d) 1964

उत्तर (d) 1964

(ii) **भारत के परमाणु कार्यक्रम का प्रारंभ किसके निर्देशन में हुआ?**

(a) सत्येंद्र नाथ बोस
(b) विक्रम सारा भाई
(c) ए. पी. जे. अब्दुल कलाम
(d) होमी जहाँगीर भाभा

उत्तर (d) होमी जहाँगीर भाभा

(iii) **भारत का परमाणु ऊर्जा कार्यक्रम किस उद्देश्य के लिए प्रारंभ किया गया था?**

उत्तर भारत का परमाणु कार्यक्रम शांति के उद्देश्य से प्रारंभ किया गया था। पंडित जवाहरलाल नेहरू ने अणु ऊर्जा के विकास को शांति और समृद्धि के लिए उपयोग करने का संकल्प लिया। भारत की नीति परमाणु हथियारों के निर्माण की नहीं, बल्कि ऊर्जा उत्पादन और वैज्ञानिक अनुसंधान के लिए अणु ऊर्जा के शांतिपूर्ण उपयोग की रही है।

**4. आमतौर पर हमारी नीति ताकत की राजनीति से अपने को अलग रखने और महाशक्तियों को एक खेमें के विरुद्ध दूसरे खेमें में शामिल न होने की है। आज दो अग्रणी खेमें रूस और अमेरिका-ब्रिटेन के हैं। हमें दोनों के साथ दोस्ताना संबंध रखना है तथा साथ ही उनके खेमे में शामिल भी नहीं होना है।**

(i) **जवाहरलाल नेहरू किस प्रकार की नीति को अपनाने पर बल दे रहे हैं?**

(a) महाशक्तियों को समर्थन देने की नीति
(b) ताकत की राजनीति से अलग रहने की नीति
(c) किसी एक खेमें में शामिल होने की नीति
(d) सिर्फ रूस को समर्थन देने की नीति

उत्तर (b) ताकत की राजनीति से अलग रहने की नीति

(ii) **भारत की नीति के अनुसार, महाशक्तियों के खेमें में शामिल ना होने का मुख्य उद्देश्य क्या है?**

(a) विश्व राजनीति में सक्रिय भूमिका निभाना
(b) शीतयुद्ध में भाग लेना
(c) स्वतंत्र व संतुलित विदेश नीति बनाए रखना
(d) केवल रक्षा पर ध्यान केंद्रित करना

उत्तर (c) स्वतंत्र व संतुलित विदेश नीति बनाए रखना

(iii) **नेहरू विश्व की दो महाशक्तियों के विरुद्ध न जाने और उनके साथ शामिल न होने की बात क्यों कर रहे हैं?**

उत्तर स्वतंत्रता के पश्चात् नेहरू दो महाशक्ति (रूस और अमेरिका) के गठबंधन में शामिल नहीं होना चाहते थे, क्योंकि भारत उस समय सैन्य गठबंधन से अलग अपने आप को आर्थिक, सामाजिक तथा सांस्कृतिक रूप से सशक्त बनाना चाहता था। यदि भारत इन महाशक्तियों के बीच फँस जाता, तो वह अपने लक्ष्य को निर्धारित समय में प्राप्त नहीं कर सकता था।

## मानचित्र पर आधारित प्रश्न

**1.** नीचे दिए गए भारत के राजनीतिक रूपरेखा मानचित्र में राज्यों को A, B और C के रूप में चिन्हित किया गया है। नीचे दी गई जानकारी के आधार पर इन राज्यों की पहचान करें और संबंधित क्रम संख्या के साथ अपनी उत्तर पुस्तिका में उनके सही नाम लिखें।

| दी गई जानकारी की क्रम संख्या | अंग्रेजी वर्णमाला | राज्यों के नाम |
|---|---|---|
| (i) | | |
| (ii) | | |
| (iii) | | |

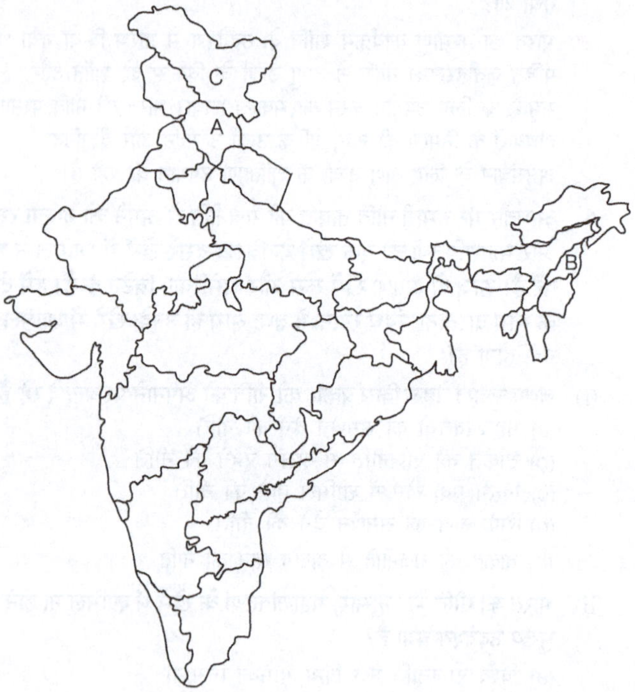


(i) दलाईलामा ने भारत में अपना निवास स्थान किस राज्य में बनाया?

(ii) चीन-युद्ध के तुरंत बाद किस राज को प्रांत का दर्जा दिया गया?

(iii) वर्ष 1947 में भारत और पाकिस्तान की सेनाओं के बीच किस राज्य में छद्म-युद्ध छिड़ गया?

उत्तर

| दी गई जानकारी की क्रम संख्या | अंग्रेजी वर्णमाला | राज्यों के नाम |
|---|---|---|
| (i) | A | हिमालच प्रदेश |
| (ii) | B | नागालैंड |
| (iii) | C | जम्मू-कश्मीर |

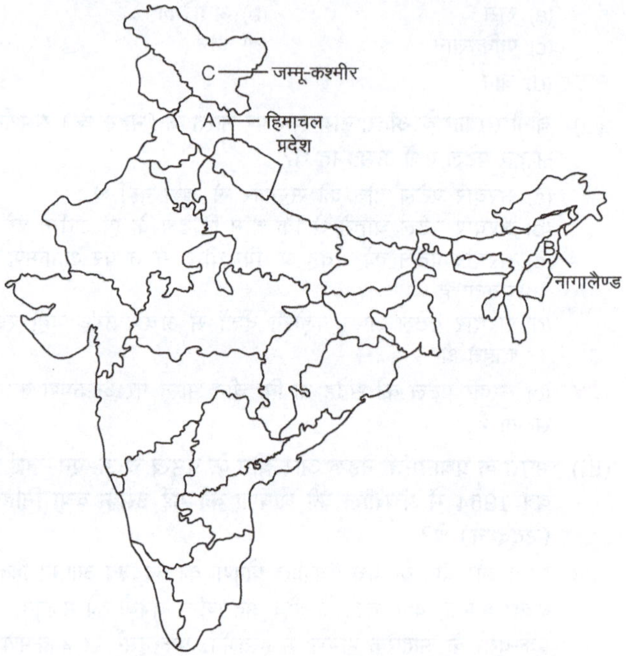

# स्वयं को जाँचें

## वस्तुनिष्ठ प्रश्न

**1.** अंतर्राष्ट्रीय शांति और सुरक्षा को बढ़ाने या बनाए रखने संबंधी प्रावधान भारतीय संविधान के नीति-निदेशक तत्त्व के किस अनुच्छेद में वर्णित हैं?

(a) अनुच्छेद 45 (b) अनुच्छेद 42
(c) अनुच्छेद 47 (d) अनुच्छेद 51

**2.** भारत ने नेहरू के नेतृत्व में ........ में एशियाई संबंध सम्मेलन का आयोजन किया था?

(a) वर्ष 1947 (b) वर्ष 1949
(c) वर्ष 1951 (d) वर्ष 1954

**3.** निम्नलिखित में से कौन-सा प्रभाव भारत पर चीन के आक्रमण (1962) के पश्चात् वैश्विक पटल पर उत्पन्न हुआ?

(a) चीन-सोवियत संघ के बीच मतभेद बढ़ा
(b) चीन के समर्थक पक्ष ने मार्क्सवादी भारतीय कम्युनिस्ट पार्टी बनाई
(c) भारत-चीन युद्ध के बाद नागालैंड को प्रांत का दर्जा दिया गया
(d) उपरोक्त सभी

**4.** निम्न कथनों पर विचार कीजिए

1. नेहरू ने भारत के निर्माण के लिए विज्ञान एवं प्रौद्योगिकी को महत्त्वपूर्ण आयाम बताया।
2. भारत ने परमाणु अप्रसार संधि का विरोध किया था।
3. भारत की परमाणु नीति शांति की स्थापना करने वाली रही है।

उपरोक्त में से कौन-सा कथन सही है?

(a) केवल 1 (b) 1 और 2
(c) 2 और 3 (d) 1, 2 और 3

**5.** सुमेलित कीजिए

| सूची I | सूची II |
|---|---|
| A. भारत-चीन युद्ध | 1. 1999 |
| B. कारगिल युद्ध | 2. 1963 |
| C. बांग्लादेश युद्ध | 3. 1954 |
| D. पंचशील समझौता | 4. 1971 |

कूट

| | A | B | C | D |
|---|---|---|---|---|
| (a) | 1 | 2 | 3 | 4 |
| (b) | 2 | 1 | 4 | 3 |
| (c) | 4 | 3 | 2 | 1 |
| (d) | 3 | 4 | 1 | 2 |

## लघु उत्तरीय प्रश्न

**6.** नेहरू के दृष्टिकोण से भारत की विदेश नीति को उजागर कीजिए।

**7.** चीन और पाकिस्तान जैसे पड़ोसी देशों के साथ भारत के संबंधों के प्रति नेहरू के दृष्टिकोण का मूल्यांकन करें।

**8.** भारत की विदेश नीति के संवैधानिक प्रावधानों का उल्लेख कीजिए।

**9.** भारत-चीन संबंधों के तनाव के दो कारणों का उल्लेख कीजिए।

**10.** भारत और पाकिस्तान के बीच हुए कारगिल युद्ध के कारणों का उल्लेख कीजिए।

**11.** कारगिल युद्ध के कारणों की विस्तार से व्याख्या करें और भारत पाकिस्तान संबंधों को कैसे प्रभावित करता हैं? उदाहरणों सहित व्याख्या करें।

**12.** पंचशील का सिद्धांत क्या है? भारत ने किस देश के साथ इस पर हस्ताक्षर किए थे?

**13.** भारत की विदेश नीति के निर्माण में नेहरू का क्या योगदान था?

**14.** वर्ष 1962 के भारत-चीन युद्ध के बाद चीन और भारत के संबंधों में क्या बदलाव आया?

**15.** बांग्लादेश युद्ध में भारत की भूमिका का वर्णन कीजिए। वर्ष 1971 के बांग्लादेश युद्ध के परिणामस्वरूप बांग्लादेश की स्वतंत्रता की प्राप्ति में भारत की भूमिका को किस तरह देखा जा सकता है? स्पष्ट करें।

## दीर्घ उत्तरीय प्रश्न I

**16.** विश्व राजनीति के बदलते समीकरणों से भारत के विदेशी संबंधों पर क्या प्रभाव पड़ा है। स्पष्ट कीजिए?

**17.** भारत की परमाणु नीति एवं भारत के परमाणु कार्यक्रम का विश्लेषण कीजिए।

## दीर्घ उत्तरीय प्रश्न II

**18.** भारत विदेश नीति का आधार क्या था? विदेश नीति के अनुपालन को मजबूत करने वाले संवैधानिक प्रावधानों की चर्चा करें।

*अथवा* भारत की विदेश नीति और भारतीय संविधान में निहित प्रावधानों के बीच संबंध पर विस्तृत चर्चा करें। किस प्रकार भारतीय संविधान के अनुच्छेद 51 और अन्य प्रावधान भारत की विदेश नीति को आकार देते हैं? तर्कपूर्ण व्याख्या कीजिए।

**19.** एफ्रो-एशियाई सम्मेलन क्या है? यह भारत के बढ़ते संबंधों के लिए क्यों महत्त्वपूर्ण था?

# 05

अध्याय

# कांग्रेस प्रणाली : चुनौती और पुनर्स्थापन

इस अध्याय में 1960 के दशक में तीव्र प्रतिस्पर्द्धा के कारण कांग्रेस के सामने आई चुनौतियों पर चर्चा की गई है। इस दौरान कांग्रेस में विभाजन हुआ और बाद में इंदिरा गाँधी के नेतृत्व में कांग्रेस पुनर्जीवित हुई।

**▼ अध्ययन एक नजर में**


5.1 राजनीतिक उत्तराधिकार की चुनौती

5.2 चौथा आम चुनाव, 1967

5.3 कांग्रेस में विभाजन

5.4 वर्ष 1969 का राष्ट्रपति चुनाव

5.5 वर्ष 1971 का आम चुनाव और कांग्रेस का पुनर्स्थापन


**▼ अभ्यास के लिए**

- बहुविकल्पीय प्रश्न 19 (युग्मित प्रश्न, चित्र आधारित प्रश्न, कथन/कारण, सुमेलित कीजिए)
- वर्णनात्मक प्रकार के प्रश्न (लघु उत्तरीय प्रश्न 12, दीर्घ उत्तरीय प्रश्न I 10, दीर्घ उत्तरीय प्रश्न II 8)
- स्रोत आधारित प्रश्न 4, मानचित्र आधारित 4

## 5.1 राजनीतिक उत्तराधिकार की चुनौती

27 मई, 1964 में प्रधानमंत्री जवाहरलाल नेहरू की मृत्यु के बाद कांग्रेस पार्टी तथा केंद्र सरकार के सम्मुख उत्तराधिकार की चुनौती उत्पन्न हुई।

- भारत से बाहर के बहुत से लोगों को संदेश था कि नेहरू के बाद देश में लोकतंत्र का अस्तित्व रहेगा या नहीं। अन्य स्वतंत्र राष्ट्रों की तरह भारत भी राजनीतिक उत्तराधिकार का फैसला लोकतांत्रिक तरीके से कर पाएगा या नहीं।
- लोकतंत्र की विफलता की स्थिति में भय था कि सेना राजनीतिक भूमिका में उतर जाएगी देश वर्तमान समस्याओं—गरीबी एवं सांप्रदायिकताओं का समाधान कर पाएगा या नहीं। हालाँकि, दुनिया के अन्य देशों (ब्रिटेन) में घटित पूर्व की घटनाओं के संदर्भ में यह चिंता स्वाभाविक भी थी, क्योंकि यह भी संभव था कि भारत में लोकतांत्रिक व्यवस्था असफल हो जाती या देश बिखर जाता।
- इस चुनौती में स्वतंत्रता पश्चात् उत्पन्न समस्याएँ; जैसे– गरीबी, असमानता, सांप्रदायिक तथा क्षेत्रीय विभाजन जैसे मुद्दे और भी गंभीर थे। उल्लेखनीय है कि इन मुद्दों के कारण ही 1960 के दशक को **खतरनाक दशक** (Dangerous Decade) कहा जाता है। इस स्थिति में भारत के अतिरिक्त अन्य स्थानों पर भी भारत को लेकर अनेक संदेह उत्पन्न हो रहे थे।

### नेहरू के बाद शास्त्री

- नेहरू के उत्तराधिकार के रूप में लालबहादुर शास्त्री जी को चुना गया। इसमें तत्कालीन कांग्रेस अध्यक्ष **के. कामराज** की महत्त्वपूर्ण भूमिका रही। लालबहादुर शास्त्री कांग्रेस के निर्विरोध नेता के रूप में प्रधानमंत्री बने।

- इससे पूर्व शास्त्री जी ने नेहरू जी के मंत्रिमंडल में कई वर्षों तक मंत्री की भूमिका निभाई थी। ये अपने सरल स्वभाव व सादा एवं निष्ठावान गुण के कारण प्रसिद्ध थे।
- शास्त्री जी वर्ष 1964-66 तक देश के प्रधानमंत्री रहे। यद्यपि इस पद पर वे बहुत कम दिनों तक रहे, लेकिन इस अवधि में देश ने दो बड़ी चुनौतियों का सामना किया।
  (i) भारत-चीन युद्ध के कारण उत्पन्न हुई आर्थिक कठिनाइयों का सामना कर रहा था, साथ ही मानसून की असफलता से देश में सूखे की स्थिति भी उत्पन्न हो गई।
  (ii) वर्ष 1965 में पाकिस्तान के साथ भी युद्ध करना पड़ा।
- शास्त्री जी ने **'जय जवान-जय किसान'** का नारा दिया।
- युद्ध समाप्ति के सिलसिले में ताशकंद में तत्कालीन पाकिस्तानी राष्ट्रपति मोहम्मद अयूब खान से बातचीत के दौरान 10 जनवरी, 1966 को ताशकंद में अचानक उनका देहांत हो गया। ताशकंद भूतपूर्व सोवियत संघ में था और आज यह उज्बेकिस्तान की राजधानी है।

**लालबहादुर शास्त्री**

- वे भारत के दूसरे प्रधानमंत्री रहे।
- वे वर्ष 1930 में स्वतंत्रता आंदोलन में शामिल हुए और उत्तर प्रदेश के मंत्रिमंडल में मंत्री भी रहे।
- वे कुछ समय तक कांग्रेस पार्टी के महासचिव के पद पर आसीन रहे।
- वे वर्ष 1951-56 तक केंद्रीय मंत्रिमंडल में मंत्री पद पर रहे, इसी दौरान रेल-दुर्घटना की नैतिक जिम्मेदारी लेते हुए, उन्होंने रेलमंत्री पद से इस्तीफा दे दिया।

## शास्त्री के बाद इंदिरा गाँधी

- लालबहादुर शास्त्री के बाद पुन: उत्तराधिकार का प्रश्न उभरा। इस प्रधानमंत्री पद के लिए दो उम्मीदवार थे, जैसे-
  (i) **मोरारजी देसाई** तत्कालीन बंबई (वर्तमान महाराष्ट्र तथा गुजरात) के मुख्यमंत्री तथा केंद्रीय मंत्री भी रह चुके थे।
  (ii) **इंदिरा गाँधी** जवाहरलाल नेहरू की पुत्री तथा शास्त्री जी के कैबिनेट में सूचना एवं प्रसारण मंत्री थीं।
- गुप्त मतदान में दो तिहाई कांग्रेस सांसदों के समर्थन द्वारा इंदिरा गाँधी विजयी रहीं।
- इस प्रकार कठिन परिस्थितियों व उत्तराधिकार प्रतिस्पर्द्धा के बाद भी शांतिपूर्ण तरीके से सत्ता इंदिरा गाँधी के हाथ में आ गई। कांग्रेस के वरिष्ठ नेताओं ने यह समझकर इंदिरा का साथ दिया कि उनके पास राजनीतिक तथा प्रशासनिक अनुभव कम थे।
- इसके बावजूद इंदिरा ने कठिनाइयों का सामना किया और पार्टी में अपना पूरा नियंत्रण बढ़ाने का प्रयास किया तथा कुशल नेतृत्व को दिखाया। प्रधानमंत्री के रूप में इंदिरा गाँधी ने तीन चुनौतियों का सामना किया: जैसे-
  (i) कांग्रेस के वरिष्ठ नेताओं के समक्ष अपने आप को सुयोग्य एवं कर्मठ नेता के रूप में पेश करना।
  (ii) एक वर्ष के अंदर लोकसभा चुनाव में पार्टी को पूर्व रूप से सँभालना।
  (iii) देश की आर्थिक स्थिति को सँभालना।

**इंदिरा गाँधी (वर्ष 1917-84 तक)**

- वे वर्ष 1966-77 तक और फिर वर्ष 1980-84 तक भारत की प्रधानमंत्री रहीं।
- वे वर्ष 1958 में कांग्रेस की अध्यक्ष रहीं तथा वर्ष 1964-66 तक शास्त्री मंत्रिमंडल में केंद्रीय मंत्री पद पर रहीं।
- इन्होंने वर्ष 1967,1971 और 1980 के आम चुनावों में कांग्रेस पार्टी को अपने नेतृत्व में विजयी बनाया।
- इन्होंने 'गरीबी हटाओ' का नारा दिया।
- इनके कार्यकाल में भारत ने 1971 के युद्ध मे जीत हासिल की इसके अतिरिक्त इन्होंने प्रिवी पर्स की समाप्ति, बैकों के राष्ट्रीयकरण आण्विक-परीक्षण तथा पर्यावरण-संरक्षण के लिए कदम उठाए।
- 13 अक्टूबर, 1984 के दिन इनकी हत्या कर दी गई।

### चेक प्वॉइंट 1

1. 1960 के दशक को किस नाम से जाना जाता है?
2. शास्त्री जी ने क्या नारा दिया था?
3. प्रधानमंत्री बनने के बाद इंदिरा गाँधी को किन दो चुनौतियों का सामना करना पड़ा?

## 5.2 चौथा आम चुनाव, 1967

वर्ष 1967 को भारत के राजनीतिक और चुनावी इतिहास में महत्त्वपूर्ण माना गया, क्योंकि इस समय राजनीति में व्यापक परिवर्तन हुआ।

### चुनावों का संदर्भ

- चौथे आम चुनावों के आने तक देश में बड़े बदलाव हो चुके थे। दो प्रधानमंत्रियों का जल्दी-जल्दी देहावसान हुआ और इस समय देश को गंभीर समस्याओं का सामना करना पड़ रहा था; जैसे
  – देश में गंभीर आर्थिक संकट
  – मानसून की असफलता, व्यापक सूखा, खेती की पैदावार में गिरावट।
  – औद्योगिक उत्पादन और निर्यात में गिरावट।
  – सैन्य खर्चे में भारी बढ़ोतरी
  – नियोजन और आर्थिक विकास के संसाधनों को सैन्य-मद में लगाना पडा।
- इंदिरा गाँधी की सरकार के शुरुआती फैसलों में एक था- रूपयें का **अवमूल्यन**[1] और ऐसा माना जाता था कि अवमूल्यन अमेरिका के दबाव में किया गया।
- आर्थिक स्थिति की विकटता के कारण कीमतों में तेजी से इजाफा हुआ।
- देश में अक्सर 'बंद' और 'हड़ताल' की स्थिति रहने लगी।
- साम्यवादी और समाजवादी पार्टी ने व्यापक समानता के लिए संघर्ष छेड़ दिया।

### गैर-कांग्रेसवाद

- विपक्षी दल जनविरोध का नेतृत्व कर रहे थे और सरकार पर दबाव डाल रहे थे। इसमें कांग्रेस का विरोध करने वाली पार्टियाँ एकजुट हो गई थीं। इतना ही नहीं कुछ राज्यों में कांग्रेस विरोधी संगठन बनाया गया तथा राज्यों के चुनावों में सीटों को लेकर दूसरे दलों से समझौता भी किया गया।
- इन दलों को लग रहा था कि इंदिरा गाँधी को अनुभव की कमी का लाभ उठाकर कांग्रेस को सत्ता से बाहर किया जा सकता है।
- प्रखर समाजवादी नेता राममनोहर लोहिया ने इस विपक्षी रणनीति को **गैर-कांग्रेसवाद**[2] का नाम दिया तथा इसके पक्ष में यह तर्क दिया कि कांग्रेस का शासन अलोकतांत्रिक और गरीबों के विरुद्ध है। गरीबों के हित में लोकतंत्र को वापस लाने के लिए गैर-कांग्रेसी पार्टियों को एक मंच पर आना आवश्यक है।

**सी. नटराजन अन्नादुरई** (वर्ष 1909-69 तक)

- ये मद्रास (तमिलनाडु) के मुख्यमंत्री रहे।
- इनका संबंध मद्रास राज्य के जस्टिस पार्टी से था। बाद में ये **द्रविड़ कषगम** में शामिल हो गए।
- ये द्रविड़ संस्कृति के समर्थक थे और हिंदी विरोधी आंदोलन का नेतृत्व किया।
- ये राज्यों के व्यापक स्वतंत्रता के समर्थक थे।

**राममनोहर लोहिया** (1910-1967)

- ये एक समाजवादी नेता एवं विचारक और स्वतंत्रता सेनानी थे।
- ये कांग्रेस सोशलिस्ट पार्टी के सदस्य और संयुक्त सोशलिस्ट पार्टी के नेता रहे।
- ये वर्ष 1963-67 तक लोकसभा के सदस्य रहे।
- ये **'मैनकाइंड' एवं 'जन'** के संस्थापक संपादक भी रहे।
- ये पिछड़े वर्गों के आरक्षण की वकालत और अंग्रेजों के विरोध के अतिरिक्त ऐसे नेता के रूप में चर्चित रहे, जिन्होंने नेहरू के विरुद्ध मोर्चा खोला।

---

1 **अवमूल्यन** (Devaluation) यदि स्थानीय या घरेलू मुद्रा का मूल्य अंतर्राष्ट्रीय मुद्रा (डॉलर) के मूल्य के अनुसार घटा दिया जाता है, तो वह स्थानीय मुद्रा का अवमूल्यन कहलाता है।

2 **गैर-कांग्रेसवाद** (Non-Congressism) यह ऐसी राजनीतिक विचारधारा है, जिसका संबंध कांग्रेस से नहीं हो अर्थात् कांग्रेस विरोधी हो। सर्वप्रथम यह विचारधारा समाजवादी नेता राम मनोहर लोहिया द्वारा प्रस्तुत की गई थी।

## चुनाव का जनादेश

- लोकसभा और राज्य विधानसभाओं के लिए वर्ष 1967 के फरवरी माह में चौथा आम चुनाव हुआ। कांग्रेस पहली बार नेहरू के बिना मतदाताओं का सामना कर रही थी, चुनाव के परिणामों से कांग्रेस को राष्ट्रीय और प्रांतीय स्तर पर गहरा आघात लगा। तत्कालीन अनेक राजनीतिक पर्यवेक्षकों ने चुनाव परिणामों को **राजनीतिक भूकंप**[3] की संज्ञा दी।
- चुनाव में मतों का प्रतिशत तथा सीटों की संख्या में भारी गिरावट आई थी। अब से पहले कांग्रेस को कभी न तो इतने कम वोट मिले थे और न ही इतनी कम सीटें मिली थी। इंदिरा गाँधी के मंत्रिमंडल के आधे मंत्री चुनाव हार गए थे। वे थे—
  - तमिलनाडु के कामराज
  - महाराष्ट्र से एस. के. पाटिल
  - पश्चिम बंगाल से अतुल्य घोष
  - बिहार से के. बी. सहाय
- 9 राज्यों में कांग्रेस के हाथ से सत्ता निकल गई थी। ये राज्य
  - पंजाब
  - बिहार
  - हरियाणा
  - पश्चिम बंगाल
  - उत्तर प्रदेश
  - उड़ीसा
  - मध्य प्रदेश
  - मद्रास
  - केरल
- द्रविड़ मुनेत्र कड़गम (डीएमके) हिंदी विरोधी आंदोलन का नेतृत्व करके सत्ता पाने में कामयाब रही। यहाँ के छात्र हिंदी को राजभाषा के रूप में केंद्र द्वारा अपने ऊपर थोपने का विरोध कर रहे थे और डीएमके ने उनके इस विरोध का नेतृत्व किया था।
- अन्य 8 राज्यों में विभिन्न गैर-कांग्रेसी दलों की गठबंधन सरकार बनी। उस समय सामान्यत : कहा जाता था कि दिल्ली से हावड़ा जाने के लिए ट्रेन पर बैठे, तो यह ट्रेन पूरे रास्ते में एक भी कांग्रेस-शासित राज्य से होकर नहीं गुजरेगी।

## गठबंधन

- वर्ष 1967 के आम चुनाव से बहुदलीय गठबंधन की राजनीति (Coalition Politics) का उद्‌भव माना जाता है। चूँकि इस चुनाव में बहुत से राज्यों के किसी भी एक दल को बहुमत प्राप्त नहीं हुआ था, परिणामस्वरूप इनको सरकार बनाने के लिए गठबंधन का सहारा लेना पड़ा।
- इस गठबंधन सरकार को तत्कालीन समय में **संयुक्त विधायक दल** की सरकार कहा गया।
- बिहार में बनी संयुक्त विधायक दल की सरकार में दो समाजवादी पार्टियाँ—संयुक्त समाजवादी पार्टी (SSP) व प्रजा समाजवादी पार्टी (Praja Socialist Party, PSP) शामिल थीं।
- इसके अतिरिक्त इस सरकार में भारतीय कम्युनिस्ट पार्टी (वामपंथी) (CPI) तथा जनसंघ (दक्षिणपंथी) शामिल थे।
- पंजाब की संयुक्त विधायक दल की सरकार को **पॉपुलर यूनाइटेड फ्रंट** का नाम दिया गया था, जिसमें दो परस्पर प्रतिस्पर्द्धी अकाली दल-संत ग्रुप व मास्टर ग्रुप तथा भारतीय कम्युनिस्ट पार्टी व भारतीय कम्युनिस्ट पार्टी (मार्क्सवादी), संयुक्त समाजवादी पार्टी, रिपब्लिकन पार्टी तथा भारतीय जनसंघ शामिल थे।

## दल-बदल

- दल-बदल की प्रवृत्ति का उद्‌भव वर्ष 1967 के आम चुनावों से हुआ। सामान्यतः जब कोई जनप्रतिनिधि किसी महत्त्वपूर्ण दल के चुनाव चिह्न को लेकर चुनाव लड़े और जीत जाए तथा चुनाव जीतने के बाद इस दल को छोड़कर किसी दूसरे दल में शामिल हो जाए, तो उसे दल-बदल कहते हैं।
- वर्ष 1967 के आम चुनावों के बाद कांग्रेस के विधायकों ने दल-बदल करके तीन राज्यों—हरियाणा, मध्य प्रदेश तथा उत्तर प्रदेश में गैर-कांग्रेसी सरकार बनाई।
- इस दौर में राजनीतिक निष्ठा की इस अदल-बदल से **आया राम-गया राम** का वाक्य प्रसिद्ध हुआ।

### आया राम-गया राम

- विधायकों द्वारा एक पार्टी छोड़कर दूसरी पार्टी में जाने की घटना के संबंध में ही 'आया राम-गया राम' राजनीतिक शब्दकोश आया।

---

3 राजनीतिक भूकंप (Political Earthquake) वर्ष 1967 के चुनावों में कांग्रेस को भारी हार का सामना करना पड़ा, जोकि एक बड़ी राजनीतिक पार्टी के लिए एक गहरा आघात था। इसलिए इस घटनाक्रम को 'राजनीतिक भूकंप' कहा गया है।

- वर्ष 1967 के चुनावों के बाद हरियाणा के एक विधायक गयालाल ने 15 दिन के अंदर अपनी पार्टी तीन बार बदली। पहले वे कांग्रेस से यूनाइटेड फ्रंट में गए फिर कांग्रेस में शामिल हुए तथा 9 घंटे के ही अंदर दोबारा यूनाइटेड फ्रंट में शामिल हुए। इस प्रकार से इन्होंने राजनीतिक निष्ठा बदलने का कीर्तिमान स्थापित किया। इसके बाद यह शब्दकोश प्रचलित हो गया।
- कांग्रेस में दोबारा शामिल होने पर कांग्रेस नेता राव विरेंद्र सिंह ने 'गया राम आया राम' की उक्ति दी थी। इसको रोकने के लिए समय-समय पर संविधान में संशोधन किया गया।

### चेक प्वॉइंट 2

1. 'जन' तथा 'मैन काइंड ' का सम्पादन किसने किया था ?
2. गैर-कांग्रेसवाद क्या है?
3. मद्रास राज्य (तमिलनाडु) में वर्ष 1967 के चुनावों में किस क्षेत्रीय पार्टी ने जीत हासिल की?

## 5.3 कांग्रेस में विभाजन

- वर्ष 1967 के चुनावों के बाद केंद्र में कांग्रेस की सत्ता कायम रही, लेकिन उसे पहले जितना बहुमत हासिल नहीं था साथ ही अनेक राज्यों में इस पार्टी के हाथ से सत्ता जाती रही।
- राज्यों में बनी अधिकतर गैर-कांग्रेसी गठबंधन की सरकारे अधिक दिनों तक नहीं टिक पाई। इन सरकारों ने बहुमत खोया और उन्हें या तो नए सिरे से गठबंधन बनाना पड़ा अथवा राष्ट्रपति शासन लागू करना पड़ा।

### इंदिरा बनाम सिंडिकेट

- इंदिरा गाँधी को वास्तविक चुनौती विपक्ष से नहीं, बल्कि स्वयं की अपनी पार्टी के भीतर से मिली। उन्हें 'सिंडिकेट' से निपटना पड़ा। 'सिंडिकेट' कांग्रेस के अंदर मजबूत और प्रभावशाली नेताओं का एक समूह था।
- सिंडिकेट ने इंदिरा गाँधी को प्रधानमंत्री बनाने में महत्त्वपूर्ण भूमिका निभाई थी। सिंडिकेट के नेताओं को उम्मीद थी कि इंदिरा गाँधी उनकी सलाह पर अमल करेगी।
- इंदिरा गाँधी ने दो चुनौतियों का सामना किया–
  - सिंडिकेट के प्रभाव से स्वतंत्र अपना मुकाम बनाने की आवश्यकता थी।
  - वर्ष 1967 के चुनाव में कांग्रेस ने जो राजनीतिक आधार खो दिया था, उसे फिर से हासिल करना था।

खोई हुई जीत हासिल करने के लिए इंदिरा गाँधी ने निम्नलिखित कदम उठाए–

- इंदिरा गाँधी ने बडी साहसिक रणनीति अपना या तथा सर्वप्रथम इन्होंने अपने सलाहकारों और विश्वस्तों के समूह में बाहर के लोगों को शामिल किया तथा सिंडिकेट के लोगों को बाहर का रास्ता दिखाया।
- इन्होंने एक साधारण से सत्ता संघर्ष को विचारधारात्मक संघर्ष में बदल दिया।
- इन्होंने सरकार की नीतियों को वामपंथी रंग देने का प्रयास किया तथा इसके लिए दस सूत्री कार्यक्रम अपनाया। दस-सूत्री कार्यक्रम में निम्न प्रावधान सम्मिलित थे—
  - बैंको पर सामाजिक नियंत्रण
  - आम बीमा का राष्ट्रीयकरण
  - शहरी संपदा और आय के परिसीमन
  - खाद्यान्न का सरकारी वितरण
  - भूमि सुधार
  - ग्रामीण गरीबों को आवासीय भूखंड देना
- सिंडिकेट खेमें में औपचारिक तौर पर तो वामपंथी कार्यक्रमों को स्वीकृति दे दी, किंतु उनके मन में गहरा संदेह था।

### कांग्रेस 'सिंडिकेट'

- 'सिंडिकेट' कांग्रेस के वरिष्ठ नेताओं का एक अनौपचारिक समूह था, जिसका पार्टी के संगठन पर नियंत्रण होता था। इस समूह के प्रमुख मद्रास प्रांत के पूर्व मुख्यमंत्री तथा कांग्रेस के पूर्व अध्यक्ष के. कामराज थे। इसके अतिरिक्त इसमें बंबई के एस. के. पाटिल, मैसूर (कर्नाटक) के एस. निजलिंगप्पा, आंध्र प्रदेश के एन. संजीव रेड्डी तथा पश्चिम बंगाल के अतुल्य घोष शामिल थे।

- लालबहादुर शास्त्री तथा इंदिरा गाँधी को प्रधानमंत्री बनाने में इस समूह की प्रमुख भूमिका थी। कांग्रेस के विभाजन के पश्चात् 'सिंडिकेट' के प्रति समर्पित कांग्रेसी नेता कांग्रेस 'ओ' अर्थात् कांग्रेस (ऑर्गेनाइजेशन, पुरानी कांग्रेस) में रहे, जबकि इंदिरा गाँधी के समर्थक नेता कांग्रेस 'आर' अर्थात् कांग्रेस (रिक्विजिनिस्ट, नई कांग्रेस) में रहे।
- इंदिरा गाँधी की कांग्रेस (आर) सभी जगह लोकप्रिय हुई, इसलिए वर्ष 1971 के पश्चात् कांग्रेस (ओ) से संबंधित शक्तिशाली नेता प्रभावहीन हो गए।

### प्रमुख नेता

**के कामराज** (वर्ष 1903-75 तक)
- ये मद्रास (तमिलनाडु) के मुख्यमंत्री रहे थे।
- ये मद्रास प्रांत में शिक्षा का प्रसार करने और स्कूली बच्चों की दोपहर की भोजन योजना लागू करने के लिए प्रसिद्ध थे।
- वर्ष 1963 में इन्होंने यह प्रस्ताव रखा कि सभी वरिष्ठ कांग्रेसी नेताओं को इस्तीफा दे देना चाहिए, जिससे युवा कार्यकर्ता कमान सँभाल सकें। इनका यह प्रस्ताव कामराज योजना के नाम से जाना गया।

**वी वी गिरि** (वर्ष 1894-80 तक)
- ये वर्ष 1969-1974 तक भारत के राष्ट्रपति रहे थे।
- ये आंध्र प्रदेश के मजदूर नेता के रूप में जाने जाते हैं।
- ये सिलोन (श्रीलंका) में भारतीय उच्चायुक्त तथा केंद्रीय मंत्रिमंडल में श्रम मंत्री रहे।
- ये उत्तर प्रदेश, केरल, मैसूर (कर्नाटक) के राज्यपाल रहे।
- ये वर्ष 1967-69 तक उप-राष्ट्रपति रहे और राष्ट्रपति जाकिर हुसैन की मृत्यु के बाद कार्यकारी राष्ट्रपति रहे। राष्ट्रपति चुनाव में ये स्वतंत्र प्रत्याशी बने और विजयी रहे।

**कर्पूरी ठाकुर** (वर्ष 1924-1988 तक)
- दिसंबर, 1970 और जून, 1971 तथा जून, 1977 और अप्रैल, 1979 के दौरान बिहार के मुख्यमंत्री रहे।
- ये एक स्वतंत्रता सेनानी एवं समाजवादी नेता थे।
- ये लोहिया के प्रबल समर्थक थे और इन्होंने जेपी द्वारा चलाए गए आंदोलन में भागीदारी की थी।
- बिहार के मुख्यमंत्री के कार्यकाल के दौरान बिहार के पिछड़ों के लिए आरक्षण लागू किया था।
- वे अंग्रेजी भाषा के उपयोग के प्रबल विरोधी थे।

**एस. निजलिंगप्पा** (वर्ष 1902-2000 तक)
- ये एक वरिष्ठ कांग्रेसी नेता थे और संविधान सभा के सदस्य रह चुके थे।
- इन्हें आधुनिक कर्नाटक के निर्माता के रूप में भी जाना जाता है।
- ये मैसूर (कर्नाटक) के मुख्यमंत्री थे।
- ये वर्ष 1968-71 के दौरान कांग्रेस पार्टी के अध्यक्ष थे।

## 5.4 वर्ष 1969 का राष्ट्रपति चुनाव

- वर्ष 1969 में तत्कालीन राष्ट्रपति जाकिर हुसैन की मृत्यु हो जाने से राष्ट्रपति पद के लिए चुनाव होना आवश्यक था। इस चुनाव में इंदिरा गाँधी और सिंडिकेट के बीच की गुटबाजी स्पष्ट दिखाई देने लगी।
- इस चुनाव में कांग्रेस (ओ) की तरफ से तत्कालीन लोकसभा अध्यक्ष एन. संजीव रेड्डी को उम्मीदवार बनाया गया, जबकि इंदिरा गाँधी ने स्वतंत्र उम्मीदवार के रूप में तत्कालीन उप-राष्ट्रपति वी.वी. गिरि. का समर्थन किया।
- साथ ही इंदिरा गाँधी ने चौदह अग्रणी बैंकों के राष्ट्रीयकरण और भूतपूर्व राजा-महाराजाओं को प्राप्त विशेषाधिकार अर्थात् **प्रिवी पर्स** (Privy Purse) को समाप्त करने जैसी कुछ घोषणाएँ की थीं।
- इन दोनों मुद्दों को लेकर तत्कालीन प्रधानमंत्री और मोरारजी देशाई के मध्य विभिन्न मतभेद हुए, जिसके कारण मोरारजी देसाई (उप-प्रधानमंत्री और वित्त मंत्री) सरकार से हट गए। इसके साथ ही कांग्रेस में अन्य मतभेद भी उत्पन्न हो गए थे।
- तत्कालीन कांग्रेस अध्यक्ष एस. निजलिंगप्पा ने कांग्रेस पार्टी के उम्मीदवार संजीव रेड्डी को वोट देने के लिए पार्टी सांसदों व विधायकों को **व्हिप** (Whip) जारी किया, वहीं इंदिरा गाँधी ने अंतरात्मा की आवाज पर (किसी को भी अपनी इच्छा पर वोट डालना) वोट देने की अपील की थी।

- इस चुनाव में अंततः एन. संजीव रेड्डी की हार एवं वी. वी. गिरि की विजय हुई।
- इस चुनाव के परिणामस्वरूप कांग्रेस अध्यक्ष द्वारा प्रधानमंत्री इंदिरा गाँधी को पार्टी से निष्कासित कर दिया गया। पार्टी से निष्काषित इंदिरा गाँधी ने कहा कि उनकी पार्टी ही असली कांग्रेस है।
- नवंबर, 1969 तक सिंडिकेट के नेतृत्व वाले कांग्रेसी गुट कांग्रेस (ऑर्गेनाइजेशन) और इंदिरा गाँधी के नेतृत्व वाली कांग्रेस को कांग्रेस (रिक्विजिनिस्ट) कहा गया। इन दोनों दलों को क्रमशः **पुरानी कांग्रेस** और **नई कांग्रेस** कहा जाने लगा।
- इंदिरा गाँधी ने पार्टी के दो समूहों में विभाजित होने के कारण विचारधाराओं का न मिलना बताया था। साथ ही उन्होंने इस विभाजन को 'समाजवादी', 'पुरातनपंथी' एवं गरीबों के मददगार और अमीरों के सहायकों के मध्य का संघर्ष बताया।

**प्रिवी पर्स की समाप्ति**

- यह तत्कालीन देशी रियासतों से सरकार के मध्य एक व्यवस्था थी।
- इसके अंतर्गत देशी रियासतों के भारत में विलय के समय सरकार द्वारा यह आश्वासन दिया गया था कि रियासतों के तत्कालीन शासक परिवार को एक निश्चित मात्रा में निजी संपत्ति रखने का अधिकार होगा।
- वर्ष 1967 के चुनावों के बाद इंदिरा गाँधी ने 'प्रिवी पर्स' की इस व्यवस्था को समाप्त करने की माँग का समर्थन किया, वहीं मोरारजी देसाई ने इसकी समाप्ति का विरोध किया तथा स्वयं को सरकार से अलग कर लिया।
- वर्ष 1971 के आम चुनावों में जीत के बाद इंदिरा गाँधी सरकार ने 'प्रिवी पर्स' को समाप्त कर दिया।

### चेक प्वॉइंट 3

1. कांग्रेस में सिंडिकेट क्या था?
2. मद्रास प्रांत में मध्याह्न भोजन योजना किसने शुरू की?
3. आधुनिक कर्नाटक का निर्माता कौन था?
4. कांग्रेस के पतन के बाद कौन-से दो गुट अस्तित्व में आए?

## 5.5 वर्ष 1971 का आम चुनाव और कांग्रेस का पुनर्स्थापन

- कांग्रेस के विभाजन से इंदिरा गाँधी की सरकार अल्पमत में आ गई। हालाँकि डीएमके और भारतीय कम्युनिस्ट पार्टी सहित कुछ अन्य दलों के प्राप्त समर्थन पर इंदिरा गाँधी की सरकार सत्ता में बनी रही।
- इंदिरा गाँधी ने सरकार द्वारा चलाए जा रहे जन-कल्याणकारी कार्यक्रमों के बल पर जनादेश पाने के उद्देश्य से दिसंबर, 1970 में लोकसभा भंग करने की सिफारिश कर दी, जिसके बाद फरवरी, 1971 में लोकसभा चुनाव हुए। इंदिरा गाँधी द्वारा लोकसभा भंग करने का फैसला विचित्र एवं जोखिमभरा था, लेकिन इसके पीछे इंदिरा गाँधी की निम्नलिखित रणनीति थी
  - सरकार की छवि को प्रस्तुत करना।
  - दूसरे दलों पर अपनी निर्भरता समाप्त करना।
  - संसद में अपनी स्थिति मजबूत करना।

### मुकाबला

- चुनाव कांग्रेस (आर) के विपरीत दिखाई दे रहा था। नई कांग्रेस कमजोर पार्टी का हिस्सा थी। इसके अतिरिक्त सभी बड़ी गैर-साम्यवादी और गैर-कांग्रेसी विपक्षी पार्टियों ने एक गठबंधन बनाया, जिसे 'ग्रांड अलायंस' (Grand Alliance) कहा गया। इससे इंदिरा गाँधी के लिए चुनाव कठिन हो गया।
- उल्लेखनीय है कि एसएसपी, पीएसपी, भारतीय जनसंघ, स्वतंत्र पार्टी तथा भारतीय क्रांतिदल एक साथ हो गए। इस चुनाव में नई कांग्रेस (आर) के पास स्पष्ट दृष्टिकोण एवं कार्यक्रम था, जिसका उसके विपक्षी कांग्रेस 'ओ' तथा ग्रांड अलायंस के पास अभाव था।
- इंदिरा गाँधी ने पूरे देश में प्रचारित किया कि विपक्षियों के पास केवल एक ही कार्यक्रम **इंदिरा हटाओ** है। इसके विपरीत इंदिरा गाँधी ने लोगों के सामने एक स्पष्ट कार्यक्रम **गरीबी हटाओ** को रखा, जिसका सकारात्मक प्रभाव हुआ।
- इंदिरा गाँधी के 'गरीबी हटाओ' नारे ने वंचित वर्ग विशेषकर भूमिहीन किसान, दलित व आदिवासी, अल्पसंख्यक, महिला तथा बेरोजगार नौजवानों को कांग्रेस (आर) के पक्ष में संगठित किया।

- इसके अतिरिक्त उन्होंने ग्रामीण क्षेत्रों में अपने राजनीति समर्थन बनाने का प्रयास किया, जिसके निम्न आधार थे—
  – सार्वजनिक क्षेत्र की संवृद्धि
  – ग्रामीण भू-स्वामित्व
  – शहरी संपत्ति का परिसीमन
  – आय तथा अवसरों की असमानता की समाप्ति
  – प्रिवी पर्स की समाप्ति को भी इंदिरा गाँधी ने चुनाव अभियान का मुद्दा बनाया।

## परिणाम और उसके बाद

- वर्ष 1971 के चुनाव में कांग्रेस गठबंधन (कांग्रेस 'आर' व सीपीआई) को पिछले चुनावों के संदर्भ में सबसे अधिक वोट और सीटें मिली थीं।
- इस गठबंधन को लोकसभा की कुल 375 सीटें तथा कुल 48.4% वोट मिले। इसमें भी कांग्रेस 'आर' को 352 सीटें तथा 44% वोट हासिल हुए थे। इससे यह सिद्ध हो गया कि इंदिरा गाँधी के नेतृत्व वाली कांग्रेस ही असली कांग्रेस है।
- इंदिरा गाँधी की विपक्षी कांग्रेस (ओ) तथा ग्रांड अलायंस को कांग्रेस (आर) की तुलना में मात्र एक चौथाई वोट प्राप्त हुए थे। इसमें कांग्रेस (ओ) को 16, जबकि ग्रांड अलायंस को 40 से भी कम सीटें मिलीं। वर्ष 1971 के चुनाव परिणाम के माध्यम से कांग्रेस का पुनर्स्थापन इंदिरा गाँधी ने नए तरीके से किया था
- वर्ष 1971 के लोकसभा चुनाव में मिली अप्रत्याशित सफलता तथा भारत-पाक युद्ध के फलस्वरूप बांग्लादेश के उदय ने इंदिरा गाँधी की लोकप्रियता को ऊँचाई की बुलंदियों पर पहुँचा दिया।
- वर्ष 1972 के राज्य विधानसभा चुनावों में उनकी पार्टी ने विजय का परचम लहराया और इसके साथ ही वह समाज के विभिन्न वर्गों, गरीबों एवं वंचितों की मसीहा तथा एक शक्तिशाली राष्ट्रवादी नेता के रूप में देश के राष्ट्रीय पटल पर छा गईं। हालाँकि विकास और आर्थिक स्थिति कमजोर होने के संबंध में भी इनको जनता व अन्य नेताओं के विरोध का भी सामना करना पड़ा।

## कांग्रेस प्रणाली का पुनर्स्थापन

- इंदिरा गाँधी द्वारा पुनर्जीवित कांग्रेस को लोकप्रियता के आधार पर वही स्थान प्राप्त था, जो उसे शुरुआती दौर में प्राप्त था, लेकिन इस कांग्रेस का सांगठनिक ढाँचा अपेक्षाकृत कमजोर था, क्योंकि इसमें फैसले सर्वमत से न लेकर केवल एकमत से लिए जाते थे। यह कांग्रेस कुछ सामाजिक वर्गों; जैसे—गरीब महिला, दलित, आदिवासी और अल्पसंख्यकों पर अधिक निर्भर थी। इंदिरा गाँधी द्वारा जिस कांग्रेस की स्थापना की गई, वह पुरानी कांग्रेस से प्रकृति में भी भिन्न थी।
- प्रारंभ में कांग्रेस प्रणाली के अंदर प्रत्येक तनाव और संघर्ष को समाहित करने की क्षमता थी, परंतु इंदिरा गाँधी द्वारा पुनर्जीवित कांग्रेस इस क्षमता से विहीन थी। हालाँकि तब इंदिरा गाँधी की राजनीतिक स्थिति में वृद्धि हुई, परंतु उस समय जनता की आकांक्षाओं की अभिव्यक्ति की लोकतांत्रिक जमीन सिकुड़ गई थी। इस समय देश ने आर्थिक रूप से कई परेशानियों का भी सामना किया था।

### चेक प्वॉइंट 4

1. 1971 में इंदिरा गाँधी के विरुद्ध 'ग्रांड अलायंस' में कौन-से दल शामिल थे?
2. 1971 में लोकसभा चुनाव किसके पक्ष में था?
3. इंदिरा गाँधी के विरुद्ध विपक्ष द्वारा कौन-सा नारा दिया गया था?

# Mind Map

# कांग्रेस प्रणाली: चुनौती और पुनर्स्थापन

## 1 राजनीतिक उत्तराधिकार की चुनौती

**नेहरू की मृत्यु के बाद**
- नए प्रधानमंत्री पर बहस शुरू हुई थी।
- भारत में लोकतंत्र को बनाए रखने को लेकर चिंता उभरी।
- सैन्य तख्तापलट का डर, जैसा कि अन्य नव स्वतंत्र देशों में देखा गया।
- **अनसुलझे मुद्दे** गरीबी, असमानता, सांप्रदायिक और क्षेत्रीय विभाजन आदि।

**लालबहादुर शास्त्री के बाद इंदिरा गाँधी**
- दो-तिहाई कांग्रेस सांसदों द्वारा इंदिरा गाँधी को नया नेता चुना गया।
- जवाहरलाल नेहरू की बेटी पूर्व सूचना मंत्री थी।

**प्रमुख चुनौतियाँ**
- आर्थिक स्थिति में असंतुलन
- वरिष्ठ कांग्रेस नेताओं का दबदबा बढ़ा।
- इंदिरा गाँधी के नेतृत्व पर संदेह किया गया।

**नेहरू के बाद लाल बहादुर शास्त्री**
- कांग्रेस पार्टी अध्यक्ष के कामराज ने लाल बहादुर शास्त्री का नया नेता चुना।
- सादगी और नैतिक जिम्मेदारी के लिए प्रसिद्ध

**दो प्रमुख चुनौतियाँ**
- पहली चुनौती वर्ष 1962 के भारत-चीन युद्ध के पश्चात् आर्थिक स्थिति
- दूसरी चुनौती वर्ष 1965 के भारत-पाकिस्तान युद्ध के समय अधिकांश देशों में सूखे की समस्या।

## 2 चौथा आम चुनाव, 1967

**प्रसंग**
- दो प्रधानमंत्रियों का निधन।
- आर्थिक और खाद्य संकट।
- भारतीय रुपये. का अवमूल्यन।
- कीमतों में वृद्धि और बेरोजगारी।

**गैर-कांग्रेसवाद**
- विपक्षी दलों का कांग्रेस के खिलाफ एकजुट होना।
- कांग्रेस विरोधी एजेंडा और सीटों का बँटवारा।
- राममनोहर लोहिया की रणनीति।

**निर्वाचन परिणाम**
- कांग्रेस ने वर्ष 1952 के बाद सबसे कम सीटें जीतीं।
- सात राज्यों में बहुमत गवाया।
- वरिष्ठ कांग्रेस नेताओं की हार।

**गठबंधन सरकारें**
- गैर-कांग्रेसी दलों ने संयुक्त सरकारें बनाईं।
- संयुक्त विधायक दल (SVD) सरकारें बनीं।
- उदाहरण-बिहार एवं पंजाब।

## 3 कांग्रेस में विभाजन

**इंदिरा गाँधी की रणनीति**
- पार्टी से बाहर के भरोसेमंद सलाहकार चुने।
- सिंडिकेट को दर किनार किया ।
- सत्ता संघर्ष को वैचारिक संघर्ष में बदला।

**इंदिरा बनाम 'सिंडीकेट'**
- इंदिरा गाँधी को कांग्रेस के भीतर से चुनौती मिली।
- शक्तिशाली नेताओं तथा सिंडीकेट,समूह ने उम्मीद की कि वह उनके निर्देशों का पालन करें।

**इंदिरा गाँधी की चुनौतियाँ**
- सिंडिकेट के प्रभाव से स्वतंत्रता प्राप्त करना।

**वर्ष 1967 के चुनावों के पश्चात्**
- कांग्रेस ने केंद्र में कम बहुमत के साथ सत्ता बरकरार रखी।
- गैर-कांग्रेसी गठबंधन सरकारों को टिके रहने में कठिनाई हुई।

## 4 चौथा आम चुनाव, 1967

- इंदिरा गाँधी और सिंडिकेट के बीच प्रतिद्वंद्विता सार्वजनिक हो गई।
- इंदिरा गाँधी ने वी.वी. गिरि का समर्थन किया और बैंकों के राष्ट्रीयकरण जैसी नीतियाँ घोषित कीं।
- कांग्रेस अध्यक्ष ने संजीव रेड्डी के लिए व्हिप जारी किया, लेकिन इंदिरा गाँधी ने 'अंतरात्मा की आवाज' पर वोट देने को कहा।
- वी.वी. गिरि की जीत हुई, जिससे कांग्रेस पार्टी का विभाजन हुआ।

## 5 वर्ष 1971 का चुनाव और कांग्रेस का पुनर्स्थापन

- कांग्रेस - इंदिरा गाँधी का गुट
- कांग्रेस (0) - सिंडिकेट गुट
- ग्रैंड एलायंस - विपक्षी दल (एस.एस.वी., पी.एस.पी., बी.जे.एस., एस.डब्ल्यू.ए., बी.के.डी.) इंदिरा गाँधी के खिलाफ एकजुट हुए।

**पृष्ठभूमि**
- सिंडिकेट से मतभेद के कारण कांग्रेस का विभाजन हुआ।
- इंदिरा गाँधी ने सी.पी.आई. और डी.एम.के.के. समर्थन से पद पर बने रहने में सफलता प्राप्त की।

**मुहिम**
- इंदिरा गाँधी के नारे 'गरीबी हटाओ', सार्वजनिक क्षेत्र की वृद्धि पर ध्यान केंद्रित
- वादे-ग्रामीण भूमि धाराओं पर सीमा, आय में असमानताओं का उन्मूलन, रियासतों के विशेषाधिकारों का उन्मूलन

**परिणाम**
- कांग्रेस (R)-सी.बी. आई गठबंधन ने 375 लोकसभा सीटें जीतीं, इंदिरा गाँधी की कांग्रेस (R) ने 35 सीटें जीतीं और 44% जनमत प्राप्त किया।
- कांग्रेस (0) केवल 2 सीट ही जीत सकी।
- इंदिरा गाँधी ने 'वास्तविक' कांग्रेस नेता के रूप में अपनी स्थिति स्थापित की।

**कांग्रेस की बहाली**
- इंदिरा गाँधी के नेतृत्व में।
- पहले जैसी लोकप्रियता हासिल की।
- पुरानी पार्टी को नए ढाँचे के साथ पुनर्निर्मित किया।
- कमजोर संगठनात्मक संरचना, गरीबों, महिलाओं, दलितों, आदिवासियों और अल्पसंख्यकों के समर्थन पर निर्भर।

# NCERT फोल्डर

## अध्याय के मध्य में दिए गए प्रश्न

**1. फ्रांस और कनाडा में राजनीतिक अस्थिरता जैसी सूरत कायम हो, तो वहाँ कोई भी लोकतंत्र के असफल होने अथवा देश के टूटने की बात नहीं कहता। हम ही आखिर लगातार इतने शक में क्यों पड़े रहते हैं?**

उत्तर फ्रांस और कनाडा जैसे देशों में बहुभाषी और बहुसंस्कृति समाजों को लोकतांत्रिक मूल्यों के आधार पर एक जुट रखा गया है, जिससे लोकतंत्र मजबूत होता है, क्योंकि यहाँ राजनीतिक अस्थिरता, क्षेत्रीय मतभेद और सामाजिक विविधता को लेकर ऐतिहासिक अनुभवों ने लोकतांत्रिक स्थिरता पर सवाल उठाने की प्रवृत्ति को बढ़ावा दिया है।

**2. इंदिरा गाँधी के लिए स्थितियाँ सचमुच कठिन रही होंगी। पुरुषों के दबदबे वाले क्षेत्र में आखिर वे अकेली महिला थीं। ऊँचे पदों पर अपने देश में अधिक महिलाएँ क्यों नही हैं?**

उत्तर इंदिरा गाँधी जैसी नेताओं ने पुरुष प्रधान राजनीति में अपनी जगह बनाई, लेकिन ऊँचे पदों पर महिलाओं की कमी कई कारणों से बनी हुई है। इसमें सामाजिक बाधाएँ, शिक्षा और आर्थिक संसाधनों की कमी, लैंगिक भेदभाव और राजनीति में पुरुषों का वर्चस्व प्रमुख है। महिलाओं को समान अवसर और प्रोत्साहन देकर इस स्थिति को बदला जा सकता है।

**3. क्या आज गैर-कांग्रेसवाद प्रासंगिक हैं? क्या मौजूदा पश्चिम बंगाल में वाममोर्चा के विरुद्ध ऐसा ही तरीका अपनाया जा सकता है?**

उत्तर वर्तमान में गैर-कांग्रेसवाद का स्वरूप बदलकर गैर-भाजपावाद में परिवर्तित हो गया है, क्योंकि भाजपा अब राष्ट्रीय राजनीति में प्रमुख दल के रूप में उभरी है। मौजूदा पश्चिम बंगाल में वाममोर्चा या तृणमूल कांग्रेस के विरुद्ध इसी प्रकार के विपक्षी गठबंधन का प्रयास हो सकता है। हालांकि, इस राजनीति की सफलता राजनीतिक दलों की एकजुटता और वैचारिक समरसता पर निर्भर करेगी।

**4. 'गरीबी हटाओं' का नारा तो अब से लगभग चालीस साल पहले दिया गया था। क्या यह नारा महज चुनावी छलावा था?**

उत्तर 'गरीबी हटाओ का नारा वर्ष 1971 में इंदिरा गाँधी ने दिया था, जिसका उद्देश्य गरीबी उन्मूलन और सामाजिक सुधार था। हालाँकि यह नारा चुनावी दृष्टि से प्रभावी रहा, लेकिन इसके वास्तविक प्रभाव पर सवाल उठते हैं। कई कल्याणकारी योजनाएँ शुरू की गईं, लेकिन भ्रष्टाचार और प्रशासनिक कमजोरियों के कारण इनका लाभ गरीबों तक पूर्ण रूप से नहीं पहुँच सका। इसलिए यह नारा एक सकारात्मक उद्देश्य को प्रदर्शित करता था, इसके दीर्घकालिक परिणाम सीमित रहे। इसे महज चुनावी छलावा कहना सही नहीं होगा, लेकिन इसके परिणाम अपेक्षाकृत कम ही रहे।

**5. पुरानी और नई कांग्रेस में कौन-सी चीज समान थी?**

उत्तर पुरानी और नई कांग्रेस में समानता का मुख्य तत्त्व यह था कि दोनों का मूल उद्देश्य भारत की राजनीति में केंद्रीय भूमिका निभाना और देश की प्रगति के लिए प्रयास करना था। पुरानी कांग्रेस स्वतंत्रता संग्राम के दौरान ब्रिटिश शासन के खिलाफ संघर्ष के लिए जानी जाती थी, जबकि नई कांग्रेस स्वतंत्रता के बाद लोकतांत्रिक प्रक्रिया के तहत देश के सामाजिक और आर्थिक विकास के लिए प्रतिबद्ध रही। हालाँकि, समय के साथ नेतृत्व शैली, विचारधारा और संगठनात्मक संरचना में बदलाव आया, लेकिन पार्टी का मूल आदर्श-एक समावेशी, धर्मनिरपेक्ष और लोकतांत्रिक भारत का निर्माण समान बना रहा।

## नीचे दिए प्रश्नों के उत्तर संक्षेप में दीजिए

**1. वर्ष 1967 के चुनावों के बारे में निम्नलिखित में से कौन-सा कथन सही है?**

(a) **कांग्रेस लोकसभा के चुनाव में विजयी रही, लेकिन कई राज्यों में विधानसभा के चुनाव हार गई।**

(b) **कांग्रेस लोकसभा के चुनाव भी हारी और विधानसभा के भी।**

(c) **कांग्रेस को लोकसभा में बहुमत प्राप्त नहीं हुआ, लेकिन उसने दूसरी पार्टियों के समर्थन से एक गठबंधन सरकार बनाई।**

(d) **कांग्रेस केंद्र मे सत्तासीन रही और उसका बहुमत भी बढ़ा।**

उत्तर (c) कांग्रेस को लोकसभा में बहुमत प्राप्त नहीं हुआ, लेकिन उसने दूसरी पार्टियों के समर्थन से एक गठबंधन सरकार बनाई।

**2. निम्नलिखित का मिलान कीजिए**

| | | | |
|---|---|---|---|
| A. | सिंडिकेट | (i) | कोई निर्वाचित जन प्रतिनिधि जिस पार्टी के टिकट से जीता हो, उस पार्टी को छोड़कर यदि दूसरे दल में चला जाए। |
| B. | दल-बदल | (ii) | लोगों का ध्यान आकर्षित करने वाला एक मनभावन मुहावरा। |
| C. | नारा | (iii) | कांग्रेस और उसकी नीतियों के खिलाफ अलग-अलग विचारधाराओं की पार्टियों का एकजुट होना। |
| D. | गैर-कांग्रेसवाद | (iv) | कांग्रेस के भीतर ताकतवर और प्रभावशाली नेताओं का एक समूह। |

उत्तर A-(iv), B-(i) C-(ii), D-(iii)

**3. निम्नलिखित नारे से किन नेताओं का संबंध है?**

1. **जय जवान, जय किसान**
2. **इंदिरा हटाओ**
3. **गरीबी हटाओ**

उत्तर 1. लालबहादुर शास्त्री 2. विरोधी दल 3. इंदिरा गाँधी।

**4. वर्ष 1971 के 'ग्रांड अलायंस' के बारे में कौन-सा कथन सही है?**

1. **इसका गठन गैर-कम्युनिस्ट और गैर-कांग्रेसी दलों ने किया था।**
2. **इसके पास एक स्पष्ट राजनीतिक तथा विचारधारात्मक कार्यक्रम था।**
3. **इसका गठन सभी गैर-कांग्रेसी दलों ने एकजुट होकर किया था।**

उत्तर 1. इसका गठन गैर-कम्युनिस्ट और गैर-कांग्रेसी दलों ने किया था।

## निम्नलिखित प्रश्नों के उत्तर लगभग 150 शब्दों में दीजिए

**1. किसी राजनीतिक दल को अपने अंदरूनी मतभेदों का समाधान किस तरह करना चाहिए? यहाँ कुछ समाधान दिए गए हैं। प्रत्येक पर विचार कीजिए और उसके सामने उसके लाभों और हानियों को लिखिए।**

**(i) पार्टी के अध्यक्ष द्वारा बताए गए मार्ग पर चलना।**
**(ii) पार्टी के भीतर बहुमत की राय पर अमल करना।**
**(iii) प्रत्येक मामले पर गुप्त मतदान कराना।**
**(iv) पार्टी के वरिष्ठ और अनुभवी नेताओं से सलाह करना।**

उत्तर (i) **लाभ** इससे पार्टी में अनुशासन बढ़ेगा।

**हानि** इससे बड़े नेताओं का नियंत्रण, दबाव पार्टी में अधिक बढ़ेगा तथा दल में आंतरिक लोकतंत्र कमजोर हो जाएगा।

(ii) **लाभ** पार्टी के अंदर लोगों को लोकतांत्रिक व्यवस्था का अहसास होगा और उनमें प्रसन्नता होगी।

**हानि** जरूरी नहीं कि कुछ लोगों की सहमति से सभी सहमत हों, इससे पार्टी में दो गुट बहुसंख्यक और अल्पसंख्यक हो सकते हैं।

(iii) **लाभ** यह पद्धति लोकतंत्र के अधिक करीब और गुप्त मतदान के द्वारा मतों में निष्पक्षता भी लाएगी।

**हानि** यह व्यवस्था समय और धन का अपव्यय करा सकती है।

(iv) **लाभ** इससे पार्टी को वरिष्ठ और अनुभवी नेताओं का मार्गदर्शन मिलेगा, इससे पार्टी को लाभ होगा।

**हानि** इससे पार्टी में वरिष्ठ नेताओं का प्रभाव अधिक बढ़ सकता है।

**2. निम्नलिखित में से किसे/किन्हें वर्ष 1967 के चुनावों में कांग्रेस की हार के कारण के रूप में स्वीकार किया जा सकता है? अपने उत्तर की पुष्टि में तर्क दीजिए।**

**(a) कांग्रेस पार्टी में करिश्माई नेता का अभाव**
**(b) कांग्रेस पार्टी के भीतर टूट**
**(c) क्षेत्रीय, जातीय और सांप्रदायिक समूहों की लामबंदी का बढ़ना**
**(d) गैर-कांग्रेसी दलों के बीच एकजुटता**
**(e) कांग्रेस पार्टी के अंदर मतभेद**

उत्तर प्रश्नानुसार सभी कथन कांग्रेस की हार के कारण के रूप में कभी स्वीकार नहीं किए जा सकते। प्रत्येक कथन के पीछे एक प्रमुख कारण है; जैसे—

(a) कांग्रेस पार्टी में करिश्माई नेता के अभाव को वर्ष 1967 के आम चुनावों में कांग्रेस की हार के कारणों में सम्मिलित नहीं किया जा सकता, क्योंकि कांग्रेस का संगठन बौद्धिक वर्गों के सदस्यों का संगठन था। सभी नेता प्रबुद्ध थे।

(b) कांग्रेस पार्टी के भीतर टूट को कांग्रेस की हार का जिम्मेदार कारक माना जा सकता है, क्योंकि वर्ष 1967 के चुनावों के समय कांग्रेस दो गुटों में विभाजित हुई नई एवं पुरानी कांग्रेस। दोनों में विवादित मुद्दों को लेकर मतभेद बढ़ता जा रहा था परिणाम हुआ कांग्रेस की आम चुनावों में हार।

(c) क्षेत्रीय, जातीय और सांप्रदायिक समूहों की लामबंदी के कारण भी कांग्रेस की हार निश्चित हुई; जैसे—मद्रास प्रांत की द्रविड़ मुनेत्र कड़गम पार्टी एवं अकाली दल जैसी पार्टियों का प्रभाव बढ़ता गया।

(d) कांग्रेस पार्टी की हार का एक प्रमुख कारण कांग्रेस के नेताओं का टूटना तथा गैर-कांग्रेसी दलों के रूप में एकजुट होना रहा।

(e) कांग्रेस पार्टी के आंतरिक मतभेद लोगों के समक्ष प्रस्तुत होने लगे, जिससे कांग्रेस पार्टी के प्रति जनता में विश्वास का स्तर घटता गया और आम चुनाव 1967 में कांग्रेस को बुरी तरह हार का सामना करना पड़ा।

**3. 1970 के दशक में इंदिरा गाँधी की सरकार किन कारणों से लोकप्रिय हुई थी?**

उत्तर 1970 के दशक में इंदिरा गाँधी की सरकार निम्नलिखित कारणों से लोकप्रिय हुई थी

- इंदिरा गाँधी सरकार द्वारा प्रगतिशील प्रयास; जैसे—दस-सूत्री कार्यक्रम, गरीबी हटाओ, प्रिवी पर्स की समाप्ति, बैंकों का राष्ट्रीयकरण तथा अनेक कल्याणकारी सामाजिक-आर्थिक कार्यक्रमों का उठाया जाना।
- इंदिरा गाँधी ने भूमि सुधार और जोतबंदी कानूनों को सुधारने के लिए प्रचार किया।
- वर्ष 1971 में भारत-पाकिस्तान युद्ध के दौरान इंदिरा गाँधी सरकार की कूटनीतिक भूमिका, जिसके परिणामस्वरूप बांग्लादेश का एक स्वतंत्र राष्ट्र के रूप में उदय हुआ तथा युद्ध में पाकिस्तान को पराजय मिली। इंदिरा गाँधी ने स्वयं की सरकार को गरीबों के रक्षक के रूप में प्रस्तुत किया जिसे आम जनता ने भी सहमति दी और इंदिरा गाँधी की सरकार को मजबूत सरकार के रूप में स्वीकार किया।

**4. 1960 के दशक की कांग्रेस पार्टी के संदर्भ में 'सिंडिकेट' का क्या अर्थ है? सिंडिकेट ने कांग्रेस पार्टी में क्या भूमिका निभाई?**

उत्तर **सिंडिकेट का अर्थ** 'सिंडिकेट' कांग्रेस के भीतर नेताओं का एक समूह था, जिसका पार्टी के संगठन पर नियंत्रण होता था। इस समूह के प्रमुख मद्रास प्रांत के पूर्व मुख्यमंत्री तथा कांग्रेस के अध्यक्ष के. कामराज थे। इसके अतिरिक्त इसमें बंबई के एस. के. पाटिल, मैसूर (कर्नाटक) के एस. निजलिंगप्पा, आंध्र प्रदेश के एन. संजीव रेड्डी तथा पश्चिम बंगाल के अतुल्य घोष शामिल थे।

कांग्रेस के विभाजन के पश्चात् 'सिंडिकेट' समर्थक नेता कांग्रेस 'ओ' में, जबकि 'सिंडिकेट' विरोधी कांग्रेस 'आर' में रहे।

**कांग्रेस पार्टी में सिंडिकेट की भूमिका**

- सिंडिकेट कांग्रेस के ताकतवर एवं प्रभावशाली नेताओं का समूह था और इन्होंने गाँधी को प्रधानमंत्री बनवाने में महत्त्वपूर्ण भूमिका निभाई थी।
- इस समूह का प्रभाव तत्कालीन सरकारी नीतियों के निर्माण एवं क्रियान्वयन पर भी पड़ता था।
- सिंडिकेट ने ही इंदिरा गाँधी को कांग्रेस संसदीय दल के नेता के रूप में चुना जाना सुनिश्चित किया था।
- लालबहादुर शास्त्री को भी प्रधानमंत्री का पद दिलाने में सिंडिकेट की महत्त्वपूर्ण भूमिका रही थी।

**5.** **कांग्रेस पार्टी किन मसलों को लेकर वर्ष 1969 में टूट की शिकार हुई?**

उत्तर वर्ष 1969 में कांग्रेस पार्टी की टूट के निम्नलिखित कारण थे

- कांग्रेस पार्टी के विभाजन का सबसे बड़ा कारण सिंडिकेट (कांग्रेसी नेताओं का एक अनौपचारिक समूह, जिसका पार्टी के संगठन पर नियंत्रण होता था) तथा इंदिरा गाँधी के मध्य उत्पन्न मतभेद थे।
- सिंडिकेट ने इंदिरा गाँधी को प्रधानमंत्री बनाने में महत्त्वपूर्ण भूमिका निभाई थी। अतः उसको उम्मीद थी कि इंदिरा गाँधी उनकी सलाह पर कार्य करेगी, लेकिन इंदिरा गाँधी ने इसके विपरीत स्वयं से निर्णय लेना शुरू कर दिया। इसके अतिरिक्त सिंडिकेट के स्थान पर इंदिरा अपने विश्वासपात्र लोगों की सलाह को वरीयता देने लगी।
- वर्ष 1969 का राष्ट्रपति चुनाव कांग्रेस के विभाजन का निर्णायक बिंदु था। इस चुनाव में दोनों गुट में मतभेद खुलकर सामने आए। 'सिंडिकेट' ने कांग्रेस की तरफ से तत्कालीन लोकसभा अध्यक्ष एन. संजीव रेड्डी को राष्ट्रपति पद का उम्मीदवार बनाया, वहीं इंदिरा गाँधी ने वी. वी. गिरि को स्वतंत्र उम्मीदवार के रूप में खड़ा किया। चुनाव के दौरान तत्कालीन कांग्रेस अध्यक्ष एस. निजलिंगप्पा ने कांग्रेस सांसदों और विधायकों को एन. संजीव रेड्डी के पक्ष में मतदान करने का 'व्हिप' जारी किया, वहीं इंदिरा गाँधी ने अंतरात्मा की आवाज पर वोट देने की अपील की।
- राष्ट्रपति के चुनाव में इंदिरा गाँधी समर्थित वी. वी. गिरि के निर्वाचित होने के बाद कांग्रेस का विभाजन अनिवार्य हो गया।
- तत्कालीन कांग्रेस ने प्रधानमंत्री को ही पार्टी से बाहर कर दिया तथा कांग्रेस का विभाजन हो गया। विभाजन के उपरांत 'सिंडिकेट' समर्थक कांग्रेस 'ओ' में रहे, जबकि इंदिरा गाँधी समर्थक कांग्रेस 'आर' में रहे।

**6.** **निम्नलिखित अनुच्छेद को पढ़ें और इसके आधार पर पूछे गए प्रश्नों के उत्तर दीजिए**

**इंदिरा गाँधी ने कांग्रेस को अत्यंत केंद्रीकृत और अलोकतांत्रिक पार्टी संगठन में तब्दील कर दिया, जबकि नेहरू के नेतृत्व में कांग्रेस शुरुआती दशकों में एक संघीय, लोकतांत्रिक और विचारधाराओं के समाहार का मंच थी। नई और लोकलुभावन राजनीति ने राजनीतिक विचारधारा को महज चुनावी विमर्श में बदल दिया। कई नारे उछाले गए, लेकिन इसका मतलब यह नहीं था कि उसी के अनुकूल सरकार की नीतियाँ भी बनानी थीं। 1970 के दशक के शुरुआती वर्षों में अपनी बड़ी चुनावी जीत के जश्न के बीच कांग्रेस एक राजनीतिक संगठन के तौर पर मर गई।** सुदीप्त कविराज

**(i) लेखक के अनुसार नेहरू और इंदिरा गाँधी द्वारा अपनाई गई रणनीतियों में क्या अंतर था?**

**(ii) लेखक ने क्यों कहा है कि 'सत्तर के दशक में कांग्रेस' मर गई?**

**(iii) कांग्रेस पार्टी में आए बदलावों का असर दूसरी पार्टियों पर किस तरह पड़ा?**

उत्तर (i) नेहरू द्वारा अपनाई गई रणनीतियाँ लोकतांत्रिक, संघीय और विभिन्न विचारधाराओं का समावेश थीं, वहीं इंदिरा गाँधी ने केंद्रीकृत तथा अलोकतांत्रिक नीतियों को बढ़ावा दिया था।

(ii) 'सत्तर के दशक में कांग्रेस मर गई' से लेखक का अभिप्राय कांग्रेस के स्वरूप में आए परिवर्तन से है। सत्तर के दशक के शुरुआती वर्षों में कांग्रेस ने चुनावों में भले ही बड़ी जीत दर्ज की, लेकिन उसका स्वरूप लोकतांत्रिक नहीं था। कांग्रेस अब विभिन्न विचारधाराओं का संगम न होकर, एक व्यक्तिनिष्ठ तथा अलोकतांत्रिक रीति वाले दल में बदल गई थी।

(iii) कांग्रेस पार्टी में आए बदलावों का असर अन्य पार्टियों पर भी हुआ। अन्य पार्टियों में भी कांग्रेस की भाँति सत्ता का केंद्रीकरण हुआ तथा एक व्यक्ति का नियंत्रण पूरी पार्टी पर होने लगा। आज अधिकांशतः क्षेत्रीय दलों पर एक ही व्यक्ति या परिवार का नियंत्रण होता है; जैसे—कांग्रेस, सपा, राजद आदि।

# अभ्यास प्रश्न

## वस्तुनिष्ठ प्रश्न

### बहुविकल्पीय प्रश्न

**1. 'गरीबी हटाओ' का नारा किस लोकसभा चुनाव से पहले दिया गया था?** **CBSE 2025**

(a) तीसरे (b) चौथे
(c) पाँचवें (d) छठे

उत्तर (c) पाँचवें

**2. वर्ष 1966 में ......... की मृत्यु के पश्चात् ......... प्रधानमंत्री बनीं/बने।**

(a) पं. जवाहरलाल नेहरू, इंदिरा गाँधी
(b) लालबहादुर शास्त्री, राजीव गाँधी
(c) लालबहादुर शास्त्री, इंदिरा गाँधी
(d) पं. जवाहरलाल नेहरू, लालबहादुर शास्त्री

उत्तर (c) लालबहादुर शास्त्री, इंदिरा गाँधी

**3. निम्नलिखित में से कौन-सा युग्म सही नहीं है?**

(a) लाल बहादुर शास्त्री - कांग्रेस के महासचिव व भारत के तीसरे प्रधानमंत्री
(b) इंदिरा गाँधी - गरीबी हटाओं का नारा दिया
(c) सी. नटराजन अन्नामुदराई - हिंदी विरोधी आंदोलन का नेतृत्व
(d) राममनोहर लोहिया - पिछड़े वर्गों को आरक्षण की वकालत

उत्तर (a) लाल बहादुर शास्त्री - कांग्रेस के महासचिव व भारत के तीसरे प्रधानमंत्री

**4. प्रधानमंत्री के रूप में लालबहादुर शास्त्री को किस परिस्थिति का सामना करना पड़ा था?**

(a) वर्ष 1962 के भारत-चीन युद्ध के बाद की आर्थिक स्थिति का
(b) वर्ष 1965 के भारत-पाक के युद्ध के समय उत्पन्न सूखे की समस्या का
(c) 'a' और 'b' दोनों
(d) कामराज जैसे विपक्षी गुटों का सामना करने संबंधी समस्या का

उत्तर (c) 'a' और 'b' दोनों

**5. निम्नलिखित में से कौन-सा कथन प्रधानमंत्री इंदिरा गाँधी के संबंध में सही नहीं है?**

(a) प्रधानमंत्री बनने से पूर्व इंदिरा गाँधी लालबहादुर शास्त्री के मंत्रिमंडल में वित्त मंत्री थीं
(b) इंदिरा गाँधी की प्रधानमंत्री के रूप में नियुक्ति निर्विरोध नहीं थी
(c) इन्होंने पर्यावरण संरक्षण की दिशा में महत्त्वपूर्ण प्रयास किया
(d) इंदिरा गाँधी को मोरारजी देसाई से चुनाव में चुनौती मिली थी

उत्तर (a) प्रधानमंत्री बनने से पूर्व इंदिरा गाँधी लालबहादुर शास्त्री के मंत्रिमंडल में वित्त मंत्री थीं

**6. वर्ष 1967 में कांग्रेस कार्य समिति ने दस सूत्री कार्यक्रम को घोषित किया, जिसमें निम्न में से कौन-सा/से प्रावधान शामिल था/थे?**

1. बैंकों पर सामाजिक नियंत्रण स्थापित करना।
2. ग्रामीण गरीबों को आवासीय भूखंड देना।
3. खाद्यान्नों का सरकारी नियंत्रण।

**कूट**

(a) केवल 1 (b) 1 और 2 (c) केवल 3 (d) ये सभी

उत्तर (d) ये सभी

**7. नीचे दी गई घटनाओं को सही क्रम में व्यवस्थित कीजिए** दक्षता आधारित प्रश्न

1. सुकुमार सेन भारत के पहले चुनाव आयुक्त नियुक्त
2. इंदिरा गाँधी द्वारा 'प्रिवी पर्स' की व्यवस्था को समाप्त करने की माँग का समर्थन
3. राष्ट्रपति जाकिर हुसैन की मृत्यु
4. राममनोहर लोहिया लोकसभा सांसद रूप में निर्वाचित

**कूट**

(a) 1, 2, 3, 4 (b) 1, 4, 2, 3 (c) 4, 1, 2, 3 (d) 2, 1, 4, 3

उत्तर (b) 1, 4, 2, 3

**8. नीचे दो कथन दिए गए हैं।**

**कथन I** 1967 के चुनावों में गठबंधन की परिघटना सामने आई, चूँकि किसी पार्टी को बहुमत नहीं मिला था, इसलिए अनेक गैर-कांग्रेसी पार्टियों ने एकजुट होकर संयुक्त विधायक दल बनाया और गैर-कांग्रेसी सरकारों को समर्थन दिया।

**कथन II** पंजाब में बनी संयुक्त विधायक दल की सरकार को 'पापुलर यूनाइटेड फ्रंट' की सरकार कहा गया।

**कूट**

(a) कथन I और कथन II दोनों सही हैं
(b) कथन I और कथन II दोनों गलत हैं
(c) कथन I सही है, लेकिन कथन II गलत है
(d) कथन I गलत है, लेकिन कथन II सही है

उत्तर (a) कथन I और कथन II दोनों सही हैं

**9. ...........केंद्र में कांग्रेस की सत्ता कायम रही, लेकिन उसे पहले जितना बहुमत हासिल नहीं था, साथ ही अनेक राज्यों में इस पार्टी के हाथ से सत्ता जाती रही।**

(a) वर्ष 1967 के चुनावों के बाद
(b) वर्ष 1971 के चुनावों के बाद
(c) वर्ष 1984 के चुनावों के बाद
(d) वर्ष 1951 के चुनावों के बाद

उत्तर (a) वर्ष 1967 के चुनावों के बाद

**10.** **लाल बहादुरशास्त्री से संबंधित, निम्नलिखित कथनों में से कौन-सा कथन सही नहीं है?** **CBSE 2024**

(a) वर्ष 1966 तक उन्होंने कांग्रेस पार्टी के महासचिव के रूप में कार्य किया

(b) वे तीन वर्ष के अल्पकाल के लिए संघीय मंत्रिमंडल के सदस्य रहे

(c) एक रेल दुर्घटना का दायित्व लेते हुए, उन्होंने संघीय मंत्रिमंडल से त्याग-पत्र दे दिया था

(d) 'जय जवान जय किसान' उनका प्रसिद्ध नारा था

उत्तर (a) वर्ष 1966 तक इन्होंने कांग्रेस पार्टी के महासचिव के रूप में कार्य किया

**11.** **सूची I को सूची II से सुमेलित कीजिए** **CBSE 2025**

| | सूची I | | सूची II |
|---|---|---|---|
| 1. | एस. निजलिंगप्पा | (i) | मद्रास (तमिलनाडु) के मुख्यमंत्री |
| 2. | के. कामराज | (ii) | मैसूर (कर्नाटक) के मुख्यमंत्री |
| 3. | गया लाल | (iii) | बिहार के मुख्यमंत्री |
| 4. | कर्पूरी ठाकुर | (iv) | हरियाणा विधानसभा का एक सदस्य |

**कूट**

(a) 1-(ii), 2-(i), 3-(iv), 4-(iii)
(b) 1-(iii), 2-(i), 3-(iv), 4-(ii)
(c) 1-(iv), 2-(iii), 3-(ii), 4-(i)
(d) 1-(i), 2-(ii), 3-(iii), 4-(iv)

उत्तर (a) 1-(ii), 2-(i), 3-(iv), 4-(iii)

**निर्देश (प्र. सं. 12-16) नीचे दो कथन दिए गए हैं, जिनमें एक को कथन (A) और दूसरे को कारण (R) माना गया है। कूट की सहायता से सही उत्तर का चयन कीजिए।**

**कूट**

(a) A और R दोनों सही हैं तथा R, A की सही व्याख्या है

(b) A और R दोनों सही हैं, परंतु R, A की सही व्याख्या नहीं है

(c) A सही है, किंतु R गलत है

(d) A गलत है, किंतु R सही है

**12.** **कथन (A) भारत में चौथे आम चुनाव से पहले, लोगों ने आवश्यक वस्तुओं की कीमतों में वृद्धि, खाद्यान्नों की कमी तथा बढ़ती हुई बेरोज़गारी के विरुद्ध आंदोलन शुरू कर दिए।**

**कारण (R) मानसून की असफलता, व्यापक सूखा, खेती की पैदावार में गिरावट तथा गंभीर खाद्य संकट ने समस्या उत्पन्न की।** **CBSE 2024**

उत्तर (a) भारत में चौथे आम चुनाव से पहले, लोगों ने आवश्यक वस्तुओं की कीमतों में वृद्धि, खाद्यान्नों की कमी तथा बढ़ती हुई बेरोज़गारी के विरुद्ध आंदोलन शुरू कर दिए। जिनका कारण मानसून की असफलता, व्यापक सूखा, खेती की पैदावार में गिरावट तथा गंभीर खाद्य संकट से उत्पन्न हुई समस्याएँ थीं।

**13.** **कथन (A) वर्तमान में लगभग सभी चुनावों में इलेक्ट्रॉनिक वोटिंग मशीनों का प्रयोग बड़े स्तर पर किया जा रहा है।**

**कारण (R) ईवीएम का पहली बार वर्ष 2000 में पूरे देश में प्रयोग किया गया था।** *दक्षता आधारित प्रश्न*

उत्तर (c) वर्तमान में लगभग सभी चुनावों में इलेक्ट्रॉनिक वोटिंग मशीनों का प्रयोग बड़े स्तर पर किया जा रहा है। ईवीएम का पहली बार प्रयोग वर्ष 1990 में प्रारंभ हुआ था तथा वर्ष 2004 में इसका पूरे देश में प्रयोग किया गया था।

**14.** **कथन (A) कांग्रेस पार्टी के गठबंधन की विशेषता स्वाधीनता आंदोलन से चली आ रही थी।**

**कारण (R) यह एक व्यापक मंच था, जहाँ समाजवादी, उदारवादी, गाँधीवादी तथा चरमपंथी विचारधाराओं के लोगों को साथ लेकर स्वतंत्रता संग्राम में भाग लेते थे।**

उत्तर (a) कांग्रेस पार्टी के गठबंधन की विशेषता स्वाधीनता आंदोलन से चली आ रही थी, जिसका प्रमुख कारण विभिन्न पार्टी को एक मंच प्रदान करना था, जो भारत की राजनीतिक आकांक्षा को पूर्ण करती थी। यह एक व्यापक मंच था, जहाँ समाजवादी, उदारवादी, गाँधीवादी तथा चरमपंथी विचारधाराओं के लोगों को साथ लाया गया।

**15.** **कथन (A) राजनीति में दल-बदल की प्रवृत्ति का उद्भव वर्ष 1967 के आम चुनावों से हुआ।**

**कारण (R) वर्ष 1967 के आम चुनावों के बाद कांग्रेस के विधायकों ने दल-बदल करके महाराष्ट्र में सरकार बनाई थी।** *दक्षता आधारित प्रश्न*

उत्तर (c) राजनीति में दल-बदल की प्रवृत्ति का उद्भव वर्ष 1967 के आम चुनावों से हुआ। वर्ष 1967 के आम चुनावों के बाद कांग्रेस के विधायकों ने दल-बदल करके हरियाणा, मध्य प्रदेश तथा उत्तर प्रदेश में गैर-कांग्रेसी सरकार बनाई थी।

**16.** **कथन (A) रियासतों से संबंधित प्रिवी पर्स की व्यवस्था को कांग्रेस के कार्यकाल में लालबहादुर शास्त्री ने समाप्त कर दिया।**

**कारण (R) वर्ष 1967 के चुनाव के बाद इंदिरा गाँधी ने प्रिवी पर्स की इस व्यवस्था को समाप्त करने की माँग का समर्थन किया।** *दक्षता आधारित प्रश्न*

उत्तर (d) वर्ष 1967 में इंदिरा गाँधी ने प्रिवी पर्स की व्यवस्था को समाप्त करने का समर्थन किया था, जिसे वर्ष 1971 में इंदिरा गाँधी सरकार ने समाप्त कर दिया था। प्रिवी पर्स, किसी संवैधानिक या लोकतांत्रिक राजतंत्र में राज्य के स्वायत्त शासक और राजपरिवार को दी जाने वाली विशेष धनराशि को कहते हैं।

**17.** **नीचे दिए गए कार्टून का ध्यानपूर्वक अवलोकन कर निम्नलिखित प्रश्नों के उत्तर दीजिए।**

(i) **'आयाराम-गयाराम' राजनीति का मुख्य उद्देश्य क्या था, जिसे चित्र के माध्यम से इंगित किया गया है?**

(a) चुनावी जीत के लिए दल बदलना

(b) समाजवाद का प्रचार करना

(c) राष्ट्रीय एकता को बढ़ावा देना

(d) संविधान में संशोधन करना

उत्तर (a) चुनावी जीत के लिए दल बदलना

(ii) **आयाराम-गयाराम राजनीति से किस प्रकार की समस्याएँ उत्पन्न होती थीं?**
(a) चुनावों में अस्थिरता व अनिश्चितता
(b) वोटों की संख्या में वृद्धि
(c) किसानों की भलाई में सुधार
(d) समाज में आपसी भाईचारा बढ़ाना

उत्तर (a) चुनावों में अस्थिरता व अनिश्चितता

(iii) **आयाराम-गयाराम राजनीति को नियंत्रित करने के लिए भारत सरकार ने किस प्रकार का कानून लागू किया?**
(a) 53वाँ संविधान संशोधन 1985
(b) विधायकों के दल बदलने पर प्रतिबंध
(c) आपातकाल का प्रावधान
(d) चुनाव आयोग का गठन

उत्तर (b) विधायकों के दल बदलने पर प्रतिबंध

(iv) **'आयाराम-गयाराम' राजनीति के दौरान ........ की घटना ने भारतीय राजनीति में इस राजनीति के प्रभाव को स्पष्ट रूप से दर्शाया।**
(a) हरियाणा विधानसभा चुनाव 1967
(b) कर्नाटक विधानसभा चुनाव 1985
(c) उत्तर प्रदेश विधानसभा चुनाव 1970
(d) बिहार विधानसभा चुनाव 1972

उत्तर (a) हरियाणा विधानसभा चुनाव 1967

**18.**

(i) **दिए गए चित्र में इंदिरा गाँधी के साथ जीता हुआ उम्मीदवार किसे दिखाया गया है?**
(a) निजलिंगप्पा
(b) वी.वी. गिरि
(c) मोरारजी देसाई
(d) के. कामराज

उत्तर (b) वी.वी. गिरि

(ii) **वर्ष 1969 के राष्ट्रपति चुनाव में वी.वी. गिरि की जीत के बाद भारत में क्या बदलाव हुआ था?**
(a) भारतीय राजनीति में राष्ट्रपति की भूमिका का महत्व बढ़ा
(b) इंदिरा गाँधी का राजनीतिक प्रभाव कमजोर हुआ
(c) भारतीय संसद ने नया संविधान संशोधन लागू किया
(d) राष्ट्रपति चुनाव के लिए नई प्रणाली अपनाई गई

उत्तर (a) भारतीय राजनीति में राष्ट्रपति की भूमिका का महत्त्व बढ़ा

(iii) **वर्ष 1969 के राष्ट्रपति चुनाव में जीत हासिल करने वाले राष्ट्रपति वी.वी. गिरि का संबंध किस राज्य से है?**
(a) उत्तर प्रदेश (b) बिहार
(c) आंध्र प्रदेश (d) तमिलनाडु

उत्तर (c) आंध्र प्रदेश

(iv) **वर्ष 1969 के राष्ट्रपति चुनाव के परिणामों में सबसे बड़ा उलटफेर ........ था।**
(a) डॉ. जाकिर हुसैन की जीत
(b) नीलम संजीव रेड्डी का जीतना
(c) फखरुद्दीन अली अहमद का जीतना
(d) वी. वी. गिरी का निर्दलीय उम्मीदवार के रूप में जीतना

उत्तर (d) वी. वी. गिरी का निर्दलीय उम्मीदवार के रूप में जीतना

**19.**

(i) **वर्ष 1971 के लोकसभा चुनावों के नतीजों में अकेले इंदिरा गाँधी की कांग्रेस (आर) को कितनी सीटें मिली थीं?**
(a) 375 सीटें (b) 352 सीटें
(c) 16 सीटें (d) 60 सीटें

उत्तर (b) 352 सीटें

(ii) **वर्ष 1971 के लोकसभा चुनावों के दौरान इंदिरा गाँधी ने किस प्रमुख मुद्दे पर चुनाव प्रचार किया था?**
(a) शहरीकरण
(b) भूमि सुधार
(c) गरीबी उन्मूलन और समाजवाद
(d) पाकिस्तान के साथ युद्ध

उत्तर (c) गरीबी उन्मूलन और समाजवाद

(iii) **भारत ने अपना पहला आण्विक परीक्षण किस प्रधानमंत्री के कार्यकाल में किया था?**
(a) प. जवाहरलाल नेहरू (b) मोरारजी देसाई
(c) इंदिरा गाँधी (d) लाल बहादुर शास्त्री

उत्तर (c) इंदिरा गाँधी

(iv) **वर्ष 1971 के लोकसभा चुनाव में इंदिरा गाँधी के 'गरीबी हटाओं' नारें के बाद भारतीय राजनीति में ...........।**
(a) चुनावी ध्रुवीकरण बढ़ा
(b) महिला सशक्तीकरण में वृद्धि हुई
(c) बड़े पैमाने पर भ्रष्टाचार में वृद्धि हुई
(d) मतदाताओं को विकास के मुद्दों से जोड़ने का प्रयास किया।

उत्तर (d) मतदाताओं को विकास के मुद्दों से जोड़ने का प्रयास किया।

## लघु उत्तरीय प्रश्न

**1.** 1960 का दशक 'खतरनाक दशक' क्यों कहा जाता है?

*अथवा* **भारत-चीन युद्ध** (1962) **के परिणामस्वरूप भारत में क्या बदलाव हुए? सुरक्षा नीतियों और सैन्य तैयारियों में क्या सुधार किए गए? स्पष्ट करें।**

उत्तर 1960 के दशक में देश को विभिन्न चुनौतियों का सामना करना पड़ा। इसमें नेहरू तथा लालबहादुर शास्त्री की मृत्यु के बाद उभरी उत्तराधिकारी की चुनौती, वर्ष 1962 का भारत-चीन युद्ध, वर्ष 1965 का भारत-पाक युद्ध तथा खाद्य संकट की स्थिति प्रमुख थी। इसके अतिरिक्त गरीबी, गैर-बराबरी, सांप्रदायिक तथा क्षेत्रीय विभाजन जैसे मुद्दे स्थिति को और गंभीर बना रहे थे। इन सम्मिलित कारकों के कारण ही 1960 के दशक को 'खतरनाक दशक' कहा जाता है।

**2. वर्ष 1952 के पहले आम चुनाव से लेकर वर्ष 2004 के आम चुनाव तक मतदान के तरीके में क्या बदलाव आया है?**

*अथवा* **1990 के दशक के अंत में, भारत में मतदान के तरीकों में शुरू किए गए किसी एक बड़े बदलाव को उजागर कीजिए।** **CBSE 2020**

उत्तर वर्ष 1952-04 तक के आम चुनावों में निम्न बदलाव हुए हैं

- वर्ष 1952 के चुनावों में प्रत्येक मतदान केंद्र पर प्रत्येक उम्मीदवार के लिए अलग मतपेटी की व्यवस्था थी, किंतु इसके बाद मतपत्र पर उम्मीदवार का नाम और चुनाव चिह्न अंकित किया जाने लगा।
- 40 वर्षों के बाद 1990 के दशक के अंत में चुनाव आयोग ने इलेक्ट्रॉनिक वोटिंग मशीन (ईवीएम) का प्रयोग शुरू किया।

**3. लालबहादुर शास्त्री की सरकार के कार्यकाल में प्रमुख चुनौतियों का भारत द्वारा सामना किया गया। उन्हें सूचीबद्ध कीजिए।**

उत्तर लालबहादुर शास्त्री की सरकार के कार्यकाल (1964-66) में दो बड़ी चुनौतियाँ निम्न थीं

(i) मानसून की खराब स्थिति के कारण सूखे की स्थिति से निपटने की चुनौती।
(ii) भारत-पाक युद्ध की घटना, जो वर्ष 1965 में हुई।
(iii) ताशकंद समझौते की चुनौती
(iv) नेतृत्व का संकट
(v) चीन के साथ तनाव

**4. वर्ष 1967 के चुनाव में कांग्रेस के कमजोर प्रदर्शन के प्रमुख कारण क्या थे?**

उत्तर वर्ष 1967 के चुनाव में कांग्रेस के कमजोर प्रदर्शन के निम्नलिखित कारण थे

- मानसून की असफलता के कारण खाद्यान्न में कमी।
- कांग्रेस में गुटबाजी।
- इंदिरा गाँधी की अनुभवहीनता।
- चीन व पाकिस्तान का युद्ध।
- आवश्यक चीजों की कीमतों में बढ़ोतरी।
- क्षेत्रीय दलों का विकास।

**5. भारत में वर्ष 1967 के चुनावों के परिणामों को 'राजनीतिक भूकंप' क्यों कहा जाता है? उदाहरणों के साथ व्याख्या करें।**

उत्तर वर्ष 1967 के चुनाव परिणामों से कांग्रेस सहम गई। केंद्र स्तर पर उसकी सीटों में भारी कमी आई। कई वरिष्ठ मंत्रियों को पराजय का सामना करना पड़ा। राज्य स्तर पर कांग्रेस सात राज्यों में सरकार नहीं बना सकी। इसी कारण भारत में वर्ष 1967 के चुनावों के परिणामों को राजनीतिक भूकंप कहा जाता है।

**6. प्रधानमंत्री इंदिरा गाँधी के पहले कार्यकाल में उनके समक्ष प्रमुख चुनौती क्या थी?**

*अथवा* **प्रधानमंत्री इंदिरा गाँधी के पहले कार्यकाल में उनके सामने सबसे बड़ी चुनौती क्या थी? क्या यह आर्थिक अस्थिरता, विपक्ष का विरोध, पार्टी के अंदर विभाजन या बाहरी आक्रमण का खतरा था? अपने विचारों के साथ तर्क प्रस्तुत कीजिए।** *(दक्षता आधारित प्रश्न)*

उत्तर प्रधानमंत्री इंदिरा गाँधी के पहले कार्यकाल में उनके समक्ष प्रमुख चुनौती निम्नलिखित थीं

- कांग्रेस के वरिष्ठ नेताओं के समक्ष अपने आप को सुयोग्य एवं कर्मठ नेता के रूप में पेश करना।
- एक वर्ष के अंदर लोकसभा चुनाव में पार्टी की कमान सँभालना।
- देश की आर्थिक स्थिति का बदहाल होना।

**7. भारत के राजनीतिक और चुनावी इतिहास में वर्ष 1967 को एक महत्त्वपूर्ण पड़ाव मानने के कोई दो कारण स्पष्ट कीजिए।** **CBSE 2024**

उत्तर भारत के राजनीतिक और चुनावी इतिहास में वर्ष 1967 को एक महत्त्वपूर्ण पड़ाव मानने के प्रमुख दो कारण इस प्रकार हैं

(i) **कांग्रेस की पहली बड़ी चुनावी हार वर्ष** 1967 के आम चुनावों में कांग्रेस पार्टी को कई प्रमुख राज्यों; जैसे-उत्तर प्रदेश, बिहार और तमिलनाडु में हार का सामना करना पड़ा। इससे कांग्रेस के एकदलीय प्रभुत्व को पहली बार गंभीर चुनौती मिली और विपक्षी दलों का उदय हुआ।

(ii) **गैर-कांग्रेस सरकारों का गठन वर्ष** 1967 के चुनावों के बाद कई राज्यों में गैर-कांग्रेसी सरकारों का गठन हुआ, यह सर्वप्रथम जब कांग्रेस के बिना क्षेत्रीय सरकारें बनी जिसने भारतीय राजनीति में क्षेत्रीय दलों की महत्त्वपूर्ण भूमिका को स्थापित किया।

**8. वर्ष 1967 के चुनाव के क्या परिणाम रहे? इन परिणामों ने भारतीय राजनीति को किस प्रकार प्रभावित किया?**

उत्तर वर्ष 1967 के चुनाव के निम्नलिखित परिणाम थे

- इन चुनावों में कांग्रेस के प्रभुत्व में प्रथम बार कमी आई तथा कांग्रेस कई राज्यों में हार गई।
- कांग्रेस की सीटों और वोटों के प्रतिशत में भी गिरावट आई।
- गैर-कांग्रेसवाद के कारण कांग्रेस के प्रभुत्व में गिरावट आई।

**9. मई, 1967 में कांग्रेस कार्य समिति द्वारा अपनाए गए इंदिरा गाँधी के प्रभाव से जो दस सूत्रीय कार्यक्रम अपनाया था। उसमें क्या-क्या समाहित था?**

**भूमि सुधार तथा ग्रामीण गरीबों को आवासीय सुख देने के प्रावधान शामिल थे।**

**उत्तर** मई, 1967 में कांग्रेस कार्य समिति द्वारा अपनाए गए दस सूत्रीय कार्यक्रम में निम्नलिखित तथ्य शामिल थे
- बैंकों पर सामाजिक नियंत्रण।
- शहरी संपदा और आय का परिसीमन।
- खाद्यान्न का सरकारी वितरण।
- भूमि सुधार तथा ग्रामीण गरीबों को आवास देने का प्रावधान शामिल था।

**10. इंदिरा गाँधी द्वारा प्रिवी पर्स को समाप्त करने को न्यायोचित ठहराइए।** **CBSE 2025**

**उत्तर** इंदिरा गाँधी ने वर्ष 1971 में 26वें संविधान संशोधन द्वारा प्रिवी पर्स समाप्त किया, जिसे कई आधारों पर न्यायोचित ठहराया जा सकता है। यह कदम संवैधानिक समानता के सिद्धांत के अनुरूप था, जो जन्म आधारित विशेषाधिकारों को अस्वीकार करता है। इससे सरकारी धन का उपयोग गरीबी उन्मूलन और विकास कार्यों के लिए संभव हुआ। प्रिवी पर्स औपनिवेशिक अवशेष था, जिसे हराकर स्वतंत्र भारत की संप्रभुता मजबूत हुई। यह लोकतांत्रिक मूल्यों और राष्ट्रीय एकीकरण को बढ़ावा देने वाला था। हालाँकि राजघरानों ने वदखिलाफी का आरोप लगाया, यह निर्णय उस समय की सामाजिक-आर्थिक के लिए प्रगतिशील और उचित था।

**11. दिसंबर, 1970 में इंदिरा गाँधी सरकार द्वारा लोकसभा भंग करने का फैसला किन कारणों से किया गया?**

**उत्तर** दिसंबर, 1970 में इंदिरा गाँधी सरकार द्वारा लोकसभा भंग करने का फैसला विचित्र व जोखिम भरा था, हालाँकि इसके पीछे इंदिरा गाँधी की निम्नलिखित रणनीति थी

(i) सरकार की छवि को प्रस्तुत करना।
(ii) अन्य दलों पर स्वयं की निर्भरता करना।
(iii) संसद में अपनी स्थिति मजबूत करना।

**12. वर्ष 1967 के आम चुनावों में राममनोहर लोहिया द्वारा दी गई 'गैर-कांग्रेसवाद' की रणनीति के महत्त्व को उजागर कीजिए।** **CBSE 2022**

**उत्तर** प्रखर समाजवादी नेता डॉ. राममनोहर लोहिया ने कांग्रेस विरोधी विपक्षी रणनीति को गैर-कांग्रेसवाद का नाम दिया तथा इसके पक्ष में यह तर्क दिया कि कांग्रेस का शासन अलोकतांत्रिक और गरीबों के विरुद्ध हैं। अतः गरीबों के हित में लोकतंत्र को वापिस लाने के लिए गैर-कांग्रेसी पार्टिथों को एक मंच पर आना आवश्यक है। इन्होंने यह भी महसूस किया कि कांग्रेस विरोधी पार्टियों के मत बँट जाने के कारण कांग्रेस सत्तासीन है। इसलिए वे दल, जो विचारधारा कार्यक्रम और नीति पर बिखरे हुए थे, ताकि गरीबों के हक में लोकतंत्र को वापस लाया जा सके।

## दीर्घ उत्तरीय प्रश्न

**1. पहले दो आम चुनावों के पश्चात् और 1990 के दशक की समाप्ति तक भारत में मतदान के तरीकों में क्या अंतर आया?**

**उत्तर** पहले दो आम चुनावों (1952 और 1957) में मतदान का जो तरीका अपनाया गया था, उसे तीसरे आम चुनाव से बदल दिया गया। अब मत-पत्र पर प्रत्येक उम्मीदवार का नाम तथा उसका चुनाव चिह्न अंकित किया जाने लगा, मतदाता को इस मत-पत्र पर अपने पसंद के उम्मीदवार के नाम पर मुहर लगानी पड़ती थी। इस कारण प्रत्येक उम्मीदवार के लिए अलग-अलग मतपेटियों की आवश्यकता नहीं रह गई। मतदान का यह तरीका अगले चालीस वर्षों तक प्रचलित रहा। इस चुनाव में खर्चा पूर्व चुनाव की अपेक्षा कम रहा तथा उसने भारतीय चुनाव में और अधिकता निपक्षता का निर्माण किया। 1990 के दशक के अंत में चुनाव आयोग ने इलेक्ट्रॉनिक वोटिंग मशीन (ईवीएम) का प्रयोग शुरू किया। बाद में वर्ष 2004 से इलेक्ट्रॉनिक वोटिंग मशीन का प्रयोग पूरे देश में शुरू कर दिया गया।

**2. द्वितीय प्रधानमंत्री के रूप में लालबहादुर शास्त्री की भूमिका को संक्षेप में बताइए।**

**अथवा द्वितीय प्रधानमंत्री के रूप में लालबहादुर शास्त्री की भूमिका क्या थी? उनके कार्यकाल में भारत ने किन चुनौतियों का सामना किया और उन्होंने अपनी नेतृत्व क्षमता से देश को किस प्रकार मार्गदर्शन दिया? उदाहरण के साथ व्याख्या कीजिए।** **दक्षता आधारित प्रश्न**

**उत्तर** जवाहरलाल नेहरू के उत्तराधिकार तथा द्वितीय प्रधानमंत्री के रूप में लालबहादुर शास्त्री का चयन कांग्रेस ने किया। इसमें तत्कालीन कांग्रेस अध्यक्ष के. कामराज ने महत्त्वपूर्ण भूमिका निभाई।

लालबहादुर शास्त्री कांग्रेस के निर्विरोध नेता के रूप में प्रधानमंत्री बने। इससे पूर्व शास्त्री जी नेहरू के मंत्रिमंडल में कई वर्षों तक मंत्री की भूमिका निभा चुके थे। शास्त्री वर्ष 1964-66 तक देश के प्रधानमंत्री रहे। इस दौरान उन्हें वर्ष 1965 के भारत-पाकिस्तान युद्ध का सामना करना पड़ा। इससे देश की स्थिति खराब हो गई। साथ ही मानसून की खराब स्थिति के कारण देश को सूखे का सामना करना पड़ रहा था। कई जगहों पर खाद्यान्न के संकट उत्पन्न हो गए थे। इस दौरान इन्होंने इन चुनौतियों से निपटने के लिए 'जय जवान, जय किसान' का नारा दिया। यह इनके दृढ़ संकल्प को दिखाता है। 10 जनवरी, 1966 को तत्कालीन सोवियत संघ के ताशकंद (वर्तमान उज्बेकिस्तान की राजधानी) में इसका निधन हो गया।

शास्त्री जी वहाँ वर्ष 1965 के भारत-पाक युद्ध की समाप्ति के संबंध में तत्कालीन पाकिस्तानी राष्ट्रपति मोहम्मद अय्यूब खान से बातचीत तथा एक समझौते पर हस्ताक्षर के लिए गए थे।

**4. वर्ष 1969 में भारत के राष्ट्रपति का चुनाव उसके कार्यकाल समाप्त होने से पूर्व क्यों हुआ? राष्ट्रपति के पद के लिए कौन-से दो प्रमुख उम्मीदवार थे? विजयी उम्मीदवार की सफलता के कारणों का विश्लेषण कीजिए।**

**अथवा वी. वी. गिरि को भारत का राष्ट्रपति बनाने में जिन कारकों ने सहायता की उनका परीक्षण कीजिए।**

**उत्तर** वर्ष 1969 में राष्ट्रपति जाकिर हुसैन की मृत्यु के बाद भारत में राष्ट्रपति का चुनाव उनके कार्यकाल के समाप्त होने से पूर्व कराना आवश्यक था।

राष्ट्रपति पद के लिए दो उम्मीदवार थे—वी. वी. गिरि एवं एन सजीव रेड्डी। इसमें वी. वी. गिरि विजयी उम्मीदवार थे। उनकी सफलता के निम्न कारण थे

(i) सिंडिकेट समूह ने प्रधानमंत्री इंदिरा गाँधी की इच्छा के विपरीत उनके विरोधी तथा लोकसभा के अध्यक्ष एन संजीव रेड्डी का नाम राष्ट्रपति पद हेतु नामांकित कर दिया। उन्हें राष्ट्रपति पद हेतु कांग्रेस का अधिकृत प्रत्याशी घोषित कर दिया गया।
(ii) इंदिरा गाँधी ने छिपे तौर पर उप-राष्ट्रपति वी वी गिरि का समर्थन किया और उन्हें एक स्वतंत्र उम्मीदवार के रूप में राष्ट्रपति पद के लिए नामांकन भरने को प्रोत्साहित किया।

**5. भारतीय राजनीति पर दल-बदल का क्या प्रभाव रहा? समझाइए।**

*अथवा* **'अपराधीकरण, अस्थिरता एवं व्यवसायीकरण को दल-बदल की राजनीति ने बढ़ावा दिया है' इस कथन की पुष्टि करें।**

उत्तर जब कोई संसद सदस्य या राज्य विधानसभा का निर्वाचित सदस्य चुने जाने के बाद उस दल विशेष को छोड़कर, जिसके चुनाव चिह्न पर उसने चुनाव जीता है, किसी अन्य दल में शामिल हो जाता है, तो उसे दल-बदल कहा जाता है। इसने राजनीति को निम्नलिखित रूपों में प्रभावित किया है; जैसे

(i) भारतीय राजनीति में अपराधीकरण, अस्थिरता तथा व्यवसायीकरण इस दल-बदल का ही परिणाम है।

(ii) वर्ष 1967 के बाद से आज भी यह भारतीय राजनीति में बना हुआ है। राजीव गाँधी सरकार ने वर्ष 1985 में इस दल-बदल को संविधान में संशोधन करके बदलने का प्रयास किया था, लेकिन इसका स्तर बढ़ता ही जा रहा है।

(iii) दल-बदल न केवल भारतीय राजनीतिक में केंद्र के स्तर पर, बल्कि प्रांत के स्तर पर भी मौजूद था।

**6. भारत में गठबंधन की राजनीति का दौर कब शुरू हुआ? गठबंधन सरकारों के किन्हीं तीन नकारात्मक परिणामों को उजागर कीजिए।** **CBSE 2020**

उत्तर गठबंधन की राजनीति से अभिप्राय उस राजनीति से है, जिसमें बहुत-सी राजनीतिक पार्टियाँ या संगठन मिलकर राजनीति करते हैं। इससे निर्मित सरकार को गठबंधन की सरकार कहते हैं। इसकी शुरुआत 1967 के चुनावों से मानी जाती है, जिसमें अनेक गैर-कांग्रेसी पार्टियाँ एक जगह एकत्रित हुई थीं, जिसे संयुक्त विधायक दल कहा गया। इन सरकारों को संयुक्त विधायक दल की सरकार कहा गया।

गठबंधन की राजनीति के तीन नकारात्मक परिणामों को इस प्रकार देखा जा सकता है

(i) गठबंधन के फलस्वरूप पार्टी के अंदर गुटों को बढ़ावा मिलने लगा।

(ii) 'दल-बदल' तथा 'आया राम-गया राम' जैसे राजनीति शब्दकोश का विकास हुआ।

(iii) राजनीतिक अस्थिरता को बढ़ावा मिला, जिससे सरकारों को हमेशा नई-नई चुनौतियों का सामना करना पड़ा।

**7. 'आया राम-गया राम' मुहावरा राजनीतिक अस्थिरता और दल-बदल की समस्या का प्रतीक है। क्या आपको लगता है कि यह भारतीय लोकतांत्रिक व्यवस्था की कमजोरी को दर्शाता है या यह लोकतांत्रिक अधिकारों का हिस्सा है? अपने विचार के साथ इसका भारतीय राजनीति पर प्रभाव स्पष्ट करें।**

उत्तर भारत की राजनीति में 'आया राम-गया राम' का तात्पर्य दल-बदल की राजनीति से है। उल्लेखनीय है कि जब किसी पार्टी के चुनाव चिह्न पर निर्वाचित सांसद या विधायक द्वारा किसी अन्य दल की सदस्यता ले ली जाती है, तो इसे दल-बदल कहा जाता है। भारतीय राजनीति में 'आया राम- गया राम' मुहावरे के पीछे एक वास्तविक घटना का योगदान है। वर्ष 1967 के चुनावों के उपरांत हरियाणा के एक विधायक 'गया लाल' ने दल-बदल के माध्यम से तीन बार अपनी पार्टी बदली। इसके अंतर्गत पहले वे कांग्रेस से यूनाइटेड फ्रंट में, फिर कांग्रेस में आए तथा पुनः ही कुछ घंटों बाद यूनाइटेड फ्रंट में चले गए। इस प्रकरण को एक नेता द्वारा गया राम था अब आया राम है के रूप में व्यक्त किया गया। इसके पश्चात् संविधान में संशोधन कर दल-बदल कानून का निर्माण किया गया था।

**8. सिंडिकेट से आप क्या समझते हैं? इंदिरा गाँधी को सिंडिकेट के साथ किस प्रकार संघर्ष का सामना करना पड़ा?**

*अथवा* **'सिंडीकेट' शब्द का अर्थ एक संगठन या समूह के रूप में होता है, जो एक विशेष उद्देश्य के लिए एकजुट होता है। क्या आप मानते हैं कि यह आर्थिक, राजनीतिक या आपराधिक क्षेत्र में सकारात्मक या नकारात्मक प्रभाव डाल सकता है? विस्तृत वर्णन कीजिए।**

उत्तर **सिंडिकेट** पंडित जवाहरलाल नेहरू की मृत्यु के उपरांत कांग्रेस में आंतरिक विरोध शुरू हो गया। कांग्रेस में कुछ वरिष्ठ नेताओं का समूह प्रभावशाली हो गया। यह समूह शक्तिशाली गुट के रूप में उभरकर सामने आया। इस समूह ने कांग्रेस के प्रत्येक निर्णय को प्रभावित करना शुरू कर दिया। इसी समूह को 'सिंडिकेट' कहा गया। मद्रास के पूर्व मुख्यमंत्री इस गुट के नेता थे। अन्य नेताओं में एस निजलिंगप्पा, एस. के. पाटिल, अतुल्य घोष एवं एन. संजीव रेड्डी थे।

**इंदिरा गाँधी और सिंडिकेट संघर्ष** लालबहादुर शास्त्री व श्रीमती इंदिरा गाँधी को प्रधानमंत्री बनाने में इस समूह ने अहम भूमिका निभाई थी। ऐसा इसलिए किया क्योंकि इंदिरा गाँधी राजनीतिक व प्रशासनिक रूप से कम अनुभवी हैं और इसके लिए वे सिंडिकेट के दिशा-निर्देशन में कार्य करेंगी, लेकिन इंदिरा गाँधी ने जब अपनी स्थिति को कांग्रेस में मजबूत बनाने के लिए अपने निर्णय स्वयं लेना शुरू किया, तो सिंडिकेट के साथ उनके संबंध तनाव हो गए।

यह तनाव और संघर्ष वर्ष 1969 के राष्ट्रपति चुनाव में उभर कर सामने आया। इस चुनाव में दोनों गुट आमने-सामने आ गए थे। सिंडिकेट ने एन संजीव रेड्डी को राष्ट्रपति पद का उम्मीदवार घोषित कर दिया, जिस पर इंदिरा गाँधी सहमत नहीं थी। इंदिरा गाँधी ने तत्कालीन उपराष्ट्रपति वी. वी. गिरि का समर्थन किया और वे विजयी रहे। इसके उपरांत कांग्रेस का विभाजन हो गया।

**9. वर्ष 1971 के चुनावों में इंदिरा गाँधी की नाटकीय विजय के लिए कौन-सा मुख्य कारक उत्तरदायी था?**

*अथवा* **"वर्ष 1971 के चुनावों में इंदिरा गाँधी की नाटकीय विजय के लिए कौन-सा मुख्य कारक उत्तरदायी था?" इस संदर्भ में क्या आप मानते हैं कि इंदिरा गाँधी की योजनाओं और रणनीतियों ने इस चुनाव में उनकी सफलता को प्रभावित किया? उदाहरण सहित अपने उत्तर को समझाइए।**

*अथवा* **1971 के चुनावों में कांग्रेस पार्टी को शानदार जीत दिलाने वाले किन्हीं चार कारकों का विश्लेषण कीजिए।**

उत्तर वर्ष 1971 के चुनावों में इंदिरा गाँधी की नाटकीय विजय के लिए उत्तरदायी मुख्य कारक निम्नलिखित थे

- इस चुनाव में इंदिरा गाँधी के गुट (नई कांग्रेस-कांग्रेस 'आर') के पास एक स्पष्ट दृष्टिकोण एवं कार्यक्रम था, वहीं इनके विपक्षियों कांग्रेस 'ओ' तथा ग्रांड अलायंस के पास एक लक्षित दृष्टिकोण का अभाव था।
- इंदिरा गाँधी ने पूरे देश में यह प्रचारित किया कि विपक्षियों के पास केवल एक ही कार्यक्रम है—इंदिरा हटाओ। इसके विपरीत इंदिरा गाँधी ने लोगों के सामने एक स्पष्ट कार्यक्रम 'गरीबी हटाओ' का रखा, जिसका सकारात्मक असर हुआ।
- इंदिरा गाँधी के 'गरीबी हटाओ' नारे ने वंचित वर्ग विशेषकर भूमिहीन किसान, दलित व आदिवासी, अल्पसंख्यक महिला तथा बेरोजगार नौजवानों को कांग्रेस (आर) के पक्ष में लामबंद किया।

- इसके अतिरिक्त सार्वजनिक क्षेत्र की समृद्धि, ग्रामीण भू-स्वामित्व और शहरी संपत्ति का परिसीमन, आय तथा अवसरों की असमानता की समाप्ति व **'प्रिवी पर्स'** की समाप्ति को भी इंदिरा गाँधी ने चुनाव अभियान का प्रमुख मुद्दा बनाया जिसका लाभ उनको नाटकीय जीत के रूप में मिला।

**10. वर्ष 1971 के चुनाव के परिणामस्वरूप कांग्रेस व्यवस्था की प्रकृति में क्या बदलाव आया था?**

*अथवा* **वर्ष 1971 के चुनावों के बाद 'राजनीतिक सिंडिकेट पूर्ण रूप से अप्रभावी हो गया। विभिन्न उदाहरणों से अपने तर्क की पुष्टि करें।**

उत्तर वर्ष 1971 के चुनाव के परिणामस्वरूप कांग्रेस व्यवस्था की प्रकृति में निम्न परिवर्तन किए गए

- वर्ष 1971 के चुनावों में प्राप्त विजय के पश्चात् इंदिरा गाँधी ने आर्थिक नीति को राजनीति का प्रमुख विषय बनाया और इस पर विशेष ध्यान केंद्रित किया।
- अब कांग्रेस अपने सर्वोच्च नेता (इंदिरा गाँधी) पर पूर्णरूप से निर्भर होनी शुरू हो गई थी।
- इंदिरा गाँधी ने पार्टी में अपने स्तर को बढ़ाना प्रारंभ कर दिया और अनौपचारिक प्रभावशाली नेताओं के समूह (सिंडिकेट) को राजनीतिक मंच से दूर कर दिया।
- वर्ष 1971 से पूर्व कांग्रेस में विभिन्न विचारधारात्मक समूहों का समागम था, लेकिन अब कांग्रेस का संगठन भिन्न-भिन्न विचारधाराओं वाले समूहों के समावेशी नहीं रहा था, अब यह अनन्य एकाधिकारिता वाला बन गया था।
- 1971 के चुनावों के पश्चात् कांग्रेस केवल धनी उद्योगपतियों, राजनीतिक समूहों या 'सिंडिकेट' के हाथों की कठपुतली नहीं रही थी, बल्कि अब उसका स्वरूप बदल चुका था।
- कांग्रेस ने अपने आधार को निम्न तबके में मजबूत बनाना आरंभ कर दिया था। इसी के चलते इंदिरा गाँधी ने 'गरीबी हटाओ' और 'भूमि सुधार' जैसी नीतियों को लागू किया था। इन्हीं कार्यक्रमों की घोषणा के कारण ही उन्हें गरीबों का रक्षक कहा जाने लगा था।

## दीर्घ उत्तरीय प्रश्न II

**1. भारत में वर्ष 1967 तक कांग्रेस पार्टी के प्रभुत्व के लिए उत्तरदायी किन्हीं पाँच कारकों का वर्णन कीजिए।**

*अथवा* **क्या इन कारकों ने कांग्रेस पार्टी की दीर्घकालिक सफलता सुनिश्चित की? अपने उत्तर को तर्कसंगत और स्पष्ट उदाहरणों से प्रमाणित कीजिए।**

उत्तर भारत में वर्ष 1967 तक कांग्रेस पार्टी के प्रभुत्व के लिए निम्न कारक उत्तरदायी थे

- कांग्रेस की अधिकांश क्षेत्रीय इकाइयाँ विभिन्न गुटों से मिलकर बनी थीं। ये सभी गुट अलग-अलग विचारधारात्मक दृष्टिकोण अपनाते थे। कांग्रेस एक मध्यमार्गी पार्टी के रूप में उभरकर सामने आती थी।
- पहले भारत में विपक्षी पार्टियों का अस्तित्व नहीं था। कई पार्टियाँ वर्ष 1952 के आम चुनावों से पहले ही अस्तित्व में आ चुकी थीं। इनमें से कुछ पार्टियों ने 60 और 70 के दशक में देश की राजनीति में महत्त्वपूर्ण भूमिका निभाई। 1950 के दशक में इन दलों को लोकसभा और विधानसभा में बहुत कम प्रतिनिधित्व मिला।
- देश में यदि कोई पार्टी अन्य पार्टियों की अपेक्षा अधिक वोट प्राप्त करती है, तो दूसरी पार्टियों को प्राप्त वोटों के अनुपात की तुलना में उसे कहीं अधिक सीटें प्राप्त होती हैं। यह अनुपात कांग्रेस पार्टी के पक्ष में सिद्ध हुआ।
- कांग्रेस पार्टी की सफलता का एक बड़ा कारण गैर-कांग्रेसी वोटों का बँट जाना था, क्योंकि गैर-कांग्रेसी वोटों को जोड़ने पर इनको मिले कुल वोट कांग्रेस को प्राप्त कुल वोटों से कहीं अधिक थे। यही कारण था कि कांग्रेस अन्य सभी पार्टियों से आगे रहती थी। जीतों ने कांग्रेस की स्थिति को और मजबूत बना दिया। इसी का परिणाम था कि कांग्रेस अधिकांश राज्यों में सत्ता में थी।
- इंदिरा गाँधी ने बहुत कम समय में कांग्रेस पार्टी के समक्ष आई सभी चुनौतियों का सफलतापूर्वक सामना किया। अपनी जीत के बाद इंदिरा गाँधी ने कांग्रेस प्रणाली को पुनर्स्थापित किया, लेकिन इस बार कांग्रेस प्रणाली की प्रकृति में बदलाव हो चुका था।

**2. भारत में चौथे आम चुनावों (1967) ने भारतीय राजनीति की गति को किस प्रकार बदला?**

अथवा **भारत के राजनीतिक और चुनावी इतिहास में वर्ष 1967 के वर्ष को अत्यंत ही महत्त्वपूर्ण पड़ाव क्यों माना जाता है? व्याख्या कीजिए।**

*अथवा* **भारत के राजनीतिक और चुनावी इतिहास में 1967 को एक ऐतिहासिक वर्ष बनाने वाली किन्हीं छः घटनाओं का वर्णन कीजिए।** **CBSE 2020**

*अथवा* **1967 के आम चुनावों को कांग्रेस पार्टी के लिए एक राजनीतिक भूकंप क्यों कहा गया? किन्हीं चार कारणों का परीक्षण कीजिए।**

अथवा **वर्ष 1967 में हुए चौथे आम चुनाव के समय, देश में आए बदलावों का परीक्षण कीजिए।**

उत्तर चौथे आम चुनावों (1967) के परिणामों से कांग्रेस को राष्ट्रीय और प्रांतीय स्तर पर गहरा आघात पहुँचा। अनेक राजनीतिक पर्यवेक्षकों ने इन परिणामों को 'राजनीतिक भूकंप' की संज्ञा दी, क्योंकि इस काल से भारतीय राजनीति में एक नया दौर प्रारंभ हुआ। इसके अन्य प्रभाव निम्नलिखित हैं

(i) **कांग्रेस की हार** कांग्रेस को लोकसभा में बहुमत तो मिला, लेकिन उसको प्राप्त मतों के प्रतिशत तथा सीटों की संख्या में अत्यधिक कमी आई थी। अब से पहले के चुनावों में कांग्रेस को कभी भी इतने कम मत प्राप्त नहीं हुए और न कभी इतनी कम सीटें मिली थीं। इंदिरा गाँधी के मंत्रिमंडल के आधे वरिष्ठ मंत्री चुनाव हार गए थे।

(ii) **कांग्रेस को स्पष्ट बहुमत नहीं वर्ष** 1967 के आम चुनावों के राजनीतिक बदलाव के परिणामस्वरूप कांग्रेस को राज्यों में स्पष्ट बहुमत नहीं मिला। कुछ राज्यों में दल-बदल के कारण यह पार्टी अपनी सरकार नहीं बना पाई। देश के विभिन्न राज्यों में कांग्रेस के हाथ से सत्ता निकल गई। ये 9 राज्य पंजाब, हरियाणा, उत्तर प्रदेश, मध्य प्रदेश, बिहार, पश्चिम बंगाल, उड़ीसा, मद्रास और केरल थे।

(iii) **गठबंधन सरकार का जन्म** वर्ष 1967 के चुनाव परिणामों ने गठबंधन की परिघटना को जन्म दिया, क्योंकि किसी भी पार्टी को बहुमत नहीं मिला था, इसलिए अनेक गैर-कांग्रेसी पार्टियाँ एकजुट हुईं और उन्होंने संयुक्त विधायक दल बनाकर गैर-कांग्रेसी सरकारों को समर्थन दिया।

(iv) **दल-बदल प्रवृत्ति का उद्भव** इस दौरान दल-बदल की परिघटना भी घटी, जिसने राज्यों में सरकारों के बनने-बिगड़ने में महत्त्वपूर्ण भूमिका निभाई।

निष्कर्षतः चौथे आम चुनावों ने न केवल कांग्रेस के कम होते प्रभाव को दर्शाया, बल्कि राजनीतिक बदलाव ने दस्तक भी दी। इन चुनाव परिणामों के बाद गठबंधन सरकार और दल-बदल जैसी परिघटनाएँ सामने आईं। वहीं गैर-कांग्रेसी सरकार का अस्तित्व मजबूत हुआ।

**3. नेहरू की मृत्यु के बाद उत्तराधिकार की चुनौती तथा इससे उभरे मसलों पर टिप्पणी कीजिए।**

*अथवा* **इस संदर्भ में, किस प्रकार नेहरू की अप्रतिम नेतृत्व शैली और उनकी भूमिकाओं के खालीपन ने भारतीय राजनीति को प्रभावित किया?**

*उत्तर* मई, 1964 में प्रधानमंत्री जवाहरलाल नेहरू की मृत्यु के बाद कांग्रेस पार्टी तथा केंद्र सरकार के सम्मुख उत्तराधिकार की चुनौती उत्पन्न हुई कि नेहरू की मृत्यु के पश्चात् प्रधानमंत्री कौन बनेगा। उस समय भारतीय राजनीतिक व्यवस्था में शून्य उत्पन्न हो गया अर्थात् प्रभावी नेतृत्व का अभाव उत्पन्न हो गया। तत्कालीन समय में स्वतंत्र भारत के समक्ष बहुत सारी कठिनाइयाँ; जैसे- क्षेत्र विभाजन, विदेशी ताकतों का अनावश्यक दखल, गरीबी, भुखमरी, सांप्रदायिकता आदि व्यापक रूप से हावी हो रही थी। इन जटिल मुद्दों के कारण ही 1960 के दशक को खतरनाक श्रेणी में रखा जाता है।

इस स्थिति में भारत से बाहर लोगों में भी भारत को लेकर अनेक संदेह उत्पन्न हो रहे थे; जैसे—

- नेहरू के बाद देश में लोकतंत्र बरकरार रह पाएगा या नहीं। बहुत से अन्य स्वतंत्र राष्ट्रों की तरह भारत भी राजनीतिक उत्तराधिकार का फैसला लोकतांत्रिक तरीके से कर पाएगा या नहीं।
- कहीं लोकतंत्र की विफलता की स्थिति में सेना राजनीतिक उत्तराधिकारी तो नहीं बन जाएगी।
- देश के सम्मुख मौजूद वर्तमान समस्याओं (गरीबी, सांप्रदायिकता) का समाधान नया नेतृत्व कर पाएगा या नहीं। हालाँकि दुनिया के अन्य देशों (ब्रिटेन) में घटित पूर्व की घटनाओं के संदर्भ में यह चिंता व्यक्त की जा रही थी कि लोकतांत्रिक व्यवस्था सफल होगी या बिखर जाएगी।
- नेहरू के बाद उत्तराधिकारी के रूप में लालबहादुर शास्त्री को चुना गया, जो की मृत्यु से पहले उसके अधिक निकट थे, वे भी भारतीय समस्या के समाधान के लिए यथार्थवाद का अधिक प्रयोग करते थे, जिससे स्वतंत्र भारत को प्रगतिशील बनाया जा सके। लालबहादुर शास्त्री ने अपने कार्यकाल में चीन तथा पाकिस्तान से उभरी समस्याओं को समाप्त कर, एक सुदृढ़ विदेशी नीति का भी निर्माण किया था।

**4. कांग्रेस के वर्ष 1969 के विभाजन के लिए उत्तरदायी किन्हीं पाँच कारकों का परीक्षण कीजिए।**

*अथवा* **वर्ष 1969 में कांग्रेस पार्टी के औपचारिक विभाजन के लिए उत्तरदायी प्रमुख मुद्दों की व्याख्या कीजिए।**

*अथवा* **वर्ष 1969 में कांग्रेस पार्टी के विभाजन के लिए उत्तरदायी किन्हीं तीन कारणों को स्पष्ट कीजिए।**

*अथवा* **वर्ष 1969 में कांग्रेस पार्टी को विभाजन की ओर ले जाने वाली किन्हीं तीन महत्त्वपूर्ण घटनाओं का वर्णन कीजिए।**

*उत्तर* कांग्रेस पार्टी में वर्ष 1969 में हुए विभाजन के पाँच प्रमुख कारण निम्न प्रकार हैं

(i) वर्ष 1969 के राष्ट्रपति चुनाव में कांग्रेस पार्टी के अधिकृत उम्मीदवार नीलम संजीव रेड्डी थे। इंदिरा गाँधी और उनके समर्थकों ने संजीव रेड्डी का समर्थन न कर उपराष्ट्रपति वी. वी. गिरि को राष्ट्रपति चुनाव लड़ने को कहा। वी. वी. गिरि स्वतंत्र उम्मीदवार के रूप में चुनाव लड़ रहे थे। इस प्रकार इंदिरा गाँधी द्वारा अधिकृत उम्मीदवार को समर्थन न कर एक स्वतंत्र उम्मीदवार को समर्थन करना कांग्रेस पार्टी में विभाजन का प्रमुख कारण था।

(ii) राष्ट्रपति पद के चुनाव को कांग्रेस में ताकत की आजमाइश के तौर पर लिया गया। तत्कालीन कांग्रेस अध्यक्ष एस. निजलिंगप्पा ने 'व्हिप' जारी किया कि सभी 'कांग्रेस' सांसद और विधायक पार्टी के अधिकारिक उम्मीदवार संजीव रेड्डी को वोट डालें। इससे कांग्रेस पार्टी के अधिकारिक उम्मीदवार एन. संजीव रेड्डी चुनाव हार गए और वी. वी. गिरि चुनाव जीत गए। कांग्रेस के अधिकारिक उम्मीदवार की हार से पार्टी में विभाजन तय था।

(iii) राष्ट्रपति मतभेद पर इंदिरा गाँधी के समर्थक गुट ने अखिल भारतीय कांग्रेस कमेटी की विशेष बैठक आयोजित करने की याचना की, जिसे अस्वीकार कर दिया गया। तत्पश्चात् कांग्रेस के दो गुटों के बीच और मतभेद गहराने लगे जिससे विभाजन का मार्ग प्रशस्त हुआ।

(iv) इंदिरा गाँधी ने वी. वी. गिरि. का अप्रत्यक्ष तौर पर समर्थन करते हुए अंतर्रात्मा की आवाज पर वोट डालने को कहा। इसका अर्थ यह था कि कांग्रेस के सांसद और विधायक अपनी इच्छा से किसी भी उम्मीदवार को वोट दे सकते हैं। इससे विभाजन और भी स्पष्ट हो गया।

(v) इंदिरा गाँधी ने चौदह अग्रणी बैंकों के राष्ट्रीयकरण और भूतपूर्व राजा-महाराजाओं को प्राप्त विशेषाधिकार अर्थात् 'प्रिवी पर्स' को समाप्त करने की घोषणा की। इस समय मोरारजी देसाई देश के उप-प्रधानमंत्री और वित्तमंत्री थे। इन्हीं दोनों मुद्दों पर प्रधानमंत्री और उनके बीच गहरा तनाव उत्पन्न हो गया। इसके परिणामस्वरूप मोरारजी देसाई सरकार से अलग हो गए।

**5. वर्ष 1967 के चौथे आम चुनाव से पहले के गंभीर आर्थिक संकट का परीक्षण कीजिए। इस निर्वाचन के आधार पर निर्वाचकों के जनादेश का आकलन कीजिए।**

*अथवा* **वर्ष 1967 के चौथे आम चुनाव से पहले भारत में गंभीर आर्थिक संकट के कारणों का विश्लेषण कीजिए।**

*उत्तर* वर्ष 1967 के चौथे आम चुनाव से पहले भारत में गंभीर आर्थिक संकट के प्रमुख कारण निम्नलिखित हैं

(i) वर्ष 1967 के आम चुनाव से पूर्व देश को गंभीर संकट का सामना करना पड़ा था। वर्ष 1952-62 तक के चुनावों में कांग्रेस का प्रभुत्व बना रहा था। कांग्रेस ने नियोजित विकास के जरिए देश के आर्थिक विकास का जो प्रयास किया था, उसे वह सभी नागरिकों तक पहुँचाने में सफल नहीं हो पाई। सरकार ने जनता की शिक्षा, चिकित्सा तथा अन्य आवश्यक मदों पर अधिक राशि खर्च नहीं की।

(ii) 1960 के दशक में कृषि की स्थिति अत्यंत ही दयनीय हो चुकी थी। वर्ष 1965-67 के बीच देश के कई भागों में सूखे की स्थिति और गंभीर बन गई थी। इसी दौरान भारत को वर्ष 1965 में युद्ध

भी करना पड़ा। इस युद्ध के कारण विदेशी मुद्रा का संकट पैदा हो गया। इन सभी के परिणामस्वरूप भारत के कई भागों में अकाल की स्थिति उत्पन्न हो गई।

(iii) 1960 के दशक में मानसून की असफलता, व्यापक सूखा, खेती के उत्पादन में कमी, खाद्य संकट, औद्योगिक उत्पादन तथा निर्यात में कमी के साथ ही सैन्य खर्च में लगातार बढ़ोतरी होती चली गई।

(iv) खाद्यान्न की कमी के कारण कुपोषण की समस्या उत्पन्न हो गई थी। बिहार में स्थिति अत्यधिक दयनीय हो गई थी। बिहार में मृत्युदर पिछले वर्ष की तुलना में कई गुना बढ़ गई।

(v) सरकार ने उस समय आर्थिक संकट को दूर करने के लिए रुपये का अवमूल्यन कर दिया था। सरकार पर यह आरोप लगा कि उसने रुपये का अवमूल्यन अमेरिका के दबाव में किया था। पहले के समय अमेरिकी डॉलर का मूल्य ₹ 5 था, जो अब बढ़कर ₹ 7 हो गया था।

(vi) बिगड़ी आर्थिक स्थिति ने चीजों की कीमत में अत्यधिक बढ़ोतरी कर दी। आवश्यक वस्तुओं की कीमतों में वृद्धि, खाद्यान्न की कमी, बढ़ती हुई बेरोजगारी तथा देश की दयनीय आर्थिक स्थिति के कारण जनता में असंतोष उत्पन्न हो गया। देश में अधिकतर हड़ताल व बंद की स्थिति रहने लगी और इसने हालातों को और खराब कर दिया।

**निर्वाचकों का जनादेश** चुनाव के परिणाम कांग्रेस के लिए राष्ट्रीय और प्रांतीय स्तर पर बेहद चौंकाने वाले थे। अनेक पर्यवेक्षकों ने इन परिणामों को 'राजनीतिक भूकंप' की संज्ञा दी। कांग्रेस को लोकसभा में मुश्किल से बहुमत मिल सका, लेकिन उसको प्राप्त मतों और सीटों की संख्या में भारी गिरावट आई। इससे पहले कांग्रेस को इतने कम वोट और कम सीटें नहीं मिली थीं। कांग्रेस की स्थिति राज्यों में भी चौंकाने वाली थी। इसे सात राज्यों में बहुमत नहीं मिला और नौ राज्यों में कांग्रेस के हाथ से सत्ता निकल गई थी।

**6. वर्ष 1969 में कांग्रेस पार्टी के विभाजन के पश्चात् इस दल के पुनर्स्थापन में सहायक कारकों का परीक्षण कीजिए।**

*अथवा* **वर्ष 1969 में पार्टी विभाजन के पश्चात् कांग्रेस प्रणाली की पुनर्स्थापना के लिए उत्तरदायी परिस्थितियों का विश्लेषण कीजिए।**

*अथवा* **विस्तार से विश्लेषण कीजिए कि पार्टी के विभाजन के बाद इंदिरा गाँधी ने किस प्रकार अपने नेतृत्व को सशक्त किया। किन नीतियों और निर्णयों ने उनकी स्थिति को मजबूत किया।**

उत्तर वर्ष 1969 में कांग्रेस के विभाजन के बाद उसकी पुनर्स्थापना में निम्न कारक सहायक थे

**इंदिरा गाँधी द्वारा घोषित कार्यक्रम**

- इंदिरा गाँधी ने देश की जनता के बीच यह प्रचार किया कि विपक्ष के पास केवल एक ही कार्यक्रम है। 'इंदिरा हटाओ'। वहीं कांग्रेस (आर) ने लोगों के सामने अपने सकारात्मक कार्यक्रम रखे और उन्हें 'गरीबी हटाओ' के नारे के साथ एक पहचान प्रदान की।
- इंदिरा गाँधी ने सार्वजनिक क्षेत्र की संवृद्धि, ग्रामीण, भू-स्वामित्व और शहरी संपदा के परिसीमन, आय और अवसरों की असमानता की समाप्ति तथा 'प्रिवी पर्स' की समाप्ति का अपने चुनाव अभियान में जोर-शोर से प्रचार किया।
- इंदिरा गाँधी के गरीबी हटाओ के नारे ने उन्हें गरीब और वंचित तबकों विशेषकर दलित और आदिवासी, अल्पसंख्यक, महिला और बेरोजगार नौजवानों के बीच आधार तैयार करने में सहायता प्रदान की।
- इंदिरा गाँधी ने समाजवादी विचारधारा का प्रचार-प्रसार किया, जिससे देश के अधिकतर लोगों का झुकाव कांग्रेस की ओर बढ़ा तथा कांग्रेस और मजबूत हुई। इंदिरा गाँधी की बैंकों का राष्ट्रीयकरण व दस-सूत्री कार्यक्रम कांग्रेस की पुनर्स्थापना में सहायक साबित हुई।

**चुनाव परिणाम**

- वर्ष 1971 के लोकसभा चुनावों के नतीज़े बेहद नाटकीय थे। कांग्रेस (आर) और सीबीआई के गठबंधन को इतने वोट और सीटें प्राप्त हुईं, जितनी कांग्रेस ने पिछले चार आम चुनावों में कभी हासिल नहीं की थीं।
- इस गठबंधन को लोकसभा की 375 सीटें प्राप्त हुईं, उसे कुल 48.4% मत हासिल हुए। अकेले इंदिरा गाँधी की कांग्रेस (आर) को 352 सीटें और 44% वोट प्राप्त हुए थे।
- वर्ष 1972 में हुए राज्य विधानसभा चुनावों में भी कांग्रेस पार्टी को बड़ी सफलता मिली। इसके साथ ही इंदिरा गाँधी एक मजबूत और गरीबों की नेता के रूप में उभरीं।

**7. 1970 के दशक के प्रारंभिक वर्षों में इंदिरा गाँधी की सरकार को लोकप्रिय बनाने में सहायक किन्हीं छः कारकों की व्याख्या कीजिए।**

*अथवा* **1970 के दशक के आरंभिक वर्षों में इंदिरा गाँधी की सरकार की लोकप्रियता किन प्रमुख कारणों पर आधारित थी? क्या इन कारणों से भारतीय राजनीति में कोई दीर्घकालिक परिवर्तन आया? तर्कसंगत उत्तर के लिए छः तर्क प्रस्तुत कीजिए '**

उत्तर 1970 के दशक के प्रारंभिक वर्षों में निम्न कारकों ने इंदिरा गाँधी की सरकार को लोकप्रिय बनाने में महत्त्वपूर्ण भूमिका निभाई।

(i) **सिंडिकेट के सामने न झुकने का साहस** इंदिरा गाँधी ने कांग्रेस पार्टी के अध्यक्ष एस निजलिंगप्पा द्वारा जारी की गई व्हिप को चुनौती दी और छिपे तौर पर नीलम संजीव रेड्डी के स्थान पर वी. वी. गिरि को राष्ट्रपति मनोनीत कराया। यह उनकी नई राजनीतिक शैली थी।

(ii) **मतदाताओं के आधार में बदलाव** इंदिरा गाँधी को यह समझने में समय नहीं लगा कि उनका मत पिछड़े समाज का गरीब वंचित, दलित और पिछड़ा वर्ग है। उन्होंने इसकी समझ होते ही स्वयं को धनी वर्ग से अलग कर लिया। उनके द्वारा लाया गया बीस-सूत्री कार्यक्रम इसका उदाहरण है। उनके 'गरीबी हटाओ' के नारे ने इस तबके को उनके साथ लाकर खड़ा कर दिया।

(iii) **प्रिवी पर्स की समाप्ति** वर्ष 1971 में 26वाँ संविधान संशोधन अधिनियम पारित किया गया। इस संशोधन के माध्यम से रजवाड़ों के भूतपूर्व शासकों के विशेषाधिकार 'प्रिवी पर्स' को समाप्त कर दिया गया। इस कदम से भी वे शोषित ग्रामीण वर्ग में अपनी स्थिति को मजबूत बनाने में सफल रहीं।

(iv) **बैंकों के राष्ट्रीयकरण की घोषणा** देश के बढ़ते बैंकारी क्रियाकलापों को नियंत्रित करने और काले धन को सफेद करने के क्रियाकलापों पर अंकुश लगाने के लिए इंदिरा गाँधी ने बैंकों के राष्ट्रीयकरण की घोषणा की, उनके इस कार्य को जनता का खूब समर्थन मिला।

(v) **भूमि सुधार कार्यक्रम** इंदिरा गाँधी ने जब राष्ट्रीय नमूना सर्वेक्षण वर्ष 1960-61 की रिपोर्ट को देखा, जिसके अनुसार 80 लाख से अधिक लोग भूमिहीन कृषि दास बने हुए हैं, तो उन्होंने भूमि सुधार को अपनी वरीयता में रखा। देश में बड़ी संख्या में लोग भूमि के असमान वितरण से प्रभावित थे। इंदिरा गाँधी के इस प्रयास से बड़ी संख्या में मतदाता उनके समर्थन में आ गए।

(vi) **गरीबी हटाओ कार्यक्रम** इंदिरा गाँधी का 'गरीबी हटाओ' का नारा वंचित तबके के बीच बेहद लोकप्रिय हुआ। विशेष रूप से भूमिहीन श्रमिकों, दलितों, अल्पसंख्यकों, आदिवासियों तथा बेरोजगार युवकों में उनका जनाधार बढ़ा।

**8. भारत में 1971 के चुनाव परिणामों को प्रभावित करने वाले किन्हीं तीन कारणों को स्पष्ट कीजिए।** **CBSE 2022**

उत्तर वर्ष 1971 के चुनाव परिणामों को प्रभावित करने वाले कारक निम्न हैं

(i) **गरीबी हटाओ का नारा** इंदिरा गाँधी ने 'गरीबी हटाओं' का नारा देकर जनता को सीधे अपने साथ जोड़ लिया। इस नारे ने विशेष रूप से ग्रामीण और निम्न वर्ग के मतदाताओं को प्रभावित किया, जिससे कांग्रेस आर को व्यापक समर्थन मिला।

(ii) **बांग्लादेश मुक्ति संग्राम का प्रभाव** बांग्लादेश मुक्ति संग्राम और पाकिस्तान के खिलाफ भारत की निर्णायक भूमिका ने इंदिरा गाँधी को 'दुर्गा' की उपाधि दी। इस विजय ने उनकी छवि एक मजबूत और निर्णायक नेता के रूप में स्थापित की।

(iii) **विपक्ष का विखंडन** विपक्षी दलों की एकता में कमी और स्पष्ट रणनीति का अभाव कांग्रेस (आर) की जीत का एक बड़ा कारण बना। विरोधी गठबंधन जनता को एक वैकल्पिक नेतृत्व प्रदान करने में विफल रहा।

इन कारकों ने मिलकर इंदिरा गाँधी को चुनावों में ऐतिहासिक जीत दिलाने में महत्त्वपूर्ण भूमिका निभाई।

## स्रोत आधारित प्रश्न

**1. नई कांग्रेस के पास कुछ ऐसा था, जो इसके विरोधियों के पास नहीं था–इसके पास एक मुद्दा, एक कार्यक्रम और एक सकारात्मक नारा था। 'महागठबंधन' के पास कोई मजबूत राजनीतिक कार्यक्रम नहीं था। इंदिरा गाँधी ने कहा था कि 'विपक्षी गठबंधन' के पास एक साझा कार्यक्रम है 'इंदिरा हटाओ'। इसके विपरीत, उसने एक सकारात्मक कार्यक्रम प्रस्तुत किया, जो 'गरीबी हटाओ' के प्रसिद्ध नारे से अभिव्यक्त होता था।**

(i) **इंदिरा गाँधी ने विपक्ष के किस मुद्दे को आधार बनाकर कहा कि विपक्षी गठबंधन के पास एक साझा कार्यक्रम है?**

(a) गरीबी हटाओ (b) मजदूरी बढ़ाओ
(c) इंदिरा हटाओ (d) रोजगार बढ़ाओ

उत्तर (c) इंदिरा हटाओ

(ii) **विभाजन के पश्चात् किस कांग्रेस को नई कांग्रेस कहा गया?**

(a) इंदिरा गाँधी समर्थित कांग्रेस को
(b) मोरारजी देशों के गैर-कांग्रेसी लोगों के समूह को
(c) कांग्रेस के नए युवा वर्ग के समूह को
(d) कांग्रेस के पुराने कांग्रेसी नेताओं के समूह को

उत्तर (a) इंदिरा गाँधी समर्थित कांग्रेस को

(iii) **कांग्रेस विभाजन के पश्चात् बने विपक्षी गठबधंन के साझा कार्यक्रम का क्या उद्देश्य था? अनुच्छेद के आधार पर स्पष्ट करें।**

उत्तर कांग्रेस विभाजन के पश्चात् बने विपक्षी गठबंधन का उद्देश्य कांग्रेस को कम करना, अपना वर्चस्व बढ़ाना, इंदिरा गाँधी को कमजोर करना और अपना प्रभाव स्थापित करना, साथ ही साथ एक राजनीतिक ताकत बनकर उभरना है।

**2. 1960 के दशक को 'खतरनाक दशक' कहा जाता है, क्योंकि गरीबी, गैर-बराबरी, सांप्रदायिक और क्षेत्रीय विभाजन आदि के सवाल सभी अनसुलझे थे। संभव था कि इन सारी कठिनाइयों के कारण देश में लोकतंत्र की परियोजना असफल हो जाती अथवा खुद देश ही बिखर जाता। नेहरू की मृत्यु के पश्चात् कांग्रेस में उत्तराधिकार को लेकर चुनौती थी, किंतु इस चुनौती का मार्ग आसान हुआ और कांग्रेस पार्टी के अध्यक्ष के. कामकाज ने इसका समाधान किया। लालबहादुर शास्त्री नेहरू के बाद प्रधानमंत्री बने।**

(i) **देश में लोकतंत्र के असफल होने के क्या कारण हो सकते हैं?**

(a) गरीबी
(b) गैर-बराबरी
(c) सांप्रदायिक और क्षेत्रीय विभाजन
(d) ये सभी

उत्तर (d) ये सभी

(ii) **नेहरू की मृत्यु के पश्चात् कौन-सी चुनौती उत्पन्न हो गई थी?**

(a) राजनीतिक उत्तराधिकार की चुनौती
(b) लोकतंत्र कायम करने की चुनौती
(c) सेना का राजनीतिक भूमिका में आने की चुनौती
(d) उपरोक्त सभी

उत्तर (d) उपरोक्त सभी

(iii) **1960 के दशक को 'खतरनाक दशक' कहा जाता है। कारण बताइए?**

उत्तर 1960 के दशक को खतरनाक दशक कहा जाता है, क्योंकि गरीबी, गैर-बराबरी, सांप्रदायिक और क्षेत्रीय विभाजन आदि के सवाल अभी अनसुलझे थे। संभव था कि इन सारी कठिनाइयों के कारण देश में लोकतंत्र की परियोजनाएँ असफल हो जातीं।

**3. इंदिरा गाँधी को सबसे बड़ी चुनौती पार्टी के अंदर बने प्रभावशाली नेताओं के समूह 'सिंडिकेट' से दी गई थी। इन्होंने जब अपनी कार्यनीति बनाई तब इनके बीच दूरिया बढ़ने लगीं। इंदिरा गाँधी को प्रधानमंत्री बनाने में सिंडिकेट ने निर्णायक भूमिका निभाई थी। इस दृष्टि से सिंडिकेट के नेताओं को यह आशा थी कि इंदिरा गाँधी उनके कहने पर कार्य करेगी, किंतु इदिरा गाँधी अपने तरीके से कार्य करने लगी।**

(i) **इंदिरा गाँधी को प्रधानमंत्री बनाने में किस समूह ने निर्णायक भूमिका निभाई थी?**

(a) विपक्षी दल (b) जनता पार्टी
(c) सिंडिकेट (d) भारतीय जनता पार्टी

उत्तर (c) सिंडिकेट

(ii) **सिंडिकेट के नेता ने इंदिरा गाँधी को किन उद्देश्यों के लिए प्रधानमंत्री पद के लिए चुना था?**

(a) क्योंकि वह कुशल राजनीतिज्ञ थीं
(b) क्योंकि वह पूर्व प्रधानमंत्री की पुत्री थीं

(c) क्योंकि वह सिंडिकेट के निर्देशन में कार्य करती थीं।
(d) क्योंकि वह जनता के लिए लोकप्रिय थीं

उत्तर (c) क्योंकि वह सिंडिकेट के निर्देशन में कार्य करती थीं।

**(iii) सिंडिकेट और इंदिरा गाँधी के बीच दूरियाँ क्यों बढ़ने लगी? कारण स्पष्ट कीजिए।**

उत्तर सिंडिकेट के नेताओं ने इंदिरा गाँधी को प्रधानमंत्री बनाने में निर्णायक भूमिका निभाई थी और आशा की थी कि वह उनके निर्देशों का पालन करेंगी, लेकिन इंदिरा गाँधी ने अपने तरीके से काम शुरू कर दिया, जिससे उनके और सिंडिकेट नेताओं के बीच मतभेद बढ़ने लगे।

**4. नेहरू के उत्तराधिकारी का सवाल इतनी आसानी से हल कर लिया गया कि आलोचक ठगे-से रह गए। नेहरू की मृत्यु के बाद कांग्रेस पार्टी के अध्यक्ष के. कामराज ने अपनी पार्टी के नेताओं और सांसदों से सलाह-मशविरा किया। उन्होंने पाया कि सभी लालबहादुर शास्त्री के पक्ष में हैं। शास्त्री, कांग्रेस संसदीय दल के निर्विरोध नेता चुने गए और इस तरह वे देश के प्रधानमंत्री बने। शास्त्री, उत्तर प्रदेश के थे और नेहरू के मंत्रिमंडल के कई सालों तक मंत्री रहे थे। उनको लेकर कभी किसी किस्म का विवाद नहीं उठा था। अपने आखिरी सालों में नेहरू उन पर अधिक-से-अधिक निर्भर होते गए थे। शास्त्री अपनी सादगी और सिद्धांत-निष्ठा के लिए प्रसिद्ध थे।**

**(i) नेहरू की मृत्यु के समय कांग्रेस पार्टी के अध्यक्ष कौन थे, जिन्होंने अगले प्रधानमंत्री के चुनाव में महत्त्वपूर्ण भूमिका निभाई?**

(a) पुरुषोत्तमदास टंडन (b) नंदिनी सतपती
(c) देवकांत वरुआ (d) के. कामराज

उत्तर (d) के. कामराज

**(ii) जब नेहरू के उत्तराधिकारी का चुनाव आसानीपूर्वक हो गया, तब क्या स्थिति उत्पन्न हुई?**

(a) आलोचक व विरोधी ठगे से रह गए
(b) सिंडिकेट की भूमिका और अधिक विस्तृत हो गई
(c) बाह्य देश भारतीय संप्रभुता पर आक्रमण करने लगे
(d) त्वरित चुनाव के लिए विपक्षी दलों द्वारा संकल्प पत्र लाया गया

उत्तर (a) आलोचक व विरोधी ठगे से रह गए

**(iii) शास्त्री के प्रधानमंत्रित्व काल में भारत के समक्ष आने वाली किन्हीं दो मुख्य चुनौतियों को उजागर कीजिए।**

उत्तर लालबहादुर शास्त्री को प्रधानमंत्री काल में निम्न दो मुख्य चुनौतियों का सामना करना पड़ा था

(i) वर्ष 1962 के भारत-चीन युद्ध के बाद कठिन आर्थिक स्थिति से उत्पन्न चुनौती।
(ii) वर्ष 1965 के भारत-पाकिस्तान युद्ध के समय देश के अधिकांश भागों में सूखे की समस्या से उत्पन्न चुनौती।

## मानचित्र आधारित प्रश्न

**1. भारत के दिए गए राजनीतिक रेखा-मानचित्र में चार राज्यों को (A), (B), (C) और (D) के द्वारा अंकित किया गया है। नीचे दी गई जानकारी के आधार पर इन राज्यों की पहचान कीजिए और अपनी उत्तर-पुस्तिका में इनके सही नाम, प्रयोग की गई जानकारी की क्रम संख्या तथा मानचित्र में दिया गया संबंधित अक्षर, नीचे दी गई तालिका के रूप में लिखिए।** **CBSE 2024**

| प्रयोग की गई जानकारी की क्रम संख्या | मानचित्र में दिया गया संबंधित अक्षर | राज्य का नाम |
|---|---|---|
| (i) | | |
| (ii) | | |
| (iii) | | |
| (iv) | | |

**(i) वह राज्य, जिससे कांग्रेस के पूर्व अध्यक्ष के. कामराज का संबंध था।**
**(ii) वह राज्य, जहाँ से 'आया राम-गया राम' कहावत का जन्म हुआ।**
**(iii) वह राज्य, जिससे पूर्व प्रधानमंत्री लाल बहादुर शास्त्री का संबंध था।**
**(iv) वह राज्य, जहाँ वर्ष 1967 के विधान-सभा चुनावों में कांग्रेस पार्टी को बहुमत प्राप्त नहीं हुआ था।**

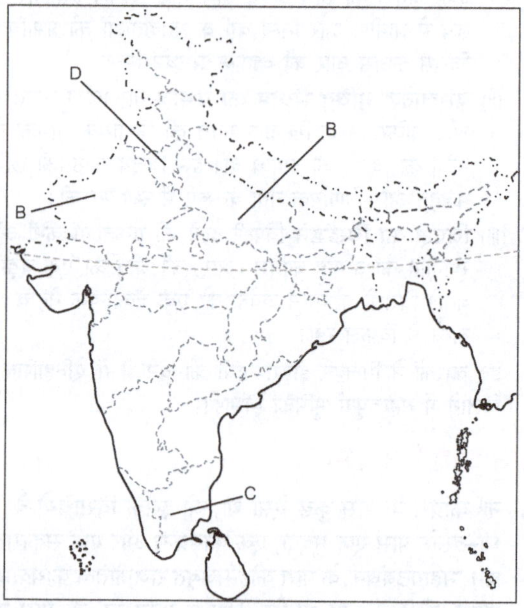


उत्तर

| प्रयोग की गई जानकारी की क्रम संख्या | मानचित्र में दिया गया संबंधित अक्षर | राज्य का नाम |
|---|---|---|
| (i) | C | तमिलनाडु |
| (ii) | D | हरियाणा |
| (iii) | A | उत्तर प्रदेश |
| (iv) | B | राजस्थान |

**2. भारत के दिए गए राजनीतिक रेखा-मानचित्र में चार राज्यों को (A), (B), (C) और (D) के द्वारा अंकित किया गया है। नीचे दी गई जानकारी के आधार पर इन राज्यों की पहचान कीजिए और अपनी उत्तर-पुस्तिका में इनके सही नाम, प्रयोग की गई जानकारी की क्रम संख्या तथा मानचित्र में दिया गया संबंधित अक्षर, नीचे दी गई तालिका के रूप में लिखिए।** **CBSE 2024**

| प्रयोग की गई जानकारी की क्रम संख्या | मानचित्र में दिया गया संबंधित अक्षर | राज्य का नाम |
|---|---|---|
| (i) | | |
| (ii) | | |
| (iii) | | |
| (iv) | | |

(i) वह राज्य, जहाँ काँग्रेस पार्टी को वर्ष 1967 के चुनावों में बहुमत हासिल नहीं हुआ था।

(ii) वह राज्य, जहाँ कांग्रेस पार्टी ने वर्ष 1967 के चुनावों में बहुमत हासिल नहीं किया था, परंतु अन्य दलों के समर्थन से सरकार बना ली थी।

(iii) समाजवादी नेता राम मनोहर लोहिया से संबंधित राज्य।

(iv) भारत के पूर्व राष्ट्रपति वी.वी. गिरि से संबंधित राज्य।

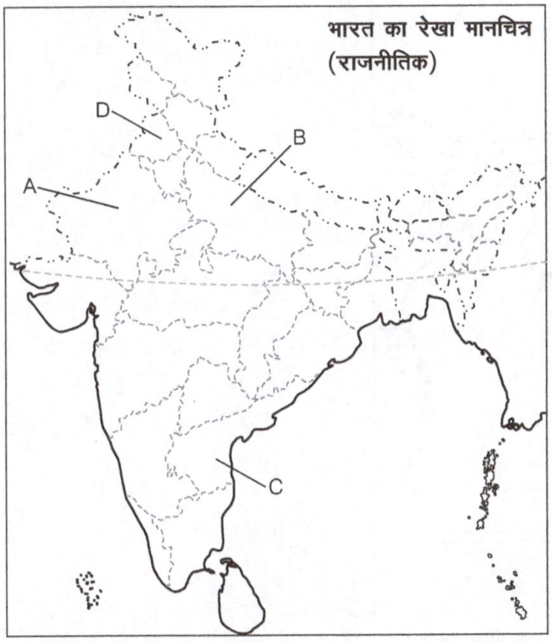


उत्तर

| प्रयोग की गई जानकारी की क्रम संख्या | मानचित्र में दिया गया संबंधित अक्षर | राज्य का नाम |
|---|---|---|
| (i) | A | राजस्थान |
| (ii) | D | पंजाब |
| (iii) | B | उत्तर प्रदेश |
| (iv) | C | आंध्र प्रदेश |

**3.** भारत के दिए गए राजनीतिक रेखा-मानचित्र में चार राज्यों को (A), (B), (C) और (D) के द्वारा अंकित किया गया है। नीचे दी गई जानकारी के आधार पर इन राज्यों की पहचान कीजिए और अपनी उत्तर-पुस्तिका में इनके सही नाम, प्रयोग की गई जानकारी की क्रम संख्या तथा मानचित्र में दिया गया संबंधित अक्षर, नीचे दी गई तालिका के रूप में लिखिए।

**CBSE 2024**

| प्रयोग की गई जानकारी की क्रम संख्या | मानचित्र में दिया गया संबंधित अक्षर | राज्य का नाम |
|---|---|---|
| (i) | | |
| (ii) | | |
| (iii) | | |
| (iv) | | |

(i) वह राज्य, जिससे पूर्व प्रधानमंत्री लाल बहादुरशास्त्री का संबंध था।

(ii) वह राज्य, जिससे पूर्व मुख्यमंत्री एस. निजलिंगप्पा का संबंध था।

(iii) वह राज्य, जहाँ वर्ष 1967 से डीएमके मुनेत्र कड़गम पार्टी सत्ता में आई।

(iv) वह राज्य, जहाँ वर्ष 1967 के विधानसभा चुनावों में कांग्रेस पार्टी को बहुमत नहीं मिला था।

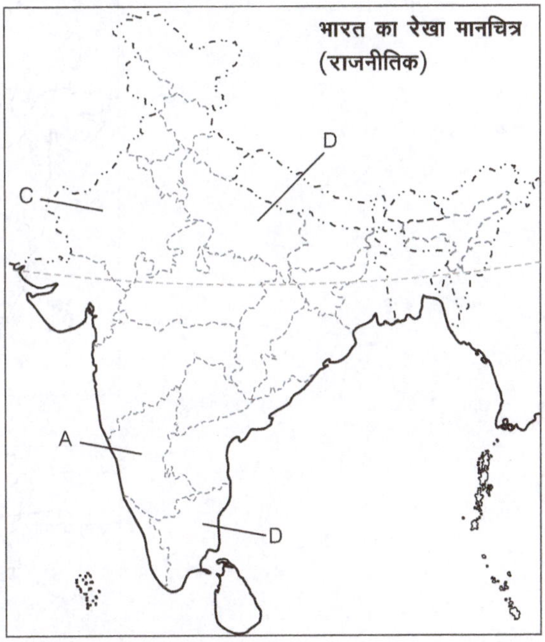


उत्तर

| प्रयोग की गई जानकारी की क्रम संख्या | मानचित्र में दिया गया संबंधित अक्षर | राज्य का नाम |
|---|---|---|
| (i) | B | उत्तर प्रदेश |
| (ii) | A | मैसूर (कर्नाटक) |
| (iii) | D | तमिलनाडु |
| (iv) | C | राजस्थान |

**4.** भारत के दिए गए राजनीतिक रेखा-मानचित्र (पृष्ठ 13 पर), में चार राज्यों को A, B, C और D के द्वारा अंकित किया गया है। नीचे दी गई जानकारी के आधार पर, इन राज्यों की पहचान कीजिए और अपनी उत्तर-पुस्तिका में इनके सही नाम, प्रयोग की गई जानकारी की क्रम संख्या तथा मानचित्र में दिए गए संबंधित अक्षर, नीचे दी गई तालिका के रूप में लिखिए। **CBSE 2025**

| प्रयोग की गई जानकारी की क्रम संख्या | मानचित्र में दिए गए संबंधित अक्षर | राज्य का नाम |
|---|---|---|
| (i) | B | |
| (ii) | D | |
| (iii) | C | |
| (iv) | A | |

(i) साम्यवादी नेता ए. के. गोपालन से संबंधित राज्य।
(ii) प्रथम संचार मंत्री, रफी अहमद किदवई से संबंधित राज्य ।
(iii) वह राज्य, जहाँ वर्ष 1952 से 1967 तक कांग्रेस पार्टी का प्रभुत्व रहा।
(iv) वह राज्य, जहाँ वर्ष 1952 में नेशनल कांग्रेस पार्टी सत्ता में आई।

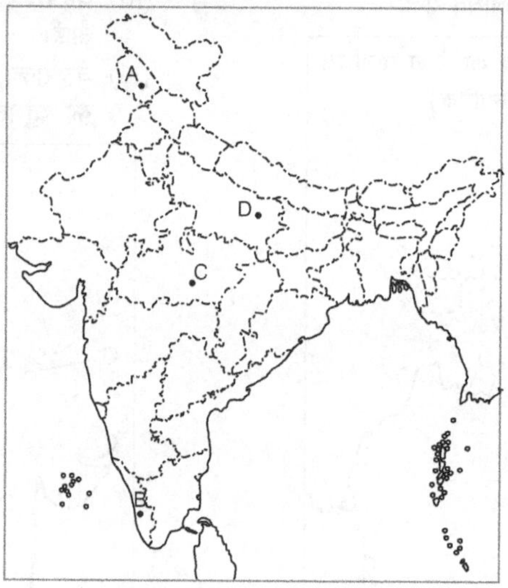


उत्तर

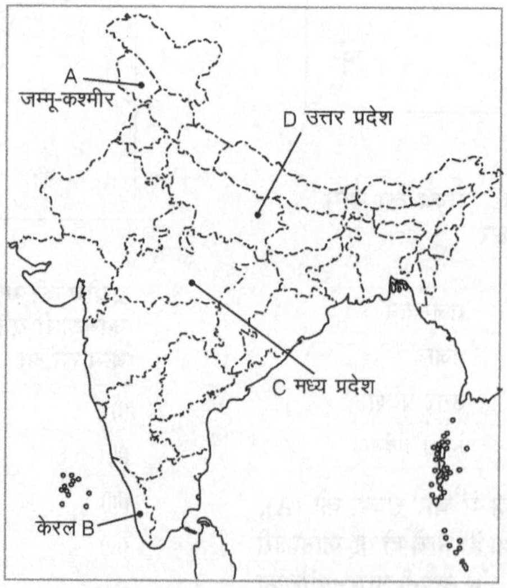

# स्वयं को जाँचें

## वस्तुनिष्ठ प्रश्न

**1.** कांग्रेस के किस नेता ने इंदिरा गाँधी का समर्थन किया और वर्ष 1965 में कांग्रेस का विभाजन किया?

(a) जगजीवन राम (b) वी.वी.गिरि
(c) के. कामराज (d) मोरारजी देसाई

**2.** वर्ष 1967 के आम चुनाव के समय देश के सामने कौन-सी समस्याएँ विद्यमान थीं?

(a) मानसून की स्थिति का असफल होना
(b) कृषि उत्पादन में कमी
(c) विदेशी भंडार में कमी
(d) ये सभी

**3.** किस राजनीतिक नेता ने 'गैर-कांग्रेसवाद' का नारा दिया था?

(a) राममनोहर लोहिया (b) मोरारजी देसाई
(c) राज नारायण (d) अटल बिहारी वाजपेयी

**4.** वर्ष 1971 के आम चुनाव में इंदिरा गाँधी की जीत का श्रेय निम्न में से किसको दिया जाता है?

(a) प्रिवी पर्स की समाप्ति
(b) बैंकों का राष्ट्रीयकरण
(c) पर्यावरण संरक्षण के प्रयास
(d) ये सभी

**5.** सुमेलन कीजिए

| सूची I | सूची II |
|---|---|
| A. राममनोहर लोहिया | 1. जनता पार्टी नेता |
| B. वी.वी.गिरि | 2. गैर-कांग्रेसवाद का नारा |
| C. मोरारजी देसाई | 3. कांग्रेस विभाजन के बाद राष्ट्रपति |
| D. लाल बहादुर शास्त्री | 4. वर्ष 1964-66 में प्रधानमंत्री |

कूट

| | A | B | C | D |
|---|---|---|---|---|
| (a) | 2 | 3 | 1 | 4 |
| (b) | 3 | 2 | 1 | 4 |
| (c) | 4 | 1 | 2 | 3 |
| (d) | 1 | 2 | 3 | 4 |

## लघु उत्तरीय प्रश्न

**6.** कांग्रेस प्रणाली किस नेता के नेतृत्व में स्थापित हुई?

*अथवा* कांग्रेस प्रणाली जवाहर लाल नेहरू के नेतृत्व में भारतीय राजनीति पर हावी रही और सत्ता में रहते हुए विभिन्न विचारधाराओं को समेटने की क्षमता रखती थी। इस कथन को स्पष्ट करें।

**7.** कांग्रेस सिंडिकेट को स्पष्ट कीजिए।

*अथवा* वर्ष 1967 के आम चुनाव और बाद की राजनीतिक घटनाओं ने कांग्रेस सिंडीकेट की शक्ति को कमजोर कर दिया। तर्क सहित कथन की व्याख्या कीजिए।

**8.** चौथे आम चुनाव कब हुए? इसके प्रमुख परिणामों को अति संक्षिप्त में लिखिए।

**9.** 'आया राम-गया राम' किससे संबंधित है? स्पष्ट करें।

*अथवा* दल-बदल की आयाराम-गयाराम राजनीति ने भारतीय लोकतंत्र में राजनीतिक अस्थिरता और नैतिक पहल को बढ़ावा दिया। अपनी राय दीजिए।

**10.** नेहरू की मृत्यु के पश्चात् उत्पन्न राजनीतिक उत्तराधिकार की चुनौती का विश्लेषण कीजिए।

**11.** वी. वी. गिरि कौन थे? उनकी चुनावी जीत किस प्रकार दर्ज हुई?

**12.** इंदिरा गाँधी की लोकप्रियता के कारणों को स्पष्ट करें।

**13.** कांग्रेस विभाजन क्यों हुआ और इसके क्या परिणाम थे?

*अथवा* कांग्रेस के विभाजन के बाद इंदिरा गाँधी के नेतृत्व की रणनीतियों का विश्लेषण कीजिए। विभाजन के बाद इंदिरा गाँधी ने पार्टी और सरकार में अपनी स्थिति मजबूत करने के लिए कौन-कौन सी रणनीति अपनाई ?

## दीर्घ उत्तरीय प्रश्न I

**14.** कांग्रेस के कमजोर होने के कारणों का उल्लेख करते हुए वर्ष 1971 के चुनाव में कांग्रेस की पुनर्स्थापना हेतु प्रयासों का उल्लेख कीजिए।

**15.** यदि कांग्रेस वर्ष 1967 के चुनावों में कमजोर न होती, तो क्या वह लोकतांत्रिक एवं कल्याणकारी मुद्दों को चुनावी एजेंडों में सम्मिलित करती? आप इस तर्क के संदर्भ में अपने विचार प्रस्तुत कीजिए।

**16.** गठबंधन की राजनीति किसे कहा जाता है? यह भारतीय राजनीति को कहाँ तक प्रभावित करती है? उदाहरणों सहित व्याख्या कीजिए।

## दीर्घ उत्तरीय प्रश्न II

**17.** वर्ष 1967 के आम चुनावों ने कांग्रेस प्रणाली को किस प्रकार चुनौती दी? इस चुनाव के बाद भारतीय राजनीति में क्या बदलाव हुए?

**18.** वर्ष 1967 के आम चुनाव के बाद भारतीय राजनीति में 'गैर-कांग्रेसवाद' का सिद्धांत उभरा, जो राम मनोहर लोहिया जैसे नेताओं द्वारा प्रस्तावित किया गया था। कथन की पुष्टि करे।

# 06

अध्याय

# लोकतांत्रिक व्यवस्था का संकट

1970 के दशक में भारत की लोकतांत्रिक व्यवस्था गंभीर संकटों से गुजरी। वर्ष 1975 में आपातकाल की घोषणा ने संवैधानिक संतुलन और नागरिक स्वतंत्रताओं पर प्रश्न चिह्न लगाए। इस अध्याय में हम उन राजनीतिक, आर्थिक और सामाजिक परिस्थितियों का विश्लेषण करेंगे, जिन्होंने इस संकट को उत्पन्न किया और साथ ही आपातकाल के प्रभावों पर भी चर्चा करेंगे।

▼ **अध्ययन एक नजर में**

6.1 आपातकाल की पृष्ठभूमि

6.2 आपातकाल की घोषणा

6.3 आपातकाल के बाद राजनीति

▼ **अभ्यास के लिए**

– बहुविकल्पीय प्रश्न 26 (युग्मित प्रश्न, चित्र आधारित प्रश्न, कथन/कारण, सुमेलित कीजिए)

– वर्णनात्मक प्रकार के प्रश्न (लघु उत्तरीय प्रश्न 7, दीर्घ उत्तरीय प्रश्न I 11, दीर्घ उत्तरीय प्रश्न II 6)

– स्रोत आधारित प्रश्न 4, मानचित्र आधारित 2

वर्ष 1971 के बाद कांग्रेस को नवजीवन मिला। कांग्रेस पार्टी अब बदल चुकी थी। वर्ष 1973 से 1975 के बीच घटी घटनाओं से यह अंतर और भी अधिक स्पष्ट हो गया। वर्ष 1973 से 1975 के बीच आए बदलावों की परिणति देश में आपातकाल (Emergency) लागू करने के रूप में हुई। जून, 1975 में देश में आपातकाल की घोषणा कर दी गई। आपातकाल की घोषणा के कारण वर्ष 1977 के लोकसभा चुनावों में कांग्रेस हार गई।

## 6.1 आपातकाल की पृष्ठभूमि

वर्ष 1967 में श्रीमती इंदिरा गाँधी का एक सशक्त और लोकप्रिय नेता के रूप में उदय हुआ तथा दलों की आपसी राजनीतिक प्रतिस्पर्द्धा पहले से अधिक तीव्र हो गई। इसी समयावधि के दौरान सरकार एवं न्यायपालिका के संबंधों में तनाव की स्थिति उत्पन्न हुई। जिसमें निम्नलिखित मुद्दे उभर कर सामने आए

- न्यायपालिका ने सरकार की गतिविधियों को लोकतंत्र के विरुद्ध बताया। दूसरी ओर सरकार ने न्यायपालिका के निर्णयों को संसदीय प्रणाली के विरुद्ध बताया।
- कांग्रेस ने यह भी आरोप लगाया कि अदालत गरीबों को लाभ पहुँचाने वाले जनकल्याण कार्यक्रमों को लागू करने में बाधा पहुँचा रही है।
- विपक्षी दलों ने कांग्रेस की स्थिति को कमजोर करने का पूरा प्रयास किया। इनका मानना था कि कांग्रेस सरकार ने सरकारी प्राधिकारों को निजी प्राधिकारों की तरह प्रयोग किया है।

## आर्थिक संदर्भ

वर्ष 1971 के चुनावों में कांग्रेस ने **गरीबी हटाओ** का नारा दिया, लेकिन वर्ष 1971-75 में बनी कांग्रेस सरकार के कार्यकाल में देश की सामाजिक एवं आर्थिक स्थिति में कोई विशेष परिवर्तन या सुधार नहीं देखा गया, लेकिन इन परिस्थितियों के पीछे अनेक कारणों का उल्लेख किया गया जो इस प्रकार हैं

- वर्ष 1971 में भारत-पाकिस्तान युद्ध हुआ, जिससे बांग्लादेश अस्तित्व में आया। इसी दौरान लगभग 80 लाख बांग्लादेशी सीमा पार से भारत आए, जिससे भारतीय अर्थव्यवस्था पर प्रतिकूल प्रभाव पड़ा।
- इस युद्ध के उपरांत ही अमेरिका ने भारत को आर्थिक एवं अन्य प्रकार की सहायता देना बंद कर दिया था।
- वर्ष 1971-72 के दौरान अंतर्राष्ट्रीय तेल कीमतों में वृद्धि के कारण देश में महँगाई तीव्र गति से बढ़ी तथा औद्योगिक विकास की दर में गिरावट की स्थिति आई एवं बेरोजगारी दर में वृद्धि हुई, जिससे जनता को भारी कठिनाइयों का सामना करना पड़ा।
- वर्ष 1973 में वस्तुओं की कीमत में 23% की वृद्धि तथा वर्ष 1974 में 30% की वृद्धि हुई। सरकारी व्यय को कम करने के लिए सरकारी कर्मचारियों के वेतन को रोका गया, जिससे उनमें भारी रोष उत्पन्न हुआ।
- वर्ष 1972-73 में मानसून की खराब स्थिति के कारण कृषि उत्पादन में कमी आई, जिससे खाद्यान्न का उत्पादन 8% कम हो गया था।
- देश की बिगड़ती आर्थिक स्थिति ने देश में असंतोष की स्थिति को जन्म दिया, साथ ही गैर-कांग्रेसी दलों ने सफल तरीके से जन-विरोध का नेतृत्व किया।
- इस अवधि में संसदीय राजनीति में विश्वास न रखने वाले मार्क्सवादी समूहों की भी सक्रियता बढ़ी। ये समूह मार्क्सवादी-लेनिनवादी (अब माओवाद) अथवा नक्सलवादी के नाम से जाने गए। ऐसे समूह पश्चिम बंगाल में सबसे ज्यादा सक्रिय थे। पश्चिम बंगाल की सरकार ने इन्हे दबाने के लिए कठोर कदम उठाए।

## गुजरात और बिहार के आंदोलन

### गुजरात आंदोलन

जनवरी, 1974 में गुजरात के छात्रों ने आंदोलन किया, जिसके कुछ महत्त्वपूर्ण मुद्दे थे जो इस प्रकार हैं

- खाद्य पदार्थों की कीमत में वृद्धि तथा अवाश्यक वस्तुओं के मूल्य में वृद्धि, उच्च पदों पर जारी भ्रष्टाचार के खिलाफ बड़े राजनीतिक दलों द्वारा इस आंदोलन को दिए गए समर्थन से आंदोलन ने विकराल रूप धारण किया, जिसके परिणामस्वरूप राज्य में राष्ट्रपति शासन लगा दिया गया।
- विपक्षी दलों एवं आंदोलनकारियों के द्वारा राज्य में पुन: विधानसभा चुनाव कराए जाने की माँग की गई। मोरारजी देसाई इन दिनों इंदिरा गाँधी के मुख्य विरोधी थे। लगातार बढ़ते दबाव के कारण वर्ष 1975 में दोबारा विधानसभा चुनाव कराए गए, जिसमें कांग्रेस की हार हुई।

### बिहार आंदोलन

- मार्च, 1974 में बिहार राज्य में छात्रों ने जयप्रकाश नारायण के नेतृत्व में बेरोजगारी, भ्रष्टाचार एवं खाद्यान्न अभाव के मुद्दों को लेकर सरकार के विरुद्ध आंदोलन प्रारंभ किया।
- जयप्रकाश नारायण ने छात्रों से आंदोलन को अहिंसक रखते हुए इसे राष्ट्रव्यापी आंदोलन बनाने की अपील की एवं उन्होंने सामाजिक, आर्थिक व राजनीतिक सीमाओं में रहते हुए संपूर्ण क्रांति का आह्वान कर दिया, जिससे **सच्चे लोकतंत्र**[1] की स्थापना की जा सके।
- जयप्रकाश नारायण के नेतृत्व में चल रहे इस आंदोलन के साथ ही वर्ष 1974 में रेल कर्मचारियों द्वारा एक राष्ट्रव्यापी हड़ताल शुरू की गई, जिसने देशव्यापी राजनीति को व्यापक रूप से प्रभावित किया।
- वर्ष 1975 में जयप्रकाश नारायण ने आम जनता के संसद मार्च का नेतृत्व किया। इसमें भारतीय जनसंघ, कांग्रेस (ओ), भारतीय लोकदल, सोशलिस्ट पार्टी जैसे गैर-कांग्रेसी दलों ने समर्थन किया।
- इन दलों ने जेपी को इंदिरा गाँधी के विकल्प के रूप में पेश किया। गुजरात एवं बिहार आंदोलन में इंदिरा गाँधी नेतृत्व वाली सरकार को हटाने की माँग की गई थी, जबकि श्रीमती इंदिरा गाँधी ने इन आंदोलनों को उनके विरुद्ध व्यक्तिगत विरोध से प्रेरित बताया।
- इस आंदोलन के अंतर्गत बिहार सरकार के इस्तीफे की माँग की गई, जिसे तत्कालीन सरकार द्वारा इंकार कर दिया गया।

---

1 सच्चा लोकतंत्र स्वतंत्रता, समानता एवं बंधुता के साथ जब सामाजिक, आर्थिक और राजनीतिक कार्य किए जाते हैं, तो वह सच्चा लोकतंत्र कहलाता है। इसमें जनता की भागीदारी अनिवार्य होती है।

### लोकनायक जयप्रकाश नारायण

- जयप्रकाश नारायण युवावस्था में मार्क्सवादी विचारधारा से प्रभावित थे।
- वे कांग्रेस सोशलिष्ट पार्टी और सोशलिस्ट पार्टी के संस्थापक महासचिव रहे।
- वर्ष 1942 के भारत छोड़ो आंदोलन में वे प्रमुख नायक बने और नेहरू के उत्तराधिकारी के रूप में देंखे गए । हालाँकि इन्होंने नेहरू के मंत्रिमंडल में शामिल होने से इनकार कर दिया।
- वर्ष 1955 में इन्होंने सक्रिय राजनीति से संन्यास ले लिया।
- बाद में गाँधीवादी विचारधारा को अपनाकर वे भूदान आंदोलन से जुड़ गए।
- इन्होंने नागा विद्रोहियों से सुलह की और कश्मीर में शांति प्रयास किया तथा चंबल में डकैतों से आत्मसमर्पण कराया।
- बिहार के नेता और आपातकाल के विद्रोह के प्रतीक बन गए।

### वर्ष 1974 की रेल हड़ताल

- वर्ष 1974 में **रेलवे कर्मचारियों की राष्ट्रीय समन्वय समिति** ने जॉर्ज फर्नांडिस के नेतृत्व में एक राष्ट्रव्यापी हड़ताल का आह्वान किया। बोनस तथा सेवा से जुड़ी माँगों को लेकर सरकार पर दबाव डाला गया।
- सरकार इन माँगों के खिलाफ थी। ऐसे में मई, 1974 में कर्मचारी हड़ताल पर चले गए। इस हड़ताल से मजदूरों में असंतोष बढ़ा।
- इसके साथ ही कर्मचारियों की हड़ताल पर ही सवाल उठना शुरू हो गए। सरकार ने इस हड़ताल को असंवैधानिक बताया तथा कर्मचारियों की इन माँगों को मानने से इंकार कर दिया।
- इनके कई नेताओं को गिरफ्तार कर लिया गया और रेल लाइनों की सुरक्षा में सेना को तैनात कर दिया गया। इसका परिणाम यह हुआ कि हड़ताल बिना किसी समझौते के ही समाप्त हो गया।

## न्यायपालिका से संघर्ष

- 1980 के दशक के प्रारंभ में संसद द्वारा मूलाधिकारों में संशोधन द्वारा कटौती तथा संविधान संशोधन जैसे संवैधानिक प्रश्नों को लेकर न्यायपालिका एवं सरकार के मध्य तनाव सामने आए।
- इस दौरान तीन महत्त्वपूर्ण प्रश्न सामने आए थे, जो इस प्रकार हैं

### सर्वोच्च न्यायालय निर्णय

| | संवैधानिक प्रश्न | सर्वोच्च न्यायालय निर्णय |
|---|---|---|
| (i) | क्या संसद मौलिक अधिकारों में कटौती कर सकती है? | नहीं |
| (ii) | क्या संसद संविधान में संशोधन करके संपत्ति के अधिकार में कमी कर सकती है? | नहीं |
| (iii) | सरकार ने नीति-निदेशक सिद्धांतों को प्रभावकारी बनाने के लिए मौलिक अधिकारों में कमी का प्रस्ताव रखा। इसे न्यायपालिका ने खारिज कर दिया। इनसे सरकार और न्यायपालिका के बीच विवाद उत्पन्न हो गया। | सर्वोच्च न्यायालय ने इस प्रावधान को खारिज किया। |

- वर्ष 1973 में न्यायालय द्वारा केशवानंद भारती केस के संदर्भ में निर्णय दिया गया कि संसद, मौलिक अधिकार सहित संविधान के किसी भी विषय पर संशोधन कर सकती है, लेकिन वह संविधान के मूल ढाँचे में परिवर्तन नहीं कर सकती।
- न्यायपालिका एवं सरकार के मध्य एक अन्य तनाव भी सामने आया, जब वर्ष 1973 में सरकार ने मुख्य न्यायाधीश के चयन के लिए चले आ रहे वरिष्ठता सिद्धांत की अनदेखी एवं अवहेलना करते हुए ए एन रे को मुख्य न्यायाधीश नियुक्त कर दिया।

### चेक प्वॉइंट 1

1. वर्ष 1967 के बाद कौन लोकप्रिय नेता के रूप में उभरे?
2. गुजरात के छात्रों ने सरकार के खिलाफ हड़ताल कब शुरू की?
3. जे. पी. नारायण किन आंदोलनों में शामिल थे?
4. रेलवे हड़ताल कितने दिनों तक जारी रही?

## 6.2 आपातकाल की घोषणा

- 12 जून, 1975 को इलाहाबाद उच्च न्यायालय के न्यायाधीश **जगमोहन लाल सिंह** ने समाजवादी नेता राजनारायण की याचिका पर इंदिरा गाँधी के निर्वाचन को अवैध घोषित कर दिया।
- सर्वोच्च न्यायालय ने इस निर्णय के विषय में यह आदेश भी दिया कि जब तक इस फैसले से संबंधित अपील की सुनवाई नहीं हो जाती, तब तक इंदिरा गाँधी सांसद रहेंगी, परंतु लोकसभा की कार्यवाही में शामिल नहीं हो सकतीं।
- राजनारायण वर्ष 1971 के चुनाव में इंदिरा गाँधी के सामने प्रतियोगी उम्मीदवार थे। इनके द्वारा याचिका में यह आरोप लगाया गया था कि इंदिरा गाँधी ने चुनाव में सरकारी सेवाओं का लाभ लिया, जोकि कानूनी रूप से गलत था।

### संकट और सरकार का फैसला

- वर्ष 1975 के दौरान देश में व्यापक स्तर पर राजनीतिक संघर्ष शुरू हो गया था। जयप्रकाश नारायण के नेतृत्व में विपक्षी दलों ने इंदिरा गाँधी से इस्तीफा माँगते हुए राष्ट्रव्यापी **सत्याग्रह**[2] शुरू करने की घोषणा कर दी। जयप्रकाश नारायण द्वारा सभी सरकारी कर्मचारियों सहित पुलिस व सेना से सरकार के असंवैधानिक सरकारी आदेशों का पालन न करने की अपील भी की गई।
- देश में सरकार के विरुद्ध लगातार बढ़ते विरोध एवं सरकारी कार्य बाधित होने के फलस्वरूप ही सरकार द्वारा 25 जून, 1975 के अनुच्छेद-352 के अंतर्गत देश में राष्ट्रीय **आपातकाल**[3] (National Emergency) की घोषणा करते हुए यह कहा गया कि यह आपातकाल गंभीर संकट के कारण लगाया गया है।
- 25 जून, 1975 की रात प्रधानमंत्री ने राष्ट्रपति **फखरूद्दीन अली अहमद** से आपातकाल लागू करने की सिफारिश की।
- भारतीय संविधान द्वारा आपातकाल के संदर्भ में सरकार को विशेष शक्तियाँ दी गई हैं, जिनमें निम्न हैं
  - आपातकाल की उद्घोषणा के साथ ही शक्ति विभाजन से संबंधित संघीय ढाँचा निष्प्रभावी (Federal Structure Incompatible) हो जाता है तथा संपूर्ण शक्ति केंद्र में समाहित हो जाती है
  - सरकार एक या सभी मौलिक अधिकारों पर अंकुश या कटौती कर सकती है। आपातकाल के दौरान लोकतांत्रिक राजनीति के कार्य सामान्य रूप से अवरुद्ध हो जाते हैं।

### परिणाम

- आपातकाल की घोषणा के साथ ही सरकार विरोधी आंदोलन एवं हड़ताल पर रोक लगा दी गई। अनेक विपक्षी नेताओं को गिरफ्तार किया गया।
- प्रेस की आजादी पर प्रतिबंध लगा दिया गया और कुछ भी छापने से पूर्व सरकार की अनुमति लेना अनिवार्य कर दिया गया। इसे **प्रेस सेंसरशिप** के नाम से जाना जाता है।
- सांप्रदायिक आशंका के अंतर्गत **राष्ट्रीय स्वयंसेवक संघ** एवं **जमात-ए-इस्लामी** पर प्रतिबंध लगा दिया गया।
- नागरिकों के मौलिक अधिकारों पर अंकुश लगाया गया एवं मौलिक अधिकारों के लिए अदालत का विकल्प भी शेष नहीं रहा।
- आपातकाल के दौरान सरकार द्वारा **निवारक नजरबंदी**[4] कानून के अंतर्गत व्यापक स्तर पर गिरफ्तारियाँ की गईं। इस कानून के अंतर्गत **बंदी प्रत्यक्षीकरण**[5] में अपनी गिरफ्तारी को चुनौती नहीं दी जा सकती थी।
- आपातकाल के समय कई उच्च न्यायालयों ने निर्णय दिया कि आपातकाल के दौरान न्यायालय बंदी प्रत्यक्षीकरण याचिका को स्वीकार कर सकते हैं, किंतु अप्रैल, 1976 में सर्वोच्च न्यायालय की संवैधानिक पीठ ने उच्च न्यायालयों के इस फैसले को बदल दिया। इसमें यह माना गया कि सरकार आपातकाल के दौरान लोगों से जीवन और आजादी का अधिकार वापस ले सकती है। इससे न्यायपालिका के दरवाजे भी नागरिकों के लिए बंद हो गए। इसे सर्वोच्च न्यायालय का सबसे विवादित फैसला माना गया। यह निर्णय नागरिकों के विरुद्ध था।
- आपातकाल के दौरान गिरफ्तारी से बचे राजनीतिक कार्यकर्ताओं ने भूमिगत होकर सरकार विरोधी प्रयास को जारी रखा।
- **इंडियन एक्सप्रेस** और **स्टेट्समैन** जैसे समाचार-पत्रों ने प्रेस पाबंदी का विरोध किया, जबकि सेमिनार एवं मेनस्ट्रीम पत्रिकाओं ने सेंसरशिप का विरोध करते हुए अपनी पत्रिकाओं का संचालन एवं प्रकाशन बंद कर दिया। वहीं न्यूज लेटर और लीफलेट्स जारी रहे।
- आपातकाल के विरोध में पद्मश्री से सम्मानित हिंदी लेखक फणीश्वरनाथ 'रेणु' एवं पद्मभूषण से सम्मानित कन्नड़ लेखक **शिवराम कारंत** ने अपनी पदवियों को वापस कर दिया।

---

2 सत्याग्रह अहिंसक प्रतिरोध या सविनय अवज्ञा का एक रूप जिसमें शांतिपूर्ण ढंग से सामाजिक-राजनीतिक बदलाव किए जाने का प्रयास किया जाता है।

3 आपातकाल जब किसी राष्ट्र की नियमित प्रक्रिया के सभी कार्यों को अवरुद्ध कर केंद्रीय सत्ता को सभी एकाधिकार सौंप दिए जाते हैं, तो वह आपातकाल की स्थिति कहलाती है।

4 निवारक नजरबंदी लोगों को केवल संदेह के आधार पर गिरफ्तार कर लेना कि यह व्यक्ति राष्ट्रहित में नहीं है। यह मौलिक अधिकार का उल्लंघन है।

5 बंदी प्रत्यक्षीकरण एक प्रकार की रिट है, जिसे मूल अधिकारों के उल्लंघन के मामलों में सर्वोच्च न्यायालय तथा उच्च न्यायालय द्वारा जारी किया जाता है।

- संसद ने संविधान के सामने नई चुनौतियाँ उत्पन्न कीं। इंदिरा गाँधी के मामलों में, इलाहाबाद उच्च न्यायालय के निर्णय के संबंध में संविधान में संशोधन हुआ। इसे 42वें संविधान संशोधन के नाम से जाना जाता है। इसमें प्रावधान किया गया कि
  - प्रधानमंत्री, राष्ट्रपति और उपराष्ट्रपति के निर्वाचन को न्यायालय में चुनौती नहीं दी जा सकती है।
  - इसमें एक महत्त्वपूर्ण बदलाव देश की विधायिका के कार्यकाल को 5 से 6 वर्ष करना था।
  - इसमें आपातकाल के दौरान चुनाव को एक वर्ष तक रोकना निश्चित किया गया।

## आपातकाल

- आपातकाल ने भारतीय लोकतंत्र की बहुत-सी कमियों एवं विशेषताओं को प्रदर्शित किया, जिसके परिणामस्वरूप आपातकाल के प्रावधानों में संशोधन किया गया। भारतीय लोकतंत्र को शिक्षित करने में आपातकाल ने मुख्य भूमिका का निर्वहन किया, जिससे भारतीय लोकतंत्र ने महत्त्वपूर्ण मुद्दों के विषय में सीखा; जैसे
  (i) भारत से लोकतंत्र को समाप्त नहीं किया जा सकता।
  (ii) न्यायपालिका नागरिक अधिकारों की रक्षा को लेकर अधिक सचेत हुई। इसके साथ ही प्रत्येक नागरिक भी अपने अधिकारों के प्रति जागरूक हुआ।
  (iii) आपातकाल के प्रावधानों में सुधार किया गया। अब आपातकाल 'अंदरूनी गड़बड़ी' की जगह केवल 'सशस्त्र विद्रोह' की स्थिति में लागू किए जाने की व्यवस्था की गई और इसके लिए मंत्रिपरिषद् को आपातकाल की घोषणा का परामर्श लिखित रूप में राष्ट्रपति को देना अनिवार्य कर दिया गया।
- आपातकाल के पश्चात् न्यायालय ने नागरिकों के अधिकारों की रक्षा के लिए सक्रिय भूमिका निभानी आरंभ कर दी, क्योंकि आपातकाल के समय वह नागरिकों के अधिकारों की रक्षा नहीं कर सकी थी।
- आपातकाल ने कई प्रश्नों को भी उठाया; जैसे—विभिन्न दलों एवं समूहों के बीच राजनीतिक विरोध के कारण उत्पन्न तनाव की स्थिति में संतुलन कैसे स्थापित किया जाए तथा नागरिकों को ऐसे विरोध की कार्यवाही में शामिल होने की स्वतंत्रता होनी चाहिए या नहीं? अथवा ऐसे विरोध की सीमा क्या होनी चाहिए?
- एक अन्य मुद्दा यह था कि आपातकाल की वास्तविक कार्यवाही पुलिस एवं प्रशासन द्वारा की गई। इन्हें शासक दल द्वारा एक औजार के रूप में प्रयोग किया गया। यह बात शाह आयोग द्वारा भी स्वीकार की गई कि उस दौरान पुलिस और प्रशासन ने राजनीतिक दबाव में आकर कार्य किया था।

### शाह आयोग

- वर्ष 1977 में जनता पार्टी सरकार ने सर्वोच्च न्यायालय के भूतपूर्व मुख्य न्यायाधीश श्री जे सी शाह की अध्यक्षता में शाह आयोग का गठन किया। इस आयोग को 25 जून, 1975 को घोषित आपातकाल के दौरान किए गए सत्ता के दुरुपयोग, अत्याचार के विभिन्न आरोपों के विविध पहलुओं की जाँच हेतु गठित किया गया था।
- शाह आयोग ने आपातकाल के दौरान हुए अत्याचारों की पुष्टि अंतरिम रिपोर्टों में की तथा तीसरी एवं अंतिम रिपोर्ट में प्रस्तुत की गई सिफारिशों, पर्यवेक्षणों और निष्कर्षों को स्वीकार किया गया।
- शाह आयोग की रिपोर्ट को विचार के लिए संसद में भी रखा गया।

### चेक प्वॉइंट 2

1. वर्ष 1971 के चुनाव में इंदिरा गाँधी के खिलाफ किसने चुनाव लड़ा था?
2. वर्ष 1975 में आपातकाल की घोषणा। करने के लिए संविधान के किस अनुच्छेद का प्रयोग किया गया?
3. आपातकाल की घोषणा के समय भारत के राष्ट्रपति कौन थे?
4. आपातकाल के दौरान सरकार का सबसे विवादास्पद कार्य क्या था?

# 6.3 आपातकाल के बाद की राजनीति

- आपातकाल के अनुभव को आपातकाल के बाद हुए वर्ष 1977 के चुनाव के जनमत संग्रह में देखा गया। विपक्ष ने 'लोकतंत्र बचाओ' के नारे पर चुनाव लड़ा। इस दौरान लोग सरकार के विरोध में थे। यह स्थिति कई राज्यों में थी।

## लोकसभा चुनाव, 1977

- आपातकाल के 18 माह बाद सरकार ने जनवरी, 1977 में चुनाव कराने की घोषणा की।
- मार्च, 1977 में चुनाव संपन्न कराए गए तथा आपातकाल के बाद जेल में बंद राजनीतिक कार्यकर्ताओं को छोड़ दिया गया।

- विपक्ष को चुनावी तैयारी का बहुत कम समय मिला, लेकिन राजनीतिक बदलाव की गति तेज थी। आपातकाल लागू होने से पहले ही बड़ी विपक्षी पार्टिंया एक-दूसरे के नजदीक आ रही थीं।
- चुनावों की घोषणा के बाद सभी राजनीतिक दलों ने जनता पार्टी नाम से एक दल की स्थापना की। इस पार्टी का नेतृत्व जयप्रकाश नारायण ने किया। बाद में कांग्रेस के अन्य नेताओं ने बाबू जगजीवन राम के नेतृत्व में कांग्रेस फॉर डेमोक्रेसी पार्टी का गठन किया। बाद में यह भी जनता दल में शामिल हो गई।
- वर्ष 1977 में कांग्रेस की पहली बार लोकसभा चुनाव में हार हुई। आपातकाल के ऊपर जनमत संग्रह एक ऐसा अवसर है, जब किसी विशेष राजनीतिक प्रश्न पर मतदान कर सकते हैं। मोरारजी देसाई ने वर्ष 1977 के चुनावों को आपातकाल पर जनमत संग्रह कहा था, क्योंकि यहाँ लोगों को इस सवाल पर मतदान करना था कि वे आपातकाल का समर्थन करते है या नहीं। इन चुनावों को जनता पार्टी ने आपातकाल के ऊपर जनमत संग्रह का रूप दिया था। इन चुनावों में कांग्रेस की स्थिति इस प्रकार थी
  (i) कांग्रेस लोकसभा की केवल 154 सीटें ही प्राप्त कर पाई, जिसमें उसे 35% से भी कम वोट प्राप्त हुए।
  (ii) जनता पार्टी और उसके सहयोगी दलों को कुल 542 सीटों में से 330 सीटें प्राप्त हुईं।
  (iii) जनता पार्टी ने 295 सीटें प्राप्त कर बहुमत हासिल किया।
- उत्तर एवं मध्य भारत में कांग्रेस को कोई सफलता प्राप्त नहीं हुई, जिसका कारण विवशतापूर्वक कराई जाने वाली नसबंदी (Sterilisation) रही, क्योंकि मुख्यत: उत्तर भारत में ही जबरन नसबंदी की गई थी।
- दक्षिण भारत में कांग्रेस पूर्ण रूप से सफल रही। कांग्रेस ने महाराष्ट्र, गुजरात एवं उड़ीसा में कई सीटें जीतीं, जबकि उत्तर भारत में कांग्रेस की हार का कारण राजनीतिक प्रतिद्वंद्विता के कारण राजनीति में आए परिवर्तन एवं मध्यम वर्ग का कांग्रेस से दूर होना था।
- कांग्रेस को बिहार, उत्तर प्रदेश, दिल्ली, हरियाणा और पंजाब में एक भी सीट नहीं मिली। राजस्थान और मध्य प्रदेश में एक-एक सीट मिली। इंदिरा गाँधी रायबरेली से और संजय गाँधी अमेठी से चुनाव हार गए।

## जनता सरकार

- वर्ष 1977 में जनता पार्टी की सरकार बनाने की प्रक्रिया शुरू हुई, जिसमें जयप्रकाश नारायण ने महत्त्वपूर्ण भूमिका निभाई।
- जनता पार्टी में प्रधानमंत्री पद को लेकर **मोरारजी देसाई** (वर्ष 1966-67 से इंदिरा गाँधी विरोधी), **जगजीवन राम** (कांग्रेस के अनुभवी नेता) और **चौधरी चरण सिंह** (भारतीय लोकदल के प्रमुख तथा उत्तर प्रदेश के किसान नेता) के नामों को लेकर असमंजस की स्थिति उत्पन्न हुई। अंत में **मोरारजी देसाई** को प्रधानमंत्री बनाया गया, लेकिन इसके बावजूद जनता पार्टी में तनाव की स्थिति बनी रही।
- जनता पार्टी के आपसी मतभेदों के कारण सरकार में मात्र 18 माह बाद विभाजन हो गया तथा बहुमत के अभाव के कारण मोरारजी देसाई की सरकार गिर गई।
- इसके बाद चौधरी चरण सिंह ने कांग्रेस के समर्थन द्वारा सरकार का निर्माण किया, लेकिन 4 माह बाद ही कांग्रेस ने समर्थन वापस ले लिया और यह सरकार गिर गई।
- वर्ष 1980 में पुन: लोकसभा चुनाव हुए, जिसमें जनता पार्टी की हार हुई। वर्ष 1980 के चुनावों में कांग्रेस 353 सीटें जीतकर बहुमत में आई तथा इंदिरा गाँधी के नेतृत्व में पुन: कांग्रेस की सरकार बनी। इसमें 'इंदिरा लाओ, देश बचाओ' का नारा दिया गया था। वर्ष 1977 के बाद पिछड़े वर्गों के हितों का मुद्दा भी भारतीय राजनीति में प्रबल रूप से मुखर हुआ।
- वर्ष 1977-79 के चुनावों ने एक बार फिर स्पष्ट किया कि आंतरिक मतभेद एवं अस्थिर सरकार को मतदाता कड़ा दंड देते हैं।

**मोरारजी देसाई** (1896-1995)

- ये एक स्वतंत्रता सेनानी और गाँधीवादी नेता के अलावा एक प्राकृतिक चिकित्सा और निग्रह के प्रतिपादक थे।
- वे बाम्बे प्रांत के मुख्यमंत्री रहे।
- वर्ष 1967-1969 के मध्य वे उप-प्रधानमंत्री भी रहे और पार्टी में टूट के बाद कांग्रेस (ओ) में शामिल हो गए।
- वर्ष 1977-1979 तक एक गैर-कांग्रेसी दल की तरफ से प्रधानमंत्री रहे।

**चौधरी चरण सिंह** (1902-1987)

- राष्ट्रीय आंदोलन में स्वतंत्रता सेनानी तथा उत्तर प्रदेश के सक्रिय राजनीतिज्ञ थे।
- ये ग्रामीण एवं कृषि विकास के समर्थक थे।
- कांग्रेस पार्टी छोड़कर वर्ष 1967 में भारतीय क्रांति दल की स्थापना की।
- ये उत्तर प्रदेश के मुख्यमंत्री, उप-प्रधानमंत्री तथा केंद्रीय मंत्री भी रहे।
- वर्ष 1977 में जनता पार्टी के संस्थापकों में से एक थे बाद में लोकदल की स्थापना की।

## विरासत

- वर्ष 1969 के बाद से कांग्रेस ने अपनी विचारधारा के स्वरूप में परिवर्तन किया। कांग्रेस ने सभी को समाहित करके चलने की नीति की अपेक्षा स्वयं को विशेष विचारधारा से जोड़ा। वर्ष 1977 और 1980 के बाद भारतीय दलगत प्रणाली में कई बदलाव हुए।
- कांग्रेस ने स्वयं को गरीबों की हितैषी एवं समाजवादी पार्टी के रूप में प्रस्तुत किया।
- इस परिवर्तन के कारण ही विपक्षी दलों ने स्वयं को **गैर-कांग्रेसवाद** की नीति की तरफ अग्रसर किया। इसका प्रभाव वर्ष 1977 के चुनाव में पड़ा।
- इस प्रकार, अप्रत्यक्ष रूप से वर्ष 1977 के बाद पिछड़े वर्ग के हित का मुद्दा भारतीय राजनीति में प्रभावी हो गया। इसे चुनाव परिणामों में देखा गया।
- इसके प्रभाव के फलस्वरूप ही लोकसभा के बाद उत्तर भारत के राज्यों में गैर-कांग्रेसी सरकारें बनीं।
- आपातकाल के दौर के बाद एक ओर जहाँ संवैधानिक संकट (Constitutional Crisis) एवं लोकतंत्र में जनआंदोलन की भूमिका तथा उनकी सीमा को लेकर प्रश्न उत्पन्न हुए वहीं दूसरी ओर दलीय प्रणाली जनता की आकांक्षाओं को पूरा करने में असफल रही थी।
- इन सरकारों के बनने में पिछड़ी जाति के नेताओं ने महत्त्वपूर्ण भूमिका निभाई। बिहार में अन्य पिछड़ी जातियों के आरक्षण का मुद्दा सामने आया।
- इसके बाद केंद्र की जनता पार्टी की सरकार ने **मंडल आयोग** को नियुक्त किया। इस प्रकार, आपातकाल के बाद राजनीतिक दलों के अंदर परिवर्तन शुरू हो गए।

**जगजीवन राम** (1908-1986)

- स्वतंत्रता सेनानी और बिहार के कांग्रेसी नेता थे।
- स्वतंत्र भारत के पहले मंत्रिमंडल में श्रम मंत्री रहे।
- वर्ष 1977-1979 के बीच भारत के उप-प्रधानमंत्री रहे।
- ये संविधान सभा के सदस्य रहे तथा वर्ष 1952 से मृत्युपर्यंत सांसद रहे।
- वर्ष 1952-1977 के बीच अनेक मंत्रालय की जिम्मेदारी निभाई और वे विद्वान और कुशल प्रशासक थे।

## संवैधानिक संकट

- आपातकाल एवं उसके आस-पास के समय को संवैधानिक संकट के नाम से जाना जाता है।
- इस समय में संसद और न्यायपालिका में अपने अधिकार क्षेत्रों को लेकर संघर्ष एवं विवाद की स्थिति उत्पन्न हुई।
- संविधान आपातकाल के संदर्भ में दी गई शक्तियों के दुरुपयोग के कारण उत्पन्न हुआ राजनीतिक संकट तात्कालिक संवैधानिक संकट से भी अधिक गंभीर था।
- इस दौर में लोकतंत्र और स्वतः स्फूर्त जनभागीदारी पर आधारित लोकतंत्र में तनाव की स्थिति उत्पन्न हुई। साथ ही लोकतंत्र में जनआंदोलन की भूमिका एवं उसकी सीमा को लेकर भी विवाद एवं प्रश्न उत्पन्न हुए।
- लोकतंत्र में उत्पन्न तनाव से यह भी स्पष्ट हुआ कि हमारी दलीय प्रणाली लोगों की इच्छाओं को पूरा करने में सफल साबित नहीं हुई।

### चेक प्वॉइंट 3

1. वर्ष 1977 के चुनाव में संजय गाँधी कहाँ से चुनाव हारे?
2. वर्ष 1977 के चुनाव के बाद प्रधानमंत्री पद के लिए तीन प्रतिद्वंद्वी कौन थे?
3. भारत के पहले गैर-कांग्रेसी प्रधानमंत्री कौन थे?
4. वर्ष 1980 के चुनावों के बाद कांग्रेस ने कौन-सी विचारधारा अपनायी?

# Mind Map

## लोकतांत्रिक व्यवस्था का संकट

### 1 आपातकाल की पृष्ठभूमि

**सरकार और न्यायपालिका के बीच संघर्ष**
- मुद्दे
- सुप्रीम कोर्ट ने सरकार की पहलों को संविधान का उल्लंघन बताया।
- कांग्रेस ने आरोप लगाया कि कोर्ट संसद द्वारा संचालित लोकतंत्र और गरीबों की कल्याणकारी योजनाओं के खिलाफ है।
- कांग्रेस का दावा था कि कोर्ट संकीर्ण दृष्टिकोण अपनाने लगा था।

संवैधानिक प्रश्न
- क्या संसद मौलिक अधिकारों को छीन सकती है? (नहीं)
- क्या संसद संशोधन द्वारा संपत्ति के अधिकार पर सीमा निर्धारित कर सकती है? (नहीं)
- क्या संसद संविधान में संशोधन कर सकती है ताकि राज्य नीति के निर्देशक सिद्धांतों को प्रभावी बनाया जा सके? (नामंजूर)

**आर्थिक संदर्भ**
- वर्ष 1971-72 के बाद
- सामाजिक और आर्थिक स्थिति में अधिक सुधार नहीं हुआ।
- बांग्लादेश-पाकिस्तान युद्ध के बाद अमेरिका ने भारत को सहायता देना बंद कर दिया।
- उच्च तेल कीमतों ने वस्तुओं की कीमतों को बढ़ा दिया।
- भारत को पूर्वी पाकिस्तान (अब बांग्लादेश) के 8 मिलियन शरणार्थियों का सामना करना पड़ा।

**आर्थिक मुद्दे**
- उद्योगों की कम विकास दर
- उच्च बेरोजगारी विशेष रूप से ग्रामीण क्षेत्रों में
- सरकारी कर्मचारियों के वेतन में ठहराव
- मानसून की विफलता के कारण खाद्यान्न उत्पादन में 8 % की गिरावट।

**प्रदर्शन और आंदोलन**

गुजरात आंदोलन (वर्ष 1974)
- छात्रों ने बढ़ती कीमतों, भ्रष्टाचार और बेरोजगारी के खिलाफ प्रदर्शन किया।
- विपक्षी दलों ने समर्थन किया, जिसके परिणामस्वरूप राष्ट्रपति शासन लागू किया गया।

बिहार आंदोलन (वर्ष 1974)
- छात्रों ने बढ़ती कीमतों, खाद्य संकट और बेरोजगारी के खिलाफ प्रदर्शन किया।
- जय प्रकाश नारायण ने कांग्रेस सरकार को बर्खास्त करने की माँग की।

रेलवे हड़ताल (वर्ष 1974)
- जॉर्ज फर्नांडीस के नेतृत्व में बोनस और बेहतर कार्य स्थितियों की माँग की गई।
- सरकार ने हड़ताल को अवैध घोषित किया और रेलवे ट्रैकों की सुरक्षा के लिए सेना को तैनात किया।

### 2 आपातकाल की घोषणा

- इलाहाबाद उच्च न्यायालय का निर्णय-इंदिरा गाँधी का लोकसभा चुनाव सरकारी कर्मचारियों का अपने हित में उपयोग करने के कारण अवैध घोषित किया।
- राज नारायण की याचिका-इंदिरा गाँधी के चुनाव को चुनौती दी।
- परिणाम-इंदिरा गाँधी का चुनाव अवैध हो गया, वह अब सांसद नहीं रही और प्रधानमंत्री बने रहने के लिए छः महीने के भीतर फिर से चुनाव जीतना पड़ा।

**संकट और सरकार का फैसला**
- विपक्षी प्रदर्शन-जयप्रकाश नारायण के नेतृत्व में इंदिरा गाँधी से इस्तीफे की माँग की गई।
- देश व्यापी सत्याग्रह-जय प्रकाश नारायण द्वारा घोषित किया गया।
- सरकार की प्रतिक्रिया-आंतरिक अशांति घोषित की, संविधान के अनुच्छेद- 352 का उपयोग किया।
- आपातकालीन शक्तियाँ-केंद्रीय सरकार ने राज्य सरकारों के अधिकार छीन लिए तथा मौलिक अधिकारों पर प्रतिबंध लगा दिए।

**आपातकाल के परिणाम**
- गिरफ्तारी और प्रतिबंध-विपक्षी नेताओं को गिरफ्तार किया गया, हड़तालें प्रतिबंधित की गईं, प्रेस की स्वतंत्रता निलंबित कर दी गई।
- निवारक बंदी-बिना कोई अपराध किए लोगों को गिरफ्तार किया गया।
- न्यायपालिका की प्रतिक्रिया-उच्च न्यायालयों ने बंदीप्रत्यक्षीकरण याचिका को मंजूरी दी, बाद में सुप्रीम कोर्ट ने इन्हें पलट दिया।

**आपातकाल के सबक**
- लोकतंत्र की दृढ़ता-कुछ समय के बाद सामान्य लोकतांत्रिक कार्यप्रणाली बहाल हो।
- आपातकाल प्रावधान-केवल सशस्त्र विद्रोह के कारण आंतरिक आपातकाल की अनुमति देने के लिए संशोधित किया गया।
- नागरिक स्वतंत्रताओं का महत्त्व-आपातकाल ने लोगों को नागरिक स्वतंत्रताओं के बारे में जागरूक किया और न्यायालयों ने व्यक्तिगत अधिकारों की रक्षा में सक्रिय भूमिका निभाई।

### 3 आपातकाल के बाद की राजनीति

**लोकसभा चुनाव, वर्ष (1977)**
- पृष्ठभूमि-आपातकाल समाप्त हुआ चुनावों की घोषणा की गई।
- विपक्षी एकता-प्रभुत्व विपक्षी दलों ने जनता पार्टी का गठन किया।
- मुहिम-'लोकतंत्र बचाओ' के नारे के साथ चुनाव लड़ा।
- परिणाम-कांग्रेस हार गई जनता पार्टी ने 330 सीटें जीतीं।

**जनता सरकार**
- गठन-मोरारजी देसाई प्रधानमंत्री बने।
- सत्ता संघर्ष-नेताओं के बीच प्रतिस्पर्द्धा (मोरारजी देसाई, चरण सिंह, जगजीवन राम)
- नीति-दिशा, नेतृत्व और साझा कार्यक्रम की कमी थी।
- विभाजन-जनता पार्टी विभाजित हुई, सरकार ने बहुमत खो दिया।

**वर्ष 1977 के चुनावों का प्रभाव**
- गैर-सरकारी विपक्षी दल एकजुट हुए
- पिछड़ी जातियों का कल्याण-यह मुद्दा राजनीति में प्रमुख होने लगा।
- राज्य चुनावों में उत्तर भारत में गैर-कांग्रेसी सरकारें चुनी गईं।

**विरासत**
- पार्टी व्यवस्था में बदलाव वर्ष 1977 और 1980 के चुनावों के बीच नाटकीय परिवर्तन।
- मण्डल आयोग को जनता सरकार द्वारा पिछड़ी जातियों (OBC) के लिए आरक्षण की सिफारिश करने के लिए नियुक्त किया गया।

**संवैधानिक और राजनीतिक संकट**
- न्यायपालिका और विधानसभा के बीच संघर्ष इस अवधि के दौरान लगातार संघर्ष रहा।
- जन आंदोलन की भूमिका इस अवधि में संसदीय लोकतंत्र में महत्त्वपूर्ण मुद्दे उभरे।

# NCERT फोल्डर

## अध्याय के मध्य में दिए गए प्रश्न

**1. गरीब जनता पर सचमुच भारी मुसीबत आई होगी आखिर 'गरीबी हटाओं' के वादे का हुआ क्या?**

उत्तर तत्कालीन प्रधानमंत्री इंदिरा गाँधी ने वर्ष 1971 के आम चुनावों में 'गरीबी हटाओं' का नारा दिया था, लेकिन इस नारे के बावजूद भी वर्ष 1971-72 के बाद के वर्षों में देश की सामाजिक-आर्थिक दशा में सुधार नहीं हुआ और यह नारा खोखला साबित हुआ।

इसी अवधि में अंतर्राष्ट्रीय बाजार में तेल की कीमतों में कई गुना बढ़ोत्तरी हुई। इससे विभिन्न चीजों की कीमतें तेजी से बढ़ी। वर्ष 1973 में चीजों की कीमतों में 23% और वर्ष 1974 में 30% की बढ़ोत्तरी हुई। इस तीव्र मूल्य वृद्धि से लोगों को भारी कठिनाई हुई। बांग्लादेश के संकट से भी भारत की अर्थव्यवस्था पर भारी बोझ पड़ा था। फलतः गरीबी हटाओं कार्यक्रम के लिए दिए जाने वाले अनुदान में कटौती कर दी गई और यह नारा पूर्णतः सफल साबित नहीं हो पाया।

**2. क्या 'प्रतिबद्ध न्यायपालिका' और 'प्रतिबद्ध नौकरशाही' का मतलब यह हैं कि न्यायाधीश और सरकारी अधिकारी शासक दल के प्रति निष्ठावान हों?**

उत्तर प्रतिबद्ध नौकरशाही के अंतर्गत नौकरशाही किसी विशिष्ट राजनीतिक दल के सिद्धांतों से बँधी हुई होती है और उस दल के निर्देशन में कार्य करती है। प्रतिबद्ध नौकरशाही निष्पक्ष एवं स्वतंत्र होकर कार्य नहीं करती है, बल्कि इसका कार्य किसी दल विशेष की योजनाओं को बिना किसी प्रश्न उठाए आँखे मूँदकर लागू करना होता है।

जहाँ तक प्रतिबद्ध न्यायपालिका का सवाल है, यह ऐसी न्यायापालिका होती है, जो दल विशेष या सरकार विशेष के प्रति वफादार हो तथा सरकार के निर्देशों के अनुसार चले।

इस प्रकार ऐसी व्यवस्था में न्यायपालिका व व्यवस्थापिका की स्वतंत्रता पर प्रश्न चिह्न लग जाता है और प्रशासन निरंकुश हो जाता है। अर्थात् कानून बनाने एवं फैसला या निर्णय देने की शक्ति केवल एक ही संस्था या दल के पास आ जाती है। इस प्रकार की नौकरशाही प्रायः साम्यावादी देशों मे पाई जाती है।

**3. क्या राष्ट्रपति को मंत्रिमण्डल की सिफारिश के बगैर आपातकाल की घोषणा करनी चाहिए थी? कितनी अजीब बात है?**

उत्तर भारतीय संविधान के अनुच्छेद 352,356 तथा 360 में राष्ट्रपति की आपातकालीन शक्तियों का उल्लेख किया गया है। भारत में वर्ष 1975 मे अनुच्छेद 352 के तहत आपातलकाल की घोषणा की गई, जिसमें मंत्रिमंडल से सलाह करके आपातकलीन स्थिति की घोषणा का प्रावधान है। कुछ विशेषज्ञों का मानना है कि तत्कालीन प्रधानमंत्री इंदिरा गाँधी ने बिना मंत्रिमंडल की सलाह के राष्ट्रपति को आपातकाल की घोषणा करने की सहाल दी थी, मंत्रिमंडल की बैठक इसके बाद हुई। इस प्रकार तत्कालीन परिस्थितियों मे चाहे कुछ भी हुआ हो, लेकिन लोकतांत्रिक व्यवस्था में यदि देश मे आपातकाल लागू करना है, तो राष्ट्रपति को मंत्रिमंडल से पूरी तरह विचार-विमर्श करके तमाम हालातों को दृष्टिगत रखते हुए इसकी घोषणा करनी चाहिए। वर्तमान में आपातकाल के प्रावधानों में सुधार कर लिया गया है। अब आंतरिक आपातकाल सिर्फ सशस्त्र विद्रोह की स्थिति में ही लगाया जा सकता है।

**4. जिन चंद लोगों ने प्रतिरोध किया, उनकी बात छोड़ दे बाकियों के बारे में सोचें कि उन्होंने क्या किया क्या कर रहे थे बड़े-बड़े अधिकारी, बुद्धिजीवी, सामाजिक-धार्मिक नेता और नागरिक ......?**

उत्तर यह प्रश्न उस समय की स्थिति और समाज की निष्क्रियता की ओर इशारा करता है। जब किसी महत्त्वपूर्ण घटना या संघर्ष के दौरान अधिकांश लोग चुप रहे या कोई ठोस कदम नहीं उठाया। यह स्थिति उस समय के समाज के नैतिक और राजनीतिक रूप से कमजोर होने को दर्शाती है। जब सत्ता या अत्याचार का विरोध करने वाले कुछ लोग खड़े होते हैं, तो समाज के बाकी हिस्सों की चुप्पी और निष्क्रियता सवाल उठाती है कि वे क्यों नहीं बोले या कुछ नहीं किया। इस सवाल का उत्तर यह हो सकता है कि कुछ लोग डर, स्वार्थ या अपने व्यक्तिगत लाभ के कारण चुप रहते हैं अधिकारियों बुद्धिजीवियों और धार्मिक नेताओं की भूमिका समाज में निर्णायक हो सकती है, लेकिन जब वे अपनी जिम्मेदारी से पलायन करते हैं या अपनी स्थिति का दुरुपयोग करते है, तो समाज मे असंतोष और अव्यवस्था बढ़ती है। यह बात समय-समय पर इतिहास के विभिन्न मोड़ों पर देखी जाती है। जहाँ बड़े लोग और संस्थाएँ अकसर मौन रहते है। यह केवल सत्ता के पक्ष में खड़े होते हैं, जिससे समाज में एक बड़ा असंतुलन उत्पन्न होता है।

**5. अगर उत्तर और दक्षिण के राज्यों मे मतदाताओं ने इतने ढर्रे पर मतदान किया तो हम कैसे कहें कि वर्ष 1977 के चुनावों का जनादेश क्या था?**

उत्तर वर्ष 1977 के चुनावों में मतदातओं का झुकाव उत्तर और दक्षिण भारत में अलग-अलग होने के कारण यह सवाल महत्त्वपूर्ण हो जाता है। कि उस जनादेश को कैसे समझा जाए। यह अंतर इस बात को स्पष्ट करता है कि भारत जैसे विविधतापूर्ण देश में चुनावी परिणाम अकसर क्षेत्रीय और सामाजिक-आर्थिक मुद्दों से प्रभावित होते हैं।

**उत्तर भारत में जनादेश** उत्तर भारत में जनता पार्टी ने इंदिरा गाँधी और उनके नेतृत्व वाली काँग्रेस को स्पष्ट रूप से खारिज कर दिया। आपातकाल (वर्ष 1975-77) के दौरान सत्ता को दुरुपयोग और नागरिक स्वतंत्रताओं के दमन के खिलाफ व्यापक असंतोष ने उत्तर भारत के मतदाताओं को काँग्रेस के खिलाफ एकजुट कर दिया। जनादेश मुख्य रूप से लोकतंत्र की पुनर्स्थापना और सत्ता में जवाबदेही की मांग के पक्ष में था।

**दक्षिण भारत में मतदाताओं का रुख** दक्षिण भारत में स्थिति अलग थी। यहाँ काँग्रेस को अपेक्षाकृत बेहतर प्रदर्शन मिला, खासकर तमिलनाडु और आँध्र प्रदेश में इसका कारण यह था कि आपाताकाल के प्रभाव दक्षिण में उतने तीव्र नहीं थे और वहाँ की स्थानीय राजनीतिक और सामाजिक प्राथमिकताएँ उत्तर से अलग थी। दक्षिण भारत में काँग्रेस के खिलाफ कोई संगठित आंदोलन नहीं था और इंदिरा गाँधी का व्यक्तिगत करिश्मा भी यहाँ प्रभावी रहा।

**जनादेश को समझने का तरीका**

**क्षेत्रीय भिन्नता का स्वीकार्यता** वर्ष 1977 का जनादेश पूरे भारत में एक रूप नहीं था। यह लोकतंत्र के प्रति उत्तर भारत के तीव्र असंतोष और दक्षिण भारत में काँग्रेस के प्रति अपेक्षाकृत संतुलित दृष्टिकोण का मिश्रण था।

**लोकतंत्र और नागरिक अधिकारों की प्रधानता** उत्तर भारत में जनता पार्टी की जीत को लोकतंत्र की बहाली और आपातकाल के खिलाफ जनाक्रोश का परिणाम माना जा सकता है।

**क्षेत्रीय और सांस्कृतिक विविधता** दक्षिण भारत में काँग्रेस की सफलता यह दिखाती है कि राष्ट्रीय चुनावों में क्षेत्रीय मुद्दे और सांस्कृतिक कारक किस तरह निर्णायक भूमिका निभा सकते हैं।

वर्ष 1977 के चुनावों का जनादेश स्पष्ट रूप से आपातकाल के विरोध और लोकतंत्र के समर्थन में था, लेकिन यह पूरे देश में समान रूप से लागू नहीं हुआ। इसे भारत की बहुविविधता और क्षेत्रीय प्राथमिकताओं के संदर्भ में समझना आवश्यक हैं।

## निम्नलिखित प्रश्नों के उत्तर दीजिए

**1. बताएँ कि आपातकाल के बारे में निम्नलिखित कथन सही हैं या गलत**

**(a) आपातकाल की घोषणा वर्ष 1975 में इंदिरा गाँधी ने की**

**(b) आपातकाल में सभी मौलिक अधिकार निष्क्रिय हो गए**

**(c) बिगड़ती हुई आर्थिक स्थिति के मद्देनजर आपातकाल की घोषणा की गई थी**

**(d) आपातकाल के दौरान विपक्ष के अनेक नेताओं को गिरफ्तार कर लिया गया**

**(e) सी. पी. आई. ने आपातकाल की घोषणा का समर्थन किया**

उत्तर (a) सही (b) सही (c) गलत (d) सही (e) सही

**2. निम्नलिखित में से कौन-सा आपातकाल की घोषणा के संदर्भ में मेल नहीं खाता?**

**(a) 'संपूर्ण क्रांति'**

**(b) वर्ष 1974 की रेल हड़ताल**

**(c) नक्सलवादी आंदोलन**

**(d) इलाहाबाद उच्च न्यायालय का फैसला**

**(e) शाह आयोग की रिपोर्ट के निष्कर्ष**

उत्तर (c) नक्सलवादी आंदोलन

**3. निम्नलिखित में मेल कीजिए**

| | |
|---|---|
| **(a) संपूर्ण क्रांति** | **(i) इंदिरा गाँधी** |
| **(b) गरीबी हटाओ** | **(ii) जयप्रकाश नारायण** |
| **(c) छात्र आंदोलन** | **(iii) बिहार आंदोलन** |
| **(d) रेल हड़ताल** | **(iv) जॉर्ज फर्नांडिस** |

उत्तर

| | |
|---|---|
| (a) संपूर्ण क्रांति | (ii) जयप्रकाश नारायण |
| (b) गरीबी हटाओ | (i) इंदिरा गाँधी |
| (c) छात्र आंदोलन | (iii) बिहार आंदोलन |
| (d) रेल हड़ताल | (iv) जॉर्ज फर्नांडिस |

**4. किन कारणों से वर्ष 1980 में मध्यावधि चुनाव करवाने पड़े?**

उत्तर वर्ष 1980 में मध्यावधि चुनाव कराने के पीछे निम्नलिखित कारण उत्तरदायी थे

- वर्ष 1977 के चुनावों में जनता पार्टी सत्ता में आई, लेकिन यह नीतियों में कोई आधारभूत परिवर्तन नहीं ला पाई, जिसके कारण पार्टी का गठबंधन बहुत जल्दी टूट गया।
  इसके परिणामस्वरूप मोरारजी देसाई की सरकार मात्र 18 माह में ही अपना बहुमत खो चुकी थी, जिसके कारण पुनः मध्यावधि चुनाव कराने पड़े।
- मध्यावधि चुनाव कराने का दूसरा कारण यह था कि इस समय प्रधानमंत्री पद को लेकर प्रतिस्पर्धा व्याप्त थी, परिणामस्वरूप मोरारजी देसाई के बाद चौधरी चरण सिंह ने कांग्रेस के समर्थन से दूसरी सरकार बनाई, लेकिन चार माह बाद ही कांग्रेस ने अपना समर्थन वापस ले लिया और सरकार गिर गई। फलस्वरूप वर्ष 1980 में मध्यावधि लोकसभा चुनाव पुनः कराने पड़े।

**5. जनता पार्टी ने वर्ष 1977 में शाह आयोग को नियुक्त किया था। इस आयोग की नियुक्ति क्यों की गई थी और इसके क्या निष्कर्ष थे?**

उत्तर जनता पार्टी सरकार द्वारा शाह आयोग की नियुक्ति के निम्नलिखित कारण थे

- वर्ष 1977 में जनता पार्टी सरकार ने सर्वोच्च न्यायालय के भूतपूर्व मुख्य न्यायाधीश जे सी शाह की अध्यक्षता में शाह आयोग का गठन किया। इस आयोग को 25 जून, 1975 को घोषित आपातकाल के दौरान किए गए सत्ता के दुरुपयोग, अत्याचार के विभिन्न आरोपों के विविध पहलुओं की जाँच हेतु गठित किया गया था। इस आयोग ने साक्ष्यों की जाँच एवं हजारों लोगों के बयानों को भी दर्ज किया था।
- शाह आयोग ने आपातकाल के दौरान हुए अत्याचारों की पुष्टि अंतरिम रिपोर्टों में की तथा तीसरी एवं अंतिम रिपोर्ट में प्रस्तुत की गई सिफारिशों, पर्यवेक्षणों और निष्कर्षों को स्वीकार किया । शाह आयोग की रिपोर्ट को विचार के लिए संसद में भी रखा गया।

**शाह आयोग की रिपोर्ट के निष्कर्ष**

- शाह आयोग ने अपनी रिपोर्ट के निष्कर्ष में बताया कि आपातकाल के दौरान अनेक दुर्भाग्यपूर्ण घटनाएँ घटित हुईं। लोगों के अधिकारों एवं प्रेस की स्वतंत्रता पर भी रोक लगाई गई। सरकारी अधिकारियों ने अपने पद एवं शक्ति का दुरुपयोग भी किया था।
- गैर-कानूनी तरीके से सेंसरशिप लगाई गई।
- निवारक निरोध के कारण लोगों को अवैध रूप से गिरफ्तार किया गया।

**6. वर्ष 1975 में राष्ट्रीय आपातकाल की घोषणा करते हुए सरकार ने इसके क्या कारण बताए थे?**

उत्तर आपातकाल के पीछे सरकार द्वारा बताए गए कारण निम्न प्रकार हैं

- देश में चल रहे सरकार विरोधी आंदोलन संदेहजनक हैं।
- वैधानिक रूप से निर्वाचित सरकार को कार्यवाही नहीं करने दी जा रही है।
- देश में आंतरिक संस्थाओं के माध्यम से सांप्रदायिक दंगों को बढ़ावा दिया जा रहा है।
- बाह्य तत्त्वों के कारण देश की एकता को खतरा उत्पन्न हो रहा है।

**7. वर्ष 1977 के चुनावों के बाद पहली बार केंद्र में विपक्षी दल की सरकार बनी। ऐसा किन कारणों से संभव हुआ?**

उत्तर आपातकाल के दौरान सभी विपक्षी दलों ने मिलकर जनता पार्टी के नाम से एक गठबंधन किया। वर्ष 1977 के चुनावों में इस पार्टी ने भाग लिया एवं गठबंधन सरकार बनाई। इसके पीछे मुख्य कारण निम्नलिखित हैं

- कुछ अन्य प्रमुख दल; जैसे–जगजीवन राम के नेतृत्व में बना 'कांग्रेस फॉर डेमोक्रेसी' भी जनता पार्टी में शामिल हो गया था।
- जनता पार्टी ने आपातकाल के अत्याचारों को, चुनावों को जनमत संग्रह का रूप दिया तथा आपातकाल के कारण जनमत भी कांग्रेस के विरुद्ध था, जिसने वर्ष 1977 के चुनावों में कांग्रेस को हराया तथा जनता पार्टी की जीत में अहम भूमिका का निर्वहन किया।
- विपक्ष ने आपातकाल की घोषणा के समय 'लोकतंत्र बचाओ' नारा दिया। इससे जनता का समर्थन प्राप्त करने में सुगमता सिद्ध हुई।
- उत्तर भारत का मध्य वर्ग कांग्रेस की नीतियों से आहत एवं उपेक्षित हो रहा था तथा यह वर्ग जनता पार्टी के साथ जुड़ा।

उपरोक्त कारणों के फलस्वरूप ही वर्ष 1977 के चुनावों में पहली बार केंद्र में विपक्षी दल की सरकार बनी।

**8. हमारी राजव्यवस्था के निम्नलिखित पक्ष पर आपातकाल का क्या प्रभाव हुआ?**

**(i) नागरिक अधिकारों की दशा और नागरिकों पर इसका प्रभाव**
**(ii) कार्यपालिका और न्यायपालिका के संबंध**
**(iii) जनसंचार माध्यमों के कामकाज**
**(iv) पुलिस और नौकरशाही कार्यवाहियाँ**

उत्तर (i) आपातकाल का नागरिक अधिकारों की दशा और नागरिकों पर प्रभाव नकारात्मक ही रहा, क्योंकि नागरिकों के विभिन्न मौलिक अधिकारों को स्थगित एवं निष्प्रभावी कर दिया गया। निवारक नजरबंदी कानून के अंतर्गत बिना किसी अपराध के लोगों को गिरफ्तार किया गया।

(ii) आपातकाल का न्यायपालिका और कार्यपालिका के संबंधों पर प्रभाव तनावपूर्ण रहा, क्योंकि इन दोनों के संबंध में इंदिरा गाँधी ने कार्यपालिका को सर्वोच्च बताते हुए कई संविधान संशोधन करने का प्रयास किया, लेकिन उच्चतम न्यायालय ने इन्हें विफल कर दिया।

(iii) जनसंचार के कार्य पर आपातकाल के समय पाबंदी अर्थात् सेंसरशिप लगा दी गई, जिस कारण किसी भी समाचार को प्रकाशित एवं छापने से पूर्व सरकार की अनुमति लेना आवश्यक कर दिया। 'इंडियन एक्सप्रेस' और 'स्टेट्समैन' जैसे अखबारों ने प्रेस पर लगी सेंसरशिप का विरोध किया और अपना प्रकाशन बंद कर दिया।

(iv) आपातकाल के दौरान पुलिस और नौकरशाही की कार्यवाहियाँ राजनीतिक दबाव से परिपूर्ण थीं। सरकार द्वारा पुलिस एवं प्रशासन का दुरुपयोग किया गया था। नागरिकों पर अवैध कानून थोपे गए, अत्याचार किया गया एवं उन पर तानाशाही प्रवृत्ति का संचालन किया गया।

**9. भारत की दलीय प्रणाली पर आपातकाल का किस प्रकार असर हुआ? अपने उत्तर की पुष्टि उदाहरणों से कीजिए।**

उत्तर वर्ष 1977 के चुनावों में एक संप्रभुता दल कांग्रेस की पराजय हुई और जनता दल की गठबंधन सरकार का गठन हुआ। फलतः दल व्यवस्था में लोकतांत्रिक तत्त्वों का समावेश हुआ। आपातकाल की घोषणा से कांग्रेस की संप्रभुता का ह्रास हुआ। परिणामस्वरूप जनता को नए विकल्प की विधि से अन्य दलों को चुनने की स्वायत्तता प्राप्त हुई और नई राजनीतिक प्रणाली का प्रारंभ हुआ। निष्कर्ष रूप से कहें, तो आपातकाल के पश्चात् भारतीय जनता ने अपने लोकतांत्रिक अधिकारों का प्रयोग कर राजनीतिक व्यवस्था को सुदृढ़ बनाया, जिसका सर्वाधिक प्रभाव दलीय राजनीति पर हुआ।

इस समय की राष्ट्रीय स्तर की राजनीति दो दलीय प्रतीत होने लगी थी, जिसके अंतर्गत सी पी आई का झुकाव कांग्रेस की तरफ तथा अन्य सभी दल, जिसमें समाजवादी, संयुक्त समाजवादी, रिपब्लिकन, कांग्रेस फॉर डेमोक्रेसी आदि दल, जनता दल में शामिल हो गए थे।

**10. निम्नलिखित अवतरण को पढ़िए और इसके आधार पर पूछे गए प्रश्नों के उत्तर दीजिए**

**वर्ष 1977 के चुनावों के दौरान भारतीय लोकतंत्र, दो-दलीय व्यवस्था के जितना नजदीक आ गया था, उतना पहले कभी नहीं आया। बहरहाल अगले कुछ वर्षों में मामला पूरी तरह बदल गया। हारने के तुरंत बाद कांग्रेस दो टुकड़ों में बँट गई.......जनता पार्टी में भी बड़ी अफरा-तफरी मची......डेविड बटलर, अशोक लाहिड़ी और प्रणव रॉय**

**प्रार्थी चटर्जी**

**(i) किन कारणों से वर्ष 1977 में भारत की राजनीति दो-दलीय प्रणाली के समान जान पड़ रही थी?**

उत्तर भारत की राजनीति दो-दलीय इसलिए लग रही थी, क्योंकि कांग्रेस के सभी विरोधी दल जयप्रकाश नारायण की जनता पार्टी में शामिल हो गए थे। इस प्रकार, उस समय एक तरफ कांग्रेस तथा दूसरी तरफ जनता पार्टी का गठबंधन दल था।

**(ii) वर्ष 1977 में दो से अधिक पार्टियाँ अस्तित्व में थीं। इसके बावजूद लेखकगण इस दौर को दो-दलीय प्रणाली के नजदीक क्यों बता रहे हैं?**

उत्तर इस दौरान दो-दलीय प्रणाली की बात इसलिए कही गई, क्योंकि कांग्रेस भी कई भागों में बँट गई थी और जनता पार्टी भी बँट गई थी, लेकिन इन दोनों की नीतियाँ समान थीं।

**(iii) कांग्रेस और जनता पार्टी में किन कारणों से टूट पैदा हुई?**

उत्तर कांग्रेस पार्टी के बिखराव का कारण कांग्रेस में बढ़ता व्यक्तिवाद था, जबकि जनता पार्टी के बिखराव का कारण यह था कि उसमें अनेक नीतियों एवं विचारधाराओं के लोग शामिल थे, जिससे मतभेद उत्पन्न हुए और बाद में सभी पार्टियाँ अपने-अपने हितों के मुद्दों को लेकर अलग-अलग हो गईं।

# अभ्यास प्रश्न

## वस्तुनिष्ठ प्रश्न

### बहुविकल्पीय प्रश्न

**1.** **जनवरी, 1974 में किस राज्य के छात्रों ने खाद्यान्न वस्तुओं, तेल एवं अन्य आवश्यक वस्तुओं की मूल्य वृद्धि के खिलाफ सरकार के विरुद्ध आंदोलन किया था?**

(a) गुजरात (b) बंगाल (c) बिहार (d) मध्य प्रदेश

उत्तर (a) गुजरात

**2.** **मार्च, 1974 में बिहार राज्य में छात्रों ने जयप्रकाश नारायण के नेतृत्व में किस कारण सरकार के विरुद्ध आंदोलन शुरू किया था?**

(a) बेरोजगारी (b) भ्रष्टाचार
(c) खाद्यान्न अभाव (d) ये सभी

उत्तर (d) ये सभी

**3.** **वर्ष 1974 में रेलवे कर्मचारियों की राष्ट्रीय समन्वय समिति ने किसके नेतृत्व में राष्ट्रव्यापी हड़ताल का आह्वान किया था?**

(a) राममनोहर लोहिया (b) जयप्रकाश नारायण
(c) जॉर्ज फर्नांडिस (d) पं. दीनदयाल उपाध्याय

उत्तर (c) जॉर्ज फर्नांडिस

**4.** **आपातकाल के दौरान.......... और ..........जैसे समाचार-पत्रों ने प्रेस पाबंदी का विरोध किया था।**

(a) सेमिनार, मेनस्ट्रीम (b) इंडियन एक्सप्रेस, सेमिनार
(c) स्टेट्समैन, मेनस्ट्रीम (d) इंडियन एक्सप्रेस, स्टेट्समैन

उत्तर (d) इंडियन एक्सप्रेस, स्टेट्समैन

**5.** **वर्ष 1977 में केंद्र में सत्ता में आए सही राजनीतिक दल को चुनिए।** **CBSE 2020**

(a) जनता पार्टी (b) भारतीय जनसंघ
(c) कम्युनिस्ट पार्टी ऑफ इंडिया (d) भारतीय राष्ट्रीय कांग्रेस

उत्तर (a) जनता पार्टी

**6.** **पं. दीनदयाल उपाध्याय के एकात्म मानववाद का दर्शन किन सिद्धांतों पर आधारित पाया जाता है?**

(a) समग्रता की प्रधानता (b) धर्म की सर्वोच्चता
(c) समाज की आत्मनिर्भरता (d) ये सभी

उत्तर (d) ये सभी

**7.** **आपातकाल के पूर्व उत्पन्न आर्थिक परिस्थितियों के संबंध में कौन-सा कथन सही है?**

(a) मानसून की खराब स्थिति के कारण कृषि उत्पादन में कमी आई
(b) बिगड़ती आर्थिक स्थिति ने देश में असंतोष को जन्म दिया
(c) सरकारी व्यय को कम करने के लिए सरकारी कर्मचारियों के वेतन को रोका गया
(d) उपरोक्त सभी

उत्तर (d) उपरोक्त सभी

**8.** **आपातकाल के परिणामस्वरूप कौन-सा कार्य सरकार द्वारा किया गया तथा किस पर रोक लगाई गई?**

(a) सरकार विरोधी आंदोलन एवं हड़ताल पर रोक लगा दी गई
(b) प्रेस की आजादी पर प्रतिबंध लगा दिया गया
(c) विपक्षी नेताओं को गिरफ्तार किया गया
(d) उपरोक्त सभी

उत्तर (d) उपरोक्त सभी

**9.** **निम्नलिखित में से कौन-सा कथन आपातकाल के बाद की राजनीति के संदर्भ में सही नहीं है?**

(a) आपातकाल के पश्चात् वर्ष 1977 में लोकसभा के चुनाव हुए
(b) इसमें मतदाताओं ने लोकतंत्र विरोधी सरकार को दंड दिया
(c) चुनाव के पश्चात् कांग्रेस पार्टी की सरकार बनी
(d) कांग्रेस के कुछ नेताओं ने कांग्रेस फॉर डेमोक्रेसी पार्टी का गठन किया

उत्तर (c) चुनाव के पश्चात् कांग्रेस पार्टी की सरकार बनी

**10.** **1947 में किन दो राज्यों के छात्रों ने बढ़ती खाद्य कीमतों के खिलाफ आंदोलन किया था?** **CBSE 2024**

(a) उत्तर प्रदेश और बिहार
(b) राजस्थान और बिहार
(c) बिहार और गुजरात
(d) बिहार और मध्य प्रदेश

उत्तर (c) बिहार और गुजरात

**11.** **1975 में जनता के 'संसद मार्च' का नेतृत्व किसने किया था?** **CBSE 2024**

(a) जगजीवन राम
(b) ए.के. पाटिल
(c) चारु मजूमदार
(d) जयप्रकाश नारायण

उत्तर (d) जयप्रकाश नारायण

**12.** **बिहार आंदोलन के संदर्भ में दिए गए कथनों पर विचार कर सही कूट का चयन कीजिए**

1. **यह आंदोलन जयप्रकाश नारायण के नेतृत्व में बेरोजगारी, भ्रष्टाचार एवं खाद्यान्न अभाव जैसे मुद्दों को लेकर हुआ।**
2. **इसमें बिहार सरकार के इस्तीफे की माँग की गई, जिसे तत्कालीन सरकार ने मानने से इंकार कर दिया।**
3. **इस आंदोलन के साथ ही वर्ष 1974 मे रेल कर्मचारियों द्वारा एक राष्ट्रव्यापी हड़ताल शुरू की गई।** **दक्षता आधारित प्रश्न**

**कूट**

(a) केवल 1 (b) 1 और 3
(c) 2 और 3 (d) ये सभी

उत्तर (d) ये सभी

**13.** नीचे दिए गए कथनों पर विचार कीजिए

1. जून, 1975 को इलाहाबाद उच्च न्यायालय ने समाजवादी नेता राजनारायण की याचिका पर इंदिरा गाँधी के निर्वाचन को अवैध घोषित कर दिया।
2. राजनारायण वर्ष 1971 के चुनाव में इंदिरा गाँधी के सामने प्रतियोगी उम्मीदवार थे।
3. इंदिरा गाँधी ने चुनाव में सरकारी तंत्र की सेवाओं का दुरुपयोग किया था, जो कानूनी रूप से गलत है। *दक्षता आधारित प्रश्न*

कूट

(a) केवल 2 (b) 2 और 3 (c) 1 और 3 (d) ये सभी

उत्तर (d) ये सभी

**14.** नीचे दिए गए घटनाक्रमों को उनके कालक्रम के अनुसार सही क्रम (बढ़ते क्रम) में व्यवस्थित कीजिए

1. देश में आपातकाल की घोषणा।
2. लोकसभा चुनावों में कांग्रेस की स्वतंत्रता के बाद पहली बार हार।
3. जयप्रकाश नारायण के नेतृत्व में आम जनता एवं गैर-कांग्रेसी दलों के साथ संसद मार्च। *दक्षता आधारित प्रश्न*

कूट

(a) 3, 1, 2 (b) 3, 1, 2 (c) 1, 2, 3 (d) 2, 1, 3

उत्तर (a) 3, 1, 2

**15.** नीचे दिए गए घटनाक्रमों को उनके कालक्रम के अनुसार सही क्रम में (बढ़ते क्रम) में व्यवस्थित कीजिए।

1. जनता पार्टी की सरकार का गठन
2. प्रथम लोकतांत्रिक अभ्युत्थान का दशक
3. चौधरी चरण सिंह की प्रधानमंत्री के रूप में काल अवधि
4. मोरारजी देसाई की उप-प्रधानमंत्री के रूप में काल अवधि

कूट *दक्षता आधारित प्रश्न*

(a) 1, 2, 3, 4 (b) 4, 2, 1, 3
(c) 3, 4, 1, 2 (d) 2, 4, 3, 1

उत्तर (b) 4, 2, 1, 3

**16.** निम्न में कौन-सा युग्म सुमेलन नहीं है।

(a) बिहार का आंदोलन - 1974
(b) जयप्रकाश नारायण ने सक्रिय राजनीति छोड़ी - 1955
(c) रेल हड़ताल - 1975
(d) केशवानंद भारती वाद - 1973

उत्तर (c) रेल हड़ताल - 1975

**17.** सूची I को सूची II से सुमेलित कीजिए

| सूची I | सूची II |
|---|---|
| A. गरीबी हटाओ का नारा | 1. वर्ष 1977 |
| B. आपातकाल की घोषणा | 2. वर्ष 1974 |
| C. रेल हड़ताल | 3. वर्ष 1975 |
| D. शाह आयोग का गठन | 4. वर्ष 1971 |

कूट

| | A | B | C | D |
|---|---|---|---|---|
| (a) | 1 | 2 | 3 | 4 |
| (b) | 2 | 1 | 4 | 3 |
| (c) | 4 | 3 | 2 | 1 |
| (d) | 3 | 2 | 1 | 4 |

उत्तर (c) 4 3 2 1

**18.** सूची I को सूची II से सुमेलित कीजिए **CBSE 2019**

| सूची I | सूची II |
|---|---|
| A. संपूर्ण क्रांति | 1. चौ. चरण सिंह |
| B. भारत का उप-प्रधानमंत्री | 2. जॉर्ज फर्नांडिस |
| C. वर्ष 1974 की रेलवे हड़ताल | 3. जगजीवन राम |
| D. लोकदल के संस्थापक | 4. जयप्रकाश नारायण |

कूट

| | A | B | C | D |
|---|---|---|---|---|
| (a) | 1 | 2 | 3 | 4 |
| (b) | 4 | 3 | 2 | 1 |
| (c) | 2 | 1 | 4 | 3 |
| (d) | 3 | 1 | 4 | 2 |

उत्तर (b) 4 3 2 1

**निर्देश** (प्र. सं. 19-22) नीचे दो कथन दिए गए हैं, जिनमें एक को कथन (A) और दूसरे को कारण (R) माना गया है। इनका ध्यानपूर्वक अध्ययन कीजिए तथा कूट की सहायता से सही उत्तर का चयन कीजिए

कूट

(a) A और R दोनों सही हैं तथा R, A की सही व्याख्या है
(b) A और R दोनों सही हैं, परंतु R, A की सही व्याख्या नहीं है
(c) A सही है, किंतु R गलत है
(d) A गलत है, किंतु R सही है

**19.** **कथन** (A) जयप्रकाश नारायण द्वारा वर्ष 1974 में छात्रों से बिहार आंदोलन को राष्ट्रव्यापी बनाने की अपील की गई।

**कारण** (R) जयप्रकाश नारायण प्रधानमंत्री बनना चाहते थे। इसके लिए इन्होंने संपूर्ण क्रांति का आह्वान किया। *दक्षता आधारित प्रश्न*

उत्तर (c) जयप्रकाश नारायण ने इसलिए संपूर्ण क्रांति का आह्वान किया, जिससे कि सच्चे लोकतंत्र की स्थापना की जा सके तथा देश में उत्पन्न समस्याओं का समाधान हो सके।

**20.** **कथन** (A) आपातकाल के दौरान सरकार द्वारा व्यापक स्तर पर गिरफ्तारियाँ की गईं।

**कारण** (R) आपातकाल की घोषणा के साथ ही प्रेस की आजादी पर प्रतिबंध लगा दिया गया। *दक्षता आधारित प्रश्न*

उत्तर (b) आपातकाल के दौरान निवारक नजरबंदी कानून के अंतर्गत व्यापक स्तर पर गिरफ्तारियाँ की गई थीं। वहीं प्रेस की आजादी पर प्रतिबंध लगा दिया गया। इसके लिए कुछ भी छापने से पूर्व सरकार की अनुमति लेना अनिवार्य कर दिया गया।

**21.** **कथन** (A) राममनोहर लोहिया ने लोकतंत्र को संबद्ध करते हुए लोकतांत्रिक समाजवाद का विचार दिया।

**कारण** (R) राममनोहर लोहिया पूँजीवाद तथा साम्यवाद को समान रूप से सही मानते थे। *दक्षता आधारित प्रश्न*

उत्तर (c) राममनोहर लोहिया ने लोकतंत्र को संबद्ध करते हुए लोकतांत्रिक समाजवाद का विचार दिया। वह पूँजीवाद तथा साम्यवाद को समान रूप से सही नहीं मानते थे। इन्होंने लोकतांत्रिक समाजवाद के संबंध में दो सिद्धांत दिए हैं।

**22.** **कथन (A) पंडित दीनदयाल उपाध्याय के द्वारा दिया गया एकात्म मानववाद मानव विकास की अहेलना करता है।**

**कारण (R) यह सिद्धांत प्राकृतिक संसाधनों का समान रूप से उपभोग का समर्थन करता है, जिससे संसाधनों की उपलब्धता सभी को सुनिश्चित हो सके।** *दक्षता आधारित प्रश्न*

उत्तर (d) पं. दीनदयाल उपाध्याय के द्वारा दिया गया एकात्म मानववाद सिद्धांत का केंद्रबिंदु मानव विकास है। यह सिद्धांत प्राकृतिक संसाधनों का समान रूप से उपभोग का समर्थन करता है, जिससे संसाधनों की उपलब्धता सभी को सुनिश्चित हो सके।

**23.** **नीचे दो कथन दिए गए है**

**कथन I** 25 जून, 1975 की रात में प्रधानमंत्री ने राष्ट्रपति फखरुद्दीन अली अहमद से आपातकाल लगाने की सिफारिश की।

**कथन II** वर्ष 1977 के चुनाव एक तरह से आपातकाल के अनुभवों के बारे में जनमत-संग्रह थे।

**ऊपर दिए गए कथनों में सही विकल्प का चयन कीजिए**

(a) दोनों कथन I और II सही है।
(b) दोनों कथन I और II सही नहीं है।
(c) कथन I सही है, लेकिन कथन II सही नहीं है।
(d) कथन I गलत है, लेकिन कथन II सही है।

उत्तर (a) दोनों कथन I और II सही है।

**24.** **नीचे दिए गए कार्टून का अध्ययन कीजिए और निम्नलिखित प्रश्नों के उत्तर दीजिए।**

(i) **जनतापार्टी की सरकार को गिराने वाले नेता को पहचानिए?**

(a) राममनोहर लोहिया
(b) कर्पूरी ठाकुर
(c) जयप्रकाश नारायण
(d) चौधरी चरण सिंह

उत्तर (b) कर्पूरी ठाकुर

(ii) **कार्टून में दिखाए गए जनतापार्टी की सरकार के प्रधानमंत्री को पहचानिए?**

(a) वी.पी.सिंह (b) चंद्रशेखर
(c) मोरारजी देसाई (d) चौधरी चरण सिंह

उत्तर (c) मोरारजी देसाई

(iii) **वर्ष 1980 में जनता पार्टी की हार का प्रमुख्य कारण.........था?**

(a) आंतरिक कलह (b) अस्थिर सरकार
(c) 'a' और 'b' (d) कुशल नेतृत्व

उत्तर (c) 'a' और 'b'

**25.** **नीचे दिए गए कार्टून का ध्यानपूर्वक अवलोकन कर निम्नलिखित प्रश्नों के उत्तर दीजिए**

(i) **कुर्सी पर बैठे व्यक्ति का क्या नाम है?**

(a) डी.के बरुआ (b) जयप्रकाश नारायण
(c) इंदिरा गाँधी (d) अटल बिहारी बाजपेई

उत्तर (a) डी.के बरुआ

(ii) **इस कार्टून में कौन लोगों का समर्थन होने के कारण कुर्सी न छोड़ने की बात कह रहा है?**

(a) डी.के बरुआ (b) के.कामराज
(c) इंद्रकुमार गुजराल (d) राम मनोहर लोहिया

उत्तर (a) डी.के बरुआ

(iii) **इस कार्टून में ········ का राजनीतिक संकट को दर्शाया गया है?**

(a) आपातकाल के समय (b) आपातकाल के बाद
(c) आपातकाल के पूर्व (d) आपातकाल के दो वर्ष बाद

उत्तर (a) आपातकाल के समय

**26.** **नीचे दिए गए कार्टून का ध्यानपूर्वक अवलोकन कीजिए तथा निम्नलिखित प्रश्नों के उत्तर दीजिए**

(i) **'थ्रैड ऑफ अनरेस्ट' की पट्टिका लिए अपने हाथ में तलवार लिए इंदिरा गाँधी को ············ में दर्शाया गया है।**

(a) शाह जाँच आयोग की रिपोर्ट पर प्रतिक्रिया
(b) आपातकाल की आकस्मिक रिपोर्ट पर प्रतिक्रिया
(c) शाह जाँच आयोग पर प्रतिबंध की प्रतिक्रिया
(d) उपरोक्त में से कोई नहीं

उत्तर (a) शाह जाँच आयोग की रिपोर्ट पर प्रतिक्रिया

(ii) **शाह जाँच आयोग किससे संबंधित था?**
(a) आपातकाल के दौरान किए गए कार्य की जाँच
(b) आपातकाल के दौरान सत्ता के दुरुपयोग की जाँच
(c) आपातकाल के दौरान की गतिविधियों का आकलन
(d) उपरोक्त सभी

उत्तर (b) आपातकाल के दौरान सत्ता के दुरुपयोग की जाँच

(iii) **'थ्रेड ऑफ अनरेस्ट' की पट्टिका लिए किन लोगों का समूह है?**
(a) न्यायाधीश (b) वकील
(c) राजनेता (d) पत्रकार

उत्तर (a) न्यायाधीश

## लघु उत्तरीय प्रश्न

**1. एकात्म मानववाद का सिद्धांत किसने दिया है? इसका दर्शन किन सिद्धांतों पर आधारित पाया जाता है?**

**अथवा दीनदयाल उपाध्याय द्वारा प्रतिपादित 'एकात्मक मानवतावाद' का अर्थ स्पष्ट कीजिए।**

उत्तर एकात्म मानववाद का सिद्धांत पं. दीनदयाल उपाध्याय द्वारा दिया गया है। यह सिद्धांत स्वदेशी सामाजिक-आर्थिक मॉडल पर आधारित है, जिसके केंद्र में मानव विकास है। इसका दर्शन निम्न तीन सिद्धांतों पर आधारित पाया जाता है
(i) समग्रता की प्रधानता
(ii) धर्म की सर्वोच्चता
(iii) समाज की स्वायत्तता (आत्मनिर्भरता)

यह सिद्धांत प्राकृतिक सिद्धांत, प्राकृतिक संसाधनों के समान रूप से उपभोग का समर्थन करता है। जिसका उद्देश्य संसाधनों की समग्र उपलब्धता को सभी के लिए सुनिश्चित करना है। यह सिद्धांत राजनीतिक आर्थिक तथा सामाजिक स्वतंत्रता तंत्र के साथ-साथ सामाजिक, विविधता के मान्यता को भी स्वीकार करता है। एकात्मक मानववाद, मार्क्सवाद के सिद्धांतों के विपरीत आध्यात्मिक विकास को भी मानव विकास का महत्त्वपूर्ण पहलू मानता है।

**2. वर्ष 1975 के आपातकाल के दौरान उजागर हुई भारतीय लोकतंत्र की किन्हीं दो कमजोरियों का उल्लेख कीजिए।** **CBSE 2020**

उत्तर वर्ष 1975 के आपातकाल के दौरान उजागर हुई भारतीय लोकतंत्र की दो कमजोरियाँ इस प्रकार हैं
(i) आपातकाल के दौरान विपक्ष के नेताओं को बड़े स्तर पर गिरफ्तार किया गया, जिसे न्यायालय में चुनौती नहीं दी जा सकती थी।
(ii) आपातकाल के दौरान प्रेस की आजादी पर रोक लगा दी गई तथा कुछ छापने के लिए सरकार से अनुमति लेना अनिवार्य कर दिया गया।

**3. लोकतांत्रिक अभ्युत्थान से क्या अभिप्राय है?**

उत्तर देश की लोकतांत्रिक राजनीति में जनता की बढ़ती भागीदारी को लोकतांत्रिक अभ्युत्थान (उत्कर्ष) कहा जाता है। प्रथम लोकतांत्रिक अभ्युत्थान को 1950 के दशक से 1970 के दशक तक देखा जा सकता है, जिसमें केंद्र व राज्य दोनों की लोकतांत्रिक राजनीति में वयस्क मतदाताओं की भागीदारी बढ़ी। यह समाज में विधि के शासन की स्थापना करता है, जहाँ कानून के अनुसार शासन होता है और किसी के साथ भेदभाव नहीं होता है।

**4. वर्ष 1973 में भारत के मुख्य न्यायाधीश ए एन रे की नियुक्ति विवादास्पद क्यों बन गई?** **CBSC 2020**

उत्तर 1973 में मुख्य न्यायाधीश ए.एन. रे की नियुक्ति विवादास्पद् इसलिए हुई, क्योंकि उन्हें तीन वरिष्ठ न्यायाधीशों को छोड़कर नियुक्त किया गया था। यह निर्णय केशवानंद भारती मामले में सरकार के विरुद्ध दिए गए फैसले के बाद लिया गया, जिसमें सुप्रीम कोर्ट ने कहा था कि संसद संविधान के मूल ढाँचे को नहीं बदल सकती है। इससे न्यायपालिका की स्वतंत्रता पर सवाल उठे और नियुक्ति को सरकार का हस्तक्षेप माना गया।

**5. 'संपूर्ण क्रांति' से आपका क्या अभिप्राय है?**

**अथवा 1975 में जयप्रकाश नारायण द्वारा प्रस्तुत 'सम्पूर्ण क्रांति' को अवधारणा का विश्लेषण कीजिए।** **CBSE 2022**

उत्तर 1975 में जय प्रकाश नारायण द्वारा प्रदत्त क्रांति एक व्यापक सुधारवादी आंदोलन था। जिसका उद्देश्य भारतीय समाज में राजनीतिक, आर्थिक, समाजिक और नैतिक परिवर्तन लाना था। इन्होंने भ्रष्टाचार, गरीबी, बेरोजगारी और असमानता के विरुद्ध संघर्ष किया। यह क्रांति का लक्ष्य लोकतांत्रिक मूल्यों की बहाली, जाति-धर्म आधारित भेदभाव का अंत और नैतिकता की पुनर्स्थापना करना था। शिक्षा और आर्थिक सुधारों पर जोर देते हुए इन्होंने समाज के समग्र विकास की बात की। इस आंदोलन ने युवाओं और श्रमिकों का समर्थन हासिल किया और भारतीय राजनीति में एक नया मोड़ लिया।

**6. लोकनायक जयप्रकाश नारायण का संक्षिप्त परिचय दीजिए**

उत्तर जयप्रकाश नारायण (1902-1979) स्वतंत्रता संग्राम सेनानी, समाजवादी नेता और समाज सुधारक थे। उनका जन्म बिहार में हुआ और शिक्षा अमेरिका में ली। स्वतंत्रता आंदोलन में महात्मा गाँधी के साथ जुड़कर समाजवाद का प्रचार किया। वर्ष 1954 में राजनीतिक से सन्यास लेकर सामाजिक कार्यों में लगे। वर्ष 1970 के दशक में इंदिरा गाँधी की तानाशाही के खिलाफ 'संपूर्ण क्रांति के आंदोलन का नेतृत्व किया। लोकतंत्र की रक्षा में उनके योगदान के लिए उन्हें लोकनायक कहा गया। उनका निधन 8 अक्टूबर, 1979 को हुआ था।

**7. राममनोहर लोहिया के द्वारा प्रस्तुत किए गए लोकतांत्रिक समाजवाद के दो सिद्धांत कौन-से हैं?**

उत्तर राममनोहर लोहिया के लोकतांत्रिक समाजवाद के दो मुख्य सिद्धांत थे।
1. **समानता और आर्थिक न्याय** लोहिया समाज में आर्थिक असमानता को समाप्त कर सभी को समान अवसर और संसाधनों तक पहुँच दिलाने के पक्षधर थे। वे आर्थिक लोकतंत्र को आवश्यक मानते थे।
2. **सत्ता का विकेंद्रीकरण** लोहिया ने सत्ता के केंद्रीकरण का विरोध किया और इसे गाँवों और स्थानीय निकायों तक विकेंद्रित करने पर जोर दिया ताकि जनता को अधिक अधिकार और सहभागिता मिल सके।

## दीर्घ उत्तरीय प्रश्न।

**1. किन्हीं चार परिस्थितियों का वर्णन कीजिए, जिनके कारण वर्ष 1975 में आपातकाल स्थिति की घोषणा की गई।**

**अथवा किन परिस्थितियों में भारत में वर्ष 1975 में आपातकाल की स्थिति की घोषणा की गई? किन्हीं चार परिस्थितियों का वर्णन कीजिए।**

**अथवा वर्ष 1975 में घोषित आपातकाल के लिए आप किन कारणों को उत्तरदायी मानते हैं? किन्हीं दो कारणों का परीक्षण कीजिए।**

**अथवा 25 जून, 1975 को भारत में आपात स्थिति की घोषणा किए जाने के लिए उत्तरदायी परिस्थितियों का विश्लेषण कीजिए।**

***अथवा* 25 जून, 1975 को भारत में की गई आपातकाल की घोषणा के लिए जिम्मेदार परिस्थितियों का वर्णन कीजिए। CBSE 2020**

उत्तर सरकार ने आपातकाल लागू किए जाने के पीछे निम्नलिखित परिस्थितियों का उल्लेख किया

(i) वर्ष 1971 में चुनावों के समय कांग्रेस ने 'गरीबी हटाओं' का नारा दिया, किंतु कांग्रेस ने सरकार बनाने के बाद इस दिशा में कोई विशेष कार्य नहीं किया, जिससे देश की सामाजिक-आर्थिक दशा में कोई उल्लेखनीय सुधार नहीं हुआ। साथ ही पूर्वी पाकिस्तान से आए लाखों शरणार्थियों की वजह से देश की अर्थव्यवस्था पर बोझ बहुत बढ़ गया।

(ii) भारत-पाकिस्तान युद्ध के पश्चात् अमेरिका ने भारत को किसी भी प्रकार की सहायता देना बंद कर दिया था। बेरोजगारी बढ़ रही थी तथा औद्योगिक विकास की दर भी बहुत कम थी, जिससे लोगों में रोष व्याप्त हो रहा था। इसी दौरान अंतर्राष्ट्रीय बाजार में तेल की कीमतों में कई गुना वृद्धि हुई। साथ ही लगातार बढ़ती महँगाई से लोगों को भारी कठिनाई का सामना करना पड़ा।

(iii) 1960 के दशक से छात्रों के बीच सुलग रहे विरोध ने इस दौर में प्रबल रूप धारण कर लिया था। साथ ही छात्रों के मार्क्सवादी समूह भी सक्रिय हो गए थे। नक्सलवादी समूह हिंसात्मक साधनों का प्रयोग कर पूँजीवादी व्यवस्था को समाप्त करने के प्रयास के लिए सक्रिय हो गए थे।

(iv) सरकार का आरोप था कि विपक्ष राष्ट्रव्यापी आंदोलन कर सरकार को कार्य करने से रोक रहा है। इसी दौरान जॉर्ज फर्नांडिस के नेतृत्व में रेलवे कर्मचारियों ने राष्ट्रव्यापी हड़ताल का आह्वान कर दिया। इन सबके परिणामस्वरूप सरकार ने 'आंतरिक समस्या' की आशंका के चलते संविधान में दिए गए आपातकाल के प्रावधान (अनुच्छेद-352) को लागू कर दिया।

**2. 25 जून, 1975 को घोषित आपातकाल के किन्हीं चार परिणामों की व्याख्या कीजिए।**

***अथवा* भारत में वर्ष 1975 में लगाए गए राष्ट्रीय आपातकाल के किन्हीं चार परिणामों का आकलन कीजिए।**

***अथवा* वर्ष 1975 में घोषित आपातकाल के दौरान संघीय सरकार द्वारा की गई किन्हीं चार ज्यादतियों का वर्णन कीजिए। CBSE 2022**

***अथवा* वर्ष 1975 में घोषित राष्ट्रीय आपातकाल में भारत के लोगों पर पड़े प्रभाव का आकलन कीजिए। CBSE 2022**

उत्तर 25 जून, 1975 को घोषित आपातकाल के चार परिणाम निम्नलिखित थे

(i) आपातकाल की घोषणा के बाद इंदिरा गाँधी सरकार के विरुद्ध चल रहे विरोध प्रदर्शन रुक गए। अनेक नेताओं को गिरफ्तार कर लिया गया। धरना प्रदर्शन, हड़तालों तथा सभी जनआंदोलनों पर प्रतिबंध लगा दिया गया एवं राजनीतिक वातावरण काफी तनावपूर्ण हो गया।

(ii) सर्वोच्च न्यायालय की संवैधानिक पीठ ने उच्च न्यायालय के निर्णय को पलट दिया और सरकार की दलील को स्वीकार कर लिया। अब सरकार आपातकाल के दौरान नागरिक अधिकार वापस ले सकती है।

(iii) सरकार ने प्रेस की स्वतंत्रता पर रोक लगा दी। समाचार-पत्रों से कहा गया कि कुछ भी छापने से पहले सरकार की अनुमति अनिवार्य है।

(iv) नागरिकों के विभिन्न मौलिक अधिकार निष्प्रभावी हो गए और वे उनकी बहाली हेतु न्यायालय भी नहीं जा सकते थे।

**3. वर्ष 1975 के आपातकाल से मिले सबक क्या थे?**

***अथवा* वर्ष 1975 में लागू किए गए आपातकाल से सीखे किन्हीं दो सबकों की व्याख्या कीजिए।**

***अथवा* वर्ष 1975 में आपातकाल से सीखे किन्हीं तीन पाठों का विश्लेषण कीजिए।**

***अथवा* वर्ष 1975 के आपातकाल द्वारा सिखाए गए किन्हीं तीन सबकों का वर्णन कीजिए CBSE 2020**

***अथवा* राजनीति विज्ञान के विद्यार्थी के रूप में, आप वर्ष 1975 में लगाए गए आपातकाल से कौन-से तीन सबक सीखते हैं?**

उत्तर सरकार ने 25 जून, 1975 को देश में अव्यवस्थाओं की आशंका का तर्क देते हुए संविधान के अनुच्छेद-352 को लागू कर दिया। इस अनुच्छेद के अंतर्गत बाहरी अथवा आंतरिक समस्या की आशंका होने पर सरकार आपातकाल लागू कर सकती है।

आपातकाल से निम्न सबक लिए गए, जो इस प्रकार हैं

(i) इस आपातकाल ने भारतीय लोकतंत्र की सभी कमजोरियों और ताकतों को उजागर कर दिया। बहुत-से पर्यवेक्षकों का यह मानना था कि आपातकाल के दौरान भारत का लोकतांत्रिक स्वरूप अपने वास्तविक रूप में नहीं रहा था, लेकिन कुछ समय बाद ही लोकतांत्रिक व्यवस्था अपने पुराने स्तर पर लौट आई थी। इस प्रकार इसकी एक शिक्षा यह है कि भारत से लोकतंत्र को समाप्त नहीं किया जा सकता।

(ii) आपातकाल के दौरान कुछ प्रावधानों में उलझाव भी प्रकट हुए, जिनमें बाद में सुधार कर लिया गया। अब आंतरिक आपातकाल केवल 'सशस्त्र विद्रोह' की स्थिति में लगाया जा सकता है। अब यह भी अनिवार्य है कि मंत्रिपरिषद् आपातकाल की घोषणा राष्ट्रपति को लिखित में दे अर्थात् सरकार इस मुद्दे पर मनमानी नहीं कर सकती।

(iii) न्यायपालिका अब नागरिक अधिकारों के प्रति अधिक सचेत हो गई।

**4. आपातकाल के दौरान सांप्रदायिक हिंसा की आशंका की स्थिति को देखते हुए सरकार ने क्या कदम उठाए?**

उत्तर आपातकाल (वर्ष 1975-77) के दौरान इंदिरा गाँधी सरकार ने सांप्रदायिक हिंसा और असमाजिक तत्त्वों के बढ़ते प्रभाव की आंशका के मददेनजर कई कदम उठाए। सरकार ने सांप्रदायिक तनाव और हिंसा को नियंत्रित करने के लिए उपाय किए, ताकि कानून और व्यवस्था बनाए रखी जा सके।

सरकार द्वारा उठाए गए प्रमुख कदम निम्नलिखित हैं

(i) **सख्त कानूनी प्रावधानों का उपयोग** आपातकाल के दौरान सरकार ने मीसा जैसे कठोर कानूनों का इस्तेमाल किया। इस कानून के तहत बिना मुकदमें के व्यक्तियों को गिरफ्तार किया जा सकता था, और इसे विशेष रूप से सांप्रदायिक तत्त्वों और विरोधियों के खिलाफ लागू किया गया। यह कानून सरकार को राजनीतिक और सामाजिक अस्थिरता को नियंत्रित करने का अधिकार देता था, जिसे उन्होंने सांप्रदायिकता हिंसा की आंशका के तहत् उपयोग किया।

(ii) **सांप्रदायिक समूहों पर प्रतिबंध** सरकार ने उन संगठनों और समूहों पर प्रतिबंध लगाए, जिन्हें सांप्रदायिक तनाव पैदा करने और हिंसा को बढ़ावा देने का खतरा था। जैसे कि राष्ट्रीय स्वयं सेवक संघ (RSS) और अन्य सांप्रदायिक संगठन, जिन पर सरकार ने नकेल कसने के लिए कार्यवाही की। इसके तहत इन संगठनों के कार्यकर्ताओं को गिरफ्तार किया गया और उनके खिलाफ सख्त कार्यवाही की गई।

(iii) **सांप्रदायिक तनाव को रोकने के लिए प्रशासनिक नियंत्रण** आपातकाल के दौरान, सरकार ने स्थानीय प्रशासन के निर्देशित किया कि वे किसी भी सांप्रदायिक तनाव की स्थिति से निपटने के लिए तुरंत कार्यवाही करें पुलिस और सुरक्षा बलों को ताकत दी गई ताकि वे हिंसा को तुरंत नियंत्रित कर सके और सांप्रदायिक घटनाओं को फैसले से रोक सके।

(iv) **प्रेस और मीडिया पर नियंत्रण** मीडिया पर कड़ी सेंसरशिप लगाई गई, ताकि किसी भी तरह की सांप्रदायिक हिंसा या असहमति को बढ़ावा न मिलें। मीडिया को सरकार की अनुमति सें ही कोई भी समाचार प्रकाशित करने की इजाजत दी जाती थी, जिससे सांप्रदायिक माहौल में और उबाल न आए।

(v) **कड़े नियंत्रण और सुरक्षा उपाय** आपातकाल के दौरान भारतीय सुरक्षा बलों और पुलिस के व्यापक अधिकार मिले थे। उन्हें बिना वारंट के गिरफ्तारी करने, जाँच करने और गिरफ्तारियों को जारी रखने का अधिकार दिया गया था। इससे सरकार ने यह सुनिश्चित किया की कोई भी सांप्रदायिक हिंसा की आंशका पैदा न होने पाए। आपातकाल के दौरान सरकार ने सांप्रदायिक हिंसा की संभावना को नियंत्रित करने के लिए कठोर और दमनकारी कदम उठाए, लेकिन उन कदमों ने नागरिक स्वतंत्रताओं और लोकतांत्रिक मूल्यों को प्रभावित किया।

हालाँकि, उन उपायों ने उस समय के लिए सांप्रदायिक को नियंत्रित किया, लेकिन इसके बाद आपातकाल की नीतियों की आलोचना की गई और इसे लोकतंत्र के लिए खतरे के रूप में देखा गया।

**5. वर्ष 1975 के आपातकाल की समाप्ति पर गठित शाह आयोग के प्रामाणिक तथ्यों की व्याख्या कीजिए।**

उत्तर जनता पार्टी ने मई, 1977 में सर्वोच्च न्यायालय के भूतपूर्व मुख्य न्यायाधीश जे. सी. शाह की अध्यक्षता में शाह आयोग का गठन किया। इस आयोग ने निम्न प्रामाणिक तथ्य प्रस्तुत किए

- निवारक नजरबंदी कानून का बड़े स्तर पर दुरुपयोग किया गया। प्रेस पर कई बार विधि का उल्लंघन करने के आधार पर प्रतिबंध लगाए गए।
- आपातकाल के समय अनेक लोगों की गिरफ्तारी हुई। राजनीतिक नेताओं को भी गिरफ्तार किया गया।
- आधिकारिक पद पर न होने के पश्चात् कुछ लोगों ने सरकारी कार्यों में हस्तक्षेप किया। इस अवधि में बहुत भारी क्षति हुई। शाह आयोग रिपोर्ट दोनों सदनों में विचार के लिए रखी गई।
- परिवार नियोजन की सफलता हेतु विवशतापूर्वक नागरिकों की नसबंदी भी की गई। अनुशासन के नाम पर अधिकारियों ने अपने अंतर्गत कार्य करने वाले कर्मचारियों को परेशान किया।

**6. आपातकाल के दौरान सरकार ने संविधान संशोधन कर न्यायपालिका की शक्तियों के क्षेत्राधिकार में क्या परिवर्तन किए?**

उत्तर आपातकाल की स्थिति के दौरान संविधान में बड़े स्तर पर परिवर्तन किए गए। प्रेस व मीडिया की स्वतंत्रता को प्रभावित करने के साथ-साथ न्यायपालिका की शक्तियों व क्षेत्राधिकार में भी परिवर्तन किए गए; जैसे—इलाहाबाद उच्च न्यायालय के द्वारा पूर्व में दिए गए निर्णय के संदर्भ में, जिसमें न्यायालय ने इंदिरा गाँधी के निर्वाचन को अवैधानिक घोषित कर दिया था। इसी संदर्भ में आपातकाल के दौरान संविधान में 42वाँ संविधान संशोधन किया गया।

इस संशोधन के माध्यम से प्रधानमंत्री, राष्ट्रपति, उपराष्ट्रपति व स्पीकर के चुनाव संबंधी विवादों को सर्वोच्च न्यायपालिका के क्षेत्राधिकार से बाहर कर दिया गया।

सर्वोच्च न्यायालय से अन्य कई राज्यों के विषयों से संबंधित विवाद की सुनवाई के अधिकार भी छीन लिए गए। राज्यों की न्यायपालिका भी केंद्र के विषयों से संबंधित विवाद नहीं सुन सकती थी। इस प्रकार, आपातकाल के दौरान न्यायालय के क्षेत्राधिकार में कई व्यापक परिवर्तन किए गए और न्यायपालिका के क्षेत्राधिकार को सीमित कर दिया गया।

**7. जनता पार्टी के पतन के क्या कारण थे?**

उत्तर जनता पार्टी के पतन के निम्नलिखित कारण थे

- वर्ष 1977 के चुनाव में जनता पार्टी की सरकार के सत्ता में आने से लोगों को बहुत उम्मीद बँधी थी, लेकिन शीघ्र ही यह निराशा में परिवर्तित हो गई।
- वर्ष 1979 में मोरारजी देसाई की सरकार पूरी तरह बिखर चुकी थी। प्रधानमंत्री को लेकर पार्टी में तनाव उत्पन्न हो गया। गठबंधन में शामिल पार्टियों ने अपना समर्थन वापस ले लिया। साथ ही धर्मनिरपेक्ष राजनीतिज्ञ पार्टी से अलग हो गए।
- वर्ष 1980 के चुनाव में कांग्रेस ने कांग्रेस 'आई' के रूप में चुनाव लड़ा, जिसने जनता पार्टी के पतन का मार्ग तय कर दिया। हालाँकि जनता पार्टी को पूर्व में बहुमत मिला था, लेकिन पार्टी में सत्ता को लेकर हुई कलह ने पार्टी को पुनः बाँट दिया।

- जनता पार्टी का गठन आपातकाल की परिस्थितियों से प्रेरित था। अतः जैसे ही पार्टी सत्ता में आई उसमें सत्ता को लेकर खींचतान शुरू हो गई।
- जनता पार्टी कई पार्टियों का गठबंधन थी। अतः जैसे ही पार्टियों ने अपना समर्थन वापस लेना शुरू किया वैसे ही सरकार ने सत्ता खो दी। इससे कांग्रेस को फिर से सत्ता में आने का अवसर प्राप्त हुआ।

**8. राममनोहर लोहिया तथा लोकतांत्रिक समाजवाद का विश्लेषण कीजिए।**

उत्तर राममनोहर लोहिया भारत में समाजवाद के प्रमुख प्रतिपादक थे। इन्होंने लोकतंत्र को संबद्ध करते हुए लोकतांत्रिक समाजवाद का विचार दिया। ये भारतीय समाज में पूँजीवाद तथा साम्यवाद दोनों को ही समान रूप से सही नहीं मानते थे। इनके द्वारा लोकतांत्रिक समाजवाद के दो सिद्धांत थे

(i) आर्थिक उद्देश्य के रूप में भोजन और आवास को प्राप्त करना।
(ii) गैर-आर्थिक उद्देश्य के रूप में लोकतंत्र एवं स्वतंत्रता को प्राप्त करना।

राममनोहर लोहिया ने ऐसी राजनीति का प्रतिपादन किया है, जिसमें राजनीति तथा समाजवाद के चार स्तंभों का वर्णन है, जो परस्पर एक-दूसरे से संबंधित हैं। इनके चार स्तंभ क्रमशः केंद्र, क्षेत्र, जिला एवं गाँव हैं। इसकी कार्यवाही के संबंध में लोहिया ने बताया है कि यह सिद्धांत न केवल कमजोर लोगों के लिए होना चाहिए, बल्कि महिलाओं और गैर-धार्मिक अल्पसंख्यकों को भी इसका लाभ मिलना चाहिए। लोहिया लोकतांत्रिक समाजवाद और चार स्तंभों वाले राजनीति के सिद्धांतों पर आधारित समाजवादी दल के पक्ष का समर्थन करते हैं, जिसमें सभी दलों के सिद्धांतों को शामिल करने का प्रयास किया गया है। इनके अनुसार समाजवादी दल तीन प्रतीकों पर आधारित हैं, जो इस प्रकार हैं—कुदाल (प्रयास का प्रतीक), मत (मताधिकार का प्रतीक) और बंधनग्रह (समर्थन का प्रतीक)। इस प्रकार, राममनोहर लोहिया ने लोकतांत्रिक समाजवाद की स्थापना में महत्त्वपूर्ण योगदान दिया।

**9. वर्ष 1974-1975 के दौरान कांग्रेस सरकार के विरुद्ध हुए विरोध प्रदर्शनों के लिए उत्तरदायी किन्हीं चार परिस्थितियों का वर्णन कीजिए।** **CBSE 2024**

उत्तर 1974-75 के दौरान कांग्रेस सरकार के विरूद्ध हुए विरोध प्रदर्शनों के लिए चार मुख्य परिस्थितियाँ निम्नलिखित थीं

(i) **सामाजिक और आर्थिक असंतोष** इस समय भारत में बेरोजगारी महँगाई और आवश्यक वस्तुओं की कमी बढ़ रही थी। आम जनता विशेष रूप से मध्यम और निम्न वर्ग, इस आर्थिक दबाव से प्रभावित हो रहे थे। इससे लोगों में सरकार के विरुद्ध असंतोष बढ़ा जो विरोध प्रदर्शनों में बदल गया।

(ii) **भ्रष्टाचार और प्रशासनिक अक्षमता** सरकारी तंत्र में भ्रष्टाचार और प्रशासनिक नीतियों की विफलता के कारण जनता में क्रोध और हताशा फैल गई। राजनीतिक और आर्थिक स्तर पर निर्णय लेने में अक्षमता और भ्रष्टाचार के आरोपों ने जनता के विश्वास को कमजोर किया।

(iii) **जेपी आंदोलन** बिहार में छात्र आंदोलन और जयप्रकाश नारायण (जेपी), द्वारा किया गया संपूर्ण क्रांति आंदोलन भ्रष्टाचार, बेरोजगारी और अन्य मुद्दों के विरुद्ध था और इसे पूरे देश में समर्थन मिला, जिसने कांग्रेस सरकार के विरुद्ध प्रदर्शनों को और भी उग्र बना दिया।

(iv) **इलाहाबाद उच्च न्यायालय का फैसला** वर्ष 1975 में इलाहाबाद उच्च न्यायालय ने प्रधानमंत्री इंदिरा गाँधी को चुनावी भ्रष्टाचार के आरोप में दोषी ठहराया और उनकी लोकसभा सीट को अवैध घोषित किया। इस फैसले ने राजनीतिक अस्थिरता को जन्म दिया और विरोध प्रदर्शनों को बढ़ा दिया।

इन परिस्थितियों ने कांग्रेस सरकार के विरूद्ध विरोध प्रदर्शनों को व्यापक रूप से प्रेरित किया, जो अंततः वर्ष 1975 में आपातकाल लागू करने का कारण बना।

**10. 1975 में भारत में लगाए गए आपातकाल के किन्हीं चार परिणामों को उजागर कीजिए।** **CBSE 2024**

उत्तर 1975 में भारत में लगाए गए आपातकाल के चार प्रमुख परिणाम निम्नलिखित हैं

(i) **मौलिक अधिकारों का निलंबन** आपातकाल के दौरान नागरिकों के मौलिक अधिकारों जैसे स्वतंत्रता अभिव्यक्ति, अभिव्यक्ति, प्रेस की स्वतंत्रता और सभा की स्वतंत्रता को निलंबित कर दिया गया। सरकार ने विरोध करने वालों और राजनीतिक असहमति को दबाने के लिए बड़े कानून लागू किए।

(ii) **राजनीतिक विरोधियों की गिरफ्तारी** सरकार ने आपातकाल के दौरान हजारों राजनीतिक नेताओं और कार्यकर्ताओं को गिरफ्तार किया। विशेष रूप से विपक्षी दलों के नेता जैसे जयप्रकाश नारायण, मोरारजी देसाई और अटल बिहारी वाजपेयी को कैद कर लिया गया। यह राजनीतिक विरोध को दबाने की एक बड़ी कोशिश थी।

(iii) **मीडिया पर सेंसरशिप** आपातकाल के दौरान मीडिया पर सख्त सेंसरशिप लागू की गई। अखबारों और पत्रिकाओं को सरकार की मंजूरी के बिना कुछ भी प्रकाशित करने की अनुमति नहीं थी। इससे स्वतंत्र और निष्पक्ष पत्रकारिता पर गहरा प्रभाव पड़ा और जनता को निष्पक्ष जानकारी से वंचित कर दिया।

(iv) **वर्ष 1977 में सरकार की पराजय** आपातकाल के प्रति जनता की व्यापक असहमति और विरोध ने वर्ष 1977 के आम चुनावों में कांग्रेस सरकार की हार में अहम भूमिका निभाई। इंदिरा गाँधी और कांग्रेस पार्टी को इस चुनाव में भारी नुकसान हुआ और पहली बार विपक्षी दल, जनता पार्टी ने सत्ता हासिल की।

आपातकाल का यह दौर भारत के लोकतांत्रिक इतिहास में एक काले अध्याय के रूप में देखा जाता है, जिसका प्रभाव भारतीय राजनीतिक और समाज पर लंबे समय तक बना रहा।

**11. वर्ष 1974 में जयप्रकाश नारायण के नेतृत्व में बिहार में हुए छात्र आंदोलन के उद्देश्यों और साधनों का वर्णन कीजिए।** **CBSE 2025**

उत्तर वर्ष 1974 में जयप्रकाश नारायण (जेपी) के नेतृत्व में बिहार में छात्र आंदोलन शुरू हुआ था। यह आंदोलन उस समय की सामाजिक-राजनीतिक अस्थिरता का परिणाम था। इसके प्रमुख उद्देश्य थे– राज्य सरकार में व्याप्त भ्रष्टाचार, बढ़ती महँगाई, बेरोजगारी और शिक्षा व्यवस्था की बदहाली को समाप्त करना। छात्रों ने शुरू में बेहतर शिक्षा, सुविधाओं और रोजगार के अवसरों की माँग की, लेकिन जेपी के शामिल होने से यह आंदोलन 'संपूर्ण क्रांति' के व्यापक लक्ष्य में बदल गया। जेपी का मुख्य उद्देश्य लोकतंत्र को पुनर्जन्म देना, प्रशासनिक सुधार करना और जनता को सत्ता का असली मालिक बनाना था। उनका मानना था कि व्यवस्था परिवर्तन के बिना ये समस्याएँ हल नहीं होंगी।

आंदोलन के साधनों में शांतिपूर्ण तरीके जैसे प्रदर्शन, रैलियाँ, हड़तालें और सत्याग्रह शामिल थे। छात्रों ने सरकारी दफ्तरों का घेराव किया, नारेबाजी की और जनता को जागरूक करने के लिए जुलूस निकाले। जेपी ने अहिंसा पर बल दिया, लेकिन पुलिस के दमन और लाठीचार्ज के जवाब में अनेक स्थानों पर हिंसा भी भड़की, इस आंदोलन ने सम्पूर्ण देश में समर्थन हासिल किया और इंदिरा गाँधी सरकार के खिलाफ असंतोष को बढ़ाया, जिसने अंततः वर्ष 1975 में आपातकाल की घोषणा को प्रेरित किया। यह आंदोलन लोकतांत्रिक अधिकारों की रक्षा का प्रतीक बना।

## दीर्घ उत्तरीय प्रश्न II

**1. क्या वर्ष 1975 में आपातकाल की घोषणा करना अनिवार्य था? किन्हीं दो उपयुक्त तर्कों द्वारा अपने उत्तर का समर्थन कीजिए।**

*अथवा* **25 जून, 1975 को भारत में राष्ट्रीय आपातकाल की घोषणा क्यों की गई? इस आपातकाल के किन्हीं दो परिणामों का विश्लेषण कीजिए।**

*अथवा* **वर्ष 1975 में आपातकाल घोषित किए जाने के प्रमुख कारणों का वर्णन कीजिए।**

उत्तर 25 जून, 1975 को भारत में आपातकाल की घोषणा की गई, जिसके पीछे निम्न प्रमुख कारण हैं

**राजनैतिक कारण**

- वर्ष 1973 से 1975 के दौरान भारतीय राजनीति को कठिन चुनौतियों का सामना करना पड़ा।
- वर्ष 1967 में श्रीमती इंदिरा गाँधी का एक सशक्त नेता के रूप में उदय हुआ तथा दलगत राजनीतिक प्रतिस्पर्द्धा पहले से अधिक तीव्र और ध्रुवीकृत हुई।
- इसी समयावधि के दौरान सरकार एवं न्यायपालिका के संबंधों में तनाव की स्थिति उत्पन्न हुई। न्यायपालिका ने सरकार की गतिविधियों को लोकतंत्र के विरुद्ध बताया, जबकि सरकार ने न्यायपालिका के निर्णयों को लोकतंत्र के खिलाफ बताया।
- विपक्षी दलों ने कांग्रेस की स्थिति को कमजोर करने का पूरा प्रयास किया। इनका मानना था कि कांग्रेस सरकार ने सरकारी प्राधिकारों को निजी प्राधिकारों की तरह प्रयोग किया है। साथ ही दूसरी तरफ समकालीन कांग्रेस में विरोधाभासी विचारों के कारण श्रीमती इंदिरा गाँधी एवं उनके विरोधियों के मध्य मतभेद एवं संघर्ष में वृद्धि हुई।

**आर्थिक कारण**

- 1980 के दशक के दौरान अंतर्राष्ट्रीय तेल की कीमतों में वृद्धि के कारण देश में महँगाई तीव्र गति से बढ़ी, जिससे आम जनता को भारी कठिनाइयों का सामना करना पड़ा। औद्योगिक विकास की दर में गिरावट की स्थिति आई एवं बेरोजगारी में भारी वृद्धि हुई। सरकारी व्यय को कम करने के लिए सरकारी कर्मचारियों के वेतन को रोका गया, जिससे उनमें भारी रोष उत्पन्न हुआ।
- वर्ष 1972-73 में मानसून की खराब स्थिति के कारण कृषि उत्पादन में कमी आई, जिससे खाद्यान्न का उत्पादन 8% कम हो गया था।

**आपातकाल की घोषणा के परिणाम**

- इससे भारतीय लोकतंत्र की कमजोरियाँ व ताकत उजागर हुईं। आपातकाल के प्रावधानों में सुधार किया गया। अब अंदरूनी आपातकाल की घोषणा केवल सशस्त्र विद्रोह की स्थिति में की जाएगी।
- नागरिक अधिकारों के प्रति न्यायपालिका अब अधिक तत्पर हो गई, क्योंकि वह आपातकाल के दौरान नागरिकों के अधिकारों का रक्षण नहीं कर पाई थी। वर्ष 1977 के बाद हुए चुनाव आपातकाल के विरोध में एक जनमत संग्रह था।
  विपक्ष ने लोकतंत्र बचाओ के नारे पर चुनाव लड़ा। जनता आपातकाल के दौरान हुई ज्यादतियों से बेहद आक्रोशित थी, जिससे जनादेश कांग्रेस के विरुद्ध रहा था। जनता ने लोकतंत्र विरोधी सरकारों को भारी दंड दिया।

**2. वर्ष 1973 में भारत की न्यायपालिका तथा संसद के बीच हुए संघर्ष का विश्लेषण कीजिए।**

*अथवा* **इंदिरा गाँधी के नेतृत्व के दौरान संसद तथा न्यायपालिका में आपसी विवाद के प्रमुख मुद्दे क्या थे?** *दक्षता आधारित प्रश्न*

*अथवा* **1970 के दशक से पूर्व ही सरकार और शासक दल के न्यायालिका के साथ गहरे मतभेद थे इस कथन का तर्क सहित व्याख्या कीजिए।** *दक्षता आधारित प्रश्न*

उत्तर 1970 के दशक से पूर्व ही सरकार और शासक दल के न्यायपालिका के साथ गहरे मतभेद उत्पन्न हुए। इन मतभेदों के निम्न कारण थे

- सर्वोच्च न्यायालय ने सरकार के कुछ कार्यों को देश के संविधान के विरुद्ध बताया। दूसरी ओर, कांग्रेस न्यायालय के निर्णय को संसद की सर्वोच्चता के विरुद्ध मान रही थी। संसद को मौलिक अधिकारों में कमी करने का अधिकार है या नहीं, सर्वोच्च न्यायालय का मानना था कि संसद को ऐसा अधिकार प्राप्त नहीं है। कांग्रेस ने न्यायालय पर यह आरोप लगाया कि उसका दृष्टिकोण प्रगतिशील नहीं है और यह संस्था गरीबों को लाभ पहुँचाने वाली कल्याणकारी योजनाओं को लागू करने में बाधा उत्पन्न कर रही है।
- इंदिरा गाँधी सरकार ने भूमि सुधार और आर्थिक समानता को बढ़ावा देने के लिए संविधान में संशोधन किए। सर्वोच्च न्यायालय ने कहा कि संसद को यह प्राधिकार नहीं कि वह अधिकारों में कटौती कर सके।
- संसद ने नीति-निदेशक सिद्धांतों को प्रभावी बनाने हेतु मौलिक अधिकारों में कटौती कर दी, लेकिन सर्वोच्च न्यायालय ने इस प्रावधान को निरस्त कर दिया। इस कारण सरकार और न्यायपालिका के मध्य तनाव उत्पन्न हो गया। इसके बाद केशवानंद भारती के केस में सर्वोच्च न्यायालय ने निर्णय दिया कि संसद संविधान के बुनियादी ढाँचे में संशोधन नहीं कर सकती। वर्ष 1973 में केशवानंद भारती के मुकदमे में सर्वोच्च न्यायालय का निर्णय आने के तुरंत बाद भारत के मुख्य न्यायाधीश का पद खाली हुआ। व्यवस्था यह थी कि सर्वोच्च न्यायालय के सबसे वरिष्ठ न्यायाधीश को भारत का मुख्य न्यायाधीश बनाया जाता था, लेकिन वर्ष 1973 में सरकार ने वरिष्ठ न्यायाधीशों की अनदेखी करके न्यायमूर्ति ए एन रे को मुख्य न्यायाधीश नियुक्त किया।
- राजनारायण बनाम इंदिरा गाँधी मामला (वर्ष 1975) में इलाहाबाद उच्च न्यायालय ने इंदिरा गाँधी के वर्ष 1971 के चुनाव के भ्रष्ट आचरण के आधार पर अमान्य करार दिया। सुप्रीम कोर्ट ने इस आदशे को आंशिक रूप से स्थगित किया। इसके बाद इंदिरा गाँधी ने आपातकाल की घोषणा कर दी और 39वाँ संविधान संशोधन किया, जिसमें प्रधानमंत्री के चुनाव को न्यायिक समीक्षा के बाहर कर दिया गया। यह न्यायपालिका की स्वतंत्रता पर सीधा हमला माना गया।

- 42वाँ संविधान संशोधन (वर्ष 1976) ने संसद की शक्तियों को बढ़ाते हुए न्यायपालिका के अधिकारों को सीमित किया। इसमें संविधान की मूल संरचना को चुनौती देने से रोकने का प्रयास किया गया और मौलिक अधिकारों को भी संसद के नियंत्रण में लाने की कोशिश की गई। न्यायपालिका ने इसे लोकतंत्र के खिलाफ और न्यायिक स्वतंत्रता को बाधित करने वाला कदम माना, जिससे एक नया विवाद उत्पन्न हो गया।

**3. जिन सरकारों को लोकतंत्र विरोधी माना जाता है, मतदाता उन्हें भारी दंड देते हैं। वर्ष 1975-77 की आपातकालीन स्थिति के संदर्भ में इस कथन की पुष्टि कीजिए।** *दक्षता आधारित प्रश्न*

उत्तर यह कथन पूर्ण रूप से सही कहा जा सकता है कि लोकतंत्र विरोधी सरकारों को मतदाताओं द्वारा भारी दंड दिया जाता है। वर्ष 1975-77 के आपातकाल के संदर्भ में निम्न तथ्य इसकी पुष्टि करते हैं

- आपातकाल का सर्वाधिक प्रभाव उत्तर भारत में था। विपक्ष ने यहाँ 'लोकतंत्र बचाओ' के नारे के साथ चुनाव लड़ा, क्योंकि जनादेश आपातकाल के विरुद्ध था। अतः जनता ने जिन सरकारों को लोकतंत्र का विरोधी माना, उन्हें भारी दंड दिया गया।
- आपातकाल के दौरान जनता पर की गई ज्यादतियों ने लोगों में आक्रोश पैदा कर दिया था। जबरन नसबंदी, विस्थापन, प्रेस पर पाबंदी, निवारक नजरबंदी और नागरिकों के मौलिक अधिकारों के निलंबन ने लोगों को सरकार के विरुद्ध कर दिया। इन सबकी परिणति कांग्रेस सरकार का सत्ता से जाना व जनता पार्टी का बहुमत में आना था।
- 25 जून, 1975 को घोषित आपातकाल के 18 माह बाद जनवरी, 1977 में सरकार ने चुनाव कराने की घोषणा की एवं पुनः मार्च, 1977 को चुनाव हुए। इन चुनावों में राजनीतिक बदलाव अत्यंत तीव्र था। जनता पार्टी ने इन चुनावों को आपातकाल के ऊपर जनमत संग्रह का रूप दिया और आपातकाल के दौरान किए गए अत्याचारों को उजागर किया।
- इसी के परिणामस्वरूप स्वतंत्रता के बाद पहली बार कांग्रेस लोकसभा का चुनाव हार गई। जनता पार्टी को 295 सीटों के रूप में स्पष्ट बहुमत मिला। कांग्रेस उत्तर भारत में एक भी सीट नहीं जीत सकी, हालाँकि दक्षिण भारत में उसकी चुनावी विजय बरकरार रही। इस हार का कारण लोगों को विस्थापित करना, जबरन नसबंदी था। इसके साथ ही उत्तर भारत में राजनीतिक प्रतिस्पर्द्धा में भी परिवर्तन आए थे। मध्य वर्ग जनता पार्टी से जुड़ गया था।

**4. वर्ष 1977 के आम चुनावों में कांग्रेस पार्टी की पराजय के लिए उत्तरदायी किन्हीं तीन कारकों का उल्लेख कीजिए।**

*अथवा* **ऐसी किन्हीं तीन घटनाओं का आकलन कीजिए जो वर्ष 1977 के चुनाव में कांग्रेस पार्टी की हार के लिए उत्तरदायी थीं?**

*अथवा* **वर्ष 1977 के चुनाव में कांग्रेस पार्टी क्यों पराजित हुई।**

उत्तर **कांग्रेस पार्टी की हार के कारण**

- 25 जून, 1975 को घोषित आपातकाल के 18 माह समाप्त होने पर लोकसभा चुनावों की घोषणा की गई। आपातकाल के दौरान हुई ज्यादतियों को लेकर जनता में पहले से ही आक्रोश था। उत्तर भारत में यह आक्रोश अधिक था, क्योंकि आपातकाल का प्रभाव सर्वाधिक यहीं रहा था। विपक्ष ने 'लोकतंत्र बचाओ' के नारे पर चुनाव लड़ा। निश्चित रूप से जनमत संग्रह आपातकाल के खिलाफ था।
- आपातकाल के कारण विपक्षी पार्टियाँ एकजुट हो गईं और जनता पार्टी नामक एक नया दल बनाया। इसका नेतृत्व जयप्रकाश नारायण कर रहे थे। कांग्रेस के वे नेता, जो आपातकाल के खिलाफ थे, इस पार्टी में शामिल हो गए। कांग्रेस के नेता जगजीवन राम ने एक नई पार्टी 'कांग्रेस फॉर डेमोक्रेसी' बनाई, जो बाद में जनता पार्टी में ही शामिल हो गई। वर्ष 1977 के चुनावों में जनता पार्टी ने सरकार के अलोकतांत्रिक चरित्र और आपातकाल के दौरान किए गए अत्याचारों पर जोर दिया। कई हजार लोगों की गिरफ्तारी की गई एवं प्रेस पर सेंसरशिप लगा दी गई, जिसके चलते जनमत कांग्रेस के विरोध में था।
- चुनावी परिणाम से यह स्पष्ट हो गया कि जनता ने कांग्रेस को नकार दिया। कांग्रेस को मात्र 184 सीटें मिलीं, जबकि जनता पार्टी को 330 सीटें मिलीं। इस प्रकार केंद्र में प्रथम बारे गैर-कांग्रेसी सरकार बनी।

**5. वर्ष 1977 के चुनावों में कांग्रेस पार्टी के एक विकल्प के रूप में, जनता पार्टी के उभरने का मूल्यांकन कीजिए।** **CBSE 2019**

अथवा **वर्ष 1977 के लोकसभा चुनाव भारतीय लोकतंत्र के इतिहास में 'एक महत्त्वपूर्ण मोड़ था' इस कथन के संदर्भ में छः तर्क प्रस्तुत कीजिए।** *दक्षता आधारित प्रश्न*

उत्तर वर्ष 1977 के लोकसभा चुनाव भारतीय लोकतंत्र के इतिहास में महत्त्वपूर्ण मोड़ थे। ये चुनाव आपाताकल के बाद हुए और इसमें कांग्रेस पार्टी को पहली बार केंद्र में सत्ता से बाहर होना पड़ा। जनता पार्टी का उभरना न केवल कांग्रेस पार्टी के लंबे राजनीतिक वर्चस्व को चुनौती देने का प्रतीक था, बल्कि भारतीय राजनीति में वैकल्पिक शक्तियों के उभरने का भी संकेत था।

जनता पार्टी के उभरने का मूल्यांकन इस प्रकार है

(i) **आपातकाल का विरोध** वर्ष 1975-77 के दौरान ने गाँधी द्वारा लगाए गए आपातकाल में लोकतांत्रिक अधिकारों का हनन हुआ। विपक्षी दलों के नेताओं को गिरफ्तार किया गया। प्रेस सेंसरशिप लागू की गई, और राजनीतिक असंतोष को कुचला गया।
इस दौरान विभिन्न विपक्षी दलों, जैसे भारतीय जनसंघ, भारतीय लोकदल, सोशलिस्ट पार्टी और काँग्रेस (ओ) ने आपाताकाल का विरोध किया। इन्हीं दलों ने मिलकर जनता पार्टी का गठन किया, जो काँग्रेस के खिलाफ एक सशक्त के रूप में उभरी।

(ii) **कांग्रेस विरोधी भावना** आपाताकाल के दौरान जबरन नसबंदी कार्यक्रम अधिकारों के दमन जैसी नीतियों के कारण जनता में इंदिरा गाँधी और कांग्रेस पार्टी के प्रति गहरा असंतोष था।
जनता पार्टी ने इस असंतोष को अपने पक्ष में मोड़ते हुए कांग्रेस के खिलाफ जन समर्थन जुटाया। इससे "लोकतंत्र की बहाली" और काँग्रेस के अत्याचारों" को प्रमुख मुद्दा बनाया।

(iii) **विपक्षी एकता** इससे पहले विपक्षी दल अक्सर बिखरे हुए रहते थे, लेकिन जनता पार्टी ने विपक्ष की एकता का प्रतीक बनकर उभरने में सफलता पायी। यह पहली बार था जब विभिन्न विचार धाराओं वालें दलों ने एक साझा मंच पर आकार एक संगठित विकल्प प्रस्तुत किया। नेतृत्व के लिए प्रमुख चेहरे, जैसे जयप्रकाश नारायण, मोरारजी देसाई, अटल बिहारी वाजपेयी और चरण सिंह ने जनता पार्टी को राष्ट्रीय स्तर पर मान्यता दिलाई।

(iv) **विफलाताओं और चुनौतियों का संकेत** हालाँकि जनता पार्टी कांग्रेस का विकल्प बनकर उभरी, लेकिन इसके भीतर कई अंतर्विरोध थे। विभिन्न दलों और विचारधाओं के नेताओं के बीच वैचारिक मतभेद और व्यक्तिगत महत्त्वाकांक्षाएँ उभरने लगी। पार्टी का नेतृत्व कांग्रेस जैसी एकीकृत संरचना प्रस्तुत करने मे विफल रहा। यह अंततः वर्ष 1979 में जनता पार्टी सरकार के गिरने का कारण बना।

वर्ष 1977 के चुनाव मे जनता पार्टी का उभार कांँग्रेस पार्टी के वर्चस्व को तोड़ने और लोकतांत्रिक मूल्यों की पुनर्स्थापना का प्रतीक था। हालाँकि आंतरिक कलह और असंगत नीतियों के कारण यह प्रयोग लंबे समय तक सफल नहीं हो सका। फिर भी, जनता पार्टी नें भारतीय राजनीति में विपक्षी दलों के महत्त्व और वैकल्पिक राजनीतिक शक्तियों की संभावना को स्थापित कर दिया। यह घटना भारतीय लोकतंत्र के इतिहास में एक बड़ा मोड़ साबित हुई।

**6. जयप्रकाश नारायण का जीवन परिचय देते हुए इनके योगदानों का वर्णन कीजिए।**

उत्तर जयप्रकाश नारायण कांग्रेस सोशलिस्ट पार्टी और सोशलिस्ट पार्टी के संस्थापक महासचिव थे। इन्हें नेहरू के उत्तराधिकारी के रूप में देखा गया। इन्हें भारत छोड़ो आंदोलन का नायक कहा जाता है। इतना ही नहीं इन्हें जनता पार्टी के गठन का प्रेरणा स्रोत कहा जाता है। ये आपातकाल के प्रबल विरोधी थे। तथा इन्होनें छात्र आंदोलन में महत्त्वपूर्ण भूमिका निभाई है। इन्होंने समाज में बदलाव के लिए महत्त्वपूर्ण योगदान दिया।

**जयप्रकाश नारायण के प्रमुख योगदान**

जयप्रकाश नारायण अपने तीन प्रमुख योगदानों के लिए जाने जाते हैं–भ्रष्टाचार के विरुद्ध संघर्ष, सामुदायिक समाजवाद का सिद्धांत तथा समग्र क्रांति के नेता (प्रवर्तक)। स्वतंत्रता के पश्चात् भारत में जयप्रकाश नारायण ऐसे पहले नेता थे, जिन्होंने मुख्य रूप से गुजरात और बिहार में युवा भागीदारी द्वारा भ्रष्टाचार के विरोध में एक बड़ा आंदोलन शुरू किया। इन्होंने भ्रष्टाचार के विरोध में लोकपाल का समर्थन किया। सामुदायिक समाजवाद का सिद्धांत समुदाय, क्षेत्र एवं राष्ट्र के तीन स्तरीय रूप में भारत को समुदायों का एक समाज के रूप में प्रकट करता है।

इस प्रकार, जयप्रकाश नारायण ने अपने समग्र आंदोलन के माध्यम से व्यक्ति, समाज तथा राज्य के बदलाव को दिखाया है। इनके द्वारा किए गए समग्र क्रांति के आह्वान में नैतिक, सांस्कृतिक, आर्थिक, राजनीतिक तथा पारिस्थितिकीय बदलाव की पहल शामिल है। इनका राजनीतिक रूपांतरण लोकतांत्रिक राजनीति में प्रतिनिधियों को वापस बुलाने के अधिकार, ग्राम/मोहल्ला समितियों के महत्त्व तथा देश की स्वच्छ राजनीति में ऊपर के लोगों/विशिष्ट वर्गों को राजनीतिक संघर्ष में शामिल करता है। जयप्रकाश नारायण के अनुसार इस रूपांतरण का मूल तत्त्व व्यक्ति है, जो भारत में परिवर्तन का मुख्य कारक है।

## स्रोत आधारित प्रश्न

**नीचे दिए गए स्रोतों के ध्यानपूर्वक अध्ययन कीजिए तथा दिए गए प्रश्नों का उत्तर दीजिए**

**1. वर्ष 1974 के मार्च माह में बढ़ती हुई कीमतों, खाद्यान्न के अभाव, बेरोजगारी और भ्रष्टाचार के खिलाफ बिहार में छात्रों ने आंदोलन शुरू कर दिया। आंदोलन के क्रम में न्होंने जयप्रकाश नारायण (जेपी) को बुलावा भेजा। जेपी तब सक्रिय राजनीति छोड़ चुके थे और सामाजिक कार्यों में लगे हुए थे। छात्रों ने अपने आंदोलन की अगुवाई के लिए जयप्रकाश नारायण को बुलावा भेजा था। जेपी ने छात्रों का निमंत्रण इस शर्त पर स्वीकार किया कि आंदोलन अहिंसक होगा तथा राष्ट्रव्यापी होगा। इस प्रकार, छात्र आंदोलन ने एक राजनीतिक चरित्र ग्रहण किया और उसके अंदर राष्ट्रव्यापी अपील की। जीवन के हर क्षेत्र के लोग आंदोलन में शामिल हो गए। जयप्रकाश नारायण ने बिहार की कांग्रेस सरकार को हटाने की माँग की।**

**उन्होंने सामाजिक, आर्थिक और राजनीतिक दायरे में 'संपूर्ण क्रांति' का आह्वान किया ताकि 'सच्चे लोकतंत्र' की स्थापना की जा सके। बिहार की सरकार के खिलाफ लगातार घेराव, बंद और हड़ताल जारी रहा। इसके बावजूद सरकार ने इस्तीफा देने से इंकार कर दिया।**

(i) **मार्च, 1974 में बढ़ती हुई कीमतों, खाद्यान्न के अभाव, बेरोजगारी और भ्रष्टाचार के खिलाफ ………… राज्य में छात्रों ने आंदोलन शुरू कर दिया।**

(a) गुजरात (b) बिहार
(c) पश्चिम बंगाल (d) तमिलनाडु

उत्तर (b) बिहार

(ii) **वर्ष 1974 के बिहार आंदोलन के संबंध में कौन-सा कथन जेपी के नेतृत्व से संबंधित है?**

(a) इस दौरान जयप्रकाश नारायण को छात्रों ने बुलावा भेजा
(b) इस समय जयप्रकाश नारायण सामाजिक कार्यों में लगे हुए थे
(c) जेपी ने बिहार आंदोलन को अहिंसक रखने का आह्वान किया
(d) उपरोक्त सभी

उत्तर (d) उपरोक्त सभी

(iii) **जयप्रकाश नारायण द्वारा 'संपूर्ण क्रांति आह्वान किस दायरे में रहकर किया?'**

उत्तर जयप्रकाश नारायण ने सामाजिक, आर्थिक और राजनीतिक दायरे में संपूर्ण क्रांति का आह्वान किया ताकि सच्चे लोकतंत्र की स्थापना की जा सके। बिहार की सरकार के विरुद्ध लगातार घेराव, बंद और हड़ताल जारी रही। इसके बावजूद सरकार ने इस्तीफा देने से इंकार कर दिया।

**2. 12 जून, 1975 के दिन इलाहाबाद उच्च न्यायालय के न्यायाधीश जगमोहन लाल सिंहा ने एक फैसला सुनाया। इस फैसले में इन्होंने लोकसभा के लिए इंदिरा गाँधी के निर्वाचन को अवैधानिक घोषित कर दिया। न्यायमूर्ति ने यह फैसला समाजवादी नेता राजनारायण द्वारा दायर एक चुनाव याचिका के मामले में सुनाया था। राजनारायण, इंदिरा गाँधी के खिलाफ वर्ष 1971 में बतौर उम्मीदवार चुनाव में खड़े हुए थे। याचिका में इंदिरा गाँधी के निर्वाचन को चुनौती देते हुए तर्क दिया गया था कि उन्होंने चुनाव-प्रचार में सरकारी कर्मचारियों की सेवाओं का प्रयोग किया था। उच्च न्यायालय के इस फैसले का अर्थ यह था कि कानूनन अब इंदिरा गाँधी सांसद नहीं रहीं और यदि अगले छः माह की अवधि में दूसरी बार सांसद निर्वाचित नहीं होतीं, तो प्रधानमंत्री के पद पर कायम नहीं रह सकतीं। 24 जून, 1975 को सर्वोच्च न्यायालय ने उच्च न्यायालय के इस फैसले पर निर्णय सुनाते हुए कहा कि जब तक इस फैसले को लेकर की गई अपील की सुनवाई नहीं होती, तब तक इंदिरा गाँधी सांसद बनी रहेंगी, लेकिन वे लोकसभा की कार्यवाही में भाग नहीं ले सकती हैं।**

(i) **12 जून, 1975 को इलाहाबाद उच्च न्यायालय ने लोकसभा के लिए ······ के निर्वाचन को अवैधानिक घोषित कर दिया।**

(a) इंदिरा गाँधी (b) मोरारजी देसाई
(c) चौधरी चरण सिंह (d) जगजीवन राम

उत्तर (a) इंदिरा गाँधी

(ii) **आपातकाल की घोषणा के संबंध में न्यायालय के द्वारा दिए गए फैसले के संबंध में कौन-सा कथन सही है?**

(a) इंदिरा गाँधी के निर्वाचन को लेकर न्यायाधीश जगमोहन लाल सिन्हा ने फैसला सुनाया
(b) न्यायालय ने राजनारायण द्वारा दायर एक चुनाव याचिका पर फैसला सुनाया था
(c) राजनारायण, इंदिरा गाँधी के खिलाफ वर्ष 1971 में चुनाव लड़े थे
(d) उपरोक्त सभी

उत्तर (d) उपरोक्त सभी

(iii) **राजनारायण द्वारा दायर चुनाव याचिका में इंदिरा गाँधी के निर्वाचन को किस आधार पर चुनौती दी गई थी?**

उत्तर राजनारायण ने अपनी याचिका में तर्क दिया कि इंदिरा गाँधी ने वर्ष 1971 के चुनाव प्रचार में सरकारी कर्मचारियों की सेवाओं का प्रयोग किया गया था, जो अवैधानिक था। जिसके आधार पर उच्चतम न्यायालय ने लोकसभा के लिए गाँधी के निर्वाचन को अवैधानिक घोषित कर दिया।

**3. सरकार ने इन घटनाओं के मद्देनजर जवाब में 'आपातकाल' की घोषणा कर दी। 25 जून, 1975 के दिन सरकार ने घोषणा की कि देश में आंतरिक समस्या की आशंका है और इस तर्क के साथ उसने संविधान के अनुच्छेद-352 को लागू कर दिया। इस अनुच्छेद के अंतर्गत प्रावधान किया गया कि बाहरी अथवा अंदरूनी समस्या की आशंका होने पर सरकार आपातकाल लागू कर सकती है।**

**सरकार का निर्णय था कि गंभीर संकट की घड़ी आ पड़ी है और इस वजह से आपातकाल की घोषणा जरूरी हो गई है। तकनीकी रूप से देखें तो ऐसा करना सरकार की शक्तियों के दायरे में था, क्योंकि हमारे संविधान में सरकार को आपातकाल की स्थिति में विशेष शक्तियाँ प्रदान की गई हैं।**

(i) **आपातकाल की घोषणा किस अनुच्छेद के अंतर्गत की गई थी?**

(a) अनुच्छेद 356
(b) अनुच्छेद 352
(c) अनुच्छेद 360
(d) अनुच्छेद 370

उत्तर (b) अनुच्छेद 352

(ii) **सरकार ने आपातकाल की घोषणा किस कारण से की थी?**

(a) बाहरी आक्रमण
(b) आंतरिक समस्या की आशंका
(c) आर्थिक संकट
(d) राजनीतिक अस्थिरता

उत्तर (b) आंतरिक समस्या की आशंका

(iii) **वर्ष 1977 के चुनावों को भारी बहुमत से जीतने के बावजूद, जनता पार्टी केवल थोड़े समय के लिए सत्ता में क्यों रही? स्पष्ट कीजिए।**

उत्तर वर्ष 1977 में जनता पार्टी की सरकार बनी। इसमें मोरारजी देसाई को प्रधानमंत्री बनाया गया। इसके बावजूद इसमें तनाव की स्थिति उत्पन्न हो गई। इसमें आपसी मतभेद होने के कारण सरकार में 18 माह बाद विभाजन हो गया तथा बहुमत के अभाव के कारण सरकार गिर गई। इस प्रकार, भारी बहुमत से जीतने के बावजूद, जनता पार्टी केवल कम समय के लिए ही सत्ता में रह सकी।

**4. संसद ने संविधान के सामने कई नई चुनौतियाँ खड़ी कीं········· इंदिरा गाँधी के मामले में इलाहाबाद उच्च न्यायालय के फैसले की पृष्ठभूमि में संविधान में संशोधन हुआ। इस संशोधन के द्वारा प्रावधान किया गया कि प्रधानमंत्री, राष्ट्रपति और उपराष्ट्रपति पद के निर्वाचन को अदालत में चुनौती नहीं दी जा सकती। आपातकाल के दौरान ही संविधान का 42वाँ संविधान संशोधन किया गया। 42वें संशोधन के जरिए हुए अनेक बदलावों में एक था–देश की विधायिका के कार्यकाल को 5 वर्ष से बढ़ाकर 6 वर्ष करना।**

(i) **किस के मामले में इलाहाबाद उच्च न्यायालय के फैसले की पृष्ट भूमि में संशोधन हुआ?**

(a) लालबहादुर शास्त्री
(b) इंदिरा गाँधी
(c) वी.पी.सिंह
(d) के.कामराज

उत्तर (b) इंदिरा गाँधी

(ii) **इलाहाबाद उच्च न्यायालय ने कब इंदिरा गाँधी के लोकसभा निर्वाचन को असंवैधानिक घोषित किया था?**

(a) 15 जुलाई, 1980 (b) 13 मई, 1971
(c) 18 अप्रैल, 1974 (d) 12 जून, 1975

उत्तर (b) 12 जून, 1975

(iii) **42वें संशोधन द्वारा किए गए बदलावों में से किसी एक बदलाव को बताइए।**

उत्तर 42वें संशोधन द्वारा हुए अनेक बदलावों में से एक बदलाव देश की विधायिका के कार्यकाल को 5 वर्ष से बढ़ाकर 6 वर्ष करना था।

## मानचित्र आधारित प्रश्न

**1.** नीचे दिए गए भारत के राजनीतिक मानचित्र में पाँच राज्यों को क्रमशः A, B, C, D तथा E से अंकित किया गया है। दी गई जानकारी के आधार पर राज्यों की पहचान कीजिए तथा अपनी उत्तर पुस्तिका में क्रम संख्या, अंग्रेजी वर्णमाला तथा राज्यों के नाम लिखो।

| दी गई जानकारी की क्रम संख्या | अंग्रेजी वर्णमाला | राज्यों के नाम |
|---|---|---|
| (i) | | |
| (ii) | | |
| (iii) | | |
| (iv) | | |
| (v) | | |

(i) वह राज्य, जहाँ जनवरी, 1974 में सरकार के खिलाफ आंदोलन शुरू हुआ था।
(ii) वह राज्य, जहाँ जयप्रकाश नारायण ने छात्र आंदोलन में भाग लिया था।
(iii) वह राज्य, जहाँ 1977 के लोकसभा चुनाव में कांग्रेस को एक भी सीट नहीं मिली।
(iv) चौधरी चरण सिंह किस राज्य की राजनीति में सक्रिय थे?
(v) वह प्रांत, जिसके मोरारजी देसाई मुख्यमंत्री बने थे।

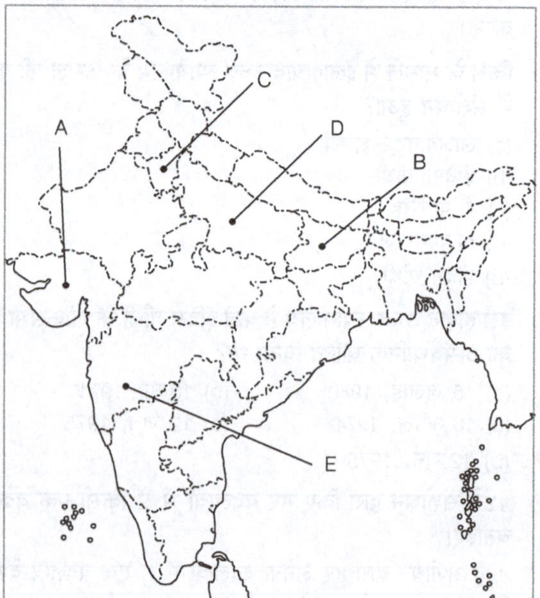


उत्तर

| दी गई जानकारी की क्रम संख्या | अंग्रेजी वर्णमाला | राज्यों के नाम |
|---|---|---|
| (i) | A | गुजरात |
| (ii) | B | बिहार |
| (iii) | C | हरियाणा |
| (iv) | D | उत्तर प्रदेश |
| (v) | E | मुंबई |

**2.** भारत के दिए गए राजनीतिक रेखा-मानचित्र में चार राज्यों को A, B, C तथा D द्वारा दर्शाया गया है। नीचे दी गई जानकारी के आधार पर उन्हें पहचानिए तथा उनके सही नाम, प्रयोग की गई जानकारी की क्रम संख्या तथा संबंधित अक्षर को अपनी उत्तर-पुस्तिका में नीचे दिए गए प्रारूप के अनुसार लिखिए। **CBSE 2022**

| दी गई जानकारी की क्रम संख्या | अंग्रेजी वर्णमाला | राज्यों के नाम |
|---|---|---|
| (i) | | |
| (ii) | | |
| (iii) | | |
| (iv) | | |

(i) वह राज्य, जिससे जयप्रकाश नारायण का संबंध था।
(ii) वह राज्य, जहाँ से भारतीय राष्ट्रीय कांग्रेस ने 1977 के चुनावों में लोकसभा की अधिकांश सीटें जीती थी।
(iii) वह राज्य, जहाँ से राज नारायण ने इंदिरा गाँधी के विरुद्ध 1977 में लोकसभा का चुनाव लड़ा था।
(iv) वह राज्य, जहाँ से जनता पार्टी ने 1977 के चुनावों में लोक सभा की सारी सीटों पर विजय प्राप्त की थी।

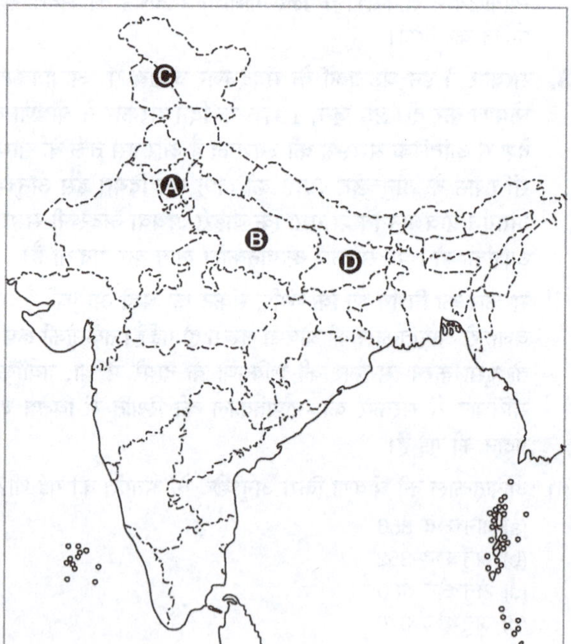


उत्तर

| दी गई जानकारी की क्रम संख्या | अंग्रेजी वर्णमाला | राज्यों के नाम |
|---|---|---|
| (i) | D | बिहार |
| (ii) | C | जम्मू एवं कश्मीर |
| (iii) | B | उत्तर प्रदेश |
| (iv) | A | हरियाणा |

# स्वयं को जाँचें

## वस्तुनिष्ठ प्रश्न

**1.** देश में आपातकाल की घोषणा कब की गई?

(a) जून, 1975 (b) जून, 1976
(c) जून, 1977 (d) जून, 1978

**2.** आपातकाल के दौरान सरकार द्वारा ………… कानून के अंतर्गत व्यापक स्तर पर गिरफ्तारियाँ की गई थीं।

(a) निवारक नजरबंदी (b) बंदी प्रत्यक्षीकरण
(c) प्रेस पर प्रतिबंध (d) सेंसरशिप प्रतिबंध

**3.** आपातकाल के दौरान घटित होने वाली घटनाओं के संबंध में कौन-सा कथन सही है?

(a) इस दौरान सरकार विरोधी हड़ताल पर रोक लगा दी गई
(b) इंडियन एक्सप्रेस तथा स्टेटमैन जैसे समाचार-पत्रों ने प्रेस प्रतिबंध का विरोध किया
(c) कन्नड़ लेखक शिवराय कारंत ने अपनी पदवियों (अवॉर्ड) को वापस कर दिया
(d) उपरोक्त सभी

**4.** सुमेलित कीजिए

| | सूची I | | सूची II |
|---|---|---|---|
| A. | आपातकाल | 1. | वर्ष 1977 में बनी गैर-कांग्रेसी सरकार |
| B. | जनता पार्टी | 2. | आपातकाल के दौरान विवादस्पद जनसंख्या नीति |
| C. | नसबंदी अभियान | 3. | वर्ष 1975-77 में नागरिक अधिकरों पर रोक |
| D. | प्रेस सेंसरशिप | 4. | आपाताकाल में मीडिया पर नियंत्रण |

कूट

| | A | B | C | D | | A | B | C | D |
|---|---|---|---|---|---|---|---|---|---|
| (a) | 1 | 2 | 3 | 4 | (b) | 3 | 1 | 2 | 4 |
| (c) | 4 | 1 | 2 | 3 | (d) | 4 | 3 | 2 | 1 |

## लघु उत्तरीय प्रश्न

**5.** जेपी आंदोलन का मुख्य उद्देश्य क्या था?

**6.** आपातकाल के दौरान सरकार द्वारा किए गए दो प्रयासों का उल्लेख कीजिए।

**7.** आपातकाल के दौरान घटित तात्कालिक किन्हीं दो घटनाओं को उजागर कीजिए।

**8.** लोकतांत्रिक अभ्युत्थान से क्या अभिप्राय है?

**9.** इंदिरा गाँधी पर भ्रष्टाचार के आरोप किस घटना से जुड़े थे?

**10.** छात्र आंदोलनों ने बिहार और गुजरात की राजनीति में गहरा असर डाला, स्पष्ट कीजिए।

**11.** आपातकाल के दौरान इंदिरा गाँधी की सरकार द्वारा उठाए गए प्रमुख कदम क्या थे?

**12.** आपातकाल से उत्पन्न सीख (सबकों) का विश्लेषण कीजिए।

**13.** जनता सरकार तथा जनता पार्टी के विभाजन का मूल्यांकन कीजिए।

## दीर्घ उत्तरीय प्रश्न I

**14.** इंदिरा गाँधी सरकार ने आपातकाल के पक्ष में क्या तर्क दिए? क्या वे तर्क पूर्णतः सही थे?

**15.** क्या आप इस तर्क से सहमत हैं कि आपातकाल ने लोकतांत्रिक मूल्यों की स्थापना की है?

**16.** "आपातकाल ने यह सिद्ध कर दिया है कि स्वतंत्रता के पश्चात् भारत में स्थापित लोकतंत्र अत्यंत कमजोर था।" कथन के संदर्भ में अपने उत्तर की पुष्टि कीजिए।

**17.** 'आपातकाल की घोषणा के साथ ही शक्तियों के बँटवारे का संघीय ढाँचा। व्यवहारिक तौर पर निष्प्रभावी हो जाता है। प्रासंगिक उदाहरणों से कथन की पुष्टि करें।

## दीर्घ उत्तरीय प्रश्न II

**18.** आपातकाल के दौरान लागू किए गए 42वें संविधान संशोधन के प्रावधानों का विश्लेषण करें और उनके दीर्घकालीन प्रभावों पर चर्चा करें।

**19.** आपातकाल के दौरान प्रेस की स्वतंत्रता पर हुए प्रभावों का विश्लेषण करें और यह कैसे लोकतांत्रिक व्यवस्था को प्रभावित करता है

**20.** वर्ष 1977 के चुनावों के बाद बनी जनता पार्टी की सरकार में कोई खास तालमेल नहीं था, चुनाव के बाद नेताओं के बीच प्रधानमंत्री के पद के लिए होड़ मची' छह तथ्यों के साथ इस कथन की पुष्टि करें।

# 07

अध्याय

# क्षेत्रीय आकांक्षाएँ

क्षेत्रीय आकांक्षाओं (Regional Aspirations) को अधिकतर क्षेत्र विशेष की भाषा में अभिव्यक्त किया जाता है और ये आकांक्षाएँ स्थानीय जनता या शासकों को संबोधित की जाती हैं। इस अध्याय में भारत सरकार द्वारा क्षेत्रीय आकांक्षाओं और उनसे संबंधित तनावों के प्रति उठाए गए कदमों , लोकतांत्रिक अधिकारों और राष्ट्रीय एकता के मध्य विभिन्न कठिनाइयों आदि का अध्ययन करेंगे।

**▼ अध्ययन एक नजर में**

7.1 क्षेत्र और राष्ट्र
7.2 जम्मू-कश्मीर
7.3 पंजाब
7.4 पूर्वोत्तर क्षेत्र

**▼ अभ्यास के लिए**

– बहुविकल्पीय प्रश्न 26 (युग्मित प्रश्न, चित्र आधारित प्रश्न, कथन/कारण, सुमेलित कीजिए)

– वर्णनात्मक प्रकार के प्रश्न (लघु उत्तरीय प्रश्न 8, दीर्घ उत्तरीय प्रश्न I -13, दीर्घ उत्तरीय प्रश्न II 3)

– स्रोत आधारित प्रश्न 4, मानचित्र आधारित 1

स्वतंत्रता के बाद भारत ने राष्ट्र निर्माण की दिशा में कई महत्त्वपूर्ण कदम उठाए, लेकिन यह प्रक्रिया समय के साथ विकसित होती रही। जैसे-जैसे लोकतांत्रिक व्यवस्था मजबूत हुई, विभिन्न क्षेत्रों में स्वायत्तता पहचान और संसाधनों को लेकर नई आकांक्षाए, उभरीं। कुछ क्षेत्रीय आंदोलन शांतिपूर्ण रहे, जबकि कुछ ने हिंसक रूप से लिया। कई बार ये माँगें भारत के संघीय ढाँचे की सीमाओं से भी आगे बढ़ गई जिससे सरकार को नीतिगत फैसले लेने पड़े।

## 7.1 क्षेत्र और राष्ट्र

- 1980 का दशक भारत में **स्वायत्तता**[1] (Autonomy) की माँग का दशक रहा, क्योंकि इस समय देश के अनेक भागों में संवैधानिक सीमाओं का उल्लंघन करते हुए स्वायत्तता की माँग की गई थी।
- कुछ आंदोलन लंबे समय तक चले। उन्हें केंद्रीय सरकार और इन आंदोलनों का नेतृत्व करने वाले संगठनों के बीच बातचीत के माध्यम से समाप्त करना पड़ा।
- क्षेत्रीय स्वायत्तता की माँग के परिणामस्वरूप राजनीतिक तथा चुनावी प्रक्रिया कई बार अवरुद्ध हुई, क्योंकि स्वायत्तता आंदोलन के दौरान लोगों द्वारा हथियारों का प्रयोग किया गया, जिसे रोकने के लिए सरकार द्वारा भी प्रत्युत्तर में कार्यवाही की गई।
- सरकार ने आंदोलनकारियों के साथ **समझौता**[2] कर यह तय किया कि इस विवादित मुद्दों को संविधान के दायरे में सुलझाया जाएगा, हालाँकि इस समझौते के दौरान भी कई बार हिंसक घटनाएँ घटित हुई थीं।

### भारत सरकार का क्षेत्रों के प्रति दृष्टिकोण

- भारत का संविधान विभिन्न क्षेत्रों तथा भाषायी समूहों को अपनी संस्कृति को बनाए रखने एवं सुरक्षित रखने का अधिकार देता है, जिससे सभी संस्कृतियों की विशिष्टता बनी रहे।
- भारत का दृष्टिकोण यूरोप के उन देशों से भिन्न है, जहाँ सांस्कृतिक विविधता (Cultural Diversity) को राष्ट्र की एकता के लिए खतरा माना जाता है,

1 **स्वायत्तता** (Autonomy) इससे अभिप्राय किसी देश, क्षेत्र, संगठन विशेष को अपनी स्वतंत्र शासन व्यवस्था चलाने से है।

2 **समझौता** एक अधिकारिक अनुबंध या संधि कहलाता है।

- भारत का राष्ट्रवाद हमेशा एकता तथा विविधता के मध्य संतुलन बनाने का प्रयास करता है, किंतु इसका अर्थ यह नहीं कि क्षेत्रों को अनदेखा किया जाए।
- भारत ने विविधता के संदर्भ में लोकतांत्रिक दृष्टिकोण को अपनाया, जिसके अंतर्गत क्षेत्रीयता को राष्ट्र विरोधी न मानते हुए क्षेत्रीय आकांक्षाओं की अभिव्यक्ति को स्वीकार किया गया है।
- लोकतांत्रिक राजनीति में यह अवसर होता है कि विभिन्न दल एवं समूह क्षेत्रीय पहचान, आकांक्षा अथवा किसी विशेष क्षेत्रीय समस्या को आधार बनाकर लोगों की भावनाओं का प्रतिनिधित्व करें। इस प्रकार, लोकतांत्रिक राजनीति की प्रक्रिया में क्षेत्रीय आकांक्षाएँ बहुत महत्त्वपूर्ण होती हैं।
- लोकतांत्रिक राजनीति नीति-निर्माण में क्षेत्रीय समस्याओं को ध्यान में रखते हुए शासन में इनकी भागीदारी को सुनिश्चित करती है।
- उन लोकतांत्रिक शब्दों में जहाँ विविधताओं का सम्मान करते हुए राष्ट्र की एकता को बनाए रखे जाने पर बल दिया जाता है, वहाँ क्षेत्रों के अस्तित्व और अधिकारों को लेकर संघर्ष होना सामान्य बात है।
- लोकतांत्रिक व्यवस्था के अंतर्गत यह आवश्यक नहीं कि राष्ट्रीय एकता के सरोकार क्षेत्रीय आकांक्षाओं पर भारी पड़ें अपितु कई बार क्षेत्रीय सरोकारों के कारण राष्ट्रीय आवश्यकताओं को भी अनदेखा कर दिया जाता है।

### तनाव और संघर्ष के क्षेत्र

- स्वतंत्रता प्राप्ति के बाद भारत के समक्ष ऐसे कई तनाव तथा समस्याएँ; जैसे—देश का विभाजन, विस्थापन, देशी रियासतों का विलय तथा राज्यों का पुनर्गठन जैसी समस्याएँ उभरकर सामने आईं, जिन्हें देखते हुए अनेक विदेशी पर्यवेक्षकों का कहना था कि भारत का एकीकृत राष्ट्र के रूप में अधिक दिनों तक बने रहना संभव नहीं है।
- आजादी के शीघ्र पश्चात् विभिन्न राज्यो में कई क्षेत्रीय मुददे उभरे, जो न केवल भारत और पाकिस्तान के बीच संघर्ष का मुद्दा था, बल्कि इससे कश्मीर घाटी के लोगों की राजनीतिक आकांक्षाएँ भी जुड़ी हुई थीं।
- भारत के पूर्वोत्तर भाग—मिजोरम और नागालैंड दोनों में ही भारत से अलग होने के लिए आंदोलन शुरू हो गए।
- दक्षिण भारत में भी द्रविड़ आंदोलन के कुछ समूहों द्वारा अलग राष्ट्र की माँग उठाई गई।
- अलगाव के इन आंदोलनों के अतिरिक्त देश में भाषा के आधार पर राज्यों के गठन की माँग को लेकर जनआंदोलन हुए, जिनमें वर्तमान का आंध्र प्रदेश, कर्नाटक, महाराष्ट्र और गुजरात मुख्य रूप से शामिल हैं।
- दक्षिण भारत के राज्य तमिलनाडु में हिंदी को राजभाषा बनाए जाने के विरोध में आंदोलन आरंभ हुए, जिनमें द्रविड़ आंदोलन प्रमुख है।
- द्रविड़ आंदोलन, भारतीय राजनीति में क्षेत्रवाद भावनाओं की अभिव्यक्ति करने वाला सबसे प्रबल आंदोलन था। 1950 के दशक के उत्तरार्द्ध से पंजाबी भाषी लोगों की माँग के आधार पर वर्ष 1966 में **पंजाब** तथा **हरियाणा** का भाषा के आधार पर पुनर्गठन किया गया।
- सरकार ने विविधता की चुनौती का सामना करते हुए आंतरिक सीमाओं का पुनर्गठन किया। आंतरिक सीमाओं के पुनर्गठन के उदाहरण के रूप में छत्तीसगढ़, उत्तराखंड तथा झारखंड को देखा जा सकता है।
- फिर भी क्षेत्रीय आकांक्षाएँ पूर्ण रूप से संतुष्ट नहीं हुई हैं। पंजाब, असम, मिजोरम, कश्मीर और नागालैंड जैसे कुछ राज्यों में अभी जटिल मुद्दे हैं। इन समस्याओं का अध्ययन हमारे अतीत को समझने और भारत के भविष्य को समझने के लिए महत्त्वपूर्ण है।

### चेक प्वाइंट 1

1. भारतीय राष्ट्रवाद किन सिद्धांतों को संतुलित करने का प्रयास करता है?
2. द्रविड आंदोलन का विचार क्या था?
3. देश के किस क्षेत्र ने हिंदी को देश की आधिकारिक भाषा बनाने के खिलाफ विरोध किया?

## 7.2 जम्मू-कश्मीर

- जम्मू एवं कश्मीर को अनुच्छेद-370 के अंतर्गत विशेष दर्जा दिया गया था।
- विशेष दर्जे के बावजूद जम्मू और कश्मीर को निम्नलिखित समस्याओं का सामना करना पड़ा।
  - हिंसा
  - सीमा पार आतंकवाद
  - राजनीतिक अस्थिरता

- जान का नुकसान, निर्दोष नागरिक, सुरक्षा कर्मों और **उग्रवादियों**[3] की मृत्यु।
- भारत के उत्तर में स्थित जम्मू-कश्मीर राज्य के अंतर्गत तीन राजनीतिक तथा सामाजिक क्षेत्र सम्मिलित हैं
  (i) **जम्मू** यह क्षेत्र छोटी पहाड़ी के तल तथा मैदानी भाग में अवस्थित है। यहाँ मुख्य रूप से हिंदू निवास करते हैं। इसके अतिरिक्त मुस्लिम, सिख आदि धर्मों के लोग भी निवास करते हैं।
  (ii) **कश्मीर** हिमालय के पीरपंजाल श्रेणी में स्थित कश्मीर घाटी के अधिकांश लोग मुस्लिम तथा शेष हिंदू, सिख, बौद्ध व अन्य हैं। ये कश्मीरी भाषा बोलते हैं।
  (iii) **लद्दाख** यह एक कम आबादी वाला पर्वतीय क्षेत्र है। यहाँ बौद्ध तथा मुस्लिम धर्म के लोग बराबर संख्या में निवास करते हैं।
- कश्मीर मुद्दे के भारत-पाकिस्तान के संघर्ष के अतिरिक्त कुछ आंतरिक एवं बाहरी पहलू भी हैं, जिसमें कश्मीरियत (कश्मीरी लोगों की पहचान) एवं राजनीतिक स्वायत्तता शामिल है।

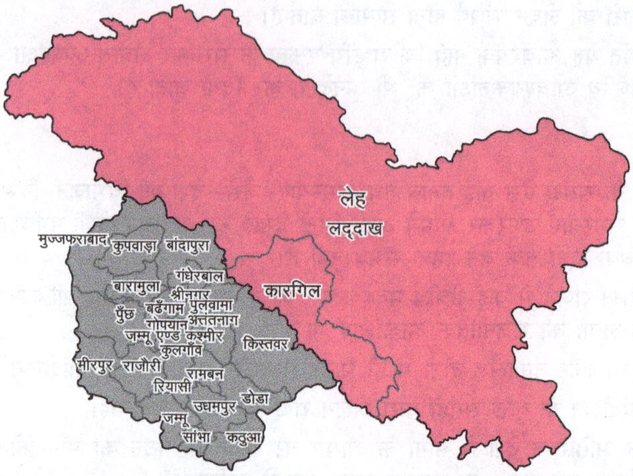


## जम्मू-कश्मीर समस्या की जड़ें

- भारत की स्वतंत्रता (वर्ष 1947) से पूर्व जम्मू-कश्मीर में राजतंत्र (राजशाही) था, जिसके शासक महाराजा **हरिसिंह** थे तथा इनकी अधिकांश प्रजा मुस्लिम समुदाय की थी।
- स्वतंत्रता के समय महाराजा हरिसिंह भारत या पाकिस्तान किसी भी देश में शामिल न होकर स्वतंत्र रहना चाहते थे, जिसके लिए उन्होंने भारत तथा पाकिस्तान दोनों के साथ समझौते का प्रयास किया, किंतु वह सफल नहीं हो सके।
- इसी दौरान नेशनल कॉन्फ्रेंस के नेता शेख अब्दुल्ला ने धर्मनिरपेक्ष संगठन (Secular Organisation) का निर्माण कर राजशाही के विरुद्ध जन आंदोलन प्रारंभ कर दिया। नेशनल कॉन्फ्रेंस का कांग्रेस के साथ लंबे समय तक गठबंधन रहा।
- राष्ट्रीय राजनीति के कई प्रमुख नेता; जैसे—पं. जवाहरलाल नेहरू, शेख अब्दुल्ला के मित्र थे। कश्मीर में मुस्लिम बहुल आबादी के कारण पाकिस्तान का तर्क था कि कश्मीर पाकिस्तान का हिस्सा है, परंतु कश्मीर के लोगों का यह विचार था कि वे सर्वप्रथम कश्मीरी हैं। क्षेत्रीय अभिलाषा का यह मुद्दा कश्मीरियत कहलाता है। अक्टूबर, 1947 में पाकिस्तान ने कबायली घुसपैठियों द्वारा कश्मीर पर हमला किया।
- महाराजा हरिसिंह ने भारत की सहायता प्राप्त करने के लिए भारत में विलय के लिए विलय पत्र पर हस्ताक्षर कर दिए तथा साथ ही यह निश्चित किया गया कि कबायली घुसपैठ से मुक्ति के बाद जनमत संग्रह के आधार पर जम्मू-कश्मीर का विलय भारत में किया जाएगा।
- विलय के पश्चात् भी पाकिस्तान ने राज्य के कुछ हिस्सों पर नियंत्रण बनाए रखा। इसलिए यह मुद्दा संयुक्त राष्ट्र संघ (UNO) में ले जाया गया। 21 अप्रैल, 1948 को प्रस्ताव में तीन चरणों की प्रक्रिया का सुझाव दिया गया।
  - चरण 1- पाकिस्तान को अपने लोगों को कश्मीर से वापस बुलाना था।
  - चरण 2- भारत को कानून और व्यवस्था बनाए रखने के लिए अपनी सेना वापस लेनी थी।
  - चरण 3- एक स्वतंत्र और निष्पक्ष जनमत संग्रह किया जाना चाहिए।
- यह प्रस्ताव समस्याओं का हल नहीं कर सका। मार्च, 1948 में शेख अब्दुल्ला जम्मू और कश्मीर के प्रधानमंत्री बने। भारत ने अनुच्छेद 370 के तहत जम्मू और कश्मीर को अस्थायी स्वयत्तता देने पर सहमति व्यक्त की। उस समय, राज्यों के सरकार प्रमुख को प्रधानमंत्री कहा जाता था।

---

3 **उग्रवादी** वह व्यक्ति, जो अपनी माँगों को पूर्ण करने के लिए हिंसक तरीकों का उपयोग करता है।

## जम्मू-कश्मीर पर बाहरी एवं आंतरिक विवाद

- जम्मू-कश्मीर विवाद वर्तमान समय तक बना हुआ है, क्योंकि पाकिस्तान अपने अधिकृत कश्मीर (Pakistan Occupied Kashmir, Pok) पर अपना दावा करता है, जबकि भारत इसे वर्ष 1947 के कबायली हमले के बाद पाकिस्तान के कब्जे वाले कश्मीर को अवैध अधिग्रहण करार देता है तथा पाकिस्तान इसे **आजाद कश्मीर** कहता है।
- आंतरिक रूप से भारतीय संघ के भीतर कश्मीर की स्थिति को लेकर विवाद है। अनुच्छेद-370 और 371 के तहत विशेष दर्जा दो विपरीत प्रतिक्रियाओं को जन्म देता है।
- कश्मीर संबंधित अनुच्छेद-370 के संदर्भ में दो मत उभरकर सामने आए हैं
  - पहले वर्ग का मानना है कि अनुच्छेद-370 के अंतर्गत दिए गए विशेष दर्जे को समाप्त कर दिया जाना चाहिए। इसके कारण ही यह भारत के साथ पूर्ण रूप से नहीं जुड़ पाया है। हालाँकि इसे अन्य राज्यों की तरह ही होना चाहिए।
  - दूसरे वर्ग का मानना है कि राज्य को और अधिक स्वायत्तता देनी चाहिए। इस पक्ष ने तीन तर्क प्रस्तुत किए।

(i) कश्मीर के भारत में विलय को राज्य के लोगों के सामने तब रखा जाना चाहिए था, जब परिस्थितियाँ सामान्य हो जातीं। लेकिन ऐसा नहीं हुआ, क्योंकि पाकिस्तान ने अवैध कब्जा नहीं छोड़ा। इस कारण जनमत संग्रह नहीं हो पाया। कश्मीर के लोग जनमत संग्रह चाहते हैं।

(ii) लोगों में यह भावना है कि अनुच्छेद-370 के तहत मिला विशेष दर्जा केवल कागजों में है वास्तविकता में नहीं। इसलिए स्वायत्तता या अधिक राज्य स्वायत्तता की बहाली की माँग की जा रही है।

(iii) जम्मू-कश्मीर में भारत के अन्य भागों की तरह संस्थागत लोकतांत्रिक व्यवहार का अभाव है।

## कश्मीर मुद्दा

- भारतीय संघ में एकीकरण के साथ ही कश्मीर स्वतंत्रता के बाद भारत का एक गंभीर मुद्दा बना रहा है। समस्या और जटिल तब हो गई, जब इसे अनुच्छेद-370 तथा अनुच्छेद-35A के माध्यम से संविधान में एक विशेष स्थान दिया गया।
- अनुच्छेद-370 ने इसे अलग संविधान/संविधान सभा/ध्वज, मुख्यमंत्री का प्रधानमंत्री के रूप में तथा राज्यपाल का सदर-ए-रियासत के रूप में नव-नामांकन, राज्य में अधिकांश संघीय नियमों का गैर-प्रवर्तन जैसे विशेष अधिकार प्रदान किए।
- अनुच्छेद-35 A द्वारा इसे विशेष नागरिकता अधिकार प्रदान किया गया तथा गैर-कश्मीरियों द्वारा राज्य में संपत्ति की खरीद को मना किया गया।
- जम्मू और कश्मीर राज्य का विशेष स्थिति के विरुद्ध एक संविधान, एक ध्वज तथा राज्य या सरकार के एक प्रमुख के रूप में एक विधान, एक निशान, एक प्रधान का प्रसार करते हुए राजनीतिक क्षेत्र में अनुच्छेद-३७० तथा ३५ए को निरस्त करने का आह्वान किया गया।

### वर्ष 1948 के पश्चात् जम्मू-कश्मीर में राजनीति

- वर्ष 1948 के बाद से राज्य की राजनीति में कई उतार-चढ़ाव आए। शेख अब्दुल्ला ने प्रधानमंत्री बनने के पश्चात् भूमि सुधार और जनकल्याण संबंधी कार्यों को प्रारंभ किया, परंतु कश्मीर के दर्जे को लेकर केंद्र सरकार व शेख अब्दुल्ला के बीच मतभेद बढ़ता गया।
- केंद्र सरकार से विवाद के कारण मुख्यमंत्री शेख अब्दुल्ला को वर्ष 1953 में पद से हटाकर नजरबंद कर दिया गया तथा राज्य की नीतियों पर वर्ष 1953 से 1974 तक कांग्रेस ने प्रभाव डाला।
- शेख अब्दुल्ला के बिना नेशनल कॉन्फ्रेंस कांग्रेस के समर्थन से सत्ता में रही, लेकिन बाद में इसका कांग्रेस में विलय हो गया। इसलिए कांग्रेस ने राज्य में सरकार पर नियंत्रण प्राप्त कर लिया और परिवर्तन किए।
- वर्ष 1965 में जम्मू और कश्मीर के संविधान के प्रावधान में एक बदलाव आया, जिसके द्वारा राज्य के प्रधानमंत्री को अब राज्य के मुख्यमंत्री के रूप में नामित किया जाना था। कांग्रेस के गुलाम मोहम्मद सादिक राज्य के पहले मुख्यमंत्री बने।
- वर्ष 1974 में इंदिरा गाँधी से समझौते के बाद शेख अब्दुल्ला पुन: मुख्यमंत्री बने। इन्होंने नेशनल कॉन्फ्रेंस को पुन: अस्तित्व में ला दिया और वर्ष 1977 के चुनाव में बहुमत प्राप्त किया।
- वर्ष 1982 में शेख अब्दुल्ला की मृत्यु के पश्चात् इनके पुत्र फारुख अब्दुल्ला को मुख्यमंत्री नियुक्त किया गया। कुछ समय पश्चात् ही फारुख अब्दुल्ला को पद से हटा दिया गया और नेशनल कॉन्फ्रेंस से अलग हुआ एक गुट अल्पावधि के लिए सत्ता में आया।
- राज्यपाल द्वारा फारुख अब्दुल्ला को पद से हटाए जाने के कारण जनता में लोकतांत्रिक प्रक्रिया के प्रति नाराजगी उत्पन्न हुई। वर्ष 1986 में कांग्रेस गठबंधन द्वारा बनी सरकार के संदर्भ में भी लोगों ने केंद्र पर राज्य की राजनीति में हस्तक्षेप का आरोप लगाया।

### जम्मू-कश्मीर में विद्रोह एवं उसके बाद की स्थिति

- वर्ष 1987 में विधानसभा चुनाव हुए, जिसमें नेशनल कॉन्फ्रेंस तथा कांग्रेस के गठबंधन को जीत मिली। इसमें फारुख अब्दुल्ला मुख्यमंत्री बने, हालाँकि लोगों का विरोध जारी रहा।

- 1980 के दशक से ही प्रशासनिक अक्षमता तथा केंद्र का राज्य की राजनीति में बढ़ते हुए हस्तक्षेप के कारण जनता में असंतोष की भावना में वृद्धि हो रही थी, जिसने राजनीतिक संकट का रूप धारण करते हुए उग्रवाद (Insurgency) की समस्या को और अधिक गंभीर बना दिया।
- पाकिस्तान की सहभागिता द्वारा अलग कश्मीर की माँग के लिए वर्ष 1989 में राज्य में उग्रवादी आंदोलन शुरू हो गया, जिसके कारण वहाँ राष्ट्रपति शासन लगा दिया गया और कश्मीर को सेना के नियंत्रण में दे दिया गया।
- वर्ष 1990 के बाद के समय में राज्य के लोगों को उग्रवाद तथा सेना की हिंसा का शिकार भी होना पड़ा।
- वर्ष 1996 के विधानसभा चुनावों में फारुख अब्दुल्ला के नेतृत्व में नेशनल कॉन्फ्रेंस की सरकार अस्तित्व में आई। इसके अस्तित्व में आते ही इस सरकार ने क्षेत्रीय स्वायत्तता की माँग की।
- वर्ष 2002 के चुनावों में नेशनल कॉन्फ्रेंस को बहुमत प्राप्त नहीं हुआ तथा राज्य में पीपल्स डेमोक्रेटिक अलायंस एवं कांग्रेस दोनों के गठबंधन वाली सरकार का निर्माण हुआ।
- इस प्रकार, जम्मू-कश्मीर बहुलवादी समाज और राजनीति वाला राज्य है। यहाँ धार्मिक, सांस्कृतिक, भाषायी, जातीय और जनजातीय विभिन्नताएँ हैं। इसके अतिरिक्त यहाँ अलग-अलग राजनीतिक आकांक्षाएँ भी लोगों में पाई जाती हैं तथा संघर्ष और तनाव के बीच राज्य की धर्मनिरपेक्ष संस्कृति बनी हुई है।

### वर्ष 2002 के बाद का घटनाक्रम

- मुफ्ती मोहम्मद सईद प्रथम तीन वर्ष तक सत्ता में रहे। इसके बाद भारतीय राष्ट्रीय कांग्रेस के गठबंधन के साथ गुलाम नबी आजाद मुख्यमंत्री बने। हालाँकि जुलाई, 2008 में राष्ट्रपति शासन के लगने के कारण यह अपना कार्यकाल पूर्ण न कर सके।
- वर्ष 2009 में भारत राष्ट्रीय कांग्रेस तथा नेशनल कॉन्फ्रेंस के गठबंधन की सरकार उमर अब्दुल्ला के नेतृत्व में बनी। इस दौरान हुर्रियत कॉन्फ्रेंस के नेतृत्व में राज्य में अशांति बनी रही। वर्ष 2014 में भारतीय जनता पार्टी तथा पीडीपी के साथ गठबंधन में चुनाव हुआ। इसमें राज्य में 25 वर्षों में सबसे अधिक मतदान हुआ। इसमें मुफ्ती मोहम्मद सईद मुख्यमंत्री बने तथा इनकी मृत्यु के पश्चात् इनकी पुत्री महबूबा मुफ्ती अप्रैल, 2016 में राज्य की पहली महिला मुख्यमंत्री बनीं।
- इनके कार्यकाल के दौरान बाहरी एवं आंतरिक तनाव में वृद्धि करने वाली आतंकवादी गतिविधियाँ हुईं तथा इसके बाद भारतीय जनता पार्टी ने जून, 2018 में अपना समर्थन वापस ले लिया तथा राज्य में राष्ट्रपति शासन लगाया गया।
- 5 अगस्त, 2019 को जम्मू और कश्मीर पुनर्गठन अधिनियम, 2019 पारित किया गया और अनुच्छेद-370 को समाप्त कर दिया गया। इस प्रकार, राज्य को दो केंद्रशासित प्रदेश—जम्मू एवं कश्मीर तथा लद्दाख में विभाजित कर दिया गया है।
- इन क्षेत्रों में सांस्कृतिक, धार्मिक, भाषाई जातीय और जनजातीय सभी प्रकार की विविधताएँ है। यहाँ राजनीतिक और विकासात्मक आकांक्षाएँ भी अलग-अलग हैं, जिन्हें नवीनतम अधिनियम के माध्यम से पूर्ण करने का प्रयास किया जा रहा है।

### चेक प्वॉइंट 2

1. पूर्वोत्तर भारत के कौन-से राज्य ने भारत से अलग होने की पहली बार माँग की थी?
2. कश्मीरियत शब्द का क्या अर्थ है?
3. जम्मू और कश्मीर के पहले मुख्यमंत्री कौन-थे?
4. महबूबा मुफ्ती के सत्ता में आने पर पीडीपी ने किस राजनीतिक दल के साथ गठबंधन किया था?

## 7.3 पंजाब

- स्वतंत्रता प्राप्ति के पश्चात् भाषायी आधार पर राज्यों के पुनर्गठन के संदर्भ में वर्ष 1966 में पंजाबी भाषा के आधार पर पंजाब राज्य का गठन हुआ।
- 1980 के दशक में पंजाब राज्य की सामाजिक संरचना में परिवर्तन तब हुआ, जब पंजाब राज्य से हरियाणा और हिमाचल प्रदेश नामक दो राज्य बनाए गए।
- अकाली दल, जो वर्ष 1920 में सिखों के राजनीतिक शाखा के रूप में गठित हुआ था, ने 'पंजाबी सुबा' के गठन के लिए आंदोलन का नेतृत्व किया।

## पंजाब का राजनीतिक संदर्भ

- पंजाब राज्य के गठन के बाद, अकाली दल वर्ष 1967 में सत्ता में आया तत्पश्चात् वर्ष 1977 में भी सत्ता में आया। दोनों ही बार यह गठबंधन सरकार थी। अकाली दल को यह महसूस हुआ कि पुनर्गठन के बावजूद उनकी शक्ति और स्थिति संदिग्ध बनी रही। इसके निम्न आधार थे-
- पहला, सरकार को केंद्र द्वारा मध्यावधि में बर्खास्त कर दिया गया।
- दूसरा, उन्हें हिंदुओं के बीच मजबूत समर्थन नहीं मिला।
- तीसरा, सिख समुदाय जैसे अन्य धार्मिक समुदाय, जाति और वर्ग के आधार पर आंतरिक रूप से विभाजित था।
- कांग्रेस की लोकप्रियता पंजाब के दलितों (सिख या हिंदू) के बीच बढ़ी।
- 1970 के दशक में अकालियों के एक समूह द्वारा पंजाब की स्वायत्तता की माँग उठाई गई तथा वर्ष 1973 में आनंदपुर साहिब में हुए एक सम्मेलन में प्रस्ताव पारित किया गया, जिसके अंतर्गत क्षेत्रीय स्वायत्तता और केंद्र-राज्यों के संबंधों को पुनर्परिभाविष करने की माँग की गई।
- इस प्रस्ताव में सिख कौम (नेशन या समुदाय) की आकांक्षाओं पर बल देते हुए सिखों के प्रभुत्व का ऐलान किया गया तथा संघवाद को मजबूत करने की अपील की गई। इसका सिख समुदाय पर बहुत कम प्रभाव पड़ा।
- वर्ष 1980 में अकाली दल की सरकार बर्खास्त हो गई, तो अकाली दल ने पंजाब तथा पड़ोसी राज्यों के बीच पानी के बँटवारे के मुद्दे पर एक आंदोलन चलाया।
- क्षेत्रीय स्वायत्तता के संदर्भ में भी सिख समुदाय दो वर्गों में विभाजित था। एक तरफ जहाँ कुछ धार्मिक नेता स्वायत्तता तथा सिख पहचान पर बल दे रहे थे, वहीं दूसरी तरफ कुछ चरमपंथी भारत से अलग राष्ट्र 'खालिस्तान' की माँग का समर्थन कर रहे थे।

## पंजाब में हिंसा का चक्र

- चरमपंथियों द्वारा इस स्वायत्तता आंदोलन ने सशस्त्र विद्रोह का रूप ले लिया। इस दौरान उग्रवादियों ने अमृतसर में स्थित स्वर्ण मंदिर को अपना मुख्यालय बनाया और यह हथियारों का किला बन गया।
- इसके प्रत्युत्तर में जून, 1984 में भारत सरकार ने **ऑपरेशन ब्लू स्टार**[4] (Operation Blue Star) चलाया, जो स्वर्ण मंदिर में सेना की कार्रवाई का कोड नाम था। इस ऑपरेशन में, सरकार ने चरमपंथियों को स्वर्ण मंदिर से बाहर निकाला।
- ऑपरेशन ब्लू स्टार को सिख समुदाय ने अपने धर्म तथा विश्वास पर हमला माना। इस घटना के पश्चात् पंजाब में उग्रवादी चरमपंथी भावना का तीव्रता के साथ विकास हुआ।
- जिसके परिणामस्वरूप तत्कालीन प्रधानमंत्री इंदिरा गाँधी की, उनके ही सिख अंगरक्षक ने 31 अक्टूबर, 1984 को गोली मारकर हत्या कर दी, जो सिख थे और ऑपरेशन ब्लू स्टार का बदला लेना चाहते थे। पूरे देश को इस घटना से झटका लगा।
- इस घटना के पश्चात् भारत के कई हिस्सों में सिख विरोधी दंगे आरंभ हो गए। दिल्ली, कानपुर, बोकारो और चास हिंसा से सर्वाधिक प्रभावित क्षेत्रों में शामिल थे।
- इस हिंसा में दिल्ली सर्वाधिक प्रभावित हुई, जहाँ दो हजार से अधिक सिख मारे गए। इसके अतिरिक्त कानपुर, बोकारो और चास में भी सैकड़ों सिख मारे गए। इससे इन्हें आर्थिक हानि का भी सामना करना पड़ा था।
- सिखों को इस बात का अत्यधिक दु:ख था कि सरकार ने इन दंगों पर नियंत्रण पाने में देरी की। इसके अतिरिक्त हिंसा करने वाले लोगों को दंड भी नहीं दिया गया। बीस साल बाद, वर्ष 2005 में संसद में बोलते हुए प्रधानमंत्री मनमोहन सिंह ने इन हत्याओं पर खेद व्यक्त किया और राष्ट्र से सिख विरोधी हिंसा के लिए क्षमा माँगी।

### पंजाब में शांति की बहाली

- वर्ष 1984 में राजीव गाँधी प्रधानमंत्री बने तथा अकाली दल के तत्कालीन अध्यक्ष हरचंद सिंह लोंगोवाल के साथ वर्ष 1985 में पंजाब में शांति स्थापना हेतु एक संधि की। यह संधि पंजाब में अमन-शांति बनाए रखने के संदर्भ में की गई। इस समझौते को राजीव गाँधी लोंगोवाल समझौता अथवा पंजाब समझौता कहा जाता है।
- इसमें निम्नलिखित शर्तें शामिल थीं-
  - चंडीगढ़ का पंजाब को स्थानांतरण।
  - पंजाब और हरियाणा राज्यों के बीच सीमा-विवाद हल करने के लिए अलग आयोग नियुक्त किया जाएगा।
  - पंजाब में सशस्त्र बल विशेष अधिकार अधिनियम (AFSPA) को वापस लिया जाएगा।
- इसके अंतर्गत सरकार ने पंजाब में उग्रवाद से पीड़ित एवं प्रभावित लोगों को मुआवजा देने तथा पंजाब से विशेष सुरक्षा अधिनियम वापस लेने पर भी सहमति व्यक्त की।

---

4 **ऑपरेशन ब्लू स्टार** (Operation Blue Star) यह स्वर्ण मंदिर में उग्रवादियों के विरुद्ध सरकार द्वारा की गई सैन्य कार्यवाही का कूट नाम था।

- पंजाब-हरियाणा-राजस्थान के बीच रावी-व्यास नदी के जल बँटवारे हेतु भी एक न्यायाधिकरण (Tribunal) का गठन किया।
- संधि के बाद भी पंजाब में हिंसा का दौर एक दशक तक चला। इस हिंसा को दबाने के लिए व्यापक स्तर पर मानवाधिकारों का उल्लंघन किया गया।
- अकाली दल का विभाजन हुआ तथा अंततः राष्ट्रपति शासन लगा दिया गया, जिससे राज्य में निःसंदेह राजनीतिक व चुनावी प्रक्रिया बहुत प्रभावित हुई।
- पंजाब में वर्ष 1992 में चुनाव हुआ, जिसमें मात्र 24% लोगों ने अपने मत का प्रयोग किया। वर्ष 1990 के मध्यवर्ती वर्षों में पंजाब में शांति कायम हुई।
- उग्रवाद की समाप्ति के पश्चात् पंजाब में वर्ष 1997 के चुनावों में अकाली दल-भाजपा गठबंधन को पूर्ण बहुमत प्राप्त हुआ तथा पंजाब की राजनीति ने धर्मनिरपेक्षता का रुख अपनाया तथा आर्थिक विकास और सामाजिक परिवर्तन के मुददों को राज्य में प्रमुख स्थान दिया गया।

### चेक प्वॉइंट 3

1. आनंदपुर साहिब प्रस्ताव क्या था?
2. स्वर्ण मंदिर में सरकार द्वारा की गई सैन्य कार्यवाही का कोड क्या था ?
3. वर्ष 1984 में सिख समुदाय के खिलाफ बड़े पैमाने पर हिंसा कौन-कौन से स्थानों पर हुई?
4. राजीव गांधी -लोगोवाल समझौते के बाद पंजाब में किस राजनीतिक दल का विभाजन हुआ।

## 7.4 पूर्वोत्तर क्षेत्र

- उत्तर-पूर्व क्षेत्र में आठ राज्य शामिल हैं, अर्थात् अरुणाचल प्रदेश, असम, नागालैंड, मणिपुर, त्रिपुरा, मिजोरम, और मेघालय। इन राज्यों को सात बहनें कहा जाता है। सिक्किम राज्य को सात बहनों का भाई कहा जाता है।
- इस क्षेत्र में देश की कुल जनसंख्या की 4% आबादी निवास करती है।
- भारत के कुल क्षेत्रफल की दृष्टि से पूर्वोत्तर का क्षेत्रफल इस भाग की आबादी का दो गुना अर्थात् 8% है। 22 किमी लंबी एक पतली सड़क इसे शेष भारत से जोड़ती है।
- चीन, म्यांमार, बांग्लादेश से लगने वाली सीमाओं के कारण पूर्वोत्तर राज्यों को भारत के लिए दक्षिण-पूर्व एशिया का प्रवेश द्वार (India's Gateway of South-East Asia) कहा जाता है।

वर्ष 1947 के पश्चात् पूर्वोत्तर क्षेत्र में कई बदलाव हुए,दृष्टिगोचर होते हैं-

- **त्रिपुरा, मणिपुर** और **मेघालय** का खासी पहाड़ी क्षेत्र पहले अलग-अलग रियासत थे, इनका स्वतंत्रता के बाद भारत संघ में विलय हो गया। लेकिन 1980 के दशक में क्षेत्रीय आकांक्षाएं उभरकर सामने आईं।
- वर्ष 1963 में नागालैंड, वर्ष 1972 में मणिपुर, त्रिपुरा एवं मेघालय तथा वर्ष 1987 में मिजोरम व अरुणाचल प्रदेश राज्य के रूप में अस्तित्व में आए।
- भारत विभाजन से पूर्वोत्तर के क्षेत्र अलग पड़ गए, ये क्षेत्र अब एक **भू-आवेष्ठित**[5] (Landlocked) क्षेत्र बन गए।
- इन क्षेत्रों के विकास पर समुचित ध्यान न देने के कारण ये क्षेत्र लगातार पिछड़ते चले गए, साथ ही दूसरे राज्यों एवं देशों से आने वाले शरणार्थियों के कारण होने वाली लगातार जनसंख्या वृद्धि ने वहाँ विकट समस्या का रूप धारण कर लिया।

उत्तर-पूर्वी क्षेत्र से जटिल माँगे निम्नलिखित कारणों से भी उठने लगीं, जिसके निम्न आधार थे।

- क्षेत्र का जटिल सामाजिक चरित्र
- देश के अन्य हिस्सों की तुलना में पिछड़ापन
- विस्तृत अंतर्राष्ट्रीय सीमा
- उत्तर-पूर्व और भारत के शेष हिस्सों के बीच कमजोर संचार
- राजनीति की नाजुक स्थिति

उत्तर-पूर्व की राजनीति में तीन प्रमुख मुद्दे हावी हैं

1. स्वायत्तता की माँग 2. अलगाववादी आंदोलन 3. 'बाहरी लोगों' का विरोध

1970 के दशक में पहले मुद्दे पर कुछ पहल की गई, जिससे महत्त्वपूर्ण विकास हुआ। 1980 के दशक में, दूसरे और तीसरे मुद्दों पर पहल की गई।

---

5 **भू-आवेष्ठित** वह क्षेत्र जो चारों तरफ से भूमि से घिरा होता है और किसी खुले समुद्र या महासागर से जुड़ा नहीं होता।

## स्वायत्तता की माँग

- स्वतंत्रता के समय त्रिपुरा एवं मणिपुर को छोड़कर पूरा पूर्वोत्तर क्षेत्र **असम** के नाम से जाना जाता था। इन परिस्थितियों में गैर-असमी भाषी लोगों ने स्वयं के ऊपर असमी भाषा जबरदस्ती थोपे जाने का विरोध किया। इसी विरोध ने आगे चलकर स्वायत्तता की माँग का रूप धारण कर लिया।
- असम से अलग होने के लिए जनजातीय नेताओं ने ईस्टर्न इंडिया ट्राइबल यूनियन का निर्माण किया, जो आगे चलकर वर्ष 1960 में ऑल पार्टी हिल्स कॉन्फ्रेंस में बदल गई। इसने असम से अलग जनजातीय राज्य बनाने की माँग की।
- वर्ष 1972 तक केंद्र सरकार द्वारा पूर्वोत्तर क्षेत्र का पुनर्गठन कर मेघालय, त्रिपुरा, मणिपुर, मिजोरम, अरुणाचल प्रदेश का निर्माण किया गया। यह पुनर्गठन जनजातीय भागों का ही परिणाम था।
- असम में बोडो, करबी और दिमसा जनजाति समुदाय के लोगों द्वारा अलग राज्य की माँग की जा रही थी, जोकि अतार्किक प्रतीत होती है, क्योंकि वहाँ एक राज्य के अंदर से लघुत्तर (छोटा) राज्य बनाना संभव नहीं था।
- संघीय राज व्यवस्था के प्रावधानों के तहत स्वायत्तता की माँग को संतुष्ट करने की कोशिश की गई तथा इन्हें असम में ही रखा गया।
- सरकार द्वारा करबी और दिमसा समुदाय के लिए जिला परिषद् तथा बोडो जनजाति को स्वायत्त परिषद् का दर्जा प्रदान किया गया है।

## स्वायत्तता की माँग के कारण

- इस क्षेत्र में स्वायत्तता की माँग इसलिए उठाई गई, क्योंकि लोगों ने आर्थिक, सामाजिक, सांस्कृतिक या राजनीतिक पहलुओं में अधिक संसाधन वाले क्षेत्रों द्वारा भेदभाव महसूस किया।
- उनके क्षेत्र को राज्य में राजनीतिक संस्थानों में पर्याप्त प्रतिनिधित्व नहीं दिया जाता और उनके बारे में निर्णय सरकारों द्वारा उनकी भागीदारी के बिना लिए जाते हैं।

### अलगाववादी आंदोलन

स्वायत्तता की माँग संविधान के प्रावधानों के तहत है, लेकिन समस्याएँ तब उत्पन्न हुईं जब राज्यों ने अलग देश की माँग शुरू कर दी। मिजोरम और नागालैंड के उत्तर-पूर्वी क्षेत्रों में स्वायत्तता के लिए **अलगाववादी आंदोलन**[6] हुए, जिनकी चर्चा नीचे की गई है

### मिजोरम

- स्वतंत्रता के पश्चात् मिजो लोगों का मानना था कि वे कभी भी ब्रिटिश इंडिया के अंग नहीं रहे इसलिए वे भारत संघ में शामिल न होकर, एक स्वायत्त क्षेत्र में रहेंगे। इसके पश्चात् मिजो हिल्स के लोगों द्वारा एक आंदोलन शुरू किया गया, जिसे वर्ष 1959 के मिजो हिल्स इलाके में अकाल के कारण भारी समर्थन मिला, क्योंकि इस अकाल की समस्या में असम सरकार लोगों की सहायता समुचित रूप से नहीं कर पाई। सरकार की असफलता के कारण मिजो लोगों ने मिजो नेशनल फ्रंट बनाया, जिसका नेतृत्व लालडेंगा ने किया था।

---

6 **अलगाववादी आंदोलन** अलगाववादी आंदोलन एक ऐसा समूह है, जो चाहता है कि कोई क्षेत्र या समूह किसी बड़े देश या समूह से अलग हो जाए।

- स्वतंत्रता की माँग को लेकर मिजो नेशनल फ्रंट तथा भारतीय सेना के बीच वर्ष 1966 से लेकर अगले दो दशकों तक लगातार संघर्ष चलता रहा, इसमें इन्होंने **गुरिल्ला युद्ध**[7] किया। इस संघर्ष को पाकिस्तान ने समर्थन दिया, किंतु इसे सेना द्वारा दबा दिया गया।
- इस आंदोलन ने अलगाव की भावना को बढ़ाया, जिसे सरकार रोक पाने में असफल रही। दो दशक तक चले इस संघर्ष से दोनों पक्षों को अत्यधिक हानि हुई। पाकिस्तान में निर्वासित जीवन व्यतीत कर रहे लालडेंगा भारत आए और उन्होंने भारत सरकार के साथ बातचीत शुरू की।
- वर्ष 1986 में राजीव गाँधी तथा लालडेंगा के मध्य समझौते हुए, जिसमें मिजोरम को पूर्ण राज्य का दर्जा प्राप्त हुआ तथा लालडेंगा वहाँ के प्रथम मुख्यमंत्री बने। वर्तमान में मिजोरम पूर्वोत्तर का सबसे शांतिपूर्ण राज्य है और उसने कला, साहित्य तथा विकास की दिशा में अत्यधिक प्रगति की है।

**नागालैंड**

- मिजोरम की भाँति नागालैंड में भी अलगाववादी आंदोलन की शुरुआत हुई, लेकिन यह आंदोलन अत्यधिक पुराना है। वर्ष 1951 में अंगमी जापू फिजो के नेतृत्व में नागा निवासियों ने स्वयं को भारत से स्वतंत्र घोषित कर लिया।
- नागा नेशनल काउंसिल (NNC) ने नागाओं की संप्रभुता के लिए सशस्त्र संघर्ष शुरू किया। भारत सरकार और काउंसिल के बीच एक समझौता हुआ, लेकिन यह समझौता विद्रोहियों को स्वीकार्य नहीं था। जिस कारण आज तक नागालैंड की समस्या का समाधान नहीं हो सका है।

## पूर्वोत्तर में 'बाहरी लोगों' के खिलाफ आंदोलन

- पूर्वोत्तर में बड़े स्तर पर पड़ोसी राज्यों एवं पड़ोसी देश से आने वाले अप्रवासियों के कारण वहाँ बाहरी लोगों के खिलाफ आंदोलन की शुरुआत हुई। स्थानीय लोगों का मानना था कि बाहरी लोग उनकी जमीन एवं रोजगार के अवसरों को छीन रहे हैं, इसके अतिरिक्त वे लोग बाहरी लोगों को प्रतिद्वंद्वी के रूप में देखते हैं।
- वर्ष 1979-85 तक चलने वाला 'असम आंदोलन' बाहरी लोगों के खिलाफ चले आंदोलन का सर्वोत्तम उदाहरण है।
- वर्ष 1979 में **आसू**[8] असम स्टूडेंट यूनियन (आसू-AASU) ने विदेशियों के विरोध में एक आंदोलन चलाया। यह एक छात्र संगठन था जिसका जुड़ाव किसी भी राजनीतिक दल से नहीं था। इस आंदोलन की पृष्ठभूमि में निम्न कारक शामिल थे।, जो इस प्रकार हैं
  - असम में बांग्लादेश से आए अवैध बंगाली मुस्लिम प्रवासियों की अधिक संख्या थी।
  - असमिया लोगों का यह विश्वास था कि ये विदेशी लोग असम जनसंख्या संरचना को बदल देंगे और असम के मूल निवासी अपने ही राज्य में अल्पसंख्यक बन जाएँगे।
  - हालाँकि असम में तेल, चाय और कोयला जैसे प्राकृतिक संसाधन हैं, लेकिन गरीबी और बेरोजगारी के कारण वहाँ आर्थिक समस्याएँ थीं।
  - इनके द्वारा वर्ष 1951 के बाद से बाहर से आकर बसने वाले उन अप्रवासी बांग्लादेशियों को वापस भेजने की माँग की गई, जिनका नाम मतदाता सूची में दर्ज किया जा रहा था।
  - असमी लोगों का मानना था कि अप्रवासियों के कारण स्थानीय असमी जनता अल्पसंख्यक हो जाएगी। इसके अतिरिक्त लोगों का यह भी मानना था कि यहाँ के प्राकृतिक संसाधन (तेल, कोयला एवं चाय) बाहर भेजे जा रहे हैं।
  - असम आंदोलन को सभी बड़े तबकों का समर्थन प्राप्त था, लेकिन इस आंदोलन के दौरान हुई हिंसा ने बड़े स्तर पर धन-संपत्ति, रेल आवाजाही में बाधा एवं बिहार स्थित बरौनी तेलशोधक कारखाने को होने वाली तेल आपूर्ति को भी रोकने का प्रयास किया, जिससे अधिक आर्थिक नुकसान हुआ।
  - वर्ष 1985 में राजीव गाँधी के नेतृत्व वाली सरकार एवं ऑल असम स्टूडेंट्स यूनियन के नेताओं के मध्य समझौते में अप्रवासी बांग्लादेशियों की पहचान कर उन्हें **निर्वासित**[9] का निर्णय लिया गया तथा शांति कायम करने का प्रयास किया गया, लेकिन शांति बहाली के बाद भी 'आप्रवास' की समस्या बनी हुई है।
  - आंदोलन की सफलता के बाद 'आसू' और 'असम गण संग्राम परिषद्' दोनों साथ मिलकर एक क्षेत्रीय राजनीतिक पार्टी के रूप में संगठित हुए। इसका नाम 'असम गण परिषद्' रखा गया। यह वर्ष 1985 में सत्ता में आई और स्वर्णिम निर्माण का वादा किया। हालाँकि आप्रवास की समस्या का समाधान नहीं हो पाया।
  - आप्रवास की समस्या के कारण मूल निवासी अपने ही क्षेत्र में अल्पसंख्यक बन गए हैं। त्रिपुरा में यह समस्या अधिक गंभीर है। इसी प्रकार मिजोरम तथा अरुणाचल प्रदेश के लोगों में चकमा शरणार्थियों को लेकर व्यापक स्तर पर रोष व्याप्त है।

---

7 **गुरिल्ला युद्ध** यह एक प्रकार का पारंपरिक युद्ध नही है, जहाँ छोटे-छोटे लड़ाकों के समूह बड़ी और अधिक संगठित सैन्य ताकतों के खिलाफ असामान्य रणनीतियों का उपयोग करते हैं।

8 **आसू** (Assu) ऑल असम स्टूडेंटस यूनियन, यह एक छात्र संगठन था।

9 **निर्वासत** यह प्रक्रिया अवैध प्रवासियों को देश से निकालने की होती है।

### सिक्किम का विलय

- स्वतंत्रता के समय सिक्किम भारत का संरक्षित राज्य था, जिसका आशय था कि यह भारत का हिस्सा नहीं था। भारत सिक्किम की रक्षा और विदेशी नीति का ध्यान रखता था, जबकि आंतरिक प्रशासन सिक्किम के राजा (चोग्याल) द्वारा चलाया जाता था।
- यह राजा जनतांत्रिक तरीके से लोगों को खुश रखने में विफल रहा। सिक्किम की अधिकांश आबादी नेपाली थी, लेकिन चोग्याल अभिजात्य लेखा-भूमिया समुदाय के अल्पसंख्यक शासक को बनाए रखने के इच्छुक थे। इससे दोनों समुदायों के कुछ नेताओं में चोग्याल विरोधी भावना बढ़ी और उन्हें भारत सरकार का समर्थन मिला।
- वर्ष 1974 में पहली बार सिक्किम में लोकतांत्रिक तरीके से विधानसभा चुनाव हुए। इन चुनावों में सिक्किम कांग्रेस जो भारत के साथ अधिक एकीकरण चाहती थी ने सभी सीटों पर जीत हासिल की।
- शुरुआत में, विधानसभा में सहायक राज्य की बात की, लेकिन अप्रैल 1975 में विधानसभा ने सिक्किम राज्य के भारत में पूर्ण विलय के लिए एक प्रस्ताव पारित किया। इसके बाद एक **जनमत संग्रह**[10] हुआ, जिसमें इस प्रस्ताव को जनता का समर्थन मिला।
- इस अनुरोध को भारतीय संसद ने तुरंत स्वीकार कर लिया और इस प्रकार सिक्किम भारतीय संघ का 22वाँ राज्य बन गया। हालाँकि राजा चोग्याल ने इस विलय को स्वीकार नहीं किया। राजा के समर्थकों ने भारत सरकार पर धोखाधड़ी और बल प्रयोग का आरोप लगाया। फिर भी इस विलय को जनता का समर्थन मिला और यह सिक्किम की राजनीति में कभी भी विभाजनकारी मुद्दा नहीं बना।

### चेक प्वॉइंट 3

1. कौन-सा राज्य सात बहनों का भाई कहलाता है?
2. स्वतंत्रता आंदोलन क्या है?
3. स्वर्णिम असम का वादा किसने किया?
4. सिक्किम राज्य के भारत में पूर्ण विलय के लिए प्रस्ताव कब पारित हुआ?

## समाहार और राष्ट्रीय अखंडता

स्वतंत्रता के सात दशक बाद भी राष्ट्रीय अखंडता के संदर्भ में कुछ मुद्दों का पूर्णत: समाधान नहीं हुआ है। इसके अंतर्गत अलगाव एवं आर्थिक विकास का मुद्दा भी शामिल है।

भारतीय लोकतांत्रिक राजनीति की कठिन परीक्षा वर्ष 1980 के बाद से प्रारंभ हुई, जिसके अंतर्गत भारतीय राजनीति ने नए आयामों एवं कई राजनीतिक मुद्दों को सीखा, जो निम्न प्रकार से हैं

- क्षेत्रीय आकांक्षाएँ लोकतांत्रिक राजनीति का हिस्सा है यह कोई बाधा या असामान्य प्रक्रिया नहीं है। क्षेत्रीय आकांक्षाएँ छोटे देशों में भी उठ सकती हैं; जैसे—यूनाइटेड किंगडम, स्कॉटलैंड, वेल्स और उत्तरी आयरलैंड में, स्पेन में बास्क लोगों का स्वतंत्रता आंदोलन, श्रीलंका में तमिलों का संघर्ष इसलिए भारत जैसे बड़े और विविध लोकतंत्र के लिए राष्ट्रीय निर्माण एक सतत् प्रक्रिया है, क्योंकि इसे नियमित रूप से क्षेत्रीय आकांक्षाओं से निपटना पड़ता है।
- क्षेत्रीय आकांक्षाओं से लोकतांत्रिक वार्ता के माध्यम से निपटा जाना चाहिए, न कि हिंसा या अलगाव के माध्यम से । पंजाब में उग्रवाद उत्तर-पूर्व और कश्मीर की समस्याओं के मामले में भारत सरकार की बातचीत के दृष्टिकोण ने तनाव को कम किया और सुलह की भावना उत्पन्न की। मिजोरम में राजनीतिक समझौता यह दिखाता है कि शांतिपूर्ण समाधान कैसे अलगाव की बड़ी समस्या को प्रभावी तरीके से सुलझा सकता है।
- **तीसरा** शक्ति-साझा करना महत्त्वपूर्ण है। औपचारिक लोकतांत्रिक संरचना के अतिरिक्त, राज्य स्तर पर क्षेत्रीय पार्टियों और समूहों के साथ शक्ति साझा की जानी चाहिए। शक्ति साझा करने का यह विचार अन्याय और अलगाव की भावना को कम करता है।
- **चौथा** यदि कोई विशेष क्षेत्र आर्थिक रूप से पिछड़ जाता है, तो उसमें अन्य आर्थिक रूप से विकसित क्षेत्रों की तुलना में भेदभाव की भावना उत्पन्न हो सकती है। स्वाभाविक रूप से कुछ पिछड़े राज्य या क्षेत्र प्राथमिकता के आधार पर समाधान की माँग करते हैं।
- भारतीय संविधान के अंतर्गत किए गए प्रावधान भारतीय विभिन्नताओं के अनुकूल हैं, जो विविधता एवं विभिन्नता के प्रति भारतीय संविधान निर्माताओं की सजगता का साक्ष्य हैं, जिससे विवादों को सुलझाने में सहायता मिलती है।
- भारतीय संविधान विभिन्न अनुसूचियों एवं अनुच्छेदों के माध्यम से क्षेत्रों की विभिन्नताओं, लोगों के आचार-व्यवहारों, पारस्परिक नियमों आदि को संरक्षित करते हुए स्वायत्तता प्रदान करता है; जैसे—संविधान की छठी अनुसूची में विभिन्न जनजातियों को अपने आचार-व्यवहार और पारंपरिक नियमों को संरक्षित देखने की पूर्ण स्वायत्तता दी गई है। यह भारतीय संविधान के लचीलेपन एवं समावेशिता को दर्शाता है।

---

10 **जनमत संग्रह** किसी विशेष नीति या मुद्दे पर लोगों द्वारा सीधे मतदान करना कहलाता है।

## द्रविड़ आंदोलन

- द्रविड़ आंदोलन का प्रमुख नारा ''उत्तर हर दिन बढ़ता जाए, दक्षिण हर दिन घटता जाए'' था। यह आंदोलन भारतीय क्षेत्रीय आंदोलनों में सर्वाधिक शक्तिशाली आंदोलन था। इस आंदोलन ने भारतीय राजनीति में क्षेत्रीयता की भावना को सर्वप्रथम मजबूती से प्रकट किया।
- द्रविड़ आंदोलन का नेतृत्व तमिल समाज सुधारक **ई. वी. रामास्वामी नायकर** द्वारा किया गया। इस आंदोलन में सशस्त्रों का प्रयोग न कर सार्वजनिक सभाओं, सार्वजनिक बहसों एवं चुनावी मंचों का प्रयोग किया गया।
- इस आंदोलन से एक राजनीतिक संगठन द्रविड़ कषगम का उद्‌भव हुआ, जिसने ब्राह्मणों के वर्चस्व का विरोध तथा उत्तरी भारत के राजनीतिक, आर्थिक और सांस्कृतिक प्रभुत्व को नकारते हुए क्षेत्रीय गौरव की प्रतिष्ठा पर बल दिया। इस आंदोलन में स्वतंत्र द्रविड़ राष्ट्र बनाने पर बल दिया गया।
- वर्ष 1953-54 के दौरान द्रविड़ कषगम दो भागों में विभाजित हुआ तथा द्रविड़ आंदोलन का पूरा संकेंद्रण द्रविड़ मुनेत्र कषगम (Dravida Munnetra Kazhagam, DMK) में हो गया। DMK ने तीन माँगों के साथ राजनीति में प्रवेश किया
  (i) कल्लाकुड़ी रेलवे स्टेशन का नया नाम डालमियापुरम से निरस्त कर मूल नाम बहाल किया जाए।
  (ii) स्कूली पाठ्यक्रम में तमिल संस्कृति के इतिहास को अधिक महत्त्व दिया जाए।
  (iii) तीसरी माँग राज्य सरकार के शिल्प कर्म शिक्षा से संबंधित थी, संगठनकर्ताओं के अनुसार सरकार की यह नीति ब्राह्मणवाद को बढ़ावा देती थी।
- वर्ष 1965 में दक्षिण भारत में हिंदी को राजभाषा का दर्जा दिए जाने का तीव्र विरोध हुआ। इससे DMK और लोकप्रिय हुई।
- DMK के संस्थापक सी अन्नादुरै की मृत्यु के बाद इस दल का दो दलों में विभाजन हो गया एक दल DMK और दूसरा दल ऑल इंडिया अन्ना द्रमुक कहलाया। तमिलनाडु की राजनीति में ये दोनों दल चार दशकों से सत्ता में बने हुए हैं।
- 1990 के दशक में मरूमलर्ची द्रविड़ मुनेत्र कषगम, पट्टाली मक्कल कच्ची, देसिया युरपोक्कू द्रविड़ कषगम जैसे कई दलों का उद्‌भव हुआ, जिन्होंने क्षेत्रीय गौरव के मुद्दे को जीवित रखते हुए तमिलनाडु की राजनीतिक क्षेत्रवाद और राष्ट्रवाद के बीच सहकारिता की भावना का एक अच्छा उदाहरण प्रस्तुत किया है।

## गोवा का मुक्ति संग्राम

- ब्रिटिश शासन के दौरान गोवा, दमन और दीव के क्षेत्र 16वीं शताब्दी से पुर्तगाली नियंत्रण में थे। भारतीय स्वतंत्रता के बाद भी पुर्तगालियों ने इन क्षेत्रों में अपना नियंत्रण नहीं छोड़ा।
- भारत सरकार ने पुर्तगाली सरकार को इन भारतीय क्षेत्रों से पीछे हटने के लिए धैर्यपूर्वक समझने की कोशिश की, लेकिन पुर्तगालियों ने गोवा के लोगों को दबाया, उनके नागरिक अधिकार छीन लिए तथा उनसे जबरन धार्मिक परिवर्तन कराए।
- गोवा में स्वतंत्रता के लिए एक मजबूत जन आंदोलन शुरू हुए, जिसे महाराष्ट्र में समाजवादी सत्याग्रहियों ने और मजबूत किया।
- दिसंबर, 1961 में अंततः भारत सरकार ने सेना भेजी और दो दिनों की कार्रवाई में इन क्षेत्रों को मुक्त कर दिया, गोवा, दमन और दीव एक केंद्रशासित प्रदेश बन गए।
- हालाँकि, एक नई समस्या तब शुरू हुई जब महाराष्ट्रवादी गोमांतक पार्टी ने माँग की कि गोवा (जो एक मराठी भाषा क्षेत्र) को महाराष्ट्र में विलय कर दिया जाए। लेकिन यूनाइटेड गोअन पार्टी के नेतृत्व में गोवा के लोगों ने अपनी गोअन पहचान, विशेष रूप से अपनी संस्कृति और कोंकणी भाषा को अलग बनाए रखने की इच्छा व्यक्त की।
- वर्ष 1967 में, केंद्र सरकार ने गोवा में एक विशेष जनमत संग्रह कराया। अधिकांश गोवा निवासियों ने महाराष्ट्र के बाहर रहने के पक्ष में मतदान किया। इस प्रकार, गोवा एक केंद्रशासित प्रदेश बना रहा।
- वर्ष 1987 में गोवा एक राज्य बन गया।

### चेक प्वॉइंट 5

1. यूनाइटेड किंगडम में कौन-कौन से क्षेत्रीय इलाके क्षेत्रीय आकांक्षाओं की माँग करते हैं?
2. द्रविड कसगम (डीके) किस दो पार्टियों में विभाजित हुई?
3. किस संगठन ने माँग की थी कि गोवा को महाराष्ट्र में विलय कर दिया जाए?
4. कांग्रेस की केवल मुसलमानों से बातचीत करने की नीति का विरोध किसने किया?
5. सिक्किम प्रजा मंडल के संस्थापक कौन थे?

# Mind Map

# क्षेत्रीय आकांक्षाएँ

## 1 क्षेत्र और राष्ट्र

1980 के दशक में स्वायत्तता की माँग का दशक रहा
- इस दौर में कई क्षेत्रीय आंदोलनों ने अपनी पहचान और अधिकारों के लिए संघर्ष किया। कुछ ने सशस्त्र संघर्ष का रास्ता अपनाया, जबकि कुछ ने केंद्र सरकार से बातचीत कर अपने मुद्दों का समाधान निकालने की कोशिश की।

### विविधता को लेकर भारत सरकार का नजरिया
- सिद्धांत-एकता और विविधता के मध्य संतुलन
- संविधान-भारत का संविधान विभिन्न क्षेत्रों और भाषाई समूहों के अधिकारों को मान्यता देता है।
- राष्ट्रवाद क्षेत्रीय आकांक्षाओं को शामिल करके राष्ट्रीय एकता को मजबूत करने का प्रयास करता है।

### तनाव के दायरे
- स्वतंत्रता के बाद मुद्दे-विभाजन, विस्थापन, रियासतों का भारत में विलय, राज्यों का पुनर्गठन।
- क्षेत्रीय संघर्ष-जम्मू और कश्मीर पूर्वोत्तर भारत (नागालैंड, मिजोरम) दक्षिण भारत (द्रविड़ आंदोलन)।

## 2 जम्मू और कश्मीर

- अनुच्छेद- 370-जम्मू-कश्मीर को अस्थायी स्वायत्तता प्रदान की गई थी।
- विवाद बाह्य विवाद (पाकिस्तान, जम्मू-कश्मीर पर अपना दावा करता है), आंतरिक स्थिति भारत के भीतर इसके विशेष दर्जे को लेकर बहस होती रही है।

### ऐतिहासिक पृष्ठभूमि
- राजसी रियासत—जम्मू-कश्मीर वर्ष 1947 से पहले
- महाराजा हरि सिंहवें स्वतंत्र रहना चाहते थे, लेकिन कबायली हमले (पाकिस्तान समर्थित) के बाद भारत में शामिल हो गए।

### वर्ष 1948 के बाद की राजनीति
- शेख अब्दुल्ला का शासन भूमि सुधार लागू हुए, लेकिन केंद्र सरकार से मतभेद हुए।
- आगे की राजनीति, विभिन्न सरकारों पर भ्रष्टाचार के आरोप लगे, कांग्रेस का प्रभाव बढ़ता गया।

### विद्रोह और उसके बाद की स्थिति
- वर्ष 1987 के चुनाव-फारूख अब्दुल्ला की वापसी, लेकिन चुनाव में धांधली के आरोप लगे।
- उग्रवादी आंदोलन-आतंकवाद बढ़ा, क्योंकि पाकिस्तान से समर्थन मिला।

### वर्ष 2002 और उसके बाद
- गठबंधन सरकारें-नेशनल कॉन्फ्रेंस, पीडीपी, कांग्रेस और भाजपा की सरकारें बनीं।
- अशांत और चुनाव-हुर्रियत कॉन्फ्रेंस के विरोध के अतिरिक्त 25 वर्षों में अधिक मतदान हुआ

## 3 पंजाब का राजनीतिक संदर्भ

- पंजाब राज्य का गठन, विभाजन और राज्यों के पुनर्गठन के बना।
- वर्ष 1920 में अकाली दल की स्थापना की गई इसने 'पंजाबी सूबा' के लिए आंदोलन चलाया।
- वर्ष 1980 में अकाली दल की सरकार बर्खास्त हो गईं।

### राजनीतिक संदर्भ
- अकाली दल सत्ता में-वर्ष1967 और वर्ष 1977 में गठबंधन सरकारें बनाईं।
- केंद्र राज्य संबंध-केंद्र सरकार के साथ संबंधों को नए सिरे से परिभाषित करने की माँग उठी।

### हिंसा का दौर
- ऑपरेशन ब्लू एयर 1984, स्वर्ण मंदिर में सेना की कार्रवाई
- सिख विरोधी हिंसा वर्ष 1984, पूरे देश में सिखों के खिलाफ हिंसा भड़की।

### शांति की राह
- राजीव गाँधी लोंगोवाल समझौता-1985, पंजाब में स्थिति सामान्य करने के लिए समझौता
- प्रमुख शर्तें चंडीगढ़ का पंजाब को हस्तांतरण, सीमा विवाद का समाधान, नदी जल बँटवारा मुआवजा और अफस्पा (AFSPA) हटाने की माँग की।

## 4 पूर्वोत्तर

भारत के पूर्वोत्तर राज्यों में स्वायत्तता की माँगें थीं।
- असम का पुनर्गठन-जनजातीय समुदायों के लिए अलग राज्यों का गठन।
- स्वायत्त जिला परिषदें-करबी, डिमसा और बोडो समुदाय के लिए स्थापित की गईं।

### उत्तर-पूर्वी क्षेत्र
- संघटक राज्य-8 राज्य (अरुणाचल प्रदेश, असम, नागालैंड, मणिपुर, त्रिपुरा, मिजोरम, मेघालय और सिक्किम)
- जनसंख्या-भारत की कुल जनसंख्या का 4%
- सीमाएँ– म्यांमार, चीन और बांग्लादेश के साथ अंतर्राष्ट्रीय सीमाएँ साझा करता है।

### ऐतिहासिक पृष्ठभूमि
- रियासतों का भारत में विलय त्रिपुरा, मणिपुर और खासी हिल्स स्वतंत्रता के बाद भारत में शामिल हुए।

### बाहरी लोगों के खिलाफ आंदोलन
- असम आंदोलन (वर्ष 1979-1985) अवैध प्रवासियों को निर्वासित करने की माँग को लेकर विरोध प्रदर्शन।

### अलगाववादी आंदोलन
- मिजो नेशनल फ्रंट (MNF)-अलग देश की माँग की, लेकिन वर्ष 1986 में शांति समझौते पर हस्ताक्षर किए।

## 5 समाहार और राष्ट्रीय अखंडता

- सीखे गए सबक क्षेत्रीय आकांक्षाएँ सामान्य हैं
- लोकतांत्रिक वार्ताओं से समस्या का समाधान संभव है।
- सत्ता-साझेदारी अन्याय की भावना को कम करती है।
- आर्थिक विकास भेदभाव की भावना को घटाता है।

### गोवा की मुक्ति
- पुर्तगाली शासन 16वीं शताब्दी से वर्ष 1961 तक गोवा पर पुर्तगाल का शासन था।
- भारतीय स्वतंत्रता के बाद गोवा पुर्तगाली शासन के अधीन बना रहा।
- मुक्ति आंदोलन-जन आंदोलन और समाजवादी सत्याग्रहियों ने स्वतंत्रता की माँग की।
- भारतीय सेना की कार्रवाई दिसंबर, 1961 में सेना ने गोवा को मुक्त कराया।

# NCERT फोल्डर

## अध्याय के मध्य में दिए गए प्रश्न

**1. क्या इसका मतलब यह हुआ कि क्षेत्रवाद सांप्रदायिकता के समान खतरनाक नहीं है? क्या हम यह भी कह सकते हैं कि क्षेत्रवाद अपने आप में खतरनाक नहीं।**

उत्तर क्षेत्रवाद अपने आप में खतरनाक नहीं है यदि इसे लोकतांत्रिक और संवैधानिक दायरे में रखा जाए। भारत जैसे विविधतापूर्ण देश में क्षेत्रीय आकांक्षाएँ स्वाभाविक हैं और लोकतंत्र उन्हें अभिव्यक्त करने का अवसर प्रदान करता है।

भारतीय संविधान और राष्ट्रवाद की बुनियाद विविधता में एकता पर टिकी है। भारत ने एक ऐसा लोकतांत्रिक दृष्टिकोण अपनाया है, जिसमें क्षेत्रीय पहचान और आकांक्षाओं को राष्ट्रविरोधी नहीं माना जाता है, बल्कि उन्हें राष्ट्र निर्माण की प्रक्रिया का हिस्सा समझा गया है। क्षेत्रीय समूहों को अपनी संस्कृति बनाए रखने और अपनी समस्याओं को सामने रखने का अधिकार दिया गया है।

हालाँकि जब क्षेत्रीय आकांक्षाएँ हिंसा का रूप ले लेती हैं या संवैधानिक ढाँचे को चुनौती देती हैं। तब यह एक गंभीर समस्या बन जाती है। इसी कारण 1980 के दशक में कई स्वायत्तता आंदोलन ने सरकार और राजनीतिक व्यवस्था को चुनौती दी। इन आंदोलनों का समाधान अक्सर बातचीत और समझौते के माध्यम से हुआ, ताकि विवादों को संविधान के दायरे में रहकर सुलझाया जा सके। इस दृष्टिकोण से यह कहा जा सकता है कि क्षेत्रवाद यदि संवैधानिक और लोकतांत्रिक प्रकिया के तहत है, तो यह राष्ट्र के लिए खतरनाक नहीं है, लेकिन जब यह हिंसक हो जाए या राष्ट्रीय एकता को चुनौती दे, तब यह चिंता का विषय बन जाता है।

**2. खतरे की बात हमेशा सीमांत के राज्यों के संदर्भ में ही क्यों उठाई जाती है? क्या इन सबके पीछे विदेशी हाथ ही होता है?**

उत्तर सीमांत राज्यों में खतरों और चुनौतियों की बात मुख्य रूप से उनकी विशेष भौगोलिक सांस्कृतिक और राजनीतिक परिस्थितियों के कारण उठाई जाती है। इन राज्यों में प्रायः अलगाववादी आंदोलन, भाषाई विवाद और स्थानीय राजनीतिक आकांक्षाएँ देखी गई हैं।

**सीमांत स्थान और रणनीतिक महत्त्व** सीमांत राज्यों की भौगोलिक स्थिति उन्हें अधिक संवेदनशील बनाती है। कश्मीर, नागालैंड और मिजोरम जैसे राज्यों की सीमाएँ विदेशी देशों से सटी हुई हैं। इन सीमांत स्थानों पर बाहरी हस्तक्षेप का जोखिम अधिक होता है। इस कारण इन क्षेत्रों के खतरे की बात प्रायः उठाई जाती है।

**सांस्कृतिक विविधता और अलगाववादी आंदोलन** इन राज्यों में रहने वाले लोगों की सांस्कृतिक भाषाई और सामाजिक पहचान मुख्यधारा के भारतीय समाज से भिन्न हो सकती है। उदाहरण के लिए, नागालैंड और मिजोरम में स्थानीय समुदाय ने भारत से अलग होने की माँग उठाई। इस प्रकार, सीमांत राज्य के संदर्भ में खतरे की बात रखने का कारण उनकी भौगोलिक संवेदनशीलता, सांस्कृतिक विविधता और राजनीतिक अस्थिरता है। हालाँकि भारत को आंतरिक नीतियों के माध्यम से इन क्षेत्रों की राजनीतिक सांस्कृतिक और आर्थिक चिंताओं का समाधान करना आवश्यक है।

## नीचे दिए प्रश्नों के उत्तर संक्षेप में दीजिए

**1.** निम्नलिखित में मेल करें

| क्षेत्रीय आकांक्षाओं की प्रकृति | राज्य |
|---|---|
| (a) सामाजिक-धार्मिक पहचान के आधार पर राज्य का निर्माण | (1) नागालैंड/मिजोरम |
| (b) भाषायी पहचान और केंद्र के साथ तनाव | (2) झारखंड/छत्तीसगढ़ |
| (c) क्षेत्रीय असंतुलन के फलस्वरूप राज्य का निर्माण | (3) पंजाब |
| (d) आदिवासी पहचान के आधार पर अलगाववादी माँग | (4) तमिलनाडु |

उत्तर

| क्षेत्रीय आकांक्षाओं की प्रकृति | राज्य |
|---|---|
| (a) सामाजिक-धार्मिक पहचान के आधार पर राज्य का निर्माण | (3) पंजाब |
| (b) भाषायी पहचान और केंद्र के साथ तनाव | (4) तमिलनाडु |
| (c) क्षेत्रीय असंतुलन के फलस्वरूप राज्य का निर्माण | (2) झारखंड/छत्तीसगढ़ |
| (d) आदिवासी पहचान के आधार पर अलगाववादी माँग | (1) नागालैंड/मिजोरम |

**2. पूर्वोत्तर के लोगों की क्षेत्रीय आकांक्षाओं की अभिव्यक्ति कई रूपों में होती है। बाहरी लोगों के खिलाफ आंदोलन, अधिक स्वायत्तता की माँग के आंदोलन और अलग देश की माँग करना ऐसी ही कुछ अभिव्यक्तियाँ हैं। पूर्वोत्तर के मानचित्र पर इन तीनों के लिए अलग-अलग रंग भरिए और दिखाइए कि किस राज्य में कौन-सी प्रवृत्ति अधिक प्रबल है।**

उत्तर
- बाहरी लोगों के खिलाफ आंदोलन– असम
- अधिक स्वायत्तता की माँग का आंदोलन– मणिपुर, मेघालय, त्रिपुरा, अरुणाचल प्रदेश
- अलग देश की माँग का आंदोलन– मिजोरम, नागालैंड

**3. पंजाब समझौते के मुख्य प्रावधान क्या थे? क्या यह प्रावधान पंजाब और उसके पड़ोसी राज्यों के बीच तनाव बढ़ाने के कारण बन सकते हैं? तर्क सहित उत्तर दीजिए।**

उत्तर प्रधानमंत्री राजीव गाँधी ने अकाली दल के अध्यक्ष हरचंद सिंह लोंगोवाल के साथ जुलाई, 1985 में एक समझौता किया, जो पंजाब समझौते के नाम से जाना जाता है। इस समझौते के निम्नलिखित प्रावधान थे

- यह समझौता पंजाब में शांति बनाए रखने के उद्देश्य से किया गया तथा साथ ही चंडीगढ़, पंजाब को देते हुए हरियाणा व पंजाब के बीच सीमा विवाद को सुलझाने के लिए एक अलग आयोग की नियुक्ति करने पर दोनों पक्षों द्वारा सहमति व्यक्त की गई।

- रावी-व्यास जल बँटवारे को लेकर पंजाब, हरियाणा व राजस्थान के बीच एक ट्रिब्यूनल (न्यायाधिकरण) बैठाने का फैसला लिया गया।
- पंजाब समझौते के अंतर्गत उग्रवाद से प्रभावित लोगों को मुआवजा देने तथा पंजाब से विशेष सुरक्षा बल अधिनियम वापस लेने पर सहमति व्यक्त की गई।
- इस पंजाब समझौते के बाद भी पंजाब में हिंसक घटनाएँ होती रहीं। राज्य सरकार द्वारा शांति बहाल करने की बजाय हिंसा को दबाने के लिए व्यापक स्तर पर मानवाधिकारों का उल्लंघन किया गया, जिसके परिणामस्वरूप केंद्र सरकार द्वारा राज्य में राष्ट्रपति शासन लगा दिया गया।

पंजाब समझौते के प्रावधान पड़ोसी राज्यों के साथ तनाव के कारण भी बन सकते हैं, क्योंकि जल बँटवारे को लेकर पंजाब और उसके पड़ोसी राज्यों में तनाव उत्पन्न हो सकता है। साथ ही पंजाब, हरियाणा, राजस्थान के मध्य जल बँटवारा किस प्रकार किया जाए, इस पर सहमति बनना भी एक कठिन कार्य है। हालाँकि इस संदर्भ में न्यायाधिकरण की घोषणा हुई थी, किंतु फिर भी यह एक तनाव का मुद्दा बन सकता है।

**4. आनंदपुर साहिब प्रस्ताव के विवादास्पद होने के क्या कारण थे?**

उत्तर वर्ष 1973 में आनंदपुर साहिब में हुए सम्मेलन के दौरान पास हुए प्रस्ताव को आनंदपुर साहिब प्रस्ताव के नाम से जाना जाता है। इस प्रस्ताव में सिख आकांक्षाओं पर बल देते हुए क्षेत्रीय स्वायत्तता का मुद्दा उठाया गया था। इस प्रस्ताव को विवादास्पद इसलिए कहा जा सकता है, क्योंकि यह प्रस्ताव सिख जन-समुदाय पर अपना अधिक प्रभाव नहीं डाल सका।

इसी प्रस्ताव के दौरान कुछ धार्मिक नेता जहाँ स्वायत्त सिख पहचान की माँग कर रहे थे, वहीं कुछ चरमपंथी भारत से अलग एक खालिस्तान बनाने की माँग कर रहे थे इससे न केवल देश की विभाजन प्रवृत्ति को बल मिला, बल्कि पंजाब में उग्रवादी गतिविधियों तथा घटनाओं में भी वृद्धि हुई, जिसने आगे चलकर सिख दंगों का रूप ले लिया।

**5. जम्मू-कश्मीर की अंदरूनी विभिन्नताओं की व्याख्या कीजिए और बताइए कि इन विभिन्नताओं के कारण इस राज्य में किस तरह अनेक क्षेत्रीय आकांक्षाओं ने सर उठाया है?**

उत्तर जम्मू-कश्मीर की पहली अंदरूनी विभिन्नता इसके सामाजिक एवं भौगोलिक क्षेत्रों के संदर्भ में है, क्योंकि जम्मू-कश्मीर का क्षेत्र तीन भागों—जम्मू, कश्मीर तथा लद्दाख में विभाजित है।

दूसरी विभिन्नता वहाँ बोली जाने वाली भाषा को लेकर है। जहाँ कश्मीरी बोली, कश्मीर में अधिकांश मुस्लिमों द्वारा बोली जाती है वहीं कुछ अल्पसंख्यक हिंदू भी इसे बोलते हैं।

तीसरी अंदरूनी (आंतरिक) विभिन्नता जम्मू-कश्मीर क्षेत्र में रहने वाले लोगों के संदर्भ में है। जम्मू-कश्मीर के पहाड़ी एवं मैदानी क्षेत्रों में हिंदू, मुस्लिम तथा सिख धर्म के लोग रहते हैं।

लद्दाख मुख्य रूप से पहाड़ी क्षेत्र है तथा इसकी जनसंख्या बहुत कम है, जिसमें बौद्ध और मुसलमान लगभग बराबर संख्या में हैं। इन विभिन्नताओं के कारण जम्मू-कश्मीर में निम्न क्षेत्रीय आकांक्षाओं का उदय हुआ, जो इस प्रकार हैं।

- अलगाववादियों का एक समूह कश्मीर को एक अलग राष्ट्र बनाना चाहता है, इनके अनुसार एक ऐसा कश्मीर जो भारत और पाकिस्तान से अलग हो।
- अलगाववादियों का एक अन्य समूह का कहना है कि कश्मीर का पाकिस्तान में विलय हो जाना चाहिए।
- अलगाववादी राजनीति की एक तीसरी धारा भी है, जिसके अनुसार कश्मीर भारत संघ का अभिन्न अंग बना रहे, किंतु उसे और स्वायत्तता प्रदान की जाए।

**6. कश्मीर की क्षेत्रीय स्वायत्तता के मसले पर विभिन्न पक्ष क्या हैं? इनमें कौन-सा पक्ष आपको समुचित जान पड़ता है? अपने उत्तर की पुष्टि में तर्क दीजिए।**

*अथवा* **जम्मू तथा कश्मीर को विशेष दर्जा देने वाले अनुच्छेद-370 के किन्हीं तीन प्रावधानों को उजागर कीजिए। विशेष दर्जा दिए जाने के कारण जनता की उत्तेजना से जुड़ी किन्हीं दो विरोधी प्रतिक्रियाओं का परीक्षण भी कीजिए।**

उत्तर कश्मीर की क्षेत्रीय स्वायत्तता के मुद्दे के पक्ष में तर्क निम्न प्रकार हैं

- स्वतंत्रता प्राप्ति के बाद से ही भारत तथा पाकिस्तान के बीच जम्मू-कश्मीर बाहरी एवं आंतरिक कारणों से विवादित मुद्दा रहा है।
- वर्ष 1947 में पाकिस्तान द्वारा करवाए गए कबायली हमले के कारण जम्मू-कश्मीर के एक भाग को पाकिस्तान ने अपने अधिकार में ले लिया, जिसे 'पाक अधिकृत कश्मीर' के नाम से जाना जाता है। हालाँकि पाकिस्तान इसे आजाद कश्मीर कहता है। पाक अधिकृत कश्मीर क्षेत्र के विषय में भारत का कहना है कि कश्मीर के क्षेत्र पर पाकिस्तान ने अवैध रूप से कब्जा किया है।
- आंतरिक रूप से देखा जाए, तो भारतीय संघ में कश्मीर की स्थिति को लेकर हमेशा विवाद रहा है।
- भारतीय संविधान के अनुच्छेद-370 के अंतर्गत कश्मीर को विशेष राज्य का दर्जा देते हुए इसे अन्य राज्यों से अधिक स्वायत्तता प्रदान की गई है, साथ ही भारतीय संविधान की सभी व्यवस्थाएँ भी कश्मीर राज्य में लागू नहीं होतीं। यह स्थिति भी विवाद को उत्पन्न करती है।

इस स्थिति के संदर्भ में दो प्रतिक्रियाएँ उभरकर सामने आई हैं, जो इस प्रकार हैं

- एक प्रतिक्रियात्मक समूह के लोगों का मानना है कि भारतीय संविधान के अनुच्छेद-370 के अंतर्गत दिए गए विशेष राज्य के दर्जे ने कश्मीर को भारत के साथ पूर्ण रूप से जुड़ने नहीं दिया है, इसलिए धारा-370 को समाप्त कर दिया जाना चाहिए।
- दूसरे प्रतिक्रियात्मक समूह ने राज्य को अधिक स्वायत्तता दिए जाने के पक्ष पर बल दिया है, इनके अनुसार

(i) भारत सरकार द्वारा जनमत संग्रह के अपने वायदे को पूरा किया जाना चाहिए ताकि यह जाना जा सके कि वहाँ के निवासियों की क्या इच्छा है।

(ii) भारतीय संविधान द्वारा धारा-370 के अंतर्गत जो विशेष दर्जा कश्मीर को दिया गया है, उसे पूर्ण रूप से अलग करते हुए राज्य को अधिक स्वायत्तता दी जाए।

(iii) जम्मू-कश्मीर क्षेत्र की सामाजिक, आर्थिक, सांस्कृतिक क्षति की पूर्ति करने का प्रयास करते हुए सरकार को उसके विकास पर अधिक ध्यान देना चाहिए ताकि कश्मीर की जनता स्वयं को भारत का अभिन्न अंग मान सके।

उपरोक्त प्रतिक्रियाओं के आधार पर यह तर्क दिया जा सकता है दूसरा समूह अधिक प्रासंगिक है। अतः सरकार को चाहिए कि वह कश्मीरी जनता की सामाजिक, आर्थिक व सांस्कृतिक अस्मिता को सुरक्षित रखते हुए इस क्षेत्र की शांति बहाली एवं विकास कार्यों पर ध्यान दे, क्योंकि इस क्षेत्र के कुछ राजनीतिक दल; जैसे— नेशनल कॉन्फ्रेंस आदि इसके पक्षधर हैं।

**7. असम आंदोलन सांस्कृतिक अभियान और आर्थिक पिछड़ेपन की मिली-जुली अभिव्यक्ति था? व्याख्या कीजिए।**

उत्तर असम आंदोलन के सांस्कृतिक अभियान और आर्थिक पिछड़ेपन की मिली-जुली अभिव्यक्ति की व्याख्या को निम्न तथ्यों द्वारा स्पष्ट किया जा सकता है

- असम, भारत के पूर्वोत्तर में एक प्राचीन राज्य है। पूर्वोत्तर के इस क्षेत्र में समय-समय पर विभिन्न आंदोलन उभरते रहे हैं। भारत के पूर्वोत्तर का यह क्षेत्र 'सात राज्यों' से मिलकर बना है जिसे 'सात बहनें' कहा जाता है।
- स्वतंत्रता के समय मणिपुर और त्रिपुरा के अतिरिक्त यह संपूर्ण क्षेत्र असम ही कहलाता था। इस क्षेत्र के स्थानीय लोगों की सबसे बड़ी समस्या बाहरी लोगों का उनके क्षेत्र में आकर बस जाना है। स्थानीय लोगों का मानना है कि दूसरे राज्य एवं देशों से आए लोगों ने इनके रोजगार के अवसरों को छीन लिया है साथ ही यह लोग धीरे-धीरे यहाँ की भूमि पर भी अधिकार कर असम के लोगों के राजनीतिक सत्ता के प्रतिद्वंद्वी बन जाएँगे। इन्हीं आशंकाओं के कारण पूर्वोत्तर क्षेत्रों में कई बार हिंसक घटनाएँ भी घटित हुई हैं।
- असम में वर्ष 1979-1985 तक 'बाहरी लोगों' के विरुद्ध एक आंदोलन चला जिसमें कहा गया कि बांग्लादेश से आकर बसी हुई मुस्लिम आबादी को पहचान कर उन्हें वापिस भेजा जाए यदि ऐसा नहीं किया गया तो स्थानीय जनता अल्पसंख्यक हो जाएगी।
- आंदोलन में इस बात पर भी बल दिया गया कि असम के प्राकृतिक संसाधनों-तेल, कोयला, चाय इत्यादि को बाहर न भेजकर स्थानीय लोगों के विकास के लिए प्रयोग करके गरीबी को दूर करना चाहिए।
- वर्ष 1979में असम के एक छात्र संगठन-ऑल असम स्टूडेंट्स यूनियन,(आसू-AASU) ने अवैध अप्रवासी बंगाली और अन्य लोगों को मतदाता के रूप में दर्ज करने के विरुद्ध एक आंदोलन चलाया। इस आंदोलन को जनता का पूर्ण समर्थन प्राप्त हुआ। इस आंदोलन में वर्ष 1951 के बाद आकर बसे अप्रवासियों को बाहर निकालने की बात कही गई थी। इस आंदोलन को पूरे असम में समर्थन मिला। आंदोलन के दौरान हिंसक घटनाओं के कारण बहुत-से लोगों की जान गई तथा धन-संपत्ति का भी नुकसान हुआ। छः वर्ष की सतत् अस्थिरता के बाद वर्ष 1985 में आसू नेताओं का राजीव गाँधी सरकार के साथ 'असम समझौता' हुआ। इस समझौते के तहत बांग्लादेश से आए अप्रवासियों को वापिस भेजने पर सहमति हुई, जिससे वहाँ शांति की बहाली हुई तथा प्रदेश राजनीति में भी बदलाव आया, किंतु अप्रवास और 'बाहरी' का मुद्दा आज भी बना हुआ है।

**8. हर क्षेत्रीय आंदोलन अलगाववादी माँग की तरफ अग्रसर नहीं होता। इस अध्याय से उदाहरण देकर इस तथ्य की व्याख्या कीजिए।**

उत्तर भारत ने लोकतांत्रिक दृष्टिकोण को अपनाया है, जिसके अंतर्गत स्वायत्तता की माँग का उठना कोई अस्वाभाविक बात न होकर राजनीतिक व्यवस्था का ही एक हिस्सा है। स्वतंत्रता प्राप्ति के पश्चात् कई राज्यों में अलगाववादी आंदोलन हुए, जिनके संदर्भ में सरकार द्वारा बातचीत के माध्यम से समझौते भी किए गए, लेकिन सबसे लंबे समय तक मिजोरम तथा नागालैंड में अलगाववादी आंदोलन चला। भारत में अलग-अलग राज्यों में अलग-अलग समय पर अलगाववादी आंदोलन आरंभ हुए, जिनमें से कुछ अलगाववादी आंदोलन अलगाववाद से विपरीत भाषा संबंधी व अपने आर्थिक व सांस्कृतिक हितों हेतु प्रारंभ किए गए थे। उनका उल्लेख निम्नवत् है

- स्वतंत्रता प्राप्ति के पश्चात् पंजाब, जम्मू-कश्मीर तथा उत्तर-पूर्व के कई राज्यों में उग्रवादी आंदोलनों की शुरुआत हुई।
- वर्ष 1990 के बाद से जम्मू-कश्मीर राज्य में अलगाववादी राजनीति ने अपना आकार बढ़ाना शुरू किया, किंतु इस अलगाववादी राजनीति को कभी वहाँ बहुमत में समर्थन प्राप्त नहीं हुआ।
- हिंदी को राजभाषा घोषित किए जाने के पश्चात् दक्षिण भारत के कई राज्यों में कुछ समूहों ने यह कहते हुए आंदोलन शुरू कर दिया कि हिंदी उन पर जबरदस्ती थोपी जा रही है। इसमें सबसे प्रमुख द्रविड़ आंदोलन था, जिसमें अलग राष्ट्र की माँग उठाई गई थी। हालाँकि दक्षिण भारत के कई नेता केंद्रीय मंत्रिमंडल में महत्त्वपूर्ण भूमिका निभा चुके थे।
- स्वतंत्रता के बाद ही कई पूर्वोत्तर राज्यों में भी अलगाव की भावनाएँ प्रबल हो रही थीं। सबसे प्रबल रूप से माँग मिजोरम तथा नागालैंड के द्वारा की जा रही थी, जबकि अन्य पूर्वोत्तर राज्यों में यह आंदोलन आर्थिक और सांस्कृतिक स्वायत्तता की माँग के संदर्भ में था।
- वर्ष 1973 में आनंदपुर साहिब प्रस्ताव के बाद कुछ लोगों द्वारा अलग पंजाब (खालिस्तान) राज्य बनाने की माँग उठने लगी। वर्ष 1984 के चुनावों के बाद अकाली-भाजपा गठबंधन एवं कांग्रेस पार्टी गठबंधन की सरकारें अस्तित्व में आईं। वर्तमान में पंजाब में अलगाववाद की कोई समस्या उजागर नहीं होती।

उपरोक्त सभी क्षेत्रों में दोनों पक्षों––अलगाववादियों और सरकार ने क्षेत्र से संबंधित समस्याओं के समाधान हेतु आपसी बातचीत का तरीका अपनाया। अतः यह कहा जा सकता है कि सभी क्षेत्रीय आंदोलन अलगाववादी माँग की तरफ अग्रसर नहीं होते हैं।

**9. भारत के विभिन्न भागों से उठने वाली क्षेत्रीय माँगों से 'विविधता में एकता' के सिद्धांत की अभिव्यक्ति होती है? क्या आप इस कथन से सहमत हैं? तर्क दीजिए।**

*अथवा* **"भारत के विभिन्न हिस्सों से क्षेत्रीय माँगें विविधता के साथ एकता के सिद्धांत को दर्शाती हैं।" किन्हीं तीन उपयुक्त उदाहरणों के द्वारा इस कथन की पुष्टि कीजिए।** **CBSE 2020**

उत्तर भारत के विभिन्न भागों से उठने वाली क्षेत्रीय माँगों से 'विविधता में एकता' के सिद्धांत की अभिव्यक्ति होती है, इसे निम्न प्रकार समझ जा सकता है

- स्वतंत्रता प्राप्ति के बाद भारत ने लोकतांत्रिक राजनीतिक व्यवस्था को अपनाया, क्योंकि यहाँ अनेक धर्मों, भाषा, संस्कृति के लोग एवं जनजातीय समूह के लोग एकसाथ रहते हैं।
- भारत ने प्रारंभ से समाज के सभी वर्गों के प्रति समान दृष्टिकोण अपनाया है। इसीलिए भारत अपनी संस्कृति को बनाए रखने की भावना के साथ-साथ दूसरी संस्कृति के प्रति भी सहिष्णु भाव रखता है।
- किसी भी लोकतांत्रिक राज्य में यदि सांस्कृतिक धार्मिक बहुलता विद्यमान है, तो राजनैतिक नेतृत्व का यह दायित्व है कि वह धार्मिक-सांस्कृतिक पहचान को सहेजने में अपनी भूमिका निभाए न कि व्यक्तिगत पहचान या धर्म को समाप्त करने की कोशिश करे। इन्हीं दायित्व की पूर्ति न होने की स्थिति में क्षेत्रीय आकांक्षाओं की माँग उठना स्वाभाविक हो जाता है।
- किसी भी देश की विविधता, संस्कृति, भाषा आदि की सुरक्षा लोकतांत्रिक व्यवस्था के अंतर्गत ही हो सकती है। लोकतांत्रिक व्यवस्था के अंतर्गत ही विचारों की अभिव्यक्ति का अधिकार सुरक्षित रह सकता है और भारत ने इसी लोकतांत्रिक व्यवस्था को अपनाया है।
- भारतीय संविधान द्वारा शक्ति का विकेंद्रीकरण केंद्र एवं राज्य के मध्य किया गया है। इसी प्रावधान के अंतर्गत जम्मू-कश्मीर तथा पूर्वोत्तर के कुछ राज्यों के लिए विशेष प्रावधान उनकी विशिष्ट विभिन्नता के कारण ही किए गए हैं।
- देश की एकता के लिए देश की विभिन्नता का ध्यान रखना आवश्यक है। भारतीय संविधान द्वारा विभिन्नता को ध्यान में रखते हुए बहुत-से प्रावधान किए गए हैं, ताकि अनेकता में एकता बनाई रखी जा सके।
- विविधता को लोकतंत्र के एक अभिन्न अंग के रूप में जाना जाता है। इसीलिए हमारे संविधान निर्माताओं ने धार्मिक, शैक्षिक, सांस्कृतिक अधिकारों को मूल अधिकारों में रखते हुए कई प्रकार की समानताएँ तथा स्वतंत्रताएँ प्रदान की हैं, ताकि देश की एकता को बनाए रखा जा सके।

**10. नीचे लिखे अवतरण को पढ़ें तथा इसके आधार पर पूछे गए प्रश्नों के उत्तर दीजिए**

**हजारिका का एक गीत.......एकता की विजय पर है, पूर्वोत्तर के सात राज्यों को इस गीत में एक ही माँ की सात बेटियाँ कहा गया है......मेघालय अपने रास्ते गई.......अरुणाचल भी अलग हुआ और मिजोरम, असम के द्वार पर दूल्हे की तरह दूसरी बेटी से ब्याह रचाने को खड़ा है......इस गीत का अंत असमी लोगों की एकता को बनाए रखने के संकल्प के साथ होता है और इसमें समकालीन असम में मौजूद छोटी-छोटी कौमों को भी अपने साथ एकजुट रखने की बात कही गई है........करबी और मिजिंग भाई-बहन हमारे ही प्रियजन हैं।**

**संजीव बरूआ**

(i) **लेखक यहाँ किस एकता की बात कह रहा है?**

उत्तर लेखक यहाँ पूर्वोत्तर राज्यों में एकता, क्षेत्रीयता एवं सांस्कृतिक विभिन्नता के बीच सात राज्यों में एकता के माध्यम से एकता के वर्चस्व की बात कर रहा है।

(ii) **पुराने असम राज्य से अलग करके पूर्वोत्तर के कुछ राज्य क्यों बनाए गए?**

उत्तर पूर्वोत्तर के अन्य राज्यों के निर्माण का कारण गैर-असमी लोगों पर उसकी भाषा थोपने से मेघालय, मिजोरम और अरुणाचल प्रदेश का निर्माण हुआ।

(iii) **क्या आपको लगता है कि भारत के सभी क्षेत्रों के ऊपर एकता की यह बात लागू हो सकती है? यदि हाँ, तो क्यों?**

उत्तर हाँ, भारत के ऊपर एकता की यह बात लागू हो सकती है, क्योंकि भारत के पूर्वोत्तर राज्यों में सर्वाधिक विभिन्नता व्याप्त है, इससे कई अंतर्राष्ट्रीय सीमाएँ भी लगी हुई हैं। इस क्षेत्र की सामाजिक संस्था भी जटिल तथा अलग-अलग होने के कारण यह आर्थिक रूप से पिछड़ गया है, इसलिए इस राज्य में स्वायत्तता, अलगाव, बाहरी लोगों के विरोध की माँग लगातार उठती रही। इसके बावजूद यह क्षेत्र भारत का अभिन्न अंग बना रहा।

# अभ्यास प्रश्न

## वस्तुनिष्ठ प्रश्न

### बहुविकल्पीय प्रश्न

**1. जम्मू और कश्मीर की राजनीतिक घटनाओं से संबंधित निम्नलिखित विकल्पों में से कौन-सा विकल्प सही नहीं है?**

(a) शेख अब्दुल्ला ने भूमि सुधार और अन्य नीतियाँ लागू कीं, जिससे सामान्य जनता को लाभ हुआ।
(b) वर्ष 1965 में जम्मू-कश्मीर के प्रधानमंत्री का पदनाम बदलकर मुख्यमंत्री कर दिया गया।
(c) शेख अब्दुल्ला को वर्ष 1974 में भारत सरकार द्वारा गिरफ्तार किया गया।
(d) वर्ष 1986 में नेशनल कॉन्फ्रेंस ने भारतीय राष्ट्रीय कांग्रेस के साथ चुनावी गठबंधन किया।

उत्तर (c) शेख अब्दुल्ला को वर्ष 1974 में भारत सरकार द्वारा गिरफ्तार किया गया।

**2. लोकतांत्रिक राजनीति में क्षेत्रीय आकांक्षाओं को बल प्रदान किया गया है। इसमें विभिन्न दल एवं समूहों को किस आधार पर प्रतिनिधित्व प्राप्त होता है?**

(a) क्षेत्रीय पहचान के आधार पर
(b) जन-आकांक्षा के आधार पर
(c) क्षेत्रीय समस्या के आधार पर
(d) उपरोक्त सभी

उत्तर (d) उपरोक्त सभी

**3. जम्मू-कश्मीर राज्य का कश्मीर घाटी क्षेत्र, जो पीरपंजाल श्रेणी में स्थित है। इसमें अधिकांश ………… तथा कुछ ………… अल्पसंख्यक निवास करते हैं, जिनकी भाषा कश्मीरी है।**

(a) हिंदू, मुस्लिम (b) मुस्लिम, हिंदू
(c) हिंदू, बौद्ध (d) मुस्लिम, बौद्ध

उत्तर (b) मुस्लिम, हिंदू

**4. निम्नलिखित में से कौन-सा देश पूर्वोत्तर भारत की सीमा से नहीं जुड़ता है?**

(a) चीन (b) म्यांमार (c) पाकिस्तान (d) बांग्लादेश

उत्तर (c) पाकिस्तान

**5. वर्ष 1959 में किस पूर्वोत्तर राज्य के अलगाववादी आंदोलनकारियों ने लालडेंगा के नेतृत्व में मिजो नेशनल फ्रंट का गठन किया?**

(a) नागालैंड (b) मिजोरम (c) त्रिपुरा (d) मेघालय

उत्तर (b) मिजोरम

**6. स्वतंत्रता प्राप्ति के पश्चात् देश में उत्पन्न समस्याओं के संबंध में कौन-सा कथन सही है?**

(a) स्वतंत्रता के पश्चात् पूर्वोत्तर भाग में अलगाववादी आंदोलन शुरू हो गया
(b) कश्मीर घाटी की आकांक्षाओं से संबंधित मुद्दे सामने आए
(c) पंजाबी भाषा के लोगों द्वारा पंजाब राज्य के गठन की माँग की गई
(d) उपरोक्त सभी

उत्तर (d) उपरोक्त सभी

**7. वर्ष 1948 के बाद जम्मू-कश्मीर की राजनीति में कौन-सी महत्त्वपूर्ण घटना घटी?**

(a) शेख अब्दुल्ला प्रदेश के मुख्यमंत्री बने
(b) शेख अब्दुल्ला ने भूमि सुधार तथा अन्य जन-कल्याण संबंधी कार्य किए
(c) वर्ष 1953 से 1974 तक जम्मू-कश्मीर की सत्ता कांग्रेस के हाथ में रही
(d) उपरोक्त सभी

उत्तर (d) उपरोक्त सभी

**8. भारत के किस राज्य से 'करबी' समुदाय का संबंध है?** **CBSE 2024**

(a) मणिपुर (b) असम
(c) अरुणाचल प्रदेश (d) नागालैंड

उत्तर (b) असम

**9. निम्नलिखित में से कौन-सा आंदोलन उत्तर-पूर्व के लोगों द्वारा अपनी क्षेत्रीय आकांक्षाओं को व्यक्त करने के लिए नहीं किया गया था?** **CBSE 2024**

(a) बाहरी लोगों के खिलाफ आंदोलन
(b) अधिक स्वायत्तता के लिए आंदोलन
(c) पूर्वोत्तर के राज्यों को संघ बनाने के लिए आंदोलन
(d) अलगाव के लिए आंदोलन

उत्तर (c) पूर्वोत्तर के राज्यों को संघ बनाने के लिए आंदोलन

**10. भारत के किस क्षेत्र को 'सात बहनें' कहा जाता है?** **CBSE 2024**

(a) उत्तर-पूर्व क्षेत्र (b) दक्षिण-पश्चिम क्षेत्र
(c) उत्तर-पश्चिम क्षेत्र (d) दक्षिण-पूर्व क्षेत्र

उत्तर (a) उत्तर-पूर्व क्षेत्र

**11. निम्नलिखित में कौन-सा कथन जम्मू-कश्मीर के अलगाववाद से संबंधित है?**

1. वर्ष 1989 से कश्मीर मुद्दे पर चलने वाला राजनीतिक आंदोलन विचारधारा के नाम पर कई वर्गों में विभाजित हो गया।
2. अलगाववादी कश्मीर को भारत में शामिल करना चाहते थे।
3. कश्मीर मुद्दे पर प्रारंभ में उग्रवाद का समर्थन करने वाले बाद में शांति की प्रक्रिया को अपनाने पर विचार कर रहे थे।

कूट

(a) 1 और 2 (b) 2 और 3
(c) 1 और 3 (d) ये सभी

उत्तर (c) 1 और 3

**12.** **निम्नलिखित में से कौन-से कथन क्षेत्रीय दलों के उदय से संबंधित थे?**

1. भारतीय समाज में उपस्थित सांस्कृतिक, धार्मिक तथा जातीय समूह क्षेत्रीय दलों के उदय में सहायक होते हैं।
2. क्षेत्रीय दल राष्ट्रीय स्तर पर स्थानीय लोगों का अधिक प्रतिनिधित्व करते हैं।
3. क्षेत्रीय दल संघीय ढाँचे को स्थापित करने में भी मदद करते हैं।

**कूट**

(a) 1 और 2 (b) 2 और 3
(c) 1 और 3 (d) उपरोक्त सभी

उत्तर (d) उपरोक्त सभी

**13.** **भारत में उत्पन्न क्षेत्रीय आकांक्षाओं के संबंध में दिए गए कथनों पर विचार कीजिए**

1. भारत की विविध सांस्कृतिक, धार्मिक तथा जातीय समूह की उपस्थिति क्षेत्रीय दलों की उत्पत्ति व विकास में सहायक होती है।
2. क्षेत्रीय आकांक्षाओं का संबंध विशेष रूप से क्षेत्रीय स्वायत्तता की माँग से होता है।
3. लोकतांत्रिक राजनीति में क्षेत्रीय आकांक्षाओं का विशेष ध्यान नहीं रखा जाता है।

उपरोक्त में से कौन-सा/से कथन सही है/हैं?

(a) केवल 1 (b) 2 और 3
(c) 1 और 2 (d) ये सभी

उत्तर (c) 1 और 2

**14.** **नीचे दिए गए घटनाक्रम को उनके कालक्रम के अनुसार सही क्रम में व्यवस्थित कीजिए**

1. पंजाब तथा हरियाणा राज्य का पुनर्गठन।
2. जम्मू-कश्मीर के मुख्यमंत्री शेख अब्दुल्ला को नजरबंद करना।
3. राजीव गाँधी लोंगोवाल समझौता का होना।

**कूट**

(a) 1, 2, 3 (b) 1, 3, 2
(c) 3, 2, 1 (d) 2, 1, 3

उत्तर (d) 2, 1, 3

**15.** **नीचे दिए गए घटनाक्रम को उनके कालक्रम के अनुसार सही क्रम में व्यवस्थित कीजिए**

1. मणिपुर, त्रिपुरा एवं मेघालय राज्य का अस्तित्व में आना।
2. ऑल पार्टी हिल्स कॉन्फ्रेंस का अस्तित्व में आना।
3. द्रविड़ आंदोलन से संबंधित गठित दल द्रविड़ कषगम का दो भागों में विभाजन।
4. अंगमी जापू फिजो के नेतृत्व में नागा निवासियों द्वारा नागालैंड को स्वतंत्र घोषित करना।

**कूट**

(a) 4, 3, 2, 1 (b) 2, 1, 4, 3
(c) 3, 2, 1, 4 (d) 4, 2, 1, 3

उत्तर (a) 4, 3, 2, 1

**16.** 1950 के दशक के उत्तरार्द्ध से पंजाबी भावी लोगों ने अपने लिए एक अलग राज्य बनाने की आवाज उठानी शुरू कर दी। उनकी माँग आखिरकार मान ली गई और ........ में पंजाब और हरियाणा नाम से राज्य बनाए गए।

(a) वर्ष 1962 (b) वर्ष 1964
(c) वर्ष 1966 (d) वर्ष 1968

उत्तर (c) वर्ष 1966

**17.** **सूची I को सूची II के साथ सुमेलित कीजिए**

| सूची I | सूची II |
|---|---|
| A. क्षेत्रीय स्वायत्तता की माँग का दशक | 1. 1980 का दशक |
| B. पंजाबी भाषायी लोगों की राज्य की माँग का दशक | 2. 1950 का दशक |
| C. जम्मू-कश्मीर में राजशाही की समाप्ति | 3. वर्ष 1948 |
| D. अकालियों द्वारा आनंदपुर साहिब में स्वायत्तता संबंधी प्रस्ताव पारित | 4. वर्ष 1973 |

**कूट**

| | A | B | C | D | | A | B | C | D |
|---|---|---|---|---|---|---|---|---|---|
| (a) | 2 | 4 | 1 | 3 | (b) | 1 | 2 | 3 | 4 |
| (c) | 4 | 3 | 2 | 1 | (d) | 3 | 2 | 4 | 1 |

उत्तर (b) 1 2 3 4

**18.** **सूची I को सूची II के साथ सुमेलित कीजिए**

| सूची I | सूची II |
|---|---|
| A. प्रधानमंत्री इंदिरा गाँधी की हत्या | 1. वर्ष 1959 |
| B. अरुणाचल प्रदेश एवं मिजोरम राज्य का अस्तित्व में आना | 2. वर्ष 1948 |
| C. मिजो नेशनल फ्रंट का निर्माण | 3. वर्ष 1984 |
| D. शेख अब्दुल्ला जम्मू-कश्मीर के प्रधानमंत्री | 4. वर्ष 1987 |

**कूट**

| | A | B | C | D | | A | B | C | D |
|---|---|---|---|---|---|---|---|---|---|
| (a) | 1 | 2 | 3 | 4 | (b) | 3 | 1 | 4 | 2 |
| (c) | 3 | 4 | 1 | 2 | (d) | 4 | 3 | 2 | 1 |

उत्तर (c) 3 4 1 2

**19.** **निम्नलिखित में से कौन-सा युग्म सुमेलित नहीं है?**

(a) ऑपरेशन ब्लूस्टार - 1989
(b) अकाली दल सरकार की बर्खास्तगी - 1980
(c) इंदिरा गाँधी की हत्या - 1984
(d) लोंगोवाल समझौता - 1985

उत्तर (a) ऑपरेशन ब्लूस्टार - 1989

**निर्देश (प्र. सं. 20-23) नीचे दो कथन दिए गए हैं, जिनमें एक को कथन (A) और दूसरे को कारण (R) कहा गया है। कूट की सहायता से सही उत्तर चुनिए**

**कूट**

(a) A और R दोनों सही हैं तथा R, A की सही व्याख्या है
(b) A और R दोनों सही हैं, परंतु R, A की सही व्याख्या नहीं है
(c) A सही है, किंतु R गलत है
(d) A गलत है, किंतु R सही है

**20.** **कथन (A) भारत का संविधान विभिन्न क्षेत्रों, भाषायी क्षेत्रों तथा भाषायी समूहों को अपनी संस्कृति को बनाए रखने एवं सुरक्षित रखने की अनुमति देता है।**

**कारण (R) लोकतांत्रिक दृष्टिकोण को अपनाने के बावजूद क्षेत्रीय आकांक्षाओं की अभिव्यक्ति को स्वीकार नहीं किया गया है।**

**उत्तर** (c) भारत का संविधान विभिन्न क्षेत्रों, भाषायी क्षेत्रों तथा भाषायी समूहों को अपनी संस्कृति को बनाए रखने एवं सुरक्षित रखने की अनुमति प्रदान करता है, जिसका उल्लेख भारतीय संविधान में किया गया है। भारत ने विविधता के संदर्भ में लोकतांत्रिक दृष्टिकोण को अपनाया है, जिसके अंतर्गत क्षेत्रीयता को राष्ट्र विरोधी न मानते हुए क्षेत्रीय आकांक्षाओं की अभिव्यक्ति को स्वीकार किया गया है।

**21. कथन (A) भारतीय संघ में एकीकरण के साथ ही कश्मीर स्वतंत्रता के बाद भारत का एक गंभीर मुद्दा बन गया।**

**कारण (R) अनुच्छेद-370 तथा अनुच्छेद-35(A) के माध्यम से संविधान में एक विशेष स्थान दिया गया।**

**उत्तर** (b) 'कश्मीर मुद्दा' भारत की स्वतंत्रता के पश्चात् एक गंभीर मुद्दा बन गया और इस मुद्दे के कुछ बाहरी तो कुछ भीतरी पहलू भी हैं। अनुच्छेद-370 के तहत जम्मू-कश्मीर को विशेष स्वायत्तता तथा अनुच्छेद-35(A) के अंतर्गत विशेष नागरिकता अधिकार प्रदान किया गया था, जिसे वर्ष 2019 में समाप्त कर दिया गया है।

**22. कथन (A) वर्ष 1984 में प्रधानमंत्री इंदिरा गाँधी तथा अकाली दल के अध्यक्ष के बीच पंजाब समझौता हुआ।**

**कारण (R) पंजाब समझौता के अंतर्गत पंजाब, हरियाणा, राजस्थान के बीच रावी-व्यास नदी के जल बँटवारे के लिए एक न्यायाधिकरण के गठन का निर्णय लिया गया।**

**उत्तर** (a) वर्ष 1984 में प्रधानमंत्री राजीव गाँधी तथा अकाली दल के अध्यक्ष हरचंद सिंह लोंगोवाला के बीच पंजाब में शांति हेतु एक समझौता हुआ, जिसे 'पंजाब समझौता' के नाम से जाना जाता है। इस समझौते में सहमति इस बात पर बनी कि पंजाब-हरियाणा-राजस्थान के बीच रावी-व्यास नदी के जल बँटवारे के बारे में फैसला लेने हेतु एक ट्रिब्यूनल (न्यायाधिकरण) भी नियुक्त किया जाएगा।

**23. कथन (A) स्वतंत्रता की माँग को लेकर मिजो नेशनल फ्रंट तथा भारतीय सेना के बीच वर्ष 1966 से लेकर दो दशक तक संघर्ष जारी रहा, जिसमें गुरिल्ला युद्ध किया गया।**

**कारण (R) मिजो नेशनल फ्रंट के गठन ने पूर्वोत्तर के अलगाव को कमजोर कर दिया, जिससे लोगों की माँगों को पूर्ण करने में असुविधा पाई गई।**

**उत्तर** (c) वर्ष 1996 में मिजो नेशनल फ्रंट ने आजादी की माँग करते हुए सशस्त्र अभियान शुरू किया। इस तरह भारतीय सेना और मिजो विद्रोहियों के बीच दो दशक तक चले संघर्ष की शुरुआत हुई। मिजो नेशनल फ्रंट ने निरंतर गुरिल्ला युद्ध किया। मिजो नेशनल फ्रंट के गठन ने पूर्वोत्तर के अलगाववादी आंदोलन को मजबूती प्रदान की और इसी कारण तत्कालीन प्रधानमंत्री राजीव गाँधी और मिजो नेशनल फ्रंट के नेतृत्वकर्ता लालडेंगा के बीच एक समझौता हुआ।

**24. कथन (I) मिज़ो नेशनल फ्रंट (MNF) ने स्वतंत्रता के लिए सशस्त्र अभियान शुरू किया था।**

**कारण (II) स्वतंत्रता के बाद मिज़ो पहाड़ी क्षेत्र को असम के अंतर्गत एक स्वायत्त ज़िला बनाया गया था।**

**सही विकल्प चुनें**

(a) कथन I और II दोनों सही हैं
(b) कथन I और II दोनों गलत हैं
(c) कथन I सही, लेकिन कथन II गलत है
(d) कथन I गलत, लेकिन कथन II सही है

**उत्तर** (b) कथन I और II दोनों गलत हैं

**24. दिए गए चित्र का ध्यानपूर्वक अवलोकन कीजिए तथा नीचे दिए गए प्रश्नों के उत्तर दीजिए**

The Times of India
SHEIKH ABDULLAH ARRESTED
CHARGES OF CORRUPTION AND MALADMINISTRATION
Bakshi Ghulam Mohammed Sworn In As Prime Minister
POLICE OPEN FIRE ON VIOLENT DEMONSTRATORS
SOBER SATISFACTION IN DELHI
"Timely Action By The Sadar-i-Riyasat"
CALM U.S. RECEPTION TO K-BOMB CLAIM

**(i) उपरोक्त चित्र के माध्यम से कश्मीर के तत्कालीन प्रधानमंत्री शेख अब्दुल्ला को किस आरोप में गिरफ्तार किया गया था?**

(a) दंगा कराने
(b) भष्टाचार एवं कुशासन
(c) मतभेद उत्पन्न करने
(d) इनमें से कोई नहीं

**उत्तर** (b) भष्टाचार एवं कुशासन

**(ii) शेख अब्दुल्ला को प्रधानमंत्री पद से कब हटाया गया था?**

(a) वर्ष 1948
(b) वर्ष 1953
(c) वर्ष 1974
(d) वर्ष 1982

**उत्तर** (b) वर्ष 1953

**(iii) शेख अब्दुल्ला की गिरफ्तारी के बाद किसे जम्मू-कश्मीर का प्रधानमंत्री नियुक्त किया गया?**

(a) फारुख अब्दुल्ला
(b) गुलाम मोहम्मद सादिक
(c) बख्शी गुलाम मोहम्मद
(d) मीर कासिम

**उत्तर** (c) बख्शी गुलाम मोहम्मद

**(iv) उपरोक्त चित्र के मुख्य पृष्ठ पर .......... की घटनाओं को दर्शाया गया है।**

(a) कश्मीर प्रांत
(b) अरुणाचल प्रांत
(c) मध्य प्रांत
(d) सिक्किम प्रांत

**उत्तर** (a) कश्मीर प्रांत

**25. दिए गए चित्र का ध्यानपूर्वक अवलोकन कीजिए तथा नीचे दिए गए प्रश्नों के उत्तर दीजिए**

नईदुनिया
र्ण मंदिर पर सेना का कब्जा : भिंडराँवाले का पता नहीं
ड़ाई में ५९ सैनिकों सहित ३२५ मरे, अकाल तख्त को क्षति
पंजाब के ३८ गुरुद्वारों, ५ मंदिरों व १ मस्जिद में एक साथ सेना का प्रवेश, सेना पर राकेट व मिसाइलों से प्रहार, लोंगोवाल व टोहरा सुरक्षित

**(i) उपरोक्त स्रोत में भारत के किस राज्य के विषय में बात की जा रही है?**

(a) नागालैंड
(b) असम
(c) मिजोरम
(d) पंजाब

**उत्तर** (d) पंजाब

**(ii) उपरोक्त स्रोत के अनुसार सैनिक सहित कितने लोगों की जान गई?**

(a) 352
(b) 59
(c) 325
(d) 360

**उत्तर** (c) 325

(iii) **उपरोक्त स्रोत के आधार पर बताइए सेना ने अपना कब्जा कहाँ पर किया?**

(a) मस्जिद पर (b) स्वर्ण मंदिर पर
(c) गुरुद्वारे पर (d) चर्च पर

उत्तर (b) स्वर्ण मंदिर पर

(iv) **हरमिंदर साहिब में छिपे……… आतंकवादियों ने आत्मसमर्पण कर दिया।**

(a) 22 (b) 25
(c) 28 (d) 30

उत्तर (a) 22

**26. नीचे दिए गए चित्र में किस प्रमुख घटना का विवरण दिया गया है?**

(i) **द्रविड़ आंदोलन की बागडोर किसके हाथों में थी?**

उत्तर द्रविड़ आंदोलन की बागडोर तमिल सुधारक ई.वी. रामा स्वामी नायकर 'पेरियार' के हाथों में थी। इस आंदोलन से एक राजनीतिक संगठन-द्रविड़ कसगम का सूत्रपात हुआ।

(ii) **डीएमके ने तीन-सूत्री आंदोलन के साथ राजनीति में कब कदम रखा?**

उत्तर डीएमके ने तीन सूत्री आंदोलन के साथ वर्ष 1953-54 में राजनीति में कदम रखा।

(iii) **कल्लाकुड़ी नामक रेलवे स्टेशन का कौन-सा नाम निरस्त करने की माँग की गई?**

उत्तर कल्लाकुड़ी नामक रेलवे स्टेशन का नया नाम डालमियापुरम निरस्त करने की माँग की गई और कहा गया कि स्टेशन का मूल नाम बहाल किया जाए।

## लघु उत्तरीय प्रश्न

**1. वर्ष 1973 के आनंदपुर साहिब प्रस्ताव के परिणाम को स्पष्ट कीजिए।**

*अथवा* **आपके विचार में क्या आनंदपुर साहिब प्रस्ताव संघात्मकता को सुदृढ़ बनाने की दिशा में एक तर्क था अथवा एक अलग सिख राष्ट्र के पक्ष में?**

**दक्षता आधारित प्रश्न**

उत्तर वर्ष 1973 में आनंदपुर साहिब में हुए एक सम्मेलन में क्षेत्रीय स्वायत्तता की माँग के लिए प्रस्ताव पारित किया गया। क्षेत्रीय स्वायत्तता के साथ-साथ प्रस्ताव में केंद्र-राज्य संबंधों को पुनर्भाषित करने एवं सिखों की आकांक्षाओं पर बल देते हुए सिखों के 'प्रभुत्व' का ऐलान किया गया। साथ ही सिख वर्ग पर बल देते हुए अलग राष्ट्र के रूप में पंजाब की माँग की गई।

**2. भारत के दो क्षेत्रीय दलों के नाम बताइए, जो क्षेत्रीय आकांक्षाओं को पूर्ण करने के लिए उभरे हैं।**

उत्तर भारत के दो क्षेत्रीय दलों के नाम इस प्रकार हैं

(i) **अकाली दल** इसका संबंध पंजाब राज्य से है, जो सिख समुदाय के प्रतिनिधि के रूप में उभरा है। इसने वर्ष 1967 और 1977 में गठबंधन की सरकार बनाई।

(ii) **नेशनल कॉन्फ्रेंस** यह जम्मू-कश्मीर राज्य का क्षेत्रीय राजनीतिक दल है। यह कई बार यहाँ की सत्ता में अकेले या गठबंधन में रहा।

**3. क्षेत्रीय असंतुलन को कैसे दूर किया जा सकता है?**

*अथवा* **क्षेत्रीय आकांक्षाओं से निपटने की दिशा में लोकतांत्रिक बातचीत के तरीकों की भूमिका का आकलन कीजिए।** **CBSE 2017**

उत्तर क्षेत्रीय असंतुलन को निम्न प्रकार दूर किया जा सकता है

- समाज के सभी भौगोलिक क्षेत्रों को विकास के समान अवसर प्राप्त हों।
- उद्योगों के विकास के साथ-साथ कृषि के विकास की नीतियों को भी बेहतर बनाया जाए।
- क्षेत्र संबंधित समस्याओं के उपयुक्त समाधान कर देश से पृथक् एक स्वतंत्र राज्य की माँग की जाए।

**4. राजीव गाँधी और हरचंद सिंह लोंगोवाल द्वारा वर्ष 1985 में हस्ताक्षरित पंजाब समझौते के किन्हीं दो प्रावधानों का उल्लेख कीजिए।**

उत्तर वर्ष 1985 में हस्ताक्षरित राजीव गाँधी-लोंगोवाल समझौते के दो प्रमुख प्रावधान इस प्रकार हैं

(i) **धार्मिक स्थलों का संरक्षण** केंद्र सरकार ने स्वर्ण मंदिर और अन्य सिख धार्मिक स्थलों की मरम्मत और संरक्षण का आश्वासन दिया।

(ii) **जल विवाद का समाधान** सतलुज यमुना लिंक नहर का निर्माण हरियाणा को जल देने के लिए किया जाता था और जल विवादों के निपटारे के लिए एक न्यायाधिकरण का गठन किया गया।

**5. भारत सरकार द्वारा किस वर्ष जम्मू-कश्मीर से संबंधित विशेष प्रावधान को समाप्त कर दिया गया? नए बने केंद्रशासित प्रदेश का नाम भी बताइए।**

उत्तर भारत सरकार ने 5 अगस्त, 2019 को जम्मू-कश्मीर से संबंधित विशेष प्रावधान, जो अनुच्छेद-370 के तहत था को समाप्त कर दिया। इस निर्णय के साथ ही जम्मू-कश्मीर को दो केंद्रशासित प्रदेशों (जम्मू और कश्मीर) में विभाजित किया गया। यह कदम सरकार द्वारा क्षेत्र के विकास, कानून व्यवस्था में सुधार और आतंकवाद के विरुद्ध सख्त कार्रवाई करने के उद्देश्य से उठाया गया था। इस बदलाव ने जम्मू और कश्मीर की राजनीतिक और सामाजिक संरचना में महत्त्वपूर्ण परिवर्तन लाए, हालाँकि यह एक विवादास्पद मुद्दा बना रहा।

**6. पंजाब में सामान्य स्थिति बहाल करने में राजीव गाँधी लोंगोवाल समझौता कहाँ तक सफल रहा?**

उत्तर राजीव गाँधी लोंगोवाल समझौता (1985) का उद्देश्य पंजाब में अलगाववाद और आतंकवाद को समाप्त कर शांति बहाल करना था। इस समझौते ने सिखों की धार्मिक और राजनीतिक माँगों को मान्यता दी, जैसे स्वर्ण मंदिर का संरक्षण और सतलुज यमुना लिंक नहर विवाद का समाधान। इसके बावजूद, समझौता पूर्ण रूप से सफल नहीं

हो सका, क्योंकि चरमपंथी गुटों ने इसका विरोध किया और हिंसा जारी रही। वर्ष 1985 के बाद भी पंजाब में आतंकवाद और राजनीतिक अस्थिरता बनी रही और हरचंद सिंह लोंगोवाल की हत्या ने शांति प्रक्रिया को कमजोर कर दिया। हालाँकि यह समझौता एक महत्त्वपूर्ण प्रयास था, जिसने आंशिक रूप से शांति की दिशा में कार्य किया।

**7. पूर्वोत्तर में बड़े स्तर पर प्रवासियों के आगमन के साथ वहाँ पर अतिक्रमण की शुरुआत हुई। इस कथन की समीक्षा करें।**

*दक्षता आधारित प्रश्न*

उत्तर पूर्वोत्तर से बड़े पैमाने पर आए आप्रवासियों को अतिक्रमणकारी इसलिए माना जाता है, क्योंकि वे स्थानीय जनसंख्या की सांस्कृतिक सामाजिक और संरचना को प्रभावित करते हैं। बांग्लादेश से अवैध प्रवास के कारण असम और अन्य पूर्वोत्तर राज्यों में जनसंख्या संतुलन में बदलाव हुआ, जिससे स्थानीय निवासियों को अपनी भूमि, संसाधनों और पहचान की सुरक्षा को लेकर चिंता होने लगी। इन अप्रवासियों ने कृषि भूमि पर कब्जा किया और श्रम बाजार में प्रतिस्पर्द्धा बढ़ाई, जिससे स्थानीय लोगों में असंतोष बढ़ा। इस कारण कई आंदोलनों, जैसे असम आंदोलन (1979-85) ने अवैध अप्रवासियों के विरुद्ध आवाज उठाई, जिन्हें स्थानीय निवासियों पर अतिक्रमण करने वाला माना गया।

**8. लोकतांत्रिक राजनीति से क्या तात्पर्य है?**

उत्तर लोकतांत्रिक राजनीति का तात्पर्य ऐसी राजनीतिक प्रणाली से है, जिसमें शासन की शक्ति जनता के हाथों में निहित होती है और इसे जनता के प्रतिनिधियों द्वारा संचालित किया जाता है। इसमें सरकार का गठन स्वतंत्र और निष्पक्ष चुनावों के माध्यम से होता है जहाँ पर नागरिक को मतदान का अधिकार प्राप्त होता है। लोकतांत्रिक राजनीति में मौलिक अधिकारों की रक्षा, कानून का शासन, अभिव्यक्ति की स्वतंत्रता और समावेशी निर्णय प्रक्रिया प्रमुख होती है। इससे सत्ता का विकेंद्रीकरण और विभिन्न हितों का संतुलन बनाए रखने का प्रयास किया जाता हैं, ताकि समाज के सभी वर्गों की आवाज शासन में सुनी जा सके और उनके अधिकारों की रक्षा हो सके।

## दीर्घ उत्तरीय प्रश्न।

**1. भारत के विभिन्न राज्यों में हुए आंदोलनों के लिए कौन-से कारक उत्तरदायी थे?**

उत्तर स्वतंत्रता के बाद भारत में प्रत्येक राज्य अपने व्यक्तिगत हितों के प्रति जागरूक हो गए। इसी कारण विभिन्न राज्यों में अनेक आंदोलनों ने जन्म लिया। इन आंदोलनों के प्रमुख कारण निम्न थे

- भारतीय क्षेत्र में व्याप्त विविधता, जिसमें अनेक जाति, धर्म, संस्कृति, भाषा के लोग निवास करते हैं। अतः उनमें मतभेद होना स्वाभाविक था।
- ब्रिटिश समय पर जो सीमाएँ निर्धारित की गई थीं, उन्हें कई राज्य स्वीकार नहीं कर रहे थे। अतः इस कारण राज्यों में सीमा विवाद भी चल रहा था।
- भारतीय क्षेत्र में भौगोलिक विभिन्नताओं का होना।
- विकास की नीति में कुछ राज्यों को उपेक्षित कर दिया गया, जिससे उनमें असंतोष पनपा।
- क्षेत्रीय विकास को राष्ट्रीय विकास के साथ समाहित करके न चलने के कारण भी आंदोलनों का जन्म हुआ।

**2. संविधान के अनुच्छेद-370 के महत्त्व को समझाइए। यह किस राज्य के संदर्भ में विशेष प्रावधान करता है।**

उत्तर भारत के संविधान में अनुच्छेद-370 के अंतर्गत जम्मू-कश्मीर राज्य के लिए विशेष प्रावधान किया गया। ऐसा दर्जा भारत के किसी अन्य राज्य को प्रदान नहीं किया गया। जम्मू-कश्मीर एकमात्र ऐसा राज्य रहा, जिसका अपना संविधान रहा है। भारतीय संसद द्वारा बनाए गए किसी भी कानून को तब तक जम्मू-कश्मीर में लागू नहीं किया जा सकता था, जब तक वहाँ की विधानसभा इसको पारित नहीं कर देती।

जम्मू-कश्मीर को दिए गए इस विशेष दर्जे को लेकर लोगों के तर्क अलग-अलग थे। स्थानीय लोगों का कहना था कि इस प्रावधान अनुच्छेद (370) के अनुसार, उन्हें पूर्ण स्वायत्तता प्रदान नहीं की गई है, जबकि अन्य लोगों का कहना है कि यदि किसी एक राज्य के लिए ऐसी व्यवस्था की जाती है, तो यह अन्य राज्यों के साथ भेदभाव है। अतः वर्ष 2019 में इसे समाप्त कर दिया गया तथा जम्मू-कश्मीर को दो केंद्रशासित प्रदेश बना दिया गया है।

**3. वर्ष 1980 के पश्चात् घटी ऐसी किन्हीं दो घटनाओं का विश्लेषण कीजिए, जिनके कारण पंजाब में हिंसा का चक्र प्रारंभ हुआ?**

**CBSE 2020**

उत्तर वर्ष 1980 के पश्चात् पंजाब में घटी दो घटनाओं का विवरण इस प्रकार है

(i) वर्ष 1980 के दशक के दौरान जहाँ एक ओर पंजाब में सिख धार्मिक नेता, स्वायत्तता तथा सिख पहचान पर बल दे रहे थे, तो वहीं दूसरी तरफ कुछ चरमपंथी भारत से अलग राष्ट्र खालिस्तान की माँग का समर्थन कर रहे थे। इसके साथ ही चरमपंथियों द्वारा की गई स्वायत्तता की माँग एक सशस्त्र विद्रोह के रूप में प्रकट हो गई।

(ii) अमृतसर का स्वर्ण मंदिर एक हथियारबंद किले में परिवर्तित हो गया। इस संबंध में जून, 1984 में भारत सरकार ने 'ऑपरेशन ब्लू स्टार' अभियान चलाया। इस अभियान में सरकार ने उग्रवादियों को सफलतापूर्वक भगा दिया, किंतु इस दौरान ऐतिहासिक स्वर्ण मंदिर को काफी क्षति हुई। इससे सिखों की भावना को गहरी चोट पहुँची।

**4. पूर्वोत्तर में सात छोटे-छोटे राज्य क्यों बनाए गए?**

उत्तर भारत के पूर्वोत्तर क्षेत्र को स्वतंत्रता के बाद सात राज्यों में बाँटा गया, जिसे 'सात बहनों' के नाम से भी जाना जाता है। ये असम, मेघालय, त्रिपुरा, अरुणाचल, मिजोरम, नागालैंड एवं मणिपुर हैं, जहाँ भारत की कुल जनसंख्या की लगभग 4% जनसंख्या निवास करती है।

इन राज्यों के बनाए जाने के कारणों को इस प्रकार देखा जा सकता है

- यह क्षेत्र एक प्रकार से दक्षिण-पूर्वी एशिया का प्रवेशद्वार था। इसकी सीमाएँ चीन, म्यांमार और बांग्लादेश से लगती थीं। यह जनजातीय बहुल होने, बाहरी लोगों के प्रवेश होने, साथ ही धार्मिक एवं सांस्कृतिक मुद्दे उभरने के कारण तथा पूरे राज्य में असमी भाषा को लागू करने के कारण विरोध होने से क्षेत्रीय स्वायत्तता की माँग उठने लगी।
- अतः सांस्कृतिक रूप से महत्त्वपूर्ण होने के कारण एवं इनकी माँगों को सुरक्षित करते हुए मेघालय, मणिपुर और त्रिपुरा को वर्ष 1972 में राज्य बनाया गया। इसी प्रकार नागालैंड, असम, मिजोरम व अरुणाचल प्रदेश बने, जिससे पूर्वोत्तर का पुनर्गठन पूरा हुआ।

**5. भारत के पूर्वोत्तर राज्यों में स्वायत्तता की माँग क्यों की जा रही थी?**

उत्तर भारत के पूर्वोत्तर राज्यों में स्वायत्तता की माँग के निम्न कारण थे

- स्वतंत्रता के समय पूर्वोत्तर के पूरे क्षेत्र को असम कहा जाता था, केवल इसमें मणिपुर और त्रिपुरा सम्मिलित थे।
- इस पूरे क्षेत्र में तब विरोध प्रदर्शन शुरू हुए और पृथवक्ता की माँग की जाने लगी, जब लोगों ने असम सरकार पर असमी भाषा थोपने का आरोप लगाया।
- कई जनजाति समूहों ने भी स्वायत्तता की माँग की।
- मिजोरम क्षेत्रों में पड़े भारी अकाल पर वहाँ की सरकार अच्छी तरह नियंत्रण नहीं कर पाई, जिस कारण लोगों में आक्रोश उत्पन्न हुआ।
- पूर्वोत्तर क्षेत्र में बाहरी लोगों के आने का भी स्थानीय लोगों ने विरोध किया। उनका मानना था कि ये बाहरी लोग उनके संसाधनों पर कब्जा कर रहे हैं।

**6. मिजोरम पर्वतीय क्षेत्र में अलगाववादी आंदोलन को समर्थन क्यों मिला?**

उत्तर असम राज्य के अंदर मिजो पर्वतीय क्षेत्र को एक स्वायत्त जिले (परिषद्) का दर्जा दिया गया था। वर्ष 1959 में पड़े अकाल के दौरान राज्य सरकार सभी क्षेत्रवासियों की पर्याप्त सहायता करने में असफल रही, जिससे लोगों में द्वेष की भावना उत्पन्न हुई। बाद में इसी भावना के परिणामस्वरूप अलगाववादी आंदोलन की शुरुआत हो गई, जिसे जनसमर्थन भी प्राप्त था। यह आंदोलन जनता में अधिक लोकप्रिय रहा। वर्ष 1966 में मिजो नेशनल फ्रंट ने स्वतंत्रता के लिए एक सशस्त्र आंदोलन की शुरुआत कर दी। इस सशस्त्र आंदोलन को पाकिस्तान द्वारा भी समर्थन दिया गया। एक अन्य कारण यह था कि भारतीय सुरक्षा बलों की कार्यवाही में आम जनता को ही अधिक क्षति पहुँची, जिसने अलगाव की भावना को और अधिक भड़का दिया। दो दशकों तक उग्रवादी हिंसक कार्यवाहियों का दौर चलता रहा। उसके बाद केंद्रीय सरकार ने अलगाववादी आंदोलनकारियों के साथ समझौता कर मिजोरम को विशेष शक्तियाँ प्रदान करते हुए पूर्ण रूप का दर्जा प्रदान किया।

**7. मिजो नेशनल फ्रंट के संस्थापक का संक्षिप्त परिचय दीजिए।**

उत्तर मिजो नेशनल फ्रंट के संस्थापक और नेता लालडेंगा थे। वर्ष 1959 में मिजो पर्वतीय क्षेत्र में भारी अकाल पड़ा था। असम सरकार इस अकाल में समुचित प्रबंधन करने में असमर्थ रही। इसी के बाद अलगाववादी आंदोलन को जनसमर्थन मिलना शुरू हुआ। अकाल के बाद ही लालडेंगा विद्रोही बन गए थे।

इन्होंने भारत के विरुद्ध वर्ष 1966 में मिजो नेशनल फ्रंट के माध्यम से स्वतंत्रता की माँग करते हुए सशस्त्र अभियान शुरू किया। भारतीय सेना और मिजो विद्रोहियों के बीच दो दशक तक लड़ाई चली। मिजो नेशनल फ्रंट ने गुरिल्ला युद्ध किया। लालडेंगा ने वर्ष 1986 में प्रधानमंत्री राजीव गाँधी के साथ सुलह और एक समझौते पर हस्ताक्षर किए। ये नव निर्मित मिजोरम के मुख्यमंत्री बने। लालडेंगा मुख्यमंत्री बनने से पूर्व पाकिस्तान में निर्वासित जीवन बिता रहे थे। वर्ष 1986 में उनके और राजीव गाँधी के बीच जो समझौता हुआ, उसके अंतर्गत मिजोरम को पूर्ण राज्य का दर्जा मिला और उसे कुछ विशेष अधिकार भी दिए गए। यह समझौता मिजोरम के इतिहास में एक निर्णायक मोड़ साबित हुआ।

**8. राजीव गाँधी का परिचय देते हुए क्षेत्रीय समस्याओं को हल करने में उनके योगदान को समझाइए।**

उत्तर राजीव गाँधी भारत की पूर्व प्रधानमंत्री इंदिरा गाँधी के पुत्र थे। इनका जन्म वर्ष 1944 में हुआ था। इन्होंने भारत की सक्रिय राजनीति में वर्ष 1980 से शुरुआत की। वर्ष 1984 में इंदिरा गाँधी की हत्या के बाद ये भारत के प्रधानमंत्री बने।

इन्होंने वर्ष 1989 तक प्रधानमंत्री रहते हुए निम्न प्रकार से क्षेत्रीय समस्याओं का निवारण किया

- इन्होंने अलगाववादी प्रवृत्तियों को सुलझाने के लिए और देश में शांति व्यवस्था कायम रखने के लिए कई समझौते किए।
- इन्होंने पंजाब में आतंकवादियों के विरुद्ध उदारवादी नीतियों के समर्थक लोगोवाल से समझौता किया।
- इन्होंने मिजो विद्रोहियों और असम में छात्र-संगठनों के आंदोलन को शांत करने के लिए असम समझौता किया।
- इन्होंने सिंहली तमिल समस्या के निवारण हेतु श्रीलंका सरकार के अनुरोध पर भारतीय सेना श्रीलंका भेजी।
- ये देश में खुली अर्थव्यवस्था और कंप्यूटर प्रौद्योगिकी के प्रणेता थे। एलटीटीई आत्मघाती द्वारा इनकी वर्ष 1991 में हत्या कर दी गई।

**9. क्षेत्रवाद से आप क्या समझते हैं? क्या यह क्षेत्रीय असंतुलन के लिए उत्तरदायी है?**

उत्तर जब राष्ट्रीय हितों की उपेक्षा कर विभिन्न वर्ग अपने धर्म, भाषा, क्षेत्र अथवा राज्यों के हितों को प्राथमिकता देने लगे, तो यह स्थिति क्षेत्रवाद कहलाती है। भारत एक विविधतापूर्ण लोकतांत्रिक देश है। इसमें क्षेत्रीय आकांक्षाओं की अभिव्यक्ति की अनुमति है, साथ ही यहाँ क्षेत्रीय मुद्दों और समस्याओं पर नीति-निर्माण की प्रक्रिया में समुचित ध्यान भी दिया जाता है।

हालाँकि कभी-कभी क्षेत्रों को नीति-निर्माण में उपेक्षित कर दिया जाता है, तो इससे क्षेत्रीय आकांक्षाएँ उभरने लगती हैं। क्षेत्र विशेष के लोग अपने हितों को लेकर अधिक सजग हो जाते हैं और अपनी भाषा, धर्म, संस्कृति को संरक्षित रखने और विकास करने के लिए माँग करने लगते हैं। यह स्थिति क्षेत्रवाद को जन्म देती है। जब एक राष्ट्र विविधताओं का सम्मान करते हुए राष्ट्र की एकता को बनाए रखना चाहता है, तो वहाँ क्षेत्रीय अधिकारों और अलग अस्तित्व को लेकर संघर्ष होता है।

**क्षेत्रीय असंतुलन के लिए उत्तरदायी कारण** क्षेत्रीय असंतुलन विभिन्न भौगोलिक कारणों से होता है, जिसमें जनसंख्या घनत्व, शिक्षा, भाषा, धन, औद्योगिक विकास उत्तरदायी होते हैं। इन कारणों से क्षेत्रीय असंतुलन होता है। लेकिन इस क्षेत्रीय असंतुलन को धर्म, जाति, भाषा की कसौटी पर रखकर स्वयं की दूसरे क्षेत्रों से तुलना की जाती है, जिससे क्षेत्रवाद का जन्म होता है।

**10. "क्षेत्रीय आकांक्षाएँ तथा उनका समायोजन भारतीय लोकतांत्रिक राजनीति का एक अभिन्न अंग हैं।" किन्हीं दो उपयुक्त तर्कों से कथन की पुष्टि कीजिए।** **CBSE 2024**

उत्तर क्षेत्रीय आकांक्षाएँ भारतीय लोकतांत्रिक राजनीति का एक अहम हिस्सा हैं और उनका समायोजन देश की स्थिरता, एकता और प्रगति के लिए आवश्यक है। इस कथन की पुष्टि निम्नलिखित दो महत्त्वपूर्ण तर्कों से की जा सकती है।

(i) **नए राज्यों का गठन** भारतीय लोकतंत्र ने क्षेत्रीय आकांक्षाओं के समाधान के लिए नए राज्यों का गठन किया। उदाहरण के लिए तेलंगाना का गठन वर्ष 2014 में किया गया, जो आंध्र प्रदेश से अलग हुआ। इसी प्रकार वर्ष 2000 में उत्तराखंड, झारखंड और छत्तीसगढ़ जैसे राज्यों का निर्माण हुआ, जो क्षेत्रीय पहचान, विकास और प्रशासनिक स्वायत्तता की माँगों का परिणाम था।भारत का लोकतांत्रिक ढाँचा क्षेत्रीय अस्मिताओं और आकांक्षाओं का संवैधानिक और शांतिपूर्ण समाधान करने में सक्षम है, जिससे राष्ट्रीय एकता को बनाए रखते हुए क्षेत्रीय विकास को भी गति मिलती है।

(ii) **संवैधानिक विशेष प्रावधान** भारत के संविधान में क्षेत्रीय और सांस्कृतिक विविधता का सम्मान करते हुए कई विशेष प्रावधान किए गए हैं, अनुच्छेद-371 और पाँचवीं और छठी अनुसूचियों के ऐसे ही प्रावधान हैं, जो पूर्वोत्तर राज्यों और जनजातीय क्षेत्रों को विशेष स्वायत्तता और अधिकार प्रदान करते हैं। उदाहरण के तौर पर नागालैंड, मिजोरम और मेघालय जैसे राज्यों को अपनी सांस्कृतिक और सामाजिक पहचान बनाए रखने के लिए विशेष संवैधानिक अधिकार दिए गए हैं। यह प्रावधान यह सुनिश्चित करता है कि क्षेत्रीय समूहों की विशिष्ट पहचान और आकांक्षाओं को मान्यता और सुरक्षा मिले और उनके विकास की दिशा में विशेष कदम उठाए जाएँ।

इस प्रकार, भारतीय लोकतंत्र ने क्षेत्रीय आकांक्षाओं के समायोजन के लिए संवैधानिक और राजनीतिक उपाय अपनाए हैं, जो देश की विविधता में एकता बनाए रखने का एक महत्त्वपूर्ण उदाहरण हैं।

**11. सिक्किम का भारत में विलय एक लंबी तथा जटिल प्रक्रिया के अंतर्गत हुआ। इस दौरान सिक्किम में घटित घटनाओं का विस्तार से वर्णन करें।**

उत्तर सिक्किम का भारत में विलय एक लंबी और जटिल प्रक्रिया थी, जो वर्ष 1947 के बाद से शुरू हुई और वर्ष 1975 में समाप्त हुई। इस घटना का संक्षिप्त विवरण इस प्रकार है–

सिक्किम ब्रिटिश युग में एक संरक्षित राज्य था। जहाँ नाममात्र का शासन चोग्याल (राजा) के हाथों में था। वर्ष 1947 में भारत की आजादी के बाद सिक्किम को स्वतंत्र रखा गया, परंतु भारत ने सिक्किम के साथ एक विशेष संबंध बनाए रखा।

वर्ष 1950 में भारत और सिक्किम के बीच एक समझौता हुआ जिसके तहत सिक्किम की सामरिक और विदेशी मामलों का नियंत्रण भारत को दिया गया, जबकि आंतरिक शासन चोग्याल के अधीन रहा।

सिक्किम भारत का संरक्षित राज्य बन गया, लेकिन इसे संप्रभु राज्य का दर्जा नहीं मिला।

1960 और 1970 के दशक में चोग्याल के शासन के विरुद्ध राजनीतिक असंतोष बढ़ा। सिक्किम नेशनल कांग्रेस जैसे दलों ने लोकतंत्र और भारतीय संघ में शामिल होने की माँग की, जबकि चोग्याल इसका विरोध कर रहे थे।

वर्ष 1973 में बड़े पैमाने पर चोग्याल के विरुद्ध प्रदर्शन हुए। भारतीय हस्तक्षेप के बाद एक त्रिपक्षीय में लोकतांत्रिक सुधारों का मार्ग प्रशस्त किया गया।

वर्ष 1975 में एक जनमत संग्रह आयोजित हुआ जिसमें 97% मतदाताओं ने सिक्किम के भारत में विलय का समर्थन किया।

इसके बाद भारतीय संसद ने सिक्किम को भारत का 22वाँ राज्य घोषित किया और चोग्याल का पद समाप्त कर दिया गया।

सिक्किम का भारत में विलय एक संवैधानिक और लोकतांत्रिक प्रक्रिया के तहत हुआ, जो जनमत संग्रह के माध्यम से पूरी हुई और सिक्किम भारतीय संघ का एक महत्त्वपूर्ण हिस्सा बना।

**12. "क्षेत्रीय आकांक्षाओं से निपटने का सबसे अच्छा तरीका दमन के बजाय लोकतांत्रिक ढंग से बातचीत करना है।" उदाहरण देकर कथन की पुष्टि कीजिए।** **CBSE 2024**

उत्तर क्षेत्रीय आकांक्षाओं से निपटने का सबसे अच्छा तरीका दमन के अतिरिक्त लोकतांत्रिक ढंग से बातचीत करना यह कथन भारतीय राजनीति में कई उदाहरणों से सही सिद्ध होता है। इस माध्यम से भारत में क्षेत्रीय और सांस्कृतिक विविधताओं को लोकतांत्रिक प्रक्रिया के जरिए सफलतापूर्वक सँभाला गया है, इसके कुछ उदाहरण निम्नलिखित हैं

(i) **पंजाब और अकाली आंदोलन** 1980 के दशक में पंजाब में अलगाववादी आंदोलन बढ़ रहा था। इसका समाधान करने के लिए राजीव गाँधी और हरचंद सिंह लोंगोवाल के बीच वर्ष 1985 में पंजाब में समझौता हुआ। जिससे शांतिपूर्ण समाधान की दिशा में कदम बढ़ाए गए। इस समझौते में सिखों की पहचान का सम्मान करते हुए उनके अधिकारों को मान्यता दी गई। यह दर्शाता है कि बातचीत से मुद्दों को हल किया जा सकता है।

(ii) **तेलंगाना राज्य का गठन** तेलंगाना क्षेत्र की लंबे समय से अलग राज्य की माँग थी। केंद्र सरकार ने बातचीत और सुनवाई की प्रक्रिया अपनाई और वर्ष 2014 में तेलंगाना को अलग राज्य का दर्जा दिया गया। इसने क्षेत्रीय आकांक्षाओं को संवैधानिक तरीके से पूर्ण किया और शांति बहाल की।

(iii) **मिजोरम शांति समझौता** मिजो नेशनल फ्रंट ने मिजोरम में विद्रोह किया था, लेकिन वर्ष 1986 में मिजोरम शांति समझौता हुआ। इसके जरिए क्षेत्रीय माँगों को समझते हुए राज्य में शांति और लोकतंत्र स्थापित हुआ।

इन उदाहरणों से सिद्ध होता है कि क्षेत्रीय आकांक्षाओं से निपटने का सबसे अच्छा तरीका लोकतांत्रिक संवाद और बातचीत है, जो देश की एकता को बनाए रखता है।

**13. भारत ने अपने लोगों की क्षेत्रीय आकांक्षाओं का निपटारा किस तरीके से किया है? किन्हीं दो उदाहरणों की सहायता से स्पष्ट कीजिए।** **CBSE 2024**

उत्तर भारत ने अपने लोगों की क्षेत्रीय आकांक्षाओं का निपटारा लोकतांत्रिक प्रक्रिया और संवाद के माध्यम से किया है। इसके तहत विभिन्न राज्यों में क्षेत्रीय अस्मिताओं, मार्गों और समस्याओं को समझते हुए संवैधानिक और राजनीतिक उपाय अपनाए गए हैं।

(i) **मिजोरम शांति समझौता** 1980 के दशक में मिजो नेशनल फ्रंट ने मिजोरम में स्वतंत्रता की माँग को लेकर विद्रोह किया। इस संघर्ष ने क्षेत्र में अस्थिरता उत्पन्न की। वर्ष 1986 में भारत सरकार और मिजो नेशनल फ्रंट के बीच मिजोरम शांति समझौता हुआ। इस समझौते के तहत मिजो लोगों की सांस्कृतिक पहचान और राजनीतिक अधिकारों को मान्यता दी गई और मिजोरम को एक विशेष दर्जा दिया गया। इससे मिजोरम शांति स्थापित हुई और क्षेत्रीय आकांक्षाओं का समाधान किया गया।

(ii) **उत्तरी-पूर्वी राज्यों को विशेष दर्जा** भारत के उत्तरी-पूर्वी राज्यों, जैसे–अरुणाचल प्रदेश, नागालैंड, मणिपुर और मिजोरम को

(ii) **उत्तरी-पूर्वी राज्यों को विशेष दर्जा** भारत के उत्तरी-पूर्वी राज्यों, जैसे–अरुणाचल प्रदेश, नागालैंड, मणिपुर और मिजोरम को विशेष दर्जा प्रदान किया गया, जिससे उनकी सांस्कृतिक और सामाजिक पहचान को सुरक्षित रखा जा सके। इन राज्यों में छठीं अनुसूची के तहत स्वायत्तता के प्रावधान हैं, जिससे स्थानीय निकायों को अधिक अधिकार दिए गए हैं। यह व्यवस्था क्षेत्रीय आकांक्षाओं का समाधान करने में सहायक रही है।

इन उदाहरणों से स्पष्ट होता है कि भारत ने क्षेत्रीय आकांक्षाओं का निपटारा करने के लिए लोकतांत्रिक प्रक्रियाओं का उपयोग किया है, जिससे न केवल विकास की दिशा में सकारात्मक कदम उठाए गए, बल्कि सामाजिक समरसता भी बनी रही।

## दीर्घ उत्तरीय प्रश्न II

**1. द्रविड़ आंदोलन के कारणों एवं उसके परिणामों का आकलन कीजिए।** **CBSE 2025**

उत्तर द्रविड़ आंदोलन (दक्षिण भारत) विशेष रूप से तमिलनाडु में उभरा। इसके कारण और परिणाम निम्नलिखित हैं।

**कारण**

(i) **जातिगत भेदभाव और ब्राह्मण प्रभुत्व** द्रविड़ आंदोलन का मुख्य कारण ब्राह्मणों का सामाजिक, धार्मिक और राजनीतिक प्रभुत्व था। गैर-ब्राह्मण समुदायों को लगता था कि वे सामाजिक और शैक्षिक अवसरों से वंचित हैं।

(ii) **उत्तर-दक्षिण सांस्कृतिक अंतर** उत्तर भारत की संस्कृति और भाषा (संस्कृत, हिंदी) को थोपने के प्रयासों ने दक्षिण में असंतोष पैदा किया। द्रविड़ पहचान को खतरे में देखा गया।

(iii) **औपनिवेशिक नीतियाँ** ब्रिटिश शासन ने गैर-ब्राह्मण समुदायों को संगठित होने का अवसर दिया। 1956 में जस्टिस पार्टी की स्थापना का परिणाम था।

(iv) **पेरियार का नेतृत्व** ई.वी. स्वामी (पेरियार) ने 1925 में स्वाभिमान आंदोलन शुरू किया जो बाद में द्रविड़ कडगम बना। उन्होंने जाति उन्मूलन, नास्तिकता और तमिल पहचान को बढ़ावा दिया।

**परिमाण**

(i) **सामाजिक सुधार** द्रविड़ आंदोलन ने जातिगत भेदभाव को कम करने में सहायता की। मंदिरों में प्रवेश और शिक्षा में गैर-ब्राह्मणों की भागीदारी बढ़ी।

(ii) **राजनीतिक प्रभाव** इसने द्रविड़ मुनेत्र कड़गम (DMK) और (AIA DMK) जैसी पार्टियों को जन्म दिया, जो तमिलनाडु की राजनीतिक में प्रभावशाली पार्टी बनी। 1967 में मुनेत्र कड़गम ने कांग्रेस को हराकर सत्ता हासिल की।

(iii) **भाषायी पहचान** इस आंदोलन ने हिंदी विरोधी आंदोलन को प्रेरित किया, जिसके परिणामस्वरूप तमिल को प्रशासनिक और शैक्षिक भाषा के रूप में मान्यता मिली।

(iv) **क्षेत्रीयता का उदय** इसने क्षेत्रीय पहचान को मजबूत किया, लेकिन राष्ट्रीय एकता पर भी उठाए।

द्रविड़ आंदोलन ने सामाजिक समानता और क्षेत्रीय गौरव को बढ़ावा दिया, लेकिन इसने राष्ट्रीय एकीकरण की चुनौतियाँ भी उत्पन्न कीं।

**2. वर्ष 1980 के बाद का समय क्षेत्रीय आकांक्षाओं के उदय का काल क्यों माना जाता है? इस आकांक्षाओं के प्रत्युत्तर में भारत के व्यवहार का आकलन कीजिए।** **CBSE 2025**

उत्तर वर्ष 1980 के बाद का समय क्षेत्रीय आकांक्षाओं के उदय का काल माना जाता है, क्योंकि इस दौरान भारत में क्षेत्रीय पहचान, भाषा, संस्कृति और आर्थिक असमानता से जुड़े मुद्दों ने जोर पकड़ा। **कारण** पहला, केंद्रीकृत शासन और राष्ट्रीय पार्टियों (जैसे कांग्रेस) की नीतियों से क्षेत्रीय असंतोष बढ़ा। दूसरा, आर्थिक उदारीकरण (1991) ने क्षेत्रों के बीच असमान विकास को उजागर किया, जिससे समृद्ध राज्यों जैसे (गुजरात) और पिछड़े राज्यों (जैसे बिहार) में तनाव बढ़ा। तीसरा, क्षेत्रीय दलों का उदय, जैसे तमिलनाडु में DMK-AIA DMK, आंध्र प्रदेश में TDP और असम में AGP ने स्थानीय मुद्दों को राष्ट्रीय मंच पर लाया। चौथा, पंजाब, कश्मीर और पूर्वोत्तर में अलगाववादी आंदोलनों ने क्षेत्रीय असंतोष को हिंसक रूप दिया।

**भारत के व्यवहार का आकलन** भारत ने इन आकांक्षाओं का जवाब सकारात्मक और नकारात्मक दोनों तरीकों से दिया। सकारात्मक रूप से केंद्र ने क्षेत्रीय दलों को गठबंधन सरकारों में शामिल कर उनकी माँगों को सुना, जैसे 1990 के दशक में गठबंधन युग में। भाषायी और सांस्कृतिक पहचान को मान्यता दी गई, जैसे तेलुगू, कोंकणी आदि को आधिकारिक भाषा का दर्जा देना। छोटे राज्यों (जैसे- झारखंड, छत्तीगढ़) का गठन क्षेत्रीय विकास को बढ़ावा देने के लिए किया गया। हालाँकि, नकारात्मक पक्ष में, पंजाब (खालिस्तान आंदोलन) और कश्मीर में सैन्य दमन ने तनाव बढ़ाया। केंद्र ने कई बार क्षेत्रीय माँगों को अनदेखा किया, जिससे असम और मणिपुर जैसे क्षेत्रों में अलगाववाद बढ़ा। कुल मिलाकर, भारत ने संतुलन बनाने की कोशिश की, लेकिन सैन्य हस्तक्षेप को केंद्रीकरण ने कई बार क्षेत्रीय विश्वास को कमजोर किया।

**3. राजीव गाँधी लोंगोवाल समझौता क्या था? इसके मुख्य परिणाम क्या रहे?**

अथवा **राजीव गाँधी लोंगोवाल समझौता अपने वांछित उद्देश्य में कहाँ तक सफल हुआ?** **CBSE 2020**

उत्तर वर्ष 1984 के चुनावों के बाद जब केंद्र में कांग्रेस सरकार आई, तब प्रधानमंत्री राजीव गाँधी ने नरमपंथी अकाली नेता और अकाली दल के अध्यक्ष हरचरन सिंह लोंगोवाल के साथ वर्ष 1985 में समझौता किया। इसे 'पंजाब समझौता' के नाम से भी जाना जाता है। इस समझौते के मुख्य परिणाम निम्न थे

- पंजाब में व्याप्त अशांति को नियंत्रण करने के लिए यह समझौता आवश्यक था। इस समझौते में इस बात पर सहमति बनी कि चंडीगढ़ पंजाब को दे दिया जाए।
- पंजाब और हरियाणा के बीच सीमा-विवाद के निपटारे के लिए एक अलग आयोग की नियुक्ति पर सहमति हुई।
- पंजाब, हरियाणा तथा राजस्थान के बीच रावी-व्यास के जल के बँटवारे का फैसला करने के लिए एक ट्रिब्यूनल (न्यायाधिकरण) बनाने का निर्णय लिया गया।
- इस समझौते के तहत सरकार पंजाब में उग्रवाद से प्रभावित लोगों को मुआवजा देने के लिए तैयार हो गई।

- पंजाब से विशेष सुरक्षा बल अधिनियम को वापस लेने की बात पर भी सहमति हुई।
- इस समझौते के बावजूद भी हिंसा का चक्र लगभग एक दशक तक चलता रहा।
- पंजाब में उग्रवादी हिंसा को दबाने के लिए की गई कार्यवाहियों में मानवाधिकार का उल्लंघन हुआ।
- इन सभी घटनाओं के बाद अकाली दल का बिखराव हो गया। केंद्र सरकार को राज्य में राष्ट्रपति शासन लागू करना पड़ा।
- 1990 के दशक के मध्यवर्ती वर्षों में पंजाब में शांति की बहाली हुई।

## स्रोत आधारित प्रश्न

**निम्न स्रोतों को ध्यानपूर्वक पढ़िए तथा दिए गए प्रश्नों के उत्तर दीजिए**

**1.** **वर्ष 1953 से लेकर 1974 के बीच अधिकांश समय जम्मू एवं कश्मीर राज्य की राजनीति पर कांग्रेस का असर रहा। कमजोर हो चुकी नेशनल कॉन्फ्रेंस (शेख अब्दुल्ला के बिना) कांग्रेस के समर्थन से राज्य में कुछ समय तक सत्ता में रही, लेकिन बाद में वह कांग्रेस में मिल गई। इस प्रकार राज्य की सत्ता सीधे कांग्रेस के नियंत्रण में आ गई। इस बीच शेख अब्दुल्ला और भारत सरकार के बीच सुलह की कोशिश जारी रही। आखिरकार वर्ष 1974 में इंदिरा गाँधी के साथ शेख अब्दुल्ला ने एक समझौते पर हस्ताक्षर किए और वे राज्य के मुख्यमंत्री बने। उन्होंने नेशनल कॉन्फ्रेंस को फिर से मजबूत किया और वर्ष 1977 के राज्य विधानसभा के चुनाव में बहुमत से निर्वाचित हुए। वर्ष 1982 में शेख अब्दुल्ला की मृत्यु हो गई और नेशनल कॉन्फ्रेंस के नेतृत्व की कमान उनके पुत्र फारुख अब्दुल्ला के हाथों में आ गई। फारुख अब्दुल्ला भी मुख्यमंत्री बने। हालाँकि राज्यपाल ने जल्दी ही उन्हें बर्खास्त कर दिया और नेशनल कॉन्फ्रेंस का एक टूटा हुआ गुट कुछ समय के लिए सत्ता में आ गया।**

(i) **दिए गए अवतरण या गद्यांश में जम्मू-कश्मीर राज्य की किस समय की राजनीति की चर्चा की गई है?**

(a) स्वतंत्रता के बाद की राजनीतिक स्थिति की
(b) वर्ष 1948 के बाद की राजनीतिक स्थिति की
(c) भारतीय राष्ट्रीय कांग्रेस की प्रभाव वाली राजनीतिक स्थिति की
(d) नेशनल कॉन्फ्रेंस के गुट की सत्ता की स्थिति की

उत्तर (b) वर्ष 1948 के बाद की राजनीतिक स्थिति की

(ii) **वर्ष 1953 से लेकर 1974 के बीच अधिकांश समय जम्मू एवं कश्मीर राज्य की राजनीति पर किस ······· पार्टी का प्रभाव पड़ा?**

(a) भारतीय जनता पार्टी (b) भारतीय राष्ट्रीय कांग्रेस
(c) नेशनल कॉन्फ्रेंस (d) पीपल्स डेमोक्रेटिक पार्टी

उत्तर (b) भारतीय राष्ट्रीय कांग्रेस

(iii) **वर्ष 1977 के राज्य विधानसभा चुनाव में शेख अब्दुल्ला ने किस प्रकार का प्रदर्शन किया?**

उत्तर वर्ष 1977 के राज्य विधानसभा चुनाव में शेख अब्दुल्ला ने शानदार प्रदर्शन किया और बहुमत से निर्वाचित हुए। उनके नेतृत्व में नेशनल कॉन्फ्रेंस ने चुनाव में जबरदस्त जीत हासिल की जिससे यह सिद्ध हुआ कि जनता ने उनके नेतृत्व और पार्टी की नीतियों में विश्वास व्यक्त किया। इस जीत ने उनकी राजनीतिक वापसी को और मजबूती प्रदान की और जम्मू व कश्मीर की राजनीति में एक नया दौर शुरू किया।

**2.** **वर्ष 1984 में भारत सरकार ने 'ऑपरेशन ब्लू स्टार' अमृतसर में चलाया। इससे सिखों की भावना को गहरी चोट लगी। इससे हिंसा करने वालों पर कोई विशेष कानूनी कार्यवाही भी नहीं हुई। प्रधानमंत्री मनमोहन सिंह ने वर्ष 2005 में सिख-विरोधी हिंसा पर दुःख जताया तथा माफी माँगी और कहा "सिख समुदाय से ही नहीं पूरे भारत राष्ट्र से माफी माँगने में मुझे कोई संकोच नहीं, क्योंकि वर्ष 1984 में जो कुछ हुआ वह राष्ट्र की अवधारणा तथा संविधान के लिखे को नकारना था, इसलिए मैं यहाँ किसी झूठी प्रतिष्ठा को लेकर नहीं खड़ा हूँ। अपनी सरकार की ओर से, इस देश की समूची जनता की ओर से मैं अपना सिर शर्म से झुकाता हूँ कि ऐसा हादसा पेश आया।"**

(i) **वर्ष 1984 में भारत सरकार द्वारा 'ऑपरेशन ब्लू स्टार' देश के किस ······· राज्य में चलाया गया था**

(a) गुजरात
(b) पंजाब
(c) जम्मू-कश्मीर
(d) असम

उत्तर (b) पंजाब

(ii) **वर्ष 2005 में देश के प्रधानमंत्री मनमोहन सिंह द्वारा किस घटना के संबंध में माफी की बात कही गई?**

(a) असम में हुए छात्र आंदोलन से क्षति के संबंध में
(b) दक्षिण भारत के राज्यों में उत्पन्न जातीय संघर्ष के संबंध में
(c) पंजाब में हुए सिख विरोधी दंगों के संबंध में
(d) जम्मू-कश्मीर में उत्पन्न अलगाव व संघर्ष के संबंध में

उत्तर (c) पंजाब में हुए सिख विरोधी दंगों के संबंध में

(iii) **'ऑपरेशन ब्लू स्टार' के परिणामस्वरूप सिखों की भावनाओं पर क्या प्रभाव पड़ा?**

उत्तर 'ऑपरेशन ब्लू स्टार' के परिणामस्वरूप सिख समुदाय की भावनाओं पर गहरा प्रभाव पड़ा। इस ऑपरेशन ने सिखों के धार्मिक और सांस्कृतिक स्थलों पर हमले की भावना को जागृत किया, जिससे उनकी पहचान पर चोट पहुँची। सिख समुदाय ने इसे अपने धार्मिक प्रतीकों पर हमला मानते हुए एक घातक अपमान समझा। इसके परिणामस्वरूप, देशभर में सिखों के विरुद्ध भेदभाव और घृणा का वातावरण उत्पन्न हुआ, और सिखों के बीच अलगाव की भावना बढ़ गई।

**3.** **वर्ष 1979 में ऑल असम स्टूडेंट्स यूनियन (आसू-AASU) ने विदेशियों के विरोध में एक आंदोलन चलाया। 'आसू' एक छात्र-संगठन था और इसका जुड़ाव किसी भी राजनीतिक दल से नहीं था। 'आसू' का आंदोलन अवैध अप्रवासी, बंगाली और अन्य लोगों के दबदबे तथा मतदाता सूची में लाखों अप्रवासियों के नाम दर्ज कर लेने के खिलाफ था। आंदोलन की माँग थी कि वर्ष 1951 के बाद जितने भी लोग असम में आकर बसे हैं, उन्हें असम से बाहर भेजा जाए। इस आंदोलन ने कई नए तरीकों को आजमाया और असमी जनता के हर तबके का समर्थन हासिल किया। इस आंदोलन को पूरे असम में समर्थन मिला। आंदोलन के दौरान हिंसक और त्रासद घटनाएँ भी हुईं। बहुत-से लोगों को जान गंवानी पड़ी और धन-संपत्ति का नुकसान हुआ। आंदोलन के दौरान रेलगाड़ियों की आवाजाही तथा बिहार में स्थित बरौनी तेलशोधक कारखाने को तेल-आपूर्ति रोकने की भी कोशिश की गइ।**

(i) 'आसू आंदोलन' का मुख्य उद्देश्य क्या था?
(a) असम में शिक्षा का सुधार
(b) अवैध अप्रवासियों को असम से बाहर भेजना
(c) असम के लोगों के लिए नौकरी के अवसर बढ़ाना
(d) असम में सांस्कृतिक विकास

उत्तर (b) अवैध अप्रवासियों को असम से बाहर भेजना

**(ii) ऑल असम स्टूडेंट्स यूनियन (आसू) के आंदोलन के दौरान किस प्रकार की घटनाएँ हुईं?**
(a) केवल शांतिपूर्ण प्रदर्शन (b) केवल राजनीतिक चर्चा
(c) हिंसक और त्रासद घटनाएँ (d) खेलकूद और आयोग

उत्तर (c) हिंसक और त्रासद घटनाएँ

**(iii) आल असम स्टडेंट्स यूनियन (आसू) के आंदोलन के दौरान असम की जनता ने किस प्रकार का समर्थन किया?**

उत्तर ऑल असम स्टूडेंट्स यूनियन (आसू) का आंदोलन असम में अवैध अप्रवासियों के विरुद्ध एक महत्त्वपूर्ण सामाजिक आंदोलन था। इस आंदोलन ने असमी जनता के विभिन्न तबकों का समर्थन हासिल किया। आंदोलन की माँग थी कि वर्ष 1951 के बाद असम में बसने वाले सभी लोगों को असम से बाहर भेज दिया जाए। इस आंदोलन ने कई नए तरीकों को अपनाया और पूरे असम में समर्थन प्राप्त किया। इस आंदोलन के दौरान हिंसा और त्रासदी की घटनाएँ भी हुईं, जिससे अनेक लोगों को जान गँवानी पड़ी और धन-संपत्ति का नुकसान हुआ। इसके अतिरिक्त आंदोलन के दौरान रेलगाड़ियों की आवाजाही और बरौनी तेल शोधक कारखानों को तेल आपूर्ति रोकने की भी कोशिश की गई, जिससे आदोंलन की गंभीरता और प्रभाव का पता चलता है।

**4. स्वायत्तता की माँगों से निपटना आसान था, क्योंकि संविधान में विभिन्नताओं का समाहार संघ में करने के लिए प्रावधान पहले से मौजूद थे, लेकिन जब कुछ समूहों ने अलग देश बनाने की माँग की और वह भी किसी क्षणिक आवेश में नहीं, बल्कि सिद्धांतगत तैयारी के साथ, तो इन माँगों से निपटना मुश्किल हो गया। देश के नेतृत्व को पूर्वोत्तर के दो राज्यों में अलगाववादी माँग का लंबे समय तक सामना करना पड़ा। इन दो मामलों की आपसी तुलना हमें लोकतांत्रिक राजनीति के कुछ सबक सिखाती है।**

**(i) किस क्षेत्र के दो राज्यों में अलगाववादी माँग लंबे समय तक बनी रही ?**
(a) पश्चिमी भारत (b) पूर्वोत्तर भारत
(c) दक्षिण भारत (d) मध्य भारत

उत्तर (b) पूर्वोत्तर भारत

**(ii) स्वायत्तता की माँग से निपटना आसान क्यों था ?**
(a) क्योंकि सभी राज्यो राज्यों ने इसका समर्थन किया
(b) क्योंकि संविधान में इसके लिए पहले से प्रावधान थे
(c) क्योंकि यह माँग तात्कालिक थी
(d) क्योंकि इसे अंतर्राष्ट्रीय स्तर पर समर्थन मिला था

उत्तर (b) क्योंकि संविधान में इसके लिए पहले से प्रावधान थे

## मानचित्र आधारित प्रश्न

**1. दिए गए भारत के राजनीतिक रेखा मानचित्र में पाँच राज्यों को A, B, C, D और E से चिह्नित किया गया है। नीचे दी गई जानकारी के आधार पर इन राज्यों की पहचान कीजिए और अपनी उत्तर-पुस्तिका में उनके सही नाम, प्रयोग की गई जानकारी की क्रम संख्या तथा संबंधित अक्षर, नीचे दी गई तालिका के रूप में लिखिए**

| प्रयोग की गई जानकारी की क्रम संख्या | संबंधित अक्षर | राज्य का नाम |
|---|---|---|
| (i) | | |
| (ii) | | |
| (iii) | | |
| (iv) | | |
| (v) | | |

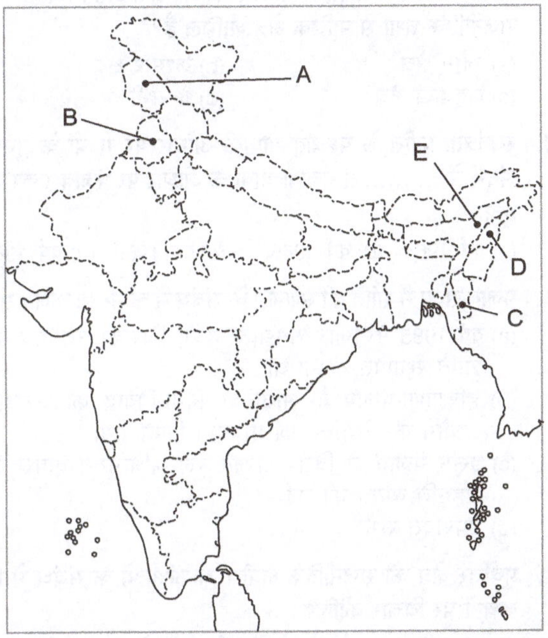


**(i) वह राज्य, जिसे अनुच्छेद-370 के अंतर्गत विशेष दर्जा दिया गया था।**
**(ii) वह राज्य, जहाँ जापू फिजो के नेतृत्व में अलगाववादी आंदोलन की शुरुआत हुई थी।**
**(iii) वह राज्य, जहाँ 'ऑपरेशन ब्लू स्टार' अभियान चलाया गया था।**
**(iv) वह राज्य, जहाँ आसू (AASU) नामक छात्र संगठन द्वारा आंदोलन चलाया गया था।**
**(v) वह राज्य, जहाँ लालडेंगा के नेतृत्व में 'मिजो नेशनल फ्रंट' कार्य कर रहा था।**

उत्तर

| प्रयोग की गई जानकारी की क्रम संख्या | संबंधित अक्षर | राज्य का नाम |
|---|---|---|
| (i) ... | A | जम्मू एवं कश्मीर |
| (ii) ... | B | पंजाब |
| (iii) ... | C | मिजोरम |
| (iv) ... | D | नागालैंड |
| (v) ... | E | असम |

# स्वयं को जाँचें

## बहुविकल्पीय प्रश्न

**1.** भारत के उत्तर में स्थित जम्मू-कश्मीर राज्य के अंतर्गत कौन-सा प्रमुख राजनीतिक तथा सामाजिक क्षेत्र शामिल है?

(a) जम्मू क्षेत्र (b) कश्मीर क्षेत्र
(c) लद्दाख क्षेत्र (d) ये सभी

**2.** स्वतंत्रता प्राप्ति के पश्चात् भाषायी आधार पर राज्यों के पुनर्गठन के संदर्भ में ......... में पंजाबी भाषा के आधार पर पंजाब राज्य का गठन हुआ।

(a) वर्ष 1964 (b) वर्ष 1965 (c) वर्ष 1966 (d) वर्ष 1968

**3.** पंजाब राज्य में शांति की स्थापना के संबंध में कौन-सा कथन सही है?

(a) वर्ष 1985 में पंजाब समझौता हुआ, जिसका उद्देश्य पंजाब में शांति स्थापित करना था
(b) हरियाणा-पंजाब के आंतरिक सीमा-विवाद को सुलझाने हेतु आयोग की नियुक्ति का प्रावधान किया गया
(c) इसमें पंजाब से विशेष सुरक्षा बल अधिनियम वापस लेने पर सहमति व्यक्त की गई
(d) उपरोक्त सभी

**4.** पूर्वोत्तर क्षेत्र की राजनीतिक क्षेत्रीय आकांक्षाओं के संबंध में दिए गए कथनों पर विचार कीजिए

1. नागालैंड का पूर्वोत्तर क्षेत्र में वर्ष 1963 में पुनर्गठन किया गया।
2. आर्थिक पिछड़ेपन तथा विशेष भू-सामरिक स्थिति के कारण पूर्वोत्तर की राजनीति अत्यधिक प्रभावित हुई।
3. बोड़ो जनजाति को स्वायत्त परिषद् का दर्जा प्रदान किया गया है।

उपरोक्त में से कौन-सा/से कथन सही है/हैं?

(a) केवल 1 (b) 1 और 3 (c) केवल 2 (d) उपरोक्त सभी

**5.** सुमेलित कीजिए

| | सूची I | | सूची II |
|---|---|---|---|
| A | पंजाब आंदोलन | 1. | प्रवासियों की समस्या |
| B. | असम आंदोलन | 2. | खालिस्तान की माँग |
| C. | नागालैंड | 3. | जम्मू और कश्मीर को विशेष दर्जा |
| D. | अनुच्छेद-370 | 4. | संस्कृति पहचान |

कूट

| | A | B | C | D |
|---|---|---|---|---|
| (a) | 1 | 2 | 3 | 4 |
| (b) | 2 | 1 | 3 | 4 |
| (c) | 4 | 3 | 2 | 1 |
| (d) | 2 | 1 | 4 | 3 |

## लघु उत्तरीय प्रश्न

**6.** जम्मू एवं कश्मीर से संबंधित किसी एक विवाद को बताइए।

**7.** असम आंदोलन का प्रमुख कारण क्या था?

**8.** 'पंजाब समझौते' से आप क्या समझते हैं? इस समझौते के उद्देश्य बताइए।

**9.** नागालैंड आंदोलन किस बारे में था?

**10.** भारत के संदर्भ में क्षेत्रीयता, लोकतांत्रिक राजनीति का अभिन्न अंग है। अपने पक्ष में तर्क दीजिए।

**11.** खालिस्तान आंदोलन से पंजाब की राजनीति पर क्या प्रभाव पड़ा?

**12.** प्रधानमंत्री के रूप में राजीव गाँधी के योगदानों का मूल्यांकन कीजिए।

## दीर्घ उत्तरीय प्रश्न I

**13.** जम्मू एवं कश्मीर के मुद्दे पर विस्तार से चर्चा कीजिए तथा जम्मू-कश्मीर पुनर्गठन अधिनियम, 2019 का उल्लेख कीजिए।

**14.** वर्ष 1980 के बाद के दौर में तनाव के घेरे में रही और समाज के विभिन्न तबकों की माँगों में संतुलन बनाने की लोकतांत्रिक राजनीति की क्षमता की परीक्षा हुई। इन परिस्थितियों से हमें क्या सीख मिलती है? व्याख्या कीजिए।

## दीर्घ उत्तरीय प्रश्न II

**15.** भारत में क्षेत्रीय आकांक्षाओं के कारण और उनके समाधान की आवश्यकता पर विस्तार से चर्चा करें।

**16.** नागालैंड के अलग राज्य बनने की प्रक्रिया और इसके पीछे के प्रमुख कारणों पर प्रकाश डालें।

# 08

## अध्याय

# भारतीय राजनीति : नए बदलाव

इस अध्याय में भारतीय राजनीति में पिछले दो दशक अत्यंत महत्त्वपूर्ण एवं परिवर्तनकारी रहे। इन दशको में अनेक कारकों ने मिलकर राजनीति को एक नई दिशा की ओर परिवर्तित किया। इस अध्याय में गठबंधन की राजनीति के उद्भव के परिणामस्वरूप लोकतंत्र पर पड़ने वाले प्रभाव, राजनीतिक प्रतिनिधित्व के स्वरूप में परिवर्तन, राम जन्मभूमि आंदोलन एवं बाबरी मस्जिद विवाद तथा नीतिगत मामलों पर बनी सर्व-सहमति के प्रभाव तथा विकास व सुशासन के प्रमुख मुद्दों को शामिल किया गया है।

**▼ अध्ययन एक नजर में**


8.1 भारतीय राजनीति में बदलाव

8.2 गठबंधन का युग

8.3 अन्य पिछड़े वर्ग का राजनीतिक उदय

8.4 सांप्रदायिकता, धर्मनिरपेक्षता और लोकतंत्र

8.5 एक नई सहमति का उदय


**▼ अभ्यास के लिए**

- बहुविकल्पीय प्रश्न 27 (युग्मित प्रश्न, चित्र आधारित प्रश्न, कथन/कारण, सुमेलित कीजिए)
- वर्णनात्मक प्रकार के प्रश्न (लघु उत्तरीय प्रश्न 10, दीर्घ उत्तरीय प्रश्न I 8, दीर्घ उत्तरीय प्रश्न II 9)
- स्रोत आधारित प्रश्न 4, मानचित्र आधारित 2

1990 के दशक में भारतीय राजनीति में बड़े बदलाव आए। इस दशक में गठबंधन सरकारों का दौर शुरू हुआ और क्षेत्रीय दलों का प्रभाव बढ़ा। आर्थिक सुधारों के तहत उदारीकरण, निजीकरण और वैश्वीकरण की नीतियाँ अपनाई गईं , जिससे भारत की अर्थव्यवस्था को नई दिशा मिली । मंडल आयोग की सिफारिशों के कारण पिछड़े वर्गों को आरक्षण मिला, जिससे सामाजिक और राजनीतिक परिवर्तन हुए

## 8.1 भारतीय राजनीति में बदलाव

- भारतीय राजनीति में बदलाव समय के अनुसार होते रहे हैं। 1990 के दशक में इंदिरा गाँधी की मृत्यु के बाद वर्ष 1984 में लोकसभा के आम चुनाव हुए, जिसमें राजीव गाँधी के नेतृत्व में कांग्रेस को विजय प्राप्त हुई। 1980 के दशक के अंत में भारतीय राजनीति में कुछ महत्त्वपूर्ण बदलाव हुए, जिनका आगे की राजनीति पर बहुत गहरा प्रभाव डालने वाले पाँच प्रमुख घटनाक्रम हुए।, जिसका विवरण इस प्रकार है

### कांग्रेस प्रणाली का अंत

- वर्ष 1984 के लोकसभा चुनावों में कांग्रेस को 415 सीटें प्राप्त हुई थीं, जबकि वर्ष 1989 के लोकसभा चुनावों में कांग्रेस को मात्र 197 सीटों की प्राप्ति हुईं। वर्ष 1989 में कांग्रेस की हार के साथ ही भारतीय राजनीति में **कांग्रेस प्रणाली**[1] समाप्त हो गई। वर्ष 1989 के बाद गैर-कांग्रेसी शासन का अस्तित्व भी अधिक दिनों तक नहीं रह सका और वर्ष 1991 में मध्यावधि में हुए चुनावों में कांग्रेस पार्टी ने पुन: बहुमत प्राप्त किया। वर्ष 1989 के पश्चात् भी भारतीय राजनीति में कांग्रेस का वर्चस्व रहा, परंतु दलीय प्रणाली के अंदर प्रमुखता के स्वरूप में परिवर्तन हो गया।

---

1 कांग्रेस प्रणाली (Congress System) यह देश की सबसे मजबूत/शक्तिशाली, किंतु स्वयं में गठबंधन पार्टी थी, क्योंकि इसमें विभिन्न वर्ग, सामाजिक समूह एवं हित के लोग एक साथ थे।

### मंडल मुद्दे का उदय

- इस घटनाक्रम से राष्ट्रीय राजनीति में 'मंडल मुद्दे' का उदय था। मंडल आयोग ने अन्य पिछड़ा वर्ग के लिए आरक्षण लागू करने की सिफारिश की
- इससे हिंसक विरोध प्रदर्शन हुए, जिसे 'मंडल मुद्दा' कहा गया।
- इसने वर्ष 1989 के बाद से भारतीय राजनीति को आकार देने में महत्त्वपूर्ण भूमिका निभाई।

### नए आर्थिक सुधार

- इस दौर में विभिन्न सरकारों ने, जो आर्थिक नीतियाँ अपनाई थीं, वे बुनियादी रूप से बदल चुकी थीं। इसे **संरचनात्मक समायोजन कार्यक्रम**[2] अथवा नए आर्थिक सुधार के नाम से जाना गया। इनकी शुरुआत राजीव गाँधी की सरकार में हुई और वर्ष 1991 तक ये बदलाव बड़े स्तर पर दिखाई देने लगे।
- इन आर्थिक सुधारों ने अर्थव्यवस्था के स्वरूप में परिवर्तन कर दिया, जिसके कारण इन नीतियों की विभिन्न सामाजिक संगठनों एवं आंदोलनों द्वारा बड़े स्तर पर आलोचना हुई। इस अवधि में बनी सभी सरकारों ने नई आर्थिक नीति को बनाए रखा।

### बाबरी मस्जिद का विवादित मुद्दा

- दिसबंर, 1992 में अयोध्या स्थित बाबरी मस्जिद के विवादित मुद्दे ने विध्वंसक रूप धारण कर लिया, जिसने भारतीय राष्ट्रवाद और धर्मनिरपेक्षता की बहस को बढ़ावा दिया। इन सबके कारण भारतीय राजनीति में एक नया बदलाव हुआ। इन बदलावों का संबंध भाजपा के उदय और हिंदुत्व की राजनीति से था।
- यह संघर्ष अतत: 9 नवंबर, 2019 को सुप्रीम कोर्ट की **संविधान पीठ**[3] द्वारा दिए गए ऐतिहासिक फैसले के बाद अयोध्या में राम मंदिर के निर्माण के साथ समाप्त हुआ।

### कांग्रेस पार्टी के नेतृत्व में बदलाव

- मई, 1991 में तमिलनाडु दौरे के दौरान एलटीटीई (लिबरेशन टाइगर्स आफ तमिल ईलम) से जुड़े श्रीलंकाई तमिलों ने राजीव गाँधी की हत्या कर दी। राजीव गाँधी की मृत्यु के पश्चात् कांग्रेस पार्टी के नेतृत्व में परिवर्तन हुआ एवं वर्ष 1991 के आम चुनावों में बड़ी जीत के पश्चात् नरसिंहा राव को प्रधानमंत्री बनाया गया। इनके समय में ही नई आर्थिक नीति लागू की गई थी।

## 8.2 गठबंधन का युग

- भारत में गठबंधन युग की शुरुआत वर्ष 1989 से हुई। वर्ष 1989 के लोकसभा चुनावों में कांग्रेस की पराजय हुई तथा इन चुनावों में जनता दल एवं अन्य **क्षेत्रीय दलों**[4] ने स्पष्ट बहुमत न मिलने के कारण आपस में मिलकर एक राष्ट्रीय मोर्चे का निर्माण किया। राष्ट्रीय मोर्चा ने भारतीय जनता पार्टी एवं वाम मोर्चा दल के समर्थन द्वारा गठबंधन की सरकार बनाई, किंतु इस सरकार में भाजपा और वाम मोर्चा शामिल नहीं हुए।
- भाजपा और वाम मोर्चा राष्ट्रीय मोर्चा सरकार को बाहर से समर्थन दे रहे थे। इसका तात्पर्य यह था कि वे सरकार में मंत्री पदों के रूप में शामिल नही होंगे, लेकिन जब भी सरकार को लोकसभा में अपना बहुमत साबित करने की आवश्यकता होगी, वे उसका समर्थन करेंगे।

### कांग्रेस का पतन

- 1960 के दशक के अंतिम वर्षों में भारतीय राजनीति में दलीय व्यवस्था द्वारा कांग्रेस के एक-छत्र शासन को चुनौती दी गई, परंतु इंदिरा गाँधी के नेतृत्व में कांग्रेस ने भारतीय राजनीति पर पुन: अपना वर्चस्व स्थापित किया।

---

2 **संरचनात्मक समायोजन कार्यक्रम** यह अंतर्राष्ट्रीय मुद्रा कोष या विश्व बैंक से ऋण लेने के लिए आवश्यक आर्थिक सुधारों की एक शृंखला है।

3 **संविधानिक पीठ** यह भारत में सर्वोच्च न्यायालय की एक बेंच होती है, जिसमें कम-से-कम पाँच न्यायाधीश होते हैं और यह संविधान के व्याख्या से संबंधित महत्त्वपूर्ण कानूनी सवालों के मामलों को निर्णय करने का कार्य करती है।

4 **क्षेत्रीय दल** एक ऐसी पार्टी जो किसी विशेष क्षेत्र में प्रमुख होती है और कुछ जातीय, सामाजिक या सांस्कृतिक पहचान पर आधारित है।

- 1990 के दशक में कांग्रेस पार्टी को फिर चुनौती मिली, लेकिन कोई भी एकल पार्टी उसकी जगह नहीं ले सकी। 1990 का दशक **बहुदलीय प्रणाली**[5] का युग था। वर्ष 1989 से 2014 तक कोई भी एकल प्रार्टी लोकसभा में स्पष्ट बहुमत प्राप्त नहीं कर सकी। इसलिए, यह केंद्र में गठबंधन सरकार का युग था।
- इस बदलाव के साथ केंद्र में गठबंधन की सरकारों का उदय हुआ, जिसमें क्षेत्रीय दलों ने महत्त्वपूर्ण भूमिका निभाई। गठबंधन सरकारों के बनने के बाद भी विभिन्न समूहों के कांग्रेस से अलग होने एवं कांग्रेस के अंदरूनी विवादों के कारण कांग्रेस कमजोर होकर अपने पतन की ओर उन्मुख हुई
- यद्यपि वर्ष 2014 तथा 2019 के लोकसभा चुनावों में भारतीय जनता पार्टी को पुनः बहुमत प्राप्त हुआ है।

गठबंधन सरकार के उभरने के कारण

- राष्ट्रीय राजनीतिक दलों का कमजोर होना
- क्षेत्रीय राजीतिक दलों का उभरना और सरकार के गठन के इनकी बढ़ती भूमिका
- वर्ग आधारित अवसरवादी राजनीति का उदय

## गठबंधन की राजनीति (राष्ट्रीय मोर्चा और संयुक्त मोर्चा)

- 1990 के दशक में कुछ शक्तिशाली दलों और आंदोलनों का उदय हुआ। इन दलों व आंदोलनों ने दलितों तथा पिछड़े वर्ग (अन्य पिछड़ा वर्ग) का नेतृत्व किया। इन दलों ने क्षेत्रीय आकांक्षाओं को आगे बढ़ाया तथा इन्होंने गठबंधन की राजनीति में महत्त्वपूर्ण भूमिका निभाई।
- वर्ष 1989 में कांग्रेस की हार के बाद जनता दल तथा अन्य क्षेत्रीय दलों ने एक राष्ट्रीय मोर्चा नामक गठबंधन बनाया, जिसे भाजपा और वाम मोर्चा का समर्थन प्राप्त था। इस सरकार में इन दोनों दलों का बाहर से समर्थन था। ये सरकार में शामिल नहीं थे।
- वर्ष 1991 तथा 1996 में भाजपा ने अपनी स्थिति मजबूत बनाई और वर्ष 1996 के चुनाव में सबसे बड़ी पार्टी बन गई। इस दौरान भाजपा को सरकार बनाने का अवसर मिला, किंतु अधिकांश दलों के सहमत न होने के कारण सरकार न बना सकी। इसके पश्चात् भाजपा एक **गठबंधन**[6] (राष्ट्रीय जनतांत्रिक गठबंधन-राजग) के रूप में सत्ता में आई और मई, 1998 से जून, 1999 तक सत्ता में रही। अक्टूबर, 1999 में इस गठबंधन ने पुनः सत्ता प्राप्त की। इन दोनों गठबंधन में अटल बिहारी वाजपेयी प्रधानमंत्री के रूप में चुने गए और उन्होंने अपनी पूर्ण अवधि पूरी की।
- वर्ष 1999 के आम चुनावों में राष्ट्रीय जनतांत्रिक गठबंधन (National Democratic Alliance, NDA) ने बहुमत हासिल कर अपना संपूर्ण कार्यकाल पूर्ण किया।
- इस प्रकार वर्ष 1989 के बाद गठबंधन की राजनीति की लंबी अवधि की शुरुआत हुई।
- वर्ष 1989 से भारत में गठबंधन राजनीति का एक लंबा दौर शुरू हुआ, जिसमें केंद्र में 11 सरकारें आई, ये सरकारें या तो गठबंधन सरकार थी। विभिन्न गठबंधन इस प्रकार थे; जैसे-
  - वर्ष 1989 में राष्ट्रीय मोर्चा
  - वर्ष 1996 और 1997 में संयुक्त मोर्चा
  - वर्ष 1998 में भाजपा नेतृत्व वाली गठबंधन सरकार
  - वर्ष 1999 में राष्ट्रीय जनतांत्रिक गठबंधन (NDA)
  - वर्ष 2004 और वर्ष 2009 में संयुक्त प्रगतिशील गठबंधन (UPA)
  - हालाँकि, यह रूझान वर्ष 2014 और वर्ष 2019 में बदल गया जब भाजपा ने बहुमत के साथ चुनाव जीतें।

---

5 **बहुदलीय प्रणाली** यह एक राजनीतिक प्रणाली है, जिससे दो या दो से अधिक विभिन्न राजनीतिक दल चुनावों में भाग लेते हैं और वे नियमित रूप से प्रतिनिधित्व करते हैं।

6 **गठबंधन** (Coalition) गठबंधन से तात्पर्य उस स्थिति से है, जब चुनाव से पहले या चुनाव के बाद एक से अधिक दलों द्वारा आपसी सर्व-सहमति से एक साझा कार्यक्रम तैयार किया जाता है।

## केंद्रीय सरकार 1989 के बाद

वी.पी. सिंह

चंद्र शेखर

| अवधि | गठबंधन/सरकार में शमिल बल |
|---|---|
| दिसंबर 1989 नवंबर 1990 | राष्ट्रीय मोर्चा, वाम मोर्चा और भाजपा का समर्थन |
| नवंबर 1990 जून 1991 | राष्ट्रीय मोर्चा का एक तबका समाजवादी जनता पार्टी के नेतृत्व में कांग्रेस का समर्थन |

पी.वी.नरसिम्हा राव

अटल विहारी वाजपेयी

| | |
|---|---|
| जून 1991 मई 1996 | कांग्रेस एआईडीएमके तथा कुछ अन्य दलों का समर्थन |
| मई 1996 जून 1996 | भाजपाः अल्पमत सरकार |

एच. डी. देवगौड़ा

इंद्रकुमार गुजगल

| | |
|---|---|
| जून 1996 अप्रैल 1997 | कांग्रेस के समर्थन पर संयुक्त मोर्चा की सरकार |
| अप्रैल 1997 मार्च 1998 | कांग्रेस के समर्थन पर संयुक्त मोर्चा की सरकार |

वी.पी. सिंह

मनमोहन सिंह

| | |
|---|---|
| जून 1998 अक्टूबर 1999 अक्टूबर 1999 मई 2004 | भाजपा नीत राजग गठबंधन |
| मई 2004 मई 2014 | कांग्रेस नीत संप्रग गठबंधन |

नरेन्द्र मोदी

| | |
|---|---|
| मई 2014 अब तक | भाजपा नीत राजग गठबंधन |

### चेक प्वॉइंट 1

1. इंदिरा गाँधी के उत्तराधिकारी के रूप में किसे चुना गया ?
2. संरचनात्मक समायोजन कार्यक्रम क्या था?
3. संविधानिक पीठ शब्द से आप क्या समझते हैं?
4. उन पार्टियों के नाम लिखे, जिन्होंने राष्ट्रीय मोर्चा सरकार को बाहर से समर्थन दिया?
5. गठबंधन सरकार के विकास का एक कारण क्या था?
6. अटल बिहारी वाजपेयी ने प्रधानमंत्री के रूप में अपनी पूर्ण अवधि किस समय पूरी की?

## 8.3 अन्य पिछड़े वर्ग का राजनीतिक उदय

- गठबंधन के राजनीतिक दौर में ही **अन्य पिछड़ा वर्ग** (Other Backward Class) का उद्भव हुआ। यह अनुसूचित जाति एवं जनजाति से अलग श्रेणी थी। इसमें शैक्षणिक एवं सामाजिक रूप से पिछड़े हुए लोगों को शामिल किया गया। इन समुदायों को 'पिछड़ा वर्ग' भी कहा जाता है। प्रशासनिक रूप से यह वर्ग अन्य पिछड़ा वर्ग के रूप में जाना जाता है।
- गठबंधन के दौर में पिछड़ी जातियाँ कांग्रेस से दूर होती गईं। इसके साथ ही गैर-कांग्रेसी दलों को इन वर्गों का समर्थन प्राप्त हुआ।
- अन्य पिछड़ा वर्ग पर जनता पार्टी, भारतीय क्रांति दल एवं संयुक्त सोशलिस्ट पार्टी का प्रभाव स्पष्ट रूप से पड़ा।

- अन्य पिछड़ा वर्ग की कांग्रेस से बढ़ती दूरी का लाभ उठाकर वर्ष 1977 में जनता पार्टी सत्ता में आई। जनता पार्टी को भारतीय क्रांति दल एवं संयुक्त सोशलिस्ट पार्टी ने भी समर्थन दिया था।
- इन दोनों दलों का ग्रामीण क्षेत्रों के अन्य पिछड़ा वर्ग में मजबूत जनाधार था।

### मंडल आयोग की सिफारिशों का कायान्वयन

- 1980 के दशक में जनता दल ने कई राजनीतिक समूहों को एक साथ लाया, जिनका अन्य पिछड़ा वर्ग में मजबूत समर्थन था। जब राष्ट्रीय मोर्चा सरकार ने मंडल आयोग की सिफारिशों को लागू करने का निर्णय लिया, तो आरक्षण पर राष्ट्रीय स्तर पर तीव्र बहस शुरू हो गई। इन बहसों ने अन्य पिछड़ा वर्ग के रूप में अपनी पहचान के बारे में लोगों को अधिक जागरूक किया।
- इस अवधि में कई पार्टियों का उदय हुआ, जिन्होने अन्य पिछड़ा वर्ग समुदाय के लिए शिक्षा और रोजगार में बेहतर अवसरों की माँग की।

## मंडल आयोग

- दक्षिण भारत के राज्यों में लगभग 1960 के दशक से ही अन्य पिछड़ा वर्ग के लिए आरक्षण का प्रावधान लागू था। हालाँकि यह नीति उत्तर भारत के राज्यों में लागू नहीं थी। वर्ष 1977-79 में जनता पार्टी की सरकार के दौरान उत्तर भारत में पिछड़े वर्ग के आरक्षण के लिए राष्ट्रीय स्तर पर माँग की गई।
- वर्ष 1977-79 के दौरान ही बिहार के मुख्यमंत्री कर्पूरी ठाकुर ने बिहार में अन्य पिछड़ा समुदाय के आरक्षण के संदर्भ में एक नई नीति लागू की। इसके बाद वर्ष 1978 में पिछड़े समुदाय की स्थिति में सुधार हेतु केंद्रीय सरकार ने एक आयोग गठित किया।
- इस आयोग को दूसरा पिछड़ा वर्ग आयोग माना जाता है, क्योंकि स्वतंत्रता के बाद इस प्रकार का नियुक्त दूसरा आयोग था।
- इस आयोग का नाम इसके अध्यक्ष बिंदेश्वरी प्रसाद मंडल के नाम पर रखा गया।
- इस आयोग ने वर्ष 1980 में अपनी सिफारिशें दीं। इस आयोग का मुख्य उद्देश्य भारतीय समाज में सामाजिक तथा शैक्षणिक पिछड़ेपन से संबधित तथ्यों की पहचान करना तथा पिछड़ेपन को दूर करने से संबंधित समाधान प्रस्तुत करना।
- शिक्षा संस्थाओं और सरकारी नौकरियों में इनका प्रतिनिधित्व कम होने के कारण इनको 27% आरक्षण दिया जाना चाहिए।
- मंडल आयोग ने पिछड़े वर्ग के पिछड़ेपन को सुधारने हेतु भूमि सुधार से संबंधित सुझाव भी प्रस्तुत किए।
- अगस्त, 1990 में राष्ट्रीय मोर्चा सरकार ने मंडल आयोग की सिफारिशों में से केंद्र सरकार तथा उसके उपक्रमों की नौकरियों में आरक्षण के प्रावधान को राष्ट्रीय स्तर पर लागू किया।
- उत्तरी भारत में सिफारिशों के लागू होने के पश्चात् हिंसक विरोध दृष्टिगत हुए। इस फैसले को सर्वोच्च न्यायालय में भी चुनौती दी गई और याचिकाकर्ताओं के नाम पर इसे 'इंदिरा साहनी केस' के नाम से जाना गया।
- वर्ष 1992 में इंदिरा साहनी केस के अंतर्गत सर्वोच्च न्यायालय ने सरकार के फैसले को उचित बताया।

## भारतीय राजनीति में बदलाव के परिणाम

- 1980 के दशक में दलित जातियों के राजनीतिक संगठनों का उदय हुआ; जैसे—वर्ष 1978 में (BAMCEF) (बैकवर्ड एंड माइनॉरिटी कम्युनिटीज एंप्लॉइज फेडरेशन)(BAMCEF -बामसेफ) नामक संगठन अस्तित्व में आया, जिसने अनुसूचित जाति/जनजाति, अन्य पिछड़ा वर्ग एवं अल्पसंख्यकों की राजनीतिक सत्ता की वकालत की थी।
- इस संगठन का परवर्ती विकसित रूप 'दलित शोषित समाज संघर्ष समिति' है, जिसके कुछ समय पश्चात् **बहुजन समाज पार्टी** (बसपा) का उद्भव हुआ।
- बसपा ने अपने संगठन की नींव व्यवहार केंद्रित नीतियों पर कांशीराम के नेतृत्व में रखी थी। प्रारंभ में यह एक छोटी पार्टी थी, जिसे पंजाब, हरियाणा तथा उत्तर प्रदेश के दलित मतदाताओं का समर्थन प्राप्त हुआ, लेकिन वर्ष 1989 एवं 1991 के उत्तर प्रदेश चुनावों में विजय प्राप्त कर बसपा एक बड़े राजनीतिक दल के रूप में उभरी, जिसे बड़ी संख्या में बहुजन समाज का समर्थन प्राप्त था।
- स्वतंत्रता के पश्चात् यह पहला अवसर था, जब किसी राजनीतिक दल ने दलित मतदाताओं के समर्थन से राजनीतिक सफलता प्राप्त की थी। इसके बाद बसपा बड़ी राजनीतिक पार्टी बनी तथा कई बार सरकार बनाई। इसके साथ ही समाज के विभिन्न वर्गों में जनाधार बढ़ा।
- राजनीतिक परिवर्तनों का एक राजनीतिक परिणाम यह हुआ कि भारत के अनेक हिस्सों में दलित राजनीति एवं पिछड़ा वर्ग राजनीति के स्वतंत्र रूप धारण करने के कारण दोनों वर्गों में राजनीतिक प्रतिस्पर्द्धा भी स्पष्ट रूप से दृष्टिगोचर होने लगी।

### कांशीराम (1934-2006)

- ये बहुजन समाज के सशक्तीकरण के प्रतिपादक और बहुजन समाजवादी पार्टी के संस्थापक थे। सामाजिक और राजनीतिक कार्य के लिए इन्होंने केंद्र सरकार की नौकरी से इस्तीफा भी दे दिया था।

- ये राजनीतिक सत्ता को सामाजिक समानता का आधार मानते थे। इन्हें उत्तरी भारत के राज्यों में दलित राजनीति के संगठनकर्ता के रूप में भी जाना जाता है।
- ये कुशल रणनीतिकार थे। यह बामसेफ, डी एस-4 और बसपा (1984) के संस्थापक थे।

### चेक प्वॉइंट 2

1. दो राजनीतिक पार्टियाँ बताइए, जिनका अन्य पिछड़ा वर्ग के बीच मजबूत आधार था?
2. कौन-सा आयोग 'दूसरा पिछड़ा आयोग' के नाम से जाना जाता है?
3. बामसेफ (BAMCEF) क्या है?

## 8.4 सांप्रदायिकता, धर्मनिरपेक्षता और लोकतंत्र

1980-90 के राजनीतिक बदलाव के दशकों में ही **सांप्रदायिकता**[7], **धर्मनिरपेक्षता**[8] आदि से संबंधित मुद्दे, विवाद इत्यादि सामने आए, जिनमें से कुछ इस प्रकार हैं

- परिवर्तन के इन दो दशकों में ही धार्मिक पहचान के मुद्दे उभरकर सामने आए, जिससे धार्मिक पहचान पर आधारित राजनीति ने अपना प्रखर रूप धारण किया तथा धर्म आधारित राजनीति ने धर्मनिरपेक्षता एवं लोकतंत्र संबंधित वाद-विवाद को तीव्र कर दिया।
- आपातकाल के बाद भारतीय जनसंघ जनता पार्टी में शामिल हो गया। जनता पार्टी के पतन के पश्चात् वर्ष 1980 में भाजपा बनी। इसने 'गाँधीवादी समाजवाद' की विचारधारा को अपनाया। हालाँकि इसे सफलता नहीं मिली।
- वर्ष 1980 व 1984 के आम चुनावों में पराजय के बाद वर्ष 1986 के चुनावों में भारतीय जनता पार्टी ने हिंदू राष्ट्रवादी तत्त्वों एवं हिंदुत्व की राजनीति द्वारा हिंदुओं को एकजुट करने का प्रयास किया। इसे सांप्रदायिक राजनीति के उदाहरण के रूप में देखा जा सकता है।
- 'हिंदुत्व' शब्द वी डी सावरकर ने दिया था और उन्होंने इसे भारतीय राष्ट्र की नींव कहा था। इनके अनुसार भारत राष्ट्र का नागरिक वही हो सकता है, जो भारत भूमि को न केवल पितृभूमि, बल्कि पुण्यभूमि भी स्वीकार करता हो। हिंदुत्व राष्ट्रवादी समर्थकों का तर्क था कि हिंदू संस्कृति ही मजबूत भारत राष्ट्र की बुनियाद है।
- वर्ष 1986 में घटित दो महत्त्वपूर्ण प्रकरणों शाहबानो विवाद एवं अयोध्या विवाद ने भाजपा की राजनीति का केंद्र बिंदु थे।, जिसका विवरण इस प्रकार है

### शाहबानो विवाद

- यह विवाद एक 62 वर्षीय तलाकशुदा मुस्लिम महिला शाहबानो का था, जिसमें उसने भूतपूर्व पति से गुजारा भत्ता के लिए न्यायालय में मुकदमा दर्ज कराया था। सर्वोच्च न्यायालय ने शाहबानो को उसके पूर्व पति से गुजारा भत्ता दिए जाने के पक्ष में फैसला दिया, लेकिन इसे पारंपरिक मुस्लिमों द्वारा उनके व्यक्तिगत कानूनों में न्यायालय की दखल अंदाजी के रूप में देखा गया।
- केंद्र सरकार ने मुस्लिम नेताओं की माँग पर तलाक संबंधित मुस्लिम महिला अधिनियम, 1986 पास करके सर्वोच्च न्यायालय के फैसले को निरस्त कर दिया। इसका मुस्लिम महिलाओं की जमात, अनेक महिला संगठनों व अधिकांश बुद्धिजीवियों ने विरोध किया था।
- भाजपा ने कांग्रेस की आलोचना की तथा इसे अल्पसंख्यक समुदाय को दी गई अनावश्यक सुविधा या तुष्टिकरण बताया।
- 28 नवंबर, 1858 को एक बहुत दिलचस्प घटना घटी, जब निहंग सिखों ने जन्मभूमि स्थल पर कब्जा कर लिया और पूजा और हवन अनुष्ठान किए। लेकिन बाद में, उन्हे उपनिवेशी प्रशासन द्वारा बलपूर्वक वहाँ से बाहर निकाल दिया गया।

### अयोध्या विवाद

- फैजाबाद जिला न्यायालय के आदेशानुसार फरवरी, 1986 को विवादास्पद बाबरी मस्जिद के क्षेत्र को हिंदुओं के लिए खोल दिया गया, ताकि हिंदू वहाँ पूजा कर सकें, किंतु ताला खोलते ही हिंदू-मुस्लिम दोनों ने अपने-अपने संगठनों को एकजुट करना आरंभ किया, जिसने हिंदू-मुस्लिम सांप्रदायिकता को बढ़ावा दिया।
- यह स्थल दोनों (हिंदू व मुस्लिम समुदाय) के लिए पवित्र है। बाबरी मस्जिद का निर्माण अयोध्या में मुगल शासक बाबर के सेनापति मीर बाकी ने 16वीं शताब्दी में कराया था। कुछ हिंदुओं का मानना है कि यह भगवान राम की जन्मभूमि है और इस भूमि पर बने मंदिर को तोड़कर मस्जिद बनवाई गई थी। यही मुख्य विवाद रहा है। 1940 के दशक में इस मस्जिद में ताला लगा दिया गया था, क्योंकि यह विवाद न्यायालय के सुपुर्द था।

---

7 धर्मनिरपेक्षता (Secularism) एक ऐसा विचार या भावना, जो सभी धर्मों को समान महत्त्व देती हो तथा सभी के साथ समान व्यवहार करने के लिए प्रेरित करती हो।

8 सांप्रदायिकता (Communalism) एक ऐसा विचार या संकीर्ण भावना, जो एक विशेष संप्रदाय या धर्म को प्रमुखता देने तथा अन्य संप्रदाय/धर्म से घृणा करने को बढ़ावा देती है।

- यह मुद्दा 1528 ई. से शुरू होकर 500 साल लंबी इतिहास की गवाही देता है और इसमें कई संघर्ष शामिल है। इस इतिहास को लखनऊ, बाराबंकी और फैजाबाद के जिले के गजेटियर में दस्तावेजित किया गया है।
- वर्ष 1949 में ढाँचे को अदालत की कार्यवाही के कारण सील कर दिया गया था। 1986 में फैजाबाद (अब अयोध्या) जिला न्यायालय ने वहाँ पूजा करने की अनुमति दी और ढाँचे को खोला।
- यह विश्वास किया जाता था कि तीन गुम्बदों वाला ढाँचा श्री राम जन्मस्थल एक मंदिर नष्ट करके बनाया गया था।
- मंदिर का शिलान्यास हुआ था, लेकिन निर्माण पर प्रतिबंध था। हिंदू समुदाय को यह चिंता थी, क्योंकि यह भगवान श्रीराम का जन्म स्थल है और मुस्लिम समुदाय का मानना था कि यह उनका स्थान है क्योंकि वहाँ तीन गुम्बद वाला ढाँचा था।
- इस मस्जिद के ताला खुलते ही भाजपा ने इसे चुनावी मुद्दा बनाया तथा राष्ट्रीय स्वयं सेवक संघ और विश्व हिंदू परिषद् जैसे संगठनों ने कार्यक्रम चलाया तथा गुजरात स्थित सोमनाथ से उत्तर प्रदेश के अयोध्या तक रथयात्रा निकाली।
- राम मंदिर के निर्माण में समर्थन करने वाले संगठनों ने दिसंबर, 1992 में कारसेवा का आयोजन किया। इसके अंतर्गत रामभक्तों से कहा गया कि वे इस मंदिर के निर्माण में श्रमदान करें।
- यह विवाद संपूर्ण देश में फैल गया, जिसके कारण सर्वोच्च न्यायालय ने राज्य सरकार को यह आदेश दिया कि वह विवादित स्थल की सुरक्षा की व्यवस्था करे।
- विभिन्न प्रांतों से आए भक्तों ने 6 दिसंबर, 1992 को बाबरी मस्जिद को गिरा दिया। इस घटना के परिणामस्वरूप देश के कई हिस्सों में हिंदू-मुस्लिम हिंसा घटित हुई।
- जनवरी, 1993 में मुंबई में पुन: सांप्रदायिक हिंसा भड़की, जो दो सप्ताह तक जारी रही। सांप्रदायिक हिंसा की घटनाओं को सर्वोच्च न्यायालय ने भारत के धर्मनिरपेक्षता के ढाँचे पर प्रहार के रूप में स्पष्ट किया।
- उत्तर प्रदेश में सत्तारूढ़ भाजपा सरकार को केंद्र द्वारा बर्खास्त कर दिया गया एवं भाजपा शासित राज्यों में भी राष्ट्रपति शासन लगा दिया गया।
- उत्तर प्रदेश के मुख्यमंत्री के विरुद्ध सर्वोच्च न्यायालय में अदालत के अपमान का मुकदमा दर्ज किया गया, क्योंकि उन्होंने अपने शपथ-पत्र में इस विवादित ढाँचे की रक्षा का दायित्व लिया था। सर्वोच्च न्यायालय ने मुख्यमंत्री को प्रतीकात्मक रूप से दंडित किया।
- भाजपा ने आधिकारिक तौर पर अयोध्या की घटना पर दुःख प्रकट किया। मस्जिद को लेकर हुए विध्वंस के कारण व स्थितियों की जाँच करने हेतु केंद्र सरकार ने जाँच आयोग की नियुक्ति की।
- अधिकतर राजनीतिक दलों ने मस्जिद के विध्वंस को धर्मनिरपेक्षता के सिद्धांतों के विरुद्ध बताकर इसकी आलोचना की।

## कानूनी कार्यवाही से सौहार्द्रपूर्ण स्वीकृति तक

- भारत एक बहु-धार्मिक और बहु-लोकतांत्रिक देश है। इसलिए समाज में कोई भी विवाद होना स्वाभाविक है। हिंदू और मुस्लिम समुदाय के बीच यह विवाद लोकतांत्रिक तरीके से अदालत की कार्यवाही के माध्यम से हल किया गया।
- 9 नवंबर, 2019 को अयोध्या मुद्दे का समाधान सर्वोच्च न्यायालय की संविधानिक पीठ द्वारा 5-0 के फैसले के साथ किया गया। इसका तात्पर्य यह था कि सभी न्यायाधीशों ने इस निर्णय के पक्ष में अपना मत व्यक्त किया।
- निर्णय में विवादित स्थल को श्री राम जन्मभूमि तीर्थ क्षेत्र ट्रस्ट को राम मंदिर के निर्माण के लिए आवंटित किया गया। इसके साथ ही, सरकार से कहा गया कि वह सुन्नी सेंट्रल ऑफ बोर्ड को मस्जिद के निर्माण के लिए उपयुक्त स्थल आवंटित करे।
- यह मुद्दा पुरातात्विक खुदाई और ऐतिहासिक रिकॉर्ड के लंबे प्रक्रिया की मदद से हल किया गया। दोनों समुदायों सहित सभी ने सर्वोच्च न्यायालय के फैसले का जश्न मनाया। यह संवेदनशील मुद्दे पर सहमति बनने का एक आदर्श उदाहरण था, जो लोकतांत्रिक परंपराओं की परिपक्वता को दिखाता है। यह सिद्ध करता है कि लोकतंत्र भारत में प्राचीन काल से स्थापित है।

### चेक प्वॉइंट 3

1. नवंबर 1858 में राम जन्म भूमि स्थल को किसने कब्जा किया था?
2. शाहबानों मामला क्या था?
3. श्री राम जन्म भूमि के 500 साल लंबे इतिहास को किस तीन राज्यों के गजेटियरों ने दस्तावेदित किया गया है?
4. सर्वोच्च न्यायालय ने अयोध्या के मुद्दे पर अपना निर्णय कब दिया था?

## 8.5 एक नई सहमति का उदय

- वर्ष 1989 के बाद की समयावधि के काल को भाजपा के अभ्युदय एवं कांग्रेस के पतन के रूप में जाना जाता है। इस भाजपा अभ्युदय एवं कांग्रेस पतन को वर्ष 1984-2004 के मध्य हुई चुनावी हार-जीत के माध्यम से जाना जा सकता है।
- इस अवधि में भाजपा और कांग्रेस दोनों के बीच कठिन प्रतिस्पर्द्धा (प्रतियोगिता) थी। दोनों के वोट कुल मिलाकर वर्ष 1989 के बाद 50% से अधिक हो गए थे। इसके साथ ही इन दलों ने गठबंधन के रूप में राजनीति को बढ़ावा दिया।

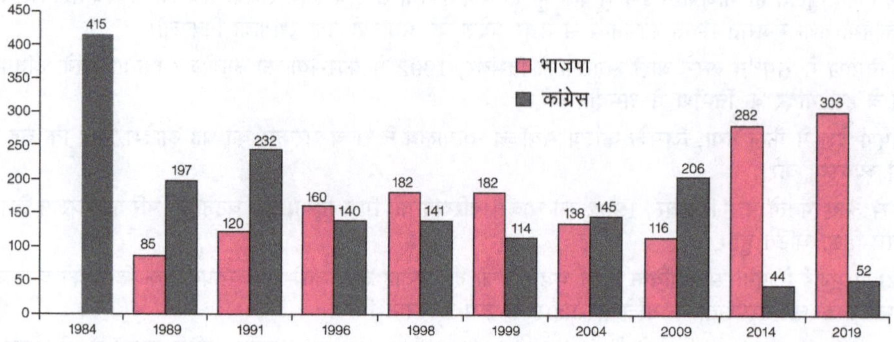


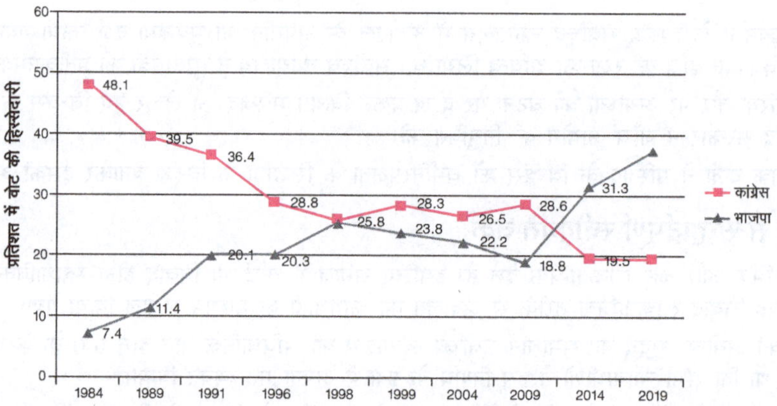


**ग्राफ का अवलोकन**

इस दौरान भाजपा और कांग्रेस के बीच कड़ी टक्कर देखने को मिली। 1996,2004 और 2009 के चुनावों को छोड़कर दोनों पार्टियों ने अपने पिछले चुनावों की अपेक्षा 50% अधिक मत हासिल किए

**लोकसभा चुनाव** (2004-19)

- वर्ष 2004 के चुनावों में कांग्रेस ने गठबंधन किया। राष्ट्रीय जनतांत्रिक गठबंधन (NDA) को नए गठबंधन सरकार ने हराया। यह नई गठबंधन सरकार कांग्रेस द्वारा बनाई गई, जिसे संयुक्त प्रगतिशील गठबंधन (UPA) कहा गया। इसका समर्थन वामपंथी दलों (लेफ्ट फ्रंट पार्टियों) ने किया। यह पहली बार था, जब 1991 के बाद कांग्रेस पार्टी लोकसभा में अपनी सीटों की संख्या बढ़ा पाई।
- वर्ष 2008 में, वामपंथी दलों ने भारत-अमेरिका परमाणु समझौते के मुद्दे पर UPA सरकार ने अपना समर्थन वापस से लिया। वर्ष 2009 में 15वी लोकसभा के चुनाव हुए। डॉ. मनमोहन सिंह ने दूसरी बार UPA गठबंधन सरकार का नेतृत्व करते हुए प्रधानमंत्री पद संभाला।
- वर्ष 2013 में, भारतीय जनता पार्टी (भाजपा) ने गुजरात के मुख्यमंत्री नरेंद्र मोदी को आगामी चुनावों के लिए प्रधानमंत्री पद का उम्मीदवार घोषित किया। वर्ष 2014 में भाजपा ने अपने दम पर 282 सीटें जीतीं और 30 वर्षों के बाद बहुमत वाली सबसे बड़ी, पार्टी बनी। हालाँकि भाजपा को बहुमत प्राप्त था, फिर भी उसने अपने सहयोगी दलों के साथ NDA सरकार बनाने का निर्णय लिया।

- नरेंद्र मोदी के नेतृत्व वाली NDA सरकार ने सामाजिक क्षेत्र, विदेशी नीति और आर्थिक नीति में तेजी से निर्णय लिए। वर्ष 2019 के लोकसभा चुनावों में भाजपा ने अपने दम पर 303 सीटें जीतीं। भाजपा की पूर्ण बहुमत की जीत के बावजूद, भारतीय राजनीति में गठबंधन की प्रासंगिता आज भी बनी हुई है।

## राजनीतिक दलों के मध्य बढ़ती सहमति

- राजनीतिक बदलाव के युग में भी अनेक महत्त्वपूर्ण मुद्दों पर राजनीतिक दलों के बीच व्यापक सहमति थी। मुख्यतः आम सहमति में चार बातें शामिल होती थीं
  (i) देश को समृद्ध एवं विकास की तरफ अग्रसर करने से संबंधित नई आर्थिक नीतियों को लेकर अधिकतर राजनीतिक दलों के बीच आम सहमति है। इन दलों का मानना है कि इससे देश संपन्न (समृद्ध) होगा तथा भारत, विश्व में आर्थिक शक्ति बनेगा। इसके अतिरिक्त कई समूह इसके विरुद्ध भी हैं।
  (ii) पिछड़ी जातियों के सामाजिक एवं राजनीतिक दावों को लेकर अधिकतर दलों में आम सहमति है, ताकि पिछड़ा वर्ग को सत्ता में समुचित हिस्सेदारी मिल सके। शिक्षा व रोजगार में आरक्षण पर आम सहमति है।
  (iii) देश के राजनीतिक शासन में प्रांतीय दलों की भूमिका की स्वीकृति को लेकर अधिकतर दलों में आम सहमति है। प्रांतीय तथा राष्ट्रीय दलों के बीच अंतर कम होता जा रहा है।
  (iv) विचारधारा की जगह कार्यसिद्धि एवं विचारधारागत सहमति के बगैर राजनीतिक गठजोड़ पर अधिकतर दलों ने अपनी सहमति प्रदान की। वर्तमान में दल विचारधारा से अधिक सत्ता (सरकार) में हिस्सेदारी पर जोर दे रहे हैं। उदाहरणस्वरूप, भाजपा के साथ विभिन्न दलों का गठबंधन की सरकार में शामिल होना।
- इस प्रकार, नए बदलाव को स्वीकार किया गया है। दलों के आपसी मतभेद के बीच कुछ मामलों में सहमति भी बनी है। जन आंदोलनों ने भी इसे प्रभावित किया है।
- गरीबी, विस्थापन (दूसरे स्थान पर जाना), न्यूनतम मजदूरी, जीविका के मुद्दे, सामाजिक सुरक्षा के मुद्दे इन जनआंदोलनों से राजनीतिक एजेंडे में शामिल हुए हैं। इसके साथ ही जाति, लिंग, वर्ग, धर्म, न्याय तथा लोकतंत्र के मुद्दे भी लोकतांत्रिक राजनीति में शामिल हुए हैं, जिससे लोकतांत्रिक राजनीति को मजबूती मिली है।

## बिंदेश्वरी प्रसाद मंडल (1918-82)

- बिंदेश्वरी प्रसाद मंडल (बी. पी.मंडल) वर्ष 1967-70 तथा 1977-79 में बिहार से सांसद चुने गए थे।
- इन्होंने दूसरा पिछड़ा वर्ग आयोग की अध्यक्षता भी की थी। इस आयोग ने अन्य पिछड़ा वर्ग को आरक्षण देने की सिफारिश भी की थी। ये बिहार के समाजवादी नेता थे एवं वर्ष 1968 में डेढ माह तक बिहार के मुख्यमंत्री पद पर कार्यरत् रहे।
- ये वर्ष 1977 में जनता पार्टी में शामिल हुए थे।

## चेक प्वॉइंट 4

1. भारत-अमेरिका परमाणु समझौता किस वर्ष में हुआ था?
2. बी. पी. मंडल कौन थे?
3. उत्तरी भारत में दलित जागरूकता किसने लाई?

# Mind Map

## भारतीय राजनीति : नए बदलाव

### 1 1990 के दशक का संदर्भ

- इंदिरा गाँधी की वर्ष 1984 में हत्या के पश्चात् राजीव गाँधी को प्रधानमंत्री बनाया गया।
- वर्ष 1984 के लोकसभा चुनावों में कांग्रेस को 415 सीटें प्राप्त हुईं।

**पाँच प्रमुख घटनाक्रम**

- कांग्रेस प्रणाली का अंत वर्ष 1989 में कांग्रेस की हार
- मंडल मुद्दा मंडल आयोग ने अन्य पिछड़ा वर्ग के लिए आरक्षण की सिफारिश की।
- आर्थिक सुधार राजीव गाँधी ने नई राजनीति की शुरुआत की।
- राम जन्म भूमि मंदिर विवाद
- राजीव गाँधी की हत्या

### 2 गठबंधन का युग

- 1960 के दशक में कांग्रेस के प्रभुत्त्व को चुनौती
- इंदिरा गाँधी ने फिर से प्रभुत्त्व स्थापित किया।
- 1990 के दशक में कांग्रेस को फिर से चुनौती।

**गठबंधन सरकारों का गठन**

- वर्ष 1989 में राष्ट्रीय मोर्चा की सरकार बनी
- वाममोर्चा और भाजपा का बाहर से समर्थन
- वर्ष 1996 में संयुक्त मोर्चा की सरकार बनी
- वर्ष 1998 में भाजपा के नेतृत्व में गठबंधन सरकार बनी।
- 1999 में राजग (NDA) गठबंधन की सरकार बनी।

**गठबंधन, राजनीति की विशेषताएँ**

- बहुदलीय व्यवस्था।
- क्षेत्रीय पार्टियों ने महत्त्वपूर्ण भूमिका निभाई है।
- गठबंधन सरकारें दीर्घजीवी नहीं होतीं।

### 3 अन्य पिछड़ा वर्ग का राजनीतिक उदय

- SC (अनुसूचित जाति) और ST (अनुसूचित जनजाति) के अतिरिक्त अन्य समुदाय, जो शैक्षिक और सामाजिक पिछड़ेपन से पीड़ित हैं। इन्हें पिछड़ी जातियाँ कहा जाता है।

**कांग्रेस के समर्थन में गिरावट**

- कांग्रेस को पिछड़े वर्गों का समर्थन कम हुआ जिससे गैर-कांग्रेसी दलों के लिए स्थान बना।
- भारतीय क्रांति दल और संयुक्त समाजवादी पार्टी जैसे दलों को पिछड़ी जाति का समर्थन मिला।

**मंडल आयोग का क्रियान्वयन**

- वर्ष 1978 में स्थापित
- OBC (अन्य पिछड़ा वर्ग) के लिए 27% आरक्षण की सिफारिश
- वर्ष 1980 में राष्ट्रीय मोर्चा सरकार द्वारा लागू किया गया।

**राजनीतिक परिणाम**

- दलित राजनीतिक संगठनों का उदय।
- बामसेफ (BAMCEF), दलित शोषित समाज
- संघर्ष समिति, और बहुजन समाज पार्टी (बसपा) का गठन
- बसपा भारत में जातीय पहचान पर आधारित एक प्रभुत्व राजनीतिक शक्ति के रूप में उभरी।

### 4 सांप्रदायिकता, धर्मनिरपेक्षता, लोकतंत्र

भारत में धार्मिक पहचान पर आधारित राजनीति ने अपना रूप धारण किया।

- भारत में धर्मनिरपेक्षता और लोकतंत्र के बारे में बहस शुरू हुई।
- वर्ष 1980 में भारतीय जनता पार्टी (BJP) का गठन हुआ

**भाजपा (BJP) की विचारधारा**

- सांस्कृतिक राष्ट्रवाद
- गाँधीवादी समाजवाद (शुरुआत में)
- वर्ष 1986 के बाद राष्ट्रवाद और हिंदूत्व पर बल

**प्रमुख मुद्दे**

- शाहबानो केस (वर्ष 1985)
- सुप्रीम कोर्ट ने शाहबानो के पक्ष में फैसला सुनाया सरकार ने मुस्लिम महिला (तलाक पर अधिकारों का संरक्षण) अधिनियम, 1986 पारित किया। अधिनियम ने सुप्रीम कोर्ट के फैसले को रद्द कर दिया।
- अयोध्या मुद्दे
- भगवान श्री राम के जन्म स्थान को लेकर विवाद
- 15 में बनी तीन गुंबद वाली संरचना वर्ष 1992 में ध्वस्त
- वर्ष 2019 में सुप्रीम कोर्ट द्वारा समाधान
- अयोध्या मुद्दे का समाधान
- 9 नवम्बर, 2019 को सुप्रीम कोर्ट का निर्णय आया
- विवाहित स्थल श्री राम जन्म भूमि तीर्थ क्षेत्र ट्रस्ट को आवंटित किया गया।
- सरकार सुन्नी सेंट्रल वक्फ बोर्ड की मस्जिद निर्माण के लिए स्थल आवंटित करेगी।

### 5 एक नई सहमति का उदय

- वर्ष 1989 के बाद का दौर भाजपा और कांग्रेस के मध्य कड़ी प्रतिस्पर्द्धा वाला था।
- दोनों पार्टियों ने 1996, 2004 और 2009 को छोड़कर अधिकांश चुनावों में 50% से अधिक वोट हासिल किए।

**लोक सभा चुनाव (वर्ष 2004-2019)**

- वर्ष 2004 का चुनाव-कांग्रेस के नेतृत्व वाली संप्रग (UPA ने वाम मोर्चे के समर्थन से सरकार बनाई।
- वर्ष 2009 का चुनाव-संप्रग (UPA) में फिर से जीत हासिल की, डॉ. मनमोहन सिंह प्रधानमंत्री बने।
- वर्ष 2014 का चुनाव-भाजपा (BJP) ने 282 सीटें जीतीं, राजग (NDA) ने सरकार बनाई।

**बढ़ती आम सहमति**

- प्रतिस्पर्द्धा के अतिरिक्त, पार्टियों के मध्य आम सहमति बनी।
- नई आर्थिक नीतियाँ, अधिकांश पार्टियाँ नई नीतियों के माध्यम से समृद्धि में विश्वास करती हैं।
- पिछड़ी जातियों की स्वीकृति राजनीतिक और सामाजिक दावों की मान्यता
- राज्य स्तरीय पार्टियों की भूमिका-शासन और सत्ता साझेदारी में महत्त्व
- बदलाव की विचारधारा गठबंधन की राजनीति ने पार्टियों को, मतभेदों को दरकिनार करने और सत्ता साझा करने की अनुमति दी।

# NCERT फोल्डर

## अध्याय के मध्य में दिए गए प्रश्न

**1. मुझे इसकी चिंता नहीं है कि सरकार किसी एक पार्टी की है या गठबंधन की है। मसला तो यह है कि कोई सरकार काम कौन-से कर रही है? क्या गठबंधन, सरकार में ज्यादा समझौते करने पड़ते हैं? क्या गठबंधन सरकार साहसी और कल्पनाशील नीतियाँ नहीं बना सकती हैं?**

उत्तर यह माना जा सकता है कि गठबंधन सरकारों का युग लंबे समय से जारी कुछ प्रवृत्तियों से परिणित है। पिछले कुछ दशकों से भारतीय समाज में गुपचुप बदलाव आ रहे हैं और इन बदलावों ने जिन प्रवृत्तियों को जन्म दिया है, वे भारतीय राजनीति को गठबंधन की सरकारों के युग की तरफ ले आई। अलग-अलग दलों (अक्सर अलग-अलग विचार धाराओं वाली सरकारों को सरकारी नीति के बारे में अधिक समझौते करने पड़ते हैं। गठबन्धन सरकार साहसी और कल्पनाशील नीतियाँ बना सकती है, किंतु अलग-अलग दलों से सैद्धांतिक आदर्शों में मतभेदों के कारण उचित विकास नहीं कर पाती है।

**2. क्या दलित-पिछड़े संगठनों के उभार से पिछड़े और दलित समुदाय के सभी नेताओं को लाभ होगा? अथवा इन समूहों के भीतर मौजूद कुछ ताकतवर जातियाँ और परिवार सारे लाभ अपनी मुट्ठी में कर लेंगे?**

उत्तर दलित और पिछड़े राजनीतिक संगठनों के उभार से इन समूहों के भीतर मौजूद कुछ ताकतवर जातियाँ और कुछ परिवार ही सारे लाभ अपनी मुट्ठी में कर लेंगे। राजनीतिक परिवार एक ऐसा परिवार होता हैं, जिसमें कई सदस्य राजनीति में शामिल होते हैं। सामान्यतः वह राजनीतिक परिवार बड़ी जाति का होता है और सारे अधिकार व लाभ उसके परिवार एवं जाति को ही प्राप्त होते हैं।

**3. नए राजनीतिक संगठनों के उभार से असल विकास का मुद्दा नेताओं का नहीं, जनता का है। क्या इस बदलाव से वंचितों के लिए बेहतर नीतियाँ बनेंगी और उन पर कारगर तरीके से अमल होगा या फिर यह सारा कुछ एक राजनीतिक खेल मात्र बन कर रह जाएगा?**

उत्तर नए राजनीतिक संगठनों के उभार से असल विकास का मुद्दा नेताओं का नहीं, जनता का है। इस बदलाव से वंचितों के लिए बेहतर नीतियाँ तो बनेंगी। किंतु उन पर अमल न हो पाने के प्रमुख कारण-विभिन्न घटकों के बीच समन्वय की कमी, भ्रष्टाचार, नौकरशाही की शिथिलता, विकास के निचले स्तर पर कार्य निस्पादन में देरी तथा अशिक्षा है। सरकारी आँकड़ों में यह विकास का केंद्र बिंदु होता है, किंतु वास्तविकता इससे काफी अलग होती है। अतः उपरोक्त तथ्यों के आधार पर हम कह सकते हैं कि यह सारा कुछ राजनीतिक खेल मात्र बनकर रह जायेगा।

## नीचे दिए गए प्रश्नों के उत्तर संक्षेप में दीजिए

**1. उन्नी-मुन्नी ने अखबार की कुछ कतरनों को बिखेर दिया है। आप इन्हें कालक्रम के अनुसार व्यवस्थित करें।**

(a) मंडल आयोग की सिफारिश और आरक्षण विरोधी हंगामा
(b) जनता दल का गठन
(c) बाबरी मस्जिद का विध्वंस
(d) इंदिरा गाँधी की हत्या
(e) राजग सरकार का गठन
(f) संप्रग सरकार का गठन

उत्तर कालक्रम निम्न प्रकार है

(a) इंदिरा गाँधी की हत्या
(b) जनता दल का गठन
(c) मंडल आयोग की सिफारिश और आरक्षण विरोधी हंगामा
(d) बाबरी मस्जिद का विध्वंस
(e) राजग सरकार का गठन
(f) संप्रग सरकार का गठन

**2. निम्नलिखित में मेल कीजिए**

| | |
|---|---|
| (a) सर्वानुमति की राजनीति | (i) शाहबानो मामला |
| (b) जाति आधारित दल | (ii) अन्य पिछड़ा वर्ग का उभार |
| (c) पर्सनल लॉ और लैंगिक न्याय | (iii) गठबंधन सरकार |
| (d) क्षेत्रीय पार्टियों की बढ़ती ताकत | (iv) आर्थिक नीतियों पर सहमति |

उत्तर a-iv, b-ii, c-i, d-iii है।
सर्वानुमति की राजनीति, प्रायः आर्थिक नीतियों पर सहमति के अंतर्गत आती है, जाति आधारित दल अन्य पिछड़े वर्ग का उभार है। शाहबानों मामला पर्सनल लॉ और लैंगिक न्याय से संबधित है तथा क्षेत्रीय पार्टियों की बढ़ती ताकत का मुख्य कारण गठबंधन सरकारें हैं।

**3. वर्ष 1989 के बाद की अवधि में भारतीय राजनीति के मुख्य मुद्दे क्या रहे हैं? इन मुद्दों से राजनीतिक दलों के आपसी जुड़ाव के क्या रूप सामने आए हैं?**

उत्तर वर्ष 1989 के बाद की अवधि में भारतीय राजनीति के मुख्य मुद्दे निम्नलिखित थे

- वर्ष 1989 के बाद की भारतीय राजनीति में मंडल मुद्दे ने अपनी महत्त्वपूर्ण भूमिका निभाई। यह मुद्दा समाज के शैक्षिक एवं सामाजिक रूप से पिछड़े वर्ग को आरक्षण दिए जाने वाले समर्थकों एवं विरोधियों के बीच वाद-विवाद से संबंधित था। उत्तरी भारत के कई क्षेत्रों में इस विवाद ने हिंसक रूप भी धारण किया था। अनेक राजनीतिक दलों ने अपने राजनीतिक हितों की पूर्ति के लिए अन्य पिछड़ा समुदाय को लामबंद किया एवं इनकी शासन व्यवस्था में समुचित प्रतिनिधित्व की माँग की थी। हालाँकि कुछ राजनीतिक दलों में इसे लागू करने के तरीकों को लेकर मतभेद थे।
- वर्ष 1991 में देश के आर्थिक विकास के लिए जो नई आर्थिक नीति अपनाई गई, उसका परिणाम राजनीतिक दलों की आपसी सहमति के रूप में सामने आया।
- वर्ष 1989 के बाद के आम चुनावों में किसी भी दल को स्पष्ट बहुमत न मिलने के कारण क्षेत्रीय दलों की भूमिका केंद्रीय राजनीति में महत्त्वपूर्ण हो गई, जिसके परिणामस्वरूप क्षेत्रीय दलों ने गठबंधन में शामिल होकर सत्ता के संचालन में भागीदारी की।
- अयोध्या स्थित बाबरी मस्जिद संबंधित विवाद के फलस्वरूप भारतीय राष्ट्रवाद तथा धर्मनिरपेक्षता जैसे मुद्दों पर दंगे आरंभ होने लगे।

- कांग्रेस के आपसी अंदरूनी विवादों के कारण अनेक दल कांग्रेस से अलग हो गए, जिस कारण पार्टी की स्थिति कमजोर हो गई थी।
- वर्ष 1989 के बाद की बदलती हुई परिस्थितियों एवं मुद्दों ने भाजपा के उदय तथा हिंदुत्व की राजनीति के उभरने में महत्त्वपूर्ण भूमिका अदा की।

**4. "गठबंधन की राजनीति के इस नए दौर में राजनीतिक दल विचारधारा को आधार मानकर गठजोड़ नहीं करते हैं।" इस कथन के पक्ष या विपक्ष में आप कौन-से तर्क देंगे?**

उत्तर भारतीय राजनीतिक बदलाव के दौर में गठबंधन की राजनीति के अंतर्गत मुख्यतः सभी राजनीतिक दल विचारधारा के स्थान पर सत्ता में अपनी हिस्सेदारी पर बल दे रहे थे। मुख्य दल की विचारधारा से अलग होने के पश्चात् भी वे राजनीतिक शासन व्यवस्था के संचालन में हिस्सा ले रहे थे; जैसे—वर्ष 1999 में भाजपा सरकार को समर्थन देने वाले अधिकतर दल भाजपा की हिंदुत्व राजनीतिक विचारधारा के विरोधी थे, लेकिन इसके बावजूद भी उन्होंने भाजपा को अपना समर्थन देकर सरकार को पाँच वर्षों तक बनाए रखा, क्योंकि वह सत्ता के संचालन में अपनी भागीदारी को बनाए रखना चाहते थे, साथ ही इस दौर में अधिकतर दल महत्त्वपूर्ण मुद्दों को लेकर आपस में सहमत थे।

**5. आपातकाल के बाद के दौर में भाजपा एक महत्त्वपूर्ण शक्ति के रूप में उभरी। इस दौर में इस पार्टी के विकासक्रम का उल्लेख करें।**

उत्तर आपातकाल के पश्चात् भारतीय जनता पार्टी एक महत्त्वपूर्ण दल के रूप में उभरी। इस दौर में भाजपा का विकासक्रम निम्न प्रकार से है

- वर्ष 1977 में जनता पार्टी में भारतीय जनसंघ का प्रतिनिधित्व था।
- वर्ष 1980 में भारतीय जनसंघ को समाप्त कर भारतीय जनता पार्टी का गठन किया गया।
- शुरुआती दौर में भाजपा ने 'गाँधीवादी समाजवाद' की विचारधारा को अपनाया, परंतु वर्ष 1984 के आम चुनाव में बड़ी असफलता का सामना करने के पश्चात् पार्टी ने हिंदू राष्ट्रवाद के तत्त्वों पर ध्यान केंद्रित किया।
- भाजपा ने हिंदुओं को हिंदू राष्ट्रवाद के आधार पर एकजुट करना शुरू कर दिया।
- वर्ष 1986 में शाहबानो मामला तथा अयोध्या मामले के पश्चात् भाजपा ने भारतीय राजनीति में अपनी छवि हिंदूवादी पार्टी के रूप में बना ली एवं इस मुद्दे के आधार पर चुनाव लड़ने लगी।

**6. "कांग्रेस के प्रभुत्व का दौर समाप्त हो गया है। इसके बावजूद देश की राजनीति पर कांग्रेस का असर लगातार कायम है।" क्या आप इस बात से सहमत हैं? अपने उत्तर के पक्ष में तर्क दीजिए।**

उत्तर इस कथन से पूर्ण रूप से सहमति व्यक्त की जा सकती है कि कांग्रेस का प्रभुत्व समाप्त होने के बाद भी भारतीय राजनीति पर उसका प्रभाव कायम था। इस कथन की पुष्टि निम्न तथ्यों द्वारा व्यक्त की जा सकती है

- वर्ष 1984 के लोकसभा चुनावों में कांग्रेस को 415 सीटें प्राप्त हुईं थीं, जबकि वर्ष 1989 के लोकसभा चुनावों में कांग्रेस को मात्र 197 सीटों की प्राप्ति हुई।
- इन चुनावों में बहुमत प्राप्त न होने के पश्चात् भी कांग्रेस का प्रभाव कायम था, क्योंकि कांग्रेस की हार के बाद भी कोई दूसरा दल केंद्र में सरकार नहीं बना सका।
- वर्ष 1991 के मध्यावधि चुनाव में कांग्रेस दोबारा सत्ता में आई। हम यह भी देखते हैं कि वर्ष 1989 के बाद भी किसी अन्य दल की अपेक्षा कांग्रेस का शासन अधिक दिनों तक रहा।

**7. अनेक लोग सोचते हैं कि सफल लोकतंत्र के लिए दो दलीय व्यवस्था जरूरी है। पिछले बीस वर्षों के भारतीय अनुभवों को आधार बनाकर एक लेख लिखिए और इसमें बताइए कि भारत की मौजूदा बहुदलीय व्यवस्था के क्या लाभ हैं?**

उत्तर लोकतांत्रिक राजनीतिक व्यवस्था में द्वि-दलीय प्रणाली सरकार को स्थायित्व प्रदान करती है, किंतु यह जरूरी नहीं कि यह प्रणाली सभी व्यक्तियों की आकांक्षाओं एवं इच्छाओं का प्रतिनिधित्व कर सके।

पिछले दो दशकों में भारतीय राजनीति में अनेक महत्त्वपूर्ण परिवर्तन हुए हैं। भारतीय राजनीति में वर्ष 1984 के बाद भारतीय दलीय व्यवस्था के स्वरूप में व्यापक परिवर्तन आया।

वर्ष 1989 में कांग्रेस की हार के साथ ही कांग्रेस प्रभुत्व की समाप्ति एवं गठबंधन सरकारों का दौर भी प्रारंभ हो गया, जिसमें बहुदलीय प्रणाली का प्रभाव रहा। इसके परिणामस्वरूप शासन संचालन से संबंधित महत्त्वपूर्ण मुद्दों को लेकर व्यापक रूप से आम सहमति बनती गई, क्योंकि बहुदलीय व्यवस्था में सभी दलों में आपसी विचार-विमर्श द्वारा ही अंतिम निर्णय लिए जाते हैं। जिस प्रकार वर्ष 1991 में आर्थिक सुधार हेतु बनने वाली नीतियों के संदर्भ में निर्णय आपसी सहमति द्वारा लिए गए थे। इस दौर में केंद्रीय सरकार में क्षेत्रीय दलों की भागीदारी बढ़ी तथा राजनीति में कट्टरवादी विचारधारा के तत्त्व कम होते गए, साथ ही क्षेत्रीय एवं राष्ट्रीय दलों के बीच का अंतर कम हुआ और सरकार की निरंकुशता में भी कमी आई। इस दौरान एक लाभ यह भी हुआ कि केंद्रीय राजनीति में क्षेत्रीय दलों की महत्त्वपूर्ण स्थिति होने से वे अपने क्षेत्र के विकास एवं जन-आकांक्षाओं का प्रतिनिधित्व संपूर्ण रूप से करने लगे।

**8. निम्नलिखित अवतरण को पढ़ें और उसके आधार पर पूछे गए प्रश्नों के उत्तर दीजिए**

**भारत की दलगत राजनीति ने कई चुनौतियों का सामना किया है। कांग्रेस प्रणाली ने अपना खात्मा ही नहीं किया, बल्कि कांग्रेस के जमावड़े के बिखर जाने से आत्म-प्रतिनिधित्व की नई प्रवृत्ति की ओर भी बढ़ी। इससे दलगत व्यवस्था और विभिन्न हितों की समाई करने की क्षमता पर भी सवाल उठे। राजव्यवस्था के सामने एक महत्त्वपूर्ण काम एक दलगत व्यवस्था खड़ी करने अथवा राजनीतिक दलों को गढ़ने की है, जो कारगर तरीके से विभिन्न हितों को मुखर और एकजुट करें।**

**जोया हसन**

**(i) इस अध्याय को पढ़ने के बाद क्या आप दलगत व्यवस्था की चुनौतियों की सूची बना सकते हैं?**

उत्तर अध्याय के आधार पर दलगत व्यवस्था की चुनौतियों की सूची निम्न प्रकार है

- वर्ष 1989 तक एकदलीय व्यवस्था (कांग्रेस प्रणाली) भारत की दलगत व्यवस्था के समक्ष एक चुनौती के रूप में थी।
- दलीय अथवा दलगत व्यवस्था की एक अन्य चुनौती गठबंधन की राजनीति के रूप में थी।
- भारतीय जनता में राष्ट्रीय दलों के प्रभाव में कमी भी दलगत व्यवस्था की एक चुनौती थी।

- एक अन्य चुनौती विचारधारात्मक अंतरों को भुलाकर सत्ता में भागीदारी पर बल देना था।
- सर्वानुमति की राजनीति भी दलगत व्यवस्था के अंतर्गत एक चुनौती थी।
- केंद्रीय राजनीति में क्षेत्रीय दलों का बढ़ता प्रभाव एवं भागीदारी भी दलगत व्यवस्था की चुनौती थी।

(ii) **विभिन्न हितों का समाहार और उनमें एकजुटता का होना क्यों जरूरी है?**

उत्तर भारत एक भौगोलिक एवं सांस्कृतिक विभिन्नताओं का देश है, जिसमें सभी लोगों को अपनी संस्कृति का अनुसरण करने एवं उसको बनाए रखने का अधिकार है। इसके अतिरिक्त सभी लोगों के अपने क्षेत्रीय एवं राष्ट्रीय हित होते हैं। इन सबमें सामंजस्य बनाकर ही आर्थिक समृद्धि को प्राप्त किया जा सकता है। अतः विभिन्न हितों का समाहार और उनमें एकजुटता होना आवश्यक है।

(iii) **इस अध्याय में आपने अयोध्या विवाद के बारे में पढ़ा। इस विवाद ने भारत के राजनीतिक दलों की समाहार की क्षमता के आगे क्या चुनौती पेश की?**

उत्तर अयोध्या स्थित बाबरी मस्जिद ढाँचा विवाद ने राजनीतिक दलों की समाहार क्षमता को यह चुनौती दी है कि इनके द्वारा सभी संप्रदायों को साथ सम्मिलित करके आगे नहीं बढ़ाया गया, क्योंकि यदि ऐसा हुआ होता, तो एक तरफ मुस्लिम संगठन तथा दूसरी तरफ भाजपा हिंदू संप्रदाय को लामबंद नहीं करती और न ही विवादित अयोध्या स्थित बाबरी मस्जिद ढाँचा गिराया जाता तथा भारत जैसी लोकतांत्रिक राजनीतिक व्यवस्था में यह जरूरी है कि सभी राजनीतिक दल सभी धर्मों एवं उनके धार्मिक अधिकारों का सम्मान करें।

# अभ्यास प्रश्न

## वस्तुनिष्ठ प्रश्न

**1. भारतीय राजनीति में 1990 के दशक मीं निम्न में से कौन-सा बदलाव हुआ, जिसका प्रभाव भारतीय राजनीति पर पड़ा?**

(a) कांग्रेस प्रणाली का अंत (b) मंडल मुद्दे का उदय
(c) नए आर्थिक सुधार (d) उपरोक्त सभी

उत्तर (d) उपरोक्त सभी

**2. देश के किस प्रधानमंत्री की नई आर्थिक नीतियों को वर्ष 1990 के बाद की सरकारों ने अपनाया, जिसे ढाँचागत समायोजन कार्यक्रम अथवा नए आर्थिक सुधार के नाम से जाना जाता है?**

(a) श्रीमती इंदिरा गाँधी
(b) राजीव गाँधी
(c) नरसिम्हा राव
(d) डॉ. मनमोहन सिंह

उत्तर (b) राजीव गाँधी

**3. वर्ष 1978 में बहुजन समाज पार्टी के संस्थापक श्री कांशीराम ने बामसेफ नामक संगठन को बनाया, जिसमें किनकी राजनीतिक सत्ता की वकालत की गई थी?**

(a) अनुसूचित जाति/जनजाति की
(b) अन्य पिछड़ा वर्ग की
(c) अल्पसंख्यकों की
(d) उपरोक्त सभी

उत्तर (d) उपरोक्त सभी

**4. जनता दल तथा अन्य क्षेत्रीय दलों ने मिलकर ······· में एक राष्ट्रीय मोर्चा नामक गठबंधन का गठन किया था।**

(a) वर्ष 1988 (b) वर्ष 1989
(c) वर्ष 1991 (d) वर्ष 1992

उत्तर (b) वर्ष 1989

**5. वर्ष 1977-79 के दौरान मुख्यमंत्री कर्पूरी ठाकुर ने अन्य पिछड़ा वर्ग के आरक्षण के संदर्भ में एक नीति लागू की। ये किस राज्य के मुख्यमंत्री थे?**

(a) बिहार (b) गुजरात
(c) तमिलनाडु (d) उत्तर प्रदेश

उत्तर (a) बिहार

**6. कांग्रेस पार्टी के नेतृत्व में वर्ष 2004 में ······· का गठन हुआ, जिसमें ······ प्रधानमंत्री बने।**

(a) राष्ट्रीय मोर्चा, अटल बिहारी वाजपेयी
(b) राष्ट्रीय जनतांत्रिक गठबंधन, पी वी नरसिम्हा राव
(c) संयुक्त प्रगतिशील गठबंधन, डॉ. मनमोहन सिंह
(d) संयुक्त मोर्चा, एच डी देवगौड़ा

उत्तर (c) संयुक्त प्रगतिशील गठबंधन, डॉ. मनमोहन सिंह

**7. स्वतंत्रता के पश्चात् 17वीं लोकसभा के चुनाव वर्ष 2019 में संपन्न हुए, जिसमें किस पार्टी को सबसे अधिक सीटें प्राप्त हुईं?**

(a) भारतीय राष्ट्रीय कांग्रेस (b) भारतीय जनता पार्टी
(c) जनता दल यूनाइटेड (d) द्रविड़ मुनेत्र कड़गम

उत्तर (b) भारतीय जनता पार्टी

**8. 1990 के दशक में भारतीय राजनीति में आए बदलावों के संबंध में दिए गए कथनों में कौन-सा कथन सही है?**

(a) आरक्षण के समर्थक एवं विरोधियों के मध्य विवाद बढ़ गया
(b) आर्थिक सुधारों के फलस्वरूप अर्थव्यवस्था के स्वरूप में बदलाव आया
(c) भारतीय राजनीति में दलित राजनीतिक संगठनों का उदय हुआ
(d) उपरोक्त सभी

उत्तर (d) उपरोक्त सभी

**9. गठबंधन की राजनीति के संबंध में दिए गए कथनों पर विचार कीजिए तथा गलत कथन की पहचान कीजिए**

(a) वर्ष 1989 में बहुदलीय प्रणाली एवं गठबंधन सरकारों का युग प्रारंभ हुआ

(b) वर्ष 1999 के आम चुनावों में राष्ट्रीय जनतांत्रिक गठबंधन ने बहुमत हासिल कर अपना कार्यकाल पूर्ण किया

(c) वर्ष 1996 में संयुक्त मोर्चा की सरकार बनी, जिसे कांग्रेस का समर्थन प्राप्त नहीं था

(d) गठबंधन की प्रवृत्ति में वर्ष 2014 में बदलाव आया

उत्तर (c) वर्ष 1996 में संयुक्त मोर्चा की सरकार बनी, जिसे कांग्रेस का समर्थन प्राप्त नहीं था

**10. भारतीय राजनीति में अयोध्या विवाद के पश्चात् कौन-सा परिवर्तन आया?**

(a) उत्तर प्रदेश में सत्तारूढ़ भाजपा सरकार को केंद्र द्वारा बर्खास्त कर दिया गया

(b) भाजपा शासित राज्यों में राष्ट्रपति शासन लगा दिया गया

(c) अधिकांश राजनीतिक दलों ने मस्जिद के विध्वंस को धर्मनिरपेक्षता के सिद्धांतों के विरुद्ध बताकर इसकी आलोचना की

(d) उपरोक्त सभी

उत्तर (d) उपरोक्त सभी

**11. राजनीतिक बदलाव के युग में राजनीतिक दलों के बीच कौन-सी सहमति बनी?**

1. नई आर्थिक नीतियों पर सहमति।
2. पिछड़ी जातियों की सामाजिक एवं राजनीतिक भागीदारी पर सहमति।
3. देश की राजनीति में प्रांतीय दलों की भूमिका पर स्वीकृति।

**कूट**

(a) केवल 1 (b) 1 और 2 (c) 2 और 3 (d) उपरोक्त सभी

उत्तर (d) उपरोक्त सभी

**12. निम्न कथनों पर विचार कीजिए** *दक्षता आधारित प्रश्न*

1. देश में वर्ष 2014 में एन डी ए की सरकार बनी, जो पहले बनी गठबंधन की सरकारों से भिन्न थी।
2. 17वीं लोकसभा चुनाव में भारतीय जनता पार्टी को मात्र 58 सीटें प्राप्त हुईं।
3. वर्ष 2014 के बाद भारतीय राजनीति में जाति व पंथ आधारित राजनीति का विकास व सुशासन उन्मुख राजनीति का विकास हुआ।

**उपरोक्त में से कौन-सा/से कथन सही है/हैं?**

(a) केवल 1 (b) केवल 2 (c) 1 और 3 (d) ये सभी

उत्तर (c) 1 और 3

**13. राजग सरकार ने 'सबका साथ सबका विकास' के लक्ष्य को प्राप्त करने, विकास तथा सुशासन को जनता तक पहुँचाने के लिए कौन-सी सामाजिक-आर्थिक कल्याणकारी योजनाएँ शुरू की हैं?**

1. प्रधानमंत्री उज्ज्वला योजना
2. दीनदयाल उपाध्याय ग्राम ज्योति योजना
3. किसान फसल बीमा योजना
4. आयुष्मान भारत योजना *दक्षता आधारित प्रश्न*

**कूट**

(a) 1 और 2 (b) 2 और 3 (c) 1, 3 और 4 (d) उपरोक्त सभी

उत्तर (d) सभी

**14. नीचे दिए गए घटनाक्रम को उनके कालक्रम (बढ़ते क्रम) के अनुसार व्यवस्थित कीजिए**

1. भारतीय राजनीति में कांग्रेस प्रणाली की समाप्ति।
2. बाबरी मस्जिद के विवादित मुद्दे ने विध्वंसक रूप धारण किया।
3. तमिलनाडु के दौरे के समय राजीव गाँधी की हत्या।
4. संयुक्त मोर्चा की सरकार का गठन।

**कूट**

(a) 1, 2, 3, 4 (b) 1, 3, 2, 4
(c) 4, 1, 3, 2 (d) 3, 4, 1, 2

उत्तर (b) 1, 3, 2, 4

**15. नीचे दिए गए घटनाक्रम को उनके कालक्रम (बढ़ते क्रम) के अनुसार व्यवस्थित कीजिए** *दक्षता आधारित प्रश्न*

1. बिहार के मुख्यमंत्री के द्वारा अन्य पिछड़ा वर्ग के लिए आरक्षण नीति को लागू करना।
2. इंदिरा साहनी केस के अंतर्गत सर्वोच्च न्यायालय द्वारा सरकार के फैसले को उचित बताना।
3. शाहबानों के पक्ष में सर्वेच्च न्यायालय का निर्णय

*दक्षता आधारित प्रश्न*

**कूट**

(a) 3, 2, 1 (b) 1, 2, 3
(c) 1, 3, 2 (d) 3, 1, 2

उत्तर (c) 1, 3, 2

**16. निम्न में से कौन-युग्म सही सुमेलित नहीं है?**

(a) बी.पी.मंडल - दूसरे पिछड़ा वर्ग आयोग के अध्यक्ष
(b) कांशीराम - बहुजन समाज पार्टी के संस्थापक
(c) वी.पी.सिंह - राष्ट्रीय मोर्चा सरकार
(d) सत्रहवीं लोकसभा में स्पष्ट बहुमत - संयुक्त प्रगतिशील गठबंधन की सरकार

उत्तर (d) सत्रहवीं लोकसभा में स्पष्ट बहुमत-संयुक्त प्रगतिशील गठबंधन की सरकार

**17. सूची I को सूची II में सुमेलित कीजिए**

| सूची I | सूची II |
|---|---|
| A. नए आर्थिक सुधार | 1. वर्ष 1991 |
| B. बैकवर्ड एंड माइनॉरिटी कम्युनिटीज एंप्लॉइज फेडरेशन | 2. वर्ष 1978 |
| C. गठबंधन युग की शुरुआत | 3. वर्ष 1989 |
| D. राष्ट्रीय जनतांत्रिक गठबंधन की स्थापना | 4. वर्ष 1999 |

**कूट**

| | A | B | C | D |
|---|---|---|---|---|
| (a) | 1 | 2 | 3 | 4 |
| (b) | 2 | 1 | 4 | 3 |
| (c) | 3 | 1 | 4 | 2 |
| (d) | 4 | 3 | 1 | 2 |

उत्तर (a) 1 2 3 4

**18.** **सूची I को सूची II में सुमेलित कीजिए**

| सूची I | सूची II |
|---|---|
| A. मंडल आयोग का गठन | 1. वर्ष 1977 |
| B. जनता पार्टी की सरकार | 2. वर्ष 1978 |
| C. शाहबानो विवाद | 3. वर्ष 2019 |
| D. अयोध्या विवाद का अंत | 4. वर्ष 1986 |

**कूट**

| | A | B | C | D |
|---|---|---|---|---|
| (a) | 1 | 2 | 3 | 4 |
| (b) | 2 | 1 | 4 | 3 |
| (c) | 4 | 1 | 2 | 3 |
| (d) | 3 | 4 | 1 | 2 |

उत्तर (b) 2 1 4 3

**19.** **सूची I को सूची II में सुमेलित कीजिए** **CBSE 2024**

| सूची I | सूची II |
|---|---|
| A. सत्रहवीं लोक सभा में स्पष्ट बहुमत | 1. राष्ट्रीय मोर्चा की सरकार |
| B. मंडल आयोग की सिफ़ारिशों को लागू करना | 2. संयुक्त मोर्चा की सरकार |
| C. प्रधानमंत्री एच. डी. देवगौड़ा | 3. संयुक्त प्रगतिशील गठबंधन की सरकार |
| D. प्रधानमंत्री मनमोहन सिंह | 4. राष्ट्रीय जनतांत्रिक गठबंधन |

**कूट**

| | A | B | C | D |
|---|---|---|---|---|
| (a) | 4 | 1 | 2 | 3 |
| (b) | 1 | 2 | 3 | 4 |
| (c) | 4 | 3 | 2 | 1 |
| (d) | 1 | 4 | 2 | 3 |

उत्तर (a) 4 1 2 3

**निर्देश (प्र. सं. 20-23) नीचे दो कथन दिए गए हैं, जिनमें एक कथन (A) और दूसरा कारण (R) है। दिए गए कथनों का ध्यानपूर्वक अध्ययन कीजिए तथा कूट की सहायता से सही उत्तर का चयन कीजिए।**

**कूट**

(a) A और R दोनों सही हैं तथा R, A की सही व्याख्या है
(b) A और R दोनों सही हैं, परंतु R, A की सही व्याख्या नहीं है
(c) A सही है, किंतु R गलत है
(d) A गलत है, किंतु R सही है

**20.** **कथन (A) 1980 के दशक में दलित जातियों के राजनीतिक संगठनों का उदय हुआ, जिसमें बामसेफ का गठन प्रमुख है।**

**कारण (R) बामसेफ ने केवल अल्पसंख्यकों के राजनीतिक सशक्तीकरण व सत्ता की वकालत की।** *दक्षता अधारित प्रश्न*

उत्तर (c) 1980 के दशक में दलित जातियों के राजनीतिक संगठनों के अंतर्गत बामसेफ (बैकवर्ड एंड माइनॉरिटी कम्युनिटीज एंप्लॉइज फेडरेशन) का गठन प्रमुख है। बामसेफ ने अनुसूचित जाति, अनुसूचित जनजाति एवं अन्य पिछड़ा वर्ग अल्पसंख्यक समूह के राजनीतिक सशक्तीकरण व सत्ता की वकालत की थी। इस संगठन का परवर्ती विकसित रूप दलित शोषित समाज संघर्ष समिति है।

**21.** **कथन (A) दक्षिण भारत के राज्यों में 1960 के दशक से ही अन्य पिछड़ा वर्ग के लिए आरक्षण का प्रावधान लागू था।**

**कारण (R) वर्ष 1990 में राष्ट्रीय मोर्चा की सरकार ने मंडल आयोग की सिफारिश को राष्ट्रीय स्तर पर लागू किया।** *दक्षता अधारित प्रश्न*

उत्तर (b) दक्षिण भारत के राज्यों में 1960 के दशक से अन्य पिछड़ा वर्ग के लिए आरक्षण का प्रावधान चल रहा था, परंतु राष्ट्रीय मोर्चे ने वर्ष 1990 में संपूर्ण भारत में मंडल आयोग की रिपोर्ट को लागू किया, जिसके पश्चात् केंद्रीय सरकार और उसके उपक्रमों को नौकरी में पिछड़े वर्ग को आरक्षण प्रदान किया गया।

**22.** **कथन (A) वर्ष 1989 के बाद की समयावधि के काल को भाजपा के अभ्युदय एवं कांग्रेस के पतन के रूप में जाना जाता है।**

**कारण (R) इस काल में गठबंधन की राजनीति का अभाव पाया जाता है।** *दक्षता अधारित प्रश्न*

उत्तर (c) वर्ष 1989 के बाद की समयावधि के काल को भाजपा के अभ्युदय एवं कांग्रेस के पतन का काल माना जाता है। इस काल के बाद गठबंधन की राजनीति का भारत में उदय हुआ। इस काल के अंतर्गत बनी सरकार में कांग्रेस ने केवल सहायता प्रदान की।

**23.** **कथन (A) राजग सरकार ने देश में पूँजीवादी व्यवस्था को बढ़ावा देने के लिए कल्याणकारी योजनाएँ शुरू की हैं।**

**कारण (R) इन सभी योजनाओं का उद्देश्य ग्रामीण परिवारों विशेष रूप से महिलाओं को केंद्र सरकार की योजनाओं का वास्तविक लाभार्थी बनाकर लोगों के दरवाजे तक प्रशासन को पहुँचाना रहा है।** *दक्षता अधारित प्रश्न*

उत्तर (d) राजग सरकार ने देश में मिश्रित अर्थव्यवस्था को बढ़ावा देने के लिए कल्याणकारी योजनाएँ शुरू की थीं। इन सभी योजनाओं का उद्देश्य ग्रामीण परिवारों विशेष रूप से महिलाओं को केंद्र सरकार की योजनाओं का वास्तविक लाभार्थी बनाकर लोगों के दरवाजे तक प्रशासन को पहुँचना रहा है। इस सरकार ने सबका साथ सबका विकास को प्रोत्साहित किया है।

**24.** **नीचे दो कथन दिए गए हैं।**

**कथन I 1960 के दशक विभिन्न समूह कांग्रेस पार्टी से अलग होने लगे और स्वयं की पार्टी बनाने लगे।**

**कथन II जनता पार्टी के कई घटकों मसलन भारतीय क्रांतिदल और संयुक्त सोशलिस्ट पार्टी का ग्रामीण इलाकों के अन्य पिछड़े वर्ग में ताकतवर जनाधार था।**

**उपरोक्त कथन के आलोक में नीचे दिए गए कूट से सही उत्तर चुनें।**

(a) कथन I और II दोनों सही हैं
(b) कथन I और II दोनों गलत हैं
(c) कथन I सही, लेकिन कथन II गलत है
(d) कथन I गलत, लेकिन कथन II सहीं है

उत्तर (d) कथन I गलत, लेकिन कथन II सहीं है

**नीचे दिए गए चित्रों अथवा कार्टूनों का अध्ययन कीजिए तथा पूछे गए प्रश्नों के उत्तर दीजिए**

**25.**

(i) **उपरोक्त चित्र में ………… के आर्थिक व्यवस्था निर्माण की बात कही जा रही है।**

(a) वर्ष 1988 (b) वर्ष 1991
(c) वर्ष 1995 (d) वर्ष 1997

उत्तर (b) वर्ष 1991

(ii) **चित्र में दिखाई दे रहे व्यक्ति का नाम बताइए**

(a) डॉ. मनमोहन सिंह (b) डॉ. सरदार सिंह बूट्टा
(c) प्रणव मुखर्जी (d) मोतीलाल बोरा

उत्तर (a) डॉ. मनमोहन सिंह

(iii) **वर्ष 1991 की आर्थिक नीति के दौरान देश के प्रधानमंत्री कौन थे?**

(a) आई. के. गुजराल
(b) पी. वी. नरसिम्हा राव
(c) डॉ. मनमोहन सिंह
(d) एच. डी. देवगौड़ा

उत्तर (b) पी. वी. नरसिम्हा राव

**26.** **दिए गए चित्र का अवलोकन कीजिए तथा बताइए कि चित्र या कार्टून में क्या दर्शाया गया है?**

(i) **चित्र के अनुसार 1971 और 1999 के बीच भारत की राजनीति में क्या प्रमुख बदलाव दिखाया गया है?**

(a) शासन का स्वरूप तानाशाही से लोकतंत्र में बदला
(b) एक नेता का प्रभाव कम होकर गठबंधन सरकारों का उभार
(c) सैन्य शासन की शुरुआत
(d) न्यायपालिका का नियंत्रण बढना

उत्तर (b) एक नेता का प्रभाव कम होकर गठबंधन सरकारों का उभार

(ii) **1971 के हिस्से में चित्र किस प्रमुख नेता को दर्शाता है?**

(a) जवाहरलाल नेहरू (b) अटल बिहारी वाजपेयी
(c) इंदिरा गाँधी (d) लाल बहादुर शास्त्री

उत्तर (c) इंदिरा गाँधी

(iii) **1999 के चित्र में नेता के पीछे खड़े कई व्यक्तियों का समूह किस राजनीतिक परिघटना का संकेत देता है?**

(a) आपातकाल (b) एकदलीय शासक
(c) गठबंधन सरकारों का युग (d) राजनीतिक स्थिरता

उत्तर (c) गठबंधन सरकारों का युग

(iv) **वर्ष 1989 के चुनावों से गठबंधन की राजनीति के एक लंबे दौर की शुरुआत हुई, इसके बाद केंद्र में ………सरकारें बनीं।**

(a) केवल एक दलीय बहुमत वाली
(b) अधिकांशतः गठबंधन और अल्पमत
(c) केवल कांग्रेस के नेतृत्व वाली
(d) हमेशा स्थिर और पूर्ण बहुमतवाली

उत्तर (b) अधिकांशतः गठबंधन और अल्पमत

(v) **वर्ष 1991 की आर्थिक नीति के विषय में सही हैं?**

(a) राजकोषीय घाटे में वृद्धि, आर्थिक सुधार का प्रमुख कारण था।
(b) भुगतान संतुलन के लिए भारतीय रूपयें का विदेशी मुद्राओं के मुकाबले मूल्य ह्रास किया गया।
(c) डॉ. मनमोहन सिंह उस समय प्रधानमंत्री थे।
(d) विदेशी मुद्रा भंडार में वृद्धि आर्थिक संकट की प्रमुख विशेषता थी।

उत्तर (a) राजकोषीय घाटे में वृद्धि, आर्थिक सुधार का प्रमुख कारण था।

**27.** **दिया गया कार्टून गठबंधन की सरकारों के युग से संबंधित है। कार्टून का अध्ययन कीजिए और निम्नलिखित प्रश्नों के उत्तर दीजिए**

(i) **'रथ यात्रा' का प्लेकार्ड थामे हुए नेता की पहचान कर उसका नाम लिखिए।**

(a) नरेंद्र मोदी (b) लालकृष्ण आडवानी
(c) प्रमोद महाजन (d) संजय जोशी

उत्तर (b) लालकृष्ण आडवानी

(ii) **किस राजनीतिक पार्टी ने 'रथ यात्रा का आयोजन किया था?**

(a) समाजवादी पार्टी (b) भारतीय राष्ट्रीय कांग्रेस
(c) भारतीय जनता पार्टी (d) तृणमूल कांग्रेस

उत्तर (c) भारतीय जनता पार्टी

(iii) कार्टून में कितने प्रधामंत्री दिखाए गए हैं, जिन्होंने गठबंधन सरकारों का नेतृत्त्व किया था?

(a) 1 (b) 2
(c) 3 (d) 4

उत्तर (b) 2

(iv) वर्ष 1989 में भाजपा और वाममोर्चा का दोनों ने ………. की सरकार को समर्थन दिया था।

(a) राष्ट्रवादी दल
(b) राष्ट्रीय मोर्चा
(c) जनवादी दल
(d) साम्यावादी दल

उत्तर (b) राष्ट्रीय मोर्चा

## लघु उत्तरीय प्रश्न

**1. वर्ष 1984 से 2004 तक कांग्रेस और भाजपा की चुनावी हार-जीत का बदलता परिदृश्य कैसा था?**

उत्तर भारतीय राजनीतिक व्यवस्था में वर्ष 1984 से 2004 तक की समयावधि अधिक परिवर्तनशील रही। इस समय के दौरान न तो कांग्रेस और न ही भाजपा किसी भी राजनीतिक दल को लोकसभा में स्पष्ट एवं पूर्ण बहुमत प्राप्त नहीं हुआ, जिसके फलस्वरूप किसी अन्य सहायक तथा क्षेत्रीय दलों के गठबंधन द्वारा सरकार बनाई गई अथवा किसी अन्य दल को बाहर से समर्थन दिया गया, जिस प्रकार भाजपा ने राष्ट्रीय मोर्चा को अपना बाहरी समर्थन दिया।

**2. वर्ष 1990 में मंडल कमीशन की सिफारिशों को लागू करने के किन्हीं दो प्रभावों का विश्लेषण कीजिए।**

उत्तर वर्ष 1990 में मंडल कमीशन की सिफारिशों को लागू करने के किन्हीं दो प्रभावों का विवरण इस प्रकार है

(i) पिछड़ी जातियों में जागरूकता बढ़ी तथा वहीं राजनीतिक दलों में इसे लागू करने को लेकर मतभेद शुरू हुआ।
(ii) उत्तर में सिफारिशों के लागू होने के पश्चात् देश के विभिन्न भागों में हिंसक विरोध शुरू हो गया।

**3. मंडल आयोग द्वारा किए गए दो प्रावधानों के बारे में बताइए।**

उत्तर राष्ट्रीय मोर्चा सरकार द्वारा गठित मंडल आयोग ने पिछड़ा समुदाय की पहचान कर उनको सत्ता में भागीदारी प्रदान करने के लिए बहुत-से उपायों का सुझाव दिया। आयोग ने कहा कि इनकी स्थिति सुधारने के लिए भूमि सुधार जैसे कार्यों को बढ़ावा देने पर बल दिया जाए तथा दूसरा, पिछड़ा समुदाय के लोगों को केंद्रीय सरकार की नौकरियों एवं शिक्षा संस्थानों में 27% आरक्षण प्रदान करने का प्रावधान किया गया।

**4. भारत के ऐसे किन्हीं चार प्रधानमंत्रियों के नाम लिखिए, जिनका शासन एक वर्ष से कम रहा।** **CBSE 2025**

उत्तर भारत के चार प्रधानमंत्रियों, जिनका शासन एक वर्ष से कम रहा, उनके नाम निम्नलिखित हैं

(i) गुलजारीलाल नंदर (ii) चौधरी चरण सिंह
(iii) विश्वनाथ प्रताप सिंह (iv) एच.डी. देवेगौड़ा

**5. भारतीय राजनीति में हिंदुत्व का प्रयोग किस उद्देश्य की पूर्ति के लिए किया गया?**

उत्तर भारतीय राजनीति में हिंदुत्व का प्रयोग मुख्य रूप से भारत की सांस्कृतिक और धार्मिक पहचान को राष्ट्रीयता से जोड़ने के उद्देश्य से किया गया है। विनायक दामोदर सावरकर ने 1920 के दशक में इसे परिभाषित किया, जिसमें हिंदू धर्म को एक धर्म के बजाय भारत की सांस्कृतिक और राष्ट्रीय पहचान के रूप में प्रस्तुत किया गया।
राजनीतिक रूप से इसे भारतीय जनता पार्टी और राष्ट्रीय स्वयं सेवक संघ द्वारा हिदू समुदाय को संगठित करने और आर्थिक राष्ट्रवाद को बढ़ावा देने के लिए उद्योग किया गया। जिसमें सांस्कृतिक एकता और राजनीतिक समर्थन जुटाने में मदद मिली।

**6. "गठबंधन की राजनीति ने क्षेत्रीय दलों की भूमिका में वृद्धि की है" इस कथन की पुष्टि कीजिए।** *दक्षता आधारित प्रश्न*

उत्तर हाँ गठबंधन राजनीति में क्षेत्रीय दलों की महत्त्वपूर्ण भूमिका रही है। भारत जैसे विविध देश में कई राज्यों में क्षेत्रीय दलों का प्रभाव काफी मजबूत है। जब राष्ट्रीय स्तर पर कोई भी पार्टी स्पष्ट बहुमत नहीं ला पाती, तो क्षेत्रीय दल महत्त्वपूर्ण बन जाते हैं। वे अकसर गठबंधन सरकारों का हिस्सा बनते हैं और अपनी क्षेत्रीय समस्याओं और मुद्दों को राष्ट्रीय मंच पर रखते हैं। 1990 के दशक से, कई बार केंद्र में सरकार बनाने के लिए राष्ट्रीय दलों को क्षेत्रीय दलों के समर्थन की आवश्यकता पड़ी है, जिससे क्षेत्रीय दलों की भूमिका और भी महत्त्वपूर्ण हो गई है

**7. सर्वोच्च न्यायालय में उत्तर प्रदेश के मुख्यमंत्री के खिलाफ वर्ष 1993 में मुकदमा क्यों दायर हुआ? उनको नया दंड क्या दिया गया?**

उत्तर वर्ष 1993 में उत्तर प्रदेश के मुख्यमंत्री कल्याण सिंह के खिलाफ मुकदमा अयोध्या में बाबरी मस्जिद विध्वंस के संबंध में दायर किया गया था। 6 दिसंबर, 1992 में जब कल्याण सिंह मुख्यमंत्री थे उन पर आरोप था कि उन्होंने सुप्रीम कोर्ट के आदेशों का उल्लंघन किया और विध्वंस को रोकने में असफल रहे।
सुप्रीम कोर्ट ने उन्हें अदालत की अवमानना का दोषी ठहराया और एक दिन की सांकेतिक सजा तथा ₹ 2000 का जुर्माना लगाया।

**8. भारतीय राजनीतिक बदलाव के दौर में कौन-कौन से प्रमुख मुद्दे उभरकर सामने आए?**

उत्तर भारतीय राजनीतिक बदलाव के दौर में प्रमुख मुद्दे जो उभरकर आए वे निम्नलिखित है–

- मंडल आयोग और आरण (1990)
- आर्थिक सुधार (1991)
- धार्मिक और सांप्रदायिक मुद्दे (1990)
- भ्रष्टाचार विरोधी आंदोलन (2011)
- राष्ट्रवाद और नई नीतियाँ (2020 के बाद)

**9. भारतीय राजनीति में वर्ष 1989 से 2014 के कालखंड की तुलना में 2014 के बाद आए किन्हीं दो परिवर्तनों को स्पष्ट कीजिए।** **CBSE 2024**

उत्तर वर्ष 1989 से 2014 के बीच भारतीय राजनीति में गठबंधन सरकारों और क्षेत्रीय दलों का प्रभुत्व रहा, जबकि वर्ष 2014 के बाद दो प्रमुख परिवर्तन आए:

(i) **गठबंधन से बहुमत वाली सरकार** वर्ष 1989 से 2014 में गठबंधन सरकारें आईं, जिनमें क्षेत्रीय दलों का बड़ा प्रभाव था। वर्ष 2014 में भाजपा ने नरेंद्र मोदी के नेतृत्व में पूर्ण बहुमत हासिल किया, जिससे स्थिर और केंद्रीयकृत सरकार बनी।

(ii) **राष्ट्रवाद और हिंदुत्व की राजनीति** वर्ष 2014 के बाद राष्ट्रवाद और हिंदुत्व के मुद्दे प्रमुख हो गए जैसे नागरिकता संशोधन अधिनियम और राम मंदिर निर्माण, जो राष्ट्रीय राजनीति में महत्त्वपूर्ण बन गए।

**10. मंडल कमीशन की किन्हीं दो सिफारिशों को उजागर कीजिए** **CBSE 2024**

उत्तर मंडल कमीशन की दो प्रमुख सिफारिशें निम्नलिखित थीं

(ii) **अन्य पिछडे वर्गों (OBCs) के लिए आरक्षण** मंडल कमीशन ने सरकारी नौकरियों और शिक्षा में 27% आरक्षण देने की सिफारिश की, जिससे पिछड़े वर्गों को समान अवसर मिल सके।

(i) **विशेष योजनाओं का निर्माण** आयोग ने पिछड़े वर्गों के सामाजिक और आर्थिक सुधार के लिए विशेष योजनाओं की सिफारिश की, जैसे शिक्षा, स्वास्थ्य और रोजगार के क्षेत्र में ध्यान देना।''

## दीर्घ उत्तरीय प्रश्न।

**1. "1980 के दशक के अंत के वर्षों में भारत की राजनीतिक व्यवस्था में पाँच प्रमुख बदलाव आए।" इस कथन के आधार पर किन्हीं तीन बदलावों का परीक्षण कीजिए।** *दक्षता आधारित प्रश्न*

*अथवा* **वर्ष 1989 के चुनावों के भारतीय राजनीति पर हुए किन्हीं दो प्रभावों को उजागर कीजिए।**

उत्तर 1980 के दशक के अंत तक भारतीय राजनीति में हुए बदलावों को निम्नलिखित रूप में देखा जा सकता है

- 1980 के दशक के अंत तक कांग्रेस का एकदलीय प्रभुत्व समाप्त हो गया। वर्ष 1989 के चुनाव में कांग्रेस को वर्ष 1984 के चुनाव में मिली 415 सीट की अपेक्षा 197 सीट ही रह गई।
- भारतीय राजनीति में 1980 के दशक का दूसरा महत्त्वपूर्ण बदलाव मंडल आयोग की सिफारिशों के लागू होने से आया, जिसे वर्ष 1990 में राष्ट्रीय मोर्चा सरकार ने संपूर्ण भारत में लागू किया था। कई क्षेत्रों में आरक्षण के समर्थकों एवं विरोधियों के मध्य हिंसक घटनाएँ भी घटित हुईं।
- वर्ष 1992 में अयोध्या स्थित विवादित बाबरी मस्जिद ढाँचा गिराए जाने के बाद से ही भारतीय राजनीति में राष्ट्रवाद तथा धर्मनिरपेक्षता पर बहस तीव्र हो गई।

**2. भारतीय राजनीति में वर्ष 1989 से हुई घटनाओं का वर्णन कीजिए।**

*अथवा* **वर्ष 1989 के पश्चात् भारत में बहुदलीय प्रणाली के युग की पाँच घटनाओं का वर्णन कीजिए।**

*अथवा* **वर्ष 1989 के आम चुनावों की स्थिति का संक्षिप्त वर्णन कीजिए।**

*अथवा* **वर्ष 1989 से 1999 के बीच भारत में घटी किन्हीं चार प्रमुख राजनीतिक घटनाओं का वर्णन कीजिए।** **CBSE 2020**

*अथवा* **1989 से 1993 के काल में भारतीय राजनीति में घटित किन्हीं चार महत्त्वपूर्ण घटनाओं का वर्णन कीजिए।** **CBSE 2022**

उत्तर वर्ष 1989 के बाद भारतीय राजनीतिक स्थिति का संक्षिप्त विवरण निम्न प्रकार है

- वर्ष 1989 के आम चुनावों में कांग्रेस की हार आश्चर्यजनक थी, क्योंकि जहाँ वर्ष 1984 के चुनावों में वह भारी बहुमत से जीती थी, वहीं वर्ष 1989 के चुनाव में उसे केवल 197 सीटें ही प्राप्त हुई थीं।
- वर्ष 1989 में किसी दल को स्पष्ट बहुमत न मिलने के कारण गठबंधन की राजनीति का दौर शुरू हो गया, जिसमें दलों ने गठबंधन द्वारा सरकार का निर्माण किया।
- दिसंबर, 1992 में अयोध्या स्थित विवादित बाबरी मस्जिद ढाँचा गिराए जाने के पश्चात् देश में भारतीय राष्ट्रवाद और धर्मनिरपेक्षता पर बहस तेज हो गई।
- वर्ष 1989 के बाद ही क्षेत्रीय दलों की भूमिका केंद्रीय राजनीति में बढ़ी। वर्ष 1989 के आम चुनावों के बाद से ही गैर-कांग्रेसवादी दौर एवं राजनीति का प्रारंभ हुआ।
- वर्ष 1999 के आम चुनाव में राष्ट्रीय जनतांत्रिक गठबंधन ने अपनी सरकार बनाई और निर्धारित कार्यकाल पूरा किया। इसके बाद आगे भी गठबंधन की राजनीति जारी रही। इस दौरान दलों ने अपनी विचारधाराओं के साथ समझौता किया।

**3. वर्ष 1989 के आम चुनावों के बाद कांग्रेस की स्थिति कमजोर होने के कारणों का उल्लेख कीजिए।**

उत्तर वर्ष 1989 के आम चुनावों के बाद कांग्रेस की स्थिति कमजोर होने के पीछे निम्नलिखित कारण रहे

- केंद्रीय सरकार एवं राजनीति में क्षेत्रीय दलों की भूमिका में वृद्धि हुई। कांग्रेस सरकार के अंदर बढ़ते भ्रष्टाचार ने कांग्रेस की स्थिति को कमजोर किया।
- राजनीति में अन्य पिछड़ा वर्ग के साथ आरक्षण की नीति का भी विकास हुआ।
- वर्ष 1991 में राजीव गाँधी की मृत्यु के पश्चात् कांग्रेस में सक्षम नेतृत्व का संकट उत्पन्न हुआ, इसने भी कांग्रेस की स्थिति को कमजोर किया।
- कांग्रेस के अंदर बढ़ती अत्यधिक अनुशासनहीनता ने कांग्रेस की स्थिति को कमजोर किया।
- इस काल में गठबंधन की राजनीति का बोलबाला रहा।
- इस समय की आर्थिक नीतियों ने भी कांग्रेस की स्थिति को कमजोर किया।

**4. भारत में गठबंधन की राजनीति का एक लंबा दौर कब और क्यों प्रारंभ हुआ?**

उत्तर भारतीय राजनीतिक व्यवस्था में अस्सी-नब्बे के दशक को गठबंधन की राजनीति की शुरुआत के रूप में जाना जाता है तथा वर्ष 1989 के आम चुनावों में कांग्रेस की हार ने भी गठबंधन राजनीति के प्रारंभ में महत्त्वपूर्ण भूमिका अदा की, क्योंकि चुनावों में कांग्रेस की हार के बाद किसी भी दल को स्पष्ट बहुमत प्राप्त न होने के कारण ही गठबंधन की राजनीति की शुरुआत हुई।

वर्ष 1989 के बाद राष्ट्रीय मोर्चा ने भाजपा तथा वाम मोर्चा के समर्थन से सरकार बनाई, जिसके प्रधानमंत्री वी पी सिंह बने। इसके बाद कांग्रेस को गठबंधन में शामिल किया गया तथा पी वी नरसिम्हा राव को प्रधानमंत्री बनाया गया।

वर्ष 1996 के आम चुनावों में गठबंधन के द्वारा संयुक्त मोर्चा सरकार बनाई। इस सरकार को कांग्रेस तथा वाम मोर्चा ने अपना समर्थन दिया था, ताकि भाजपा को सत्ता से बाहर रखा जा सके। इसी प्रकार वर्ष 1999 में कांग्रेस को सत्ता से बाहर रखने के लिए भाजपा ने अन्य क्षेत्रीय दलों के सहयोग से राष्ट्रीय जनतांत्रिक गठबंधन का निर्माण किया था। वर्ष 1989 के चुनावों से पहले अनेक दल कांग्रेस से अलग हो गए थे तथा कांग्रेस के अंदर भी आपसी मतभेद उभर रहे थे, जिन्होंने कांग्रेस की स्थिति को कमजोर किया तथा गठबंधन की राजनीति को बढ़ावा दिया।

**5. भारतीय प्रजातंत्र के लिए गठबंधन की सरकार वरदान साबित हुई अथवा अभिशाप। अपने उत्तर के पक्ष में तीन तर्क दें।**

उत्तर भारतीय प्रजातंत्र के लिए गठबंधन की सरकार वरदान साबित हुई है, इसके पक्ष में तीन तर्क निम्नलिखित हैं

(i) भारतीय प्रजातंत्र पर गठबंधन सरकारों का सकारात्मक प्रभाव यह पड़ा कि नई आर्थिक नीतियों को लागू करने के पक्ष में अधिकांश दलों में आम सहमति बनी, क्योंकि सहमत दलों का मानना था कि नई आर्थिक नीतियों से देश का आर्थिक विकास तीव्र गति से होगा।

(ii) पिछड़ी जातियों का राजनीतिक सत्ता में प्रतिनिधित्व बढ़ाने के लिए सभी राजनीति दल अन्य पिछड़ा वर्ग को शैक्षिक एवं रोजगार में 27% आरक्षण देने के पक्ष में सहमत थे।

(iii) गठबंधन सरकारों का एक सकारात्मक पक्ष भारतीय प्रजातंत्र पर यह रहा कि इसमें राजनीतिक दल आपसी विचारधारात्मक मतभेदों को प्राथमिकता देने के स्थान पर सत्ता में अपनी हिस्सेदारी पर बल दे रहे थे। यद्यपि इसके कुछ दुष्परिणाम भी रहे हैं; जैसे—अस्थायी सरकार।

**6. वर्ष 1990 के पश्चात् भारत में गठबंधन की सरकारों ने सहभागिता पर गहरा प्रभाव डाला। इस कथन की पुष्टि के लिए छह तर्क दीजिए।**

उत्तर वर्ष 1990 के बाद भारत की केंद्रीय राजनीति में गठबंधन सरकारों का एक दौर आरंभ हुआ; जैसे— वर्ष 1996 में कांग्रेस एवं वाम मोर्चा द्वारा समर्थन प्राप्त संयुक्त मोर्चा सरकार और वर्ष 1999 में भाजपा एवं अन्य सहयोगी दलों के गठबंधन से बनी राजग (राष्ट्रीय जनतांत्रिक गठबंधन) सरकार। इसी प्रकार वर्ष 2004 में कांग्रेस ने अपने सहयोगी दलों से गठबंधन कर संयुक्त प्रगतिशील गठबंधन (संप्रग) सरकार बनाई। इन गठबंधन सरकारों का भारतीय राजनीति पर यह प्रभाव पड़ा कि

- गठबंधन की राजनीति ने महत्त्वपूर्ण मुद्दों पर आपसी सहमति को बढ़ावा दिया।
- इसने केंद्र सरकार में क्षेत्रीय दलों के महत्त्व को बहुत अधिक बढ़ा दिया।
- समाज के विभिन्न वर्गों को राजनीति में जोड़ दिया।
- इन गठबंधन से राजनीतिक अस्थिरता में भी वृद्धि हुई।
- भारतीय राजनीति में संघवाद को बढ़ावा मिला।
- गठबंधन के माध्यम से राजनीतिक चेतना में वृद्धि हुई।

**7. वर्ष 1989 में कांग्रेस के पतन के पश्चात् राजनीतिक सहमति एवं क्षेत्रीय दलों की भागीदारी में वृद्धि हुई। इस कथन की विवेचना कीजिए।**

*दक्षता आधारित प्रश्न*

उत्तर वर्ष 1990 के बाद भारत में हुए दो प्रमुख परिवर्तन निम्नलिखित हैं

(i) **कांग्रेस का पतन** गठबंधन की राजनीति के दौर की शुरुआत से वर्ष 1989 के आम चुनावों के बाद कांग्रेस पार्टी की स्थिति अत्यंत कमजोर होने के कारण भारतीय राजनीतिक दलीय व्यवस्था से कांग्रेस प्रणाली का अंत हो गया। कांग्रेस के पतन के साथ ही गठबंधन के दौर का भी आरंभ हुआ।

किसी दल को स्पष्ट बहुमत न मिल पाने के कारण दलों ने अन्य सहयोगी एवं क्षेत्रीय दलों के साथ मिलकर गठबंधन सरकार का निर्माण किया। वर्ष 1990 के बाद केंद्र सरकार के गठबंधन पर आधारित होने के कारण उसमें स्थिरता की कमी थी। इसी के फलस्वरूप इस दशक में अनेक बार सरकार में परिवर्तन हुआ।

(ii) **राजनीतिक सहमति एवं क्षेत्रीय दलों की भागीदारी** वर्ष 1990 के बाद गठबंधन के कारण विभिन्न दलों में महत्त्वपूर्ण मुद्दों पर आम राजनीतिक सहमति बनने लगी थी; जैसे–नई आर्थिक नीति तथा आरक्षण आदि मुद्दों पर आम सहमति बनी।

इसके अतिरिक्त केंद्रीय शासन में क्षेत्रीय दलों की भागीदारी भी बढ़ने लगी। दलों के मध्य आपसी विचार धारागत अंतर के मुद्दे कम होते चले गए तथा क्षेत्रीय एवं सहयोगी दलों का ध्यान सत्ता में भागीदारी पर केंद्रित होने लगा।

**8. भारत में गठबंधन सरकारें किस प्रकार लोकतंत्र के लिए वरदान साबित हुई हैं?** **CBSE 2024**

उत्तर भारत में गठबंधन सरकारें कई कारणों से लोकतंत्र के लिए वरदान साबित हुई हैं। यहाँ कुछ बिंदुओं पर प्रकाश डाला गया है

(i) **विविधता का प्रतिनिधित्व** भारत जैसे बहुसांस्कृतिक और बहुभावी देश में गठबंधन सरकारे विभिन्न सामाजिक और क्षेत्रीय समूहों का प्रतिनिधित्व करती हैं। इससे सत्ता में सभी वर्गों की भागीदारी सुनिश्चित होती है और केंद्र या राज्य सरकार में सभी समुदायों की आवाज सुनी जाती है।

(ii) **सर्वसम्मति और सहमति की राजनीति** गठबंधन सरकारों में विभिन्न दलों को एक साथ मिलकर काम करना पड़ता है। जिससे नीति-निर्माण के दौरान सभी दलों की राय को ध्यान में रखा जाता है। इससे निर्णय लेने की प्रक्रिया अधिक लोकतांत्रिक बनती है और कट्टरता से बचा जा सकता है।

(iii) **सत्ता का विकेंद्रीकरण** एकल पार्टी की बजाय कई दलों के गठबंधन से सत्ता का केंद्रीकरण कम होता है। इसके छोटे और क्षेत्रीय दलों को भी राष्ट्रीय राजनीति में प्रमुख भूमिका निभाने का मौका मिलता है, जिससे स्थानीय मुद्दों पर भी ध्यान दिया जाता है।

इस प्रकार गठबंधन सरकारें भारत के लोकतंत्र में विविधता उत्तरदायित्व और संतुलन सुनिश्चित करती हैं, जिससे समग्र रूप से लोकतांत्रिक प्रणाली को मजबूती मिलती है।

## दीर्घ उत्तरीय प्रश्न II

**1. भारत में वर्ष 1989 से 2004 तक आठ प्रधानमंत्री बने। पद ग्रहण करने की वरिष्ठता के आधार पर उनमें से किन्हीं तीन प्रधानमंत्रियों के नाम और उनसे संबंधित राजनीतिक दल (गठबंधन) के नाम लिखिए। इसके अतिरिक्त तीन ऐसे प्रधानमंत्रियों के नाम भी लिखिए, जिन्होंने गठबंधन सरकार में अपना पाँच वर्ष का कार्यकाल पूरा कर लिया था।**

*दक्षता आधारित प्रश्न*

*अथवा* **भारत के किन्हीं चार प्रधानमंत्रियों का उल्लेख कीजिए तथा उनके क्रमशः गठबंधनों के नाम लिखिए, जिन्होंने वर्ष 1989 से 1999 के बीच संघीय सरकार का संचालन किया।**

उत्तर भारत में वर्ष 1989 से 2004 तक चार प्रधानमंत्रियों का कार्यकाल निम्न प्रकार है

- वर्ष 1989 के आम लोकसभा चुनावों के बाद बनी राष्ट्रीय मोर्चा सरकार, जिसके प्रधानमंत्री वी पी सिंह थे। इस राष्ट्रीय मोर्चा सरकार को भाजपा तथा वामपंथी मोर्चा ने अपना समर्थन दिया।
- वर्ष 1990 में समाजवादी जनता पार्टी के नेतृत्व में पुनः राष्ट्रीय मोर्चा की सरकार बनी। इस सरकार के प्रधानमंत्री चंद्रशेखर बने तथा कांग्रेस ने इस सरकार को अपना समर्थन दिया।
- वर्ष 1996 में संयुक्त मोर्चा सरकार बनी, जिसको कांग्रेस तथा वाम मोर्चा ने अपना समर्थन दिया। इस सरकार के प्रधानमंत्री एच डी देवगौड़ा थे।
- मई, 1996 से लेकर जून, 1996 तक भारतीय जनता पार्टी की सरकार बनी, जिसमें अटल बिहारी वाजपेयी प्रधानमंत्री बने। यह सरकार अल्पमत की सरकार थी।

गठबंधन सरकारों में अपना पाँच वर्ष का कार्यकाल पूरा करने वाले प्रधानमंत्री निम्नलिखित हैं

- मई, 1991 में ऑल इंडिया अन्ना द्रविड़ मुनेत्र कड़गम (ए आई डी एम के) तथा कुछ अन्य दलों के समर्थन द्वारा कांग्रेस ने सरकार बनाई। इस सरकार का कार्यकाल जून, 1996 तक रहा तथा नरसिम्हा राव इसके प्रधानमंत्री बने।
- अक्टूबर, 1999 में राष्ट्रीय जनतांत्रिक गठबंधन की सरकार बनी तथा अटल बिहारी वाजपेयी प्रधानमंत्री बने।
- इस सरकार ने मई, 2004 तक अपना 5 वर्ष का कार्यकाल पूर्ण किया। मई, 2004 के बाद संयुक्त प्रगतिशील गठबंधन (संप्रग) की सरकार बनी। इस सरकार के प्रधानमंत्री डॉ. मनमोहन सिंह थे। जिन्होंने वर्ष 2014 तक अपना 10 वर्ष का कार्यकाल पूर्ण किया।

**2. "20वीं शताब्दी के आठवें दशक के अंतर में हमारे देश में अनेक घटनाओं को घटते देखा गया है, जिन्होंने भारतीय राजनीति पर गहरी छाप छोड़ी है।" तीन घटनाओं का आकलन कीजिए।**

*दक्षता आधारित प्रश्न*

*अथवा* **भारतीय राजनीति के परिवर्तनकारी दौर में जिन मुद्दों पर राजनीतिक दलों की सहमति थी, उन पर निबंध लिखिए।**

उत्तर वर्ष 1989 से 2004 के लोकसभा चुनावों एवं उसके पश्चात् भी केंद्र में गठबंधन सरकार बनी, जिसमें राजनीति के साथ-साथ नेताओं एवं राजनीतिक दलों में कई महत्त्वपूर्ण बातों एवं मुद्दों पर व्यापक सहमति बनी। राजनीतिक विद्वानों का मानना है कि देश में जटिल एवं कठिन राजनीतिक मुकाबलों एवं चुनौतियों के पश्चात् भी राजनीतिक दलों के मध्य एक आपसी सहमति दिखाई देती है, जिसमें निम्नलिखित मुद्दे शामिल रहे

- पिछड़ी जातियों के राजनीतिक एवं सामाजिक दावे की स्वीकृति को सभी राजनीतिक दलों ने उचित ठहराया। इसी के परिणामस्वरूप वर्तमान में भी सभी राजनीतिक दल 'पिछड़ा समुदाय' को शिक्षा एवं सरकारी नौकरी में आरक्षण देने के पक्ष में दिखाई देते हैं। आरक्षण के माध्यम से वह 'पिछड़ा वर्ग' की सत्ता में समुचित भागीदारी को सुनिश्चित करना चाहते हैं।
- देश के आर्थिक विकास एवं आर्थिक सुधार के संदर्भ में सभी राजनीतिक दल एक मत एवं इन सुधारों के पक्ष में थे, क्योंकि इनका मानना था कि इन आर्थिक सुधारों के लिए बनी नीतियों से देश समृद्धि की ओर बढ़ेगा एवं भारत एक आर्थिक शक्ति के रूप में विश्व मंच पर उभरेगा।
- राजनीतिक दलों ने आपसी विचारधारात्मक मतभेदों को दूर करते हुए सत्ता में भागीदारी के मुद्दे पर बल दिया है। उदाहरण के लिए, जो दल भाजपा की हिंदुत्ववादी विचारधारा के खिलाफ थे, उन्होंने ही भाजपा के साथ गठबंधन सरकार बनाते हुए पूरे पाँच वर्ष अपना बाहरी समर्थन भी प्रदान किया, जिससे सरकार ने अपना कार्यकाल पूरा किया।
- राजनीतिक बदलाव के दौर में क्षेत्रीय एवं राष्ट्रीय दलों के मध्य की दूरी कम होती गई। अब क्षेत्रीय दलों की स्थिति दूसरे दर्जे की न होकर केंद्रीय स्तर पर राष्ट्रीय दलों के समान महत्त्वपूर्ण हो गई।
- राजनीतिक दलों की सहमति एवं सक्रियता ने ही जनआंदोलन एवं संगठन विकास के नए रूपों व तरीकों आदि को पहचान दी है। बेरोजगारी, अशिक्षा, विकास, गरीबी, सामाजिक, आर्थिक एवं राजनीतिक सुरक्षा आदि मुद्दे जनआंदोलनों के द्वारा ही राजनीतिक एजेंडे के रूप में हमारे सामने आ रहे हैं। इन राजनीतिक एजेंडों द्वारा ही ये दल राज्य को उसकी जिम्मेदारियों के प्रति सचेत कर रहे हैं।

  इन सबके परिणामस्वरूप कहा जा सकता है कि भारतीय लोकतांत्रिक व्यवस्था में राजनीतिक दलों की सहमति जारी रह सकती है तथा यह राजनीति एक नया विकासशील राष्ट्रवादी स्वरूप धारण कर सकती है।

**3. वर्ष 2014 तथा 2024 में बने राजग (एनडीए) गठबंधन की सरकारों की विशेषता का उल्लेख करते हुए विकास तथा सुशासन के मुद्दे का विश्लेषण कीजिए।**

उत्तर वर्ष 2014 और 2019 की राजग (एनडीए) सरकारों की प्रमुख विशेषताएँ निम्नलिखित हैं

(i) **वर्ष 2014 की राजग ( एनडीए ) सरकार** नरेंद्र मोदी के नेतृत्व में भाजपा ने पहली बार पूर्ण बहुमत हासिल किया। इस सरकार ने **सबका साथ सबका विकास** के नारे के साथ आर्थिक विकास डिजिटल इंडिया, मेक इन इंडिया और स्वच्छ भारत अभियान पर ध्यान केंद्रित किया। जीएसटी और दिवाला एवं शोधन अक्षमता संहिता जैसे प्रमुख आर्थिक सुधार लागू किए।

(ii) **वर्ष 2019 की एनडीए सरकार** वर्ष 2019 के चुनाव में राष्ट्रीय सुरक्षा, राष्ट्रवाद और कल्याणकारी योजनाएँ केंद्र में रही। पुलवामा

हमले और बालाकोट स्ट्राइक के बाद राष्ट्रीय सुरक्षा एक बड़ा मुद्दा बना। सरकार ने अनुच्छेद 370 को हटाया और जम्मू-कश्मीर का विशेष दर्जा समाप्त किया। किसान सम्मान निधि, उज्जवला योजना और आयुष्मान भारत जैसी योजनाओं का विस्तार किया गया।

(iii) **वर्ष 2024 की एनडीए सरकार** वर्ष 2024 के चुनाव में विकास आत्मनिर्भर भारत अभियान एवं जनकल्याणकारी योजनाएँ केंद्र में रही। राष्टीय सुरक्षा इस चुनाव का प्रमुख मुद्रदा रहा है। आयुष्मान भारत योजना-2 एवं विश्वकर्मा योजना आदि को लागू किया गया। एक देश एक चुनाव का मुद्रदा भी अधिक प्रभावी रहा है।

**विकास और सुशासन का विश्लेषण**

विकास एवं सुशासान किसी लोकतांत्रिक व्यवस्था के प्रमुख केंद्र बिंदु है। इनका विश्लेषण निम्न प्रकार से किया जा सकता है।

(i) **विकास आर्थिक विकास** जीएसटी और मेक इन इंडिया जैसी योजनाओं ने व्यापार और उद्योग को बढ़ावा दिया। ग्रामीण और शहरी क्षेत्रों में सड़क, बिजली और अन्य बुनियादी ढाँचे के विकास पर जोर दिया गया।

**कृषि और ग्रामीण विकास** किसान सम्मान निधि और सिंचाई योजनाओं से किसानों की आर्थिक स्थिति में सुधार हुआ। ग्रामीण क्षेत्रों में सड़कों और बिजली का विस्तार किया गया।

(ii) **सुशासन-डिजिटल गवर्नेंस** सरकार ने ई-गवर्नेंस और डिजिटल भुगतान प्रणाली के माध्यम से सरकारी योजनाओं में पारदर्शिता बढ़ाई। डायरेक्ट बेनिफिट ट्रांसफर और जन धन योजना से भ्रष्टाचार को कम करने का प्रयास किया गया।

(iii) **कानून और सुरक्षा** अनुच्छेद 370 का हटाया जाना और सीएए का पारित होना सरकार के प्रमुख फैसले रहे, हालांकि इनसे राजनीतिक और सामाजिक विवाद भी उत्पन्न हुए। तीनों एनडीए सरकारों ने विकास और सुशासन पर ध्यान दिया, विशेषकर आर्थिक सुधारों, बुनियादी ढाँचे के विकास और कल्याणकारी योजनाओं के माध्यम से विकास किया।

**4. वर्ष 2014 के बाद भारतीय राजनीति में आए किन्हीं दो प्रमुख बदलावों को उजागर कीजिए तथा ऐसे किन्हीं दो कल्याणकारी कार्यक्रमों के नाम लिखिए जो वास्तव में महिलाओं के लाभ के लिए हैं?** **CBSE 2022**

उत्तर वर्ष 2014 के बाद भारतीय राजनीति में दो प्रमुख बदलाव

(i) **भाजपा का प्रभुत्व और विपक्ष का कमजोर होना** वर्ष 2014 के आम चुनावों के बाद भारतीय जनता पार्टी ने केंद्र में अपनी मजबूत पकड़ बनाई और नरेंद्र मोदी के नेतृत्व में सरकार बनी। इसके बाद के चुनावों में भाजपा का प्रभाव बढ़ता गया, जबकि विपक्षी पार्टियाँ खासकर कांग्रेस कमजोर होती गई। यह बदलाव भारतीय राजनीति में एकतरफा वर्चस्व की स्थिति पैदा कर रहा है।

(ii) **राज्यों में क्षेत्रीय दलों का उभार** केंद्र में भाजपा के प्रभुत्व के बावजूद कई राज्यों में क्षेत्रीय दलों, की भूमिका महत्त्वपूर्ण रही है, जैसे–पश्चिम बंगाल में तृणमूल कांग्रेस, तमिलनाडु में डीएम के और तेलंगाना में टीआरएस जैसी पार्टियों का प्रभाव जारी है। यह दिखाता है कि राज्यस्तरीय राजनीति में क्षेत्रीय दल अपनी पकड़ बनाए हुए है।

महिलाओं के लाभ के लिए दो प्रमुख कल्याणकारी कार्यक्रम

(i) **प्रधानमंत्री उज्ज्वला योजना** (PMUY) यह योजना गरीब परिवार की महिलाओं को मुफ्त से एलपीजी गैस कनेक्शन प्रदान करती है, जिससे उन्हें धुए से मुक्त खाना पकाने की सुविधा मिलती है और स्वास्थ्य पर सकारात्मक प्रभाव पड़ता है।

(ii) **बेटी बचाओ, बेटी पढ़ाओ योजना** इस योजना का उद्देश्य लड़कियों की जन्म-दर को बढ़ावा देना, उन्हें शिक्षित करना और लैंगिक भेदभाव को कम करना है। यह महिलाओं के कल्याण और संशक्तीकरण की दिशा में एक महत्त्वपूर्ण कदम है।

**5. भारतीय राजनीति में 1989 और उसके बाद घटी किन्हीं चार घटनाओं का वर्णन कीजिए?** **CBSE 2024, 2022**

*अथवा* **वर्ष 1989 के पश्चात् भारतीय राजनीति में घटी ऐसी किन्हीं दो घटनाओं की व्याख्या कीजिए, जिनका यहाँ की राजनीति पर दीर्घजीवी प्रभाव पड़ा।** **CBSE 2025**

उत्तर भारतीय राजनीति में 1989 के बाद की कुछ प्रमुख घटनाएँ भारतीय राजनीति के इतिहास को परिभाषित करती हैं। इनमें चार महत्त्वपूर्ण घटनाओं का विवरण इस प्रकार है

(i) **1989 का आम चुनाव और वी.पी. सिंह की सरकार का गठन** 1989 का चुनाव भारतीय राजनीति में एक निर्णायक मोड़ था, जब कांग्रेस पार्टी को भारी नुकसान उठाना पड़ा और वी.पी. सिंह के नेतृत्व में जनता दल ने सरकार बनाई। यह सरकार मंडल आयोग की सिफारिशों को लागू करने के लिए जानी जाती है, जिसमें पिछड़ी जातियों को सरकारी नौकरियों और शैक्षणिक संस्थानों में आरक्षण देने की व्यवस्था की। इससे भारतीय राजनीति में जाति-आधारित राजनीति का उभार हुआ।

(ii) **1991 आर्थिक उदारीकरण का प्रारंभ** 1991 में प्रधानमंत्री पी.वी. नरसिंहा राव और वित्तीय मंत्री मनमोहन सिंह ने भारत में आर्थिक सुधारों की शुरुआत की। इसने भारत की आर्थिक संरचना को बदल दिया, जिससे विदेशी निवेश, व्यापार और निजीकरण को बढ़ावा मिला। यह भारतीय अर्थव्यवस्था के लिए एक महत्त्वपूर्ण मोड़ था, जिससे इसे बंद अर्थव्यवस्था से एक उदारवादी और वैश्वीकरण की दिशा में ले जाया गया।

(iii) **1992 बाबरी मस्जिद विध्वंस** 6 दिसंबर, 1992 को अयोध्या में बाबरी मस्जिद का विध्वंस एक महत्त्वपूर्ण घटना थी, जिसने भारतीय राजनीति में धर्म के मुद्दे को प्रमुखता से सामने लाया, इसके बाद देश भर में सांप्रदायिक हिंसा हुई और भारतीय राजनीति में हिंदुत्व की विचारधारा को एक नया आयाम मिला। इस घटना ने भारतीय राजनीति में भाजपा के उभार को भी तेज किया और हिंदू-मुस्लिम संबंधों में तनाव को बढ़ाया।

(iv) **2004 का आम चुनाव और यूपीए सरकार का गठन** 2004 के आम चुनाव में कांग्रेस पार्टी ने अटल बिहारी वाजपेयी की एनडीए सरकार को पराजित किया और यूपीए (यूनाइटेड प्रोग्रेसिब अलायंस) गठबंधन की सरकार बनी, जिसमें डॉ. मनमोहन सिंह प्रधानमंत्री बने। यह सरकार कई सामाजिक योजनाओं जैसे मनरेगा, सूचना का अधिकार, जैसी नीतियों के लिए जानी जाती है। जिसने सामाजिक कल्याण पर जोर दिया।

इन घटनाओं ने भारतीय राजनीति को सामाजिक, आर्थिक और सांप्रदायिक पहलुओं में गहराई से प्रभावित किया है और ये आज की राजनीति के मूलभूत आधार हैं।

**6. भारत की अधिकांश राजनीतिक पार्टियों के बीच उभरे सहमति के किन्हीं तीन महत्त्वपूर्ण मुद्दों की व्याख्या कीजिए।** **CBSE 2024**

उत्तर भारत की अधिकांश राजनीतिक पार्टियों के बीच कुछ महत्त्वपूर्ण मुद्दों पर सहमति देखी जाती है। यहाँ तीन मुख्य मुद्दों की सरल व्याख्या दी गई है

(i) **लोकतंत्र और संविधान की सुरक्षा** भारत की सभी प्रमुख राजनीतिक पार्टियाँ इस बात पर सहमत हैं कि लोकतत्र और संविधान का सम्मान और पालन करना जरूरी है इसका मतलब यह है कि सभी पार्टियाँ संविधान द्वारा तय किए गए नियमों और कानूनों के आधार पर काम करती हैं और लोकतंत्र प्रक्रियाओं जैसे चुनावों को मान्यता देती हैं। संविधान भारत की एकता, अखंडता और नागरिकों के अधिकारों की सुरक्षा करता है, और सभी पार्टियाँ इसे बनाए रखने की जिम्मेदारी समझती हैं।

(ii) **आर्थिक विकास** अधिकांश राजनीतिक दल इस बात पर सहमत है कि देश को आर्थिक रूप से विकसित करना जरूरी है। इसके लिए रोजगार के अवसर पैदा करना, उद्योगों को बढ़ावा देना और ग्रामीण विकास पर ध्यान देना महत्त्वपूर्ण माना जाता है। हालाँकि, दलों के बीच इस बात पर असहमति हो सकती है कि इसे कैसे किया जाए, लेकिन आर्थिक विकास सभी का एक साझा लक्ष्य है, जिससे देश की गरीबी कम हो और लोगों के जीवन स्तर में सुधार हो।

(iii) **सामाजिक कल्याण योजनाएँ** सभी राजनीतिक पार्टियाँ इस बात पर सहमत हैं कि समाज के कमजोर और गरीब वर्गों की मदद के लिए सस्ते राशन की व्यवस्था, शिक्षा और स्वास्थ्य सेवाओं को बेहतर बनाना और रोजगार के अवसर प्रदान करना। ये योजनाएँ समाज के कमजोर वर्गों को मदद देने के लिए बनाई जाती हैं, ताकि सभी नागरिकों को बुनियादी सुविधाएँ मिल सकें।

इन तीनों मुद्दों पर अधिकतर राजनीतिक पार्टियाँ सहमति से काम करती हैं जिससे देश में लोकतंत्र, आर्थिक विकास और सामाजिक न्याय को बढ़ावा मिलता है।

**7. 1989 के बाद गहन प्रतिस्पर्द्धा और कई संघर्षों के बीच अधिकांश दलों में उभरी आम सहमति के किन्हीं तीन बिंदुओं को स्पष्ट कीजिए।** **CBSE 2024**

उत्तर 1989 के राजनीतिक परिवेश में गहन प्रतिस्पर्धा और संघर्षों के बावजूद विभिन्न दलों के बीच कुछ सामान्य सहमतियाँ उभरकर सामने आईं। निम्नलिखित तीन प्रमुख बिंदुओं पर अधिकांश दलों के बीच सहमति देखी गई।

(i) **लोकतंत्र को मजबूती देने पर जोर** 1989 के आम चुनावों के दौरान सभी प्रमुख दल लोकतांत्रिक प्रक्रिया की रक्षा उसे और अधिक पारदर्शी बनाने पर सहमत थे। चुनावी सुधार स्वतंत्रता और निष्पक्ष चुनाव के प्रति प्रतिबद्धता एक सामान्य सहमति का हिस्सा थीं।

(ii) **आर्थिक नीतियों में सुधार की आवश्यकता** आर्थिक मोर्चे पर अधिकांश दल इस बात पर सहमत थे कि भारतीय अर्थव्यवस्था में बदलाव की आवश्यकता है। औद्योगिकरण, उदारीकरण और सार्वजनिक क्षेत्रों के सुधार जैसे मुद्दों पर विभिन्न दलों के बीच एक मोटी सहमति थी। हाँलांकि उनके दृष्टिकोण और नीतियाँ भिन्न थीं।

(iii) **क्षेत्रीय असंतोष और सामाजिक न्याय के मुद्दों को संबोधित करने की आवश्यकता** सामाजिक और क्षेत्रीय असंतोष जैसे कि मंडल आयोग की सिफारिशें और जातिगत समीकरण, दलित पिछड़े वर्गों और अन्य हाशिए पर पड़े वर्गों के अधिकारों को लेकर भी अधिकांश दलों ने सहमति व्यक्त की थी कि इन मुद्दों को प्राथमिकता दी जानी चाहिए।

ये सहमतियाँ उस समय के राजनीतिक और समाजिक परिवेश को संतुलित करने के प्रयास का हिस्सा थीं।

**8. 1989 के बाद भारत में बनी गठबंधन की सरकारों के किन्हीं तीन लाभों की व्याख्या कीजिए।** **CBSE 2024**

उत्तर 1989 के बाद भारत में गठबंधन सरकारों के कई लाभ देखे गए हैं। जिनमें से तीन प्रमुख लाभों की व्याख्या इस प्रकार है

(i) **सभी वर्गों और क्षेत्रों का प्रतिनिधित्व**-गठबंधन सरकारे विभिन्न राजनीतिक दलों के सहयोग से बनती हैं, जो समाज के विभिन्न वर्गों, जातियों और क्षेत्रों का प्रतिनिधित्व करती हैं। इससे नीति-निर्माण में व्यापक परिप्रेक्ष्य आता है और यह सुनिश्चित होता है कि अधिक से अधिक लोगों की आवश्यकताओं और मुद्दों को ध्यान में रखा जाए।

(ii) **संविधानिक संतुलन और अधिक लोकतांत्रिक निर्णय** गठबंधन सरकारों में विभिन्न दलों के बीच समझौते और सहमति की आवश्यकता होती है। इससे नीतियों पर अधिक गहन विमर्श और विचार-विमर्श होता है, जो एक संतुलित और लोकतांत्रिक ढंग से निर्णय लेने में मदद करता है। यह शक्ति के केंद्रीकरण को रोकता है और सरकार को जवाबदेह बनाता है।

(iii) **विभिन्न दलों के अनुभव का लाभ** गठबंधन सरकारों में विभिन्न दलों के नेताओं और सदस्यों का अनुभव और विशेषता शामिल होती हैं। इससे सरकार के पास विभिन्न मुद्दों पर बेहतर समाधान निकालने की क्षमता बढ़ती है। क्योंकि विभिन्न दला के अनुभव और विशेषता का उपयोग होता है, जिससे नीति-निर्माण की गुणवत्ता में सुधार होता है।

गठबंधन सरकारें कभी-कभी निर्णय लेने में कठिनाई पैदा कर सकती हैं, लेकिन वे देश की विविधता को बेहतर ढंग से प्रतिबिंबित करने और संतुलन बनाए रखने में महत्त्वपूर्ण भूमिका निभाती हैं।

**9. 20वीं सदी के अंतिम दशक के दौरान भारतीय राजनीति में घटित किन्हीं तीन प्रमुख घटनाओं को स्पष्ट कीजिए।** **CBSE 2024**

उत्तर 20वीं सदी के अंतिम दशक (1990-1999) के दौरान भारतीय राजनीति में कई महत्वपूर्ण घटनाएँ घटी जिनका देश की राजनीति पर गहरा प्रभाव पड़ा। इनमें से तीन प्रमुख घटनाएँ निम्नलिखित हैं

(i) **बाबरी मस्जिद ध्वंस** (1992) 6 दिसंबर 1992 को अयोध्या में बाबरी मस्जिद को गिराया गया, जिससे पूरे भारत में सांप्रदायिक हिंसा फैल गई। यह घटना भारतीय राजनीति में एक बड़ी घटना साबित हुई, क्योंकि इसने हिंदू राष्ट्रवाद को एक नई दिशा दी और समाज में धार्मिक ध्रुवीकरण को बढ़ावा दिया। भारतीय जनता पार्टी और विश्व हिंदू परिषद् और संगठनों ने इसे एक ऐतिहासिक जीत बताया, जबकि विपक्षी दलों और मुस्लिम समुदाय ने इसे एक आघात के रूप में देखा। इस घटना के बाद, भारत में सांप्रदायिक राजनीति का असर और भी अधिक बढ़ गया।

(ii) **उदारीकरण और आर्थिक सुधार** (1991): 1991 में, भारत में तत्कालीन प्रधानमंत्री नरसिम्हा राव और वित्त मंत्री डॉ. मनमोहन सिंह ने बड़े आर्थिक सुधारों की शुरुआत की। इन सुधारों में विदेशी निवेश को आकर्षित करना, व्यापार को मुक्त करना और सरकारी नियंत्रण को कम करना शामिल था। इससे भारतीय अर्थव्यवस्था में तेजी से बदलाव आया और भारत वैश्विक बाजार का हिस्सा बनने लगा। इस कदम ने भारत को आर्थिक दृष्टि से सशक्त किया और भारत के वैश्विक प्रभाव को बढ़ाया।

(iii) **कांग्रेस पार्टी का पतन और क्षेत्रीय दलों का उभार** 1990 के अंत में, कांग्रेस पार्टी का प्रभाव कमजोर हुआ और क्षेत्रीय दलों का महत्त्व बढ़ा। 1996 में आम चुनावों के बाद कांग्रेस पार्टी सत्ता से बाहर हो गई और भारतीय राजनीति में क्षेत्रीय दलों की प्रमुख भूमिका स्पष्ट हो गई। इस दौरान अटल बिहारी वाजपेयी की अगुवाई में भाजपा ने सरकार बनाई, लेकिन वह भी बहुमत हासिल नहीं कर पाई। इसके बाद, संयुक्त मोर्चा और तमाम क्षेत्रीय दलों का गठबंधन सत्ता में आया। इस समय के बाद भारतीय राजनीति में गठबंधन सरकारों का दौर शुरू हुआ।

इन घटनाओं ने भारतीय राजनीति के स्वरूप को बदल दिया और भारतीय समाज में सांप्रदायिक, आर्थिक और राजनीतिक दृष्टिकोण से महत्त्वपूर्ण बदलाव किए।

## स्रोत आधारित प्रश्न

**नीचे दिए गए स्रोतों का ध्यानपूर्वक अध्ययन कीजिए तथा पूछे गए प्रश्नों के उत्तर दीजिए।**

**1. मंडल आयोग का गठन भारतीय समाज के पिछड़े समुदायों के बीच शैक्षिक और सामाजिक पिछड़ेपन का पता लगाने और इन पिछड़े वर्गों की पहचान के तरीके बताने के लिए किया गया था। आयोग से यह भी अपेक्षा की गई थी कि वह इन वर्गों के पिछड़ेपन को दूर करने के उपाय बताएगा। आयोग ने वर्ष 1980 में अपनी सिफारिशें दीं। इस समय तक जनता पार्टी की सरकार गिर चुकी थी। आयोग का सुझाव था कि पिछड़े वर्ग को पिछड़ी जाति के अर्थ में स्वीकार किया जाए, क्योंकि अनुसूचित जातियों के अतिरिक्त ऐसी अनेक जातियाँ हैं, जिन्हें वर्ण व्यवस्था में 'निम्न' समझा जाता है। आयोग ने एक सर्वेक्षण किया और पाया कि इन पिछड़ी जातियों की शिक्षण संस्थाओं तथा सरकारी नौकरियों में बहुत कम संख्या पाई जाती है।**

**इस कारण आयोग ने इन समूहों के लिए शिक्षा संस्थाओं तथा सरकारी नौकरियों में 27% सीट आरक्षित करने की सिफारिश की। मंडल आयोग ने अन्य पिछड़ा वर्ग की स्थिति सुधारने के लिए कई और समाधान का सुझाव दिया, जिनमें भूमि सुधार भी एक था।**

(i) **भारतीय समाज के पिछड़े समुदायों के बीच शैक्षिक और सामाजिक पिछड़ेपन का पता लगाने के लिए किस आयोग का गठन किया गया था?**

(a) नरसिम्हन आयोग
(b) कारिंदी आयोग
(c) वर्मा आयोग
(d) मंडल आयोग

उत्तर (d) मंडल आयोग

(ii) **मंडल आयोग के गठन के पश्चात् इस आयोग से क्या अपेक्षाएँ की गई थीं? इस संबंध में दिया गया कौन-सा कथन सही है?**

(a) पिछड़े वर्गों के पिछड़ेपन को दूर करने के उपाय बताने संबंधी अपेक्षाएँ
(b) गरीबी की समस्या को दूर करने के उपाय संबंधी अपेक्षाएँ
(c) अनुसूचित जाति व जनजाति को पहचान दिलाने संबंधी अपेक्षाएँ
(d) अमीरी व गरीबी के बीच के अंतर को कम करने संबंधी अपेक्षाएँ

उत्तर (a) पिछड़े वर्गों के पिछड़ेपन को दूर करने के उपाय बताने संबंधी अपेक्षाएँ

(iii) **मंडल आयोग ने पिछड़े वर्गों के लिए किए गए सर्वेक्षण में क्या पाया?**

उत्तर आयोग ने सर्वेक्षण किया और पाया कि पिछड़ी जातियों की शिक्षण संस्थाओं तथा सरकारी नौकरियों में बहुत कम संख्या पाई जाती है। इस कारण आयोग ने इन समूहों के लिए शिक्षा संस्थाओं तथा सरकारी नौकरियों में 27% सीट आरक्षित करने की सिफारिश की।

**2. वर्ष 2004 के चुनावों में कांग्रेस यूपीए (संयुक्त प्रगतिशील गठबंधन) गठबंधन में शामिल हुई। राजग (राष्ट्रीय जनतांत्रिक गठबंधन) की हार हुई और संयुक्त प्रगतिशील गठबंधन (संप्रग) की सरकार बनी। इस गठबंधन का नेतृत्व कांग्रेस ने किया। संप्रग को वाम मोर्चा ने समर्थन दिया। वर्ष 2004 के चुनावों में एक हद तक कांग्रेस का पुनरुत्थान भी हुआ। वर्ष 1991 के बाद कांग्रेस पार्टी की सीटों की संख्या एक बार फिर बढ़ी। वर्ष 2004 के चुनावों में राजग और संप्रग को मिले कुल वोटों का अंतर बड़ा कम था। इस प्रकार, दलीय प्रणाली 1970 के दशक की तुलना में बदल गई है।**

**1990 के दशक के बाद से हमारे सामने जो राजनीतिक प्रक्रिया आकार ले रही है, उससे हम मुख्य रूप से चार प्रकार की पार्टियों के बदलाव को देख सकते हैं; जैसे-कांग्रेस के साथ गठबंधन में शामिल दल, भाजपा के साथ गठबंधन में शामिल दल, वाम मोर्चा के दल और कुछ ऐसे दल, जो इन तीनों में से किसी में शामिल नहीं हैं। इस स्थिति से संकेत मिलते हैं कि अब चुनाव बहुकोणीय हो गया है। इन स्थितियों का एक प्रमुख कारण राजनीतिक विचारधाराओं में बदलाव पाया जाता है।**

(i) **वर्ष 2004 के चुनाव में किसकी सरकार बनी, जिसका नेतृत्व कांग्रेस पार्टी ने किया?**

(a) राष्ट्रीय जनतांत्रिक गठबंधन
(b) संयुक्त मोर्चा
(c) राष्ट्रीय मोर्चा
(d) संयुक्त प्रगतिशील गठबंधन

उत्तर (d) संयुक्त प्रगतिशील गठबंधन

(ii) **वर्ष 2004 के चुनाव में बनी संयुक्त प्रगतिशील गठबंधन की सरकार के संबंध में कौन-सा कथन सही नहीं है?**

(a) इस चुनाव में कांग्रेस पार्टी का एक बार फिर पुनरुत्थान हुआ
(b) वर्ष 1991 के पश्चात् कांग्रेस को इस चुनाव में अधिक सीटें प्राप्त हुईं
(c) इस गठबंधन की सरकार को भारतीय जनता पार्टी का समर्थन प्राप्त था, जबकि वाम मोर्चा ने अपना समर्थन वापस ले लिया था
(d) इस चुनाव में राजग गठबंधन तथा संप्रग गठबंधन को मिले वोटों में बहुत कम अंतर पाया जाता है

उत्तर (c) इस गठबंधन की सरकार को भारतीय जनता पार्टी का समर्थन प्राप्त था, जबकि वाम मोर्चा ने अपना समर्थन वापस ले लिया था

**(iii) 1990 के दशक के बाद देश में राजनीतिक प्रक्रिया बदल गई है। अब नए प्रकार की पार्टियों का उभार हुआ है। इनमें किस प्रकार के दल को देखा जा सकता है?**

उत्तर 1990 के दशक के बाद हमारे सामने जो राजनीतिक प्रक्रिया आकार ले रही है, उससे हम मुख्य रूप से चार प्रकार की पार्टियों के बदलाव देख सकते हैं, जैसे-कांग्रेस के साथ गठबंधन में शामिल दल, भाजपा के साथ गठबंधन में शामिल दल, वाम मोर्चा के दल और कुछ ऐसे दल, जो इन तीनों में से किसी में शामिल नहीं हैं।

**3. 1980 के दशक में दलित जातियों के राजनीतिक संगठनों का भी उदय हुआ। 1978 में 'बामसेफ' (BAMCEF) का गठन हुआ। यह संगठन सरकारी कर्मचारियों का कोई साधारण ट्रेड यूनियन नहीं था। इस संगठन ने 'बहुजन' यानि अनुसूचित जाति, अनुसूचित जनजाति, अन्य पिछड़ा वर्ग और अल्पसंख्यकों की राजनीतिक सत्ता की जबरदस्त तरफदारी की। इसी का परवर्ती विकास 'दलित-शोषित समाज संघर्ष समिति' है, जिससे बाद के समय में बहुजन समाज पार्टी (बसपा) का उदय हुआ।** **CBSE 2024**

**(i) बामसेफ का सही पूर्ण रूप चुनिए**

(a) बहुजन और अल्पसंख्यक समुदाय कर्मचारी संघ
(b) बहुजन और अल्पसंख्यक समुदाय कर्मचारी संस्थान
(c) पिछड़ा और अल्पसंख्यक समुदाय कर्मचारी संघ
(d) पिछड़ा और अल्पसंख्यक समुदाय कर्मचारी संस्थान

उत्तर (c) पिछड़ा और अल्पसंख्यक समुदाय कर्मचारी संघ

**(ii) बहुजन समाज पार्टी का गठन किस वर्ष में हुआ था?**

(a) 1981 (b) 1984 (c) 1989 (d) 1991

उत्तर (b) 1984

**(iii) किस दशक में दलित जातियों के राजनीतिक संगठनों का उदय हुआ था?**

उत्तर 1980 के दशक में दलित जातियों के राजनीतिक संगठनों का उदय हुआ था। वर्ष 1978 में 'बामसेफ' (BAMCEF) का गठन हुआ। इसी का परवर्ती विकास 'दलित-शोषित समाज संघर्ष समिति है, जिससे बाद के समय में बहुजन समाज पार्टी का उदय हुआ था।

**4. वर्ष 1985 में 62 वर्षीय तलाकशुदा मुस्लिम महिला शाहबानो ने अपने भूतपूर्व पति से गुजारा भत्ता प्राप्त करने के लिए अदालत में अर्जी दायर की। सर्वोच्च न्यायालय ने शाहबानो के पक्ष में अपना निर्णय दिया। पुरातनपंथी मुसलमानों ने इसे अपने 'पर्सनल लॉ' में हस्तक्षेप माना। मुस्लिम नेताओं की माँग पर सरकार ने तलाक से जुड़े अधिकारों से संबंधित मुस्लिम महिला अधिनियम, 1986 पास किया। इस अधिनियम में सर्वोच्च न्यायालय के फैसले को निरस्त कर दिया गया था। अनेक महिला संगठनों, मुस्लिम महिलाओं की जमात एवं सामाजिक कार्यकर्ताओं द्वारा इसका विरोध किया गया। भाजपा ने सरकार के इस कदम को अनावश्यक रियायत तथा तुष्टिकरण करार दिया।**

**(i) शाहबानों ने सर्वोच्च न्यायालय में अपील किस वर्ष की थी?**

(a) 1983 (b) 1984
(c) 1985 (d) 1991

उत्तर (c) 1985

**(ii) शाहबानों केस के विषय में कौन-सा कथन सही है?**

(a) पुरातनपंथी मुसलमानों ने इसे अपने 'पर्सनल लॉश में हस्तक्षेप माना
(b) उच्च न्यायालय ने शाहबानों के पक्ष में अपना निर्णय नहीं दिया
(c) मुस्लिम नेताओं की माँग पर सरकार ने तलाक से जुड़े अधिकारों से संबंधित मुस्लिम महिला अधिनियम, 1986 नहीं पास किया
(d) भाजपा सरकार ने शाहबानों केस में उनके पति का पक्ष लिया

उत्तर (a) पुरातनपंथी मुसलमानों ने इसे अपने 'पर्सनल लॉश में हस्तक्षेप माना

**(iii) सर्वोच्च न्यायालय के फैसले को सरकार द्वारा निरस्त किए जाने पर भाजपा ने क्या प्रतिक्रिया व्यक्त की?**

उत्तर सरकार द्वारा सर्वोच्च न्यायालय के फैसले को मुस्लिम महिला तलाक अधिनियम, 1986 द्वारा निरस्त कर दिए जाने को भाजपा ने अनावश्यक रियायत तथा तुष्टिकरण करार दिया एवं सरकार के इस फैसले की आलोचना की।

## मानचित्र आधारित प्रश्न

**1. नीचे दिए गए भारत के राजनीतिक रूपरेखा मानचित्र में पाँच राज्यों को A, B, C, D और E के रूप में चिह्नित किया गया है। नीचे दी गई जानकारी के आधार पर इन राज्यों की पहचान करें और संबंधित क्रम संख्या के साथ अपनी उत्तर पुस्तिका में उनके सही नाम लिखें।**

| दी गई जानकारी की क्रम संख्या | अंग्रेजी वर्णमाला | राज्यों के नाम |
|---|---|---|
| (i) | | |
| (ii) | | |
| (iii) | | |
| (iv) | | |
| (v) | | |

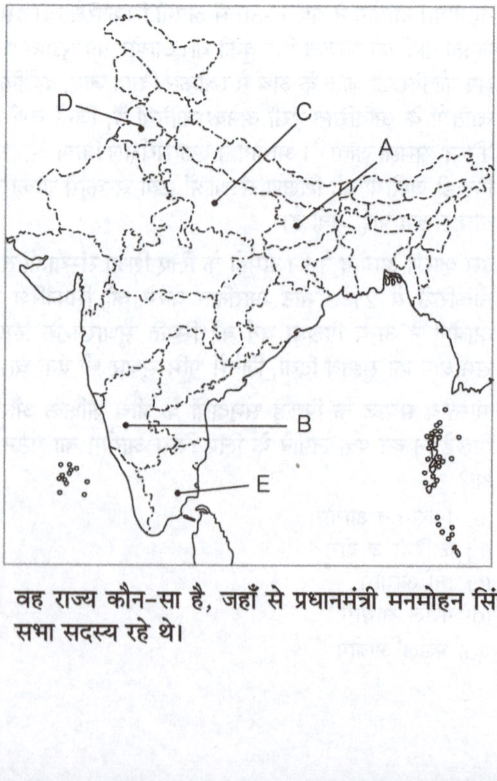


**(i) वह राज्य कौन-सा है, जहाँ से प्रधानमंत्री मनमोहन सिंह राज्य सभा सदस्य रहे थे।**

(ii) वह राज्य कौन-सा है, जहाँ से भारत के प्रधानमंत्री एच डी देवगौड़ा थे।
(iii) वह राज्य, जहाँ वर्ष 1986 में बाबरी मस्जिद विवाद उत्पन्न हुआ था।
(iv) वह राज्य, जहाँ वर्ष 1984 में सिख दंगे हुए थे।
(v) वह स्थान जहाँ मई, 1991 में राजीव गाँधी की हत्या की गई थी।

उत्तर

| दी गई जानकारी की क्रम संख्या | अंग्रेजी वर्णमाला | राज्यों के नाम |
|---|---|---|
| (i) | A | असम |
| (ii) | B | कर्नाटक |
| (iii) | C | उत्तर प्रदेश |
| (iv) | D | पंजाब |
| (v) | E | तमिलनाडु |

**2.** भारत के दिए गए राजनीतिक रेखा-मानचित्र में चार राज्यों को A, B, C और D के द्वारा अंकित किया गया है। नीचे दी गई जानकारी के आधार पर इन राज्यों की पहचान कीजिए और अपनी उत्तर-पुस्तिका में इनके सही नाम, प्रयोग की गई जानकारी की क्रम संख्या तथा मानचित्र में दिया गया संबंधित अक्षर, नीचे दी गई तालिका के रूप में लिखिए। **CBSE 2022**

| दी गई जानकारी की क्रम संख्या | अंग्रेजी वर्णमाला | राज्यों के नाम |
|---|---|---|
| (i) | | |
| (ii) | | |
| (iii) | | |
| (iv) | | |

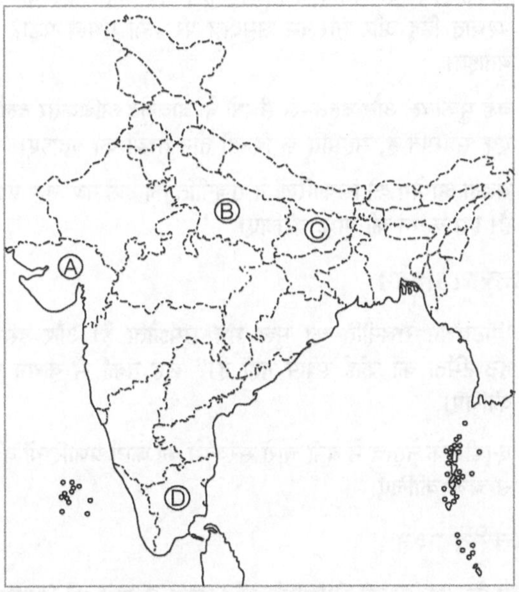


(i) वह राज्य, जिससे मंडल कमीशन के अध्यक्ष, बी. पी. मंडल का संबंध था।
(ii) वह राज्य जहाँ सोमनाथ मंदिर स्थित है।
(iii) वह राज्य जो श्रीलंका की जातीय समस्याओं से सर्वाधिक प्रभावित रहा।
(iv) वह राज्य जहाँ बहुजन समाज पार्टी ने सरकार बनाई थी।

उत्तर

| दी गई जानकारी की क्रम संख्या | अंग्रेजी वर्णमाला | राज्यों के नाम |
|---|---|---|
| (i) | C | बिहार |
| (ii) | A | गुजरात |
| (iii) | D | तमिलनाडु |
| (iv) | B | उत्तर प्रदेश |

# स्वयं को जाँचें

## वस्तुनिष्ठ प्रश्न

**1.** **भारत के किस प्रधानमंत्री के काल में नई आर्थिक नीति लागू की गई थी, जिससे देश की आर्थिक स्थिति में बदलाव शुरू हुआ?**

(a) वी पी सिंह
(b) चंद्र शेखर
(c) पी वी नरसिम्हा राव
(d) एच डी देवगौड़ा

**2.** **वर्ष 1984 में गठित बहुजन समाज पार्टी को वर्ष 1989 तथा 1991 के चुनाव में ………… राज्य में सफलता मिली।**

(a) उत्तर प्रदेश (b) बिहार
(c) पंजाब (d) तमिलनाडु

**3.** **गठबंधन की राजनीति के संबंध में दिए गए कथनों पर विचार कीजिए तथा इनमें सही कथन की पहचान कीजिए**

(a) 1990 के दशक में भारत में गठबंधन युग की शुरुआत हुई
(b) राष्ट्रीय मोर्चा नामक गठबंधन वर्ष 1989 में बनाया गया था, जिसमें भाजपा और वाम मोर्चा शामिल थे
(c) वर्ष 1999 में एनडीए एवं वर्ष 2004 में संप्रग गठबंधन की सरकारें बनी थीं
(d) उपरोक्त सभी

**4.** **राजग सरकार द्वारा विकास तथा सुशासन को जनता के लिए सुलभ बनाने के लिए कौन-सी जनकल्याणकारी योजना शुरू की गई है?**

(a) जन-धन योजना
(b) प्रधानमंत्री उज्ज्वला योजना
(c) किसान फसल बीमा योजना
(d) उपरोक्त सभी

**5.** **सूची I को सूची II से सुमेलित कीजिए**

| | सूची I (घटना/विधि) | | सूची II (परिणाम/प्रभाव) |
|---|---|---|---|
| A | आपातकाल (1975-77) | 1. | गठबंधन सरकारों का युग |
| B. | 1990 का मंडल आयोग | 2. | राजनैतिक स्थिरता का अंत |
| C. | गठबंधन सरकार का दौर | 3. | पिछड़ी जातियों के लिए आरक्षण |
| D. | भारत में उदारीकरण | 4. | निजीकरण और वैश्वीकरण की शुरुआत |

कूट

| | A | B | C | D |
|---|---|---|---|---|
| (a) | 4 | 2 | 3 | 1 |
| (b) | 2 | 3 | 1 | 4 |
| (c) | 1 | 2 | 3 | 4 |
| (d) | 4 | 2 | 1 | 3 |

## लघु उत्तरीय प्रश्न

**6.** **मंडल आयोग की सिफारिशों के तहत कितने प्रतिशत आरक्षण का प्रावधान किया गया था?**

**7.** **बहुजन समाज पार्टी की स्थापना किसने और कब की?**

**8.** **देश में ढाँचागत समायोजन कार्यक्रम अथवा नए आर्थिक सुधार की शुरुआत किस सरकार ने की?**

**9.** **संयुक्त मोर्चा की सरकार के गठन की विशेषता बताइए।**

**10.** **बाबरी मस्जिद विवाद क्या है? फ़ैज़ाबाद न्यायालय के फैसले के पश्चात् हिंदू और मुस्लिम समुदाय पर क्या प्रभाव पड़ा? संक्षेप में बताइए।**

**11.** **बड़े मुकाबले और बहुत-से संघर्षों के बावजूद अधिकतर दलों के बीच एक सहमति है, सहमति के किन्हीं तीन तथ्यों को बताइए।**

**12.** **मंडल आयोग की सिफारिशों ने राजनीति का एक नया रूप प्रदान किया हैं। इस कथन की पुष्टि कीजिए।**

## दीर्घ उत्तरीय प्रश्न I

**13.** **"गठबंधन राजनीति का मूल मंत्र समझौता है। और इसमें कठोर हठधर्मिता का कोई स्थान नहीं है।" छह तर्कों से कथन की पुष्टि कीजिए।**

**14.** **एनडीए के नेतृत्व में बनी चारों सरकारों की कार्य प्रणालियों की विस्तार से चर्चा कीजिए।**

## दीर्घ उत्तरीय प्रश्न II

**18.** **मंडल आयोग की सिफारिशें और उनके प्रभावों पर विस्तृत टिप्पणी करें।**

**19.** **भारत में गठबंधन सरकारों के युग का उदय और उसके प्रभावों की विवेचना करें।**

**20.** **'सांप्रदायिकता 21वीं सदी की प्रमुख सामाजिक बुराई है' प्रासंगिक उदाहरणों से कथन की पुष्टि करें।**

# परियोजना कार्य

## आपातकाल : भारतीय लोकतंत्र का काला अध्याय

# घोषणा
# Declaration

मैं एतदद्वारा घोषणा करता/करती हूँ कि यह परियोजना कार्य, जिसका शीर्षक भारत में आपातकाल से इसमें प्रस्तुत जानकारी विभिन्न स्रोतों; जैसे—पाठ्यपुस्तकों ऑनलाइन शोध और आधिकारिक रिपोर्टों से एकत्र की गई है, ताकि भारत के आपातकाल की स्थिति को स्पष्ट रूप से समझा जा सके।

मैं पुष्टि करता/करती हूँ कि यह कार्य किसी भी उपलब्ध सामग्री से नकल (कॉपी) नहीं किया गया है और सभी स्रोतों का उचित रूप से उल्लेख किया गया है।

हस्ताक्षर : ...........

नाम : ........... दिनांक : ...........

# स्वीकृति
# Acknowledgement

मैं इस परियोजना कार्य को पूरा करने में योगदान देने वाले सभी लोगों के प्रति अपनी हार्दिक कृतज्ञता व्यक्त करना चाहता/चाहती हूँ। सर्वप्रथम, मैं अपने शिक्षकों तथा मार्गदर्शकों का धन्यवाद करता हूँ/करती हूँ, जिनके मूल्यवान मार्गदर्शन और प्रोत्साहन ने इस परियोजना के दौरान मेरी सहायता की। उनकी अंतर्दृष्टि ने मुझे भारत में चुनाव और लोकतंत्र के महत्त्व को समझने में सहायता की।

मैं भारत के चुनाव आयोग और उन विद्वानों के प्रयासों को भी स्वीकार करता/करती हूँ;

जिनके शोध तथा रिपोर्टों ने इस अध्ययन के लिए आवश्यक जानकारी प्रदान की। इसके अतिरिक्त मैं अपने परिवार और मित्रों का भी आभारी हूँ, जिन्होंने मुझे निरंतर समर्थन तथा प्रेरणा प्रदान की।

अंत में, मैं उन सभी के प्रयासों की सराहना करता/करती हूँ, जो स्वतंत्र निष्पक्ष चुनाव तथा सुनिश्चित करने के लिए कार्य करते हैं, क्योंकि उनकी समर्पित सेवा हमारे देश में लोकतंत्र मजबूती प्रदान करती है।

# प्रमाण-पत्र
## (Certificate)

यह प्रमाणित किया जाता है कि

.................................... परियोजना का नाम

................................. (विद्यार्थी का नाम) का प्रमाणिक कार्य है,

जिसे मेरी देख-रेख में पूरा किया गया है।

..................................

______________________________

शिक्षक / पर्यवेक्षक का नाम और हस्ताक्षर

# विषय-सूची


| क्रम संख्या | विषय |
|---|---|
| 1. | परिचय |
| 2. | ऐतिहासिक संदर्भ और पृष्ठभूमि |
| 3. | वर्षा 1971 के युद्ध के बाद आर्थिक संकट तथा सामाजिक अशांति का उदय |
| 4. | राजनीतिक पृष्ठभूमि<br>• गुजरात और बिहार में आंदोलन<br>• रेलवे और श्रमिक हड़तालें |
| 5. | न्यायपालिका से संघर्ष |
| 6. | केशवानंद भारती केस |
| 7. | इलाहाबाद उच्च न्यायालय का फैसला |
| 8. | आपातकाल की घोषणा<br>• आपातकाल के दौरान प्रमुख घटनाओं का कालक्रम |
| 9. | आपातकाल के परिणाम<br>• प्रेस तथा मीडिया पर प्रभाव<br>• निवारक नजरबंदी और सामाजिक प्रतिरोध |
| 10. | आपातकाल के सबक<br>• लोकसभा चुनाव 1977<br>• जनता दल<br>• शाह आयोग<br>• आपातकाल की विरासत |
| 11. | आपातकाल के नायक<br>• जयप्रकाश नारायण<br>• मोरारजी देसाई<br>• चौधरी चरण सिंह<br>• जगजीवन राम |

# परिचय

लोकतंत्र को सामान्यत: शासन की सर्वोत्तम प्रणाली माना जाता, क्योंकि यह जनता को मतदान के माध्यम से निर्णय लेने की शक्ति देता है। भारत में लोकतंत्र संविधान का एक महत्त्वपूर्ण हिस्सा है और देश ऐसी शासन प्रणाली का पालन करता है जहाँ लोग अपने नेताओं का चुनाव करते हैं। ये नेता जनता के हितों के प्रति जवाबदेही तथा उत्तरायी होते हैं।

हालाँकि भारत एक लोकतांत्रिक देश है फिर भी यहाँ अनेक समस्याएँ व्याप्त हैं जो लोकतंत्र के प्रभावी संचालन को प्रभावित करती हैं। भारत के राजनीतिक इतिहास में एक समय ऐसा था, जब लोकतंत्र को स्थगित कर दिया गया था। इसे भारत के राजनीतिक इतिहास में काले अध्याय के रूप में जाना जाता है। वर्ष 1975 में 'भारत की प्रधानमंत्री इंदिरा गाँधी ने आपातकाल की घोषणा की जो भारतीय लोकतंत्र के सर्वाधिक चर्चित तथा विवादित घटनाओं में से एक था।

आपातकालीन प्रावधानों के अंतर्गत नागरिकों के विभिन्न मौलिक अधिकार निष्प्रभावी हो गए तथा प्रेस की स्वतंत्रता को प्रतिबंधित कर दिया गया। नागरिकों को धरना, प्रदर्शन तथा हड़ताल की भी अनुमति नहीं थी। लोकतांत्रिक सिद्धांतों की उपेक्षा कर सरकार ने अनेक लोगों को गिरफ्तार कर नियंत्रण स्थापित करने का प्रयास किया।

यह परियोजना कार्य आपातकाल की पृष्ठभूमि, तत्कालीन राजनीति परिस्थिति तथा दीर्घकालिक समय में भारतीय लोकतंत्र पर इसके प्रभाव पर ध्यान केंद्रित करेगी।

## ऐतिहासिक संदर्भ और पृष्ठभूमि

भारत में वर्ष 1975 का आपातकाल लोकतांत्रिक इतिहास का एक महत्त्वपूर्ण और विवादास्पद दौर था। इसका ऐतिहासिक संदर्भ समझने के लिए हमें तत्कालीन सामाजिक, राजनीतिक और आर्थिक परिस्थितियों पर ध्यान देना होगा। 1970 के दशक की शुरुआत में भारत गंभीर आर्थिक संकट से गुजर रहा था। वर्ष 1971 के भारत-पाकिस्तान युद्ध के कारण देश की अर्थव्यवस्था कमजोर हो गई थी। महँगाई और बेरोजगारी बढ़ रही थी और आवश्यक वस्तुओं की भारी कमी थी। इसके अतिरिक्त, गुजरात और बिहार में बड़े पैमाने पर छात्र आंदोलनों ने सरकार के विरुद्ध समाप्त वातावरण बना दिया था।

राजनीतिक रूप से, प्रधानमंत्री इंदिरा गाँधी की लोकप्रियता वर्ष 1971 के लोकसभा चुनावों में शानदार जीत के बाद चरम पर थी, लेकिन 12 जून, 1975 को इलाहाबाद उच्च न्यायालय ने उनके चुनाव को अवैध घोषित कर दिया और उन पर छ: वर्षों तक कोई भी पद न रखने का प्रतिबंध लगा दिया। इस फैसले के बाद विरोध प्रदर्शन तेज हो गए और विपक्ष ने उनके इस्तीफे की माँग शुरू कर दी। जयप्रकाश नारायण के नेतृत्व में संपूर्ण क्रांति आंदोलन ने सरकार के विरुद्ध एक मजबूत जनांदोलन खड़ा किया। इस स्थिति को नियंत्रण में लाने के लिए 25 जून, 1975 को इंदिरा गाँधी ने राष्ट्रपति फखरुददीन अली अहमद के माध्यम से देश में आपातकाल लागू कर दिया।

## वर्ष 1971 के युद्ध के पश्चात् आर्थिक संकट तथा सामाजिक अशांति का उदय

वर्ष 1971 के चुनाव में कांग्रेस ने 'गरीबी हटाओ' का नारा दिया था। जबकि वर्ष 1971-72 के पश्चात् भी देश की सामाजिक-आर्थिक दशा में कोई विशेष सुधार नहीं हुआ। बांग्लादेश के संकट से भारत की अर्थव्यवस्था पर अधिक प्रभाव पड़ा था। लगभग 80 लाख लोग पूर्वी पाकिस्तान की सीमा पार करके भारत आए थे। इसके अतिरिक्त पाकिस्तान से युद्ध के बाद अमेरिका ने भारत को हर तरह की सहायता देना बंद कर दिया। इसी अवधि में अंतर्राष्ट्रीय बाजार में तेल की कीमतों में कई गुना बढ़ोतरी हुई। इससे विभिन्न वस्तुओं की कीमतें भी तेजी से बढ़ीं।

औद्योगिक विकास की दर बहुत कम थी और बेरोजगारी ग्रामीण क्षेत्रों में बहुत बढ़ गई थी। सरकार ने खर्चे को कम करने के लिए सरकार ने अपने कर्मचारियों के वेतन को रोक लिया। इससे सरकारी कर्मचारियों में बहुत असंतोष पनपा। वर्ष 1972-73 में मानसून असफल रहा। इससे कृषि की पैदावार में भारी गिरावट आई। खाद्यान्न का उत्पादन 8% कम हो गया। आर्थिक स्थिति की बदहाली को लेकर पूरे देश में असंतोष का वातावरण था।

इस स्थिति में गैर-कांग्रेसी पार्टियों ने बड़े कारगर तरीके से जन-विरोध की अगुवाई की। 1960 के दशक से ही छात्रों के बीच विरोध के स्वर उठने लगे थे। ये स्वर इस अवधि में और अधिक प्रबल हो उठे।

संसदीय राजनीतिक में विश्वास न रखने वाले कुछ मार्क्सवादी समूहों की सक्रियता भी इस अवधि में बढ़ी। इन समूहों ने मौजूदा राजनीतिक प्रणाली और पूँजीवादी व्यवस्था समाप्त करने के लिए हथियार उठाया तथा राज्यविरोधी तकनीकों का सहारा लिया। ये समूह मार्क्सवादी-लेनिनवादी (अब माओवादी) अथवा नक्सलवादी के नाम से जाने गए। ऐसे समूह पश्चिम बंगाल में सबसे अधिक सक्रिय थे। पश्चिम बंगाल की सरकार ने इन्हें दबाने के लिए कठोर कदम उठाए।

# राजनीतिक पृष्ठभूमि

## गुजरात आंदोलन

वर्ष 1974 के जनवरी माह में गुजरात के छात्रों ने खाद्यान्न, खाद्य तेल तथा अन्य आवश्यक वस्तुओं की बढ़ती कीमतों तथा उच्च पदों पर जारी भ्रष्टाचार के विरुद्ध आंदोलन शुरू कर दिया।

आंदोलन में बड़ी पार्टियों के शामिल होने से इसका स्वरूप और भी विकराल हो गया। परिणामस्वरूप गुजरात में राष्ट्रपति शासन लगा दिया गया। विपक्षी दलों ने राज्य विधानसभा के लिए पुन: चुनाव कराने की माँग की। मोरारजी देसाई (कांग्रेस ओ. के नेता) ने इस संदर्भ में कहा कि यदि पुन: चुनाव नहीं कराए गए, तो मैं अनिश्चितकालीन भूख हड़ताल पर चला जाऊँगा। विपक्षी दलों द्वारा समर्पित छात्र-आंदोलन के गहरे दबाव में वर्ष 1975 के जून में विधानसभा के चुनाव हुए, जिसमें कांग्रेस की हार हुई। इस आंदोलन के माध्यम से जनता ने सरकार के प्रति अपने असंतोष को प्रकट किया।

1974 में एक ABVP कार्यकर्ता के रूप में भारत के पूर्व वित्तमंत्री स्वर्गीय श्री अरुण जावड़ेकर ने गुजरात सरकार के भ्रष्टाचार के खिलाफ राज्यव्यापी जन आंदोलन 'नवनिर्माण आंदोलन' चलाया।

## बिहार आंदोलन

वर्ष 1974 के मार्च माह में बढ़ती कीमतों, खाद्यान्न के अभाव, बेरोजगारी और भ्रष्टाचार के विरुद्ध बिहार में छात्रों ने आंदोलन शुरू कर दिया। छात्रों के नियंत्रण पर जयप्रकाश नारायण आंदोलन को नेतृत्व प्रदान करने को सहमत हो गए, हालाँकि इन्होंने आंदोलन को अहिंसक तथा बिहार तक सीमित नहीं रहने की शर्त रखी जयप्रकाश नारायण से बिहार की कांग्रेस सरकार को बर्खास्त करने तथा सामाजिक, आर्थिक और राजनीतिक दायरे में संपूर्ण क्रांति का आह्वान किया, ताकि सच्चे लोकतंत्र की स्थापना की जा सके। हालाँकि सरकार ने इस्तीफा देने से मना कर दिया।

वर्ष 1975 में जयप्रकाश नारायण (जेपी) ने जनता के संसद-मार्च का नेतृत्व किया, उन्हें भारतीय जनसंघ, कांग्रेस (ओ), भारतीय लोकदल तथा सोशलिस्ट पार्टी जैसे गैर कांग्रेसी दलों का भी समर्थन प्राप्त हुआ।

गुजरात और बिहार आंदोलनों को कांग्रेस विरोधी आंदोलन माना गया और कहा गया कि ये आंदोलन राज्य सरकार के विरुद्ध नहीं, बल्कि इंदिरा गाँधी के नेतृत्व के विरुद्ध चलाए गए थे। इंदिरा गाँधी का मानना था कि ये आंदोलन उनके प्रति व्यक्तिगत विरोध से प्रेरित है।

5 जून, 1974 को पटना के गाँधी मैदान में जे.पी. नारायण का भाषण

## रेलवे और श्रमिक हड़तालें

रेलवे कर्मचारियों के संघर्ष से संबंधित राष्ट्रीय समवन्य समिति ने जॉर्ज कर्नांडिस के नेतृत्व में रेलवे कर्मचारियों की एक राष्ट्रव्यापी हड़ताल का आह्वान किया। इस हड़ताल का उद्देश्य बोनस तथा सेवा से जुड़ी शर्तों के संबंध में सरकार पर दबाव बनाना था। सरकार इन माँगों के विरुद्ध थी, इसलिए मई, 1914 में भारत के सबसे बड़े सार्वजनिक उद्यम के कर्मचारी हड़ताल पर चले गए।

वर्ष 1974 में रेलवे हड़तालों की भाँति श्रमिक हड़तालें भी व्यापक स्तर पर हुईं, जिनका उद्देश्य उचित वेतन, नौकरी की सुरक्षा तथा खराब कार्य स्थिति के विरुद्ध प्रदर्शन करना था। सरकार ने इस हड़ताल को अवैधानिक घोषित कर दिया तथा कर्मचारियों की माँगों को मानने से मना कर दिया। सरकार की अक्षमता तथा श्रमिकों और आम जनता के असंतोष ने इंदिरा गाँधी की सरकार के विरुद्ध असंतोष को जन्म दिया।

## न्यायपालिका के साथ संघर्ष

इंदिरा गाँधी के शासन के समय सरकार और न्यायपालिका के मध्य अनेक टकराव हुए। सबसे प्रमुख टकराव तब हुआ, जब वर्ष 1975 में सुप्रीम कोर्ट ने चुनावी कदाचार के कारण उनके चुनाव को निरस्त कर दिया, जिस कारण इंदिरा गाँधी को खतरे का आभाष होने लगा और इन्होंने न्यायपालिका को अपने अधिकार के लिए चुनौती के रूप में देखना शुरू कर दिया। इसके परिणामस्वरूप इन्होंने न्यायिक प्रणाली को नियंत्रित करने के लिए कदम उठाए।

तनाव उस समय चरम पर पहुँच गया, जब सरकार ने न्यायिक समीक्षा को कमजोर करने और इसकी शक्तियों पर कानूनी नियंत्रण हटाने का प्रयास किया, जिसके परिणामस्वरूप आपातकाल के दौरान उसके शासन की समग्र प्रकृति अधिनायकवादी हो गई।

## केशवानंद भारती केस

केशवानंद भारती केस (1973) सुप्रीम कोर्ट का एक ऐतिहासिक फैसला था। इस केस में सर्वोच्च न्यायालय ने गोलकनाथ केस में दिए गए अपने निर्णय के विरुद्ध निर्णय दिया। इसने 24वें संशोधन अधिनियम की वैधता को बरकरार रखा और कहा कि संसद के पास किसी भी मूल अधिकार को कम करने या आहरित करने का अधिकार है। इसके साथ ही इसने संविधान का 'मूल ढाँचा' या 'मूल विशेषताओं' का एक नया सिद्धांत प्रस्तुत किया। इसने निर्णय दिया कि अनुच्छेद 368 के तहत संसद की संवैधानिक शक्ति इसे संविधान के 'मूल ढाँचे' में हस्तक्षेप करने या इसे परिवर्तित करने में सक्षम नहीं बनाती है। इसका तात्पर्य यह है कि संसद किसी ऐसे मूल अधिकार को कम या आहरित नहीं कर सकती, जो संविधान के मूल ढाँचे का अंग है।

न्यायपालिका एवं सरकार के मध्य एक अन्य तनाव भी सामने आया, जब वर्ष 1973 में सरकार ने मुख्य न्यायाधीश के चयन के लिए चले आ रहे वरिष्ठता सिद्धांत की उपेक्षा एवं अवहेलना करते हुए ए. एन. रे को मुख्य न्यायाधीश नियुक्त कर दिया।

यह निर्णय राजनीतिक रूप से विवादास्पद बन गया, क्योंकि सरकार ने जिन तीन न्यायाधीशों की वरिष्ठता की अनदेखी इस मामले में की थी, उन्होंने सरकार के इस कदम के विरुद्ध फ़ैसला दिया। इस संघर्ष का चरमबिंदु तब आया जब इलाहाबाद उच्च न्यायालय ने इंदिरा गाँधी के निर्वाचन को अवैध घोषित कर दिया।

## इलाहाबाद उच्च न्यायालय का फैसला

12 जून, 1975 के दिन इलाहाबाद उच्च न्यायालय के न्यायाधीश जगमोहन लाल सिंहा ने एक फ़ैसला सुनाया। इस फ़ैसले में इन्होंने लोकसभा के लिए इंदिरा गाँधी के निर्वाचन को अवैधानिक करार दिया। न्यायमूर्ति ने यह फैसला समाजवादी नेता राजनारायण द्वारा दायर एक चुनाव याचिका के मामले में सुनाया था। राजनारायण, इंदिरा गाँधी के विरुद्ध वर्ष 1971 में बतौर उम्मीदवार चुनाव में खड़े हुए थे। याचिका में इंदिरा गाँधी के निर्वाचन को चुनौती देते हुए तर्क दिया गया था कि इन्होंने चुनाव प्रचार में सरकारी कर्मचारियों की सेवाओं का उपयोग किया था। यह निर्णय उनके राजनीतिक करियर के लिए एक बड़ा झटका था, लेकिन विपक्ष ने उनके त्याग-पत्र की माँग करते हुए शक्ति प्राप्त कर इसे शुरू कर दिया। परिणामस्वरूप इंदिरा गाँधी ने अपनी राजनीतिक स्थिति को संकट में अनुभव करते हुए संपूर्ण देश में आपातकाल घोषित करने का निर्णय लिया।

## आपातकाल की घोषणा

भारत में आपातकाल की घोषणा 25 जून, 1975 को प्रधानमंत्री इंदिरा गाँधी ने की थी, इलाहाबाद उच्च न्यायालय के उस फैसले के बाद जिसमें उनके 1971 के चुनाव को अवैध घोषित कर दिया था। बढ़ती राजनीतिक अशांति और विरोध का सामना करते हुए, इन्होंने नागरिक अधिकारों को निलंबित कर दिया, सेंशरशिप लगा दी तथा राजनीतिक नेताओं को गिरफ्तार कर लिया। 21 माह तक आपातकाल जारी रहा, जिसने लोकतांत्रिक स्वतंत्रता को अत्याधिक सीमित कर दिया और वर्ष 1977 में इसके अंत तक केंद्रित सत्ता को शक्तिशाली बनाया।

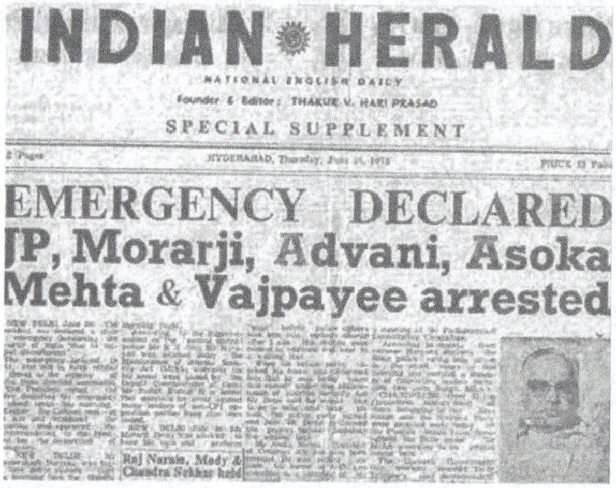

INDIAN HERALD

NATIONAL ENGLISH DAILY

Founder & Editor: THAKUR V. HARI PRASAD

SPECIAL SUPPLEMENT

EMERGENCY DECLARED

JP, Morarji, Advani, Asoka Mehta & Vajpayee arrested

Raj Narain, Mody & Chandra Sekhar held

## आपातकाल के दौरान प्रमुख घटनाओं का कालक्रम

वर्ष 1973-75 इंदिरा गाँधी के नेतृत्व वाली सरकार के विरुद्ध राजनीतिक अशांति तथा विरोध प्रदर्शनों में वृद्धि।

वर्ष 1971 राजनीतिक प्रतिद्वंद्वी राजनारायण ने इंदिरा गाँधी के विरुद्ध चुनावी धोखाधड़ी की शिकायत दर्ज कराई।

12 जून, 1975 इलाहाबाद उच्च न्यायालय ने इंदिरा गाँधी को चुनावी अभियान में अनियमिताओं का दोषी पाया।

24 जून, 1975 सर्वोच्च न्यायालय ने फैसला सुनाया कि सांसद के विशेषाधिकार अब इंदिरा गाँधी पर लागू नहीं होंगे। उन्हें मतदान करने से रोका गया, लेकिन प्रधानमंत्री पद पर बने रहने की अनुमति दी गई।

25 जून, 1975 : राष्ट्रपति फखरुद्दीन अली अहमद ने इंदिरा गाँधी की सलाह पर आपातकाल की घोषणा की।

26 जून, 1975 : इंदिरा गाँधी ने ऑल इंडिया रेडियो पर राष्ट्र को संबोधित किया।

सितम्बर, 1976 : संजय गाँधी ने दिल्ली में बड़े पैमाने पर जबरन नसबंदी कार्यक्रम शुरू किया।

18 जनवरी, 1977 इंदिरा गाँधी न नए चुनावों की घोषणा की और सभी राजनीतिक कैदियों को रिहा किया।

23 मार्च, 1977 : आपातकाल आधिकारिक रूप से समाप्त हुआ।

## आपातकाल के परिणाम

भारत में आपातकाल के गंभीर परिणाम हुए; जैसे– हड़तालों पर प्रतिबंध लगा दिए गए, मौलिक अधिकार निलंबित कर दिए गए, कई विपक्षी नेताओं को गिरफ्तार कर लिया गया और प्रेस पर सेंसरशिप लागू कर दी गई आदि राजनीतिक विरोध की अनुमति नहीं थी और मीडिया को कड़े प्रतिबंधों का सामना करना पड़ा। सरकार के पास अत्यधिक शक्ति थी और वह बिना किसी रोक-टोक के फैसले ले रही थी। हालाँकि कुछ समय पश्चात् परियोजनाएँ शुरू की गईं, लेकिन आपातकाल ने भारत के लोकतंत्र को नुकसान पहुँचाया। 1977 में चुनाव हुए, जिसमें इंदिरा गाँधी की पार्टी हार गई और यह माना गया कि अधिनायकवादी शासन का अंत हो गया।

## प्रेस तथा मीडिया पर प्रभाव

आपातकाल के दौरान, सरकार ने प्रेस पर नियंत्रण स्थापित कर लिया, ताकि आलोचना को रोका जा सके और प्रसारित की जाने वाली जानकारी पर नियंत्रण रखा जा सके। सख्त नियम बनाए गए, जिससे मीडिया को केवल सरकार समर्थक खबरें प्रकाशित करने और नकारात्मक समाचारों को सेंसर करने के लिए विवश किया गया। स्वतंत्र पत्रकारिता को दबा दिया गया और कई पत्रकारों, संपादकों व विपक्षी नेताओं को गिरफ्तार किया गया या धमकाया गया।

11 दिसंबर 1975

## निवारक नजरबंदी और सामाजिक प्रतिरोध

आपातकाल के दौरान सरकार ने निवारक नजरबंदी का बड़े पैमाने पर इस्तेमाल किया। इस प्रावधान के अंतर्गत लोगों को गिरफ्तार इसलिए नहीं किया जाता कि इन्होंने कोई अपराध किया है, बल्कि इसके विपरीत, इस प्रावधान के अंतर्गत लोगों को इस आशंका से गिरफ्तार किया जाता है कि वे कोई अपराध कर सकते हैं। सरकार ने आपातकाल के दौरान निवारक नजरबंदी अधिनियमों का प्रयोग करके बड़े पैमाने पर गिरफ्तारियाँ कीं। जिन राजनीतिक कार्यकर्ताओं को गिरफ्तार किया गया। वे बंदीप्रत्यक्षीकरण याचिका का सहारा लेकर अपनी गिरफ्तारी को चुनौती भी नहीं दे सकते थे, लेकिन वर्ष 1976 में सर्वोच्च न्यायालय ने कहा कि सरकार आपातकाल के दौरान नागरिक से जीवन और आजादी का अधिकार वापस ले सकती है। सर्वोच्च न्यायालय के इस फैसले से नागरिकों के लिए अदालत के दरवाजे बंद हो गए। इस फैसले को सर्वोच्च न्यायालय के सर्वाधिक विवादास्पद फैसलों में से एक माना गया।

## आपातकाल के सबक

संसद ने संविधान के सामने कई नई चुनौतियाँ खड़ी कीं। इंदिरा गाँधी के मामले में इलाहाबाद उच्च न्यायालय के फैसले का संविधान में संशोधन हुआ। इस संशोधन के द्वारा प्रावधान किया गया कि प्रधानमंत्री, राष्ट्रपति और उपराष्ट्रपति पद के निर्वाचन को अदालत में चुनौती नहीं दी जा सकती।

## लोक सभा चुनाव, 1977

आपातकाल का सबसे मूल्यवान सबक यह था कि इसके समाप्त होते ही लोकसभा चुनाव की घोषणा कर दी जाए। वर्ष 1977 के चुनाव एक तरह से आपातकाल के अनुभवों के बारे में जनमत-संग्रह थे। उत्तर भारत में तो सामान्यत: आपातकाल का प्रभाव सबसे अधिक महसूस किया गया था। विपक्ष ने 'लोकतंत्र बचाओ' के नारे पर चुनाव लड़ा। जिन सरकारों को जनता ने लोकतंत्र-विरोधी माना उसे मतदाता के रूप में उसने भारी दंड दिया। इस अर्थ में देखें, तो वर्ष 1975-77 के अनुभवों की एक परिणति भारतीय लोकतंत्र की बुनियाद को पुख्ता बनाने में हुई।

जनता पार्टी वर्ष 1977 के लोकसभा चुनाव में जनता पार्टी ने सरकार बनाई तथा मोरारजी देसाई पहले गैर कांग्रेसी प्रधानमंत्री बने। जनता पार्टी की सरकार कांग्रेस द्वारा अपनाई गई नीतियों में कोई बुनियादी बदलाव नहीं ला सकी। जनता पार्टी बिखर गई और मोरारजी देसाई के नेतृत्व वाली सरकार ने 18 माह में ही अपना बहुमत खो दिया। कांग्रेस पार्टी के समर्थन पर दूसरी सरकार चरण सिंह के नेतृत्व में बनी, लेकिन बाद में कांग्रेस पार्टी ने समर्थन वापस लेने का फैसला किया। इस कारण से चरण सिंह की सरकार मात्र चार महीने तक सत्ता में रही। इंदिरा गाँधी के नेतृत्व में कांग्रेस पार्टी ने वर्ष 1980 के चुनाव में एक बार फिर वर्ष 1971 के चुनावों वाली कहानी दोहराते हुए भारी सफलता हासिल की। कांग्रेस पार्टी को 353 सीटें मिलीं और वह सत्ता में आई।' वर्ष 1977-79 के चुनावों ने लोकतांत्रिक राजनीति का एक और सबक सिखाया-सरकार यदि अस्थिर हो और उसके अंदर कलह हो, तो मतदाता ऐसी सरकार को कड़ा दंड देते हैं।

1977 में बनी गैर-कांग्रेसी सरकार का शपथ ग्रहण समारोह। चित्र में जयप्रकाश नारायण, जे.बी. कृपलानी, मोरारजी देसाई और अटल विहारी वाजपेयी बैठे हुए नजर आ रहे हैं।

## शाह आयोग

सरकार द्वारा 28 मई, 1977 को जाँच आयोग अधिनियम, 1952 की धारा 3 के तहत् भारत के सर्वोच्च न्यायालय के सेवानिवृत्त न्यायाधीश जे.सी. शाह के नेतृत्व में शाह जाँच आयोग का गठन किया गया। जिसका उद्देश्य राष्ट्रीय आपातकाल के दौरान किए गए उल्लंघनों और हिंसा की जाँच करना था। आयोग ने आपातकाल के दौरान गंभीर परिस्थितियों पर अपने मूल्यांकन निष्कर्ष तीन भागों में प्रस्तुत किए। इसने अपनी जाँच में पाया कि आपातकाल के दौरान प्रेस पर सेंशरसिप लगाई गई, विपक्षी नेताओं को जबरन तरीके से गिरफ्तार किया गया और प्रशासनिक शक्तियों का दुरूपयोग किया गया। आयोग ने संजय गांधी की भूमिका पर भी गंभीर सवाल उठाए, विशेषकर जबरन नसबंदी कार्यक्रम और तानाशाही फैसलों के संबंध में इस आयोग की रिपोर्ट ने आपातकाल के दौरान की गई अलोकतांत्रिक कार्यवाहियों के संबंध में लोगों को जागरूक किया, जिसके परिणामस्वरूप वर्ष 1977 के चुनावों में कांग्रेस की पराजय हुई।

## आपातकाल की विरासत

आपातकाल ने लोगों के जीवन तथा राजनीति को भी व्यापक तौर पर प्रभावित किया। वर्ष 1977 और 1980 के चुनावों के मध्य दलगत प्रणाली में नाटकीय परिवर्तन आए। वर्ष 1969 के बाद से कांग्रेस का सभी को समाहित करके चलने वाला स्वभाव शुरू हुआ। इसने स्वयं को देश की एकमात्र समाजवादी और गरीबों की समर्थक पार्टी बताना शुरू किया।

अप्रत्यक्ष रूप से पिछड़े वर्गों के कल्याण का मुद्दा भारतीय राजनीति पर हावी होना शुरू हुआ। इसके अतिरिक्त चुनाव परिणामों पर पिछड़ी जातियों के मतदान का प्रभाव पड़ा था, विशेषकर उत्तर भारत में वर्ष 1977 के लोकसभा चुनाव के बाद कई राज्यों में आयोजित विधानसभा चुनावों में उत्तर भारत के राज्यों में गैर-कांग्रेसी सरकारें बनीं।

आपातकाल और इसके आस पास की अवधि को हम संवैधानिक संकट की अवधि के रूप में भी देख सकते हैं। संसद और न्यायपालिका के अधिकार क्षेत्र को लेकर छिड़ा संवैधानिक संघर्ष भी आपातकाल के मूल में था। दूसरी तरफ़ यह राजनीतिक संकट का भी दौर था। सत्ताधारी पार्टी के पास पूर्ण बहुमत था। फिर भी, इसके नेतृत्व ने लोकतंत्र को स्थगित करने का फैसला किया।

इस दौर में एक और महत्त्वपूर्ण मुद्दा संसदीय लोकतंत्र में जन आंदोलन की भूमिका और उसकी सीमा को लेकर उदित हुआ। स्पष्ट रूप में इस दौर में संस्था आधारित लोकतंत्र और स्वत: स्फूर्त जन भागीदारी पर आधारित लोकतंत्र में तनाव दिखा। इस तनाव का प्रमुख कारण यह भी था कि हमारी दलीय प्रणाली जनता की आकांक्षाओं को अभिजप्त कर पाने में सक्षम सिद्ध नहीं हुई।

## जयप्रकाश नारायण

जयप्रकाश नारायण जिनका सामान्य प्रचलित नाम 'जेपी' था, ये भारतीय स्वतंत्रता आंदोलन के प्रमुख नेता थे। वर्ष 1975 में राष्ट्रीय आपातकाल के दौरान इन्होंने प्रमुख भूमिका निभाई। इन्होंने इंदिरा गाँधी सरकार की नीतियों के विरुद्ध जन आंदोलन खड़ा किया। यह आंदोलन 1970 के दशक की सरकार के विरुद्ध संभवत: सबसे बड़ा जन आंदोलन था, जिसने सरकार की कुप्रबंधन नीतियों के विरुद्ध इंदिरा गाँधी से इस्तीफे की माँग की।

वर्ष 1974 में इन्होंने भ्रष्टाचार, कुप्रबंधन और सरकारों की सत्तावादी प्रवृत्ति के विरोध में छात्र आंदोलनों को भी गति दी। वर्ष 1975 में जब आपातकाल घोषित किया गया, तो जेपी इंदिरा गाँधी सरकार के सबसे मुखर आलोचक बने। इस विरोध प्रदर्शन के दौरान कई लोग गिरफ्तार किए गए, जिसमें जेपी भी शामिल थे। अपने जेल प्रवास के दौरान भी जेपी ने अपने विचारों और लेखनी द्वारा आपातकाल का विरोध जारी रखा। इस दौरान लोकतंत्र और सामाजिक न्याय के एक प्रतिबद्ध नेता के रूप में उनकी छवि मजबूत हुई।

भारत सरकार द्वारा स्वतंत्रता आंदोलन के दौरान उनकी महत्त्वपूर्ण भूमिका तथा लोकतंत्र की स्थापना के प्रति उनके प्रवासों को दृष्टिगत रखते हुए 11 अक्टूबर, 1999 को एक डाक टिकट भी जारी किया गया।

जयप्रकाश नारायण

भारत सरकार द्वारा जयप्रकाश नारायण के डाक टिकट जारी किए गए

## मोरारजी देसाई

मोरारजी देसाई एक प्रमुख भारतीय राजनीतिज्ञ थे तथा वर्ष 1975 में राष्ट्रीय आपातकाल के दौरान एक प्रमुख व्यक्ति थे। आपातकाल के दौरान देसाई ने इंदिरा गाँधी के तानाशाही शासन का कड़ा विरोध किया था। आपातकाल घोषित होने से पहले ही वे सरकार के मुखर आलोचक थे, विशेष रूप से सत्ता के केंद्रीकरण और नागरिक स्वतंत्रता में कटौती के विरुद्ध विपक्ष के सदस्य के रूप में वे लोकतंत्र की बहाली के लिए आंदोलन का अहम हिस्सा थे।

वे जनता पार्टी के वरिष्ठ नेता थे और आपातकाल समाप्त होने के बाद भारत के पहले गैर-कांग्रेसी प्रधानमंत्री बने। हालाँकि, उनका कार्यकाल अल्पकालिक था, क्योंकि उनकी सरकार को आंतरिक चुनौतियों का सामना करना पड़ा और उन्होंने 28 महीने से भी कम समय में अपना बहुमत खो दिया। प्रधानमंत्री के रूप में अपने संक्षिप्त कार्यकाल के अतिरिक्त, देसाई को आपातकाल के बाद देश को लोकतांत्रिक शासन की ओर वापस ले जाने में उनकी भूमिका के लिए याद किया जाता है।

मोरारजी देसाई

भारत सरकार द्वारा जारी मोरारजी देसाई का डाक टिकट

### चौधरी चरण सिंह

चौधरी चरण सिंह

ये भारतीय कृषक समूहों तथा पिछड़े वर्गों के प्रमुख नेता थे, जो जनता पार्टी के प्रमुख राजनीतिज्ञ थे।

आपातकाल के दौरान, चरण सिंह इंदिरा गाँधी के तानाशाही शासन के सबसे कड़े आलोचकों में से एक थे। इन्होंने लोकतांत्रिक प्रक्रियाओं के निलंबन, नागरिक स्वतंत्रता में कटौती और प्रेस के दमन का विरोध किया। वे व्यापक विपक्षी आंदोलन का हिस्सा थे, जिसका उद्देश्य आपातकाल का विरोध करना और भारत में लोकतंत्र को बहाल करना था।

वर्ष 1977 में आपातकाल समाप्त होने के बाद चरण सिंह मोरारजी देसाई के नेतृत्व में जनता पार्टी द्वारा गठित सरकार में उप प्रधानमंत्री बने। बाद में उन्होंने जनता पार्टी से अलग होकर जुलाई, 1979 में कांग्रेस पार्टी के समर्थन से अपनी सरकार बनाई। हालाँकि, यह सरकार अल्पकालिक थी, जो कांग्रेस द्वारा अपना समर्थन वापस लेने के बाद केवल 4 महीने तक ही चल पाई।

चरण सिंह का राजनीतिक जीवन किसानों और ग्रामीण समुदायों के अधिकारों की वकालत करने के लिए जाना जाता है, लेकिन आपातकाल के दौरान उनकी भूमिका ने सत्तावाद के प्रति उनके विरोध और आपातकाल के बाद के दौर में भारत की राजनीतिक व्यवस्था को स्थिर करने के उनके प्रयासों को उजागर किया। उनकी सरकार को आपातकाल के बाद की जटिल राजनीतिक गतिशीलता के हिस्से के रूप में याद किया जाता है।

फरवरी, 2024 में भारत सरकार ने उन्हें मरणोपरांत भारत के सर्वोच्च प्रतिष्ठित पुरस्कार 'भारत रत्न' से सम्मानित करने की घोषणा की है।

### जगजीवन राम

जगजीवन राम

जगजीवन राम वर्ष 1975 के राष्ट्रीय आपातकाल के दौरान एक प्रमुख नेता और वरिष्ठ कांग्रेस राजनेता थे। शुरुआत में, उन्होंने रक्षामंत्री का पद संभालते हुए इंदिरा गांधी की सरकार का समर्थन किया था।

वर्ष 1977 में आपातकाल समाप्त होने के बाद जगजीवन राम विपक्ष के प्रमुख नेताओं में से एक बन गए। उन्होंने इंदिरा गाँधी की कांग्रेस पार्टी से अलग होकर कांग्रेस (आई) का गठन किया। 1977 के चुनावों में कांग्रेस को हराने के प्रयास में उनकी नई पार्टी ने जनता पार्टी के साथ गठबंधन किया। इस कदम ने इंदिरा गाँधी की सरकार के पतन में महत्त्वपूर्ण भूमिका निभाई।

उन्हें दलितों और पिछड़े वर्गों के अधिकारों के लिए काम करने के लिए याद किया जाता है। उन्होंने आपातकाल के विरुद्ध भी कड़ा रुख अपनाया जो उनकी राजनीतिक यात्रा का एक महत्त्वपूर्ण हिस्सा बन गया।

## निष्कर्ष

निष्कर्ष के रूप में 1975 में भारत में घोषित आपातकाल देश के राजनीतिक इतिहास में सबसे बड़ी घटना थी। इसका शासन के कामकाज पर बहुत बड़ा प्रभाव पड़ा। प्रधानमंत्री इंदिरा गाँधी ने आपातकाल की घोषणा की, जिसके कारण मौलिक अधिकारों को निलंबित कर दिया गया और सरकार को बिना किसी नियंत्रण के शासन करने की शक्ति दे दी गई। सरकार ने तर्क दिया कि व्यवस्था बहाल करना आवश्यक था और इसके कारण व्यापक राजनीतिक दमन, सेंसरशिप और शक्ति संतुलन में बदलाव हुआ।

इस अवधि के दौरान, राजनीतिक स्वतंत्रताएँ प्रतिबंधित थीं, विपक्षी नेताओं को जेल में डाल दिया गया था और मीडिया को नियंत्रित किया गया था। आपातकाल के परिणामस्वरूप लोकतांत्रिक मूल्य कमजोर हुए और सत्ता के केंद्रीकरण के विषय में समस्याएँ उत्पन्न हुईं।

आपातकाल लोकतंत्र की नाजुकता और व्यक्तिगत अधिकारों और कानून के शासन की रक्षा करने की आवश्यकता के बारे में एक महत्त्वपूर्ण सबक है। यह हमें लोकतांत्रिक संस्थाओं को संरक्षित करने और अपनी स्वतंत्रता की रक्षा में सतर्क रहने की आवश्यकता पर बल देता है।

# मौखिक प्रश्न

**1. कांग्रेस ने किस वर्ष के चुनाव में 'गरीबी हटाओ' का नारा दिया था?**

उत्तर कांग्रेस ने वर्ष 1971 के चुनाव में 'गरीबी हटाओ' का नारा दिया था।

**2. भारत में आपातकाल कब घोषित किया गया था?**

उत्तर भारत में आपातकाल 25 जून, 1975 को घोषित किया गया था।

**3. वर्ष 1975 के आपातकाल के दौरान भारत का प्रधानमंत्री कौन था?**

उत्तर वर्ष 1975 के आपातकाल के दौरान भारत की प्रधानमंत्री इंदिरा गाँधी थी।

**4. गुजरात आंदोलन क्यों शुरू में किया गया था?**

उत्तर वर्ष 1974 के जनवरी माह के गुजरात के छात्रों ने खाद्यान्न, खाद्य तेल तथा अन्य आवश्यक वस्तुओं की बढ़ती कीमतों तथा उच्च पदों पर जारी भ्रष्टाचार के विरुद्ध आंदोलन शुरू किया।

**5. बिहार में छात्रों ने आंदोलन के नेतृत्व के लिए किसे चुना?**

उत्तर बिहार में छात्रों ने आंदोलन के नेतृत्व के लिए जयप्रकाश नारायण को चुना।

**6. जयप्रकाश नारायण ने बिहार आंदोलन को किस प्रकार नेतृत्व प्रदान किया?**

उत्तर जयप्रकाश नारायण ने बिहार की कांग्रेस सरकार को बर्खास्त करने तथा सामाजिक, आर्थिक और राजनीतिक दायरे में रहते हुए सम्पूर्ण क्रांति का आह्वान किया, ताकि सच्चे लोकतंत्र की स्थापना की जा सके। हालाँकि सरकार ने त्याग-पत्र देने से इंकार कर दिया।

**7. रेलवे कर्मचारियों ने किसके नेतृत्व में हड़ताल की शुरुआत की?**

उत्तर रेलवे कर्मचारियों के संघर्ष से संबंधित राष्ट्रीय समंवय समिति ने जॉर्ज फर्नांडिस के नेतृत्व में रेलवे कर्मचारियों की एक राष्ट्रव्यापी हड़ताल का आह्वान किया।

**8. वर्ष 1980 में मध्यावधि चुनाव क्यों करवाने पड़े थे?**

उत्तर वर्ष 1977 के चुनावों में जनता पार्टी सत्ता में आई, लेकिन वह नीतियों में कोई आधारभूत परिवर्तन नहीं ला पाई, जिसके कारण पार्टी का गठबंधन शीघ्र ही टूट गया। इसके परिणामस्वरूप मोरारजी देसाई की सरकार मात्र 18 माह में ही अपना बहुमत खो चुकी थी, जिसके कारण पुनः मध्यावाही चुनाव कराने पड़े।

**9. आपातकाल ने भारत में विपक्षी दलों को किस प्रकार प्रभावित किया?**

उत्तर आपातकाल के दौरान विपक्षी दल अत्यधिक कमजोर हो गए तथा उनके कई नेता जेल में बंद कर दिए गए या छिपने पर विवश हो गए। इस दौरान विपक्षी दल स्वतंत्र रूप से कार्य करने में भी असमर्थ हो गए थे।

**10. आपातकाल ने भारत की न्यायपालिका को कैसे प्रभावित किया?**

उत्तर आपातकाल के दौरान न्यायपालिका की स्वतंत्रता से समझौता किया गया। सरकार के निर्णयों से असहमत होने वाले न्यायाधीशों को या तो हटा दिया जाता था या उन पर दबाव डाला जाता था।

**11. वर्ष 1973 में सरकार ने वरिष्ठता के सिद्धांत की उपेक्षा कर किसे मुख्य न्यायाधीश नियुक्त किया?**

उत्तर वर्ष 1973 में सरकार ने मुख्य न्यायाधीश के चयन के लिए चले आ रहे वरिष्ठता के सिद्धांत की उपेक्षा करते हुए ए.एन. रे को मुख्य न्यायाधीश नियुक्त किया।

**12. इंदिरा गाँधी के लोकसभा के लिए निर्वाचन को अवैधानिक किसने घोषित किया था?**

उत्तर 12 जून, 1975 को इलाहाबाद उच्च न्यायालय के न्यायाधीश जगमोहन लाल सिंहा ने लोकसभा के लिए इंदिरा गाँधी के निर्वाचन को अवैधानिक घोषित किया।

**13.** **शाह आयोग क्या था?**

**उत्तर** वर्ष 1977 में जनता पार्टी सरकार ने सर्वोच्च न्यायालय के भूतपूर्व मुख्य न्यायाधीश जे.सी. शाह की अध्यक्षता में शाह आयोग का गठन किया। इस आयोग को 25 जून, 1975 को घोषित आपातकाल के दौरान किए गए सत्ता के दुरुपयोग, अत्याचार के विभिन्न आरोपी के विविध पहलुओं की जाँच हेतु गठित किया गया था।

**14.** **इंदिरा गांधी की सलाह पर किसने आपातकाल की घोषणा की थी?**

**उत्तर** इंदिरा गाँधी की सलाह पर राष्ट्रपति फखरुद्दीन अली अहमद ने आपातकाल की घोषणा की थी।

**15.** **सरकार ने किस प्रावधान के अंतर्गत लोगों को अपराध करने की आशंका पर गिरफ्तार किया?**

**उत्तर** सरकार ने निवारक नजरबंदी प्रावधान के अंतर्गत लोगों को अपराध करने की आशंका पर गिरफ्तार किया।

**16.** **किस लोकसभा चुनाव में विपक्ष ने 'लोकतंत्र बचाओ' का नारा दिया था?**

**उत्तर** लोकसभा चुनाव 1977 में विपक्ष ने लोकतंत्र बचाओं का नारा दिया था।

**17.** **वर्ष 1975 के राष्ट्रीय आपातकाल ने लोगों के जीवन को किस प्रकार प्रभावित किया?**

**उत्तर** आपातकाल की घोषणा के पश्चात् सरकार के विरुद्ध किए जा रहे प्रदर्शनों को प्रतिबंधित किया गया तथा अनेक नेताओं को गिरफ्तार किया गया। सरकार ने प्रेस की स्वतंत्रता पर रोक लगा दी तथा उन्हें आदेश दिया गया कि कुछ भी छापने से पूर्व सरकार की अनुमति लेना अनिवार्य है। नगरिकों के विभिन्न मौलिक अधिकार निष्प्रभावी हो गए तथा वे उनकी बहाली के लिए न्यायालय भी नहीं जा सकते थे।

**18.** **वर्ष 1975 में जनता के 'संसद मार्च' का नेतृत्व किसने किया था?**

**उत्तर** वर्ष 1975 में जनता के 'संसद मार्च' का नेतृत्व जयप्रकाश नारायण ने किया था।

**19.** **भारत में आपातकाल के बाद कौन-से प्रमुख सुधार लागू किए गए थे?**

**उत्तर** भारत में आपातकाल के बाद लोकतांत्रिक सुधारों पर बल दिया गया; जैसे- चुनाव आयोग को मजबूत करना तथा अधिक राजनीतिक स्वतंत्रता प्रदान करना।

**20.** **भारतीय राजनीति में कब किस समय पिछड़े वर्गों के कल्याण का मुद्दा राजनीति पर हावी होने लगा?**

**उत्तर** अप्रत्यक्ष रूप से वर्ष 1977 के बाद, पिछड़े वर्गों के कल्याण का मुद्दा राजनीति पर हावी होना शुरू हुआ वर्ष 1977 के चुनाव परिणामों पर पिछड़ी जातियों के मतदान का प्रभाव पड़ा था, विशेषकर उत्तर भारत में।

# सैंपल पेपर्स

# सैंपल पेपर 1

## राजनीति विज्ञान

### व्याख्या सहित (सॉल्वड) कक्षा 12

**निर्देश** *1. सभी प्रश्न करने अनिवार्य हैं। यह प्रश्न पत्र पाँच खंडों में विभाजित है, जिनमें 30 प्रश्न पूछे गए हैं।*
*2. खंड क में 1-12 वस्तुनिष्ठ प्रश्न हैं। प्रत्येक प्रश्न 1 अंक का है।*
*3. खंड ख में प्रश्न संख्या 13-18 लघुउत्तरीय प्रकार के दो-दो अंक के प्रश्न हैं। प्रत्येक प्रश्न का उत्तर 50 शब्दों से अधिक नहीं होना चाहिए।*
*4. खंड ग में प्रश्न संख्या 19-23 दीर्घउत्तरीय प्रकार के चार-चार अंक के प्रश्न हैं। प्रत्येक प्रश्न का उत्तर 100 शब्दो से अधिक नहीं होना चाहिए।*
*5. खंड घ में प्रश्न संख्या 24-26 तक अवतरण, कार्टून तथा मानचित्र आधारित प्रश्न हैं।*
*6. खंड ङ में प्रश्न संख्या 27-30 तक दीर्घउत्तरीय प्रकार के छः-छः अंक के प्रश्न हैं। प्रत्येक प्रश्न का उत्तर 170 शब्दों से अधिक नहीं होना चाहिए।*

*समय : 3 घंटे* *पूर्णांक : 80*

## खंड 'क' **(12 × 1 = 12)**

**1. संयुक्त राष्ट्र संगठन से संबंधित निम्नलिखित कथनों में से उस कथन का चयन कीजिए, जो सत्य नहीं है** **(1)**

(a) इसके सदस्य राज्यों पर इसका अधिकार नहीं है
(b) यह एक संप्रभु निकाय है
(c) यह इसके सदस्य राज्यों द्वारा बनाया गया था और उनके प्रति प्रतिक्रिया करता है
(d) संयुक्त राष्ट्र तब अस्तित्व में आया जब राज्य इसके निर्माण के लिए सहमत हुए

**उत्तर** (a) इसके सदस्य राज्यों पर इसका अधिकार नहीं है

**2. नीचे दो कथन दिए गए है, जिनमें एक को कथन (A) और दूसरे को कारण (R) माना गया है। कूट की सहायता से सही उत्तर का चयन करें।**

**कथन (A) नव स्वतंत्र भारत में विविधताओं का समन्वय एक चुनौती अवश्य थी, किंतु इसे स्वत: समाधान के लिए छोड़ दिया गया।**

**कारण (B) संविधान ने देश के सभी वर्गों विशेष रूप से पिछड़ों और वंचितों के कल्याण पर विशेष ध्यान दिया।** **(1)**

**कूट**
(a) A और R दोनों सही हैं तथा R, A की सही व्याख्या है
(b) A और R दोनों सही हैं, परंतु R, A की सही व्याख्या नहीं है
(c) A सही है, किंतु R गलत है
(d) A गलत है, किंतु R सही है

**उत्तर** (d) नव स्वतंत्र भारत के लिए तीन महत्त्वपूर्ण चुनौतियों में विविधताओं के मध्य समन्वय एक महत्त्वपूर्ण चुनौती थी जिसके समाधान के बिना भारत की सामाजिक, आर्थिक प्रगति संभव नहीं थी। इसलिए भारतीय नेतृत्व द्वारा इसे स्वतः समाधान के लिए नहीं छोड़ा गया अपितु संविधान में ऐसे प्रावधान किए गए, जो इन वर्गों के मध्य समन्वय तथा सहयोग को बढ़ा सकें।

धार्मिक स्वतंत्रता का अधिकार, नीति निदेशक सिद्धांत ऐसे प्रमुख प्रावधान हैं।

**3. सूची I को सूची II से सुमेलित कीजिए** **(1)**

| सूची I | सूची II |
|---|---|
| A. भारत व चीन के बीच युद्ध | 1. 2001 |
| B. फ्रांस व वियतनाम के बीच युद्ध | 2. 1997 |
| C. क्योटो प्रोटोकॉल पर हस्ताक्षर (160 देश) | 3. 1962 |
| D. अल-कायदा समूह पर अमेरिकी हमला | 4. 1950 का दशक |

**कूट**

| | A | B | C | D | | A | B | C | D |
|---|---|---|---|---|---|---|---|---|---|
| (a) | 1 | 2 | 3 | 4 | (b) | 3 | 4 | 2 | 1 |
| (c) | 4 | 1 | 3 | 2 | (d) | 1 | 2 | 4 | 3 |

**उत्तर** (b) 3 4 2 1

**4. श्रीलंका को पहले किसके नाम से जाना जाता था?** **(1)**

(a) सिंहली (b) सिलोन
(c) लिट्टे (d) नेपाल

**उत्तर** (b) सिलोन

**5.** **नीचे दो कथन दिए गए हैं।** **(1)**

**कथन I वायुमंडल में ग्रीन हाउस गैसों की मात्रा में वृद्धि के कारण ग्लोबल वार्मिंग की स्थिति उभरी है।**

**कथन II क्योटो प्रोटोकॉल में औद्योगिक देश के लिए ग्रीन हाउस गैसों के उत्सर्जन को कम करने का लक्ष्य निर्धारित किया गया है।**

**कूट**

(a) कथन I और कथन II दोनों सत्य हैं
(b) कथन I और कथन II दोनों असत्य हैं
(c) कथन I सत्य है, लेकिन कथन II असत्य है
(d) कथन I असत्य है, लेकिन कथन II सत्य है

उत्तर (a) कथन I और कथन II दोनों सत्य हैं।

**6.** **नीचे दिए गए घटनाक्रम को उनके कालक्रम के अनुसार सही क्रम में व्यवस्थित कीजिए** **(1)**

1. पंजाब तथा हरियाणा राज्य का पुनर्गठन।
2. जम्मू-कश्मीर के मुख्यमंत्री शेख अब्दुल्ला को नजरबंद करना।
3. राजीव गाँधी लोंगोवाल समझौता का होना।
4. भारत में उदारीकरण नीति लागू करना।

**कूट**

(a) 1, 2, 3, 4 (b) 1, 3, 2, 4
(c) 3, 2, 1, 4 (d) 2, 1, 3, 4

उत्तर (d) 2, 1, 3, 4

**7.** **नीति आयोग के गठन की घोषणा …… में की गई थी।** **(1)**

(a) 15 अगस्त, 2015 (b) 15 अगस्त, 2014
(c) 26 जनवरी, 2015 (d) 26 नवंबर, 2014

उत्तर (b) 15 अगस्त, 2014

**8.** **निम्नलिखित युग्मों में से कौन-सा युग्म सही नहीं है?** **(1)**

(a) डॉ.बी.आर. अंबेडकर – भारतीय संविधान की मसौदा समिति के अध्यक्ष

(b) मौलाना अबुल कलाम आजाद – भारत के पहले शिक्षा मंत्री

(c) राजकुमारी अमृत कौर – भारत की पहली स्वास्थ्य मंत्री

(d) आचार्य नरेंद्र देव – भारतीय कम्युनिस्ट पार्टी के संस्थापक अध्यक्ष

उत्तर (d) आचार्य नरेंद्र देव-भारतीय कम्युनिस्ट पार्टी के संस्थापक अध्यक्ष।

**9.** **वर्ष 1966 में किसकी मृत्यु के पश्चात् इंदिरा गाँधी प्रधानमंत्री बनीं?** **(1)**

(a) पं. जवाहरलाल नेहरू (b) राजीव गाँधी
(c) लालबहादुर शास्त्री (d) बी.आर अंबेडकर

उत्तर (c) लालबहादुर शास्त्री

**10.** **निम्नलिखित में से कौन सोवियत संघ के विघटन का कारण है?** **(1)**

(a) सोवियत प्रणाली की अपनी गलतियों को सुधारने में असमर्थता
(b) लोगों की अत्यधिक आकांक्षा
(c) तेजी से आर्थिक विकास
(d) पश्चिमी पूँजीवाद पर सोवियत व्यवस्था की श्रेष्ठता

उत्तर (b) लोगों की अत्यधिक आकांक्षा

**11.** **भारत ने ……… से पूरब की ओर चलो की नीति अपनाई।** **(1)**

(a) वर्ष 1972 (b) वर्ष 1982
(c) वर्ष 1991 (d) वर्ष 1998

उत्तर (c) वर्ष 1991

**12.** **निम्नलिखित में से किस नेता ने रजवाड़ों का भारत में विलय कराने अथवा भारतीय संघ के एकीकरण में महत्त्वपूर्ण भूमिका निभाई?** **(1)**

(a) जवाहरलाल नेहरू (b) सरदार वल्लभभाई पटेल
(c) सी राजगोपालाचारी (d) बी. आर. अंबेडकर

उत्तर (b) सरदार वल्लभभाई पटेल

## खंड 'ख' (6 × 2 = 12)

**13.** **1960 के दशक में दोनों महाशक्तियों ने कौन-से दो महत्त्वपूर्ण समझौतों पर हस्ताक्षर किए? व्याख्या कीजिए।** **(2)**

उत्तर 1960 के दशक में अमेरिका तथा सोवियत संघ ने निम्न दो महत्त्वपूर्ण समझौतों पर हस्ताक्षर किए

(i) **परमाणु परीक्षण प्रतिबंध संधि** इस संधि के तहत सभी परमाणु विस्फोटों पर प्रतिबंध लगाया गया है। यह संधि सितंबर, 1996 में हस्ताक्षर के लिए प्रस्तुत की गई।

(ii) **परमाणु अप्रसार संधि** इस संधि का उद्देश्य परमाणु हथियारों के प्रसार को रोकना और परमाणु परीक्षणों पर अंकुश लगाना है।

**14.** **आई एम एफ (IMF) का विस्तृत रूप लिखिए। इसकी भूमिका का भी उल्लेख कीजिए।** **(2)**

उत्तर आई एम एफ का विस्तृत रूप 'अंतर्राष्ट्रीय मुद्रा कोष' है। यह वित्त व्यवस्था की देख-रेख करता है तथा विभिन्न देशों की माँग पर वित्तीय व तकनीकी सहायता उपलब्ध कराता है।

**15.** **कांग्रेस पार्टी वर्ष 1967 तक अपना वर्चस्व बनाए रखने में किस प्रकार सफल रही? दो उदाहरणों द्वारा समझाइए।** **(2)**

उत्तर भारतीय राष्ट्रीय कांग्रेस पार्टी वर्ष 1967 तक अपना वर्चस्व बनाए रखने में सफल रही। इसके कुछ प्रमुख कारण निम्नलिखित हैं

- कांग्रेस पार्टी को स्वतंत्रता आंदोलन की विरासत प्राप्त थी तथा यह एकमात्र ऐसी पार्टी थी, जिसका संगठन पूरे देश में विस्तृत था।
- स्वतंत्रता सेनानी इस पार्टी के नेता थे, जिनका आम लोगों पर व्यापक प्रभाव था।

**16.** **क्षेत्रीय आंदोलनों का भारतीय एकता और अखंडता पर क्या प्रभाव पड़ा है?** **(2)**

उत्तर भारत में क्षेत्रवाद का राष्ट्रीय एकता और अखंडता पर सकारात्मक और नकारात्मक दोनों प्रभाव पड़ा है।

(i) सकारात्मक प्रभावः क्षेत्रवाद सामाजिक-सांस्कृतिक विविधता को महत्त्व दे सकता है और लोगों को अपनी परंपराओं का पालन करने की अनुमति दे सकता है। यह हाशिए पर पड़े समुदायों को भी आवाज दे सकता है।

(ii) नकारात्मक भावः क्षेत्रवाद विघटनकारी राजनीति, अल्पसंख्यक समूहों को हाशिए पर धकेलना, राष्ट्रीय पहचान का विखंडन तनाव और संघर्ष व संप्रभुता को खतरा जैसे प्रभाव उत्पन्न कर सकता है।

**17.** **भारत के पूर्वोत्तर राज्यों में अलगाववाद का प्रमुख कारण क्या है?** **(2)**

उत्तर भारत के पूर्वोत्तर राज्यों में अलगाववाद का प्रमुख कारण इस क्षेत्र का विकास में पिछड़ापन और क्षेत्र का अलग-थलग होना है।

**18.** **भारत में वैश्वीकरण का विरोध किस सांस्कृतिक प्रभाव के कारण हुआ?** **(2)**

उत्तर भारत में वैश्वीकरण के सांस्कृतिक प्रभाव का विरोध कुछ कारणों से किया जा रहा है। इन कारणों में केवल नेटवर्क के माध्यम से विदेशी टी वी चैनलों, वेलेंटाइन.-डे मनाना एवं स्कूल-कॉलेज के छात्र-छात्राओं का पश्चिमी परिधान एवं संस्कृति के प्रति बढ़ते आकर्षण आदि को शामिल किया जाता है।

## खंड 'ग' **(5 × 4 = 20)**

**19.** **पूर्वी पाकिस्तान (वर्तमान बांग्लादेश) में वर्ष 1971 में पश्चिमी पाकिस्तान के विरुद्ध हुए जन-आंदोलन के किन्हीं दो कारणों को स्पष्ट कीजिए।** **(4)**

उत्तर पूर्वी पाकिस्तान (वर्तमान बांग्लादेश) एवं पश्चिमी पाकिस्तान के बीच वर्ष 1971 में हुए जन-आंदोलन के निम्न कारण इस प्रकार हैं

(i) पूर्वी पाकिस्तान के लोग अपने ऊपर पश्चिमी पाकिस्तान के आधिपत्य व उर्दू भाषा थोपे जाने के खिलाफ थे। बंगाली संस्कृति एवं भाषा के साथ किए जा रहे दुर्व्यवहार को लेकर पूर्वी पाकिस्तान के निर्माण के तुरंत बाद ही यहाँ के लोगों ने विरोध करना शुरू कर दिया था।

(ii) राजनीतिक सत्ता में समुचित हिस्सेदारी और प्रशासन में न्यायोचित प्रतिनिधित्व न दिए जाने से भी पूर्वी पाकिस्तान के लोग नाराज थे, जो इस जन-आंदोलन का प्रमुख कारण बना।

(iii) पाकिस्तानी राज्य का आर्थिक दृष्टिकोण शहरी उद्योग की ओर उन्मुख था, जो पूर्वी पाकिस्तान की कृषि आधारित अर्थव्यवस्था के अनुकूल नहीं था।

**20.** **"साझी संपदा" से क्या अभिप्राय है? उदाहरण देकर स्पष्ट कीजिए?** **(4)**

उत्तर विश्व की साझी संपदा ऐसे क्षेत्रों को कहा जाता है, जो किसी एक देश के अधिकार में शामिल नहीं होते अपितु इसका प्रबंधन अंतर्राष्ट्रीय समुदाय द्वारा साझे रूप से किया जाता है।

साझी संपदा के अंतर्गत आने वाले चार हिस्सों एवं क्षेत्रों में वायुमंडल, अंटार्कटिका, अंतरिक्ष व समुद्री सतह शामिल हैं। इन पर सभी देशों को एकसमान अधिकार प्राप्त होता है। किसी भी एक देश को साझी संपदा को प्रभावित करने या नुकसान पहुँचाने का अधिकार प्राप्त नहीं है। साझी संपदा का संरक्षण सामूहिक रूप से किया जाता है।

मानवीय विकास के लिए इसे एक प्रभावी साधन माना जाता है। पर्यावरण जैविक विकास के लिए आवश्यक माना जाता है। अंटार्कटिका एक ऐसी साझी संपदा है, जिसका उपभोग शोध स्थल के रूप में सभी देशों द्वारा किया जा रहा है। अतः सभी देशों का यह दायित्व है कि वे इसका संयुक्त रूप से संरक्षण करें।

**21.** **वैश्विक खतरों से निपटने के लिए विभिन्न देशों द्वारा क्या सहयोगमूलक प्रयास किए जा रहे हैं? उदाहरण के साथ व्याख्या कीजिए।** **(4)**

*अथवा* **वैश्विक स्तर पर आतंकवाद की प्रवृत्ति के विस्तार में किन कारकों ने महत्त्वपूर्ण भूमिका का निर्वाह किया है? उदाहरण साहित समझाइए।**

उत्तर समकालीन विश्व में सहयोगमूलक सुरक्षा के तीन कारणों को इस प्रकार स्पष्ट किया गया है।

(i) **निःशस्त्रीकरण** के अंतर्गत यह अपेक्षा की जाती है कि सभी राष्ट्र चाहे उनका आकार, क्षमता तथा प्रभाव कुछ भी हो, उनको विशेष प्रकार (जैविक तथा रासायनिक विध्वंसक हथियार) के हथियारों के प्रयोग व निर्माण से बचना चाहिए।

(ii) **अस्त्र नियंत्रण** के अंतर्गत संबंधित देशों को विध्वंसक हथियारों के निर्माण तथा उनको प्राप्त करने के संबंध में कुछ अंतर्राष्ट्रीय कानूनों का पालन करना पड़ता है।

(iii) **विश्वास बहाली** सुरक्षा की सहयोगमूलक प्रणाली के अंतर्गत यह माना जाता है कि समकालीन विश्व में विश्वास बहाली के माध्यम से हिंसा तथा सुरक्षा से संबंधित चुनौतियों को कम किया जा सकता है। वास्तव में, विश्वास बहाली की प्रक्रिया यह सुनिश्चित करती है कि प्रतिस्पर्द्धी देश किसी भ्रम में पड़कर युद्ध के लिए तैयार न हो सकें।

*अथवा*

वैश्विक स्तर पर निम्न कारणों से आतंकवाद बढ़ रहा है

- व्यक्ति की बढ़ती महत्त्वाकांक्षाओं के कारण समाज में विघटन की शुरुआत होती है। अपनी इच्छा पूर्ति के लिए व्यक्ति किसी भी सीमा तक दूसरों को क्षति पहुँचाने को तत्पर रहता है।
- इस स्थिति का मुख्य कारण किसी देश में गरीबी, बेरोजगारी व राजनीतिक असंतोष है, जिसका लाभ उठाकर वहाँ के नागरिकों में दूसरे राष्ट्रों या नागरिकों के प्रति रोष भरा जाता है या उनको उकसाया जाता है, जिससे वे लोग अन्य देशों के विरुद्ध सोच विकसित कर लेते हैं।
- आतंकवाद में सबसे बड़ा सहयोग तकनीक और सूचना प्रौद्योगिकी का रहा है। मनुष्य ने अपनी प्रगति के लिए इसका विकास किया था, लेकिन आतंकवादी इसका उपयोग पूरे विश्व में दहशत फैलाने के लिए कर रहे हैं।
- तकनीक के कारण ही अब अपने देश में बैठा व्यक्ति किसी अन्य देश की सूचनाओं को आसानी से प्राप्त कर सकता है। इसी से आतंकवादी अपने देशों में बैठकर अन्य देशों में अपनी गतिविधियों को संचालित करते हैं।
- पूरे विश्व में मची हथियारों की प्रतिस्पर्द्धा ने इस आतंकवाद को बढ़ाने में महत्त्वपूर्ण भूमिका निभाई है। नई तकनीकों से परमाणु अस्त्रों का निर्माण किया गया, जिसे लेकर भी पूरे विश्व में प्रतिस्पर्द्धा हो रही है।

**22.** **स्वतंत्रता प्राप्ति के पश्चात् भारतीय नीति-निर्माता एवं अधिकांश राजनीतिक नेता सोवियत संघ के समाजवादी मॉडल से अत्यधिक प्रभावित क्यों थे? कारण बताइए।** **(4)**

*अथवा* **केरल मॉडल' क्या है? इस मॉडल की विशेषताओं का वर्णन कीजिए।**

उत्तर स्वतंत्रता प्राप्ति के पश्चात् भारतीय नीति-निर्माताओं एवं राजनीतिक नेताओं के सामने विश्व में प्रचलित विकास के दो मॉडल—पूँजीवादी तथा समाजवादी मौजूद थे। इन दोनों मॉडलों में अधिकांश नीति-निर्माताओं और नेताओं का झुकाव समाजवादी मॉडल की ओर अधिक था, जिसके पीछे निम्नलिखित कारण थे

- स्वतंत्रता प्राप्ति के पश्चात् भारतीय नेताओं ने यह स्पष्ट किया था कि वह ब्रिटिश भारत सरकार की तरह केवल व्यापारिक वर्ग के लाभों के लिए कार्य नहीं करेगी।
- स्वतंत्रता आंदोलनों के दौरान ही यह स्पष्ट हो गया था कि गरीबी उन्मूलन एवं सामाजिक-आर्थिक पुनरुत्थान का दायित्व सरकार का ही होगा।
- जनता भी आर्थिक संवृद्धि तथा सामाजिक न्याय को सुनिश्चित करने की जिम्मेदारी सरकार को ही देना चाहती थी अर्थात् जनता चाहती थी कि नीति-निर्माण का कार्य सरकार द्वारा किया जाए, जिससे गरीबी, अशिक्षा, बेरोजगारी, बीमारियों इत्यादि समस्याओं का निवारण शीघ्र हो सके।

*अथवा* केरल में जनता के संपूर्ण विकास के लिए एक विस्तृत नियोजित नीति अपनाई गई, जिसे 'केरल मॉडल' कहा जाता है। 'केरल मॉडल' की विशेषताएँ निम्नलिखित हैं

- केरल मॉडल विकेंद्रित नियोजन एवं लोगों की जीवन गुणवत्ता पर आधारित एक बेहतरीन मॉडल है।
- केरल मॉडल में लोगों की जीवन गुणवत्ता को बढ़ाने के लिए शिक्षा, स्वास्थ्य आदि पर जोर दिया गया।
- केरल मॉडल में सामाजिक बुराइयों को दूर करने की दिशा में गरीबी उन्मूलन पर बल दिया गया।
- केरल मॉडल में सामाजिक विषमता को दूर करने के लिए भूमि सुधार, प्रभावी खाद्य-वितरण आदि पर बल दिया गया।
- केरल मॉडल में पंचायत, प्रखंड तथा जिला स्तर की योजनाओं की भागीदारी को भी बढ़ाया गया, जिससे विकास में अधिक-से-अधिक लोगों को शामिल किया जा सके।

**23.** **भारत के विभिन्न राज्यों में हुए आंदोलनों के लिए कौन-से कारक उत्तरदायी थे? अपने विचार प्रस्तुत करें।** **(4)**

उत्तर स्वतंत्रता के बाद भारत में प्रत्येक राज्य अपने व्यक्तिगत हितों के प्रति जागरूक हो गया। इसी कारण विभिन्न राज्यों में अनेक आंदोलनों ने जन्म लिया। इन आंदोलनों के प्रमुख कारण निम्न थे

- भारतीय क्षेत्र में व्याप्त विविधता, जिसमें अनेक जाति, धर्म, संस्कृति, भाषा के लोग निवास करते हैं। अतः उनमें मतभेद होना स्वाभाविक था। ब्रिटिश समय पर जो सीमाएँ निर्धारित की गई थीं, उन्हें कई राज्य स्वीकार नहीं कर रहे थे। अतः इस कारण राज्यों में सीमा विवाद भी चल रहा था।
- भारतीय क्षेत्र में भौगोलिक विभिन्नताओं का होना।
- विकास की नीति में कुछ राज्यों को उपेक्षित कर दिया गया, जिससे उनमें असंतोष पनपा।
- क्षेत्रीय विकास को राष्ट्रीय विकास के साथ समाहित करके न चलने के कारण भी आंदोलनों का जन्म हुआ।

## खंड 'घ'

**(3 × 4 = 12)**

**24.** **नीचे दिए गए कार्टून का ध्यानपूर्वक अवलोकन कीजिए तथा निम्नलिखित प्रश्नों के उत्तर दीजिए।** **(4)**

(i) **'थ्रेड ऑफ अनरेस्ट' की पट्टिका लिए अपने हाथ में तलवार लिए इंदिरा गाँधी को ............ में दर्शाया गया है।** **(1)**

(a) शाह जाँच आयोग की रिपोर्ट पर प्रतिक्रिया
(b) आपातकाल की आकस्मिक रिपोर्ट पर प्रतिक्रिया
(c) शाह जाँच आयोग पर प्रतिबंध की प्रतिक्रिया
(d) उपरोक्त में से कोई नहीं

उत्तर (a) शाह जाँच आयोग की रिपोर्ट पर प्रतिक्रिया

(ii) **शाह जाँच आयोग किससे संबंधित था?** **(1)**

(a) आपातकाल के दौरान किए गए कार्य की जाँच
(b) आपातकाल के दौरान सत्ता के दुरुपयोग की जाँच
(c) आपातकाल के दौरान की गतिविधियों का आकलन
(d) उपरोक्त सभी

उत्तर (b) आपातकाल के दौरान सत्ता के दुरुपयोग की जाँच

(iii) **'थ्रेड ऑफ अनरेस्ट' की पट्टिका लिए किन लोगों का समूह है?** **(1)**

(a) न्यायाधीश (b) वकील
(c) राजनेता (d) पत्रकार

उत्तर (a) न्यायाधीश

(iv) **उपरोक्त कार्टून में दिखाई गई लोगों की भीड़ ............ पर अपनी प्रतिक्रिया दे रही है।** **(1)**

(a) चुनाव आयोग की जाँच की रिपोर्ट
(b) संसद द्वारा पारित एक्ट की रिपोर्ट
(c) शाह जाँच आयोग की रिपोर्ट
(d) न्यायपालिका के सर्वेक्षण की रिपोर्ट

उत्तर (c) शाह जाँच आयोग की रिपोर्ट

**25.** **दिए गए भारत के राजनीतिक रेखा मानचित्र में चार राज्यों को A, B, C और D से चिह्नित किया गया है। नीचे दी गई जानकारी के आधार पर इन राज्यों की पहचान कीजिए और अपनी उत्तर पुस्तिका में उनके सही नाम, प्रयोग की गई जानकारी की क्रम संख्या तथा संबंधित अक्षर, नीचे दी गई तालिका के रूप में लिखिए** **(4)**

| प्रयोग की गई जानकारी की क्रम संख्या | संबंधित अक्षर | राज्य का नाम |
|---|---|---|
| (i) | | |
| (ii) | | |
| (iii) | | |
| (iv) | | |

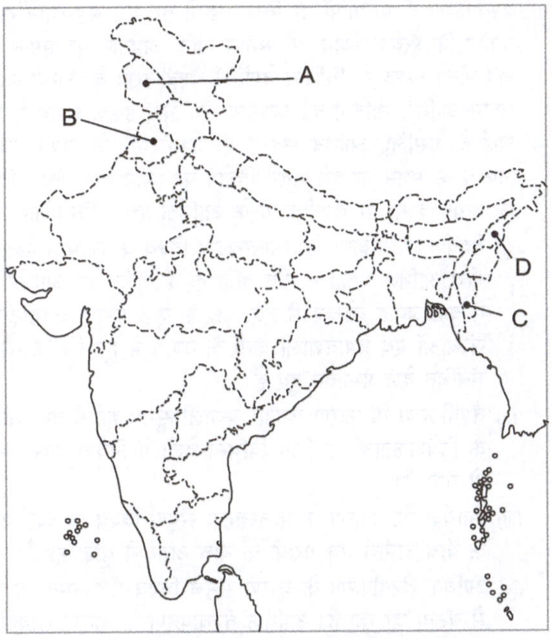


(i) **वह राज्य, जिसे अनुच्छेद-370 के अंतर्गत विशेष दर्जा दिया गया था।** **(1)**

(ii) **वह राज्य, जहाँ 'ऑपरेशन ब्लू स्टार' अभियान चलाया गया था।** **(1)**

(iii) **वह राज्य, जहाँ लालडेंगा के नेतृत्व में 'मिजो नेशनल फ्रंट' कार्य कर रहा था।** **(1)**

(iv) **वह राज्य, जहाँ जापू फिजो के नेतृत्व में अलगाववादी आंदोलन की शुरुआत हुई थी।** **(1)**

उत्तर

| प्रयोग की गई जानकारी की क्रम संख्या | संबंधित अक्षर | राज्य का नाम |
|---|---|---|
| (i) ... | A | जम्मू एवं कश्मीर |
| (ii) ... | B | पंजाब |
| (iii) ... | C | मिजोरम |
| (iv) ... | D | नागालैंड |

**26. दिए गए स्रोत को ध्यानपूर्वक पढ़कर प्रश्नों के उत्तर दीजिए**

**बुनियादी रूप से आसियान एक आर्थिक संगठन था और वह ऐसा ही बना रहा। आसियान क्षेत्र की कुल अर्थव्यवस्था अमेरिका, यूरोपीय संघ और जापान की तुलना में काफी छोटी है, पर इसका विकास इन सबसे अधिक तेजी से हो रहा है। इसके चलते इस क्षेत्र में और इससे बाहर इसके प्रभाव में तेजी से वृद्धि हो रही है। आसियान आर्थिक समुदाय का उद्देश्य आसियान देशों का साझा बाजार और उत्पादन आधार तैयार करना तथा इस क्षेत्र के सामाजिक और आर्थिक विकास में मदद करना है। यह संगठन इस क्षेत्र के देशों के आर्थिक विवादों को निपटाने के लिए बनी मौजूदा व्यवस्था को भी सुधारना चाहेगा। आसियान ने निवेश, श्रम और सेवाओं के मामले में मुक्त व्यापार क्षेत्र बनाने पर भी ध्यान दिया है। इस प्रस्ताव पर आसियान के साथ बातचीत करने की पहल अमेरिका और चीन ने कर दी है।**

(i) **आसियान ने मुक्त व्यापार क्षेत्र की स्थापना क्यों की?** **(1)**

(a) निवेश उद्देश्यों के लिए
(b) आर्थिक लाभ के लिए
(c) 'a' और 'b' दोनों
(d) श्रम और सेवाओं के लिए

उत्तर (c) 'a' और 'b' दोनों

(ii) **आसियान के संदर्भ में कौन-सा कथन सत्य है?** **(1)**

(a) आसियान के सदस्य मुख्यतः दक्षिण-पूर्व एशियाई देश हैं
(b) आसियान क्षेत्र की अर्थव्यवस्था अमेरिका, यूरोपीय संघ और जापान की तुलना में छोटी है
(c) आसियान की विकास दर सकारात्मक है
(d) उपरोक्त सभी

उत्तर (d) उपरोक्त सभी

(iii) **निम्न में से कौन-सा आसियान आर्थिक समुदाय का उद्देश्य है?** **(2)**

उत्तर आसियान आर्थिक समुदाय का उद्देश्य आसियान देशों का साझा बाजार और उत्पादन आधार तैयार करना तथा इस क्षेत्र के सामाजिक और आर्थिक विकास में सहायता करता है।

## खंड 'ङ' **(4 × 6 = 24)**

**27. आतंकवाद क्या है? समकालीन विश्व में आतंकवादी हमलों का क्या पैटर्न रहा है व भविष्य में इसका क्या प्रतिरूप हो सकता है? स्पष्ट करें।** **(6)**

*अथवा* **भारत की सुरक्षा रणनीति तथा इसके प्रमुख घटकों का वर्णन कीजिए।**

उत्तर आतंकवाद से तात्पर्य जान-बूझकर किए जाने वाले राजनीतिक तथा धर्म आधारित हिंसा से है। इसके अंतर्गत सरकार तथा लोगों के मनोबल को तोड़ने के लिए आम जनता को विशेष रूप से निशाना बनाया जाता है। कई बार आतंकवादी समूह धर्म, नृजाति व नस्ल आधारित भावनाओं को भड़काने का कार्य करते हैं तथा इस दौरान उभरे नागरिक असंतोष का प्रयोग सरकारों व इन समूहों के विरुद्ध संघर्षत अन्य पक्षों के विरुद्ध करते हैं।

**समकालीन विश्व में आतंकवादी हमले**

- वर्तमान समय में विमान अपहरण तथा भीड़-भाड़ वाली जगह; जैसे—रेलगाड़ी, होटल, बाजार एवं स्कूल में बम लगाना प्रमुख आतंकवादी कृत्य हैं। इस सदी की सबसे बड़ी आतंकवादी घटना 11 सितंबर, 2001 को अमेरिका के वर्ल्ड ट्रेड सेंटर पर हमला था। इस हमले के बाद अंतर्राष्ट्रीय स्तर पर आतंकवाद पर अधिक ध्यान दिया जाने लगा। हालाँकि इस हमले के बाद आतंकवाद की अधिकांश घटनाएँ मध्य पूर्व यूरोप, लैटिन अमेरिका तथा दक्षिणी एशिया में हुईं। ये घटनाएँ निम्नलिखित हैं

(i) **मुंबई अटैक** 26 नवंबर, 2008 को पाकिस्तान स्थित एक इस्लामी आतंकवादी संगठन लश्कर-ए-तैयबा के 10 सदस्यों ने मुंबई में चार दिनों तक चलने वाले गोलीबारी और बमबारी हमलों की एक शृंखला को अंजाम दिया। इसमें परिवहन टर्मिनल, कैफे, होटल, सिनेमा और एक अस्पताल को निशाना बनाया गया। 29 नवंबर को भारत के राष्ट्रीय सुरक्षा गार्ड (एनएसजी) ने शेष हमलावरों को बाहर निकालने के लिए 'ऑपरेशन ब्लैक टारनेडो' चलाया।

(ii) **पेशावर स्कूल नरसंहार** 16 दिसंबर, 2014 को पाकिस्तानी, तालिबान के आतंकवादियों ने पाकिस्तान के उत्तर-पश्चिम में एक सेना संचालित स्कूल पर हमला किया, जिसमें 132 बच्चे तथा 9 वयस्क मारे गए। यह पाकिस्तान में हुआ अब तक का सबसे घातक आतंकी हमला था।

(iii) **पेरिस अटैक** 13 नवंबर, 2015 को फ्रांस की राजधानी पेरिस और उसके उत्तरीय उपनगरीय क्षेत्र सेंट डेनिस में आतंकी हमलों की एक शृंखला को अंजाम दिया गया, जिसमें बड़े पैमाने पर गोलीबारी, आत्मघाती बम विस्फोट और लोगों को बंधक बनाया गया।

*अथवा*

भारत को स्वतंत्रता के बाद से ही पारंपरिक तथा अपारंपरिक दोनों किस्म की सुरक्षा संबंधी चुनौतियों का सामना करना पड़ा है। इन चुनौतियों से निपटने के लिए भारत की सुरक्षा नीति के अंतर्गत निम्न घटकों को अपनाया गया, जो निम्नलिखित हैं

(i) **सैन्य क्षमता को मजबूत करना** यह भारत की सुरक्षा नीति का अनिवार्य घटक है। यह इसलिए भी महत्त्वपूर्ण है, क्योंकि भारत पर स्वतंत्रता के बाद से ही बाहरी हमले होते रहे हैं; जैसे—वर्ष 1947-48, 1965, 1971 तथा 1999 में पाकिस्तान से, जबकि वर्ष 1962 में चीन से। इन चुनौतियों से निपटने के लिए भारत ने सर्वप्रथम वर्ष 1974, जबकि दूसरी बार वर्ष 1998 में परमाणु परीक्षण किया तथा इसको राष्ट्रीय सुरक्षा के लिए अनिवार्य बताते हुए उचित ठहराया। यह सही भी था, क्योंकि भारत के पड़ोसी देश भी परमाणु संपन्न हैं।

(ii) **अंतर्राष्ट्रीय संस्थाओं को मजबूत करना** भारत ने शुरू से ही अंतर्राष्ट्रीय संस्थाओं को मजबूत करने का कार्य किया है। प्रधानमंत्री जवाहरलाल नेहरू ने एशियाई एकता, अनौपनिवेशीकरण और निःशस्त्रीकरण के प्रयासों का समर्थन किया। भारत ने हथियारों के अप्रसार के लिए बिना भेदभाव वाली नीति पर बल दिया। भारत ने नव-अंतर्राष्ट्रीय आर्थिक व्यवस्था की माँग के साथ गुटनिरपेक्षता की नीति अपनाई। इसके अतिरिक्त भारत ने वर्ष 1997 में क्योटो प्रोटोकॉल (वैश्विक तापन को नियंत्रण में रखने के लिए ग्रीनहाउस गैसों के उत्सर्जन को कम करने के संबंध में) पर भी हस्ताक्षर किए हैं।

(iii) **देश की आंतरिक सुरक्षा** आज भारत को देश के विभिन्न भागों में नक्सली गतिविधियों, वहीं असम, मणिपुर, नागालैंड, मिजोरम एवं जम्मू-कश्मीर में आंतरिक सुरक्षा तथा अलगाववाद संबंधी चुनौतियों का सामना करना पड़ रहा है। हालाँकि इस दौरान भारत ने राष्ट्रीय एकता को बनाए रखने के लिए लोकतांत्रिक राजनीतिक व्यवस्था का पालन किया है, जो विभिन्न जनसमूहों और समुदायों को सत्ता में भागीदारी तथा अपने स्वतंत्र विचार रखने की अनुमति देती है।

**28. "वैश्वीकरण ने विभिन्न देशों को वैश्विक बाजारों में एकीकृत होने, व्यापार विदेशी निवेश और तकनीकी प्रगति के माध्यम से आर्थिक विकास को बढ़ावा देने में सक्षम बनाया है।" इस कथन का समर्थन तर्कों से कीजिए। (6)**

*अथवा* पर्यावरण सुरक्षा की दृष्टि से भारत के पावन वन-प्रांतर या देवस्थान पद पर एक लेख लिखिए।

उत्तर वैश्वीकरण के परिणामों पर विचार करते हुए हमें यह ध्यान रखना चाहिए कि प्रत्येक स्थान पर 'समान नीति' अपनाने पर समान परिणाम नहीं होते। विश्व के विभिन्न देशों में वैश्वीकरण के कारण सरकारों ने समान आर्थिक नीतियों को अपनाया है, किंतु इसके प्रभाव में भिन्नता आई है। इसलिए आर्थिक क्षेत्र में भी वैश्वीकरण के किसी सर्वमान्य निष्कर्ष के स्थान पर हमें संदर्भ-विशेष पर ध्यान देना होगा। किसी देश की अर्थव्यवस्था पर वैश्वीकरण के आर्थिक प्रभाव निम्नलिखित हैं

(i) वैश्वीकरण प्रक्रिया के प्रभावस्वरूप विश्व के विभिन्न देशों के बीच आर्थिक प्रवाह में तीव्र वृद्धि हुई है, किंतु इन आर्थिक प्रवाहों में कुछ प्रवाह स्वेच्छा से हुए, जबकि कुछ प्रभाव अंतर्राष्ट्रीय संस्थाओं एवं प्रभावशाली देशों के दबाव में हुए हैं, जिससे संबंधित देश प्रभावित हुए हैं।

(ii) वैश्वीकरण के कारण व्यापार प्रणाली सुगम हुई है तथा धनी देश के निवेशकर्ताओं के लिए विभिन्न देशों में निवेश करना आसान हो गया है।

(iii) आर्थिक वैश्वीकरण के फलस्वरूप संपूर्ण विश्व के देशों एवं लोगों के बीच अमीरी एवं गरीबी के बीच अंतर में वृद्धि हुई है।

(iv) आर्थिक वैश्वीकरण के कारण समूचे विश्व में जनमत व्यापक रूप से बँटता जा रहा है। आर्थिक वैश्वीकरण के कारण सरकारें अपनी जिम्मेदारियों के निर्वहन से पीछे हट रही हैं, जिससे सामाजिक न्याय से सरोकार रखने वाले लोगों पर व्यापक प्रभाव पड़ा है।

*अथवा*

पावन वन-प्रांतर का अर्थ कई पुराने समाजों में धार्मिक कारणों से प्रकृति की रक्षा करने की एक पुरानी प्रथा है। पावन उपवन या वन-प्रांतर से तात्पर्य ऐसे वनों से है, जिसमें वनों के कुछ भागों को हानि नहीं पहुँचाई जाती, क्योंकि ऐसी मान्यता है कि इन स्थानों पर देवता या किसी पुण्यात्मा का वास होता है।

देवस्थान के महत्त्व को अब पर्यावरण संरक्षण से जुड़े साहित्य में शामिल किया जा रहा है तथा इसे समुदाय आधारित स्रोत-प्रबंधन के रूप में ध्यान दिया जा रहा है।

इस वन-प्रांतर के विस्तार का अनुमान इससे लग जाता है कि पूरे देश में इनके लिए भिन्न-भिन्न शब्दों का प्रयोग किया जाता है। इन देवस्थानों को राजस्थान में बानी, केकड़ी और ओरान, झारखंड में जहेरा थान और सरना, मेघालय में लिंगदोह, केरल में कांव, उत्तराखंड में थान या देवभूमि और महाराष्ट्र में देव रहाति आदि कई नामों से जाना जाता है। 'देवस्थान' प्रणाली को समुदायों की अनौपचारिक शक्तियों द्वारा प्राकृतिक स्रोतों के साथ जोड़कर देखा जाता है।

**वनों का संरक्षण** कुछ शोधकर्ताओं का विश्वास है कि 'देवस्थान' न केवल जैव-विविधता और पर्यावरणीय क्रियाकलापों के साथ ही सांस्कृतिक विविधता को भी स्थिर रखते हैं। वन संरक्षण की प्रणाली में 'देवस्थान' धनी हैं तथा समान संपदा स्रोत प्रणाली में मिले-जुले हैं। आध्यात्मिक तथा सांस्कृतिक गुणों के कारण परंपरागत रूप से देवस्थान महत्त्वपूर्ण हैं। सामान्यतः हिंदू लोग प्राकृतिक वस्तुओं की पूजा करते हैं, जिनमें पेड़ व वन भी शामिल हैं। बहुत सारे मंदिरों का निर्माण इन दैवीय उपवनों से हुआ। वनों के संरक्षण के सतत रूप से चलने वाली प्रतिबद्धता, प्रकृति के प्रति गहरी भक्ति है न कि संसाधनों की कमी है। हाल के वर्षों में मनुष्यों के विस्तार ने इन वनों में धीरे-धीरे अतिक्रमण की स्थिति उत्पन्न कर दी है।

**29.** **विश्लेषण करें कि बढ़ते भू-राजनीतिक तनाव के अतिरिक्त भारत की विदेशी नीति ने वैश्विक साझेदारी के साथ रणनीतिक स्वायत्तता को कैसे संतुलित किया है। प्रासंगिक उदाहरण भी प्रस्तुत करें।** **(6)**

*अथवा* **विदेश नीति किस प्रकार राष्ट्रीय हितों से प्रमाणित है? समझाइए।**

उत्तर वर्तमान युग में किसी भी स्वतंत्र देश को विश्व के अन्य देशों से अलग-थलग रहना संभव नहीं है। अपनी राजनीतिक, आर्थिक और सांस्कृतिक आवश्यकताओं के लिए एक देश को दूसरे पर निर्भर रहना पड़ता है। इन्हीं आवश्यकताओं की पूर्ति के लिए देश विदेश नीति का निर्माण करते हैं। भारत ने भी अपनी परिस्थितियों को ध्यान में रखकर अपनी विदेश नीति का निर्माण किया है।

भारत की विदेश नीति के प्रमुख सिद्धांत निम्नलिखित हैं

(i) **गुटनिरपेक्ष नीति** भारत ने अपनी विदेश नीति में गुटनिरपेक्षता को महत्त्वपूर्ण स्थान दिया है। दूसरा विश्वयुद्ध होने के पश्चात् विश्व दो खेमों में बँट गया था। एक खेमा पश्चिम देश समर्थक था तथा दूसरा साम्यवादी देशों का था। इन दोनों खेमों ने भारत को अपने पक्ष में करने का प्रयास किया, लेकिन भारत ने किसी भी प्रकार के सैनिक गठबंधन का हिस्सा बनने से इंकार कर दिया। भारत ने निश्चय किया कि वह अपनी स्वतंत्र विदेश नीति अपनाएगा। भारत विभिन्न अंतर्राष्ट्रीय विवादों का समर्थन गुणात्मक आधार पर ही करता है और विभिन्न देशों से आर्थिक सहायता भी प्राप्त करता है।

(ii) **उपनिवेशवाद का विरोध** भारत लंबे समय तक साम्राज्यवाद के शोषण का शिकार रहा। द्वितीय विश्वयुद्ध के बाद एशिया सहित अफ्रीका, लैटिन अमेरिका के अधिकांश राष्ट्र स्वतंत्र हो गए थे। अभी भी साम्राज्यवाद को पूर्ण रूप से समाप्त नहीं किया जा सका था। भारत ने उपनिवेशवाद का बड़े स्तर पर विरोध किया।

(iii) **निःशस्त्रीकरण** भारत सदैव ही परमाणु हथियारों के प्रयोग व निर्माण का विरोधी रहा था। भारत ने हमेशा भेदभाव रहित निःशस्त्रीकरण के पक्ष में मत रखा, ताकि विश्व में संघर्ष की स्थिति को समाप्त किया जा सके, इसलिए भारत ने परमाणु हथियारों के संदर्भ में पक्षपात करने संबंधी किसी भी संधि पर हस्ताक्षर करने से इंकार कर दिया।

(iv) **अंतर्राष्ट्रीय स्तर पर शांतिपूर्ण सह-अस्तित्व** भारत ने सदैव ऐसी विदेश नीति का समर्थन किया, जो विश्व में शांति व सुरक्षा की स्थापना करे। भारत सभी विवादों का निपटारा बातचीत के द्वारा करना चाहता था। स्वतंत्रता के बाद पड़ोसी देशों द्वारा युद्ध की स्थिति उत्पन्न करने पर भी भारत ने समझौते द्वारा ऐसी स्थिति को सुलझा लिया था।

(v) **पंचशील** भारत ने अपनी विदेश नीति में पंचशील के सिद्धांत को स्थान दिया है। पंचशील में पाँच सिद्धांत हैं, जो भारत की विदेश नीति के मूल आधार हैं। ये सिद्धांत निम्नलिखित हैं

- एक-दूसरे पर आक्रमण न करना।
- एक-दूसरे की प्रभुसत्ता और अखंडता को बनाए रखना।
- एक-दूसरे के आंतरिक मामलों में हस्तक्षेप न करना।
- शांतिपूर्ण सह-अस्तित्व।
- समानता और मित्रता की भावना बनाए रखना।

*अथवा*

निश्चित रूप से किसी भी देश की विदेश नीति का निर्धारण उस देश के हितों के संदर्भ में ही किया जाता है, लेकिन भारत की विदेश नीति का उद्देश्य केवल उसका राष्ट्रीय हित न होकर अन्य उद्देश्य भी हैं, जिन्हें निम्न रूप में देखा जा सकता है

- यदि अंतर्राष्ट्रीय स्तर पर देखा जाए, तो भारत की विदेश नीति राष्ट्रीय हितैषी होने के साथ-साथ मानवता प्रिय, अंतर्राष्ट्रीय शांति, निःशस्त्रीकरण की समर्थक व गुट-निरपेक्षता की नीति पर आधारित है। भारत इसके आधार पर उपनिवेशवाद, साम्राज्यवाद, रंग भेद-भाव, जातीय भेदभाव का भी विरोध करता आया है।
- एफ्रो-एशिया एकता में भी भारत ने महत्त्वपूर्ण भूमिका अदा की है। भारत के आकार, अवस्थिति और शक्ति संभावना को जानकर नेहरू ने यह विश्वास जताया कि भारत विश्व के मामलों विशेषकर एशियाई देशों में अहम भूमिका निभाएगा। इसलिए नेहरू ने एशिया व अफ्रीका के नव-स्वतंत्र देशों से बेहतर संबंध बनाए। नेहरू के नेतृत्व में ही भारत ने मार्च, 1947 में एशियाई संबंध सम्मेलन का आयोजन किया।
- भारत ने इंडोनेशिया की स्वतंत्रता के लिए भी भरपूर प्रयास किए। भारत इंडोनेशिया को डच औपनिवेशिक शासन से शीघ्र मुक्ति देना चाहता था। भारत ने वर्ष 1949 में इंडोनेशिया के स्वतंत्रता संग्राम के समर्थन में एक अंतर्राष्ट्रीय सम्मेलन किया। इंडोनेशिया के शहर 'बांडुंग' में एफ्रो-एशियाई सम्मेलन वर्ष 1955 में हुआ। आमतौर पर इसे बांडुंग सम्मेलन ही कहा जाता है। अफ्रीका और एशिया के नव-स्वतंत्र देशों के साथ भारत के बढ़ते संबंधों का यह चरम कहा जाता है। इस सम्मेलन के दौरान ही गुट-निरपेक्ष आंदोलन की नींव पड़ी थी। पहला गुट-निरपेक्ष सम्मेलन सितंबर, 1961 में बेलग्रेड में हुआ। इस आंदोलन की स्थापना में नेहरू ने महत्त्वपूर्ण भूमिका अदा की थी।

**30.** **भारत में वर्ष 1967 तक कांग्रेस पार्टी के प्रभुत्व के लिए उत्तरदायी किन्हीं पाँच कारकों का वर्णन कीजिए।** **(6)**

*अथवा* **भारत के स्वतंत्रता संग्राम में जयप्रकाश नारायण की भूमिका और स्वतंत्रता के बाद में सामाजिक-राजनीतिक परिदृश्य में उनके योगदान पर चर्चा करें।**

उत्तर **भारत में वर्ष 1967 तक कांग्रेस पार्टी के प्रभुत्व के लिए निम्न कारक उत्तरदायी थे**

(i) कांग्रेस की अधिकांश क्षेत्रीय इकाइयाँ विभिन्न गुटों से मिलकर बनी थीं। ये सभी गुट अलग-अलग विचारधारात्मक दृष्टिकोण अपनाते थे। कांग्रेस एक मध्यमार्गी पार्टी के रूप में उभरकर सामने आती थी।

(ii) पहले भारत में विपक्षी पार्टियों का अस्तित्व नहीं था। कई पार्टियाँ वर्ष 1952 के आम चुनावों से पहले ही अस्तित्व में आ चुकी थी। इनमें से कुछ पार्टियों ने 60 और 70 के दशक में देश की राजनीति में महत्त्वपूर्ण भूमिका निभाई। 1950 के दशक में इन दलों को लोकसभा और विधानसभा में बहुत कम प्रतिनिधित्व मिला।

(iii) देश में यदि कोई पार्टी अन्य पार्टियों की अपेक्षा अधिक वोट प्राप्त करती है, तो दूसरी पार्टियों को प्राप्त वोटों के अनुपात की तुलना में उसे कहीं अधिक सीटें प्राप्त होती हैं। यह अनुपात कांग्रेस पार्टी के पक्ष में सिद्ध हुआ।

(iv) कांग्रेस पार्टी की सफलता का एक बड़ा कारण गैर-कांग्रेसी वोटों का बँट जाना था, क्योंकि गैर-कांग्रेसी वोटों को जोड़ने पर इनको मिले कुल वोट कांग्रेस को प्राप्त कुल वोटों से कहीं अधिक थे। यही कारण था कि कांग्रेस अन्य सभी पार्टियों से आगे रहती थी। इन्हीं वोटों ने कांग्रेस की स्थिति को और मजबूत बना दिया। इसी का परिणाम था कि कांग्रेस अधिकांश राज्यों में सत्ता में थी।

(v) इंदिरा गाँधी ने बहुत कम समय में कांग्रेस पार्टी के समक्ष आई सभी चुनौतियों का सफलतापूर्वक सामना किया। अपनी जीत के बाद इंदिरा गाँधी ने कांग्रेस प्रणाली को पुनर्स्थापित किया, लेकिन इस बार कांग्रेस प्रणाली की प्रकृति में बदलाव हो चुका था।

*अथवा*

जयप्रकाश नारायण कांग्रेस सोशलिस्ट पार्टी और सोशलिस्ट पार्टी के संस्थापक महासचिव थे। इन्हें नेहरू के उत्तराधिकारी के रूप में देखा गया। इन्हें भारत छोड़ो आंदोलन का नायक कहा जाता है।

इतना ही नहीं इन्हें जनता पार्टी के गठन का प्रेरणा स्रोत कहा जाता है। ये आपातकाल के प्रबल विरोधी थे। इनकी छात्र आंदोलन में महत्त्वपूर्ण भूमिका मानी जाती है। इन्होंने समाज में बदलाव के लिए महत्त्वपूर्ण योगदान दिया।

**जयप्रकाश नारायण के प्रमुख योगदान**

- जयप्रकाश नारायण अपने तीन प्रमुख योगदानों के लिए जाने जाते हैं–भ्रष्टाचार के विरुद्ध संघर्ष, सामुदायिक समाजवाद का सिद्धांत तथा समग्र क्रांति के नेता (प्रवर्तक)।
- स्वतंत्रता के पश्चात् भारत में जयप्रकाश नारायण ऐसे पहले नेता थे, जिन्होंने मुख्य रूप से गुजरात और बिहार में युवा भागीदारी द्वारा भ्रष्टाचार के विरोध में एक बड़ा आंदोलन शुरू किया। इन्होंने भ्रष्टाचार के विरोध में लोकपाल का समर्थन किया।
- समाजवाद का सिद्धांत समुदाय, क्षेत्र एवं राष्ट्र के तीन स्तरीय रूप में भारत को समुदायों का एक समाज के रूप में प्रकट करता है।

इस प्रकार, जयप्रकाश नारायण ने अपने समग्र आंदोलन के माध्यम से व्यक्ति, समाज तथा राज्य के बदलाव को दिखाया है। इनके द्वारा किए गए समग्र क्रांति के आह्वान में नैतिक, सांस्कृतिक, आर्थिक, राजनीतिक तथा पारिस्थितिकीय बदलाव की पहल शामिल है। इनका राजनीतिक रूपांतरण लोकतांत्रिक राजनीति में प्रतिनिधियों को वापस बुलाने के अधिकार, ग्राम/मोहल्ला समितियों के महत्त्व तथा देश की स्वच्छ राजनीति में ऊपर के लोगों/विशिष्ट वर्गों को राजनीतिक संघर्ष में शामिल करता है। जयप्रकाश नारायण के अनुसार इस रूपांतरण का मूल तत्त्व व्यक्ति है, जो भारत में परिवर्तन का मुख्य कारक है।

# सैंपल पेपर 2

# राजनीति विज्ञान

## व्याख्या सहित (अनसॉल्वड) कक्षा 12

**निर्देश** *1. सभी प्रश्न करने अनिवार्य हैं। यह प्रश्न पत्र पाँच खंडों में विभाजित है, जिनमें 30 प्रश्न पूछे गए हैं।*

*2. खंड क में 1-12 वस्तुनिष्ठ प्रश्न हैं। प्रत्येक प्रश्न 1 अंक का है।*

*3. खंड ख में प्रश्न संख्या 13-18 लघुउत्तरीय प्रकार के दो-दो अंक के प्रश्न हैं। प्रत्येक प्रश्न का उत्तर 50 शब्दों से अधिक नहीं होना चाहिए।*

*4. खंड ग में प्रश्न संख्या 19-23 दीर्घउत्तरीय प्रकार के चार-चार अंक के प्रश्न हैं। प्रत्येक प्रश्न का उत्तर 100 शब्दों से अधिक नहीं होना चाहिए।*

*5. खंड घ में प्रश्न संख्या 24-26 तक अवतरण, कार्टून तथा मानचित्र आधारित प्रश्न हैं।*

*6. खंड ङ में प्रश्न संख्या 27-30 तक दीर्घउत्तरीय प्रकार के छः-छः अंक के प्रश्न हैं। प्रत्येक प्रश्न का उत्तर 170 शब्दों से अधिक नहीं होना चाहिए।*

समय : 3 घंटे | पूर्णांक : 80

## खंड 'क' (12 × 1 = 12)

**1. वर्ष 1917 में रूसी क्रांति के बाद सोवियत प्रणाली को अपनाया गया। निम्नलिखित में से कौन सोवियत संघ की कमजोरी नहीं थी? (1)**

(a) कम्युनिस्ट पार्टी जनता के प्रति जवाबदेह नहीं थी

(b) सोवियत संघ में बड़े पैमाने पर भ्रष्टाचार था

(c) पार्टी, नौकरशाही के पास एक सामान्य नागरिक की तुलना में कई अधिक विशेषाधिकार थे

(d) गोर्बाचेव ने यू.एस.एस.आर. में सुधारों की शुरुआत की

**2. नीचे दो कथन दिए गए हैं, जिनमें एक को कथन (A) और दूसरे को कारण (R) माना गया है। कूट की सहायता से सही उत्तर का चयन करें।**

**कथन (A) जयप्रकाश नारायण द्वारा वर्ष 1974 में छात्रों से बिहार आंदोलन को राष्ट्रव्यापी बनाने की अपील की गई। (1)**

**कारण (R) जयप्रकाश नारायण प्रधानमंत्री बनना चाहते थे। इसके लिए इन्होंने संपूर्ण क्रांति का आह्वान किया।**

**कूट**

(a) A और R दोनों सही हैं तथा R, A की सही व्याख्या है

(b) A और R दोनों सही हैं, परंतु R, A की सही व्याख्या नहीं है

(c) A सही है, किंतु R गलत है

(d) A गलत है, किंतु R सही है

**3. सूची I को सूची II से सुमेलित कीजिए (1)**

| | सूची I | | सूची II |
|---|---|---|---|
| A. | राजनीति का खतरनाक दशक | 1. | 1960 का दशक |
| B. | गठबंधन की राजनीति का उद्‌भव | 2. | वर्ष 1967 का आम चुनाव |
| C. | लालबहादुर शास्त्री का कार्यकाल | 3. | वर्ष 1964-66 |
| D. | प्रिवी पर्स की समाप्ति की घोषणा | 4. | वर्ष 1971 |

**कूट**

| | A | B | C | D |
|---|---|---|---|---|
| (a) | 1 | 2 | 3 | 4 |
| (b) | 4 | 3 | 2 | 1 |
| (c) | 2 | 3 | 1 | 4 |
| (d) | 2 | 1 | 4 | 3 |

**4. निम्नलिखित कथनों पर विचार कीजिए तथा कूट की सहायता से सही उत्तर का चयन कीजिए (1)**

1. वैश्वीकरण के प्रतिरोध के कारण विश्व व्यापार संगठन की मंत्रिस्तरीय बैठक में व्यापार के अनुचित नियमों का व्यापक विरोध हुआ।

2. वैश्वीकरण के विरोध में वर्ल्ड सोशल फोरम के अंतर्गत मानवाधिकार कार्यकर्ता, पर्यावरणविद्, युवा और महिला कार्यकर्ता संगठन सम्मिलित हैं।
3. दक्षिणपंथी मानते हैं कि वैश्वीकरण लोगों की आधारभूत संस्कृति में गिरावट कर उनको उनके पुराने मूल्यों एवं क्रियाकलापों से वंचित कर रहा है।

कूट
(a) 1 और 2 (b) केवल 2 (c) 1 और 3 (d) ये सभी

**5.** नीचे दो कथन दिए गए हैं। **(1)**

**कथन** I वैश्वीकरण एक व्यापक अवधारणा है।

**कथन** II वैश्वीकरण के अंतर्गत आर्थिक, राजनैतिक एवं सांस्कृतिक आदि दृष्टिकोण सम्मिलित होते हैं।

कूट
(a) कथन I और कथन II दोनों सत्य हैं
(b) कथन I और कथन II दोनों असत्य हैं
(c) कथन I सत्य है, लेकिन कथन II असत्य है
(d) कथन I असत्य है, लेकिन कथन II सत्य है

**6.** नीचे दिए गए घटनाक्रम को उनके कालक्रम के अनुसार सही क्रम में व्यवस्थित कीजिए **(1)**
1. मणिपुर, त्रिपुरा एवं मेघालय राज्य का अस्तित्व में आना।
2. ऑल पार्टी हिल्स कॉन्फ्रेंस का अस्तित्व में आना।
3. द्रविड़ आंदोलन से संबंधित गठित दल द्रविड़ कषगम का दो भागों में विभाजन।
4. अंगमी जापू फिजो के नेतृत्व में नागा निवासियों द्वारा नागालैंड को स्वतंत्र घोषित करना।

कूट
(a) 4, 3, 2, 1 (b) 2, 1, 4, 3
(c) 3, 2, 1, 4 (d) 4, 2, 1, 3

**7.** इलेक्ट्रॉनिक वोटिंग मशीन द्वारा मतदान ………… तरीके से मतपत्रों द्वारा मतदान करने से बेहतर है। **(1)**
(a) मतपेटी से मुक्ति (b) मुहर लगाना
(c) 'a' और 'b' दोनों (d) महँगा होना

**8.** निम्नलिखित युग्मों में से कौन-या युग्म सही नहीं है? **(1)**
(a) सर्वोदय प्लान, 1950 - जयप्रकाश नारायण
(b) बाम्बे प्लान, 1944 - उद्योगपति
(c) पीपल्स प्लान, 1944 - एम.एन.रॉय
(d) गाँधीवादी प्लान, 1944 - महात्मा गाँधी

**9.** भारत के किस पड़ोसी देश की सीमा के साथ पूर्वोत्तर राज्य की सीमाओं के लगने के कारण पूर्वोत्तर राज्य को भारत के लिए दक्षिण-पूर्व एशिया का प्रवेशद्वार कहा जाता है? **(1)**
(a) चीन (b) म्यांमार
(c) बांग्लादेश (d) ये सभी

**10.** निम्नलिखित में से किस एक कारक ने भारत और श्रीलंका के बीच संबंधों को मजबूत किया है? **(1)**
(a) श्रीलंका में जातीय संघर्ष
(b) श्रीलंका के साथ मुक्त व्यापार समझौता
(c) भारत का शांति रक्षा बल
(d) श्रीलंका में तमिलों के प्रति भारत का दृष्टिकोण

**11.** …… पारंपरिक सुरक्षा नीति का एक महत्त्वपूर्ण घटक और युद्धों को रोकने एवं स्थिरता बनाए रखने का एक प्रभावी साधन हो सकता है। **(1)**
(a) शक्ति संतुलन (b) राजनीतिक अस्थिरता
(c) आर्थिक असुरक्षा (d) सांप्रदायिकता

**12.** संयुक्त राष्ट्र की अधिकारिक भाषाओं में कौन-सी भाषाएँ शामिल हैं? **(1)**
(a) अंग्रेजी, फ्रेंच, स्पेनिश, रूसी, चीनी, अरबी
(b) अंग्रेजी, जर्मन, हिन्दी, चीनी
(c) पुर्तगाली, अंग्रेजी, रूसी, चीनी, अरबी
(d) अंग्रेजी, पुर्तगाली, बांग्ला, चीनी, फारसी

## खंड 'ख' **(6 × 2 = 12)**

**13.** चीन के साथ मानवाधिकारों के उल्लंघन और पर्यावरण के विनाश के मुद्दों पर यूरोपीय संघ ने किस तरह की रणनीति को अपनाया? **(2)**

**14.** विश्व स्तर पर मानवाधिकारों को बढ़ावा देने में एमनेस्टी इंटरनेशनल की भूमिका पर संक्षिप्त टिप्पणी कीजिए। **(2)**

**15.** पंचशील समझौते के मूल सिद्धांतों पर चर्चा करें और आधुनिक अंतर्राष्ट्रीय कूटनीति में उनकी प्रासंगिकता का मूल्यांकन करें। **(2)**

**16.** 21वीं सदी में अलगाववादी आंदोलन को बढ़ावा देने या उसे बाधित करने में वैश्वीकरण की भूमिका का विश्लेषण करें। **(2)**

**17.** "आतंकवाद, उग्रवाद और सांप्रदायिक हिंसा के संयोजन से भारत की आंतरिक सुरक्षा का खतरा बढ़ रहा है" उदाहरण सहित समझाइए। **(2)**

**18.** वी.पी. सिंह के समक्ष आने वाली चुनौतियों का मूल्यांकन करें। गठबंधन के अंदर विविध राजनीतिक विचारधाराओं को देखते हुए सिंह की गठबंधन सरकार एकता और स्थिरता बनाए रखने में सफल रही। अपने विचार प्रस्तुत करें। **(2)**

## खंड 'ग' **(5 × 4 = 20)**

**19.** सत्ता के उभरते हुए वैकल्पिक केंद्रों द्वारा विभिन्न देशों में समृद्धशाली अर्थव्यवस्थाओं का रूप देने में निभाई गई भूमिका की व्याख्या कीजिए। **(4)**

**20.** देश की पारंपरिक सुरक्षा नीतियों में गठबंधनों और रक्षा समझौतों के महत्त्व का मूल्यांकन करें। ऐसे गठबंधन क्षेत्रीय और वैश्विक सुरक्षा गतिशीलता को कैसे प्रभावित करते हैं? **(4)**

**21.** सिएटल की लड़ाई ने तत्कालीन समय अमेरिका में मूल अमेरिकी प्रतिरोध की धारणाओं को कैसे प्रभावित किया? मूल जनजातियों के प्रति बाद की अमेरिकी सरकार की नीतियों में इसकी क्या भूमिका रही? **(4)**

*अथवा* वैश्वीकरण के लिए उत्तरदायी किन्हीं तीन कारकों का वर्णन कीजिए।

**22.** सीमा विवाद और आर्थिक सहयोग की दृष्टि से भारत और चीन की स्थिति का विवरण दीजिए। **(4)**

*अथवा* तिब्बत का पठार भारत और चीन में तनाव का एक बड़ा कारण कैसे बना?

**23.** 25 जून, 1975 को घोषित आपातकाल के किन्हीं चार परिणामों की व्याख्या कीजिए। **(4)**

## खंड 'घ'

**(3 × 4 = 12)**

**24.** नीचे दिए गए चित्र का ध्यानपूर्वक अध्ययन कीजिए तथा निम्नलिखित प्रश्नों का उत्तर दीजिए। **(4)**

(i) उपरोक्त चित्र में ............ के आर्थिक व्यवस्था निर्माण की बात कही जा रही है। **(1)**

(a) वर्ष 1988 (b) वर्ष 1991
(c) वर्ष 1995 (d) वर्ष 1997

(ii) चित्र में दिखाई दे रहे व्यक्ति का नाम बताइए **(1)**

(a) डॉ. मनमोहन सिंह
(b) डॉ. सरदार सिंह बूट्टा
(c) प्रणव मुखर्जी
(d) मोतीलाल बोरा

(iii) वर्ष 1971 की आर्थिक नीति के दौरान देश के प्रधानमंत्री कौन थे? **(1)**

(a) आई. के. गुजराल (b) पी. वी. नरसिम्हा राव
(c) डॉ. मनमोहन सिंह (d) एच. डी. देवगौड़ा

(iv) 'नई आर्थिक नीति' को ....... के अंतर्गत शुरू किया गया था। **(1)**

(a) आर्थिक उदार नीति
(b) संरचनात्मक समायोजन योजना
(c) सार्वजनिक नीति
(d) उपरोक्त में से कोई नहीं

**25.** भारत के दिए गए राजनीतिक रेखा-मानचित्र में चार राज्यों को A, B, C और D के द्वारा अंकित किया गया है। नीचे दी गई जानकारी के आधार पर इन राज्यों की पहचान कीजिए और अपनी उत्तर-पुस्तिका में इनके सही नाम, प्रयोग की गई जानकारी की क्रम संख्या तथा मानचित्र में दिया गया संबंधित अक्षर, नीचे दी गई तालिका के रूप में लिखिए। **(4)**

| दी गई जानकारी की क्रम संख्या | अंग्रेजी वर्णमाला | राज्यों के नाम |
|---|---|---|
| (i) | | |
| (ii) | | |
| (iii) | | |
| (iv) | | |

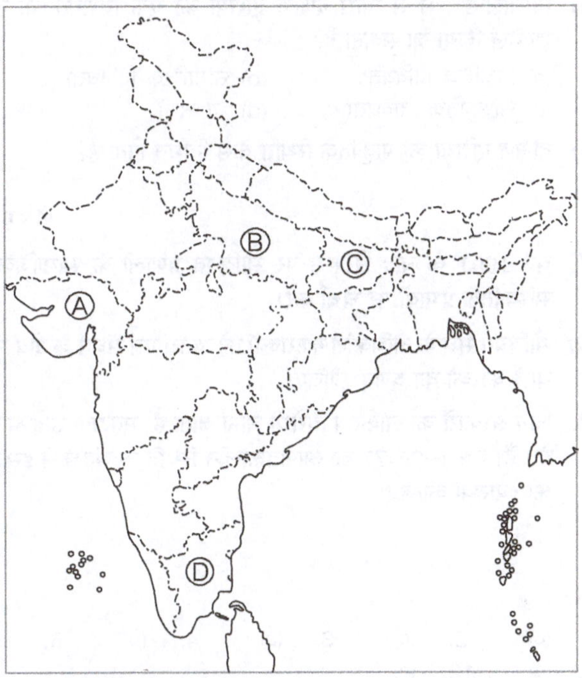


(i) वह राज्य, जिससे मंडल कमीशन के अध्यक्ष, बी. पी. मंडल का संबंध था। **(1)**

(ii) वह राज्य जहाँ सोमनाथ मंदिर स्थित है। **(1)**

(iii) वह राज्य जो श्रीलंका की जातीय समस्याओं से सर्वाधिक प्रभावित रहा। **(1)**

(iv) वह राज्य जहाँ बहुजन समाज पार्टी ने सरकार बनाई थी। **(1)**

**26.** दिए गए स्रोत को ध्यानपूर्वक पढ़कर प्रश्नों के उत्तर दीजिए

अमूमन बांग्लादेश, भूटान, भारत, मालदीव, नेपाल, पाकिस्तान और श्रीलंका को इंगित करने के लिए 'दक्षिण एशिया' पद का व्यवहार किया जाता है। उत्तर की विशाल हिमालय पर्वत-श्रृंखला, दक्षिण का हिंद महासागर, पश्चिम का अरब सागर और पूरब में मौजूद बंगाल की खाड़ी से यह क्षेत्र इलाका एक विशिष्ट प्राकृतिक क्षेत्र के रूप में नजर आता है। यह भौगोलिक विशिष्टता ही इस उप-महाद्वीपीय क्षेत्र के भाषायी, सामाजिक तथा सांस्कृतिक अनूठेपन के लिए जिम्मेदार है। इस क्षेत्र की चर्चा में जब-तब अफगानिस्तान और म्यांमार को भी शामिल किया जाता है। चीन इस क्षेत्र का एक प्रमुख देश है, लेकिन चीन को दक्षिण एशिया का अंग नहीं माना जाता। दक्षिण एशिया प्रत्येक अर्थ में विविधताओं से भरा-पूरा क्षेत्र है फिर भी भू-राजनीतिक धरातल पर यह एक क्षेत्र है।

(i) निम्न में उस देश की पहचान कीजिए, जो दक्षिण एशियाई देशों की सूची में शामिल नहीं है **(1)**

(a) म्यांमार
(b) भारत
(c) भूटान
(d) श्रीलंका

(ii) निम्नलिखित में से किसे दक्षिण एशिया की एक विशेषता के रूप में शामिल किया जा सकता है? **(1)**

(a) प्राकृतिक विविधता (b) सामाजिक विविधता
(c) सांस्कृतिक विविधता (d) ये सभी

(iii) दक्षिण एशिया की प्राकृतिक स्थिति कैसे निर्मित होती है? **(2)**

## खंड 'ङ' **(4 × 6 = 24)**

**27.** वर्ष 1991 के बाद से रूस पर सोवियत प्रणाली के सामाजिक और सांस्कृतिक प्रभावों पर चर्चा करें। **(6)**

*अथवा* सोवियत संघ के अधिकांश गणराज्यों को खतरों एवं संघर्ष के क्षेत्र में लाने वाले कारकों का वर्णन कीजिए।

**28.** जिन सरकारों को लोकतंत्र विरोधी माना जाता है, मतदाता उन्हें भारी दंड देते हैं। वर्ष 1975-77 की आपातकालीन स्थिति के संदर्भ में इस कथन की व्याख्या कीजिए। **(6)**

*अथवा* वर्ष 1977 के चुनाव परिणामों के सामाजिक-राजनीतिक परिणामों का मूल्यांकन करें। कांग्रेस पार्टी की हार ने बाद के वर्षों में भारत के राजनीतिक परिदृश्य को कैसा आकार दिया?

**29.** "20वीं शताब्दी के आठवें दशक के अंतर में हमारे देश में अनेक घटनाओं को घटते हुए देखा गया है, जिन्होंने भारतीय राजनीति पर गहरी छाप छोड़ी है।" कोई तीन तर्कों के साथ कथन की पुष्टि करें। **(6)**

*अथवा* नेहरू की मृत्यु के बाद उत्तराधिकारी की चुनौती तथा इससे उभरे मसलों पर टिप्पणी कीजिए।

**30.** दक्षिण एशियाई देशों की समान समस्याओं का विश्लेषण कीजिए। **(6)**

*अथवा* पारंपरिक सुरक्षा की बाह्य एवं आतंरिक धारणा में अंतर स्पष्ट कीजिए।

## उत्तर

**1.** (c) **2.** (c) **3.** (a) **4.** (d) **5.** (a) **6.** (d) **7.** (c) **8.** (d) **9.** (b) **10.** (b)
**11.** (a) **12.** (a)

# सैंपल पेपर 3

# राजनीति विज्ञान

## व्याख्या सहित (अनसॉल्वड) कक्षा 12

**निर्देश** *1. सभी प्रश्न करने अनिवार्य हैं। यह प्रश्न पत्र पाँच खंडों में विभाजित है, जिनमें 30 प्रश्न पूछे गए हैं।*
*2. खंड क में 1-12 वस्तुनिष्ठ प्रश्न हैं। प्रत्येक प्रश्न 1 अंक का है।*
*3. खंड ख में प्रश्न संख्या 13-18 लघुउत्तरीय प्रकार के दो-दो अंक के प्रश्न हैं। प्रत्येक प्रश्न का उत्तर 50 शब्दों से अधिक नहीं होना चाहिए।*
*4. खंड ग में प्रश्न संख्या 19-23 दीर्घउत्तरीय प्रकार के चार-चार अंक के प्रश्न हैं। प्रत्येक प्रश्न का उत्तर 100 शब्दों से अधिक नहीं होना चाहिए।*
*5. खंड घ में प्रश्न संख्या 24-26 तक अवतरण, कार्टून तथा मानचित्र आधारित प्रश्न हैं।*
*6. खंड ङ में प्रश्न संख्या 27-30 तक दीर्घउत्तरीय प्रकार के छः-छः अंक के प्रश्न हैं। प्रत्येक प्रश्न का उत्तर 170 शब्दों से अधिक नहीं होना चाहिए।*

*समय* : 3 घंटे | *पूर्णांक* : 80

## खंड 'क' **(12 × 1 = 12)**

**1. भारत-इजराइल संबंधों के बारे में निम्नलिखित में से कौन-सा सही नहीं है?** **(1)**
(a) रक्षा और सुरक्षा के क्षेत्र में सहयोग
(b) सांस्कृतिक विनियमन के क्षेत्र में सहयोग
(c) अंतरिक्ष के क्षेत्र में सहयोग
(d) सैन्य-गठबंधन में सहयोग

**2. नीचे दो कथन दिए गए हैं, जिनमें एक को कथन (A) और दूसरे को कारण (R) माना गया है। कूट की सहायता से सही उत्तर का चयन करें।**
**कथन (A) वैश्वीकरण की अवधारणा आर्थिक, राजनैतिक और सांस्कृतिक दृष्टिकोण को शामिल करती है।** **(1)**
**कारण (R) वैश्वीकरण की प्रक्रिया ने तकनीकी प्रगति द्वारा राज्य की शक्ति को कमजोर किया तथा व्यक्ति के व्यापक दृष्टिकोण के अंतर्गत राज्य मात्र जवाबदेह बन कर रह गया।**
**कूट**
(a) A और R दोनों सही हैं तथा R, A की सही व्याख्या है
(b) A और R दोनों सही हैं, परंतु R, A की सही व्याख्या नहीं है
(c) A सही है, किंतु R गलत है
(d) A गलत है, किंतु R सही है

**3. सूची I को सूची II से सुमेलित कीजिए** **(1)**

| सूची I | सूची II |
|---|---|
| A. रोम ऑफ क्लब | 1. 1992 |
| B. प्रथम पृथ्वी सम्मेलन | 2. 1972 |
| C. जलवायु परिवर्तन संबंधित यू.एन.ओ. नियमाचार | 3. 1992 |
| D. क्योटो प्रोटोकॉल | 4. 1997 |

**कूट**

| | A | B | C | D |
|---|---|---|---|---|
| (a) | 1 | 3 | 4 | 2 |
| (b) | 2 | 3 | 1 | 4 |
| (c) | 3 | 1 | 2 | 3 |
| (d) | 1 | 2 | 3 | 4 |

**4. निम्न में से किसने 'एन एजेंडा फॉर पीस' नामक रिपोर्ट जारी की थी?** **(1)**
(a) जेवियर पेरेज द कुइयार
(b) बुतरस-बुतरस घाली
(c) कोफी ए अन्नान
(d) यू थांट

**5. नीचे दो कथन दिए गए हैं** **(1)**
**कथन I अस्त्र नियंत्रण से संबंधित एंटी बैलिस्टिक मिसाइल संधि वर्ष 1972 से प्रभावी हुई।**
**कथन II सामरिक अस्त्र परिसीमन संधि II सामरिक अस्त्र न्यूनीकरण संधि संयुक्त राज्य अमेरिका और सोवियत संघ के मध्य हुई।**

कूट

(a) कथन I और कथन II दोनों सत्य हैं
(b) कथन I और कथन II दोनों असत्य हैं
(c) कथन I सत्य है, लेकिन कथन II असत्य है
(d) कथन I असत्य है, लेकिन कथन II सत्य है

**6.** निम्नलिखित को उनके कालानुक्रमिक क्रम में व्यवस्थित कीजिए **(1)**

1. राज्य पुनर्गठन अधिनियम पास हुआ।
2. कांग्रेस के नागपुर अधिवेशन में भाषा के आधार पर राज्यों के पुनर्गठन की माँग
3. गाँधीजी की मृत्यु
4. पोट्टी श्रीरामुलु की अनशन के दौरान मृत्यु सही विकल्प का चुनाव करें।

कूट

(a) 2, 3, 4, 1 (b) 3, 2, 4, 1
(c) 1, 2, 3, 4 (d) 4, 3, 2, 1

**7.** शेख मुजीबुर्रहमान के नेतृत्व वाली ........ को वर्ष 1970 में पूर्वी पाकिस्तान की सभी सीटों पर विजय प्राप्त हुई। **(1)**

(a) अवामी लीग (b) जातीय पार्टी
(c) बांग्लादेश नेशनलिस्ट पार्टी (d) बांग्लादेश पीपुल्स लीग

**8.** निम्नलिखित युग्म भारत में राजनीतिक दल तथा उसके संस्थापक से संबंधित है। इनमें से कौन-सा युग्म सही सुमेलित नहीं है? **(1)**

(a) प्रजा सोशलिस्ट पार्टी - अशोक मेहता
(b) स्वतंत्र पार्टी - मीनू मसानी
(c) भारतीय कम्युनिस्ट पार्टी - एस.ए. डाँगे
(d) भारतीय जनसंघ - अटल बिहारी वाजपेयी

**9.** कांग्रेस पार्टी के एक भाग के रूप में 'कांग्रेस सिंडिकेट' क्या था? **(1)**

(a) विपक्षी दलों का समूह (b) गैर-राजनीतिक दलों का समूह
(c) कांग्रेसी नेताओं का समूह (d) वकीलों का समूह

**10.** बांडुंम सम्मेलन का मुख्य उद्देश्य क्या था? **(1)**

(a) गुटनिरपेक्ष आंदोलन की स्थापना करना
(b) पश्चिमी देशों के साथ सैन्य गठबंधन बनाना
(c) एशियाई और अफ्रीकी देशों के बीच सहयोग को बढ़ावा देना
(d) संयुक्त राष्ट्र संघ से बाहर आना

**11.** चारु मजूमदार के नेतृत्व में नक्सलवादियों ने .......... में भारत की कम्युनिस्ट पार्टी (मार्क्सवादी-लेनिनवादी) नामक दल का गठन किया। **(1)**

(a) वर्ष 1968 (b) वर्ष 1969
(c) वर्ष 1970 (d) वर्ष 1971

**12.** स्वतंत्रता प्राप्ति के पश्चात् देश में उत्पन्न समस्याओं के संबंध में कौन-सा कथन सही है? **(1)**

(a) स्वतंत्रता के पश्चात् पूर्वोत्तर भाग में अलगाववादी आंदोलन शुरू हो गया
(b) कश्मीर घाटी की आकांक्षाओं से संबंधित मुद्दे सामने आए
(c) पंजाबी भाषा के लोगों द्वारा पंजाब राज्य के गठन की माँग की गई
(d) उपरोक्त सभी

## खंड 'ख' **(6×2=12)**

**13.** आतंकवाद, उग्रवाद और साइबर खतरे राष्ट्रीय सुरक्षा को कैसे प्रभावित करते हैं? **(2)**

**14.** वैश्विक जलवायु परिवर्तन को संबोधित करने में जलवायु परिवर्तन पर संयुक्त राष्ट्र फ्रेमवर्क कंवेंशन (यूएनएफसीसीसी) और क्योटो प्रोटोकॉल की भूमिका पर चर्चा करें। **(2)**

**15.** "बांडुंग सम्मेलन (1955) द्वितीय विश्व युद्ध के बाद की अंतर्राष्ट्रीय व्यवस्था में एक निर्णायक मोड़ था" कथन की व्याख्या करें। **(2)**

**16.** किसी देश की आंतरिक राजनीति अर्थव्यवस्था उसकी विदेशी नीति के उद्देश्यों को कैसा आकार देती है, अपनी राय दीजिए। **(2)**

**17.** राष्ट्रों के अंदर और उनके बीच बढ़ती आय असमानता के लिए वैश्वीकरण की अकसर आलोचना की जाती है। उदाहरण के साथ व्याख्या कीजिए। **(2)**

**18.** 1960 का दशक 'खतरनाक दशक' क्यों कहा जाता है? अपनी राय प्रस्तुत कीजिए। **(2)**

## खंड 'ग' **(5×4=20)**

**19.** सोवियत संघ के अधिकार गणराज्य युद्ध एवं संघर्ष की आशंका वाले क्षेत्र रहे हैं। इन क्षेत्रों से संबंधित बातों को बताइए। **(4)**

**20.** ग्लोबल वार्मिंग और चरम मौसमी घटनाओं की आवृत्ति के मध्य संबंध का विश्लेषण करें विशेष रूप से भारत जैसे विकासशील देशों में ऐसी घटनाओं के प्रभाव को कम करने के लिए आवश्यक तैयारियों और अनुकूलन हेतु उपायों को स्पष्ट करें। **(4)**

**21.** संयुक्त राष्ट्र महासभा के संगठन व इसके कार्य के विषय में बताइए। **(4)**

*अथवा* एक सर्वाधिक महत्त्वपूर्ण अंतर्राष्ट्रीय संगठन के रूप में संयुक्त राष्ट्र की भूमिका का आकलन कीजिए।

**22.** पहले दो आम चुनावों के पश्चात् और 1990 के दशक की समाप्ति तक भारत में मतदान के तरीकों में क्या अंतर आया? **(4)**

*अथवा* भारत की राजनीति में 'आया राम-गया राम' का क्या तात्पर्य है?

**23.** पूर्वोत्तर भारत के राजनीतिक मानचित्र का आकार देने में पहचान की राजनीति और जातीय विविधता की भूमिका जाँच करें। इस विखंडन ने राष्ट्रीय एकता और क्षेत्रीय सुरक्षा को कैसे प्रभावित किया है? **(4)**

## खंड 'घ' **(3×4=12)**

**24.** नीचे दिए गए चित्रों का अध्ययन कीजिए तथा पूछे गए प्रश्नों का उत्तर दीजिए। **(4)**

The Times of India

SHEIKH ABDULLAH ARRESTED

CHARGES OF CORRUPTION AND MALADMINISTRATION

Bakshi Ghulam Mohammed Sworn In As Prime Minister

POLICE OPEN FIRE ON VIOLENT DEMONSTRATORS

CALM U.S. RECEPTION TO H-BOMB CLAIM

Serious Consideration Of M. Malenkov's Speech

SOBER SATISFACTION IN DELHI

"Timely Action By The Sadar-i-Riyasat"

(i) उपरोक्त चित्र के मुख्य पृष्ठ पर ............ की घटनाओं को दर्शाया गया है। **(1)**

(a) कश्मीर प्रांत
(b) अरुणाचल प्रांत
(c) मध्य प्रांत
(d) सिक्किम प्रांत

(ii) उपरोक्त चित्र में ............ का समाचार-पत्र दर्शाया गया है। **(1)**

(a) हिंदुस्तान
(b) द टाइम्स ऑफ इंडिया
(c) द हिंदू
(d) इंडियन एक्सप्रेस

(iii) उपरोक्त चित्र के माध्यम से कश्मीर के तत्कालीन प्रधानमंत्री शेख अब्दुल्ला को किस आरोप में गिरफ्तार किया गया था? **(1)**

(a) दंगा कराने के
(b) भ्रष्टाचार एवं कुशासन के
(c) मतभेद उत्पन्न करने
(d) उपरोक्त में से कोई नहीं

(iv) शेख अब्दुल्ला की गिरफ्तारी के पश्चात् तत्कालीन कश्मीर का प्रधानमंत्री कौन बना? **(1)**

(a) बख्शी गुलाम मोहम्मद
(b) राजा हरिसिंह
(c) मुफ्ती मोहम्मद सईद
(d) फारुख अब्दुल्ला

**25.** भारत के दिए गए रेखा मानचित्र में चार राज्यों को A, B, C और D द्वारा दर्शाया गया है। नीचे दी गई जानकारी के आधार पर इन राज्यों की पहचान कीजिए और अपनी उत्तर पुस्तिका में उनके सही नाम, प्रयोग की गई जानकारी की क्रम संख्या तथा संबंधित अक्षर, नीचे दी गई तालिका के रूप में लिखिए। **(4 × 1 = 4)**

| प्रयोग की गई जानकारी की क्रम संख्या | संबंधित अक्षर | राज्य का नाम |
|---|---|---|
| (i) | | |
| (ii) | | |
| (iii) | | |
| (iv) | | |

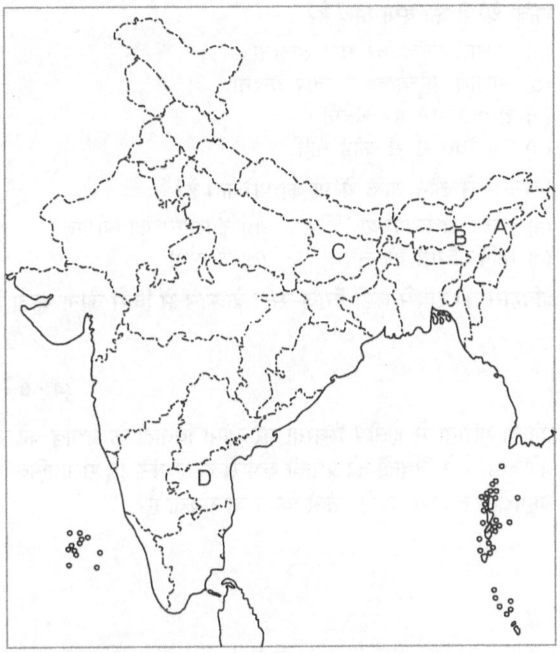


(i) वह राज्य, जिससे काटकर हरियाणा बनाया गया।
(ii) वह राज्य, जो वर्ष 1963 में गठित किया गया था।
(iii) वह राज्य, जिससे अलग करके झारखंड बनाया गया।
(iv) वह राज्य, जिसे मद्रास (अब तमिलनाडु) से तेलुगू भाषी क्षेत्रों को अलग करके बनाया गया था।

**26.** दिए गए स्रोत को ध्यानपूर्वक पढ़कर प्रश्नों के उत्तर दीजिए

वर्ष 1990 में अपनाई गई 'शॉक थेरेपी' जनता को उपभोग के उस 'आनंद लोक' तक नहीं ले गई, जिसका उसने वादा किया था। अमूमन 'शॉक थेरेपी' से पूरे क्षेत्र की अर्थव्यवस्था तहस-नहस हो गई और इस क्षेत्र की जनता को बर्बादी की मार झेलनी पड़ी। रूस में पूरा-का-पूरा राज्य नियंत्रित औद्योगिक ढाँचा चरमरा उठा। लगभग 90% उद्योगों को निजी हाथों या कंपनियों को बेचा गया।

आर्थिक ढाँचे का यह पुनर्निर्माण चूँकि सरकार द्वारा निर्देशित औद्योगिक नीति के बजाए बाजार की ताकतें कर रही थीं, इसलिए यह कदम सभी उद्योगों के लिए हानिकारक साबित हुआ। इसे 'इतिहास की सबसे बड़ी गैराज-सेल' के नाम से जाना जाता है, क्योंकि महत्त्वपूर्ण उद्योगों की कीमत कम-से-कम करके आँकी गई और उन्हें औने-पौने दामों में बेच दिया गया। हालाँकि इस महा बिक्री में भाग लेने के लिए सभी नागरिकों को अधिकार-पत्र दिए गए थे, लेकिन अधिकांश नागरिकों ने अपने अधिकार-पत्र कालाबाजारियों के हाथों बेच दिए, क्योंकि उन्हें धन की आवश्यकता थी।

(i) **शॉक थेरेपी का क्या अर्थ है?** **(1)**

(a) आघात पहुँचाकर मार डालना
(b) आघात पहुँचाकर उपचार करना
(c) शॉक लगने पर थेरेपी
(d) उपरोक्त में से कोई नहीं

(ii) **निम्न में से कौन शॉक थेरेपी का परिणाम है?** **(1)**

(a) जर्जर अर्थव्यवस्था (b) खाद्यान्न का आयात
(c) माफिया वर्ग का उदय (d) ये सभी

(iii) **इतिहास की सबसे बड़ी गैराज-सल के नाम से किसे जाना जाता है?** **(2)**

## खंड 'ङ' **(4 × 6 = 24)**

**27.** **दक्षिण एशिया में क्षेत्रीय स्थिरता पर सीमा विवादों के प्रभाव की जाँच कीजिए। ऐसे विवादों को प्रभावी रूप से हल करने हेतु रासायनिक और बहुपक्षीय तंत्र का उपयोग कैसे किया जा सकता है?** **(6)**

*अथवा* **भारत और पाकिस्तान के बीच संघर्ष के छः कारणों को लिखिए।**

**28.** **संयुक्त राष्ट्र संघ अमेरिकी प्रभुत्व के विरुद्ध संतुलन बनाए रखने में असफल क्यों है? स्पष्ट कीजिए।** **(6)**

*अथवा* **"आर्थिक विकास और सहयोग पर आसियान का ध्यान इस विश्वास को रेखांकित करता है कि साझा समृद्धि क्षेत्र में स्थायी शांति और स्थिरता की नींव है।" इस कथन की पुष्टि कीजिए।**

**29.** **वर्ष 1971 में हुए भारत युद्ध के क्या परिणाम हुए? सविस्तार वर्णन कीजिए।** **(6)**

*अथवा* **भारतीय परमाणु कार्यक्रम की गतिविधियों के विकास पर प्रकाश डालिए।**

**30.** **राष्ट्र निर्माण में नेहरू के दृष्टिकोण का विवरण प्रस्तुत कीजिए।** **(6)**

*अथवा* **भारत में नियोजित विकास को अपनाने के क्या कारण थे?**

## उत्तर

**1.** (b) **2.** (c) **3.** (b) **4.** (b) **5.** (a) **6.** (a) **7.** (a) **8.** (d) **9.** (c) **10.** (a)
**11.** (b) **12.** (d)

# बोर्ड प्रश्न-पत्र (2025)

# CBSE
# बोर्ड प्रश्न-पत्र 2025

## राजनीति विज्ञान

**समय : 3 घंटे** **पूर्णांक : 80**

***निर्देश*** 1. इस प्रश्न-पत्र में 30 प्रश्न हैं। सभी प्रश्न अनिवार्य हैं।

2. यह प्रश्न-पत्र पाँच खंडों में विभाजित है– क, ख, ग, घ एवं ङ।
3. खंड (क) में प्रश्न संख्या 1 से 12 तक बहुविकल्पीय प्रश्न हैं। प्रत्येक प्रश्न 1 अंक का है।
4. खंड (ख) में प्रश्न संख्या 13 एवं 18 स्रोत आधारित प्रश्न हैं। प्रत्येक प्रश्न 2 अंकों का है। प्रत्येक प्रश्न का उत्तर 50 से 60 शब्दों में लिखिए।
5. खंड (ग) में प्रश्न संख्या 19 से 23 तक दीर्घ उत्तरीय प्रकार-I के प्रश्न हैं। प्रत्येक प्रश्न 4 अंकों का है। प्रत्येक प्रश्न का उत्तर 100 से 120 शब्दों में लिखिए।
6. खंड (घ) में प्रश्न संख्या 24 से 26 अवतरण, कार्टून तथा मानचित्र-आधारित प्रश्न हैं। प्रत्येक प्रश्न 4 अंकों का है। प्रत्येक प्रश्न का उत्तर यथानुसार लिखिए।
7. खंड (ङ) में प्रश्न संख्या 27 से 30 तक दीर्घ उत्तरीय प्रकार-II के प्रश्न हैं। प्रत्येक प्रश्न 6 अंकों का है। प्रत्येक प्रश्न का उत्तर 170 से 180 शब्दों में लिखिए।
8. प्रश्न-पत्र में कोई समग्र विकल्प नहीं है। यद्यपि कुछ प्रश्नों में आंतरिक विकल्प का प्रावधान दिया गया है। इन प्रश्नों में से केवल एक ही प्रश्न का उत्तर लिखा जाए।

### खंड 'क' वस्तुनिष्ठ प्रश्न **(12 × 1 = 12)**

**1. आसियान के प्रतीक- चिह्न में धान की दस बालियाँ दक्षिण-पूर्व एशिया के दस देशों के विषय में क्या दर्शाती हैं?** **(1)**

(a) बंधुत्व और स्वतंत्रता
(b) मित्रता और एकता
(c) शांति और मित्रता
(d) एकता और सहयोग

**2. वर्ष 2017 में दक्षिण कोरिया की अर्थव्यवस्था का विश्व में कौन-सा स्थान था?**

(a) पाँचवाँ
(b) आठवाँ
(c) ग्यारहवाँ
(d) चौदहवाँ

**निर्देश** प्रश्न संख्या 3 के लिए, दो कथन दिए गए हैं, जिनमें एक को कथन (A) तथा दूसरे को कारण (R) द्वारा अंकित किया गया है। इन कथनों को ध्यान से पढ़िए और नीचे दिए गए विकल्पों (a), (b), (c) और (d) में से उत्तर के रूप में सही विकल्प चुनिए।

**3. कथन (A) आधुनिकीकरण का विचार वृद्धि, भौतिक प्रगति और वैज्ञानिक तर्कबुद्धि से जुड़ा हुआ है।**

**कारण (R) भारत सरकार ने योजना आयोग को एक नए संस्थान 'नीति आयोग' से परिवर्तित किया है।**

**कूट**

(a) कथन A और कारण R दोनों सही हैं तथा कारण R अभिकथन A की सही व्याख्या करता है
(b) कथन A और कारण R दोनों सही हैं, परंतु कारण R अभिकथन A की सही व्याख्या नहीं करता है
(c) कथन A गलत है, परंतु कारण R सही है
(d) कथन A सही है, परंतु कारण R गलत है

**4.** **सूची I का सूची II से सही मिलान कीजिए और दिए गए कूट से उत्तर का सही विकल्प चुनिए** **(1)**

| | सूची I | | सूची II |
|---|---|---|---|
| 1. | एस. निजलिंगप्पा | (i) | मद्रास (तमिलनाडु) के मुख्यमंत्री |
| 2. | के. कामराज | (ii) | मैसूर (कर्नाटक) के मुख्यमंत्री |
| 3. | गया लाल | (iii) | बिहार के मुख्यमंत्री |
| 4. | कर्पूरी ठाकुर | (iv) | हरियाणा विधानसभा का एक सदस्य |

**कूट**

(a) 1-(ii), 2-(i), 3-(iv), 4-(iii)
(b) 1-(iii), 2-(i), 3-(iv), 4-(ii)
(c) 1-(iv), 2-(iii), 3-(ii), 4-(i)
(d) 1-(i), 2-(ii), 3-(iii), 4-(iv)

**5.** **नीचे दो कथन दिए गए हैं** **(1)**

**कथन I वैश्वीकरण एक बहुआयामी अवधारणा है।**

**कथन II वैश्वीकरण सांस्कृतिक समरूपता को बढ़ावा देता है।**

**उपर्युक्त कथनों के संदर्भ में, नीचे दिए गए विकल्पों में से सही उत्तर चुनिए**

(a) कथन I और कथन II दोनों सत्य हैं
(b) कथन I और कथन II दोनों असत्य हैं
(c) कथन I सत्य है, परंतु कथन II असत्य है
(d) कथन I असत्य है, परंतु कथन II सत्य है

**6.** **भारत में वैश्वीकरण का विरोध निम्नलिखित में से किसके द्वारा नहीं किया गया?** **(1)**

(a) वामपंथी दलों (b) दक्षिणपंथी दलों (c) ट्रेड यूनियनों (d) बहुराष्ट्रीय कंपनियों

**7.** **'टिकाऊ विकास' की अवधारणा का अर्थ है** **(1)**

(a) आर्थिक वृद्धि के साथ पर्यावरणीय उत्तरदायित्व को सुनिश्चित करना
(b) आर्थिक वृद्धि के साथ सामाजिक उत्तरदायित्व को सुनिश्चित करना
(c) आर्थिक वृद्धि के साथ प्रति व्यक्ति आय को सुनिश्चित करना
(d) आर्थिक वृद्धि के साथ राष्ट्रीय आय को सुनिश्चित करना

**8.** **भारत की प्रथम पंचवर्षीय योजना का प्रारूप (ड्राफ्ट) तैयार करने में निम्नलिखित में से कौन शामिल था?** **(1)**

(a) के.एन. राज (b) पी.सी. महालनोबिस (c) जवाहरलाल नेहरू (d) चरण सिंह

**9.** **निम्नलिखित को कालक्रमानुसार व्यवस्थित कीजिए** **(1)**

1. **भारत-चीन युद्ध**
2. **बांग्लादेश की स्थापना**
3. **गुटनिरपेक्ष आंदोलन की प्रथम बैठक**
4. **पाकिस्तान के द्वारा गुजरात के कच्छ के रण में सैन्य आक्रमण करना**

**सही विकल्प चुनिए**

(a) 1, 2, 3, 4 (b) 2, 3, 1, 4 (c) 3, 1, 2, 4 (d) 4, 1, 2, 3

**10.** **वायुमंडल की कौन-सी परत में ओज़ोन पाई जाती है?** **(1)**

(a) क्षोभमंडल
(b) समतापमंडल
(c) मध्यमंडल
(d) बाह्य वायुमंडल (थर्मोस्फीयर)

**11.** **'गरीबी हटाओ' का नारा किस लोकसभा चुनाव से पहले दिया गया था?** **(1)**

(a) तीसरे
(b) चौथे
(c) पाँचवें
(d) छठे

**12.** **द्वितीय विश्व युद्ध के दौरान, भारतीय राष्ट्रीय सेना (INA) का गठन निम्नलिखित में से किसने किया था?** **(1)**

(a) नेताजी सुभाषचंद्र बोस
(b) जवाहरलाल नेहरू
(c) महात्मा गाँधी
(d) सरदार वल्लभभाई पटेल

## खंड 'ख' स्रोत/ग्राफ आधारित प्रश्न

प्रश्न संख्या 13 एवं 18 स्रोत आधारित प्रश्न हैं। **(2×3=6)**

**13.** भारत और पाकिस्तान के संबंध संघर्षों की कहानी प्रतीत होते हैं। दोनों देशों के बीच में तनाव स्थानिक कम करने के कोई दो उपाय सुझाइए। **(1+1=2)**

**14.** युद्ध के खतरे से निपटने के लिए किसी भी सरकार के पास कौन-से बुनियादी विकल्प होते हैं? वर्णन कीजिए। **(2)**

**15.** वैश्वीकरण ने किस प्रकार आपके जीवन को प्रभावित किया है? किन्हीं दो उपयुक्त उदाहरणों की सहायता से अपने उत्तर की पुष्टि कीजिए। **(1+1=2)**

**16.** पहले तीन आम चुनावों में कांग्रेस पार्टी के प्रभुत्व के कोई दो कारण उजागर कीजिए। **(1+1=2)**

**17.** भारत के ऐसे किन्हीं चार प्रधानमंत्रियों के नाम लिखिए, जिनका शासन एक वर्ष से कम रहा। **($\frac{1}{2}\times 4=2$)**

**18.** इंदिरा गाँधी द्वारा प्रिवी पर्स को समाप्त करने को न्यायोचित ठहराइए। **(2)**

## खंड 'ग'

प्रश्न संख्या 19 से 23 लघु उत्तरीय प्रश्न हैं। **(4×3=12)**

**19.** वर्ष 1974 में जयप्रकाश नारायण के नेतृत्व में बिहार में हुए छात्र आंदोलन के उद्देश्यों और साधनों का वर्णन कीजिए। **(4)**

**20.** बाहरी और आंतरिक सुरक्षा की पारंपरिक अवधारणाओं के बीच कोई दो अंतर स्पष्ट कीजिए। **(2+2=4)**

**21.** (क) चीन द्वारा अपनाई गई विभिन्न आर्थिक नीतियों की व्याख्या कीजिए, जिनसे उसकी अर्थव्यवस्था का उत्थान हुआ। **(4×1=4)**

*अथवा*

(ख) 1960 और 1980 के दशक के मध्य, दक्षिण कोरिया एशिया में आर्थिक शक्ति के रूप में उभरा, जिसे 'हान नदी का चमत्कार' कहा गया। इसके किन्हीं दो कारणों की व्याख्या कीजिए।

**22.** (क) अंतर्राष्ट्रीय शांति और सुरक्षा को बढ़ावा देने के लिए भारत द्वारा किए गए किन्हीं चार योगदानों का वर्णन कीजिए। **(4×1=4)**

*अथवा*

(ख) भारत की विदेश नीति के किन्हीं चार महत्त्वपूर्ण सिद्धांतों का वर्णन कीजिए।

**23.** वर्ष 1989 के पश्चात् भारतीय राजनीति में घटी ऐसी किन्हीं दो घटनाओं की व्याख्या कीजिए, जिनका यहाँ की राजनीति पर दीर्घजीवी प्रभाव पड़ा। **(2+2=4)**

## खंड 'घ'

प्रश्न संख्या 24 से 26 दीर्घ उत्तरीय प्रश्न हैं। **(1+1+1+1=4)**

**24.** निम्नलिखित अवतरण का ध्यानपूर्वक अध्ययन कर इस पर आधारित प्रश्नों के उत्तर दीजिए

'साफ्टा' समझौते का लक्ष्य है कि इन देशों के बीच आपसी व्यापार में लगने वाली सीमा शुल्क को कम कर दिया जाए। कुछ छोटे देश मानते हैं कि 'साफ्टा' की ओट लेकर भारत उनके बाज़ार में सेंध मारना चाहता है और व्यावसायिक उद्यम तथा व्यावसायिक मौजूदगी के जरिए उनके समाज और राजनीति पर प्रभाव डालना चाहता है। भारत सोचता है कि 'साफ्टा' से इस क्षेत्र के प्रत्येक देश को लाभ होगा और क्षेत्र में मुक्त व्यापार बढ़ने से राजनीतिक मसलों पर सहयोग अधिक बेहतर होगा। भारत में कुछ लोगों का मानना है कि 'साफ्टा' के लिए परेशान होने की आवश्यकता नहीं, क्योंकि भारत, भूटान, नेपाल और श्रीलंका से पहले ही द्विपक्षीय व्यापार समझौता कर चुका है।

(i) 'साफ्टा' निम्नलिखित में से कौन-से वर्ष से प्रभाव में आया? **(1)**

(a) 1 जनवरी, 2004
(b) 1 जनवरी, 2005
(c) 1 जनवरी, 2006
(d) 1 जनवरी, 2007

(ii) 'साफ्टा' का संबंध निम्नलिखित में से किस क्षेत्रीय संगठन से है? **(1)**

(a) दक्षिण एशियाई क्षेत्रीय सहयोग संगठन (सार्क)
(b) दक्षिण पूर्वी एशियाई राष्ट्रों का संगठन (आसियान)
(c) यूरोपीय संघ (ई.यू.)
(d) गुटनिरपेक्ष आंदोलन (नाम)

(iii) निम्नलिखित में से कौन-सा उद्देश्य 'साफ्टा' की भावना के बारे में सत्य है ? **(1)**

(a) इसके सदस्य देशों के मध्य मित्रता और एकता की भावना विकसित करना
(b) सीमा पार मुक्त व्यापार की अनुमति देना
(c) सीमा पार मुद्दों को बातचीत से हल करना
(d) समकालीन विश्व में महाशक्तियों को चुनौती देना

(iv) 'साफ्टा' ने निम्नलिखित में से किस बात का वायदा किया था? **(1)**

(a) मुक्त व्यापार क्षेत्र बनाने का
(b) शांतिपूर्ण वातावरण बनाने का
(c) एक मजबूत संगठन बनाने का
(d) एक सांस्कृतिक संगठन बनाने का

**25.** **भारत के दिए गए राजनीतिक रेखा-मानचित्र (पृष्ठ 13 पर), में चार राज्यों को A, B, C और D के द्वारा अंकित किया गया है। नीचे दी गई जानकारी के आधार पर, इन राज्यों की पहचान कीजिए और अपनी उत्तर-पुस्तिका में इनके सही नाम, प्रयोग की गई जानकारी की क्रम संख्या तथा मानचित्र में दिए गए संबंधित अक्षर, नीचे दी गई तालिका के रूप में लिखिए।** **(4 × 1 = 4)**

| प्रयोग की गई जानकारी की क्रम संख्या | मानचित्र में दिए गए संबंधित अक्षर | राज्य का नाम |
|---|---|---|
| (i) | B | केरल |
| (ii) | D | उत्तर प्रदेश |
| (iii) | C | मध्य प्रदेश |
| (iv) | A | जम्मू और कश्मीर |

(i) **साम्यवादी नेता ए. के. गोपालन से संबंधित राज्य।**
(ii) **प्रथम संचार मंत्री, रफी अहमद किदवई से संबंधित राज्य ।**
(iii) **वह राज्य, जहाँ वर्ष 1952 से 1967 तक कांग्रेस पार्टी का प्रभुत्व रहा।**
(iv) **वह राज्य, जहाँ वर्ष 1952 में नेशनल कांग्रेस पार्टी सत्ता में आई।**

**26.** **नीचे दिए गए कार्टून का अध्ययन कीजिए और इस पर आधारित प्रश्नों के उत्तर दीजिए** **(4 × 1 = 4)**

(i) **किस देश ने 'तेल' संसाधन पर नियंत्रण बनाने के लिए किसी अन्य देश पर आक्रमण किया था ?**

(a) भारत
(b) पाकिस्तान
(c) संयुक्त राज्य अमेरिका
(d) यूनाइटेड किंगडम

(ii) निम्नलिखित में से कौन-सा देश 'तेल' संसाधन में समृद्ध है?

(a) सऊदी अरब (b) जापान
(c) इटली (d) वियतनाम

(iii) तेल जैसे प्राकृतिक संसाधनों पर नियंत्रण बनाने के लिए निम्नलिखित में से कौन-सा युद्ध एक सही उदाहरण है?

(a) भारत-चीन युद्ध 1962 (b) भारत-पाक युद्ध 1971
(c) खाड़ी युद्ध (d) द्वितीय विश्व युद्ध

(iv) निम्नलिखित में से कौन-सा विकल्प कार्टून द्वारा दिए गए संदेश की सही अभिव्यक्ति है?

(a) विकसित देशों के लिए तेल एक महत्त्वपूर्ण संसाधन है
(b) अदायगी के लिए तेल सस्ता पड़ता है
(c) महाशक्तियाँ तेल संसाधनों पर नियंत्रण रखने के लिए छोटे देशों पर आक्रमण कर सकती हैं
(d) तेल उत्पादक देशों को बड़ी शक्तियों की सहायता की जरूरत है।

## खंड 'ङ'

प्रश्न संख्या 27 व 30 दीर्घ उत्तरीय प्रश्न हैं। **(3 × 2 = 6)**

**27.** (क) किन्हीं तीन पूर्व सोवियत गणराज्यों के समक्ष तनाव और संघर्ष के कारणों को उजागर कीजिए।

*अथवा*

(ख) वर्ष 1991 में सोवियत संघ के विघटन के किन्हीं चार कारणों को उजागर कीजिए।

**28.** (क) संयुक्त राष्ट्र सुरक्षा परिषद् में भारत की स्थायी सदस्यता के लिए की गईं दावेदारी को किन्हीं चार मापदंडों के आधार पर न्यायोचित सिद्ध कीजिए। **$(4 \times 1\frac{1}{2} = 6)$**

*अथवा*

(ख) समकालीन विश्व में संयुक्त राष्ट्र संघ की प्रासंगिकता को किन्हीं चार उदाहरणों की सहायता से न्यायोचित ठहराइए।

**29.** (क) राज्य पुनर्गठन आयोग की स्थापना के लिए उत्तरदायी किन्हीं दो कारणों को स्पष्ट कीजिए और नए राज्यों के गठन के आधार को उजागर कीजिए। **(3 + 3 = 6)**

*अथवा*

(ख) स्वतंत्रता के समय भारत के समक्ष उपस्थित किन्हीं तीन चुनौतियों की व्याख्या कीजिए।

**30.** (क) द्रविड़ आंदोलन के कारणों एवं उसके परिणामों का आकलन कीजिए। **(3 + 3 = 6)**

*अथवा*

(ख) वर्ष 1980 के बाद का समय क्षेत्रीय आकांक्षाओं के उदय का काल क्यों माना जाता है? इस आकांक्षाओं के प्रत्युत्तर में भारत के व्यवहार का आकलन कीजिए।

# व्याख्या

**1.** (b) मित्रता और एकता

**2.** (c) ग्यारहवाँ

**3.** (b) आधुनिकीकरण का विचार वृद्धि, भौतिक प्रगति और वैज्ञानिक तर्क बुद्धि से जुड़ा है। आधुनिकीकरण स्थापित मान्यताओं में तार्किक मानववाद को प्रमुखता देता है। 1 जनवरी, 2015 को योजना आयोग को परिवर्तित कर नीति आयोग की स्थापना कर दी गई। नीति आयोग सहकारी संघवाद को बढ़ावा देने वाले थिंक टैंक के रूप में कार्य करता है।

**4.** (a) 1-(ii), 2-(i), 3-(iv), 4-(iii)

**5.** (a) कथन I और कथन II दोनों सत्य हैं।

**6.** (a) बहुराष्ट्रीय कंपनियों

**7.** (a) आर्थिक वृद्धि के साथ पर्यावरणीय उत्तरदायित्व को सुनिश्चित करना।

**8.** (a) के.एन. राज

**9.** (c) (iii), (i), (ii), (iv)

**10.** (b) समतापमंडल

**11.** (c) पाँचवें

**12.** (a) नेताजी सुभाषचंद्र बोस

**13.** भारत और पाकिस्तान के बीच संबंध सुधारने हेतु चार उपाय निम्नलिखित हैं

(i) दोनों राष्ट्र के प्रधानमंत्री को खुलकर बात करनी चाहिए और विभिन्न वार्ताओं का आयोजन होना चाहिए।

(ii) दोनों देश आतंकवाद को संयुक्त चुनौती मानकर उसका मुकाबला करें तथा पाकिस्तान कश्मीर में घुसपैठ रोके, साथ ही आर्थिक-सांस्कृतिक संबंध को भी बढ़ावा दिया जाए।

(iii) दोनों देशों के बीच व्यापार को बढ़ावा देना, संबंध सुधारने का एक महत्त्वपूर्ण कदम हो सकता है।

(iv) साथ ही दोनों देशों के बीच संस्कृति आदान-प्रदान जैसे- फिल्मों कला और संगीत के माध्यम से रिश्तों को मजबूत किया जा सकता है।

**14.** भारत को स्वतंत्रता के बाद से ही पारंपरिक तथा अपारंपरिक दोनों किस्म की सुरक्षा संबंधी चुनौतियों का सामना करना पड़ा है। इन चुनौतियों से निपटने के लिए भारत की सुरक्षा नीति के अंतर्गत कुछ घटकों को अपनाया गया, जो निम्नलिखित हैं

(i) **सैन्य क्षमता को मजबूत करना** यह भारत की सुरक्षा नीति का अनिवार्य घटक है। यह इसलिए भी महत्त्वपूर्ण है, क्योंकि भारत पर स्वतंत्रता के बाद से ही बाहरी हमले होते रहे हैं; जैसे—वर्ष 1947-48, 1965, 1971 तथा 1999 में पाकिस्तान से, जबकि वर्ष 1962 में चीन से। इन चुनौतियों से निपटने के लिए भारत ने सर्वप्रथम वर्ष 1974, जबकि दूसरी बार वर्ष 1998 में परमाणु परीक्षण किया तथा इसको राष्ट्रीय सुरक्षा के लिए अनिवार्य बताते हुए उचित ठहराया। यह सही भी था, क्योंकि भारत के पड़ोसी देश भी परमाणु संपन्न हैं।

(ii) **अंतर्राष्ट्रीय संस्थाओं को मजबूत करना** भारत ने शुरू से ही अंतर्राष्ट्रीय संस्थाओं को मजबूत करने का कार्य किया है। प्रधानमंत्री जवाहरलाल नेहरू ने एशियाई एकता, अनौपनिवेशीकरण और निःशस्त्रीकरण के प्रयासों का समर्थन किया। भारत ने हथियारों के अप्रसार के लिए बिना भेदभाव वाली नीति पर बल दिया। भारत ने नव-अंतर्राष्ट्रीय आर्थिक व्यवस्था की माँग के साथ गुटनिरपेक्षता की नीति अपनाई। इसके अतिरिक्त भारत ने वर्ष 1997 में क्योटो प्रोटोकॉल (वैश्विक तापन को नियंत्रण में रखने के लिए ग्रीनहाउस गैसों के उत्सर्जन को कम करने के संबंध में) पर भी हस्ताक्षर किए हैं।

(iii) **देश की आंतरिक सुरक्षा** आज भारत को देश के विभिन्न भागों में नक्सली गतिविधियों, वहीं असम, मणिपुर, नागालैंड, मिजोरम एवं जम्मू-कश्मीर में आंतरिक सुरक्षा तथा अलगाववाद संबंधी चुनौतियों का सामना करना पड़ रहा है, हालाँकि इस दौरान भारत ने राष्ट्रीय एकता को बनाए रखने के लिए लोकतांत्रिक राजनीतिक व्यवस्था का पालन किया है, जो विभिन्न जनसमूहों और समुदायों को सत्ता में भागीदारी तथा अपने स्वतंत्र विचार रखने की अनुमति देती है।

**15.** वैश्वीकरण ने मेरे जीवन को कई तरह से प्रभावित किया है। पहला उदाहरण, मैं स्मार्टफोन के जरिए विश्वभर की जानकारी तुरंत प्राप्त कर सकता हूँ, जो तकनीकी प्रगति का परिणाम है। दूसरा, मुझे विदेशी ब्राडस और अंतर्राष्ट्रीय मनोरंजन देखने का अवसर मिलता है, जो वैश्विक बाजार और संस्कृति के प्रसार को दर्शाता है। इस प्रकार वैश्वीकरण ने मेरे जीवन को अधिक सुविधाजनक और विविधतापूर्ण बनाया है।

**16.** पहले तीन आम चुनावों में कांग्रेस के प्रभुत्व के कारण इस प्रकार हैं

(i) **राष्ट्रीय आंदोलन का प्रभाव** राष्ट्रीय आंदोलन में कांग्रेस पार्टी की एक बड़ी भूमिका रही थी। राष्ट्रीय आंदोलन के प्रभाव के फलस्वरूप ही आम चुनावों में कांग्रेस का प्रभुत्व स्थापित हुआ।

(ii) **अदभुत नेतृत्व** उस समय कांग्रेस पार्टी की कमान उन नेताओं के हाथ में थी, जिन्होंने राष्ट्रीय आंदोलन का नेतृत्व बड़े प्रभावशाली ढंग से किया था। अतः वे नेता लोगों की आकांक्षाओं का केंद्र बिंदु थे।

(iii) **विरोधी दलों का अभाव** प्रथम तीन आम चुनावों में विरोधी दलों का अभाव था। जिन विरोधी दलों का अस्तित्व था, वे चुनावों में कांग्रेस के प्रभुत्व को प्रतिस्पर्धा देने में असक्षम थे।

**17.** भारत के चार प्रधानमंत्रियों, जिनका शासन एक वर्ष से कम रहा, उनके नाम निम्नलिखित हैं

1. गुलजारीलाल नंदर
2. चौधरी चरण सिंह
3. विश्वनाथ प्रताप सिंह
4. एच.डी. देवेगौड़ा

**18.** इंदिरा गाँधी ने वर्ष 1971 में 26वें संविधान संशोधन द्वारा प्रिवी पर्स समाप्त किया, जिसे कई आधारों पर न्यायोचित ठहराया जा सकता है। यह कदम संवैधानिक समानता के सिद्धांत के अनुरूप था, जो जन्म आधारित विशेषाधिकारों को अस्वीकार करता है। इससे सरकारी धन का उपयोग गरीबी उन्मूलन और विकास कार्यों के लिए संभव हुआ। प्रिवी पर्स औपनिवेशिक अवशेष था, जिसे हराकर स्वतंत्र भारत की संप्रभुता मजबूत हुई। यह लोकतांत्रिक मूल्यों और राष्ट्रीय एकीकरण को बढ़ावा देने वाला था। हालाँकि राजघरानों ने वदखिलाफी का आरोप लगाया, यह निर्णय उस समय की सामाजिक-आर्थिक के लिए प्रगतिशील और उचित था।

**19.** वर्ष 1974 में जयप्रकाश नारायण (जेपी) के नेतृत्व में बिहार में छात्र आंदोलन शुरू हुआ था। यह आंदोलन उस समय की सामाजिक-राजनीतिक अस्थिरता का परिणाम था। इसके प्रमुख उद्देश्य–राज्य सरकार में व्याप्त भ्रष्टाचार, बढ़ती महँगाई, बेरोजगारी और शिक्षा व्यवस्था की बदहाली को समाप्त करना था। छात्रों ने शुरू में बेहतर शिक्षा, सुविधाओं और रोजगार के अवसरों की माँग की, लेकिन जेपी के शामिल होने से यह आंदोलन 'संपूर्ण क्रांति' के व्यापक लक्ष्य में बदल गया। जेपी का उद्देश्य लोकतंत्र को पुनर्जन्म देना, प्रशासनिक सुधार करना और जनता को सत्ता का असली मालिक बनाना था। उनका मानना था कि व्यवस्था परिवर्तन के बिना ये समस्याएँ हल नहीं होंगी। आंदोलन के साधनों में शांतिपूर्ण तरीके जैसे प्रदर्शन, रैलियाँ, हड़तालें और सत्याग्रह शामिल थे। छात्रों ने सरकारी दफ्तरों का घेराव किया, नारेबाजी की और जनता को जागरूक करने के लिए जुलूस निकाले। जेपी ने अहिंसा पर बल दिया, लेकिन पुलिस के दमन और लाठीचार्ज के जवाब में अनेक स्थानों पर हिंसा भी भड़की, इस आंदोलन ने सम्पूर्ण देश में समर्थन हासिल किया और इंदिरा गाँधी सरकार के खिलाफ असंतोष को बढ़ाया, जिसने अंततः वर्ष 1975 में आपातकाल की घोषणा को प्रेरित किया। यह आंदोलन लोकतांत्रिक अधिकारों की रक्षा का प्रतीक बना।

**20.** पारंपरिक सुरक्षा की बाह्य एवं आंतरिक अवधारणाओं में निम्न अंतर हैं

| बाह्य सुरक्षा | आंतरिक सुरक्षा |
|---|---|
| सैन्य खतरा जब कुछ समय पश्चात् सैन्य कार्रवाई का रूप लेता है, तो इसमें अकसर पड़ोसी राष्ट्र के निहत्थे आम नागरिकों को निशाना बनाया जाता है। यह कार्य जनता तथा सरकार के हौसले को पस्त करने के लिए किया जाता है। | वर्तमान समय में आंतरिक सुरक्षा ही सुरक्षा संबंधी सबसे बड़ी चुनौती है। आज वैश्विक स्तर पर हो रहे सशस्त्र संघर्षों में से 95% आंतरिक सुरक्षा से ही संबंधित हैं। उल्लेखनीय है कि वर्ष 1946 से 1991 के मध्य आंतरिक सुरक्षा से संबंधित गृहयुद्धों की संख्या में दोगुना वृद्धि हुई है, जो पिछले 200 वर्षों में सबसे अधिक है। |
| सुरक्षा की इस परंपरागत अवधारणा के अंतर्गत राष्ट्रीय सुरक्षा को सर्वोच्च वरीयता दी जाती है तथा सैन्य खतरे को इसके लिए सबसे बड़ा संकट माना जाता है। इस संकट के लिए उत्तरदायी कोई भी पड़ोसी राष्ट्र हो सकता है, जो सैन्य हमले की धमकी देकर पड़ोसी राष्ट्र की संप्रभुता, स्वतंत्रता तथा क्षेत्रीय अखंडता पर प्रश्नचिह्न लगाता है। | आंतरिक सुरक्षा से तात्पर्य किसी देश में आंतरिक शांति तथा कानून व्यवस्था की स्थिति से है। सुरक्षा की इस पारंपरिक धारणा के संबंध में द्वितीय विश्वयुद्ध के बाद अधिक ध्यान नहीं दिया गया। इसका प्रमुख कारण था कि तत्कालीन विश्व के अधिकांश देश अपनी आंतरिक सुरक्षा को लेकर आश्वस्त थे। |
| बाह्य सुरक्षा की स्थिति के चुनौतीपूर्ण होने की सबसे बड़ी वजह किसी मजबूत अंतर्राष्ट्रीय संगठन या व्यवस्था की कमी है। वर्तमान समय में पूरे विश्व में ऐसा कोई संगठन या केंद्रीय सत्ता नहीं है, जो सभी देशों के आचरण-व्यवहार को संयमित कर सके। | सरकारी भवनों, रेलवे संचार नेटवर्क, बिजली संयत्रों और अन्य संवेदनशील हमलों से सुरक्षित रखना जैसे मुद्दे आंतरिक सुरक्षा से संबंधित हैं। |

**21.** (क) भारत ने अंतर्राष्ट्रीय शांति और सुरक्षा को बढ़ावा देने में महत्त्वपूर्ण योगदान दिया है। **पहला** योगदान संयुक्त राष्ट्र शांति का रक्षा मिशनों में भागीदारी है। भारत ने वर्ष 1950 से लेकर अब तक 50 से अधिक संयुक्त शांति मिशनों में 2.5 लाख से अधिक सैनिक भेजे हैं। विशेष रूप से कांगो, सूडान और लेबनान जैसे संघर्ष क्षेत्रों में भारतीय सैनिकों ने न केवल शांति स्थापित की, बल्कि मानवीय सहायता भी प्रदान की।

**दूसरा**, गुटनिरपेक्ष आंदोलन के माध्यम से योगदान उल्लेखनीय है। 1950-60 के दशक में भारत ने नेहरू के नेतृत्व में गुटनिरपेक्ष आंदोलन को मजबूत किया, जो शीत युद्ध के दौरान तटस्थता और संप्रभुता की वकालत करता था। इससे देशों को सैन्य गुटों से बचने और शांतिपूर्ण सह-अस्तित्व को बढ़ावा देने में सहायता मिली। **तीसरा**, परमाणु निःशस्त्रीकरण की वकालत है। भारत ने वैश्विक परमाणु हथियारों को समाप्त करने की माँग की और वर्ष 1988 में 'राजीव गाँधी कार्य योजना' प्रस्तुत की, जो शस्त्रों की होड़ को रोकने का प्रयास थी।

**चौथा**, भारत ने अंतर्राष्ट्रीय मंचों; जैसे– संयुक्त राष्ट्र, ब्रिक्स और G-20 में शांति व विकास के लिए सहयोग को बढ़ावा दिया। जलवायु परिवर्तन व आतंकवाद जैसे वैश्विक मुद्दों पर भारत की सक्रियता ने भी शांति को मजबूत किया।

(ख) 1960 और 1980 के दशक के मध्य, दक्षिण कोरिया को 'हान नदी का चमत्कार' कहा गया, जो एक उल्लेखनीय आर्थिक उन्नति थी। इसके दो प्रमुख कारण निम्नलिखित हैं

(i) **निर्यात उन्मुख औद्योगीकरण** दक्षिण कोरिया ने 1960 के दशक में राष्ट्रपति पार्क चुंग ही के नेतृत्व में निर्यात-केंद्रित नीति अपनाई। सरकार ने टेक्सटाइल, इलेक्ट्रॉनिक्स और बाद में ओटोमोबाइल जैसे उद्योगों को बढ़ावा दिया। बड़े औद्योगिक समूहों; जैसे सैमसंग, हुंडई को सब्सिडी और कर की राहत दी गई, जिससे वे वैश्विक बाजार में प्रतिस्पर्द्धी बने। इस नीति ने विदेशी मुद्रा अर्जन को बढ़ाया और अर्थव्यवस्था को तेजी से औद्योगिक आधार दिया।

(ii) **सरकारी नियोजन और बुनियादी ढाँचा विकास** सरकार ने पंचवर्षीय योजनाओं के जरिए आर्थिक विकास को नियोजित किया। शिक्षा, सड़क, बंदरगाह और ऊर्जा पर भारी निवेश किया गया। कुशल श्रम बल तैयार करने के लिए शिक्षा पर जोर दिया गया, जिससे औद्योगिक उत्पादकता को बढ़ाया गया। साथ ही, भूमि सुधारों ने ग्रामीण गरीबी घटाओं और शहरीकरण को प्रोत्साहित किया, जिससे श्रम शक्ति उद्योगों में स्थानांतरित हुई। इन विचारों ने दक्षिण कोरिया को गरीबी से समृद्धि की ओर ले जाकर एशिया की आर्थिक शक्ति बनाया।

**22.** (क) भारत के संविधान में नीति-निदेशक तत्त्वों के अंतर्गत अनुच्छेद 51 में भारत की विदेश नीति से संबंधित तथ्यों का वर्णन किया गया है, जो निम्न प्रकार हैं

- अंतर्राष्ट्रीय शांति और सुरक्षा की अभिवृद्धि का।
- राष्ट्रों के बीच न्यायसंगत और सम्मानपूर्ण संबंधों को बनाए रखने का।
- संगठित लोगों के एक-दूसरे से व्यवहार में अंतर्राष्ट्रीय विधि और संधि-बाध्यताओं के प्रति आदर बढ़ाने का।
- अंतर्राष्ट्रीय विवादों को पारस्परिक बातचीत द्वारा निपटारे के लिए प्रोत्साहन देने का प्रयास करेगा।

उपरोक्त तथ्यों से स्पष्ट है कि भारत अंतर्राष्ट्रीय स्तर पर शांति और सौहार्द तथा परस्पर सहयोग को अपनी विदेश नीति में प्रमुख स्थान पर रखता है

(ख) प्रत्येक देश अपनी विदेश नीति का निर्माण अपने राष्ट्रीय हितों को ध्यान में रखकर ही करता है। भारत ने भी अपनी विदेश नीति का निर्धारण अपने राष्ट्रीय हितों को ध्यान में रखकर किया है।

कुछ महत्त्वपूर्ण कारकों का विवरण इस प्रकार है

- विश्व में बढ़ते तनाव को दूर कर परस्पर सहयोग को बढ़ावा देना और सैन्य गुटबाजी का विरोध करना।
- अंतर्राष्ट्रीय शांति और सुरक्षा के समर्थन के साथ-साथ आपसी मतभेदों का शांतिपूर्ण समाधान खोजना।

- आण्विक शस्त्रों के संग्रहण, निर्माण का विरोध करना।
- राष्ट्रीय सुरक्षा को बढ़ाना, ताकि राष्ट्र की एकता व अखंडता बनी रहे।
- आर्थिक विकास इसके लिए विश्व के सभी देशों से सहयोगात्मक संबंध स्थापित किया।
- भारत ने संप्रभुता का बचाव किया, इसलिए वह महाशक्ति से अलग रहा।

**23.** भारतीय राजनीति में 1989 के बाद की कुछ प्रमुख घटनाएँ भारतीय राजनीति के इतिहास को परिभाषित करती हैं। इनमें चार महत्त्वपूर्ण घटनाओं का विवरण इस प्रकार है

(i) **1989 का आम चुनाव और वी.पी. सिंह की सरकार का गठन** 1989 का चुनाव भारतीय राजनीति में एक निर्णायक मोड़ था, जब कांग्रेस पार्टी को भारी नुकसान उठाना पड़ा और वी.पी. सिंह के नेतृत्व में जनता दल ने सरकार बनाई। यह सरकार मंडल आयोग की सिफारिशों को लागू करने के लिए जानी जाती है, जिसमें पिछड़ी जातियों को सरकारी नौकरियों और शैक्षणिक संस्थानों में आरक्षण देने की व्यवस्था की। इससे भारतीय राजनीति में जाति-आधारित राजनीति का उभार हुआ।

(ii) **1991 आर्थिक उदारीकरण का प्रारंभ** 1991 में प्रधानमंत्री पी.वी. नरसिंहा राव और वित्तीय मंत्री मनमोहन सिंह ने भारत में आर्थिक सुधारों की शुरुआत की। इसने भारत की आर्थिक संरचना को बदल दिया, जिससे विदेशी निवेश, व्यापार और निजीकरण को बढ़ावा मिला। यह भारतीय अर्थव्यवस्था के लिए एक महत्त्वपूर्ण मोड़ था, जिससे इसे बंद अर्थव्यवस्था से एक उदारवादी और वैश्वीकरण की दिशा में ले जाया गया।

(iii) **1992 बाबरी मस्जिद विध्वंस** 6 दिसंबर, 1992 को अयोध्या में बाबरी मस्जिद का विध्वंस एक महत्त्वपूर्ण घटना थी, जिसने भारतीय राजनीति में धर्म के मुद्दे को प्रमुखता से सामने लाया, इसके बाद देश भर में सांप्रदायिक हिंसा हुई और भारतीय राजनीति में हिंदुत्व की विचारधारा को एक नया आयाम मिला। इस घटना ने भारतीय राजनीति में भाजपा के उभार को भी तेज किया और हिंदू-मुस्लिम संबंधों में तनाव को बढ़ाया।

(iv) **2004 का आम चुनाव और यूपीए सरकार का गठन** 2004 के आम चुनाव में कांग्रेस पार्टी ने अटल बिहारी वाजपेयी की एनडीए सरकार को पराजित किया और यूपीए (यूनाइटेड प्रोग्रेसिब अलायंस) गठबंधन की सरकार बनी, जिसमें डॉ. मनमोहन सिंह प्रधानमंत्री बने। यह सरकार कई सामाजिक योजनाओं जैसे मनरेगा, सूचना का अधिकार, जैसी नीतियों के लिए जानी जाती है। जिसने सामाजिक कल्याण पर जोर दिया।

**24.** (i) (c) 1 जनवरी, 2006

(ii) (a) दक्षिण एशियाई क्षेत्रीय सहयोग संगठन (सार्क)

(iii) (b) सीमा पार मुद्दों को बातचीत से हल करना

(iv) (a) मुक्त व्यापार क्षेत्र बनाने का

**25.**

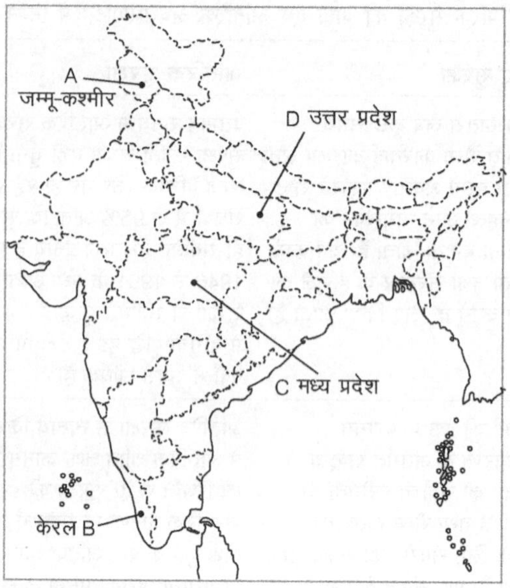


**26.** (i) (c) संयुक्त राज्य अमेरीका

(ii) (a) सऊदी अरब

(iii) (c) खाड़ी युद्ध

(iv) (c) महाशक्तियाँ तेल संसाधनों पर नियंत्रण रखने के लिए छोटे देशों पर आक्रमण कर सकती हैं

**27.** (क) पूर्व सोवियत गणराज्यों में तनाव और संघर्ष के कई कारण हैं, जो ऐतिहासिक, सांस्कृतिक, राजनीतिक और आर्थिक कारकों से उत्पन्न हुए हैं। यहाँ तीन पूर्व सोवियत गणराज्यों, यूक्रेन, जॉर्जिया और अजरबैजान-के समक्ष तनाव के कारणों को उजागर किया गया है। जिनका विवरण इस प्रकार है

(i) **यूक्रेन** यूक्रेन में तनाव का प्रमुख कारण रूस के साथ उसका भू-राजनीतिक संघर्ष है। वर्ष 2014 में रूस ने क्रीमिया पर कब्जा कर लिया और पूर्वी यूक्रेन ने डोनवास क्षेत्र में अलगाववादी आंदोलनों को समर्थन दिया। इसका कारण यूक्रेन का पश्चिमी देशों, विशेष रूप से नाटो और यूरोपीय संघ के साथ निकटता को बढ़ाना था, जिसे रूस अपने प्रभाव क्षेत्र में हस्तक्षेप मानता है। इसके अतिरिक्त भाषाई और सांस्कृतिक विभाजन-रूसी भाषी पूर्वी क्षेत्र और यूक्रेनी भाषी पश्चिमी क्षेत्र ने भी आंतरिक तनाव को बढ़ाया।

(ii) **जॉर्जिया** जॉर्जिया में दक्षिण ओसेशिया और अब्साजिया क्षेत्रों में 1990 के दशक से संघर्ष चला आ रहा है। वर्ष 2008 में रूस के साथ कुछ युद्ध ने स्थिति को और गंभीर बना दिया, इसका मुख्य कारण जॉर्जिया की पश्चिमी समर्थक नीतियाँ और रूस का इन क्षेत्रों में अलगाववादियों को समर्थन देना है। रूस ने इन क्षेत्रों को स्वतंत्र मान्यता दी, जबकि जॉर्जिया इन्हें अपना हिस्सा मानता है, जिससे क्षेत्रीय अखंडता का प्रश्न उठता है।

(iii) **अजरबैजान** अजरबैजान और आर्मेनिया के मध्य नागोनों-कराबाख क्षेत्र को लेकर लंबे समय से संघर्ष चल रहा है। यह क्षेत्र अजरबैजान के अंदर है, लेकिन यहाँ आर्मेनियाई मूल के लोग बहुसंख्यक हैं। 1990 के दशक में हुए युद्ध और वर्ष 2020 में पुनः भड़के संघर्ष ने हजारो लोगों की जान ली। इन तनाव का कारण जातीय और धार्मिक मतभेद (अजरबैजान मुस्लिम और आर्मेनिया ईसाई बहुल) के साथ-साथ क्षेत्रीय नियंत्रण और संसाधनों पर कब्जे की होड़ है।

इन सभी मामलों में सोवियत संघ के विघटन के बाद राष्ट्रीय पहचान, क्षेत्रीय अखंडता और बाहरी शक्तियों (विशेष रूप से रूस) के हस्तक्षेप के प्रमुख कारक रहे हैं।

(ख) वर्ष 1991 में सोवियत संघ के विघटन के कुछ प्रमुख कारण निम्नलिखित हैं

(i) **राजनीतिक-आर्थिक संस्थाओं का कमजोर होना** सोवियत संघ की राजनीतिक संस्थाएँ आंतरिक रूप से अधिक कमजोर हो चुकी थीं। वे जनता की इच्छाओं एवं आकांक्षाओं की पूर्ति करने में असमर्थ थीं, जो आगे चलकर सोवियत संघ के विघटन का एक बड़ा कारण बनी।

(ii) **गतिरुद्ध अर्थव्यवस्था** सोवियत संघ की अर्थव्यवस्था की गति कई वर्षों तक अवरुद्ध रही। इससे उपभोक्ता वस्तुओं की देश में लगातार कमी होती गई। इन सब कारणों से जनता सरकार को दोषी मानने लगी।

(iii) **जनता का पश्चिमी अर्थव्यवस्था के प्रति झुकाव** सोवियत संघ ने हमेशा अपनी राजव्यवस्था एवं अर्थव्यवस्था को पश्चिम के पूँजीवादी देशों से बेहतर बताया, किंतु जब सोवियत संघ के आम नागरिकों ने पश्चिमी देशों की उन्नति एवं उनके आर्थिक विकास के बारे में जानकर उसकी तुलना अपने देश से की, तो उन्हें इस विषय में ज्ञात हुआ कि सोवियत संघ ऐसे देशों की तुलना में अधिक पिछड़ा हुआ है।

(iv) **प्रशासनिक भ्रष्टाचार** सोवियत संघ पर कम्युनिस्ट पार्टी ने 70 वर्षों तक शासन किया। समय बीतने के साथ-साथ यह जनता के प्रति अपने दायित्वों से बचती रही, जिसके कारण भ्रष्टाचार में वृद्धि एवं प्रशासन में गतिरोध उत्पन्न हो गया।

(v) **जनता की आकांक्षाओं का पूरा न होना** मिखाइल गोर्बाचेव ने जब अपने सुधारों के क्रम में उदारता से कार्य करना आरंभ किया, तो जनता की अपेक्षाएँ आवश्यकता से अधिक हो गईं। इसके अतिरिक्त लोगों का यह मानना था कि सुधार के कार्य और तेज होने चाहिए, क्योंकि लोगों को अपनी आशानुरूप लाभ नहीं हो रहा था।

(vi) **जनमत का दो भागों में विभाजन** कम्युनिस्ट पार्टी के सदस्य एवं सोवियत संघ की इस व्यवस्था से लाभ प्राप्त कर रहे लोगों का मानना था कि गोर्बाचेव काम में बहुत शीघ्रता दिखा रहे हैं। कुछ समय बाद गोर्बाचेव को जनता का समर्थन मिलना कम होता गया तथा जनमत भी दो भागों में बँट गया।

**28.** (क) संयुक्त राष्ट्र संघ के ढाँचे में सुधारों की बढ़ती माँग के परिणामस्वरूप वर्ष 1997 में संयुक्त राष्ट्र संघ के महासचिव कोफी अन्नान द्वारा एक जाँच आरंभ कराई गई, जिसके आधार पर स्थायी और अस्थायी सदस्यता के लिए निम्न सुझाव दिए गए (अथवा निम्न मानदंड रखे गए), जिसके अनुसार नए सदस्य को

- बड़ी आर्थिक शक्ति होना चाहिए।
- बड़ी सैन्य ताकत होना चाहिए।
- संयुक्त राष्ट्र संघ के बजट में ऐसे देश का योगदान अधिक हो।
- आबादी की दृष्टि से बड़ा राष्ट्र हो।
- ऐसा देश, जो लोकतंत्र और मानवाधिकारों का सम्मान करता हो।
- अपने भूगोल, अर्थव्यवस्था और संस्कृति की दृष्टि से विश्व की विविधता का नेतृत्व करता हो।

उपरोक्त मानदंडों में से प्रत्येक की कुछ न कुछ वैधता सरकारें अपने-अपने हित और महत्त्वाकांक्षाओं की दृष्टि से कुछ मानदंडों को लाभदायक तो कुछ को हानिकारक मानती हैं। यद्यपि कोई देश सुरक्षा परिषद् की सदस्यता हेतु इच्छुक न हो फिर भी वह यह बता सकता है कि इन मानदंडों में क्या समस्या है।

(ख) संयुक्त राष्ट्र सुरक्षा परिषद् (UNSC) एक महत्वपूर्ण अंतर्राष्ट्रीय संस्था है, जो वैश्विक शांति और सुरक्षा को बनाए रखने के लिए जिम्मेदार है। इस परिषद् को और अधिक प्रभावशाली और प्रासंगिक बनाने के लिए कुछ प्रमुख प्रस्तावित सुधार इस प्रकार हैं

(i) **स्थायी सदस्यता का विस्तार** वर्तमान में सुरक्षा परिषद् के पाँच स्थायी सदस्य हैं (अमेरिका, ब्रिटेन, फ्रांस, रूस और चीन) अन्य प्रमुख देशों जैसे- भारत, ब्राजील, जर्मनी और जापान को स्थायी सदस्यता प्रदान करने से परिषद् की अधिक प्रतिनिधि और प्रभावशाली भूमिका हो सकती है।

(ii) **मतदान प्रक्रिया में सुधार** वीटो शक्ति का उपयोग कभी-कभी विवादित मुद्दों पर किया जाता है, जिससे निर्णय लेने में बाधाएँ उत्पन्न होती हैं। वीटो शक्ति के उपयोग पर नियमों को सख्त किया जा सकता है या इसका पुनरावलोकन किया जा सकता है।

(iii) **क्षेत्रीय प्रतिनिधित्व में वृद्धि** विभिन्न भौगोलिक क्षेत्रों से अधिक प्रतिनिधित्व को सुनिश्चित करने के लिए अस्थायी सीटों में सुधार किया जा सकता है। जिससे सभी क्षेत्रों की आवाज परिषद् में बेहतर तरीके से सुनाई दे सके।

(iv) **संयुक्त राष्ट्र संघ के अन्य अंगों के साथ समन्वय** सुरक्षा परिषद् को अन्य संयुक्त राष्ट्र अंगों, जैसे कि महासभा और आर्थिक और सामाजिक परिषद के साथ बेहतर समन्वय स्थापित करना चाहिए, ताकि अंतर्राष्ट्रीय मुद्दों पर एकीकृत दृष्टिकोण अपनाया जा सके।

अतः ये सुधार संयुक्त राष्ट्र सुरक्षा परिषद् को अधिक समावेशी, प्रभावशाली और प्रासंगिक बनाने में मदद करते हैं।

**29.** (क) राज्यों का पुनर्गठन प्रशासनिक विभाजन का मामला नहीं था, बल्कि राज्यों की सीमाओं को इस प्रकार तय करना था कि देश की भाषाई और सांस्कृतिक बहुलता की झलक मिले तथा राष्ट्रीय अखंडता को कोई क्षति न हो। केंद्र सरकार ने प्रशासनिक सुविधा की दृष्टि से राज्यों की सीमा तय करने के प्रारूप को अस्वीकार कर दिया, जिसे ब्रिटिश शासन ने अपनाया था।

केंद्र सरकार को यद्यपि भाषा के आधार पर राज्यों के पुनर्गठन करने में यह चिंता सता रही थी कि इससे अव्यवस्था फैल सकती है तथा देश के टूटने का खतरा उत्पन्न हो सकता है, किंतु

जनाकांक्षाओं और जनांदोलनों को देखते हुए सरकार ने भाषायी आधार पर राज्यों के पुनर्गठन को स्वीकार किया तथा वर्ष 1953 में राज्य पुनर्गठन आयोग का गठन किया। इस आयोग का कार्य राज्यों के सीमांकन के मामले पर विचार करना था।

इस आयोग ने अपनी रिपोर्ट में स्वीकार किया कि राज्यों की सीमाओं का निर्धारण वहाँ बोली जाने वाली भाषा के आधार पर होना चाहिए। इस आयोग की रिपोर्ट के आधार पर वर्ष 1956 में राज्य पुनर्गठन अधिनियम पास हुआ तथा इस अधिनियम के आधार पर 14 राज्य और 6 केंद्रशासित प्रदेश बनाए गए। बाद के वर्षों में क्षेत्रीय संस्कृति एवं विकास के मामले में क्षेत्रीय असंतुलन के आधार पर भी राज्यों का पुनर्गठन किया गया। वर्ष 2000 में झारखंड, छत्तीसगढ़ और उत्तरांचल (वर्तमान उत्तराखंड) का पुनर्गठन इसी आधार पर किया गया।

(ख) स्वतंत्रता के समय भारत के समक्ष राष्ट्र निर्माण संबंधी तीन चुनौतियाँ निम्न थीं

(i) **एकता के सूत्र में बाँधना** पहली और तात्कालिक चुनौती यह थी कि किस प्रकार भारत को एकता के सूत्र में बाँधा जाए, जिसमें भारतीय समाज की सारी विविधताओं के लिए जगह/स्थान हो। भारत अपने आकार और विविधता के कारण महादेश के समान था। अलग-अलग भाषाओं के लोग थे। उनकी संस्कृति अलग थी तथा वे अलग-अलग धर्मों के अनुयायी थे। ऐसे में क्षेत्रीय अखंडता और एकता बनाए रखना महत्त्वपूर्ण चुनौती थी।

(ii) **लोकतंत्र स्थापित करना** लोकतंत्र स्थापित करना भी एक महत्त्वपूर्ण चुनौती थी। भारत ने संसदीय शासन पर आधारित प्रतिनिधित्वमूलक लोकतंत्र को अपनाया। लोकतंत्र को कायम करने के लिए लोकतांत्रिक संविधान आवश्यक होता है

(iii) **सार्वभौमिक विकास** तीसरी चुनौती ऐसे विकास की थी, जिसमें पूर्ण समाज अर्थात् सभी वर्गों को समाहित किया जा सके। इस बात को सुनिश्चित करना था कि सभी के साथ समानता का बर्ताव/व्यवहार किया जाए और सामाजिक रूप से वंचित तबकों तथा धार्मिक, सांस्कृतिक अल्पसंख्यक समुदायों को विशेष सुरक्षा प्रदान की जाए। इसके अतिरिक्त असली चुनौती गरीबी समाप्त करने के लिए कारगर नीतियों को बनाने तथा अपनाने की थी।

**30.** (क) द्रविड़ आंदोलन (दक्षिण भारत) विशेष रूप से तमिलनाडु में उभरा। इसके कारण और परिणाम निम्नलिखित हैं।

**द्रविड़ आंदोलन के कारण**

(i) **जातिगत भेदभाव और ब्राह्मण प्रभुत्व** द्रविड़ आंदोलन का मुख्य कारण ब्राह्मणों का सामाजिक, धार्मिक और राजनीतिक प्रभुत्व था। गैर-ब्राह्मण समुदायों को लगता था कि वे सामाजिक और शैक्षिक अवसरों से वंचित हैं।

(ii) **उत्तर-दक्षिण सांस्कृतिक अंतर** उत्तर भारत की संस्कृति और भाषा (संस्कृत, हिंदी) को थोपने के प्रयासों ने दक्षिण में असंतोष पैदा किया। द्रविड़ पहचान को खतरे में देखा गया।

(iii) **औपनिवेशिक नीतियाँ** ब्रिटिश शासन ने गैर-ब्राह्मण समुदायों को संगठित होने का अवसर दिया। 1956 में जस्टिस पार्टी की स्थापना का परिणाम था।

(iv) **पेरियार का नेतृत्व** ई.वी. स्वामी (पेरियार) ने 1925 में स्वाभिमान आंदोलन शुरू किया जो बाद में द्रविड़ कडगम बना। उन्होंने जाति उन्मूलन, नास्तिकता और तमिल पहचान को बढ़ावा दिया।

**द्रविड़ आंदोलन के परिमाण**

(i) **सामाजिक सुधार** द्रविड़ आंदोलन ने जातिगत भेदभाव को कम करने में सहायता की। मंदिरों में प्रवेश और शिक्षा में गैर-ब्राह्मणों की भागीदारी बढ़ी।

(ii) **राजनीतिक प्रभाव** इसने द्रविड़ मुनेत्र कड़गम (DMK) और (AIA DMK) जैसी पार्टियों को जन्म दिया, जो तमिलनाडु की राजनीतिक में प्रभावशाली पार्टी बनी। 1967 में मुनेत्र कड़गम ने कांग्रेस को हराकर सत्ता हासिल की।

(iii) **भाषायी पहचान** इस आंदोलन ने हिंदी विरोधी आंदोलन को प्रेरित किया, जिसके परिणामस्वरूप तमिल को प्रशासनिक और शैक्षिक भाषा के रूप में मान्यता मिली।

(iv) **क्षेत्रीयता का उदय** इसने क्षेत्रीय पहचान को मजबूत किया, लेकिन राष्ट्रीय एकता पर भी उठाए।

द्रविड़ आंदोलन ने सामाजिक समानता और क्षेत्रीय गौरव को बढ़ावा दिया, लेकिन इसने राष्ट्रीय एकीकरण की चुनौतियाँ भी उत्पन्न कीं।

(ख) वर्ष 1980 के बाद का समय क्षेत्रीय आकांक्षाओं के उदय का काल माना जाता है, क्योंकि इस दौरान भारत में क्षेत्रीय पहचान, भाषा, संस्कृति और आर्थिक असमानता से जुड़े मुद्दों ने जोर पकड़ा। **कारण** पहला, केन्द्रीकृत शासन और राष्ट्रीय पार्टियों (जैसे कांग्रेस) की नीतियों से क्षेत्रीय असंतोष बढ़ा। दूसरा, आर्थिक उदारीकरण (1991) ने क्षेत्रों के बीच असमान विकास को उजागर किया, जिससे समृद्ध राज्यों जैसे (गुजरात) और पिछड़े राज्यों (जैसे बिहार) में तनाव बढ़ा। तीसरा, क्षेत्रीय दलों का उदय, जैसे तमिलनाडु में DMK-AIA DMK, आंध्र प्रदेश में TDP और असम में AGP ने स्थानीय मुद्दों को राष्ट्रीय मंच पर लाया। चौथा, पंजाब, कश्मीर और पूर्वोत्तर में अलगाववादी आंदोलनों ने क्षेत्रीय असंतोष को हिंसक रूप दिया।

**भारत के व्यवहार का आकलन** भारत ने इन आकांक्षाओं का जवाब सकारात्मक और नकारात्मक दोनों तरीकों से दिया। सकारात्मक रूप से केंद्र ने क्षेत्रीय दलों को गठबंधन सरकारों में शामिल कर उनकी माँगों को सुना, जैसे 1990 के दशक में गठबंधन युग में। भाषायी और सांस्कृतिक पहचान को मान्यता दी गई, जैसे तेलुगु, कोंकणी आदि को आधिकारिक भाषा का दर्जा देना। छोटे राज्यों (जैसे- झारखंड, छत्तीगढ़) का गठन क्षेत्रीय विकास को बढ़ावा देने के लिए किया गया। हालाँकि, नकारात्मक पक्ष में, पंजाब (खालिस्तान आंदोलन) और कश्मीर में सैन्य दमन ने तनाव बढ़ाया। केंद्र ने कई बार क्षेत्रीय माँगों को अनदेखा किया, जिससे असम और मणिपुर जैसे क्षेत्रों में अलगाववाद बढ़ा। कुल मिलाकर, भारत ने संतुलन बनाने की कोशिश की, लेकिन सैन्य हस्तक्षेप को केंद्रीकरण ने कई बार क्षेत्रीय विश्वास को कमजोर किया।